Econometria

JAMES H. STOCK
Universidade de Harvard
MARK W. WATSON
Universidade de Princeton

Econometria

Tradução
Monica Rosemberg

Revisão Técnica
Eliezer Martins Diniz
Doutor em Economia pela USP
Pós-doutorado pela Universidade de Oxford

Pearson

Diretor editorial: José Martins Braga
Gerente de produção: Heber Lisboa
Editora de texto: Patrícia Carla Rodrigues
Preparação: Juliana Takahashi
Revisão: Maria Luiza Favret e Adriana Cristina Bairrada
Capa: Alberto Cotrim (sobre projeto original de Regina Kolenda)
Diagramação: ERJ Composição Editorial e Artes Gráficas Ltda.

Dados Internacionais de Catalogação na Publicação (CIP)
(Câmara Brasileira do Livro, SP, Brasil)

Stock, James H.
Econometria / James H. Stock, Mark W. Watson; tradução Monica Rosemberg; revisão técnica Eliezer Martins Diniz. — São Paulo: Addison Wesley, 2004.

Título original: Introduction to Econometrics
Bibliografia.
ISBN: 978-85-88639-14-0

1. Econometria I. Watson, Mark W.. II. Diniz, Eliezer Martins. III. Título.

04-3199 CDD-330.015195

Índice para catálogo sistemático:

1. Econometria 330.015195

Direitos exclusivos cedidos à
Pearson Education do Brasil Ltda.,
uma empresa do grupo Pearson Education
Avenida Francisco Matarazzo, 1400
Torre Milano – 7o andar
CEP: 05033-070 -São Paulo-SP-Brasil
Telefone 19 3743-2155
pearsonuniversidades@pearson.com

Distribuição
Grupo A Educação
www.grupoa.com.br
Fone: 0800 703 3444

Sumário

Prefácio ix

PARTE UM Introdução e Revisão 1

CAPÍTULO 1 Questõs e Dados Econômicos 3

1.1 Questões Econômicas que Examinamos 3

1.2 Efeitos Causais e Experimentos Idealizados 6

1.3 Dados: Fontes e Tipos 7

CAPÍTULO 2 Revisão de Probabilidade 12

2.1 Variáveis Aleatórias e Distribuições de Probabilidade 12

2.2 Valores esperados, Média e Variância 16

2.3 Duas Variáveis Aleatórias 18

2.4 Distribuições Normal, Qui-Quadrado, $F_{m,\infty}$ e t de Student 23

2.5 Amostragem Aleatória e a Distribuição da Média da Amostra 27

2.6 Aproximações de Distribuições Amostrais para Amostras Grandes 29

CAPÍTULO 3 Revisão de Estatística 39

3.1 Estimando a Média da População 39

3.2 Testes de Hipótese Relativa à Média da População 43

3.3 Intervalos de Confiança para a Média da População 49

3.4 Comparando Médias de Populações Diferentes 50

3.5 Salários de Homens e Mulheres com Curso Superior nos Estados Unidos 52

3.6 Gráficos de Dispersão, Co-variância e Correlação da Amostra 53

PARTE DOIS Fundamentos da Análise de Regressão 61

CAPÍTULO 4 Regressão Linear com um Regressor 63

4.1 Modelo de Regressão Linear 63

4.2 Estimando os Coeficientes do Modelo de Regressão Linear 66

4.3 Hipóteses de Mínimos Quadrados 71
4.4 Distribuição Amostral dos Estimadores de MQO 74
4.5 Testando Hipóteses sobre um dos Coeficientes de Regressão 76
4.6 Intervalos de Confiança para um Coeficiente de Regressão 80
4.7 Regressão Quando X É uma Variável Binária 82
4.8 R^2 e o Erro Padrão da Regressão 83
4.9 Heteroscedasticidade e Homoscedasticidade 85
4.10 Conclusão 88

CAPÍTULO 5 Regressão Linear com Múltiplos Regressores 97

5.1 Viés de Omissão de Variáveis 97
5.2 O Modelo de Regressão Múltipla 102
5.3 Estimador de MQO na Regressão Múltipla 104
5.4 Hipóteses de Mínimos Quadrados na Regressão Múltipla 106
5.5 Distribuição dos Estimadores de MQO na Regressão Múltipla 108
5.6 Testes de Hipótese e Intervalos de Confiança para um Único Coeficiente 110
5.7 Testes de Hipóteses Conjuntas 112
5.8 Testando Restrições Únicas que Envolvem Coeficientes Múltiplos 116
5.9 Conjuntos de Confiança para Múltiplos Coeficientes 117
5.10 Estatísticas de Regressão Adicionais 118
5.11 Viés de Omissão de Variáveis e Regressão Múltipla 120
5.12 Análise do Conjunto de Dados de Pontuação nos Exames 121
5.13 Conclusão 124

CAPÍTULO 6 Funções de Regressão Não-Lineares 133

6.1 Uma Estratégia Geral para Modelar Funções de Regressão Não-Lineares 134
6.2 Funções Não-Lineares de uma Única Variável Independente 139
6.3 Interações entre Variáveis Independentes 147
6.4 Efeitos Não-Lineares da Razão Aluno-Professor sobre a Pontuação nos Exames 156
6.5 Conclusão 160

CAPÍTULO 7 Avaliando Estudos Baseados na Regressão Múltipla 164

7.1 Validade Interna e Validade Externa 164
7.2 Ameaças à Validade Interna na Análise de Regressão Múltipla 166

7.3 Exemplo: Pontuação nos Exames e Tamanho da Turma 173

7.4 Conclusão 179

PARTE TRÊS Tópicos Adicionais em Análise de Regressão 183

CAPÍTULO 8 Regressão com Dados de Painel 185

8.1 Dados de Painel 185

8.2 Dados de Painel com Dois Períodos de Tempo: Comparações do Tipo "Antes e Depois" 188

8.3 Regressão com Efeitos Fixos 190

8.4 Regressão com Efeitos Fixos Temporais 193

8.5 Leis que Punem Motoristas Embriagados e Mortes no Trânsito 194

8.6 Conclusão 197

CAPÍTULO 9 Regressão com uma Variável Dependente Binária 202

9.1 Variáveis Dependentes Binárias e o Modelo de Probabilidade Linear 202

9.2 Regressões Probit e Logit 206

9.3 Estimação e Inferência nos Modelos Logit e Probit 211

9.4 Aplicação aos Dados do HMDA de Boston 213

9.5 Conclusão 218

CAPÍTULO 10 Regressão de Variáveis Instrumentais 226

10.1 Estimador de VI com um Único Regressor e um Único Instrumento 226

10.2 O Modelo Geral de Regressão de VI 233

10.3 Verificando a Validade dos Instrumentos 237

10.4 Aplicação à Demanda por Cigarros 241

10.5 De Onde Vêm os Instrumentos Válidos? 245

10.6 Conclusão 248

CAPÍTULO 11 Experimentos e Quase-Experimentos 254

11.1 Experimentos Idealizados e Efeitos Causais 255

11.2 Problemas Potenciais com Experimentos na Prática 256

11.3 Estimadores de Regressão de Efeitos Causais Utilizando Dados Experimentais 259

11.4 Estimativas Experimentais do Efeito da Redução no Tamanho das Turmas 265

11.5 Quase-Experimentos 271

11.6 Problemas Potenciais com Quase-Experimentos 275

11.7 Estimativas Experimentais e Quase-Experimentais em Populações Heterogênas 276

11.8 Conclusão 280

PARTE QUATRO Análise de Regressão de Dados de Séries Temporais Econômicas 289

CAPÍTULO 12 Introdução à Regressão de Séries Temporais e Previsão 291

12.1 Utilizando Modelos de Regressão para Previsão 292

12.2 Introdução a Dados de Séries Temporais e Correlação Serial 293

12.3 Auto-regressõess 298

12.4 Regressão de Séries Temporais com Previsores Adicionais e o Modelo Auto-Regressivo de Defasagem Distribuída 301

12.5 Seleção do Tamanho da Defasagem Utilizando Critérios de Informação 307

12.6 Não-Estacionariedade I: Tendências 311

12.7 Não-Estacionariedade II: Quebras 318

12.8 Conclusão 325

CAPÍTULO 13 Estimação de Efeitos Causais Dinâmicos 333

13.1 Uma Apreciação Inicial dos Dados sobre Suco de Laranja 334

13.2 Efeitos Causais Dinâmicos 336

13.3 Estimação de Efeitos Causais Dinâmicos com Regressores Exógenos 338

13.4 Erros Padrão Consistentes Quanto à Heteroscedasticidade e à Autocorrelação (CHA) 341

13.5 Estimação de Efeitos Causais Dinâmicos com Regressores Estritamente Exógenos 344

13.6 Preços do Suco de Laranja e o Clima Frio 351

13.7 A Exogeneidade é Plausível? Alguns Exemplos 355

13.8 Conclusão 358

CAPÍTULO 14 Tópicos Adicionais em Regressão de Séries Temporais 363

14.1 Auto-Regressões Vetoriais 363

14.2 Previsões Multiperíodos 366

14.3 Ordens de Integração e Outro Teste de Raiz Unitária 371

14.4 Co-Integração 376

14.5 Heteroscedasticidade Condicional 382

14.6 Conclusão 385

PARTE CINCO Teoria Econométrica da Análise de Regressão 389

CAPÍTULO 15 Teoria da Regressão Linear com um Regressor 391

15.1 Hipótese de Mínimos Quadrados Estendidas e o Estimador de MQO 392

15.2 Fundamentos da Teoria da Distribuição Assintótica 393

15.3 Distribuição Assintótica do Estimador de MQO e da Estatística *t* 397

15.4 Distribuições Amostrais Exatas Quando os Erros são Normalmente Distribuídos 399

15.5 Eficiência do Estimador de MQO com Erros Homoscedásticos 400

15.6 Mínimos Quadrados Ponderados 403

CAPÍTULO 16 Teoria da Regressão Múltipla 413

16.1 O Modelo de Regressão Linear Múltipla e o Estimador de MQO na Forma Matricial 413

16.2 Distribuição Assintótica do Estimador de MQO e da Estatística *t* 416

16.3 Testes de Hipóteses Conjuntas 419

16.4 Distribuição de Estatísticas de Regressão com Erros Normais 420

16.5 Eficiência do Estimador de MQO com Erros Homoscedásticos 423

16.6 Mínimos Quadrados Generalizados 424

Apêndice 439

Referências Bibliográficas 447

Respostas das Questões "Revisão dos Conceitos" 451

Glossário 463

Índice 475

Prefácio

A disciplina econometria pode ser divertida tanto para o professor quanto para o aluno. O mundo real da economia, dos negócios e do governo é complicado e confuso, repleto de idéias que competem umas com as outras e de perguntas que exigem respostas. O que é mais eficaz para enfrentar motoristas bêbados: aprovar leis rígidas ou aumentar o imposto sobre bebidas alcoólicas? Você consegue ganhar dinheiro na bolsa de valores comprando quando os preços estão historicamente baixos em relação aos ganhos ou deve apenas permanecer na mesma posição como sugere a teoria do passeio aleatório dos preços das ações? Podemos melhorar o ensino fundamental reduzindo o tamanho das turmas ou devemos simplesmente fazer com que as crianças ouçam Mozart dez minutos por dia? A econometria nos ajuda a separar as idéias coerentes das absurdas e a encontrar respostas quantitativas para questões quantitativas importantes. A econometria abre uma janela em nosso mundo complexo que nos permite enxergar as relações em que as pessoas, as empresas e os governos baseiam suas decisões.

Este livro destina-se ao ensino de econometria em nível de graduação. A nossa experiência é de que, para tornar a econometria relevante, as aplicações interessantes devem motivar a teoria e a teoria deve ser apropriada para as aplicações. Esse princípio simples representa uma mudança significativa em relação à antiga geração de livros de econometria, em que os modelos teóricos e as hipóteses não eram apropriados para as aplicações. Não é de surpreender que alguns estudantes questionem a relevância da econometria, depois de ter gasto parte de seu tempo aprendendo hipóteses que posteriormente entendem como irrealistas, precisando então aprender "soluções" para "problemas" que surgem quando as aplicações não são apropriadas para as hipóteses. Consideramos que é muito melhor motivar a necessidade de ferramentas com uma aplicação concreta e, então, fornecer algumas hipóteses simples que sejam apropriadas para a aplicação. Como a teoria é relevante de imediato para as aplicações, este enfoque pode fazer com que a econometria tenha vida.

Características Deste Livro

Este livro difere dos demais em três aspectos principais. Primeiro, integramos questões e dados do mundo real ao desenvolvimento da teoria e tratamos com seriedade das descobertas importantes da análise empírica resultante. Segundo, nossa escolha de tópicos reflete a teoria e a prática modernas. Terceiro, fornecemos teorias e hipóteses que são apropriadas para as aplicações. Nosso objetivo é ensinar os estudantes a se tornarem consumidores sofisticados de econometria e a fazer isso em um nível de matemática apropriado para uma disciplina introdutória.

Dados e Questões do Mundo Real

Organizamos cada tópico metodológico em torno de uma questão importante do mundo real que exige uma resposta numérica específica. Por exemplo, ensinamos a regressão com uma variável, a regressão múltipla e a análise de forma funcional no contexto da estimação do efeito de insumos escolares sobre os produtos escolares. (Será que turmas menores no ensino fundamental geram notas mais altas nos exames?) Ensinamos métodos para dados de painel no contexto da análise do efeito das leis relativas a motoristas bêbados sobre os acidentes fatais de trânsito. Usamos a possível discriminação racial no mercado de empréstimos hipotecários como aplicação empírica para ensinar a regressão com uma variável dependente binária (logit e probit). Ensinamos a estimação de variáveis instrumentais no contexto da obtenção da elasticidade da demanda por cigarros. Embora esses exemplos envolvam raciocínio econômico, todos podem ser compreendidos tendo-se estudado apenas uma disciplina introdutória da área de economia, e muitos podem ser entendidos sem que se tenha estudado nenhuma disciplina da área de economia. Portanto, o professor pode ter o foco no ensino da econometria, não da microeconomia ou da macroeconomia.

Tratamos todas as nossas aplicações empíricas com seriedade e de tal modo que mostremos aos alunos como podem aprender com os dados, mas, ao mesmo tempo, com autocrítica e cientes das limitações das análises empíricas. Por meio de cada aplicação, ensinamos os alunos a explorar especificações alternativas e, assim, avaliar se suas descobertas principais são robustas. As questões propostas nas aplicações empíricas são importantes, e fornecemos respostas sérias e, imaginamos, verossímeis. Entretanto, encorajamos os professores e os alunos a discordarem, convidando-os a fazer uma nova análise dos dados disponíveis no site da Internet referente ao livro **(www.aw.com/stock_br).**

Escolha de Tópicos Contemporâneos

A econometria percorreu um longo caminho nas últimas duas décadas. Os tópicos que abordamos refletem o melhor da econometria aplicada contemporânea. Pode-se fazer isso apenas em uma disciplina introdutória, portanto enfocamos procedimentos e testes comumente usados na prática. Por exemplo:

- ***Regressão de variáveis instrumentais.*** Apresentamos a regressão de variáveis instrumentais como um método geral para lidar com a correlação entre o termo de erro e um regressor, que pode ocorrer por muitas razões, inclusive a causalidade simultânea. As duas hipóteses para um instrumento válido — exogeneidade e relevância — recebem a mesma importância. Segue-se a esta apresentação uma extensa discussão sobre a origem desses instrumentos.

- ***Avaliação de programas.*** Um número crescente de estudos econométricos analisa experimentos controlados aleatórios ou quase-experimentos, também conhecidos como experimentos naturais. Tratamos desses tópicos — freqüentemente chamados em conjunto de avaliação de programas — no Capítulo 11. Apresentamos essa estratégia de pesquisa como um enfoque alternativo aos problemas de variáveis omitidas, de causalidade simultânea e de seleção e avaliamos os pontos fortes e fracos de estudos que utilizam dados experimentais ou quase-experimentais.

- ***Previsão.*** O capítulo sobre previsão (Capítulo 12) considera previsões univariadas (auto-regressivas) ou multivariadas que utilizam a regressão de séries temporais, e não os grandes modelos estruturais com equações simultâneas. Enfocamos ferramentas simples e confiáveis, tais como auto-regressões e seleção de modelos por meio de um critério de informação, que funcionam bem na prática. Esse capítulo também apresenta um enfoque com sentido prático para tendências estocásticas (raízes unitárias), testes de raiz unitária, testes de quebras estruturais (com dados conhecidos e desconhecidos) e pseudoprevisão fora da amostra, todos no contexto do desenvolvimento de modelos de previsão de séries temporais estáveis e confiáveis.

- ***Regressão de séries temporais.*** Fazemos uma clara distinção entre duas aplicações muito diferentes da regressão de séries temporais: previsão e estimação de efeitos causais dinâmicos. O capítulo sobre inferências causais utilizando dados de séries temporais (Capítulo 13) examina de forma mais cuidadosa quando os métodos de estimação diferentes, incluindo mínimos quadrados generalizados, levarão ou não a inferências causais válidas e quando é aconselhável estimar regressões dinâmicas usando MQO com erros-padrão consistentes quanto à heteroscedasticidade e à autocorrelação.

Teoria Apropriada para as Aplicações

Embora as ferramentas econométricas sejam mais bem motivadas por aplicações empíricas, os alunos precisam aprender o suficiente de teoria econométrica para entender os pontos fortes e as limitações dessas ferramentas. Fornecemos um tratamento moderno por meio do qual o ajuste entre teoria e aplicações é o mais perfeito possível, mantendo a matemática em um nível que requer apenas álgebra.

As aplicações empíricas modernas compartilham algumas características comuns: as bases de dados são geralmente grandes (centenas de observações, freqüentemente mais); os regressores não são fixos em amostras repetidas, mas, em vez disso, são coletados por amostragem aleatória (ou algum outro mecanismo que os torne aleatórios); os dados não são normalmente distribuídos; e não há uma razão *a priori* para pensar que os erros são homoscedásticos (embora freqüentemente haja razões para se pensar que são heteroscedásticos).

Essas observações levam a diferenças importantes entre o desenvolvimento teórico neste livro e nos demais.

- ***Enfoque de amostras grandes.*** Como as bases de dados são grandes, utilizamos desde o princípio aproximações normais de amostras grandes para as distribuições amostrais nos testes de hipótese e nos intervalos de confiança. Nossa experiência é de que leva menos tempo para ensinar os rudimentos das aproximações de amostras grandes do que ensinar as distribuições F exatas e t de Student, correções para os graus de liberdade e assim por diante. Este enfoque de amostras grandes poupa os estudantes da frustração de descobrir que, devido aos erros não normais, a teoria da distribuição exata que acabaram de dominar é irrelevante. Uma vez que tenha sido ensinado sob o contexto de média amostral, o enfoque de amostras grandes para testes de hipótese e intervalos de confiança estende-se diretamente para a análise de regressão múltipla, logit e probit, estimação de variáveis instrumentais e métodos de séries temporais.

- ***Amostragem aleatória.*** Como os regressores raramente são fixos em aplicações econométricas, desde o princípio tratamos os dados sobre todas as variáveis (dependentes e independentes) como resultado da amostragem aleatória. Essa hipótese é apropriada para nossas aplicações iniciais e para dados de corte, estende-se facilmente para dados de painel e para dados de séries temporais e, devido ao nosso enfoque de amostras grandes, não impõe dificuldades conceituais ou matemáticas adicionais.

- ***Heteroscedasticidade.*** Os econometristas práticos usam rotineiramente erros padrão robustos quanto à heteroscedasticidade para eliminar dúvidas quanto à presença ou não de heteroscedasticidade. Neste livro, vamos além da consideração da heteroscedasticidade como uma exceção ou um "problema"a ser "resolvido"; em vez disso, permitimos a heteroscedasticidade desde o princípio e simplesmente utilizamos erros padrão robustos quanto à heteroscedasticidade. Apresentamos a homoscedasticidade como um caso especial que fornece uma motivação teórica para MQO.

Produtores Qualificados, Consumidores Sofisticados

Esperamos que os alunos que utilizam este livro tornem-se consumidores sofisticados de análise empírica. Para isso, precisam aprender não só como utilizar as ferramentas da análise de regressão, mas também como avaliar a validade das análises empíricas que lhes são apresentadas.

Nosso processo para ensinarmos como avaliar um estudo empírico ocorre em três etapas. Em primeiro lugar, imediatamente após apresentarmos as principais ferramentas da análise de regressão, dedicamos o Capítulo 7 às ameaças à validade interna e externa de um estudo empírico. Esse capítulo discute problemas com dados e questões referentes à generalização das descobertas para outros cenários. Também examina as principais ameaças à análise de regressão, incluindo variáveis omitidas, especificação incorreta da forma funcional, erros nas variáveis, seleção e simultaneidade — além de formas para reconhecer essas ameaças na prática.

Depois, aplicamos esses métodos para avaliação de estudos empíricos à análise empírica dos exemplos no decorrer do livro. Fazemos isso considerando especificações alternativas e tratando sistematicamente as várias ameaças à validade das análises apresentadas no livro.

Por fim, para se tornarem consumidores sofisticados, os alunos precisam de experiência direta como produtores. O aprendizado ativo supera o aprendizado passivo, e a econometria é uma disciplina ideal para um aprendizado ativo.

Enfoque Matemático e Nível de Rigor

Nosso objetivo é que os estudantes desenvolvam um entendimento sofisticado das ferramentas da análise de regressão moderna, disciplina seja ensinada utilizando-se um nível matemático "alto" ou "baixo". As partes I-IV do texto (que cobrem o material fundamental) são acessíveis a alunos que tenham estudado apenas a matemática anterior ao curso de cálculo. As partes I-IV contêm menos equações e mais aplicações em relação a muitos livros introdutórios de econometria e um número muito menor de equações do que os livros voltados para matemática nas disciplinas de graduação. Entretanto, mais equações não implicam um tratamento mais sofisticado. Segundo nossa experiência, no caso da maioria dos estudantes, um tratamento mais matemático não leva a um entendimento mais profundo.

Tendo em vista isso, alunos diferentes aprendem de forma diferente, e, para aqueles com um bom conhecimento de matemática, o aprendizado pode ser aprimorado por um tratamento matemático mais explícito. Assim, a Parte V contém uma introdução à teoria econométrica que é apropriada para os estudantes com maior embasamento matemático. Acreditamos que, quando os capítulos sobre matemática na Parte V são usados em conjunto com o material das partes I-IV, este livro torna-se adequado para disciplinas de econometria, tanto avançadas da graduação quanto em nível de mestrado.

Conteúdo e Organização

O livro é composto de cinco partes, e consideramos que o aluno tenha cursado uma disciplina das áreas de probabilidade e estatística, embora revisemos o material na Parte I. Cobrimos o material fundamental da análise de regressão na Parte II. As partes III, IV e V apresentam tópicos adicionais que aprofundam o tratamento fundamental da Parte II.

Parte I

O Capítulo 1 introduz a econometria e enfatiza a importância de fornecer respostas quantitativas a perguntas quantitativas. Discute o conceito de causalidade nos estudos estatísticos e faz uma resenha dos tipos diferentes de dados encontrados na econometria. O material de probabilidade e estatística é revisado nos capítulos 2 e 3, respectivamente; dependendo da formação dos alunos, esses capítulos podem ser dados em uma determinada disciplina ou fornecidos apenas como referência.

Parte II

O Capítulo 4 introduz a regressão com um único regressor e os mínimos quadrados ordinários (MQO). No Capítulo 5, os alunos aprendem a lidar com o viés de variável omitida utilizando a regressão múltipla, estimando, desse modo, o efeito de uma variável independente e mantendo as demais variáveis independentes constantes. No Capítulo 6, os métodos de regressão múltipla são estendidos para modelos com funções de regressão da população não-lineares que são lineares nos parâmetros (de modo que podem ser estimados por MQO). No Capítulo 7, os alunos voltam um pouco atrás e aprendem a identificar os pontos fortes e as limitações dos estudos de regressão, vendo nesse processo como aplicar os conceitos de validade interna e externa.

Parte III

A Parte III apresenta extensões dos métodos de regressão. No Capítulo 8, os alunos aprendem a usar dados de painel para controlar variáveis não observadas que são constantes ao longo do tempo. O Capítulo 9 trata da regressão com uma variável dependente binária. O Capítulo 10 mostra como a regressão de variáveis instrumentais pode ser usada para tratar uma variedade de problemas que produzem correlação entre o termo de erro e o regressor e como se podem encontrar e avaliar instrumentos válidos. O Capítulo 11 apresenta aos alunos a análise de dados de experimentos e quase-experimentos (ou experimentos naturais), tópicos freqüentemente chamados de "avaliação de programas".

Parte IV

A Parte IV examina a regressão com dados de séries temporais. O Capítulo 12 enfoca a previsão e apresenta diversas ferramentas modernas para analisar regressões de séries temporais, tais como testes de raiz unitária e testes de estabilidade. O Capítulo 13 discute o uso de dados de séries temporais para estimar relações causais. O Capítulo 14 apresenta algumas ferramentas mais avançadas para a análise de séries temporais, incluindo modelos de heteroscedasticidade condicional.

Parte V

A Parte V é uma introdução à teoria econométrica. Ela é mais do que um apêndice que completa os detalhes matemáticos omitidos do livro; é um tratamento em separado da teoria econométrica da estimação e da inferência no modelo de regressão linear. O Capítulo 15 desenvolve a teoria da análise de regressão para um único regressor; a exposição não utiliza álgebra matricial, embora exija um nível mais elevado de sofisticação matemática do que o restante do livro. O Capítulo 16 apresenta e estuda o modelo de regressão múltipla na forma matricial.

Pré-Requisitos dentro do Livro

Como professores diferentes gostam de enfatizar materiais diferentes, redigimos este livro tendo em mente diversas preferências didáticas. Na medida do possível, os capítulos das partes III, IV e V são "independentes" no sentido de que não requerem que todos os capítulos anteriores sejam estudados primeiro. Os pré-requisitos específicos para cada capítulo são descritos na Tabela 1. Embora tenhamos concluído que a seqüência de tópicos adotada no livro funciona bem em nossos próprios cursos, os capítulos foram escritos de tal modo que permitam que os professores apresentem os tópicos em uma ordem diferente se assim o desejarem.

TABELA 1 Guia de Pré-Requisitos dos Capítulos com Tópicos Especiais nas Partes III-V

	Partes ou Capítulos com Pré-Requisitos							
Capítulo	**Parte I**	**Parte II**	**8.1, 8.2**	**10.1, 10.2**	**12.1-12.4**	**12.5-12.8**	**13**	**15**
8	■	■						
9	■	■						
10.1, 10.2	■	■						
10.3-10.6	■	■	■	■				
11	■	■	■	■				
12	■	■						
13	■	■			■			
14	■	■			■	■	■	
15	■	■						
16	■	■						■

Esta tabela mostra os pré-requisitos mínimos necessários para cobrir o material de determinado capítulo. Por exemplo, a estimação de efeitos causais dinâmicos (Capítulo 13) requer que a Parte I (conforme necessário, dependendo do conhecimento do aluno), a Parte II e as seções 12.1-12.4 sejam vistas primeiro.

Amostras de Cursos

Pode-se utilizar este livro em diversos cursos.

Introdução à Econometria

Este curso apresenta a econometria (Capítulo 1) e faz uma revisão de probabilidade e estatística conforme necessário (capítulos 2 e 3). Em seguida, passa para a regressão com um único regressor, a regressão múltipla, o básico da análise de forma funcional, e a avaliação de estudos de regressão (toda a Parte II). O curso prossegue cobrindo a regressão com dados de painel (Capítulo 8), a regressão com uma variável dependente limitada (Capítulo 9) e/ou a regressão de variáveis instrumentais (Capítulo 10), conforme o tempo permitir, e termina com experimentos e quase-experimentos no Capítulo 11, tópicos que fornecem uma oportunidade para retornar às questões de estimação de efeitos causais levantadas no início do semestre e para recapitular os métodos de regressão mais importantes. *Pré-requisitos: álgebra e introdução à estatística.*

Introdução à Econometria com Aplicações de Séries Temporais e Previsão

Assim como o curso introdutório padrão, este curso cobre toda a Parte I (conforme necessário) e toda a Parte II. Opcionalmente, o curso oferece a seguir uma breve introdução a dados de painel (seções 8.1 e 8.2) e examina a regressão de variáveis instrumentais (Capítulo 10 ou apenas as seções 10.1 e 10.2). O curso então segue para a Parte IV, cobrindo previsão (Capítulo 12) e a estimação de efeitos causais dinâmicos (Capítulo 13). Se o tempo permitir, o curso poderá incluir alguns tópicos avançados em análise de séries temporais, tais como heteroscedasticidade condicional (Seção 14.5). *Pré-requisitos: álgebra e introdução à estatística.*

Análise de Séries Temporais Aplicada e Previsão

Este livro também pode ser usado para um curso de curta duração sobre séries temporais aplicadas e previsão que tenha como pré-requisito um curso sobre análise de regressão. Gasta-se algum tempo com uma revisão das ferramentas da análise de regressão básica na Parte II, dependendo do conhecimento do aluno. O curso então prossegue diretamente para a Parte IV e trabalha a previsão (Capítulo 12), a estimação de efeitos causais dinâmicos (Capítulo 13) e tópicos avançados em análise de séries temporais (Capítulo 14), incluindo auto-regressões vetoriais e heteroscedasticidade condicional. *Pré-requisitos: álgebra e introdução à econometria básica ou equivalente.*

Introdução à Teoria Econométrica

Este livro também é apropriado para um curso avançado de graduação com alunos que tenham um profundo conhecimento matemático ou para um curso de econometria em nível de mestrado. O curso faz uma breve revisão da teoria de estatística e probabilidade conforme necessário (Parte I) e apresenta a análise de regressão utilizando o tratamento não matemático baseado em aplicações da Parte II. Essa introdução é seguida pelo desenvolvimento teórico dos capítulos 15 e 16. O curso então examina a regressão com uma variável dependente limitada (Capítulo 9) e a estimação por máxima verossimilhança (Apêndice 9.2). A seguir, volta-se opcionalmente para regressão de variáveis instrumentais (Capítulo 10), métodos de séries temporais (Capítulo 12) e/ou estimação de efeitos causais utilizando dados de séries temporais e mínimos quadrados generalizados (Capítulo 13 e Seção 16.6). *Pré-requisitos: cálculo e introdução à estatística. O Capítulo 16 assume algum contato prévio com álgebra matricial.*

Recursos Pedagógicos

O livro inclui uma série de recursos pedagógicos com o objetivo de ajudar os alunos a entender, reter e aplicar as idéias essenciais. As *introduções aos capítulos* fornecem uma motivação e uma base do mundo real, bem como um breve guia que destaca a seqüência da discussão. Os *termos-chave* aparecem em negrito e são definidos no contexto ao longo de cada capítulo, e os *quadros de Conceito-Chave* apresentados em intervalos regulares recapitulam as idéias centrais. Os *quadros de interesse geral* fornecem menções interessantes a tópicos relacionados e destacam estudos do mundo real que utilizam os métodos ou conceitos em discussão no texto. Um *Resumo* numerado concluindo cada capítulo serve de quadro para a revisão dos principais pontos da cobertura. As questões da seção *Revisão dos Conceitos* verificam a compreensão do conteúdo principal por parte dos alunos, e os *Exercícios* servem para se colocarem em prática os conceitos e técnicas apresentados no capítulo. No final do livro, a seção *Referências Bibliográficas* lista fontes para leitura adicional, o *Apêndice* fornece tabelas estatísticas, e um *Glossário* define convenientemente todos os termos-chave do livro.

Recursos Adicionais

Professores e estudantes que adotam este livro têm à disposição uma gama de recursos adicionais no site do livro, em **www.aw.com/stock_br**. Nele os estudantes encontram arquivos de dados (*data sets*) usados no livro, bem como soluções para os exercícios selecionados (em inglês), e os professores encontram o manual de soluções (em inglês) e apresentações em PowerPoint.

Agradecimentos

Muitas pessoas contribuíram para este projeto. Nossos maiores agradecimentos são para nossos colegas de Harvard e Princeton que utilizaram manuscritos preliminares deste livro em sala de aula. Suzanne Cooper, da Kennedy School of Government em Harvard, fez sugestões inestimáveis e comentários detalhados sobre muitos manuscritos. Na qualidade de professora assistente de um dos autores (Stock), ela também ajudou a revisar boa parte do material deste livro durante seu desenvolvimento para uma disciplina de mestrado solicitada na Kennedy School. Também somos gratos a dois outros colegas da Kennedy School: Alberto Abadie e Sue Dynarski, por suas explicações pacientes sobre quase-experimentos e sobre o campo da avaliação de programas e por seus comentários detalhados sobre os manuscritos preliminares do livro. Em Princeton, Eli Tamer utilizou um manuscrito preliminar do livro em suas aulas e também forneceu comentários úteis sobre o penúltimo manuscrito.

Também somos gratos a muitos de nossos amigos e colegas econometristas que gastaram tempo discutindo conosco a essência deste livro e que no todo nos ofereceram tantas sugestões úteis. Bruce Hansen (Universidade de Wiscosin, Madison) e Bo Honore (Princeton) ofereceram um feedback útil sobre os esboços iniciais e as versões preliminares do material principal da parte II. Joshua Angrist (MIT) e Guido Imbens (Universidade de Berkeley, Califórnia) forneceram sugestões profundas sobre nossa abordagem dos materiais sobre avaliação de programas. Nossa apresentação do material sobre séries temporais foi beneficiada pelas discussões com Yacine Ait-Sahalia (Princeton), Graham Elliot (Universidade da Califórnia, San Diego), Andrew Harvey (Universidade de Cambridge) e Christopher Sims (Princeton). Por fim, muitas pessoas fizeram sugestões úteis sobre partes do manuscrito relacionadas a suas áreas de especialização: Don Andrews (Yale), John Bound (Universidade de Michigan), Gregory Chow (Princeton), Thomas Downes (Tufts), David Drukker (Stata, Corp.), Jean Baldwin Grossman (Princeton), Eric Hanushek (Hoover Institution), James Heckman (Universidade de Chicago), Han Hong (Princeton), Caroline Hoxby (Harvard), Alan Krueger (Princeton), Steven Levitt (Universidade de Chicago), Richard Light (Harvard), David Neumark (Michigan State University), Joseph Newhouse (Harvard), Pierre Perron (Universidade de Boston), Kenneth Warner (Universidade do Michigan) e Richard Zeckhauser (Harvard).

Muitas pessoas foram muito generosas em nos fornecer dados. Os dados sobre pontuação nos exames da Califórnia foram elaborados com a ajuda de Les Axelrod da Divisão de Padrões e Avaliações do Departamento de Educação da Califórnia. Somos gratos a Charlie DePascale, do Serviço de Avaliação de Alunos do Departamento de Educação de Massachusetts, por sua ajuda em aspectos da base de dados sobre pontuação nos exames de Massachusetts. Christopher Ruhm (Universidade da Carolina do Norte, Greensboro) nos forneceu gentilmente sua base de dados sobre leis relativas a motoristas bêbados e mortes no trânsito. O departamento de pesquisa do Federal Reserve Bank de Boston merece nossos agradecimentos por reunir seus dados sobre discriminação racial nos empréstimos hipotecários; agradecemos em particular a Geoffrey Tootell por nos fornecer a versão atualizada da base de dados que utilizamos no Capítulo 9 e a Lynn Browne por nos explicar o contexto de política a ele relacionada. Agradecemos a Jonathan Gruber (MIT) por compartilhar seus dados sobre vendas de cigarros, que analisamos no Capítulo 10, e a Alan Krueger (Princeton) por sua ajuda com os dados do Projeto STAR, do Tennessee, que analisamos no Capítulo 11.

Somos também muito gratos pelos muitos comentários construtivos, detalhados e profundos que recebemos daqueles que revisaram os diversos manuscritos para a Addison-Wesley:

Michael Abbott, Queen's University, Canadá
Richard J. Agnello, Universidade de Delaware

Clopper Almon, Universidade de Maryland
Joshua Angrist, Massachusetts Institute of Technology
Swarnjit S. Arora, Universidade de Wisconsin, Milwaukee
Christopher F. Baum, Boston College
McKinley L. Blackburn, Universidade da Carolina do Sul
Alok Bohara, Universidade do Novo México
Chi-Young Choi, Universidade de New Hampshire
Dennis Coates, University de Maryland, Baltimore
Tim Conley, Graduate School of Business, Universidade de Chicago
Douglas Dalenberg, Universidade de Montana
Antony Davies, Duquesne University
Joanne M. Doyle, James Madison University
David Eaton, Murray State University
Adrian R. Fleissig, California State University, Fullerton
Rae Jean B. Goodman, United States Naval Academy
Bruce E. Hansen, Universidade de Wisconsin, Madison
Peter Reinhard Hansen, Brown University
Ian T. Henry, Universidade de Melbourne, Austrália
Marc Henry, Universidade de Columbia
William Horrace, Universidade do Arizona
Òscar Jordà, Universidade da Califórnia, Davis
Frederick L. Joutz, The George Washington University
Elia Kacapyr, Ithaca College
Manfred W. Keil, Claremont McKenna College
Eugene Kroch, Villanova University
Gary Krueger, Macalester College
Kajal Lahiri, State University of New York, Albany
Daniel Lee, Shippensburg University
Tung Liu, Ball State University
Ken Matwiczak, LBJ School of Public Affairs, Universidade do Texas, Austin
KimMarie McGoldrick, Universidade de Richmond
Robert McNown, Universidade do Colorado, Boulder
H. Naci Mocan, Universidade do Colorado, Denver
Mototsugu Shintani, Vanderbilt University
Mico Mrkaic, Duke University
Serena Ng, Johns Hopkins University
Jan Ondrich, Universidade de Siracusa
Pierre Perron, Universidade de Boston
Robert Phillips, The George Washington University
Simran Sahi, Universidade de Minnesota
Sunil Sapra, California State University, Los Angeles
Frank Schorfheide, Universidade da Pennsylvania
Leslie S. Stratton, Virginia Commonwealth University
Jane Sung, Truman State University
Christopher Taber, Northwestern University
Petra Todd, Universidade da Pennsylvania
John Veitch, Universidade de San Francisco
Edward J. Vytlacil, Universidade de Stanford

M. Daniel Westbrook, Georgetown University
Tiemen Woutersen, University of Western Ontario
Phanindra V. Wunnava, Middlebury College
Zhenhui Xu, Georgia College and State University
Yong Yin, State University of New York, Buffalo
Jiangfeng Zhang, Universidade de Berkeley, Califórnia,
John Xu Zheng, Universidade do Texas, Austin

Agradecemos a várias pessoas por seu trabalho cuidadoso de revisão. Kerry Griffin e Yair Listokin leram todo o manuscrito e Andrew Fraker, Ori Heffetz, Amber Henry, Hong Li, Alessandro Tarozzi e Matt Watson examinaram cuidadosamente diversos capítulos.

Tivemos o benefício da ajuda de uma editora de desenvolvimento excepcional, Jane Tufts, cuja criatividade, trabalho duro e atenção aos detalhes aprimoraram o livro de várias formas. A Addison-Wesley nos proporcionou um suporte de primeira classe, começando por nossa excelente editora, Sylvia Mallory, e estendendo-se a toda a equipe de publicação. Jane e Sylvia nos ensinaram pacientemente muito sobre redação, organização e apresentação, e seus esforços são evidentes em cada página deste livro. Também estendemos nossos agradecimentos a todos os demais profissionais da excelente equipe da Addison-Wesley, que nos ajudaram em cada passo do processo complexo de publicação deste livro: Adrienne D'Ambrosio (gerente de marketing), Melissa Honig (produtora de mídia sênior), Regina Kolenda (designer sênior), Katherine Watson (supervisora de produção) e, especialmente, Denise Clinton (editora-chefe).

Acima de tudo, somos gratos a nossas famílias por sua tolerância durante este projeto. Escrever este livro consumiu um tempo enorme — para elas, o projeto deve ter parecido infindável. Elas, mais do que ninguém, suportaram o ônus deste compromisso, e somos profundamente gratos por sua ajuda e seu apoio.

PARTE UM

Introdução e Revisão

CAPÍTULO 1 *Questões e Dados Econômicos*

CAPÍTULO 2 *Revisão de Probabilidade*

CAPÍTULO 3 *Revisão de Estatística*

CAPÍTULO 1 Questões e Dados Econômicos

Pergunte a meia dúzia de econometristas a definição de econometria e você terá meia dúzia de respostas diferentes. Um deles poderia dizer que econometria é a ciência que testa teorias econômicas. Um segundo poderia dizer que é o conjunto de ferramentas utilizadas para prever valores futuros de variáveis econômicas, tais como as vendas de uma empresa, o crescimento global da economia ou os preços das ações. Outro poderia dizer que se trata do processo de ajuste dos modelos econômicos matematizados a dados do mundo real. Outro ainda diria que econometria é a arte e a ciência que utiliza dados históricos para fazer recomendações numéricas ou quantitativas de política no governo e nos negócios.

Na verdade, todas essas respostas estão certas. Sob um prisma mais amplo, econometria é a ciência e a arte que utiliza a teoria econômica e as técnicas estatísticas para analisar dados econômicos. Os métodos econométricos são usados em muitas áreas da economia, incluindo finanças, economia do trabalho, macroeconomia, microeconomia, marketing e política econômica. Esses métodos normalmente também são utilizados em outras ciências sociais, incluindo ciência política e sociologia.

Este livro apresenta o conjunto fundamental de métodos utilizados pelos econometristas. Usaremos esses métodos para responder a diversas questões quantitativas específicas, extraídas do mundo da política, dos negócios e do governo. Este capítulo apresenta quatro dessas questões e discute, em termos gerais, a abordagem econométrica para responder a elas. Termina com uma resenha dos principais tipos de dados disponíveis aos econometristas para responder a essas e a outras questões econômicas quantitativas.

1.1 Questões Econômicas que Examinamos

Muitas decisões tomadas na economia, nos negócios e no governo dependem da compreensão das relações entre variáveis no mundo que nos cerca. Essas decisões requerem respostas quantitativas para questões quantitativas.

Este livro examinará diversas questões quantitativas extraídas de tópicos atuais em economia. Quatro dessas questões referem-se à política educacional, ao viés racial na contratação de empréstimos hipotecários, ao consumo de cigarros e à previsão macroeconômica.

Questão nº 1: A Redução do Tamanho das Turmas Melhora o Aprendizado no Ensino Fundamental?

Propostas de reforma do sistema de ensino público dos Estados Unidos geram debates acalorados. Muitas propostas referem-se aos estudantes mais jovens, do ensino fundamental, o qual tem vários objetivos, tais como o desenvolvimento de habilidades sociais, mas para muitos pais e educadores o objetivo mais importante é o aprendizado acadêmico básico: ler, escrever e fazer as operações matemáticas elementares. Uma proposta importante para melhorar o aprendizado básico é a redução do tamanho das turmas do ensino fundamental. Com menos alunos nas turmas, segue o argumento, cada aluno recebe mais atenção do professor, há menos interrupções durante a aula, o aprendizado cresce e as notas melhoram.

Mas qual é, exatamente, o efeito da redução do tamanho das turmas sobre o ensino fundamental? Essa redução custa dinheiro: requer a contratação de mais professores e, se a escola já estiver operando em sua capacidade máxima, a construção de novas salas de aula. Um tomador de decisões que esteja considerando a contratação de mais professores deve pesar os custos e os benefícios. Para fazer isso, contudo, o tomador de decisões deve ter uma compreensão quantitativa exata dos prováveis benefícios. O efeito benéfico de turmas menores sobre o aprendizado básico é grande ou pequeno? É possível que turmas menores não tenham nenhum efeito sobre o aprendizado básico?

Embora o senso comum e a experiência cotidiana possam sugerir que um maior aprendizado ocorra quando há menos estudantes, o senso comum não pode fornecer uma resposta quantitativa à questão sobre qual é exatamente o efeito na redução do tamanho das turmas sobre o aprendizado básico. Para obter essa resposta, precisamos examinar a evidência empírica — isto é, a evidência baseada em dados — que relaciona o tamanho das turmas ao aprendizado básico no ensino fundamental.

Neste livro, examinaremos a relação entre o tamanho das turmas e o aprendizado básico utilizando dados coletados de 420 diretorias regionais de ensino da Califórnia em 1998. Segundo esses dados, alunos de diretorias com turmas pequenas tendem a ter desempenho melhor em exames padronizados do que alunos de diretorias regionais com turmas maiores. Embora esse fato seja coerente com a idéia de que turmas menores geram pontuações melhores nos exames, ele pode simplesmente refletir outras vantagens que alunos de diretorias de ensino com turmas pequenas têm sobre seus colegas de diretorias de ensino com turmas grandes. Por exemplo, diretorias de ensino com turmas pequenas tendem a ter moradores com melhor poder aquisitivo do que aquelas com turmas grandes; desse modo, os alunos de diretorias de ensino com turmas pequenas têm mais oportunidades para aprender fora da sala de aula. Pode ser que sejam essas oportunidades adicionais de aprendizado, e não as turmas menores, que levem a pontuações mais altas nos exames. Na Parte 2, utilizaremos análise de regressão múltipla para isolar o efeito de mudanças no tamanho das turmas em relação a mudanças em outros fatores, tais como a situação econômica dos alunos.

Questão nº 2: Há Discriminação Racial no Mercado de Empréstimos Hipotecários?

A maioria dos norte-americanos adquire sua residência com o auxílio de uma hipoteca, um grande empréstimo garantido pelo valor do imóvel. Por lei, as instituições financeiras norte-americanas não podem levar em consideração a raça do requerente ao decidir pela concessão ou recusa de um pedido de hipoteca: candidatos idênticos em todos os aspectos — com exceção de sua raça — deveriam ter seu pedido de hipoteca aprovado. Em teoria, portanto, não deveria haver viés racial na concessão de empréstimos hipotecários.

Em contraste com essa conclusão teórica, pesquisadores do Federal Reserve Bank (Banco da Reserva Federal), de Boston,* constataram (utilizando dados do início da década de 1990) que 28 por cento dos requerentes negros tinham seu pedido de hipoteca negado, enquanto apenas 9 por cento dos requerentes brancos tinham seu pedido negado. Será que esses dados indicam que, na prática, existe viés racial na concessão de empréstimos hipotecários? E, se for esse o caso, qual é a dimensão do viés?

De acordo com os dados do Fed de Boston, o fato de mais requerentes negros do que brancos terem seu pedido negado não fornece por si só evidência de discriminação por parte dos mutuantes, pois requerentes negros e brancos diferem sob muitos outros aspectos além da raça. Antes de concluir que existe viés racial no mercado hipotecário, esses dados devem ser examinados mais de perto para se constatar se existe uma diferença na probabilidade de requerentes *idênticos sob outros aspectos* terem o pedido negado e, se for esse o caso, se essa diferença é grande ou pequena. Para isso, no Capítulo 9 apresentaremos os métodos econométricos que permitem quantificar o efeito da raça sobre a probabilidade de se obter uma hipoteca, *mantendo constantes* outras características dos requerentes, particularmente sua capacidade de saldar o empréstimo.

Questão nº 3: Em Quanto a Tributação sobre Cigarros Reduz Seu Consumo?

O consumo de cigarros é um grande problema de saúde pública mundial. Muitos dos custos do hábito de fumar recaem sobre outros membros da sociedade, tais como as despesas com tratamento médico de doenças provocadas pelo cigarro e os custos menos quantificáveis para os não-fumantes, que preferem não respirar a fumaça de terceiros. Como esses custos recaem sobre outras pessoas além do fumante, há intervenção governamental na

* Agência Distrital do Banco Central dos Estados Unidos (Federal Reserve Bank), situada em Boston. O Banco Central norte-americano é normalmente chamado de Fed, nome que utilizaremos ocasionalmente no texto. Maiores detalhes sobre a organização do Banco Central dos Estados Unidos podem ser encontrados, *inter alia*, em Blanchard, Olivier J. *Macroeconomics*, 3. ed. Boston: Addison-Wesley, 2003 (N. do R.T.).

redução do consumo de cigarros. Um dos instrumentos mais flexíveis para a redução do consumo é o aumento dos impostos sobre cigarros.

De acordo com as noções de economia básica, se os preços dos cigarros subirem, o consumo cairá. Mas em quanto? Se o preço de venda subir 1 por cento, em qual percentual a quantidade de cigarros vendidos cairá? A mudança percentual da quantidade demandada resultante de um aumento de 1 por cento no preço é a *elasticidade-preço da demanda*. Se queremos reduzir o hábito de fumar em determinado montante, digamos 20 por cento, por meio do aumento de impostos, precisamos conhecer a elasticidade-preço para calcular o aumento de preços necessário para atingir essa redução do consumo. Mas qual é a elasticidade-preço da demanda por cigarros?

Embora a teoria econômica nos forneça conceitos que ajudam a responder a essa questão, ela não nos diz o valor numérico da elasticidade-preço da demanda. Para conhecer a elasticidade, precisamos examinar a evidência empírica sobre o comportamento dos fumantes e dos fumantes em potencial. Em outras palavras, precisamos analisar dados sobre o consumo e os preços dos cigarros.

Os dados que examinamos são relativos a vendas e preços de cigarros, impostos sobre cigarros e renda pessoal em nível estadual para os Estados Unidos nas décadas de 1980 e 1990. Segundo os dados, estados com baixos impostos sobre cigarros e, portanto, cigarros com preços baixos apresentam um alto índice de fumantes, enquanto estados com preços elevados apresentam um baixo índice de fumantes. Entretanto, a análise desses dados é complicada, uma vez que a causalidade se move nos dois sentidos: impostos baixos levam a uma demanda elevada, mas, se há muitos fumantes no Estado, os políticos locais podem tentar manter os impostos sobre cigarros em um patamar baixo para satisfazer a seus eleitores fumantes. No Capítulo 10 estudaremos os métodos que lidam com essa "causalidade simultânea" e utilizaremos esses métodos para estimar a elasticidade-preço da demanda por cigarros.

Questão nº 4: Qual Será a Taxa de Inflação no Próximo Ano?

Parece que as pessoas sempre desejam prever o futuro. Como serão as vendas no próximo ano em uma empresa que planeja um investimento em equipamentos novos? Será que a bolsa de valores vai subir no mês que vem, e, se for esse o caso, em quanto? Os impostos municipais arrecadados no ano que vem cobrirão os gastos planejados com serviços municipais? Sua prova de microeconomia na semana que vem se concentrará em externalidades ou monopólios? Sábado será um bom dia para ir à praia?

Um aspecto do futuro em que os macroeconomistas e economistas financeiros estão particularmente interessados é a taxa da inflação total dos preços durante o próximo ano. Um financista pode aconselhar um cliente a tomar um empréstimo ou a saldá-lo a uma dada taxa de juros, dependendo de uma melhor previsão para a taxa de inflação ao longo do próximo ano. Os economistas de bancos centrais como o Federal Reserve Board, em Washington, D.C., e o European Central Bank, em Frankfurt, Alemanha, são responsáveis por manter a taxa da inflação de preços sob controle e por isso suas decisões sobre a fixação das taxas de juros se apóiam na previsão da inflação ao longo do próximo ano. Se projetarem o aumento da taxa de inflação em um ponto percentual, eles devem aumentar as taxas de juros acima disso para desacelerar uma economia que, de seu ponto de vista, corre o risco de estar superaquecida. Se a sua projeção estiver errada, correm o risco de provocar uma recessão desnecessária ou um salto indesejável na taxa de inflação.

Os economistas que dependem de previsões numéricas precisas utilizam modelos econométricos para fazer essas previsões. O trabalho de um formulador de previsões consiste em prever o futuro usando o passado; os econometristas fazem isso utilizando-se da teoria econômica e de técnicas estatísticas para quantificar relações em dados históricos.

Os dados utilizados nos Estados Unidos para prever a inflação são as taxas de inflação e de desemprego. Uma relação empírica importante nos dados macroeconômicos é a "curva de Phillips", em que um valor atualmente baixo da taxa de desemprego está associado a um aumento da taxa de inflação ao longo do próximo ano. Uma das previsões de inflação que desenvolveremos e avaliaremos no Capítulo 12 baseia-se na curva de Phillips.

Questões Quantitativas, Respostas Quantitativas

Cada uma dessas quatro questões requer uma resposta numérica. A teoria econômica oferece pistas sobre a resposta — o consumo de cigarros deve diminuir se o preço aumenta —, mas o valor efetivo do número deve ser obtido empiricamente, isto é, por meio da análise dos dados. Como utilizamos dados para responder a questões quantitativas, nossas respostas sempre possuem alguma incerteza: um conjunto diferente de dados produziria uma resposta numérica diferente. Desse modo, a estrutura conceitual para a análise precisa fornecer tanto uma resposta numérica para a questão quanto uma medida da precisão dessa resposta.

A estrutura conceitual utilizada neste livro é o modelo de regressão múltipla, o alicerce da econometria. Esse modelo, apresentado na Parte 2, proporciona uma forma matemática de quantificar como uma mudança em uma variável afeta outra variável, mantendo tudo o mais constante. Por exemplo, qual é o efeito de uma mudança no tamanho das turmas sobre as pontuações nos exames, *mantendo constantes* as características dos alunos (como renda familiar) que o diretor regional de ensino não pode controlar? Qual é o efeito de sua raça sobre suas oportunidades de ter um pedido de hipoteca aprovado, *mantendo constantes* fatores como sua capacidade de saldar o empréstimo? Que efeito tem um aumento de 1 por cento no preço dos cigarros sobre seu consumo, *mantendo constante* a renda dos fumantes e dos fumantes em potencial? O modelo de regressão múltipla e suas extensões fornecem uma estrutura para responder a essas questões utilizando dados e para quantificar a incerteza associada a essas respostas.

1.2 Efeitos Causais e Experimentos Idealizados

Assim como muitas questões encontradas na econometria, as primeiras três questões da Seção 1.1 dizem respeito a relações causais entre variáveis. No uso cotidiano, diz-se que uma ação causa um efeito se o efeito é o resultado direto, ou conseqüência, daquela ação. Encostar em um forno quente faz com que você se queime; beber água diminui sua sede; colocar ar nos pneus do carro faz com que eles fiquem cheios; aplicar fertilizante em plantações de tomates faz com que nasçam mais tomates. Causalidade significa que uma ação específica (aplicar fertilizante) leva a uma conseqüência específica, mensurável (mais tomates).

Estimação de Efeitos Causais

Qual é a melhor forma de medir o efeito causal sobre a produção de tomates (medida em quilos) da aplicação de determinado montante de fertilizante, digamos 100 gramas de fertilizante por metro quadrado?

Uma forma de medir esse efeito causal é conduzir um experimento. Nesse experimento, um pesquisador agrônomo planta diversos lotes de tomates. Cada lote é cuidado de forma idêntica, mas com uma exceção: alguns lotes recebem 100 gramas de fertilizante por metro quadrado, ao passo que os demais não recebem nada. Além disso, a atribuição quanto a um lote receber ou não fertilizante é feita aleatoriamente por um computador, o que assegura que quaisquer outras diferenças entre os lotes não estejam relacionadas com o recebimento ou não de fertilizante. Ao final da safra, o agrônomo pesa a colheita de cada lote. A diferença entre a produção média por metro quadrado dos lotes tratados e dos não tratados é o efeito do tratamento por fertilizante sobre a produção de tomates.

Esse é um exemplo de um **experimento controlado aleatório**. É controlado na medida em que existe tanto um **grupo de controle**, que não recebe nenhum tratamento (nenhum fertilizante), quanto um **grupo de tratamento**, que recebe o tratamento (100 g/m^2 de fertilizante). É aleatório porque o tratamento é atribuído aleatoriamente. Essa atribuição aleatória elimina a possibilidade de uma relação sistemática entre, por exemplo, a quantidade de luz solar no lote e o recebimento ou não de fertilizante, de modo que a única diferença sistemática entre os grupos de tratamento e de controle é o tratamento em si. Se o experimento for implementado de modo adequado em uma escala suficientemente grande, ele produzirá uma estimativa do efeito causal do tratamento (aplicar 100 g/m^2 de fertilizante) sobre o resultado de interesse (produção de tomates).

Neste livro, o **efeito causal** é definido como o efeito de dada ação ou tratamento sobre um resultado, conforme medido em um experimento controlado aleatório ideal. Nesse experimento, a única razão sistemática para as diferenças observadas nos resultados entre os grupos de tratamento e de controle é o tratamento em si.

É possível imaginar um experimento controlado aleatório ideal para responder a cada uma das três primeiras questões da Seção 1.1. Por exemplo, para estudar o tamanho das turmas, podemos imaginar a atribuição aleatória de "tratamentos" de diferentes tamanhos de turmas a diferentes grupos de alunos. Se o experimento for elaborado e implementado de forma que a única diferença sistemática entre os grupos de alunos seja o tamanho das turmas, teoricamente ele estimará o efeito da redução do tamanho das turmas sobre as pontuações dos exames, mantendo tudo o mais constante.

O conceito de experimento controlado aleatório ideal é útil porque fornece uma definição de efeito causal. Na prática, entretanto, não é possível conduzir experimentos ideais. Na verdade, experimentos são raros em econometria porque freqüentemente são antiéticos, impossíveis de executar de maneira satisfatória ou absurdamente caros. O conceito de experimento controlado aleatório ideal, porém, proporciona um ponto de referência teórico para uma análise econométrica de efeitos causais utilizando dados do mundo real.

Previsão e Causalidade

Embora as três primeiras questões da Seção 1.1 se refiram a efeitos causais, o mesmo não acontece com a quarta questão — previsão da inflação. Você não precisa conhecer uma relação causal para fazer uma boa previsão. Uma boa forma de "prever" se está chovendo é observar se os pedestres estão usando guarda-chuvas, mas o ato de utilizar um guarda-chuva não causa a chuva.

Mesmo que a previsão não envolva relações causais, a teoria macroeconômica sugere padrões e relações que podem ser úteis para a previsão da inflação. Como veremos no Capítulo 12, a análise de regressão múltipla permite quantificar relações históricas sugeridas pela teoria econômica, verificar se essas relações são estáveis ao longo do tempo, fazer projeções quantitativas sobre o futuro e avaliar a precisão dessas previsões.

1.3 Dados: Fontes e Tipos

Em econometria, os dados originam-se de experimentos ou de observações não experimentais do mundo. Este livro examina as bases de dados experimentais e não experimentais.

Dados Experimentais *versus* Dados Observacionais

Dados experimentais vêm de experimentos concebidos para a avaliação de um tratamento ou uma política ou para a investigação de um efeito causal. Por exemplo, o Estado do Tennessee, nos Estados Unidos, financiou um grande experimento controlado aleatório examinando o tamanho das turmas na década de 1980. Nesse experimento, que examinaremos no Capítulo 11, milhares de alunos foram atribuídos aleatoriamente para turmas de tamanhos diferentes durante vários anos e tiveram de fazer anualmente exames padronizados.

O experimento do tamanho das turmas do Tennessee custou milhões de dólares e exigiu a cooperação contínua de muitos diretores de ensino, pais e professores ao longo de muitos anos. Como os experimentos do mundo real com indivíduos são difíceis de administrar e controlar, eles apresentam falhas em relação aos experimentos controlados aleatórios ideais. Além disso, em algumas circunstâncias, os experimentos não apenas são caros e difíceis de controlar, mas também antiéticos. (Seria ético oferecer cigarros baratos a adolescentes selecionados aleatoriamente para ver o quanto eles compram?) Em virtude desses problemas financeiros, práticos e éticos, os experimentos em economia são raros. Em vez disso, a maioria dos dados econômicos é obtida por meio da observação do comportamento no mundo real.

Dados obtidos pela observação do comportamento efetivo fora de um ambiente experimental são chamados de **dados observacionais**. Esses dados são coletados por meio de pesquisas, como uma pesquisa por telefone com consumidores, e por registros administrativos, como registros históricos sobre pedidos de hipoteca mantidos pelas instituições financeiras.

Dados observacionais colocam grandes desafios para as tentativas econométricas de estimação de efeitos causais, e as ferramentas da econometria enfrentam esses desafios. No mundo real, os níveis de "tratamento" (a quantidade de fertilizante no exemplo do tomate, a razão aluno-professor no exemplo do tamanho das turmas) não são atribuídos aleatoriamente, de modo que é difícil separar o efeito do "tratamento" de outros fatores relevantes. Grande parte da econometria, e deste livro, dedica-se a métodos que fazem frente aos desafios encontrados quando os dados do mundo real são utilizados para a estimação de efeitos causais.

Sejam experimentais ou observacionais, as bases de dados podem ser de três tipos principais: dados de corte, dados de séries temporais e dados de painel. Neste livro você encontrará todos eles.

Dados de Corte

Dados sobre diferentes entidades — trabalhadores, consumidores, empresas, unidades governamentais e assim por diante — em um único período de tempo são chamados de **dados de corte**. Por exemplo, os dados sobre pontuações de exames nas diretorias de ensino da Califórnia são dados de corte: referem-se a 420 entidades (diretorias de ensino) para um único período de tempo (1998). Em geral, o número de entidades sobre as quais temos observações é representado por n, de modo que temos $n = 420$ para o exemplo da base de dados da Califórnia.

A base de dados sobre as pontuações nos exames da Califórnia contém medidas de variáveis diferentes para cada diretoria. Alguns desses dados estão na Tabela 1.1. Cada linha apresenta dados para uma diretoria diferente. Por exemplo, a pontuação média nos exames para a primeira diretoria ("diretoria nº 1") é 690,8; essa é a média das pontuações dos exames de matemática e ciências para todos os alunos da quinta série dessa diretoria em 1998 em um exame padronizado (SAT — Stanford Achievement Test, ou Exame de Aproveitamento de Stanford). A razão média aluno-professor naquela diretoria é de 17,89, isto é, o número de alunos na diretoria nº 1 dividido pelo número de professores é 17,89. O gasto médio por aluno nessa diretoria é de US$ 6.385. O percentual de alunos nessa diretoria que ainda estão aprendendo inglês — isto é, o percentual de alunos para os quais o inglês é o segundo idioma e que ainda não são proficientes nessa língua — é 0 por cento.

As linhas seguintes apresentam dados para outras diretorias. A ordem das linhas é arbitrária e o número da diretoria, chamado de **número da observação**, é um número atribuído arbitrariamente que organiza os dados. Como você pode ver na tabela, todas as variáveis listadas apresentam mudanças consideráveis.

Com dados de corte, podemos aprender sobre as relações entre variáveis estudando as diferenças entre pessoas, empresas ou outras entidades econômicas durante um único período de tempo.

Dados de Séries Temporais

Dados de séries temporais são dados para uma entidade única (pessoa, empresa, país) coletados em diversos períodos de tempo. Nossa base de dados sobre taxas de inflação e desemprego nos Estados Unidos é um

TABELA 1.1 Observações Selecionadas sobre Pontuações de Exames e Outras Variáveis para as Diretorias de Ensino da Califórnia em 1998

Número da observação (diretoria)	Pontuação média nos exames da diretoria (5ª série)	Razão aluno-professor	Gastos por aluno (US$)	Porcentagem de alunos aprendendo inglês
1	690,8	17,89	6.385	0,0
2	661,2	21,52	5.099	4,6
3	643,6	18,70	5.502	30,0
4	647,7	17,36	7.102	0,0
5	640,8	18,67	5.236	13,9
⋮	⋮	⋮	⋮	⋮
418	645,0	21,89	4.403	24,3
419	672,2	20,20	4.776	3,0
420	655,8	19,04	5.993	5,0

Nota: A base de dados sobre pontuação nos exames da Califórnia está no Apêndice 4.1.

exemplo de base de dados de séries temporais. A base de dados contém observações de duas variáveis (as taxas de inflação e desemprego) para uma única entidade (Estados Unidos) durante 167 períodos de tempo. Cada período de tempo dessa base de dados corresponde a um trimestre de um ano (o primeiro trimestre é janeiro, fevereiro e março; o segundo é abril, maio e junho, e assim por diante). As observações dessa base de dados se iniciaram no segundo trimestre de 1959, que passa a ser representado por 1959:II, e terminaram no quarto trimestre de 2000 (2000:IV). O número de observações (isto é, períodos de tempo) em uma base de dados de séries temporais é representado por T. Como há 167 trimestres de 1959:II a 2000:IV, essa base de dados contém $T = 167$ observações.

Algumas observações dessa base de dados são mostradas na Tabela 1.2. Os dados de cada linha correspondem a um período de tempo diferente (ano e trimestre). No segundo trimestre de 1959, por exemplo, a taxa de inflação de preços foi de 0,7 por cento ao ano a uma taxa anualizada. Em outras palavras, se a inflação tivesse continuado por 12 meses à taxa do segundo trimestre de 1959, o nível geral de preços (conforme medido pelo Índice de Preços ao Consumidor – IPC) teria aumentado 0,7 por cento. No segundo trimestre de 1959, a taxa de desemprego foi de 5,1 por cento, isto é, 5,1 por cento da força de trabalho declarou que estava sem trabalho e que procurava uma colocação. No terceiro trimestre de 1959, a taxa de inflação medida pelo IPC foi de 2,1 por cento e a taxa de desemprego foi de 5,3 por cento.

Ao monitorar uma única entidade ao longo do tempo, os dados de séries temporais podem ser utilizados para o estudo da evolução das variáveis ao longo do tempo e para a previsão dos valores futuros dessas variáveis.

Dados de Painel

Dados de painel, também chamados de **dados longitudinais**, são dados de diversas entidades em que cada uma delas é observada em dois ou mais períodos de tempo. Nossos dados sobre consumo de cigarros e preços de cigarros são um exemplo de base de dados de painel. Na Tabela 1.3, mostramos variáveis e observações selecionadas dessa base de dados. O número de entidades de uma base de dados de painel é representado por n, e o número de períodos de tempo, por T. Na base de dados de cigarros, temos observações para $n = 48$ estados norte-americanos (entidades) durante $T = 11$ anos (períodos de tempo), de 1985 a 1995. Portanto, existe um total de $n \times T = 48 \times 11 = 528$ observações.

TABELA 1.2 Observações Selecionadas para as Taxas de Inflação pelo Índice de Preços ao Consumidor (IPC) e de Desemprego nos Estados Unidos: Dados Trimestrais, 1959–2000.

Número da observação	Data (Ano: trimestre)	Taxa de inflação pelo IPC (Porcentagem ao ano a uma taxa anualizada)	Taxa de desemprego (%)
1	1959:II	0,7	5,1
2	1959:III	2,1	5,3
3	1959:IV	2,4	5,6
4	1960:I	0,4	5,1
5	1960:II	2,4	5,2
⋮	⋮	⋮	⋮
165	2000:II	3,0	4,0
166	2000:III	3,5	4,0
167	2000:IV	2,8	4,0

Nota: A base de dados sobre inflação e desemprego nos Estados Unidos está no Apêndice 12.1.

Dados de Corte, de Séries Temporais e de Painel

Conceito-Chave 1.1

- Dados de corte consistem em diversas entidades observadas em um único período.
- Dados de séries temporais consistem em uma única entidade observada em diversos períodos.
- Dados de painel (também conhecidos como dados longitudinais) consistem em diversas entidades em que cada uma delas é observada em dois ou mais períodos.

TABELA 1.3 Observações Selecionadas sobre Vendas e Preços de Cigarros e Impostos sobre Esse Produto por Estado e Ano para os Estados Unidos, 1985–1995

Número da observação	Estado	Ano	Vendas de cigarros (maços *per capita*)	Preço médio por maço (incluindo impostos)	Impostos totais (imposto sobre consumo + imposto sobre vendas)
1	Alabama	1985	116,5	US$ 1,022	US$ 0,333
2	Arkansas	1985	128,5	1,015	0,370
3	Arizona	1985	104,5	1,086	0,362
⋮	⋮	⋮	⋮	⋮	⋮
47	West Virginia	1985	112,8	1,089	0,382
48	Wyoming	1985	129,4	0,935	0,240
49	Alabama	1986	117,2	1,080	0,334
⋮	⋮	⋮	⋮	⋮	⋮
96	Wyoming	1986	127,8	1,007	0,240
97	Alabama	1987	115,8	1,135	0,335
⋮	⋮	⋮	⋮	⋮	⋮
528	Wyoming	1995	112,2	1,585	0,360

Nota: A base de dados sobre consumo de cigarros está no Apêndice 10.1.

Uma parte da base de dados de consumo de cigarros é mostrada na Tabela 1.3. O primeiro bloco de 48 observações mostra os dados de cada Estado dos Estados Unidos em 1985, organizados alfabeticamente do Alabama a Wyoming. O bloco seguinte de 48 observações lista os dados de 1986 e assim por diante, até 1995. Por exemplo, em 1985, as vendas de cigarros no Arkansas eram de 128,5 maços per capita (o número total de maços de cigarros vendidos no Arkansas em 1985 dividido pelo total da população do Estado em 1985 é igual a 128,5). O preço médio de um maço de cigarros no Arkansas em 1985, incluindo impostos, era US$ 1,015, dos quais US$ 0,37 eram impostos federais, estaduais e locais.*

* O contexto local dos Estados Unidos é próximo, no Brasil, ao contexto *municipal*. Na verdade, o caso norte-americano se refere a condados (N. do R.T.).

Os dados de painel podem ser usados para aprender sobre relações econômicas com base nas experiências de muitas entidades diferentes na base de dados e na evolução ao longo do tempo das variáveis de cada entidade.

As definições de dados de corte, dados de séries temporais e dados de painel estão resumidas no quadro Conceito-Chave 1.1.

Resumo

1. Muitas decisões em negócios e em economia requerem estimativas quantitativas de como uma mudança em uma variável afeta outra variável.
2. Conceitualmente, a forma de estimar um efeito causal é por meio de um experimento controlado aleatório, mas conduzir tais experimentos para aplicações econômicas é freqüentemente antiético, complexo e extremamente caro.
3. A econometria proporciona ferramentas para estimar efeitos causais utilizando tanto dados observacionais (não experimentais) quanto dados de experimentos imperfeitos do mundo real.
4. Dados de corte são coletados por meio da observação de diversas entidades em um único ponto no tempo; dados de séries temporais são coletados por meio da observação de uma única entidade em diversos pontos no tempo; e dados de painel são coletados por meio da observação de diversas entidades, cada qual observada em diversos pontos no tempo.

Termos-chave

experimento controlado aleatório (6)
grupo de controle (6)
grupo de tratamento (6)
efeito causal (6)
dados experimentais (7)
dados observacionais (7)
dados de corte (8)
número da observação (8)
dados de séries temporais (8)
dados de painel (9)
dados longitudinais (9)

Revisão dos Conceitos

1.1 Elabore um experimento controlado aleatório ideal hipotético para estudar o efeito do número de horas de estudo sobre o desempenho em provas de microeconomia. Sugira alguns obstáculos para a implementação desse experimento na prática.

1.2 Elabore um experimento controlado aleatório ideal hipotético para estudar o efeito do uso de cintos de segurança sobre o número de mortes em acidentes de trânsito. Sugira alguns obstáculos para a implementação desse experimento na prática.

1.3 Solicitaram a você um estudo sobre a relação entre horas gastas com treinamento de funcionários (medidas em horas por trabalhador por semana) em uma fábrica e a produtividade de seus trabalhadores (produção por trabalhador por hora). Descreva:

a. um experimento controlado aleatório ideal para medir esse efeito causal;

b. uma base de dados observacionais de corte com a qual você poderia estudar esse efeito;

c. uma base de dados observacionais de séries temporais com a qual você poderia estudar esse efeito e

d. uma base de dados observacionais de painel com a qual você poderia estudar esse efeito.

CAPÍTULO 2

Revisão de Probabilidade

Este capítulo traz uma revisão das idéias centrais da teoria da probabilidade necessárias para a compreensão da análise de regressão e da econometria. Nós presumimos que você tenha cursado uma disciplina de introdução à probabilidade e estatística. Se o seu conhecimento de probabilidade estiver defasado, você deve reforçá-lo lendo este capítulo. Caso se sinta seguro com o material, ainda assim deve percorrer rapidamente o capítulo e os termos e conceitos no final para se assegurar de que está familiarizado com as idéias e as notações.

A maioria dos aspectos do mundo que nos cerca tem um elemento de aleatoriedade. A teoria da probabilidade nos proporciona instrumentos matemáticos para quantificar e descrever essa aleatoriedade. Na Seção 2.1 fazemos uma revisão das distribuições de probabilidade para uma única variável aleatória e na Seção 2.2 falamos sobre a expectativa matemática,* a média e a variância de uma única variável aleatória. A maioria dos problemas interessantes em economia envolve mais de uma variável; assim, na Seção 2.3, apresentamos os elementos básicos da teoria da probabilidade para duas variáveis aleatórias. Na Seção 2.4, discutimos três distribuições de probabilidade especiais que desempenham um papel central em estatística e em econometria: as distribuições normal, qui-quadrado e $F_{m,\infty}$.

As duas últimas seções deste capítulo se concentram em uma fonte específica de aleatoriedade de importância fundamental na econometria: a aleatoriedade originada da seleção aleatória de uma amostra de dados com base em uma população maior. Por exemplo, suponha que você observe dez indivíduos recém-formados na universidade selecionados ao acaso, registre (ou "observe") seus ganhos e calcule o ganho médio utilizando esses dez dados (ou "observações"). Como você escolheu a amostra aleatoriamente, poderia ter selecionado dez outros recém-formados por mero acaso; se tivesse feito isso, teria observado dez ganhos diferentes e calculado uma média da amostra diferente. Como o ganho médio varia de uma amostra escolhida aleatoriamente para outra, a média da amostra é em si uma variável aleatória. Portanto, a média da amostra tem uma distribuição de probabilidade, que é chamada de distribuição amostral** da média da amostra porque descreve diferentes valores possíveis para a média da amostra que poderiam ter ocorrido se uma amostra diferente tivesse sido selecionada.

Na Seção 2.5, discutimos a amostragem aleatória e a distribuição amostral da média da amostra. A distribuição amostral é, geralmente, complicada. Entretanto, quando o tamanho da amostra é grande o bastante, a distribuição amostral da média da amostra é aproximadamente normal, um resultado conhecido como teorema central do limite, que será discutido na Seção 2.6.

2.1 Variáveis Aleatórias e Distribuições de Probabilidade

Probabilidades, Espaço Amostral e Variáveis Aleatórias

Probabilidades e resultados. O sexo da próxima pessoa que você vai conhecer, sua nota em uma prova e o número de vezes que seu computador vai travar enquanto você estiver digitando um trabalho têm um elemento de acaso ou aleatoriedade. Em cada um desses exemplos, há algo ainda desconhecido que será revelado oportunamente.

---

* A expressão tradicional "esperança matemática" normalmente é utilizada como tradução de *mathematical expectation* em cursos de estatística em virtude de seu uso difundido nessa área. No contexto da teoria macroeconômica, no entanto, a mesma expressão seria traduzida como "expectativa matemática", bastando lembrar, por exemplo, a literatura de modelos com expectativas racionais. Aqui optamos pela segunda tradução, lembrando o leitor de que ele pode utilizar a primeira se assim preferir (N. do R.T.).

** A tradução mais utilizada em estatística para *sampling distribution* é "distribuição amostral", que adotamos no texto. No entanto, uma tradução mais próxima do original seria "distribuição da amostragem" (N. do R.T.).

Ocorrências potenciais mutuamente exclusivas de um processo aleatório são chamadas de **resultados**. Por exemplo, pode ser que seu computador nunca trave, pode ser que trave uma vez, duas vezes e assim por diante. Apenas um desses resultados irá de fato ocorrer (os resultados são mutuamente exclusivos) e os resultados não precisam ser igualmente prováveis.

A **probabilidade** de um resultado é a proporção do tempo em que tal resultado ocorre no longo prazo. Se a probabilidade de seu computador não travar enquanto você digita um trabalho é de 80 por cento, na digitação de diversos trabalhos você concluirá 80 por cento deles sem que o computador trave.

Espaço amostral e eventos. O conjunto de todos os resultados possíveis é chamado de **espaço amostral**. Um **evento** é um subconjunto do espaço amostral, isto é, é um conjunto de um ou mais resultados. O evento "meu computador não vai travar mais de uma vez" é o conjunto que consiste em dois resultados: "não travar" e "travar uma vez".

Variáveis aleatórias. Uma variável aleatória é uma síntese numérica de um resultado aleatório. O número de vezes que seu computador trava enquanto você digita um trabalho é aleatório e assume um valor numérico, portanto é uma variável aleatória.

Algumas variáveis aleatórias são discretas, outras são contínuas. Conforme seus nomes sugerem, uma **variável aleatória discreta** assume somente um conjunto discreto de valores, como 0, 1, 2, ..., ao passo que uma **variável aleatória contínua** assume um conjunto contínuo de valores possíveis.

Distribuição de Probabilidade de uma Variável Aleatória Discreta

Distribuição de probabilidade. A **distribuição de probabilidade** de uma variável aleatória discreta é a lista de todos os valores possíveis para a variável e a probabilidade de que cada valor venha a ocorrer. A soma dessas probabilidades é um.

Por exemplo, seja M o número de vezes que seu computador trava enquanto você digita um trabalho. A distribuição de probabilidade da variável aleatória M é a lista das probabilidades de cada resultado possível: a probabilidade de $M = 0$, representada por $P(M = 0)$, é a probabilidade de o computador nunca travar; $P(M = 1)$ é a probabilidade de o computador travar somente uma vez; e assim por diante. Um exemplo de distribuição de probabilidade para M é dado na segunda linha da Tabela 2.1; nessa distribuição, se o seu computador travar quatro vezes, você desistirá e escreverá seu trabalho à mão. De acordo com essa distribuição, a probabilidade de o computador nunca travar é de 80 por cento, a probabilidade de travar uma vez é de 10 por cento e a probabilidade de travar duas, três ou quatro vezes é de 6, 3 e 1 por cento, respectivamente. Essas probabilidades somam 100 por cento. Essa distribuição de probabilidade é mostrada na Figura 2.1.

Probabilidades de eventos. A probabilidade de um evento pode ser calculada a partir da distribuição de probabilidade. Por exemplo, a probabilidade do evento de o computador travar uma ou duas vezes é a soma das probabilidades dos resultados individuais. Isto é, $P(M = 1 \text{ ou } M = 2) = P(M = 1) + P(M = 2) = 0{,}10 + 0{,}06 = 0{,}16$, ou 16 por cento.

Distribuição de probabilidade acumulada. A **distribuição de probabilidade acumulada** é a probabilidade de que a variável aleatória seja menor ou igual a um determinado valor. A última linha da Tabela 2.1

TABELA 2.1 Probabilidade de Seu Computador Travar *M* Vezes

	Resultado (número de travamentos)				
	0	1	2	3	4
Distribuição de probabilidade	0,80	0,10	0,06	0,03	0,01
Distribuição de probabilidade acumulada	0,80	0,90	0,96	0,99	1,00

FIGURA 2.1 Distribuição de Probabilidade do Número de Travamentos do Computador

A altura de cada barra é a probabilidade de que o computador trave o número de vezes indicado. A altura da primeira barra é 0,80, portanto a probabilidade de 0 travamento é de 80 por cento. A altura da segunda barra é 0,1, portanto a probabilidade de 1 travamento é de 10 por cento e assim por diante para as outras barras.

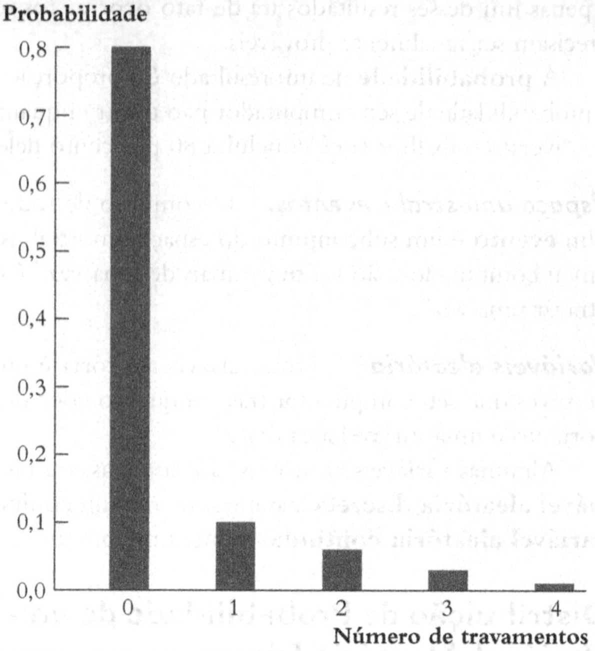

mostra a distribuição de probabilidade acumulada da variável aleatória M. Por exemplo, a probabilidade de que ocorra no máximo um travamento, $P(M \leq 1)$, é de 90 por cento, que corresponde à soma da probabilidade de nenhum travamento (80 por cento) com a de um travamento (10 por cento).

Uma distribuição de probabilidade acumulada é também chamada de **função de distribuição acumulada, f.d.a.** ou **distribuição acumulada**.

Distribuição de Bernoulli. Um caso especial importante de variável aleatória discreta ocorre quando a variável aleatória é binária, isto é, os resultados são 0 ou 1. Uma variável aleatória binária é chamada de **variável aleatória de Bernoulli** (em homenagem a Jacob Bernoulli, matemático e cientista suíço do século XVII) e sua distribuição de probabilidade é chamada de **distribuição de Bernoulli**.

Por exemplo, seja G o sexo da próxima pessoa que você conhecer, em que $G = 0$ indica que a pessoa é do sexo masculino e $G = 1$ que é do sexo feminino. Os resultados de G e suas probabilidades são, portanto

$$G = \begin{cases} 1 \text{ com probabilidade } p \\ 0 \text{ com probabilidade } 1 - p, \end{cases} \tag{2.1}$$

em que p é a probabilidade de que a próxima pessoa que você conhecer seja uma mulher. A distribuição de probabilidade na Equação (2.1) é a distribuição de Bernoulli.

Distribuição de Probabilidade de uma Variável Aleatória Contínua

Distribuição de probabilidade acumulada. A distribuição de probabilidade acumulada para uma variável contínua é definida como no caso da variável aleatória discreta. Ou seja, a distribuição de probabilidade acumulada de uma variável aleatória contínua é a probabilidade de que a variável aleatória seja menor ou igual a dado valor.

Por exemplo, considere uma aluna que dirija de sua casa até a escola. A duração do trajeto pode assumir um conjunto contínuo de valores e é natural que seja tratada como uma variável aleatória contínua, uma vez que depende de fatores aleatórios, como as condições meteorológicas e de trânsito. A Figura 2.2a mostra uma distribuição acumulada hipotética das durações do trajeto. Por exemplo, a probabilidade de que o trajeto leve menos do que 15 minutos é de 20 por cento e a probabilidade de que leve menos do que 20 minutos é de 78 por cento.

Função densidade de probabilidade. Como uma variável aleatória contínua pode assumir um conjunto contínuo de valores possíveis, a distribuição de probabilidade usada para variáveis discretas, que lista a probabilidade de cada valor possível da variável aleatória, não é apropriada para variáveis contínuas. Em vez disso, a probabilidade é resumida pela **função densidade de probabilidade**. A área sob a função densidade de probabilidade entre dois pontos quaisquer é a probabilidade de que a variável aleatória esteja entre esses dois pontos. Uma função densidade de probabilidade é também chamada de **f.d.p.**, **função densidade** ou simplesmente **densidade**.

A Figura 2.2b mostra a função densidade de probabilidade para as durações do trajeto correspondentes à distribuição acumulada na Figura 2.2a. A probabilidade de que o trajeto leve entre 15 e 20 minutos é dada pela área sob a f.d.p. entre 15 e 20 minutos, que é 0,58 ou 58 por cento. De modo equivalente, essa probabilidade pode ser vista na distribuição acumulada da Figura 2.2a como a diferença entre a probabilidade de que o trajeto leve menos de 20 minutos (78 por cento) e a probabilidade de que leve menos de 15 minutos (20 por cento). Assim, a função densidade de probabilidade e a distribuição de probabilidade acumulada mostram a mesma informação em formatos diferentes.

FIGURA 2.2 Distribuição Acumulada e Funções Densidade de Probabilidade da Duração do Trajeto

A Figura 2.2a mostra a distribuição de probabilidade acumulada (ou f.d.a.) das durações do trajeto. A probabilidade de que a duração do trajeto seja menor do que 15 minutos é de 0,20 (ou 20 por cento) e a probabilidade de que seja menor do que 20 minutos é de 0,78 (78 por cento). A Figura 2.2b mostra a função densidade de probabilidade (ou f.d.p.) das durações do trajeto. As probabilidades são dadas pelas áreas sob a f.d.p. A probabilidade de que a duração do trajeto esteja entre 15 e 20 minutos é de 0,58 (58 por cento) e é dada pela área sob a curva entre 15 e 20 minutos.

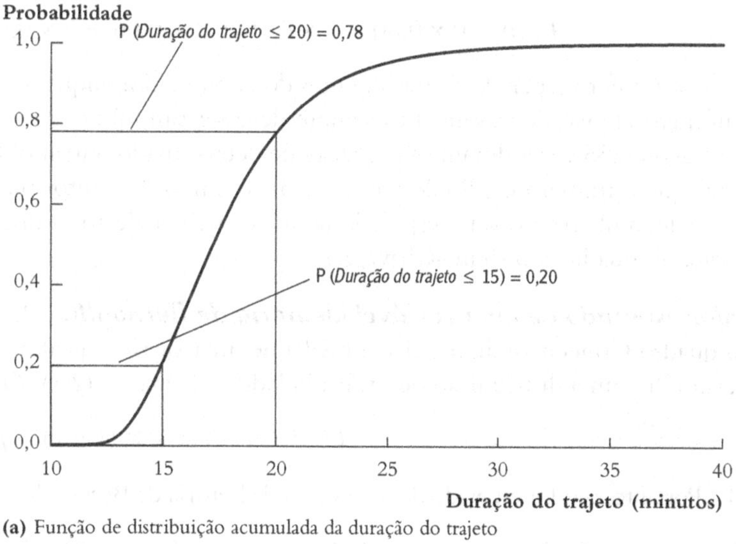

(a) Função de distribuição acumulada da duração do trajeto

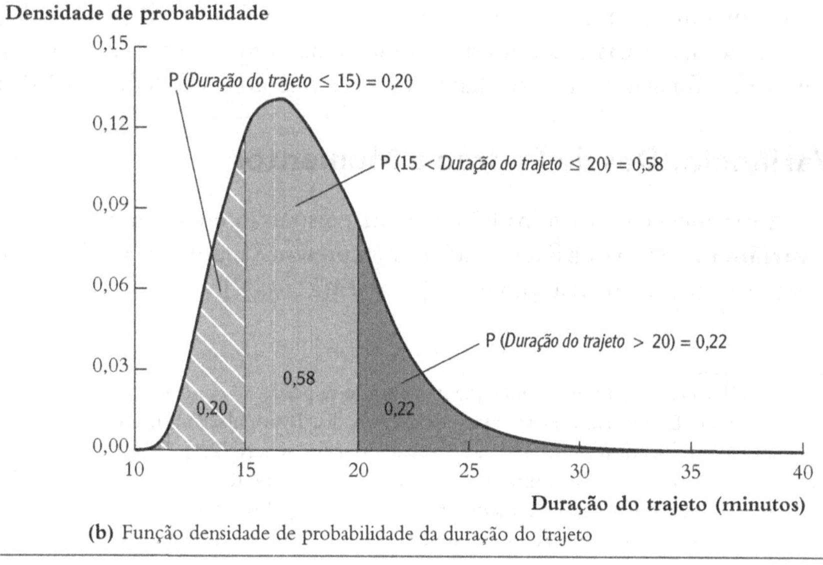

(b) Função densidade de probabilidade da duração do trajeto

2.2 Valores Esperados, Média e Variância

Valor Esperado de uma Variável Aleatória

Valor esperado. O **valor esperado** de uma variável aleatória Y, representado por $E(Y)$, é o valor médio de longo prazo da variável aleatória obtido por meio de muitos experimentos ou ocorrências repetidos.

O valor esperado de uma variável aleatória discreta é calculado como uma média ponderada dos resultados possíveis dessa variável aleatória, em que os pesos são as probabilidades desse resultado. O valor esperado de Y também é chamado de **expectativa** de Y ou **média** de Y e é representado por μ_Y.*

Por exemplo, suponha que você empreste US\$ 100 a um amigo a juros de 10 por cento. Se o empréstimo for pago, você receberá US\$ 110 (o principal de US\$ 100 mais os juros de US\$ 10), porém existe um risco de 1 por cento de seu amigo ficar inadimplente e você não receber nada. Desse modo, o montante a ser pago para você é uma variável aleatória igual a US\$ 110 com probabilidade 0,99 e igual a US\$ 0 com probabilidade 0,01. Ao longo de muitos empréstimos, em 99 por cento dos casos você receberia US\$ 110, mas em 1 por cento dos casos não receberia nada; desse modo, na média, você receberia US\$ 110 × 0,99 + US\$ 0 × 0,01 = US\$ 108,90. Assim, o valor esperado de seu pagamento (ou o "pagamento médio") é de US\$ 108,90.

Como um segundo exemplo, considere o número de vezes M que seu computador trava, com a distribuição de probabilidade dada pela Tabela 2.1. O valor esperado de M é o número médio de travamentos ao longo de muitos trabalhos, ponderados pela freqüência com que um dado número de travamentos ocorre. Dessa forma,

$$E(M) = 0 \times 0{,}80 + 1 \times 0{,}10 + 2 \times 0{,}06 + 3 \times 0{,}03 + 4 \times 0{,}01 = 0{,}35 \quad (2.2)$$

isto é, o número esperado de travamentos do computador enquanto você digita um trabalho é 0,35. Obviamente, o número efetivo de travamentos sempre deve ser um número inteiro; não faz sentido dizer que seu computador travou 0,35 vezes durante a digitação de determinado trabalho! Em vez disso, o cálculo na Equação (2.2) significa que o número médio de travamentos ao longo de muitos trabalhos é 0,35.

A fórmula para o valor esperado de uma variável aleatória discreta Y que pode assumir k valores diferentes é dada no quadro Conceito-Chave 2.1.

Valor esperado de uma variável aleatória de Bernoulli. Um caso especial importante da fórmula geral do quadro Conceito-Chave 2.1 é a média de uma variável aleatória de Bernoulli. Seja G a variável aleatória de Bernoulli com a distribuição de probabilidade da Equação (2.1). O valor esperado de G é

$$E(G) = 1 \times p + 0 \times (1 - p) = p. \quad (2.3)$$

Portanto, o valor esperado de uma variável aleatória de Bernoulli é p, a probabilidade de que ela assuma o valor "1".

Valor esperado de uma variável aleatória contínua. O valor esperado de uma variável aleatória contínua é também a média dos resultados possíveis da variável aleatória ponderada pelas respectivas probabilidades.

Como uma variável aleatória contínua pode assumir um conjunto contínuo de valores possíveis, a definição matemática formal de sua expectativa envolve cálculo e sua definição é dada no Apêndice 15.1.

Variância, Desvio Padrão e Momentos

A variância e o desvio padrão medem a dispersão ou a "propagação" de uma distribuição de probabilidade. A **variância** de uma variável aleatória Y, representada por $\text{var}(Y)$, é o valor esperado do quadrado do desvio de Y em relação à sua média, isto é, $\text{var}(Y) = E[(Y - \mu_Y)^2]$.

* Há uma distinção no texto original que na tradução se perde. O conceito de média nesse parágrafo é a tradução dos termos *mean* e *population mean*. Esses termos estão relacionados à média da população, ou seja, à média dos valores possíveis da variável aleatória ponderada pelas respectivas probabilidades (veja o Conceito-Chave 2.1). Vemos também no texto a palavra "média" como tradução de *average*. Um exemplo desse último uso, bastante freqüente neste capítulo, é a "média da amostra", tradução de *sample average*. O termo *average* refere-se neste caso à média aritmética obtida pelos valores coletados em uma amostra (veja a Seção 2.5). Os dois conceitos são diferentes e por isso se recomenda ao leitor cuidado durante a leitura (N. do R.T.).

Valor Esperado e Média

Conceito-Chave 2.1

Suponha que a variável aleatória Y assuma k valores possíveis, $y_1, \ldots, y_k$, onde y_1 representa o primeiro valor, y_2 o segundo etc., e que a probabilidade de Y assumir y_1 seja p_1, a probabilidade de Y assumir y_2 seja p_2, e assim por diante. O valor esperado de Y, representado por $E(Y)$, é

$$E(Y) = y_1 p_1 + y_2 p_2 + \cdots + y_k p_k = \sum_{i=1}^{k} y_i p_i, \tag{2.4}$$

onde a notação "$\sum_{i=1}^{k} y_i p_i$" significa "a soma de $y_i p_i$ para i variando de 1 a k". O valor esperado de Y é também chamado de média de Y ou expectativa de Y e é representado por μ_Y.

Como a variância envolve o quadrado de Y, a dimensão da variância é a dimensão do quadrado de Y, o que torna o problema de difícil interpretação. É, portanto, comum medir a dispersão pelo **desvio padrão**, que é a raiz quadrada da variância e é representado por σ_Y. O desvio padrão tem a mesma dimensão de Y. Essas definições estão resumidas no Conceito-Chave 2.2.

Por exemplo, a variância do número de travamentos do computador M é a média do quadrado da diferença entre M e sua média, 0,35, ponderada pelas respectivas probabilidades:

$$\begin{aligned} \text{var}(M) &= (0 - 0{,}35)^2 \times 0{,}80 + (1 - 0{,}35)^2 \times 0{,}10 + (2 - 0{,}35)^2 \times 0{,}06 \\ &\quad + (3 - 0{,}35)^2 \times 0{,}03 + (4 - 0{,}35)^2 \times 0{,}01 = 0{,}6475. \end{aligned} \tag{2.5}$$

O desvio padrão de M é a raiz quadrada da variância, portanto $\sigma_M = \sqrt{0{,}6475} \cong 0{,}80$.

Variância de uma variável aleatória de Bernoulli. A média da variável aleatória de Bernoulli G com a distribuição de probabilidade dada pela Equação (2.1) é $\mu_G = p$ (Equação (2.3)) e, portanto, sua variância é

$$\text{var}(G) = \sigma_G^2 = (0 - p)^2 \times (1 - p) + (1 - p)^2 \times p = p(1 - p). \tag{2.6}$$

Dessa forma, o desvio padrão de uma variável aleatória de Bernoulli é $\sigma_G = \sqrt{p(1 - p)}$.

Momentos. A média de Y, $E(Y)$, é também chamada de primeiro momento de Y, e o valor esperado do quadrado de Y, $E(Y^2)$, também é chamado de segundo momento de Y. Em geral, o valor esperado de Y^r é chamado de ***momento r-ésimo*** da variável aleatória Y. Isto é, o momento r-ésimo de Y é $E(Y^r)$.

Assim como a média é uma medida do centro de uma distribuição e o desvio padrão é uma medida de sua dispersão, os momentos com $r > 2$ medem outros aspectos da forma de uma distribuição. Neste livro, momentos mais elevados de distribuições (momentos com $r > 2$) são usados principalmente nas hipóteses matemáticas e nas deduções que embasam os procedimentos estatísticos e econométricos.

Média e Variância de uma Função Linear de uma Variável Aleatória

Nesta seção, discutiremos variáveis aleatórias (digamos X e Y) relacionadas por uma função linear. Por exemplo, considere uma estrutura de alíquotas de imposto de renda na qual um trabalhador é tributado a uma alíquota de 20 por cento sobre seus rendimentos para então ganhar uma bolsa de estudos (isenta de impostos) de US$ 2.000. Sob essa estrutura de imposto, os rendimentos líquidos de impostos Y estão relacionados aos rendimentos brutos X pela equação

$$Y = 2.000 + 0{,}8X. \tag{2.7}$$

Isto é, os rendimentos líquidos Y são 80 por cento dos rendimentos brutos X, mais US$ 2.000.

Suponha que os rendimentos brutos de uma pessoa no próximo ano sejam uma variável aleatória com média μ_X e variância σ_X^2. Como os rendimentos brutos são aleatórios, os rendimentos líquidos também são. Sob esse imposto, qual será a média e o desvio padrão dos rendimentos líquidos? Depois dos impostos, seus rendimentos

Conceito-Chave 2.2

Variância e Desvio Padrão

A variância da variável aleatória discreta Y, representada por σ_Y^2, é

$$\sigma_Y^2 = \text{var}(Y) = E[(Y - \mu_Y)^2] = \sum_{i=1}^{k} (y_i - \mu_Y)^2 p_i. \quad (2.8)$$

O desvio padrão de Y é σ_Y, a raiz quadrada da variância. A dimensão do desvio padrão é a mesma dimensão de Y.

são 80 por cento dos rendimentos brutos originais, mais US$ 2.000. Desse modo, o valor esperado de seus rendimentos líquidos é

$$E(Y) = \mu_Y = 2.000 + 0{,}8\mu_X. \quad (2.9)$$

A variância dos rendimentos líquidos é o valor esperado de $(Y - \mu_Y)^2$. Como $Y = 2.000 + 0{,}8X$, temos que $Y - \mu_Y = 2.000 + 0{,}8X - (2.000 + 0{,}8\,\mu_X) = 0{,}8\,(X - \mu_X)$. Então, $E[(Y - \mu_Y)^2] = E\,\{[0{,}8(X - \mu_X)]^2\} = 0{,}64\,E[(X - \mu_X)^2]$. Segue-se que $\text{var}(Y) = 0{,}64\text{var}(X)$, logo, tirando-se a raiz quadrada da variância, obtém-se que o desvio padrão de Y é

$$\sigma_Y = 0{,}8\sigma_X. \quad (2.10)$$

Ou seja, o desvio padrão da distribuição de seus rendimentos líquidos é 80 por cento do desvio padrão da distribuição dos rendimentos brutos.

Essa análise pode ser generalizada de tal forma que Y dependa de X com um intercepto a (em vez de US$ 2.000) e uma declividade b (em vez de 0,8), de modo que

$$Y = a + bX. \quad (2.11)$$

Então, a média e a variância de Y são

$$\mu_Y = a + b\mu_X \text{ e} \quad (2.12)$$

$$\sigma_Y^2 = b^2\sigma_X^2, \quad (2.13)$$

e o desvio padrão de Y é $\sigma_Y = b\sigma_X$. As expressões nas equações (2.9) e (2.10) são aplicações das fórmulas mais gerais das equações (2.12) e (2.13) com $a = 2.000$ e $b = 0{,}8$.

2.3 Duas Variáveis Aleatórias

A maioria das questões interessantes em economia envolve duas ou mais variáveis. Será que pessoas com nível superior completo têm mais chance de conseguir um emprego do que aquelas que não possuem curso superior? Como a distribuição de renda entre as mulheres se compara com a distribuição de renda entre os homens? Essas questões dizem respeito à distribuição de duas variáveis aleatórias consideradas em conjunto (nível de instrução e situação empregatícia no primeiro exemplo, renda e sexo no segundo). Responder a essas questões requer uma compreensão dos conceitos de distribuição de probabilidade conjunta, marginal e condicional.

Distribuições Conjuntas e Distribuições Marginais

Distribuição de probabilidade conjunta. A **distribuição de probabilidade conjunta** de duas variáveis aleatórias discretas, digamos X e Y, é a probabilidade de que as variáveis aleatórias assumam simultaneamente determinados valores, digamos x e y. A soma das probabilidades de todas as combinações possíveis (x,y) é um. A distribuição de probabilidade conjunta pode ser escrita como a função $P(X = x, Y = y)$.

Por exemplo, as condições meteorológicas — se vai ou não chover — afetam a duração do trajeto da aluna da Seção 2.1. Seja Y uma variável aleatória binária que é igual a um se o trajeto for curto (menos de 20 minutos) e igual a zero se não for esse o caso, e seja X uma variável aleatória binária que é igual a zero se estiver chovendo e igual a um se não estiver. Para essas duas variáveis aleatórias há quatro resultados possíveis: chove e o trajeto é longo ($X = 0$, $Y = 0$); chove e o trajeto é curto ($X = 0$, $Y = 1$); não chove e o trajeto é longo ($X = 1$, $Y = 0$); não chove e o trajeto é curto ($X = 1$, $Y = 1$). A distribuição de probabilidade conjunta é a freqüência com que cada um desses quatro resultados ocorre ao longo de muitos trajetos repetidos.

Um exemplo de uma distribuição conjunta dessas duas variáveis é dado na Tabela 2.2. De acordo com essa distribuição, ao longo de muitos trajetos, há chuva e um trajeto longo em 15 por cento dos dias ($X = 0, Y = 0$), isto é, a probabilidade de um trajeto longo com chuva é de 15 por cento, ou $P(X = 0, Y = 0) = 0{,}15$. Também temos $P(X = 0, Y = 1) = 0{,}15$, $P(X = 1, Y = 0) = 0{,}07$ e $P(X = 1, Y = 1) = 0{,}63$. Esses quatro resultados possíveis são mutuamente exclusivos e constituem o espaço amostral de modo que a soma das quatro probabilidades seja igual a um.

Distribuição de probabilidade marginal. A **distribuição de probabilidade marginal** de uma variável aleatória Y é somente outro nome para sua distribuição de probabilidade. Esse termo é usado para distinguir a distribuição de Y sozinha (a distribuição marginal) da distribuição conjunta de Y e outra variável aleatória.

A distribuição marginal de Y pode ser calculada a partir da distribuição conjunta de X e Y somando-se as probabilidades de todos os resultados possíveis para os quais Y assume um valor específico. Se X pode assumir l valores diferentes, $x_1, \ldots, x_l$, então a probabilidade marginal de que Y assuma o valor y é

$$P(Y = y) = \sum_{i=1}^{l} P(X = x_i, Y = y). \tag{2.14}$$

Por exemplo, na Tabela 2.2 a probabilidade de um trajeto longo com chuva é de 15 por cento e a probabilidade de um trajeto longo sem chuva é de 7 por cento, logo a probabilidade de um trajeto longo (com ou sem chuva) é de 22 por cento. A distribuição marginal das durações do trajeto é dada na última coluna da Tabela 2.2. Da mesma forma, a probabilidade marginal de que irá chover é de 30 por cento, conforme mostrado na última linha da Tabela 2.2.

Distribuições Condicionais

Distribuição condicional. A distribuição de uma variável aleatória Y condicional a outra variável aleatória X assumindo um valor específico é chamada de **distribuição condicional de Y dado X**. A probabilidade condicional de que Y assuma o valor y quando X assume o valor x é escrita como $P(Y = y \mid X = x)$.

Por exemplo, qual é a probabilidade de que um trajeto seja longo ($Y = 0$) se você sabe que está chovendo ($X = 0$)? Da Tabela 2.2, a probabilidade conjunta de um trajeto curto com chuva é de 15 por cento e a probabilidade conjunta de um trajeto longo com chuva é de 15 por cento; logo, se está chovendo, um trajeto curto e um trajeto longo são igualmente prováveis. Portanto, a probabilidade de que um trajeto seja longo ($Y = 0$), condicional ao fato de estar chovendo ($X = 0$), é de 50 por cento, ou $P(Y = 0 \mid X = 0) = 0{,}50$. De forma equivalente, a probabilidade marginal de chuva é 30 por cento; isto é, ao longo de muitos trajetos chove 30 por cento das vezes. Desses 30 por cento de trajetos, em 50 por cento das vezes o trajeto é longo (0,15/0,30).

TABELA 2.2 Distribuição Conjunta das Condições Meteorológicas e das Durações do Trajeto

	Com chuva ($X = 0$)	Sem chuva ($X = 1$)	**Total**
Trajeto longo ($Y = 0$)	0,15	0,07	0,22
Trajeto curto ($Y = 1$)	0,15	0,63	0,78
Total	0,30	0,70	1,00

Em geral, a distribuição condicional de Y dado $X = x$ é

$$P(Y = y|X = x) = \frac{P(X = x, Y = y)}{P(X = x)}. \tag{2.15}$$

Por exemplo, a probabilidade condicional de um trajeto longo, dado que está chovendo, é $P(Y = 0 | X = 0) = P(X = 0, Y = 0)/ P(X = 0) = 0{,}15/0{,}30 = 0{,}50$.

Como segundo exemplo, considere uma modificação do caso do computador que trava. Suponha que você utilize um computador da biblioteca para digitar seu trabalho e que uma bibliotecária selecione aleatoriamente para você um dos computadores disponíveis, dos quais metade é nova e metade é antiga. Como a seleção é feita aleatoriamente, a idade do computador que você utiliza, A (= 1, se o computador for novo; = 0, se for antigo) é uma variável aleatória. Suponha que a distribuição conjunta das variáveis aleatórias M e A seja dada na Parte A da Tabela 2.3. Então, a distribuição condicional de travamentos do computador, dada a idade do computador, é dada na Parte B da tabela. Por exemplo, a probabilidade conjunta $M = 0$ e $A = 0$ é 0,35; como a metade dos computadores é antiga, a probabilidade condicional de nenhum travamento, dado que você está usando um computador antigo, é $P(M = 0 | A = 0) = P(M = 0, A = 0)/P(A = 0) = 0{,}35/0{,}50 = 0{,}70$, ou 70 por cento. Em contraste, a probabilidade condicional de nenhum travamento, dado que foi selecionado um computador novo, é de 90 por cento. Segundo as distribuições condicionais na Parte B da Tabela 2.3, os computadores mais novos têm menos probabilidade de travar do que os antigos; por exemplo, a probabilidade de três travamentos é de 5 por cento para um computador antigo, mas de 1 por cento para um computador novo.

Expectativa condicional. A **expectativa condicional de Y dado X**, também chamada de **média condicional de Y dado X**, é a média da distribuição condicional de Y dado X. Isto é, a expectativa condicional é o valor esperado de Y, calculado utilizando a distribuição condicional de Y dado X. Se Y assumir k valores, $y_1, ..., y_k$, a média condicional de Y dado $X = x$ será

$$E(Y|X = x) = \sum_{i=1}^{k} y_i \, P(Y = y_i|X = x). \tag{2.16}$$

Por exemplo, com base nas distribuições condicionais da Tabela 2.3, o número esperado de travamentos do computador, dado um computador antigo, é $E(M|A = 0) = 0 \times 0{,}70 + 1 \times 0{,}13 + 2 \times 0{,}10 + 3 \times 0{,}05 + 4 \times 0{,}02 = 0{,}56$. O número esperado de travamentos do computador, dado um computador novo, é $E(M|A = 1) = 0{,}14$, menor do que para os computadores antigos.

A expectativa condicional de Y dado $X = x$ é apenas o valor médio de Y quando $X = x$. No exemplo da Tabela 2.3, o número médio de travamentos para computadores antigos é 0,56, portanto a expectativa condicional de Y, dado um computador antigo, é de 0,56 travamentos. Da mesma forma, entre os computadores novos, o número médio de travamentos é 0,14, isto é, a expectativa condicional de Y, dado um computador novo, é 0,14.

TABELA 2.3 Distribuições Conjunta e Condicional de Travamentos do Computador (M) e Idade do Computador (A)

A. Distribuição conjunta

	$M = 0$	$M = 1$	$M = 2$	$M = 3$	$M = 4$	**Total**
Computador antigo ($A = 0$)	0,35	0,065	0,05	0,025	0,01	0,50
Computador novo ($A = 1$)	0,45	0,035	0,01	0,005	0,00	0,50
Total	0,8	0,1	0,06	0,03	0,01	1,00

B. Distribuições condicionais de M dado A

	$M = 0$	$M = 1$	$M = 2$	$M = 3$	$M = 4$	**Total**
$P(M \mid A = 0)$	0,70	0,13	0,10	0,05	0,02	1,00
$P(M \mid A = 1)$	0,90	0,07	0,02	0,01	0,00	1,00

Lei das expectativas iteradas. A média de Y é a média ponderada da expectativa condicional de Y dado X, utilizando como peso a distribuição de probabilidade de X. Por exemplo, a altura média dos adultos é a média ponderada da altura média dos homens e da altura média das mulheres, utilizando como pesos as proporções de homens e de mulheres. Expressando matematicamente, se X assumir l valores, $x_1, \ldots, x_l$, então

$$E(Y) = \sum_{i=1}^{l} E(Y|X = x_i)\,\mathrm{P}(X = x_i). \tag{2.17}$$

A Equação (2.17) resulta das equações (2.16) e (2.15) (veja o Exercício 2.9).

Expressa de outra forma, a expectativa de Y é a expectativa da expectativa condicional de Y dado X, isto é,

$$E(Y) = E[E\,(Y|X)], \tag{2.18}$$

onde a expectativa entre colchetes no lado direito da Equação (2.18) é calculada usando a distribuição condicional de Y dado X e a expectativa fora do colchete é calculada usando a distribuição marginal de X. A Equação (2.18) é conhecida como **lei das expectativas iteradas**.

Por exemplo, o número médio de travamentos M é a média ponderada da expectativa condicional de M, dado um computador antigo, e da expectativa condicional de M, dado um computador novo; portanto, $\mathrm{E}(M) = E(M|A = 0) \times \mathrm{P}(A = 0) + E(M|A = 1) \times \mathrm{P}(A = 1) = 0{,}56 \times 0{,}50 + 0{,}14 \times 0{,}50 = 0{,}35$. Essa é a média da distribuição marginal de M, conforme calculada na Equação (2.2).

A lei das expectativas iteradas implica que, se a média condicional de Y dado X é zero, a média de Y é zero. Isso é uma conseqüência imediata da Equação (2.18): se $\mathrm{E}(Y|X) = 0$, então $\mathrm{E}(Y) = E[E(Y|X)] = E[0] = 0$. Dito de outra forma, se a média de Y dado X é zero, a média ponderada dessas médias condicionais utilizando como pesos as respectivas probabilidades é zero, isto é, a média de Y deve ser zero.

Variância condicional. A **variância de Y condicional a X** é a variância da distribuição condicional de Y dado X. Expressa matematicamente, a variância condicional de Y dado X é

$$\mathrm{var}(Y|X = x) = \sum_{i=1}^{k}[y_i - E(Y|X = x)]^2\,\mathrm{P}(Y = y_i|X = x). \tag{2.19}$$

Por exemplo, a variância condicional do número de travamentos, dado um computador antigo, é $\mathrm{var}(M|A = 0) = (0 - 0{,}56)^2 \times 0{,}70 + (1 - 0{,}56)^2 \times 0{,}13 + (2 - 0{,}56)^2 \times 0{,}10 + (3 - 0{,}56)^2 \times 0{,}05 + (4 - 0{,}56)^2 \times 0{,}02 \cong 0{,}99$. O desvio padrão da distribuição condicional de M dado $A = 0$ é, portanto, $\sqrt{0{,}99} = 0{,}99$. A variância condicional de M dado $A = 1$ é a variância da distribuição na segunda linha da Tabela 2.3, que é 0,22; assim, o desvio padrão de M para computadores novos é $\sqrt{0{,}22} = 0{,}47$. Para as distribuições condicionais da Tabela 2.3, o número esperado de travamentos para computadores novos (0,14) é menor do que para computadores antigos (0,56) e a dispersão da distribuição do número de travamentos, conforme medida pelo desvio padrão condicional, é menor para computadores novos (0,47) do que para computadores antigos (0,99).

Independência

Duas variáveis aleatórias X e Y são **independentemente distribuídas**, ou **independentes**, se o conhecimento do valor de uma das variáveis não fornece nenhuma informação sobre a outra. Especificamente, X e Y são independentes se a distribuição condicional de Y dado X é igual à distribuição marginal de Y. Isto é, X e Y são independentemente distribuídas se, para todos os valores de x e y,

$$\mathrm{P}(Y = y|X = x) = \mathrm{P}(Y = y) \quad \text{(independência de } X \text{ e } Y). \tag{2.20}$$

Substituindo a Equação (2.20) na Equação (2.15), temos uma expressão alternativa para variáveis aleatórias independentes em termos de sua distribuição conjunta. Se X e Y são independentes, então

$$\mathrm{P}(X = x, Y = y) = \mathrm{P}(X = x)\mathrm{P}(Y = y). \tag{2.21}$$

Isto é, a distribuição conjunta de duas variáveis aleatórias independentes é o produto de suas distribuições marginais.

Co-variância e Correlação

Co-variância. Uma medida da extensão com que duas variáveis aleatórias movem-se juntas é a sua co-variância. A **co-variância** entre X e Y é o valor esperado $E[(X-\mu_X)(Y-\mu_Y)]$, onde μ_X é a média de X e μ_Y é a média de Y. A co-variância é representada por cov(X, Y) ou por σ_{XY}. Se X pode assumir l valores e Y pode assumir k valores, a co-variância é dada pela fórmula

$$\text{cov}(X,Y) = \sigma_{XY} = E[(X-\mu_X)(Y-\mu_Y)] = \sum_{i=1}^{k}\sum_{j=1}^{l}(x_j-\mu_X)(y_i-\mu_Y)\text{P}(X=x_j,\ Y=y_i). \quad (2.22)$$

Para interpretar essa fórmula, suponha que, quando X é maior do que sua média (de modo que $X-\mu_X$ é positivo), Y tende a ser maior do que sua média (de modo que $Y-\mu_Y$ é positivo) e que, quando X é menor que sua média (de modo que $X-\mu_X<0$), Y tende a ser menor do que sua média (de modo que $Y-\mu_Y<0$). Em ambos os casos, o produto $(X-\mu_X)(Y-\mu_Y)$ tende a ser positivo, logo a co-variância é positiva. Em contraste, se X e Y tendem a se mover em direções opostas (de modo que X é grande quando Y é pequeno e vice-versa), a co-variância é negativa. Finalmente, se X e Y são independentes, a co-variância é zero (veja o Exercício 2.9).

Correlação. Como a co-variância é o produto de X por Y, expressos em termos de desvios com relação a suas médias, sua dimensão é, inconvenientemente, a dimensão de X multiplicada pela dimensão de Y. Esse problema de "dimensão" pode fazer com que valores numéricos da co-variância sejam de difícil interpretação.

A correlação é uma medida alternativa de dependência entre X e Y que soluciona o problema de "dimensão" da co-variância. Especificamente, a **correlação** entre X e Y é a co-variância entre X e Y dividida por seus desvios padrão:

$$\text{corr}(X,Y) = \frac{\text{cov}(X,Y)}{\sqrt{\text{var}(X)\,\text{var}(Y)}} = \frac{\sigma_{XY}}{\sigma_X\sigma_Y}. \quad (2.23)$$

Como as dimensões do numerador da Equação (2.23) são iguais às do denominador, as dimensões se cancelam e a correlação é um número puro. As variáveis aleatórias X e Y são chamadas **não-correlacionadas** se corr(X, Y) = 0.

A correlação está sempre entre –1 e 1, ou seja, como está provado no Apêndice 2.1,

$$-1 \le \text{corr}(X,Y) \le 1 \text{ (desigualdade da correlação).} \quad (2.24)$$

Correlação e média condicional. Se a média condicional de Y não depende de X, então Y e X são não-correlacionadas, isto é

$$\text{se } E(Y|X) = \mu_Y \text{ então cov}(Y,X) = 0 \text{ e corr}(Y,X) = 0. \quad (2.25)$$

Demonstraremos agora esse resultado. Primeiro, suponha que X e Y tenham média zero, de modo que cov(Y, X) = $E[(Y-\mu_Y)(X-\mu_X)] = E(YX)$. De acordo com a lei das expectativas iteradas (Equação (2.18)), $E(YX) = E[E(Y|X)\,X] = 0$, pois $E(Y|X) = 0$; logo, cov(Y,X) = 0. A Equação (2.25) segue-se ao se substituir cov(Y, X) = 0 na definição de correlação da Equação (2.23). Se Y e X não tiverem média zero, primeiro subtraia suas médias para que a prova anterior seja aplicada.

Não é necessariamente verdade, entretanto, que, se X e Y são não-correlacionadas, a média condicional de Y dado X não depende de X. Dito de outra forma, é possível que a média condicional de Y seja uma função de X, embora X e Y sejam não-correlacionadas. O Exercício 2.10 nos fornece um exemplo.

Média e Variância de Somas de Variáveis Aleatórias

A média da soma de duas variáveis aleatórias, X e Y, é a soma de suas médias:

$$E(X+Y) = E(X) + E(Y) = \mu_X + \mu_Y \quad (2.26)$$

Médias, Variâncias e Co-variâncias de Somas de Variáveis Aleatórias

Conceito-Chave 2.3

Sejam X, Y e V variáveis aleatórias, sejam μ_X e σ_X^2 a média e a variância de X, seja σ_{XY} a co-variância entre X e Y (e assim por diante para as outras variáveis) e sejam a, b e c constantes. Esses fatos seguem-se das definições de média, variância e co-variância:

$$E(a + bX + cY) = a + b\mu_X + c\mu_Y, \quad (2.27)$$

$$\text{var}(a + bY) = b^2\sigma_Y^2, \quad (2.28)$$

$$\text{var}(aX + bY) = a^2\sigma_X^2 + 2ab\sigma_{XY} + b^2\sigma_Y^2, \quad (2.29)$$

$$E(Y^2) = \sigma_Y^2 + \mu_Y^2, \quad (2.30)$$

$$\text{cov}(a + bX + cV, Y) = b\sigma_{XY} + c\sigma_{VY}, \text{ e} \quad (2.31)$$

$$E(XY) = \sigma_{XY} + \mu_X\mu_Y. \quad (2.32)$$

$$|\text{corr}(X,Y)| \leq 1 \text{ e } |\sigma_{XY}| \leq \sqrt{\sigma_X^2\sigma_Y^2} \text{ (desigualdade da correlação).} \quad (2.33)$$

A variância da soma de X e Y é a soma de suas variâncias, mais duas vezes sua co-variância:

$$\text{var}(X + Y) = \text{var}(X) + \text{var}(Y) + 2\text{cov}(X,Y) = \sigma_X^2 + \sigma_Y^2 + 2\sigma_{XY}. \quad (2.34)$$

Se X e Y são independentes, então a co-variância é zero e a variância de sua soma é a soma de suas variâncias:

$$\text{var}(X + Y) = \text{var}(X) + \text{var}(Y) = \sigma_X^2 + \sigma_Y^2 \text{ (se } X \text{ e } Y \text{ são independentes).} \quad (2.35)$$

O quadro Conceito-Chave 2.3 reúne expressões úteis para médias, variâncias e co-variâncias que envolvem somas ponderadas de variáveis aleatórias. Os resultados do quadro Conceito-Chave 2.3 são deduzidos no Apêndice 2.1.

2.4 Distribuições Normal, Qui-Quadrado, $F_{m,\infty}$ e t de Student

As distribuições de probabilidade mais freqüentemente encontradas em econometria são as distribuições normal, qui-quadrado, $F_{m,\infty}$ e t de Student.

Distribuição Normal

Uma variável aleatória contínua com uma **distribuição normal** tem a densidade de probabilidade com o formato familiar de sino mostrado na Figura 2.3. A função específica que define a densidade de probabilidade normal é dada no Apêndice 15.1. Como mostra a Figura 2.3, a densidade normal com média μ e variância σ^2 é simétrica em torno de sua média e tem 95 por cento de sua probabilidade entre $\mu - 1{,}96\sigma$ e $\mu + 1{,}96\sigma$.

Algumas notações e terminologias especiais foram desenvolvidas para a distribuição normal. A distribuição normal com média μ e variância σ^2 é chamada concisamente de "$N(\mu, \sigma^2)$". A **distribuição normal padrão** é a distribuição normal com média $\mu = 0$ e variância $\sigma^2 = 1$ e é representada por $N(0, 1)$. Variáveis aleatórias com distribuição $N(0, 1)$ são freqüentemente representadas por Z, e a função de distribuição acumulada normal padrão é representada pela letra grega Φ; dessa forma, $P(Z \leq c) = \Phi(c)$, onde c é uma constante. Os valores da função de distribuição acumulada normal padrão estão na Tabela 1 do Apêndice.

Para o cálculo de probabilidades de uma variável normal com média e variância generalizadas, a variável deve ser **padronizada** subtraindo-se em primeiro lugar a média para em seguida dividir o resultado pelo desvio padrão. Por exemplo, suponha que Y seja distribuída como $N(1, 4)$, isto é, que Y seja uma variável normalmente distribuída com média 1 e variância 4. Qual é a probabilidade de que $Y \leq 2$, isto é, qual é a área sombreada na Figura 2.4a? A versão padronizada de Y é Y menos sua média, dividido por seu desvio padrão, isto é, $(Y - 1)/\sqrt{4} = \frac{1}{2}(Y - 1)$. Assim, a variável aleatória $\frac{1}{2}(Y - 1)$ é normalmente distribuída com média zero e variância um

FIGURA 2.3 Densidade de Probabilidade Normal

A função densidade de probabilidade normal com média μ e variância σ^2 é uma curva em forma de sino, centralizada em μ. A área sob a f.d.p. normal entre $\mu - 1{,}96\sigma$ e $\mu + 1{,}96\sigma$ é 0,95. A distribuição normal é representada por $N(\mu, \sigma^2)$.

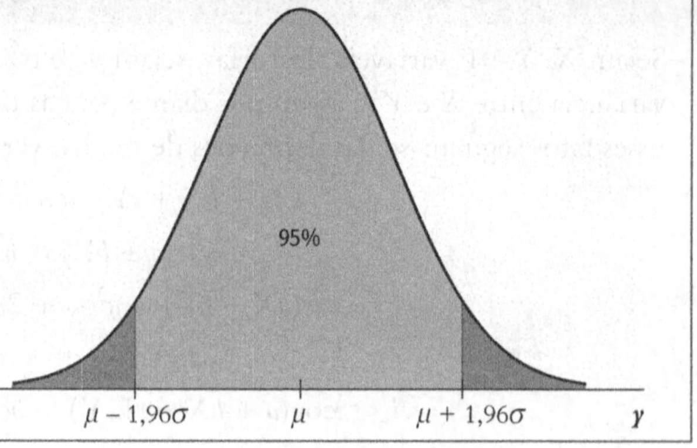

(veja o Exercício 2.4); sua distribuição normal padrão é mostrada na Figura 2.4b. Agora, $Y \leq 2$ é equivalente a $\frac{1}{2}(Y - 1) \leq \frac{1}{2}(2 - 1)$, isto é, $\frac{1}{2}(Y - 1) \leq \frac{1}{2}$. Portanto,

$$P(Y \leq 2) = P[\tfrac{1}{2}(Y - 1) \leq \tfrac{1}{2}] = P(Z \leq \tfrac{1}{2}) = \Phi(0{,}5) = 0{,}691 \quad (2.36)$$

em que o valor 0,691 foi obtido da Tabela 1 do Apêndice.

A mesma abordagem pode ser aplicada para calcular a probabilidade de que uma variável aleatória normalmente distribuída exceda algum valor ou se encontre dentro de determinado intervalo. Os passos são resumidos no Conceito-Chave 2.4. O quadro "Um Dia Péssimo em Wall Street" apresenta uma aplicação incomum da distribuição normal acumulada.

FIGURA 2.4 Calculando a probabilidade de que $Y \leq 2$ quando Y é distribuída como $N(1, 4)$

Para calcular $P(Y \leq 2)$, padronize Y e então utilize a tabela de distribuição normal padrão. Y é padronizada pela subtração de sua média ($\mu = 1$) e pela divisão do resultado por seu desvio padrão ($\sigma_Y = 2$). A probabilidade de que $Y \leq 2$ é mostrada na Figura 2.4a e a probabilidade correspondente após a padronização de Y é mostrada na Figura 2.4b. Como a variável aleatória padronizada, $\frac{Y-1}{2}$, é uma variável aleatória (Z) normal padrão, $P(Y \leq 2) = P\left(\frac{Y-1}{2} \leq \frac{2-1}{2}\right) = P(Z \leq 0{,}5)$. Da Tabela 1 do Apêndice, $P(Z \leq 0{,}5) = 0{,}691$.

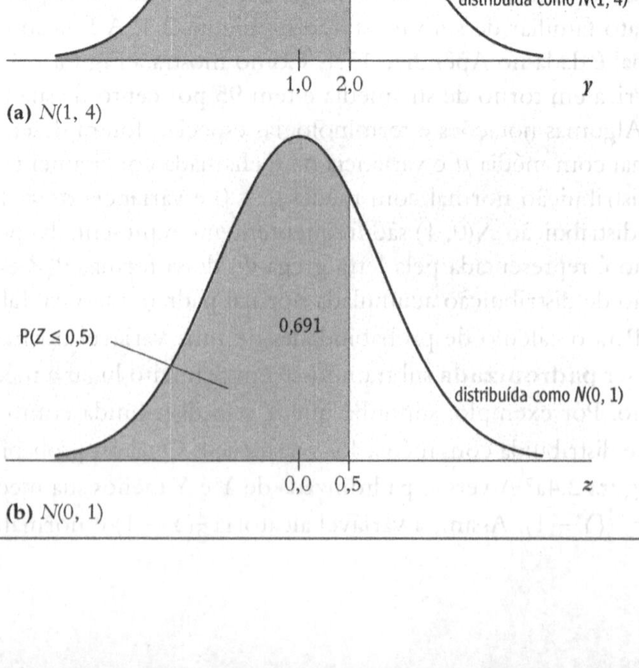

Calculando Probabilidades Envolvendo Variáveis Aleatórias Normais

Conceito-Chave 2.4

Suponha que Y seja normalmente distribuída, com média μ e variância σ^2, ou seja, Y é distribuída como $N(\mu, \sigma^2)$. Então, Y é padronizada subtraindo-se a sua média e dividindo o resultado por seu desvio padrão, isto é, calculando $Z = (Y - \mu)/\sigma$.

Sejam c_1 e c_2 dois números com $c_1 < c_2$, e sejam $d_1 = (c_1 - \mu)/\sigma$ e $d_2 = (c_2 - \mu)/\sigma$. Então,

$$P(Y \leq c_2) = P(Z \leq d_2) = \Phi(d_2), \quad (2.37)$$

$$P(Y \geq c_1) = P(Z \geq d_1) = 1 - \Phi(d_1), \text{ e} \quad (2.38)$$

$$P(c_1 \leq Y \leq c_2) = P(d_1 \leq Z \leq d_2) = \Phi(d_2) - \Phi(d_1). \quad (2.39)$$

A função distribuição acumulada normal Φ está na Tabela 1 do Apêndice.

Distribuição normal multivariada. A distribuição normal pode ser generalizada para descrever a distribuição conjunta de um conjunto de variáveis aleatórias. Nesse caso, a distribuição é chamada de **distribuição normal multivariada**, ou, se apenas duas variáveis estão sendo consideradas, de **distribuição normal bivariada**. A fórmula para a f.d.p. normal bivariada é dada no Apêndice 15.1, e a fórmula para a f.d.p. normal multivariada generalizada é dada no Apêndice 16.1.

A distribuição normal multivariada apresenta três propriedades importantes. Se X e Y possuem uma distribuição normal bivariada com co-variância σ_{XY} e se a e b são constantes, $aX + bY$ possui uma distribuição normal,

$$aX + bY \text{ é distribuída como } N(a\mu_X + b\mu_Y,\ a^2\sigma_X^2 + b^2\sigma_Y^2 + 2ab\sigma_{XY})$$
$$(X, Y \text{ normal bivariada}). \quad (2.40)$$

De modo geral, se n variáveis aleatórias têm uma distribuição normal multivariada, qualquer combinação linear dessas variáveis (como sua soma) é normalmente distribuída.

Em segundo lugar, se um conjunto de variáveis tem uma distribuição normal multivariada, a distribuição marginal de cada variável é normal (isso resulta da Equação (2.40), quando colocamos $a = 1$ e $b = 0$).

Em terceiro lugar, se variáveis com distribuição normal multivariada têm co-variâncias iguais a zero, as variáveis são independentes. Portanto, se X e Y têm uma distribuição normal bivariada e $\sigma_{XY} = 0$, X e Y são independentes. Na Seção 2.3 dissemos que, se X e Y são independentes, então, seja qual for sua distribuição conjunta, $\sigma_{XY} = 0$. Se X e Y têm distribuição normal conjunta, então o inverso também é verdadeiro. Esse resultado — de que co-variância zero implica independência — é uma propriedade especial da distribuição normal multivariada que não é verdadeira para o caso geral.

Distribuições Qui-Quadrado e $F_{m,\infty}$

As distribuições qui-quadrado e $F_{m,\infty}$ são usadas para testar alguns tipos de hipóteses na estatística e na economia.

A **distribuição qui-quadrado** é a distribuição da soma de m variáveis aleatórias normais padrão independentes ao quadrado. Essa distribuição depende de m, que é chamado de graus de liberdade da distribuição qui-quadrado. Por exemplo, sejam Z_1, Z_2 e Z_3 variáveis aleatórias normais padrão independentes. Então, $Z_1^2 + Z_2^2 + Z_3^2$ possui uma distribuição qui-quadrado com três graus de liberdade. O nome dessa distribuição deriva da letra grega usada para representá-la: uma distribuição qui-quadrado com m graus de liberdade é representada por χ_m^2.

Percentis selecionados da distribuição χ_m^2 são fornecidos pela Tabela 3 do Apêndice. Por exemplo, essa tabela mostra que o 95º percentil da distribuição χ_3^2 é 7,81, de modo que $P(Z_1^2 + Z_2^2 + Z_3^2 \leq 7{,}81) = 0{,}95$.

Uma distribuição estreitamente relacionada é a distribuição $F_{m,\infty}$. A **distribuição $F_{m,\infty}$** é a distribuição de uma variável aleatória com uma distribuição qui-quadrado com m graus de liberdade, dividida por m. De forma equivalente, a distribuição $F_{m,\infty}$ é a distribuição da média de m variáveis aleatórias normais padrão ao quadrado. Por exemplo, se Z_1, Z_2 e Z_3 são variáveis aleatórias normais padrão independentes, então $(Z_1^2 + Z_2^2 + Z_3^2)/3$ possui uma distribuição $F_{3,\infty}$.

Um Dia Péssimo em Wall Street

Em um dia típico, o valor total de ações negociadas na bolsa de valores dos Estados Unidos pode subir ou cair 1 por cento ou mais. Isso é muito — mas não é nada se comparado ao que aconteceu no dia 19 de outubro de 1987, uma segunda-feira. Na "Segunda-feira Negra", o Dow Jones Industrial Average (uma média de 30 ações de indústrias grandes) despencou 25,6 por cento! De 1º de janeiro de 1980 a 16 de outubro de 1987, o desvio padrão dos retornos diários (isto é, a variação percentual diária dos preços) no Dow Jones foi de 1,16 por cento; desse modo, a queda de 25,6 por cento representou um retorno negativo de 22 (= 25,6/1,16) desvios padrão. A enormidade dessa queda pode ser vista na Figura 2.5, um gráfico dos retornos diários do Dow Jones durante a década de 1980.

Se os retornos de ações são normalmente distribuídos, a probabilidade de uma queda de no mínimo 22 desvios padrão é $P(Z \leq -22) = \Phi(-22)$. Você não encontrará esse valor na Tabela 1 do Apêndice, mas poderá calculá-lo usando um computador (tente!). Essa probabilidade é de $1{,}4 \times 10^{-107}$, isto é, 0,000 ... 00014, em que há um total de 106 zeros!

Em que medida $1{,}4 \times 10^{-107}$ é pequeno? Considere o seguinte:

- A população mundial é de cerca de 6 bilhões, portanto a probabilidade de se ganhar em uma loteria entre todas as pessoas é de aproximadamente uma em 6 bilhões, ou 2×10^{-10}.
- Acredita-se que o universo exista há 15 bilhões de anos, ou cerca de 5×10^{17} segundos, portanto a probabilidade de se escolher ao acaso um segundo em particular dentre todos os segundos desde o surgimento do universo é de 2×10^{-18}.
- Existem aproximadamente 10^{43} moléculas de gás no primeiro quilômetro acima da superfície da Terra. A probabilidade de se escolher uma ao acaso é de 10^{-43}.

Embora realmente tenha sido um péssimo dia em Wall Street, o simples fato de sua ocorrência sugere que sua probabilidade foi maior do que $1{,}4 \times 10^{-107}$. Na verdade, o

(continua)

FIGURA 2.5 Variação Percentual Diária do Índice Dow Jones Industrial na Década de 1980

Durante a década de 1980, a variação percentual diária do índice Dow Jones foi de 0,05 por cento e seu desvio padrão foi de 1,16 por cento. Em 19 de outubro de 1987 — a "Segunda-feira Negra" —, o índice caiu 25,6 por cento, ou mais de 22 desvios padrão.

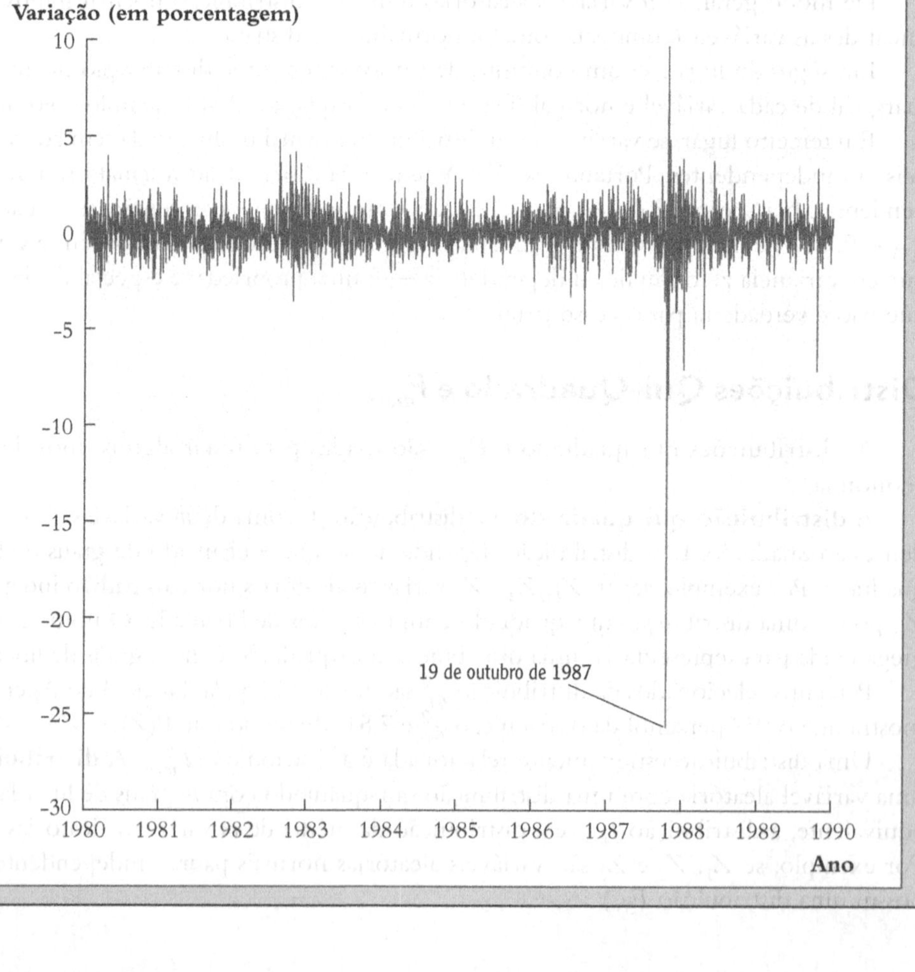

(continuação)

retorno sobre ações apresenta uma distribuição com caudas mais largas do que a distribuição normal; em outras palavras, existem mais dias com retornos grandes positivos ou negativos do que a distribuição normal sugeriria. No Capítulo 14 apresentaremos um modelo econométrico para retornos de ações utilizado por profissionais do mercado financeiro que é mais consistente com relação aos dias muito ruins — e muito bons — que vemos de fato em Wall Street.

Percentis selecionados da distribuição $F_{m,\infty}$ são fornecidos pela Tabela 4 do Apêndice. Por exemplo, o 95º percentil da distribuição $F_{3,\infty}$ é 2,60, de modo que $P[(Z_1^2 + Z_2^2 + Z_3^2)/3 \leq 2{,}60) = 0{,}95$. O 95º percentil da distribuição $F_{3,\infty}$ é o 95º percentil da distribuição χ_3^2 dividido por três (7,81/3 = 2,60).

A Distribuição *t* de Student

A **distribuição *t* de Student** com m graus de liberdade é definida como a distribuição da razão entre uma variável aleatória normal padrão e a raiz quadrada de uma variável aleatória qui-quadrado independentemente distribuída com m graus de liberdade, dividida por m. Isto é, seja Z uma variável aleatória normal padrão, seja W uma variável aleatória com uma distribuição qui-quadrado com m graus de liberdade e sejam Z e W independentemente distribuídas. Então, a variável aleatória $Z/\sqrt{W/m}$ possui uma distribuição t de Student (também chamada de **distribuição *t***) com m graus de liberdade. Essa distribuição é representada por t_m. Percentis selecionados da distribuição t_m são fornecidos na Tabela 2 do Apêndice.

A distribuição t de Student depende dos graus de liberdade m. Portanto, o 95º percentil da distribuição t_m depende dos graus de liberdade m. A distribuição t de Student tem um formato de sino semelhante ao da distribuição normal, mas quando m é pequeno (20 ou menos) ela apresenta mais massa nas caudas, ou seja, possui um formato de sino com caudas mais largas do que a normal. Quando m é maior do que 30, a distribuição t de Student tem uma boa aproximação pela distribuição normal padrão e a distribuição t_∞ se iguala à distribuição normal padrão.

2.5 Amostragem Aleatória e a Distribuição da Média da Amostra

Praticamente todos os procedimentos estatísticos e econométricos utilizados neste livro envolvem médias e médias ponderadas de uma amostra de dados. Caracterizar as distribuições das médias das amostras é, portanto, um passo essencial rumo à compreensão dos procedimentos econométricos.

Nesta seção, apresentamos alguns conceitos básicos sobre a amostragem aleatória e as distribuições de médias utilizadas ao longo do livro. Começamos discutindo a amostragem aleatória. O ato de amostragem aleatória, ou seja, a seleção aleatória de uma amostra de uma população maior tem o efeito de tornar a média da amostra em si uma variável aleatória. Como a média da amostra é uma variável aleatória, possui uma distribuição de probabilidade, chamada de distribuição amostral. Nesta seção, finalizamos com algumas propriedades da distribuição amostral da média da amostra.

Amostragem Aleatória

Amostragem aleatória simples. Suponha que nossa aluna da Seção 2.1 queira ser uma estatística e decida registrar a duração do trajeto que faz até a faculdade em diversos dias. Ela seleciona esses dias ao acaso durante o ano letivo e a duração do trajeto diário apresenta a função de distribuição acumulada da Figura 2.2a. Como os dias foram selecionados ao acaso, saber o valor da duração do trajeto em um desses dias selecionados aleatoriamente não fornece nenhuma informação sobre a duração do trajeto em outro dia, isto é, como os dias foram selecionados ao acaso, os valores da duração do trajeto em cada dia diferente são variáveis aleatórias distribuídas independentemente.

Conceito-Chave 2.5

Amostragem Aleatória Simples e Variáveis Aleatórias i.i.d.

Em uma amostra aleatória simples, n objetos são selecionados ao acaso de uma população e cada um tem a mesma probabilidade de ser selecionado. O valor da variável aleatória Y para o i-ésimo objeto selecionado aleatoriamente é representado por Y_i. Como cada objeto tem a mesma probabilidade de ser selecionado e a distribuição de Y_i é a mesma para todo i, as variáveis aleatórias $Y_1, ..., Y_n$ são independente e identicamente distribuídas (i.i.d.), isto é, a distribuição de Y_i é a mesma para todo $i = 1, ..., n$ e Y_1 é distribuído independentemente de $Y_2, ..., Y_n$ e assim por diante.

A situação descrita no parágrafo anterior é um exemplo da estrutura de amostragem mais simples utilizada em estatística, conhecida como **amostragem aleatória simples**, em que n objetos são selecionados ao acaso de uma **população** (a população dos dias de aula) e cada membro da população (cada dia) tem a mesma probabilidade de ser incluído na amostra.

As n observações na amostra são representadas por $Y_1, ..., Y_n$, onde Y_1 é a primeira observação, Y_2 a segunda observação e assim por diante. No exemplo da aluna, Y_1 é a duração do trajeto no primeiro dos n dias selecionados aleatoriamente e Y_i é a duração do trajeto no i-ésimo dos dias selecionados aleatoriamente.

Como os membros da população incluídos na amostra são selecionados ao acaso, os valores das observações $Y_1, ..., Y_n$ são aleatórios entre si. Se membros diferentes da população forem escolhidos, seus valores de Y serão diferentes. Portanto, o ato de amostragem aleatória significa que $Y_1, ..., Y_n$ podem ser tratadas como variáveis aleatórias. Antes de serem selecionadas, $Y_1, ..., Y_n$ podem assumir muitos valores possíveis; após sua seleção, um valor específico é registrado para cada observação.

Seleções i.i.d. Como $Y_1, ..., Y_n$ são selecionadas aleatoriamente da mesma população, a distribuição marginal de Y_i é a mesma para cada $i = 1, ..., n$; essa distribuição marginal é a distribuição de Y na população selecionada. Quando Y_i possui a mesma distribuição marginal para $i = 1, ..., n$, diz-se que $Y_1, ..., Y_n$ são **identicamente distribuídas**.

No contexto da amostragem aleatória simples, conhecer o valor de Y_1 não fornece nenhuma informação sobre Y_2, logo a distribuição condicional de Y_2 dado Y_1 é igual à distribuição marginal de Y_2. Em outras palavras, em uma amostragem aleatória simples, Y_1 é distribuída independentemente de $Y_2, ..., Y_n$.

Quando $Y_1, ..., Y_n$ são selecionadas da mesma distribuição e são independentemente distribuídas, diz-se que são **independente e identicamente distribuídas**, ou **i.i.d.**

Amostragem aleatória simples e seleções i.i.d. são resumidas no Conceito-Chave 2.5.

Distribuição Amostral da Média da Amostra

A média da amostra, $\overline{Y}$, das n observações $Y_1, ..., Y_n$ é

$$\overline{Y} = \frac{1}{n}(Y_1 + Y_2 + \cdots + Y_n) = \frac{1}{n}\sum_{i=1}^{n} Y_i. \qquad (2.41)$$

Um conceito essencial é o de que o ato de selecionar uma amostra aleatória torna a média da amostra $\overline{Y}$ uma variável aleatória. Como a amostra foi selecionada ao acaso, o valor de cada Y_i é aleatório. Como $Y_1, ..., Y_n$ são aleatórias, sua média é aleatória. Caso uma amostra diferente tivesse sido selecionada, as observações e sua média da amostra seriam diferentes: o valor de $\overline{Y}$ difere de uma amostra selecionada aleatoriamente para a seguinte.

Por exemplo, suponha que nossa aluna tenha selecionado ao acaso cinco dias para registrar a duração de seu trajeto e então tenha calculado a média dessas cinco durações. Se ela tivesse escolhido cinco dias diferentes, teria registrado cinco durações diferentes — e dessa forma teria calculado um valor diferente para a média da amostra.

Como $\overline{Y}$ é aleatória, possui uma distribuição de probabilidade. A distribuição de $\overline{Y}$ é chamada de **distribuição amostral** de $\overline{Y}$, pois é a distribuição de probabilidade associada a valores possíveis de $\overline{Y}$ que poderiam ser calculados para diferentes amostras possíveis $Y_1, ..., Y_n$.

A distribuição amostral de médias e médias ponderadas desempenha um papel central em estatística e em econometria. Iniciamos nossa discussão da distribuição amostral de $\overline{Y}$ ao calcularmos sua média e sua variância sob condições gerais com relação à distribuição da população de Y.

Média e variância de $\overline{Y}$. Suponha que as observações $Y_1, ..., Y_n$ sejam i.i.d. e sejam μ_Y e σ_Y^2 a média e a variância de Y_i (como as observações são i.i.d., a média e a variância são as mesmas para todo $i = 1, ..., n$). Quando $n = 2$, a média da soma $Y_1 + Y_2$ é obtida por meio da Equação (2.26), ou seja, $E(Y_1+Y_2) = \mu_Y + \mu_Y = 2\mu_Y$. Portanto, a média da média da amostra é $E[\frac{1}{2}(Y_1 + Y_2)] = \frac{1}{2} \times 2\mu_Y = \mu_Y$. Em geral,

$$E(\overline{Y}) = \frac{1}{n}\sum_{i=1}^{n} E(Y_i) = \mu_Y. \quad (2.42)$$

A variância de $\overline{Y}$ é obtida pela aplicação da Equação (2.28). Por exemplo, para $n = 2$, $\text{var}(Y_1 + Y_2) = 2\sigma_Y^2$, logo (aplicando a Equação (2.31) com $a = b = \frac{1}{2}$ e $\text{cov}(Y_1,Y_2) = 0$), $\text{var}(\overline{Y}) = \frac{1}{2}\sigma_Y^2$. Para um n geral, como $Y_1, ..., Y_n$ são i.i.d., Y_i e Y_j são independentemente distribuídas para $i \neq j$, logo $\text{cov}(Y_i,Y_j) = 0$. Então,

$$\begin{aligned} \text{var}(\overline{Y}) &= \text{var}\Big(\frac{1}{n}\sum_{i=1}^{n} Y_i\Big) \\ &= \frac{1}{n^2}\sum_{i=1}^{n}\text{var}(Y_i) + \frac{1}{n^2}\sum_{i=1}^{n}\sum_{j=1, j\neq i}^{n}\text{cov}(Y_i,Y_j) \quad (2.43) \\ &= \frac{\sigma_Y^2}{n}. \end{aligned}$$

O desvio padrão de $\overline{Y}$ é a raiz quadrada da variância, $\sigma_Y/\sqrt{n}$.

Em suma, a média, a variância e o desvio padrão de $\overline{Y}$ são

$$E(\overline{Y}) = \mu_Y, \quad (2.44)$$

$$\text{var}(\overline{Y}) = \sigma_{\overline{Y}}^2 = \frac{\sigma_Y^2}{n} \text{ e} \quad (2.45)$$

$$\text{DP}(\overline{Y}) = \sigma_{\overline{Y}} = \frac{\sigma_Y}{\sqrt{n}}. \quad (2.46)$$

Esses resultados são válidos para qualquer distribuição de Y_i, isto é, a distribuição de Y_i não precisa assumir uma forma específica, como a normal, para que as equações (2.44), (2.45) e (2.46) sejam válidas.

A notação $\sigma_{\overline{Y}}^2$ representa a variância da distribuição amostral da média da amostra $\overline{Y}$. Em contraste, σ_Y^2 é a variância de cada Y_i individual, ou seja, a variância da distribuição da população da qual a observação é selecionada. De modo semelhante, $\sigma_{\overline{Y}}$ representa o desvio padrão da distribuição amostral de $\overline{Y}$.

Distribuição amostral de $\overline{Y}$ quando Y é normalmente distribuída. Suponha que $Y_1, ..., Y_n$ sejam seleções i.i.d. da distribuição $N(\mu_Y, \sigma_Y^2)$. Conforme foi dito após a Equação (2.37), a soma de n variáveis aleatórias normalmente distribuídas é em si normalmente distribuída. Como a média de $\overline{Y}$ é μ_Y e a variância de $\overline{Y}$ é σ_Y^2/n, isso significa que, se $Y_1, ..., Y_n$ são seleções i.i.d. da distribuição $N(\mu_Y, \sigma_Y^2)$, $\overline{Y}$ é distribuída como $N(\mu_Y, \sigma_Y^2/n)$.

2.6 Aproximações de Distribuições Amostrais para Amostras Grandes

As distribuições amostrais desempenham um papel central no desenvolvimento de procedimentos estatísticos e econômicos e por isso é importante saber, em um sentido matemático, o que é a distribuição amostral de $\overline{Y}$. Existem dois enfoques para caracterizar distribuições amostrais: um enfoque "exato" e um enfoque "aproximado".

O enfoque "exato" envolve a derivação de uma fórmula para a distribuição amostral que vale com exatidão para qualquer valor de n. A distribuição amostral que descreve exatamente a distribuição de $\overline{Y}$ para qualquer n é chamada de **distribuição exata** ou **distribuição de amostra finita** de $\overline{Y}$. Por exemplo, se Y é normalmente distribuído e $Y_1, ..., Y_n$ são i.i.d., então (conforme discutido na Seção 2.5), a distribuição exata de $\overline{Y}$ é normal com média μ_Y e variância σ_Y^2/n. Infelizmente, se a distribuição de Y não é normal, em geral a distribuição amostral exata de $\overline{Y}$ é muito complicada e depende da distribuição de Y.

O enfoque "aproximado" utiliza aproximações para a distribuição amostral que dependem do fato de o tamanho da amostra ser grande. A aproximação de distribuição amostral para amostras grandes freqüentemente é chamada de **distribuição assintótica** — "assintótica" porque as aproximações se tornam exatas no limite em que $n \longrightarrow \infty$. Como veremos nesta seção, essas aproximações podem ser muito precisas mesmo que o tamanho da amostra seja de apenas $n = 30$ observações. Como os tamanhos de amostra utilizados na prática em econometria são geralmente da ordem de centenas ou milhares, essas distribuições assintóticas fornecem aproximações muito boas para a distribuição amostral exata.

Nesta seção, apresentamos duas ferramentas importantes utilizadas para aproximar distribuições amostrais quando o tamanho da amostra é grande, a lei dos grandes números e o teorema central do limite. A lei dos grandes números afirma que, quando o tamanho da amostra for grande, $\overline{Y}$ estará próxima de μ_Y com uma probabilidade muito elevada. O teorema central do limite afirma que, quando o tamanho da amostra é grande, a distribuição amostral da média da amostra padronizada, $(\overline{Y} - \mu_Y)/\sigma_{\overline{Y}}$, é aproximadamente normal.

Embora as distribuições amostrais exatas sejam complicadas e dependam da distribuição de Y, as distribuições assintóticas são simples. Além disso — o que é notável —, a distribuição normal assintótica de $(\overline{Y} - \mu_Y)/\sigma_{\overline{Y}}$ *não* depende da distribuição de Y. Essa distribuição aproximada normal fornece simplificações enormes e forma a base da teoria da regressão utilizada ao longo deste livro.

Lei dos Grandes Números e Consistência

A **lei dos grandes números** afirma que, sob condições gerais, $\overline{Y}$ estará próxima de μ_Y com uma probabilidade muito elevada quando n for grande. Isso algumas vezes é chamado de "lei das médias". Quando se calcula a média de um número grande de variáveis aleatórias com a mesma média, os valores grandes contrabalançam os valores pequenos e a média da amostra fica próxima da média comum.

Por exemplo, considere uma versão simplificada do experimento da aluna, em que ela simplesmente registra se o seu trajeto foi curto (menos de 20 minutos) ou longo. Considere Y_i igual a um se o trajeto foi curto no i-ésimo dia selecionado aleatoriamente e igual a zero se foi longo. Como ela utilizou uma amostragem aleatória simples, $Y_1, ..., Y_n$ são i.i.d. Assim, Y_i, $i = 1, ..., n$ são seleções i.i.d. de uma variável aleatória de Bernoulli, em que (segundo a Tabela 2.2) a probabilidade de que Y_i, $= 1$ é 0,78. Como a expectativa de uma variável aleatória de Bernoulli é sua probabilidade de sucesso, $E(Y_i) = \mu_Y = 0{,}78$. A média da amostra $\overline{Y}$ é a fração de dias de sua amostra em que o trajeto foi curto.

A Figura 2.6 mostra a distribuição amostral de $\overline{Y}$ para vários tamanhos de amostra n. Quando $n = 2$ (veja a Figura 2.6a), $\overline{Y}$ pode assumir apenas três valores: 0, $\frac{1}{2}$ e 1 (nenhum trajeto foi curto, um trajeto foi curto e ambos os trajetos foram curtos), nenhum dos quais está particularmente próximo da proporção verdadeira na população, 0,78. À medida que n aumenta, contudo (veja a Figura 2.6b-d), $\overline{Y}$ assume mais valores e a distribuição amostral torna-se bastante centrada em μ_Y.

A propriedade de $\overline{Y}$ estar próximo de μ_Y com probabilidade crescente à medida que n aumenta é chamada de **convergência na probabilidade** ou, de forma mais concisa, **consistência** (veja o Conceito-Chave 2.6). A lei dos grandes números afirma que, sob determinadas condições, $\overline{Y}$ converge em probabilidade para μ_Y ou, de forma equivalente, que $\overline{Y}$ é consistente para μ_Y.

As condições para a lei dos grandes números que utilizaremos neste livro são de que Y_i, $i = 1, ..., n$ seja i.i.d. e que a variância de Y_i, σ_Y^2, seja finita. O papel matemático dessas condições é esclarecido na Seção 15.2, em que a lei dos grandes números é provada. Se os dados são coletados por amostragem aleatória simples, a hipótese i.i.d. é válida. A hipótese de que a variância é finita afirma que valores de Y_i extremamente grandes são observados com pouca freqüência; caso contrário, a média da amostra não seria confiável. Essa hipótese é plausível para as aplicações deste livro; por exemplo, como existe um limite superior para a duração do trajeto de nossa aluna (ela poderia estacionar e ir andando se o trânsito estivesse muito ruim), a variância da distribuição das durações do trajeto é finita.

Teorema Central do Limite

O **teorema central do limite** afirma que, sob condições gerais, a distribuição de $\overline{Y}$ aproxima-se bem de uma distribuição normal quando n é grande. Lembre-se de que a média de $\overline{Y}$ é μ_Y e sua variância é $\sigma^2_{\overline{Y}} = \sigma^2_Y/n$. De acordo com o teorema central do limite, quando n é grande, a distribuição de $\overline{Y}$ é aproximadamente $N(\mu_Y, \sigma^2_{\overline{Y}})$. Conforme discutimos no final da Seção 2.5, a distribuição de $\overline{Y}$ é *exatamente* $N(\mu_Y, \sigma^2_{\overline{Y}})$ quando a amostra é selecionada de uma população com distribuição normal $N(\mu_Y, \sigma^2_Y)$. O teorema central do limite diz que esse mesmo resultado é *aproximadamente* verdadeiro quando n é grande mesmo que $Y_1, ..., Y_n$ em si não sejam normalmente distribuídas.

A convergência da distribuição de $\overline{Y}$ para a aproximação normal em formato de sino pode ser vista (um pouco) na Figura 2.6. Entretanto, como a distribuição fica bastante concentrada quando n é grande, é necessário forçar um pouco a vista. Seria mais fácil ver o formato da distribuição de $\overline{Y}$ se você utilizasse uma lupa ou tivesse outra forma de ampliar ou expandir o eixo horizontal do gráfico.

FIGURA 2.6 Distribuição Amostral da Média da Amostra de *n* Variáveis Aleatórias de Bernoulli

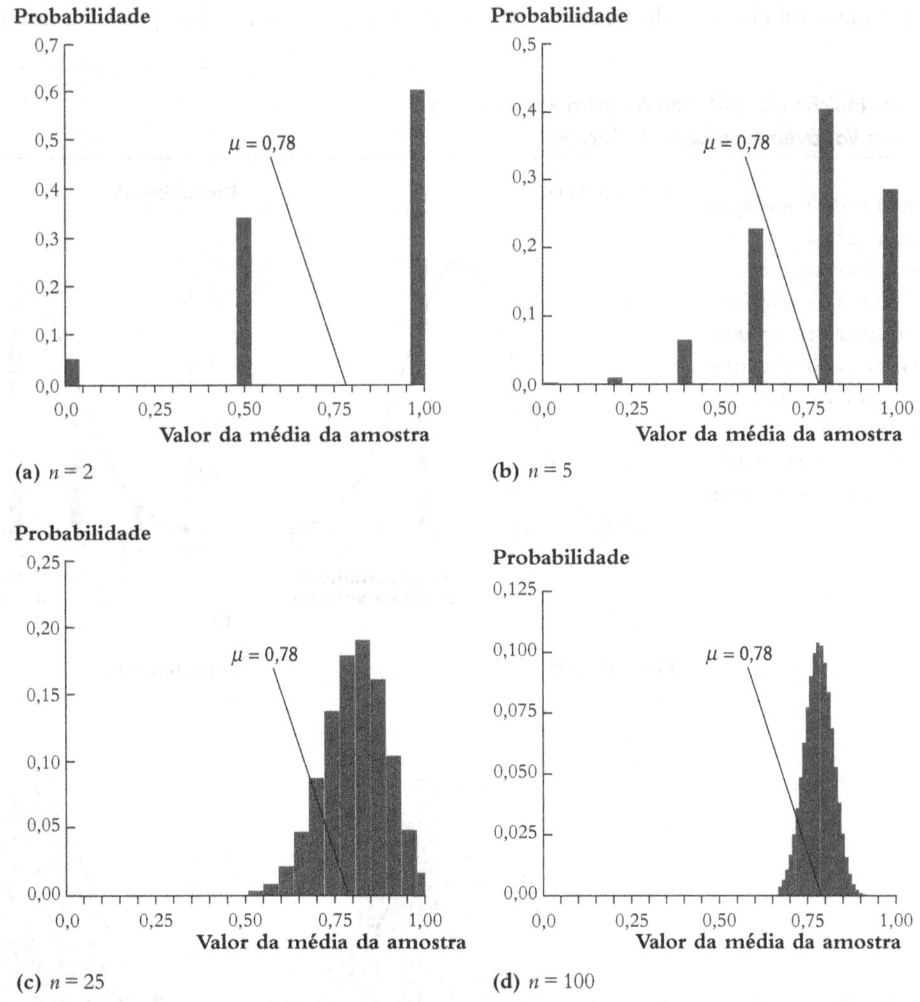

As distribuições são distribuições amostrais de $\overline{Y}$, a média da amostra de n variáveis aleatórias de Bernoulli independentes com $p = P(Y_i, = 1) = 0,78$ (a probabilidade de um trajeto rápido é de 78 por cento). A variância da distribuição amostral de $\overline{Y}$ diminui à medida que n cresce, de modo que a distribuição amostral se torna mais concentrada em torno de sua média $\mu = 0,78$ à medida que o tamanho da amostra n cresce.

Convergência na Probabilidade, Consistência e Lei dos Grandes Números

Conceito-Chave 2.6

A média da amostra $\overline{Y}$ converge em probabilidade para μ_Y (ou, de forma equivalente, $\overline{Y}$ é consistente para μ_Y) se a probabilidade de que $\overline{Y}$ se encontra no intervalo de $\mu_Y - c$ para $\mu_Y + c$ torna-se arbitrariamente próxima de um à medida que n aumenta para qualquer constante $c > 0$. Isso é escrito como $\overline{Y} \xrightarrow{p} \mu_Y$.

A lei dos grandes números afirma que se Y_i, $i = 1, ..., n$ são independente e identicamente distribuídas com $E(Y_i) = \mu_Y$ e $\text{var}(Y_i) = \sigma_Y^2 < \infty$, então $\overline{Y} \xrightarrow{p} \mu_Y$.

Uma forma de fazer isso é padronizar $\overline{Y}$, isto é, subtrair sua média e dividir o resultado por seu desvio padrão, de modo que ela tenha média zero e variância um. Isso leva ao exame da distribuição da versão padronizada de $\overline{Y}$, $(\overline{Y} - \mu_Y)/\sigma_{\overline{Y}}$. De acordo com o teorema central do limite, essa distribuição deve ter uma boa aproximação por uma distribuição $N(0,1)$ quando n é grande.

A distribuição da média padronizada $(\overline{Y} - \mu_Y)/\sigma_{\overline{Y}}$ é mostrada na Figura 2.7 para as distribuições da Figura 2.6; as distribuições da Figura 2.7 são exatamente as mesmas da Figura 2.6, exceto pela alteração da escala do eixo horizontal para que a variável padronizada tenha média zero e variância um. Com essa mudança de escala, é fácil ver que, se n é grande o suficiente, a distribuição de $\overline{Y}$ tem uma aproximação boa por uma distribuição normal.

FIGURA 2.7 Distribuição da Média da Amostra Padronizada de n Variáveis Aleatórias de Bernoulli

A distribuição amostral de $\overline{Y}$ na Figura 2.6 é mostrada aqui após a padronização de $\overline{Y}$. Isso centra as distribuições da Figura 2.6 e amplia a escala no eixo horizontal por um fator $\sqrt{n}$. Quando o tamanho da amostra é grande, as distribuições amostrais são cada vez mais bem aproximadas pela distribuição normal (a linha contínua), conforme previsto pelo teorema central do limite.

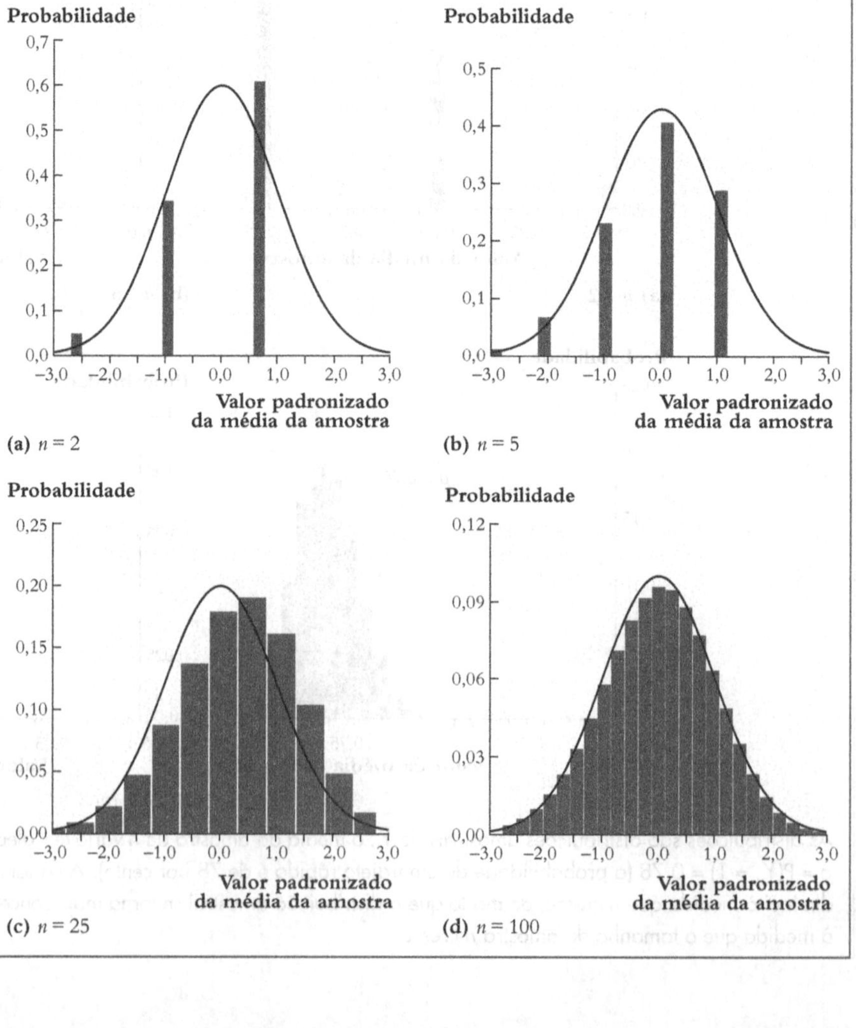

Alguém pode perguntar: o que significa "grande o suficiente"? Isto é, quão grande deve ser n para que a distribuição de $\overline{Y}$ seja aproximadamente normal? A resposta é: "depende". A qualidade da aproximação normal depende da distribuição dos Y_i subjacentes que compõem a média. Em um caso extremo, se os Y_i são normalmente distribuídos, então $\overline{Y}$ é normalmente distribuído de forma exata para todo n. No entanto, quando os Y_i subjacentes têm uma distribuição muito distante da normal, essa aproximação pode requerer $n = 30$ ou até mais.

Esse ponto é ilustrado pela Figura 2.8 para uma distribuição da população, mostrada na Figura 2.8a, que é muito diferente da distribuição de Bernoulli. Essa distribuição tem uma cauda direita longa (é assimétrica para a direita). A distribuição amostral de $\overline{Y}$, depois de centrada e ampliada, é mostrada nas figuras 2.8b, c e d para n = 5, 25 e 100. Embora a distribuição amostral esteja aproximando a forma de sino para $n = 25$, a aproximação normal ainda tem imperfeições evidentes. Entretanto, para $n = 100$, a aproximação normal é bastante boa. Na verdade, para $n \geq 100$, a aproximação normal para a distribuição de $\overline{Y}$ geralmente é muito boa para uma grande variedade de distribuições da população.

FIGURA 2.8 Distribuição da Média da Amostra Padronizada de *n* Seleções de uma Distribuição Assimétrica

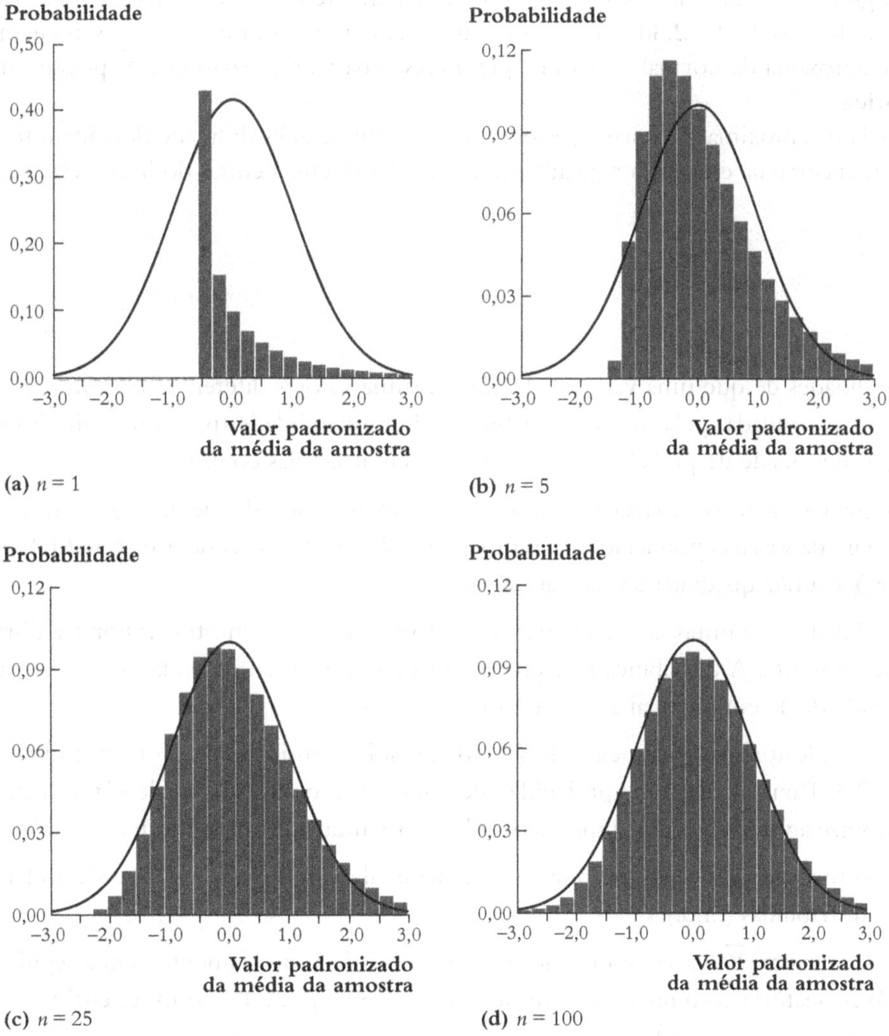

As figuras mostram a distribuição amostral da média da amostra padronizada de n seleções da distribuição da população assimétrica mostrada na Figura 2.8a. Quando n é pequeno ($n = 5$), a distribuição amostral, como na distribuição da população, é assimétrica. Mas, quando n é grande ($n = 100$), as distribuições amostrais são bem aproximadas por uma distribuição normal padrão (linha contínua), conforme previsto pelo teorema central do limite.

Teorema Central do Limite

Conceito-Chave 2.7

Suponha que $Y_1, ..., Y_n$ sejam i.i.d. com $E(Y_i) = \mu_Y$ e $\text{var}(Y_i) = \sigma_Y^2$, onde $0 < \sigma_Y^2 < \infty$. À medida que $n \longrightarrow \infty$, a distribuição de $(\overline{Y} - \mu_Y)/\sigma_{\overline{Y}}$ (onde $\sigma_{\overline{Y}}^2 = \sigma_Y^2/n$) torna-se arbitrariamente bem aproximada pela distribuição normal padrão.

O teorema central do limite é um resultado notável. Enquanto as distribuições de $\overline{Y}$ para "n pequeno" nas partes b e c das figuras 2.7 e 2.8 são complicadas e completamente diferentes umas das outras, as distribuições para "n grande" nas figuras 2.7d e 2.8d são simples e, incrivelmente, têm um formato semelhante. Como a distribuição de $\overline{Y}$ se aproxima da normal à medida que n cresce bastante, diz-se que $\overline{Y}$ possui uma **distribuição normal assintótica**.

A conveniência da aproximação normal, associada a sua grande aplicabilidade devido ao teorema central do limite, faz dela um alicerce da estatística aplicada moderna. O teorema central do limite está resumido no Conceito-Chave 2.7.

Resumo

1. As probabilidades de que uma variável aleatória assuma valores diferentes são mostradas pela função de distribuição acumulada, pela função distribuição de probabilidade (para variáveis aleatórias discretas) e pela função densidade de probabilidade (para variáveis aleatórias contínuas).
2. O valor esperado de uma variável aleatória Y (também chamado de média μ_Y), representado por $E(Y)$, é o valor médio da variável ponderado pelas probabilidades. A variância de Y é $\sigma_Y^2 = E[(Y - \mu_Y)^2]$ e o desvio padrão de Y é a raiz quadrada de sua variância.
3. As probabilidades conjuntas de duas variáveis aleatórias X e Y são mostradas por sua distribuição de probabilidade conjunta. A distribuição de probabilidade condicional de Y dado $X = x$ é a distribuição de probabilidade de Y, condicional a que X assuma o valor x.
4. Uma variável aleatória normalmente distribuída possui a densidade de probabilidade em forma de sino da Figura 2.3. Para calcular uma probabilidade associada a uma variável aleatória normal, em primeiro lugar padronize a variável e então utilize a distribuição acumulada normal padrão da Tabela 1 do Apêndice.
5. A amostragem aleatória simples produz n observações aleatórias $Y_1, ..., Y_n$ que são independente e identicamente distribuídas (i.i.d.).
6. A média da amostra, $\overline{Y}$, varia de uma amostra selecionada aleatoriamente para a seguinte e, portanto, é uma variável aleatória com uma distribuição amostral. Se $Y_1, ..., Y_n$ são i.i.d., então:
   a. a distribuição amostral de $\overline{Y}$ tem média μ_Y e variância $\sigma_{\overline{Y}}^2 = \sigma_Y^2/n$;
   b. a lei dos grandes números afirma que $\overline{Y}$ converge em probabilidade para μ_Y; e
   c. o teorema central do limite afirma que a versão padronizada de $\overline{Y}$, $(\overline{Y} - \mu_Y)/\sigma_{\overline{Y}}$, possui uma distribuição normal padrão (distribuição $N(0,1)$) quando n é grande.

Termos-chave

resultados (13)
probabilidade (13)
espaço amostral (13)
evento (13)
variável aleatória discreta (13)
variável aleatória contínua (13)
distribuição de probabilidade (13)
distribuição de probabilidade acumulada (13)
função de distribuição acumulada (f.d.a.) (14)
variável aleatória de Bernoulli (14)
distribuição de Bernoulli (14)
função densidade de probabilidade (f.d.p.) (15)
função densidade (15)
densidade (15)
valor esperado (16)
média (16), variância (16) e desvio padrão (17)
momentos de uma distribuição (17)
distribuição de probabilidade conjunta (18)
distribuição de probabilidade marginal (19)
distribuição condicional (19)
expectativa condicional (20)
média condicional (20)
lei das expectativas iteradas (21)
variância condicional (21)
independência (21)
co-variância e correlação (22)
não-correlacionadas (22)
distribuição normal (23)
distribuição normal padrão (23)
padronizar uma variável aleatória (23)
distribuição normal multivariada (25)
distribuição normal bivariada (25)
distribuição qui-quadrado (25)
distribuição $F_{m,\infty}$ (25)
distribuição t de Student (27)
amostragem aleatória simples (27)
população (28)
identicamente distribuídas (28)
independente e identicamente distribuídas (i.i.d.) (28)
distribuição amostral (29)
distribuição exata (30)
distribuição assintótica (30)
lei dos grandes números (30)
convergência na probabilidade (30)
consistência (30)
teorema central do limite (31)
distribuição normal assintótica (34)

Revisão dos Conceitos

2.1 Exemplos de variáveis aleatórias utilizadas neste capítulo incluem: (a) o sexo da próxima pessoa que você vai conhecer, (b) o número de vezes que um computador trava, (c) a duração do trajeto até a faculdade, (d) se o computador que lhe disponibilizaram na biblioteca é novo ou antigo e (e) se está chovendo ou não. Explique por que cada uma delas pode ser considerada aleatória.

2.2 Suponha que as variáveis aleatórias X e Y sejam independentes e que você conheça suas distribuições. Explique por que conhecer o valor de X não lhe diz nada sobre o valor de Y.

2.3 Suponha que X represente o montante de precipitação atmosférica em sua cidade natal em um dado mês e que Y represente o número de nascimentos em Los Angeles durante o mesmo mês. Será que X e Y são independentes? Explique.

2.4 Uma turma de econometria possui oitenta alunos e o peso médio dos alunos é de 65,8 kg. Uma amostra aleatória de quatro alunos é selecionada e seu peso médio é calculado. O peso médio dos alunos da amostra será igual a 65,8 kg? Justifique. Use esse exemplo para explicar por que a média da amostra $\overline{Y}$ é uma variável aleatória.

2.5 Suponha que $Y_1, ..., Y_n$ sejam variáveis aleatórias i.i.d. com uma distribuição $N(1, 4)$. Esboce a densidade de probabilidade de $\overline{Y}$ para $n = 2$. Faça o mesmo para $n = 10$ e $n = 100$. Em palavras, descreva como as densidades diferem. Qual é a relação entre sua resposta e a lei dos grandes números?

2.6 Suponha que $Y_1, ..., Y_n$ sejam variáveis aleatórias i.i.d. com a distribuição de probabilidade dada pela Figura 2.8a. Você deseja calcular $P(\overline{Y} \leq 0{,}1)$. Seria razoável utilizar a aproximação normal se $n = 5$? O que dizer para $n = 25$ e $n = 100$? Explique.

Exercícios

As soluções para os exercícios indicados com* podem ser encontradas, em inglês, no site relativo ao livro em **www.aw.com/stock_br**.

*2.1 Utilize a distribuição de probabilidade fornecida na Tabela 2.2 para calcular (a) $E(Y)$ e $E(X)$; (b) σ_X^2 e σ_Y^2; e (c) σ_{XY} e corr(X, Y).

2.2 Utilizando as variáveis aleatórias X e Y da Tabela 2.2, considere duas variáveis aleatórias novas $W = 3 + 6X$ e $V = 20 - 7Y$. Calcule (a) $E(W)$ e $E(V)$, (b) σ_W^2 e σ_V^2 e (c) σ_{WV} e corr(W, V).

2.3 A tabela a seguir fornece a distribuição de probabilidade conjunta entre a situação empregatícia e o nível de instrução entre trabalhadores ou pessoas que estão procurando trabalho (desempregados) em idade ativa na população norte-americana, com base no censo dos Estados Unidos de 1990.

Distribuição Conjunta de Situação Empregatícia e Nível de Instrução da População dos Estados Unidos com Idade entre 25 e 64 Anos, 1990

	Desempregados ($Y = 0$)	Empregados ($Y = 1$)	**Total**
Sem curso superior ($X = 0$)	0,045	0,709	0,754
Com curso superior ($X = 1$)	0,005	0,241	0,246
Total	0,050	0,950	1,000

*a. Calcule $E(Y)$.

b. A taxa de desemprego é a fração da força de trabalho que está desempregada. Demonstre que a taxa de desemprego é dada por $1 - E(Y)$.

*c. Calcule $E(Y|X = 1)$ e $E(Y|X = 0)$.

d. Calcule a taxa de desemprego para (i) indivíduos com curso superior (ii) indivíduos sem curso superior.

*e. Um membro da população selecionado aleatoriamente relata que está desempregado. Qual é a probabilidade de que esse trabalhador tenha curso superior? E de que não tenha curso superior?

f. As conquistas educacionais e a situação empregatícia são independentes? Explique.

2.4 A variável aleatória Y possui média 1 e variância 4. Seja $Z = \frac{1}{2}(Y - 1)$. Mostre que $\mu_Z = 0$ e $\sigma_Z^2 = 1$.

2.5 Calcule as seguintes probabilidades:

a. $P(Y \leq 3)$, se Y é distribuída como $N(1, 4)$.

b. $P(Y > 0)$, se Y é distribuída como $N(3, 9)$.

*c. $P(40 \leq Y \leq 52)$, se Y é distribuída como $N(50, 25)$.

d. $P(6 \leq Y \leq 8)$, se Y é distribuída como $N(5, 2)$.

2.6 Calcule as seguintes probabilidades:

a. $P(Y \leq 6{,}63)$, se Y é distribuída como χ_1^2.

b. $P(Y \leq 7{,}78)$, se Y é distribuída como χ_4^2.

*c. $P(Y > 2{,}32)$, se Y é distribuída como $F_{10,\infty}$.

2.7 Em uma população, $\mu_Y = 100$ e $\sigma_Y^2 = 43$. Utilize o teorema central do limite para resolver as seguintes questões:

a. Em uma amostra aleatória de tamanh4
o $n = 100$, calcule $P(\overline{Y} \leq 101)$.

b. Em uma amostra aleatória de tamanho $n = 165$, calcule $P(\overline{Y} > 98)$.

*c. Em uma amostra aleatória de tamanho $n = 64$, calcule $P(101 \leq \overline{Y} \leq 103)$.

2.8 Em um ano qualquer, o tempo pode provocar danos em uma residência por meio de um temporal. De ano para ano, o dano é aleatório. Seja Y o valor monetário do dano em um dado ano qualquer. Suponha que em 95 por cento dos anos $Y =$ US\$ 0, mas que em 5 por cento dos anos $Y =$ US\$ 20.000.

a. Qual é a média e o desvio padrão do dano em qualquer ano?

b. Considere um "seguro coletivo" de cem pessoas cujas casas estão suficientemente dispersas de modo que, em um dado ano, o dano a casas diferentes possa ser visto como variáveis aleatórias independentemente distribuídas. Seja $\overline{Y}$ o dano médio a essas cem casas em um ano. (i) Qual é o valor esperado do dano médio $\overline{Y}$? (ii) Qual é a probabilidade de que $\overline{Y}$ exceda US\$ 2.000?

2.9 Considere duas variáveis aleatórias X e Y. Suponha que Y assuma k valores $y_1, \ldots, y_k$, e que X assuma l valores $x_1, \ldots, x_l$.

a. Demonstre que $P(Y = y_j) = \sum_{i=1}^{l} P(Y = y_j | X = x_i)P(X = x_i)$. (*Dica*: Use a definição de $P(Y = y_j | X = x_i)$.)

b. Utilize sua resposta em (a) para verificar a Equação (2.17).

c. Suponha que X e Y sejam independentes. Mostre que $\sigma_{XY} = 0$ e $\text{corr}(X, Y) = 0$.

2.10 Este exercício fornece um exemplo de um par de variáveis aleatórias X e Y para as quais a média condicional de Y dado X depende de X, mas $\text{corr}(X, Y) = 0$. Sejam X e Z duas variáveis aleatórias normais padrão independentemente distribuídas e seja $Y = X^2 + Z$.

a. Demonstre que $E(Y|X) = X^2$.

b. Demonstre que $\mu_Y = 1$.

c. Demonstre que $E(XY) = 0$. (*Dica*: Utilize o fato de que momentos ímpares de uma variável aleatória normal padrão são todos iguais a zero.)

d. Demonstre que $\text{cov}(X, Y) = 0$ e, portanto, $\text{corr}(X, Y) = 0$.

APÊNDICE 2.1 Derivação dos Resultados do Conceito-Chave 2.3

Este apêndice deriva as equações do Conceito-Chave 2.3.

A Equação (2.29) vem da definição de expectativa.

Para derivar a Equação (2.30), utilize a definição de variância para escrever $\text{var}(a + bY) = E\{[a + bY - E(a + bY)]^2\} = E\{[b(Y - \mu_Y)]^2\} = b^2E[(Y - \mu_Y)^2] = b^2\sigma_Y^2$.

Para derivar a Equação (2.31), utilize a definição de variância para escrever

$$\begin{aligned} \text{var}(aX + bY) &= E\{[(aX + bY) - (a\mu_X + b\mu_Y)]^2\} \\ &= E\{[a(X - \mu_X) + b(Y - \mu_Y)]^2\} \\ &= E[a^2(X - \mu_X)^2] + 2E[ab(X - \mu_X)(Y - \mu_Y)] + E[b^2(Y - \mu_Y)^2] \\ &= a^2\text{var}(X) + 2ab\text{cov}(X, Y) + b^2\text{var}(Y) \\ &= a^2\sigma_X^2 + 2ab\sigma_{XY} + b^2\sigma_Y^2, \end{aligned} \quad (2.47)$$

onde a segunda igualdade segue ao agrupar os termos, a terceira igualdade segue ao expandir o quadrado e a quarta igualdade segue da definição de variância e co-variância.

Para derivar a Equação (2.32), escreva $E(Y^2) = E\{[(Y - \mu_Y) + \mu_Y]^2\} = E[(Y - \mu_Y)^2] + 2\mu_Y E(Y - \mu_Y) + \mu_Y^2 = \sigma_Y^2 + \mu_Y^2$, pois $E(Y - \mu_Y) = 0$.

Para derivar a Equação (2.33), utilize a definição de co-variância para escrever

$$\begin{aligned} \text{cov}(a + bX + cV, Y) &= E\{[a + bX + cV - E(a + bX + cV)][Y - \mu_Y]\} \\ &= E\{[b(X - \mu_X) + c(V - \mu_V)][Y - \mu_Y]\} \\ &= E\{[b(X - \mu_X)][Y - \mu_Y]\} + E\{[c(V - \mu_V)][Y - \mu_Y]\} \\ &= b\sigma_{XY} + c\sigma_{VY}, \end{aligned} \quad (2.48)$$

que é a Equação (2.33).

Para derivar a Equação (2.34), escreva $E(XY) = E\{[(X - \mu_X) + \mu_X][(Y - \mu_Y) + \mu_Y]\} = E[(X - \mu_X)(Y - \mu_Y)] + \mu_X E(Y - \mu_Y) + \mu_Y E(X - \mu_X) + \mu_X \mu_Y = \sigma_{XY} + \mu_X \mu_Y$.

Agora provamos a desigualdade da correlação da Equação (2.35), a saber, $|\text{corr}(X,Y)| \leq 1$. Seja $a = -\sigma_{XY}/\sigma_X^2$ e $b = 1$. Aplicando a Equação (2.31), temos que

$$\begin{aligned} \text{var}(aX + Y) &= a^2\sigma_X^2 + \sigma_Y^2 + 2a\sigma_{XY} \\ &= (-\sigma_{XY}/\sigma_X^2)^2\,\sigma_X^2 + \sigma_Y^2 + 2(-\sigma_{XY}/\sigma_X^2)\sigma_{XY} \\ &= \sigma_Y^2 - \sigma_{XY}^2/\sigma_X^2. \end{aligned} \tag{2.49}$$

Como $\text{var}(aX + Y)$ é uma variância, ela não pode ser negativa; desse modo, da última linha da Equação (2.49), obtemos que $\sigma_Y^2 - \sigma_{XY}^2/\sigma_X^2 \geq 0$. A reorganização dessa desigualdade produz

$$\sigma_{XY}^2 \leq \sigma_X^2\sigma_Y^2 \quad \text{(desigualdade da co-variância).} \tag{2.50}$$

A desigualdade de co-variância implica que $\sigma_{XY}^2/(\sigma_X^2\sigma_Y^2) \leq 1$ ou, de forma equivalente, $|\sigma_{XY}/(\sigma_X\sigma_Y)| \leq 1$, que (utilizando a definição de correlação) prova a desigualdade da correlação $|\text{corr}(X,Y)| \leq 1$.

CAPÍTULO 3 Revisão de Estatística

Estatística é a ciência que utiliza dados para entender o mundo que nos cerca. As ferramentas estatísticas ajudam a responder a perguntas sobre características desconhecidas de distribuições em populações de interesse. Por exemplo, qual é a média da distribuição dos salários de recém-formados? O salário médio dos homens difere do salário das mulheres e, se a resposta for positiva, em quanto?

Essas questões estão relacionadas à distribuição dos salários na população de trabalhadores. Uma forma de responder a elas seria conduzir uma pesquisa detalhada da população de trabalhadores, medindo o salário de cada trabalhador e, dessa forma, encontrar a distribuição de salários da população. Na prática, entretanto, uma pesquisa com essa abrangência seria extremamente cara. A única pesquisa dessa magnitude sobre a população dos Estados Unidos é o censo decenal. O censo dos Estados Unidos de 2000 custa US$ 10 bilhões e o processo de criação dos formulários, organização e realização das entrevistas e compilação e análise dos dados leva dez anos. Apesar desse compromisso extraordinário, muitos membros da população ficam de fora e não são pesquisados. Por isso, é necessária uma abordagem diferente, mais prática.

O principal ponto da estatística é que ela permite conhecer a distribuição de uma população por meio da seleção de uma amostra aleatória daquela população. Em vez de pesquisar toda a população dos Estados Unidos, podemos pesquisar, digamos, 1.000 membros da população, selecionados ao acaso por amostragem aleatória simples. Utilizando métodos estatísticos, podemos usar essa amostra para chegar a conclusões provisórias — obter inferências estatísticas — sobre as características da população inteira.

A econometria emprega três tipos de métodos estatísticos: estimação, teste de hipótese e intervalos de confiança. A estimação envolve o cálculo do valor numérico que é o "melhor palpite" para uma característica desconhecida de uma distribuição da população, tal como sua média, a partir dos dados de uma amostra. O teste de hipótese envolve a formulação de uma hipótese específica sobre a população e, então, a utilização de evidências da amostra para decidir se a hipótese é verdadeira. Intervalos de confiança utilizam um conjunto de dados para estimar um intervalo para uma característica da população que é desconhecida. As seções 3.1, 3.2 e 3.3 fazem uma revisão de estimação, teste de hipótese e intervalos de confiança no contexto da inferência estatística sobre uma média de população desconhecida.

A maioria das questões interessantes em economia envolve relações entre duas ou mais variáveis ou comparações entre populações diferentes. Por exemplo, existe diferença entre o salário médio dos homens e das mulheres recém-formados? Na Seção 3.4, os métodos para se conhecer a média de uma única população, tratados nas seções 3.1-3.3, são ampliados para comparar as médias de duas populações diferentes. Esses métodos são aplicados na Seção 3.5, na qual estudamos as evidências relacionadas a "diferenças por sexo" nos salários dos homens e das mulheres recém-formados. O capítulo termina com uma discussão sobre correlação da amostra e sobre gráficos na Seção 3.6.

3.1 Estimando a Média da População

Suponha que você queira saber o valor médio de Y (μ_Y) em uma população, tal como o salário médio das mulheres recém-formadas. Uma forma natural de estimar essa média é calcular a média da amostra $\overline{Y}$ de uma amostra de n observações $Y_1, ..., Y_n$ independente e identicamente distribuídas (i.i.d.) (lembre-se de que $Y_1, ..., Y_n$ são i.i.d. se coletadas por amostragem aleatória simples). Nesta seção, discutimos a estimação de μ_Y e as propriedades de $\overline{Y}$ como estimador de μ_Y.

Estimadores e Suas Propriedades

Estimadores. A média da amostra $\overline{Y}$ é uma forma natural de estimar μ_Y, mas não é a única. Por exemplo, outra forma de estimar μ_Y é simplesmente utilizar a primeira observação, Y_1. Tanto $\overline{Y}$ quanto Y_1 são funções dos

Conceito-Chave 3.1

Estimadores e Estimativas

Um **estimador** é uma função de uma amostra de dados selecionada aleatoriamente de uma população. Uma **estimativa** é o valor numérico do estimador quando este é efetivamente calculado utilizando dados de uma amostra específica. Um estimador é uma variável aleatória em razão da aleatoriedade na seleção da amostra, ao passo que uma estimativa é um número não aleatório.

dados projetados para estimar μ_Y; utilizando a terminologia do Conceito-chave 3.1, ambos são estimadores de μ_Y. Quando calculados em amostras repetidas, $\overline{Y}$ e Y_1 assumem valores diferentes (produzem estimativas diferentes) de uma amostra para a próxima. Assim, os estimadores $\overline{Y}$ e Y_1 possuem distribuições amostrais. Há, na verdade, muitos estimadores de μ_Y, dos quais $\overline{Y}$ e Y_1 são dois exemplos.

Há muitos estimadores possíveis. Então, o que torna um estimador "melhor" do que outro? Como os estimadores são variáveis aleatórias, essa pergunta pode ser expressa com maior precisão da seguinte forma: quais são as características desejáveis da distribuição amostral de um estimador? Em geral, gostaríamos de um estimador que chegasse o mais próximo possível do valor verdadeiro desconhecido, pelo menos em algum sentido médio; em outras palavras, gostaríamos que a distribuição amostral de um estimador fosse o mais centrada possível em torno do valor desconhecido. Essa observação leva a três características desejáveis específicas para um estimador: ausência de viés, consistência e eficiência.

Ausência de viés. Suponha que você calcule um estimador várias vezes em amostras repetidas selecionadas de maneira aleatória. É razoável esperar que, na média, você obtenha a resposta correta. Assim, uma propriedade desejável de um estimador é que a média de sua distribuição amostral seja igual a μ_Y; se for esse o caso, diz-se que o estimador é não viesado.

Para afirmar isso matematicamente, seja $\hat{\mu}_Y$ um estimador de μ_Y, tal como $\overline{Y}$ ou Y_1. O estimador $\hat{\mu}_Y$ é não viesado se $E(\hat{\mu}_Y) = \mu_Y$, onde $E(\hat{\mu}_Y)$ é a média da distribuição amostral de $\hat{\mu}_Y$; caso contrário, $\hat{\mu}_Y$ é viesado.

Consistência. Outra propriedade desejável de um estimador $\hat{\mu}_Y$ é que, quando o tamanho da amostra for grande, a incerteza sobre o valor de μ_Y que surge de variações aleatórias da amostra será muito pequena. Expresso de forma mais precisa, uma propriedade desejável de $\hat{\mu}_Y$ é que a probabilidade de que o estimador se encontre dentro de um pequeno intervalo do valor verdadeiro μ_Y se aproxima de 1 à medida que o tamanho da amostra aumenta, isto é, $\hat{\mu}_Y$ é consistente para μ_Y (veja o Conceito-Chave 2.6).

Variância e eficiência. Suponha que você tenha dois candidatos a estimadores, $\hat{\mu}_Y$ e $\tilde{\mu}_Y$, ambos não viesados. Como você deve escolher entre eles? Uma forma é escolher o estimador com a distribuição amostral mais concentrada. Isso implica escolher o estimador — $\hat{\mu}_Y$ ou $\tilde{\mu}_Y$ — com a menor variância. Se $\hat{\mu}_Y$ tem uma variância menor do que $\tilde{\mu}_Y$, diz-se que $\hat{\mu}_Y$ é mais eficiente do que $\tilde{\mu}_Y$. O termo "eficiência" vem da noção de que, se $\hat{\mu}_Y$ tem uma variância menor do que $\tilde{\mu}_Y$, ele usa a informação contida nos dados de maneira mais eficiente do que $\tilde{\mu}_Y$.

O Conceito-Chave 3.2 resume os conceitos de viés, consistência e eficiência.

Propriedades de $\overline{Y}$

Como $\overline{Y}$ se comporta como estimador de μ_Y quando julgado pelos três critérios — viés, consistência e eficiência?

Viés e consistência. A distribuição amostral de $\overline{Y}$ já foi examinada nas seções 2.5 e 2.6. Conforme mostrado na Seção 2.5, $E(\overline{Y}) = \mu_Y$, logo $\overline{Y}$ é um estimador não viesado de μ_Y. De maneira similar, a lei dos grandes números (veja o Conceito-Chave 2.6) afirma que $\overline{Y} \xrightarrow{p} \mu_Y$, isto é, $\overline{Y}$ é consistente.

Viés, Consistência e Eficiência

Conceito-Chave 3.2

Seja $\hat{\mu}_Y$ um estimador μ_Y. Então:

- O **viés** de $\hat{\mu}_Y$ é $E(\hat{\mu}_Y) - \mu_Y$.
- $\hat{\mu}_Y$ é um **estimador não viesado** de μ_Y se $E(\hat{\mu}_Y) = \mu_Y$.
- $\hat{\mu}_Y$ é um **estimador consistente** de μ_Y se $\hat{\mu}_Y \xrightarrow{p} \mu_Y$.
- Seja $\tilde{\mu}_Y$ outro estimador de μ_Y, e suponha que tanto $\hat{\mu}_Y$ quanto $\tilde{\mu}_Y$ sejam não viesados. Então, diz-se que $\hat{\mu}_Y$ é mais **eficiente** do que $\tilde{\mu}_Y$ se $\text{var}(\hat{\mu}_Y) < \text{var}(\tilde{\mu}_Y)$.

Eficiência. O que se pode dizer sobre a eficiência de $\overline{Y}$? Como a eficiência envolve uma comparação de estimadores, precisamos especificar o estimador ou os estimadores aos quais $\overline{Y}$ será comparado.

Começamos comparando a eficiência de $\overline{Y}$ com o estimador Y_1. Como $Y_1, ..., Y_n$ são i.i.d., a média da distribuição amostral de Y_1 é $E(Y_1) = \mu_Y$; assim, Y_1 é um estimador não viesado de μ_Y. Sua variância é $\text{var}(Y_1) = \sigma_Y^2$. Com base na Seção 2.5, a variância de $\overline{Y}$ é σ_Y^2/n. Assim, para $n \geq 2$, a variância de $\overline{Y}$ é menor do que a variância de Y_1; isto é, $\overline{Y}$ é um estimador mais eficiente do que Y_1, logo, de acordo com o critério da eficiência, $\overline{Y}$ deve ser usado no lugar de Y_1. O estimador Y_1 deve ter dado a você a impressão de um estimador obviamente pobre — por que você se daria ao trabalho de coletar uma amostra de n observações somente para descartar todas, exceto a primeira? — e o conceito de eficiência fornece um modo formal de mostrar que $\overline{Y}$ é um estimador mais desejável do que Y_1.

E quanto a um estimador cuja pobreza não seja tão evidente? Considere a média ponderada em que as observações sejam ponderadas com alternância pelos pesos $\frac{1}{2}$ e $\frac{3}{2}$:

$$\tilde{Y} = \frac{1}{n}\left(\tfrac{1}{2}Y_1 + \tfrac{3}{2}Y_2 + \tfrac{1}{2}Y_3 + \tfrac{3}{2}Y_4 + \cdots + \tfrac{1}{2}Y_{n-1} + \tfrac{3}{2}Y_n\right), \tag{3.1}$$

onde se supõe que o número de observações n seja par por conveniência. A média de $\tilde{Y}$ é μ_Y e sua variância é $\text{var}(\tilde{Y}) = 1{,}25\sigma_Y^2/n$ (veja o Exercício 3.7). Assim, $\tilde{Y}$ é não viesado e, como $\text{var}(\tilde{Y}) \longrightarrow 0$ quando $n \longrightarrow \infty$, $\tilde{Y}$ é consistente. Contudo, $\tilde{Y}$ tem uma variância maior do que $\overline{Y}$. Logo, $\overline{Y}$ é mais eficiente do que $\tilde{Y}$.

Os estimadores $\overline{Y}$, Y_1 e $\tilde{Y}$ têm uma estrutura matemática comum: são médias ponderadas de $Y_1, ..., Y_n$. As comparações feitas nos dois parágrafos anteriores mostram que as médias ponderadas Y_1 e $\tilde{Y}$ têm variâncias maiores do que $\overline{Y}$. Na verdade, essas conclusões refletem um resultado mais geral: $\overline{Y}$ é o estimador mais eficiente de *todos* os estimadores não viesados que são médias ponderadas de $Y_1, ..., Y_n$. Esse resultado está expresso no Conceito-Chave 3.3 e é provado no Capítulo 15.

$\overline{Y}$ é o estimador de mínimos quadrados de μ_Y. A média da amostra $\overline{Y}$ fornece o melhor ajuste aos dados no sentido de que a média dos quadrados das diferenças entre as observações e $\overline{Y}$ sejam as menores entre todos os estimadores possíveis.

Considere o problema de encontrar o estimador m que minimiza

$$\sum_{i=1}^{n}(Y_i - m)^2, \tag{3.2}$$

que é uma medida do quadrado da diferença ou distância total entre o estimador m e os pontos amostrais. Como m é um estimador de $E(Y)$, você pode pensar nele como uma previsão do valor de Y_i, de modo que a diferença $Y_i - m$ pode ser considerada um erro de previsão. A soma dos quadrados das diferenças na Expressão (3.2) pode ser considerada a soma dos quadrados dos erros de previsão.

Conceito-Chave 3.3

Eficiência de $\overline{Y}$

Seja $\hat{\mu}_Y$ um estimador de μ_Y que é uma média ponderada de $Y_1, ..., Y_n$, isto é, $\hat{\mu}_Y = \frac{1}{n}\sum_{i=1}^{n} a_i Y_i$, onde $a_1, ..., a_n$ são constantes não aleatórias. Se $\hat{\mu}_Y$ é não viesado, então $\text{var}(\overline{Y}) < \text{var}(\hat{\mu}_Y)$ a menos que $\hat{\mu}_Y = \overline{Y}$. Isto é, $\overline{Y}$ é o estimador mais eficiente de μ_Y entre todos os estimadores não viesados que são médias ponderadas de $Y_1, ..., Y_n$.

O estimador m que minimiza a soma dos quadrados das diferenças $Y_i - m$ na Expressão (3.2) é chamado de **estimador de mínimos quadrados**. O problema dos mínimos quadrados pode ser resolvido por tentativa e erro: experimente diversos valores de m até que você esteja convencido de que possui o valor que torna a Expressão (3.2) a menor possível. Alternativamente, conforme é feito no Apêndice 3.2, você pode utilizar álgebra ou cálculo para mostrar que a escolha de $m = \overline{Y}$ minimiza a soma dos quadrados das diferenças na Expressão (3.2), isto é, que $\overline{Y}$ é o estimador de mínimos quadrados de μ_Y.

A Importância da Amostragem Aleatória

Assumimos que $Y_1, ..., Y_n$ sejam seleções i.i.d., tais como aquelas que seriam obtidas por meio de uma amostragem aleatória simples. Essa hipótese é importante porque a amostragem não aleatória pode resultar em um $\overline{Y}$ viesado. Suponha que, para estimar a taxa mensal de desemprego nacional, um órgão de estatística adote um esquema de amostragem em que os pesquisadores entrevistam os adultos economicamente ativos que estão nos parques às 10h de uma segunda quarta-feira de um mês. Como a maioria das pessoas empregadas está no trabalho a essa hora (e não sentada no parque!), os desempregados estão expressivamente representados entre as pessoas que estão no parque, e uma estimativa da taxa de desemprego com base nesse plano de amostragem seria viesada. Esse viés ocorre porque tal esquema de amostragem superestimou, ou super-representou, o grupo de desempregados na população. Esse é um exemplo fictício, mas o quadro "Landon Vence" fornece um exemplo real de viés introduzido por uma amostragem que não é totalmente aleatória.

É importante projetar esquemas de seleção de amostra de uma forma que minimize o viés. O Apêndice 3.1 inclui uma discussão sobre o que o Bureau of Labor Statistics dos Estados Unidos de fato faz quando conduz o U.S. Current Population Survey (CPS), a pesquisa que utiliza para estimar a taxa mensal de desemprego no país.

Landon Vence!

Pouco antes da eleição presidencial de 1936 nos Estados Unidos, o *Literary Gazette* publicou uma pesquisa eleitoral indicando que Alf M. Landon derrotaria o candidato à reeleição Franklin D. Roosevelt por meio de uma vitória esmagadora — 57 a 43 por cento. O *Gazette* acertou quanto à vitória esmagadora, porém errou quanto ao vencedor: Roosevelt venceu por 59 a 41 por cento!

Como o *Gazette* pode ter cometido um erro tão grande? A amostra do *Gazette* foi selecionada por meio do cadastro da companhia telefônica e dos arquivos de registro de automóveis. Porém, em 1936, muitos domicílios não dispunham de telefone nem de carro e aqueles que os possuíam tendiam a ser mais ricos — e também era mais provável que fossem republicanos. Como a pesquisa por telefone não selecionou uma amostra aleatória da população, mas, em vez disso, sub-representou os democratas, o estimador era viesado e o *Gazette* cometeu um erro constrangedor.

Você acha que pesquisas conduzidas pela Internet podem apresentar um problema semelhante de viés?

3.2 Testes de Hipótese Relativa à Média da População

Muitas hipóteses sobre o mundo que nos cerca podem ser expressas por perguntas que exijam respostas do tipo sim/não. O salário médio dos recém-formados nos Estados Unidos é de US$ 20 por hora? O salário médio é o mesmo para homens e mulheres com curso superior? Essas duas perguntas incorporam hipóteses específicas sobre a distribuição da população de salários. O desafio estatístico é responder a essas perguntas com base em uma amostra de evidência. Nesta seção, descrevemos **testes de hipóteses** relativas à média da população (A média da população de salários por hora é igual a US$ 20?). Testes de hipótese que envolvem duas populações (O salário médio é o mesmo para homens e mulheres?) são discutidos na Seção 3.4.

Hipóteses Nula e Alternativa

O ponto de partida para o teste de hipótese estatística é a especificação da hipótese a ser testada, chamada de **hipótese nula**. O teste de hipótese envolve a utilização de dados para comparar a hipótese nula com uma segunda hipótese, chamada de **hipótese alternativa**, que será válida caso a nula não o seja.

A hipótese nula significa que a média da população, $E(Y)$, assume um valor específico representado por $\mu_{Y,0}$. A hipótese nula é representada por H_0 e, portanto, é

$$H_0: E(Y) = \mu_{Y,0} \tag{3.3}$$

Por exemplo, a suposição de que as pessoas com curso superior ganham US$ 20/hora em média na população constitui uma hipótese nula sobre a distribuição da população de salários por hora. Expressando matematicamente, se Y é o salário por hora de um recém-formado selecionado aleatoriamente, a hipótese nula é que $E(Y) = 20$, isto é, $\mu_{Y,0} = 20$ na Equação (3.3).

A hipótese alternativa especifica o que é verdadeiro caso a hipótese nula não o seja. A hipótese alternativa mais geral é que $E(Y) \neq \mu_{Y,0}$; ela é chamada de **hipótese alternativa bicaudal**, pois permite que $E(Y)$ seja tanto menor quanto maior do que $\mu_{Y,0}$. A hipótese alternativa bicaudal é escrita como

$$H_1: E(Y) \neq \mu_{Y,0} \text{ (alternativa bicaudal).} \tag{3.4}$$

Hipóteses alternativas monocaudais também são possíveis, e elas serão discutidas mais adiante nesta seção.

O problema para o estatístico é utilizar a evidência em uma amostra de dados selecionada aleatoriamente para decidir se aceita a hipótese nula H_0 ou rejeita essa hipótese em favor da hipótese alternativa H_1. Se a hipótese nula é "aceita", isso não significa que o estatístico declare que ela é verdadeira, mas sim que ela é aceita experimentalmente com o reconhecimento de que pode ser rejeitada mais adiante com base em evidências adicionais. Por esse motivo, o teste de hipótese estatística pode ser colocado como a rejeição da hipótese nula ou sua não-rejeição.

Valor *p*

Em qualquer dada amostra, é muito raro que a média da amostra $\overline{Y}$ seja exatamente igual ao valor hipotético $\mu_{Y,0}$. Diferenças entre $\overline{Y}$ e $\mu_{Y,0}$ podem surgir porque a média verdadeira na realidade não é igual a $\mu_{Y,0}$ (a hipótese nula é falsa), ou porque a média verdadeira na realidade é igual a $\mu_{Y,0}$ (a hipótese nula é verdadeira), mas $\overline{Y}$ é diferente de $\mu_{Y,0}$ em razão da amostragem aleatória. É impossível distinguir entre essas duas possibilidades com certeza. Embora uma amostra de dados não possa fornecer evidências conclusivas sobre a hipótese nula, é possível fazer um cálculo probabilístico que permita testar a hipótese nula de uma forma que leve em conta a incerteza da amostragem. Esse cálculo envolve a utilização de dados para calcular o valor p da hipótese nula.

O **valor *p***, também chamado de **probabilidade da significância**, é a probabilidade de que seja selecionada uma estatística no mínimo tão oposta à hipótese nula quanto aquela que você de fato calculou em sua amostra, supondo que a hipótese nula esteja correta. No caso em questão, o valor p é a probabilidade de que $\overline{Y}$ seja selecionada no mínimo tão longe nas caudas de sua distribuição sob a hipótese nula quanto a média da amostra que você de fato calculou.

Por exemplo, suponha que, em sua amostra de recém-formados, o salário médio seja de US$ 22,24. O valor p é a probabilidade de se observar um valor de $\overline{Y}$ no mínimo tão diferente de US$ 20 (a média da população sob a hipótese nula) quanto o valor observado de US$ 22,24 por simples variação da amostragem aleatória, supondo que a hipótese nula seja verdadeira. Se o valor p for pequeno, digamos 0,5 por cento, então é muito pouco provável que essa amostra seja selecionada se a hipótese nula for verdadeira; desse modo, é razoável concluir que a hipótese nula de fato não é verdadeira. Por outro lado, se esse valor p for grande, digamos 40 por cento, é bastante provável que a média da amostra observada de US$ 22,24 surja apenas pela variação da amostragem aleatória se a hipótese nula for verdadeira. Dessa forma, a evidência contra a hipótese nula é fraca nesse sentido da probabilidade e é razoável não rejeitá-la.

Para expressar matematicamente a definição de valor p, seja $\overline{Y}^{ef}$ o valor da média da amostra efetivamente calculado na base de dados em estudo e seja P_{H_0} a probabilidade calculada sob a hipótese nula (isto é, calculada supondo que $E(Y_i) = \mu_{Y,0}$). O valor p é

$$\text{valor } p = P_{H_0}[\,|\overline{Y} - \mu_{Y,0}| > |\overline{Y}^{ef} - \mu_{Y,0}|\,]. \quad (3.5)$$

Isto é, o valor p é a área nas caudas da distribuição de $\overline{Y}$ sob a hipótese nula além de $|\overline{Y}^{ef} - \mu_{Y,0}|$. Se o valor p é grande, o valor $\overline{Y}^{ef}$ observado é consistente com a hipótese nula, mas, se é pequeno, o valor $\overline{Y}^{ef}$ não é consistente.

Para calcular o valor p é necessário conhecer a distribuição amostral de $\overline{Y}$ sob a hipótese nula. Conforme discutido na Seção 2.6, quando o tamanho da amostra é pequeno, essa distribuição é complicada. Entretanto, de acordo com o teorema central do limite, a distribuição amostral de $\overline{Y}$ é bem aproximada por uma distribuição normal quando o tamanho da amostra é grande. Sob a hipótese nula, a média dessa distribuição normal é $\mu_{Y,0}$; logo, sob a hipótese nula, $\overline{Y}$ é distribuído como $N(\mu_{Y,0}, \sigma^2_{\overline{Y}})$, onde $\sigma^2_{\overline{Y}} = \sigma^2_Y/n$. Essa aproximação normal para amostras grandes torna possível o cálculo do valor p sem que haja a necessidade de se conhecer a distribuição da população de Y, desde que o tamanho da amostra seja grande. Os detalhes sobre o cálculo, entretanto, dependem de σ^2_Y ser conhecido ou não.

Calculando o Valor p quando σ_Y É Conhecido

A Figura 3.1 resume o cálculo do valor p quando σ_Y é conhecido. Se a amostra for grande, então, sob a hipótese nula, a distribuição amostral de $\overline{Y}$ é $N(\mu_{Y,0}, \sigma^2_{\overline{Y}})$, onde $\sigma^2_{\overline{Y}} = \sigma^2_Y/n$. Desse modo, sob a hipótese nula, a versão padronizada $\overline{Y}$, $(\overline{Y} - \mu_{Y,0})/\sigma_{\overline{Y}}$, tem uma distribuição normal padrão. O valor p é a probabilidade de se obter um valor de $\overline{Y}$ mais distante de $\mu_{Y,0}$ do que $\overline{Y}^{ef}$ sob a hipótese nula ou, de forma equivalente, é a probabilidade de se obter $(\overline{Y} - \mu_{Y,0})/\sigma_{\overline{Y}}$ maior do que $(\overline{Y}^{ef} - \mu_{Y,0})/\sigma_{\overline{Y}}$ em valor absoluto. Essa probabilidade é representada pela área sombreada mostrada na Figura 3.1. Expressa matematicamente, a probabilidade correspondente à cauda sombreada na Figura 3.1 (isto é, o valor p) é

$$\text{valor } p = P_{H_0}\left(\left|\frac{\overline{Y} - \mu_{Y,0}}{\sigma_{\overline{Y}}}\right| > \left|\frac{\overline{Y}^{ef} - \mu_{Y,0}}{\sigma_{\overline{Y}}}\right|\right) = 2\Phi\left(-\left|\frac{\overline{Y}^{ef} - \mu_{Y,0}}{\sigma_{\overline{Y}}}\right|\right), \quad (3.6)$$

onde Φ é a função de distribuição acumulada normal padrão. Isto é, o valor p é a área das caudas da distribuição normal padrão fora de $\pm(\overline{Y}^{ef} - \mu_{Y,0})/\sigma_{\overline{Y}}$.

A fórmula para o valor p na Equação (3.6) depende da variância da distribuição da população, σ^2_Y. Na prática, essa variância normalmente é desconhecida. (Uma exceção ocorre quando Y_i é binário, de modo que sua distribuição seja a de Bernoulli, caso em que a variância é determinada pela hipótese nula; veja a Equação (2.7)). Como em geral σ^2_Y deve ser estimada antes que o valor p possa ser calculado, agora passamos ao problema da estimação de σ^2_Y.

Variância da Amostra, Desvio Padrão da Amostra e Erro Padrão

A variância da amostra s^2_Y é um estimador da variância da população σ^2_Y; o desvio padrão da amostra s_Y é um estimador do desvio padrão da população σ_Y, e o erro padrão da média de amostra $\overline{Y}$ é um estimador do desvio padrão da distribuição da amostra de $\overline{Y}$.

FIGURA 3.1 Calculando um valor p

O valor p é a probabilidade de que seja selecionado um valor de $\overline{Y}$ diferente de $\mu_{Y,0}$ no mínimo tanto quanto $\overline{Y}^{ef}$. Para amostras grandes, $\overline{Y}$ é distribuído como $N(\mu_{Y,0}, \sigma^2_{\overline{Y}})$ sob a hipótese nula, logo $(\overline{Y} - \mu_{Y,0})/\sigma_{\overline{Y}}$ é distribuído como $N(0, 1)$. Assim, o valor p é a probabilidade nas caudas normais padrão sombreadas fora de $\pm|(\overline{Y}^{ef} - \mu_{Y,0})/\sigma_{\overline{Y}}|$.

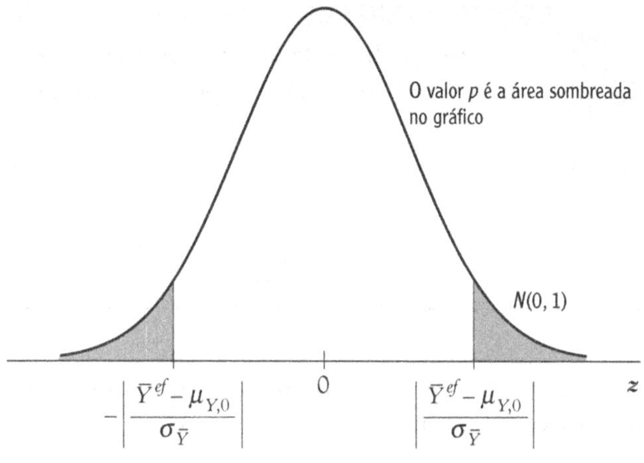

Variância da amostra e desvio padrão da amostra. **A variância da amostra** s^2_Y é

$$s^2_Y = \frac{1}{n-1}\sum_{i=1}^{n}(Y_i - \overline{Y})^2. \qquad (3.7)$$

O **desvio padrão da amostra**, s_Y, é a raiz quadrada da variância da amostra.

A fórmula da variância da amostra é muito semelhante à formula da variância da população. A variância da população, $E(Y - \mu_Y)^2$, é o valor médio de $(Y - \mu_Y)^2$ na distribuição da população. De maneira similar, a variância da amostra é a média da amostra de $(Y_i - \mu_Y)^2$, $i = 1, ..., n$, com duas modificações: em primeiro lugar, μ_Y é substituído por $\overline{Y}$; em segundo lugar, a média utiliza o divisor $n - 1$ em vez de n.

O motivo para a primeira modificação — substituição de μ_Y por $\overline{Y}$ — é que μ_Y é desconhecido e por isso precisa ser estimado; o estimador natural de μ_Y é $\overline{Y}$. O motivo da segunda modificação — divisão por $n - 1$ em vez de n — é que a estimação de μ_Y por $\overline{Y}$ apresenta um pequeno viés para baixo em $(Y_i - \overline{Y})^2$. Como é mostrado especificamente no Exercício 3.11, $E[(Y_i - \overline{Y})^2] = [(n - 1)/n]\sigma^2_Y$. Assim, $E\sum_{i=1}^{n}(Y_i - \overline{Y})^2 = n\,E[(Y_i - \overline{Y})^2] = (n - 1)\sigma^2_Y$. A divisão por $n - 1$ na Equação (3.7), em vez de n, corrige esse pequeno viés para baixo e, como resultado, s^2_Y é não viesado.

A divisão por $n - 1$, e não por n, na Equação (3.7) chama-se correção por **graus de liberdade**: a estimação da média utiliza uma parte da informação — isto é, utiliza um "grau de liberdade" — dos dados, de modo que somente $n - 1$ graus de liberdade permanecem.

Consistência da variância da amostra. A variância da amostra é um estimador consistente da variância da população, isto é,

$$s^2_Y \xrightarrow{p} \sigma^2_Y. \qquad (3.8)$$

Em outras palavras, a variância da amostra é próxima da variância da população com uma probabilidade elevada quando n é grande.

O resultado da Equação (3.8) é provado no Apêndice 3.3 sob as hipóteses de que $Y_1, ..., Y_n$ são i.i.d. e Y_i possui um quarto momento finito, isto é, $E(Y_i^4) < \infty$. Por dedução, a razão pela qual s^2_Y é consistente é que ela é uma média da amostra, logo s^2_Y obedece à lei dos grandes números. Mas para que s^2_Y obedeça à lei dos grandes números no Conceito-Chave 2.6 $(Y_i - \mu_Y)^2$ deve ter uma variância finita, o que por sua vez significa que $E(Y_i^4)$ deve ser finito, isto é, Y_i deve ter um quarto momento finito.

Erro padrão de $\overline{Y}$. Como o desvio padrão da distribuição amostral de $\overline{Y}$ é $\sigma_{\overline{Y}} = \sigma_Y/\sqrt{n}$, a Equação (3.8) justifica a utilização de $s_Y/\sqrt{n}$ como um estimador de $\sigma_{\overline{Y}}$. O estimador de $\sigma_{\overline{Y}}$, $s_Y/\sqrt{n}$, é chamado **erro padrão**

Conceito-Chave 3.4

Erro padrão de $\overline{Y}$

O **erro padrão** de $\overline{Y}$ é um estimador do desvio padrão de $\overline{Y}$. O erro padrão de $\overline{Y}$ é representado por $EP(\overline{Y})$ ou por $\hat{\sigma}_{\overline{Y}}$. Quando $Y_1, \ldots, Y_n$ são i.i.d.,

$$EP(\overline{Y}) = \hat{\sigma}_{\overline{Y}} = s_Y/\sqrt{n}. \quad (3.9)$$

de $\overline{Y}$ e é representado por $EP(\overline{Y})$ ou por $\hat{\sigma}_{\overline{Y}}$ (o ^ sobre o símbolo significa que ele é um estimador de $\sigma_{\overline{Y}}$). O Conceito-Chave 3.4 resume o erro padrão de $\overline{Y}$.

Calculando o Valor *p* quando σ_Y É Desconhecido

Como s_Y^2 é um estimador consistente de σ_Y^2, o valor *p* pode ser calculado substituindo-se $\sigma_{\overline{Y}}$ na Equação (3.6) pelo erro padrão $EP(\overline{Y}) = \hat{\sigma}_{\overline{Y}}$. Isto é, quando σ_Y é desconhecido e $Y_1, \ldots, Y_n$ são i.i.d., o valor *p* é calculado pela fórmula

$$\text{valor } p = 2\Phi\left(-\left|\frac{\overline{Y}^{ef} - \mu_{Y,0}}{EP(\overline{Y})}\right|\right). \quad (3.10)$$

Estatística *t*

A média de amostra padronizada $(\overline{Y} - \mu_{Y,0})/EP(\overline{Y})$ desempenha um papel central no teste de hipóteses estatísticas e possui um nome especial, **estatística *t***, ou **razão *t***:

$$t = \frac{\overline{Y} - \mu_{Y,0}}{EP(\overline{Y})}. \quad (3.11)$$

De modo geral, uma **estatística de teste** é a estatística utilizada para realizar um teste de hipótese. A estatística *t* é um exemplo importante de estatística de teste.

Distribuição de estatística t para amostras grandes. Quando n é grande, s_Y^2 está próxima de σ_Y^2 com probabilidade elevada. Portanto, a distribuição da estatística *t* é aproximadamente a mesma da distribuição de $(\overline{Y} - \mu_{Y,0})/\sigma_{\overline{Y}}$, que por sua vez tem uma boa aproximação pela distribuição normal padrão quando n é grande em razão do teorema central do limite (Conceito-Chave 2.7). Assim, sob a hipótese nula,

$$t \text{ é distribuído aproximadamente como } N(0, 1) \text{ para } n \text{ grande} \quad (3.12)$$

A fórmula para o valor *p* na Equação (3.10) pode ser reescrita em termos da estatística *t*. Represente por t^{ef} o valor do *t* efetivamente calculado, isto é,

$$t^{ef} = \frac{\overline{Y}^{ef} - \mu_{Y,0}}{EP(\overline{Y})}. \quad (3.13)$$

Portanto, quando n é grande, o valor *p* pode ser calculado usando

$$\text{valor } p = 2\Phi(-|t^{ef}|). \quad (3.14)$$

Como exemplo hipotético, suponha que uma amostra de $n = 200$ recém-formados seja utilizada para testar a hipótese nula de que o salário médio, $E(Y)$, é de US\$ 20/hora. O salário médio da amostra é $\overline{Y}^{ef}$ = US\$ 22,64 e o desvio padrão da amostra é s_Y = US\$ 18,14. Assim, o erro padrão de $\overline{Y}$ é $= s_Y/\sqrt{n} = 18{,}14/\sqrt{200}$

= 1,28. O valor da estatística t é t^{ef} = (22,64 – 20)/1,28 = 2,06. Da Tabela 1 do Apêndice, temos que o valor p é $2\Phi(-2{,}06) = 0{,}039$ ou 3,9 por cento. Isto é, supondo que a hipótese nula seja verdadeira, a probabilidade de se obter uma média da amostra no mínimo tão diferente da hipótese nula quanto a que foi de fato calculada é de 3,9 por cento.

Distribuição da estatística t quando Y é normalmente distribuído. Quando a distribuição da população é normal, a estatística t tem a distribuição t de Student com $n - 1$ graus de liberdade (veja a Seção 2.4); logo, neste caso especial, o valor p pode ser calculado exatamente para qualquer tamanho de amostra n sem depender do teorema central do limite. Como a área nas caudas da distribuição t de Student excede a área correspondente da distribuição normal, os valores p calculados por meio da distribuição t de Student são de certa forma maiores do que os calculados com o uso da distribuição normal.

Embora alguns softwares estatísticos calculem o valor p utilizando a distribuição t de Student, essa distribuição não será utilizada neste livro por duas razões. Em primeiro lugar, a estatística t tem uma distribuição t de Student somente se a distribuição da população é normal, o que muito freqüentemente é uma aproximação pobre da distribuição verdadeira dos dados econômicos. Portanto, a vantagem de essa distribuição valer com exatidão quando Y é normalmente distribuída pesa menos do que o fato de que ela raramente é aplicável. Em segundo lugar, as diferenças entre a distribuição t de Student e a distribuição normal padrão são muito pequenas para amostras de tamanho moderado e desprezíveis para amostras grandes. Para $n > 15$, as diferenças dos valores p calculados utilizando as distribuições t e normal nunca excedem 0,01 e, para $n > 80$, nunca excedem 0,002. Em aplicações modernas e em todas as aplicações deste livro, os tamanhos da amostra são da ordem de centenas ou milhares, grandes o suficiente para que a diferença entre a distribuição t de Student e a distribuição normal padrão seja desprezível.

Teste de Hipótese com um Nível de Significância Fixado

Suponha que foi decidido que a hipótese será rejeitada se o valor p for inferior a 5 por cento. Como a área sob as caudas da distribuição normal situada fora de ±1,96 é de 5 por cento, isso nos proporciona uma regra simples:

$$\text{Rejeite } H_0 \text{ se } |t^{ef}| > 1{,}96, \qquad (3.15)$$

isto é, rejeite se o valor absoluto da estatística t calculada a partir da amostra for maior do que 1,96. Se n for grande o suficiente, então, sob a hipótese nula, a estatística t tem uma distribuição $N(0, 1)$. Assim, a probabilidade de se rejeitar erroneamente a hipótese nula (ou seja, rejeitar a hipótese nula quando na realidade ela é verdadeira) é de 5 por cento.

Esse esquema para teste de hipóteses estatísticas possui uma terminologia especializada, que está resumida no Conceito-Chave 3.5. O nível de significância do teste na Equação (3.15) é de 5 por cento, o valor crítico desse teste bicaudal é de 1,96 e a região de rejeição é formada pelos valores da estatística t fora de ±1,96. Se o teste rejeita a hipótese nula em um nível de significância de 5 por cento, diz-se que a média da população μ_Y é, em termos estatísticos, significativamente diferente de μ_{Y0} ao nível de significância de 5 por cento.

Testar hipóteses utilizando um nível de significância prefixado não requer o cálculo de valores p. No exemplo anterior, em que testamos a hipótese de que o salário médio dos recém-formados é de US$ 20, a estatística t era 2,06. Isso excede 1,96, portanto a hipótese é rejeitada ao nível de 5 por cento. Embora realizar o teste com um nível de significância de 5 por cento seja fácil, relatar apenas que a hipótese nula é rejeitada a um nível de significância prefixado traz menos informação que relatar o valor p.

Qual nível de significância você deve usar na prática? Em muitos casos, estatísticos e econometristas usam um nível de significância de 5 por cento. Se você testasse muitas hipóteses estatísticas ao nível de 5 por cento, rejeitaria incorretamente a hipótese nula em 1 a cada 20 casos, em média. Algumas vezes, um nível de significância mais conservador pode ser necessário. Por exemplo, casos jurídicos às vezes envolvem evidências estatísticas, e a hipótese nula pode ser aquela em que o réu não é culpado; então, alguém poderia desejar estar completamente certo de que a rejeição da hipótese nula (veredicto de culpa) não é apenas um resultado de variação da amostra aleatória. Em algumas situações legais, o nível de significância utilizado é de 1 por cento, ou mesmo de 0,1 por cento, para evitar esse tipo de erro. De maneira similar, se um órgão governamental estiver

Conceito-Chave 3.5

Terminologia do Teste de Hipótese $\overline{Y}$

A probabilidade de rejeição fixada de um teste de hipótese estatística sob a hipótese nula é o **nível de significância** do teste. O **valor crítico** da estatística de um teste é o valor da estatística para o qual o teste passa a rejeitar a hipótese nula a um dado nível de significância. O conjunto de valores da estatística do teste para os quais o teste rejeita a hipótese nula é a **região de rejeição** e os valores da estatística do teste para os quais o teste não rejeita a hipótese nula compõem a **região de aceitação**. A probabilidade de que efetivamente o teste rejeite de maneira incorreta a hipótese nula quando esta é verdadeira é o **tamanho** do teste e a probabilidade de que o teste rejeite corretamente a hipótese nula quando a hipótese alternativa é verdadeira é o **poder** do teste.

O valor p é a probabilidade de obtenção de uma estatística do teste, por variação de amostragem aleatória, no mínimo tão oposta ao valor da hipótese nula como é a estatística de fato observada, supondo que a hipótese nula esteja correta. De modo equivalente, o valor p é o menor nível de significância em que você pode rejeitar a hipótese nula.

considerando a permissão da venda de um novo medicamento, um padrão muito conservador poderia ser utilizado para assegurar aos consumidores que os medicamentos disponíveis no mercado efetivamente funcionam.

Ser conservador, no sentido de utilizar um nível de significância muito baixo, tem um custo: quanto menor o nível de significância, maior o valor crítico e mais difícil se torna rejeitar a hipótese nula quando ela é falsa. De fato, a atitude mais conservadora é nunca rejeitar a hipótese nula, mas se esse for seu ponto de vista, você nunca precisará pesquisar qualquer evidência estatística, uma vez que você nunca vai mudar de opinião! Quanto menor o nível de significância, menor o poder do teste. Muitas aplicações econômicas e de política podem requerer menos conservadorismo do que um caso jurídico; assim, um nível de significância de 5 por cento freqüentemente é considerado um acordo razoável.

O Conceito-Chave 3.6 resume testes de hipótese para a média da população contra a alternativa bicaudal.

Hipóteses Alternativas Monocaudais

Em algumas circunstâncias, a hipótese alternativa pode ser que a média excede $\mu_{Y,0}$. Por exemplo, espera-se que o nível de instrução ajude a inserção no mercado de trabalho, de modo que a alternativa relevante para a hipótese nula de que os salários são os mesmos para pessoas com ou sem curso superior não é apenas que seus salários diferem, mas que as pessoas com curso superior ganham mais do que as que não têm curso superior. Isso é chamado de **hipótese alternativa monocaudal**, que pode ser escrita como

$$H_1\text{: } E(Y) > \mu_{Y,0} \text{ (alternativa monocaudal)} \tag{3.16}$$

A abordagem geral para calcular valores p e para o teste de hipótese é a mesma tanto para alternativas monocaudais quanto para alternativas bicaudais, com a diferença de que somente valores grandes positivos da estatística t — e não valores grandes em valor absoluto — rejeitam a hipótese nula. Para testar especificamente a hipótese monocaudal na Equação (3.16), calcule a estatística t na Equação (3.10). O valor p é a área sob a distribuição normal padrão à direita da estatística t calculada. Isto é, o valor p, baseado na aproximação $N(0, 1)$ para a distribuição da estatística t, é

$$\text{valor } p = \text{P}_{H_0}(Z > t^{ef}) = 1 - \Phi(t^{ef}). \tag{3.17}$$

O valor crítico $N(0, 1)$ para um teste monocaudal com um nível de significância de 5 por cento é de 1,645. A região de rejeição para esse teste inclui todos os valores da estatística t que excedem 1,645.

A hipótese monocaudal na Equação (3.16) refere-se a valores de μ_Y que excedem $\mu_{Y,0}$. Se, em vez disso, a hipótese alternativa é $E(Y) < \mu_{Y,0}$, a discussão do parágrafo anterior se aplica, com exceção dos sinais que são trocados; por exemplo, a região de rejeição de 5 por cento consiste em valores da estatística t menores do que –1,645.

Testando a Hipótese $E(Y) = \mu_{Y,0}$ contra a Alternativa $E(Y) \neq \mu_{Y,0}$

1. Calcule o erro padrão de $\overline{Y}$, $EP(\overline{Y})$ (veja a Equação (3.14)).
2. Calcule a estatística t (veja a Equação (3.10)).
3. Calcule o valor p (veja a Equação (3.13)). Rejeite a hipótese ao nível de significância de 5 por cento se o valor p for menor do que 0,05 (de modo equivalente, se $|t^{ef}| > 1{,}96$).

Conceito-Chave 3.6

3.3 Intervalos de Confiança para a Média da População

Em razão de erros de amostragem aleatória, é impossível conhecer o valor exato da média da população de Y utilizando apenas a informação de uma amostra. Entretanto, é possível utilizar dados de uma amostra aleatória para construir um conjunto de valores que contenha a média verdadeira da população μ_Y com uma determinada probabilidade fixada. Esse conjunto é chamado de **conjunto de confiança** e a probabilidade fixada de que μ_Y esteja contida nesse conjunto é chamada de **nível de confiança**. O conjunto de confiança para μ_Y consiste em todos os valores possíveis da média entre um limite inferior e um limite superior, de modo que o conjunto de confiança é um intervalo, isto é, um **intervalo de confiança**.

Aqui está uma forma de construir um conjunto de confiança de 95 por cento para a média da população. Comece escolhendo algum valor arbitrário para a média; chame-o de $\mu_{Y,0}$. Teste a hipótese nula de que $\mu_Y = \mu_{Y,0}$ contra a alternativa de que $\mu_Y \neq \mu_{Y,0}$ pelo cálculo da estatística t; se for inferior a 1,96, o valor hipotético $\mu_{Y,0}$ não é rejeitado a um nível de 5 por cento; então, anote esse valor aceito de $\mu_{Y,0}$. Agora, escolha outro valor arbitrário de $\mu_{Y,0}$ e faça o teste; se você não pode rejeitá-lo, anote também esse valor em sua lista. Repita o mesmo procedimento várias vezes, utilizando todos os valores possíveis da média da população. A continuação desse processo gera o conjunto de todos os valores da média da população que não podem ser rejeitados a um nível de 5 por cento por um teste de hipótese bicaudal.

Essa lista é útil porque resume o conjunto de hipóteses que você pode e não pode rejeitar (ao nível de 5 por cento) com base em seus dados: se alguém lhe diz um número específico, você pode lhe dizer se a sua hipótese será rejeitada ou não simplesmente consultando o número dele em sua lista. Um pouco de raciocínio perspicaz mostra que esse conjunto de valores tem uma propriedade notável: a probabilidade de que ele contenha o valor verdadeiro da média de população é de 95 por cento.

O raciocínio perspicaz é demonstrado a seguir. Suponha que o valor verdadeiro de μ_Y seja 21,5 (embora não saibamos disso). Assim, $\overline{Y}$ tem uma distribuição normal centrada em torno de 21,5, e a estatística t que testa a hipótese nula $\mu_Y = 21{,}5$ possui uma distribuição $N(0, 1)$. Assim, se n for grande, a probabilidade de que a hipótese nula seja rejeitada ao nível de 5 por cento é de 5 por cento. Mas como você testou todos os valores possíveis da média da população ao construir seu conjunto, também testou o valor verdadeiro $\mu_Y = 21{,}5$. Em 95 por cento de todas as amostras, você aceitará corretamente 21,5. Isso significa que em 95 por cento de todas as amostras sua lista irá conter o valor verdadeiro de μ_Y. Desse modo, os valores em sua lista constituem um conjunto de confiança de 95 por cento para μ_Y.

Esse método para construir um conjunto de confiança é pouco prático, pois requer que você teste todos os valores possíveis de μ_Y como hipótese nula. Felizmente existe uma abordagem muito mais fácil. De acordo com a fórmula para a estatística t na Equação (3.10), um valor experimental de $\mu_{Y,0}$ é rejeitado ao nível de 5 por cento se estiver mais distante de $\overline{Y}$ do que 1,96 erros padrão. Assim, o conjunto de valores de μ_Y que não são rejeitados ao nível de 5 por cento consiste nos valores dentro de uma distância $\pm 1{,}96EP(\overline{Y})$ de $\overline{Y}$. Isto é, um intervalo de confiança de 95 por cento para μ_Y é $\overline{Y} - 1{,}96EP(\overline{Y}) \leq \mu_Y \leq \overline{Y} + 1{,}96EP(\overline{Y})$. O Conceito-Chave 3.7 resume esse enfoque.

Conceito-Chave 3.7

Intervalos de Confiança para a Média da População

Um intervalo de confiança bicaudal de 95 por cento para μ_Y é um intervalo construído de modo que contenha o valor verdadeiro de μ_Y em 95 por cento de suas aplicações. Quando o tamanho da amostra n é grande, intervalos de confiança de 95, 90 e 99 por cento para μ_Y são:

intervalo de confiança de 95 por cento para $\mu_Y = \{\overline{Y} \pm 1{,}96EP(\overline{Y})\}$.

intervalo de confiança de 90 por cento para $\mu_Y = \{\overline{Y} \pm 1{,}64EP(\overline{Y})\}$.

intervalo de confiança de 99 por cento para $\mu_Y = \{\overline{Y} \pm 2{,}58EP(\overline{Y})\}$.

Como exemplo, considere o problema de construir um intervalo de confiança de 95 por cento para o salário médio por hora de recém-formados utilizando uma amostra aleatória hipotética de 200 recém-formados, em que $\overline{Y}$ = US\$ 22,64 e $EP(\overline{Y}) = 1{,}28$. O intervalo de confiança de 95 por cento para o salário médio por hora é $22{,}64 \pm 1{,}96 \times 1{,}28 = 22{,}64 \pm 2{,}51$ = (US\$ 20,13, US\$ 25,15).

A discussão até agora se concentrou em intervalos de confiança bicaudais. Seria possível, em vez disso, construir um intervalo de confiança monocaudal como o conjunto de valores de μ_Y que não podem ser rejeitados por meio de um teste de hipótese monocaudal. Embora os intervalos de confiança monocaudais tenham aplicações em alguns ramos da estatística, eles são incomuns na análise econométrica aplicada.

Probabilidades de cobertura. A **probabilidade de cobertura** (*coverage probability*) de um intervalo de confiança para a média da população é a probabilidade, calculada ao longo de amostras repetidas, de que o intervalo contenha a média verdadeira da população.

3.4 Comparando Médias de Populações Diferentes

Os homens e as mulheres recém-formados ganham em média o mesmo montante? Essa questão envolve a comparação de médias de duas distribuições de população diferentes. Esta seção resume como testar hipóteses e como construir intervalos de confiança para a diferença nas médias de duas populações diferentes.

Testes de Hipótese para a Diferença entre Duas Médias

Seja μ_m o salário médio por hora da população de mulheres recém-formadas e seja μ_h a média da população para homens recém-formados. Considere a hipótese nula de que os salários dessas duas populações diferem em um determinado montante, digamos d_0. Então, a hipótese nula e a hipótese alternativa bicaudal são

$$H_0: \mu_h - \mu_m = d_0 \text{ vs. } H_1: \mu_h - \mu_m \neq d_0. \tag{3.18}$$

A hipótese nula de que homens e mulheres nessas populações têm o mesmo salário corresponde a H_0 na Equação (3.18) com $d_0 = 0$.

Como essas médias de população são desconhecidas, elas devem ser estimadas a partir de amostras de homens e mulheres. Suponha que tenhamos amostras de n_h homens e n_m mulheres selecionadas ao acaso de suas populações. Sejam $\overline{Y}_h$ o salário anual médio da amostra para os homens e $\overline{Y}_m$ para as mulheres. Então, um estimador de $\mu_h - \mu_m$ é $\overline{Y}_h - \overline{Y}_m$.

Para testar a hipótese nula de que $\mu_h - \mu_m = d_0$ utilizando $\overline{Y}_h - \overline{Y}_m$, precisamos conhecer a distribuição de $\overline{Y}_h - \overline{Y}_m$. Lembre-se de que $\overline{Y}_h$ é, segundo o teorema central do limite, distribuído aproximadamente como

$N(\mu_h, \sigma_h^2/n_h)$, onde σ_h^2 é a variância da população do salário dos homens. De modo semelhante, $\overline{Y}_m$ é distribuído aproximadamente como $N(\mu_m, \sigma_m^2/n_m)$, onde σ_m^2 é a variância da população do salário das mulheres. Lembre-se também da Seção 2.4, em que vimos que uma média ponderada de duas variáveis aleatórias normais é em si normalmente distribuída. Como $\overline{Y}_h$ e $\overline{Y}_m$ são obtidas a partir de amostras diferentes selecionadas aleatoriamente, elas são variáveis aleatórias independentes. Assim, $\overline{Y}_h - \overline{Y}_m$ é distribuída como $N[\mu_h - \mu_m, (\sigma_h^2/n_h) + (\sigma_m^2/n_m)]$.

Se σ_h^2 e σ_m^2 são conhecidas, essa distribuição normal aproximada pode ser utilizada para calcular valores p para o teste da hipótese nula de que $\mu_h - \mu_m = d_0$. Na prática, entretanto, essas variâncias de população em geral são desconhecidas, de modo que devem ser estimadas. Assim como foi feito anteriormente, elas podem ser estimadas utilizando as variâncias de amostra s_h^2 e s_m^2, onde s_h^2 é definida como na Equação (3.7), exceto pelo fato de que a estatística é calculada apenas para os homens da amostra, e s_m^2 é definida de forma semelhante para as mulheres. Assim, o erro padrão de $\overline{Y}_h - \overline{Y}_m$ é

$$EP(\overline{Y}_h - \overline{Y}_m) = \sqrt{\frac{s_h^2}{n_h} + \frac{s_m^2}{n_m}}. \quad (3.19)$$

A estatística t para testar a hipótese nula é construída de forma análoga à estatística t para testar uma hipótese sobre uma única média da população, isto é, subtraindo o valor da hipótese nula $\mu_h - \mu_m$ do estimador $\overline{Y}_h - \overline{Y}_m$ e dividindo o resultado pelo erro padrão de $\overline{Y}_h - \overline{Y}_m$.

$$t = \frac{(\overline{Y}_h - \overline{Y}_m) - d_0}{EP(\overline{Y}_h - \overline{Y}_m)} \quad \text{(estatística } t \text{ para comparar duas médias).} \quad (3.20)$$

Se tanto n_h quanto n_m são grandes, essa estatística t possui uma distribuição normal padrão.[1]

Como a estatística t na Equação (3.20) possui uma distribuição normal padrão sob a hipótese nula quando n_h e n_m são grandes, o valor p do teste bicaudal é calculado exatamente como no caso de uma única população; isto é, o valor p é calculado utilizando a Equação (3.13).

Para conduzir um teste com um nível de significância fixado, simplesmente calcule a estatística t da Equação (3.20) e compare-a com o valor crítico apropriado. Por exemplo, a hipótese nula é rejeitada a um nível de significância de 5 por cento se o valor absoluto da estatística t excede 1,96.

Se a alternativa for monocaudal em vez de bicaudal, isto é, se a alternativa for $\mu_h - \mu_m > d_0$, então o teste será modificado conforme esboçado na Seção 3.2. O valor p é calculado utilizando a Equação (3.17) e um teste com um nível de significância de 5 por cento rejeita a hipótese nula quando $t > 1{,}65$.

Intervalos de Confiança para a Diferença entre Duas Médias de População

O método para construção de intervalos de confiança resumido na Seção 3.3 se estende para a construção de um intervalo de confiança para a diferença entre as médias, $d = \mu_h - \mu_m$. Como o valor hipotético d_0 é rejeitado a um nível de 5 por cento se $|t| > 1{,}96$, d_0 estará no conjunto de confiança se $|t| \leq 1{,}96$. Mas $|t| \leq 1{,}96$ significa que a diferença estimada, $\overline{Y}_h - \overline{Y}_m$, é menor do que 1,96 erros padrão longe de d_0. Portanto,

[1] Se as variâncias das duas populações são iguais (ou seja, $\sigma_h^2 = \sigma_m^2 = \sigma^2$), então $\overline{Y}_h - \overline{Y}_m$ é distribuída como $N(\mu_h - \mu_m, [(1/n_m) + (1/n_m)]\sigma^2)$. Nesse caso especial, é possível utilizar o chamado estimador de variância agrupada (*pooled variance estimator*) de σ^2,

$$s^2_{agrupada} = \frac{1}{n_h + n_m - 2}\left[\sum_{i=1}^{n_h}\left(Y_i - \overline{Y}_h\right)^2 + \sum_{j=1}^{n_m}\left(Y_j - \overline{Y}_m\right)^2\right],$$

onde o primeiro somatório dessa expressão é para as observações sobre os homens e o segundo somatório é para as observações sobre as mulheres. Se as variâncias das duas populações diferem, então o estimador da variância agrupada é viesado e inconsistente. Portanto, o estimador da variância agrupada não deve ser usado na prática, a menos que você tenha uma boa razão para acreditar que as variâncias das populações sejam as mesmas.

o intervalo de confiança bicaudal de 95 por cento para d consiste daqueles valores de d dentro de ±1,96 erros padrão de $\overline{Y}_h - \overline{Y}_m$:

$$\text{intervalo de confiança de 95 por cento para } d = \mu_h - \mu_m \text{ é } (\overline{Y}_h - \overline{Y}_m) \pm 1{,}96EP(\overline{Y}_h - \overline{Y}_m). \quad (3.21)$$

Com essas fórmulas em mãos, passamos agora a um estudo empírico das diferenças por sexo no salário de indivíduos com curso superior nos Estados Unidos.

3.5 Salários de Homens e Mulheres com Curso Superior nos Estados Unidos

Historicamente, os homens têm mais acesso a empregos bem remunerados do que as mulheres. Entretanto, mudanças nas regras sociais e na legislação proibindo a discriminação sexual igualaram o papel de homens e mulheres no ambiente de trabalho — pelo menos na teoria. Mas quais são, na verdade, as diferenças, se é que elas existem, entre os salários de homens e mulheres jovens com instrução?

A Tabela 3.1 fornece estimativas do salário por hora de trabalhadores em tempo integral com curso superior e faixa etária entre 25 e 34 anos nos Estados Unidos. As estatísticas na Tabela 3.1 foram calculadas com base nos dados coletados como parte do Current Population Survey (CPS — Levantamento da População Atual), descrito no Apêndice 3.1. Todos os salários foram corrigidos pela inflação e colocados em termos de dólares de 1998 por meio do Índice de Preços ao Consumidor (Consumer Price Index — CPI).[2]

As três primeiras colunas da tabela apresentam informações resumidas para os homens; as três seguintes, para as mulheres; e as três últimas, para a diferença entre homens e mulheres. Por exemplo, o CPS conduzido em março de 1999 pesquisou 64 mil domicílios, que incluíam 1.393 homens empregados em tempo integral, com idades entre 25 e 34 anos e curso superior. Em 1998, o salário médio por hora desses 1.393 homens era de US$ 17,94 e seu desvio padrão era de US$ 7,86. Nesse mesmo ano, o salário médio por hora das 1.210 mulheres da

TABELA 3.1 Salários por Hora nos Estados Unidos para Trabalhadores com Curso Superior, com Idade entre 25 e 34 anos: Estatísticas Selecionadas do Current Population Survey (CPS), em Dólares de 1998

	Homens			Mulheres			Diferença, homens *versus* mulheres		
Ano	$\overline{Y}_h$	s_h	n_h	$\overline{Y}_m$	s_m	n_m	$\overline{Y}_h - \overline{Y}_m$	$EP(\overline{Y}_h - \overline{Y}_m)$	Intervalo de 95% para d
1992	17,57	7,50	1591	15,22	5,97	1371	2,35**	0,25	1,87–2,84
1994	16,93	7,39	1598	15,01	6,41	1358	1,92**	0,25	1,42–2,42
1996	16,88	7,29	1374	14,42	6,07	1235	2,46**	0,26	1,94–2,97
1998	17,94	7,86	1393	15,49	6,80	1210	2,45**	0,29	1,89–3,02

Essas estimativas foram calculadas usando dados sobre todos os trabalhadores em tempo integral com faixa etária entre 25 e 34 anos do CPS para os anos indicados. A diferença é significativamente diferente de zero a um nível de significância de *5 por cento ou de **1 por cento.

[2] Em razão da inflação, um dólar em 1992 valia mais do que um dólar em 1998, no sentido de que um dólar em 1992 podia comprar mais bens e serviços do que um dólar em 1998. Portanto, os salários em 1992 não podem ser comparados diretamente com os salários em 1998 sem que haja uma correção pela inflação. Uma forma de fazer essa correção é utilizar o Índice de Preços ao Consumidor, uma medida do preço de uma "cesta de mercado" de bens e serviços construída nos Estados Unidos pelo Bureau of Labor Statistics. Entre 1992 e 1998, o preço da cesta de mercado do CPI subiu 16,2%, isto é, a cesta de bens e serviços do CPI que custava US$ 100 em 1992 passou para US$ 116,20 em 1998. Para permitir a comparação dos salários em 1992 e 1998 na Tabela 3.1, os salários de 1992 foram corrigidos pela inflação total medida pelo CPI, isto é, foram multiplicados por 1,162 para serem expressos em "dólares de 1998".

amostra era de US\$ 15,49, com um desvio padrão de US\$ 6,80. A diferença entre os salários é de US\$ 17,94 – US\$ 15,49 = US\$ 2,45 por hora. O erro padrão é $\sqrt{(\text{US\\$ } 7{,}86^2/1393) + (\text{US\\$ } 6{,}80^2/1.210)}$ = US\$ 0,29, de modo que a estatística t que testa se a diferença entre os salários é zero é (US\$ 2,45 – 0)/US\$ 0,29 = 8,45. Ela excede o valor crítico do teste bicaudal a 1 por cento de 2,58, de modo que é significante ao nível de 1 por cento (de fato, é significante ao nível de 0,01 por cento). O intervalo de confiança de 95 por cento para essa diferença é de US\$ 2,45 ± 1,96 × 0,29 = (US\$ 1,89, US\$ 3,02). Isto é, estimamos que a diferença entre salários para as duas populações se encontra entre US\$ 1,89 e US\$ 3,02, com um nível de confiança de 95 por cento.

A diferença de salários entre homens e mulheres é grande: de acordo com as estimativas da Tabela 3.1, em 1998 as mulheres ganhavam por hora 14 por cento menos do que os homens (US\$ 2,45/US\$ 17,94). Além disso, a diferença não mudou muito durante a década de 1990. É bastante improvável que essa diferença estimada seja simplesmente obra de um erro de amostragem: US\$ 1,89 é o menor valor da diferença contido no intervalo de confiança de 95 por cento para 1998.

Essa análise estatística prova que existe uma "diferença entre sexos" nos salários por hora, mas não informa nada sobre sua origem ou causas. Essa diferença é conseqüência de discriminação sexual no mercado de trabalho ou um reflexo das diferenças de habilidades e experiência entre homens e mulheres, que por sua vez levam a diferenças de salário? Para lidar com essas questões, precisamos das ferramentas de análise de regressão múltipla, tema da Parte 2. Em primeiro lugar, contudo, precisamos rever gráficos de dispersão, a co-variância e o coeficiente de correlação da amostra.

3.6 Gráficos de Dispersão, Co-variância e Correlação da Amostra

Qual é a relação entre idade e salário? Essa questão, assim como muitas outras, relaciona uma variável, X (idade), a outra, Y (salário). Nesta seção, fazemos uma revisão de três caminhos que resumem a relação entre variáveis: gráficos de dispersão, co-variância e coeficiente de correlação da amostra.

Gráficos de Dispersão

Um **gráfico de dispersão** é um gráfico de n observações de X_i e Y_i, em que cada observação é representada pelo ponto (X_i, Y_i). Por exemplo, a Figura 3.2 é um gráfico de dispersão da idade (X) e do salário por hora (Y) para uma amostra de 184 técnicos sem curso superior que trabalham na indústria de comunicações, que foi relatada no CPS de março de 1999. Cada ponto na Figura 3.2 corresponde a um par (X, Y) de uma das observações. Por exemplo, um dos trabalhadores dessa amostra tem 35 anos e ganha US\$ 19,61 por hora: a idade e o salário desse trabalhador estão indicados pelo ponto maior e acinzentado na Figura 3.2. O gráfico de dispersão mostra uma relação positiva entre idade e salário nessa amostra: técnicos em comunicações mais velhos tendem a ganhar mais do que os mais jovens. Contudo, essa relação não é exata, e os salários não podem ser previstos com perfeição utilizando-se apenas a idade de uma pessoa.

Co-variância e Correlação da Amostra

A co-variância e a correlação foram apresentadas na Seção 2.3 como duas propriedades da distribuição de probabilidade conjunta das variáveis aleatórias X e Y. Como a distribuição da população é desconhecida, na prática não sabemos a co-variância ou a correlação da população. A co-variância e a correlação da população podem, contudo, ser estimadas ao assumirmos uma amostra aleatória de n membros da população e coletarmos os dados (X_i, Y_i), $i = 1, ..., n$.

A co-variância e a correlação da amostra são estimadores da co-variância e da correlação da população. Assim como os estimadores discutidos anteriormente neste capítulo, eles são calculados substituindo-se uma média da população (a expectativa) por uma média da amostra. A **co-variância da amostra**, representada por s_{XY}, é

$$s_{XY} = \frac{1}{n-1}\sum_{i=1}^{n}(X_i - \overline{X})(Y_i - \overline{Y}). \tag{3.22}$$

Assim como a variância da amostra, a média da Equação (3.22) é calculada dividindo-se por $n-1$, e não por n; aqui também essa diferença vem do uso de $\overline{X}$ e $\overline{Y}$ para estimar as respectivas médias da população. Quando n é grande, faz pouca diferença se a divisão é por n ou por $n-1$.

O **coeficiente de correlação da amostra**, ou **correlação da amostra**, é representado por r_{XY} e é a razão entre a co-variância e os desvios padrão da amostra;

$$r_{XY} = \frac{s_{XY}}{s_X s_Y}. \tag{3.23}$$

A correlação da amostra mede a força da associação linear entre X e Y em uma amostra de n observações. Assim como a correlação da população, a correlação da amostra não tem dimensão e encontra-se entre -1 e 1, ou seja, $|r_{XY}| \leq 1$.

A correlação da amostra é igual a 1 se $X_i = Y_i$ para todo i e igual a -1 se $X_i = -Y_i$ para todo i. De forma mais geral, a correlação é ± 1 se o gráfico de dispersão é uma linha reta. Se a reta tem uma declividade para cima, existe uma relação positiva entre X e Y e a correlação é 1. Se tem uma declividade para baixo, existe uma relação negativa e a correlação é -1. Quanto mais próximo está o gráfico de uma linha reta, mais próxima de ± 1 está a correlação. Um coeficiente de correlação alto não significa necessariamente que a reta possui uma declividade acentuada, mas sim que os pontos do gráfico de dispersão estão muito próximos de uma linha reta.

Consistência da co-variância e da correlação da amostra. Assim como a variância, a co-variância da amostra é consistente. Ou seja,

$$s_{XY} \xrightarrow{p} \sigma_{XY}. \tag{3.24}$$

Em outras palavras, em amostras grandes, a co-variância da amostra está próxima da co-variância da população com probabilidade elevada.

FIGURA 3.2 Gráfico de Dispersão do Salário Médio por Hora *versus* Idade

Cada ponto no gráfico representa a idade e o salário médio de um dos 184 trabalhadores da amostra. O ponto maior e acinzentado corresponde a um trabalhador com 35 anos que ganha US$ 19,61 por hora. Os dados são de técnicos da indústria de comunicações sem formação superior e fazem parte do CPS de março de 1999.

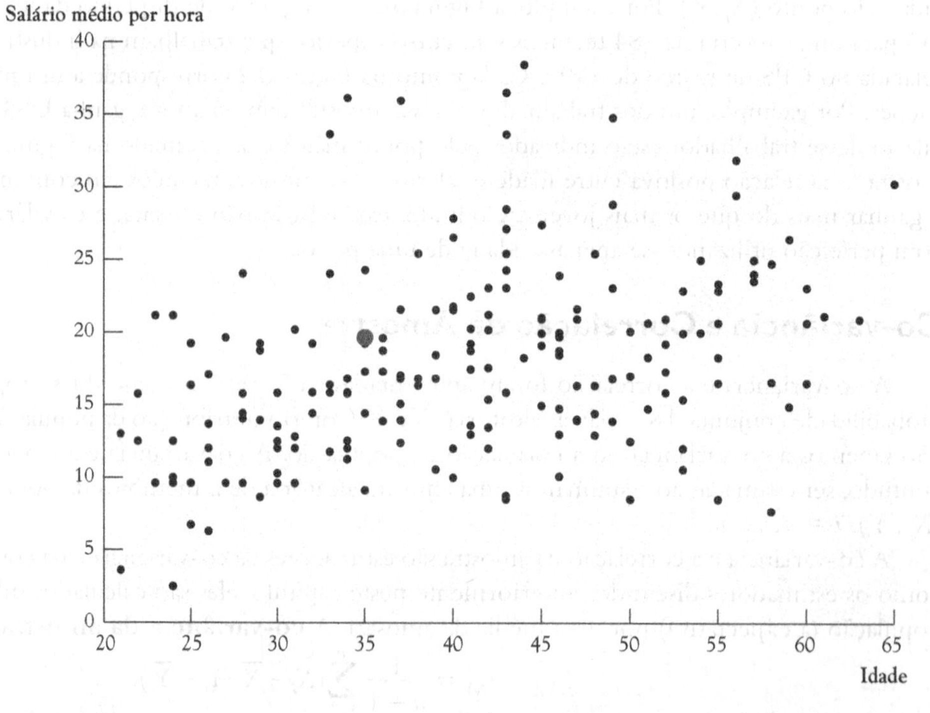

A prova do resultado da Equação (3.24) sob as hipóteses de que (X_i, Y_i) são i.i.d. e de que X_i e Y_i possuem o quarto momento finito é semelhante à prova do Apêndice 3.3 de que a co-variância da amostra é consistente e é deixada como um exercício (veja o Exercício 15.2).

Como a variância e a co-variância da amostra são consistentes, o coeficiente de correlação da amostra é consistente, isto é, $r_{XY} \xrightarrow{p} \text{corr}(X_i, Y_i)$.

Exemplo. Como exemplo, considere os dados sobre idade e salário da Figura 3.2. Para esses 184 trabalhadores, o desvio padrão da amostra da idade é $s_I = 10{,}49$ anos e o desvio padrão da amostra do salário é $s_E =$ US\$ 6,44/hora. A co-variância entre idade e salário é $s_{IS} = 24{,}29$ (as unidades são anos × dólares por hora, não passíveis de interpretação imediata). Portanto, o coeficiente de correlação é $r_{IS} = 24{,}29/(10{,}49 \times 6{,}44) = 0{,}36$ ou 36 por cento. A correlação de 0,36 indica que existe uma relação positiva entre idade e salário, mas, como fica evidente no gráfico de dispersão, essa relação está longe de ser perfeita.

Para verificar se a correlação não depende das unidades de medida, suponha que o salário tenha sido informado em centavos, caso em que o desvio padrão da amostra do salário é 644¢/hora e a co-variância entre idade e salário é 2.429 (as unidades são anos × centavos/hora); logo, a correlação é 2.429/(10,49 × 644) = 0,36 ou 36 por cento.

A Figura 3.3 oferece exemplos adicionais de gráficos de dispersão e correlação. A Figura 3.3a mostra uma forte relação linear positiva entre essas variáveis e a correlação da amostra é de 0,9. A Figura 3.3b mostra uma forte relação negativa com uma correlação da amostra de –0,8. A Figura 3.3c mostra um gráfico de dispersão sem nenhuma relação evidente e a correlação da amostra é zero. A Figura 3.3d mostra uma relação clara: conforme X aumenta, Y aumenta inicialmente, mas então diminui. A despeito dessa relação perceptível entre

FIGURA 3.3 Gráfico de Dispersão para Quatro Conjuntos de Dados Hipotéticos

Os gráficos de dispersão das figuras 3.3a e 3.3b mostram relações lineares fortes entre *X* e *Y*. Na Figura 3.3c, *X* é independente de *Y* e as duas variáveis são não correlacionadas. Na Figura 3.3d, as duas variáveis também são não correlacionadas, mesmo tendo uma relação não linear.

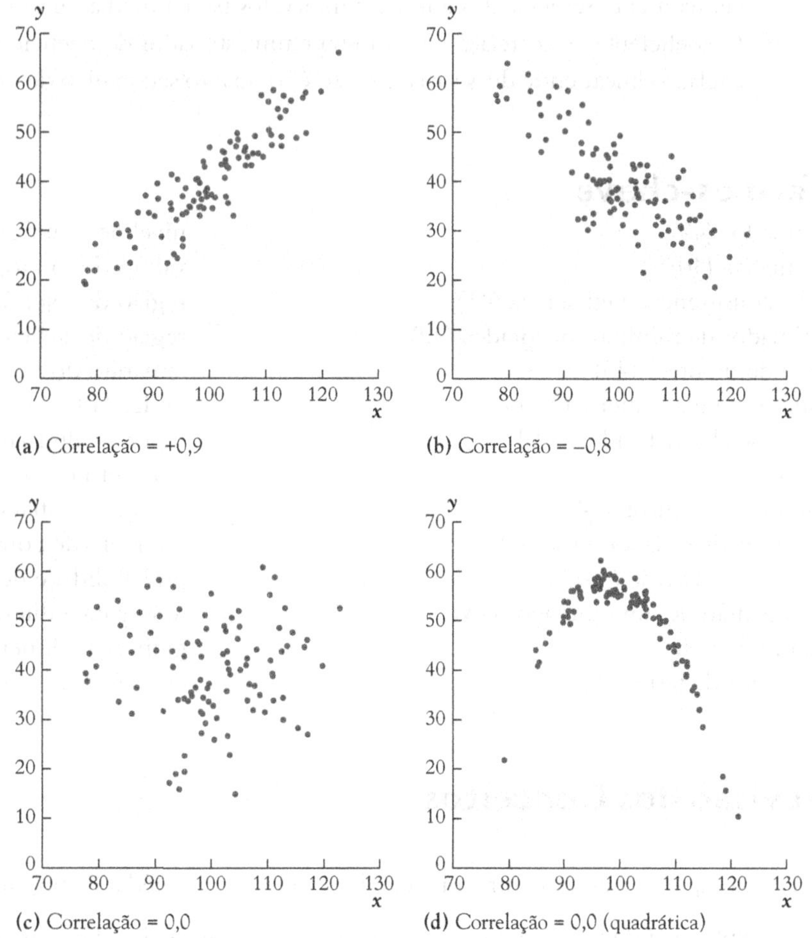

(a) Correlação = +0,9

(b) Correlação = –0,8

(c) Correlação = 0,0

(d) Correlação = 0,0 (quadrática)

X e Y, a correlação da amostra é zero, uma vez que, para esses dados, valores pequenos de Y estão associados *tanto* a valores pequenos *quanto* a valores grandes de X.

Esse exemplo final enfatiza um ponto importante: o coeficiente de correlação é uma medida de associação *linear.* Existe uma relação na Figura 3.3d, porém é não-linear.

Resumo

1. A média da amostra, $\overline{Y}$, é um estimador da média da população μ_Y. Quando $Y_1, ..., Y_n$ são i.i.d.,
   a. a distribuição amostral de $\overline{Y}$ possui média μ_Y e variância $\sigma_{\overline{Y}}^2 = \sigma_Y^2/n$;
   b. $\overline{Y}$ é não viesado;
   c. pela lei dos grandes números, $\overline{Y}$ é consistente; e
   d. pelo teorema central do limite, $\overline{Y}$ possui uma distribuição amostral aproximadamente normal quando o tamanho da amostra é grande.
2. A estatística t é utilizada para testar a hipótese nula de que a média da população assume um valor em particular. Se n é grande, a estatística t possui uma distribuição amostral normal padrão quando a hipótese nula é verdadeira.
3. A estatística t pode ser utilizada para calcular o valor p associado à hipótese nula. Um valor p pequeno é evidência de que a hipótese nula é falsa.
4. Um intervalo de confiança de 95 por cento para μ_Y é um intervalo construído de modo que contenha o valor verdadeiro de μ_Y em 95 por cento das amostras repetidas.
5. Testes de hipótese e intervalos de confiança para a diferença entre as médias de duas populações são conceitualmente semelhantes a testes e intervalos para a média de uma única população.
6. O coeficiente de correlação da amostra é um estimador do coeficiente de correlação da população e mede a relação linear entre duas variáveis, isto é, o quanto seu gráfico de dispersão se aproxima de uma linha reta.

Termos-chave

estimador (40)
estimativa (40)
viés, consistência e eficiência (41)
estimador de mínimos quadrados (42)
teste de hipótese (43)
hipóteses nula e alternativa (43)
hipótese alternativa bicaudal (43)
valor p (43)
variância da amostra (45)
desvio padrão da amostra (45)
graus de liberdade (45)
erro padrão de um estimador (45)
estatística t (46)
estatística de teste (46)
nível de significância (47)
valor crítico (48)
região de rejeição (48)
região de aceitação (48)
tamanho do teste (48)
poder (48)
hipótese alternativa monocaudal (48)
conjunto de confiança (49)
nível de confiança (49)
intervalo de confiança (49)
probabilidade de cobertura (50)
teste para a diferença entre duas médias (50)
gráfico de dispersão (53)
co-variância e correlação da amostra (53)

Revisão dos Conceitos

3.1 Explique a diferença entre a média da amostra $\overline{Y}$ e a média da população.

3.2 Explique a diferença entre um estimador e uma estimativa. Dê um exemplo de cada um.

3.3 Uma distribuição da população possui média 10 e variância 16. Determine a média e a variância de $\overline{Y}$ de uma amostra i.i.d. dessa população para (a) $n = 10$; (b) $n = 100$; e (c) $n = 1.000$. Relacione suas respostas com a lei dos grandes números.

3.4 Qual é o papel do teorema central do limite no teste de hipótese estatística? E na construção de intervalos de confiança?

3.5 Qual é a diferença entre hipótese nula e hipótese alternativa? E entre tamanho, nível de significância e poder? E entre hipótese alternativa monocaudal e bicaudal?

3.6 Por que um intervalo de confiança contém mais informações do que o resultado de um único teste de hipótese?

3.7 Esboce um gráfico de dispersão hipotético para uma amostra de tamanho 10 de duas variáveis aleatórias com uma correlação da população de (a) 1,0; (b) –1,0 ; (c) 0,9; (d) –0,5; (e) 0,0.

Exercícios

3.1 Considere uma população com $\mu_Y = 100$ e $\sigma_Y^2 = 43$. Use o teorema central do limite para responder às seguintes questões:
- ***a.** Em uma amostra aleatória de tamanho $n = 100$, calcule $P(\overline{Y} < 101)$.
- **b.** Em uma amostra aleatória de tamanho $n = 64$, calcule $P(101 < \overline{Y} < 103)$.
- **c.** Em uma amostra aleatória de tamanho $n = 165$, calcule $P(\overline{Y} > 98)$.

3.2 Seja Y uma variável aleatória de Bernoulli com probabilidade de sucesso $P(Y = 1) = p$, e sejam $Y_1, ..., Y_n$ seleções i.i.d. dessa distribuição. Seja $\hat{p}$ a fração de sucessos (ocorrências de 1) dessa amostra.
- **a.** Mostre que $\hat{p} = \overline{Y}$.
- **b.** Mostre que $\hat{p}$ é um estimador não viesado de p.
- **c.** Mostre que $\text{var}(\hat{p}) = p(1 - p)/n$.

3.3 Em uma pesquisa com 400 prováveis eleitores, 215 responderam que votariam pela reeleição do atual presidente e 185 responderam que votariam no candidato da oposição. Seja p a fração de todos os prováveis eleitores que preferiram o candidato à reeleição no período da pesquisa e seja $\hat{p}$ a fração dos pesquisados que preferiram o candidato à reeleição.
- ***a.** Use os resultados da pesquisa para estimar p.
- ***b.** Use o estimador da variância de $\hat{p}$, $\hat{p}(1 - \hat{p})/n$, para calcular o erro padrão do seu estimador.
- ***c.** Qual é o valor p para o teste H_0: $p = 0{,}5$ *versus* H_1: $p \neq 0{,}5$?
- **d.** Qual é o valor p para o teste H_0: $p = 0{,}5$ *versus* H_1: $p > 0{,}5$?
- **e.** Por que os resultados de (c) e (d) diferem?
- **f.** A pesquisa contém evidências estatisticamente significantes de que o candidato à reeleição estava à frente do candidato da oposição no período da pesquisa? Explique.

3.4 Utilizando os dados do Exercício 3.3:
- **a.** Construa um intervalo de confiança de 95 por cento para p.
- **b.** Construa um intervalo de confiança de 99 por cento para p.
- **c.** Por que o intervalo de (b) é maior do que o intervalo de (a)?
- **d.** Sem fazer nenhum cálculo adicional, teste a hipótese H_0: $p = 0{,}50$ *versus* H_1: $p \neq 0{,}50$ a um nível de significância de 5 por cento.

3.5 Suponha que uma fábrica de lâmpadas produza lâmpadas com vida média de 2.000 horas e um desvio padrão de 200 horas. Um inventor alega ter desenvolvido um processo aperfeiçoado que produz lâmpadas com vida média maior e o mesmo desvio padrão. A gerente da fábrica seleciona aleatoriamente 100 lâmpadas produzidas pelo processo. Ela diz que acreditará na alegação do inventor se a vida média da amostra das lâmpadas for maior do que 2.100 horas; caso contrário, concluirá que o novo processo não é melhor do que o antigo. Seja μ a média do novo processo. Considere as hipóteses nula e alternativa H_0: $\mu = 2.000$ *versus* H_1: $\mu > 2.000$.

***a.** Qual é o tamanho do procedimento de teste da gerente da fábrica?

b. Suponha que o novo processo seja de fato melhor e ofereça vida média das lâmpadas de 2.150 horas. Qual é o poder do procedimento de teste da gerente?

c. Que procedimento de teste a gerente da fábrica deve usar se deseja que o tamanho de seu teste seja de 5 por cento?

3.6 Suponha que um novo exame padronizado seja aplicado a um grupo de 100 alunos do terceiro ano de Nova Jersey selecionados aleatoriamente. A pontuação média da amostra $\overline{Y}$ no exame é de 58 pontos e o desvio padrão da amostra, s_Y, é de 8 pontos.

a. Os autores planejam aplicar o exame a todos os alunos do terceiro ano em Nova Jersey. Construa um intervalo de confiança de 95 por cento para a pontuação média de todos os alunos do terceiro ano de Nova Jersey.

b. Suponha que o mesmo exame seja aplicado a um grupo de 200 alunos do terceiro ano de Iowa selecionados aleatoriamente, gerando uma média da amostra de 62 pontos e um desvio padrão da amostra de 11 pontos. Construa um intervalo de confiança de 90 por cento para a diferença entre as pontuações médias de Iowa e Nova Jersey.

c. Você pode concluir com alto grau de confiança que as médias de população para os alunos de Iowa e Nova Jersey são diferentes? (Qual é o erro padrão da diferença entre as duas médias da amostra? Qual é o valor *p* do teste de nenhuma diferença *versus* alguma diferença entre as médias?)

3.7 Considere o estimador $\widetilde{Y}$, definido na Equação (3.1). Mostre que (a) $E(\widetilde{Y}) = \mu_Y$ e (b) $\text{var}(\widetilde{Y}) = 1{,}25\sigma_Y^2/n$.

3.8 Para investigar uma possível discriminação sexual em uma empresa, uma amostra de 100 homens e 64 mulheres com cargos semelhantes foi selecionada ao acaso. Um resumo dos salários mensais do grupo é

	Salário médio ($\overline{Y}$)	Desvio padrão (s_Y)	n
Homens	US$ 3.100	US$ 200	100
Mulheres	US$ 2.900	US$ 320	64

a. O que esses dados sugerem sobre diferenças entre salários na empresa? Eles representam evidência estatisticamente significante de que os salários dos homens e das mulheres são diferentes? (Para responder a essa pergunta, primeiro defina a hipótese nula e a alternativa; segundo, calcule a estatística *t* relevante; terceiro, calcule o valor *p* associado à estatística *t*; e finalmente utilize o valor *p* para responder à questão.)

b. Esses dados sugerem que a empresa é culpada por discriminação sexual em suas políticas salariais? Explique.

3.9 Dados sobre as pontuações nos exames da quinta série (leitura e matemática) em 420 diretorias regionais de ensino da Califórnia produziram $\overline{Y} = 654{,}2$ e desvio padrão $s_Y = 19{,}5$.

***a.** Construa um intervalo de confiança de 95 por cento para a pontuação média de exames na população.

***b.** Quando as diretorias foram divididas em diretorias com turmas pequenas (< 20 alunos por professor) e turmas grandes (≥ 20 alunos por professor), foram encontrados os seguintes resultados:

Tamanho da turma	Pontuação média ($\overline{Y}$)	Desvio padrão (s_Y)	n
Pequena	657,4	19,4	238
Grande	650,0	17,9	182

Existe evidência estatisticamente significante de que diretorias com turmas pequenas tenham pontuações médias mais altas nos exames? Explique.

3.10 Valores de altura em polegadas (X) e peso em libras (Y) foram registrados a partir de uma amostra de 300 estudantes universitários do sexo masculino. As estatísticas-resumo resultantes são $\overline{Y} = 70{,}5$ polegadas; $\overline{X} = 158$ libras; $s_X = 1{,}8$ polegada; $s_Y = 14{,}2$ libras; $s_{XY} = 21{,}73$ polegadas × libras e $r_{XY} = 0{,}85$. Converta essas estatísticas para o sistema métrico (metros e quilos).

3.11 Este exercício mostra que a variância da amostra é um estimador não viesado da variância da população quando $Y_1, ..., Y_n$ são i.i.d. com média μ_Y e variância σ_Y^2.

a. Utilize a Equação (2.27) para mostrar que $E[(Y_i - \overline{Y})^2] = \text{var}(Y_i) - 2\text{cov}(Y_i, \overline{Y}) + \text{var}(\overline{Y})$.

***b.** Utilize a Equação (2.33) para mostrar que $\text{cov}(\overline{Y}, Y_i) = \sigma_Y^2/n$.

c. Utilize os resultados nas partes (a) e (b) para mostrar que $E(s_Y^2) = \sigma_Y^2$.

APÊNDICE 3.1 Current Population Survey (CPS) dos Estados Unidos

A cada mês o Bureau of Labor Statistics, do U.S. Department of Labor, conduz o Current Population Survey (CPS), levantamento que fornece dados sobre as características da força de trabalho da população, incluindo os níveis de emprego, desemprego e salário. Aproximadamente 65 mil domicílios dos Estados Unidos são pesquisados a cada mês. A amostra é escolhida por seleção aleatória de endereços a partir de uma base de dados composta de endereços do mais recente censo decenal e de dados sobre novas unidades habitacionais construídas após o último censo. O esquema exato de amostragem aleatória é bastante complexo (primeiro são selecionadas aleatoriamente pequenas áreas geográficas e então são selecionadas aleatoriamente as unidades habitacionais dentro dessas áreas); detalhes podem ser encontrados no *Handbook of Labor Statistics* e no site do Bureau of Labor Statistics (www.bls.gov).

A pesquisa conduzida no mês de março de cada ano é mais detalhada do que nos outros meses e são feitas perguntas sobre o salário durante o ano anterior. As estatísticas na Tabela 3.1 foram calculadas utilizando as pesquisas de março. Os dados sobre salários da CPS referem-se a trabalhadores em tempo integral, definidos como pessoas empregadas por mais de 35 horas por semana durante no mínimo 48 semanas no ano anterior.

APÊNDICE 3.2 Duas Provas de que $\overline{Y}$ É o Estimador de Mínimos Quadrados de μ_Y

Este apêndice fornece duas provas — uma empregando cálculo e a outra não — de que $\overline{Y}$ minimiza a soma dos quadrados dos erros de previsão na Equação (3.2), isto é, de que $\overline{Y}$ é o estimador de mínimos quadrados de $E(Y)$.

Prova com o uso de cálculo. Para minimizar a soma dos quadrados dos erros de previsão, pegue sua derivada e iguale a zero:

$$\frac{d}{dm}\sum_{i=1}^{n}(Y_i - m)^2 = -2\sum_{i=1}^{n}(Y_i - m) = -2\sum_{i=1}^{n}Y_i + 2nm = 0. \tag{3.25}$$

A resolução da equação final para m mostra que a soma $\sum_{i=1}^{n}(Y_i - m)^2$ é minimizada quando $m = \overline{Y}$.

Prova sem o uso de cálculo. A estratégia é mostrar que a diferença entre o estimador de mínimos quadrados e $\overline{Y}$ deve ser zero, de onde segue que $\overline{Y}$ é o estimador de mínimos quadrados. Seja $d = \overline{Y} - m$, de modo que $m = \overline{Y} - d$. Então, $(Y_i - m)^2 = (Y_i - [\overline{Y} - d])^2 = ([Y_i - \overline{Y}] + d)^2 = (Y_i - \overline{Y})^2 + 2d(Y_i - \overline{Y}) + d^2$. Assim, a soma dos quadrados dos erros de previsão (Equação (3.2)) é

$$\sum_{i=1}^{n}(Y_i - m)^2 = \sum_{i=1}^{n}(Y_i - \overline{Y})^2 + 2d\sum_{i=1}^{n}(Y_i - \overline{Y}) + nd^2 = \sum_{i=1}^{n}(Y_i - \overline{Y})^2 + nd^2, \tag{3.26}$$

onde a segunda igualdade usa o fato de que $\sum_{i=1}^{n}(Y_i - \overline{Y}) = 0$. Como ambos os termos da expressão final da Equação (3.26) não são negativos e como o termo não depende de d, a soma $\sum_{i=1}^{n}(Y_i - m)^2$ é minimizada escolhendo-se um valor de d que torne o segundo termo, nd^2, o menor possível. Para isso, coloca-se $d = 0$, isto é, coloca-se $m = \overline{Y}$, de modo que $\overline{Y}$ é o estimador de mínimos quadrados de $E(Y)$.

APÊNDICE 3.3 Uma Prova de que a Variância da Amostra é Consistente

Este apêndice utiliza a lei dos grandes números para provar que a variância da amostra s_Y^2 é um estimador consistente da variância da população σ_Y^2 conforme afirmado na Equação (3.8), quando $Y_1, ..., Y_n$ são i.i.d. e $E(Y_i^4) < \infty$.

Primeiro, adicione e subtraia μ_Y para escrever $(Y_i - \overline{Y})^2 = [(Y_i - \mu_Y) - (\overline{Y} - \mu_Y)]^2 = (Y_i - \mu_Y)^2 - 2(Y_i - \mu_Y)(\overline{Y} - \mu_Y) + (\overline{Y} - \mu_Y)^2$. Substituindo essa expressão no lugar de $(Y_i - \overline{Y})^2$ na definição de s_Y^2 (Equação (3.7)), temos que

$$\begin{aligned} s_Y^2 &= \frac{1}{n-1}\sum_{i=1}^{n}(Y_i - \overline{Y})^2 \\ &= \frac{1}{n-1}\sum_{i=1}^{n}(Y_i - \mu_Y)^2 - \frac{2}{n-1}\sum_{i=1}^{n}(Y_i - \mu_Y)(\overline{Y} - \mu_Y) + \frac{1}{n-1}\sum_{i=1}^{n}(\overline{Y} - \mu_Y)^2 \\ &= \left(\frac{n}{n-1}\right)\left[\frac{1}{n}\sum_{i=1}^{n}(Y_i - \mu_Y)^2\right] - \left(\frac{n}{n-1}\right)(\overline{Y} - \mu_Y)^2, \end{aligned} \tag{3.27}$$

onde a igualdade final resulta da definição de $\overline{Y}$ (o que implica que $\sum_{i=1}^{n}(Y_i - \mu_Y) = n(\overline{Y} - \mu_Y)$) e do reagrupamento de termos.

A lei dos grandes números pode ser aplicada agora aos dois termos da expressão final da Equação (3.27). Defina $W_i = (Y_i - \mu_Y)^2$. Agora $E(W_i) = \sigma_Y^2$ (pela definição de variância). Como as variáveis aleatórias $Y_1, ..., Y_n$ são i.i.d., as variáveis aleatórias $W_1, ..., W_n$ são i.i.d. Além disso, $E(W_i^2) = E[(Y_i - \mu_Y)^4] < \infty$, uma vez que, por hipótese, $E(Y_i^4) < \infty$. Assim, $W_1, ..., W_n$ são i.i.d. e $\text{var}(W_i) < \infty$, de modo que $\overline{W}$ satisfaz as condições para a lei dos grandes números do Conceito-Chave 2.6 e $\overline{W} \xrightarrow{p} E(W_i)$. Porém, $\overline{W} = \frac{1}{n}\sum_{i=1}^{n}(Y_i - \mu_Y)^2$ e $E(W_i) = \sigma_Y^2$, de modo que $\frac{1}{n}\sum_{i=1}^{n}(Y_i - \mu_Y)^2 \xrightarrow{p} \sigma_Y^2$. Também temos que $n/(n-1) \longrightarrow 1$, de modo que o primeiro termo da Equação (3.27) converge em probabilidade para σ_Y^2. Como $\overline{Y} \xrightarrow{p} \mu_Y$, $(\overline{Y} - \mu_Y)^2 \xrightarrow{p} 0$, de modo que o segundo termo converge em probabilidade para zero. Combinando esses resultados, obtemos $s_Y^2 \xrightarrow{p} \sigma_Y^2$.

PARTE DOIS

Fundamentos da Análise de Regressão

CAPÍTULO 4 *Regressão Linear com um Regressor*

CAPÍTULO 5 *Regressão Linear com Múltiplos Regressores*

CAPÍTULO 6 *Funções de Regressão Não-Lineares*

CAPÍTULO 7 *Avaliando Estudos Baseados na Regressão Múltipla*

CAPÍTULO 4

Regressão Linear com um Regressor

Um estado implementa novas punições severas para motoristas bêbados; qual é o efeito disso sobre os acidentes fatais nas estradas? Uma diretoria regional de ensino reduz o tamanho de suas turmas do ensino fundamental; qual é o efeito disso sobre as pontuações dos alunos nos exames nacionais? Você conclui com sucesso mais um ano de estudos na universidade; qual é o efeito disso sobre seu salário futuro?

As três perguntas dizem respeito ao efeito desconhecido da variação de uma variável, X — seja X as punições severas por dirigir embriagado, o tamanho da turma ou os anos de instrução — sobre outra variável, Y — seja Y as mortes nas estradas, a pontuação dos alunos nos exames ou o salário.

Este capítulo apresenta o modelo de regressão linear que relaciona uma variável, X, a outra, Y. Esse modelo postula uma relação linear entre X e Y; a declividade da reta que relaciona X e Y é o efeito da variação de uma unidade em X sobre Y. Assim como a média de Y é uma característica desconhecida da distribuição da população de Y, a declividade da reta que relaciona X e Y é uma característica desconhecida da distribuição conjunta da população de X e Y. O problema econométrico é estimar essa declividade — isto é, estimar o efeito de uma variação de uma unidade em X sobre Y — utilizando uma amostra de dados para essas duas variáveis.

O capítulo descreve métodos para realizar inferências estatísticas sobre esse modelo de regressão utilizando uma amostra aleatória de dados para X e Y. Por exemplo, utilizando dados sobre tamanhos de turma e pontuação nos exames de diferentes diretorias regionais de ensino, mostramos como estimar o efeito esperado da redução dos tamanhos de turma em, digamos, um aluno por turma, sobre a pontuação nos exames. A declividade e o intercepto da reta que relaciona X e Y podem ser estimados por um método chamado de mínimos quadrados ordinários (MQO). Além disso, o estimador de MQO pode ser utilizado para testar hipóteses sobre o valor da população da declividade — por exemplo, testar a hipótese de que a redução no tamanho da turma não tem nenhum efeito sobre a pontuação nos exames — e para criar intervalos de confiança para a declividade.

4.1 Modelo de Regressão Linear

A superintendente de uma diretoria de ensino fundamental nos Estados Unidos precisa decidir se deve contratar mais professores e quer sua ajuda. Se contratar os professores, reduzirá o número de alunos por professor (a razão aluno-professor) em dois. Ela está diante de um dilema. Os pais querem turmas menores para que seus filhos possam receber uma atenção mais individualizada. Porém, contratar mais professores significa gastar mais dinheiro, o que não agrada àqueles que pagam a conta! Então ela pergunta: se reduzir o tamanho das turmas, qual será o efeito dessa redução sobre o desempenho dos alunos?

Em muitas diretorias de ensino, o desempenho dos alunos é medido por exames nacionais e a situação profissional ou o salário de alguns diretores podem depender em parte do sucesso dos alunos nesses exames. Portanto, vamos tornar a pergunta da superintendente mais específica: se ela reduzir o tamanho médio das turmas em dois alunos, qual será o efeito dessa redução sobre a pontuação nos exames nacionais em sua diretoria?

Uma resposta precisa para essa pergunta requer uma afirmação quantitativa sobre variações. Se a superintendente *mudasse* o tamanho das turmas em determinado montante, que *variação* ela esperaria na pontuação nos exames nacionais? Podemos escrever isso como uma relação matemática utilizando a letra grega beta, $\beta_{TamTurma}$, em que o subscrito "TamTurma" separa o efeito da variação no tamanho da turma dos demais efeitos.

Portanto,

$$\beta_{TamTurma} = \frac{\text{variação na pontuação na prova}}{\text{variação no tamanho da turma}} = \frac{\Delta\text{PontExame}}{\Delta\text{TamTurma}}, \tag{4.1}$$

onde a letra grega Δ (delta) significa "variação em". Isto é, $\beta_{TamTurma}$ é a variação na pontuação da prova resultante da variação no tamanho da turma dividida pela variação no tamanho da turma.

Se você tivesse sorte suficiente para saber o valor de $\beta_{TamTurma}$, seria capaz de dizer à superintendente que a diminuição do tamanho da turma em um aluno mudaria a pontuação nos exames por toda a diretoria regional em $\beta_{TamTurma}$. Você também poderia responder à verdadeira pergunta da superintendente, que diz respeito à variação de dois alunos por turma no tamanho da turma. Para fazer isso, reorganize a Equação (4.1) de modo que

$$\Delta PontExame = \beta_{TamTurma} \times \Delta TamTurma. \tag{4.2}$$

Suponha que $\beta_{TamTurma} = -0{,}6$. Assim, uma redução de dois alunos por turma no tamanho da turma resultaria em uma variação prevista na pontuação nos exames de $(-0{,}6) \times (-2) = 1{,}2$; isto é, sua previsão é de que a pontuação nos exames *aumentaria* em 1,2 ponto como resultado da *redução* de dois alunos por turma nos tamanhos de turma.

A Equação (4.1) é a definição da declividade de uma linha reta que relaciona pontuação nos exames e tamanho da turma. Essa linha reta pode ser expressa como

$$PontExame = \beta_0 + \beta_{TamTurma} \times TamTurma, \tag{4.3}$$

onde β_0 é o intercepto dessa linha reta e, como antes, $\beta_{TamTurma}$ é a declividade. Segundo a Equação (4.3), se você conhecesse β_0 e $\beta_{TamTurma}$, não somente seria capaz de determinar, em uma diretoria, a *variação* na pontuação nos exames associada a uma *variação* no tamanho da turma, mas também seria capaz de prever a pontuação média nos exames para um dado tamanho de turma.

Quando você propõe a Equação (4.3) para a superintendente, ela lhe diz que há algo errado com essa fórmula. Ela ressalta que o tamanho da turma é apenas um dos vários aspectos do ensino fundamental e que duas diretorias com o mesmo tamanho de turma registram pontuações diferentes nos exames por muitas razões. Uma diretoria pode ter professores melhores ou adotar livros didáticos melhores. Duas diretorias com tamanhos de turma, professores e livros compatíveis ainda podem ter populações de alunos muito diferentes; pode ser que uma diretoria tenha mais alunos imigrantes (e portanto menos alunos que tenham o inglês como língua materna) ou alunos provenientes de famílias mais ricas. Finalmente, ela ressalta que, mesmo que duas diretorias sejam iguais sob todos esses aspectos, elas podem registrar pontuações diferentes nos exames por razões essencialmente aleatórias que dizem respeito ao desempenho de cada aluno no dia do exame. Ela está certa, obviamente; por todas essas razões, a Equação (4.3) não será válida com exatidão para todas as diretorias. Em vez disso, deve ser vista como uma afirmação sobre uma relação válida *em média* para a população de diretorias.

Uma versão dessa relação linear que vale para *cada* diretoria deve incluir esses outros fatores que influenciam a pontuação nos exames, incluindo as características exclusivas de cada diretoria (qualidade de seus professores, situação econômica de seus alunos, o fator sorte dos alunos no dia do exame etc.). Um enfoque seria enumerar os fatores mais importantes e introduzi-los explicitamente na Equação (4.3) (retornaremos a essa idéia no Capítulo 5). Por ora, entretanto, simplesmente agrupamos esses "outros fatores"e escrevemos a relação para dada diretoria como

$$PontExame = \beta_0 + \beta_{TamTurma} \times TamTurma + \text{outros fatores}. \tag{4.4}$$

Assim, a pontuação nos exames para a diretoria é escrita em termos de um componente $\beta_0 + \beta_{TamTurma} \times TamTurma$, que representa o efeito médio do tamanho da turma sobre as pontuações na população de diretorias regionais de ensino, e um segundo componente que representa todos os outros fatores.

Embora esta discussão tenha se concentrado na pontuação nos exames e no tamanho da turma, a idéia expressa na Equação (4.4) é muito mais geral, portanto é útil introduzir uma notação mais geral. Suponha que você tenha uma amostra de n diretorias. Seja Y_i a pontuação média nos exames da i-ésima diretoria, seja X_i o tamanho médio da turma na i-ésima diretoria e seja u_i os outros fatores que influenciam a pontuação nos exames da i-ésima diretoria. Desse modo, a Equação (4.4) pode ser escrita de forma mais geral como

$$Y_i = \beta_0 + \beta_1 X_i + u_i, \tag{4.5}$$

para cada diretoria, isto é, $i = 1, ..., n$, onde β_0 é o intercepto dessa reta e β_1 é a declividade. (A notação geral "β_1"é utilizada para declividade na Equação (4.5) no lugar de "$\beta_{TamTurma}$" porque essa equação está escrita em termos de uma variável geral X_i.)

A Equação (4.5) é o **modelo de regressão linear com um único regressor**, em que Y é a **variável dependente** e X é a **variável independente**, ou **regressor**.

A primeira parte da Equação (4.5), $\beta_0 + \beta_1 X_i$, é a **reta de regressão da população** ou **função de regressão da população**. Essa é a relação válida entre Y e X em média ao longo da população. Portanto, se você conhece o valor de X, de acordo com essa reta de regressão da população, prevê que o valor da variável dependente, Y, é $\beta_0 + \beta_1 X$.

O **intercepto** β_0 e a **declividade** β_1 são os **coeficientes** da reta de regressão da população, também conhecidos como **parâmetros** da reta de regressão da população. A declividade β_1 é a variação em Y associada a uma variação unitária em X. O intercepto é o valor da reta de regressão da população quando $X = 0$; é o ponto em que a reta de regressão da população cruza o eixo Y. Em algumas aplicações econométricas, como a aplicação da Seção 4.7, o intercepto tem uma interpretação econômica significativa. Em outras aplicações, entretanto, o intercepto não tem nenhum significado em termos do mundo real; por exemplo, quando X é o tamanho da turma, a rigor o intercepto é o valor previsto da pontuação nos exames quando não há nenhum aluno na turma! Quando o intercepto não tem nenhum significado em termos do mundo real, é melhor considerá-lo matematicamente como o coeficiente que determina o nível da reta de regressão.

O termo u_i na Equação (4.5) é o **termo de erro**. Este termo incorpora todos os fatores responsáveis pela diferença entre a pontuação média nos exames da i-ésima diretoria e o valor previsto pela reta de regressão da população. Esse termo de erro contém todos os outros fatores além de X que determinam o valor da variável dependente, Y, para uma observação específica, i. No exemplo do tamanho da turma, esses outros fatores incluem todas as características exclusivas da i-ésima diretoria que afetam o desempenho de seus alunos no exame, incluindo a qualidade dos professores, a situação econômica dos alunos, a sorte e até mesmo os erros na correção da prova.

O modelo de regressão linear e sua terminologia estão resumidos no Conceito-Chave 4.1.

FIGURA 4.1 Gráfico de Dispersão da Pontuação nos Exames *versus* Razão Aluno-Professor (Dados Hipotéticos)

O gráfico de dispersão mostra observações hipotéticas de sete diretorias regionais de ensino. A reta de regressão da população é $\beta_0 + \beta_1 X$. A distância vertical entre o i-ésimo ponto e a reta de regressão da população é $Y_i - (\beta_0 + \beta_1 X_i)$, que é o termo de erro da população u_i para a i-ésima observação.

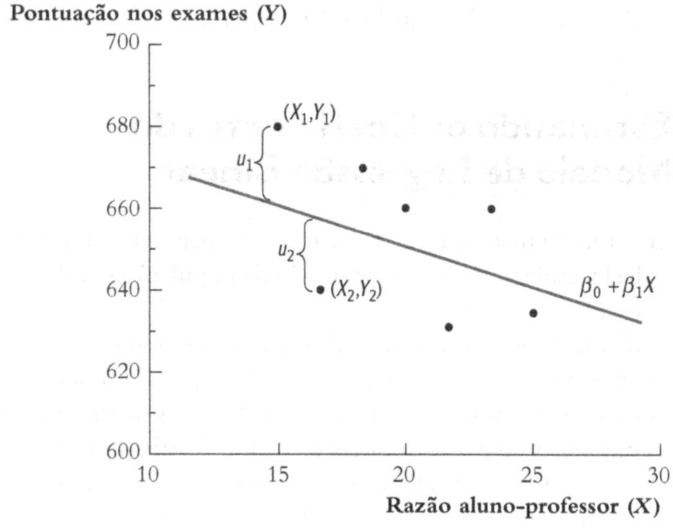

Conceito-Chave 4.1

Terminologia para o Modelo de Regressão Linear com um Único Regressor

O modelo de regressão linear é:

$$Y_i = \beta_0 + \beta_1 X_i + u_i,$$

onde:

o subscrito i representa o número de observações, $i = 1, ..., n$;

Y_i é a *variável dependente*, o *regressando*, ou simplesmente a *variável do lado esquerdo*;

X_i é a *variável independente*, o *regressor*, ou simplesmente a *variável do lado direito*;

$\beta_0 + \beta_1 X$ é a *reta de regressão da população* ou *função de regressão da população*;

β_0 é o *intercepto* da reta de regressão da população;

β_1 é a *declividade* da reta de regressão da população e

u_i é o *termo de erro*.

A Figura 4.1 resume o modelo de regressão linear com um único regressor para sete observações hipotéticas de pontuação nos exames (Y) e tamanho de turma (X). A reta de regressão da população é $\beta_0 + \beta_1 X$. A reta de regressão da população tem declividade para baixo, isto é, $\beta_1 < 0$, o que significa que diretorias com uma razão aluno-professor mais baixa (turmas menores) tendem a obter pontuações mais altas nos exames. O intercepto β_0 possui um significado matemático como o valor em que o eixo Y cruza a reta de regressão da população, mas, como mencionado anteriormente, não tem neste exemplo nenhum significado em termos do mundo real.

Como os outros fatores que determinam o desempenho nos exames, as observações hipotéticas da Figura 4.1 não estão exatamente sobre a reta de regressão da população. Por exemplo, o valor de Y para a diretoria nº 1, Y_1, está acima da reta de regressão da população. Isso significa que a pontuação nos exames da diretoria nº 1 foi melhor do que o previsto pela reta de regressão da população, de modo que o termo de erro para essa diretoria, u_1, é positivo. A Y_2, por sua vez, está abaixo da reta de regressão da população, de modo que a pontuação nos exames dessa diretoria foi pior do que o previsto, com $u_2 < 0$.

Agora volte a seu problema como consultor da superintendente: Qual é o efeito esperado da redução da razão aluno-professor em dois alunos por professor sobre a pontuação nos exames? A resposta é fácil: a variação esperada é $(-2) \times \beta_{TamTurma}$. Mas qual é o valor de $\beta_{TamTurma}$?

4.2 Estimando os Coeficientes do Modelo de Regressão Linear

Em uma situação prática, tal como a aplicação para o tamanho da turma e a pontuação nos exames, o intercepto β_0 e a declividade β_1 da reta de regressão da população são desconhecidos. Portanto, devemos utilizar dados para estimá-los.

Esse problema de estimação é semelhante a outros que você enfrentou em estatística. Por exemplo, suponha que você queira comparar os salários médios de homens e mulheres recém-formados. Embora os salários médios da população sejam desconhecidos, podemos estimar as médias da população utilizando uma amostra aleatória de homens e mulheres com curso superior. Assim, o estimador natural dos salários médios da população desconhecidos para as mulheres é o salário médio das mulheres com curso superior da amostra.

A mesma idéia se estende para o modelo de regressão linear. Não sabemos o valor da população de $\beta_{TamTurma}$, a declividade da reta de regressão da população desconhecida que relaciona X (tamanho da turma) e Y (pontuação nos exames). Mas, assim como foi possível conhecer a média da população utilizando uma amostra de dados selecionados dessa população, também é possível conhecer a declividade da população $\beta_{TamTurma}$ utilizando uma amostra de dados.

Os dados que analisamos aqui consistem da pontuação nos exames e do tamanho das turmas em 1998 de 420 diretorias regionais de ensino da Califórnia, que cuidam da pré-escola à oitava série. Em cada diretoria, a pontuação nos exames consiste na média das pontuações em leitura e matemática dos alunos da quinta série. O tamanho da turma pode ser medido de várias formas. A medida utilizada aqui, uma das mais abrangentes, é o número de alunos na diretoria dividido pelo número de professores, isto é, a razão aluno-professor na diretoria. Esses dados estão descritos de maneira mais detalhada no Apêndice 4.1.

A Tabela 4.1 resume as distribuições da pontuação nos exames e do tamanho das turmas nessa amostra. A razão aluno-professor média é de 19,6 alunos por professor e o desvio padrão é de 1,9 aluno por professor. O 10º percentil da distribuição da razão aluno-professor é 17,3 (isto é, apenas 10 por cento das diretorias têm razões aluno-professor inferiores a 17,3), ao passo que a diretoria do 90º percentil tem uma razão aluno-professor de 21,9.

A Figura 4.2 mostra um gráfico de dispersão dessas 420 observações sobre pontuação nos exames e razão aluno-professor. A correlação da amostra é de –0,23, o que indica uma relação negativa fraca entre as duas variáveis. Embora turmas maiores dessa amostra tendam a apresentar pontuações menores nos exames, existem outros determinantes da pontuação que impedem que as observações estejam perfeitamente sobre uma reta.

A despeito da correlação pequena, se fosse possível desenhar uma linha reta ao longo desses dados, então a declividade dessa reta seria uma estimativa de $\beta_{TamTurma}$ com base nesses dados. Uma forma de desenhar a reta seria pegar um lápis e uma régua e encontrar a melhor reta possível usando o "golpe de vista". Embora esse método seja fácil, ele não é científico e pessoas diferentes podem criar retas estimadas diferentes.

Como, então, você pode escolher entre as várias retas possíveis? A forma mais comum é, de longe, escolher a reta que produz o ajuste de "mínimos quadrados" a esses dados, isto é, utilizar o estimador de mínimos quadrados ordinários (MQO).*

O Estimador de Mínimos Quadrados Ordinários

O estimador de MQO escolhe os coeficientes de regressão de modo que a reta de regressão estimada seja a mais próxima possível dos dados observados, em que a proximidade é medida pela soma dos quadrados dos erros de previsão de Y dado X.

Conforme discutido na Seção 3.1, a média da amostra, $\overline{Y}$, é o estimador de mínimos quadrados da média da população $E(Y)$; isto é, $\overline{Y}$ minimiza o total dos quadrados dos erros de estimação $\sum_{i=1}^{n}(Y_i - m)^2$ entre todos os estimadores m possíveis (veja a Expressão (3.2)).

TABELA 4.1 Resumo da Distribuição da Razão Aluno-Professor e Pontuação nos Exames da 5ª Série para 420 Diretorias K-8 na Califórnia em 1998

			Percentil						
	Média	**Desvio padrão**	**10%**	**25%**	**40%**	**50% (mediana)**	**60%**	**75%**	**90%**
Razão aluno-professor	19,6	1,9	17,3	18,6	19,3	19,7	20,1	20,9	21,9
Pontuação nos exames	654,2	19,1	630,4	640,0	649,1	654,5	659,4	666,7	679,1

* O termo "mínimos quadrados ordinários" é muito utilizado em economometria. A tradução mais correta seria "mínimos quadrados comuns", que não traz a conotação negativa que o termo "ordinário" possui em português (N. do R.T.).

FIGURA 4.2 Gráfico de Dispersão da Pontuação nos Exames *versus* Razão Aluno-Professor (Dados da Diretoria Regional de Ensino da Califórnia)

Dados de 420 diretorias regionais de ensino da Califórnia. Existe uma relação negativa fraca entre a razão aluno-professor e a pontuação nos exames: a correlação da amostra é –0,23.

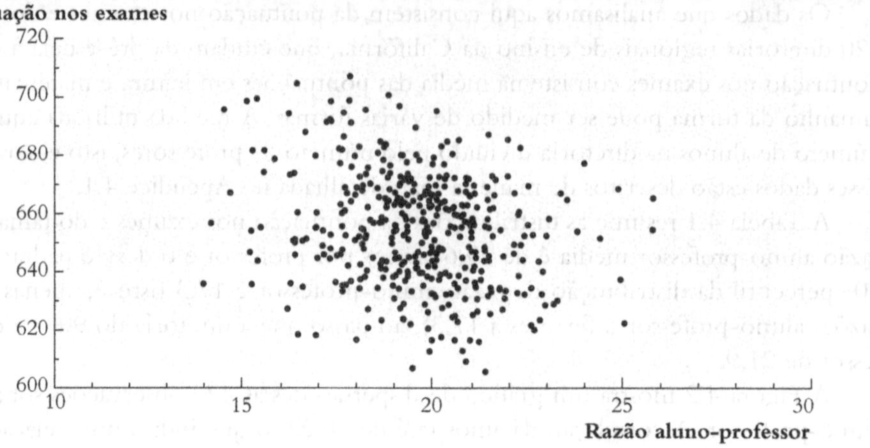

O estimador de MQO estende essa idéia para o modelo de regressão linear. Sejam b_0 e b_1 alguns estimadores de β_0 e β_1. A reta de regressão baseada nesses estimadores é $b_0 + b_1X$, de modo que o valor de Y_i previsto utilizando essa reta é $b_0 + b_1X_i$. Portanto, o erro feito na previsão da *i*-ésima observação é $Y_i - (b_0 + b_1X_i) = Y_i - b_0 - b_1X_i$). A soma dos quadrados dos erros de previsão para todas as *n* observações é

$$\sum_{i=1}^{n}(Y_i - b_0 - b_1X_i)^2. \tag{4.6}$$

A soma dos quadrados dos erros para o modelo de regressão linear na Expressão (4.6) é a extensão da soma dos quadrados dos erros para o problema de se estimar a média na Expressão (3.2). Na verdade, se não há nenhum regressor, b_1 não entra na Expressão (4.6) e os dois problemas são idênticos, exceto pela notação diferente (*m* na Expressão (3.2), b_0 na Expressão (4.6)). Assim como há um único estimador, $\overline{Y}$, que minimiza a Expressão (3.2), há um único par de estimadores de β_0 e β_1 que minimizam a Expressão (4.6).

Os estimadores do intercepto e da declividade que minimizam a soma dos quadrados dos erros na expressão (4.6) são chamados de **estimadores de mínimos quadrados ordinários (MQO)** de β_0 e β_1.

MQO possui sua própria notação e terminologia especial. O estimador de MQO de β_0 é representado por $\hat{\beta}_0$ e o estimador de MQO de β_1 é representado por $\hat{\beta}_1$. A **reta de regressão de MQO** é a linha reta construída utilizando os estimadores de MQO, isto é, $\hat{\beta}_0 + \hat{\beta}_1X$. O **valor previsto** de Y_i dado X_i, com base na reta de regressão de MQO, é $\hat{Y}_i = \hat{\beta}_0 + \hat{\beta}_1X_i$. O **resíduo** para a *i*-ésima observação é a diferença entre Y_i e seu valor previsto, isto é, o resíduo é $\hat{u}_i = Y_i - \hat{Y}_i$.

Você poderia calcular os estimadores de MQO, $\hat{\beta}_0$ e $\hat{\beta}_1$, experimentando diferentes valores de b_0 e b_1 repetidamente até encontrar aqueles que minimizam o total dos quadrados dos erros na Expressão (4.6); eles são as estimativas de mínimos quadrados. Esse método, contudo, seria bastante cansativo. Felizmente, há fórmulas, derivadas pela minimização da Expressão (4.6) utilizando cálculo, que agilizam o cálculo dos estimadores de MQO.

As fórmulas de MQO e a terminologia estão reunidas no Conceito-Chave 4.2. Essas fórmulas são implementadas em praticamente todos os programas estatísticos e de planilha. Essas fórmulas são derivadas no Apêndice 4.2.

Estimativas de MQO da Relação entre Pontuação nos Exames e Razão Aluno-Professor

Quando MQO é utilizado para estimar uma reta que relaciona a razão aluno-professor à pontuação nos exames utilizando as 420 observações da Figura 4.2, a declividade estimada é de –2,28 e o intercepto estimado é de 698,9. Assim, a reta de regressão de MQO para essas 420 observações é

$$\widehat{PontExame} = 698{,}9 - 2{,}28 \times RAP, \tag{4.7}$$

Estimador de MQO, Valores Previstos e Resíduos

Conceito-Chave 4.2

Os estimadores de MQO da declividade β_1 e do intercepto β_0 são:

$$\hat{\beta}_1 = \frac{\sum_{i=1}^{n}(X_i - \overline{X})(Y_i - \overline{Y})}{\sum_{i=1}^{n}(X_i - \overline{X})^2} = \frac{s_{XY}}{s_X^2} \tag{4.8}$$

$$\hat{\beta}_0 = \overline{Y} - \hat{\beta}_1\overline{X}. \tag{4.9}$$

Os valores previstos de MQO $\hat{Y}_i$ e os resíduos $\hat{u}_i$ são:

$$\hat{Y}_i = \hat{\beta}_0 + \hat{\beta}_1 X_i,\ i = 1, ..., n \tag{4.10}$$

$$\hat{u}_i = Y_i - \hat{Y}_i,\ i = 1, ..., n. \tag{4.11}$$

O intercepto estimado ($\hat{\beta}_0$), a declividade ($\hat{\beta}_1$) e o resíduo ($\hat{u}_i$) são calculados a partir de uma amostra de n observações de X_i e Y_i, $i = 1, ..., n$. Essas são estimativas dos verdadeiros e desconhecidos intercepto da população β_0, da declividade β_1 e do termo de erro u_i verdadeiros desconhecidos.

em que *PontExame* é a pontuação média nos exames na diretoria e *RAP* é a razão aluno-professor. O símbolo ^ sobre *PontExame* na Equação (4.7) indica que esse é o valor previsto com base na reta de regressão de MQO. A Figura 4.3 mostra a reta de regressão de MQO superposta ao gráfico de dispersão dos dados mostrados anteriormente na Figura 4.2.

A declividade de −2,28 significa que um aumento de um aluno por turma na razão aluno-professor está, em média, associado a uma queda de 2,28 pontos na pontuação nos exames da diretoria como um todo. Uma redução de dois alunos por turma na razão aluno-professor está, em média, associada a um aumento de 4,56 pontos (= −2 × (−2,28)). A declividade negativa indica que uma quantidade maior de alunos por professor (turmas maiores) está associada a um desempenho pior nos exames.

Agora é possível prever a pontuação nos exames da diretoria como um todo para dado valor da razão aluno-professor. Por exemplo, para uma diretoria com 20 alunos por professor, a pontuação prevista nos exames é de 698,9 − 2,28 × 20 = 653,3. É óbvio que essa previsão não estará correta com exatidão em virtude de outros fatores que determinam o desempenho de uma diretoria. Mas a reta de regressão fornece uma previsão (a previsão de MQO) de quais seriam as pontuações nos exames para essa diretoria com base em sua razão aluno-professor, excluídos os demais fatores. Essa estimativa da declividade é grande ou pequena? Para responder a essa questão, voltemos ao problema da superintendente. Lembre-se de que ela está considerando a contratação de um número suficiente de professores que reduza a razão aluno-professor em 2. Suponha que sua diretoria esteja na mediana das diretorias da Califórnia. Na Tabela 4.1, a razão mediana aluno-professor é de 19,7 e a pontuação mediana nos exames é de 654,5. Uma redução de dois alunos por turma, de 19,7 para 17,7, moveria a razão aluno-professor de sua diretoria do 50º percentil para um ponto muito próximo do 10º percentil. É uma variação considerável, e ela precisaria contratar muitos professores novos. Como isso afetaria a pontuação nos exames?

Com base na Equação (4.7), a previsão é de que uma redução de 2 alunos por turma aumente a pontuação nos exames em aproximadamente 4,6 pontos; se a pontuação nos exames da diretoria da superintendente está na mediana, 654,5, ela deve aumentar para 659,1. Essa melhora é grande ou pequena? Segundo a Tabela 4.1, a melhora deslocaria sua diretoria da mediana para um ponto próximo do 60º percentil. Assim, uma redução no tamanho da turma que colocaria sua diretoria próxima dos 10 por cento com as menores turmas deslocaria sua pontuação nos exames do 50º para o 60º percentil. De acordo com essas estimativas, ao menos, diminuir a razão aluno-professor em um montante grande (2 alunos por professor) ajudaria e poderia valer a pena, dependendo de sua situação orçamentária, mas não seria uma panacéia.

FIGURA 4.3 Reta de Regressão Estimada para os Dados da Califórnia

A reta de regressão estimada mostra uma relação negativa entre pontuação nos exames e a razão aluno-professor. Se o tamanho das turmas for reduzido em um aluno, a regressão estimada prevê que a pontuação nos exames aumentará em 2,28 pontos.

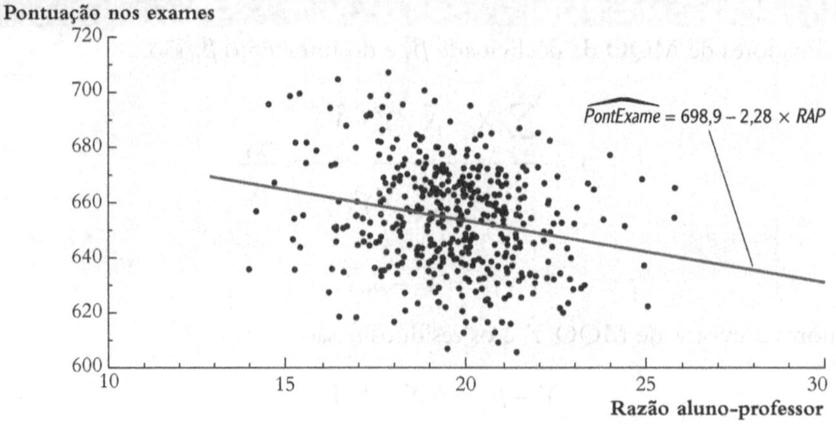

E se a superintendente estivesse considerando uma variação bem mais radical, tal como reduzir a razão aluno-professor de 20 alunos por professor para 5? Infelizmente, as estimativas da Equação (4.7) não seriam muito úteis para ela. Essa regressão foi estimada utilizando os dados da Figura 4.2 e, como a figura mostra, a menor razão aluno-professor nesses dados é 14. Esses dados não contêm nenhuma informação sobre o comportamento das diretorias com turmas extremamente pequenas, de modo que somente esses dados não são uma base confiável para prever o efeito de uma variação radical para uma razão aluno-professor extremamente pequena.

O "Beta" de uma Ação

Uma idéia fundamental das finanças modernas é a de que um investidor precisa de incentivo financeiro para assumir um risco. Dito de outra forma, o retorno esperado[1] de um investimento com risco, R, deve exceder o retorno de um investimento seguro, ou sem risco, R_f. Portanto, o excesso de retorno esperado, $R - R_f$, de um investimento com risco, como a posse de ações de uma empresa, deve ser positivo.

A princípio pode parecer que o risco de uma ação deve ser medido por sua variância. Entretanto, muito desse risco pode ser reduzido mantendo-se outras ações em uma carteira, isto é, diversificando seus ativos financeiros. Isso significa que a forma certa de medir o risco de uma ação não é por sua *variância*, mas sim por sua *co-variância* com o mercado.

O Modelo de Precificação de Ativos de Capital (Capital Asset Pricing Model — CAPM) formaliza essa idéia. Segundo o CAPM, o excesso de retorno esperado de um ativo é proporcional ao excesso de retorno esperado de uma carteira com todos os ativos disponíveis (a "carteira do mercado"). Isto é, o CAPM diz que

$$R - R_f = \beta(R_m - R_f), \tag{4.12}$$

onde R_m é o retorno esperado da carteira do mercado e β é o coeficiente da regressão da população de $R - R_f$ sobre $R_m - R_f$. Na prática, o retorno sem risco é freqüentemente considerado a taxa de juros da dívida de curto prazo do governo dos Estados Unidos. De acordo com o CAPM, uma ação com $\beta < 1$ oferece menos risco do que a carteira do mercado e, portanto, possui um excesso de retorno esperado mais baixo do que a carteira do mercado. Uma ação com $\beta > 1$, por sua vez, oferece mais risco do que a carteira do mercado e dessa forma exige um excesso de retorno esperado mais alto.

O "beta" de uma ação tornou-se o carro-chefe da indústria de investimentos e você pode obter a estimativa do β de centenas de ações em sites de empresas de investimentos. Esses βs são normalmente estimados por regressão de MQO do excesso de retorno efetivo da ação contra o excesso de retorno efetivo de um índice de mercado abrangente.

A tabela abaixo fornece os βs estimados para seis ações norte-americanas. Empresas que fabricam bens de consumo de baixo risco como a Kellogg têm βs baixos; ações de alta tecnologia com risco como a Microsoft têm βs altos.

Companhia	β Estimado
Kellogg (cereal matinal)	0,24
Waste Management (coleta de lixo)	0,38
Sprint (operadora telefônica de longa distância)	0,59
Walmart (varejista de descontos)	0,89
Barnes and Noble (rede de livrarias)	1,03
Best Buy (varejista de equipamentos eletrônicos)	1,80
Microsoft (software)	1,83

Fonte: Yahoo.com

[1] O retorno sobre um investimento é a variação em seu preço acrescida de qualquer dividendo do investimento como uma porcentagem de seu preço inicial. Por exemplo, uma ação comprada em 1º de janeiro por US$ 100, que pagou um dividendo de US$ 2,50 durante o ano e foi vendida em 31 de dezembro por US$ 105, tem um retorno de R = [(US$ 105 – 100) + US$ 2,50] / US$ 100 = 7,5 por cento.

Por que Utilizar o Estimador de MQO?

Existem tanto motivos práticos quanto teóricos para utilizar os estimadores de MQO $\hat{\beta}_0$ e $\hat{\beta}_1$. Como MQO é o método dominante utilizado na prática, ele tornou-se a linguagem comum para a análise de regressão em economia, finanças (veja o quadro na p. 70) e ciências sociais em geral. Apresentar resultados utilizando MQO (ou suas variantes, que serão discutidas mais adiante neste livro) indica que você está "falando a mesma língua" de outros economistas e estatísticos. As fórmulas de MQO estão incorporadas em praticamente todos os programas estatísticos e planilhas eletrônicas para computador, o que facilita o uso do MQO.

Os estimadores de MQO também possuem propriedades teóricas desejáveis. Por exemplo, a média de amostra $\overline{Y}$ é um estimador não viesado da média $E(Y)$, isto é, $E(\overline{Y}) = \mu_Y$; $\overline{Y}$ é um estimador consistente de μ_Y; e para amostras grandes a distribuição amostral de $\overline{Y}$ é aproximadamente normal (veja a Seção 3.1). Os estimadores de MQO $\hat{\beta}_0$ e $\hat{\beta}_1$ também possuem essas propriedades. Sob um conjunto geral de hipóteses (especificadas na Seção 4.3), $\hat{\beta}_0$ e $\hat{\beta}_1$ são estimadores não viesados e consistentes de β_0 e β_1 e sua distribuição amostral é aproximadamente normal. Esses resultados são discutidos na Seção 4.4.

Outra propriedade teórica desejável de $\overline{Y}$ é que ele seja eficiente entre os estimadores que são funções lineares de $Y_1, ..., Y_n$: ele apresenta a menor variância de todos os estimadores que são médias ponderadas de $Y_1, ..., Y_n$ (veja a Seção 3.1). Um resultado similar também é verdadeiro para o estimador de MQO, mas esse resultado requer uma hipótese adicional além daquelas especificadas na Seção 4.3, de modo que adiamos sua discussão para a Seção 4.9.

4.3 Hipóteses de Mínimos Quadrados

Nesta seção, apresentamos um conjunto de três hipóteses para o modelo de regressão linear e o esquema de amostragem em que MQO fornece um estimador apropriado dos coeficientes de regressão desconhecidos β_0 e β_1. Inicialmente, essas hipóteses podem parecer abstratas. Entretanto, elas possuem interpretações naturais e entendê-las é essencial para saber quando o MQO fornecerá — ou não — estimativas úteis dos coeficientes de regressão.

Hipótese nº 1: a Distribuição Condicional de u_i Dado X_i Possui uma Média Igual a Zero

A primeira **hipótese dos mínimos quadrados** é que a distribuição condicional de u_i dado X_i possui média zero. Essa hipótese é uma declaração matemática formal sobre os "outros fatores" contidos em u_i e afirma que esses outros fatores não têm relação com X_i no sentido de que, dado um valor de X_i, a média da distribuição desses outros fatores é zero.

Isso está ilustrado na Figura 4.4. A regressão da população é a relação válida em média entre o tamanho da turma e a pontuação nos exames na população e o termo de erro u_i representa os outros fatores que levam a pontuação nos exames em dada diretoria a diferir da previsão baseada na reta de regressão da população. Conforme mostrado na Figura 4.4, em dado valor de tamanho de turma, digamos 20 alunos por turma, algumas vezes outros fatores levam a um desempenho melhor do que o previsto ($u_i > 0$) e outras vezes a um desempenho pior ($u_i < 0$), mas, na média, ao longo da população, a previsão está correta. Em outras palavras, dado $X_i = 20$, a média da distribuição de u_i é zero. Isso é mostrado na Figura 4.4 como a distribuição de u_i centrada em torno da reta de regressão da população em $X_i = 20$, e, de modo mais geral, em outros valores x de X_i também. Dito de outra forma, a distribuição de u_i, condicional a $X_i = x$, possui uma média zero; expressando matematicamente, $E(u_i | X_i = x) = 0$ ou, em uma notação mais simples, $E(u_i | X_i) = 0$.

Conforme mostrado na Figura 4.4, a hipótese de que $E(u_i | X_i) = 0$ é equivalente à suposição de que a reta de regressão da população é a média condicional de Y_i dado X_i (uma prova matemática disso está no Exercício 4.3).

Correlação e média condicional. Lembre-se da Seção 2.3, em que você viu que, se a média condicional de uma variável aleatória dada a outra é zero, as duas variáveis aleatórias possuem co-variância zero e desse modo são

FIGURA 4.4 Distribuições de Probabilidade Condicional e Reta de Regressão da População

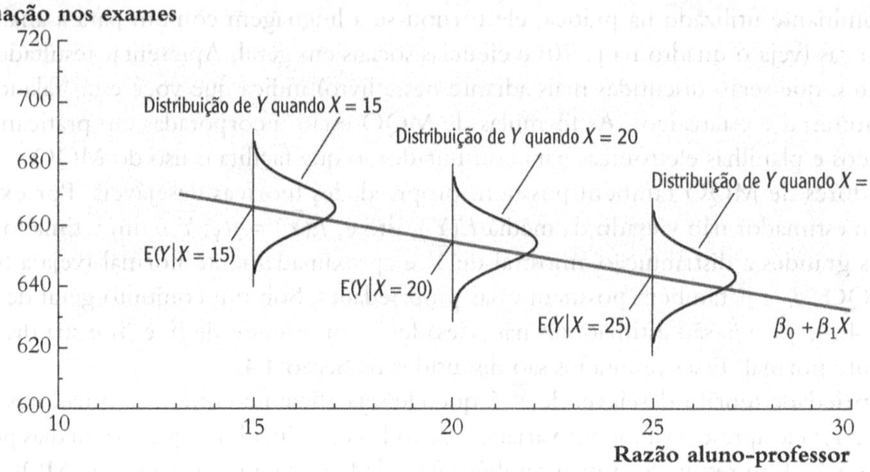

A figura mostra a probabilidade condicional da pontuação nos exames para diretorias com tamanho de turma de 15, 20 e 25 alunos. A média da distribuição condicional da pontuação nos exames, dada a razão aluno-professor, $E(Y|X)$, é a reta de regressão da população $\beta_0 + \beta_1 X$. Para dado valor de X, Y é distribuída em torno da reta de regressão, e o erro, $u = Y - (\beta_0 + \beta_1 X)$, possui média condicional zero para todos os valores de X.

não-correlacionadas (veja a Equação (2.25)). Portanto, a hipótese de média condicional $E(u_i | X_i) = 0$ implica que X_i e u_i são não-correlacionados, ou $\text{corr}(X_i, u_i) = 0$. Como a correlação é uma medida de associação linear, essa implicação não é válida no sentido inverso. Mesmo que X_i e u_i sejam não-correlacionados, a média condicional de u_i dado X_i pode ser diferente de zero. Entretanto, se X_i e u_i são correlacionados, então $E(u_i | X_i)$ deve ser diferente de zero. Portanto, com freqüência é conveniente discutir a hipótese de média condicional em termos da possível correlação entre X_i e u_i. Se X_i e u_i são correlacionados, a hipótese de média condicional é violada.

Hipótese nº 2: (X_i, Y_i), $i = 1, \ldots, n$ São Independente e Identicamente Distribuídas

A segunda hipótese dos mínimos quadrados é de que (X_i, Y_i), $i = 1, \ldots, n$ são independente e identicamente distribuídas (i.i.d.) ao longo das observações. Conforme discutido na Seção 2.5 (veja o Conceito-Chave 2.5), essa é uma declaração sobre a seleção de uma amostra. Se as observações são selecionadas por amostragem aleatória simples de uma única população grande, então (X_i, Y_i), $i = 1, \ldots, n$ são i.i.d. Por exemplo, seja X a idade de um trabalhador e seja Y seu salário; imagine a seleção aleatória de uma pessoa da população de trabalhadores. A pessoa selecionada aleatoriamente terá uma idade e um salário dados (isto é, X e Y aceitarão alguns valores). Se uma amostra de n trabalhadores for selecionada dessa população, então (X_i, Y_i), $i = 1, \ldots, n$, terão necessariamente a mesma distribuição e, se forem selecionadas ao acaso, elas também serão independentemente distribuídas de uma observação para a próxima, isto é, serão i.i.d.

A hipótese i.i.d. é razoável para muitos esquemas de coleta de dados. Por exemplo, em geral, dados de pesquisa de um subconjunto da população escolhido aleatoriamente podem ser tratados como i.i.d.

Entretanto, nem todos os esquemas de amostragem geram observações i.i.d. sobre (X_i, Y_i). Um exemplo disso ocorre quando os valores de X não são selecionados de uma amostra aleatória da população, mas sim definidos pelo pesquisador como parte de um experimento. Por exemplo, suponha que uma horticultora queira estudar os efeitos de diferentes métodos de eliminação orgânica de ervas daninhas (X) sobre a produção de tomates (Y); para isso, ela planta diferentes lotes de tomates utilizando técnicas diferentes de eliminação orgânica de ervas daninhas. Se ela seleciona a técnica (o nível de X) a ser utilizada no i-ésimo lote e aplica a mesma técnica ao i-ésimo lote em todas as repetições do experimento, o valor de X_i não muda de uma amostra para a seguinte. Portanto, X_i é não aleatória (embora o resultado Y_i seja aleatório), de modo que o esquema de amostragem não é i.i.d. Os resultados apresentados neste capítulo desenvolvidos para regressores i.i.d. também são válidos se os regressores são não aleatórios (isso será discutido com mais profundidade no Capítulo 15). O caso de um regressor não aleatório é, contudo, bastante especial. Por exemplo, protocolos experimentais modernos fariam com que a horticultora atribuísse o nível de X a diferentes lotes utilizando um gerador computadorizado de números aleatórios, eliminando desse modo qualquer viés possível pela horticultora (ela poderia aplicar seu método favorito de eliminação de ervas daninhas dos tomates no lote mais ensolarado). Quando esse protocolo experimental moderno é utilizado, o nível de X é aleatório e (X_i, Y_i) é i.i.d.

Outro exemplo de amostragem não i.i.d. são observações que se referem à mesma unidade de observação ao longo do tempo. Por exemplo, podemos ter dados sobre níveis de estoque (Y) de uma empresa e sobre a taxa de juros pela qual a empresa pode tomar um empréstimo (X), em que os dados são coletados ao longo do tempo de uma empresa específica; por exemplo, os dados podem ser registrados quatro vezes por ano (trimestralmente) durante 30 anos. Esse é um exemplo de séries temporais de dados e uma característica importante dos dados de séries temporais é que observações muito próximas no tempo não são independentes, mas tendem a ser correlacionadas; se as taxas de juros estiverem baixas agora, provavelmente continuarão baixas no próximo trimestre. Esse padrão de correlação viola a "independência" da hipótese i.i.d. Dados de séries temporais introduzem um conjunto de complicações que são melhores de lidar depois do desenvolvimento das ferramentas básicas da análise de regressão, de modo que adiamos as discussões adicionais sobre análise de séries temporais para a Parte 4.

Hipótese nº 3: X_i e u_i Têm Quatro Momentos

A terceira hipótese dos mínimos quadrados é que os quartos momentos de X_i e u_i são diferentes de zero e finitos ($0 < E(X_i^4) < \infty$ e $0 < E(u_i^4) < \infty$) ou, de forma equivalente, que os quatro momentos de X_i e Y_i são diferentes de zero e finitos. Essa hipótese limita a probabilidade de que seja selecionada uma observação com valores extremamente grandes de X_i ou u_i. Se fôssemos selecionar uma observação com X_i ou Y_i extremamente grande — isto é, com X_i ou Y_i bastante fora do intervalo normal dos dados —, essa observação receberia grande importância em uma regressão de MQO e tornaria os resultados da regressão enganosos.

A hipótese dos quartos momentos finitos é utilizada na matemática que justifica as aproximações de amostras grandes para as distribuições da estatística do teste de MQO. Encontramos essa hipótese no Capítulo 3 quando discutimos a consistência da variância da amostra. Especificamente, a Equação (3.8) declara que a variância da amostra s_Y^2 é um estimador consistente da variância da população σ_Y^2 (isto é, que $s_Y^2 \xrightarrow{p} \sigma_Y^2$). Se $Y_1, \ldots, Y_n$ são i.i.d. e o quarto momento de Y_i é finito, a lei dos grandes números no Conceito-Chave 2.6 se aplica à média $\frac{1}{n}\sum_{i=1}^{n}(Y_i - \mu_Y)^2$, um passo importante na prova do Apêndice 3.3 ao mostrar que s_Y^2 é consistente. O papel da hipótese dos quartos momentos na teoria matemática da regressão de MQO é discutido mais adiante na Seção 15.3.

É possível argumentar que essa hipótese é uma particularidade técnica que normalmente vale na prática. O tamanho da turma está limitado pela capacidade física de uma sala de aula; o melhor que você pode fazer em um exame nacional é acertar todas as questões e o pior é errar todas. Como o tamanho da turma e a pontuação nos exames têm um intervalo finito, eles necessariamente têm quartos momentos finitos. De forma mais geral, as distribuições mais comumente utilizadas, como a normal, têm quatro momentos. Ainda assim, sob o aspecto matemático, algumas distribuições possuem quartos momentos infinitos; essa hipótese descarta essas distribuições. Se essa hipótese é válida, é improvável que inferências estatísticas que utilizam MQO sejam controladas por algumas poucas observações.

Uso das Hipóteses de Mínimos Quadrados

As três hipóteses de mínimos quadrados para o modelo de regressão linear estão resumidas no Conceito-Chave 4.3. As hipóteses de mínimos quadrados desempenham papéis duplos; voltaremos a eles várias vezes ao longo deste livro.

O primeiro papel é matemático: se essas hipóteses são válidas, então, como é mostrado na próxima seção, para amostras grandes, os estimadores de MQO possuem distribuições amostrais que são normais. Por sua vez, essa distribuição normal de amostra grande permite desenvolver métodos para teste de hipótese e construção de intervalos de confiança utilizando os estimadores de MQO.

Hipóteses de Mínimos Quadrados

Conceito-Chave 4.3

$$Y_i = \beta_0 + \beta_1 X_i + u_i,\ i = 1, ..., n, \text{ onde:}$$

1. o termo de erro tem média condicional zero dado X_i, ou seja, $E(u_i|X_i) = 0$;
2. (X_i, Y_i), $i = 1, ..., n$ são seleções independente e identicamente distribuídas (i.i.d.) de sua distribuição conjunta; e
3. (X_i, u_i) têm quartos momentos finitos diferentes de zero.

O segundo papel é organizar as circunstâncias que colocam dificuldades para a regressão de MQO. Como veremos, a primeira hipótese dos mínimos quadrados é a mais importante para se considerar na prática. Uma razão pela qual a primeira hipótese dos mínimos quadrados pode não ser válida na prática é discutida na Seção 4.10 e no Capítulo 5; razões adicionais serão discutidas na Seção 7.2.

É importante também considerar se a segunda hipótese é válida em uma aplicação. Embora seja plausível sua aplicação em muitos conjuntos de dados de corte, a segunda hipótese não é apropriada para dados de séries temporais. Por isso, a hipótese i.i.d. será substituída por uma hipótese mais apropriada quando discutirmos regressão com dados de séries temporais na Parte 4.

Consideramos a terceira hipótese uma condição técnica que é comumente válida na prática, desse modo não nos estenderemos mais sobre ela.

4.4 Distribuição Amostral dos Estimadores de MQO

Como os estimadores de MQO $\hat{\beta}_0$ e $\hat{\beta}_1$ são calculados a partir de uma amostra selecionada aleatoriamente, os próprios estimadores são variáveis aleatórias com uma distribuição de probabilidade — a distribuição amostral — que descreve os valores que eles poderiam assumir em amostras aleatórias possíveis. Essas distribuições amostrais serão apresentadas nesta seção. Em amostras pequenas, essas distribuições são complexas, mas, em amostras grandes, são aproximadamente normais em razão do teorema central do limite.

Distribuição Amostral dos Estimadores de MQO

Revisão da distribuição amostral de $\overline{Y}$. Lembre-se da discussão nas seções 2.5 e 2.6 sobre a distribuição amostral da média de amostra $\overline{Y}$, um estimador da média da população desconhecida de Y, μ_Y. Como $\overline{Y}$ é calculado utilizando uma amostra selecionada aleatoriamente, $\overline{Y}$ é uma variável aleatória que assume valores diferentes de uma amostra para a seguinte; a probabilidade de que esses valores sejam diferentes está resumida em sua distribuição amostral. Embora a distribuição amostral de $\overline{Y}$ possa ser complexa quando o tamanho da amostra for pequeno, determinadas afirmações sobre ela são válidas para todo n. Em particular, a média da distribuição amostral é μ_Y, isto é, $E(\overline{Y}) = \mu_Y$, então $\overline{Y}$ é um estimador não viesado de μ_Y. Se n é grande, é possível dizer mais sobre a distribuição amostral. Em particular, o teorema central do limite (veja a Seção 2.6) afirma que essa distribuição é aproximadamente normal.

Distribuição amostral de $\hat{\beta}_0$ e $\hat{\beta}_1$. Essas idéias podem ser estendidas aos estimadores de MQO $\hat{\beta}_0$ e $\hat{\beta}_1$ do intercepto desconhecido β_0 e da declividade desconhecida β_1 da reta de regressão da população. Como os estimadores de MQO são calculados utilizando uma amostra aleatória, $\hat{\beta}_0$ e $\hat{\beta}_1$ são variáveis aleatórias que assumem valores diferentes de uma amostra para a seguinte; a probabilidade de que esses valores sejam diferentes está resumida em suas distribuições amostrais.

Embora a distribuição amostral de $\hat{\beta}_0$ e $\hat{\beta}_1$ possa ser complexa quando o tamanho da amostra for pequeno, determinadas afirmações sobre ela são válidas para todo n. Em particular, a média das distribuições amostrais de $\hat{\beta}_0$ e $\hat{\beta}_1$ são β_0 e β_0. Em outras palavras, sob as hipóteses de mínimos quadrados do Conceito-Chave 4.3, temos

$$E(\hat{\beta}_0) = \beta_0 \text{ e } E(\hat{\beta}_1) = \beta_1, \tag{4.13}$$

isto é, $\hat{\beta}_0$ e $\hat{\beta}_1$ são estimadores não viesados de β_0 e β_1. A prova de que $\hat{\beta}_1$ é não viesado é dada no Apêndice 4.3 e a prova de que $\hat{\beta}_0$ é não viesado é deixada como o Exercício 4.4.

Se a amostra for suficientemente grande, pelo teorema central do limite, a distribuição amostral de $\hat{\beta}_0$ e $\hat{\beta}_1$ tem uma boa aproximação pela distribuição normal bivariada (veja a Seção 2.4). Isso implica que as distribuições marginais de $\hat{\beta}_0$ e $\hat{\beta}_1$ são normais para amostras grandes.

Esse argumento invoca o teorema central do limite. Tecnicamente, o teorema central do limite diz respeito à distribuição de médias (como $\overline{Y}$). Se você examinar o numerador da Equação (4.8) para $\hat{\beta}_1$, verá que ele também é um tipo de média — não uma média simples, como $\overline{Y}$, mas uma média do produto, $(Y_i - \overline{Y})(X_i - \overline{X})$. Conforme discutido no Apêndice 4.3, o teorema central do limite se aplica a essa média de modo que, assim como a média mais simples $\overline{Y}$, ela possua distribuição normal para amostras grandes.

A aproximação normal para a distribuição dos estimadores de MQO para amostras grandes está resumida no Conceito-Chave 4.4. (O Apêndice 4.3 resume a derivação dessas fórmulas.) Uma questão relevante na prática é: quão grande n deve ser para que essas aproximações sejam confiáveis? Na Seção 2.6, sugerimos que $n = 100$ é suficientemente grande para que a distribuição amostral de $\overline{Y}$ tenha uma boa aproximação por uma distribuição normal; algumas vezes, um n menor já é suficiente. Esse critério se estende para as médias mais complicadas que aparecem na análise de regressão. Em praticamente todas as aplicações modernas da econometria, $n > 100$, de modo que trataremos as aproximações normais para as distribuições dos estimadores de MQO como confiáveis, a menos que haja bons motivos para pensar o contrário.

Os resultados no Conceito-Chave 4.4 indicam que os estimadores de MQO são consistentes, isto é, quando o tamanho da amostra é grande, $\hat{\beta}_0$ e $\hat{\beta}_1$ são próximos dos verdadeiros coeficientes da população β_0 e β_1 com probabilidade elevada. Isso porque as variâncias $\sigma^2_{\hat{\beta}_0}$ e $\sigma^2_{\hat{\beta}_1}$ dos estimadores tendem a zero à medida que n aumenta (n aparece no denominador das fórmulas para as variâncias), de modo que a distribuição dos estimadores de MQO estará fortemente concentrada em torno de suas médias, β_0 e β_1, quando n for grande.

Outra implicação das distribuições do Conceito-Chave 4.4 é que, em geral, quanto maior é a variância de X_i, menor é a variância $\sigma^2_{\hat{\beta}_1}$ de $\hat{\beta}_1$. Em termos matemáticos, isso ocorre porque a variância de $\hat{\beta}_1$ na Equação (4.14) é inversamente proporcional ao quadrado da variância de X_i: quanto maior é a var(X_i), maior é o denominador da Equação (4.14), de modo que menor é $\sigma^2_{\hat{\beta}_1}$. Para entender melhor por que isso ocorre, veja a Figura 4.5, que

FIGURA 4.5 Variância de $\hat{\beta}_1$ e Variância de X

Os pontos acinzentados representam um conjunto de X_i's com uma variância pequena. Os pontos pretos representam um conjunto de X_i's com uma variância grande. A reta de regressão pode ser estimada de maneira mais precisa com os pontos pretos do que com os pontos acinzentados.

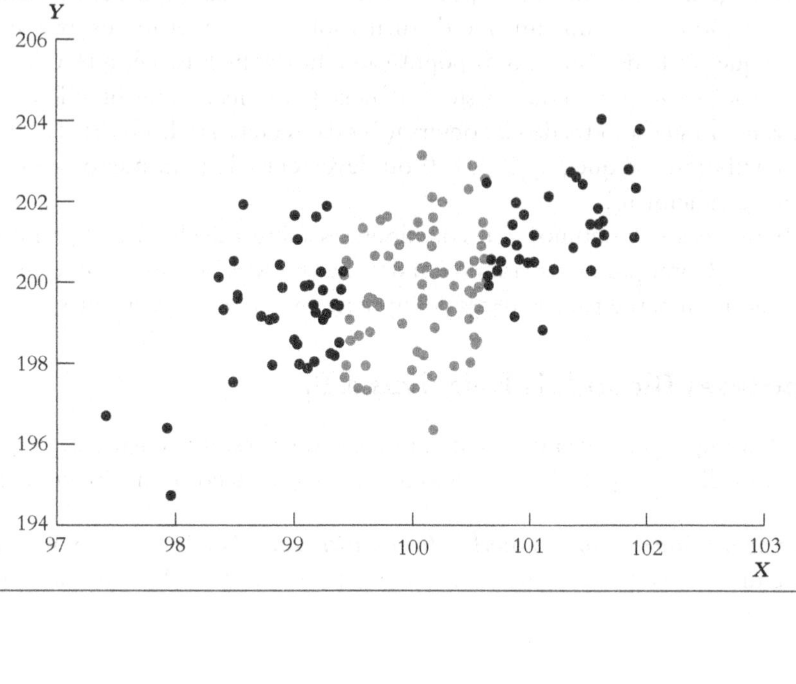

Conceito-Chave 4.4

Distribuições de $\hat{\beta}_0$ e $\hat{\beta}_1$ para Amostras Grandes

Se as hipóteses de mínimos quadrados do Conceito-Chave 4.3 são válidas, então, para amostras grandes, $\hat{\beta}_0$ e $\hat{\beta}_1$ possuem uma distribuição amostral normal conjunta. A distribuição normal de $\hat{\beta}_1$ para amostras grandes é $N(\beta_1, \sigma^2_{\hat{\beta}_1})$, onde a variância distribuição, $\sigma^2_{\hat{\beta}_1}$, é

$$\sigma^2_{\hat{\beta}_1} = \frac{1}{n}\frac{\text{var}[(X_i - \mu_X)u_i]}{[\text{var}(X_i)]^2}. \tag{4.14}$$

A distribuição normal de $\hat{\beta}_0$ para amostras grandes é $N(\beta_0, \sigma^2_{\hat{\beta}_0})$, onde

$$\sigma^2_{\hat{\beta}_0} = \frac{1}{n}\frac{\text{var}(H_iu_i)}{[E(H_i^2)]^2}, \quad \text{onde } H_i = 1 - \left(\frac{\mu_X}{E(X_i^2)}\right)X_i. \tag{4.15}$$

apresenta um gráfico de dispersão com 150 observações artificiais sobre X e Y. As observações indicadas por pontos acinzentados são as 75 observações mais próximas de $\overline{X}$. Suponha que lhe peçam para desenhar a reta mais precisa possível com pontos coloridos *ou* pretos – qual você escolheria? Seria mais fácil desenhar uma reta precisa com pontos pretos, que possuem uma variância maior do que os pontos coloridos. Da mesma forma, quanto maior a variância de X, mais preciso é $\hat{\beta}_1$.

A aproximação normal para a distribuição amostral de $\hat{\beta}_0$ e $\hat{\beta}_1$ é uma ferramenta poderosa. Com essa aproximação em mãos, seremos capazes de desenvolver métodos para fazer inferências sobre os verdadeiros valores da população dos coeficientes de regressão utilizando apenas uma amostra de dados.

4.5 Testando Hipóteses sobre um dos Coeficientes de Regressão

Sua cliente, a superintendente, liga para você com um problema. Um contribuinte irritado que está em sua sala afirma que a redução do tamanho das turmas não melhorará a pontuação nos exames, de modo que uma redução adicional seria um desperdício de dinheiro. O tamanho das turmas, alega o contribuinte, não tem nenhum efeito sobre a pontuação nos exames.

A alegação do contribuinte pode ser reformulada na linguagem da análise de regressão. Como o efeito de uma variação unitária no tamanho da turma sobre a pontuação nos exames é $\beta_{TamTurma}$, o contribuinte está afirmando que a reta de regressão da população é horizontal, isto é, que a declividade $\beta_{TamTurma}$ da reta de regressão da população é zero. Será que existe evidência, pergunta a superintendente, de que essa declividade seja diferente de zero em sua amostra de 420 observações das secretarias de ensino da Califórnia? Você pode rejeitar a hipótese do contribuinte de que $\beta_{TamTurma} = 0$ ou deve aceitá-la pelo menos de forma experimental na falta de novas evidências adicionais?

Nesta seção, discutimos testes de hipóteses sobre a declividade β_1 ou o intercepto β_0 da reta de regressão da população. Começamos discutindo em detalhe os testes bicaudais da declividade β_1 para então passarmos para os testes monocaudais e para os testes de hipóteses relativas ao intercepto β_0.

Hipóteses Bicaudais Relativas a β_1

O enfoque geral para o teste de hipóteses sobre esses coeficientes é o mesmo que para o teste de hipóteses sobre a média da população, de modo que começamos com uma breve revisão.

Teste de hipóteses sobre a média da população. Na Seção 3.2, você viu que a hipótese nula de que a média de Y é um valor específico $\mu_{Y,0}$ pode ser escrita como H_0: $E(Y) = \mu_{Y,0}$ e a alternativa bicaudal é H_1: $E(Y) \neq \mu_{Y,0}$.

Fórmula Geral da Estatísica t

Conceito-Chave 4.5

Em geral, a estatística t possui a forma

$$t = \frac{\text{estimador} - \text{valor hipotético}}{\text{erro padrão do estimador}}. \tag{4.16}$$

O teste da hipótese nula H_0 contra a alternativa bicaudal segue os três passos resumidos no Conceito-Chave 3.6. O primeiro passo consiste em calcular o erro padrão de $\overline{Y}$, $EP(\overline{Y})$, que é um estimador do desvio padrão da distribuição amostral de $\overline{Y}$. O segundo passo consiste em calcular a estatística t, que possui a forma geral dada no Conceito-Chave 4.5; aplicada aqui, a estatística t é $t = (\overline{Y} - \mu_{Y,0})/EP(\overline{Y})$.

O terceiro passo consiste em calcular o valor p, que é o menor nível de significância em que a hipótese nula pode ser rejeitada, baseada na estatística de teste efetivamente observada; de modo equivalente, o valor p é a probabilidade de que seja obtida uma estatística por variação de amostragem aleatória no mínimo tão diferente do valor da hipótese nula quanto a estatística efetivamente observada, supondo que a hipótese nula esteja correta (veja o Conceito-Chave 3.5). Como a estatística t possui uma distribuição normal padrão para amostras grandes sob a hipótese nula, o valor p para um teste de hipótese bicaudal é $2\Phi(-|t^{ef}|)$, onde t^{ef} é o valor da estatística t efetivamente calculado e Φ é a distribuição acumulada normal padrão tabulada na Tabela 1 do Apêndice. De maneira alternativa, o terceiro passo pode ser substituído pela simples comparação da estatística t com o valor crítico apropriado para o teste com o nível de significância desejado; por exemplo, um teste bicaudal com nível de significância de 5 por cento rejeitaria a hipótese nula se $|t^{ef}| > 1{,}96$. Nesse caso, diz-se que a média da população é, em termos estatísticos, significativamente diferente do valor hipotético ao nível de significância de 5 por cento.

Testando hipóteses sobre a declividade β_1. Teoricamente, a característica crítica que justifica o procedimento de teste a seguir para a média de população é que, para amostras grandes, a distribuição amostral de $\overline{Y}$ é aproximadamente normal. Como $\hat{\beta}_1$ também possui distribuição amostral normal para amostras grandes, hipóteses sobre o valor verdadeiro da declividade β_1 podem ser testadas utilizando o mesmo enfoque geral.

As hipóteses nula e alternativa devem ser expressas com precisão antes de serem testadas. A hipótese do contribuinte irritado é de que $\beta_{TamTurma} = 0$. De modo mais geral, sob a hipótese nula, a verdadeira declividade da população β_1 assume algum valor específico, $\beta_{1,0}$. Sob a alternativa bicaudal, β_1 não é igual a $\beta_{1,0}$. Isto é, a **hipótese nula** e a **hipótese alternativa bicaudal** são

$$H_0\colon \beta_1 = \beta_{1,0} \textit{ versus } H_1\colon \beta_1 \neq \beta_{1,0} \text{ (hipótese alternativa bicaudal).} \tag{4.17}$$

Para testar a hipótese nula H_0, seguimos os três passos utilizados para a média da população.

O primeiro passo consiste em calcular o **erro padrão de $\hat{\beta}_1$**, $EP(\hat{\beta}_1)$. O erro padrão de $\hat{\beta}_1$ é um estimador de $\sigma_{\hat{\beta}_1}$, o desvio padrão da distribuição amostral de $\hat{\beta}_1$. Especificamente,

$$EP(\hat{\beta}_1) = \sqrt{\hat{\sigma}^2_{\hat{\beta}_1}}, \tag{4.18}$$

onde

$$\hat{\sigma}^2_{\hat{\beta}_1} = \frac{1}{n} \times \frac{\frac{1}{n-2}\sum_{i=1}^{n}(X_i - \overline{X})^2\hat{u}_i^2}{\left[\frac{1}{n}\sum_{i=1}^{n}(X_i - \overline{X})^2\right]^2}. \tag{4.19}$$

O estimador da variância na Equação (4.19) é discutido no Apêndice 4.4. Embora a fórmula para $\hat{\sigma}^2_{\hat{\beta}_1}$ seja complicada, em aplicações o erro padrão é calculado por programas de regressão, de modo que é fácil utilizá-lo na prática.

O segundo passo consiste em calcular a **estatística *t***:

$$t = \frac{\hat{\beta}_1 - \beta_{1,0}}{EP(\hat{\beta}_1)}. \tag{4.20}$$

O terceiro passo consiste em calcular o **valor *p***, isto é, a probabilidade de se observar um valor de $\hat{\beta}_1$ no mínimo tão diferente de $\beta_{1,0}$ quanto a estimativa efetivamente calculada ($\hat{\beta}_1^{ef}$), supondo que a hipótese nula esteja correta. Expressando matematicamente,

$$\begin{aligned} \text{valor } p &= \mathrm{P}_{H_0}[\,|\hat{\beta}_1 - \beta_{1,0}| > |\hat{\beta}_1^{ef} - \beta_{1,0}|\,] \\ &= \mathrm{P}_{H_0}\left[\left|\frac{\hat{\beta}_1 - \beta_{1,0}}{EP(\hat{\beta}_1)}\right| > \left|\frac{\hat{\beta}_1^{ef} - \beta_{1,0}}{EP(\hat{\beta}_1)}\right|\right] = \mathrm{P}_{H_0}(|t| > |t^{ef}|), \end{aligned} \tag{4.21}$$

onde P_{H_0} representa a probabilidade calculada sob a hipótese nula, a segunda igualdade segue-se pela divisão por $EP(\hat{\beta}_1)$ e t^{ef} é o valor da estatística t efetivamente calculado. Como $\hat{\beta}_1$ tem distribuição aproximadamente normal para amostras grandes, sob a hipótese nula, a estatística t é distribuída aproximadamente como uma variável aleatória normal padrão, de modo que, para amostras grandes, temos

$$\text{valor } p = \mathrm{P}(|Z| > |t^{ef}|) = 2\Phi(-|t^{ef}|). \tag{4.22}$$

Um valor pequeno do valor p, digamos menos de 5 por cento, fornece evidência contra a hipótese nula no sentido de que a probabilidade de se obter um valor de $\hat{\beta}_1$ por variação aleatória pura de uma amostra para a seguinte é menor do que 5 por cento se a hipótese nula estiver de fato correta. Se for esse o caso, a hipótese nula é rejeitada ao nível de significância de 5 por cento.

Alternativamente, a hipótese pode ser testada ao nível de significância de 5 por cento simplesmente pela comparação do valor da estatística t com $\pm 1{,}96$, o valor crítico para um teste bicaudal, e pela rejeição da hipótese nula ao nível de 5 por cento se $|t^{ef}| > 1{,}96$.

Esses passos estão resumidos no Conceito-Chave 4.6.

Aplicação à pontuação nos exames. O estimador de MQO do coeficiente da declividade, estimado utilizando-se as 420 observações da Figura 4.2 e expresso na Equação (4.7), é – 2,28. Seu erro padrão é 0,52, isto é, $EP(\hat{\beta}_1) = 0{,}52$. Assim, para testar a hipótese nula de que $\beta_{TamTurma} = 0$, construímos a estatística t utilizando a Equação (4.20); portanto, $t^{ef} = (-2{,}28 - 0)/0{,}52 = -4{,}38$.

A estatística t excede 2,58, o valor crítico bicaudal de 1 por cento, de modo que a hipótese nula é rejeitada em favor da alternativa bicaudal ao nível de significância de 1 por cento. Alternativamente, podemos calcular o valor p associado a $t = -4{,}38$. Essa probabilidade é a área nas caudas da distribuição normal padrão, como mostrado na Figura 4.6, e é bastante pequena, aproximadamente 0,00001 ou 0,001 por cento. Isto é, se a hipótese nula $\beta_{TamTurma} = 0$ é verdadeira, a probabilidade de se obter um valor de $\hat{\beta}_1$ tão distante da hipótese nula quanto o valor efetivamente obtido é muito pequena, menor do que 0,001 por cento. Como esse acontecimento é bastante improvável, é razoável concluir que a hipótese nula é falsa.

Hipóteses Monocaudais Relativas a β_1

A discussão até o momento concentrou-se em testar a hipótese de que $\beta_1 = \beta_{1,0}$ contra a hipótese de que $\beta_1 \neq \beta_{1,0}$. Esse é um teste de hipótese bicaudal, uma vez que, sob a alternativa, β_1 pode ser ou maior ou menor do que $\beta_{1,0}$. Algumas vezes, entretanto, é apropriado utilizar um teste de hipótese monocaudal. Por exemplo, no problema da pontuação nos exames e da razão aluno-professor, muitas pessoas acreditam que turmas menores proporcionam um ambiente de aprendizado melhor. Sob essa hipótese, β_1 é negativo: turmas menores levam a notas maiores. Pode fazer sentido, portanto, testar a hipótese nula de que $\beta_1 = 0$ (nenhum efeito) contra a alternativa monocaudal de que $\beta_1 < 0$.

Para um teste monocaudal, a hipótese nula e a hipótese alternativa monocaudal são:

$$H_0\text{: } \beta_1 = \beta_{1,0} \textit{ versus } H_1\text{: } \beta_1 < \beta_{1,0} \text{ (alternativa monocaudal)} \tag{4.23}$$

Testando a Hipótese $\beta_1 = \beta_{1,0}$ contra a Alternativa $\beta_1 \neq \beta_{1,0}$

Conceito-Chave 4.6

1. Calcule o erro padrão de $\hat{\beta}_1$, $EP(\hat{\beta}_1)$ (veja a Equação (4.18)).
2. Calcule a estatística t (veja a Equação (4.20)).
3. Calcule o valor p (veja a Equação (4.22)). Rejeite a hipótese ao nível de significância de 5 se o valor p for menor do que 0,05 ou, de forma equivalente, se $|t^{ef}| > 1{,}96$.

O erro padrão e (em geral) a estatística t e o valor p que testam se $\beta_1 = 0$ são calculados automaticamente pelo programa de regressão.

FIGURA 4.6 Calculando o Valor p de um Teste Bicaudal Quando $t^{ef} = -4{,}38$

O valor p de um teste bicaudal é a probabilidade de que $|Z| \geq |t^{ef}|$, onde Z é uma variável aleatória normal padrão e t^{ef} é o valor da estatística t calculada a partir da amostra. Quando $t^{ef} = -4{,}38$, o valor p é de apenas 0,00001.

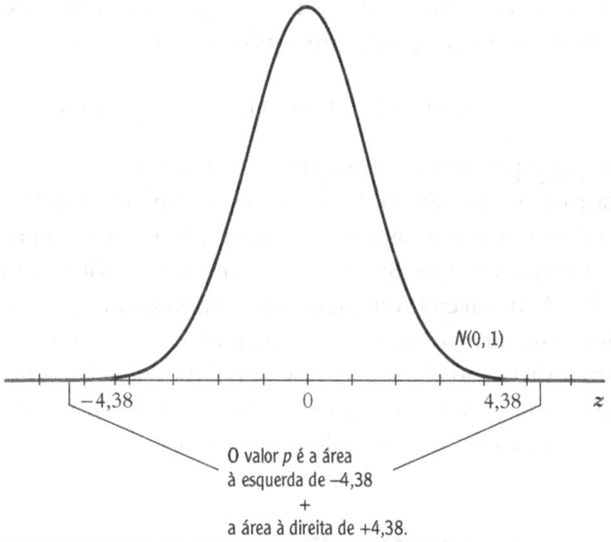
N(0, 1)
–4,38
0
4,38
z
O valor p é a área
à esquerda de –4,38
+
a área à direita de +4,38.

onde $\beta_{1,0}$ é o valor de β_1 sob a hipótese nula (0 no exemplo da razão aluno-professor) e β_1 é menor do que $\beta_{1,0}$ sob a hipótese alternativa. Se a alternativa é que β_1 é maior que $\beta_{1,0}$, a desigualdade na Equação (4.23) é invertida.

Como a hipótese nula é a mesma para um teste de hipótese monocaudal e um teste de hipótese bicaudal, a construção da estatística t é a mesma. A única diferença entre um teste de hipótese monocaudal e um bicaudal é o modo como você interpreta a estatística t. Para a alternativa monocaudal em (4.23), a hipótese nula é rejeitada contra a alternativa monocaudal para valores da estatística t negativos e grandes, mas não para positivos e grandes: em vez de ser rejeitada se $|t^{ef}| > 1{,}96$, a hipótese é rejeitada ao nível de significância de 5 por cento se $t^{ef} < -1{,}645$.

O valor p para um teste monocaudal é obtido de uma distribuição acumulada normal padrão como

$$\text{valor } p = \text{P}(Z < t^{ef}) = \Phi(t^{ef}) \quad \text{(valor } p\text{, teste monocaudal à esquerda)} \qquad (4.24)$$

Se a hipótese alternativa é de que β_1 é maior do que $\beta_{1,0}$, as desigualdades nas equações (4.23) e (4.24) são invertidas, de modo que o valor p é a probabilidade correspondente à cauda direita, $\text{P}(Z > t^{ef})$.

Quando um teste monocaudal deve ser utilizado? Na prática, as hipóteses alternativas monocaudais devem ser utilizadas quando existe um motivo claro para β_1 estar em determinado lado do valor nulo $\beta_{1,0}$ sob a alternativa. Esse motivo pode vir da teoria econômica, da evidência empírica anterior ou de ambas. Entretanto, mesmo que a princípio pareça que a alternativa relevante é monocaudal, isso pode não ser necessariamente verdade após alguma reflexão. Um medicamento de nova geração submetido a testes clínicos pode mostrar-se na realidade perigoso em virtude dos efeitos colaterais previamente desconhecidos. No exemplo do tamanho das turmas, lembramo-nos da piada segundo a qual o segredo do sucesso de uma universidade é admitir alunos talentosos e depois assegurar que os professores os deixem em paz e provoquem o mínimo de perturbação possível. Na prática, essa ambigüidade freqüentemente leva os econometristas a utilizar testes de hipótese bicaudais.

Aplicação à pontuação nos exames. A estatística t para o teste de hipótese de que o tamanho da turma não tem efeito sobre a pontuação nos exames (de modo que $\beta_{1,0} = 0$ na Equação (4.23)) é $t^{ef} = -4{,}38$. Isso é menos de $-2{,}33$ (o valor crítico para um teste monocaudal a um nível de significância de 1 por cento), de modo que a hipótese nula é rejeitada contra a alternativa monocaudal ao nível de 1 por cento. Na verdade, o valor p é menor do que 0,0006 por cento. Com base nesses dados, você pode rejeitar a alegação do contribuinte irritado de que a estimativa negativa da declividade teve origem simplesmente na variação de amostragem aleatória ao nível de significância de 1 por cento.

Testando Hipóteses sobre o Intercepto β_0

Essa discussão se concentrou no teste de hipóteses sobre a declividade β_1. Ocasionalmente, contudo, a hipótese diz respeito ao intercepto, β_0. As hipóteses nulas relativas ao intercepto e à alternativa bicaudal são

$$H_0\colon \beta_0 = \beta_{0,0} \textit{ versus } H_1\colon \beta_0 \neq \beta_{0,0} \text{ (alternativa bicaudal).} \tag{4.25}$$

O enfoque geral para o teste dessa hipótese nula consiste nos três passos do Conceito-Chave 4.6 aplicados a β_0 (a fórmula para o erro padrão de $\hat{\beta}_0$ é dada no Apêndice 4.4). Se a alternativa é monocaudal, o enfoque é modificado conforme discutido na subseção anterior relativa a hipóteses sobre a declividade.

Testes de hipótese são úteis quando você tem uma hipótese nula específica em mente (assim como o contribuinte irritado). Poder aceitar ou rejeitar essa hipótese nula com base na evidência estatística fornece uma ferramenta poderosa para lidar com a incerteza inerente de utilizar uma amostra para aprender sobre uma população. Entretanto, muitas vezes não existe somente uma hipótese sobre um coeficiente de regressão que seja dominante e, em vez disso, o que se deseja conhecer é um intervalo de valores do coeficiente consistentes com os dados. Isso requer a construção de um intervalo de confiança.

4.6 Intervalos de Confiança para um Coeficiente de Regressão

Como qualquer estimativa estatística da declividade β_1 possui necessariamente incerteza com relação à amostragem, não podemos determinar exatamente o valor verdadeiro de β_1 a partir dos dados da amostra. Mas podemos utilizar o estimador de MQO e seu erro padrão para construir um intervalo de confiança para a declividade β_1 ou para o intercepto β_0.

Intervalo de confiança para β_1. Lembre-se de que um **intervalo de confiança de 95 por cento** para β_1 possui duas definições equivalentes: (1) é o conjunto de valores que não podem ser rejeitados utilizando-se um teste de hipótese bicaudal a um nível de significância de 5 por cento; (2) é um intervalo que possui 95 por cento de probabilidade de conter o valor verdadeiro de β_1; isto é, em 95 por cento das amostras possíveis que possam ser selecionadas, o intervalo de confiança irá conter o valor verdadeiro de β_1. Como esse intervalo contém o valor verdadeiro em 95 por cento de todas as amostras, diz-se que ele possui um **nível de confiança** de 95 por cento.

O motivo pelo qual essas duas definições são equivalentes é descrito a seguir. Um teste de hipótese a um nível de significância de 5 por cento irá, por definição, rejeitar o valor verdadeiro de β_1 em apenas 5 por cento de todas as amostras possíveis, isto é, em 95 por cento de todas as amostras possíveis o valor verdadeiro de β_1 *não* será rejeitado. Como o intervalo de confiança de 95 por cento (conforme a primeira definição) é o conjunto de todos os valores de β_1 que *não* são rejeitados ao nível de significância de 5 por cento, segue-se que o valor verdadeiro de β_1 estará contido no intervalo de confiança em 95 por cento de todas as amostras possíveis.

Intervalos de Confiança para β_1

Conceito-Chave 4.7

Um intervalo de confiança bicaudal de 95 por cento para β_1 é um intervalo que contém o valor verdadeiro de β_1 com uma probabilidade de 95 por cento, isto é, contém o valor verdadeiro de β_1 em 95 por cento de todas as amostras possíveis selecionadas aleatoriamente. De modo equivalente, ele é também o conjunto de todos os valores de β_1 que não podem ser rejeitados por um teste de hipótese bicaudal ao nível de significância de 5 por cento. Quando o tamanho da amostra é grande, o intervalo de confiança é construído como:

$$\text{intervalo de confiança de 95 por cento para } \beta_1 = (\hat{\beta}_1 - 1{,}96EP(\hat{\beta}_1), \hat{\beta}_1 + 1{,}96EP(\hat{\beta}_1)). \quad (4.26)$$

Como no caso de um intervalo de confiança para a média da população (veja a Seção 3.3), em princípio um intervalo de confiança de 95 por cento pode ser calculado testando-se todos os valores possíveis de β_1 (isto é, testando a hipótese nula $\beta_1 = \beta_{1,0}$ para todos os valores de $\beta_{1,0}$) ao nível de significância de 5 por cento utilizando a estatística t. O intervalo de confiança de 95 por cento é então a coleção de todos os valores de β_1 que não são rejeitados. Porém, construir a estatística t para todos os valores de β_1 levaria uma eternidade.

Uma forma mais fácil de construir o intervalo de confiança é observar que a estatística t irá rejeitar o valor hipotético $\beta_{1,0}$ quando $\beta_{1,0}$ estiver fora do intervalo $\hat{\beta}_1 \pm 1{,}96\ EP(\hat{\beta}_1)$. Isto é, o intervalo de confiança de 95 por cento para β_1 é o intervalo $(\hat{\beta}_1 - 1{,}96\ EP(\hat{\beta}_1), \hat{\beta}_1 + 1{,}96\ EP(\hat{\beta}_1))$. Esse argumento é equivalente ao argumento utilizado para desenvolver um intervalo de confiança para a média da população.

A construção de um intervalo de confiança para β_1 é resumida no Conceito-Chave 4.7.

Intervalo de confiança para β_0. Um intervalo de confiança de 95 por cento para β_0 é construído conforme descrito no Conceito-Chave 4.7, com $\hat{\beta}_0$ e $EP(\hat{\beta}_0)$ substituindo $\hat{\beta}_1$ e $EP(\hat{\beta}_1)$.

Aplicação à pontuação nos exames. A regressão de MQO da pontuação nos exames contra a razão aluno-professor, descrita na Equação (4.7), resultou em $\hat{\beta}_0 = 698{,}7$ e $\hat{\beta}_1 = -2{,}28$. Os erros padrão para essas estimativas são $EP(\hat{\beta}_0) = 10{,}4$ e $EP(\hat{\beta}_1) = 0{,}52$.

Em virtude da importância dos erros padrão, de agora em diante iremos incluí-los entre parênteses abaixo dos coeficientes estimados quando descrevermos as retas de regressão de MQO:

$$\widehat{PontExame} = \underset{(10{,}4)}{698{,}9} - \underset{(0{,}52)}{2{,}28} \times RAP. \quad (4.27)$$

O intervalo de confiança bicaudal de 95 por cento para β_1 é $\{-2{,}28 \pm 1{,}96 \times 0{,}52\}$, isto é, $-3{,}30 \leq \beta_1 \leq -1{,}26$. O valor $\beta_1 = 0$ não está nesse intervalo de confiança; desse modo (como já sabíamos da Seção 4.5) a hipótese $\beta_1 = 0$ pode ser rejeitada ao nível de significância de 5 por cento.

Intervalos de confiança para efeitos previstos de variações em X. **O intervalo de confiança de 95 por cento** para β_1 pode ser utilizado para construir um intervalo de confiança de 95 por cento para o efeito previsto de uma variação global em X.

Considere uma variação em X de determinado montante, Δx. A variação prevista em Y associada a essa variação em X é $\beta_1\Delta x$. A declividade da população β_1 é desconhecida, mas, como podemos construir um intervalo de confiança para β_1, podemos construir um intervalo de confiança para o efeito previsto $\beta_1\Delta x$. Como um dos extremos de um intervalo de confiança de 95 por cento para β_1 é $\hat{\beta}_1 - 1{,}96EP(\hat{\beta}_1)$, o efeito previsto da variação Δx utilizando essa estimativa de β_1 é $(\hat{\beta}_1 - 1{,}96EP(\hat{\beta}_1)) \times \Delta x$. O outro extremo do intervalo de confiança é $\hat{\beta}_1 + 1{,}96EP(\hat{\beta}_1)$; o efeito previsto da variação que utiliza essa estimativa é $(\hat{\beta}_1 + 1{,}96EP(\hat{\beta}_1)) \times \Delta x$. Portanto, um intervalo de confiança de 95 por cento para o efeito de mudar x no montante Δx pode ser expresso como

$$\text{intervalo de confiança de 95 por cento } \beta_1 \Delta x = (\hat{\beta}_1 \Delta x - 1{,}96EP(\hat{\beta}_1) \times \Delta x, \hat{\beta}_1 \Delta x + 1{,}96EP(\hat{\beta}_1) \times \Delta x). \quad (4.28)$$

Por exemplo, nossa superintendente hipotética está considerando a redução da razão aluno-professor em 2. Como o intervalo de confiança de 95 por cento para β_1 é (–3,30, –1,26), o efeito da redução da razão aluno-professor em 2 pode ser tão grande quanto –3,30 × (–2) = 6,60, ou tão pequeno quanto –1,26 × (–2) = 2,52. Portanto, pode-se prever que a diminuição da razão aluno-professor em 2 deve aumentar a pontuação nos exames entre 2,52 e 6,60 pontos, com um nível de confiança de 95 por cento.

4.7 Regressão Quando *X* É uma Variável Binária

A discussão até o momento concentrou-se no caso em que o regressor é uma variável contínua. A análise de regressão também pode ser utilizada quando o regressor é binário, isto é, quando assume apenas dois valores, 0 ou 1. Por exemplo, *X* pode ser o sexo de um trabalhador (= 1 se feminino, = 0 se masculino), se uma diretoria regional de ensino é urbana ou rural (= 1 se urbana, = 0 se rural) ou se o tamanho da turma da diretoria é pequeno ou grande (= 1 se pequeno, = 0 se grande). Uma variável binária também é chamada de **variável indicador** ou algumas vezes de **variável *dummy***.

Interpretação dos Coeficientes de Regressão

O mecanismo da regressão com um regressor binário é o mesmo que seria se a variável fosse contínua. A interpretação de β_1, entretanto, é diferente; disso conclui-se que a regressão com uma variável binária é equivalente a fazer uma análise da diferença entre médias, conforme descrito na Seção 3.4.

Para visualizar isso, suponha que você tenha uma variável D_i que seja igual a 0 ou a 1, dependendo de a razão aluno-professor ser menor do que 20:

$$D_i = \begin{cases} 1 \text{ se a razão aluno-professor na } i\text{-ésima diretoria} < 20 \\ 0 \text{ se a razão aluno-professor na } i\text{-ésima diretoria} \geq 20. \end{cases} \quad (4.29)$$

O modelo de regressão da população com D_i como regressor é

$$Y_i = \beta_0 + \beta_1 D_i + u_i,\ i = 1, \ldots, n. \quad (4.30)$$

Esse modelo é igual ao modelo de regressão com o regressor contínuo X_i, exceto pelo fato de que agora o regressor é a variável binária D_i. Como D_i não é contínua, não é útil pensar em β_1 como uma declividade; de fato, como D_i pode assumir somente dois valores, não existe uma "reta", de modo que não faz sentido falar em declividade. Portanto, não iremos nos referir a β_1 como a declividade na Equação (4.30); em vez disso, nos referiremos a β_1 simplesmente como o **coeficiente que multiplica D_i** nessa regressão ou, de forma mais sucinta, o **coeficiente de D_i**.

Se β_1 da Equação (4.30) não é uma declividade, então o que é? A melhor forma de interpretar β_0 e β_1 em uma regressão com um regressor binário é considerar, um de cada vez, os dois casos possíveis, $D_i = 0$ e $D_i = 1$. Se a razão aluno-professor é alta, então $D_i = 0$ e a Equação (4.30) torna-se

$$Y_i = \beta_0 + u_i \quad (D_i = 0). \quad (4.31)$$

Como $E(u_i | D_i) = 0$, a expectativa condicional de Y_i quando $D_i = 0$ é $E(Y_i | D_i = 0) = \beta_0$, isto é, β_0 é o valor da média da população no que tange à pontuação nos exames quando a razão aluno-professor é alta. Do mesmo modo, quando $D_i = 1$,

$$Y_i = \beta_0 + \beta_1 + u_i \quad (D_i = 1). \quad (4.32)$$

Assim, quando $D_i = 1$, $E(Y_i | D_i = 1) = \beta_0 + \beta_1$; isto é, $\beta_0 + \beta_1$ é o valor da média da população no que tange à pontuação nos exames quando a razão aluno-professor é baixa.

Como $\beta_0 + \beta_1$ é a média da população de Y_i quando $D_i = 1$ e β_0 é a média da população de Y_i quando $D_i = 0$, a diferença $(\beta_0 + \beta_1) - \beta_0 = \beta_1$ é a diferença entre essas duas médias. Em outras palavras, β_1 é a diferença entre a expectativa condicional de Y_i quando $D_i = 1$ e quando $D_i = 0$, ou $\beta_1 = E(Y_i | D_i = 1) - E(Y_i | D_i = 0)$. No exemplo da pontuação nos exames, β_1 é a diferença entre a pontuação média nos exames nas diretorias com razão aluno-professor baixa e a pontuação média nos exames nas diretorias com razão aluno-professor alta.

Como β_1 é a diferença entre as médias da população, faz sentido pensar que o estimador de MQO β_1 seja a diferença entre as médias da amostra de Y_i nos dois grupos, e de fato esse é o caso.

Testes de hipótese e intervalos de confiança. Se as duas médias da população são iguais, β_1 da Equação (4.30) é zero. Portanto, a hipótese nula de que as duas médias da população são iguais pode ser testada contra a hipótese alternativa de que elas diferem por meio do teste da hipótese nula $\beta_1 = 0$ contra a alternativa $\beta_1 \neq 0$. Essa hipótese pode ser testada com o procedimento esboçado na Seção 4.5. Especificamente, a hipótese nula pode ser rejeitada a um nível de 5 por cento contra a alternativa bicaudal quando a estatística t de MQO $t = \hat{\beta}_1 / EP(\hat{\beta}_1)$ excede 1,96 em valor absoluto. Do mesmo modo, um intervalo de confiança de 95 por cento para β_1, construído como $\hat{\beta}_1 \pm 1{,}96 EP(\hat{\beta}_1)$ conforme descrito na Seção 4.6, fornece um intervalo de confiança de 95 por cento para a diferença entre as duas médias da população.

Aplicação à pontuação nos exames. Como exemplo, uma regressão da pontuação nos exames contra a variável binária razão aluno-professor D definida na Equação (4.29), estimada por MQO utilizando as 420 observações da Figura 4.2, gera

$$\widehat{PontExame} = \underset{(1,3)}{650{,}0} + \underset{(1,8)}{7{,}4}D \qquad (4.33)$$

onde os erros padrão das estimativas de MQO dos coeficientes β_0 e β_1 estão entre parênteses abaixo das estimativas de MQO. Desse modo, a pontuação média nos exames para a subamostra com razões aluno-professor maiores ou iguais a 20 (isto é, para $D = 0$) é 650,0 e a pontuação média nos exames para a subamostra com razões aluno-professor menores do que 20 (de modo que $D = 1$) é $650{,}0 + 7{,}4 = 657{,}4$. Assim, a diferença entre a pontuação média nos exames da amostra para os dois grupos é 7,4. Essa é a estimativa de MQO de β_1, o coeficiente da variável binária razão aluno-professor D.

Será que a diferença entre as pontuações médias nos exames da população dos dois grupos é, em termos estatísticos, significativamente diferente de zero ao nível de 5 por cento? Para descobrir essa resposta, construa a estatística t para β_1 : $t = 7{,}4/1{,}8 = 4{,}04$. Isso excede 1,96 em valor absoluto, de modo que a hipótese de que a pontuação média nos exames da população nas diretorias com razões aluno-professor alta e baixa é a mesma pode ser rejeitada ao nível de significância de 5 por cento.

O estimador de MQO e seu erro padrão podem ser utilizados para construir um intervalo de confiança de 95 por cento para a diferença verdadeira entre as médias. Este é $7{,}4 \pm 1{,}96 \times 1{,}8 = (3{,}9,\ 10{,}9)$. Esse intervalo de confiança exclui $\beta_1 = 0$, de modo que (como sabemos do parágrafo anterior) a hipótese $\beta_1 = 0$ pode ser rejeitada ao nível de significância de 5 por cento.

4.8 R^2 e o Erro Padrão da Regressão

O R^2 e o erro padrão da regressão são duas medidas do quanto a reta de regressão de MQO se ajusta aos dados. O R^2 varia entre zero e um e mede a fração da variância de Y_i explicada pela variação em X_i. O erro padrão da regressão mede quão distante Y_i está, em geral, de seu valor previsto.

R^2

O **R^2 da regressão** é a fração da variância da amostra de Y_i explicada por (ou prevista por) X_i. As definições do valor previsto e do resíduo (veja o Conceito-Chave 4.2) nos permitem escrever a variável dependente Y_i como a soma do valor previsto $\hat{Y}_i$, mais o resíduo $\hat{u}_i$:

$$Y_i = \hat{Y}_i + \hat{u}_i. \tag{4.34}$$

Nessa notação, o R^2 é a razão entre a variância da amostra de $\hat{Y}_i$ e a variância da amostra de Y_i.

Matematicamente, o R^2 pode ser escrito como a razão entre a soma dos quadrados explicada e a soma dos quadrados total. A **soma dos quadrados explicada**, ou ***SQE***, é a soma dos quadrados dos desvios dos valores previstos de Y_i, $\hat{Y}_i$, em relação a sua média, e a **soma dos quadrados total**, ou ***SQT***, é a soma dos quadrados dos desvios de Y_i em relação a sua média:

$$SQE = \sum_{i=1}^{n}(\hat{Y}_i - \overline{Y})^2 \text{ e} \tag{4.35}$$

$$SQT = \sum_{i=1}^{n}(Y_i - \overline{Y})^2, \tag{4.36}$$

onde a Equação (4.35) utiliza o fato de que $\overline{Y}$ é igual ao valor previsto da média da amostra de MQO (provado no Apêndice 4.3).

O R^2 é a razão entre a soma dos quadrados explicada e a soma dos quadrados total:

$$R^2 = \frac{SQE}{SQT}. \tag{4.37}$$

Alternativamente, o R^2 pode ser escrito em termos da fração da variância de Y_i *não* explicada por X_i. A **soma dos quadrados dos resíduos**, ou ***SQR***, é a soma dos quadrados dos resíduos de MQO:

$$SQR = \sum_{i=1}^{n} \hat{u}_i^2. \tag{4.38}$$

O Apêndice 4.3 mostra que $SQT = SQE + SQR$. Portanto, o R^2 também pode ser expresso como um menos a razão entre a soma dos quadrados dos resíduos e a soma dos quadrados total:

$$R^2 = 1 - \frac{SQR}{SQT}. \tag{4.39}$$

Finalmente, o R^2 da regressão de Y sobre o único regressor X é o quadrado do coeficiente de correlação entre Y e X.

O R^2 situa-se entre zero e um. Se $\hat{\beta}_1 = 0$, então X_i não explica nenhuma variação de Y_i e o valor previsto de Y_i baseado na regressão é apenas a média da amostra de Y_i. Nesse caso, a soma dos quadrados explicada é zero e a soma dos quadrados dos resíduos é igual à soma dos quadrados total; assim, R^2 é zero. Se, em vez disso, X_i explica toda variação de Y_i, então $Y_i = \hat{Y}_i$ para todo i e cada resíduo é igual a zero (isto é, $\hat{u}_i = 0$), de modo que $SQE = SQT$ e $R^2 = 1$. Em geral, o R^2 não assume os valores extremos zero ou um, mas situa-se entre eles. Um R^2 próximo de um indica que o regressor é bom na previsão de Y_i, ao passo que um R^2 próximo de zero indica que o regressor não é muito bom na previsão de Y_i.

Erro Padrão da Regressão

O **erro padrão da regressão**, ou ***EPR***, é um estimador do desvio padrão do erro da regressão u_i. Como os erros da regressão $u_1, \ldots, u_n$ não são observados, o *EPR* é calculado utilizando seus correspondentes da amostra, os resíduos de MQO $\hat{u}_1, \ldots, \hat{u}_n$. A fórmula para o *EPR* é

$$EPR = s_{\hat{u}}, \text{ onde } s_{\hat{u}}^2 = \frac{1}{n-2}\sum_{i=1}^{n} \hat{u}_i^2 = \frac{SQR}{n-2}, \tag{4.40}$$

onde a fórmula para $s_{\hat{u}}^2$ utiliza o fato (provado no Apêndice 4.3) de que a média da amostra dos resíduos de MQO é zero.

A fórmula para o *EPR* na Equação (4.40) é igual à fórmula para o desvio padrão da amostra de Y dado na Equação (3.7) da Seção 3.2, exceto pelo fato de que nessa equação $Y_i - \overline{Y}$ é substituído por $\hat{u}_i$, e o divisor na Equação (3.7) é $n - 1$, ao passo que aqui é $n - 2$. Os motivos para a utilização do divisor $n - 2$ aqui (em vez de n) e do divisor $n - 1$ na Equação (3.7) são os mesmos: corrigir um pequeno viés para baixo introduzido pela estimação de dois coeficientes de regressão. Isso se chama correção de "graus de liberdade"; como foram estimados dois coeficientes (β_0 e β_1), dois "graus de liberdade" dos dados foram perdidos, de modo que o divisor nesse fator é $n - 2$. (A matemática por trás disso é discutida na Seção 15.4.) Quando n é grande, a diferença entre a divisão por n, $n - 1$ ou $n - 2$ é desprezível.

4.9 Heteroscedasticidade e Homoscedasticidade

Nossa única hipótese sobre a distribuição de u_i condicional a X_i é que ela possui uma média igual a zero (a primeira hipótese dos mínimos quadrados). Se, além disso, a *variância* dessa distribuição condicional não depende de X_i, os erros são chamados de homoscedásticos. Nesta seção, discutimos a homoscedasticidade, suas implicações teóricas, as fórmulas simplificadas para os erros padrão dos estimadores de MQO que surgem quando os erros são homoscedásticos e os riscos que você corre ao utilizar essas fórmulas simplificadas na prática.

O Que São Heteroscedasticidade e Homoscedasticidade?

Definições de Heteroscedasticidade e Homoscedasticidade. O termo de erro u_i é **homoscedástico** se a variância da distribuição condicional de u_i dado X_i é constante para $i = 1, ..., n$ e em particular não depende de X_i. Caso contrário, o termo de erro é **heteroscedástico**.

Para fins ilustrativos, volte à Figura 4.4. A distribuição dos erros u_i é mostrada para vários valores de x. Como essa distribuição se aplica especificamente ao valor indicado de x, essa é a distribuição condicional de u_i dado $X_i = x$. Conforme desenhado na figura, todas essas distribuições condicionais possuem a mesma dispersão; de modo mais preciso, a variância dessas distribuições é a mesma para os diversos valores de x. Isto é, na Figura 4.4, a variação condicional de u_i dado $X_i = x$ não depende de x, de modo que os erros ilustrados nessa figura são homoscedásticos.

A Figura 4.7, por sua vez, ilustra um caso em que a distribuição condicional de u_i tem dispersão maior à medida que x aumenta. Para valores pequenos de x, a distribuição possui uma dispersão pequena, mas, para valores grandes de x, a dispersão é maior. Assim, na Figura 4.7, a variância de u_i dado $X_i = x$ aumenta com x, de modo que os erros nessa figura são heteroscedásticos.

O Conceito-Chave 4.8 apresenta as definições de heteroscedasticidade e homoscedasticidade.

FIGURA 4.7 Um Exemplo de Heteroscedasticidade

Assim como a Figura 4.4, esta mostra a distribuição condicional da pontuação nos exames para três tamanhos de turma diferentes. Ao contrário da Figura 4.4, essas distribuições tornam-se mais dispersas (possuem uma variância maior) para tamanhos de turmas maiores. Como a variância da distribuição de u dado X, var($u|X$) depende de X, u é heteroscedástico.

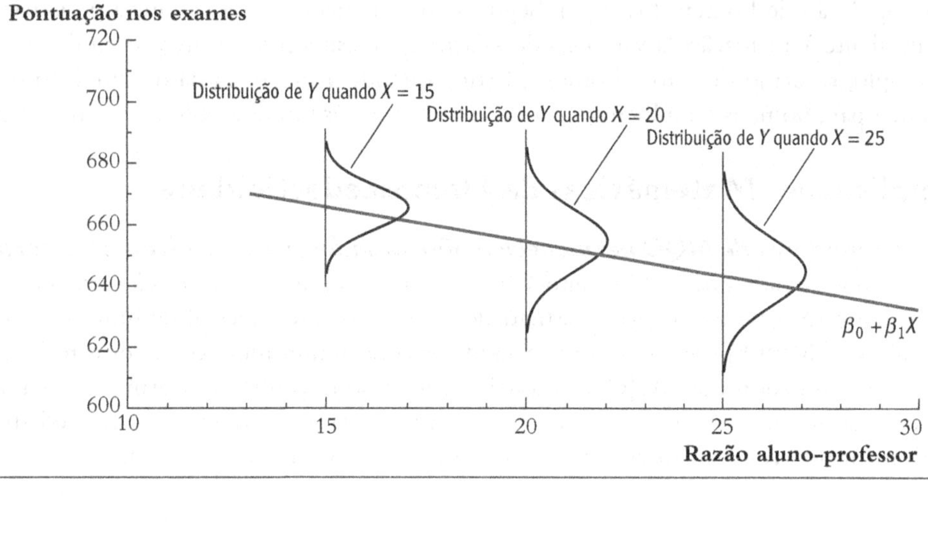

Heteroscedasticidade e Homoscedasticidade

Conceito-Chave 4.8

O termo de erro u_i é homoscedástico se a variância da distribuição condicional de u_i dado X_i, $\text{var}(u_i | X_i = x)$, é constante para $i = 1, ..., n$ e em particular não depende de x; caso contrário, o termo de erro é heteroscedástico.

Exemplo. Esses termos são verdadeiros palavrões e suas definições podem parecer abstratas. Para esclarecê-los com um exemplo, deixemos de lado o problema da pontuação nos exames e da razão aluno-professor e voltemos ao exemplo dos salários dos homens com curso superior *versus* mulheres com curso superior, discutido na Seção 3.5. Seja $HOMEM_i$ uma variável binária igual a 1 para homens com curso superior e igual a 0 para mulheres com curso superior. O modelo de regressão com variável binária que relaciona o salário de uma pessoa a seu sexo é

$$Salário_i = \beta_0 + \beta_1 HOMEM_i + u_i \quad (4.41)$$

para $i = 1, ..., n$. Como o regressor é binário, β_1 é a diferença entre as médias da população dos dois grupos; nesse caso, a diferença entre o salário médio dos homens e das mulheres com curso superior.

A definição de homoscedasticidade afirma que a variância de u_i não depende do regressor. Aqui o regressor é $HOMEM_i$, de modo que o que está em questão é se a variância do termo de erro depende de $HOMEM_i$. Em outras palavras, será que a variância do termo de erro é igual para homens e mulheres? Se for esse o caso, o erro é homoscedástico; caso contrário, é heteroscedástico.

Decidir se a variância de u_i depende de $HOMEM_i$ requer bastante reflexão sobre o que realmente é o termo de erro. Para isso, é interessante escrever a Equação (4.41) como duas equações separadas, uma para homens e outra para mulheres:

$$Salário_i = \beta_0 + u_i \text{ (mulheres) e} \quad (4.42)$$

$$Salário_i = \beta_0 + \beta_1 + u_i \text{ (homens).} \quad (4.43)$$

Portanto, para mulheres, u_i é o desvio do salário da i-ésima mulher em relação ao salário médio da população de mulheres (β_0) e, para os homens, u_i é o desvio do salário do i-ésimo homem em relação ao salário médio da população de homens ($\beta_0 + \beta_1$). Segue-se que a afirmação "a variância de u_i não depende de *HOMEM*" é equivalente à afirmação "a variância do salário é a mesma para homens e mulheres". Em outras palavras, nesse exemplo, o termo de erro é homoscedástico quando a variância da distribuição da população de salários é a mesma para homens e mulheres; quando essas variâncias são diferentes, o termo de erro é heteroscedástico.

Implicações Matemáticas da Homoscedasticidade

Os estimadores de MQO permanecem não viesados e assintoticamente normais. Como as hipóteses de mínimos quadrados no Conceito-Chave 4.3 não impõem restrições à variância condicional, elas se aplicam tanto ao caso geral de heteroscedasticidade quanto ao caso especial de homoscedasticidade. Portanto, os estimadores de MQO permanecem não viesados e consistentes mesmo que os erros sejam homoscedásticos. Além disso, os estimadores de MQO têm distribuições amostrais que são normais para amostras grandes mesmo que os erros sejam homoscedásticos. Independentemente de os erros serem homoscedásticos ou heteroscedásticos, o estimador de MQO é não viesado, consistente e assintoticamente normal.

Eficiência do estimador de MQO. Se as hipóteses de mínimos quadrados do Conceito-Chave 4.3 são válidas e, além disso, os erros são homoscedásticos, os estimadores de MQO $\hat{\beta}_0$ e $\hat{\beta}_1$ são eficientes entre todos os estimadores que são lineares em $Y_1, ..., Y_n$ e são não viesados, condicionais a $X_1, ..., X_n$. Isto é, os estimadores de MQO têm a menor variância de todos os estimadores não viesados que são médias ponderadas de $Y_1, ..., Y_n$. Em outras palavras, se, além das hipóteses de mínimos quadrados, os erros são homoscedásticos, os estimadores de MQO $\hat{\beta}_0$ e $\hat{\beta}_1$ são os **melhores estimadores lineares não viesados**, ou **MELNV**.* Esse resultado foi expresso para a média da amostra $\overline{Y}$ no Conceito-Chave 3.3 e se estende para o MQO na presença de homoscedasticidade. Esse resultado, conhecido como teorema de Gauss-Markov, é provado no Capítulo 15.

Se os erros são heteroscedásticos, o MQO não é mais MELNV. Em teoria, se os erros são heteroscedásticos, é possível construir um estimador que tenha uma variância menor do que o estimador de MQO. Esse método é chamado de **mínimos quadrados ponderados**, em que as observações são ponderadas pelo inverso da raiz quadrada da variância condicional de u_i dado X_i. Em razão dessa ponderação, os erros dessa regressão ponderada são homoscedásticos, de modo que o MQO, aplicado a essa regressão ponderada, é MELNV. Embora teoricamente excelente, o problema desse método na prática é que você deve saber como a variância condicional de u_i efetivamente depende de X_i, o que raramente se sabe nas aplicações. Como os mínimos quadrados ponderados têm principalmente interesse teórico, adiamos discussões adicionais para o Capítulo 15.

Fórmula de variância somente homoscedástica. Se o termo de erro é homoscedástico, as fórmulas para as variâncias de $\hat{\beta}_0$ e $\hat{\beta}_1$ no Conceito-Chave 4.4 são simplificadas. Conseqüentemente, se os erros são homoscedásticos, uma fórmula especial pode ser utilizada para os erros padrão de $\hat{\beta}_0$ e $\hat{\beta}_1$. Essas fórmulas são dadas no Apêndice 4.4. No caso especial em que X é uma variável binária, o estimador da variância de $\hat{\beta}_1$ na presença de homoscedasticidade (isto é, o quadrado do erro padrão de $\hat{\beta}_1$ na presença da homoscedasticidade) é a chamada fórmula da variância agrupada para a diferença entre as médias, discutida na nota de rodapé 1 da Seção 3.4.

Como essas fórmulas alternativas são derivadas para o caso especial em que os erros são homoscedásticos e não se aplicam quando os erros são heteroscedásticos, elas serão identificadas como fórmulas "somente homoscedásticas" para a variância e para o erro padrão dos estimadores de MQO. Como o nome sugere, se os erros são heteroscedásticos, os **erros padrão somente homoscedásticos** não são apropriados. Especificamente, se os erros são heteroscedásticos, a estatística t calculada utilizando o erro padrão somente homoscedástico não possui uma distribuição normal padrão nem mesmo para amostras grandes. Na verdade, os valores críticos corretos que são utilizados para essa estatística t somente homoscedástica dependem da natureza precisa da heteroscedasticidade, de modo que esses valores críticos não podem ser tabulados. Do mesmo modo, se os erros são heteroscedásticos, mas um intervalo de confiança é construído como $\pm 1{,}96$ erros padrão somente homoscedásticos, temos que em geral a probabilidade de que esse intervalo contenha o valor verdadeiro do coeficiente não é de 95 por cento, mesmo em amostras grandes.

Em vez disso, como a homoscedasticidade é um caso especial da heteroscedasticidade, os estimadores $\hat{\sigma}^2_{\hat{\beta}_1}$ e $\hat{\sigma}^2_{\hat{\beta}_0}$ das variâncias de $\hat{\beta}_1$ e $\hat{\beta}_0$ dados pelas equações (4.19) e (4.59) geram inferências estatísticas válidas, sejam os erros heteroscedásticos ou homoscedásticos. Desse modo, testes de hipótese e intervalos de confiança baseados nesses erros padrão serão válidos se os erros forem heteroscedásticos ou não. Como os erros padrão que utilizamos até o momento (isto é, aqueles baseados nas equações (4.19) e (4.59)) levam a inferências estatísticas válidas para erros heteroscedásticos ou não, eles são chamados de **erros padrão robustos quanto à heteroscedasticidade**. Como essas fórmulas foram propostas por Eicker (1967), Huber (1967) e White (1980), também são chamadas de erros padrão de Eicker-Huber-White.

O que Isso Significa na Prática?

Qual é mais realista, a heteroscedasticidade ou a homoscedasticidade? A resposta para essa questão depende da aplicação. Contudo, as questões podem ser esclarecidas retornando-se ao exemplo da diferença relativa ao sexo entre salários de indivíduos com curso superior. A familiaridade com a forma pela qual as pessoas

* No original, *best linear unbiased estimators*, ou *Blue*. Em virtude do nome em inglês, um econometrista pode se referir a esse tipo de estimador como "estimador *blue*" ou "estimador azul" (N. do R.T.).

são pagas no mundo ao nosso redor nos dá algumas pistas sobre a hipótese que é mais sensata. Durante muitos anos — e atualmente em uma extensão menor — as mulheres não ocuparam os cargos mais bem remunerados: sempre houve homens com salários baixos, mas raramente houve mulheres com salários altos. Esse fato sugere que a distribuição de salários entre mulheres possui uma dispersão menor do que entre homens. Em outras palavras, é plausível que a variância do termo de erro na Equação (4.42) para as mulheres seja menor do que a variância do termo de erro na Equação (4.43) para homens. Portanto, a presença de um "telhado de vidro" para os cargos e os salários das mulheres sugere que o termo de erro no modelo de regressão com variável binária na Equação (4.41) é heteroscedástico. A menos que existam motivos convincentes para o contrário — e não conseguimos pensar em nenhum —, faz sentido tratar o termo de erro desse exemplo como heteroscedástico.

Como esse exemplo de modelagem de salários ilustra, a heteroscedasticidade aparece em muitas aplicações econométricas. De modo geral, a teoria econômica raramente oferece qualquer motivo para se acreditar que os erros sejam homoscedásticos. É, portanto, prudente supor que sejam heteroscedásticos, a menos que você tenha motivos convincentes para pensar o contrário.

Implicações práticas. A principal questão de relevância prática nesta discussão é: devemos utilizar erros padrão robustos quanto à heteroscedasticidade ou somente homoscedásticos? Para responder a ela, é interessante imaginar o cálculo de ambos para então escolher um entre eles. Se o erro padrão somente homoscedástico e o erro padrão robusto quanto à heteroscedasticidade são iguais, nada se perde com o uso de erros padrão robustos quanto à heteroscedasticidade; se, entretanto, eles são diferentes, você deve utilizar os mais confiáveis que permitam a ocorrência de heteroscedasticidade. O mais simples, então, é sempre utilizar os erros padrão robustos quanto à heteroscedasticidade.

Por razões históricas, muitos programas econométricos utilizam os erros padrão somente homoscedásticos em sua configuração padrão, de modo que fica a critério do usuário especificar a opção erros padrão robustos quanto à heteroscedasticidade. Os detalhes da implementação dos erros padrão robustos quanto à heteroscedasticidade dependem do programa econométrico que você utiliza.

Todos os exemplos empíricos neste livro empregam erros padrão robustos quanto à heteroscedasticidade, exceto quando declarado explicitamente de outra forma.[2]

4.10 Conclusão

Volte por um momento ao problema da superintendente que está considerando a contratação de mais professores para diminuir a razão aluno-professor. De acordo com o que aprendemos, o que ela pode considerar útil?

Nossa análise de regressão — com base em 420 observações da base de dados sobre pontuações nos exames da Califórnia de 1998 — mostrou que há uma relação negativa entre a razão aluno-professor e as pontuações nos exames: diretorias com turmas menores apresentam pontuação maior nos exames. O coeficiente é relativamente grande, em termos práticos: diretorias com dois alunos a menos por professor têm, em média, pontuações nos exames maiores em 4,6 pontos. Isso é o mesmo que dizer que uma diretoria passou do 50º percentil da distribuição de pontuação nos exames para o 60º percentil.

O coeficiente da razão aluno-professor é, em termos estatísticos, significativamente diferente de 0 ao nível de significância de 5 por cento. O coeficiente da população poderia ser 0, e poderíamos simplesmente ter estimado nosso coeficiente negativo por variação de amostragem aleatória. Entretanto, a probabilidade de isso ser feito (e de se obter uma estatística *t* em β_1 tão grande quanto possível) puramente por variação aleatória ao longo de amostras potenciais é extremamente pequena, de aproximadamente 0,001 por cento. Um intervalo de confiança de 95 por cento para β_1 é $-3{,}30 \leq \beta_1 \leq -1{,}26$.

Fizemos um progresso considerável rumo à resposta da questão da superintendente. Mesmo assim, ainda nos resta uma preocupação persistente. Estimamos uma relação negativa entre a razão aluno-professor e a pontuação

[2] Caso este livro seja utilizado com outros textos, é interessante observar que alguns livros acrescentam a homoscedasticidade à relação de hipóteses de mínimos quadrados. Como acabamos de discutir, entretanto, essa hipótese adicional não é necessária para a validade da análise de regressão de MQO, desde que erros padrão robustos quanto à heteroscedasticidade sejam utilizados.

nos exames, mas esta é necessariamente a relação *causal* que a superintendente precisa para tomar sua decisão? Constatamos que diretorias com razões aluno-professor menores têm, em média, pontuações maiores nos exames. Mas isso significa que a redução da razão aluno-professor irá aumentar a pontuação?

Há, na verdade, motivos para duvidar de que isso irá acontecer. Contratar mais professores, afinal, custa dinheiro, de modo que diretorias regionais de ensino mais ricas podem custear turmas menores. E os alunos de escolas mais ricas têm outras vantagens em relação aos seus vizinhos mais pobres, incluindo instalações melhores, livros mais novos e professores mais bem pagos. Além disso, alunos de escolas mais ricas geralmente são de famílias abastadas e, portanto, dispõem de outras vantagens que não estão diretamente associadas a sua escola. Por exemplo, a Califórnia tem uma grande comunidade de imigrantes; esses imigrantes tendem a ser mais pobres do que a população em geral e, em muitos casos, seus filhos não falam inglês fluentemente. Assim, pode ser que a relação negativa que estimamos entre a pontuação nos exames e a razão aluno-professor sejam conseqüência da existência de turmas menores aliada a muitos outros fatores que são, na verdade, a verdadeira causa de pontuações menores nos exames.

Esses outros fatores, ou "variáveis omitidas", poderiam indicar que a análise de MQO feita até o momento na verdade tem pouco valor para a superintendente. Ela poderia mesmo ser enganadora: mudar apenas a razão aluno-professor não alteraria esses outros fatores que determinam o desempenho de uma criança na escola. Para tratar desse problema, precisamos de um método que nos permita isolar o efeito da variação na razão aluno-professor sobre a pontuação nos exames, *mantendo esses outros fatores constantes*. Esse método é a análise de regressão múltipla, tema do Capítulo 5.

Resumo

1. A reta de regressão da população, $\beta_0 + \beta_1 X$, é a média de Y como uma função do valor de X. A declividade, β_1, é a variação esperada em Y associada a uma variação unitária em X. O intercepto, β_0, determina o nível (ou altura) da reta de regressão. O Conceito-Chave 4.1 resume a terminologia do modelo de regressão linear da população.
2. A reta de regressão da população pode ser estimada utilizando observações da amostra (Y_i, X_i), $i = 1, ..., n$ por mínimos quadrados ordinários (MQO). Os estimadores de MQO do intercepto e da declividade são representados por $\hat{\beta}_0$ e $\hat{\beta}_1$.
3. Existem três hipóteses principais para o modelo de regressão linear: (1) os erros da regressão, u_i, possuem uma média igual a zero condicional aos regressores X_i; (2) as observações da amostra são seleções aleatórias i.i.d. da população; e (3) as variáveis aleatórias possuem quatro momentos. Se essas hipóteses forem válidas, os estimadores de MQO $\hat{\beta}_0$ e $\hat{\beta}_1$ serão (1) não viesados, (2) consistentes e (3) normalmente distribuídos quando a amostra é grande.
4. O teste de hipótese para os coeficientes de regressão é análogo ao teste de hipótese para a média da população: utilize a estatística t para calcular os valores p e aceitar ou rejeitar a hipótese nula. Assim como um intervalo de confiança para a média da população, um intervalo de confiança de 95 por cento para um coeficiente de regressão é calculado como o estimador $\pm 1{,}96$ erros padrão.
5. Quando X é binário, o modelo de regressão pode ser utilizado para estimar e testar hipóteses sobre a diferença entre as médias da população do grupo "$X = 0$" e do grupo "$X = 1$".
6. O R^2 e o erro padrão da regressão (*EPR*) são medidas de quanto os valores de Y_i estão próximos da reta de regressão estimada. O R^2 situa-se entre zero e um; um valor maior indica que os Y_i estão mais próximos da reta. O erro padrão da regressão é um estimador do desvio padrão do erro da regressão.
7. Em geral, o erro u_i é heteroscedástico, isto é, a variância de u_i para um dado valor de X_i, $\text{var}(u_i | X_i = x)$ depende de x. Um caso especial ocorre quando o erro é homoscedástico, isto é, $\text{var}(u_i | X_i = x)$ é constante. Erros padrão somente homoscedásticos não geram inferências estatísticas válidas quando os erros são heteroscedásticos, mas erros padrão robustos quanto à heteroscedasticidade geram-nas.

Termos-chave

modelo de regressão linear com um único regressor (65)
variável dependente (65)
variável independente (65)
regressor (65)
reta de regressão da população (65)
função de regressão da população (65)
intercepto e declividade da população (65)
coeficientes da população (65)
parâmetros (65)
termo de erro (65)
estimador de mínimos quadrados ordinários (MQO) (68)
reta de regressão de MQO (68)
valor previsto (68)
resíduo (68)
hipóteses de mínimos quadrados (71)
erro padrão de $\hat{\beta}_1$ (77)
estatística t (78)
valor p (78)
intervalo de confiança para β_1 (80)
nível de confiança (80)
variável indicador (82)
variável *dummy* (82)
coeficiente que multiplica a variável D_1 (82)
coeficiente de D_1 (82)
R^2 da regressão (84)
soma dos quadrados explicada (*SQE*) (84)
soma dos quadrados total (*SQT*) (84)
soma dos quadrados dos resíduos (*SQR*) (84)
erro padrão da regressão (*EPR*) (84)
heteroscedasticidade e homoscedasticidade (85)
melhor estimador linear não viesado (MELNV) (87)
mínimos quadrados ponderados (87)
erros padrão somente homoscedásticos (87)
erros padrão robustos quanto à heteroscedasticidade (87)

Revisão dos Conceitos

4.1 Explique a diferença entre $\hat{\beta}_1$ e β_1; entre o resíduo $\hat{u}_i$ e o erro da regressão u_i; e entre o valor previsto de MQO $\hat{Y}_i$ e $E(Y_i|X_i)$.

4.2 Exponha os procedimentos para o cálculo do valor p de um teste bicaudal de H_0: $\mu_Y = 0$ utilizando um conjunto de observações i.i.d. Y_i, $i = 1, ..., n$. Exponha os procedimentos para o cálculo do valor p de um teste bicaudal de H_0: $\beta_1 = 0$ em um modelo de regressão utilizando um conjunto de observações i.i.d. (Y_i, X_i), $i = 1, ..., n$.

4.3 Explique como você poderia utilizar um modelo de regressão para estimar a diferença relativa ao sexo entre salários por meio do uso de dados da Seção 3.5. Quais são as variáveis dependentes e as independentes?

4.4 Esboce um gráfico de dispersão com dados hipotéticos para uma regressão estimada com $R^2 = 0{,}9$. Esboce um gráfico de dispersão com dados hipotéticos para uma regressão com $R^2 = 0{,}5$.

Exercícios

As soluções para os exercícios marcados com * podem ser encontradas, em inglês, no site relativo ao livro em **www.aw.com/stock_br**.

***4.1** Suponha que um pesquisador, utilizando dados sobre o tamanho da turma (*TT*) e a pontuação média nos exames de 100 turmas do terceiro ano, estime a regressão de MQO,

$$\widehat{PontExame} = \underset{(20,4)}{520{,}4} - \underset{(2,21)}{5{,}82} \times TT,\ R^2 = 0{,}08,\ EPR = 11{,}5.$$

a. Uma turma tem 22 alunos. Qual é a previsão da regressão para a pontuação média nos exames dessa turma?

b. No ano passado uma turma tinha 19 alunos e neste ano tem 23. Qual é a previsão da regressão para a variação na pontuação média nos exames da turma?

c. Construa um intervalo de confiança de 95 por cento para β_1, o coeficiente de declividade da regressão.

d. Calcule o valor *p* para o teste bicaudal da hipótese nula H_0: $\beta_1 = 0$. Você rejeita a hipótese nula ao nível de 5 por cento? E ao nível de 1 por cento?

e. A média da amostra do tamanho da turma entre as 100 turmas é 21,4. Qual é a média da amostra da pontuação nos exames entre as 100 turmas? (*Dica*: Faça uma revisão das fórmulas para os estimadores de MQO.)

f. Qual é o desvio padrão da amostra da pontuação nos exames para as 100 turmas? (*Dica*: Faça uma revisão das fórmulas para R^2 e *EPR*.)

4.2 Suponha que um pesquisador, utilizando dados sobre salários de 250 trabalhadores e 280 trabalhadoras selecionados aleatoriamente, estime a regressão de MQO,

$$\widehat{Salário} = \underset{(0,18)}{12,68} + \underset{(0,84)}{2,79}\, Homem,\ R^2 = 0,06,\ EPR = 3,10$$

onde *Salário* é medido em US$/hora e *Homem* é uma variável binária igual a um se a pessoa for do sexo masculino e 0 se a pessoa for do sexo feminino. Defina a diferença relativa ao sexo entre salários como a diferença entre o salário médio de homens e de mulheres.

a. Qual é a diferença relativa ao sexo estimada?

b. Será que a diferença relativa ao sexo estimada é significativamente diferente de zero? (Calcule o valor *p* para o teste de hipótese nula de que não há diferença relativa ao sexo.)

c. Construa um intervalo de confiança de 95 por cento para a diferença relativa ao sexo.

d. Na amostra, qual é o salário médio das mulheres? E dos homens?

e. Outro pesquisador utiliza esses mesmos dados, mas regride *Salário* sobre *Mulher*, uma variável igual a 1 se a pessoa for do sexo feminino e 0 se a pessoa for do sexo masculino. Quais são as estimativas da regressão calculadas a partir dessa regressão?

$$\widehat{Salário} = \_\_\_\_ + \_\_\_\_\ Mulher,\ R^2 = \_\_\_\_,\ EPR = \_\_\_\_.$$

***4.3** Mostre que a primeira hipótese dos mínimos quadrados, $E(u_i|X_i) = 0$, implica que $E(Y_i|X_i) = \beta_0 + \beta_1 X_i$.

4.4 Mostre que $\hat{\beta}_0$ é um estimador não viesado de β_0. (*Dica*: Use o fato de que $\hat{\beta}_1$ é não viesado, conforme o Apêndice 4.3.)

4.5 Suponha que uma amostra aleatória de 200 homens com 20 anos de idade seja selecionada de uma população e sua altura e seu peso sejam registrados. Uma regressão de peso sobre altura resulta em:

$$\widehat{Peso} = \underset{(2,15)}{-99,41} + \underset{(0,31)}{3,94}\, Altura,\ R^2 = 0,81,\ EPR = 10,2,$$

onde *Peso* é medido em libras e *Altura* é medida em polegadas.

a. Qual é a previsão de peso da regressão para uma pessoa com 70 polegadas de altura? E com 65 polegadas? E com 74 polegadas?

b. Uma pessoa tem um surto tardio de crescimento e cresce 1,5 polegada ao longo de um ano. Qual é a previsão da regressão para o aumento de peso da pessoa?

c. Construa um intervalo de confiança de 99 por cento para o aumento de peso em (b).

d. Suponha que, em vez de medir o peso em libras e a altura em polegadas, eles sejam medidos em quilogramas e centímetros. Quais são as estimativas de regressão da nova regressão, quilograma-centímetro? (Dê todos os resultados, coeficientes estimados, erros padrão, R^2 e EPR.)

4.6 A partir da Equação (4.15), derive a variância de $\hat{\beta}_0$ na presença da homoscedasticidade dada na Equação (4.61) do Apêndice 4.4.

APÊNDICE 4.1 Base de Dados de Pontuação nos Exames da Califórnia

A base de dados California Standardized Testing and Reporting contém dados sobre o desempenho dos alunos nos exames, as características da escola e o histórico demográfico dos alunos. Os dados utilizados aqui são de todas as 420 diretorias K-6 e K-8 na Califórnia com dados disponíveis de 1998 e 1999. A pontuação nos exames é a média da pontuação nos exames de leitura e matemática do Stanford 9 Achievement Test, um exame nacional aplicado a alunos da quinta série. As características da escola (medidas como uma média na diretoria) incluem matrícula, número de professores (medido como "equivalentes em dedicação integral"), número de computadores por sala de aula e gastos por aluno. A razão aluno-professor utilizada aqui é o número equivalente de professores com dedicação integral na diretoria dividido pelo número de alunos. Variáveis demográficas relativas aos alunos também são medidas como uma média na diretoria. As variáveis demográficas incluem a porcentagem de alunos que estão incluídos no programa público de assistência CalWorks (anteriormente AFDC), a porcentagem de alunos que tem direito a almoço subsidiado, a porcentagem de alunos que está aprendendo inglês (isto é, alunos para os quais o inglês é o segundo idioma). Todos esses dados foram obtidos do Departamento de Educação da Califórnia (California Department of Education) (www.cde.ca.gov).

APÊNDICE 4.2 Derivação dos Estimadores de MQO

Este apêndice utiliza cálculo para derivar as fórmulas para os estimadores de MQO dados no Conceito-Chave 4.2. Para minimizar a soma dos quadrados dos erros de previsão $\sum_{i=1}^{n}(Y_i - b_0 - b_1X_i)^2$ (veja a Equação (4.6)), em primeiro lugar tome as derivadas parciais com relação a b_0 e b_1:

$$\frac{\partial}{\partial b_0}\sum_{i=1}^{n}(Y_i - b_0 - b_1X_i)^2 = -2\sum_{i=1}^{n}(Y_i - b_0 - b_1X_i) \text{ e} \tag{4.44}$$

$$\frac{\partial}{\partial b_1}\sum_{i=1}^{n}(Y_i - b_0 - b_1X_i)^2 = -2\sum_{i=1}^{n}(Y_i - b_0 - b_1X_i)X_i. \tag{4.45}$$

Os estimadores de MQO, $\hat{\beta}_0$ e $\hat{\beta}_1$, são os valores de b_0 e b_1 que minimizam $\sum_{i=1}^{n}(Y_i - b_0 - b_1X_i)^2$ ou, de forma equivalente, os valores de b_0 e b_1 para os quais as derivadas das equações (4.44) e (4.45) são iguais a zero. Desse modo, fazer essas derivadas iguais a zero, agrupar os termos e dividi-los por n mostra que os estimadores de MQO, $\hat{\beta}_0$ e $\hat{\beta}_1$, devem satisfazer as duas equações,

$$\overline{Y} - \hat{\beta}_0 - \hat{\beta}_1\overline{X} = 0 \text{ e} \tag{4.46}$$

$$\frac{1}{n}\sum_{i=1}^{n}X_iY_i - \hat{\beta}_0\overline{X} - \hat{\beta}_1\frac{1}{n}\sum_{i=1}^{n}X_i^2 = 0. \tag{4.47}$$

Resolvendo esse par de equações para $\hat{\beta}_0$ e $\hat{\beta}_1$, temos

$$\hat{\beta}_1 = \frac{\frac{1}{n}\sum_{i=1}^{n}X_iY_i - \overline{X}\,\overline{Y}}{\frac{1}{n}\sum_{i=1}^{n}X_i^2 - (\overline{X})^2} = \frac{\sum_{i=1}^{n}(X_i - \overline{X})(Y_i - \overline{Y})}{\sum_{i=1}^{n}(X_i - \overline{X})^2} \tag{4.48}$$

$$\hat{\beta}_0 = \overline{Y} - \hat{\beta}_1\overline{X}. \tag{4.49}$$

As equações (4.48) e (4.49) são as fórmulas para $\hat{\beta}_0$ e $\hat{\beta}_1$ dadas no Conceito-Chave 4.2; a fórmula $\hat{\beta}_1 = s_{XY}/s_X^2$ é obtida ao se dividir o numerador e o denominador na Equação (4.48) por $n - 1$.

APÊNDICE 4.3 Distribuição Amostral do Estimador de MQO

Neste apêndice, mostramos que o estimador de MQO $\hat{\beta}_1$ é não viesado e que, para amostras grandes, tem uma distribuição amostral normal dada no Conceito-Chave 4.4.

Representação de $\hat{\beta}_1$ em Termos de Regressores e Erros

Começamos fornecendo uma expressão para $\hat{\beta}_1$ em termos de regressores e erros. Como $Y_i = \beta_0 + \beta_1 X_i + u_i$, $Y_i - \overline{Y} = \beta_1(X_i - \overline{X}) + u_i - \overline{u}$, de modo que o numerador da fórmula para $\hat{\beta}_1$ na Equação (4.48) é

$$\sum_{i=1}^{n}(X_i - \overline{X})(Y_i - \overline{Y}) = \sum_{i=1}^{n}(X_i - \overline{X})[\beta_1(X_i - \overline{X}) + (u_i - \overline{u})]$$

$$= \beta_1\sum_{i=1}^{n}(X_i - \overline{X})^2 + \sum_{i=1}^{n}(X_i - \overline{X})(u_i - \overline{u}). \tag{4.50}$$

Agora $\sum_{i=1}^{n}(X_i - \overline{X})(u_i - \overline{u}) = \sum_{i=1}^{n}(X_i - \overline{X})u_i - \sum_{i=1}^{n}(X_i - \overline{X})\overline{u} = \sum_{i=1}^{n}(X_i - \overline{X})u_i$, onde a igualdade final resulta da definição de $\overline{X}$, que implica que $\sum_{i=1}^{n}(X_i - \overline{X})\overline{u} = \left[\sum_{i=1}^{n}X_i - n\overline{X}\right]\overline{u} = 0$. Substituindo $\sum_{i=1}^{n}(X_i - \overline{X})(u_i - \overline{u}) = \sum_{i=1}^{n}(X_i - \overline{X})u_i$ na expressão final da Equação (4.50), temos $\sum_{i=1}^{n}(X_i - \overline{X})(Y_i - \overline{Y}) = \beta_1\sum_{i=1}^{n}(X_i - \overline{X})^2 + \sum_{i=1}^{n}(X_i - \overline{X})u_i$. A substituição dessa expressão, por sua vez, na fórmula para $\hat{\beta}_1$ na Equação (4.48) gera

$$\hat{\beta}_1 = \beta_1 + \frac{\frac{1}{n}\sum_{i=1}^{n}(X_i - \overline{X})u_i}{\frac{1}{n}\sum_{i=1}^{n}(X_i - \overline{X})^2}. \tag{4.51}$$

Prova de que $\hat{\beta}_1$ É Não Viesado

A expectativa de $\hat{\beta}_1$ é obtida tomando-se a expectativa dos dois lados da Equação (4.51). Portanto,

$$E(\hat{\beta}_1) = \beta_1 + E\left[\frac{\frac{1}{n}\sum_{i=1}^{n}(X_i - \overline{X})u_i}{\frac{1}{n}\sum_{i=1}^{n}(X_i - \overline{X})^2}\right]$$

$$= \beta_1 + E\left[\frac{\frac{1}{n}\sum_{i=1}^{n}(X_i - \overline{X})E(u_i \mid X_1, \ldots, X_n)}{\frac{1}{n}\sum_{i=1}^{n}(X_i - \overline{X})^2}\right] = \beta_1, \tag{4.52}$$

onde a segunda igualdade da Equação (4.52) resulta do uso da lei de expectativas iteradas (veja a Seção 2.3). Pela segunda hipótese dos mínimos quadrados, u_i é distribuído independentemente de X para todas as observações diferentes de i, de modo que $E(u_i \mid X_1, \ldots, X_n) = E(u_i \mid X_i)$. Pela primeira hipótese dos mínimos quadrados, no entanto, $E(u_i \mid X_i) = 0$. Assim, o numerador do último termo na Equação (4.52) é zero, de modo que $E(\hat{\beta}_1) = \beta_1$, isto é, o estimador de MQO é não viesado.

Distribuição Normal para Amostras Grandes do Estimador de MQO

A aproximação normal para amostras grandes da distribuição limite de $\hat{\beta}_1$ (veja o Conceito-Chave 4.4) é obtida considerando-se o comportamento do último termo na Equação (4.51).

Em primeiro lugar, considere o numerador desse termo. Como $\overline{X}$ é consistente, se o tamanho da amostra for grande, $\overline{X}$ será aproximadamente igual a μ_X. Portanto, para uma boa aproximação, o termo no numerador da Equação (4.51) é a média de amostra $\overline{v}$, em que $v_i = (X_i - \mu_X)u_i$. Pela primeira hipótese dos mínimos quadrados, v_i tem uma média igual a zero. Pela segunda hipótese dos mínimos quadrados, v_i é i.i.d. A variância de v_i é $\sigma_v^2 = \text{var}[(X_i - \mu_X)u_i]$, que, pela terceira hipótese dos mínimos quadrados, é diferente de zero e finita. Assim, $\overline{v}$ satisfaz todos os requisitos do teorema central do limite (veja o Conceito-Chave 2.7). Portanto, $\overline{v}/\sigma_{\overline{v}}$ é, para amostras grandes, distribuído como $N(0, 1)$, onde $\sigma_{\overline{v}}^2 = \sigma_v^2/n$. Desse modo, a distribuição de $\overline{v}$ tem uma boa aproximação pela distribuição $N(0, \sigma_v^2/n)$.

A seguir, considere a expressão no denominador da Equação (4.51); essa é a variância da amostra de X (exceto pela divisão por n, e não por $n-1$, que não trará conseqüências se n for grande). Conforme discutido na Seção 3.2 (veja a Equação (3.8)), a variância da amostra é um estimador consistente da variância da população, de modo que, para amostras grandes, ela está arbitrariamente próxima da variância da população de X.

Combinando esses dois resultados, temos que, para amostras grandes, $\hat{\beta}_1 - \beta_1 \cong \overline{v}/\text{var}(X_i)$, de modo que a distribuição amostral de $\hat{\beta}_1$ é, para amostras grandes, $N(\beta_1, \sigma_{\hat{\beta}_1}^2)$, onde $\sigma_{\hat{\beta}_1}^2 = \text{var}(\overline{v})/[\text{var}(X_i)]^2 = \text{var}[(X_i - \mu_X)u_i]/\{n[\text{var}(X_i)]^2\}$, que é a expressão da Equação (4.14).

Alguns Fatos Algébricos Adicionais sobre MQO

Os resíduos e valores previstos de MQO satisfazem:

$$\frac{1}{n}\sum_{i=1}^{n} \hat{u}_i = 0, \tag{4.53}$$

$$\frac{1}{n}\sum_{i=1}^{n} \hat{Y}_i = \overline{Y}, \tag{4.54}$$

$$\sum_{i=1}^{n}\hat{u}_i X_i = 0 \text{ e } s_{\hat{u}X} = 0 \text{ e} \tag{4.55}$$

$$SQT = SQR + SQE. \tag{4.56}$$

As equações (4.53) a (4.56) dizem que a média da amostra dos resíduos de MQO é zero; a média da amostra dos valores previstos de MQO é igual a $\overline{Y}$; a co-variância da amostra $s_{\hat{u}X}$ entre os resíduos de MQO e os regressores é zero; e a soma dos quadrados total é a soma da soma dos quadrados dos resíduos com a soma dos quadrados explicada (*SQE*, *SQT* e *SQR* são definidas nas equações (4.35), (4.36) e (4.38)).

Para verificar a Equação (4.53), observe que a definição de $\hat{\beta}_0$ nos permite escrever os resíduos de MQO como $\hat{u}_i = Y_i - \hat{\beta}_0 - \hat{\beta}_1 X_i = (Y_i - \overline{Y}) - \hat{\beta}_1(X_i - \overline{X})$; portanto,

$$\sum_{i=1}^{n} \hat{u}_i = \sum_{i=1}^{n} (Y_i - \overline{Y}) - \hat{\beta}_1 \sum_{i=1}^{n} (X_i - \overline{X}).$$

Porém, as definições de $\overline{Y}$ e $\overline{X}$ implicam que $\sum_{i=1}^{n}(Y_i - \overline{Y}) = 0$ e $\sum_{i=1}^{n}(X_i - \overline{X}) = 0$, de modo que $\sum_{i=1}^{n}\hat{u}_i = 0$.

Para verificar a Equação (4.54), observe que $Y_i = \hat{Y}_i + \hat{u}_i$, de modo que $\sum_{i=1}^{n} Y_i = \sum_{i=1}^{n}\hat{Y}_i + \sum_{i=1}^{n}\hat{u}_i = \sum_{i=1}^{n}\hat{Y}_i$, onde a segunda igualdade é uma conseqüência da Equação (4.53).

Para verificar a Equação (4.55), observe que $\sum_{i=1}^{n}\hat{u}_i = 0$ implica que $\sum_{i=1}^{n}\hat{u}_i X_i = \sum_{i=1}^{n}\hat{u}_i(X_i - \overline{X})$, de modo que

$$\begin{aligned}\sum_{i=1}^{n}\hat{u}_i X_i &= \sum_{i=1}^{n} [(Y_i - \overline{Y}) - \hat{\beta}_1(X_i - \overline{X})]\,(X_i - \overline{X}) \\ &= \sum_{i=1}^{n}(Y_i - \overline{Y})(X_i - \overline{X}) - \hat{\beta}_1\sum_{i=1}^{n} (X_i - \overline{X})^2 = 0,\end{aligned} \tag{4.57}$$

onde a última igualdade da Equação (4.57) é obtida pelo uso da fórmula para $\hat{\beta}_1$ da Equação (4.48). Esse resultado, combinado com os resultados anteriores, indica que $s_{\hat{u}X} = 0$.

A Equação (4.56) é deduzida dos resultados anteriores e de um pouco de álgebra:

$$
\begin{aligned}
SQT &= \sum_{i=1}^{n}(Y_i - \overline{Y})^2 = \sum_{i=1}^{n}(Y_i - \hat{Y}_i + \hat{Y}_i - \overline{Y})^2 \\
&= \sum_{i=1}^{n}(Y_i - \hat{Y}_i)^2 + \sum_{i=1}^{n}(\hat{Y}_i - \overline{Y})^2 + 2\sum_{i=1}^{n}(Y_i - \hat{Y}_i)(\hat{Y}_i - \overline{Y}) \\
&= SQR + SQE + 2\sum_{i=1}^{n}\hat{u}_i\hat{Y}_i = SQR + SQE, \qquad (4.58)
\end{aligned}
$$

onde a última igualdade resulta de $\sum_{i=1}^{n}\hat{u}_i\hat{Y}_i = \sum_{i=1}^{n}\hat{u}_i(\hat{\beta}_0 + \hat{\beta}_1 X_i) = \hat{\beta}_0\sum_{i=1}^{n}\hat{u}_i + \hat{\beta}_1\sum_{i=1}^{n}\hat{u}_i X_i = 0$ pelos resultados anteriores.

APÊNDICE 4.4 Fórmulas para os Erros Padrão de MQO

Este apêndice discute as fórmulas para os erros padrão de MQO. Estes são apresentados primeiramente sob as hipóteses de mínimos quadrados do Conceito-Chave 4.3, que permite a heteroscedasticidade: são os erros padrão robustos quanto à heteroscedasticidade. As fórmulas para a variância dos estimadores de MQO e para os erros padrão associados são, então, fornecidas para o caso especial de homoscedasticidade.

Erros Padrão Robustos Quanto à Heteroscedasticidade

O estimador $\hat{\sigma}^2_{\hat{\beta}_1}$ definido na Equação (4.19) é obtido substituindo-se as variâncias da população na Equação (4.14) pelas variâncias da amostra correspondentes, com uma modificação. A variância no numerador da Equação (4.14) é estimada por $\frac{1}{n-2}\sum_{i=1}^{n}(X_i - \overline{X})^2\hat{u}_i^2$, onde o divisor $n - 2$ (em vez de n) incorpora um ajuste de graus de liberdade para o viés para baixo, de forma análoga ao ajuste de graus de liberdade utilizado na definição do *EPR* na Seção 4.8. A variância no denominador é estimada por $\frac{1}{n}\sum_{i=1}^{n}(X_i - \overline{X})^2$. A substituição de $\text{var}[(X_i - \mu_X)u_i]$ e $\text{var}(X_i)$ na Equação (4.14) por esses dois estimadores produz $\hat{\sigma}^2_{\hat{\beta}_1}$ na Equação (4.19). A consistência dos erros padrão robustos quanto à heteroscedasticidade é discutida na Seção 15.3.

O estimador da variância de $\hat{\beta}_0$ é

$$
\hat{\sigma}^2_{\hat{\beta}_0} = \frac{1}{n} \times \frac{\frac{1}{n-2}\sum_{i=1}^{n}\hat{H}_i^2\hat{u}_i^2}{\left(\frac{1}{n}\sum_{i=1}^{n}\hat{H}_i^2\right)^2}, \qquad (4.59)
$$

onde $\hat{H}_i = 1 - [\overline{X}/\frac{1}{n}\sum_{i=1}^{n}X_i^2]X_i$. O erro padrão de $\hat{\beta}_0$ é $EP(\hat{\beta}_0) = \sqrt{\hat{\sigma}^2_{\hat{\beta}_0}}$. O raciocínio por trás do estimador $\hat{\sigma}^2_{\hat{\beta}_0}$ é o mesmo que está por trás de $\hat{\sigma}^2_{\hat{\beta}_1}$ e resulta da substituição das expectativas da população por médias da amostra.

Variâncias Somente Homoscedásticas

Na presença de homoscedasticidade, a variância condicional de u_i dado X_i é uma constante, isto é, $\text{var}(u_i | X_i) = \sigma_u^2$. Se os erros são homoscedásticos, as fórmulas do Conceito-Chave 4.4 são simplificadas para

$$
\sigma^2_{\hat{\beta}_1} = \frac{\sigma_u^2}{n\sigma_X^2} \text{ e} \qquad (4.60)
$$

$$
\sigma^2_{\hat{\beta}_0} = \frac{E(X_i^2)}{n\sigma_X^2}\sigma_u^2. \qquad (4.61)
$$

Para derivar a Equação (4.60), escreva o numerador da Equação (4.14) como $\text{var}[(X_i - \mu_X)u_i] = E(\{(X_i - \mu_X)u_i - E[(X_i - \mu_X)u_i]\}^2) = E\{[(X_i - \mu_X)u_i]^2\} = E[(X_i - \mu_X)^2 u_i^2] = E[(X_i - \mu_X)^2 \text{var}(u_i \mid X_i)]$, onde a segunda igualdade segue — uma vez que $E[(X_i - \mu_X)u_i] = 0$ (pela primeira hipótese dos mínimos quadrados) — e onde a última igualdade resulta da lei de expectativas iteradas (veja a Seção 2.3). Se u_i for homoscedástico, então $\text{var}(u_i \mid X_i) = \sigma_u^2$, de modo que $E[(X_i - \mu_X)^2 \text{var}(u_i \mid X_i)] = \sigma_u^2 E[(X_i - \mu_X)^2] = \sigma_u^2 \sigma_X^2$. O resultado da Equação (4.60) segue pela substituição dessa expressão no numerador da Equação (4.14) e da simplificação. Um cálculo semelhante gera a Equação (4.61).

Erros Padrão Somente Homoscedásticos

Os erros padrão somente homoscedásticos são obtidos pela substituição de médias e variâncias da população por médias e variâncias da amostra nas equações (4.60) e (4.61) e pela estimação da variância de u_i pelo quadrado do *EPR*. Os estimadores somente homoscedásticos dessas variâncias são

$$\tilde{\sigma}_{\hat{\beta}_1}^2 = \frac{s_{\hat{u}}^2}{\sum_{i=1}^{n}(X_i - \bar{X})^2} \text{ (somente homoscedásticos) e} \tag{4.62}$$

$$\tilde{\sigma}_{\hat{\beta}_0}^2 = \frac{\left(\frac{1}{n}\sum_{i=1}^{n} X_i^2\right) s_{\hat{u}}^2}{\sum_{i=1}^{n}(X_i - \bar{X})^2} \text{ (somente homoscedásticos),} \tag{4.63}$$

onde $s_{\hat{u}}^2$ é dado na Equação (4.40). Os erros padrão somente homoscedásticos são a raiz quadrada de $\tilde{\sigma}_{\hat{\beta}_0}^2$ e $\tilde{\sigma}_{\hat{\beta}_1}^2$.

CAPÍTULO 5

Regressão Linear com Múltiplos Regressores

O Capítulo 4 terminou com uma observação preocupante. Embora diretorias regionais de ensino com razões aluno-professor menores tendam a ter pontuações nos exames maiores na base de dados da Califórnia, talvez os alunos de diretorias com turmas menores tenham outras vantagens que os ajudem a obter um bom desempenho em exames padronizados. Será que isso pode ter gerado resultados enganosos e, se for esse o caso, o que pode ser feito?

Fatores omitidos, como características dos alunos, podem na verdade tornar enganador ou, mais precisamente, viesado o estimador de mínimos quadrados ordinários (MQO) do efeito do tamanho das turmas sobre a pontuação nos exames. Neste capítulo, explicamos o "viés de omissão de variáveis" e apresentamos a regressão múltipla, um método que pode eliminar esse viés. A idéia principal da regressão múltipla é que, se tivermos dados sobre essas variáveis omitidas, poderemos incluí-las como regressores adicionais e, dessa forma, estimar o efeito de um regressor (a razão aluno-professor), mantendo constantes as outras variáveis (como as características dos alunos).

Neste capítulo, explicamos como estimar os coeficientes do modelo de regressão linear múltipla. Mostramos como realizar inferência estatística, isto é, como testar hipóteses sobre os coeficientes da regressão múltipla e construir intervalos de confiança para esses coeficientes. Muitos aspectos da regressão múltipla são semelhantes aos da regressão com um único regressor, estudada no Capítulo 4. Os coeficientes do modelo de regressão múltipla podem ser estimados a partir dos dados pelo uso de MQO; os estimadores de MQO na regressão múltipla são variáveis aleatórias porque dependem de dados de uma amostra aleatória; para amostras grandes, as distribuições amostrais dos estimadores de MQO são aproximadamente normais, e esses estimadores podem ser utilizados para testar hipóteses e construir intervalos de confiança para os coeficientes de regressão da população. Uma hipótese que pode ser testada é de que a redução da razão aluno-professor não possui nenhum efeito sobre a pontuação nos exames, mantendo constantes as características mensuráveis dos alunos da diretoria.

5.1 Viés de Omissão de Variáveis

Ao se concentrar apenas na razão aluno-professor, a análise empírica do Capítulo 4 ignorou alguns determinantes potencialmente importantes da pontuação nos exames ao agrupar suas influências no termo de erro da regressão. Esses fatores omitidos incluem características da escola, como a qualificação dos professores e a utilização de computadores, e características do aluno, como a situação econômica da família. Começamos pela consideração de uma característica omitida do aluno que é particularmente relevante na Califórnia em virtude da grande população de imigrantes: a prevalência na diretoria regional de ensino de alunos que ainda estão aprendendo inglês.

Ao ignorar a porcentagem de alunos que está aprendendo inglês na diretoria, o estimador de MQO da declividade na regressão da pontuação nos exames sobre a razão aluno-professor pode estar viesado; isto é, a média da distribuição amostral do estimador de MQO pode não ser igual ao efeito verdadeiro de uma variação unitária na razão aluno-professor sobre a pontuação nos exames. O raciocínio é o seguinte: os alunos que ainda estão aprendendo inglês podem ter um desempenho inferior nos exames padronizados em relação àqueles cujo inglês é o idioma nativo. Se as diretorias com turmas grandes também tivessem muitos alunos aprendendo inglês, a regressão de MQO da pontuação nos exames sobre a razão aluno-professor poderia encontrar erroneamente uma correlação e produzir um coeficiente estimado grande, quando na realidade o verdadeiro efeito causal da redução do tamanho das turmas sobre a pontuação nos exames é pequeno, ou mesmo nulo. Assim, com base na análise do Capítulo 4, a superintendente poderá contratar um número suficiente de novos professores para reduzir a razão aluno-professor em dois, porém a melhoria esperada na pontuação dos exames poderá não se concretizar se o coeficiente verdadeiro for pequeno ou nulo.

Um exame dos dados da Califórnia dá credibilidade a essa preocupação. A correlação entre a razão aluno-professor e a porcentagem de alunos aprendendo inglês (alunos para os quais o inglês não é a língua materna e que ainda não se tornaram fluentes) na diretoria é de 0,19. Essa correlação pequena mas positiva sugere que as diretorias com mais alunos aprendendo inglês tendem a apresentar uma razão aluno-professor mais alta (turmas maiores). Se a razão aluno-professor não tivesse relação com a porcentagem de alunos aprendendo inglês, poderíamos seguramente ignorar a proficiência do inglês na regressão da pontuação nos exames contra a razão aluno-professor. Mas, como a razão aluno-professor e a porcentagem de alunos que está aprendendo inglês estão correlacionadas, é possível que o coeficiente da regressão de MQO reflita essa influência.

Definição do Viés de Omissão de Variáveis

Se o regressor (a razão aluno-professor) estiver correlacionado com uma variável que foi omitida da análise (a porcentagem de alunos aprendendo inglês), mas que determina, em parte, a variável dependente (pontuação nos exames), o estimador de MQO terá um **viés de omissão de variáveis**.

Esse viés ocorre quando duas condições são verdadeiras: se a variável omitida está correlacionada com o regressor incluído e se é um determinante da variável dependente. Para ilustrar essas condições, considere três exemplos de variáveis omitidas da regressão da pontuação nos exames sobre a razão aluno-professor.

Exemplo nº 1: Porcentagem de alunos que está aprendendo inglês. Como a porcentagem de alunos que está aprendendo inglês está correlacionada com a razão aluno-professor, a primeira condição para o viés de omissão de variáveis é válida. É plausível que alunos que ainda estejam aprendendo inglês tenham um desempenho inferior nos exames padronizados do que aqueles para os quais o inglês é a língua materna, caso em que a porcentagem de alunos aprendendo inglês é um determinante da pontuação nos exames e a segunda condição para o viés de omissão de variáveis é válida. Desse modo, o estimador de MQO na regressão da pontuação nos exames sobre a razão professor-aluno pode refletir incorretamente a influência da variável omitida, a porcentagem de alunos que está aprendendo inglês. Isto é, omitir a porcentagem de alunos aprendendo inglês pode introduzir um viés de omissão de variáveis.

Exemplo nº 2: Horário do exame. Outra variável omitida da análise é o horário em que o exame é aplicado. Para essa variável omitida, é plausível que a primeira condição para o viés de omissão de variáveis não seja válida, mas que a segunda o seja. Por exemplo, se o horário do exame varia de uma diretoria para a seguinte de uma forma que não esteja relacionada ao tamanho da turma, o horário do exame e o tamanho da turma não estão correlacionados, de modo que a primeira condição não é válida. Por outro lado, o horário do exame pode influenciar a pontuação (a percepção varia ao longo do dia), de modo que a segunda condição é válida. Contudo, como neste exemplo o horário em que o exame é aplicado não está correlacionado com a razão aluno-professor, essa razão não pode estar captando incorretamente o efeito "horário do exame". Portanto, a omissão do horário do exame não resulta em um viés de omissão de variáveis.

Exemplo nº 3: Área de estacionamento por aluno. Outra variável omitida é a área de estacionamento por aluno (área de estacionamento reservada aos professores dividida pelo número de alunos). Essa variável satisfaz a primeira condição para o viés de omissão de variáveis, mas não a segunda. Em especial, escolas com mais professores por aluno provavelmente têm uma área de estacionamento reservada aos professores maior, de modo que a primeira condição é válida. Contudo, sob a hipótese de que o aprendizado ocorre na sala de aula, e não no estacionamento, temos que a área de estacionamento não exerce um efeito direto sobre o aprendizado; desse modo, a segunda condição não é válida. Como a área de estacionamento por aluno não é um determinante da pontuação nos exames, excluí-la da análise não leva a um viés de omissão de variáveis.

O viés de omissão de variáveis está resumido no Conceito-Chave 5.1.

Viés de Omissão de Variáveis em uma Regressão com um Único Regressor

O **viés de omissão de variáveis** é um viés do estimador de MQO que surge quando o regressor, X, está correlacionado com uma variável omitida. Duas condições devem ser verdadeiras para que ocorra um viés de omissão de variáveis:

1. X deve estar correlacionado com a variável omitida; e
2. a variável omitida deve ser um determinante da variável dependente, Y.

Conceito-Chave 5.1

Viés de omissão de variáveis e a primeira hipótese dos mínimos quadrados. O viés de omissão de variáveis indica que a primeira hipótese dos mínimos quadrados — de que $E(u_i \mid X_i) = 0$, conforme relacionado no Conceito-Chave 4.3 — está incorreta. Para ver o porquê, lembre-se de que o termo de erro u_i no modelo de regressão linear com um único regressor representa todos os fatores — exceto X_i — que são determinantes de Y_i. Se um desses outros fatores está correlacionado com X_i, isso significa que o termo de erro (que contém esse fator) está correlacionado com X_i. Em outras palavras, se uma variável omitida é um determinante de Y_i, ela está no termo de erro e, se está correlacionada com X_i, o termo de erro está correlacionado com X_i. Como u_i e X_i estão correlacionados, a média condicional de u_i dado X_i é diferente de zero. Essa correlação, portanto, viola a primeira hipótese dos mínimos quadrados e a conseqüência é séria: o estimador de MQO é viesado. Esse viés não desaparece mesmo em amostras muito grandes, e o estimador de MQO é inconsistente.

Uma Fórmula para o Viés de Omissão de Variáveis

A discussão da seção anterior pode ser resumida matematicamente por uma fórmula para esse viés. Seja a correlação entre X_i e u_i dada por $\text{corr}(X_i, u_i) = \rho_{Xu}$. Suponha que a segunda e a terceira hipóteses de mínimos quadrados sejam válidas, mas que a primeira não seja válida, uma vez que ρ_{Xu} é diferente de zero. Então, o estimador de MQO tem o limite (derivado no Apêndice 5.1),

$$\hat{\beta}_1 \xrightarrow{p} \beta_1 + \rho_{Xu}\frac{\sigma_u}{\sigma_X}. \tag{5.1}$$

Isto é, à medida que o tamanho da amostra aumenta, $\hat{\beta}_1$ fica próximo de $\beta_1 + \rho_{Xu}(\sigma_u/\sigma_X)$ com uma probabilidade cada vez maior.

A fórmula da Equação (5.1) resume várias idéias discutidas anteriormente sobre o viés de omissão de variáveis:

1. O viés de omissão de variáveis é um problema, seja para amostras grandes ou pequenas. Como $\hat{\beta}_1$ não converge em probabilidade para o valor verdadeiro de β_1, $\hat{\beta}_1$ é inconsistente; isto é, $\hat{\beta}_1$ não é um estimador consistente de β_1 quando existe um viés de omissão de variáveis. O termo $\rho_{Xu}(\sigma_u/\sigma_X)$ na Equação (5.1) é o viés em $\hat{\beta}_1$ que persiste mesmo em amostras grandes.

2. Na prática, o fato de o viés ser grande ou pequeno depende da correlação ρ_{Xu} entre o regressor e o termo de erro. Quanto maior for $|\rho_{Xu}|$, maior será o viés.

3. A direção do viés em $\hat{\beta}_1$ depende da existência de correlação positiva ou negativa entre X e u. Por exemplo, suponha que a porcentagem de alunos que está aprendendo inglês tenha um efeito *negativo* sobre a pontuação nos exames da diretoria (alunos que ainda estão aprendendo inglês têm notas menores), de modo que a porcentagem de alunos aprendendo inglês entra no termo de erro com um sinal negativo. Em nossos dados, a fração de alunos que está aprendendo inglês está *positivamente* correlacionada com a razão aluno-professor (diretorias com mais alunos aprendendo inglês possuem turmas maiores). Assim, a razão aluno-professor (X) estaria *negativamente* correlacionada com o termo de erro (u), de modo que

$\rho_{Xu} < 0$ e o coeficiente da razão aluno-professor $\hat{\beta}_1$ estaria viesado na direção de um número negativo. Em outras palavras, uma porcentagem pequena de alunos que está aprendendo inglês está associada tanto com *alta* pontuação nos exames quanto com *baixa* razão aluno-professor, de modo que um dos motivos pelo qual o estimador de MQO sugere que turmas pequenas aumentam a pontuação nos exames pode ser o fato de que as diretorias com turmas menores têm menos alunos aprendendo inglês.

Tratando do Viés de Omissão de Variáveis pela Divisão dos Dados em Grupos

O que você pode fazer quanto ao viés de omissão de variáveis? Nossa superintendente está considerando um aumento do número de professores em sua diretoria, mas ela não tem controle sobre a fração de imigrantes em sua comunidade. Conseqüentemente, ela está interessada no efeito da razão aluno-professor sobre a pontuação nos exames, *mantendo constantes* os demais fatores, incluindo a porcentagem de alunos aprendendo inglês. Essa nova maneira de colocar sua questão sugere que, em vez de utilizar dados de todas as diretorias, talvez devamos nos concentrar naquelas com porcentagens de alunos que estão aprendendo inglês comparáveis às da diretoria da superintendente. Desse subconjunto de diretorias, aquelas com turmas menores têm melhor desempenho nos exames padronizados?

A Tabela 5.1 apresenta a evidência sobre a relação entre o tamanho da turma e a pontuação nos exames das diretorias com porcentagens comparáveis de alunos que estão aprendendo inglês. As diretorias foram divididas em oito grupos. Em primeiro lugar, elas foram divididas em quatro categorias que correspondem aos quartis da

O Efeito Mozart: um Caso de Viés de Variáveis?

Um estudo publicado na revista *Nature* em 1993 (Rauscher, Shaw e Ky, 1993) sugeriu que ouvir Mozart por 10 a 15 minutos poderia elevar temporariamente seu QI em 8 ou 9 pontos. Esse estudo provocou um grande impacto — e políticos e pais vislumbraram uma maneira fácil de tornar as crianças mais inteligentes. Durante algum tempo, o Estado da Geórgia distribuiu CDs de música clássica para todas as crianças do Estado.

Qual é a evidência do "efeito Mozart"? Uma resenha de um grande número de estudos constatou que alunos que freqüentam cursos opcionais de música ou artes durante o ensino médio apresentam pontuações maiores nos exames de inglês e matemática do que aqueles que não os freqüentam.[1] Um exame mais detalhado desses estudos, contudo, sugere que o verdadeiro motivo para o melhor desempenho nos exames tem pouco a ver com esses cursos. Os autores desse ensaio sugeriram que a correlação entre o bom desempenho nos exames e as aulas de artes ou música poderia ser o resultado de vários fatores. Por exemplo, alunos com melhor desempenho acadêmico têm mais tempo para freqüentar cursos opcionais de música, ou mais interesse em fazê-lo, ou ainda as escolas com um currículo de música mais extenso podem simplesmente ser melhores em comparação com as demais.

Na terminologia da regressão, a relação estimada entre pontuações nos exames e freqüência nos cursos de música parece ter um viés de variável omitida. Ao omitir fatores tais como a habilidade inata do estudante ou a qualidade da escola como um todo, o estudo de música parece exercer um efeito sobre as pontuações nos exames — quando na verdade isso não ocorre.

Então existe um efeito Mozart? Uma maneira de descobrir isso é conduzir um experimento controlado aleatório. (Conforme a discussão adicional do Capítulo 11, experimentos controlados aleatórios eliminam o viés de omissão de variáveis ao atribuir aleatoriamente participantes a grupos de "tratamento" e de "controle".) Os vários experimentos controlados sobre o efeito Mozart não conseguiram mostrar que ouvir Mozart eleva o QI ou o desempenho geral nos exames. Por motivos ainda não totalmente esclarecidos, contudo, parece que ouvir música clássica *de fato* favorece temporariamente uma área restrita: a relacionada a dobradura de papel e visualização de formas. Portanto, da próxima vez que você tiver de estudar muito para um exame de origami, aproveite para ouvir um pouco de Mozart também.

[1] Veja o *Journal of Aesthetic Education*, v. 34, n. 3-4 (Outono/Inverno 2000), em especial o artigo por Ellen Winner e Monica Cooper (p. 11-76) e o de Lois Hetland (p. 105-148).

TABELA 5.1 Diferenças entre as Pontuações nos Exames das Diretorias Regionais de Ensino da Califórnia com Razões Aluno-Professor Baixas e Altas, por Porcentagem de Alunos que Está Aprendendo Inglês na Diretoria

	Aluno-professor Razão < 20		Aluno-professor Razão ≥ 20		Diferença entre a pontuação, nos exames, *RAP* baixa *versus* alta	
	Pontuação média	*n*	Pontuação média	*n*	Diferença	Estatística *t*
Todas as diretorias	657,4	238	650,0	182	7,4	4,04
Porcentagem aprendendo inglês						
< 2,2%	664,1	78	665,4	27	−1,3	−0,44
2,2–8,8%	666,1	61	661,8	44	4,3	1,44
8,8–23,0%	654,6	55	649,7	50	4,9	1,64
> 23,0%	636,7	44	634,8	61	1,9	0,68

distribuição da porcentagem de alunos aprendendo inglês entre as diretorias. Em segundo lugar, dentro dessas quatro categorias, as diretorias foram subdivididas em dois grupos, dependendo de a razão aluno-professor ser pequena ($RAP < 20$) ou grande ($RAP \geq 20$).

A primeira linha da Tabela 5.1 apresenta a diferença total entre a pontuação média dos exames de diretorias com razões aluno-professor altas e baixas, isto é, a diferença entre a pontuação nos exames desses dois grupos sem dividi-los adicionalmente em quartis de alunos que estão aprendendo inglês. (Lembre-se de que essa diferença foi apresentada anteriormente na forma de regressão na Equação (4.33) como o estimador de MQO do coeficiente de D_i na regressão de *PontExame* sobre D_i, em que D_i é um regressor binário igual a um se RAP_i < 20 e igual a zero nos demais casos.) Na amostra completa das 420 diretorias, a pontuação média nos exames é 7,4 pontos maior naquelas com razão aluno-professor baixa do que naquelas em que a razão é alta; a estatística *t* é 4,04, de modo que a hipótese nula de que a pontuação média nos exames é a mesma nos dois grupos é rejeitada ao nível de significância de 1 por cento.

As últimas quatro linhas da Tabela 5.1 apresentam a diferença entre a pontuação nos exames de diretorias com razões aluno-professor altas e baixas subdivididas nos quartis de porcentagem de alunos aprendendo inglês. Essa evidência empírica mostra um quadro diferente. Das diretorias com o menor número de alunos aprendendo inglês (< 2,2 por cento), a pontuação média nos exames para as 78 diretorias com razões aluno-professor baixas é 664,1, e a média para as 27 com razões aluno-professor altas é 665,4. Portanto, para as diretorias com um número menor de alunos aprendendo inglês, a pontuação nos exames foi em média 1,3 ponto *mais baixa* nas diretorias com razões aluno-professor menores! No segundo quartil, diretorias com razões aluno-professor baixas apresentaram pontuação nos exames em média 4,3 pontos mais alta do que aquelas com razões aluno-professor elevadas; essa diferença foi de 4,9 pontos para o terceiro quartil e de apenas 1,9 ponto para o quartil de diretorias com a maioria dos alunos aprendendo inglês. Uma vez mantida constante a porcentagem de alunos que está aprendendo inglês, a diferença de desempenho entre as diretorias com razões aluno-professor altas e baixas talvez seja a metade (ou menos) da estimativa total de 7,4 pontos.

A princípio esse resultado pode parecer um mistério. Como o efeito total da pontuação nos exames pode ser o dobro do efeito da pontuação nos exames dentro de qualquer quartil? A resposta é a seguinte: as diretorias em que a maioria dos alunos está aprendendo inglês tendem a ter *tanto* razões aluno-professor mais elevadas *quanto* pontuações menores nos exames. A diferença na pontuação média nos exames entre as diretorias situadas no quartil mais baixo e no mais alto da porcentagem de alunos aprendendo inglês é grande, de aproximadamente 30 pontos. As diretorias com poucos alunos aprendendo inglês tendem a ter razões aluno-professor menores: 74

por cento (78 de 105) das diretorias no primeiro quartil de alunos aprendendo inglês possuem turmas pequenas ($RAP < 20$), ao passo que somente 42 por cento (44 de 105) das diretorias no quartil com a maioria de alunos aprendendo inglês possuem turmas pequenas. Desse modo, diretorias em que a maioria dos alunos está aprendendo inglês apresentam pontuações mais baixas nos exames, bem como razões aluno-professor maiores do que as outras diretorias.

Essa análise reforça a preocupação da superintendente de que haja um viés de variável omitida na regressão da pontuação nos exames contra a razão aluno-professor. Examinando dentro dos quartis da porcentagem de alunos que está aprendendo inglês, as diferenças entre as pontuações nos exames na segunda parte da Tabela 5.1 melhoram em relação à análise simples da diferença entre médias da primeira linha da Tabela 5.1. Ainda assim, essa análise não fornece para a superintendente uma estimativa útil do efeito da variação no tamanho da turma sobre a pontuação nos exames, mantendo constante a fração de alunos que está aprendendo inglês. Contudo, é possível obter essa estimativa utilizando o método da regressão múltipla.

5.2 O Modelo de Regressão Múltipla

O **modelo de regressão múltipla** estende o modelo de regressão com uma única variável do Capítulo 4 para incluir variáveis adicionais como regressores. Esse modelo permite estimar o efeito da variação em uma variável (X_{1i}) sobre Y_i mantendo constantes os outros regressores (X_{2i}, X_{3i} e assim por diante). No problema do tamanho da turma, o modelo de regressão múltipla fornece uma maneira de isolar o efeito da razão aluno-professor (X_{1i}) sobre a pontuação nos exames (Y_i), mantendo constante a porcentagem de alunos que está aprendendo inglês na diretoria (X_{2i}).

A Reta de Regressão da População

Suponha por enquanto que existam apenas duas variáveis independentes, X_{1i} e X_{2i}. No modelo de regressão linear múltipla, a relação média entre essas duas variáveis independentes e a variável dependente, Y, é dada pela função linear

$$E(Y_i | X_{1i} = x_1, X_{2i} = x_2) = \beta_0 + \beta_1 x_1 + \beta_2 x_2, \tag{5.2}$$

onde $E(Y_i | X_{1i} = x_1, X_{2i} = x_2)$ é a expectativa condicional de Y_i dados $X_{1i} = x_1$ e $X_{2i} = x_2$. Isto é, se a razão aluno-professor na i-ésima diretoria (X_{1i}) for igual a um valor x_1 e a porcentagem de alunos que está aprendendo inglês na i-ésima (X_{2i}) for igual a x_2, o valor esperado de Y_i dada a razão aluno-professor e a porcentagem de alunos que está aprendendo inglês será dado pela Equação (5.2).

A Equação (5.2) é a **reta de regressão da população** ou **função de regressão da população** no modelo de regressão múltipla. O coeficiente β_0 é o **intercepto**, o coeficiente β_1 é o **coeficiente da declividade de X_{1i}** ou, simplificando, o **coeficiente de X_{1i}**, e o coeficiente β_2 é o **coeficiente da declividade de X_{2i}** ou, simplificando, o **coeficiente de X_{2i}**. Uma ou mais das variáveis independentes no modelo de regressão múltipla são algumas vezes chamadas de **variáveis de controle**.

A interpretação do coeficiente β_1 na Equação (5.2) é diferente daquela em que X_{1i} é o único regressor: na Equação (5.2), β_1 é o efeito de uma variação unitária em X_1 sobre Y, **mantendo X_2 constante** ou **controlando a influência de X_2**.

Essa interpretação de β_1 segue-se da definição de que o efeito esperado de uma variação em X_1, ΔX_1, sobre Y, mantendo X_2 constante, é a diferença entre o valor esperado de Y quando as variáveis independentes assumem os valores $X_1 + \Delta X_1$ e X_2 e o valor esperado de Y quando as variáveis independentes assumem os valores X_1 e X_2. Da mesma forma, escreva a função de regressão da população da Equação (5.2) como $Y = \beta_0 + \beta_1 X_1 + \beta_2 X_2$ e imagine uma variação de X_1 no montante ΔX_1 sem qualquer variação de X_2, isto é, mantendo X_2 constante. Como X_1 variou, Y terá uma variação de um montante, digamos, ΔY. Após essa variação, o novo valor de Y, $Y + \Delta Y$, é

$$Y + \Delta Y = \beta_0 + \beta_1(X_1 + \Delta X_1) + \beta_2 X_2. \tag{5.3}$$

Uma equação para ΔY em termos de ΔX_1 é obtida subtraindo-se a equação $Y = \beta_0 + \beta_1 X_1 + \beta_2 X_2$ da Equação (5.3), resultando em $\Delta Y = \beta_1 \Delta X_1$. Isto é,

$$\beta_1 = \frac{\Delta Y}{\Delta X_1}, \text{ mantendo } X_2 \text{ constante.} \tag{5.4}$$

O coeficiente β_1 é o efeito de uma variação unitária em X_1 sobre Y (a variação esperada em Y), mantendo X_2 fixo. Outra expressão utilizada para descrever β_1 é o **efeito parcial** de X_1 sobre Y, mantendo X_2 fixo.

A interpretação do intercepto, β_0, no modelo de regressão múltipla é semelhante à interpretação do intercepto no modelo com um único regressor: é o valor esperado de Y_i quando X_{1i} e X_{2i} são iguais a zero. Simplificando, o intercepto β_0 determina em que ponto do eixo Y a reta de regressão da população se inicia.

O Modelo de Regressão Múltipla da População

A reta de regressão da população na Equação (5.2) é a relação entre Y e X_1 e X_2 válida em média para a população. Contudo, assim como na regressão com um único regressor, essa relação não é precisamente válida, uma vez que muitos outros fatores influenciam a variável dependente. Por exemplo, além da razão aluno-professor e da fração de alunos aprendendo inglês, a pontuação nos exames também recebe influência das características da escola, das características de outros alunos e da sorte. Portanto, a função de regressão da população na Equação (5.2) precisa ser aumentada para incorporar esses fatores adicionais.

Assim como na regressão com um único regressor, os fatores que determinam Y_i além de X_{1i} e X_{2i} são incorporados à Equação (5.2) como um termo de "erro" u_i. Esse termo de erro é o desvio de uma observação em particular (pontuação nos exames na i-ésima diretoria, em nosso exemplo) referente à relação média na população. Portanto, temos

$$Y_i = \beta_0 + \beta_1 X_{1i} + \beta_2 X_{2i} + u_i,\ i = 1, ..., n, \tag{5.5}$$

onde o subscrito i indica a i-ésima das n observações (diretorias) da amostra.

A Equação (5.5) é o **modelo de regressão múltipla da população** quando existem dois regressores, X_{1i} e X_{2i}.

Em uma regressão com regressores binários, pode ser útil tratar β_0 como o coeficiente de um regressor que sempre é igual a um; pense em β_0 como o coeficiente de X_{0i}, onde $X_{0i} = 1$ para $i = 1, ..., n$. Portanto, o modelo de regressão múltipla da população na Equação (5.5) pode ser escrito alternativamente como

$$Y_i = \beta_0 X_{0i} + \beta_1 X_{1i} + \beta_2 X_{2i} + u_i, \text{ onde } X_{0i} = 1,\ i = 1, ..., n. \tag{5.6}$$

As duas formas de representar o modelo de regressão múltipla, as equações (5.5) e (5.6), são equivalentes.

A discussão até o momento se concentrou no caso de uma única variável adicional, X_2. Na prática, contudo, múltiplos fatores podem ser omitidos do modelo com um único regressor. Por exemplo, ignorar a condição financeira dos alunos pode resultar em um viés de omissão de variáveis, assim como aconteceu ao ignorar a fração de alunos que está aprendendo inglês. Esse raciocínio nos leva a considerar um modelo com três regressores ou, generalizando, um modelo que inclui k regressores. O modelo de regressão múltipla com k regressores, X_{1i}, X_{2i}, ..., X_{ki}, está resumido no Conceito-Chave 5.2.

As definições de homoscedasticidade e heteroscedasticidade no modelo de regressão múltipla são semelhantes às definições correspondentes para o modelo com um único regressor. O termo de erro u_i no modelo de regressão múltipla é **homoscedástico** se a variância da distribuição condicional de u_i dado $X_{1i}, ..., X_{ki}$, $\text{var}(u_i | X_{1i}, ..., X_{ki})$, é constante para $i = 1, ..., n$ e, portanto, não depende de valores de $X_{1i}, ..., X_{ki}$. Caso contrário, o termo de erro é **heteroscedástico**.

O modelo de regressão múltipla promete fornecer exatamente o que a superintendente quer saber: o efeito da variação da razão aluno-professor mantendo constantes os demais fatores que estão além de seu controle. Esses fatores abrangem não apenas a porcentagem de alunos que está aprendendo inglês, mas outros fatores mensuráveis que podem influenciar o desempenho nos exames, incluindo a situação econômica dos alunos. Contudo, para podermos ajudar a superintendente na prática, precisamos fornecer a ela estimativas dos coeficientes da população desconhecidos $\beta_0, ..., \beta_k$ do modelo de regressão da população calculados utilizando uma amostra de dados. Felizmente, esses coeficientes podem ser estimados utilizando o método dos mínimos quadrados ordinários.

Modelo de Regressão Múltipla

Conceito-Chave 5.2

O modelo de regressão múltipla é

$$Y_i = \beta_0 + \beta_1 X_{1i} + \beta_2 X_{2i} + \cdots + \beta_k X_{ki} + u_i,\ i = 1, ..., n. \quad (5.7)$$

onde:

- Y_i é a i-ésima observação da variável dependente; $X_{1i}, X_{2i}, ..., X_{ki}$ são as i-ésimas observações sobre cada um dos k regressores e u_i é o termo de erro.
- A reta de regressão da população é a relação válida entre Y e X em média na população:

$$E(Y|X_{1i} = x_1, X_{2i} = x_2, ..., X_{ki} = x_k) = \beta_0 + \beta_1 x_1 + \beta_2 x_2 + \cdots + \beta_k x_k.$$

- β_1 é o coeficiente da declividade de X_1, β_2 é o coeficiente de X_2 etc. O coeficiente β_1 é a variação esperada em Y resultante da variação unitária em X_{1i}, mantendo constantes $X_{2i}, ..., X_{ki}$. Os coeficientes dos outros Xs são interpretados do mesmo modo.
- O intercepto β_0 é o valor esperado de Y quando todos os Xs são iguais a zero. O intercepto pode ser imaginado como o coeficiente de um regressor, X_{0i}, igual a um para todo i.

5.3 Estimador de MQO na Regressão Múltipla

Nesta seção, explicamos como os coeficientes do modelo de regressão múltipla podem ser estimados utilizando MQO.

Estimador de MQO

Na Seção 4.2, mostramos como estimar os coeficientes do intercepto e da declividade no modelo com um único regressor aplicando o método de MQO a uma amostra de observações de Y e X. A idéia principal é que esses coeficientes podem ser estimados pela minimização da soma dos quadrados dos erros de previsão, isto é, pela escolha dos estimadores b_0 e b_1 de modo que minimize $\sum_{i=1}^{n}(Y_i - b_0 - b_1 X_i)^2$; os estimadores que fazem isso são os estimadores de MQO $\hat{\beta}_0$ e $\hat{\beta}_1$.

O método de MQO também pode ser utilizado para estimar os coeficientes $\beta_0, \beta_1, ..., \beta_k$ no modelo de regressão múltipla. Sejam $b_0, b_1, ..., b_k$ os estimadores de $\beta_0, \beta_1, ..., \beta_k$. O valor previsto de Y_i, calculado pelo uso desses estimadores, é $b_0 + b_1 X_{1i} + \cdots + b_k X_{ki}$, e o erro ao se prever Y_i é $Y_i - (b_0 + b_1 X_{1i} + \cdots + b_k X_{ki}) = Y_i - b_0 - b_1 X_{1i} - \cdots - b_k X_{ki}$. A soma dos quadrados desses erros de previsão entre todas as n observações é, portanto,

$$\sum_{i=1}^{n} (Y_i - b_0 - b_1 X_{1i} - \cdots - b_k X_{ki})^2. \quad (5.8)$$

A soma dos quadrados dos erros para o modelo de regressão linear na Expressão (5.8) é a extensão da soma dos quadrados dos erros dada na Equação (4.6) para o modelo de regressão linear com um único regressor.

Os estimadores dos coeficientes $\beta_0, \beta_1, ..., \beta_k$ que minimizam a soma dos quadrados dos erros na Expressão (5.8) são chamados de **estimadores de mínimos quadrados ordinários (MQO)** de $\beta_0, \beta_1, ..., \beta_k$. Os estimadores de MQO são representadas por $\hat{\beta}_0, \hat{\beta}_1, ..., \hat{\beta}_k$.

A terminologia de MQO no modelo de regressão linear múltipla é a mesma do modelo de regressão linear com um único regressor. A **reta de regressão de MQO** é a linha reta construída pelo uso dos estimadores de MQO, isto é, $\hat{\beta}_0 + \hat{\beta}_1 X_1 + \cdots + \hat{\beta}_k X_k$. O **valor previsto** de Y_i dado $X_{1i}, ..., X_{ki}$, com base na reta de regressão de MQO é $\hat{Y}_i = \hat{\beta}_0 + \hat{\beta}_1 X_{1i} + \cdots + \hat{\beta}_k X_{ki}$. O **resíduo de MQO** para a i-ésima observação é a diferença entre Y_i e seu valor previsto de MQO, isto é, o resíduo de MQO é $\hat{u}_i = Y_i - \hat{Y}_i$.

Os estimadores de MQO poderiam ser calculados por tentativa e erro: você pode testar valores diferentes de b_0, ..., b_k até que esteja satisfeito por ter minimizado a soma dos quadrados total na Expressão (5.8). É muito mais fácil, contudo, utilizar fórmulas explícitas para os estimadores de MQO que derivamos com o uso de cálculo. As fórmulas para os estimadores de MQO no modelo de regressão múltipla são semelhantes àquelas do Conceito-Chave 4.2 para o modelo com um único regressor. Essas fórmulas estão incluídas nos pacotes estatísticos modernos. No modelo de regressão múltipla, as fórmulas são mais bem expressas e discutidas utilizando-se a notação matricial, de modo que sua apresentação foi postergada para a Seção 16.1.

As definições e a terminologia de MQO na regressão múltipla estão resumidas no Conceito-Chave 5.3.

Aplicação para a Pontuação nos Exames e a Razão Aluno-Professor

Na Seção 4.2, utilizamos MQO para estimar o intercepto e o coeficiente da declividade da regressão que relaciona a pontuação nos exames (*PontExame*) à razão aluno-professor (RAP)a partir das observações das 420 diretorias regionais de ensino da Califórnia; a reta de regressão de MQO estimada, descrita na Equação (4.7), é

$$\widehat{PontExame} = 698{,}9 - 2{,}28 \times RAP. \tag{5.9}$$

Preocupa-nos o fato de que essa relação seja enganosa, uma vez que a razão aluno-professor pode estar captando o efeito de ter muitos alunos aprendendo inglês nas diretorias com turmas grandes. Ou seja, é possível que o estimador de MQO esteja sujeito a um viés de omissão de variáveis.

Agora temos condição de nos dedicar a essa preocupação utilizando MQO para estimar uma regressão múltipla em que a variável dependente é a pontuação nos exames (Y_i) e há dois regressores: a razão aluno-professor (X_{1i}) e a porcentagem de alunos aprendendo inglês na diretoria regional de ensino (X_{2i}) para as 420 diretorias ($i = 1, ..., 420$). A reta de regressão de MQO estimada para essa regressão múltipla é

$$\widehat{PontExame} = 686{,}0 - 1{,}10 \times RAP - 0{,}65 \times \%AI, \tag{5.10}$$

onde $\%AI$ é a porcentagem de alunos da diretoria que está aprendendo inglês. A estimativa de MQO do intercepto ($\hat{\beta}_0$) é 686,0, a estimativa de MQO do coeficiente da razão aluno-professor ($\hat{\beta}_1$) é – 1,10 e a estimativa de MQO do coeficiente da porcentagem de alunos aprendendo inglês ($\hat{\beta}_2$) é – 0,65.

Na regressão múltipla, o efeito estimado de uma variação na razão aluno-professor sobre a pontuação nos exames é aproximadamente a metade do efeito observado quando a razão aluno-professor é o único regressor: na equação com um único regressor (Equação (5.9)), estima-se que uma redução unitária de *RAP* deve aumentar 2,28 pontos na pontuação nos exames, enquanto na equação de regressão múltipla (Equação (5.10)) estima-se que o aumento na pontuação nos exames seja de apenas 1,10 pontos. Essa diferença ocorre porque o coeficiente de *RAP* na regressão múltipla é o efeito de uma variação em *RAP* mantendo *%AI* constante (ou controlando sua influência), ao passo que na regressão simples *%AI* não é mantida constante.

Essas duas estimativas podem ser reconciliadas pela conclusão de que existe um viés de omissão de variáveis na estimativa do modelo com um único regressor na Equação (5.9). Na Seção 5.1, vimos que diretorias com uma porcentagem alta de alunos aprendendo inglês tendem a apresentar não só pontuação baixa nos exames mas também razão aluno-professor alta. Se a fração de alunos que está aprendendo inglês for omitida da regressão, estima-se que a redução da razão aluno-professor deva produzir um efeito maior sobre a pontuação nos exames, porém essa estimativa reflete *tanto* o efeito da variação na razão aluno-professor *quanto* o efeito omitido de um número menor de alunos aprendendo inglês na diretoria.

Chegamos à mesma conclusão de que existe viés de omissão de variáveis na relação entre a pontuação nos exames e a razão aluno-professor por meio de dois caminhos diferentes: o enfoque tabular por meio da divisão dos dados em dois grupos (veja a Seção 5.1) e o enfoque da regressão múltipla (veja a Equação (5.10)). Dentre esses dois métodos, a regressão múltipla possui duas vantagens importantes. Em primeiro lugar, fornece uma estimativa quantitativa do efeito de uma diminuição unitária na razão aluno-professor, que é o que a superintendente precisa saber para tomar sua decisão. Em segundo lugar, ela facilmente se estende para mais de dois regressores, de modo que é possível utilizar a regressão múltipla para controlar outros fatores mensuráveis além da porcentagem de alunos que está aprendendo inglês.

Conceito-Chave 5.3

Estimadores de MQO, Valores Previstos e Resíduos no Modelo de Regressão Múltipla

Os estimadores de MQO, $\hat{\beta}_0, \hat{\beta}_1, ..., \hat{\beta}_k$, são os valores de $b_0, b_1, ..., b_k$ que minimizam a soma dos quadrados dos erros de previsão $\sum_{i=1}^{n}(Y_i - b_0 - b_1X_{1i} - \cdots - b_kX_{ki})^2$. Os valores previstos de MQO $\hat{Y}_i$ e os resíduos $\hat{u}_i$ são:

$$\hat{Y}_i = \hat{\beta}_0 + \hat{\beta}_1X_{1i} + \cdots + \hat{\beta}_kX_{ki},\ i = 1, ..., n \text{ e} \tag{5.11}$$

$$\hat{u}_i = Y_i - \hat{Y}_i,\ i = 1, ..., n. \tag{5.12}$$

Os estimadores de $\hat{\beta}_0, \hat{\beta}_1, ..., \hat{\beta}_k$ e o resíduo $\hat{u}_i$ são calculados a partir de uma amostra de n observações de $(X_{1i}, ..., X_{ki}, Y_i)$, $i = 1, ..., n$. Estes são estimadores dos verdadeiros coeficientes da população $\beta_0, \beta_1, ..., \beta_k$ e do termo de erro, u_i.

O restante deste capítulo é dedicado à compreensão e ao uso de MQO no modelo de regressão múltipla. Muito do que você aprendeu sobre o estimador de MQO com um único regressor se aplica à regressão múltipla com poucas ou nenhuma modificação, de modo que nos concentraremos no que é novo nessa regressão. Comecemos com a extensão das hipóteses de mínimos quadrados para o modelo de regressão múltipla.

5.4 Hipóteses de Mínimos Quadrados na Regressão Múltipla

Existem quatro hipóteses de mínimos quadrados no modelo de regressão múltipla. As três primeiras são aquelas da Seção 4.3 para o modelo com um único regressor (veja o Conceito-Chave 4.3) estendidas para permitir múltiplos regressores e que serão discutidas sucintamente. A quarta hipótese é nova e será discutida de maneira mais detalhada.

Hipótese nº 1: a Distribuição Condicional de u_i Dados $X_{1i}, X_{2i}, ..., X_{ki}$ Possui uma Média Igual a Zero

A primeira hipótese é de que a distribuição condicional de u_i dados $X_{1i}, ..., X_{ki}$ possui uma média igual a zero. Essa hipótese é a extensão da primeira hipótese dos mínimos quadrados com um único regressor para o caso de múltiplos regressores. A hipótese indica que algumas vezes Y_i situa-se acima da reta de regressão da população e algumas vezes Y_i está abaixo da reta de regressão da população, mas, na média, entre a população, Y_i situa-se sobre a reta de regressão da população. Portanto, para qualquer valor dos regressores, o valor esperado de u_i é zero. Assim como na regressão com um único regressor, essa é a hipótese principal que torna os estimadores de MQO não viesados. Voltaremos ao viés de omissão de variáveis na regressão múltipla na Seção 5.11.

Hipótese nº 2: $(X_{1i}, X_{2i}, ..., X_{ki}, Y_i)$, $i = 1, ..., n$ São i.i.d.

A segunda hipótese é de que $(X_{1i}, ..., X_{ki}, Y_i)$, $i = 1, ..., n$ são variáveis aleatórias independente e identicamente distribuídas (i.i.d.). Essa hipótese torna-se automaticamente válida se os dados são coletados por amostragem aleatória simples. Os comentários da Seção 4.3 sobre essa hipótese para um único regressor também se aplicam a regressores múltiplos.

Hipótese nº 3: $X_{1i}, X_{2i}, \ldots, X_{ki}$ e u_i Possuem Quatro Momentos

A terceira hipótese é de que X_{1i}, ..., X_{ki}, e u_i possuem quatro momentos. Assim como a terceira hipótese para o modelo com um único regressor, essa hipótese limita a probabilidade de observância de valores extremamente grandes de X_{1i}, ..., X_{ki}, ou u_i. Essa hipótese é uma condição técnica utilizada nas provas das propriedades das estatísticas de MQO para amostras grandes.

Hipótese nº 4: Não Ocorre Multicolinearidade Perfeita

A quarta hipótese é nova no modelo de regressão múltipla. Ela descarta uma situação inconveniente, chamada multicolinearidade perfeita, em que é impossível calcular o estimador de MQO. Os regressores são considerados **perfeitamente multicolineares** (ou apresentam **multicolinearidade perfeita**) se um dos regressores é uma função linear perfeita dos outros regressores. A quarta hipótese dos mínimos quadrados afirma que os regressores não são perfeitamente multicolineares.

Para ilustrar o que é a multicolinearidade perfeita e mostrar por que ela representa um problema, considere três exemplos de regressões hipotéticas em que um terceiro regressor é adicionado à regressão da pontuação nos exames sobre a razão aluno-professor e a porcentagem de alunos que está aprendendo inglês na Equação (5.10).

Exemplo nº 1: Fração de alunos que está aprendendo inglês. Seja $FrAI_i$ a *fração* de alunos que está aprendendo inglês na i-ésima diretoria, que varia entre zero e um. Se a variável $FrAI_i$ fosse incluída como um terceiro regressor além de RAP_i e $\%AI_i$, os regressores seriam perfeitamente multicolineares. Isso porque $\%AI$ é a *porcentagem* de alunos aprendendo inglês, de modo que $\%AI_i = 100 \times FrAI_i$ para cada diretoria. Portanto, um dos regressores ($\%AI_i$) pode ser escrito como uma função linear perfeita de outro regressor ($FrAI_i$).

Em razão dessa multicolinearidade perfeita, é impossível calcular o estimador de MQO da regressão de $PontExame_i$ sobre RAP_i, $\%AI_i$ e $FrAI_i$. Dependendo do modo como seu pacote econométrico lida com a multicolinearidade perfeita, quando você tentar estimar essa regressão, o pacote fará uma destas três coisas: eliminará uma das variáveis (fazendo arbitrariamente a escolha de qual eliminar); se recusará a calcular o estimador de MQO, apresentando uma mensagem de erro, ou irá travar. O motivo matemático para isso é que a multicolinearidade perfeita produz uma divisão por zero nas fórmulas de MQO.

Intuitivamente, a multicolinearidade perfeita é um problema porque você está pedindo que a regressão responda a uma pergunta sem lógica. Lembre-se de que o coeficiente de $\%AI_i$ é o efeito de uma variação unitária em $\%AI$ sobre a pontuação nos exames, mantendo constantes as outras variáveis. Se uma das outras variáveis for $FrAI$, você estará perguntando sobre o efeito da variação de uma variação unitária na *porcentagem* de alunos que está aprendendo inglês, mantendo constante a *fração* de alunos aprendendo inglês. Como a porcentagem de alunos aprendendo inglês e a fração de alunos aprendendo inglês variam juntas em uma relação linear perfeita, essa pergunta não faz sentido e MQO não pode responder a ela.

Exemplo nº 2: Turmas "não muito pequenas". Seja NMP_i uma variável binária que é igual a um se a razão aluno-professor na i-ésima diretoria for "não muito pequena"; especificamente, NMP_i é igual a um se $RAP_i \geq 12$ e igual a zero nos demais casos. Essa regressão também apresenta multicolinearidade perfeita, mas por um motivo mais sutil do que a regressão do exemplo anterior. Não existe, de fato, em nossa base de dados, diretorias com $RAP_i < 12$; como você pode ver no gráfico de dispersão da Figura 4.2, o menor valor de RAP é 14. Assim, $RAP_i = 1$ para todas as observações. Agora, lembre-se de que podemos considerar para o modelo de regressão linear com um intercepto a inclusão de um regressor X_{0i} que é igual a um para todo i, conforme mostrado na Equação (5.6). Portanto, podemos escrever $NMP_i = 1 \times X_{0i}$ para todas as observações em nossa base de dados; isto é, NMP_i pode ser escrita como uma combinação linear perfeita dos regressores; especificamente, ela é igual a X_{0i}.

Isso ilustra dois pontos importantes sobre a multicolinearidade perfeita. Primeiro, quando a regressão inclui um intercepto, um dos regressores que pode estar envolvido em multicolinearidade perfeita é o regressor "constante" X_{0i}. Segundo, a multicolinearidade perfeita é uma afirmação sobre a base de dados que você tem em mãos.

Conceito-Chave 5.4

Hipóteses de Mínimos Quadrados no Modelo de Regressão Múltipla

$$Y_i = \beta_0 + \beta_1 X_{1i} + \beta_2 X_{2i} + \cdots + \beta_k X_{ki} + u_i,\ i = 1, \ldots, n, \text{ onde:}$$

1. u_i possui uma média condicional zero, dados $X_{1i}, X_{2i}, \ldots, X_{ki}$, isto é, $E(u_i | X_{1i}, X_{2i}, \ldots, X_{ki}) = 0$;
2. $(X_{1i}, X_{2i}, \ldots, X_{ki}, Y_i)$, $i = 1, \ldots, n$ são seleções independente e identicamente distribuídas (i.i.d.) de sua distribuição conjunta;
3. $(X_{1i}, X_{2i}, \ldots, X_{ki}, u_i)$ possuem quartos momentos finitos e diferentes de zero, e
4. não existe multicolinearidade perfeita.

Embora seja possível imaginar uma diretoria regional de ensino com menos de 12 alunos por professor, elas não existem em nossa base de dados, de modo que não podemos analisá-las em nossa regressão.

Exemplo nº 3: Porcentagem de alunos que falam inglês. Seja $\%FI_i$ a porcentagem de alunos que "falam inglês" da *i*-ésima diretoria, definida como a porcentagem de alunos que *não* está aprendendo inglês. Novamente, os regressores serão perfeitamente multicolineares. Como no exemplo anterior, a relação linear perfeita entre os regressores envolve o regressor "constante" X_{0i}: para cada diretoria, $\%FI_i = 100 \times X_{0i} - \%AI_i$.

Este exemplo ilustra outro ponto: a multicolinearidade perfeita é uma característica do conjunto completo de regressores. Se o intercepto (isto é, o regressor X_{0i}) ou $\%AI_i$ fossem excluídos dessa regressão, os regressores não seriam perfeitamente multicolineares.

Soluções para a multicolinearidade perfeita. A multicolinearidade perfeita normalmente ocorre quando há um erro na especificação da regressão. Algumas vezes o erro é fácil de ser detectado (como no primeiro exemplo), mas outras vezes não (como no segundo exemplo). Seja qual for o caso, seu pacote econométrico lhe informará se você cometer esse tipo de erro, uma vez que não poderá calcular o estimador de MQO se houver erro.

Quando seu pacote o informar que há multicolinearidade perfeita, é importante que você modifique sua regressão para eliminá-la. Alguns pacotes perdem a confiabilidade na presença de multicolinearidade perfeita e, no mínimo, você estará delegando o controle de sua escolha de regressores para seu computador se eles forem perfeitamente multicolineares.

Multicolinearidade imperfeita. Apesar do nome parecido, a multicolinearidade imperfeita é, do ponto de vista conceitual, completamente diferente da multicolinearidade perfeita. **Multicolinearidade imperfeita** significa que dois ou mais regressores são altamente correlacionados no sentido de que existe uma função linear dos regressores que é altamente correlacionada com outro regressor. A multicolinearidade imperfeita não suscita nenhum problema para a teoria dos estimadores de MQO; na realidade, um objetivo de MQO é identificar as influências independentes dos vários regressores quando estes são potencialmente correlacionados.

O Conceito-Chave 5.4 resume as hipóteses de mínimos quadrados para o modelo de regressão múltipla.

5.5 Distribuição dos Estimadores de MQO na Regressão Múltipla

Como os dados diferem de uma amostra para a seguinte, amostras diferentes produzem valores diferentes de estimadores de MQO. Essa variação entre amostras possíveis resulta na incerteza associada aos estimadores de MQO dos coeficientes de regressão da população, $\beta_0, \beta_1, \ldots, \beta_k$. Assim como na regressão com um único regressor, essa variação está resumida na distribuição amostral dos estimadores de MQO.

Distribuição de $\hat{\beta}_0, \hat{\beta}_1, \ldots, \hat{\beta}_k$ para Amostras Grandes

Conceito-Chave 5.5

Se as hipóteses de mínimos quadrados (veja o Conceito-Chave 5.4) são válidas, para amostras grandes, os estimadores de MQOs $\hat{\beta}_0, \hat{\beta}_1, \ldots, \hat{\beta}_k$ possuem distribuição normal conjunta e cada $\hat{\beta}_j$ é distribuído $N(\beta_j, \sigma^2_{\hat{\beta}_j})$, $j = 0, \ldots, k$.

Na Seção 4.4, você aprendeu que, sob a hipótese dos mínimos quadrados, os estimadores de MQO ($\hat{\beta}_0$ e $\hat{\beta}_1$) são estimadores não viesados e consistentes dos coeficientes desconhecidos (β_0 e β_1) no modelo de regressão linear com um único regressor. Além disso, em amostras grandes, a distribuição amostral de $\hat{\beta}_0$ e $\hat{\beta}_1$ tem uma aproximação boa por meio de uma distribuição normal bivariada.

Podemos estender esses resultados para a análise de regressão múltipla. Isto é, sob as hipóteses de mínimos quadrados do Conceito-Chave 5.4, os estimadores de MQO $\hat{\beta}_0, \hat{\beta}_1, \ldots, \hat{\beta}_k$ são estimadores não viesados e consistentes de $\beta_0, \beta_1, \ldots, \beta_k$ no modelo de regressão linear múltipla. Para amostras grandes, a distribuição amostral conjunta de $\hat{\beta}_0, \hat{\beta}_1, \ldots, \hat{\beta}_k$ tem uma aproximação boa por meio de uma distribuição normal multivariada, que é a extensão da distribuição normal bivariada para o caso geral de duas ou mais variáveis aleatórias normais conjuntas (veja a Seção 2.4).

Embora a álgebra seja mais complicada quando existem múltiplos regressores, o teorema central do limite se aplica aos estimadores de MQO no modelo de regressão múltipla pelo mesmo motivo que se aplica a $\overline{Y}$ e aos estimadores de MQO quando há um único regressor: os estimadores de MQO $\hat{\beta}_0, \hat{\beta}_1, \ldots, \hat{\beta}_k$ são médias de dados com amostragem aleatória e, se o tamanho da amostra é suficientemente grande, a distribuição amostral dessas médias torna-se normal. Como a distribuição normal multivariada é mais bem tratada matematicamente pelo uso de álgebra matricial, deixamos as expressões para a distribuição conjunta dos estimadores de MQO para o Capítulo 16.

O Conceito-Chave 5.5 resume o resultado de que, para amostras grandes, a distribuição dos estimadores de MQO na regressão múltipla é aproximadamente normal conjunta. De modo geral, os estimadores de MQO são correlacionados; essa correlação surge da correlação entre os regressores. A distribuição amostral conjunta dos estimadores de MQO é discutida de maneira mais detalhada no Apêndice 5.2 para os casos em que há dois regressores e erros homoscedásticos e na Seção 16.2 para o caso geral.

Erros Padrão para os Estimadores de MQO

Lembre-se de que, no caso de um único regressor, foi possível estimar a variância do estimador de MQO substituindo-se as expectativas por médias da amostra, que levaram ao estimador $\hat{\sigma}^2_{\hat{\beta}_1}$ dado na Equação (4.19). Sob as hipóteses de mínimos quadrados, a lei dos grandes números implica que essas médias da amostra convergem para suas correspondentes na população, de modo que, por exemplo, $\hat{\sigma}^2_{\hat{\beta}_1}/\sigma^2_{\hat{\beta}_1} \xrightarrow{p} 1$. A raiz quadrada de $\hat{\sigma}^2_{\hat{\beta}_1}$ é o erro padrão de $\hat{\beta}_1$, $EP(\hat{\beta}_1)$, um estimador do desvio padrão da distribuição amostral de $\hat{\beta}_1$.

Tudo isso se estende diretamente para a regressão múltipla. O estimador de MQO $\hat{\beta}_j$ do j-ésimo coeficiente de regressão possui um desvio padrão que é estimado por seu erro padrão, $EP(\hat{\beta}_j)$. A fórmula para o erro padrão é expressa mais facilmente com o uso de matrizes, de modo que ela é dada na Seção 16.2. O ponto importante é que, no que diz respeito ao erro padrão, não há nada conceitualmente diferente entre os casos de um único regressor e de múltiplos regressores. As idéias principais — a normalidade dos estimadores para amostras grandes e a capacidade de estimar de maneira consistente o desvio padrão de sua distribuição amostral — são as mesmas na presença de um, dois ou 12 regressores.

5.6 Testes de Hipótese e Intervalos de Confiança para um Único Coeficiente

Nesta seção, descrevemos como testar hipóteses e construir intervalos de confiança para um único coeficiente em uma equação de regressão múltipla.

Testes de Hipótese para um Único Coeficiente

Suponha que você queira testar a hipótese de que uma variação na razão aluno-professor não tem nenhum efeito sobre a pontuação nos exames, mantendo constante a porcentagem de alunos que está aprendendo inglês na diretoria. Isso corresponde a supor que a hipótese de que o verdadeiro coeficiente β_1 da razão aluno-professor é zero na regressão da população de pontuação nos exames sobre *RAP* e *%AI*. Generalizando, podemos querer testar a hipótese de que o verdadeiro coeficiente β_j do *j*-ésimo regressor assume um valor específico, $\beta_{j,0}$. O valor nulo $\beta_{j,0}$ vem da teoria econômica ou, como no exemplo da razão aluno-professor, do contexto de tomada de decisão da aplicação. Se a hipótese alternativa é bicaudal, as duas hipóteses podem ser escritas matematicamente como

$$H_0: \beta_j = \beta_{j,0} \ vs. \ H_1: \beta_j \neq \beta_{j,0} \text{ (hipótese alternativa bicaudal).} \quad (5.13)$$

Por exemplo, se o primeiro regressor é *RAP*, a hipótese nula de que uma variação na razão aluno-professor não tem efeito sobre o tamanho da turma corresponde à hipótese nula de que $\beta_1 = 0$ (de modo que $\beta_{1,0} = 0$). Nossa tarefa é testar a hipótese nula H_0 contra a alternativa H_1 utilizando uma amostra de dados.

O Conceito-Chave 4.6 fornece um procedimento para testar essa hipótese nula quando há somente um único regressor. O primeiro passo desse procedimento é calcular o erro padrão do coeficiente. O segundo é calcular a estatística *t* utilizando a fórmula geral do Conceito-Chave 4.5. O terceiro é calcular o valor *p* do teste usando a distribuição normal acumulada da Tabela 1 do Apêndice ou, alternativamente, comparar a estatística *t* ao valor crítico correspondente ao nível de significância desejado para o teste. A base teórica desse procedimento é a seguinte: o estimador de MQO possui uma distribuição normal para amostras grandes que, sob a hipótese nula, tem como média o valor verdadeiro da hipótese e a variância dessa distribuição pode ser estimada de maneira consistente.

Essa base também está presente na regressão múltipla. Conforme expresso no Conceito-Chave 5.5, a distribuição amostral de $\hat{\beta}_j$ é aproximadamente normal. Sob a hipótese nula, a média dessa distribuição é $\beta_{j,0}$. A variância dessa distribuição pode ser estimada de maneira consistente. Portanto, podemos simplesmente usar o mesmo procedimento do caso com um único regressor para testar a hipótese nula na Equação (5.13).

O Conceito-Chave 5.6 resume o procedimento para o teste de uma hipótese para um único coeficiente na regressão múltipla. A estatística *t* efetivamente calculada é representada no Conceito-Chave por t^{ef}. Contudo, é comum representá-la simplesmente por *t*, e será esta a notação que adotaremos no restante do livro.

Intervalos de Confiança para um Único Coeficiente

O método para se construir um intervalo de confiança na regressão múltipla é o mesmo do modelo com um único regressor. O Conceito-Chave 5.7 resume esse método.

O método para a condução de um teste de hipótese no Conceito-Chave 5.6 e o método para a construção de um intervalo de confiança no Conceito-Chave 5.7 se apóiam na aproximação normal para amostras grandes da distribuição do estimador de MQO $\hat{\beta}_j$. Desse modo, você deve ter em mente que esses métodos que quantificam a incerteza da amostragem só têm garantia de funcionamento para amostras grandes.

Testando a Hipótese $\beta_j = \beta_{j,0}$ contra a Hipótese Alternativa $\beta_j \neq \beta_{j,0}$

Conceito-Chave 5.6

1. Calcule o erro padrão de $\hat{\beta}_j$, $EP(\hat{\beta}_j)$.
2. Calcule a estatística t

$$t = \frac{\hat{\beta}_j - \beta_{j,0}}{EP(\hat{\beta}_j)}. \tag{5.14}$$

3. Calcule o valor p

$$\text{valor } p = 2\Phi(-|t^{ef}|), \tag{5.15}$$

onde t^{ef} é o valor da estatística t efetivamente calculado. Rejeite a hipótese ao nível de significância de 5 por cento se o valor p for menor do que 0,05 ou, de forma equivalente, se $|t^{ef}| > 1{,}96$.

O erro padrão e (normalmente) a estatística t e o valor p para testar $\beta_j = 0$ são calculados automaticamente pelo pacote de regressão.

Aplicação à Pontuação nos Exames e à Razão Aluno-Professor

Podemos rejeitar a hipótese nula de que uma variação na razão aluno-professor não tem efeito sobre a pontuação nos exames, uma vez que controlemos a porcentagem de alunos que está aprendendo inglês na diretoria? O que é um intervalo de confiança de 95 por cento para o efeito de uma variação na razão aluno-professor sobre a pontuação nos exames, controlando-se a porcentagem de alunos que está aprendendo inglês? Agora já somos capazes de responder a essa questão. A regressão da pontuação nos exames contra *RAP* e *%AI*, estimada por MQO, foi dada na Equação (5.10) e é novamente expressa aqui — os erros padrão estão entre parênteses abaixo dos coeficientes:

$$\widehat{PontExame} = \underset{(8,7)}{686{,}0} - \underset{(0,43)}{1{,}10} \times RAP - \underset{(0,031)}{0{,}650} \times \%AI. \tag{5.16}$$

Para testar a hipótese de que o verdadeiro coeficiente sobre *RAP* é 0, primeiro precisamos calcular a estatística t na Equação (5.14). Como a hipótese nula diz que o valor verdadeiro desse coeficiente é zero, a estatística t é $t = (-1{,}10 - 0)/0{,}43 = -2{,}54$. O valor p associado a ela é $2\Phi(-2{,}54) = 1{,}1$ por cento; isto é, o menor nível de significância para o qual podemos rejeitar a hipótese nula é 1,1 por cento. Como o valor p é menor do que 5 por cento, a hipótese nula pode ser rejeitada ao nível de significância de 5 por cento (mas decididamente não ao nível de significância de 1 por cento).

Um intervalo de confiança de 95 por cento para o coeficiente da população de *RAP* é $-1{,}10 \pm 1{,}96 \times 0{,}43 = (-1{,}95, -0{,}26)$; isto é, podemos estar 95 por cento confiantes de que o verdadeiro valor do coeficiente está entre $-1{,}95$ e $-0{,}26$. Interpretado no contexto do interesse da superintendente de diminuir a razão aluno-professor em 2, o intervalo de confiança de 95 por cento para o efeito dessa redução sobre a pontuação nos exames é $(-1{,}95 \times 2, -0{,}26 \times 2) = (-3{,}90, -0{,}52)$.

Adicionando despesas por aluno à equação. Sua análise da regressão múltipla na Equação (5.16) convenceu a superintendente de que, com base na evidência até o momento, a redução do tamanho da turma ajudará a melhorar a pontuação nos exames em sua diretoria. Agora, contudo, ela parte para uma questão mais sutil. Se contratar mais professores, poderá pagá-los por meio de cortes de outros itens do orçamento (descartando novos computadores, reduzindo gastos com manutenção etc.) ou da solicitação de um aumento em seu orçamento, o que desagrada os contribuintes. Ela pergunta: qual é o efeito de uma redução da razão aluno-professor sobre a pontuação nos exames, mantendo constantes o gasto por aluno e a porcentagem de alunos que está aprendendo inglês?

Conceito-Chave 5.2

Intervalos de Confiança para um Único Coeficiente na Regressão Múltipla

Um intervalo de confiança bicaudal de 95 por cento para o coeficiente β_j é um intervalo que contém o valor verdadeiro de β_j com uma probabilidade de 95 por cento; isto é, contém o valor verdadeiro de β_j em 95 por cento de todas as amostras possíveis selecionadas aleatoriamente. De modo equivalente, ele também é o conjunto de valores de β_j que não podem ser rejeitados por um teste de hipótese bicaudal a um nível de 5 por cento. Quando o tamanho da amostra é grande, o intervalo de confiança de 95 por cento é:

$$\text{intervalo de confiança de 95 por cento para } \beta_j = (\hat{\beta}_j - 1{,}96EP(\hat{\beta}_j), \hat{\beta}_j + 1{,}96EP(\hat{\beta}_j)). \quad (5.17)$$

Um intervalo de confiança de 90 por cento é obtido substituindo-se 1,96 na Equação (5.17) por 1,645.

Essa questão pode ser considerada estimando-se uma regressão da pontuação nos exames sobre a razão aluno-professor, o gasto total por aluno e a porcentagem de alunos que está aprendendo inglês. A reta de regressão de MQO é

$$\widehat{PontExame} = \underset{(15,5)}{649{,}6} - \underset{(0,48)}{0{,}29} \times RAP + \underset{(1,59)}{3{,}87} \times Gasto - \underset{(0{,}032)}{0{,}656} \times \%AI, \quad (5.18)$$

onde *Gasto* é o gasto total anual (em milhares de dólares) por aluno na diretoria.

O resultado é surpreendente. Mantendo constantes o gasto por aluno e a porcentagem de alunos aprendendo inglês, estima-se que uma variação na razão aluno-professor tenha um efeito muito pequeno sobre a pontuação nos exames: o coeficiente estimado de *RAP* na Equação (5.16) é de –1,10, mas, adicionando-se *Gasto* como regressor na Equação (5.18), ele é de apenas –0,29. Além disso, a estatística t que testa se o valor verdadeiro do coeficiente é zero agora é $t = (-0{,}29 - 0)/0{,}48 = -0{,}60$, de modo que a hipótese de que o valor do coeficiente da população é de fato zero não pode ser rejeitada mesmo ao nível de significância de 10 por cento ($|-0{,}60| < 1{,}645$). Portanto, a Equação (5.18) não fornece nenhuma evidência de que a contratação de mais professores irá melhorar a pontuação nos exames se o gasto total por aluno for mantido constante.

Observe que, quando *Gasto* foi incluído, o erro padrão de *RAP* aumentou de 0,43 na Equação (5.16) para 0,48 na Equação (5.18). Isso ilustra o ponto geral de que uma correlação entre regressores (a correlação entre *RAP* e *Gasto* é –0,62) pode tornar os estimadores de MQO menos precisos (veja o Apêndice 5.2 para uma discussão mais detalhada).

E quanto a nosso contribuinte irritado? Ele afirma que os valores da população *tanto* do coeficiente da razão aluno-professor (β_1) *quanto* do coeficiente do gasto por aluno (β_2) são iguais a zero, isto é, sua hipótese é de que $\beta_1 = 0$ e $\beta_2 = 0$. Embora pareça que podemos rejeitar essa hipótese, uma vez que a estatística t para o teste de $\beta_2 = 0$ na Equação (5.18) é $t = 3{,}87/1{,}59 = 2{,}43$, esse raciocínio é falho. A hipótese do contribuinte é uma hipótese conjunta e para testá-la precisamos de uma ferramenta nova, a estatística F.

5.7 Testes de Hipóteses Conjuntas

Esta seção descreve como formular hipóteses conjuntas sobre coeficientes de regressão múltipla e como testá-las utilizando uma estatística F.

Teste de Hipóteses sobre Dois ou Mais Coeficientes

Hipótese nula conjunta. Considere a regressão na Equação (5.18) da pontuação nos exames contra a razão aluno-professor, o gasto por aluno e a porcentagem de alunos que está aprendendo inglês. A hipótese de nosso contribuinte irritado é de que nem a razão aluno-professor nem o gasto por aluno possuem nenhum efeito sobre a pontuação nos exames, uma vez que controlemos a porcentagem de alunos que está aprendendo inglês. Como *RAP* é o primeiro regressor na Equação (5.18) e *Gasto* é o segundo, podemos escrever matematicamente essa hipótese como

$$H_0: \beta_1 = 0 \text{ e } \beta_2 = 0 \text{ } versus \text{ } H_1: \beta_1 \neq 0 \text{ e/ou } \beta_2 \neq 0 \tag{5.19}$$

A hipótese de que *tanto* o coeficiente da razão aluno-professor (β_1) *quanto* o coeficiente do gasto por aluno (β_2) são iguais a zero é um exemplo de uma hipótese conjunta sobre os coeficientes no modelo de regressão múltipla. Nesse caso, a hipótese nula restringe o valor de dois dos coeficientes, de modo que no que diz respeito à terminologia podemos dizer que a hipótese nula na Equação (5.19) impõe duas **restrições** sobre o modelo de regressão múltipla: que $\beta_1 = 0$ *e* que $\beta_2 = 0$.

Em geral, uma **hipótese conjunta** é uma hipótese que impõe duas ou mais restrições sobre os coeficientes da regressão. Consideramos as hipóteses conjuntas nula e alternativa da seguinte forma:

$$\begin{aligned} &H_0: \beta_j = \beta_{j,0}, \beta_m = \beta_{m,0} \text{ etc., para um total de } q \text{ restrições, } versus \\ &H_1: \text{uma ou mais das } q \text{ restrições sob } H_0 \text{ não são válidas,} \end{aligned} \tag{5.20}$$

onde β_j, β_m etc. referem-se a coeficientes de regressão diferentes e $\beta_{j,0}$, $\beta_{m,0}$ etc. referem-se ao valor desses coeficientes sob a hipótese nula. A hipótese nula na Equação (5.19) é um exemplo da Equação (5.20). Outro exemplo é o seguinte: em uma regressão com $k = 6$ regressores, a hipótese nula é de que os coeficientes do 2º, 4º e 5º regressores são nulos; isto é, $\beta_2 = 0$, $\beta_4 = 0$ e $\beta_5 = 0$, de modo que $q = 3$ restrições. Em geral, sob a hipótese nula H_0, existem q dessas restrições.

Se qualquer uma (ou mais de uma) das igualdades sob a hipótese nula H_0 na Equação (5.20) for falsa, a hipótese nula conjunta em si será falsa. Portanto, a hipótese alternativa é de que pelo menos uma das igualdades na hipótese nula H_0 não é válida.

Por que não posso testar somente um coeficiente individual de cada vez? Embora pareça possível testar uma hipótese conjunta utilizando a estatística *t* usual para testar uma restrição de cada vez, o cálculo a seguir mostra que esse enfoque não é confiável. Suponha que você esteja especificamente interessado em testar a hipótese nula conjunta na Equação (5.18) de que $\beta_1 = 0$ e $\beta_2 = 0$. Seja t_1 a estatística *t* para o teste da hipótese nula de que $\beta_1 = 0$ e seja t_2 a estatística *t* para o teste da hipótese nula de que $\beta_2 = 0$. O que acontece quando você usa o procedimento de teste "uma de cada vez": rejeita a hipótese nula conjunta se t_1 ou t_2 excedem 1,96 em valor absoluto?

Como essa pergunta envolve as duas variáveis aleatórias t_1 e t_2, responder a ela requer a caracterização da distribuição amostral conjunta de t_1 e t_2. Conforme mencionado na Seção 5.5, para amostras grandes, $\hat{\beta}_1$ e $\hat{\beta}_2$ possuem uma distribuição normal conjunta, de modo que, sob a hipótese nula conjunta, as estatísticas *t* t_1 e t_2 possuem uma distribuição normal bivariada, em que cada estatística *t* possui média igual a zero e variância igual a um.

Em primeiro lugar, considere o caso especial em que as estatísticas *t* são não-correlacionadas e, portanto, independentes. Qual é o tamanho do procedimento de teste "uma de cada vez", isto é, qual é a probabilidade de você rejeitar a hipótese nula quando ela for verdadeira? Mais de 5 por cento! Nesse caso especial, podemos calcular a probabilidade de rejeição desse método com exatidão. A hipótese nula *não* será rejeitada somente se $|t_1| \leq 1{,}96$ e $|t_2| \leq 1{,}96$. Como as estatísticas *t* são independentes, $P(|t_1| \leq 1{,}96 \text{ e } |t_2| \leq 1{,}96) = P(|t_1| \leq 1{,}96) \times P(|t_2| \leq 1{,}96) = 0{,}95^2 = 0{,}9025 = 90{,}25\%$. Desse modo, a probabilidade de rejeição da hipótese nula quando ela for verdadeira será de $1 - 0{,}95^2 = 9{,}75$ por cento. O método "uma de cada vez" rejeita a hipótese nula com muita freqüência, porque dá a você muitas oportunidades: se você deixa de rejeitar utilizando a primeira estatística *t*, pode tentar novamente utilizando a segunda.

Se os regressores são correlacionados, a situação fica ainda mais complicada. O tamanho do procedimento "uma de cada vez" depende do valor da correlação entre os regressores. Como o enfoque de teste "uma de cada vez" tem o tamanho errado — isto é, sua taxa de rejeição sob a hipótese nula não é igual ao nível de significância desejado —, é necessário um novo enfoque.

Um enfoque é modificar o método "uma de cada vez" de modo que sejam utilizados diferentes valores críticos que assegurem que seu tamanho seja igual ao nível de significância. Esse método, denominado método de Bonferroni, é descrito no Apêndice 5.3. A vantagem desse método é que ele se aplica de modo bastante geral. Sua desvantagem é ser pouco eficiente: freqüentemente deixa de rejeitar a hipótese nula quando na verdade a hipótese alternativa é verdadeira.

Felizmente, existe outro enfoque mais eficiente para o teste de hipóteses conjuntas, especialmente quando os regressores são altamente correlacionados. Esse enfoque baseia-se na estatística *F*.

Estatística *F*

A **estatística *F*** é utilizada para testar hipóteses conjuntas sobre coeficientes de regressão. As fórmulas para a estatística *F* foram incorporadas aos pacotes de regressão modernos. Discutiremos primeiro o caso de duas restrições para então voltarmos para o caso geral de q restrições.

Estatística F com q = 2 restrições. Quando a hipótese nula conjunta tem duas restrições — $\beta_1 = 0$ e $\beta_2 = 0$ —, a estatística *F* combina *(as duas estatísticas t)* t_1 e t_2 utilizando a fórmula

$$F = \frac{1}{2}\left(\frac{t_1^2 + t_2^2 - 2\hat{\rho}_{t_1,t_2} t_1 t_2}{1 - \hat{\rho}_{t_1,t_2}^2}\right), \tag{5.21}$$

onde $\hat{\rho}_{t_1,t_2}$ é um estimador da correlação entre as duas estatísticas *t*.

Para entender a estatística *F* na Equação (5.21), primeiro suponha que sabemos que as estatísticas *t* são não-correlacionadas, de modo que podemos excluir os termos que envolvem $\hat{\rho}_{t_1,t_2}$. Se for esse o caso, a Equação (5.21) é simplificada e $F = \frac{1}{2}(t_1^2 + t_2^2)$, isto é, a estatística *F* é a média dos quadrados das estatísticas *t*. Sob a hipótese nula, t_1 e t_2 são variáveis aleatórias normais padrão independentes (pois as estatísticas *t* são não-correlacionadas por hipótese), de modo que, sob a hipótese nula, *F* possui uma distribuição $F_{2,\infty}$ (veja a Seção 2.4). Sob a hipótese alternativa de que ou β_1 é diferente de zero ou β_2 é diferente de zero (ou ambos), então ou t_1^2 ou t_2^2 (ou ambos) serão grandes, o que leva o teste a rejeitar a hipótese nula.

Em geral, a estatística *t* é correlacionada, e a fórmula para a estatística *F* na Equação (5.21) ajusta-se a essa correlação. Esse ajuste é feito de modo que, sob a hipótese nula, a estatística *F* possua uma distribuição $F_{2,\infty}$ para amostras grandes, sejam as estatísticas *t* correlacionadas ou não.

Estatística F com q restrições. A fórmula para a estatística *F* testar as q restrições da hipótese nula conjunta na Equação (5.20) é dada na Seção 16.3. Os pacotes de regressão incorporam essa fórmula, o que facilita o cálculo da estatística *F* na prática.

Sob a hipótese nula, a estatística *F* tem uma distribuição amostral que, para amostras grandes, é dada pela distribuição $F_{q,\infty}$. Isto é, para amostras grandes, sob a hipótese nula,

$$\text{a estatística } F \text{ é distribuída como } F_{q,\infty}. \tag{5.22}$$

Assim, os valores críticos para a estatística *F* podem ser obtidos nas tabelas da distribuição $F_{q,\infty}$ na Tabela 4 do Apêndice para o valor apropriado de q e o nível de significância desejado.

Calculando o valor p utilizando a estatística F. O valor p da estatística *F* pode ser calculado utilizando-se a aproximação qui-quadrado de sua distribuição para amostras grandes. Seja F^{ef} o valor da estatística *F* efetivamente calculado. Como a estatística *F* tem uma distribuição $F_{q,\infty}$, para amostras grandes, sob a hipótese nula, o valor p é

$$\text{valor } p = \text{P}[F_{q,\infty} > F^{ef}]. \tag{5.23}$$

O valor p na Equação (5.23) pode ser avaliado pelo uso da tabela da distribuição $F_{q,\infty}$ (ou, de forma alternativa, uma tabela da distribuição χ^2_q, pois uma variável aleatória com distribuição χ^2_q é q vezes uma variável aleatória com distribuição $F_{q,\infty}$). Alternativamente, o valor p pode ser avaliado por meio de um computador, uma vez que as fórmulas para as distribuições acumuladas qui-quadrado e F foram incorporadas aos pacotes estatísticos modernos.

Estatística F "global" da regressão. A estatística F "global" da regressão testa a hipótese conjunta de que *todos* os coeficientes de declividade são iguais a zero. Isto é, as hipóteses nula e alternativa são

$$H_0: \beta_1 = 0, \beta_2 = 0, ..., \beta_k = 0 \textit{ versus } H_1: H_1: \beta_j \neq 0, \text{ pelo menos um } j, j = 1, ..., k. \tag{5.24}$$

Sob essa hipótese nula, nenhum dos regressores explica qualquer variação em Y_i, embora o intercepto (que sob a hipótese nula é a média de Y_i) possa ser diferente de zero. A hipótese nula na Equação (5.24) é um caso especial da hipótese nula geral da Equação (5.20), e a estatística F global da regressão é a estatística F calculada para a hipótese nula na Equação (5.24). Para amostras grandes, a estatística F global da regressão tem uma distribuição $F_{k,\infty}$.

Estatística F quando q = 1. Quando $q = 1$, a estatística F testa uma única restrição. Então, a hipótese nula conjunta fica reduzida a uma hipótese nula com um único coeficiente de regressão e a estatística F é o quadrado da estatística t.

Heteroscedasticidade e homoscedasticidade novamente. Na Seção 4.9, você viu que, por razões históricas, os pacotes estatísticos às vezes calculam os erros padrão somente homoscedásticos como opção padrão, de modo que o usuário deve especificar que os erros padrão robustos quanto à heteroscedasticidade devem ser utilizados, no lugar da opção padrão. Esse aviso se aplica também à estatística F: para assegurar que você utiliza a estatística F robusta quanto à heteroscedasticidade, em alguns pacotes de regressão você deve selecionar a opção "robusto", de modo que sejam utilizadas estimativas robustas da "matriz de co-variância". Se a versão somente homoscedástica da estatística F (discutida no Apêndice 5.3) for utilizada, mas os erros forem heteroscedásticos, a estatística F não terá a distribuição $F_{q,\infty}$ na Equação (5.22) sob a hipótese nula e levará a inferências estatísticas enganosas.

Aplicação à Pontuação nos Exames e à Razão Aluno-Professor

Agora estamos capacitados para testar a hipótese nula de que os coeficientes *tanto* da razão aluno-professor *quanto* do gasto por aluno são iguais a zero contra a alternativa de que pelo menos um coeficiente é diferente de zero, controlando a porcentagem de alunos que está aprendendo inglês na diretoria.

Para testar essa hipótese, precisamos calcular a estatística F do teste em que $\beta_1 = 0$ e $\beta_2 = 0$ utilizando a regressão de *PontExame* sobre *RAP*, *Gasto* e *%AI* apresentada na Equação (5.18). O valor da estatística F é 5,43. Sob a hipótese nula, para amostras grandes, a estatística possui uma distribuição $F_{2,\infty}$. O valor crítico de 5 por cento da distribuição $F_{2,\infty}$ é 3,00 (veja a Tabela 4 do Apêndice) e o valor crítico de 1 por cento é 4,61. O valor da estatística F calculado a partir dos dados, 5,43, é maior do que 4,61, de modo que a hipótese nula é rejeitada ao nível de 1 por cento. É muito pouco provável que tenhamos selecionado uma amostra que produzisse uma estatística F tão grande quanto 5,43 se a hipótese nula fosse de fato verdadeira (o valor p é 0,005). Com base na evidência da Equação (5.18) e no que foi resumido na estatística F, podemos rejeitar a hipótese do contribuinte de que *nem* a razão aluno-professor *nem* o gasto por aluno tem um efeito sobre a pontuação nos exames (mantendo constante a porcentagem de alunos que está aprendendo inglês).

5.8 Testando Restrições Únicas que Envolvem Coeficientes Múltiplos

Às vezes a teoria econômica sugere uma única restrição que envolve dois ou mais coeficientes de regressão. Por exemplo, a teoria pode sugerir uma hipótese nula da forma $\beta_1 = \beta_2$, isto é, os efeitos do primeiro e do segundo regressor são iguais. Nesse caso, a tarefa é testar essa hipótese nula contra a alternativa de que os dois coeficientes são diferentes, isto é,

$$H_0: \beta_1 = \beta_2 \textit{ versus } H_1: \beta_1 \neq \beta_2. \quad (5.25)$$

Essa hipótese nula tem uma restrição única, de modo que $q = 1$, porém a restrição envolve múltiplos coeficientes (β_1 e β_2). Precisamos modificar os métodos apresentados até o momento para testar essa hipótese. Existem dois enfoques; qual deles será mais fácil dependerá de seu pacote.

Enfoque nº 1: Teste a restrição diretamente. Alguns pacotes estatísticos possuem um comando especial destinado a testar restrições como a Equação (5.25), e o resultado é uma estatística F que, como $q = 1$, possui uma distribuição $F_{1,\infty}$ sob a hipótese nula. (Lembre-se da Seção 2.4, em que você viu que o quadrado de uma variável aleatória normal padrão possui uma distribuição $F_{1,\infty}$, de modo que o percentil de 95 por cento da distribuição $F_{1,\infty}$ é $1{,}96^2 = 3{,}84$.)

Enfoque nº 2: Transforme a regressão. Se o seu pacote estatístico não pode testar a restrição diretamente, a hipótese na Equação (5.25) pode ser testada utilizando-se um truque em que a equação da regressão original é reescrita para transformar a restrição na Equação (5.25) em uma restrição sobre um único coeficiente de regressão. Para dar um exemplo concreto, suponha que haja somente dois regressores na regressão, X_{1i} e X_{2i}, de modo que a regressão da população tem a forma

$$Y_i = \beta_0 + \beta_1 X_{1i} + \beta_2 X_{2i} + u_i. \quad (5.26)$$

Aqui está o truque: ao subtrairmos e adicionarmos $\beta_2 X_{1i}$, temos que $\beta_1 X_{1i} + \beta_2 X_{2i} = \beta_1 X_{1i} - \beta_2 X_{1i} + \beta_2 X_{1i} + \beta_2 X_{2i} = (\beta_1 - \beta_2) X_{1i} + \beta_2 (X_{1i} + X_{2i}) = \gamma_1 X_{1i} + \beta_2 W_i$, onde $\gamma_1 = \beta_1 - \beta_2$ e $W_i = X_{1i} + X_{2i}$. Desse modo, a regressão da população na Equação (5.26) pode ser reescrita como

$$Y_i = \beta_0 + \gamma_1 X_{1i} + \beta_2 W_i + u_i. \quad (5.27)$$

Como o coeficiente γ_1 nessa equação é $\gamma_1 = \beta_1 - \beta_2$, sob a hipótese nula, na Equação (5.25), $\gamma_1 = 0$, ao passo que, sob a alternativa, $\gamma_1 \neq 0$. Portanto, ao transformar a Equação (5.26) na Equação (5.27), transformamos uma restrição sobre dois coeficientes de regressão em uma restrição sobre um único coeficiente de regressão.

Como a restrição agora envolve o coeficiente único γ_1, a hipótese nula na Equação (5.25) pode ser testada usando o método da estatística t da Seção 5.6. Na prática, isso é feito construindo-se em primeiro lugar o novo regressor W_i como a soma dos dois regressores originais para que então a regressão de Y_i sobre X_{1i} e W_i seja estimada. Um intervalo de confiança de 95 por cento para a diferença entre os coeficiente $\beta_1 - \beta_2$ pode ser calculado como $\hat{\gamma}_1 \pm 1{,}96EP(\hat{\gamma}_1)$.

Esse método pode ser estendido para outras restrições sobre equações de regressão utilizando-se o mesmo truque (veja o Exercício 5.8).

Os dois métodos (enfoques nº 1 e nº 2) são equivalentes, no sentido de que a estatística F do primeiro método é igual ao quadrado da estatística t do segundo método.

Extensão para q > 1. Em geral, é possível ter q restrições sob a hipótese nula em que algumas ou todas essas restrições envolvem múltiplos coeficientes. A estatística F da Seção 5.7 pode ser estendida para esse tipo de hipótese conjunta. A estatística F pode ser calculada por qualquer um dos dois métodos que acabamos de discutir para $q = 1$. A melhor forma de fazer isso na prática dependerá do pacote de regressão específico que está sendo utilizado.

5.9 Conjuntos de Confiança para Múltiplos Coeficientes

Nesta seção, explicamos como construir um conjunto de confiança para dois ou mais coeficientes de regressão múltipla. O método é conceitualmente similar ao método da Seção 5.6 para a construção de um conjunto de confiança para um único coeficiente pelo uso da estatística *t*, exceto pelo fato de que o conjunto de confiança para múltiplos coeficientes baseia-se na estatística *F*.

Um **conjunto de confiança de 95 por cento** para dois ou mais coeficientes é um conjunto que contém os verdadeiros valores da população desses coeficientes em 95 por cento das amostras selecionadas aleatoriamente. Portanto, um conjunto de confiança é a generalização para dois ou mais coeficientes de um intervalo de confiança para um único coeficiente.

Lembre-se de que um intervalo de confiança de 95 por cento é calculado encontrando-se o conjunto de valores dos coeficientes que não são rejeitados pelo uso de uma estatística *t* a um nível de significância de 5 por cento. Esse enfoque pode ser estendido para o caso de múltiplos coeficientes. Para tornar isso concreto, suponha que você esteja interessado na construção de um conjunto de confiança para dois coeficientes, β_1 e β_2. Na Seção 5.7, mostramos como utilizar a estatística *F* para testar uma hipótese nula conjunta de que $\beta_1 = \beta_{1,0}$ e $\beta_2 = \beta_{2,0}$. Suponha que você queira testar todos os valores possíveis de $\beta_{1,0}$ e $\beta_{2,0}$ ao nível de 5 por cento. Para cada par de candidatos $(\beta_{1,0}, \beta_{2,0})$, você constrói a estatística *F* e rejeita-a se ela exceder o valor crítico a 5 por cento de 3,00. Como o teste tem um nível de significância de 5 por cento, os verdadeiros valores da população de β_1 e β_2 não serão rejeitados em 95 por cento de todas as amostras. Assim, o conjunto de valores não rejeitados ao nível de 5 por cento por essa estatística *F* constitui um conjunto de confiança de 95 por cento para β_1 e β_2.

Embora esse método de tentar todos os valores possíveis de $\beta_{1,0}$ e $\beta_{2,0}$ funcione na teoria, na prática é muito mais simples utilizar uma fórmula explícita para o conjunto de confiança. Essa fórmula para um número arbitrário de coeficientes baseia-se na fórmula para a estatística *F* da Seção 16.3. Quando há dois coeficientes, os conjuntos de confiança resultantes têm o formato de elipse.

Para fins de ilustração, a Figura 5.1 mostra um conjunto de confiança de 95 por cento (elipse de confiança) para os coeficientes da razão aluno-professor e do gasto por aluno, mantendo constante a porcentagem de alunos que está aprendendo inglês, com base na regressão estimada na Equação (5.18). Essa elipse não inclui o ponto (0,0). Isso significa que a hipótese nula de que esses dois coeficientes são iguais a zero é rejeitada pelo uso da estatística *F* a um nível de significância de 5 por cento, que já conhecíamos da Seção 5.7. A elipse de confiança é uma lingüiça gorda e sua parte longa é orientada para a direção abaixo-esquerda/acima-direita. Isso porque a correlação estimada entre $\hat{\beta}_1$ e $\hat{\beta}_2$ é positiva, o que por sua vez surge em razão da correlação entre os regressores *RAP* e *Gasto* (escolas que gastam mais por aluno tendem a ter menos alunos por professor).

FIGURA 5.1 Conjunto de Confiança de 95 por cento para β_1 e β_2

O conjunto de confiança de 95 por cento para β_1 e β_2 é uma elipse. A elipse contém os pares de valores de β_1 e β_2 que não podem ser rejeitados pelo uso da estatística *F* ao nível de significância de 5 por cento.

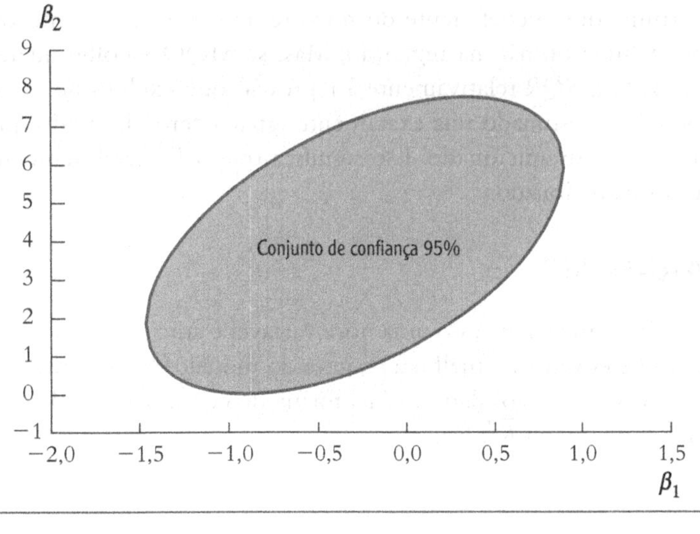

5.10 Estatísticas de Regressão Adicionais

Três estatísticas-resumo comumente utilizadas na regressão múltipla são o erro padrão da regressão, o R^2 da regressão e o R^2 ajustado (também conhecido como $\overline{R}^2$). As três estatísticas medem quão bem a estimativa de MQO da reta de regressão múltipla descreve ou "se ajusta" aos dados.

Erro Padrão da Regressão (EPR)

O erro padrão da regressão estima o desvio padrão do termo de erro u_i. Portanto, o *EPR* é uma medida da dispersão da distribuição de *Y* em torno da reta de regressão. Na regressão múltipla, o *EPR* é

$$EPR = s_{\hat{u}}, \text{ onde } s_{\hat{u}}^2 = \frac{1}{n-k-1}\sum_{i=1}^{n}\hat{u}_i^2 = \frac{SQR}{n-k-1}, \tag{5.28}$$

onde *SQR* é a soma dos quadrados dos resíduos, $SQR = \sum_{i=1}^{n}\hat{u}_i^2$.

A única diferença entre a definição na Equação (5.28) e a definição de *EPR* na Seção 4.8 para o modelo com um único regressor é que aqui o divisor é $n - k - 1$ em vez de $n - 2$. Na Seção 4.8, o divisor $n - 2$ (em vez de *n*) ajusta o viés para baixo introduzido na estimativa de dois coeficientes (a declividade e o intercepto da reta de regressão). Aqui o divisor $n - k - 1$ ajusta o viés para baixo introduzido na estimativa de $k + 1$ coeficientes (*k* coeficientes de declividade e um intercepto). Assim como na Seção 4.8, o uso de $n - k - 1$ em vez de *n* é chamado de ajuste de graus de liberdade. Se há um único regressor, então $k = 1$, de modo que a fórmula na Seção 4.8 é igual à da Equação (5.28). Quando *n* é grande, o efeito do ajuste de graus de liberdade é desprezível.

O R^2

O R^2 da regressão é a fração da variância da amostra de Y_i explicada (ou prevista) pelos regressores. De modo equivalente, o R^2 é igual a um menos a fração da variância de Y_i *não* explicada pelos regressores.

A definição matemática de R^2 é a mesma da regressão com um único regressor:

$$R^2 = \frac{SQE}{SQT} = 1 - \frac{SQR}{SQT}, \tag{5.29}$$

onde a soma dos quadrados explicada é $SQE = \sum_{i=1}^{n}(\hat{Y}_i - \overline{Y})^2$ e a soma dos quadrados total é $SQT = \sum_{i=1}^{n}(Y_i - \overline{Y})^2$.

Na regressão múltipla, o R^2 aumenta quando um regressor é adicionado, a menos que o novo regressor seja perfeitamente multicolinear com os regressores originais. Para visualizar isso, considere o início com um regressor e então a adição de um segundo. Quando você utiliza MQO para estimar o modelo com os dois regressores, MQO encontra os valores dos coeficientes que minimizam a soma dos quadrados dos resíduos. Se MQO determina que o coeficiente do novo regressor é exatamente zero, a *SQR* será a mesma se a segunda variável for incluída ou não na regressão. Mas, se MQO escolhe qualquer valor diferente de zero, esse valor deve ter reduzido a *SQR* relativamente à regressão que exclui esse regressor. Na prática, é bastante incomum que um coeficiente estimado seja exatamente igual a zero, de modo que, em geral, a *SQR* diminuirá quando um novo regressor for adicionado. Isso significa que o R^2 geralmente aumenta (e nunca diminui) quando um novo regressor é adicionado.

O "R^2 Ajustado"

Como o R^2 aumenta quando uma nova variável é adicionada, um aumento de R^2 não significa que a adição de uma variável efetivamente melhora o ajuste do modelo. Nesse sentido, o R^2 dá uma estimativa inflada de quão bem a regressão se ajusta aos dados. Uma forma de corrigir isso é deflacionar ou reduzir o R^2 em algum fator; é o que o R^2 ajustado, ou $\overline{R}^2$, faz.

O **R^2 ajustado**, ou $\bar{R}^2$, é uma versão modificada do R^2 que não necessariamente aumenta quando um novo regressor é adicionado. O $\bar{R}^2$ é

$$\bar{R}^2 = 1 - \frac{n-1}{n-k-1}\frac{SQR}{SQT} = 1 - \frac{s_{\hat{u}}^2}{s_Y^2}. \tag{5.30}$$

A diferença entre essa fórmula e a segunda definição do R^2 na Equação (5.29) é que a razão da soma dos quadrados dos resíduos pela soma dos quadrados total é multiplicada pelo fator $(n-1)/(n-k-1)$. Como mostra a segunda expressão da Equação (5.30), isso torna o R^2 ajustado igual a um menos a razão da variância da amostra dos resíduos de MQO (com a correção de graus de liberdade da Equação (5.28)) pela variância da amostra de Y.

Há três coisas úteis para saber sobre o $\bar{R}^2$. Em primeiro lugar, $(n-1)/(n-k-1)$ é sempre maior do que um, de modo que $\bar{R}^2$ é sempre menor do que R^2.

Em segundo lugar, a adição de um regressor tem dois efeitos opostos sobre o $\bar{R}^2$. Por um lado, SQR diminui, o que aumenta o $\bar{R}^2$. Por outro lado, o fator $(n-1)/(n-k-1)$ aumenta. O aumento ou a diminuição de $\bar{R}^2$ depende de qual desses efeitos é o mais forte.

Por último, o $\bar{R}^2$ pode ser negativo. Isso acontece quando os regressores, tomados em conjunto, reduzem a soma dos quadrados dos resíduos em um montante tão pequeno que essa redução não consegue compensar o fator $(n-1)/(n-k-1)$.

Interpretando o R^2 e o $\bar{R}^2$ Ajustado na Prática

Um R^2 ou um $\bar{R}^2$ próximos de um significa que os regressores são bons em prever os valores da variável dependente na amostra, e um R^2 ou um $\bar{R}^2$ próximos de zero significa que os regressores não são bons. Isso faz com que essas estatísticas sejam resumos úteis da capacidade de previsão da regressão. Contudo, podemos ser levados a dar mais crédito a elas do que mereceriam.

Há quatro armadilhas potenciais das quais temos de nos proteger quando utilizamos o R^2 ou o $\bar{R}^2$:

1. ***Um aumento no R^2 ou no $\bar{R}^2$ não significa necessariamente que uma variável adicionada seja estatisticamente significante.*** O R^2 aumenta quando você adiciona um regressor, seja ele estatisticamente significante ou não. O $\bar{R}^2$ nem sempre aumenta, mas se isso acontece não significa necessariamente que o coeficiente do regressor adicionado seja estatisticamente significante. Para ter certeza de que uma variável adicionada é estatisticamente significante, você deve realizar um teste de hipótese utilizando a estatística t.
2. ***Um R^2 alto ou um $\bar{R}^2$ alto não significa que os regressores sejam a causa verdadeira da variável dependente.*** Imagine uma regressão da pontuação nos exames contra a área de estacionamento por aluno. A área de estacionamento está correlacionada com a razão aluno-professor, com a localização da escola (subúrbio ou centro) e, possivelmente, com a renda da diretoria — fatores que estão correlacionados com a pontuação nos exames. Portanto, a regressão da pontuação nos exames sobre a área de estacionamento por aluno poderia ter um R^2 alto ou um $\bar{R}^2$ alto, embora a relação não seja causal (tente dizer para a superintendente que a forma de aumentar a pontuação nos exames é aumentar a área de estacionamento!).
3. ***Um R^2 alto ou um $\bar{R}^2$ alto não significa que não exista viés de omissão de variáveis.*** Lembre-se da discussão da Seção 5.1 sobre o viés de omissão de variáveis na regressão da pontuação nos exames sobre a razão aluno-professor. O R^2 da regressão nunca foi mencionado porque não desempenhou nenhum papel lógico nessa discussão. O viés de omissão de variáveis pode ocorrer em regressões com um R^2 baixo, um R^2 moderado ou um R^2 alto. De maneira inversa, um R^2 baixo não implica que haja necessariamente um viés de omissão de variáveis.
4. ***Um R^2 alto ou um $\bar{R}^2$ alto não significa necessariamente que você tenha o conjunto mais apropriado de regressores, assim como um R^2 baixo ou um $\bar{R}^2$ baixo não significa necessariamente que você tenha um conjunto não apropriado de regressores.*** A pergunta sobre o que constitui o conjunto certo de regressores na regressão múltipla é difícil e voltaremos a ela ao longo do livro. As decisões sobre regressores devem ponderar as questões sobre viés de omissão de variáveis, a disponibilidade dos dados, a qualidade dos dados e, mais importante, a teoria econômica e a natureza das questões importantes a serem tratadas. Nenhuma dessas questões pode ser respondida simplesmente por ter um R^2 alto (ou baixo) ou um $\bar{R}^2$ alto (ou baixo).

Esses pontos estão resumidos no Conceito-Chave 5.8.

Conceito-Chave 5.8

R^2 e $\bar{R}^2$: O que Eles Dizem a Você – e o que Não Dizem

O R^2 e o $\bar{R}^2$ dizem a você se os regressores são bons para prever, ou "explicar", os valores da variável dependente na amostra de dados em uso. Se o R^2 (ou $\bar{R}^2$) for próximo de um, os regressores produzirão boas previsões da variável dependente nessa amostra, no sentido de que a variância do resíduo de MQO é pequena se comparada com a variância da variável independente. Se o R^2 (ou $\bar{R}^2$) for próximo de zero, o oposto será verdadeiro.

O R^2 e o $\bar{R}^2$ NÃO dizem a você se:

1. uma variável incluída é estatisticamente significante;
2. os regressores são a causa verdadeira dos movimentos na variável dependente;
3. há um viés de omissão de variáveis; ou
4. você escolheu o conjunto mais apropriado de regressores.

5.11 Viés de Omissão de Variáveis e Regressão Múltipla

Os estimadores de MQO dos coeficientes na regressão múltipla apresentarão viés de omissão de variáveis se um determinante omitido de Y_i for correlacionado com pelo menos um dos regressores. Por exemplo, alunos de famílias ricas freqüentemente dispõem de mais oportunidades de aprendizado do que seus colegas de famílias menos ricas, o que poderia levá-los a melhores pontuações nos exames. Além disso, se a diretoria é rica, as escolas tendem a ter orçamentos maiores e razões aluno-professor menores. Se for esse o caso, a riqueza dos alunos e a razão aluno-professor estarão negativamente correlacionadas e a estimativa de MQO do coeficiente da razão aluno-professor captará o efeito da renda média da diretoria, mesmo após o controle da porcentagem de alunos que está aprendendo inglês. Em suma, a omissão da situação econômica dos alunos poderia levar a um viés de omissão de variáveis na regressão da pontuação nos exames sobre a razão aluno-professor e a porcentagem de alunos que está aprendendo inglês.

As condições gerais para o viés de omissão de variáveis na regressão múltipla são semelhantes àquelas com um único regressor: se uma variável omitida é um determinante de Y_i e é correlacionada com pelo menos um dos regressores, os estimadores de MQO têm um viés de omissão de variáveis. Como foi discutido na Seção 5.6, os estimadores de MQO são correlacionados, de modo que em geral os estimadores de MQO para todos os coeficientes são viesados. As duas condições para o viés de omissão de variáveis na regressão múltipla estão resumidas no Conceito-Chave 5.9.

Em termos matemáticos, se as duas condições para o viés de omissão de variáveis são satisfeitas, pelo menos um dos regressores está correlacionado com o termo de erro. Isso significa que a expectativa condicional de u_i dados $X_{1i}, ..., X_{ki}$ é diferente de zero, de modo que a primeira hipótese de mínimos quadrados é violada. Como resultado, o viés de omissão de variáveis persiste mesmo que o tamanho da amostra seja grande, isto é, o viés de omissão de variáveis sugere que os estimadores de MQO são inconsistentes.

Especificação de Modelos na Teoria e na Prática

Na teoria, quando há dados disponíveis sobre a variável omitida, a solução para o viés de omissão de variáveis é incluir a variável omitida na regressão. Na prática, contudo, a decisão sobre a inclusão ou não de uma variável em particular pode ser difícil e requer um julgamento.

Viés de Omissão de Variáveis na Regressão Múltipla

Conceito-Chave 5.9

Viés de omissão de variáveis é o viés no estimador de MQO que surge quando um ou mais regressores incluídos estão correlacionados com uma variável omitida. Duas condições devem ser verdadeiras para que surja um viés de omissão de variáveis:

1. pelo menos um dos regressores incluídos deve estar correlacionado com a variável omitida; e
2. a variável omitida deve ser um determinante da variável dependente, Y.

Nosso enfoque ao desafio do viés potencial da variável omitida é duplo. Primeiro, um conjunto fundamental ou básico de regressores deveria ser escolhido utilizando-se uma combinação de julgamento cuidadoso, teoria econômica e conhecimento sobre como os dados foram coletados; a regressão que utiliza esse conjunto básico de regressores às vezes é identificada como uma **especificação de base**. Essa especificação deveria conter as variáveis de maior interesse e as variáveis de controle sugeridas pelo julgamento cuidadoso e pela teoria econômica. Contudo, um julgamento cuidadoso e a teoria econômica raramente são decisivos e com freqüência as variáveis sugeridas pela teoria econômica não são aquelas sobre as quais você possui dados. Portanto, o passo seguinte é desenvolver uma lista de **especificações alternativas** concorrentes, isto é, conjuntos de regressores alternativos. Se as estimativas dos coeficientes de interesse são numericamente semelhantes entre as especificações alternativas, isso fornece evidência de que as estimativas de sua especificação de base são confiáveis. Se, por outro lado, as estimativas dos coeficientes de interesse variam substancialmente entre as especificações, isso freqüentemente fornece evidência de que a especificação original apresentava um viés de omissão de variáveis. Detalharemos esse enfoque para especificação de modelos na Seção 7.2 após estudar algumas ferramentas para especificar regressões.

5.12 Análise do Conjunto de Dados de Pontuação nos Exames

Nesta seção, apresentamos uma análise do efeito da razão aluno-professor sobre a pontuação nos exames utilizando a base de dados sobre a Califórnia. Nosso objetivo principal é fornecer um exemplo em que a análise de regressão múltipla é utilizada para atenuar o viés de omissão de variáveis. Nosso objetivo secundário é demonstrar como utilizar uma tabela para resumir os resultados da regressão.

Essa análise se concentra na estimativa do efeito de uma variação na razão aluno-professor sobre a pontuação nos exames, mantendo constantes as características dos alunos que a superintendente não pode controlar. Anteriormente, estimamos regressões que incluíam tanto a razão aluno-professor quanto o gasto por aluno. Naquela regressão, coeficiente da razão aluno-professor era o efeito de uma variação na razão aluno-professor, mantendo constante o gasto por aluno; nossas estimativas sugeriram que esse efeito é pequeno e não é, em termos estatísticos, significativamente diferente de zero. As regressões relatadas aqui não incluem o gasto por aluno, de modo que o efeito estimado da razão aluno-professor *não* mantém o gasto por aluno constante.

Muitos fatores influenciam potencialmente a pontuação média nos exames em uma diretoria regional de ensino. Alguns fatores que poderiam influenciar a pontuação nos exames estão correlacionados com a razão aluno-professor, de modo que a omissão deles da regressão resultaria em um viés de omissão de variáveis. Se há dados disponíveis sobre as variáveis omitidas, a solução para esse problema é a inclusão dessas variáveis como regressores adicionais na regressão múltipla. Quando fazemos isso, o coeficiente da razão aluno-professor é o efeito de uma variação na razão aluno-professor, mantendo constantes os demais fatores.

Aqui consideramos três variáveis que controlam as características subjacentes dos alunos que poderiam influenciar a pontuação nos exames. Uma dessas variáveis de controle, utilizada anteriormente, é a fração de alunos que ainda está aprendendo inglês. As duas outras variáveis são novas e controlam a situação econômica dos alunos.

Como não existe uma medida perfeita da situação econômica na base de dados, utilizamos dois indicadores imperfeitos de baixa renda diretoria de ensino. A primeira variável nova é a porcentagem de alunos com direito a almoço subsidiado ou gratuito na escola. Os alunos têm direito a esse programa se a sua renda familiar está abaixo de um determinado patamar (aproximadamente 150 por cento da linha de pobreza). A segunda variável nova é a porcentagem de alunos da diretoria cujas famílias têm direito a um programa de auxílio à renda da Califórnia. O direito das famílias a esse programa depende em parte da renda familiar, porém o patamar estabelecido é mais baixo (mais estrito) do que o patamar para o programa de almoço subsidiado. Essas duas variáveis medem, portanto, a fração de crianças com dificuldades financeiras da diretoria; e, embora estejam relacionadas, elas não são perfeitamente correlacionadas (seu coeficiente de correlação é 0,74). Embora a teoria sugira que a situação econômica possa ser um fator omitido importante, a teoria e o julgamento cuidadoso realmente não nos ajudam a decidir qual dessas duas variáveis (porcentagem que tem direito a um almoço subsidiado ou porcentagem que tem direito a um auxílio à renda) é uma medida melhor da situação econômica. Para nossa especificação de base, escolhemos a porcentagem com direito a um almoço subsidiado como a variável da situação econômica, mas consideramos uma especificação alternativa que inclui também a outra variável.

A Figura 5.2 mostra gráficos de dispersão da pontuação nos exames e essas variáveis. Cada uma das variáveis exibe uma correlação negativa com a pontuação nos exames. A correlação entre a pontuação nos exames e a porcentagem de alunos que está aprendendo inglês é –0,64; entre a pontuação nos exames e a porcentagem com direito a um almoço subsidiado, a correlação é de –0,87; e entre a pontuação nos exames e a porcentagem com direito a um auxílio à renda ela é de –0,63.

Agora contemplamos um problema de comunicação. Qual é a melhor maneira de mostrar os resultados de diversas regressões múltiplas que contêm subconjuntos diferentes de regressores possíveis? Até aqui, apresentamos os resultados de uma regressão escrevendo as equações da regressão estimada, como na Equação (5.18). Isso é adequado quando há somente alguns poucos regressores e algumas poucas equações, porém esse método de apresentação pode ser confuso para um número maior de regressores e equações. Uma maneira mais eficiente de comunicar os resultados de várias regressões é por meio de uma tabela.

A Tabela 5.2 resume os resultados de regressões da pontuação nos exames sobre vários conjuntos de regressores. Cada coluna resume uma regressão. E cada uma tem a mesma variável dependente, pontuação nos exames. Nas primeiras cinco linhas, as entradas são os coeficientes de regressão estimados, com seus respectivos erros padrão abaixo deles, entre parênteses. Os asteriscos indicam se a estatística t, que testa a hipótese de que o coeficiente relevante é zero, é significante ao nível de 5 por cento (1 asterisco) ou ao nível de 1 por cento (2 asteriscos). As três últimas linhas contêm estatísticas-resumo da regressão (erro padrão da regressão, *EPR* e o R^2 ajustado, $\overline{R}^2$) e o tamanho da amostra (que é o mesmo para todas as regressões, 420 observações).

Todas as informações que apresentamos até aqui na forma de equações são mencionadas em uma coluna dessa tabela. Por exemplo, considere a regressão da pontuação nos exames contra a razão aluno-professor, sem variáveis de controle. Na forma de equação, essa regressão é

$$\widehat{PontExame} = \underset{(10,4)}{698,9} - \underset{(0,52)}{2,28} \times RAP,\ \overline{R}^2 = 0,049,\ EPR = 19,26,\ n = 420. \tag{5.31}$$

Toda essa informação está na coluna (1) da Tabela 5.2. O coeficiente estimado da razão aluno-professor (–2,28) está na primeira linha de entradas numéricas, e seu erro padrão (0,52) está entre parênteses logo abaixo do coeficiente estimado. O intercepto (698,9) e seu erro padrão (10,4) estão na linha chamada de "Intercepto". (Algumas vezes essa linha é chamada de "constante", uma vez que, conforme discutido na Seção 5.2, o intercepto pode ser visto como o coeficiente de um regressor que é sempre igual a um.) Da mesma forma, o $\overline{R}^2$ (0,049), o *EPR* (18,58) e o tamanho da amostra n (420) estão nas últimas linhas. As entradas em branco nas linhas dos outros regressores indicam que eles não estão incluídos nessa regressão.

FIGURA 5.2 Gráficos de Dispersão de Pontuação nos Exames *versus* Três Características de Alunos

Os gráficos de dispersão mostram uma relação negativa entre a pontuação nos exames e (a) a porcentagem de alunos que está aprendendo inglês (correlação = –0,64); (b) a porcentagem de alunos com direito a almoço subsidiado (correlação = –0,87) e (c) a porcentagem com direito a auxílio à renda (correlação = –0,63).

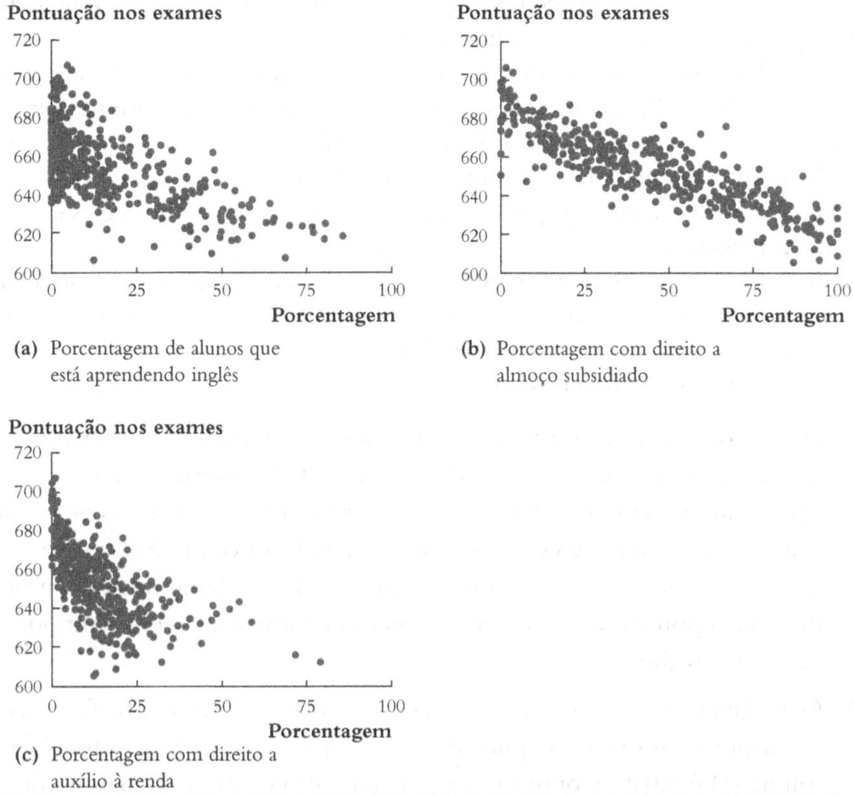

(a) Porcentagem de alunos que está aprendendo inglês

(b) Porcentagem com direito a almoço subsidiado

(c) Porcentagem com direito a auxílio à renda

TABELA 5.2 Resultados de Regressões da Pontuação nos Exames sobre a Razão Aluno-Professor e sobre as Variáveis de Controle de Características de Alunos com a Utilização de Dados do Ensino Fundamental das Diretorias Regionais de Ensino da Califórnia

Variável dependente: pontuação média nos exames na diretoria

Regressor	(1)	(2)	(3)	(4)	(5)
Razão aluno-professor (X_1)	–2,28** (0,52)	–1,10* (0,43)	–1,00** (0,27)	–1,31** (0,34)	–1,01** (0,27)
Porcentagem de alunos aprendendo inglês (X_2)		–0,650** (0,031)	–0,122** (0,033)	–0,488** (0,030)	–0,130** (0,036)
Porcentagem com direito a almoço subsidiado (X_3)			–0,547** (0,024)		–0,529** (0,038)
Porcentagem com direito a auxílio à renda (X_4)				–0,790** (0,068)	0,048 (0,059)
Intercepto	698,9** (10,4)	686,0** (8,7)	700,2** (5,6)	698,0** (6,9)	700,4** (5,5)
Estatísticas-resumo					
EPR	18,58	14,46	9,08	11,65	9,08
$\bar{R}^2$	0,049	0,424	0,773	0,626	0,773
n	420,0	420,0	420,0	420,0	420,0

Essas regressões foram estimadas com base nos dados sobre diretorias regionais de ensino K-8 na Califórnia, descritos no Apêndice 4.1. Os erros padrão aparecem entre parênteses abaixo dos coeficientes. O coeficiente individual é estatisticamente significante ao nível de *5 por cento ou de **1 por cento utilizando um teste bicaudal.

Embora a tabela não apresente as estatísticas *t*, estas podem ser calculadas a partir das informações fornecidas; por exemplo, a estatística *t* que testa a hipótese de que o coeficiente da razão aluno-professor na coluna (1) é zero é de 2,28/0,52 = –4,38. Essa hipótese é rejeitada ao nível de 1 por cento, que está indicado pelo asterisco duplo próximo do coeficiente estimado na tabela.

As colunas (2)-(5) mostram as regressões que incluem as variáveis de controle medindo as características dos alunos. A coluna (2), que mostra a regressão da pontuação nos exames sobre a razão aluno-professor e sobre a porcentagem de alunos que está aprendendo inglês, foi expressa anteriormente na Equação (5.16).

A coluna (3) apresenta a especificação de base, em que os regressores são a razão aluno-professor e duas variáveis de controle, a porcentagem de alunos que está aprendendo inglês e a porcentagem de alunos com direito a almoço subsidiado.

As colunas (4) e (5) mostram especificações alternativas que examinam o efeito de mudanças na forma como a situação econômica dos alunos é medida. Na coluna (4), a porcentagem de alunos com direito a auxílio à renda é incluída como regressor e na coluna (5) foram incluídas ambas as variáveis de situação econômica.

Os resultados sugerem três conclusões:

1. O controle das características dos alunos reduz o efeito da razão aluno-professor sobre a pontuação nos exames aproximadamente pela metade. Esse efeito estimado não é muito sensível às variáveis de controle específicas que são incluídas na regressão. Em todos os casos, o coeficiente da razão aluno-professor mantém-se estatisticamente significante ao nível de 5 por cento. Nas quatro especificações com variáveis de controle, as regressões (2)-(5), estima-se que a redução da razão aluno-professor em um aluno por professor aumenta a pontuação média nos exames em aproximadamente um ponto, mantendo constantes as características dos alunos.

2. As variáveis de características dos alunos são previsores muito úteis da pontuação nos exames. A razão aluno-professor sozinha explica apenas uma pequena fração da variação na pontuação nos exames: o $\overline{R}^2$ na coluna (1) é 0,049. Contudo, o $\overline{R}^2$ dá um salto quando as variáveis de características dos alunos são adicionadas. Por exemplo, o $\overline{R}^2$ na especificação de base, regressão (3), é 0,773. O sinal dos coeficientes das variáveis demográficas dos alunos é consistente com os padrões observados na Figura 5.2: diretorias com muitos alunos aprendendo inglês e diretorias com muitas crianças pobres apresentam pontuações menores nos exames.

3. As variáveis de controle nem sempre são estatisticamente significantes em termos individuais: na especificação (5), a hipótese de que o coeficiente da porcentagem com direito a auxílio à renda é zero e não é rejeitada ao nível de 5 por cento (a estatística *t* é –0,82). Como a adição dessa variável de controle à especificação de base (3) possui um efeito desprezível sobre o coeficiente estimado e seu erro padrão e como o coeficiente dessa variável de controle não é significativo na especificação (5), essa variável de controle adicional é redundante, pelo menos para esta análise.

5.13 Conclusão

Este capítulo começou com uma preocupação: na regressão da pontuação nos exames contra a razão aluno-professor, as características omitidas dos alunos que influenciam essa pontuação podem estar correlacionadas com a razão aluno-professor na diretoria e, se fosse esse o caso, a razão aluno-professor na diretoria captaria o efeito das características omitidas de alunos sobre a pontuação nos exames. Desse modo, o estimador de MQO teria um viés de omissão de variáveis. Para atenuarmos esse viés potencial da variável omitida, podemos aumentar a regressão incluindo variáveis que controlam várias características dos alunos (a porcentagem de alunos que está aprendendo inglês e duas medidas da situação econômica do aluno). Fazendo isso, o efeito estimado de uma variação unitária na razão aluno-professor é diminuído pela metade, embora continue sendo possível rejeitar a hipótese nula de que o efeito da pontuação nos exames na população — mantendo constantes essas variáveis de controle — é zero ao nível de significância de 5 por cento. Como eliminam o viés de omissão de variáveis proveniente das características dos alunos, as estimativas dessas regressões múltiplas (e os intervalos de confiança associados a elas) são muito mais úteis para aconselhar a superintendente do que as estimativas com um único regressor do Capítulo 4.

A análise deste capítulo supôs que a função de regressão da população é linear sobre os regressores, isto é, que a expectativa condicional de Y_i dados os regressores é uma linha reta. Não há, contudo, nenhum motivo em particular para se pensar assim. Na verdade, o efeito de uma redução na razão aluno-professor pode ser completamente diferente nas diretorias com turmas grandes em relação às diretorias que já possuem turmas pequenas. Se for esse o caso, a reta de regressão da população não é linear nos *X*s, e sim uma função não-linear dos *X*s. Contudo, para estender nossa análise a funções de regressão que são não-lineares nos *X*s, precisamos das ferramentas que serão desenvolvidas no próximo capítulo.

Resumo

1. O viés de omissão de variáveis ocorre quando uma variável omitida (1) está correlacionada com um regressor incluído e (2) é um determinante de *Y*.
2. O modelo de regressão múltipla é um modelo de regressão linear que inclui múltiplos regressores, X_1, X_2, ..., X_k. Associado a cada regressor há um coeficiente de regressão, β_1, β_2, ..., β_k. O coeficiente β_1 é a variação esperada em *Y* associada a uma variação unitária em X_1, mantendo constantes os demais regressores. Os outros coeficientes da regressão possuem uma interpretação análoga.
3. Os coeficientes na regressão múltipla podem ser estimados por MQO. Quando as quatro hipóteses de mínimos quadrados do Conceito-Chave 5.4 são satisfeitas, os estimadores de MQO são não viesados, consistentes e normalmente distribuídos para amostras grandes.
4. Testes de hipótese e intervalos de confiança para um único coeficiente da regressão são implementados essencialmente pela utilização dos mesmos procedimentos utilizados no modelo de regressão linear com uma variável do Capítulo 4. Por exemplo, um intervalo de confiança de 95 por cento para β_1 é dado por $\hat{\beta}_1 \pm 1{,}96EP(\hat{\beta}_1)$.
5. Hipóteses que envolvem mais de uma restrição sobre os coeficientes são chamadas de hipóteses conjuntas. As hipóteses conjuntas podem ser testadas pela utilização de uma estatística *F*.
6. O erro padrão da regressão, o R^2, e o $\overline{R}^2$ são estatísticas-resumo para o modelo de regressão múltipla.

Termos-chave

viés de omissão de variáveis (98)
modelo de regressão múltipla (102)
reta de regressão da população (102)
função de regressão da população (102)
intercepto (102)
coeficiente de X_{1i} (102)
variável de controle (102)
efeito parcial (103)
modelo de regressão múltipla da população (103)
homoscedástico (103)
heteroscedástico (103)
estimadores de MQO de β_0, β_1, ..., β_k (104)
reta de regressão de MQO (104)
valor previsto (104)
resíduo de MQO (104)
multicolinearidade perfeita (107)
multicolinearidade imperfeita (108)
restrições (113)
hipótese conjunta (113)
estatística *F* (114)
conjunto de confiança de 95 por cento (117)
R^2 e R^2 ajustado ($\overline{R}^2$) (118, 119)
especificação de base (121)
especificações alternativas (121)
regra de bolso da estatística *F* (122)

Revisão dos Conceitos

5.1 Uma pesquisadora está interessada no efeito do uso do computador sobre a pontuação nos exames. Empregando dados das diretorias regionais de ensino semelhantes aos que foram utilizados neste capítulo, ela regride a pontuação média nos exames da diretoria sobre o número de computadores por aluno. Você acha que $\hat{\beta}_1$ será um estimador não viesado do efeito de um aumento do número de computadores por aluno sobre a pontuação nos exames? Justifique. Em caso afirmativo, trata-se de um viés para cima ou para baixo? Por quê?

5.2 Uma regressão múltipla inclui dois regressores: $Y_i = \beta_0 + \beta_1 X_{1i} + \beta_2 X_{2i} + u_i$. Qual será a variação esperada de Y se X_1 aumentar 3 unidades e X_2 permanecer constante? Qual será a variação esperada de Y se X_2 diminuir 5 unidades e X_1 permanecer constante? Qual será a variação esperada de Y se X_1 aumentar 3 unidades e X_2 diminuir 5 unidades?

5.3 Explique por que dois regressores perfeitamente multicolineares não podem ser incluídos em uma regressão linear múltipla. Dê dois exemplos de um par de regressores perfeitamente multicolineares.

5.4 Explique como você testaria a hipótese nula de que $\beta_1 = 0$ no modelo de regressão múltipla $Y_i = \beta_0 + \beta_1 X_{1i} + \beta_2 X_{2i} + u_i$. Explique como testaria a hipótese nula de que $\beta_2 = 0$ e a hipótese conjunta de que $\beta_1 = 0$ e $\beta_2 = 0$. Por que o resultado do teste conjunto não é uma implicação dos resultados dos primeiros dois testes?

5.5 Dê um exemplo de uma regressão que provavelmente teria um valor alto de R^2 mas que produziria estimadores viesados e inconsistentes do(s) coeficiente(s) da regressão. Explique por que o R^2 provavelmente seria alto e por que os estimadores de MQO seriam viesados e inconsistentes.

Exercícios

Os sete primeiros exercícios referem-se à tabela de regressões estimadas a seguir, calculadas utilizando-se dados do CPS (Current Population Survey) de 1998. A base de dados consiste de informações sobre quatro mil trabalhadores empregados em período integral durante o ano inteiro. O grau de instrução mais elevado para cada trabalhador seria o ensino médio completo ou o superior completo. A faixa etária dos trabalhadores é de 25 a 34 anos. A base de dados também contém informações sobre a região do país onde a pessoa viveu, o estado civil e o número de filhos. Sejam para este exercício

SMH = salário médio por hora (em dólares de 1998)
Faculdade = variável binária (1 se curso superior, 0 se ensino médio)
Mulher = variável binária (1 se mulher, 0 se homem)
Idade = idade (em anos)
Nordeste = variável binária (1 se Região = Nordeste, 0 caso contrário)
Centro-Oeste = variável binária (1 se Região = Centro-Oeste, 0 caso contrário)
Sul = variável binária (1 se Região = Sul, 0 caso contrário)
Oeste = variável binária (1 se Região = Oeste, 0 caso contrário)

Resultados de Regressões do Salário Médio por Hora sobre as Variáveis Binárias Sexo e Grau de Instrução e outras Características Utilizando Dados do Current Population Survey de 1998.			
Variável dependente: Salário Médio por Hora (SMH).			
Regressor	**(1)**	**(2)**	**(3)**
Faculdade (X_1)	5,46 (0,21)	5,48 (0,21)	5,44 (0,21)
Mulher (X_2)	−2,64 (0,20)	−2,62 (0,20)	−2,62 (0,20)
Idade (X_3)		0,29 (0,04)	0,29 (0,04)
Nordeste (X_4)			0,69 (0,30)
Centro-Oeste (X_5)			0,60 (0,28)
Sul (X_6)			−0,27 (0,26)
Intercepto	12,69 (0,14)	4,40 (1,05)	3,75 (1,06)
Estatísticas-resumo e Testes Conjuntos			
Estatística F para efeitos regionais = 0			6,10
EPR	6,27	6,22	6,21
R^2	0,176	0,190	0,194
$\overline{R}^2$			
n	4.000	4.000	4.000

5.1 Acrescente *(5 por cento) e **(1 por cento) à tabela para indicar a significância estatística dos coeficientes.

5.2 Calcule $\overline{R}^2$ para cada uma das regressões.

5.3 Com base nos resultados da regressão da coluna (1), responda:

- ***a.** Trabalhadores com curso superior têm salários maiores, em média, do que trabalhadores com apenas ensino médio? Em quanto são maiores? A diferença de salários estimada por essa regressão é estatisticamente significante ao nível de 5 por cento?
- **b.** Os homens têm em média salários maiores do que as mulheres? Em quanto são maiores? A diferença de salários estimada por essa regressão é estatisticamente significante ao nível de 5 por cento?

5.4 Com base nos resultados da regressão da coluna (2), responda:

- **a.** A idade é um determinante importante do salário? Explique.
- **b.** Sally é uma mulher de 29 anos com curso superior. Betsy é uma mulher de 34 anos com curso superior. Faça uma previsão dos salários de Sally e de Betsy e construa um intervalo de confiança de 95 por cento para a diferença esperada entre seus salários.

5.5 Com base nos resultados da regressão da coluna (3), responda:

- ***a.** Existem diferenças regionais importantes?
- **b.** Por que o regressor *Oeste* foi omitido da regressão? O que aconteceria se ele fosse incluído?

***c.** Juanita é uma mulher do Sul de 28 anos com curso superior. Molly é uma mulher do Oeste de 28 anos com curso superior. Jennifer é uma mulher do Centro-Oeste de 28 anos com curso superior.

ci. Construa um intervalo de confiança de 95 por cento para a diferença entre os salários esperados de Juanita e Molly.

cii. Calcule a diferença esperada entre os salários de Juanita e Jennifer.

ciii. Explique como você construiria um intervalo de confiança de 95 por cento para a diferença entre os salários esperados de Juanita e Jennifer. (*Dica*: O que aconteceria se você incluísse *Oeste* e excluísse *Centro-Oeste* da regressão?)

5.6 A regressão da coluna (2) foi estimada novamente utilizando-se dessa vez dados de 1992. (Quatro mil observações foram selecionadas aleatoriamente do CPS de março de 1993 e convertidas para dólares de 1998 por meio do Índice de Preços ao Consumidor.) Os resultados são

$$\widehat{SMH} = \underset{(0,98)}{0{,}77} + \underset{(0,20)}{5{,}29}Faculdade - \underset{(0,18)}{2{,}59}Mulher + \underset{(0,03)}{0{,}40}Idade,\ EPR = 5{,}85,\ \overline{R}^2 = 0{,}21$$

Comparando essa regressão à regressão para 1998 mostrada na coluna (2), é possível dizer que houve uma variação estatisticamente significante no coeficiente de *Faculdade*?

***5.7** Avalie a seguinte afirmação: "Em todas as regressões, o coeficiente de *Mulher* é negativo, grande e estatisticamente significante. Isso fornece uma evidência estatística forte da discriminação sexual no mercado de trabalho dos Estados Unidos".

5.8 Considere o modelo de regressão $Y_i = \beta_0 + \beta_1 X_{1i} + \beta_2 X_{2i} + u_i$. Utilize o "Enfoque nº 2" da Seção 5.8 para transformar a regressão de modo que você possa utilizar uma estatística *t* para testar

a. $\beta_1 = \beta_2$;

b. $\beta_1 + a\beta_2 = 0$, onde *a* é uma constante;

c. $\beta_1 + \beta_2 = 1$. (*Dica*: Você deve redefinir a variável dependente na regressão.)

5.9 O Apêndice 5.3 fornece duas fórmulas para a regra de bolso da estatística *F*, as equações (5.38) e (5.39). Mostre que as duas fórmulas são equivalentes.

APÊNDICE 5.1 Derivação da Equação (5.1)

Este apêndice apresenta uma derivação da fórmula para o viés de omissão de variáveis da Equação (5.1). A Equação (4.51) do Apêndice 4.3 afirma que

$$\hat{\beta}_1 = \beta_1 + \frac{\frac{1}{n}\sum_{i=1}^{n}(X_i - \overline{X})u_i}{\frac{1}{n}\sum_{i=1}^{n}(X_i - \overline{X})^2}. \tag{5.32}$$

Sob as hipóteses de mínimos quadrados no Conceito-Chave 5.4, $\frac{1}{n}\sum_{i=1}^{n}(X_i - \overline{X})^2 \xrightarrow{p} \sigma_X^2$ e $\frac{1}{n}\sum_{i=1}^{n}(X_i - \overline{X})u_i \xrightarrow{p} \text{cov}(u_i, X_i) = \rho_{Xu}\sigma_u\sigma_X$. A substituição desses limites na Equação (5.32) gera a Equação (5.1).

APÊNDICE 5.2 Distribuição dos Estimadores de MQO Quando Há Dois Regressores e Erros Homoscedásticos

Embora a fórmula geral para a variância dos estimadores de MQO em regressão múltipla seja complicada, se há dois regressores ($k = 2$) e os erros são homoscedásticos, a fórmula se torna simples o suficiente para fornecer alguma percepção da distribuição dos estimadores de MQO.

Como os erros são homoscedásticos, a variância condicional de u_i pode ser escrita como $\text{var}(u_i \mid X_{1i}, X_{2i}) = \sigma_u^2$. Quando há dois regressores, X_{1i} e X_{2i}, e o termo de erro é homoscedástico, para amostras grandes, a distribuição amostral de $\hat{\beta}_1$ é $N(\beta_1, \sigma_{\hat{\beta}_1}^2)$, onde a variância dessa distribuição, $\sigma_{\hat{\beta}_1}^2$, é

$$\sigma_{\hat{\beta}_1}^2 = \frac{1}{n}\left[\frac{1}{1-\rho_{X_1,X_2}^2}\right]\frac{\sigma_u^2}{\sigma_{X_1}^2}, \tag{5.33}$$

onde ρ_{X_1,X_2} é a correlação da população entre os dois regressores X_1 e X_2 e $\sigma_{X_1}^2$ é a variância da população de X_1.

A variância de $\sigma_{\hat{\beta}_1}^2$ da distribuição amostral de $\hat{\beta}_1$ depende do quadrado da correlação entre os regressores. Se X_1 e X_2 são altamente correlacionados, seja positiva ou negativamente, ρ_{X_1,X_2}^2 é próximo de um e, portanto, o termo $1 - \rho_{X_1,X_2}^2$ no denominador da Equação (5.33) é pequeno e as variâncias de $\hat{\beta}_1$ e $\hat{\beta}_2$ são maiores do que seriam se ρ_{X_1,X_2} fosse próximo de zero. Isso requer uma interpretação intuitiva. Lembre-se de que o coeficiente de X_1 é o efeito de uma variação unitária no primeiro regressor, mantendo o segundo constante. Se os dois regressores são altamente correlacionados, é difícil estimar o efeito parcial do primeiro regressor, mantendo o segundo constante, uma vez que os dois regressores variam juntos na população.

Por exemplo, suponha que queremos estimar os efeitos separados sobre a pontuação nos exames de um número maior de professores (*RAP* menor), mantendo constante o gasto por aluno, e de ter um gasto maior por aluno, mantendo constante a *RAP*. Como os salários dos professores correspondem a uma parcela muito grande do orçamento de uma escola de ensino fundamental, *RAP* e gasto por aluno têm uma forte correlação negativa (mais professores significa uma *RAP* menor e gastos maiores por aluno). Como essas duas variáveis têm uma forte correlação negativa, seria difícil estimar os efeitos separados com precisão utilizando uma amostra de dados. Isso se reflete matematicamente em uma grande variância de $\hat{\beta}_1$.

Outra característica da distribuição conjunta normal para amostras grandes dos estimadores de MQO é que $\hat{\beta}_1$ e $\hat{\beta}_2$ em geral são correlacionados. Quando os erros são homoscedásticos, a correlação entre os estimadores de MQO $\hat{\beta}_1$ e $\hat{\beta}_2$ é o negativo da correlação entre os dois regressores:

$$\text{corr}(\hat{\beta}_1, \hat{\beta}_2) = -\rho_{X_1,X_2}. \tag{5.34}$$

APÊNDICE 5.3 Duas Outras Formas de Testar Hipóteses Conjuntas

O método da Seção 5.7 é a forma preferida de testar hipóteses conjuntas em regressão múltipla. Contudo, se o autor de um estudo apresentou resultados de regressão mas não testou uma restrição conjunta que lhe interessa e você não dispõe dos dados originais, a estatística F da Seção 5.7 não pode ser calculada.

Este apêndice descreve duas outras formas de testar hipóteses conjuntas que podem ser utilizadas quando você tem apenas uma tabela de resultados de regressão. A primeira, o teste de Bonferroni, é a aplicação de um enfoque de teste bastante geral baseado na desigualdade de Bonferroni. A segunda, uma regra de bolso da estatística F, é um enfoque especial para regressão múltipla que se justifica teoricamente apenas se os erros são homoscedásticos; a regra de bolso da estatística F é a estatística F correspondente à estatística t calculada utilizando-se erros padrão somente homoscedásticos.

O Teste de Bonferroni

O teste de Bonferroni é um teste de hipóteses conjuntas com base nas estatísticas t das hipóteses individuais; isto é, é o teste da estatística t "uma de cada vez" da Seção 5.7 conduzido de maneira apropriada. O **teste de Bonferroni** da hipótese nula conjunta $\beta_1 = \beta_{1,0}$ e $\beta_2 = \beta_{2,0}$ com base no valor crítico $c > 0$ utiliza a seguinte regra:

Aceite se $|t_1| \leq c$ e se $|t_2| \leq c$; caso contrário, rejeite (5.35)
(teste de Bonferroni da estatística t "uma de cada vez"),

em que t_1 e t_2 são as estatísticas t que testam respectivamente as restrições sobre β_1 e β_2.

O truque é escolher o valor crítico c de tal forma que a probabilidade de que o teste "uma de cada vez" rejeite a hipótese nula quando esta for verdadeira não seja maior do que o nível de significância desejado, digamos, 5 por cento. Isso é feito utilizando-se a desigualdade de Bonferroni para escolher o valor crítico c que permita tanto o fato de duas restrições estarem sendo testadas quanto qualquer correlação possível entre t_1 e t_2.

A Desigualdade de Bonferroni

A desigualdade de Bonferroni é um resultado básico da teoria da probabilidade. Sejam A e B eventos. Seja $A \cap B$ o evento "A e B"(a intersecção entre A e B) e seja $A \cup B$ o evento "A ou B ou ambos"(a união de A e B). Então, $P(A \cup B) = P(A) + P(B) - P(A \cap B)$. Como $P(A \cap B) \geq 0$, segue-se que $P(A \cup B) \leq P(A) + P(B)$. Essa desigualdade, por sua vez, implica que $1 - P(A \cup B) \geq 1 - [P(A) + P(B)]$. Sejam A^c e B^c os complementos de A e B, isto é, os eventos "não A" e "não B". Como o complemento de $A \cup B$ é $A^c \cap B^c$, $1 - P(A \cup B) = P(A^c \cap B^c)$, que produz a desigualdade de Bonferroni, a saber, $P(A^c \cap B^c) \geq 1 - [P(A) + P(B)]$.

Agora seja A o evento $|t_1| > c$ e B o evento $|t_2| > c$. Então, a desigualdade $P(A \cup B) \leq P(A) + P(B)$ produz

$$P(|t_1| > c \text{ ou } |t_2| > c \text{ ou ambos}) \leq P(|t_1| > c) + P(|t_2| > c). \tag{5.36}$$

Testes de Bonferroni

Como o evento "$|t_1| > c$ ou $|t_2| > c$ ou ambos" é a região de rejeição do teste "uma de cada vez", a Equação (5.36) fornece uma forma de escolher o valor crítico c de modo que a estatística t "uma de cada vez" tenha o nível de significância desejado para amostras grandes. Sob a hipótese nula, para amostras grandes, $P(|t_1| > c) = P(|t_2| > c) = P(|Z| > c)$. Assim, a Equação (5.36) implica que, para amostras grandes, a probabilidade de que o teste "uma de cada vez" rejeite sob a hipótese nula é

$$P_{H_0}(\text{o teste "uma de cada vez" rejeite}) \leq 2P(|Z| > c). \tag{5.37}$$

A desigualdade na Equação (5.37) fornece uma forma de escolher o valor crítico c de modo que a probabilidade de rejeição sob a hipótese nula seja igual ao nível de significância desejado. O enfoque de Bonferroni pode ser estendido para mais de dois coeficientes; se há q restrições sob a hipótese nula, o fator 2 do lado direito da Equação (5.37) é substituído por q.

A Tabela 5.3 apresenta valores críticos c para o teste "uma de cada vez" de Bonferroni para vários níveis de significância e $q = 2$, 3 e 4. Por exemplo, suponha que o nível de significância desejado seja 5 por cento e $q = 2$. De acordo com a Tabela 5.3, o valor crítico c é 2,241. Esse valor crítico é o percentil 1,25 por cento da distribuição normal padrão, de modo que $P(|Z| > 2{,}241) = 2{,}5$ por cento. Desse modo, a Equação (5.37) nos diz que, para amostras grandes, o teste "uma de cada vez" da Equação (5.35) rejeitará no máximo 5 por cento do tempo sob a hipótese nula.

Os valores críticos da Tabela 5.3 são maiores do que os valores críticos para testar uma restrição única. Por exemplo, para $q = 2$, o teste "uma de cada vez" rejeita se pelo menos uma estatística t exceder 2,241 em valor absoluto. Esse valor crítico é maior do que 1,96 porque corrige apropriadamente o fato de que, ao examinar duas estatísticas t, você tem uma segunda chance de rejeitar a hipótese nula conjunta, conforme discutido na Seção 5.7.

Se as estatísticas t individuais se basearem em erros padrão robustos quanto à heteroscedasticidade, o teste de Bonferroni será válido independentemente da presença de heteroscedasticidade, mas se as estatísticas t se basearem em erros padrão somente homoscedásticos, o teste só será válido na presença de homoscedasticidade.

TABELA 5.3 Valores Críticos de Bonferroni *c* para o Teste da Estatística *t* "Uma de Cada Vez" de uma Hipótese Conjunta

	Nível de significância		
Número de restrições (*q*)	**10%**	**5%**	**1%**
2	1,960	2,241	2,807
3	2,128	2,394	2,935
4	2,241	2,498	3,023

Aplicação para a Pontuação nos Exames

As estatísticas t que testam a hipótese nula conjunta de que os coeficientes verdadeiros sobre pontuação nos exames e gasto por aluno na Equação (5.18) são, respectivamente, $t_1 = -0,60$ e $t_2 = 2,43$. Ainda que $|t_1| < 2,241$, como $|t_2| > 2,241$, podemos rejeitar a hipótese nula conjunta ao nível de significância de 5 por cento utilizando o teste de Bonferroni. Contudo, tanto t_1 quanto t_2 são menores do que 2,807 em valor absoluto; desse modo, não podemos rejeitar a hipótese nula conjunta ao nível de significância de 1 por cento utilizando o teste. Mas, se utilizarmos a estatística F da Seção 5.7, seremos capazes de rejeitar essa hipótese ao nível de significância de 1 por cento.

Regra de Bolso da Estatística *F*

A regra de bolso da estatística F é calculada utilizando uma fórmula simples baseada na soma dos quadrados dos resíduos de duas regressões. Na primeira regressão, chamada de **regressão restrita**, a hipótese nula é forçada a ser verdadeira. Quando a hipótese nula é do tipo da Equação (5.20), em que todos os valores da hipótese são iguais a zero, a regressão restrita é aquela em que todos os coeficientes são fixados em zero, isto é, os regressores relevantes são excluídos da regressão. Na segunda regressão, chamada de **regressão irrestrita**, permite-se que a hipótese alternativa seja verdadeira. Se a soma dos quadrados dos resíduos for suficientemente menor na regressão irrestrita do que na regressão restrita, o teste rejeitará a hipótese nula.

A **regra de bolso da estatística *F*** é dada pela fórmula

$$F = \frac{(SQR_{restrito} - SSR_{irrestrito})/q}{SQR_{irrestrito}/(n - k_{irrestrito} - 1)}, \tag{5.38}$$

onde $SQR_{restrito}$ é a soma dos quadrados dos resíduos da regressão restrita, $SQR_{irrestrito}$ é a soma dos quadrados dos resíduos da regressão irrestrita, q é o número das restrições sob a hipótese nula e $k_{irrestrito}$ é o número de regressores na regressão irrestrita. Uma fórmula alternativa equivalente para a regra de bolso da estatística F baseia-se no R^2 das duas regressões:

$$F = \frac{(R^2_{irrestrito} - R^2_{restrito})/q}{(1 - R^2_{irrestrito})/(n - k_{irrestrito} - 1)}. \tag{5.39}$$

Se os erros são homoscedásticos, a diferença entre a regra de bolso da estatística F, calculada por meio da Equação (5.38), e a estatística F utilizada na Seção 5.7 desaparece à medida que o tamanho da amostra n aumenta. Desse modo, se os erros são homoscedásticos, a distribuição amostral da regra de bolso da estatística F sob a hipótese nula é, para amostras grandes, $F_{q,\infty}$.

Essas fórmulas de regras de bolso são fáceis de calcular e requerem uma interpretação intuitiva em termos de quão bem as regressões irrestrita e restrita se ajustam aos dados. Infelizmente, elas são válidas somente se os erros são homoscedásticos. Como a homoscedasticidade é um caso especial com o qual não se pode contar em aplicações com dados econômicos, ou, de forma mais geral, com bases de dados normalmente encontradas nas ciências sociais, a regra de bolso da estatística F não é um substituto satisfatório para a estatística F robusta quanto à heteroscedasticidade da Seção 5.7.

Aplicação para a Pontuação nos Exames e a Razão Aluno-Professor

Para testar a hipótese nula de que os coeficientes da população de *RAP* e *Gasto* são 0, controlando *%AI*, precisamos calcular a *SQR* (ou R^2) para as regressões restrita e irrestrita. A regressão irrestrita tem os regressores *RAP*, *Gasto* e *%AI* e é dada na Equação (5.18); seu R^2 é 0,4366; isto é, $R^2_{irrestrito} = 0{,}4366$. A regressão restrita impõe a hipótese nula conjunta de que os coeficientes verdadeiros de *RAP* e *Gasto* são iguais a zero; isto é, sob a hipótese nula, *RAP* e *Gasto* não entram na regressão da população, embora *%AI* entre (a hipótese nula não impõe restrição ao coeficiente de *%AI*). A regressão restrita estimada por MQO é

$$\widehat{PontExame} = \underset{(1,0)}{664{,}7} - \underset{(0,032)}{0{,}671} \times \%AI,\ R^2 = 0{,}4149. \tag{5.40}$$

de modo que $R^2_{restrito} = 0{,}4149$. O número de restrições é $q = 2$, o número de observações é $n = 420$ e o número de regressores na regressão irrestrita é $k = 3$. A regra de bolso da estatística *F*, calculada utilizando-se a Equação (5.39), é

$$F = [(0{,}4366 - 0{,}4149)/2]/[(1 - 0{,}4366)/(420 - 3 - 1)] = 8{,}01.$$

Como 8,01 excede o valor crítico de 1 por cento de 4,61, a hipótese é rejeitada ao nível de 1 por cento utilizando o enfoque da regra de bolso.

Esse exemplo ilustra as vantagens e desvantagens da regra de bolso da estatística *F*. A vantagem é que ela pode ser calculada com o uso de uma calculadora. A desvantagem é que o valor da regra de bolso da estatística *F* pode ser muito diferente da estatística *F* robusta quanto à heteroscedasticidade utilizada na Seção 5.7: a estatística *F* robusta quanto à heteroscedasticidade que testa essa hipótese conjunta é 5,43, completamente diferente do valor menos confiável da regra de bolso somente homoscedástica de 8,01.

CAPÍTULO 6

Funções de Regressão Não-Lineares

Nos capítulos 4 e 5, supôs-se que a função de regressão da população era linear. Em outras palavras, a declividade da função de regressão da população era constante, de modo que o efeito de uma variação unitária em X sobre Y não dependia em si do valor de X. Mas e se o efeito de uma variação em X sobre Y depender do valor de uma ou mais variáveis independentes? Se for esse o caso, a função de regressão da população é não-linear.

Neste capítulo, desenvolvemos dois grupos de métodos para detectar e modelar funções de regressão da população não-lineares. Os métodos do primeiro grupo são úteis quando o efeito de uma variação em uma variável independente, X_1, sobre Y depender do próprio valor de X_1. Por exemplo, a redução do tamanho das turmas em um aluno por professor pode ter um efeito maior em turmas relativamente pequenas do que em turmas tão grandes que o professor pouco pode fazer além de mantê-las sob controle. Nesse caso, a pontuação nos exames (Y) é uma função não-linear da razão aluno-professor (X_1), em que a função é mais inclinada quando X_1 é pequeno. A Figura 6.1 mostra um exemplo de função de regressão não-linear com essa característica. Enquanto a função de regressão da população linear da Figura 6.1a tem uma declividade constante, a função de regressão da população não-linear da Figura 6.1b apresenta uma declividade mais acentuada quando X_1 é pequeno do que quando é grande. Na Seção 6.2, apresentamos o primeiro grupo de métodos.

Os métodos do segundo grupo são úteis quando o efeito de uma variação em X_1 sobre Y depende do valor de outra variável independente, digamos X_2. Por exemplo, alunos que ainda estão aprendendo inglês podem se beneficiar em especial de uma atenção mais individualizada; se for esse o caso, o efeito de uma redução da razão aluno-professor sobre a pontuação nos exames será maior em diretorias com muitos alunos que ainda estão aprendendo inglês que em diretorias com poucos alunos aprendendo inglês. Nesse exemplo, o efeito de uma redução

FIGURA 6.1 Funções de Regressão da População com Declividades Diferentes

Na Figura 6.1a, a função de regressão da população tem uma declividade constante. Na Figura 6.1b, a declividade da função de regressão da população depende do valor de X_1. Na Figura 6.1c, a declividade da função de regressão da população depende do valor de X_2.

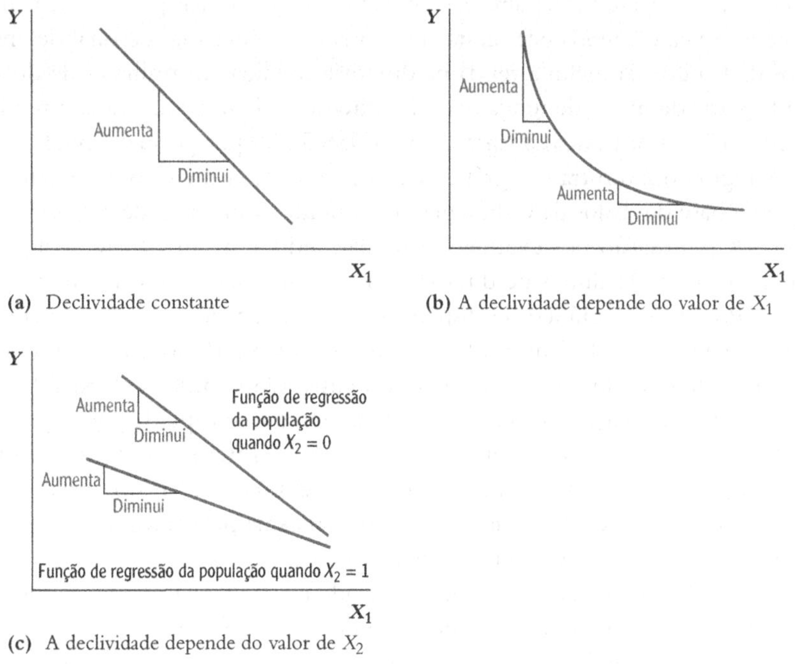

na razão aluno-professor (X_1) sobre a pontuação nos exames (Y) depende da porcentagem de alunos que está aprendendo inglês na diretoria (X_2). Como a Figura 6.1c mostra, a declividade desse tipo de função de regressão da população depende do valor de X_2. Na Seção 6.3, apresentamos o segundo grupo de métodos.

Nos modelos deste capítulo, a função de regressão da população é uma função não-linear das variáveis independentes, isto é, a expectativa condicional $E(Y_i \mid X_{1i}, ..., X_{ki})$ é uma função não-linear de um ou mais Xs. Embora os modelos sejam não-lineares nos Xs, eles são funções lineares dos coeficientes (ou parâmetros) desconhecidos do modelo de regressão da população e, portanto, são versões do modelo de regressão múltipla do Capítulo 5. Portanto, os coeficientes desconhecidos dessas funções de regressão não-lineares podem ser estimados e testados utilizando MQO e os métodos do Capítulo 5.

Nas seções 6.1 e 6.2, apresentamos as funções de regressão não-lineares no contexto da regressão com uma única variável independente e, na Seção 6.3, fizemos uma extensão para duas variáveis independentes. Para simplificar, as variáveis de controle adicionais são omitidas nos exemplos empíricos das seções 6.1-6.3. Na prática, contudo, é importante analisar as funções de regressão não-lineares em modelos que controlam o viés de omissão de variáveis ao incluir também as variáveis de controle. Na Seção 6.4, combinamos funções de regressão não-lineares e variáveis de controle adicionais quando olhamos de perto possíveis não-linearidades na relação entre a pontuação nos exames e a razão aluno-professor, mantendo constantes as características dos alunos.

6.1 Uma Estratégia Geral para Modelar Funções de Regressão Não-Lineares

Nesta seção, traçamos uma estratégia geral para modelar funções de regressão da população não-lineares. Em tal estratégia, os modelos não-lineares são extensões do modelo de regressão múltipla e, portanto, podem ser estimados e testados utilizando as ferramentas do Capítulo 5. Primeiro, contudo, voltamos aos dados sobre a pontuação nos exames da Califórnia e consideramos a relação entre a pontuação nos exames e a renda na diretoria.

Pontuação nos Exames e Renda na Diretoria

No Capítulo 5, constatamos que a situação econômica dos alunos é um fator importante para explicar o desempenho em exames padronizados. Aquela análise utilizou duas variáveis de situação econômica (a porcentagem de alunos com direito a almoço subsidiado e a porcentagem de famílias com direito a auxílio à renda) para medir a fração de alunos na diretoria proveniente de famílias pobres. Uma medida diferente, mais ampla, de situação econômica é a renda per capita anual média na diretoria regional de ensino ("renda na diretoria"). A base de dados da Califórnia inclui a renda na diretoria medida em milhares de dólares de 1998. A amostra contém uma grande gama de níveis de renda: nas 420 diretorias de nossa amostra, a renda mediana na diretoria é de 13,7 (isto é, US$ 13.700 por pessoa) e varia de 5,3 (US$ 5.300 por pessoa) a 55,3 (US$ 55.300 por pessoa).

A Figura 6.2 mostra um gráfico de dispersão da pontuação nos exames da 5ª série contra a renda na diretoria para a base de dados da Califórnia, juntamente com a reta de regressão de MQO que relaciona essas duas variáveis. A pontuação nos exames e a renda média têm uma forte correlação positiva, com um coeficiente de correlação de 0,71; alunos de diretorias ricas têm desempenho melhor nos exames do que alunos de diretorias pobres. Porém, esse gráfico de dispersão tem uma particularidade: a maioria dos pontos está abaixo da reta de MQO quando a renda é muito baixa (inferior a US$ 10.000) ou muito alta (superior a US$ 40.000), mas está acima da reta quando a renda se encontra entre US$ 15.000 e US$ 30.000. Parece haver alguma curvatura na relação entre pontuação nos exames e renda que não é captada pela regressão linear.

Em suma, parece que a relação entre renda na diretoria e pontuação nos exames não é uma linha reta. Ao contrário, é não-linear. Uma função não-linear é uma função com uma declividade que não é constante: a função $f(X)$ será linear se a declividade de $f(X)$ for a mesma para todos os valores de X, mas, se a declividade depender do valor de X, então $f(X)$ será não-linear.

Se uma linha reta não é uma descrição adequada da relação entre renda na diretoria e pontuação nos exames, o que seria adequado? Imagine o desenho de uma curva que se ajuste aos pontos da Figura 6.2. Essa curva seria inclinada para valores baixos de renda na diretoria e se tornaria cada vez mais plana à medida que a renda na diretoria aumentasse. Uma forma de aproximar essa curva matematicamente é modelar a relação como uma função quadrática. Isto é, podemos modelar a pontuação nos exames como uma função da renda *e* do quadrado da renda.

Um modelo de regressão quadrática da população relacionando a pontuação nos exames e a renda é escrito matematicamente como

$$PontExame_i = \beta_0 + \beta_1 Renda_i + \beta_2 Renda_i^2 + u_i, \quad (6.1)$$

onde β_0, β_1 e β_2 são coeficientes, $Renda_i$ é a renda na *i*-ésima diretoria, $Renda_i^2$ é o quadrado da renda na *i*-ésima diretoria e u_i é um termo de erro que, como sempre, representa todos os outros fatores que determinam a pontuação nos exames. A Equação (6.1) é chamada de **modelo de regressão quadrática** porque a função de regressão da população, $E(PontExame_i | Renda_i) = \beta_0 + \beta_1 Renda_i + \beta_2 Renda_i^2$, é uma função quadrática da variável independente, *Renda*.

Se você conhecesse os coeficientes da população β_0, β_1 e β_2 na Equação (6.1), poderia prever a pontuação nos exames de uma diretoria com base em sua renda média. Porém, esses coeficientes da população não são conhecidos e, portanto, devem ser estimados utilizando uma amostra de dados.

A princípio, pode parecer difícil encontrar os coeficientes da função quadrática que melhor se ajustem aos dados na Figura 6.2. Entretanto, se você comparar a Equação (6.1) com o modelo de regressão múltipla no Conceito-Chave 5.2, verá que essa equação é, na verdade, uma versão do modelo de regressão múltipla com dois regressores: o primeiro é *Renda* e o segundo é $Renda^2$. Assim, após a definição dos regressores como *Renda* e $Renda^2$, o modelo não-linear na Equação (6.1) é simplesmente um modelo de regressão múltipla com dois regressores!

Como o modelo de regressão quadrática é uma variante da regressão múltipla, seus coeficientes da população desconhecidos podem ser estimados e testados utilizando os métodos de MQO descritos no Capítulo 5. A estimação dos coeficientes da Equação (6.1) por meio de MQO para as 420 observações na Figura 6.2 produz

$$\widehat{PontExame} = \underset{(2,9)}{607{,}3} + \underset{(0,27)}{3{,}85}Renda - \underset{(0{,}0048)}{0{,}0423}Renda^2,\ \bar{R}^2 = 0{,}554, \quad (6.2)$$

onde (como sempre) os erros padrão dos coeficientes estimados estão entre parênteses. A Figura 6.3 mostra a função de regressão estimada (6.2) sobreposta ao gráfico de dispersão dos dados. A função quadrática capta a curvatura no gráfico de dispersão: é mais inclinada para valores baixos da renda na diretoria, mas torna-se menos inclinada à medida que a renda aumenta. Em suma, a função de regressão quadrática parece ajustar-se melhor aos dados do que a função linear.

FIGURA 6.2 Gráfico de Dispersão de Pontuação nos Exames *versus* Renda na Diretoria com uma Função de Regressão de MQO Linear

Existe uma correlação positiva entre pontuação nos exames e renda na diretoria (correlação = 0,71), porém a reta de regressão de MQO linear não descreve adequadamente a relação entre essas variáveis.

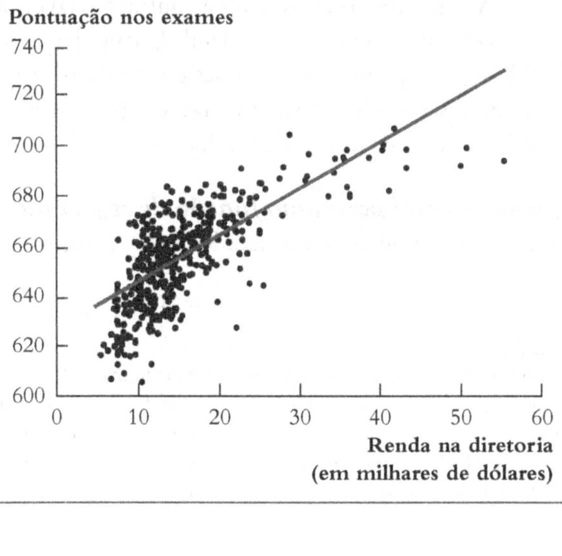

FIGURA 6.3 Gráfico de Dispersão de Pontuação nos Exames *versus* Renda na Diretoria com Funções de Regressão Linear e Quadrática

A função de regressão de MQO quadrática ajusta-se melhor aos dados do que a função de regressão de MQO linear.

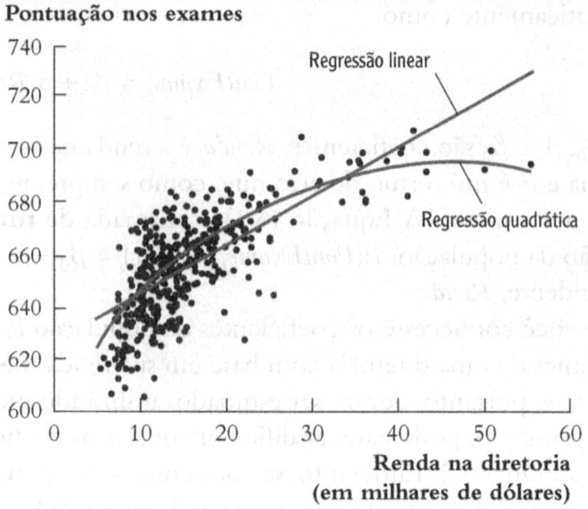

Podemos ir um passo além dessa comparação visual e testar formalmente a hipótese de que a relação entre renda e pontuação nos exames é linear contra a alternativa de que a relação é não-linear. Se a relação é linear, a função de regressão está especificada corretamente como a Equação (6.1), exceto pelo regressor $Renda^2$, que está ausente; isto é, se a relação é linear, a equação é válida com $\beta_2 = 0$. Desse modo, podemos testar a hipótese nula de que a função de regressão da população é linear contra a alternativa de que ela é quadrática testando a hipótese nula de que $\beta_2 = 0$ contra a alternativa de que $\beta_2 \neq 0$.

Como a Equação (6.1) é somente uma variante do modelo de regressão múltipla, podemos testar a hipótese nula de que $\beta_2 = 0$ ao construirmos a estatística t para essa hipótese. A estatística t é $t = (\hat{\beta}_2 - 0)/EP(\hat{\beta}_2)$, que da Equação (6.2) é $t = -0{,}0423/0{,}0048 = -8{,}81$. Em valor absoluto, isso excede o valor crítico de 5 por cento desse teste (que é 1,96). De fato, o valor p para a estatística t é menor do que 0,01 por cento, de modo que podemos rejeitar a hipótese de que $\beta_2 = 0$ em todos os níveis de significância convencionais. Portanto, esse teste de hipótese formal sustenta nossa inspeção informal das figuras 6.2 e 6.3: o modelo quadrático se ajusta melhor aos dados do que o modelo linear.

Efeito de uma Variação em X sobre Y em Especificações Não-Lineares

Deixe de lado por um momento o exemplo da pontuação nos exames e considere um problema geral. Você quer saber qual é a variação esperada na variável dependente Y quando a variável independente X_1 varia em um montante ΔX_1, mantendo constantes as outras variáveis independentes $X_2, ..., X_k$. Quando a função de regressão da população é linear, esse efeito é fácil de calcular: conforme mostrado na Equação (5.4), a variação esperada em Y é $\Delta Y = \beta_1 \Delta X_1$, onde β_1 é o coeficiente da regressão da população multiplicando X_1. Contudo, quando a função de regressão é não-linear, a variação esperada em Y é mais difícil de calcular, uma vez que ela pode depender dos valores das variáveis independentes.

Uma fórmula geral para uma função de regressão da população não-linear.[1] Os modelos de regressão da população não-lineares considerados neste capítulo têm a seguinte forma:

$$Y_i = f(X_{1i}, X_{2i}, ..., X_{ki}) + u_i,\ i = 1, ..., n, \tag{6.3}$$

[1] O termo "regressão não-linear" se aplica a duas famílias de modelos conceitualmente diferentes. Na primeira família, a função de regressão da população é uma função não-linear dos Xs, mas é uma função linear dos parâmetros desconhecidos (os βs). Na segunda família, a função de regressão da população é uma função não-linear dos parâmetros desconhecidos e pode ou não ser uma função não-linear dos Xs. Todos os modelos deste capítulo pertencem à primeira família. Encontraremos modelos da segunda família no Capítulo 9 quando tratarmos da regressão com uma variável binária dependente.

onde $f(X_{1i}, X_{2i}, ..., X_{ki})$ é a **função de regressão não-linear** da população, uma função possivelmente não-linear das variáveis independentes $X_{1i}, X_{2i}, ..., X_{ki}$, e u_i é o termo de erro. Por exemplo, no modelo de regressão quadrática da Equação (6.1), somente uma variável independente está presente, de modo que X_1 é *Renda* e a função de regressão da população é $f(Renda_i) = \beta_0 + \beta_1 Renda_i + \beta_2 Renda_i^2$.

Como a função de regressão da população é a expectativa condicional de Y_i dados $X_{1i}, X_{2i}, ..., X_{ki}$, na Equação (6.3) admitimos a possibilidade de que essa expectativa condicional seja uma função não-linear de $X_{1i}, X_{2i}, ..., X_{ki}$, isto é, $E(Y_i | X_{1i}, X_{2i}, ..., X_{ki}) = f(X_{1i}, X_{2i}, ..., X_{ki})$, onde f pode ser uma função não-linear. Se a função de regressão da população é linear, então $f(X_{1i}, X_{2i}, ..., X_{ki}) = \beta_0 + \beta_1 X_{1i} + \beta_2 X_{2i} + \cdots + \beta_k X_{ki}$ e a Equação (6.3) torna-se o modelo de regressão linear do Conceito-Chave 5.2. Contudo, essa equação também admite funções de regressão não-lineares.

Efeito de uma variação em X_1 sobre Y. Conforme discutido na Seção 5.2, o efeito de uma variação em X_1, ΔX_1, sobre Y, mantendo constantes $X_2, ..., X_k$, é a diferença entre o valor esperado de Y quando as variáveis independentes assumem os valores $X_1 + \Delta X_1, X_2, ..., X_k$ e o valor esperado de Y quando as variáveis independentes assumem os valores $X_1, X_2, ..., X_k$. A diferença entre esses dois valores esperados, digamos ΔY, é o que acontece com Y em média na população quando X_1 varia em um montante ΔX_1, mantendo constantes as outras variáveis $X_2, ..., X_k$. No modelo de regressão não-linear da Equação (6.3), esse efeito sobre Y é $\Delta Y = f(X_1 + \Delta X_1, X_2, ..., X_k) - f(X_1, X_2, ..., X_k)$.

Como a função de regressão f é desconhecida, o efeito da população de uma variação em X_1 sobre Y também é desconhecido. Para estimar o efeito da população, primeiro estime a função de regressão da população. Em um nível geral, represente essa função estimada por $\hat{f}$; um exemplo dessa função estimada é a função de regressão quadrática estimada na Equação (6.2). O efeito estimado de uma variação em X_1 sobre Y (representado por $\Delta\hat{Y}$) é a diferença entre o valor previsto de Y quando as variáveis independentes assumem os valores $X_1 + \Delta X_1, X_2, ..., X_k$ e o valor previsto de Y quando as variáveis independentes assumem os valores $X_1, X_2, ..., X_k$.

O Conceito-Chave 6.1 resume o método para calcular o efeito esperado de uma variação em X_1 sobre Y.

Aplicação ao caso de pontuação nos exames e renda. Qual é a variação prevista da pontuação nos exames associada a uma variação da renda na diretoria de US$ 1.000,00, com base na função de regressão quadrática estimada na Equação (6.2)? Como a função de regressão é quadrática, esse efeito depende da renda inicial na diretoria. Consideremos, portanto, dois casos: um aumento da renda na diretoria de 10 para 11 (isto é, de US$ 10.000 per capita para US$ 11.000) e um aumento da renda na diretoria de 40 para 41.

Para calcularmos $\Delta\hat{Y}$ associado a uma variação da renda de 10 para 11, podemos aplicar a fórmula geral da Equação (6.6) ao modelo de regressão quadrático. Fazendo isso, temos

$$\Delta\hat{Y} = (\hat{\beta}_0 + \hat{\beta}_1 \times 11 + \hat{\beta}_2 \times 11^2) - (\hat{\beta}_0 + \hat{\beta}_1 \times 10 + \hat{\beta}_2 \times 10^2), \quad (6.4)$$

onde $\hat{\beta}_0$, $\hat{\beta}_1$ e $\hat{\beta}_2$ são os estimadores de MQO.

O termo no primeiro conjunto de parênteses da Equação (6.4) é o valor previsto de Y quando *Renda* = 11 e o termo no segundo conjunto de parênteses é o valor previsto de Y quando *Renda* = 10. Esses valores são calculados utilizando-se as estimativas de MQO dos coeficientes na Equação (6.2). Dessa forma, quando *Renda* = 10, o valor previsto da pontuação nos exames é $607{,}3 + 3{,}85 \times 10 - 0{,}0423 \times 10^2 = 641{,}57$. Quando *Renda* = 11, o valor previsto é $607{,}3 + 3{,}85 \times 11 - 0{,}0423 \times 11^2 = 644{,}53$. A diferença entre esses dois valores previstos é $\Delta\hat{Y} = 644{,}53 - 641{,}57 = 2{,}96$ pontos, isto é, a diferença prevista para a pontuação nos exames entre uma diretoria com renda média de US$ 11.000 e outra com renda média de US$ 10.000 é de 2,96 pontos.

No segundo caso, quando a renda passa de US$ 40.000 para US$ 41.000, a diferença nos valores previstos da Equação (6.4) é $\Delta\hat{Y} = (607{,}3 + 3{,}85 \times 41 - 0{,}0423 \times 41^2) - (607{,}3 + 3{,}85 \times 40 - 0{,}0423 \times 40^2) = 694{,}04 - 693{,}62 = 0{,}42$ pontos. Assim, uma variação da renda de US$ 1.000 está associada a uma variação maior da pontuação nos exames prevista se a renda inicial for US$ 10.000 do que se ela for US$ 40.000 (as variações previstas são 2,96 pontos e 0,42 pontos, respectivamente). Dito de outra forma, a declividade da função de regressão quadrática estimada da Figura 6.3 é mais acentuada para valores baixos de renda (como US$ 10.000) do que para valores mais altos (como US$ 40.000).

Efeito Esperado de uma Variação em X_1 sobre Y no Modelo de Regressão Não-Linear

Conceito-Chave 6.1

A variação esperada em Y, ΔY, associada a uma variação em X_1, ΔX_1, mantendo $X_2, ..., X_k$ constantes, é a diferença entre o valor da função de regressão da população antes e depois da variação em X_1, mantendo $X_2, ..., X_k$ constantes. Isto é, a variação esperada em Y é a diferença:

$$\Delta Y = f(X_1 + \Delta X_1, X_2, ..., X_k) - f(X_1, X_2, ..., X_k). \quad (6.5)$$

O estimador dessa diferença da população desconhecida é a diferença entre os valores previstos para esses dois casos. Seja $\hat{f}(X_1, X_2, ..., X_k)$ o valor previsto de Y com base no estimador $\hat{f}$ da função de regressão da população. Então a variação prevista em Y é

$$\Delta \hat{Y} = \hat{f}(X_1 + \Delta X_1, X_2, ..., X_k) - \hat{f}(X_1, X_2, ..., X_k). \quad (6.6)$$

Erros padrão dos efeitos estimados. O estimador do efeito de uma variação em X_1 sobre Y depende do estimador da função de regressão da população, $\hat{f}$, que varia de uma amostra para a seguinte. Portanto, o efeito estimado contém erro de amostragem. Uma forma de quantificar a incerteza com relação à amostragem associada ao efeito estimado é calcular um intervalo de confiança para o verdadeiro efeito da população. Para isso, precisamos calcular o erro padrão de $\Delta \hat{Y}$ na Equação (6.6).

É fácil calcular um erro padrão para $\Delta \hat{Y}$ quando a função de regressão é linear. O efeito estimado de uma variação em X_1 é $\hat{\beta}_1 \Delta X_1$, de modo que um intervalo de confiança de 95 por cento para a variação estimada é $\hat{\beta}_1 \Delta X_1 \pm 1{,}96 EP(\hat{\beta}_1)\Delta X_1$.

Nos modelos de regressão não-linear deste capítulo, o erro padrão de $\Delta \hat{Y}$ pode ser calculado utilizando as ferramentas apresentadas na Seção 5.8 para o teste de uma única restrição que envolve múltiplos coeficientes. Para ilustrar esse método, considere a variação estimada da pontuação nos exames associada a uma variação na renda de 10 para 11 na Equação (6.4), que é $\Delta \hat{Y} = \hat{\beta}_1 \times (11 - 10) + \hat{\beta}_2 \times (11^2 - 10^2) = \hat{\beta}_1 + 21\hat{\beta}_2$. Portanto, o erro padrão da variação prevista é

$$EP(\Delta \hat{Y}) = EP(\hat{\beta}_1 + 21\hat{\beta}_2). \quad (6.7)$$

Assim, se conseguirmos calcular o erro padrão de $\hat{\beta}_1 + 21\hat{\beta}_2$, teremos calculado o erro padrão de $\Delta \hat{Y}$. Existem dois métodos para fazer isso utilizando pacotes de regressão padrão, que correspondem aos dois enfoques da Seção 5.8 para o teste de uma única restrição sobre múltiplos coeficientes.[2]

O primeiro método é utilizar o "Enfoque nº 1" da Seção 5.8, que consiste em calcular a estatística F que testa a hipótese de que $\beta_1 + 21\beta_2 = 0$. O erro padrão de $\Delta \hat{Y}$ então é dado por[3]

$$EP(\Delta \hat{Y}) = \frac{|\Delta \hat{Y}|}{\sqrt{F}}. \quad (6.8)$$

Quando aplicada à regressão quadrática na Equação (6.2), a estatística F que testa a hipótese de que $\beta_1 + 21\beta_2 = 0$ é $F = 299{,}94$. Como $\Delta \hat{Y} = 2{,}96$, a aplicação da Equação (6.8) gera $EP(\Delta \hat{Y}) = 2{,}96/\sqrt{299{,}94} = 0{,}17$. Assim, um intervalo de confiança de 95 por cento para a variação no valor esperado de Y é $2{,}96 \pm 1{,}96 \times 0{,}17$ ou (2,63, 3,29).

[2] Esses dois enfoques são formas diferentes de utilizar um pacote de regressão para implementar as fórmulas gerais para os erros padrão dos efeitos previstos apresentadas na Seção 16.2.

[3] A Equação (6.8) é derivada observando-se que a estatística F é o quadrado da estatística t que testa essa hipótese, isto é, $F = t^2 = [(\hat{\beta}_1 + 21\hat{\beta}_2)/EP(\hat{\beta}_1 + 21\hat{\beta}_2)]^2 = [\Delta \hat{Y}/EP(\Delta \hat{Y})]^2$ e resolvendo $EP(\Delta \hat{Y})$.

O segundo método é utilizar o "Enfoque nº 2" da Seção 5.8, que envolve a transformação dos regressores de modo que, na regressão transformada, um dos coeficientes seja $\beta_1 + 21\beta_2$. A demonstração dessa transformação é deixada como um exercício (veja o Exercício 6.4).

Um comentário sobre a interpretação de coeficientes em especificações não-lineares. No modelo de regressão múltipla do Capítulo 5, os coeficientes da regressão tinham uma interpretação natural. Por exemplo, β_1 é a variação esperada em Y associada a uma variação em X_1, mantendo constantes os demais regressores. Mas, como vimos, esse geralmente não é o caso em um modelo não-linear. Isto é, não ajuda muito pensar em β_1 na Equação (6.1) como o efeito de uma variação da renda na diretoria, mantendo constante o quadrado dessa renda. Isso significa que, em modelos não-lineares, a função de regressão é mais bem interpretada quando é mostrada em um gráfico e quando o efeito previsto de uma variação em uma ou mais das variáveis independentes sobre Y é calculado.

Enfoque Geral para a Modelagem de Não-Linearidades Utilizando Regressão Múltipla

O enfoque geral para a modelagem de funções de regressão não-lineares examinado neste capítulo possui cinco elementos:

1. ***Identifique uma possível relação não-linear.*** A melhor coisa a fazer é utilizar a teoria econômica e o que você sabe sobre a aplicação para sugerir uma possível relação não-linear. Antes mesmo de examinar os dados, pergunte a si mesmo se a declividade da função de regressão que relaciona Y e X teria motivos para depender do valor de X ou de outra variável independente. Por que essa dependência não-linear pode existir? Que formas não-lineares ela sugere? Por exemplo, pensar sobre a dinâmica em uma sala de aula com alunos de 11 anos de idade sugere que a redução do tamanho da turma de 18 para 17 alunos poderia ter um efeito maior do que a redução de 30 para 29 alunos.

2. ***Especifique uma função não-linear e estime seus parâmetros por MQO.*** As seções 6.2 e 6.3 contêm várias funções de regressão não-lineares que podem ser estimadas por MQO. Após estudar essas seções, você compreenderá as características de cada uma delas.

3. ***Determine se o modelo não-linear é melhor do que o modelo linear.*** O fato de você pensar que uma função de regressão é não-linear não significa que ela realmente o seja! Você deve determinar empiricamente se o seu modelo não-linear é apropriado. Na maioria das vezes, você pode utilizar a estatística t e a estatística F para testar a hipótese nula de que a função de regressão da população é linear contra a alternativa de que ela é não-linear.

4. ***Desenhe a função de regressão não-linear estimada.*** A função de regressão estimada descreve bem os dados? Um exame das figuras 6.2 e 6.3 sugere que o modelo quadrático se ajusta melhor aos dados do que o modelo linear.

5. ***Estime o efeito de uma variação em X sobre Y.*** O último passo é utilizar a regressão estimada para calcular o efeito de uma variação em um ou mais regressores X sobre Y utilizando o método do Conceito-Chave 6.1.

6.2 Funções Não-Lineares de uma Única Variável Independente

Nesta seção fornecemos dois métodos para modelar uma função de regressão não-linear. Para simplificar, desenvolvemos esses métodos para uma função de regressão não-linear que envolva somente uma variável independente X. Contudo, como veremos na Seção 6.4, esses modelos podem ser modificados para incluir múltiplas variáveis independentes.

O primeiro método discutido nesta seção é a regressão polinomial, uma extensão da regressão quadrática utilizada na seção anterior para modelar a relação entre pontuação nos exames e renda. O segundo método utiliza logaritmos de X e/ou de Y. Embora esses métodos sejam apresentados separadamente, eles podem ser utilizados de forma combinada.

Polinômios

Uma forma de especificar uma função de regressão não-linear é utilizar um polinômio em X. Em geral, represente por r a maior potência de X incluída na regressão. O **modelo de regressão polinomial** de grau r é

$$Y_i = \beta_0 + \beta_1 X_i + \beta_2 X_i^2 + \cdots + \beta_r X_i^r + u_i. \tag{6.9}$$

Quando $r = 2$, a Equação (6.9) é o modelo de regressão quadrática discutido na Seção 6.1. Quando $r = 3$, de modo que a maior potência de X incluída na regressão é X^3, a Equação (6.9) é chamada de **modelo de regressão cúbica**.

O modelo de regressão polinomial é semelhante ao modelo de regressão múltipla do Capítulo 5, exceto pelo fato de que nesse capítulo os regressores eram variáveis independentes distintas, ao passo que neste caso os regressores são potências da mesma variável independente, X, isto é, os regressores são X, X^2, X^3 etc. Assim, as técnicas para estimação e inferência desenvolvidas para a regressão múltipla podem ser aplicadas aqui. Em particular, os coeficientes desconhecidos $\beta_0, \beta_1, ..., \beta_r$ da Equação (6.9) podem ser estimados pela regressão de MQO de Y_i sobre $X_i, X_i^2, ..., X_i^r$.

Testando a hipótese nula de que a função de regressão da população é linear. Se a função de regressão da população é linear, os termos quadráticos e de ordem maior não entram na função de regressão da população. Dessa forma, a hipótese nula (H_0) de que a regressão é linear e a alternativa (H_1) de que ela é um polinômio de grau r correspondem a

$$H_0: \beta_2 = 0, \beta_3 = 0, ..., \beta_r = 0 \text{ } \textit{versus} \text{ } H_1: \text{pelo menos um } \beta_j \neq 0, j = 2, ..., r. \tag{6.10}$$

A hipótese nula de que a função de regressão da população é linear pode ser testada contra a alternativa de que ela é um polinômio de grau r pelo teste de H_0 contra H_1 na Equação (6.10). Como H_0 é uma hipótese nula conjunta com $q = r - 1$ restrições sobre os coeficientes do modelo de regressão polinomial da população, ela pode ser testada utilizando a estatística F descrita na Seção 5.7.

Que grau de polinômio deveria ser usado? Isto é, quantas potências de X deveriam ser incluídas em uma regressão polinomial? A resposta pondera um dilema entre flexibilidade e precisão estatística. O aumento do grau r introduz mais flexibilidade na função de regressão e permite que ela se ajuste a mais formas de curva; um polinômio de grau r pode ter até $r - 1$ pontos de inflexão em seu gráfico. Mas o aumento de r implica a adição de mais regressores, o que pode reduzir a precisão dos coeficientes estimados.

Assim, a resposta para a pergunta feita no parágrafo anterior é a seguinte: você deveria incluir o suficiente para modelar a função de regressão não-linear adequadamente, mas nada mais. Infelizmente, essa resposta não tem muita utilidade na prática!

Uma forma prática de determinar o grau do polinômio é perguntar se os coeficientes da Equação (6.9) associados aos valores maiores de r são iguais a zero. Se for esse o caso, esses termos poderão ser excluídos da regressão. Esse procedimento, chamado de teste seqüencial de hipótese, uma vez que as hipóteses individuais são testadas seqüencialmente, está resumido nos seguintes passos:

1. Escolha um valor máximo para r e estime a regressão polinomial para ele.
2. Utilize a estatística t para testar a hipótese de que o coeficiente de X^r (β_r na Equação (6.9)) é igual a zero. Se você rejeitar essa hipótese, X^r pertencerá à regressão; assim, utilize o polinômio de grau r.

3. Se você não rejeitou $\beta_r = 0$ no passo 2, elimine X^r da regressão e estime uma regressão polinomial de grau $r-1$. Teste se o coeficiente de X^{r-1} é igual a zero. Se você rejeitou $\beta_r = 0$, utilize o polinômio de grau $r-1$.

4. Se você não rejeitou $\beta_{r-1} = 0$ no passo 3, continue este procedimento até que o coeficiente da maior potência de seu polinômio seja estatisticamente significante.

Falta um ingrediente nesta receita: o grau inicial r do polinômio. Em muitas aplicações que envolvem dados econômicos, as funções não-lineares são suaves, isto é, não apresentam saltos abruptos ou "picos". Se for esse o caso, é apropriado escolher uma ordem máxima pequena para o polinômio, tal como 2, 3 ou 4; isto é, comece com $r = 2$, 3 ou 4 no passo 1.[4]

Aplicação ao caso de renda na diretoria e pontuação nos exames. A função de regressão cúbica estimada que relaciona renda na diretoria e pontuação nos exames é

$$\widehat{PontExame} = \underset{(5,1)}{600{,}1} + \underset{(0{,}71)}{5{,}02}Renda - \underset{(0{,}029)}{0{,}096}Renda^2 + \underset{(0{,}00035)}{0{,}00069}Renda^3, \quad (6.11)$$

$$\bar{R}^2 = 0{,}555.$$

A estatística t de $Renda^3$ é 1,97, de modo que a hipótese nula de que a função de regressão é quadrática é rejeitada contra a alternativa de que é cúbica ao nível de 5 por cento. Além disso, a estatística F que testa a hipótese nula conjunta de que os coeficientes de $Renda^2$ e $Renda^3$ são iguais a zero é 37,7, com um valor p inferior a 0,01 por cento, de modo que a hipótese nula de que a função de regressão é linear é rejeitada contra a alternativa de que ela é cúbica.

Interpretação dos coeficientes nos modelos de regressão polinomial. Os coeficientes nas regressões polinomiais não têm uma interpretação simples. A melhor forma de interpretar essas regressões é desenhar a função de regressão estimada e calcular o efeito estimado associado a uma variação em X sobre Y para um ou mais valores de X.

Logaritmos

Outra forma de especificar uma função de regressão não-linear é utilizar o logaritmo natural de Y e/ou de X. Os logaritmos convertem as variações nas variáveis em variações percentuais, e muitas relações são expressas naturalmente em termos de porcentagem. Aqui estão alguns exemplos:

- Na Seção 3.5, examinamos a diferença de salários entre homens e mulheres com curso superior. Naquela discussão, a diferença de salários foi medida em dólares. Contudo, é mais fácil comparar diferenças de salários entre profissões e ao longo do tempo quando elas são expressas em porcentagem.
- Na Seção 6.1, constatamos que a renda na diretoria e a pontuação nos exames estavam relacionadas de forma não-linear. Essa relação seria linear para variações percentuais? Isto é, uma variação da renda na diretoria de 1 por cento — em vez de US$ 1.000 — poderia estar associada a uma variação na pontuação nos exames que é aproximadamente constante para diferentes valores de renda?
- Na análise econômica da demanda do consumidor, freqüentemente se supõe que um aumento de 1 por cento nos preços leva a determinado *percentual* de queda na quantidade demandada. A variação percentual na demanda resultante de um aumento de 1 por cento no preço é chamada de **elasticidade-preço**.

[4] Uma forma diferente de escolher r é utilizar um "critério de informação", descrito no Capítulo 12 no contexto da análise de séries temporais. Na prática, o enfoque do critério de informação e o enfoque do teste seqüencial de hipótese descrito aqui freqüentemente geram resultados semelhantes.

As especificações de regressão que utilizam logaritmos naturais permitem que os modelos de regressão estimem relações de porcentagem como essas. Antes de apresentar essas especificações, revisaremos as funções exponencial e logaritmo natural.

A função exponencial e a função logarítmica (ou logaritmo natural). A função exponencial e seu inverso, o logaritmo natural, desempenham um papel importante na modelagem de funções de regressão não-lineares. A **função exponencial** de x é e^x, isto é, e elevado à potência x, onde e é a constante 2,71828 ...; a função exponencial também é expressa como $\exp(x)$. O **logaritmo natural** é o inverso da função exponencial, isto é, ele é a função para a qual $x = \ln(e^x)$ ou, de forma equivalente, $x = \ln[\exp(x)]$. A base do logaritmo natural é e. Embora haja logaritmos em outras bases, como base 10, neste livro consideraremos somente logaritmos na base e, isto é, o logaritmo natural, de modo que, quando utilizarmos o termo "logaritmo", estaremos nos referindo ao "logaritmo natural."

A Figura 6.4 mostra o gráfico da função logarítmica $y = \ln(x)$. Observe que ela só é definida para valores positivos de x. A função logarítmica possui uma declividade que é inicialmente acentuada e então se torna mais plana (embora a função continue a crescer). A declividade da função logarítmica $\ln(x)$ é $1/x$.

A função logarítmica tem as seguintes propriedades úteis:

$$\ln(1/x) = -\ln(x); \tag{6.12}$$

$$\ln(ax) = \ln(a) + \ln(x); \tag{6.13}$$

$$\ln(x/a) = \ln(x) - \ln(a); \text{ e} \tag{6.14}$$

$$\ln(x^a) = a\ln(x). \tag{6.15}$$

Logaritmos e porcentagem. A relação entre logaritmo e porcentagem baseia-se em um fato importante: quando Δx é pequeno, a diferença entre o logaritmo de $x + \Delta x$ e o logaritmo de x é aproximadamente $\frac{\Delta x}{x}$, a variação percentual em x dividida por 100. Isto é,

$$\ln(x + \Delta x) - \ln(x) \cong \frac{\Delta x}{x} \text{ (quando } \frac{\Delta x}{x} \text{ é pequeno),} \tag{6.16}$$

onde $\cong$ significa "aproximadamente igual a". A derivação dessa aproximação baseia-se no cálculo, mas pode ser demonstrada rapidamente por meio da experimentação de alguns valores de x e Δx. Por exemplo, quando $x = 100$ e $\Delta x = 1$, então $\Delta x/x = 1/100 = 0{,}01$ (ou 1 por cento), ao passo que $\ln(x + \Delta x) - \ln(x) = \ln(101) - \ln(100) = 0{,}00995$ (ou 0,995 por cento). Assim, $\Delta x/x$ (que é 0,01) é muito próximo de $\ln(x + \Delta x) - \ln(x)$ (que é 0,00995). Quando $\Delta x = 5$, $\Delta x/x = 5/100 = 0{,}05$, ao passo que $\ln(x + \Delta x) - \ln(x) = \ln(105) - \ln(100) = 0{,}04879$.

FIGURA 6.4 A Função Logarítmica, $Y = \ln(X)$

A função logarítmica $Y = \ln(X)$ é mais inclinada para valores pequenos do que para valores grandes de X, é definida somente para $X > 0$ e tem declividade $1/X$.

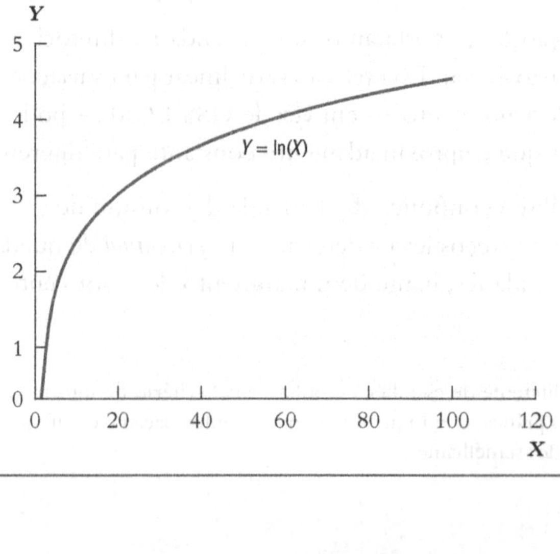

Três modelos de regressão logarítmica. Existem três casos em que é possível utilizar logaritmos: quando X é transformado em seu logaritmo, mas Y não; quando Y é transformado em seu logaritmo, mas X não; e quando tanto X quanto Y são transformados em seus logaritmos. A interpretação dos coeficientes da regressão é diferente em cada caso. Discutiremos os três casos a seguir.

Caso I: X está em logaritmo, mas Y não. Neste caso, o modelo de regressão é

$$Y_i = \beta_0 + \beta_1 \ln(X_i) + u_i,\ i = 1, \ldots, n. \tag{6.17}$$

Como Y não está em logaritmo, mas X está, esse modelo às vezes é chamado de **modelo linear-log**.

No modelo linear-log, uma variação de 1 por cento em X está associada a uma variação de $0{,}01\beta_1$ em Y. Para visualizar isso, considere a diferença entre a função de regressão da população para valores de X que diferem em ΔX: ela é $[\beta_0 + \beta_1 \ln(X + \Delta X)] - [\beta_0 + \beta_1 \ln(X)] = \beta_1[\ln(X + \Delta X) - \ln(X)] \cong \beta_1(\Delta X/X)$, onde o último passo utiliza a aproximação da Equação (6.16). Se X variar em 1 por cento, então $\Delta X/X = 0{,}01$; desse modo, nesse modelo, uma variação de 1 por cento em X está associada a uma variação de $0{,}01\beta_1$ em Y.

A única diferença entre o modelo de regressão da Equação (6.17) e o modelo de regressão do Capítulo 4 com um único regressor é que a variável do lado direito agora é o logaritmo de X, e não o próprio X. Para estimar o coeficientes β_0 e β_1 na Equação (6.17), primeiro calcule uma nova variável, $\ln(X)$; isso pode ser feito rapidamente utilizando uma planilha eletrônica ou um pacote estatístico. Então, β_0 e β_1 podem ser estimados pela regressão de MQO de Y_i sobre $\ln(X_i)$, hipóteses sobre β_1 podem ser testadas utilizando a estatística t e um intervalo de confiança de 95 por cento para β_1 pode ser construído como $\hat{\beta}_1 \pm 1{,}96EP(\hat{\beta}_1)$.

Como exemplo, volte à relação entre renda na diretoria e pontuação nos exames. No lugar da especificação quadrática, poderíamos utilizar a especificação linear-log da Equação (6.17). A estimação dessa regressão por MQO produz

$$\widehat{PontExame} = \underset{(3,8)}{557{,}8} + \underset{(1,40)}{36{,}42}\ln(Renda),\ \bar{R}^2 = 0{,}561. \tag{6.18}$$

De acordo com a Equação (6.18), um aumento de 1 por cento na renda está associado a um aumento na pontuação nos exames de $0{,}01 \times 36{,}42 = 0{,}36$ pontos.

Para estimarmos o efeito de uma variação em X sobre Y em suas unidades originais de milhares de dólares (não em logaritmos), podemos utilizar o método do Conceito-Chave 6.1. Por exemplo, qual é a diferença prevista na pontuação nos exames entre diretorias com rendas médias de US$ 10.000 *versus* US$ 11.000? O valor estimado de ΔY é a diferença entre os valores previstos: $\Delta \hat{Y} = [557{,}8 + 36{,}42\ln(11)] - [557{,}8 + 36{,}42\ln(10)] = 36{,}42 \times [\ln(11) - \ln(10)] = 3{,}47$. Do mesmo modo, a diferença prevista entre uma diretoria com renda média de US$ 40.000 e uma diretoria com renda média de US$ 41.000 é $36{,}42 \times [\ln(41) - \ln(40)] = 0{,}90$. Portanto, assim como a regressão quadrática, essa regressão prevê que um aumento de US$ 1.000 na renda tem um efeito maior na pontuação nos exames de diretorias pobres do que na de diretorias ricas.

A Figura 6.5 mostra a função de regressão linear-log estimada da Equação (6.18). Como o regressor na Equação (6.18) é o logaritmo natural da renda, e não a renda, a função de regressão estimada não é uma linha reta. Assim como a função de regressão quadrática da Figura 6.3, ela é inicialmente inclinada, mas torna-se mais plana para níveis mais altos de renda.

Caso II: Y está em logaritmo, mas X não. Neste caso, o modelo de regressão é

$$\ln(Y_i) = \beta_0 + \beta_1 X_i + u_i. \tag{6.19}$$

Como Y está em logaritmo, mas X não, ele é chamado de **modelo log-linear**.

No modelo log-linear, a variação unitária em X ($\Delta X = 1$) está associada a uma variação de $100 \times \beta_1$ por cento em Y. Para visualizar isso, compare os valores esperados de $\ln(Y)$ para valores de X que diferem em ΔX. O valor esperado de $\ln(Y)$ dado X é $\ln(Y) = \beta_0 + \beta_1 X$. Quando X é $X + \Delta X$, o valor esperado é dado por $\ln(Y + \Delta Y) = \beta_0 +$

$\beta_1(X + \Delta X)$. Assim, a diferença entre esses valores esperados é $\ln(Y + \Delta Y) - \ln(Y) = [\beta_0 + \beta_1(X + \Delta X)] - [\beta_0 + \beta_1 X] = \beta_1 \Delta X$. Da aproximação na Equação (6.16), contudo, se $\beta_1 \Delta X$ for pequeno, então $\ln(Y + \Delta Y) - \ln(Y) \cong \Delta Y/Y$. Assim, $\Delta Y/Y \cong \beta_1 \Delta X$. Se $\Delta X = 1$, de modo que X varia em uma unidade, $\Delta Y/Y$ varia em β_1. Traduzido em porcentagem, uma variação unitária em X está associada a uma variação de $100 \times \beta_1$ por cento em Y.

Para fins de ilustração, voltemos ao exemplo empírico da Seção 3.6, a relação entre idade e salário de indivíduos com curso superior. Muitos contratos de trabalho incluem uma cláusula segundo a qual, para cada ano adicional de serviço, um trabalhador ganha determinado percentual de aumento em seu salário. Essa relação percentual sugere que se estime a especificação log-linear da Equação (6.19) de modo que cada ano adicional de idade (X) está, em média, na população, associado a um aumento percentual constante no salário (Y). Calculando-se primeiro a nova variável dependente, $\ln(Salário_i)$, é possível estimar os coeficientes desconhecidos β_0 e β_1 pela regressão de MQO de $\ln(Salário_i)$ sobre $Idade_i$. A relação estimada utilizando as 12.077 observações sobre indivíduos com curso superior do Current Population Survey de 1999 (os dados estão descritos no Apêndice 3.1) é dada por

$$\widehat{\ln(Salário)} = \underset{(0,024)}{2,453} + \underset{(0,0006)}{0,0128}Idade, \ \bar{R}^2 = 0,0387. \tag{6.20}$$

Segundo essa regressão, estima-se que o salário aumente em 1,28 por cento ((100 × 0,0128) por cento) para cada ano adicional de idade.

Caso III: Tanto X quanto Y estão em logaritmo. Neste caso, o modelo de regressão é

$$\ln(Y_i) = \beta_0 + \beta_1 \ln(X_i) + u_i. \tag{6.21}$$

Como Y e X estão especificados em logaritmo, ele é identificado como **modelo log-log**.

No modelo log-log, uma variação de 1 por cento em X está associada a uma variação de β_1 por cento em Y. Assim, nessa especificação, β_1 é a elasticidade de Y com relação a X. Para visualizar isso, aplique novamente o Conceito-Chave 6.1; assim, $\ln(Y + \Delta Y) - \ln(Y) = [\beta_0 + \beta_1 \ln(X + \Delta X)] - [\beta_0 + \beta_1 \ln(X)] = \beta_1[\ln(X + \Delta X) - \ln(X)]$. A aplicação da aproximação na Equação (6.16) para os dois lados dessa equação produz

$$\frac{\Delta Y}{Y} \cong \beta_1 \frac{\Delta X}{X} \text{ ou} \tag{6.22}$$

FIGURA 6.5 A Função de Regressão Linear-Log

A função de regressão linear-log estimada $\hat{Y} = \hat{\beta}_0 + \hat{\beta}_1 \ln(X)$ capta muito da relação não-linear entre pontuação nos exames e renda da diretoria.

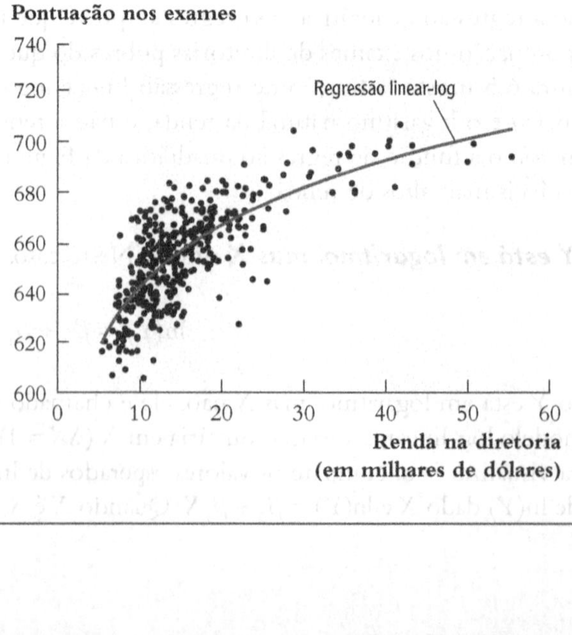

$$\beta_1 = \frac{\Delta Y/Y}{\Delta X/X} = \frac{100 \times (\Delta Y/Y)}{100 \times (\Delta X/X)} = \frac{\text{Variação percentual de } Y}{\text{Variação percentual de } X}$$

Portanto, na especificação log-log, β_1 é a razão da variação percentual em Y associada à variação percentual em X. Se a variação percentual em X é de 1 por cento (isto é, se $\Delta X = 0{,}01X$), então β_1 é a variação percentual em Y associada a uma variação de 1 por cento em X. Isto é, β_1 é a elasticidade de Y com relação a X.

Para fins de ilustração, voltemos à relação entre renda e pontuação nos exames. Quando essa relação está especificada dessa forma, os coeficientes desconhecidos são estimados por uma regressão do logaritmo de pontuação nos exames contra o logaritmo da renda. A equação estimada resultante é

$$\widehat{PontExame} = \underset{(0{,}006)}{6{,}336} + \underset{(0{,}0021)}{0{,}0554}\ln(Renda),\ \bar{R}^2 = 0{,}557. \quad (6.23)$$

De acordo com essa função de regressão, estima-se que um aumento de 1 por cento na renda corresponda a um aumento de 0,0554 por cento na pontuação nos exames.

A Figura 6.6 mostra a função de regressão log-log estimada da Equação (6.23). Como Y está em logaritmos, o eixo vertical na Figura 6.6 é o logaritmo da pontuação nos exames e o gráfico de dispersão é o logaritmo da pontuação nos exames *versus* renda na diretoria. Para fins de comparação, a Figura 6.6 também mostra a função de regressão estimada para uma especificação log-linear, que é

$$\widehat{PontExame} = \underset{(0{,}003)}{6{,}439} + \underset{(0{,}00018)}{0{,}00284}Renda,\ \bar{R}^2 = 0{,}497. \quad (6.24)$$

Como o eixo vertical está em logaritmos, a função de regressão na Equação (6.24) é a linha reta da Figura 6.6.

Na Figura 6.6 você pode ver que a especificação log-log se ajusta ligeiramente melhor do que a especificação log-linear. Isso é consistente com o $\bar{R}^2$ maior para a regressão log-log (0,557) do que para a regressão log-linear (0,497). Mesmo assim, a especificação log-log não se ajusta tão bem aos dados: nos valores mais baixos da renda, a maioria das observações situa-se abaixo da curva log-log, ao passo que no nível médio da renda a maioria das observações situa-se acima da função de regressão estimada.

Os três modelos de regressão logarítmica estão resumidos no Conceito-Chave 6.2.

A dificuldade de comparar regressões logarítmicas. Qual dos modelos de regressão logarítmica se ajusta melhor aos dados? Como vimos na discussão das equações (6.23) e (6.24), podemos utilizar o $\bar{R}^2$ para

FIGURA 6.6 Funções de Regressão Log-Linear e Log-Log

Na função de regressão log-linear, $\ln(Y)$ é uma função linear de X. Na função de regressão log-log, $\ln(Y)$ é uma função linear de $\ln(X)$.

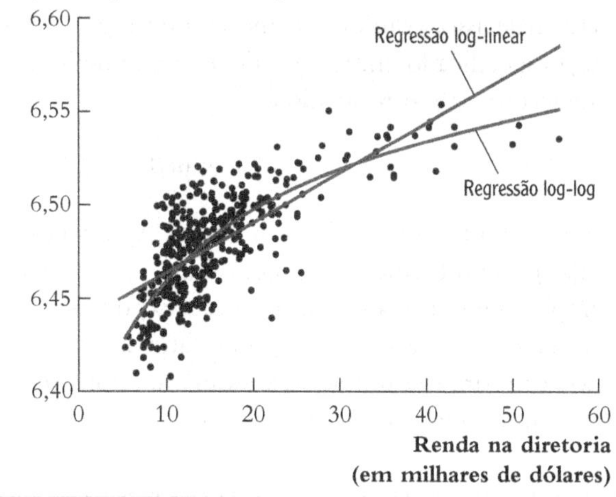

Conceito-Chave 6.2

Logaritmos na Regressão: Três Casos

Logaritmos podem ser utilizados para transformar a variável dependente Y, a variável independente X, ou ambas (desde que elas sejam positivas). A tabela a seguir resume esses três casos e a interpretação do coeficiente de regressão β_1. Em cada caso, é possível estimar β_1 aplicando MQO após a tomada do logaritmo da variável dependente e/ou independente.

Caso	Especificações da Regressão	Interpretação de β_1
I	$Y_i = \beta_0 + \beta_1 \ln(X_i) + u_i$	A variação de 1 por cento em X está associada a uma variação de $0{,}01\beta_1$ em Y.
II	$\ln(Y_i) = \beta_0 + \beta_1 X_i + u_i$	A variação de uma unidade em X ($\Delta X = 1$) está associada a uma variação de $100\beta_1$ por cento em Y.
III	$\ln(Y_i) = \beta_0 + \beta_1 \ln(X_i) + u_i$	A variação de 1 por cento em X está associada a uma variação de β_1 por cento em Y, de modo que β_1 é a elasticidade de Y com relação a X.

comparar os modelos log-linear e log-log; constatamos que o modelo log-log apresentava o $\bar{R}^2$ maior. Da mesma forma, podemos utilizar o $\bar{R}^2$ para comparar a regressão linear-log da Equação (6.18) com a regressão linear de Y contra X. Na regressão entre pontuação nos exames e renda, a regressão linear-log possui um $\bar{R}^2$ de 0,561, ao passo que a regressão linear possui um $\bar{R}^2$ de 0,508, de modo que o modelo linear-log se ajusta melhor aos dados.

Como podemos comparar o modelo linear-log e o modelo log-log? Infelizmente, o $\bar{R}^2$ *não pode* ser utilizado para comparar essas duas regressões, uma vez que suas variáveis dependentes são diferentes (uma é Y_i e a outra é $\ln(Y_i)$). Lembre-se de que o $\bar{R}^2$ mede a fração da variância da variável dependente explicada pelos regressores. Como as variáveis dependentes dos modelos log-log e linear-log são diferentes, não faz sentido comparar seus $\bar{R}^2$s.

Em virtude desse problema, a melhor coisa a fazer em uma aplicação em particular é decidir se faz sentido especificar Y em logaritmos, utilizando a teoria econômica e o conhecimento que você e os outros têm do problema. Por exemplo, pesquisadores de economia do trabalho geralmente modelam o salário utilizando logaritmos, uma vez que as comparações de salários, os reajustes salariais e assim por diante freqüentemente são discutidos de modo mais natural em termos percentuais. Na modelagem da pontuação nos exames, parece natural (ao menos para nós) discutir os resultados dos exames em termos dos pontos feitos, e não dos aumentos percentuais na pontuação, de modo que nos concentramos em modelos em que a variável dependente é a pontuação no exame, e não seu logaritmo.

Calculando valores previstos de Y quando este se encontra em logaritmos.[5] Se a variável dependente Y foi transformada em logaritmos, a regressão estimada pode ser utilizada para calcular diretamente o valor previsto de $\ln(Y)$. Contudo, é um pouco complicado calcular o próprio valor previsto de Y.

Para visualizar isso, considere o modelo de regressão log-linear da Equação (6.19) e reescreva-o de modo que ele esteja especificado em termos de Y, e não de $\ln(Y)$. Para fazer isso, tome a função exponencial dos dois lados da Equação (6.19); o resultado é

$$Y_i = \exp(\beta_0 + \beta_1 X_i + u_i) = e^{\beta_0 + \beta_1 X_i} e^{u_i}. \tag{6.25}$$

Se u_i é distribuído independentemente de X_i, o valor esperado de Y_i dado X_i é $E(Y_i | X_i) = E(e^{\beta_0 + \beta_1 X_i} e^{u_i} | X_i) = e^{\beta_0 + \beta_1 X_i} E(e^{u_i})$. O problema é que, mesmo que $E(u_i) = 0$, $E(e^{u_i}) \neq 1$. Assim, o valor previsto apropriado de Y_i não é obtido simplesmente tomando-se a função exponencial de $\hat{\beta}_0 + \hat{\beta}_1 X_i$, isto é, fazendo $\hat{Y}_i = e^{\hat{\beta}_0 + \hat{\beta}_1 X_i}$; esse valor previsto é viesado em razão da ausência do fator $E(e^{u_i})$.

Uma solução para esse problema é estimar o fator $E(e^{u_i})$ e utilizá-lo no cálculo do valor previsto de Y, porém, como isso é complicado, não prosseguiremos.

[5] Este material é mais avançado e por isso pode ser pulado sem perda de continuidade.

Outra "solução", que é o enfoque utilizado neste livro, é calcular os valores previstos do logaritmo de Y, mas não transformá-los em suas unidades originais. Na prática, isso em geral é aceitável, uma vez que, quando a variável dependente é especificada como um logaritmo, freqüentemente é mais natural utilizar somente a especificação logarítmica (e as interpretações percentuais associadas) ao longo da análise.

Modelos Polinomiais e Logarítmicos de Pontuação nos Exames e na Renda na Diretoria

Na prática, a teoria econômica e o julgamento cuidadoso podem sugerir uma forma funcional a ser utilizada, mas no final a forma verdadeira da função de regressão da população é desconhecida. Na prática, ajustar uma função não-linear envolve, portanto, a decisão sobre o método ou a combinação de métodos que funciona melhor. Para fins de ilustração, comparemos os modelos logarítmico e polinomial da relação entre renda na diretoria e pontuação nos exames.

Especificações polinomiais. Consideremos duas especificações polinomiais, a quadrática (veja a Equação (6.2)) e a cúbica (veja a Equação (6.11)), especificadas utilizando-se potências de *Renda*. Como o coeficiente de $Renda^3$ na Equação (6.11) era significante ao nível de 5 por cento, a especificação cúbica ofereceu uma melhora em relação à quadrática, de modo que selecionamos o modelo cúbico como a especificação polinomial preferida.

Especificações logarítmicas. A especificação logarítmica na Equação (6.18) parecia fornecer um bom ajuste a esses dados, mas não a testamos formalmente. Uma maneira de fazer isso é ampliá-la com potências mais altas do logaritmo da renda. Se esses termos adicionais não são estatisticamente diferentes de zero, podemos concluir que a especificação na Equação (6.18) é adequada, uma vez que não pode ser rejeitada contra uma função polinomial do logaritmo. Desse modo, a regressão cúbica estimada (especificada em potências do logaritmo da renda) é

$$\begin{aligned} \widehat{PontExame} = {} & \underset{(79,4)}{486,1} + \underset{(87,9)}{113,4}\ln(Renda) - \underset{(31,7)}{26,9}[\ln(Renda)]^2 \\ & + \underset{(3,74)}{3,06}[\ln(Renda)]^3, \ \overline{R}^2 = 0,560. \end{aligned} \tag{6.26}$$

A estatística t do coeficiente do termo cúbico é 0,818, de modo que a hipótese nula de que o coeficiente verdadeiro é zero não é rejeitada ao nível de 10 por cento. A estatística F que testa a hipótese conjunta de que os coeficientes verdadeiros dos termos quadrático e cúbico são iguais a zero é 0,44, com um valor p de 0,64, de modo que essa hipótese nula conjunta não é rejeitada ao nível de 10 por cento. Desse modo, o modelo logarítmico cúbico na Equação (6.26) não fornece uma melhora estatisticamente significante em relação ao modelo da Equação (6.18), que é linear no logaritmo da renda.

Comparando as especificações cúbica e linear-log. A Figura 6.7 mostra as funções de regressão estimadas da especificação cúbica da Equação (6.11) e a especificação linear-log da Equação (6.18). As duas funções de regressão estimadas são muito semelhantes. Uma ferramenta estatística que compara essas especificações é o $\overline{R}^2$. O $\overline{R}^2$ da regressão logarítmica é 0,561 e o da regressão cúbica é 0,555. Como a especificação logarítmica possui uma pequena vantagem em termos do $\overline{R}^2$, e como essa especificação não precisa de polinômios de ordens mais altas no logaritmo da renda para o ajuste aos dados, adotamos a especificação logarítmica da Equação (6.18).

6.3 Interações entre Variáveis Independentes

Na introdução deste capítulo, nós nos perguntamos se a redução da razão aluno-professor poderia ter um efeito maior sobre a pontuação nos exames em diretorias em que muitos alunos ainda estão aprendendo inglês do que naquelas em que poucos ainda estão aprendendo inglês. Isso poderia ocorrer, por exemplo, se os alunos que ainda estão aprendendo inglês se beneficiassem de forma diferenciada de uma instrução individualizada ou em grupos pequenos. Se for esse o caso, a presença de muitos alunos que estão aprendendo inglês em uma diretoria interagiria com a razão aluno-professor de tal forma que o efeito de uma variação na razão aluno-professor sobre a pontuação nos exames dependeria da fração de alunos aprendendo inglês.

Nesta seção, explicamos como incluir essas interações entre duas variáveis independentes no modelo de regressão múltipla. A interação possível entre a razão aluno-professor e a fração de alunos que está aprendendo inglês é um exemplo da situação mais geral em que o efeito de uma variação em uma variável independente sobre Y depende do valor de outra variável independente. Consideremos três casos: quando ambas as variáveis independentes são binárias, quando uma é binária e a outra é contínua, e quando ambas são contínuas.

Interações entre Duas Variáveis Binárias

Considere a regressão da população do logaritmo do salário (Y_i, onde $Y_i = \ln(Salário_i)$) contra duas variáveis binárias, o sexo do indivíduo (D_{1i}, que é igual a 1 se a i-ésima pessoa é mulher) e se esse indivíduo tem curso superior (D_{2i}, onde $D_{2i} = 1$ se a i-ésima pessoa tem curso superior). A regressão linear da população de Y_i sobre essas duas variáveis binárias é

$$Y_i = \beta_0 + \beta_1 D_{1i} + \beta_2 D_{2i} + u_i. \tag{6.27}$$

Nesse modelo de regressão, β_1 é o efeito de ser mulher sobre o logaritmo do salário, mantendo constante o nível de instrução, e β_2 é o efeito de ter um curso superior, mantendo constante o sexo.

A especificação na Equação (6.27) tem uma limitação importante: o efeito de ter um curso superior nessa especificação, mantendo constante o sexo, é o mesmo para homens e mulheres. Entretanto, não há motivos para que isso seja assim. Expresso matematicamente, o efeito de D_{2i} sobre Y_i, mantendo constante D_{1i}, poderia depender do valor de D_{1i}. Em outras palavras, poderia haver uma interação entre sexo e ter um curso superior, de modo que o valor no mercado de trabalho de um curso superior seria diferente para homens e mulheres.

Embora a especificação na Equação (6.27) não permita essa interação entre sexo e ter um curso superior, é fácil modificar a especificação para que ela permita a interação por meio da introdução de outro regressor, o produto de duas variáveis binárias, $D_{1i} \times D_{2i}$. A regressão resultante é

$$Y_i = \beta_0 + \beta_1 D_{1i} + \beta_2 D_{2i} + \beta_3 (D_{1i} \times D_{2i}) + u_i. \tag{6.28}$$

FIGURA 6.7 Funções de Regressão Linear-Log e Cúbica

A função de regressão cúbica estimada (veja a Equação (6.11)) e a função de regressão linear-log estimada (veja a Equação (6.18)) são praticamente idênticas nesta amostra.

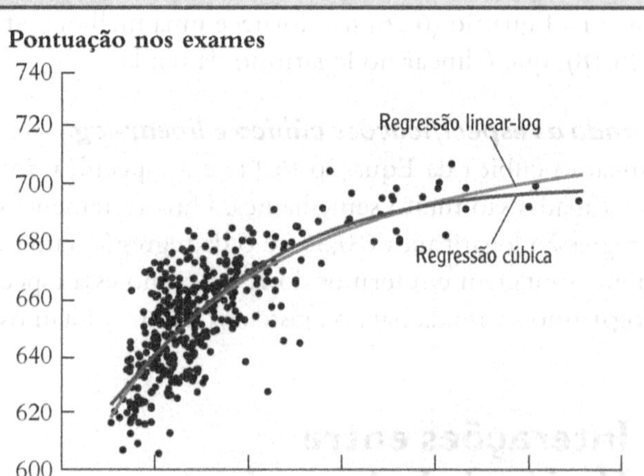

O novo regressor, o produto $D_{1i} \times D_{2i}$, é chamado de **termo de interação** ou **regressor interado**, e o modelo de regressão da população na Equação (6.28) é chamado de **modelo de regressão com interação** entre variáveis binárias.

O termo de interação na Equação (6.28) permite que o efeito da população de ter um curso superior (variando D_{2i} de $D_{2i} = 0$ para $D_{2i} = 1$) sobre o logaritmo do salário (Y_i) dependa do sexo (D_{1i}). Para mostrar isso matematicamente, calcule o efeito da população de uma variação em D_{2i} utilizando o método geral exposto no Conceito-Chave 6.1. O primeiro passo é calcular a expectativa condicional de Y_i para $D_{2i} = 0$, dado um valor de D_{1i}; esta é $E(Y_i|D_{1i} = d_1, D_{2i} = 0) = \beta_0 + \beta_1 \times d_1 + \beta_2 \times 0 + \beta_3 \times (d_1 \times 0) = \beta_0 + \beta_1 d_1$. O próximo passo é calcular a expectativa condicional de Y_i após a variação, isto é, para $D_{2i} = 1$, dado o mesmo valor de D_{1i}; esta é $E(Y_i|D_{1i} = d_1, D_{2i} = 1) = \beta_0 + \beta_1 \times d_1 + \beta_2 \times 1 + \beta_3 \times (d_1 \times 1) = \beta_0 + \beta_1 d_1 + \beta_2 + \beta_3 d_1$. O efeito dessa variação é a diferença entre os valores esperados (isto é, a diferença na Equação (6.6)), que é

$$E(Y_i|D_{1i} = d_1, D_{2i} = 1) - E(Y_i|D_{1i} = d_1, D_{2i} = 0) = \beta_2 + \beta_3 d_1. \quad (6.29)$$

Assim, na especificação da interação entre variáveis binárias da Equação (6.28), o efeito de ter um curso superior (uma variação unitária em D_{2i}) depende do sexo da pessoa (o valor de D_{1i}, que é d_1 na Equação (6.29)). Se a pessoa é do sexo masculino ($d_1 = 0$), o efeito de ter um curso superior é β_2, mas, se a pessoa é do sexo feminino ($d_1 = 1$), o efeito é $\beta_2 + \beta_3$. O coeficiente β_3 sobre o termo de interação é a diferença entre o efeito de ter um curso superior para mulheres *versus* homens.

Embora esse exemplo tenha sido exposto utilizando o logaritmo do salário, sexo e ter um curso superior, o ponto é geral. A regressão com interação entre variáveis binárias permite que o efeito da variação em uma das variáveis independentes binárias dependa do valor de outra variável binária.

Para interpretarmos os coeficientes, consideramos cada combinação possível das variáveis binárias. Esse método, que se aplica a todas as regressões com variáveis binárias, está resumido no Conceito-Chave 6.3.

Aplicação para a razão aluno-professor e porcentagem de alunos que está aprendendo inglês. Seja $RAPAlta_i$ uma variável binária que é igual a um se a razão aluno-professor é de 20 ou mais e igual a zero nos demais casos; seja $AIAlta_i$ uma variável binária que é igual a um se a porcentagem de alunos que está aprendendo inglês é de 10 por cento ou mais e igual a zero nos demais casos. A regressão interada da pontuação nos exames contra $RAPAlta_i$ e $AIAlta_i$ é

$$\begin{aligned}\widehat{PontExame} &= \underset{(1,4)}{664{,}1} - \underset{(2,3)}{18{,}2}AIAlta - \underset{(1,9)}{1{,}9}RAPAlta - \underset{(3,1)}{3{,}5}(RAPAlta \times AIAlta),\\ \bar{R}^2 &= 0{,}290.\end{aligned} \quad (6.30)$$

O efeito previsto da mudança de uma diretoria com razão aluno-professor baixa para outra com razão aluno-professor alta, mantendo constante a porcentagem alta ou baixa de alunos que está aprendendo inglês, é dado pela Equação (6.29), com coeficientes estimados substituindo os coeficientes da população. De acordo com as estimativas na Equação (6.30), esse efeito é $-1{,}9 - 3{,}5AIAlta$. Isto é, se a fração de alunos que está aprendendo inglês é baixa ($AIAlta_i = 0$), o efeito de passar de $RAPAlta_i = 0$ para $RAPAlta_i = 1$ sobre a pontuação nos exames equivale a uma queda de 1,9 ponto. Se a fração de alunos que está aprendendo inglês é alta, estima-se que a pontuação nos exames caia em 1,9 + 3,5 = 5,4 pontos.

A regressão estimada na Equação (6.30) também pode ser utilizada para estimar a pontuação média nos exames para cada uma das quatro combinações possíveis das variáveis binárias. Isso é feito utilizando-se o procedimento do Conceito-Chave 6.3. Assim, a pontuação média nos exames da amostra para diretorias com razão aluno-professor baixa ($RAPAlta_i = 0$) e fração baixa de alunos que está aprendendo inglês ($AIAlta_i = 0$) é de 664,1. Para diretorias com $RAPAlta_i = 1$ (razão aluno-professor alta) e $AIAlta_i = 0$ (fração baixa de alunos que está aprendendo inglês), a média da amostra é de 662,2 (= 664,1 – 1,9). Quando $RAPAlta_i = 0$ e $AIAlta_i = 1$, a média da amostra é de 645,9 (= 664,1 – 18,2); e quando $RAPAlta_i = 1$ e $AIAlta_i = 1$, a média da amostra é de 640,5 (= 664,1 – 18,2 – 1,9 – 3,5).

Método para Interpretar os Coeficientes em Regressões com Variáveis Binárias

Conceito-Chave 6.3

Em primeiro lugar, calcule os valores esperados de Y para cada caso possível descrito pelo conjunto de variáveis binárias. A seguir, compare esses valores esperados. Cada coeficiente pode então ser expresso tanto como um valor esperado quanto como a diferença entre dois ou mais valores esperados.

Interações entre uma Variável Contínua e uma Variável Binária

A seguir, considere a regressão da população do logaritmo do salário ($Y_i = \ln(Salário_i)$) contra uma variável contínua, os anos de experiência profissional de um indivíduo (X_i) e uma variável binária, se o trabalhador tem curso superior (D_i, onde $D_i = 1$, se a i-ésima pessoa tem curso superior). Conforme a Figura 6.8 mostra, existem três formas para que a reta de regressão da população que relaciona Y e a variável contínua X possa depender da variável binária D.

Na Figura 6.8a, as duas retas de regressão diferem somente em seu intercepto. O modelo de regressão da população correspondente é

$$Y_i = \beta_0 + \beta_1 X_i + \beta_2 D_i + u_i. \tag{6.31}$$

Esse é o modelo de regressão múltipla familiar com uma função de regressão da população que é linear em X_i e D_i. Quando $D_i = 0$, a função de regressão da população é $\beta_0 + \beta_1 X_i$, de modo que o intercepto é β_0 e a declividade é β_1. Quando $D_i = 1$, a função de regressão da população é $\beta_0 + \beta_1 X_i + \beta_2$, de modo que a declividade permanece β_1, mas o intercepto passa a ser $\beta_0 + \beta_2$. Desse modo, β_2 é a diferença entre os interceptos das duas retas de regressão, como mostra a Figura 6.8a. Expresso em termos do exemplo do salário, β_1 é o efeito de um ano adicional de experiência profissional sobre o logaritmo do salário, mantendo constante o fato de ter ou não um curso superior, e β_2 é o efeito de ter um curso superior sobre o logaritmo do salário, mantendo constantes os anos de experiência. Nessa especificação, o efeito de um ano adicional de experiência profissional é o mesmo para indivíduos com ou sem curso superior, isto é, as duas retas na Figura 6.8a possuem a mesma declividade.

Na Figura 6.8b, as duas retas têm declividade e intercepto diferentes. Declividades distintas permitem que o efeito de um ano adicional de trabalho seja diferente para indivíduos com e sem curso superior. Para permitir inclinações diferentes, adicione um termo de interação à Equação (6.31):

$$Y_i = \beta_0 + \beta_1 X_i + \beta_2 D_i + \beta_3 (X_i \times D_i) + u_i, \tag{6.32}$$

onde $X_i \times D_i$ é uma nova variável, o produto de X_i por D_i. Para interpretar os coeficientes dessa regressão, aplique o procedimento do Conceito-Chave 6.3. Sua aplicação mostra que, se $D_i = 0$, a função de regressão da população é $\beta_0 + \beta_1 X_i$, ao passo que, se $D_i = 1$, a função de regressão da população é $(\beta_0 + \beta_2) + (\beta_1 + \beta_3)X_i$. Desse modo, essa especificação permite duas funções de regressão da população que relacionam Y_i e X_i, dependendo do valor de D_i, como é mostrado na Figura 6.8b. A diferença entre os dois interceptos é β_2 e a diferença entre as duas declividades é β_3. No exemplo do salário, β_1 é o efeito de um ano adicional de experiência profissional para indivíduos sem curso superior ($D_i = 0$) e $\beta_1 + \beta_3$ é o efeito para indivíduos com curso superior, de modo que β_3 é a *diferença* entre o efeito de um ano adicional de experiência profissional para indivíduos com curso superior *versus* indivíduos sem curso superior.

FIGURA 6.8 Funções de Regressão Utilizando Variáveis Binárias e Variáveis Contínuas

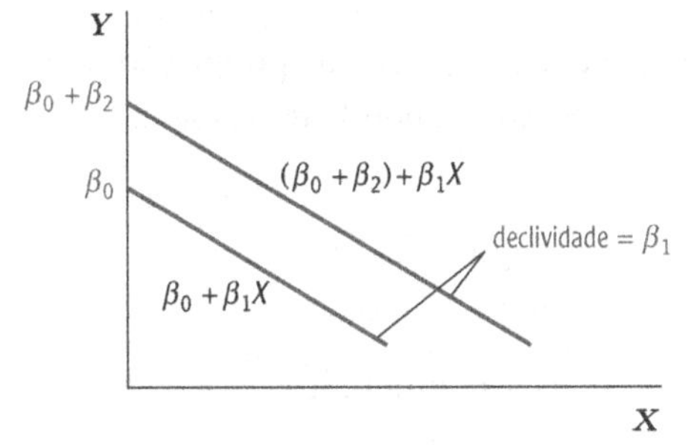

(a) Interceptos diferentes, mesma declividade

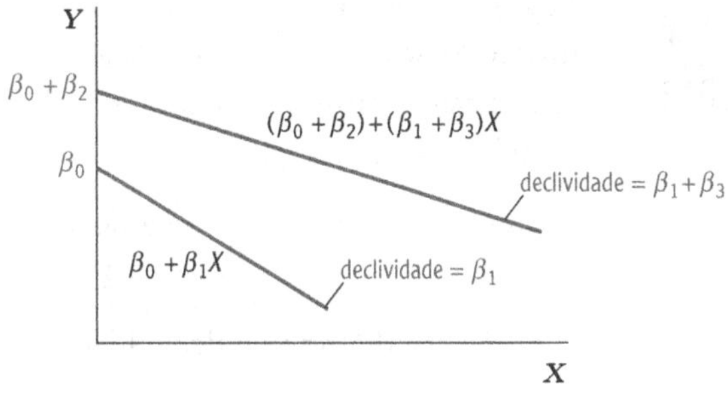

(b) Interceptos diferentes, declividades diferentes

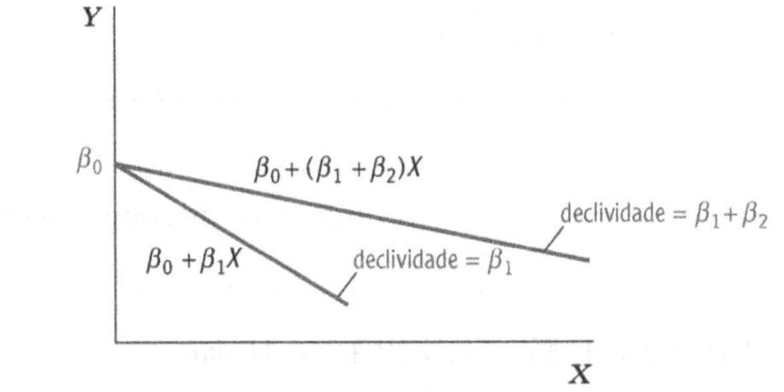

(c) Mesmo intercepto, declividades diferentes

Interações entre variáveis binárias e variáveis contínuas podem produzir três funções de regressão da população: (a) $\beta_0 + \beta_1 X + \beta_2 D$ permite interceptos diferentes, mas tem a mesma declividade; (b) $\beta_0 + \beta_1 X + \beta_2 D + \beta_3(X \times D)$ permite interceptos diferentes e declividades diferentes; e (c) $\beta_0 + \beta_1 X + \beta_2(X \times D)$ tem o mesmo intercepto, mas permite declividades diferentes.

Uma terceira possibilidade, mostrada na Figura 6.8c, é a de que as duas retas têm declividades diferentes, mas o mesmo intercepto. O modelo de regressão com interação para esse caso é

$$Y_i = \beta_0 + \beta_1 X_i + \beta_2(X_i \times D_i) + u_i. \qquad (6.33)$$

Os coeficientes dessa especificação também podem ser interpretados utilizando o Conceito-Chave 6.3. Em termos do exemplo do salário, essa especificação permite efeitos diferentes da experiência sobre o logaritmo do salário entre indivíduos com e sem curso superior, mas requer que o logaritmo do salário esperado seja o mesmo para ambos os grupos quando eles não têm experiência anterior. Dito de outra forma, essa especificação equivale à igualdade do salário inicial médio da população para indivíduos com e sem curso superior. Isso não faz muito sentido para essa aplicação; na prática, essa especificação é utilizada com menor freqüência do que a Equação (6.32), que permite interceptos e declividades diferentes.

As três especificações, equações (6.31), (6.32) e (6.33), são versões do modelo de regressão múltipla do Capítulo 5 e, uma vez que uma nova variável $X_i \times D_i$ seja criada, os coeficientes das três podem ser estimados por MQO.

Os três modelos de regressão com uma variável independente binária e uma variável independente contínua estão resumidos no Conceito-Chave 6.4.

Aplicação para a razão aluno-professor e a porcentagem de alunos que está aprendendo inglês. O efeito do corte da razão aluno-professor sobre a pontuação nos exames depende de a porcentagem de alunos que está aprendendo inglês ser alta ou baixa? Uma forma de responder a essa pergunta é utilizar uma especificação que permite duas retas de regressão diferentes, dependendo de a porcentagem de alunos que está apren-

Interações entre Variáveis Binárias e Variáveis Contínuas

Conceito-Chave 6.4

Utilizando-se o termo de interação $X_i \times D_i$, a reta de regressão da população que relaciona Y_i e a variável contínua X_i pode ter uma declividade que dependa da variável binária D_i. Existem três possibilidades:

1. Intercepto diferente, mesma declividade (veja a Figura 6.8a):
$$Y_i = \beta_0 + \beta_1 X_i + \beta_2 D_i + u_i.$$
2. Intercepto diferente e declividade diferente (veja a Figura 6.8b):
$$Y_i = \beta_0 + \beta_1 X_i + \beta_2 D_i + \beta_3 (X_i \times D_i) + u_i.$$
3. Mesmo intercepto, declividade diferente (veja a Figura 6.8c):
$$Y_i = \beta_0 + \beta_1 X_i + \beta_2 (X_i \times D_i) + u_i.$$

dendo inglês ser alta ou baixa. Isso é obtido utilizando-se a especificação intercepto diferente/declividade diferente:

$$\begin{aligned}\widehat{PontExame} &= \underset{(11,9)}{682,2} - \underset{(0,59)}{0,97}RAP + \underset{(19,5)}{5,6}AIAlta - \underset{(0,97)}{1,28}(RAP \times AIAlta) \\ \bar{R}^2 &= 0,305,\end{aligned} \tag{6.34}$$

onde a variável binária $AIAlta_i$ é igual a um se a porcentagem de alunos que está aprendendo inglês na diretoria é maior do que 10 por cento e igual a zero nos demais casos.

Para diretorias com uma fração baixa de alunos que está aprendendo inglês ($AIAlta_i = 0$), a reta de regressão estimada é $682,2 - 0,97RAP_i$. Para diretorias com uma fração alta de alunos que está aprendendo inglês ($AIAlta_i = 1$), a reta de regressão estimada é $682,2 + 5,6 - 0,97RAP_i - 1,28RAP_i = 687,8 - 2,25RAP_i$. De acordo com essas estimativas, prevê-se que a redução da razão aluno-professor em um aumentará a pontuação nos exames em 0,97 pontos nas diretorias com frações baixas de alunos aprendendo inglês e em 2,25 pontos nas diretorias com frações altas de alunos aprendendo inglês. A diferença entre esses dois efeitos, 1,28 pontos, é o coeficiente do termo de interação na Equação (6.34).

A regressão de MQO na Equação (6.34) pode ser utilizada para testar várias hipóteses sobre a reta de regressão da população. Em primeiro lugar, a hipótese de que as duas retas são na verdade a mesma pode ser testada calculando-se a estatística F que testa a hipótese conjunta de que o coeficiente de *AIAlta* e o coeficiente do termo de interação $RAP_i \times AIAlta_i$ são iguais a zero. A estatística F é 89,9, que é significante ao nível de 1 por cento.

Em segundo lugar, o teste da hipótese de que as duas retas têm a mesma declividade pode ser feito ao testar se o coeficiente do termo de interação é igual a zero. A estatística $-1,28/0,97 = -1,32$ é menor do que 1,645 em valor absoluto, de modo que a hipótese nula de que as duas retas têm a mesma declividade não pode ser rejeitada utilizando-se um teste bicaudal ao nível de significância de 10 por cento.

Em terceiro lugar, o teste da hipótese de que as duas retas têm o mesmo intercepto pode ser feito ao testar se o coeficiente da população de *AIAlta* é igual a zero. A estatística $t = 5,6/19,5 = 0,29$, de modo que a hipótese de que as retas têm o mesmo intercepto não pode ser rejeitada ao nível de 5 por cento.

Esses três testes geram resultados aparentemente contraditórios: o teste conjunto com a utilização da estatística F rejeita a hipótese conjunta de que a declividade e o intercepto são os mesmos, mas os testes das hipóteses individuais que utilizam a estatística t não as rejeitam. Isso ocorre porque os regressores *AIAlta* e $RAP \times AIAlta$ são altamente correlacionados, o que resulta em erros padrão grandes dos coeficientes individuais. Mesmo que seja impossível dizer qual dos coeficientes é diferente de zero, existe uma forte evidência contra a hipótese de que *ambos* são iguais a zero.

Finalmente, a hipótese de que a razão aluno-professor não entra nessa especificação pode ser testada pelo cálculo da estatística F para a hipótese conjunta de que os coeficientes da RAP e do termo de interação são iguais a zero. A estatística F é 5,64, com um valor p de 0,004. Desse modo, os coeficientes da razão aluno-professor são estatisticamente significantes ao nível de significância de 1 por cento.

Interações entre Duas Variáveis Contínuas

Agora suponha que ambas as variáveis independentes (X_{1i} e X_{2i}) sejam contínuas. Por exemplo, seja Y_i o logaritmo do salário do i-ésimo trabalhador, seja X_{1i} os anos de experiência profissional e seja X_{2i} o número de anos que o indivíduo freqüentou a escola. Se a função de regressão da população é linear, o efeito de um ano adicional de experiência sobre o salário não depende do número de anos de estudo ou, de forma equivalente, o efeito de um ano adicional de instrução não depende do número de anos de experiência profissional. Na realidade, entretanto, pode haver uma interação entre essas duas variáveis de modo que o efeito de um ano adicional de experiência sobre o salário dependa do número de anos de estudo. Essa interação pode ser modelada ampliando-se o modelo de regressão linear com um termo de interação que é o produto de X_{1i} por X_{2i}:

$$Y_i = \beta_0 + \beta_1 X_{1i} + \beta_2 X_{2i} + \beta_3 (X_{1i} \times X_{2i}) + u_i. \quad (6.35)$$

O termo de interação permite que o efeito de uma variação unitária em X_1 dependa de X_2. Para visualizar isso, aplique o método geral para o cálculo dos efeitos em modelos de regressão não-linear do Conceito-Chave 6.1. A diferença na Equação (6.6), calculada para a função de regressão interada na Equação (6.35), é $\Delta Y = (\beta_1 + \beta_3 X_2)\Delta X_1$ (veja o Exercício 6.5(a)). Portanto, o efeito de uma variação em X_1 sobre Y, mantendo X_2 constante, é

$$\frac{\Delta Y}{\Delta X_1} = \beta_1 + \beta_3 X_2, \quad (6.36)$$

que depende de X_2. Por exemplo, no caso do salário, se β_3 for positivo, o efeito de um ano adicional de experiência sobre o logaritmo do salário é maior, no montante β_3, para cada ano adicional de instrução do trabalhador.

Um cálculo semelhante mostra que o efeito de uma variação ΔX_2 em X_2, sobre Y, mantendo X_1 constante, é $\frac{\Delta Y}{\Delta X_2} = (\beta_2 + \beta_3 X_1)$.

Colocando esses dois efeitos juntos vemos que o coeficiente β_3 do termo de interação é o efeito de um aumento unitário em X_1 *e* X_2, maior do que a soma dos efeitos de um aumento unitário somente em X_1 e de um aumento unitário somente em X_2. Isto é, se X_1 varia em ΔX_1 *e* X_2 varia em ΔX_2, a variação esperada em Y é $\Delta Y = (\beta_1 + \beta_3 X_2)\Delta X_1 + (\beta_2 + \beta_3 X_1)\Delta X_2 + \beta_3 \Delta X_1 \Delta X_2$ (veja o Exercício 6.5(c)). O primeiro termo é o efeito de variar X_1 mantendo X_2 constante; o segundo termo é o efeito de variar X_2 mantendo X_1 constante; e o último termo, $\beta_3 \Delta X_1 \Delta X_2$, é o efeito extra de variar tanto X_1 quanto X_2.

O Conceito-Chave 6.5 resume as interações entre duas variáveis.

Quando as interações são combinadas com transformações logarítmicas, elas podem ser utilizadas para estimar a elasticidade-preço quando esta depende das características do bem (veja o quadro para um exemplo).

Aplicação para a razão aluno-professor e porcentagem de alunos aprendendo inglês. Os exemplos anteriores consideraram interações entre a razão aluno-professor e uma variável binária indicando se a porcentagem dos alunos aprendendo inglês era grande ou pequena. Uma forma diferente de estudar essa interação é examinar a interação entre a razão aluno-professor e a variável contínua porcentagem de alunos aprendendo inglês ($\%AI$). A regressão de interação estimada é

$$\begin{aligned} \widehat{PontExame} &= \underset{(11,8)}{686{,}3} - \underset{(0,59)}{1{,}12}RAP - \underset{(0,37)}{0{,}67}\%AI + \underset{(0,019)}{0{,}0012}(RAP \times \%AI), \\ \bar{R}^2 &= 0{,}422. \end{aligned} \quad (6.37)$$

Demanda por Periódicos de Economia

Os economistas acompanham as pesquisas mais recentes em suas áreas de especialização. A maioria das pesquisas em economia aparece primeiro em periódicos de economia, de modo que os economistas — ou suas bibliotecas — assinam esses periódicos.

Em que medida a demanda por periódicos de economia pelas bibliotecas é elástica? Para descobrir isso, analisamos a relação entre o número de assinaturas de um periódico nas bibliotecas dos Estados Unidos (Y_i) e o preço de sua assinatura para a biblioteca, utilizando dados de 180 periódicos de economia do ano 2000. Como o produto de um periódico não é o papel em que ele é impresso, mas as idéias que contém, seu preço logicamente não é medido em dólares por ano ou dólares por página, mas em dólares por idéia. Embora não possamos medir diretamente "idéias", uma boa medida indireta é o número de vezes que os artigos de um periódico são citados posteriormente por outros pesquisadores. Portanto, medimos o preço como "preço por citação" no periódico. A gama de preços é enorme, de 0,5 centavo de dólar por citação (*American Economic Review*) a 20 centavos de dólar por citação ou mais. Alguns periódicos têm preços por citação altos porque possuem poucas citações, outros porque o preço da assinatura anual para biblioteca é muito alto: em 2000, uma assinatura para biblioteca do *Journal of Econometrics* custou cerca de US$ 1.900, quarenta vezes o preço de uma assinatura da *American Economic Review*!

Como estamos interessados em estimar elasticidades, utilizamos uma especificação log-log (veja o Conceito-Chave 6.2). Os gráficos de dispersão das figuras 6.9a e 6.9b fornecem suporte empírico para essa transformação. Como alguns dos periódicos mais antigos e respeitados têm preços por citação mais baixos, uma regressão do logaritmo da quantidade contra o logaritmo do preço poderia ter viés de omissão de variáveis. Nossas regressões, portanto, incluem duas variáveis de controle, o logaritmo da idade e o logaritmo do número de caracteres por ano no periódico.

(Continua)

FIGURA 6.9 Assinaturas de Periódicos de Economia por Bibliotecas e Seus Preços

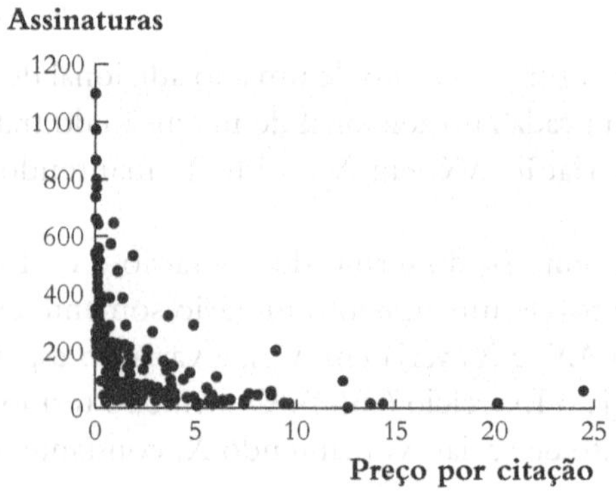

(a) Assinaturas e preço por citação

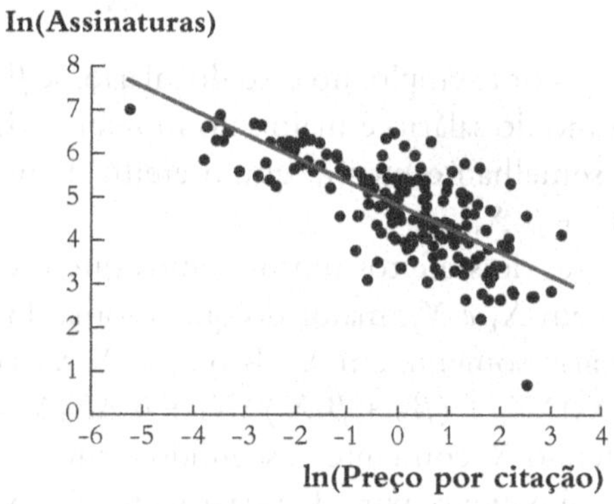

(b) ln(Assinaturas) e ln(Preço por citação)

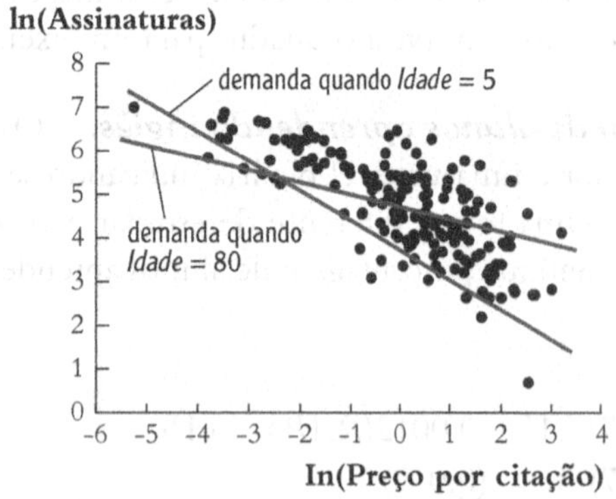

(c) ln(Assinaturas) e ln(Preço por citação)

Existe uma relação inversa não-linear entre o número de assinaturas feitas por bibliotecas dos Estados Unidos (quantidade) e o preço por citação (preço), como mostra a Figura 6.9a para 180 periódicos de economia em 2000. Mas, como podemos ver na Figura 6.9b, a relação entre logaritmo da quantidade e logaritmo do preço parece ser aproximadamente linear. A Figura 6.9c mostra que a demanda é mais elástica para periódicos novos (Idade = 5 anos) do que para periódicos antigos (Idade = 80 anos).

Os resultados da regressão estão resumidos na Tabela 6.1 e produzem as seguintes conclusões (veja se você consegue encontrar a base para essas conclusões na tabela):

1. A demanda é menos elástica para os periódicos mais antigos do que para os mais novos.
2. A evidência sustenta uma função linear do logaritmo do preço em vez de uma cúbica.
3. A demanda é maior para periódicos com mais caracteres, mantendo constantes o preço e a idade.

Logo, qual é a elasticidade da demanda por periódicos de economia? Ela depende da idade do periódico. Curvas de demanda para um periódico de 80 anos para uma novata de 5 anos estão superpostas no gráfico de dispersão da Figura 6.9c; a elasticidade da demanda do periódico mais antigo é –0,28 (*EP* = 0,06) ao passo que a do periódico mais novo é –0,67 (*EP* = 0,08).

Essa demanda é muito inelástica: a demanda é pouco sensível ao preço, especialmente para periódicos mais antigos. Para as bibliotecas, ter as pesquisas mais recentes à mão é uma necessidade, e não um luxo. Para fins de comparação, os especialistas estimam que a elasticidade da demanda por cigarros esteja na faixa de –0,3 a –0,5. Os periódicos de economia viciam, aparentemente, tanto quanto os cigarros — porém, são muito mais saudáveis![6]

[6] Esses dados foram fornecidos por cortesia do professor Theodore Bergstrom do Departamento de Economia da Universidade da Califórnia, Santa Bárbara, Estados Unidos. Se você estiver interessado em conhecer mais sobre a economia dos periódicos de economia, veja Bergstrom (2001).

TABELA 6.1 Estimativa da Demanda por Periódos de Economia

Variável Dependente: Logaritmo de Assinaturas em Bibliotecas dos Estados Unidos em 2000; 180 Observações

Regressor	(1)	(2)	(3)	(4)
ln(*Preço por citação*)	–0,533** (0,034)	–0,408** (0,044)	–0,961** (0,160)	–0,899** (0,145)
[ln(*Preço por citação*)]^2			0,017 (0,025)	
[ln(*Preço por citação*)]^3			0,0037 (0,0055)	
ln(*Idade*)		0,424** (0,119)	0,373** (0,118)	0,374** (0,118)
ln(*Idade*) × ln(*Preço por citação*)			0,156** (0,052)	0,141** (0,040)
ln(*Caracteres* ÷ 1.000.000)		0,206* (0,098)	0,235* (0,098)	0,229* (0,096)
Intercepto	4,77** (0,055)	3,21** (0,38)	3,41** (0,38)	3,43** (0,38)
Estatística *F* e Estatística-Resumo				
Estatística *F* testando os coeficientes dos termos quadrático e cúbico (valor *p*)			(0,779)	0,25
EPR	0,750	0,705	0,691	0,688
$\bar{R}^2$	0,555	0,607	0,622	0,626

A estatística *F* testa a hipótese de que os coeficientes de [ln(*Preço por citação*)]^2 e [ln(*Preço por citação*)]^3 são iguais a zero. Os erros padrão estão entre parênteses abaixo dos coeficientes, e os valores *p* estão entre parênteses abaixo da estatística *F*. Os coeficientes individuais são estatisticamente significantes ao nível de *5 por cento ou **1 por cento.

Interações na Regressão Múltipla

Conceito-Chave 6.5

O termo de interação entre as duas variáveis independentes X_1 e X_2 é seu produto, $X_1 \times X_2$. A inclusão desse termo de interação permite que o efeito de uma variação em X_1 sobre Y dependa do valor de X_2 e, inversamente, permite que o efeito de uma variação em X_2 sobre Y dependa do valor de X_1.

O coeficiente de $X_1 \times X_2$ é o efeito de um aumento unitário em X_1 e X_2, maior do que a soma dos efeitos individuais de um aumento unitário somente em X_1 e somente em X_2. Isso é verdadeiro se X_1 e/ou X_2 são contínuas ou binárias.

Quando a porcentagem de alunos que está aprendendo inglês é igual à mediana ($\%AI$ = 8,85), estima-se que a declividade da reta que relaciona a pontuação nos exames e a razão aluno-professor seja –1,11 (= –1,12 + 0,0012 × 8,85). Quando a porcentagem de alunos aprendendo inglês está no 75º percentil ($\%AI$ = 23,0), estima-se que a reta seja mais plana, com uma declividade de –1,09 (= –1,12 + 0,0012 × 23,0). Isto é, para uma diretoria com 8,85 por cento de alunos aprendendo inglês, o efeito estimado de uma redução unitária na razão aluno-professor é um aumento da pontuação nos exames de 1,11 pontos; porém, para uma diretoria com 23,0 por cento de alunos aprendendo inglês, estima-se que a redução da razão aluno-professor em uma unidade aumente a pontuação nos exames em apenas 1,09 pontos. A diferença entre esses efeitos estimados não é estatisticamente significante, entretanto a estatística t que testa se o coeficiente do termo de interação é zero é t = 0,0012/0,019 = 0,06, que não é significante ao nível de 10 por cento.

Para manter a discussão centrada em modelos não-lineares, as especificações nas seções 6.1-6.3 excluem as variáveis de controle adicionais, tal como a situação econômica dos alunos. Conseqüentemente, esses resultados provavelmente estão sujeitos a um viés de omissão de variáveis. Para obter conclusões importantes quanto ao efeito da diminuição da razão aluno-professor sobre a pontuação nos exames, essas especificações não-lineares devem ser ampliadas com variáveis de controle; é para tal exercício que nos voltamos agora.

6.4 Efeitos Não-Lineares da Razão Aluno-Professor sobre a Pontuação nos Exames

Nesta seção, apontamos três questões específicas sobre a pontuação nos exames e a razão aluno-professor. A primeira seria: após o controle das diferenças entre as características econômicas nas diversas diretorias, o efeito da redução da razão aluno-professor sobre a pontuação nos exames depende da fração de alunos que está aprendendo inglês? A segunda seria: esse efeito depende do valor da razão aluno-professor? A terceira e mais importante seria: após levar em consideração os fatores econômicos e as não-linearidades, qual é o efeito estimado da redução da razão aluno-professor em dois alunos por professor sobre a pontuação nos exames, conforme nossa superintendente do Capítulo 4 se propõe a fazer?

Respondemos a essas perguntas quando consideramos as especificações de regressão não-lineares do tipo discutido nas seções 6.2 e 6.3, estendidas para incluir duas medidas da situação econômica dos alunos: a porcentagem de alunos com direito a um almoço subsidiado e o logaritmo da renda média na diretoria. O logaritmo da renda é utilizado porque a análise empírica da Seção 6.2 sugere que essa especificação capta a relação não-linear entre pontuação nos exames e na renda. Assim como na Seção 5.12, não incluímos o gasto por aluno como um regressor e, dessa forma, consideramos o efeito da redução da razão aluno-professor, o que permite que o gasto por aluno aumente (isto é, não estamos mantendo o gasto por aluno constante).

Discussão dos Resultados da Regressão

Os resultados da regressão de MQO estão resumidos na Tabela 6.2. As colunas (1)-(7) mostram regressões separadas. As entradas da tabela são coeficientes, erros padrão, determinadas estatísticas F e seus valores p e estatísticas-resumo, conforme indicado na descrição de cada linha.

A primeira coluna de resultados de regressão, chamada regressão (1) na tabela, é a regressão (4) da Tabela 5.2 — repetida aqui por conveniência. Essa regressão não controla a renda, de modo que a primeira coisa que fazemos é verificar se os resultados variam substancialmente quando o logaritmo da renda é incluído como uma variável econômica de controle adicional. Os resultados estão na regressão (2) da Tabela 6.2. O logaritmo da renda é estatisticamente significante ao nível de 1 por cento, e o coeficiente da razão aluno-professor torna-se um tanto mais próximo de zero, diminuindo de −1,00 para −0,73, embora permaneça estatisticamente significante ao nível de 1 por cento. A variação no coeficiente de *RAP* entre as regressões (1) e (2) é grande o suficiente para garantir a inclusão do logaritmo da renda nas regressões restantes como um impedimento ao viés de omissão de variáveis.

TABELA 6.2 Modelos de Regressão Não-Lineares para a Pontuação nos Exames

Variável Dependente: Pontuação Média nos Exames na Diretoria; 420 Observações

Regressor	(1)	(2)	(3)	(4)	(5)	(6)	(7)
Razão aluno-professor (*RAP*)	−1,00** (0,27)	−0,73** (0,26)	−0,97 (0,59)	−0,53 (0,34)	64,33** (24,86)	83,70** (28,50)	65,29** (25,26)
RAP^2					−3,42** (1,25)	−4,38** (1,44)	−3,47** (1,27)
RAP^3					0,059** (0,021)	0,075** (0,024)	0,060** (0,021)
% de alunos aprendendo inglês	−0,122** (0,033)	−0,176** (0,034)					−0,166** (0,034)
% de alunos aprendendo inglês ≥10%? (Binária, *AIAlta*)			5,64 (19,51)	5,50 (9,80)	−5,47** (1,03)	816,1* (327,7)	
AIAlta × *RAP*			−1,28 (0,97)	−0,58 (0,50)		−123,3* (50,2)	
AIAlta × RAP^2						6,12* (2,54)	
AIAlta × RAP^3						−0,101* (0,043)	
% com direito a almoço subsidiado	−0,547** (0,024)	−0,398** (0,033)		−0,411** (0,029)	−0,420** (0,029)	−0,418** (0,029)	−0,402** (0,033)
Renda média na diretoria (logaritmo)		11,57** (1,81)		12,12** (1,80)	11,75** (1,78)	11,80** (1,78)	11,51** (1,81)
Intercepto	700,1** (5,6)	658,6** (8,6)	682,2** (11,9)	653,6** (9,9)	252,0 (163,6)	122,3 (185,5)	244,8 (165,7)
Estatística *F* e Valores *p* para Hipóteses Conjuntas							
(a) Todas as variáveis *RAP* e interações = 0			5,64 (0,004)	5,92 (0,003)	6,31 (<0,001)	4,96 (<0,001)	5,91 (0,001)
(b) RAP^2, RAP^3 = 0					6,17 (<0,001)	5,81 (0,003)	5,96 (0,003)
(c) *AIAlta* × *RAP*, *AIAlta* × RAP^2, *AIAlta* × RAP^3 = 0						2,69 (0,046)	
EPR	9,08	8,64	15,88	8,63	8,56	8,55	8,57
$\bar{R}^2$	0,773	0,794	0,305	0,795	0,798	0,799	0,798

Essas regressões foram estimadas utilizando dados sobre diretorias regionais de ensino K-8 na Califórnia, descritos no Apêndice 4.1. Os erros padrão estão entre parênteses abaixo dos coeficientes e os valores *p* estão entre parênteses abaixo da estatística *F*. Os coeficientes individuais são estatisticamente significantes ao nível de significância de *5 por cento ou de **1 por cento.

A regressão (3) da Tabela 6.2 é a regressão interada da Equação (6.34) com a variável binária para uma porcentagem alta ou baixa de alunos aprendendo inglês, mas sem variáveis econômicas de controle. Quando as variáveis econômicas de controle (logaritmo da renda e porcentagem com direito a almoço subsidiado) são adicionadas (veja a regressão (4) da tabela), os coeficientes mudam, porém em nenhum dos casos o coeficiente do termo de interação é significante ao nível de 5 por cento. Com base na evidência da regressão (4), a hipótese de que o efeito da *RAP* é o mesmo para diretorias com porcentagens baixas e altas de alunos aprendendo inglês não pode ser rejeitada ao nível de 5 por cento (estatística *t* é $t = -0,58/0,50 = -1,16$).

A regressão (5) examina se o efeito da variação da razão aluno-professor depende do valor da razão aluno-professor ao incluir uma especificação cúbica em *RAP* além de outras variáveis de controle na regressão (4) (o termo de interação, $AIAlta \times RAP$, foi excluído porque não era significante na regressão (4) ao nível de 10 por cento). As estimativas da regressão (5) são consistentes com um efeito não-linear da razão aluno-professor. A hipótese nula de que a relação é linear é rejeitada ao nível de significância de 1 por cento contra a alternativa de que ela é cúbica (a estatística *F* que testa a hipótese de que os coeficientes verdadeiros de RAP^2 e RAP^3 são zero é 6,17, com um valor $p < 0,001$).

A regressão (6) examina de maneira adicional se o efeito da razão aluno-professor depende não somente do valor da razão aluno-professor, mas também da fração de alunos que está aprendendo inglês. Ao incluir as interações entre *AIAlta* e *RAP*, RAP^2 e RAP^3, podemos verificar se as funções de regressão da população (possivelmente cúbicas) que relacionam pontuação nos exames e *RAP* são diferentes para porcentagens baixas e altas de alunos aprendendo inglês. Para fazermos isso, testamos a restrição de que os coeficientes dos três termos de interação são iguais a zero. A estatística *F* resultante é 2,69, com um valor *p* de 0,046 e, portanto, é significante ao nível de significância de 5 por cento, mas não ao de 1 por cento. Isso fornece alguma evidência de que as funções de regressão são diferentes para diretorias com porcentagens altas e baixas de alunos aprendendo inglês; contudo, a comparação das regressões (6) e (4) deixa claro que essas diferenças estão associadas aos termos quadrático e cúbico.

A regressão (7) é uma modificação da regressão (5), em que a variável contínua *%AI* é utilizada em vez da variável binária *AIAlta* para controlar a porcentagem de alunos que está aprendendo inglês na diretoria. Os coeficientes dos outros regressores não variam substancialmente com essa modificação, o que indica que os resultados na regressão (5) não são sensíveis à medida da porcentagem de alunos que está aprendendo inglês efetivamente utilizada na regressão.

Em todas as especificações, a hipótese de que a razão aluno-professor não entra nas regressões é rejeitada ao nível de 1 por cento.

FIGURA 6.10 Três Funções de Regressão Relacionando Pontuação nos Exames e Razão Aluno-Professor

As regressões cúbicas das colunas (5) e (7) da Tabela 6.2 são praticamente idênticas. Elas indicam um pouco de não-linearidade na relação entre pontuação nos exames e razão aluno-professor.

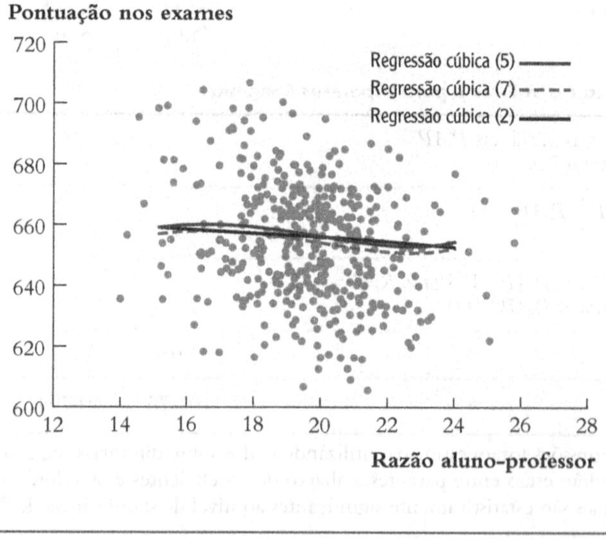

As especificações não-lineares na Tabela 6.2 são interpretadas mais facilmente na forma gráfica. A Figura 6.10 mostra o gráfico das funções de regressão estimadas relacionando a pontuação nos exames e a razão aluno-professor para a especificação linear (2) e as especificações cúbicas (5) e (7), juntamente com um gráfico de dispersão dos dados.[7] Essas funções de regressão estimadas mostram o valor previsto da pontuação nos exames como uma função da razão aluno-professor, mantendo fixos os outros valores das variáveis independentes na regressão. As funções de regressão estimadas são próximas umas das outras, embora as regressões cúbicas sejam mais planas para valores grandes da razão aluno-professor.

A regressão (6) indica uma diferença estatisticamente significante nas funções cúbicas de regressão relacionando pontuação nos exames e *RAP*, dependendo de a porcentagem de alunos aprendendo inglês na diretoria ser grande ou pequena. A Figura 6.11 mostra o gráfico dessas duas funções de regressão estimadas de modo que possamos ver se essa diferença, além de ser estatisticamente significante, é de relevância prática. Como a Figura 6.11 mostra, para razões aluno-professor entre 17 e 23 — uma gama que inclui 88 por cento das observações —, as duas funções são separadas por aproximadamente 10 pontos, mas sob outros aspectos são muito semelhantes; isto é, para *RAP* entre 17 e 23, diretorias com uma porcentagem menor de alunos aprendendo inglês se saem melhor, mantendo constante a razão aluno-professor; porém, o efeito de uma variação na razão aluno-professor é essencialmente o mesmo nos dois grupos. As duas funções de regressão são diferentes para razões aluno-professor abaixo de 16,5, mas devemos tomar cuidado para não exagerar em nossa interpretação. As diretorias com *RAP* < 16,5 constituem apenas 6 por cento das observações, de modo que as diferenças entre as funções de regressão não-lineares estão refletindo as diferenças nessas poucas diretorias com razões aluno-professor muito baixas. Portanto, com base na Figura 6.11, concluímos que o efeito de uma variação na razão aluno-professor sobre a pontuação nos exames não depende da porcentagem de alunos aprendendo inglês para a gama de razões aluno-professor na qual temos a maioria dos dados.

FIGURA 6.11 Funções de Regressão para Diretorias com Porcentagens Altas e Baixas de Alunos Aprendendo Inglês

Diretorias com porcentagens baixas de alunos aprendendo inglês (*AlAlta* = 0) são mostradas por pontos cinza-escuro e diretorias com *AlAlta* = 1 são mostradas por pontos cinza-claro. A função de regressão cúbica para *AlAlta* = 1 da regressão (6) na Tabela 6.2 está aproximadamente 10 pontos abaixo da função de regressão cúbica para *AlAlta* = 0 para 17 ≤ RAP ≤ 23, mas sob outros aspectos as duas funções têm formas e inclinações semelhantes nessa gama de valores.
As declividades das funções de regressão diferem mais para valores muito grandes e muito pequenos de *RAP*, nos quais há poucas observações.

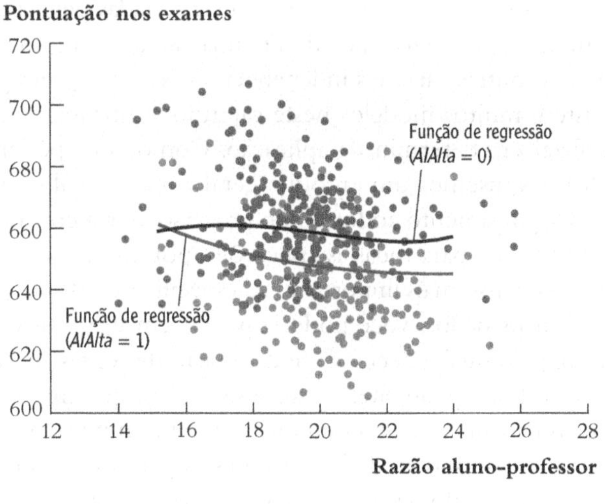

[7] Para cada curva, o valor previsto foi calculado fixando-se para cada variável independente — exceto *RAP* — o valor médio da amostra e calculando-se o valor previsto por meio da multiplicação desses valores fixos das variáveis independentes pelos respectivos coeficientes estimados da Tabela 6.2. Isso foi feito para diversos valores da *RAP* e o gráfico dos valores previstos ajustados resultantes é a reta de regressão estimada relacionando a pontuação nos exames e a *RAP*, mantendo constantes as outras variáveis em suas médias da amostra.

Resumo dos Resultados

Esses resultados nos permitem responder às três questões levantadas no início desta seção.

Após o controle da situação econômica, a existência de muitos ou poucos alunos aprendendo inglês na diretoria não tem uma influência substancial sobre o efeito de uma variação na razão aluno-professor sobre a pontuação nos exames. Nas especificações lineares, não existe evidência estatisticamente significante dessa diferença. A especificação cúbica na regressão (6) fornece uma evidência estatisticamente significante (ao nível de 5 por cento) de que as funções de regressão são diferentes para diretorias com porcentagens altas e baixas de alunos aprendendo inglês; como mostra a Figura 6.11, contudo, as funções de regressão estimadas têm declividades semelhantes na gama de razões aluno-professor que contém a maioria de nossos dados.

Após o controle da situação econômica, há evidência de um efeito não-linear da razão aluno-professor sobre a pontuação nos exames. Esse efeito é estatisticamente significante ao nível de 1 por cento (os coeficientes de RAP^2 e RAP^3 são sempre significantes ao nível de 1 por cento).

Agora podemos voltar ao problema da superintendente que iniciou o Capítulo 4. Ela quer saber o efeito da redução da razão aluno-professor em dois alunos por professor sobre a pontuação nos exames. Na especificação linear (2), esse efeito não depende da razão aluno-professor em si; o efeito estimado dessa redução é uma melhora da pontuação nos exames em 1,46 (= –0,73 × –2) ponto. Nas especificações não-lineares, esse efeito depende do valor da razão aluno-professor. Se a sua diretoria atualmente possui uma razão aluno-professor de 20 e ela considera o corte para 18, então, baseado na regressão (5), o efeito estimado dessa redução é uma melhora da pontuação nos exames de 3,00 pontos, ao passo que, baseado na regressão (7), essa estimativa é de 2,93. Se a sua diretoria atualmente possui uma razão aluno-professor de 22 e considera o corte para 20, então, baseado na regressão (5), o efeito estimado dessa redução é uma melhora da pontuação nos exames de 1,93 ponto, ao passo que, baseado na regressão (7), essa estimativa é de 1,90. As estimativas das especificações não-lineares sugerem que o corte da razão aluno-professor terá um efeito um pouco maior se essa razão já for pequena.

6.5 Conclusão

Neste capítulo, apresentamos várias maneiras de modelar funções de regressão não-lineares. Como esses modelos são variantes do modelo de regressão múltipla, os coeficientes desconhecidos podem ser estimados por MQO e as hipóteses sobre seus valores podem ser testadas pelo uso das estatísticas *t* e *F*, como descrito no Capítulo 5. Nesses modelos, o efeito esperado de uma variação em uma das variáveis independentes, X_1, sobre Y, mantendo constantes as outras variáveis independentes $X_2, ..., X_k$, em geral depende dos valores de $X_1, X_2, ..., X_k$.

Existem muitos modelos neste capítulo, e por isso é normal você sentir-se um pouco confuso sobre qual deles utilizar em determinada aplicação. Como você poderia analisar possíveis não-linearidades na prática? Na Seção 6.1, expusemos um enfoque geral para tal análise, mas esse enfoque requer que você tome decisões e exercite seu julgamento ao longo do processo. Seria conveniente ter uma receita única que você pudesse seguir e que funcionasse para todas as aplicações, porém, na prática, a análise de dados raramente é simples.

O único passo mais importante na especificação de funções de regressão não-lineares é "usar a cabeça". Antes de examinar os dados, você poderia pensar em um motivo, com base na teoria econômica ou no julgamento cuidadoso, pelo qual a declividade da função de regressão da população possa depender do valor daquela, ou de outra variável independente. Se for esse o caso, que tipo de dependência você esperaria? E, ainda mais importante, quais não-linearidades (se houver) teriam implicações importantes para as questões importantes tratadas em seu estudo? Respostas cuidadosas para essas perguntas concentrarão sua análise. Na aplicação da pontuação nos exames, por exemplo, tal raciocínio nos levou a investigar se a contratação de mais professores poderia ter um efeito maior em diretorias com uma porcentagem alta de alunos aprendendo inglês, talvez porque esses alunos se beneficiariam de forma diferenciada de uma atenção mais individualizada. Formulando a pergunta de forma precisa, fomos capazes de encontrar uma resposta precisa: após controlarmos a situação econômica dos alunos, não encontramos evidências estatisticamente significantes de tal interação.

Resumo

1. Em uma regressão não-linear, a declividade da função de regressão da população depende do valor de uma ou mais das variáveis independentes.
2. O efeito de uma variação da(s) variável(is) independente(s) sobre Y pode ser calculado avaliando-se a função de regressão para dois valores da(s) variável(is) independente(s). O procedimento está resumido no Conceito-Chave 6.1.
3. Uma regressão polinomial inclui potências de X como regressores. Uma regressão quadrática inclui X e X^2; uma regressão cúbica inclui X, X^2 e X^3.
4. Pequenas variações em logaritmos podem ser interpretadas como variações proporcionais ou variações percentuais de uma variável. Regressões que envolvem logaritmos são utilizadas para estimar variações proporcionais e elasticidades.
5. O produto de duas variáveis é chamado termo de interação. Quando os termos de interação são incluídos como regressores, permitem que a declividade da regressão para uma variável dependa do valor de outra variável.

Termos-chave

modelo de regressão quadrática (135)
função de regressão não-linear (137)
modelo de regressão polinomial (140)
modelo de regressão cúbica (140)
elasticidade-preço (141)
função exponencial (142)
logaritmo natural (142)
modelo linear-log (143)
modelo log-linear (143)
modelo log-log (144)
termo de interação (149)
regressor interado (149)
modelo de regressão com interação (149)

Revisão dos Conceitos

6.1 Faça um esboço de uma função de regressão que seja crescente (que tenha declividade positiva) e mais inclinada para valores pequenos de X e menos inclinada para valores grandes. Explique como você especificaria uma regressão não-linear para modelar essa forma de curva. Você pode pensar em uma relação econômica com essa forma?

6.2 Uma função de produção "Cobb-Douglas" relaciona produção (Q) a fatores de produção, capital (K), mão-de-obra (L) e matéria-prima (M), e um termo de erro u utilizando a equação $Q = \lambda K^{\beta_1} L^{\beta_2} M^{\beta_3} e^u$, onde λ, β_1, β_2 e β_3 são parâmetros de produção. Suponha que você tenha dados sobre a produção e os fatores de produção de uma amostra aleatória de empresas com a mesma função de produção Cobb-Douglas. Como você utilizaria a análise de regressão para estimar os parâmetros de produção?

6.3 Uma função "demanda por moeda" padrão utilizada por macroeconomistas tem a forma $\ln(m) = \beta_0 + \beta_1 \ln(PIB) + \beta_2 R$, onde m é a quantidade (real) de moeda, PIB é o valor (real) do produto interno bruto e R é o valor da taxa nominal de juros medida em porcentagem ao ano. Suponha que $\beta_1 = 1{,}0$ e $\beta_2 = -0{,}02$. O que acontecerá com o valor de m se o PIB aumentar em 2 por cento? O que acontecerá com m se a taxa de juros aumentar de 4 para 5 por cento?

6.4 Você estimou um modelo de regressão linear relacionando Y e X. Seu professor diz: "Acho que a relação entre Y e X é não-linear". Explique como você testaria a adequação de sua regressão linear.

6.5 Suponha que no problema 6.2 você tenha pensado que o valor de β_2 não era constante, mas que aumentava juntamente com *K*. Como você poderia utilizar um termo de interação para captar esse efeito?

Exercícios

6.1 As vendas em uma companhia totalizaram US\$ 196 milhões em 2001 e subiram para US\$ 198 milhões em 2002.

a. Calcule o aumento percentual nas vendas utilizando a fórmula usual $100 \times \frac{Vendas_{2002} - Vendas_{2001}}{Vendas_{2001}}$. Compare esse valor à aproximação $100\,(\ln(Vendas_{2002}) - \ln(Vendas_{2001}))$.

b. Repita o item (a) supondo $Vendas_{2002} = 205$; $Vendas_{2002} = 250$; $Vendas_{2002} = 500$.

c. Em que medida a aproximação é boa quando a variação é pequena? A qualidade da aproximação se deteriora à medida que a variação percentual aumenta?

6.2 Suponha que um pesquisador colete dados sobre as casas vendidas em determinado bairro no ano passado e obtenha os resultados da regressão mostrados na tabela abaixo.

***a.** Utilizando os resultados da coluna (1), responda: qual é a variação esperada no preço de se construir uma ampliação de 500 pés quadrados (46 m^2) em uma casa? Calcule um intervalo de confiança de 95 por cento para a variação percentual no preço.

Variável Dependente: ln(*Preço*)					
Regressor	**(1)**	**(2)**	**(3)**	**(4)**	**(5)**
Tamanho	0,00042 (0,000038)				
ln(*Tamanho*)		0,69 (0,054)	0,68 (0,087)	0,57 (2,03)	0,69 (0,055)
ln(*Tamanho*)^2				0,0078 (0,14)	
Dormitórios			0,0036 (0,037)		
Piscina	0,082 (0,032)	0,071 (0,034)	0,071 (0,034)	0,071 (0,036)	0,071 (0,035)
Vista	0,037 (0,029)	0,027 (0,028)	0,026 (0,026)	0,027 (0,029)	0,027 (0,030)
Piscina × *vista*					0,0022 (0,10)
Condição	0,13 (0,045)	0,12 (0,035)	0,12 (0,035)	0,12 (0,036)	0,12 (0,035)
Intercepto	10,97 (0,069)	6,60 (0,39)	6,63 (0,53)	7,02 (7,50)	6,60 (0,40)
Estatísticas-resumo					
EPR	0,102	0,098	0,099	0,099	0,099
$\bar{R}^2$	0,72	0,74	0,73	0,73	0,73

Definições das variáveis: *Preço* = preço de venda (US\$); *Tamanho* = tamanho da casa (em pés quadrados); *Dormitórios* = número de dormitórios; *Piscina* = variável binária (1 se a casa tem uma piscina, 0 se não for o caso); *Vista* = variável binária (1 se a casa tem uma linda vista, 0 se não for o caso); *Condição* = variável binária (1 se o corretor de imóveis relata que a casa se encontra em uma condição excelente, 0 se não for o caso).

b. Comparando as colunas (1) e (2), é melhor utilizar *Tamanho* ou ln(*Tamanho*) para explicar os preços das casas?

***c.** Utilizando a coluna (2), responda: qual é o efeito estimado da piscina sobre o preço?

d. A regressão na coluna (3) acrescenta o número de dormitórios à regressão. Qual é o tamanho do efeito estimado de um dormitório adicional? O efeito é estatisticamente significante? Por que você considera o efeito estimado tão pequeno? (*Dica*: Que outras variáveis estão sendo mantidas constantes?)

***e.** O termo quadrático $\ln(Tamanho)^2$ é importante?

f. Utilize a regressão da coluna (5) para calcular a variação esperada no preço quando uma piscina é acrescentada a uma casa sem uma vista. Repita o exercício para uma casa com uma vista. Há uma diferença grande? A diferença é estatisticamente significante?

6.3 Após ler neste capítulo a análise da pontuação nos exames e do tamanho da turma, um educador comenta: "De acordo com a minha experiência, o desempenho do aluno depende do tamanho da turma, mas de uma forma diferente da mostrada por sua regressão. Em vez disso, os alunos vão bem quando o tamanho da turma é menor do que 20 alunos e vão muito mal quando o tamanho da turma é maior do que 25. Não há ganhos na redução do tamanho da turma para menos de 20 alunos, a relação é constante na região intermediária entre 20 e 25 alunos e não há perdas no aumento do tamanho da turma quando ele já é maior do que 25". O educador está descrevendo um "efeito limiar" em que o desempenho é constante para tamanhos de turma inferiores a 20, então há um salto e é constante para tamanhos de turma entre 20 e 25 e há outro salto para tamanhos de turma superiores a 25. Para modelar esses efeitos limiares, defina as variáveis binárias:

$$RAPpequeno = 1 \text{ se } RAP < 20 \text{ e } RAPpequeno = 0 \text{ nos demais casos}$$
$$RAPmoderado = 1 \text{ se } 20 \leq RAP \leq 25 \text{ e } RAPmoderado = 0 \text{ nos demais casos}$$
$$RAPgrande = 1 \text{ se } RAP > 25 \text{ e } RAPgrande = 0 \text{ nos demais casos.}$$

a. Considere a regressão $PontExame_i = \beta_0 + \beta_1 RAPpequeno_i + \beta_2 RAPgrande_i + u_i$. Esboce a função de regressão que relaciona *PontExame* e *RAP* para valores hipotéticos dos coeficientes da regressão que são consistentes com a declaração do educador.

b. Uma pesquisadora tenta estimar a regressão $PontExame_i = \beta_0 + \beta_1 RAPpequeno_i + \beta_2 RAPmoderado_i + \beta_3 RAPgrande_i + u_i$ e descobre que seu computador trava. Por quê?

***6.4** Explique como você utilizaria o "Enfoque nº 2" da Seção 5.8 para calcular o intervalo de confiança discutido abaixo da Equação (6.8). (*Dica*: Isso requer a estimação de uma nova regressão utilizando uma definição diferente dos regressores e da variável dependente. Veja o Exercício (5.8).)

6.5 Considere o modelo de regressão $Y_i = \beta_0 + \beta_1 X_{1i} + \beta_2 X_{2i} + \beta_3 (X_{1i} \times X_{2i}) + u_i$. Utilize o Conceito-Chave 6.1 para mostrar que:

a. $\frac{\Delta Y}{\Delta X_1} = \beta_1 + \beta_3 X_2$(efeito da variação em X_1, mantendo X_2 constante).

b. $\frac{\Delta Y}{\Delta X_2} = \beta_2 + \beta_3 X_1$ (efeito da variação em X_2, mantendo X_1 constante).

c. Se X_1 varia em ΔX_1 *e* X_2 varia em ΔX_2, então $\Delta Y = (\beta_1 + \beta_3 X_2)\Delta X_1 + (\beta_2 + \beta_3 X_1)\Delta X_2 + \beta_3 \Delta X_1 \Delta X_2$.

CAPÍTULO 7

Avaliando Estudos Baseados na Regressão Múltipla

Os três últimos capítulos explicaram como utilizar a regressão múltipla para analisar a relação entre variáveis em uma base de dados. Neste capítulo, damos um passo para trás e perguntamos: o que torna um estudo que utiliza regressão múltipla confiável ou não? Nós nos concentramos em estudos estatísticos cujo objetivo é estimar o efeito causal de uma variação em alguma variável independente, tal como o tamanho da turma de alunos, sobre uma variável dependente, tal como a pontuação nos exames. Quando a regressão múltipla fornece uma estimativa útil do efeito causal para tais estudos e, igualmente importante, quando ela falha em fazê-lo?

Para responder a essa pergunta, este capítulo apresenta uma estrutura para avaliar estudos estatísticos em geral, independentemente de eles utilizarem regressão múltipla ou não. Essa estrutura baseia-se nos conceitos de validade interna e externa. Um estudo é válido internamente se as suas inferências estatísticas sobre os efeitos causais são válidas para a população e o cenário estudados; um estudo é válido externamente se as suas inferências podem ser generalizadas para outras populações e cenários. Nas seções 7.1 e 7.2, discutimos validade interna e externa, enumeramos um conjunto de ameaças possíveis a essas validades e discutimos como identificar aquelas ameaças na prática. Algumas daquelas ameaças não podem ser tratadas utilizando as ferramentas econométricas apresentadas até aqui; este capítulo oferece uma visão geral dos métodos, estudados nos capítulos restantes deste livro, para tratar as ameaças.

Como uma ilustração da estrutura de validade interna e externa, na Seção 7.3 avaliamos a validade interna e externa do estudo do efeito do corte da razão aluno-professor sobre a pontuação nos exames apresentada nos capítulos 4-6.

7.1 Validade Interna e Validade Externa

Os conceitos de validade interna e validade externa, definidos no Conceito-Chave 7.1, fornecem uma estrutura para avaliar se um estudo estatístico ou econométrico é útil para responder a uma questão específica de interesse.

Validade interna e validade externa distinguem entre população e cenário estudados e população e cenário para os quais os resultados são generalizados. A **população estudada** é a população de entidades — pessoas, empresas, diretorias regionais de ensino e assim por diante — da qual a amostra foi selecionada. A população para a qual os resultados são generalizados, ou a **população de interesse**, é a população de entidades para a qual as inferências causais do estudo serão aplicadas. Por exemplo, o diretor de uma escola de ensino médio pode querer generalizar nossos resultados sobre tamanhos de turma e pontuação nos exames do ensino fundamental das diretorias regionais de ensino da Califórnia (a população estudada) para a população de escolas de ensino médio (a população de interesse).

Por "cenário" entende-se o ambiente institucional, legal, social e econômico. Por exemplo, seria importante saber se os resultados de um experimento de laboratório que avalia métodos para o crescimento de tomates orgânicos poderiam ser generalizados para o campo, isto é, se os métodos orgânicos que funcionam no cenário de um laboratório também funcionam no cenário do mundo real. Fornecemos outros exemplos de diferenças em populações e cenários mais adiante nesta seção.

Ameaças à Validade Interna

A validade interna possui dois componentes. Em primeiro lugar, o estimador do efeito causal deveria ser não viesado e consistente. Por exemplo, suponha que $\hat{\beta}_{RAP}$ seja o estimador de MQO do efeito de uma variação unitária na razão aluno-professor sobre a pontuação nos exames em uma dada regressão; então, $\hat{\beta}_{RAP}$ deve ser um estimador não viesado e consistente do verdadeiro efeito causal da população resultante de uma variação na razão aluno-professor, β_{RAP}.

Validade Interna e Validade Externa

Uma análise estatística é **válida internamente** se as inferências estatísticas sobre os efeitos causais são válidas para a população estudada. A análise é **válida externamente** se as suas inferências e conclusões puderem ser generalizadas com base na população e no cenário estudados para outras populações e cenários.

Conceito-Chave 7.1

Em segundo lugar, os testes de hipótese deveriam ter o nível de significância desejado (a taxa de rejeição efetiva do teste sob a hipótese nula deveria ser igual ao nível de significância desejado) e os intervalos de confiança deveriam ter o nível de confiança desejado. Por exemplo, se um intervalo de confiança é construído como $\hat{\beta}_{RAP} \pm 1{,}96EP(\hat{\beta}_{RAP})$, deveria conter o verdadeiro efeito causal da população, β_{RAP}, com probabilidade de 95 por cento entre as amostras repetidas.

Na análise de regressão, os efeitos causais são estimados utilizando a função de regressão estimada e os testes de hipótese são conduzidos utilizando os coeficientes da regressão estimada e seus erros padrão. Portanto, os requisitos para a validade interna em um estudo baseado em regressão de MQO são os seguintes: que o estimador de MQO seja não viesado e consistente e que os erros padrão sejam calculados de maneira que os intervalos de confiança tenham o nível de confiança desejado. Há vários motivos para que isso não aconteça, os quais constituem ameaças à validade interna. Essas ameaças levam a violações de uma ou mais das hipóteses de mínimos quadrados do Conceito-Chave 5.4. Por exemplo, uma ameaça que discutimos em detalhe é o viés de omissão de variáveis; ele leva a uma correlação entre um ou mais regressores e o termo de erro, o que viola a primeira hipótese de mínimos quadrados. Se os dados sobre a variável omitida estiverem disponíveis, então essa ameaça poderá ser evitada pela inclusão daquela variável como um regressor adicional.

Na Seção 7.2 há uma discussão detalhada das diversas ameaças à validade interna na análise de regressão múltipla e da forma de eliminá-las.

Ameaças à Validade Externa

Ameaças potenciais à validade externa surgem das diferenças entre a população e o cenário estudados e a população e o cenário de interesse.

Diferenças em populações. Diferenças entre a população estudada e a população de interesse podem representar uma ameaça à validade externa. Por exemplo, estudos laboratoriais sobre os efeitos tóxicos de produtos químicos normalmente utilizam populações de animais como ratos (a população estudada), mas os resultados são utilizados para a elaboração de normas de saúde e segurança para populações humanas (a população de interesse). O fato de ratos e homens serem suficientemente diferentes para ameaçar a validade externa de tais estudos é uma questão polêmica.

De forma mais geral, o verdadeiro efeito causal pode não ser o mesmo na população estudada e na população de interesse. Isso porque a população pode ter sido escolhida de um modo que a torna diferente da população de interesse em virtude de diferenças nas características das populações, de diferenças geográficas ou ainda porque o estudo está obsoleto.

Diferenças em cenários. Ainda que a população estudada e a população de interesse sejam idênticas, generalizar os resultados do estudo pode não ser possível se os **cenários** forem diferentes. Por exemplo, um estudo do efeito de uma campanha publicitária contra o consumo abusivo de álcool sobre a embriaguez na universidade não pode ser generalizado para outro grupo idêntico de universitários se a idade permitida por lei para o consumo de bebidas alcoólicas nas duas universidades é diferente. Nesse caso, o cenário legal em que o estudo foi conduzido difere daquele em que seus resultados são aplicados.

De modo mais geral, exemplos de diferenças em cenários incluem diferenças no ambiente institucional (universidades públicas *versus* universidades religiosas), diferenças na legislação (diferenças na idade permitida por lei) ou diferenças no ambiente físico (embriaguez em festa no sul da Califórnia *versus* Fairbanks, Alasca).

Aplicação ao caso de pontuação nos exames e razão aluno-professor. Os capítulos 5 e 6 relataram melhorias estimadas estatisticamente significantes, mas bastante pequenas, da pontuação nos exames como resultado da redução na razão aluno-professor. Essa análise se baseou nos resultados de exames para as diretorias regionais de ensino da Califórnia. Suponha por ora que esses resultados sejam válidos internamente. Para quais outras populações e cenários de interesse eles poderiam ser generalizados?

Quanto mais próximos a população e o cenário estudados estiverem da população e do cenário de interesse, mais fortes serão os argumentos para a validade externa. Por exemplo, alunos universitários e seu curso são muito diferentes de alunos de escolas de ensino fundamental e seu curso, de modo que é implausível que o efeito da redução no tamanho das turmas, estimado utilizando os dados do ensino fundamental das diretorias regionais de ensino da Califórnia, seja generalizado para as universidades. Por outro lado, alunos, currículo e organização do ensino fundamental são muito semelhantes por todos os Estados Unidos, de modo que é plausível que os resultados da Califórnia possam ser generalizados para o desempenho em exames padronizados do ensino fundamental de outras diretorias regionais de ensino nesse país.

Como avaliar a validade externa de um estudo. A validade externa deve ser considerada utilizando o conhecimento específico de populações e cenários estudados e de populações e cenários de interesse. Diferenças importantes entre ambos lançarão dúvidas sobre a validade externa do estudo.

Às vezes há dois ou mais estudos sobre populações diferentes, mas relacionadas. Se for esse o caso, a validade externa desses estudos pode ser verificada pela comparação de seus resultados. Por exemplo, na Seção 7.3, analisamos os dados sobre pontuação nos exames e tamanho da turma para o ensino fundamental nas diretorias regionais de ensino de Massachusetts e comparamos esses resultados com os da Califórnia. Em geral, resultados semelhantes em dois ou mais estudos sustentam o direito à validade externa, ao passo que diferenças nos resultados lançam dúvidas sobre sua validade externa.[1]

Como desenhar um estudo válido externamente. Como as ameaças à validade externa originam-se de uma falta de comparabilidade de populações e cenários, essas ameaças são minimizadas da melhor forma nos estágios iniciais de um estudo, antes de os dados serem coletados. O desenho de um estudo foge ao escopo deste livro; o leitor interessado pode consultar Shadish, Cook e Campbell (2002).

7.2 Ameaças à Validade Interna na Análise de Regressão Múltipla

Estudos baseados na análise de regressão são válidos internamente se os coeficientes da regressão estimada são não viesados e consistentes e se os seus erros padrão produzem intervalos de confiança ao nível de confiança desejado. Nesta seção, pesquisamos cinco motivos pelos quais o estimador de MQO dos coeficientes da regressão múltipla podem ser viesados, mesmo em amostras grandes: variáveis omitidas, erro de especificação da forma funcional da função de regressão, medida imprecisa das variáveis independentes ("erros nas variáveis"), seleção da amostra e causalidade simultânea. Todas as fontes de viés surgem porque o regressor está correlacionado com o

[1] Uma comparação de diversos estudos relacionados sobre o mesmo tópico é chamada de metanálise. A discussão do quadro sobre o "efeito Mozart" no Capítulo 5, por exemplo, baseia-se em uma metanálise. A realização de uma metanálise com base em vários estudos apresenta seus próprios desafios. Como você separa os estudos bons dos ruins? Como você compara estudos quando as variáveis dependentes diferem? Você deveria dar mais importância a um estudo grande em relação a um estudo pequeno? Uma discussão da metanálise e seus desafios foge ao escopo deste livro. O leitor interessado pode consultar Hedges e Olkin (1985) e Cooper e Hedges (1994).

termo de erro na regressão da população, violando a primeira hipótese de mínimos quadrados do Conceito-Chave 5.4. Para cada uma, discutimos o que pode ser feito para reduzir esse viés. A seção termina com uma discussão das circunstâncias que levam a erros padrão inconsistentes e o que pode ser feito com relação a isso.

Viés de Omissão de Variáveis

Lembre-se de que o viés de omissão de variáveis surge quando uma variável que tanto determina *Y* quanto é correlacionada com um ou mais dos regressores incluídos é omitida da regressão. Esse viés persiste mesmo em amostras grandes, de modo que o estimador de MQO é inconsistente. A melhor forma de minimizar o viés de omissão de variáveis depende da disponibilidade de dados para a variável omitida potencial.

Soluções para o viés de omissão de variáveis quando a variável omitida é observada. Se você dispõe de dados para a variável omitida, pode incluí-la em uma regressão múltipla e, desse modo, atacar o problema. Contudo, a adição de uma nova variável tem custos e benefícios. Por um lado, a omissão da variável poderia resultar em um viés de omissão de variáveis. Por outro, a inclusão da variável quando ela não pertence à regressão (isto é, quando seu coeficiente de regressão da população é igual a zero) reduz a precisão dos estimadores dos outros coeficientes da regressão. Em outras palavras, a decisão de incluir ou não uma variável envolve um dilema entre viés e variância dos coeficientes de interesse. Na prática, há quatro passos que podem ajudá-lo a decidir se você deve ou não incluir uma variável ou um conjunto de variáveis em uma regressão.

O primeiro passo é identificar os principais coeficientes de interesse em sua regressão. Nas regressões de pontuação nos exames, trata-se do coeficiente da razão aluno-professor, uma vez que a questão colocada originalmente refere-se ao efeito de uma redução nessa razão sobre a pontuação nos exames.

O segundo passo é perguntar-se: Quais são as fontes mais prováveis de um importante viés de omissão de variáveis nessa regressão? A resposta requer a aplicação da teoria econômica e um conhecimento profundo, e deveria ocorrer antes de você estimar quaisquer regressões; como isso é feito antes da análise dos dados, é chamado de raciocínio *a priori* ("antes do fato"). No exemplo da pontuação nos exames, esse passo envolve a identificação dos determinantes da pontuação nos exames que, se ignorados, poderiam tornar viesado nosso estimador do efeito do tamanho da turma. O resultado desse passo é uma especificação de regressão base, o ponto de partida para sua análise de regressão empírica, e uma lista com variáveis "questionáveis" adicionais que podem ajudar a diminuir o possível viés de omissão de variáveis.

O terceiro passo é ampliar sua especificação de base com as variáveis questionáveis adicionais identificadas no segundo passo e testar as hipóteses de que seus coeficientes são iguais a zero. Se os coeficientes das variáveis adicionais forem estatisticamente significantes ou se os coeficientes de interesse estimados mudarem consideravelmente quando as variáveis adicionais forem incluídas, então elas deverão permanecer na especificação e você deverá modificar sua regressão básica. Caso contrário, essas variáveis poderão ser excluídas da regressão.

O quarto passo é apresentar um resumo preciso de seus resultados na forma tabular. Isso oferece "total transparência" a um cético potencial, que pode então tirar suas próprias conclusões. As tabelas 5.2 e 6.2 são exemplos dessa estratégia. Por exemplo, na Tabela 6.2 poderíamos ter apresentado apenas a regressão na coluna (7), uma vez que ela resume os efeitos e as não-linearidades relevantes das outras regressões da tabela. A apresentação das outras regressões, contudo, permite ao leitor cético tirar suas próprias conclusões.

Esses passos estão resumidos no Conceito-Chave 7.2.

Soluções para o viés de omissão de variáveis quando a variável omitida não é observada. A adição de uma variável omitida a uma regressão não é uma opção se você não dispõe de dados sobre aquela variável. Ainda assim, há três outros modos de resolver o problema do viés de omissão de variáveis. Cada uma dessas três soluções contorna esse viés por meio da utilização de tipos diferentes de dados.

A primeira solução é utilizar dados em que a mesma unidade de observação é analisada em pontos diferentes no tempo. Por exemplo, a pontuação nos exames e os dados a ela relacionados podem ser coletados para as mesmas diretorias em 1995 e novamente em 2000. Os dados nessa forma são chamados de dados de painel. Conforme explicado no Capítulo 8, os dados de painel tornam possível o controle de variáveis omitidas não observadas, desde que elas não variem ao longo do tempo.

A segunda solução é utilizar a regressão de variáveis instrumentais. Esse método se apóia em uma nova variável, chamada de variável instrumental. A regressão de variáveis instrumentais será discutida no Capítulo 10.

Conceito-Chave 7.2

Devo Incluir Mais Variáveis em Minha Regressão?

Se você inclui outra variável em sua regressão múltipla, elimina a possibilidade de viés de omissão de variáveis resultante da exclusão daquela variável, porém a variância do estimador dos coeficientes de interesse pode aumentar. Seguem-se algumas diretrizes que podem ajudá-lo a decidir se deve incluir uma variável adicional:

1. Seja específico com relação aos(s) coeficiente(s) de interesse.
2. Use um raciocínio *a priori* para identificar as fontes potenciais mais importantes de viés de omissão de variáveis, que leve a uma especificação de base e a algumas variáveis "questionáveis".
3. Teste se as variáveis questionáveis adicionais têm coeficientes diferentes de zero.
4. Forneça tabulações representativas "totalmente transparentes" de seus resultados de modo que outros vejam o efeito da inclusão das variáveis questionáveis sobre o(s) coeficiente(s) de interesse. Seus resultados mudarão se você incluir uma variável questionável?

A terceira solução é utilizar um projeto de estudo no qual o efeito de interesse (por exemplo, o efeito da redução do tamanho da turma sobre os resultados do aluno) é estudado por meio da utilização de um experimento controlado aleatório. Esses experimentos serão discutidos no Capítulo 11.

Erro de Especificação da Forma Funcional da Função de Regressão

Se a verdadeira função de regressão da população for não-linear, mas a regressão estimada for linear, então esse **erro de especificação da forma funcional** torna o estimador de MQO viesado. Esse viés é um tipo de viés de omissão de variáveis, em que as variáveis omitidas são os termos que refletem os aspectos não-lineares ausentes da função de regressão. Por exemplo, se a função de regressão da população for um polinômio quadrático, então uma regressão que omita o quadrado da variável independente terá viés de omissão de variáveis.

Soluções para o erro de especificação da forma funcional. Quando a variável dependente é contínua (como a pontuação nos exames), esse problema da não-linearidade potencial pode ser resolvido com a utilização dos métodos do Capítulo 6. Se, contudo, essa variável é discreta ou binária (por exemplo, Y_i é igual a um se a i-ésima pessoa tem curso superior e igual a zero nos demais casos), as coisas tornam-se mais complicadas. A regressão com uma variável dependente discreta será discutida no Capítulo 9.

Erros nas Variáveis

Suponha que em nossa regressão de pontuação nos exames contra a razão aluno-professor tenhamos confundido sem querer nossos dados, de modo que acabamos regredindo a pontuação nos exames para alunos da 5ª série sobre a razão aluno-professor para alunos da 8ª série naquela diretoria. Embora as razões aluno-professor para alunos do ensino fundamental e para alunos da 8ª série possam ser correlacionadas, elas não são iguais, de modo que essa confusão levaria a um viés no coeficiente estimado. Esse é um exemplo de **viés de erros nas variáveis** porque sua fonte é um erro na medida da variável independente. Esse viés persiste mesmo em amostras muito grandes, de modo que o estimador de MQO é inconsistente se há erro de medida.

Há muitas fontes possíveis de erro de medida. Se os dados são coletados por meio de uma pesquisa, um entrevistado pode dar a resposta errada. Por exemplo, uma pergunta do Current Population Survey envolve o salário do ano anterior. Um entrevistado pode não saber o seu salário exato ou pode informar um valor errado por qualquer outro motivo. Se, por outro lado, os dados são obtidos de registros administrativos computadorizados, pode ter havido erros de digitação quando eles entraram no sistema pela primeira vez.

Para verificar que o viés de erros nas variáveis resulta em uma correlação entre o regressor e o termo de erro, suponha que haja um único regressor X_i (por exemplo, a renda efetiva), mas que seja medido de forma imprecisa por $\widetilde{X}_i$ (a estimativa da renda do entrevistado). Como a variável observada é $\widetilde{X}_i$, e não X_i, a equação da regressão efetivamente estimada é aquela baseada em $\widetilde{X}_i$. A equação de regressão da população $Y_i = \beta_0 + \beta_1 X_i + u_i$, escrita em termos da variável medida de forma imprecisa $\widetilde{X}_i$, é

$$\begin{aligned} Y_i &= \beta_0 + \beta_1 \widetilde{X}_i + [\beta_1(X_i - \widetilde{X}_i) + u_i] \\ &= \beta_0 + \beta_1 \widetilde{X}_i + v_i, \end{aligned} \tag{7.1}$$

onde $v_i = \beta_1(X_i - \widetilde{X}_i) + u_i$. Portanto, a equação de regressão da população escrita em termos de $\widetilde{X}_i$ possui um termo de erro que contém a diferença entre X_i e $\widetilde{X}_i$. Se essa diferença for correlacionada com o valor medido $\widetilde{X}_i$, então o regressor $\widetilde{X}_i$ será correlacionado com o termo de erro e $\hat{\beta}_1$ será viesado e inconsistente.

O tamanho preciso e a direção do viés em $\hat{\beta}_1$ dependem da correlação entre $\widetilde{X}_i$ e $(X_i - \widetilde{X}_i)$. Essa correlação, por sua vez, depende da natureza específica do erro de medida.

Por exemplo, suponha que o entrevistado na pesquisa forneça seu melhor palpite ou lembrança do valor efetivo da variável independente X_i. Uma forma conveniente de representar isso matematicamente é supor que o valor medido de X_i seja igual ao valor efetivo, não medido, somado a um componente puramente aleatório, w_i. Portanto, o valor medido da variável, representado por $\widetilde{X}_i$, é $\widetilde{X}_i = X_i + w_i$. Como o erro é puramente aleatório, podemos supor que w_i tem média zero e variância σ_w^2 e é não-correlacionado com X_i e com o erro da regressão u_i. Sob essa hipótese, um pouco de álgebra[2] mostra que $\hat{\beta}_1$ tem o limite de probabilidade

$$\hat{\beta}_1 \xrightarrow{p} \frac{\sigma_X^2}{\sigma_X^2 + \sigma_w^2}\beta_1. \tag{7.2}$$

Isto é, se o efeito da imprecisão de medida consiste simplesmente na adição de um elemento aleatório ao valor efetivo da variável independente, então $\hat{\beta}_1$ é inconsistente. Como a razão $\frac{\sigma_X^2}{\sigma_X^2 + \sigma_w^2}$ é menor do que um, $\hat{\beta}_1$ será viesado em direção a zero, mesmo em amostras grandes. No caso extremo em que o erro de medida é tão grande que essencialmente nenhuma informação sobre X_i permanece, a razão entre as variâncias na expressão final da Equação (7.2) é zero e $\hat{\beta}_1$ converge em probabilidade para zero. No outro extremo, quando não há erro de medida, $\sigma_w^2 = 0$, logo $\hat{\beta}_1 \xrightarrow{p} \beta_1$.

Embora o resultado na Equação (7.2) seja específico para esse tipo particular de erro de medida, ele ilustra a proposição mais geral de que, se a variável independente é medida de forma imprecisa, então o estimador de MQO é viesado, mesmo em amostras grandes. O Conceito-Chave 7.3 resume o viés de erros nas variáveis.

Soluções para o viés de erros nas variáveis. A melhor forma de resolver o problema de erros nas variáveis é obter uma medida precisa de X. Se for impossível, contudo, há métodos econométricos que podem ser utilizados para diminuir o viés de erros nas variáveis.

Um desses métodos é a regressão de variáveis instrumentais. Isso depende de haver outra variável (a variável "instrumental") correlacionada ao valor efetivo X_i, mas não-correlacionada ao erro de medida. Esse método será estudado no Capítulo 10.

Um segundo método é o desenvolvimento de um modelo matemático do erro de medida e, se possível, a utilização das fórmulas resultantes para ajustar as estimativas. Por exemplo, se uma pesquisadora acredita que a variável medida é, na verdade, a soma do valor efetivo e de um termo de erro de medida aleatório e se ela conhece ou pode estimar a razão σ_w^2/σ_X^2, então pode utilizar a Equação (7.2) para calcular um estimador de β_1 que corrija o viés para baixo. Como esse enfoque requer conhecimento especializado sobre a natureza do erro de medida, os detalhes normalmente são específicos para dada base de dados e seus problemas de medida e não prosseguiremos com esse enfoque.

[2] Sob essa hipótese de erro de medida, $v_i = \beta_1(X_i - \widetilde{X}_i) + u_i = -\beta_1 w_i + u_i$, $\mathrm{cov}(\widetilde{X}_i, u_i) = 0$ e $\mathrm{cov}(\widetilde{X}_i, w_i) = \mathrm{cov}(X_i + w_i, w_i) = \sigma_w^2$, logo $\mathrm{cov}(\widetilde{X}_i, v_i) = -\beta_1 \mathrm{cov}(\widetilde{X}_i, w_i) + \mathrm{cov}(\widetilde{X}_i, u_i) = -\beta_1\sigma_w^2$. Portanto, a partir da Equação (5.1), $\hat{\beta}_1 \xrightarrow{p} \beta_1 - \beta_1\sigma_w^2/\sigma_{\widetilde{X}}^2$. Agora $\sigma_{\widetilde{X}}^2 = \sigma_X^2 + \sigma_w^2$, então $\hat{\beta}_1 \xrightarrow{p} \beta_1 - \beta_1\sigma_w^2/(\sigma_X^2 + \sigma_w^2) = [\sigma_X^2/(\sigma_X^2 + \sigma_w^2)]\beta_1$.

Viés de Erros nas Variáveis

Conceito-Chave 7.3

O viés de erros nas variáveis no estimador de MQO surge quando uma variável independente é medida de forma imprecisa. Esse viés depende da natureza do erro de medida e persiste mesmo que o tamanho da amostra seja grande. Se a variável medida é igual à variável efetiva mais um termo de erro de medida independentemente distribuído com média zero, então o estimador de MQO em uma regressão com uma única variável do lado direito é viesado em direção a zero e seu limite de probabilidade é dado na Equação (7.2).

Seleção da Amostra

O **viés de seleção da amostra** ocorre quando a disponibilidade dos dados é influenciada por um processo de seleção relacionado ao valor da variável dependente. Esse processo pode introduzir uma correlação entre o termo de erro e o regressor, o que leva a um viés no estimador de MQO.

A seleção da amostra que não está relacionada ao valor da variável dependente não introduz viés. Por exemplo, se os dados são coletados de uma população por amostragem aleatória simples, o método de amostragem (a população ao acaso) não tem relação nenhuma com o valor da variável dependente. Tal amostragem não introduz viés.

O viés pode ser introduzido quando o método de amostragem está relacionado ao valor da variável dependente. Um exemplo de viés de seleção da amostra em votações foi dado no quadro do Capítulo 2. Naquele exemplo, o método de seleção da amostra (números de telefone de proprietários de automóveis selecionados aleatoriamente) estava relacionado com a variável dependente (quem o indivíduo apoiava na eleição para presidente dos Estados Unidos em 1936), uma vez que em 1936 os proprietários de automóveis que possuíam telefone eram muito provavelmente republicanos.

Um exemplo de seleção da amostra em economia surge da utilização de uma regressão de salários sobre instrução para estimar o efeito de um ano adicional de instrução sobre os salários. Por definição, somente os indivíduos que possuem um emprego têm salário. Os fatores (observáveis e não observáveis) que determinam o fato de uma pessoa ter um emprego — instrução, experiência, domicílio, capacidade, sorte e assim por diante — são semelhantes aos fatores que determinam o quanto essa pessoa recebe quando está empregada. Assim, o fato de alguém ter um emprego sugere, mantendo tudo o mais constante, que o termo de erro na equação de salário para aquela pessoa é positivo. Dito de outra forma, o fato de alguém ter um emprego ou não é em parte determinado pelas variáveis omitidas no termo de erro da regressão de salário. Portanto, o simples fato de alguém ter um emprego — e assim aparece na base de dados — fornece informações de que o termo de erro na regressão é positivo, ao menos na média, e que poderia ser correlacionado com os regressores. Isso também pode levar a um viés no estimador de MQO.

O Conceito-Chave 7.4 resume o viés de seleção da amostra.

Soluções para o viés de seleção. Os métodos que discutimos até o momento não eliminam o viés de seleção da amostra. Os métodos para a estimação de modelos com seleção da amostra fogem ao escopo deste livro. Esses métodos baseiam-se nas técnicas que serão apresentadas no Capítulo 9, ocasião em que serão fornecidas referências adicionais.

Causalidade Simultânea

Até agora, supusemos que a causalidade vai dos regressores para a variável dependente (X causa Y). E se a causalidade também vai da variável dependente para um ou mais regressores (Y causa X)? Se for esse o caso, a causalidade vai para trás e para a frente, isto é, há **causalidade simultânea**. Se ela existe, uma regressão de MQO capta ambos os efeitos, de modo que o estimador de MQO é viesado e inconsistente.

Viés de Seleção da Amostra

O viés de seleção da amostra surge quando um processo de seleção influencia a disponibilidade de dados e tal processo está relacionado com a variável dependente. A seleção da amostra induz a uma correlação entre um ou mais regressores e o termo de erro, o que leva a um viés e à inconsistência do estimador de MQO.

Conceito-Chave 7.4

Por exemplo, nosso estudo sobre pontuação nos exames se concentrou no efeito da redução da razão aluno-professor sobre a pontuação, de modo que se presume que a causalidade deva ir da razão aluno-professor para a pontuaçãos. Suponha, contudo, que uma iniciativa governamental tenha subsidiado a contratação de professores em diretorias regionais de ensino com baixa pontuação nos exames. Se fosse esse o caso, a causalidade iria para ambos os sentidos: pelos motivos pedagógicos usuais, as razões aluno-professor baixas provavelmente levam a uma alta pontuação nos exames; porém, em razão do programa do governo, a baixa pontuação nos exames levaria a razões aluno-professor baixas.

A causalidade simultânea leva a uma correlação entre o regressor e o termo de erro. No exemplo da pontuação nos exames, suponha que haja um fator omitido que leve a uma baixa pontuação; em virtude do programa do governo, esse fator que gera baixa pontuação resulta, por sua vez, em uma razão aluno-professor baixa. Portanto, um termo de erro negativo na regressão da população da pontuação nos exames sobre a razão aluno-professor diminui a pontuação, mas, em virtude do programa do governo, leva também a uma redução da razão aluno-professor. Em outras palavras, a razão é positivamente correlacionada com o termo de erro na regressão populacional. Isso, por sua vez, leva a um viés de causalidade simultânea e à inconsistência do estimador de MQO.

Essa correlação entre o termo de erro e o regressor pode ser expressa matematicamente pela introdução de uma equação adicional que descreva a ligação causal inversa. Por conveniência, considere apenas as duas variáveis X e Y e ignore outros possíveis regressores. Dessa forma, há duas equações, uma em que X causa Y e outra em que Y causa X:

$$Y_i = \beta_0 + \beta_1 X_i + u_i \text{ e} \tag{7.3}$$

$$X_i = \gamma_0 + \gamma_1 Y_i + v_i. \tag{7.4}$$

A Equação (7.3) é aquela familiar em que β_1 é o efeito de uma variação em X sobre Y, onde u representa outros fatores. A Equação (7.4) representa o efeito causal inverso de Y sobre X. No problema da pontuação nos exames, a Equação (7.3) representa o efeito pedagógico do tamanho da turma sobre a pontuação nos exames, ao passo que a Equação (7.4) representa o efeito causal inverso da pontuação nos exames sobre o tamanho da turma induzido pelo programa do governo.

A causalidade simultânea leva a uma correlação entre X_i e o termo de erro u_i na Equação (7.3). Para visualizar isso, imagine que u_i seja negativo, o que diminui Y_i. Contudo, o valor menor de Y_i afeta o valor de X_i por meio da segunda dessas equações e, se γ_1 for positivo, um valor baixo de Y_i levará a um valor baixo de X_i. Portanto, se γ_1 for positivo, X_i e u_i serão positivamente correlacionados.[3]

Como isso pode ser expresso matematicamente utilizando-se um sistema de duas equações simultâneas, o viés de causalidade simultânea às vezes é chamado de **viés de equações simultâneas**. O viés de causalidade simultânea está resumido no Conceito-Chave 7.5.

[3] Para mostrar isso matematicamente, observe que a Equação (7.4) implica que $\text{cov}(X_i, u_i) = \text{cov}(\gamma_0 + \gamma_1 Y_i + v_i, u_i) = \gamma_1\text{cov}(Y_i, u_i) + \text{cov}(v_i, u_i)$. Supondo que $\text{cov}(v_i, u_i) = 0$, pela Equação (7.3), isso implica que $\text{cov}(X_i, u_i) = \gamma_1\text{cov}(Y_i, u_i) = \gamma_1\text{cov}(\beta_0 + \beta_1 X_i + u_i, u_i) = \gamma_1\beta_1\text{cov}(X_i, u_i) + \gamma_1\sigma_u^2$. Resolvendo $\text{cov}(X_i, u_i)$, chegamos ao resultado $\text{cov}(X_i, u_i) = \gamma_1\sigma_u^2/(1 - \gamma_1\beta_1)$.

Viés de Causalidade Simultânea

Conceito-Chave 7.5

O viés de causalidade simultânea, também chamado de viés de equações simultâneas, surge em uma regressão de Y sobre X quando, além da ligação causal de interesse de X para Y, há uma ligação causal de Y para X. Essa causalidade inversa faz com que X esteja correlacionado com o termo de erro na regressão da população de interesse.

Soluções para o viés de causalidade simultânea. Há duas maneiras de diminuir o viés de causalidade simultânea. Uma é utilizar a regressão de variáveis instrumentais, o tópico do Capítulo 10. A segunda é projetar e implementar um experimento controlado aleatório em que o canal de causalidade inversa é anulado; tais experimentos serão discutidos no Capítulo 11.

Fontes de Inconsistência dos Erros Padrão de MQO

Erros padrão inconsistentes representam uma ameaça diferente à validade interna. Mesmo que o estimador de MQO seja consistente e a amostra seja grande, erros padrão inconsistentes produzem testes de hipótese com tamanho que difere do nível de significância desejado e intervalos de confiança de "95 por cento"que deixam de incluir o valor verdadeiro em 95 por cento das amostras repetidas.

Há dois motivos principais pelos quais os erros padrão são inconsistentes: tratamento inadequado da heteroscedasticidade e correlação do termo de erro entre observações.

Heteroscedasticidade. Conforme discutido na Seção 4.9, por motivos históricos, alguns pacotes de regressão relatam erros padrão somente homoscedásticos. Se, contudo, o erro da regressão é heteroscedástico, aqueles erros padrão não constituem uma base confiável para testes de hipótese e intervalos de confiança. A solução para esse problema é utilizar erros padrão robustos quanto à heteroscedasticidade e construir estatísticas F utilizando um estimador de variância robusto quanto à heteroscedasticidade. Erros padrão desse tipo são fornecidos como uma opção em pacotes modernos.

Correlação do termo de erro entre observações. Em alguns cenários, o termo de erro da população pode estar correlacionado ao longo das observações. Isso não acontecerá se os dados forem obtidos por amostragem ao acaso da população porque a aleatoriedade do processo de amostragem assegura que os erros sejam independentemente distribuídos de uma observação para a seguinte. Às vezes, contudo, a amostragem é apenas parcialmente aleatória. A circunstância mais comum ocorre quando os dados são observações repetidas da mesma entidade ao longo do tempo, por exemplo, a mesma diretoria regional de ensino para diversos anos. Se as variáveis omitidas que formam o erro da regressão são persistentes (como a demografia da diretoria), isso induz a uma correlação "serial" desse erro ao longo do tempo. Outro exemplo é aquele em que uma amostragem baseia-se em uma unidade geográfica. Se há variáveis omitidas que refletem influências geográficas, essas variáveis podem resultar na correlação dos erros de regressão para observações adjacentes.

A correlação do erro de regressão entre observações não torna o estimador de MQO viesado ou inconsistente, mas viola a segunda hipótese de mínimos quadrados do Conceito-Chave 5.4. A partir disso inferimos que os erros padrão de MQO — somente os homoscedásticos *e* os robustos quanto à heteroscedasticidade — são incorretos no sentido de que não produzem intervalos de confiança com o nível de confiança desejado.

Em muitos casos, esse problema pode ser consertado pela utilização de uma fórmula alternativa para erros padrão. Fornecemos tal fórmula para o cálculo de erros padrão robustos quanto à heteroscedasticidade e quanto à correlação serial na discussão sobre regressão com dados de séries temporais no Capítulo 12.

7.3 Exemplo: Pontuação nos Exames e Tamanho da Turma

A estrutura de validade interna e validade externa nos ajuda a fazer um exame crítico do que aprendemos — e do que não aprendemos — em nossa análise dos dados da Califórnia sobre pontuação nos exames.

Validade Externa

O fato de a análise da Califórnia poder ser generalizada — isto é, se ela é válida externamente — depende da população e do cenário para o qual a generalização é feita. Aqui, consideramos se os resultados podem ser generalizados para o desempenho em outros exames padronizados e para o ensino público fundamental em outras diretorias regionais de ensino dos Estados Unidos.

Na Seção 7.1, você viu que a existência de mais de um estudo sobre o mesmo tópico fornece uma oportunidade para avaliar a validade externa de todos os estudos pela comparação de seus resultados. No caso da pontuação nos exames e do tamanho da turma, outras bases de dados comparáveis estão, de fato, disponíveis. Nesta seção, examinamos uma base de dados diferente, baseada nos resultados de exames padronizados para alunos da rede pública na 4ª série em 220 diretorias regionais de ensino no Estado de Massachusetts em 1998. Tanto os exames de Massachusetts quanto os da Califórnia são medidas amplas do conhecimento do aluno e da aptidão acadêmica, ainda que cada um tenha a sua particularidade. Da mesma forma, a organização das aulas no ensino fundamental é muito semelhante nos dois estados (assim como na maior parte do ensino fundamental nas diretorias regionais de ensino dos Estados Unidos), embora aspectos do financiamento do ensino fundamental e do currículo sejam diferentes. Portanto, a obtenção de resultados semelhantes com relação ao efeito da razão aluno-professor sobre o desempenho nos exames com dados de Massachusetts e Califórnia evidenciaria a validade externa dos resultados da Califórnia. Inversamente, a obtenção de resultados diferentes nos dois estados levantaria dúvidas sobre a validade interna ou externa de pelo menos um dos estudos.

Comparação dos dados da Califórnia e de Massachusetts. Assim como os dados da Califórnia, os dados de Massachusetts estão ao nível da diretoria regional de ensino. As definições das variáveis na base de dados de Massachusetts são iguais, ou praticamente iguais, àquelas na base de dados da Califórnia. O Apêndice 7.1 fornece mais informações sobre a base de dados de Massachusetts, incluindo as definições das variáveis.

A Tabela 7.1 apresenta estatísticas-resumo para as amostras da Califórnia e de Massachusetts. A pontuação média nos exames é maior em Massachusetts, porém o exame é diferente; logo, uma comparação direta das pontuações não é apropriada. A razão aluno-professor média é maior na Califórnia (19,6 *versus* 17,3). A renda média na diretoria é 20 por cento maior em Massachusetts, porém o desvio padrão da renda é maior na Califórnia, isto é, há uma dispersão maior nas rendas médias das diretorias da Califórnia em relação a Massachusetts. A porcentagem média de alunos que ainda está aprendendo inglês e a porcentagem média de alunos com direito a almoço subsidiado são muito maiores na Califórnia do que em Massachusetts.

TABELA 7.1 Estatísticas-Resumo para as Bases de Dados da Pontuação nos Exames da Califórnia e de Massachusetts

	Califórnia		Massachusetts	
	Média	Desvio padrão	Média	Desvio padrão
Pontuação nos exames	654,1	19,1	709,8	15,1
Razão aluno-professor	19,6	1,9	17,3	2,3
% aprendendo inglês	15,8%	18,3%	1,1%	2,9%
% com direito a almoço subsidiado	44,7%	27,1%	15,3%	15,1%
Renda média na diretoria (US$)	15.317	7.226	18.747	5.808
Número de observações	420		220	
Ano	1999		1998	

Pontuação nos exames e renda média na diretoria. Para economizar espaço, não apresentamos gráficos de dispersão para todos os dados de Massachusetts. Como foi observado no Capítulo 6, contudo, é interessante examinar a relação entre pontuação nos exames e renda média na diretoria em Massachusetts. A Figura 7.1 mostra o gráfico de dispersão dessa relação. O padrão geral desse gráfico é semelhante àquele da Figura 6.2 para os dados da Califórnia: a relação entre renda e pontuação nos exames parece muito inclinada para valores baixos de renda e pouco inclinada para valores altos. Evidentemente, a regressão linear mostrada na figura não revela essa aparente não-linearidade. A Figura 7.1 também mostra as funções de regressão cúbica e logarítmica. A função de regressão cúbica possui um $\overline{R}^2$ ligeiramente maior do que a especificação logarítmica (0,486 *versus* 0,455). A comparação das figuras 6.7 e 7.1 mostra que o padrão geral de não-linearidade encontrado nos dados de renda e pontuação nos exames da Califórnia também está presente nos dados de Massachusetts. Contudo, as formas funcionais precisas que melhor descrevem essa não-linearidade diferem uma da outra, com a especificação cúbica ajustando-se melhor para Massachusetts e a especificação linear-log ajustando-se melhor para a Califórnia.

Resultados da regressão múltipla. A Tabela 7.2 apresenta os resultados da regressão para os dados de Massachusetts. A primeira regressão, presente na coluna (1) da tabela, possui apenas a razão aluno-professor como regressor. A declividade é negativa (–1,72), e a hipótese de que o coeficiente é zero pode ser rejeitada ao nível de significância de 1 por cento (t = –1,72/0,50 = –3,44).

As colunas restantes apresentam os resultados da inclusão de variáveis adicionais que controlam características dos alunos e da introdução de não-linearidades na função de regressão estimada. O controle da porcentagem de alunos que está aprendendo inglês, da porcentagem de alunos com direito a almoço subsidiado e da renda média na diretoria reduz o coeficiente estimado sobre a razão aluno-professor em 60 por cento, de –1,72 na regressão (1) para –0,69 na regressão (2) e –0,64 na regressão (3).

A comparação dos $\overline{R}^2$ nas regressões (2) e (3) indica que a especificação cúbica (3) fornece um modelo melhor para a relação entre pontuação nos exames e renda do que a especificação logarítmica (2), mesmo que a razão aluno-professor seja mantida constante. Não há evidência estatisticamente significante de uma relação não-linear entre pontuação nos exames e razão aluno-professor: a estatística F na regressão (4) que testa se os coeficientes da população de RAP^2 e RAP^3 são iguais a zero tem um valor p de 0,641. Da mesma forma, não há evidência de que uma redução na razão aluno-professor tenha um efeito diferente em diretorias que têm muitos alunos

FIGURA 7.1 Estatísticas-Resumo para as Bases de Dados da Pontuação nos Exames da Califórnia e de Massachusetts

A função de regressão linear estimada não capta a relação não-linear entre renda e pontuação nos exames para os dados de Massachusetts. As funções estimadas linear-log e cúbica são semelhantes para rendas na diretoria entre US$ 13.000 e US$ 30.000, a região que contém a maior parte das observações.

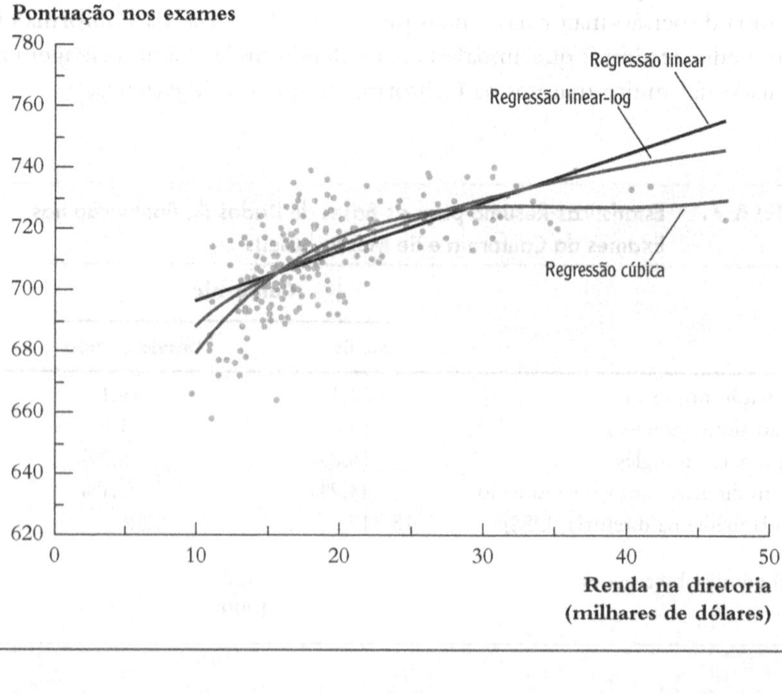

aprendendo inglês em relação àquelas que têm poucos (a estatística t de $AIAlta \times RAP$ na regressão (5) é 0,80/0,56 = 1,43). Finalmente, a regressão (6) mostra que o coeficiente estimado da razão aluno-professor não muda substancialmente quando a porcentagem de alunos que está aprendendo inglês (que é insignificante na regressão (3)) é excluída. Em suma, os resultados da regressão (3) não são sensíveis a mudanças na forma funcional e na especi-

TABELA 7.2 Estimativas de Regressões Múltiplas da Razão Aluno-Professor e Pontuação nos Exames: Dados de Massachusetts

Variável Dependente: Média da Pontuação Combinada nos Exames de Inglês, Matemática e Ciências na Diretoria Regional de Ensino; Quarta Série; 220 Observações.

Regressor	(1)	(2)	(3)	(4)	(5)	(6)
Razão aluno-professor (RAP)	−1,72** (0,50)	−0,69* (0,27)	−0,64* (0,27)	12,4 (14,0)	−1,02** (0,37)	−0,67* (0,27)
RAP^2				-0,680 (0,737)		
RAP^3				0,011 (0,013)		
% aprendendo inglês		−0,411 (0,306)	−0,437 (0,303)	−0,434 (0,300)		
% aprendendo inglês > mediana (Binária, $AIAlta$)					−12,6 (9,8)	
$AIAlta \times RAP$					0,80 (0,56)	
% com direito a almoço subsidiado		−0,521** (0,077)	−0,582** (0,097)	−0,587** (0,104)	−0,709** (0,091)	−0,653** (0,72)
Renda na diretoria (logaritmo)		16,53** (3,15)				
Renda na diretoria			−3,07 (2,35)	−3,38 (2,49)	−3,87* (2,49)	−3,22 (2,31)
Renda na diretoria²			0,164 (0,085)	0,174 (0,089)	0,184* (0,090)	0,165 (0,085)
Renda na diretoria³			−0,0022* (0,0010)	−0,0023* (0,0010)	−0,0023* (0,0010)	−0,0022* (0,0010)
Intercepto	739,6** (8,6)	682,4** (11,5)	744,0** (21,3)	665,5** (81,3)	759,9** (23,2)	747,4** (20,3)
Estatísticas F e Valores p Testando a Exclusão de Grupos de Variáveis						
Todas as variáveis RAP e as interações = 0				2,86 (0,038)	4,01 (0,020)	
RAP^2, RAP^3 = 0				0,45 (0,641)		
$Renda^2$, $Renda^3$			7,74 (< 0,001)	7,75 (< 0,001)	5,85 (0,003)	6,55 (0,002)
$AIAlta$, $AIAlta \times RAP$					1,58 (0,208)	
EPR	14,64	8,69	8,61	8,63	8,62	8,64
$\bar{R}^2$	0,063	0,670	0,676	0,675	0,675	0,674

Essas regressões foram estimadas utilizando dados sobre o ensino fundamental em diretorias regionais de ensino de Massachusetts descritos no Apêndice 7.1. Os erros padrão estão entre parênteses abaixo dos coeficientes; os valores p estão entre parênteses abaixo da estatística F. Os coeficientes individuais são estatisticamente significantes ao nível de *5 por cento ou ao nível de **1 por cento.

ficação consideradas nas regressões (4)-(6) da Tabela 7.2. Portanto, adotamos a regressão (3) como nossa estimativa de base do efeito de uma variação na razão aluno-professor sobre a pontuação nos exames com base nos dados de Massachusetts.

Comparação entre os resultados de Massachusetts e da Califórnia. Com relação aos dados da Califórnia, constatamos que:

a. A adição de variáveis que controlam características da situação do aluno reduziu o coeficiente da razão aluno-professor de –2,28 (veja a Tabela 5.2, regressão (1)) para –0,73 (veja a Tabela 6.2, regressão (2)), uma redução de 68 por cento.

b. A hipótese de que o verdadeiro coeficiente sobre a razão aluno-professor seja igual a zero foi rejeitada ao nível de significância de 1 por cento, mesmo após a adição de variáveis que controlam a situação do aluno e as características econômicas da diretoria.

c. O efeito de um corte na razão aluno-professor não dependeu de maneira significativa da porcentagem de alunos que está aprendendo inglês na diretoria.

d. Há alguma evidência de que a relação entre pontuação nos exames e razão aluno-professor seja não-linear.

Constatamos o mesmo para Massachusetts? Para os itens (a), (b) e (c), a resposta é sim. A inclusão de variáveis adicionais de controle reduziu o coeficiente da razão aluno-professor de –1,72 (Tabela 7.2, regressão (1)) para –0,69 (Tabela 7.2, regressão (2)), uma redução de 60 por cento. Os coeficientes da razão aluno-professor permanecem significantes após a adição de variáveis de controle. Nos dados de Massachusetts, esses coeficientes são significantes apenas ao nível de 5 por cento, ao passo que, nos dados da Califórnia, eles são significantes ao nível de 1 por cento. Contudo, o número de observações para os dados da Califórnia é praticamente o dobro, de modo que não é surpreendente que as estimativas para esse Estado sejam mais precisas. Assim como nos dados da Califórnia, não há evidência estatisticamente significante nos dados de Massachusetts de uma interação entre a razão aluno-professor e a variável binária que indica uma alta porcentagem de alunos aprendendo inglês na diretoria.

A constatação (d), entretanto, não é válida para os dados de Massachusetts: a hipótese de que a relação entre a razão aluno-professor e a pontuação nos exames é linear não pode ser rejeitada ao nível de significância de 5 por cento quando testada contra uma especificação cúbica.

Como os dois exames padronizados são diferentes, não é possível comparar os coeficientes diretamente: um ponto no exame de Massachusetts não é igual a um ponto no exame da Califórnia. Se, contudo, as pontuações nos exames forem expressas na mesma unidade, será possível comparar os efeitos estimados do tamanho da turma. Uma maneira de fazer isso é transformar as pontuações nos exames por meio de uma padronização: subtrair a média da amostra e dividir pelo desvio padrão de modo que elas tenham uma média igual a zero e uma variância igual a um. Os coeficientes de declividade na regressão com a pontuação nos exames transformada são iguais aos coeficientes de declividade na regressão original, divididos pelo desvio padrão da pontuação. Portanto, o coeficiente da razão aluno-professor, dividido pelo desvio padrão da pontuação nos exames, pode ser comparado nos dois conjuntos de dados.

A Tabela 7.3 apresenta essa comparação. A primeira coluna apresenta a estimativa de MQO do coeficiente da razão aluno-professor em uma regressão com a porcentagem de alunos que está aprendendo inglês, a porcentagem de alunos que tem direito a almoço subsidiado e a renda média na diretoria incluídas como variáveis de controle. A segunda coluna apresenta o desvio padrão da pontuação nos exames entre as diretorias. As duas últimas colunas apresentam o efeito estimado de uma redução da razão aluno-professor em dois alunos por professor (a proposta de nossa superintendente) sobre a pontuação nos exames — a primeira em unidades de pontuação e a segunda em unidades de desvio padrão. Na especificação linear, o coeficiente de MQO estimado utilizando os dados da Califórnia é –0,73, de modo que se estima que o corte da razão aluno-professor em dois aumente a pontuação nos exames na diretoria em $-0{,}73 \times (-2) = 1{,}46$ ponto. Como o desvio padrão da pontuação nos exames é 19,1 pontos, isso corresponde a $1{,}46/19{,}1 = 0{,}076$ desvios padrão da distribuição da pontuação nos exames entre as diretorias. O erro padrão dessa estimativa é $0{,}26 \times 2/19{,}1 = 0{,}027$. Os efeitos estimados para os modelos não-lineares e seus erros padrão foram calculados pelo método descrito na Seção 6.1.

TABELA 7.3 Razões Aluno-Professor e Pontuação nos Exames: Comparação das Estimativas para Califórnia e Massachusetts

	Estimativa de MQO $\hat{\beta}_{RAP}$	Desvio Padrão da Pontuação nos Exames entre Diretorias	Efeito Estimado da Redução de 2 Alunos por Professor em Unidades de: Pontuação dos Exames	Desvio Padrão
Califórnia				
Linear: Tabela 6.2(2)	−0,73 (0,26)	19,1	1,46 (0,52)	0,076 (0,027)
Cúbica: Tabela 6.2(7) *Reduzir RAP de 20 para 18*	—	19,1	2,93 (0,70)	0,153 (0,037)
Cúbica: Tabela 6.2(7) *Reduzir RAP de 22 para 20*	—	19,1	1,90 (0,69)	0,099 (0,036)
Massachusetts				
Linear: Tabela 7.2(3)	−0,64 (0,27)	15,1	1,28 (0,54)	0,085 (0,036)

Os erros padrão estão entre parênteses.

Com base no modelo linear utilizando dados da Califórnia, estima-se que uma redução de dois alunos por professor aumente a pontuação nos exames em 0,076 unidade de desvio padrão, com um erro padrão de 0,027. Os modelos não-lineares para os dados da Califórnia sugerem um efeito um pouco maior; o efeito específico depende da razão aluno-professor inicial. Com base nos dados de Massachusetts, esse efeito estimado é de 0,085 unidade de desvio padrão, com um erro padrão de 0,036.

Essas estimativas são essencialmente as mesmas. É previsto que o corte da razão aluno-professor aumente a pontuação nos exames, porém a melhoria prevista é pequena. Nos dados da Califórnia, por exemplo, a diferença da pontuação nos exames entre a diretoria mediana e a diretoria no 75º percentil é de 12,2 pontos no exame (veja a Tabela 4.1), ou 0,64 (= 12,2/19,1) desvios padrão. O efeito estimado pelo modelo linear é pouco mais de um décimo disso; em outras palavras, de acordo com essa estimativa, o corte da razão aluno-professor em dois faria com que uma diretoria movesse somente um décimo do caminho da mediana para o 75º percentil da distribuição da pontuação nos exames entre as diretorias. A redução da razão aluno-professor em dois é uma mudança grande para uma diretoria, mas os benefícios estimados mostrados na Tabela 7.3, apesar de não serem nulos, são pequenos.

A análise dos dados de Massachusetts sugere que os resultados da Califórnia são válidos externamente, pelo menos quando generalizados para o ensino fundamental em diretorias regionais de ensino de outras partes dos Estados Unidos.

Validade Interna

A semelhança entre os resultados para a Califórnia e para Massachusetts não garante sua validade *interna*. Na Seção 7.2, enumeramos cinco ameaças possíveis para a validade interna que poderiam induzir um viés no efeito estimado do tamanho da turma sobre a pontuação nos exames. Consideramos agora cada uma dessas ameaças.

Variáveis omitidas. As regressões múltiplas apresentadas neste capítulo e nos anteriores controlam uma característica do aluno (porcentagem aprendendo inglês), uma característica econômica familiar (porcentagem de alunos com direito a almoço subsidiado) e uma medida mais ampla da riqueza na diretoria (renda média na diretoria).

Variáveis possíveis omitidas, tais como outras características da escola e do aluno, continuam omitidas e isso pode provocar um viés de variável omitida. Por exemplo, se a razão aluno-professor estiver correlacionada com a qualificação do professor (talvez porque os melhores professores são atraídos para escolas com razões aluno-professor menores) e a qualidade do professor afetar a pontuação nos exames, a omissão da qualidade do professor poderá tornar o coeficiente da razão aluno-professor viesado. Da mesma forma, diretorias com uma razão aluno-professor baixa também podem oferecer várias oportunidades de aprendizado extracurricular. Além disso, as diretorias com uma razão aluno-professor baixa podem atrair famílias mais comprometidas com a melhora do aprendizado de seus filhos em casa. Esses fatores omitidos podem levar a um viés de variável omitida.

Uma forma de eliminar o viés de omissão de variáveis — pelo menos na teoria — é conduzir um experimento. Por exemplo, alunos poderiam ser designados aleatoriamente para turmas de tamanhos diferentes e seu desempenho posterior em exames padronizados poderia ser comparado. Tal estudo foi na verdade conduzido no Estado do Tennessee; vamos examiná-lo no Capítulo 11.

Forma funcional. A análise feita aqui e no Capítulo 6 explorou diversas formas funcionais. Observamos que algumas das possíveis não-linearidades investigadas não eram estatisticamente significantes, ao passo que aquelas que eram não alteravam substancialmente o efeito estimado de uma redução na razão aluno-professor. Embora seja possível conduzir análises adicionais de forma funcional, isso sugere que os principais resultados desses estudos provavelmente não são sensíveis a especificações diferentes de regressão não-linear.

Erros nas variáveis. A razão aluno-professor média na diretoria é uma medida ampla e potencialmente imprecisa do tamanho da turma. Por exemplo, como os alunos trocam continuamente de diretoria, pode ser que a razão aluno-professor não represente com precisão os tamanhos efetivos de turma experimentados pelos alunos que se submetem ao exame, o que por sua vez poderia levar o efeito estimado do tamanho da turma a um viés em direção a zero. Outra variável com erro de medida potencial é a renda média na diretoria. Esses dados foram obtidos do censo de 1990, ao passo que os outros dados são de 1998 (Massachusetts) ou 1999 (Califórnia). Se a composição econômica da diretoria tivesse mudado substancialmente ao longo da década de 1990, essa seria uma medida imprecisa da verdadeira renda média na diretoria.

Seleção. Os dados da Califórnia e de Massachusetts cobrem todo o ensino público fundamental nas diretorias regionais de ensino do Estado que satisfazem a restrições de tamanho mínimo, de modo que não há motivo para acreditar que a seleção da amostra seja um problema nesse caso.

Casualidade simultânea. A casualidade simultânea surgiria se o desempenho nos exames padronizados afetasse a razão aluno-professor. Isso poderia ocorrer, por exemplo, se houvesse um mecanismo burocrático ou político para aumentar a alocação de fundos para diretorias ou escolas com desempenho fraco, que por sua vez resultaria na contratação de mais professores. Em Massachusetts não havia tal mecanismo para equalização da alocação de fundos a escolas na época desses exames. Na Califórnia, uma série de ações legais levou a alguma equalização da alocação de fundos, porém essa redistribuição de fundos não se baseou no desempenho dos alunos. Portanto, a casualidade simultânea não parece ser um problema nem em Massachusetts nem na Califórnia.

Heteroscedasticidade e correlação do termo de erro entre observações. Todos os resultados relatados aqui e nos capítulos anteriores utilizam erros padrão robustos quanto à heteroscedasticidade, de modo que a heteroscedasticidade não ameaça a validade interna. A correlação do termo de erro entre as observações, contudo, poderia ameaçar a consistência dos erros padrão, uma vez que não foi utilizada uma amostragem aleatória simples (a amostra consiste de todo o ensino fundamental nas diretorias regionais de ensino do Estado). Embora haja fórmulas alternativas de erro padrão que poderiam ser aplicadas a essa situação, os detalhes são complicados e especializados e por isso sua discussão será deixada para textos mais avançados.

Discussão e Implicações

A semelhança entre os resultados para a Califórnia e para Massachusetts sugere que esses estudos são válidos externamente, no sentido de que os principais resultados podem ser generalizados para o desempenho em exames padronizados no ensino fundamental em outras diretorias regionais de ensino dos Estados Unidos.

Algumas das principais ameaças potenciais à validade interna foram atacadas pelo controle da situação do aluno, da situação econômica familiar e da riqueza na diretoria por meio da procura por não-linearidades na função de regressão. Mesmo assim, algumas ameaças potenciais à validade interna persistem. O principal candidato é o viés de omissão de variáveis, que talvez surja pelo fato de as variáveis de controle não captarem outras características das diretorias regionais de ensino ou as oportunidades de aprendizado extracurricular.

Tomando como base os dados da Califórnia e de Massachusetts, estamos capacitados para responder à pergunta feita pela superintendente no Capítulo 4.1: após controlar a situação econômica da família, as características do aluno e a riqueza na diretoria e modelar as não-linearidades na função de regressão, prevê-se que o corte da razão aluno-professor em dois alunos por professor aumente a pontuação nos exames em aproximadamente 0,08 desvios padrão da distribuição da pontuação nos exames entre as diretorias. Esse efeito, embora estatisticamente significante, é muito pequeno. Esse pequeno efeito estimado é consistente com os resultados dos vários estudos que investigaram os efeitos de reduções no tamanho da turma sobre a pontuação nos exames.[4]

A superintendente pode agora utilizar essa estimativa para ajudá-la na decisão de reduzir ou não o tamanho das turmas. Ao tomar essa decisão, ela deverá pesar os custos e os benefícios da redução proposta. Os custos incluem salários dos professores e despesas com salas de aula adicionais. Os benefícios incluem melhor desempenho acadêmico, que medimos pelo desempenho em exames padronizados, mas há outros benefícios potenciais que não estudamos, como menor taxa de evasão escolar e melhores salários no futuro. O efeito estimado da proposta sobre o desempenho nos exames padronizados é um insumo importante para o cálculo de custos e benefícios.

7.4 Conclusão

Os conceitos de validade interna e validade externa fornecem uma estrutura para avaliar o que aprendemos em um estudo econométrico.

Um estudo baseado em regressão múltipla é válido internamente se os coeficientes estimados são não viesados e consistentes e se os erros padrão são consistentes. Ameaças à validade interna de tal estudo incluem variáveis omitidas, erro de especificação da forma funcional (não-linearidades), medida imprecisa das variáveis independentes (erros nas variáveis), seleção da amostra e causalidade simultânea. Cada uma delas introduz uma correlação entre o regressor e o termo de erro, que por sua vez torna o estimador de MQO viesado e inconsistente. Se os erros são correlacionados ao longo das observações — como podem ser para dados de séries temporais — ou são heteroscedásticos, mas os desvios padrão são calculados utilizando a fórmula somente homoscedástica, então a validade interna fica comprometida em virtude da inconsistência dos desvios padrão. Esse último grupo de problemas pode ser resolvido pelo cálculo apropriado dos desvios padrão.

Um estudo que utiliza a análise de regressão, assim como qualquer estudo estatístico, é válido externamente se os seus resultados podem ser generalizados além da população e do cenário estudados. Algumas vezes a comparação de dois ou mais estudos sobre o mesmo tópico pode ajudar. Independentemente da existência de dois ou mais desses estudos, contudo, a avaliação da validade externa requer um julgamento sobre as semelhanças da população e do cenário estudados com a população e o cenário para os quais os resultados estão sendo generalizados.

As próximas duas partes deste livro desenvolvem formas de eliminar as ameaças que comprometem a validade interna que não podem ser diminuídas somente pela análise de regressão múltipla. A Parte 3 estende o modelo de regressão múltipla em caminhos projetados para diminuir as cinco fontes potenciais de viés no estimador de MQO; a Parte 3 também discute os experimentos controlados aleatórios, um enfoque diferente para obter validade interna. A Parte 4 desenvolve métodos para a análise de dados de séries temporais e para a utilização desses dados na estimativa dos chamados efeitos causais dinâmicos, que variam ao longo do tempo.

---

[4] Se você estiver interessado em aprender mais sobre a relação entre tamanho da turma e pontuação nos exames, veja as resenhas de Ehrenberg, Brewer, Gamoran e Willms (2001a, 2001b).

Resumo

1. Estudos estatísticos são avaliados verificando-se se a análise é válida interna e externamente. Um estudo é válido internamente se as inferências estatísticas sobre os efeitos causais são válidas para a população estudada. Um estudo é válido externamente se as suas inferências e conclusões podem ser generalizadas com base na população e no cenário estudados para outras populações e cenários.
2. Na análise de regressão, há duas ameaças principais à validade interna. Em primeiro lugar, os estimadores de MQO são inconsistentes se os regressores e os termos de erro são correlacionados. Em segundo lugar, intervalos de confiança e testes de hipótese não são válidos quando os erros padrão são incorretos.
3. Os regressores e os termos de erro podem ser correlacionados quando há variáveis omitidas, uma forma funcional incorreta, um ou mais regressores medidos com erro, a amostra escolhida de forma não aleatória com base na população ou causalidade simultânea entre regressores e variáveis dependentes.
4. Os erros padrão são incorretos quando os erros são heteroscedásticos e o pacote econométrico utiliza os erros padrão somente homoscedásticos, ou quando o termo de erro é correlacionado ao longo de diversas observações.

Termos-chave

população estudada (164)
população de interesse (164)
validade interna (165)
validade externa (165)
erro de especificação da forma funcional (168)
viés de erros nas variáveis (168)
viés de seleção da amostra (170)
viés de causalidade simultânea (170)
viés de equações simultâneas (171)

Revisão dos Conceitos

7.1 Qual é a diferença entre validade interna e externa? E entre população estudada e população de interesse?

7.2 O Conceito-Chave 7.2 descreve o problema de seleção de variáveis em termos de um dilema entre viés e variância. Em que consiste esse dilema? Por que a inclusão de um regressor adicional poderia diminuir o viés? E aumentar a variância?

7.3 Variáveis econômicas freqüentemente são medidas com erro. Isso significa que a análise de regressão não é confiável? Explique.

7.4 Suponha que um Estado ofereça exames padronizados voluntários a todos os alunos da terceira série e que os dados sejam utilizados em um estudo do efeito do tamanho da turma sobre o desempenho dos alunos. Explique como o viés de seleção da amostra pode invalidar os resultados.

7.5 Um pesquisador estima o efeito de gastos com polícia sobre a taxa de criminalidade utilizando dados a nível municipal. Explique como a causalidade simultânea pode invalidar os resultados.

7.6 Um pesquisador estima uma regressão utilizando dois pacotes econométricos diferentes. O primeiro utiliza a fórmula para erros padrão somente homoscedásticos. O segundo utiliza a fórmula robusta quanto à heteroscedasticidade. Os erros padrão são muito diferentes. Qual deles você deve utilizar? Por quê?

Exercícios

*7.1 Suponha que você tenha acabado de ler um estudo estatístico minucioso do efeito da publicidade sobre a demanda por cigarros. Utilizando dados de Nova York durante a década de 1970, o estudo concluiu que a publicidade nos ônibus e no metrô era mais eficiente do que a publicidade nos veículos impressos. Utilize o conceito de validade externa para determinar se esses resultados podem ser aplicados a Boston na década de 1970, a Los Angeles na década de 1970 e a Nova York em 2002.

7.2 Considere o modelo de regressão com uma variável: $Y_i = \beta_0 + \beta_1 X_i + u_i$, e suponha que ele satisfaça a hipótese no Conceito-Chave 4.3. Suponha que Y_i seja medido com erro, de modo que os dados sejam $\widetilde{Y}_i = Y_i + w_i$, onde w_i é o erro de medida que é i.i.d. e independente de Y_i e X_i. Considere a regressão da população $\widetilde{Y}_i = \beta_0 + \beta_1 X_i + v_i$, onde v_i é o erro da regressão utilizando a variável dependente com erro de medida $\widetilde{Y}_i$.

a. Mostre que $v_i = u_i + w_i$.

b. Mostre que a regressão $\widetilde{Y}_i = \beta_0 + \beta_1 X_i + v_i$ satisfaz as hipóteses do Conceito-Chave 4.3. (Suponha que w_i seja independente de Y_j e X_j para todos os valores de i e j e possua um quarto momento finito.)

c. Os estimadores de MQO são consistentes?

d. É possível construir intervalos de confiança da forma habitual?

e. Avalie a afirmação: "Erro de medida em X é um problema sério. Erro de medida em Y, não".

7.3 Pesquisadores da área de economia do trabalho estudaram os determinantes do salário das mulheres e descobriram um quebra-cabeça empírico intrigante. Utilizando mulheres empregadas selecionadas aleatoriamente, eles regrediram o salário sobre o número de filhos das mulheres e um conjunto de variáveis de controle (idade, instrução, ocupação etc.). Eles descobriram que mulheres com mais filhos tinham salários maiores, mantendo o controle dos outros fatores. Explique como a seleção da amostra pode ser a causa desse resultado (*Dica*: Observe que a amostra inclui apenas mulheres que estão trabalhando.) (Esse quebra-cabeça empírico motivou a pesquisa de James Heckman sobre seleção da amostra que lhe conferiu o Prêmio Nobel de Economia em 2000.)

APÊNDICE 7.1 Dados de Exames no Ensino Fundamental de Massachusetts

Os dados de Massachusetts para o ensino público fundamental em diretorias regionais de ensino são médias de diretorias em 1998. A pontuação nos exames é extraída do Massachusetts Comprehensive Assessment System (MCAS), um exame aplicado a todos os alunos da quarta série das escolas públicas de Massachusetts no segundo bimestre de 1988. O exame é patrocinado pela Secretaria de Educação de Massachusetts e é obrigatório para todas as escolas públicas. Os dados analisados aqui são a pontuação total global, que é a soma das pontuações nas disciplinas de inglês, matemática e ciências que compõem o exame.

Os dados sobre a razão aluno-professor, a porcentagem de alunos com direito a almoço subsidiado e a porcentagem de alunos que ainda está aprendendo inglês são médias para o ensino fundamental em cada diretoria regional de ensino durante o ano escolar 1997-1998 e foram obtidos da Secretaria de Educação de Massachusetts. Os dados sobre a renda média na diretoria foram obtidos do censo dos Estados Unidos de 1990.

PARTE TRÊS

Tópicos Adicionais em Análise de Regressão

CAPÍTULO 8 *Regressão com Dados de Painel*

CAPÍTULO 9 *Regressão com uma Variável Dependente Binária*

CAPÍTULO 10 *Regressão de Variáveis Instrumentais*

CAPÍTULO 11 *Experimentos e Quase-Experimentos*

CAPÍTULO 8

Regressão com Dados de Painel

A regressão múltipla é uma ferramenta poderosa para o controle do efeito de variáveis para as quais dispomos de dados. Se os dados não estão disponíveis para algumas das variáveis, contudo, elas não podem ser incluídas na regressão e os estimadores de MQO dos coeficientes da regressão poderiam ter um viés de omissão de variáveis.

Este capítulo descreve um método para o controle de alguns tipos de variáveis omitidas sem observá-las de fato. Esse método requer um tipo específico de dados, conhecidos como dados de painel, em que cada unidade de observação, ou entidade, é observada em dois ou mais períodos de tempo. Pelo estudo de *variações* na variável dependente ao longo do tempo, é possível eliminar o efeito das variáveis omitidas que diferem entre as entidades, mas são constantes ao longo do tempo.

A aplicação empírica deste capítulo diz respeito a motoristas embriagados: quais são os efeitos dos impostos sobre bebidas alcoólicas e das leis que punem motoristas embriagados pelas mortes no trânsito? Respondemos a essa pergunta com a utilização de dados sobre mortes no trânsito, impostos sobre bebidas alcoólicas, leis que punem motoristas embriagados e variáveis relacionadas para os 48 estados contíguos dos Estados Unidos e para cada um dos sete anos de 1982 a 1988. Essa base de dados de painel nos permite controlar variáveis não observadas que diferem de um Estado para o outro, tais como atitudes culturais predominantes quanto a beber e dirigir, mas que não variam ao longo do tempo. Ele também nos permite controlar variáveis que se alteram ao longo do tempo, como melhorias na segurança de carros novos, mas que não variam entre os estados.

Na Seção 8.1, tivemos acesso à estrutura dos dados de painel e à base de dados sobre motoristas embriagados. A regressão com efeitos fixos, a principal ferramenta para análise de regressão de dados de painel, é uma extensão da regressão múltipla que explora dados de painel para o controle de variáveis que diferem entre entidades, mas são constantes ao longo do tempo. A regressão com efeitos fixos será apresentada nas seções 8.2 e 8.3, primeiro para o caso de apenas dois períodos de tempo e então para múltiplos períodos de tempo. Na Seção 8.4, esses métodos serão estendidos para incorporar os chamados efeitos fixos temporais, que controlam variáveis não observadas que são constantes entre entidades, mas variam ao longo do tempo. Na Seção 8.5, utilizaremos esses métodos para estudar o efeito dos impostos sobre bebidas alcoólicas e das leis que punem motoristas embriagados pelas mortes no trânsito.

8.1 Dados de Painel

Na Seção 1.3, você aprendeu que **dados de painel** (também chamados de dados longitudinais) referem-se a dados de n entidades diferentes observadas em T períodos de tempo diferentes. Os dados sobre mortes no trânsito por Estado examinados neste capítulo são dados de painel. Eles referem-se a $n = 48$ entidades (estados), nos quais cada entidade é observada em $T = 7$ períodos de tempo (cada um dos anos 1982, ..., 1988), para um total de $7 \times 48 = 336$ observações.

Na descrição de dados de corte foi útil utilizar um subscrito para representar a entidade; por exemplo, Y_i referia-se à variável Y para a i-ésima entidade. Ao descrevermos dados de painel, precisamos de uma notação adicional para que possamos acompanhar tanto a entidade quanto o período de tempo. Isso é feito pela utilização de dois subscritos em vez de um: o primeiro, i, refere-se à entidade, e o segundo, t, refere-se ao período de tempo da observação. Portanto, Y_{it} representa a variável Y observada para a i-ésima das n entidades no t-ésimo dos T períodos. Essa notação está resumida no Conceito-Chave 8.1.

Conceito-Chave 8.1

Notação para Dados de Painel

Dados de painel consistem de observações das mesmas n entidades para dois ou mais períodos de tempo T. Se a base de dados contém observações sobre as variáveis X e Y, os dados são representados como

$$(X_{it}, Y_{it}),\ i = 1, ..., n \text{ e } t = 1, ..., T, \tag{8.1}$$

onde o primeiro subscrito, i, refere-se à entidade em observação e o segundo subscrito, t, refere-se à data em que ela foi observada.

Uma terminologia adicional associada a dados de painel descreve se faltam algumas observações. Um **painel equilibrado*** inclui todas as suas observações, isto é, as variáveis são observadas para cada entidade e cada período de tempo. Um painel com falta de dados em pelo menos um período de tempo para pelo menos uma entidade é chamado de **painel desequilibrado**. A base de dados sobre mortes no trânsito inclui observações para todos os 48 estados dos Estados Unidos para todos os sete anos, de modo que é equilibrada. Se, contudo, faltassem dados (por exemplo, se não tivéssemos dados sobre mortes para alguns estados em 1983), a base de dados seria desequilibrada. Os métodos apresentados neste capítulo são descritos para um painel equilibrado; contudo, todos esses métodos podem ser utilizados em um painel desequilibrado. Na prática, porém, a forma precisa de se fazer isso depende do pacote de regressão que está sendo utilizado.

Exemplo: Mortes no Trânsito e Imposto sobre Bebidas Alcoólicas

A cada ano ocorrem aproximadamente 40 mil mortes no trânsito nas vias expressas dos Estados Unidos. Cerca de um terço desses acidentes fatais envolve um motorista embriagado e essa proporção aumenta durante períodos de pico de consumo de álcool. Um estudo (Levitt e Porter, 2001) estima que 25 por cento dos motoristas que estão na direção entre 1 e 3 horas da manhã consumiram bebidas alcoólicas, e que a probabilidade de um motorista considerado bêbado pela lei provocar um acidente fatal é no mínimo 13 vezes maior do que a de um motorista que não bebeu.

Neste capítulo, estudamos o grau em que as diversas políticas governamentais planejadas para desestimular motoristas embriagados são eficazes nos casos de mortes no trânsito. A base de dados de painel contém variáveis referentes a mortes no trânsito e ao consumo de álcool, incluindo o número de mortes no trânsito em cada estado para cada ano, o tipo de leis que punem motoristas embriagados em cada estado para cada ano e o imposto da cerveja em cada estado. A medida para mortes no trânsito que utilizamos é a taxa de mortalidade, que é o número anual de mortes no trânsito por 10.000 habitantes do estado. A medida para impostos sobre bebidas alcoólicas que utilizamos é o imposto "real" sobre uma caixa de cervejas, que é o imposto da cerveja expresso em dólares de 1988, corrigidos pela inflação.[1] O Apêndice 8.1 descreve os dados de maneira mais detalhada.

* Do original *balanced panel*. Traduzimos também a seguir *unbalanced panel* como *painel desequilibrado*. A definição do autor é semelhante à de Fumio Hayashi em seu livro *Econometrics* (Princeton University Press, 2000), no qual *balanced panel* é aquele em que "o número de observações para cada unidade de dados de corte é o mesmo" (p. 337), enquanto *unbalanced panel* ocorre quando entidades entram e saem do banco de dados ao longo do tempo. Alguns econometristas consideram os termos *balanced panel* e *unbalanced panel* como sinônimos de, respectivamente, *painel homogêneo* e *painel heterogêneo*. Nos diversos livros-texto consultados, não encontramos a equivalência entre os termos mencionados. Badi H. Baltagi, em seu livro *Econometric Analysis of Panel Data – Second Edition* (Wiley, 2001), fornece, na p. 198 e nas seguintes, a definição de *painel homogêneo* como aquele em que os coeficientes da regressão *não variam* entre as entidades, ao passo que o *painel heterogêneo* é aquele em que os coeficientes da regressão *variam* entre as entidades. Os termos são, portanto, conceitualmente diferentes de *balanced panel* e *unbalanced panel* citados neste capítulo e, por isso, preferimos cunhar os termos *painel equilibrado* e *painel desequilibrado* para uso neste livro (N. do R.T.).

1 Para permitir a comparação de impostos ao longo do tempo, eles são expressos em "dólares de 1988" por meio da utilização do Índice de Preços ao Consumidor (IPC). Por exemplo, em razão da inflação, um imposto de US$ 1 em 1982 corresponde a um imposto de US$ 1,23 em dólares de 1988.

A Figura 8.1a é um diagrama de dispersão dos dados de 1982 para duas dessas variáveis, a taxa de mortalidade e o imposto real sobre uma caixa de cervejas. Um ponto nesse gráfico representa a taxa de mortalidade em 1982 e o imposto real da cerveja nesse ano para determinado Estado. A reta de regressão de MQO obtida regredindo a taxa de mortalidade contra o imposto real da cerveja também é mostrada na figura: a reta de regressão estimada é

$$\widehat{TaxaMortalidade} = \underset{(0,15)}{2,01} + \underset{(0,13)}{0,15}ImpostoCerveja \text{ (dados de 1982)} \quad (8.2)$$

O coeficiente do imposto real da cerveja é positivo, porém não é estatisticamente significante ao nível de 10 por cento.

Como temos dados para mais de um ano, podemos examinar novamente essa relação para outro ano. Isso é feito na Figura 8.1b, que é o mesmo diagrama de dispersão anterior, com a diferença de que neste foram usados dados de 1988. A reta de regressão de MQO por meio desses dados é

$$\widehat{TaxaMortalidade} = \underset{(0,11)}{1,86} + \underset{(0,13)}{0,44}ImpostoCerveja \text{ (dados de 1988).} \quad (8.3)$$

FIGURA 8.1 A Taxa de Mortalidade no Trânsito e o Imposto da Cerveja

A figura *a* é um diagrama de dispersão das taxas de mortalidade no trânsito e o imposto real sobre uma caixa de cervejas (em dólares de 1988) para 48 estados em 1982.
A figura *b* mostra os dados para 1988. Os dois gráficos mostram uma relação positiva entre a taxa de mortalidade e o imposto real da cerveja.

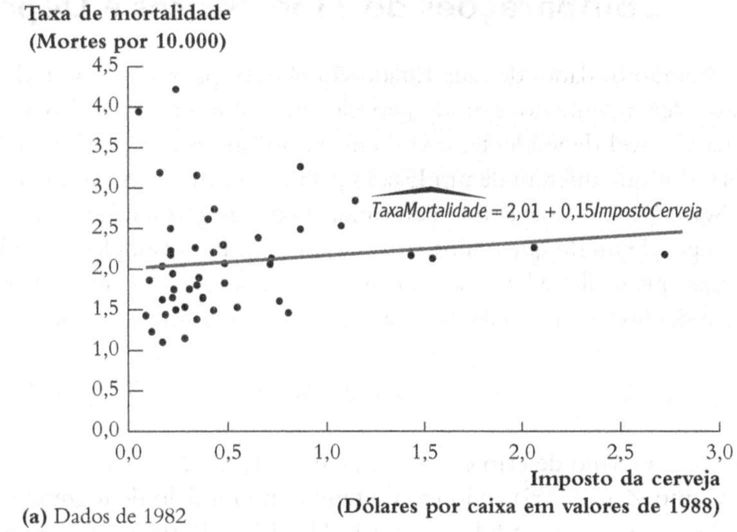

(a) Dados de 1982

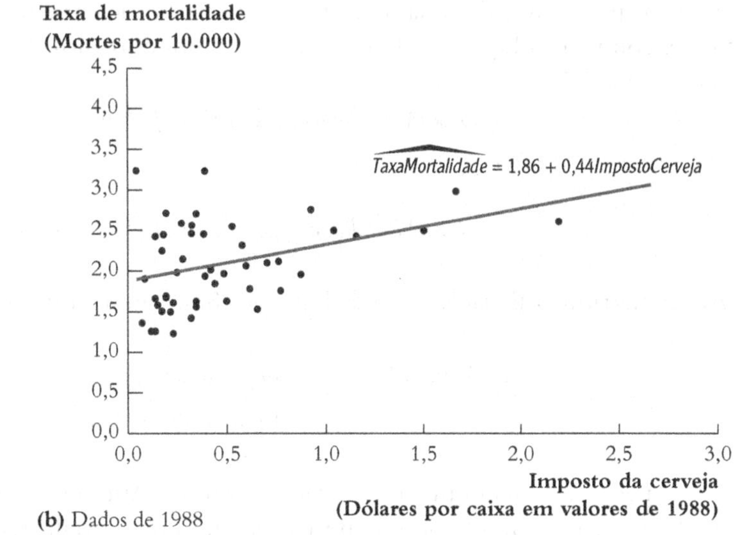

(b) Dados de 1988

Em contraste com a regressão para dados de 1982, o coeficiente do imposto real da cerveja é estatisticamente significante ao nível de 1 por cento (a estatística t é de 3,43). Curiosamente, o coeficiente estimado para os dados de 1982 e 1988 é *positivo*: literalmente, um imposto real da cerveja mais alto está associado a *mais*, e não a menos, mortes no trânsito.

Deveríamos concluir que um aumento no imposto da cerveja leva a mais mortes no trânsito? Não necessariamente, uma vez que essas regressões poderiam ter um considerável viés de variável omitida. Muitos fatores influenciam a taxa de mortalidade, incluindo a qualidade da frota de automóveis no Estado, a conservação das estradas no Estado, a concentração do tráfego na área rural ou na área urbana, o volume de carros nas estradas e a aceitação social relativa à direção após o consumo de álcool. Quaisquer desses fatores podem estar correlacionados a impostos sobre bebidas alcoólicas; se for esse o caso, eles levarão a um viés de variável omitida. Um enfoque para essas fontes potenciais de viés de variável omitida seria coletar dados sobre todas essas variáveis e incluí-las nas regressões de dados de corte anuais das equações (8.2) e (8.3). Infelizmente, algumas dessas variáveis, como a aceitação cultural relativa à direção após o consumo de álcool, podem ser muito difíceis ou mesmo impossíveis de medir.

Contudo, quando esses fatores permanecem constantes ao longo do tempo em dado Estado, há outro caminho disponível. Como temos dados de painel, podemos na realidade manter esses fatores constantes, mesmo que não possamos medi-los. Para isso, utilizamos a regressão de MQO com efeitos fixos.

8.2 Dados de Painel com Dois Períodos de Tempo: Comparações do Tipo "Antes e Depois"

Quando os dados de cada Estado são obtidos para $T = 2$ períodos de tempo, é possível comparar valores da variável dependente no segundo período com valores no primeiro período. Quando nos concentramos nas *variações* na variável dependente, essa comparação "antes e depois" na realidade mantém constantes os fatores não observados que diferem de um Estado para outro, mas não variam ao longo do tempo dentro do Estado.

Seja Z_i uma variável que determina a taxa de mortalidade no i-ésimo Estado, mas que não varia ao longo do tempo (de modo que o subscrito t é omitido). Por exemplo, Z_i pode ser a atitude cultural local quanto a beber e dirigir, que se altera lentamente e, portanto, poderia ser considerada constante entre 1982 e 1988. Dessa forma, a regressão linear da população que relaciona Z_i e o imposto real da cerveja à taxa de mortalidade é

$$TaxaMortalidade_{it} = \beta_0 + \beta_1 ImpostoCerveja_{it} + \beta_2 Z_i + u_{it}, \tag{8.4}$$

onde u_{it} é o termo de erro e $i = 1, ..., n$ e $t = 1, ..., T$.

Como Z_i não varia ao longo do tempo, no modelo de regressão da Equação (8.4), não produzirá nenhuma *variação* na taxa de mortalidade entre 1982 e 1988. Portanto, nesse modelo de regressão, a influência de Z_i pode ser eliminada pela análise da variação na taxa de mortalidade entre os dois períodos. Para visualizar isso matematicamente, considere a Equação (8.4) para cada um dos dois anos, 1982 e 1988:

$$TaxaMortalidade_{i1982} = \beta_0 + \beta_1 ImpostoCerveja_{i1982} + \beta_2 Z_i + u_{i1982}, \tag{8.5}$$

$$TaxaMortalidade_{i1988} = \beta_0 + \beta_1 ImpostoCerveja_{i1988} + \beta_2 Z_i + u_{i1988}. \tag{8.6}$$

Ao subtrairmos a Equação (8.5) da Equação (8.6), eliminamos o efeito de Z_i:

$$\begin{aligned} &TaxaMortalidade_{i1988} - ImpostoCerveja_{i1982} \\ &\quad = \beta_1(ImpostoCerveja_{i1988} - ImpostoCerveja_{i1982}) + u_{i1988} - u_{i1982}. \end{aligned} \tag{8.7}$$

Essa especificação tem uma interpretação intuitiva. Atitudes culturais quanto a beber e dirigir influenciam o nível de motoristas embriagados e, portanto, a taxa de mortalidade no trânsito em um Estado. Se, contudo, essas atitudes não se alteraram entre 1982 e 1988, elas não produziram nenhuma *variação* nas mortes no Estado. Certamente, qualquer variação nas mortes no trânsito deve ter surgido de outras fontes. Na Equação (8.7), essas outras fontes são variações no imposto da cerveja ou variações no termo de erro (que capta variações em outros fatores que determinam as mortes no trânsito).

A especificação da regressão em variações na Equação (8.7) elimina o efeito das variáveis não observadas Z_i que são constantes ao longo do tempo. Em outras palavras, a análise de variações em Y e X tem o efeito de controlar variáveis que permanecem constantes ao longo do tempo, eliminando assim essa fonte de viés de variável omitida.

A Figura 8.2 apresenta um diagrama de dispersão da *variação* na taxa de mortalidade entre 1982 e 1988 contra a *variação* no imposto real da cerveja entre 1982 e 1988 para os 48 estados em nossa base de dados. Um ponto na Figura 8.2 representa a variação na taxa de mortalidade e a variação no imposto real da cerveja entre 1982 e 1988 para dado Estado. A reta de regressão de MQO, estimada com a utilização desses dados e mostrada na figura, é

$$\begin{aligned}\widehat{TaxaMortalidade_{1988} - TaxaMortalidade_{1982}} \\ = \underset{(0,065)}{-0,072} - \underset{(0,36)}{1,04}(ImpostoCerveja_{1988} - ImpostoCerveja_{1982}),\end{aligned} \qquad (8.8)$$

onde a inclusão de um intercepto permite que a variação da média na taxa de mortalidade, na ausência de uma variação no imposto real da cerveja, seja diferente de zero.

Em contraste com os resultados da regressão com dados de corte, o efeito estimado de uma variação no imposto real da cerveja é negativo, conforme previsto pela teoria econômica. A hipótese de que o coeficiente de declividade da população é zero é rejeitada ao nível de significância de 5 por cento. De acordo com esse coeficiente estimado, um aumento do imposto real da cerveja de US$ 1 por caixa reduz a taxa de mortalidade no trânsito em 1,04 morte por 10 mil pessoas. Esse efeito estimado é muito grande: a taxa média de mortalidade é de aproximadamente dois nesses dados (isto é, duas mortes ao ano por 10 mil membros da população), de modo que a estimativa sugere que as mortes no trânsito podem diminuir pela metade simplesmente com o aumento do imposto real da cerveja de US$ 1 por caixa.

Ao examinar as variações na taxa de mortalidade ao longo do tempo, a regressão na Equação (8.8) controla fatores fixos, tais como atitudes culturais quanto a beber e dirigir. Porém, existem muitos fatores que influen-

FIGURA 8.2 Variações nas Taxas de Mortalidade e nos Impostos da Cerveja 1982–1988

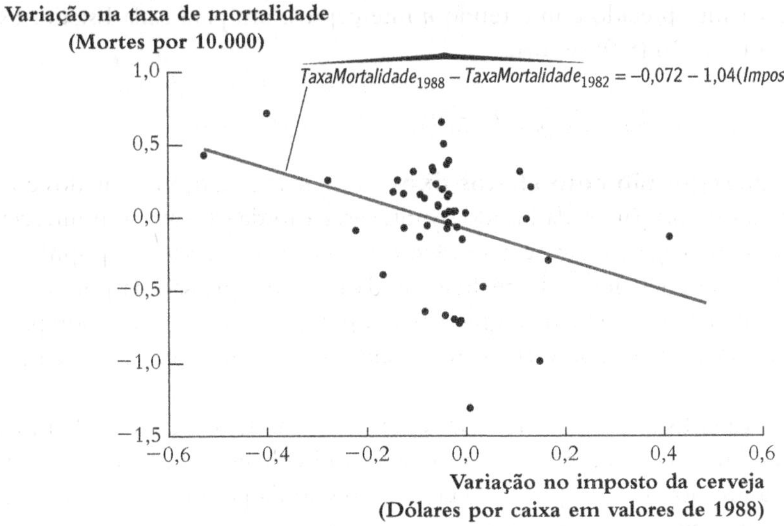

Esse é um diagrama de dispersão da *variação* na taxa de mortalidade no trânsito e da *variação* nos impostos reais sobre cervejas entre 1982 e 1988 para 48 estados. Há uma relação negativa entre variações na taxa de mortalidade e variações no imposto da cerveja.

ciam a segurança no trânsito e, se eles variarem ao longo do tempo e forem correlacionados com o imposto real da cerveja, sua omissão produzirá um viés de variável omitida. Na Seção 8.5, conduzimos uma análise mais detalhada que controla vários fatores como esse, de modo que o melhor por ora é não tirar quaisquer conclusões importantes sobre o efeito que os impostos reais sobre cerveja exercem sobre as mortes no trânsito.

Essa análise do tipo "antes e depois" funciona quando os dados são observados em dois anos diferentes. Contudo, nossa base de dados contém observações para sete anos diferentes, e parece uma tolice descartar esses dados adicionais potencialmente úteis. Porém, o método do tipo "antes e depois" não se aplica diretamente quando $T > 2$. Para analisarmos todas as observações de nossa base de dados de painel, utilizamos o método de regressão com efeitos fixos.

8.3 Regressão com Efeitos Fixos

A regressão com efeitos fixos é um método para controlar variáveis omitidas em dados de painel quando elas variam entre entidades (estados), mas não ao longo do tempo. Diferentemente das comparações do tipo "antes e depois" da Seção 8.2, a regressão com efeitos fixos pode ser utilizada quando há duas ou mais observações temporais para cada entidade.

O modelo de regressão com efeitos fixos tem n interceptos diferentes, um para cada entidade. Esses interceptos podem ser representados por um conjunto de variáveis binárias (ou indicadores). Essas variáveis absorvem as influências de todas as variáveis omitidas que diferem de uma entidade para outra, mas são constantes ao longo do tempo.

O Modelo de Regressão com Efeitos Fixos

Considere o modelo de regressão da Equação (8.4) com a variável dependente (*TaxaMortalidade*) e o regressor observado (*ImpostoCerveja*) representados por Y_{it} e X_{it}:

$$Y_{it} = \beta_0 + \beta_1 X_{it} + \beta_2 Z_i + u_{it}, \tag{8.9}$$

onde Z_i é uma variável não observada que varia de um Estado para outro, mas não ao longo do tempo (por exemplo, Z_i representa as atitudes culturais quanto a dirigir e beber). Queremos estimar β_1, o efeito de X sobre Y, mantendo constantes as características não observadas Z de um Estado.

Como Z_i varia de um Estado para outro, mas é constante ao longo do tempo, o modelo de regressão da população na Equação (8.9) pode ser interpretado como tendo n interceptos, um para cada Estado. Especificamente, seja $\alpha_i = \beta_0 + \beta_2 Z_i$. Então, a Equação (8.9) se torna

$$Y_{it} = \beta_1 X_{it} + \alpha_i + u_{it}. \tag{8.10}$$

A Equação (8.1) é o **modelo de regressão com efeitos fixos**, em que $\alpha_1, ..., \alpha_n$ são tratados como interceptos desconhecidos a serem estimados, um para cada Estado. A interpretação de α_i como um intercepto específico para cada Estado na Equação (8.10) vem de se considerar a reta de regressão da população para o i-ésimo Estado; essa reta é $\alpha_i + \beta_1 X_{it}$. O coeficiente de declividade da reta de regressão da população, β_1, é o mesmo para todos os estados, mas o intercepto da reta de regressão da população varia de um Estado para o outro. A fonte da variação do intercepto é a variável Z_i, que varia de um Estado para o outro, mas é constante ao longo do tempo.

Os interceptos específicos para cada Estado no modelo de regressão com efeitos fixos também podem ser expressos pela utilização de variáveis binárias para representar os estados individuais. Na Seção 6.3, vimos o caso em que as observações referem-se a um dos dois grupos e a reta de regressão da população tem a mesma declividade para ambos os grupos, mas interceptos diferentes (veja a Figura 6.8a). Aquela reta de regressão da população foi expressa matematicamente pela utilização de uma única variável binária indicando um dos grupos (especificação nº 1 no Conceito-Chave 6.4). Se nossa base de dados fosse composta por apenas dois estados, aquele modelo de regressão com uma variável binária seria aplicável aqui. Entretanto, como temos mais de dois estados, precisamos incluir variáveis binárias adicionais para captar todos os interceptos específicos para cada Estado na Equação (8.10).

Para desenvolver o modelo de regressão com efeitos fixos utilizando variáveis binárias, seja $D1_i$ uma variável binária igual a 1 quando $i = 1$ e igual a zero caso contrário, seja $D2_i$ igual a 1 quando $i = 2$ e igual a zero caso contrário etc. Não podemos incluir todas as n variáveis binárias mais um intercepto comum, uma vez que, se o fizermos, os regressores serão perfeitamente multicolineares (veja o Exercício 8.2), de modo que omitimos arbitrariamente a variável binária $D1_i$ para o primeiro grupo. Assim, o modelo de regressão com efeitos fixos na Equação (8.10) pode ser escrito de forma equivalente como

$$Y_{it} = \beta_0 + \beta_1 X_{it} + \gamma_2 D2_i + \gamma_3 D3_i + \cdots + \gamma_n Dn_i + u_{it}, \tag{8.11}$$

onde $\beta_0, \beta_1, \gamma_2, ..., \gamma_n$ são coeficientes desconhecidos que serão estimados. Para derivar a relação entre os coeficientes na Equação (8.11) e os interceptos na Equação (8.10), compare as retas de regressão da população para cada Estado nas duas equações. Na Equação (8.11), a equação da regressão da população para o primeiro Estado é $\beta_0 + \beta_1 X_{it}$, de modo que $\alpha_1 = \beta_0$. Para o segundo e os demais estados, é $\beta_0 + \beta_1 X_{it} + \gamma_i$, de modo que $\alpha_i = \beta_0 + \gamma_i$ para $i \geq 2$.

Portanto, existem duas maneiras equivalentes de escrever o modelo de regressão com efeitos fixos, as equações (8.10) e (8.11). Na Equação (8.10), o modelo de regressão com efeitos fixos está escrito em termos de n interceptos específicos para cada Estado. Na Equação (8.11), o modelo tem um intercepto comum e $n - 1$ regressores binários. Nas duas formulações, o coeficiente de declividade de X é o mesmo para todos os estados. Os interceptos específicos para cada Estado na Equação (8.10) e os regressores binários na Equação (8.11) têm a mesma origem: a variável não observada Z_i, que varia de um Estado para outro, mas não ao longo do tempo.

Extensão para múltiplos X. Se existissem outros determinantes observados de Y que fossem correlacionados com X e que variassem ao longo do tempo, estes também deveriam ser incluídos na regressão para evitar o viés de variável omitida. Isso resultaria em um modelo de regressão com efeitos fixos para múltiplos regressores, resumido no Conceito-Chave 8.2.

Hipóteses de mínimos quadrados para o modelo de regressão com efeitos fixos. Há cinco hipóteses de mínimos quadrados para o modelo de regressão com efeitos fixos: as quatro hipóteses para o modelo de regressão múltipla do Conceito-Chave 5.4 (modificado para dados de painel), mais uma quinta hipótese, que é nova. Nos dados de corte, os erros são não-correlacionados entre entidades, condicionais aos regressores; a quinta hipótese estende isso para dados de painel supondo que os erros sejam não-correlacionados ao longo do tempo e entre entidades, condicionais aos regressores. Essas hipóteses são conceitualmente semelhantes às hipóteses de mínimos quadrados para o modelo de regressão múltipla, porém suas expressões matemáticas são consideravelmente complicadas em razão da notação necessariamente complexa associada a bases de dados de painel. As hipóteses são descritas e discutidas no Apêndice 8.2.

Estimação e Inferência

Em princípio, a especificação de variáveis binárias do modelo de regressão com efeitos fixos (veja a Equação (8.13)) pode ser estimada por MQO. Essa regressão, entretanto, tem $k + n$ regressores (os k X, as $n - 1$ variáveis binárias e o intercepto), de modo que, na prática, essa regressão de MQO é cansativa ou, em alguns pacotes econométricos, impossível de ser implementada se o número de entidades é grande. Os pacotes econométricos têm, portanto, rotinas especiais para estimação de MQO de modelos de regressão com efeitos fixos. Essas rotinas especiais são equivalentes a utilizar MQO para a regressão completa de variáveis binárias, mas são mais rápidas pelo fato de empregarem algumas simplificações matemáticas que surgem na álgebra da regressão com efeitos fixos.

O algoritmo de MQO de "subtração da média da entidade". Os programas de regressão normalmente calculam o estimador de MQO com efeitos fixos em dois passos. No primeiro passo, a média específica da entidade é subtraída de cada variável. No segundo passo, a regressão é estimada utilizando as variáveis com "subtração da média

Modelo de Regressão com Efeitos Fixos

Conceito-Chave 8.2

O modelo de regressão com efeitos fixos é

$$Y_{it} = \beta_1 X_{1,it} + \cdots + \beta_k X_{k,it} + \alpha_i + u_{it}, \tag{8.12}$$

onde $i = 1, \ldots, n$ e $t = 1, \ldots, T$, onde $X_{1,it}$ é o valor do primeiro regressor para a entidade i no período de tempo t, $X_{2,it}$ é o valor do segundo regressor e assim por diante, e $\alpha_1, \ldots, \alpha_n$ são interceptos específicos para cada entidade.

De modo equivalente, o modelo de regressão com efeitos fixos pode ser escrito em termos de um intercepto comum, os X, e as $n - 1$ variáveis binárias representando todas as entidades, exceto uma:

$$\begin{aligned} Y_{it} = \beta_0 + \beta_1 X_{1,it} + \cdots + \beta_k X_{k,it} + \gamma_2 D2_i \\ + \gamma_3 D3_i + \cdots + \gamma_n Dn_i + u_{it}, \end{aligned} \tag{8.13}$$

onde $D2_i = 1$ se $i = 2$ e zero, caso contrário, e assim por diante.

---

da entidade". Considere especificamente o caso de um único regressor na versão do modelo com efeitos fixos na Equação (8.10) e tome a média dos dois lados da Equação (8.10); então $\overline{Y}_i = \beta_1 \overline{X}_i + \alpha_i + \overline{u}_i$, onde $\overline{Y}_i = \frac{1}{T}\sum_{t=1}^{T} Y_{it}$, e $\overline{X}_i$ e $\overline{u}_i$ são definidos de forma semelhante. Portanto, a Equação (8.10) implica que $Y_{it} - \overline{Y}_i = \beta_1(X_{it} - \overline{X}_i) + (u_{it} - \overline{u}_i)$. Seja $\widetilde{Y}_{it} = Y_{it} - \overline{Y}_i$, $\widetilde{X}_{it} = X_{it} - \overline{X}_i$, e $\widetilde{u}_{it} = u_{it} - \overline{u}_i$; assim,

$$\widetilde{Y}_{it} = \beta_1 \widetilde{X}_{it} + \widetilde{u}_{it}. \tag{8.14}$$

Portanto, β_1 pode ser estimado pela regressão de MQO das variáveis com "subtração da média da entidade" $\widetilde{Y}_{it}$ sobre $\widetilde{X}_{it}$. Na verdade, esse estimador é idêntico ao estimador de MQO de β_1 obtido pela estimação do modelo com efeitos fixos na Equação (8.10) utilizando $n - 1$ variáveis binárias (Exercício 16.6).

A regressão do tipo "antes e depois" versus estimação com efeitos fixos. Embora a Equação (8.11) com suas variáveis binárias pareça muito diferente do modelo de regressão do tipo "antes e depois" da Equação (8.7), no caso especial de $T = 2$, o estimador de MQO β_1 é idêntico na especificação de variáveis binárias e na especificação do tipo "antes e depois". Portanto, quando $T = 2$, há três formas de estimar β_1 por MQO: a especificação do tipo "antes e depois" da Equação (8.7), a especificação de variáveis binárias da Equação (8.11) e a especificação de "subtração da média da entidade" da Equação (8.14). Esses três métodos são equivalentes, isto é, produzem estimativas de MQO idênticas.

Erros padrão e inferências estatísticas. Sob a hipótese de mínimos quadrados no Apêndice 8.2, os usuais erros padrão de MQO robustos quanto à heteroscedasticidade produzem inferências confiáveis em amostras grandes. Isto é, testes de hipótese construídos utilizando os erros padrão usuais terão tamanho igual ao nível de significância desejado e os intervalos de confiança com um nível de confiança desejado de 95 por cento conterão o valor verdadeiro de β_1 em 95 por cento das amostras repetidas.

Aplicação a Mortes no Trânsito

A estimativa de MQO da reta de regressão com efeitos fixos relacionando o imposto real da cerveja à taxa de mortalidade, com base nos sete anos de dados (336 observações), é

$$\begin{aligned} \widehat{TaxaMortalidade} = \underset{(0,20)}{-0{,}66} ImpostoCerveja + EfeitosFixosEstaduais, \end{aligned} \tag{8.15}$$

onde, por convenção, os interceptos fixos estaduais estimados não são enumerados para economizar espaço e porque não têm importância fundamental nessa aplicação.

Assim como a especificação de "diferenças" na Equação (8.8), o coeficiente estimado na regressão com efeitos fixos da Equação (8.15) é negativo, de modo que, conforme previsto pela teoria econômica, impostos reais mais altos sobre cervejas estão associados a um número menor de mortes no trânsito — o oposto do que encontramos nas regressões de dados iniciais de corte das equações (8.2) e (8.3). As duas regressões não são idênticas, uma vez que a regressão de "diferenças" na Equação (8.8) utiliza apenas os dados de 1982 e 1988 (especificamente, a diferença entre esses dois anos), ao passo que a regressão com efeitos fixos na Equação (8.15) utiliza dados dos sete anos. Em virtude das observações adicionais, o erro padrão é menor na Equação (8.15) do que na Equação (8.8).

A inclusão dos efeitos fixos estaduais na regressão de taxa de mortalidade permite evitar o viés de variável omitida que surge dos fatores omitidos, tal como atitudes culturais quanto a beber e dirigir, que variam entre estados, mas são constantes ao longo do tempo dentro de um Estado. Mesmo assim, um cético pode suspeitar que existam outros fatores que podem levar a um viés de variável omitida. Por exemplo, durante esse período, os carros se tornaram mais seguros e seus ocupantes passaram a utilizar cada vez mais o cinto de segurança; se, em média, o imposto real da cerveja aumentou em meados da década de 1980, ele poderia estar captando o efeito de melhorias globais na segurança dos automóveis. Se, contudo, as melhorias na segurança ocorreram ao longo do tempo, mas foram as mesmas em todos os estados, então podemos eliminar sua influência pela inclusão de efeitos fixos temporais.

8.4 Regressão com Efeitos Fixos Temporais

Assim como os efeitos fixos para cada entidade podem controlar variáveis que são constantes ao longo do tempo, mas diferem entre entidades, os efeitos fixos temporais podem controlar variáveis que são constantes entre entidades, mas evoluem ao longo do tempo.

Como as melhorias de segurança em carros novos são introduzidas no âmbito nacional, elas servem para reduzir as mortalidades no trânsito em todos os estados. Logo, é plausível pensar na segurança do automóvel como uma variável omitida que varia ao longo do tempo, mas apresenta o mesmo valor para todos os estados. A regressão da população na Equação (8.9) pode ser modificada para incluir o efeito da segurança do automóvel, que representaremos por S_t:

$$Y_{it} = \beta_0 + \beta_1 X_{it} + \beta_2 Z_i + \beta_3 S_t + u_{it}, \tag{8.16}$$

onde S_t não é observado e o subscrito único "t"enfatiza que a segurança varia ao longo do tempo, mas é constante entre os estados. Como $\beta_3 S_t$ representa variáveis que determinam Y_{it}, se S_t for correlacionado com X_{it}, a omissão de S_t da regressão levará a um viés de variável omitida.

Somente Efeitos Temporais

Por ora, suponha que as variáveis Z_i não estejam presentes, de modo que o termo $\beta_2 Z_i$ possa ser excluído da Equação (8.16), ainda que o termo $\beta_3 S_t$ seja mantido. Nosso objetivo é estimar β_1, controlando S_t.

Embora S_t não seja observado, sua influência pode ser eliminada, uma vez que ele varia ao longo do tempo, mas não entre estados; do mesmo modo, é possível eliminar o efeito de Z_i, que varia entre estados, mas não ao longo do tempo. Isto é, $\beta_3 S_t$ pode ser substituído por um conjunto de T variáveis binárias, cada uma indicando um ano diferente. Especificamente, seja $B1_t = 1$ se t for o primeiro período de tempo na amostra e igual a zero caso contrário; seja $B2_t = 1$ se t for o segundo período de tempo e assim por diante. As variáveis binárias $B1_t$, ..., BT_t são chamadas de **efeitos temporais**.

O **modelo de regressão com efeitos temporais** com um único regressor X e $T - 1$ efeitos temporais é

$$Y_{it} = \beta_0 + \beta_1 X_{it} + \delta_2 B2_t + \cdots + \delta_T BT_t + u_{it}, \tag{8.17}$$

onde δ_2, ..., δ_T são coeficientes desconhecidos. Assim como o modelo de regressão com efeitos fixos da Equação (8.11), nessa versão do modelo com efeitos temporais, o intercepto é incluído e a primeira variável binária ($B1_t$) é omitida para impedir a multicolinearidade perfeita.

Na regressão de mortes no trânsito, os efeitos fixos temporais na Equação (8.17) nos permitem eliminar o viés que surge de variáveis omitidas como padrões de segurança introduzidos no âmbito nacional que variam ao longo do tempo, mas são os mesmos entre estados em determinado ano.

Efeitos Fixos Temporais e Estaduais

Se algumas variáveis omitidas são constantes ao longo do tempo, mas variam entre estados (tais como normas culturais), enquanto outras são constantes entre estados, mas variam ao longo do tempo (tais como padrões nacionais de segurança), então é apropriada a inclusão de *ambos* os efeitos, estaduais e temporais. Isso é feito pela inclusão de $n-1$ variáveis binárias estaduais e de $T-1$ variáveis binárias temporais na regressão, juntamente com o intercepto. O **modelo de regressão com efeitos fixos temporais e de entidade** combinados é

$$Y_{it} = \beta_0 + \beta_1 X_{it} + \gamma_2 D2_i + \cdots + \gamma_n Dn_i + \delta_2 B2_t + \cdots + \delta_T BT_t + u_{it}, \quad (8.18)$$

onde $\beta_0, \beta_1, \gamma_2, \ldots, \gamma_n, \delta_2, \ldots, \delta_T$ são coeficientes desconhecidos.

O modelo de regressão com efeitos fixos temporais e de entidade combinados elimina um viés de variável omitida que surgiu tanto de variáveis não observadas que são constantes ao longo do tempo como de variáveis não observadas que são constantes entre estados.

Quando há regressores adicionais observados "X", estes aparecem também na Equação (8.18).

Estimação. Tanto o modelo com efeitos fixos temporais como o modelo com efeitos fixos temporais e de entidade (Estado) são variantes do modelo de regressão múltipla. Assim, seus coeficientes podem ser estimados por MQO pela inclusão das variáveis binárias temporais adicionais. Alguns pacotes econométricos incorporam algoritmos para o cálculo de regressões com efeitos fixos temporais e de entidade combinados que são mais eficientes em termos computacionais do que a estimação por MQO do modelo completo de variável binária da Equação (8.18).

Aplicação a Mortes no Trânsito. A adição de efeitos temporais à regressão com efeitos fixos estaduais resulta na estimativa de MQO da reta de regressão:

$$\widehat{TaxaMortalidade} = \underset{(0,25)}{-0,64}ImpostoCerveja + EfeitosFixosEstaduais + EfeitosFixosTemporais. \quad (8.19)$$

Essa especificação inclui o imposto da cerveja, 47 variáveis binárias estaduais (efeitos fixos estaduais), 6 variáveis binárias anuais (efeitos fixos temporais) e um intercepto, de modo que essa regressão efetivamente tem 1 + 47 + 6 + 1 = 55 variáveis do lado direito da equação! Os coeficientes das variáveis binárias temporais e estaduais e o intercepto não são apresentados porque não têm importância fundamental.

A inclusão de efeitos temporais provoca pouco impacto na relação estimada entre o imposto real da cerveja e a taxa de mortalidade (compare as equações (8.15) e (8.19)), e o coeficiente do imposto real da cerveja permanece significativo ao nível de 5 por cento ($t = -0,64/0,25 = -2,56$).

Essa relação estimada entre o imposto real da cerveja e mortes no trânsito é imune ao viés de variável omitida de variáveis que são constantes ou ao longo do tempo ou entre estados. Contudo, muitos determinantes importantes de mortes no trânsito não se enquadram nessa categoria, de modo que essa especificação poderia ainda ser sujeita a um viés de variável omitida. Com a ferramenta da regressão com efeitos fixos em mãos, podemos portanto conduzir uma análise empírica mais completa desses dados.

8.5 Leis que Punem Motoristas Embriagados e Mortes no Trânsito

O imposto sobre bebidas alcoólicas é apenas uma das formas de desencorajar a direção após o consumo de álcool. Os estados diferem com relação às penalidades para motoristas embriagados; um Estado que toma medidas enérgicas contra motoristas embriagados poderia fazê-lo em todos os níveis ao tornar suas leis mais rígidas e ao elevar os impostos. Se for esse o caso, a omissão dessas leis poderia produzir um viés de variável omitida no estimador de MQO do efeito do imposto real da cerveja sobre as mortes no trânsito, mesmo em regressões com efeitos fixos temporais e estaduais. Além disso, como a utilização do veículo depende em parte do fato de os motoristas terem emprego e como as variações no imposto podem refletir condições econômicas (o déficit orçamentário de um Estado pode levar a aumentos de impostos), a omissão das condições econômicas do Estado também poderia resultar em um viés de variável omitida.

Nesta seção, estendemos a análise anterior para estudar o efeito das leis que punem motoristas embriagados (incluindo os impostos da cerveja) sobre as mortes no trânsito, mantendo constantes as condições econômicas. Isso é feito por meio da estimação de regressões de dados de painel que incluam regressores representando outras leis que punem motoristas embriagados e as condições econômicas dos estados.

Os resultados estão resumidos na Tabela 8.1. O formato da tabela é o mesmo que o das tabelas de resultados de regressão dos capítulos 5, 6 e 7: cada coluna apresenta uma regressão diferente e cada linha apresenta uma estimativa de coeficiente e erro padrão, a estatística F e o valor p, ou outras informações sobre a regressão.

A coluna (1) da Tabela 8.1 apresenta os resultados da regressão de MQO da taxa de mortalidade sobre o imposto real da cerveja sem efeitos fixos estaduais e temporais. Assim como nas regressões de dados de corte para 1982 e 1988 (veja as equações (8.2) e (8.3)), o coeficiente do imposto real da cerveja é *positivo* (0,36) e a estimativa da coluna (1) é em termos estatísticos significativamente diferente de zero ao nível de significância de 5 por cento: de acordo com essa estimativa, uma elevação dos impostos da cerveja *aumenta* as mortes no trânsito! Entretanto, a regressão da coluna (2) (apresentada anteriormente como Equação (8.15)), que inclui efeitos fixos estaduais, sugere que o coeficiente positivo da regressão (1) é resultado do viés de variável omitida (o coeficiente do imposto real da cerveja é –0,66). O $\bar{R}^2$ da regressão salta de 0,090 para 0,889 quando os efeitos fixos são incluídos; evidentemente, os efeitos fixos estaduais respondem por uma grande parte da variação nos dados.

Há pouca mudança quando os efeitos temporais são adicionados, conforme mostrado pela coluna (3) (apresentada anteriormente como Equação (8.19)). Os resultados das colunas (1)-(3) são consistentes com as variáveis fixas omitidas — fatores históricos e culturais, condições gerais das estradas, densidade populacional, atitudes quanto a beber e dirigir e assim por diante — e são fatores importantes que determinam a variação das mortes no trânsito entre estados.

As três últimas regressões da Tabela 8.1 incluem determinantes potenciais adicionais das taxas de mortalidade juntamente com efeitos temporais e estaduais. A especificação de base, apresentada na coluna (4), inclui dois conjuntos de variáveis legais relacionadas a motoristas embriagados, mais variáveis que controlam o tempo na direção e as condições econômicas gerais estaduais. O primeiro conjunto de variáveis é a idade mínima permitida por lei para o consumo de álcool, representada por três variáveis binárias para uma idade mínima permitida por lei para o consumo de álcool de 18, 19 e 20 anos (de modo que o "grupo omitido" é a idade mínima permitida por lei para o consumo de álcool de 21 anos ou mais). O segundo conjunto de variáveis legais é a penalidade associada à primeira condenação por dirigir sob a influência do álcool, ou o tempo de cadeia obrigatório ou o serviço comunitário obrigatório (o grupo omitido refere-se às penalidades mais brandas). As três medidas relativas à direção e às condições econômicas são a milhagem média do veículo por motorista, a taxa de desemprego e o logaritmo da renda pessoal (em dólares de 1988) per capita (a utilização do logaritmo da renda permite que o coeficiente seja interpretado em termos de variações percentuais da renda; veja a Seção 6.2).

A regressão da coluna (4) mostra quatro resultados interessantes:

1. A inclusão das variáveis adicionais reduz o coeficiente estimado do imposto real da cerveja relativo à regressão da coluna (3). O coeficiente estimado (–0,45) continua a ser negativo e estatisticamente significante ao nível de significância de 5 por cento. Uma maneira de avaliar a magnitude do coeficiente é imaginar um Estado que dobre o imposto real médio da cerveja; como o imposto nesses dados é de aproximadamente US$ 0,50/caixa, isso significa um aumento de imposto de US$ 0,50/caixa. Segundo a estimativa na coluna (4), o efeito de um aumento de US$ 0,50 (em dólares de 1988) no imposto real da cerveja é uma diminuição da taxa esperada de mortalidade de $0{,}45 \times 0{,}50 = 0{,}23$ morte por 10.000. Esse efeito estimado é grande: como a taxa média de mortalidade é de 2 por 10.000, uma redução de 0,23 corresponde a uma diminuição da taxa de mortalidade para 1,77 por 10.000. Isso posto, a estimativa é muito imprecisa: como o erro padrão desse coeficiente é 0,22, o intervalo de confiança de 95 por cento para esse efeito é $-0{,}45 \times 0{,}50 \pm 1{,}96 \times 0{,}22 \times 0{,}050 = (-0{,}44, -0{,}01)$. Esse amplo intervalo de confiança de 95 por cento inclui valores do efeito verdadeiro que são muito próximos de zero.

2. Estima-se que o efeito da idade mínima permitida por lei para o consumo de álcool sobre as mortes no trânsito seja muito pequeno. A hipótese conjunta de que os coeficientes das variáveis de idade mínima permitida por lei para o consumo de álcool sejam iguais a zero não pode ser rejeitada ao nível de significância de 10 por cento: a estatística *F* que testa a hipótese conjunta de que os três coeficientes sejam iguais a zero é 0,48, com um valor *p* de 0,696. Além disso, as estimativas são de pequena magnitude. Por exemplo, estima-se que um Estado cujas leis determinam que a idade mínima para o consumo de álcool seja de 18 anos tenha uma taxa de mortalidade mais alta em 0,028 mortes por 10.000 em relação a um Estado cujas leis determinam que a idade mínima para o consumo de álcool seja de 21 anos, mantendo constantes os outros fatores da regressão.

TABELA 8.1 Análise de Regressão do Efeito das Leis que Punem Motoristas Embriagados sobre Mortes no Trânsito

Variável Dependente: Taxa de Mortalidade no Trânsito (Mortes por 10.000).

Regressor	(1)	(2)	(3)	(4)	(5)	(6)
Imposto da cerveja	0,36** (0,05)	−0,66** (0,20)	−0,64* (0,25)	−0,45* (0,22)	−0,70** (0,25)	−0,46* (0,22)
Idade para consumo de álcool 18				0,028 (0,066)	−0,011 (0,064)	
Idade para consumo de álcool 19				−0,019 (0,040)	−0,078 (0,049)	
Idade para consumo de álcool 20				0,031 (0,046)	−0,102* (0,046)	
Idade para consumo de álcool						−0,002 (0,017)
Prisão?				0,013 (0,032)	−0,026 (0,065)	
Serviço comunitário?				0,033 (0,115)	0,147 (0,137)	
Prisão ou serviço comunitário?						0,031 (0,076)
Milhagem média do veículo por motorista				0,008 (0,008)	0,017 (0,010)	0,009 (0,008)
Taxa de desemprego				−0,063** (0,012)		−0,063** (0,012)
Renda real per capita (logaritmo)				1,81** (0,47)		1,79** (0,45)
Efeitos estaduais?	Não	Sim	Sim	Sim	Sim	Sim
Efeitos temporais?	Não	Não	Sim	Sim	Sim	Sim
Estatísticas *F* e Valores *p* Testando a Exclusão de Grupos de Variáveis:						
Efeitos temporais = 0			2,47 (0,024)	11,44 (<0,001)	2,28 (0,037)	11,59 (<0,001)
Coeficientes de idade para consumo de álcool = 0				0,48 (0,696)	2,09 (0,102)	
Coeficientes de prisão e serviços comunitários = 0				0,17 (0,845)	0,59 (0,557)	
Taxa de desemprego, renda per capita = 0				38,29 (<0,001)		40,12 (<0,001)
$\overline{R}^2$	0,090	0,889	0,891	0,926	0,893	0,926

Essas regressões foram estimadas utilizando dados de painel para 48 estados dos Estados Unidos, de 1982 a 1988 (total de 336 observações), descritos no Apêndice 8.1. Os erros padrão estão entre parênteses sob os coeficientes e os valores *p* estão entre parênteses sob a estatística *F*. O coeficiente individual é estatisticamente significante ao nível de significância de 5 por cento* ou de 1 por cento**.

3. Estima-se que os coeficientes das variáveis da penalidade sobre o primeiro delito também sejam pequenos e em conjunto não significativamente diferentes de zero ao nível de significância de 10 por cento (a estatística F é de 0,17).

4. As variáveis econômicas têm um poder explicativo considerável para as mortes no trânsito. Taxas de desemprego elevadas estão associadas a um número menor de mortes: estima-se que um aumento da taxa de desemprego de um ponto percentual reduza as mortes no trânsito em 0,063 morte por 10.000. De forma semelhante, valores elevados da renda real per capita estão associados a um número elevado de mortes: o coeficiente é 1,81, de modo que um aumento de 1 por cento na renda real per capita está associado a um aumento das mortes no trânsito de 0,0181 morte por 10.000 indivíduos (veja o Caso I no Conceito-Chave 6.2 para interpretar esse coeficiente). Segundo essas estimativas, boas condições econômicas estão associadas a mais mortes, talvez em virtude de um aumento do volume de tráfego quando a taxa de desemprego está baixa ou do aumento do consumo de álcool quando a renda é maior. As duas variáveis econômicas são conjuntamente significantes ao nível de significância de 0,1 por cento (a estatística F é de 38,29).

As duas últimas colunas da Tabela 8.1 apresentam regressões que verificam a sensibilidade dessas conclusões a mudanças na especificação de base. A regressão da coluna (5) exclui as variáveis que controlam as condições econômicas. O resultado é um aumento do efeito estimado do imposto real da cerveja, mas nenhuma mudança considerável nos outros coeficientes; a sensibilidade do coeficiente estimado do imposto da cerveja à inclusão de variáveis econômicas, combinada à significância estatística dos coeficientes dessas variáveis, indica que as variáveis econômicas devam permanecer na especificação de base. A regressão da coluna (6) examina a sensibilidade dos resultados utilizando formas funcionais diferentes para a idade mínima permitida por lei para o consumo de álcool (substituindo as três variáveis indicador pela idade propriamente dita) e combinando as duas variáveis binárias de penalidade. Os resultados da regressão (4) não são sensíveis a essas alterações.

A força dessa análise é que a inclusão de efeitos fixos estaduais e temporais diminui a ameaça do viés de variável omitida resultante de variáveis não observadas que não mudam ao longo do tempo (como atitudes culturais quanto a beber e dirigir) ou não variam entre estados (como inovações de segurança). Como sempre, contudo, é importante pensar sobre possíveis limitações dessa análise. Uma fonte potencial de viés de variável omitida é a de que a medida de impostos sobre bebidas alcoólicas utilizada aqui, o imposto real da cerveja, poderia variar juntamente com outros impostos sobre bebidas alcoólicas; isso sugere uma interpretação dos resultados como se algo mais amplo do que somente cerveja estivesse sendo referido. Uma possibilidade mais sutil é de que aumentos do imposto real da cerveja poderiam estar associados a campanhas de educação pública, talvez em resposta a uma pressão política. Se for esse o caso, mudanças no imposto real da cerveja poderiam captar o efeito de uma campanha mais ampla para reduzir a incidência de motoristas embriagados.

Esses resultados apresentam um quadro instigante das medidas para controlar a incidência de motoristas embriagados e as mortes no trânsito. De acordo com essas estimativas, nem penalidades severas nem a elevação da idade mínima permitida para o consumo de álcool produzem efeitos importantes sobre as mortes no trânsito. Em contraste, há evidências de que um aumento dos impostos de bebidas alcoólicas, conforme medido pelo imposto real da cerveja, reduz as mortes no trânsito. A estimativa da magnitude desse efeito, contudo, é imprecisa.[2]

8.6 Conclusão

Neste capítulo, mostramos como observações múltiplas da mesma entidade ao longo do tempo podem ser utilizadas para controlar variáveis omitidas não observadas que diferem entre entidades, mas são constantes ao longo do tempo. A principal constatação é a seguinte: se a variável não observada não varia ao longo do tempo, quaisquer variações na variável dependente devem ser conseqüência de outras influências que não essas características fixas. Se as atitudes culturais quanto a beber e dirigir não mudam consideravelmente ao longo de sete anos

[2] Se estiver interessado em examinar uma análise adicional desses dados, veja Ruhm (1996). Se estiver interessado em aprender mais sobre motoristas embriagados e o álcool e sobre a economia do álcool em geral, veja Cook e Moore (2000).

em um Estado, as explicações para variações na taxa de mortalidade no trânsito durante esses sete anos devem residir em outro fator.

Para explorar essa percepção, você precisa de dados em que a mesma entidade seja observada em dois ou mais períodos de tempo, isto é, você precisa de dados de painel. Com dados de painel, o modelo de regressão múltipla da Parte 2 pode ser estendido para incluir um conjunto completo de variáveis binárias, uma para cada entidade; esse é o modelo de regressão com efeitos fixos, que pode ser estimado por MQO. Uma mudança no modelo de regressão com efeitos fixos é a inclusão de efeitos fixos temporais, que controlam variáveis não observadas que variam ao longo do tempo, mas são constantes entre entidades. É possível incluir os efeitos fixos temporais e de entidade na regressão para controlar variáveis que variam entre entidades mas são constantes ao longo do tempo e para controlar variáveis que variam ao longo do tempo mas são constantes entre entidades.

A despeito dessas virtudes, a regressão com efeitos fixos temporais e de entidade não controla variáveis omitidas que variam *tanto* entre entidades *quanto* ao longo do tempo. E, obviamente, os métodos para dados de painel requerem dados de painel, que freqüentemente não estão disponíveis. Portanto, continua sendo necessário um método que possa eliminar a influência de variáveis omitidas não observadas quando os métodos de dados de painel não podem fazer o serviço. Um método poderoso e geral para isso é a regressão de variáveis instrumentais, o tema do Capítulo 10.

Resumo

1. Dados de painel consistem de observações de múltiplas (n) entidades — estados, empresas, pessoas etc. — nas quais cada entidade é observada em dois ou mais períodos de tempo (T).
2. A regressão com efeitos fixos de entidade controla variáveis não observadas que diferem de uma entidade para a outra, mas são constantes ao longo do tempo.
3. Quando há dois períodos de tempo, a regressão com efeitos fixos pode ser estimada por uma regressão do tipo "antes e depois" da variação em Y do primeiro período para o segundo sobre a variação em X.
4. A regressão com efeitos fixos de entidade pode ser estimada por meio da inclusão de variáveis binárias para $n - 1$ entidades, juntamente com variáveis independentes observadas (os Xs) e um intercepto.
5. Efeitos fixos temporais controlam variáveis não observadas que são as mesmas entre entidades mas variam ao longo do tempo.
6. Uma regressão com efeitos fixos temporais e de entidade pode ser estimada pela inclusão de variáveis binárias para $n - 1$ entidades, variáveis binárias para $T - 1$ períodos de tempo, mais os Xs e um intercepto.

Termos-chave

dados de painel (185)
painel equilibrado (186)
painel desequilibrado (186)
modelo de regressão com efeitos fixos (190)
efeitos fixos temporais (193)
modelo de regressão com efeitos temporais (193)
modelo de regressão com efeitos fixos temporais e de entidade (194)

Revisão dos Conceitos

8.1 Por que é necessário utilizar dois subscritos, i e t, para descrever dados de painel? O que i representa? O que t representa?

8.2 Um pesquisador está utilizando uma base de dados de painel de $n = 1.000$ trabalhadores ao longo de $T = 10$ anos (de 1991 a 2000) que contém salário, sexo, nível de instrução e idade dos trabalhadores. O pesquisador está interessado no efeito do nível de instrução sobre os salários. Dê alguns exemplos de variáveis não observadas específicas para cada indivíduo correlacionadas tanto ao nível de instrução quanto ao salário. Você consegue pensar em exemplos de variáveis específicas para cada instante do tempo que possam estar correlacionadas ao nível de instrução e ao salário? Como você controlaria esses efeitos específicos para cada indivíduo e para cada instante do tempo em uma regressão de dados de painel?

8.3 A regressão que você sugeriu como resposta para a questão 8.2 pode ser utilizada para estimar o efeito do sexo sobre o salário de um indivíduo? A regressão pode ser utilizada para estimar o efeito da taxa de desemprego nacional sobre o salário de um indivíduo? Explique.

Exercícios

8.1 Esta questão refere-se à regressão de dados de painel sobre motoristas embriagados resumida na Tabela 8.1.

*__a.__ New Jersey possui uma população de 8,1 milhões de habitantes. Suponha que esse Estado tenha aumentado o imposto sobre uma caixa de cerveja em US$ 1 (em valores de 1988). Utilize os resultados da coluna (4) para prever o número de vidas que seriam poupadas ao longo do ano seguinte. Construa um intervalo de confiança de 95 por cento para sua resposta.

b. A idade mínima permitida por lei para o consumo de álcool em New Jersey é 21 anos. Suponha que esse Estado tenha diminuído essa idade para 18 anos. Utilize os resultados da coluna (4) para prever a variação no número de mortes no trânsito no ano seguinte. Construa um intervalo de confiança de 95 por cento para sua resposta.

*__c.__ Suponha que a renda real per capita em New Jersey aumente em 1 por cento no próximo ano. Utilize os resultados da coluna (4) para prever a variação no número de mortes no trânsito no próximo ano. Construa um intervalo de confiança de 90 por cento para sua resposta.

d. Você deveria incluir efeitos temporais na regressão? Por quê?

*__e.__ A estimativa do coeficiente do imposto da cerveja na coluna (5) é significante ao nível de 1 por cento. A estimativa da coluna (4) é significante ao nível de 5 por cento. Isso significa que a estimativa em (5) é mais confiável?

f. Um pesquisador presume que a taxa de desemprego tem um efeito diferente sobre as mortes no trânsito nos estados da região oeste em relação aos outros estados. Como você testaria essa hipótese? (Seja preciso sobre a especificação da regressão e o teste estatístico que você utilizaria.)

8.2 Considere a versão de variáveis binárias do modelo com efeitos fixos na Equação (8.11), exceto por um regressor adicional, $D1_i$; isto é, seja

$$Y_{it} = \beta_0 + \beta_1 X_{it} + \gamma_1 D1_i + \gamma_2 D2_i + \cdots + \gamma_n Dn_i + u_{it}. \tag{8.20}$$

a. Suponha que $n = 3$. Mostre que os regressores binários e o regressor "constante" são perfeitamente multicolineares, isto é, expresse uma das variáveis $D1_i$, $D2_i$, $D3_i$ e $X_{0,it}$ como uma função linear perfeita das outras, onde $X_{0,it} = 1$ para todo i, t.

b. Mostre o resultado de (a) para um n geral.

c. O que acontecerá se você tentar estimar os coeficientes da regressão na Equação (8.20) por MQO?

8.3 Há na Seção 7.2 uma lista de cinco ameaças potenciais à validade interna de um estudo de regressão. Aplique essa lista à análise empírica da Seção 8.5 e tire conclusões sobre sua validade interna.

APÊNDICE 8.1 Base de Dados Estadual sobre Mortes no Trânsito

Os dados referem-se aos 48 estados americanos "contíguos" (excluindo Alasca e Havaí), com periodicidade anual para 1982 a 1988. A taxa de mortalidade no trânsito é o número de mortes no trânsito em determinado Estado e em determinado ano por 10.000 habitantes do Estado naquele ano. Os dados sobre mortes no trânsito foram obtidos do U.S. Department of Transportation por meio de seu Sistema de Relatos sobre Acidentes Fatais (Fatal Accident Reporting System). O imposto da cerveja é o imposto sobre uma caixa de cervejas, que é uma medida mais geral do imposto estadual sobre bebidas alcoólicas. As variáveis de idade mínima permitida por lei para o consumo de álcool na Tabela 8.1 são variáveis binárias que indicam se a idade mínima permitida por lei para o consumo de álcool é de 18, 19 ou 20 anos. As duas variáveis binárias de penalidade na Tabela 8.1 descrevem os requisitos mínimos para o sentenciamento de uma condenação inicial de um motorista embriagado: "Prisão?" é igual a um se o Estado requer tempo de cadeia e igual a zero caso contrário, e "Serviços comunitários?"é igual a um se o Estado requer serviço comunitário e igual a zero caso contrário. Os dados sobre as milhas totais dos veículos viajadas anualmente por Estado foram obtidos no Departamento de Transportes. A renda pessoal foi obtida do U.S. Bureau of Economic Analysis, e a taxa de desemprego, no U.S. Bureau of Labor Statistics.

Esses dados foram fornecidos sem ônus pelo professor Christopher J. Ruhm do Departamento de Economia da Universidade da Carolina do Norte.

APÊNDICE 8.2 Hipóteses da Regressão com Efeitos Fixos

Existem cinco hipóteses de mínimos quadrados para o modelo de regressão com efeitos fixos do Conceito-Chave 8.2. As cinco hipóteses expressas para um único regressor são:

1. $E(u_{it} \mid X_{i1}, X_{i2}, ..., X_{iT}, \alpha_i) = 0$;
2. $(X_{i1}, X_{i2}, ..., X_{iT}, Y_{i1}, Y_{i2}, ..., Y_{iT})$, $i = 1, ..., n$ são amostras i.i.d. de sua distribuição conjunta;
3. (X_{it}, u_{it}) possuem quartos momentos finitos diferentes de zero;
4. não há multicolinearidade perfeita, e
5. $\text{cov}(u_{it}, u_{is} \mid X_{it}, X_{is}, \alpha_i) = 0$ para $t \neq s$.

Para regressores múltiplos, X_{it} deveria ser substituído pela lista completa $X_{1,it}, X_{2,it}, ..., X_{k,it}$.

A primeira hipótese é de que o termo de erro possui uma média condicional igual a zero, dados os regressores. Esta é igual à primeira hipótese de mínimos quadrados do Conceito-Chave 5.4 estendida para incluir os regressores binários e todas as T observações sobre X ao longo do tempo para a i-ésima entidade; a discussão dessa hipótese na Parte 2 aplica-se diretamente aqui.

A segunda hipótese estende a hipótese i.i.d. da regressão múltipla para dados de painel. Essa hipótese vale se as entidades forem selecionadas por amostragem aleatória simples da população. Portanto, as variáveis de uma entidade são identicamente distribuídas a variáveis de outra entidade, mas independentemente delas; isto é, as variáveis são i.i.d. para $i = 1, ..., n$. Até aqui, o raciocínio é o mesmo que para os dados de corte. Nos dados de painel, contudo, as entidades são acompanhadas ao longo do tempo, e não necessariamente faz sentido pensar em variáveis *dentro* de uma entidade como independentemente distribuídas ao longo do tempo. Por exemplo, como os impostos reais da cerveja normalmente variam pouco de um ano para outro, o conhecimento do imposto real da cerveja de um Estado em 1982 fornece muita informação sobre o imposto real da cerveja daquele Estado em 1983. Portanto, o conceito apropriado de amostragem é que, em uma base de dados de painel, a seqüência inteira de variáveis (isto é, as variáveis ao longo de todos os períodos de tempo) são seleções i.i.d. da distribuição conjunta da seqüência de variáveis entre entidades.

A terceira e quarta hipóteses são exatamente iguais às do Conceito-Chave 5.4 para o modelo de regressão múltipla.

A quinta hipótese é de que os erros u_{it} no modelo de regressão com efeitos fixos são não-correlacionados ao longo do tempo, condicional aos regressores. Por exemplo, em alguns estados (por exemplo, Minnesota), um inverno pode ser especialmente rigoroso, o que torna a direção perigosa e resulta em um número extraordinariamente elevado de acidentes fatais. Além disso, a quantidade de neve não tem nenhuma relação com o imposto da cerveja, e a neve em um inverno é com certeza distribuída independentemente da neve em outro. Portanto, a quantidade de neve em um inverno em Minnesota não está correlacionada com a quantidade de neve no inverno seguinte, dado o imposto da cerveja em Minnesota. Expresso de forma mais geral, se u_{it} consiste de fatores aleatórios (como a neve) que variam de forma independente de um ano para o seguinte, condicional aos regressores (o imposto da cerveja), então u_{it} é não-correlacionado de ano para ano, condicional aos regressores. Neste caso, a quinta hipótese se aplica.

O único papel da quinta hipótese é proporcionar condições sob as quais os erros padrão de MQO usuais (robustos quanto à heteroscedasticidade) do Capítulo 5 levam a inferências estatísticas válidas. Se a quinta hipótese for válida, conforme suposto neste capítulo, os erros padrão convencionais (robustos quanto à heteroscedasticidade) produzem testes de hipótese em que o tamanho iguala o nível de significância desejado.

Em algumas aplicações, a quinta hipótese não é satisfeita. Por exemplo, se alguns dos fatores omitidos em u_{it} variarem lentamente ao longo do tempo, então u_{it} será correlacionada com seu valor em outros períodos de tempo no mesmo Estado (o mesmo i), isto é, u_{it} e u_{is} serão correlacionados para $t \neq s$, condicional aos regressores. Neste caso, a quinta hipótese não se aplica e é necessária uma nova fórmula para calcular erros padrão (os chamados erros padrão consistentes quanto à heteroscedasticidade e à autocorrelação). Como essa fórmula é razoavelmente complicada, será discutida de maneira detalhada no Capítulo 13.

CAPÍTULO 9

Regressão com uma Variável Dependente Binária

Duas pessoas idênticas, exceto pela raça, entram em um banco e requerem uma hipoteca, um grande empréstimo, para que cada uma possa adquirir uma casa idêntica. O banco trata essas duas pessoas da mesma maneira? A probabilidade de ambas terem seu pedido de hipoteca aprovado é a mesma? Por lei, essas pessoas devem receber tratamento idêntico. Porém, se recebem ou não é um assunto de grande interesse para as autoridades reguladoras dos bancos.

Empréstimos são concedidos e recusados por diversas razões legítimas. Por exemplo, se o valor proposto para as parcelas de pagamento do empréstimo compromete a maior parte ou toda a renda mensal do requerente, o analista de crédito pode justificadamente recusar o empréstimo. Além disso, analistas de crédito são humanos e podem cometer erros, de modo que a recusa a um requerente pertencente a uma minoria não prova nada a respeito da discriminação. Muitos estudos buscam, portanto, evidências estatísticas de discriminação, ou seja, evidências contidas em grandes bases de dados mostrando que indivíduos brancos e pertencentes a minorias são tratados de forma diferente.

Mas como, exatamente, deveriam ser verificadas as evidências estatísticas de discriminação no mercado de hipotecas? Um ponto de partida é comparar a fração de requerentes brancos e de minorias que têm seu pedido de hipoteca recusado. Nos dados examinados neste capítulo, coletados a partir dos pedidos de hipoteca em 1990 na área de Boston, Massachusetts, 28 por cento dos requerentes negros tiveram seu pedido de hipoteca recusado, ao passo que apenas 9 por cento dos pedidos de requerentes brancos foram recusados. Mas essa comparação não responde de fato à pergunta feita no início deste capítulo, uma vez que requerentes brancos e negros não eram necessariamente "idênticos, exceto pela sua raça". Em vez disso, precisamos de um método para comparar taxas de recusa, *mantendo constantes outras características dos requerentes.*

Isso parece ser um trabalho para a análise de regressão múltipla — e é, mas com uma modificação: a variável dependente — se o pedido do requerente é recusado ou não — é binária. Na Parte 2, utilizamos regularmente variáveis binárias como regressores, e elas não provocaram problemas específicos. Porém, quando a variável dependente é binária, as coisas ficam mais complicadas: o que significa ajustar uma reta a uma variável dependente que pode assumir apenas dois valores, zero e um?

A resposta a essa questão é interpretar a função de regressão como uma probabilidade prevista. Essa interpretação, discutida na Seção 9.1, nos permite aplicar os modelos de regressão múltipla da Parte 2 a variáveis dependentes binárias. Na Seção 9.1, discutiremos esse "modelo de probabilidade linear". Mas a interpretação da probabilidade prevista também sugere que modelos de regressão alternativos, não-lineares, podem ser mais eficientes na modelação dessas probabilidades. Esses métodos, chamados de regressão "probit" e regressão "logit", serão discutidos na Seção 9.2. Na Seção 9.3, que é opcional, discutiremos o método utilizado para estimar os coeficientes das regressões probit e logit, o método de estimação de máxima verossimilhança. Na Seção 9.4, aplicaremos esses métodos à base de dados de pedidos de hipoteca em Boston para examinar se existem evidências de viés racial na concessão de empréstimos hipotecários.

A variável dependente binária considerada neste capítulo é um exemplo de variável dependente com contradomínio limitado, ou, em outras palavras, é uma **variável dependente limitada**. Modelos de outros tipos de variável dependente limitada, como, por exemplo, variáveis dependentes que assumem múltiplos valores discretos, serão resumidos no Apêndice 9.3.

9.1 Variáveis Dependentes Binárias e o Modelo de Probabilidade Linear

A aceitação ou recusa de um pedido de hipoteca é um exemplo de variável binária. Muitas outras questões importantes também dizem respeito a resultados binários. Qual é o efeito de um subsídio ao pagamento da faculdade sobre a decisão de um indivíduo de cursar uma faculdade? O que determina a decisão de um adolescente de fumar? O que determina se um país deve receber ou não ajuda externa? O que determina se um candidato a um emprego terá sucesso? Em todos esses exemplos, o resultado de interesse é binário: o estudante cursará ou não a faculdade, o adolescente irá fumar ou não, o país receberá ou não ajuda externa, o candidato conseguirá ou não o emprego.

Nesta seção, discutiremos o que distingue a regressão com uma variável dependente binária da regressão com uma variável dependente contínua e então examinaremos o modelo mais simples que pode ser utilizado com variáveis dependentes binárias, o modelo de probabilidade linear.

Variáveis Dependentes Binárias

Neste capítulo, investigamos se a raça é um fator na recusa de um pedido de hipoteca; a variável dependente binária diz respeito à recusa ou não de um pedido de hipoteca. Os dados são um subconjunto de uma base de dados maior, compilada por pesquisadores do Federal Reserve Bank* de Boston, com base no Home Mortgage Disclosure Act (HMDA),** e referem-se a pedidos de hipoteca cadastrados em Boston. Os dados do HMDA de Boston estão no Apêndice 9.1.

Os pedidos de hipoteca são complicados, assim como o processo pelo qual o analista de crédito do banco toma sua decisão. Ele deve prever se o requerente pagará ou não as prestações referentes ao empréstimo. Uma informação importante é o tamanho das prestações do empréstimo requerido em relação à renda do requerente. Como qualquer pessoa que já fez um empréstimo sabe, é muito mais fácil pagar prestações que correspondam a 10 por cento de sua renda do que as que correspondam a 50 por cento! Portanto, comecemos examinando a relação entre duas variáveis: a variável dependente binária *recusa*, que é igual a um se o pedido de hipoteca foi recusado e igual a zero se ele foi aceito, e a variável contínua *razão P/R*, que é a razão entre as prestações mensais totais do empréstimo previstas pelo requerente e sua renda mensal.

A Figura 9.1 apresenta um diagrama de dispersão de *recusa versus razão P/R* para 127 das 2.380 observações da base de dados. (O diagrama de dispersão é mais fácil de ler ao utilizar esse subconjunto dos dados.) Esse diagrama de dispersão parece diferente daqueles da Parte 2 porque a variável *recusa* é binária. Ainda assim, ele parece mostrar uma relação entre *recusa* e *razão P/R*: um número pequeno de requerentes com uma razão prestação-renda inferior a 0,3 tem seu pedido recusado, mas a maioria dos requerentes com uma razão prestação-renda superior a 0,4 tem seu pedido recusado.

Essa relação positiva entre *razão P/R* e *recusa* (quanto maior a *razão P/R*, maior a fração de pedidos recusados) está resumida na Figura 9.1 pela reta de regressão de MQO estimada com base nessas 127 observações. Como é normal, a reta mostra o valor previsto de *recusa* como uma função do regressor, a razão prestação-renda. Por exemplo, quando a *razão P/R* = 0,3, o valor previsto de recusa é 0,20. Mas o que significa exatamente esse valor previsto da variável binária *recusa* ser igual a 0,20?

A chave para responder a essa pergunta — e de modo mais geral para entender a regressão com uma variável dependente binária — é interpretar a regressão como a modelagem da *probabilidade* de que a variável dependente seja igual a um. Assim, o valor previsto de 0,20 indica que, quando a *razão P/R* é 0,3, a probabilidade de recusa é estimada em 20 por cento. Dito de outra forma, se houvesse muitos pedidos com *razão P/R* = 0,3, então 20 por cento deles seriam recusados.

Essa interpretação resulta de dois fatos. Primeiro, a partir da Parte 2, a função de regressão da população é o valor esperado de Y dados os regressores, $E(Y|X_1, ..., X_k)$. Segundo, a partir da Seção 2.2, se Y é uma variável binária 0-1, seu valor esperado (ou média) é a probabilidade de que $Y = 1$, isto é, $E(Y) = P(Y = 1)$. No contexto da regressão, o valor esperado é condicional ao valor dos regressores, de modo que a probabilidade é condicional a X. Portanto, para uma variável binária, $E(Y | X_1, ..., X_k) = P(Y = 1 | X_1, ..., X_k)$. Em suma, o valor previsto da regressão da população para uma variável binária é a probabilidade de que $Y = 1$ dado X.

---

* O Federal Reserve Bank é o Banco Central dos Estados Unidos. Possui diversas sucursais, uma delas em Boston. Para maiores detalhes sobre a estrutura do Banco Central norte-americano, recomendamos o livro *Macroeconomia*, 3. ed., de Olivier Blanchard, publicado no Brasil pela Prentice Hall (N. do R.T.).

** Traduzido literalmente como *Lei de Revelação das Hipotecas de Casas* (N. do R.T.).

FIGURA 9.1 Diagrama de Dispersão da Recusa de Pedidos de Hipoteca e da Razão Prestação-Renda

Requerentes de hipoteca com uma razão prestação-renda (*razão P/R*) alta têm uma probabilidade maior de ter seu pedido recusado (*recusa* = 1 se recusado, *recusa* = 0 se aprovado). O modelo de probabilidade linear utiliza uma linha reta para modelar a probabilidade de recusa, condicional à *razão P/R*.

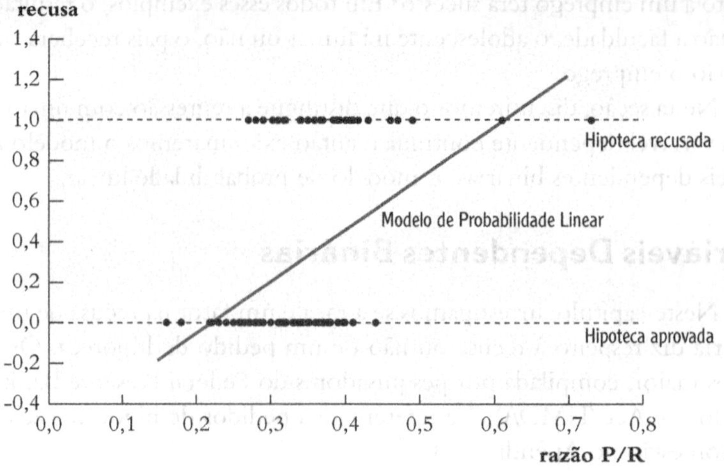

O modelo de regressão linear múltipla aplicado a uma variável dependente binária é chamado de modelo de probabilidade linear: "modelo de probabilidade" porque modela a probabilidade de que a variável dependente seja igual a um — em nosso exemplo, a probabilidade de ter um empréstimo recusado — e "linear" porque é uma linha reta.

Modelo de Probabilidade Linear

Modelo de probabilidade linear é o nome dado ao modelo de regressão múltipla da Parte 2 quando a variável dependente é binária em vez de contínua. Como a variável dependente Y é binária, a função de regressão da população corresponde à probabilidade de que a variável dependente seja igual a um, dado X. O coeficiente da população β_1 de um regressor X é a *variação na probabilidade* de que $Y = 1$ associada a uma *variação unitária* em X. Da mesma forma, o valor previsto de MQO, $\hat{Y}_i$, calculado utilizando a função de regressão estimada, é a probabilidade prevista de que a variável dependente seja igual a um, e o estimador de MQO $\hat{\beta}_1$ estima a variação na probabilidade de que $Y = 1$ associada a uma variação unitária em X.

Praticamente todas as ferramentas da Parte 2 se aplicam ao modelo de probabilidade linear. Os coeficientes podem ser estimados por MQO. Intervalos de confiança de 95 por cento podem ser construídos como ±1,96 erros padrão; hipóteses relativas a vários coeficientes podem ser testadas utilizando a estatística F discutida no Capítulo 5; e interações entre variáveis podem ser modeladas utilizando os métodos da Seção 6.3. Como os erros do modelo de probabilidade linear são sempre heteroscedásticos (veja o Exercício 9.3), é essencial que sejam utilizados erros padrão robustos quanto à heteroscedasticidade para a inferência.

Uma ferramenta que não se aplica é o R^2. Quando a variável dependente é contínua, é possível imaginar uma situação em que o R^2 seja igual a um: todos os dados situam-se exatamente sobre a reta de regressão. Isso é impossível quando a variável dependente é binária, a menos que os regressores também sejam binários. Assim, o R^2 não é uma estatística particularmente útil aqui. Voltaremos a medidas de ajuste na próxima seção.

O Conceito-Chave 9.1 resume o modelo de probabilidade linear.

Aplicação aos dados do HMDA de Boston. A regressão de MQO da variável dependente binária *recusa* contra a razão prestação-renda, *razão P/R*, estimada utilizando todas as 2.380 observações de nossa base de dados, é

$$\widehat{recusa} = -0{,}080 + 0{,}604\ razão\ P/R. \quad (9.1)$$
$$(0{,}032) \quad (0{,}098)$$

Modelo de Probabilidade Linear

Conceito-Chave 9.1

O modelo de probabilidade linear é o modelo de regressão linear múltipla

$$Y_i = \beta_0 + \beta_1 X_{1i} + \beta_2 X_{2i} + \cdots + \beta_k X_{ki} + u_i, \quad (9.2)$$

onde Y_i é binária, de modo que

$$P(Y = 1 \mid X_1, X_2, ..., X_k) = \beta_0 + \beta_1 X_1 + \beta_2 X_2 + \cdots + \beta_k X_k.$$

O coeficiente de regressão β_1 é a variação na probabilidade de que $Y = 1$ associada a uma variação unitária em X_1, mantendo constantes os outros regressores; o mesmo ocorre com β_2 e assim por diante. Os coeficientes da regressão podem ser estimados por MQO, e os erros padrão de MQO usuais (robustos quanto à heteroscedasticidade) podem ser utilizados para intervalos de confiança e testes de hipótese.

O coeficiente estimado de *razão P/R* é positivo, e o coeficiente da população é, em termos estatísticos, significativamente diferente de zero ao nível de 1 por cento (a estatística t é 6,13). Portanto, é mais provável que requerentes com prestações de dívida altas como fração da renda tenham seu pedido recusado. Esse coeficiente pode ser utilizado para calcular a variação prevista na probabilidade de recusa, dada uma variação no regressor. Por exemplo, de acordo com a Equação (9.1), se a *razão P/R* aumentar em 0,1, a probabilidade de recusa aumentará em $0{,}604 \times 0{,}1 \cong 0{,}060$, isto é, em 6 pontos percentuais.

O modelo de probabilidade linear estimado na Equação (9.1) pode ser utilizado para calcular probabilidades previstas de recusa como função da *razão P/R*. Por exemplo, se as prestações de dívida projetadas correspondem a 30 por cento da renda do requerente, a *razão P/R* é 0,3 e o valor previsto na Equação (9.1) é $-0{,}080 + 0{,}604 \times 0{,}3 = 0{,}101$. Isto é, segundo esse modelo de probabilidade linear, um requerente cujas prestações de dívida projetadas correspondam a 30 por cento de sua renda possui uma probabilidade de ter seu pedido recusado de 10,1 por cento. (Isso é diferente da probabilidade de 20 por cento baseada na reta de regressão da Figura 9.1, pois aquela reta foi estimada utilizando apenas 127 das 2.380 observações usadas para estimar a Equação (9.1).)

Qual é o efeito da raça sobre a probabilidade de recusa, mantendo constante a *razão P/R*? Para simplificarmos as coisas, vamos nos concentrar nas diferenças entre requerentes negros e brancos. Para estimarmos o efeito da raça, mantendo constante a *razão P/R*, estendemos a Equação (9.1) ao incluir um regressor binário que é igual a um se o requerente for negro e igual a zero se o requerente for branco. O modelo de probabilidade linear estimado é

$$\widehat{recusa} = \underset{(0{,}029)}{-0{,}091} + \underset{(0{,}089)}{0{,}559}\,\textit{razão P/R} + \underset{(0{,}025)}{0{,}177}\,\textit{negro}. \quad (9.3)$$

O coeficiente de *negro*, 0,177, indica que um requerente negro tem uma probabilidade 17,7 por cento maior de ter um pedido de hipoteca recusado do que um branco, mantendo constante a razão prestação-renda. Esse coeficiente é significante ao nível de 1 por cento (a estatística t é 7,11).

Tomada literalmente, essa estimativa sugere que pode haver viés racial nas decisões sobre hipoteca, mas tal conclusão seria prematura. Embora a razão prestação-renda desempenhe um papel na decisão de um analista de crédito, também há muitos outros fatores, tais como o potencial de salário do requerente e seu histórico de crédito. Se qualquer dessas variáveis estiver correlacionada com os regressores *negro* ou *razão P/R*, sua omissão da Equação (9.3) provocará um viés de omissão de variáveis. Portanto, devemos adiar quaisquer conclusões sobre discriminação nos empréstimos hipotecários até que realizemos uma análise mais detalhada na Seção 9.3.

Problemas do modelo de probabilidade linear. A linearidade que torna o modelo de probabilidade linear fácil de usar é também sua maior falha. Veja novamente a Figura 9.1: a reta estimada que representa as probabilidades previstas situa-se abaixo de zero para valores muito baixos da *razão P/R* e excede um para valores altos! Mas isso não faz sentido: uma probabilidade não pode ser menor do que zero ou maior do que um. Essa característica sem sentido é uma conseqüência inevitável da regressão linear. Para solucionar esse problema, apresentamos novos modelos não-lineares projetados especificamente para variáveis dependentes binárias, os modelos de regressão probit e logit.

9.2 Regressões Probit e Logit

As regressões **probit** e **logit** são modelos não-lineares projetados especificamente para variáveis dependentes binárias. Como uma regressão com uma variável dependente binária Y modela a probabilidade de que $Y = 1$, faz sentido adotar uma formulação não-linear que obrigue os valores previstos a se situarem entre zero e um. Como as funções de distribuição de probabilidade acumulada (f.d.a.) produzem probabilidades entre zero e um (veja a Seção 2.1), elas são utilizadas nas regressões logit e probit. A regressão probit utiliza a f.d.a. normal padrão. A regressão logit, também chamada de **regressão logística**, utiliza a f.d.a. "logística."

Regressão Probit

Regressão probit com um único regressor. O modelo de regressão probit com um único regressor X é

$$P(Y = 1 | X) = \Phi(\beta_0 + \beta_1 X), \tag{9.4}$$

onde Φ é a função de distribuição acumulada normal padrão (apresentada na Tabela 1 do Apêndice).

Por exemplo, suponha que Y seja a variável binária de recusa de hipoteca, *recusa*, e X seja a razão prestação-renda (*razão P/R*), $\beta_0 = -2$ e $\beta_1 = 3$. Qual é, então, a probabilidade de recusa se a *razão P/R* = 0,4? De acordo com a Equação (9.4), essa probabilidade é $\Phi(\beta_0 + \beta_1 \text{ razão } P/R) = \Phi(-2 + 3 \text{ razão } P/R) = \Phi(-2 + 3 \times 0{,}4) = \Phi(-0{,}8)$. De acordo com a tabela da distribuição acumulada normal (Tabela 1 do Apêndice), $\Phi(-0{,}8) = P(Z \leq -0{,}8) = 21{,}2$ por cento. Isto é, quando a *razão P/R* é 0,4, a probabilidade prevista de que o pedido será recusado é de 21,2 por cento, calculada utilizando o modelo probit com os coeficientes $\beta_0 = -2$ e $\beta_1 = 3$.

No modelo probit, o termo $\beta_0 + \beta_1 X$ desempenha o papel de "z" na tabela da distribuição acumulada normal padrão da Tabela 1 do Apêndice. Portanto, o cálculo do parágrafo anterior pode ser feito, de modo equivalente, calculando-se em primeiro lugar o "valor z" — $z = \beta_0 + \beta_1 X = -2 + 3 \times 0{,}4 = -0{,}8$ — e então verificando a probabilidade na cauda da distribuição normal à esquerda de $z = -0{,}8$, que é 21,2 por cento.

Se β_1 da Equação (9.4) for positivo, um aumento em X aumentará a probabilidade de que $Y = 1$; se β_1 for negativo, um aumento em X diminuirá a probabilidade de que $Y = 1$. Contudo, não é fácil interpretar os coeficientes do probit β_0 e β_1 diretamente. Ao contrário, os coeficientes são mais bem interpretados indiretamente pelo cálculo de probabilidades e/ou de variações nas probabilidades. Quando há apenas um regressor, o modo mais fácil de interpretar uma regressão probit é mostrar as probabilidades em um gráfico.

A Figura 9.2 mostra a função de regressão estimada produzida pela regressão probit de *recusa* sobre *razão P/R* para as 127 observações no diagrama de dispersão. A função de regressão probit estimada tem a forma de "S" esticado: é plana e praticamente zero para valores pequenos da *razão P/R*; torna-se mais íngreme e cresce para valores intermediários; e volta a ser plana novamente e próxima de um para valores grandes. A probabilidade de recusa é pequena para valores baixos da razão prestação-renda. Por exemplo, para uma *razão P/R* = 0,2, a probabilidade de recusa estimada com base na função probit estimada da Figura 9.2 é P(*recusa* = 1 | *razão P/R* = 0,2) = 2,1 por cento. Quando a *razão P/R* = 0,3, a probabilidade de recusa estimada é 16,1 por cento; quando a *razão P/R* = 0,4, ela aumenta drasticamente para 51,9 por cento e, quando a *razão P/R* = 0,6, é de 98,3 por cento. De acordo com esse modelo probit estimado, a probabilidade de recusa é praticamente um para requerentes com razão prestação-renda alta.

FIGURA 9.2 Modelo Probit da Probabilidade de Recusa, Dada a Razão P/R

O modelo probit utiliza a função de distribuição acumulada normal para modelar a probabilidade de recusa, dada a razão prestação-renda ou, de modo mais geral, para modelar $P(Y = 1 \mid X)$. Ao contrário do modelo de probabilidade linear, as probabilidades probit condicionais estão sempre entre zero e um.

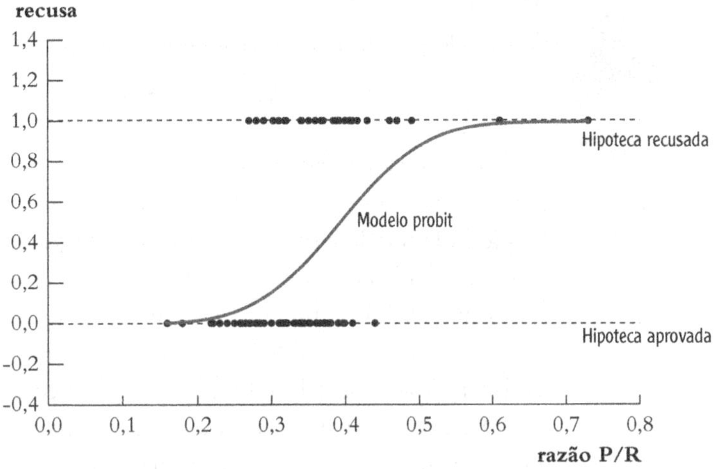

Modelo probit com múltiplos regressores. Em todos os problemas de regressão que estudamos até o momento, deixar de fora um determinante de Y correlacionado com os regressores incluídos resulta em viés de omissão de variáveis. A regressão probit não é exceção. Na regressão linear, a solução é incluir a variável adicional como um regressor. Essa também é a solução para o viés de omissão de variáveis na regressão probit.

O modelo probit com múltiplos regressores estende o modelo probit com um único regressor ao adicionar regressores para calcular o valor z. Assim, o modelo de regressão probit da população com dois regressores, X_1 e X_2, é

$$P(Y = 1 \mid X_1, X_2) = \Phi(\beta_0 + \beta_1 X_1 + \beta_2 X_2). \tag{9.5}$$

Por exemplo, suponha que $\beta_0 = -1{,}6$, $\beta_1 = 2$ e $\beta_2 = 0{,}5$. Se $X_1 = 0{,}4$ e $X_2 = 1$, então o valor z é $z = -1{,}6 + 2 \times 0{,}4 + 0{,}5 \times 1 = -0{,}3$. Portanto, a probabilidade de que $Y = 1$, dados $X_1 = 0{,}4$ e $X_2 = 1$, é $P(Y = 1 \mid X_1 = 0{,}4, X_2 = 1) = \Phi(-0{,}3) = 38$ por cento.

Efeito de uma variação em X. Em geral, o efeito de uma variação em X sobre Y é a variação esperada em Y resultante de uma variação em X. Quando Y é binária, sua expectativa condicional é a probabilidade condicional de que ela seja igual a um, de modo que a variação esperada em Y resultante de uma variação em X é a variação na probabilidade de que $Y = 1$.

Lembre-se da Seção 6.1, na qual você viu que, quando a função de regressão da população é uma função não-linear de X, essa variação esperada é estimada em três passos: primeiro, calcule o valor previsto no valor original de X utilizando a função de regressão estimada; em seguida, calcule o valor previsto no valor de X após a variação, $X + \Delta X$; então, calcule a diferença entre os dois valores previstos. Esse procedimento está resumido no Conceito-Chave 6.1. Conforme enfatizado na Seção 6.1, esse método *sempre* funciona para calcular efeitos previstos de uma variação em X, não importando o grau de complicação do modelo não-linear. Quando aplicado ao modelo probit, o método do Conceito-Chave 6.1 produz o efeito estimado de uma variação em X sobre a probabilidade de que $Y = 1$.

O Conceito-Chave 9.2 resume o modelo de regressão probit, as probabilidades previstas e os efeitos estimados.

Aplicação para os dados de hipoteca. Para fins de ilustração, ajustamos um modelo probit às 2.380 observações de nossa base de dados sobre recusa de hipotecas (*recusa*) e razão prestação-renda (*razão P/R*):

$$\widehat{P(recusa = 1 \mid razão\ P/R)} = \underset{(0{,}16)}{\Phi(-2{,}19} + \underset{(0{,}47)}{2{,}97}\ razão\ P/R). \tag{9.6}$$

Conceito-Chave 9.2

Modelo Probit, Probabilidades Previstas e Efeitos Estimados

O modelo probit da população com múltiplos regressores é

$$P(Y = 1 | X_1, X_2, ..., X_k) = \Phi(\beta_0 + \beta_1 X_1 + \beta_2 X_2 + \cdots + \beta_k X_k), \qquad (9.7)$$

onde a variável dependente Y é binária, Φ é a função de distribuição acumulada normal padrão e X_1, X_2 etc. são os regressores. Os coeficientes do probit β_0, β_1 etc. não têm interpretações simples. O modelo é mais bem interpretado pelo cálculo das probabilidades previstas e do efeito de uma variação em um regressor.

A probabilidade prevista de que $Y = 1$, dados os valores de $X_1, X_2, ..., X_k$, é obtida calculando-se o valor z — $z = \beta_0 + \beta_1 X_1 + \beta_2 X_2 + \cdots + \beta_k X_k$ — e procurando esse valor na tabela da distribuição normal (Tabela 1 do Apêndice).

O efeito de uma variação em um regressor é calculado por: (1) cálculo da probabilidade prevista para o valor inicial dos regressores; (2) cálculo da probabilidade prevista para o valor novo ou modificado dos regressores; e (3) cálculo de sua diferença.

Os coeficientes estimados –2,19 e 2,97 são difíceis de interpretar porque eles afetam a probabilidade de recusa por meio do valor z. De fato, a única conclusão que se pode tirar de imediato da regressão probit estimada na Equação (9.6) é que a *razão P/R* está positivamente relacionada à probabilidade de recusa (o coeficiente de *razão P/R* é positivo) e essa relação é estatisticamente significante ($t = 2,97/0,47 = 6,32$).

Qual é a variação na probabilidade prevista de que um pedido será recusado quando a razão prestação-renda aumenta de 0,3 para 0,4? Para responder a essa questão, seguimos o procedimento apresentado no Conceito-Chave 6.1: calcule a probabilidade de recusa para a *razão P/R* = 0,3, então para a *razão P/R* = 0,4 e finalmente calcule a diferença. A probabilidade de recusa quando a *razão P/R* = 0,3 é $\Phi(-2,19 + 2,97 \times 0,3) = \Phi(-1,30) = 0,097$. A probabilidade de recusa quando a *razão P/R* = 0,4 é $\Phi(-2,19 + 2,97 \times 0,4) = \Phi(-1,00) = 0,159$. A variação estimada na probabilidade de recusa é 0,159 – 0,097 = 0,062. Isto é, um aumento na razão prestação-renda de 0,3 para 0,4 está associado a um aumento na probabilidade de recusa de 6,2 pontos percentuais, de 9,7 para 15,9 por cento.

Como a função de regressão probit é não-linear, o efeito de uma variação em X depende do valor inicial de X. Por exemplo, se a *razão P/R* = 0,5, a probabilidade de recusa estimada baseada na Equação (9.7) é $\Phi(-2,19 + 2,97 \times 0,5) = \Phi(-0,71) = 0,239$. Desse modo, a variação na probabilidade prevista quando a *razão P/R* aumenta de 0,4 para 0,5 é 0,239 – 0,159, ou 8,0 pontos percentuais, maior do que o aumento de 6,2 pontos percentuais que ocorre quando a *razão P/R* aumenta de 0,3 para 0,4.

Qual é o efeito da raça sobre a probabilidade de recusa de uma hipoteca, mantendo constante a razão prestação-renda? Para quantificar esse efeito, estimamos uma regressão probit tendo *razão P/R* e *negro* como regressores:

$$\widehat{P(recusa = 1 | razão\ P/R, negro)} = \Phi(\underset{(0,16)}{-2,26} + \underset{(0,44)}{2,74}\ razão\ P/R + \underset{(0,083)}{0,71} negro). \qquad (9.8)$$

Novamente, os valores dos coeficientes são de difícil interpretação, mas o sinal e a significância estatística, não. O coeficiente de *negro* é positivo, indicando que um requerente negro possui uma probabilidade de recusa maior do que um requerente branco, mantendo constantes suas razões prestação-renda. Esse coeficiente é estatisticamente significante ao nível de 1 por cento (a estatística t de *negro* é 8,55). Para um requerente branco com *razão P/R* = 0,3, a probabilidade prevista de recusa é de 7,5 por cento, ao passo que para um requerente negro com *razão P/R* = 0,3, ela é de 23,3 por cento; a diferença entre as probabilidades de recusa para esses dois requerentes hipotéticos é de 15,8 pontos percentuais.

Regressão Logit

O modelo logit da população da variável dependente binária Y com múltiplos regressores é

$$P(Y=1 \mid X_1, X_2, \ldots, X_k) = F(\beta_0 + \beta_1 X_1 + \beta_2 X_2 + \cdots + \beta_k X_k)$$
$$= \frac{1}{1 + e^{-(\beta_0 + \beta_1 X_1 + \beta_2 X_2 + \cdots + \beta_k X_k)}}. \quad (9.9)$$

A regressão logit é semelhante à regressão probit, exceto no que se refere à diferença na função de distribuição acumulada.

Conceito-Chave 9.3

Estimativa dos coeficientes do probit. Os coeficientes do probit relatados aqui foram estimados utilizando o método de máxima verossimilhança, que produz estimadores eficientes (variância mínima) para uma grande variedade de aplicações, incluindo a regressão com uma variável dependente binária. O estimador de máxima verossimilhança é consistente e normalmente distribuído em amostras grandes, de modo que as estatísticas t e os intervalos de confiança para os coeficientes podem ser construídos da forma usual.

O pacote de regressão para estimação de modelos probit utiliza normalmente a estimação de máxima verossimilhança, uma vez que ela é um método simples de ser aplicado na prática. Os erros padrão produzidos por tal pacote podem ser utilizados da mesma forma que os erros padrão de coeficientes de regressão; por exemplo, um intervalo de confiança de 95 por cento para o verdadeiro coeficiente do probit pode ser construído como o coeficiente estimado $\pm 1{,}96$ erro padrão. De maneira similar, a estatística F calculada utilizando estimadores de máxima verossimilhança pode ser usada para testar hipóteses conjuntas. A estimação de máxima verossimilhança é discutida com mais profundidade na Seção 9.3; detalhes adicionais são apresentados no Apêndice 9.2.

Regressão Logit

Modelo de regressão logit. O modelo de regressão logit é semelhante ao modelo de regressão probit, exceto pela substituição da função de distribuição acumulada normal padrão Φ na Equação (9.6) pela função de distribuição acumulada logística padrão, representada por F. O Conceito-Chave 9.3 resume a regressão logit. A função de distribuição acumulada logística possui uma forma funcional específica, definida em termos da função exponencial, que é dada pela expressão final na Equação (9.9).

Os coeficientes do logit, assim como os do probit, são mais bem interpretados pelo cálculo das probabilidades previstas e das diferenças entre elas.

Os coeficientes do modelo logit podem ser estimados por máxima verossimilhança. O estimador de máxima verossimilhança é consistente e normalmente distribuído em amostras grandes, de modo que as estatísticas t e os intervalos de confiança para os coeficientes podem ser construídos da forma usual.

As funções de regressão logit e probit são semelhantes. Isso está ilustrado na Figura 9.3, que mostra as funções de regressão probit e logit para a variável dependente *recusa* e o único regressor *razão P/R*, estimado por máxima verossimilhança utilizando as mesmas 127 observações das figuras 9.1 e 9.2. As diferenças entre as duas funções são pequenas.

Historicamente, a principal motivação para o uso da regressão logit era que a função de distribuição acumulada logística poderia ser calculada mais rapidamente do que a função de distribuição acumulada normal. Com o surgimento de computadores mais eficientes, essa distinção não é mais importante.

Aplicação aos dados do HMDA de Boston. Uma regressão logit de *recusa* contra *razão P/R* e *negro*, utilizando as 2.380 observações da base de dados, produz a função de regressão estimada

$$\widehat{P(recusa = 1 \mid razão\ P/R,\ negro)} = \underset{(0,35)}{F(-4{,}13} + \underset{(0,96)}{5{,}37}\ razão\ P/R + \underset{(0,15)}{1{,}27} negro). \quad (9.10)$$

FIGURA 9.3 Modelos Probit e Logit da Probabilidade de Recusa, Dada a Razão P/R

Estes modelos logit e probit produzem estimativas praticamente idênticas da probabilidade de que um pedido de hipoteca seja recusado, dada a razão prestação-renda.

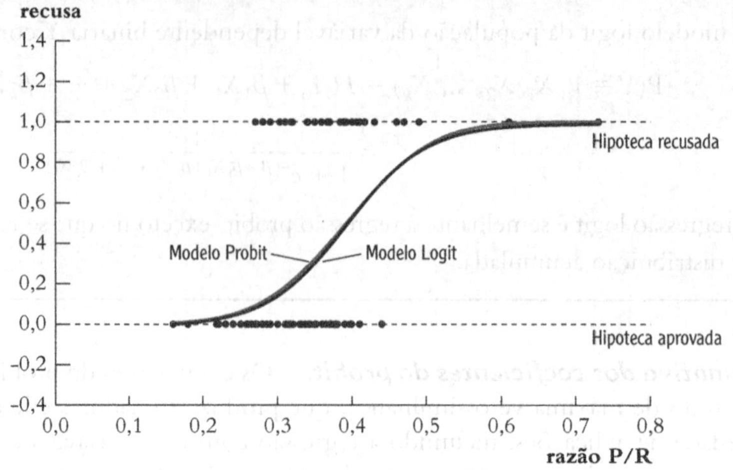

O coeficiente de *negro* é positivo e estatisticamente significante ao nível de 1 por cento (a estatística t é 8,47). A probabilidade prevista de recusa para um requerente branco com uma *razão P/R* = 0,3 é de $1/[1 + e^{-(-4,13+5,37\times 0,3+1,27\times 0)}] = 1/[1 + e^{2,52}] = 0,074$, ou 7,4 por cento. A probabilidade prevista de recusa para um requerente negro com uma *razão P/R* = 0,3 é $1/[1 + e^{1,25}] = 0,222$, ou 22,2 por cento, de modo que a diferença entre as duas probabilidades é de 14,8 pontos percentuais.

Comparando os Modelos de Probabilidade Linear, Probit e Logit

Os três modelos — probabilidade linear, probit e logit — são apenas aproximações da função de regressão da população desconhecida $E(Y|X) = P(Y = 1|X)$. O modelo de probabilidade linear é o mais fácil de usar e de interpretar, mas não consegue captar a natureza não-linear da função de regressão da população verdadeira. As regressões probit e logit modelam essa não-linearidade nas probabilidades, porém seus coeficientes de regressão são mais difíceis de interpretar. Então, qual deles você deve usar na prática?

Não existe uma única resposta correta, e pesquisadores diferentes utilizam modelos diferentes. As regressões probit e logit freqüentemente produzem resultados semelhantes. Por exemplo, de acordo com o modelo probit estimado na Equação (9.8), a diferença entre as probabilidades de recusa para um requerente negro e um branco com *razão P/R* = 0,3 foi estimada em 15,8 pontos percentuais, ao passo que a estimativa logit dessa diferença, com base na Equação (9.10), era de 14,9 pontos percentuais. Para fins práticos, as duas estimativas são muito semelhantes. Uma forma de escolher entre logit e probit é perceber o método mais fácil de usar em seu pacote estatístico.

O modelo de probabilidade linear fornece a aproximação menos acertada da função de regressão da população não-linear. Mesmo assim, em algumas bases de dados, pode haver um número pequeno de valores extremos dos regressores, caso em que o modelo de probabilidade linear ainda pode fornecer uma aproximação adequada. Na regressão da probabilidade de recusa na Equação (9.3), a diferença branco/negro estimada a partir do modelo de probabilidade linear é de 17,7 pontos percentuais, maior do que as estimativas probit e logit, mas ainda qualitativamente similar. A única forma de saber isso, entretanto, é estimar tanto o modelo linear quanto o não-linear e comparar as probabilidades previstas.

9.3 Estimação e Inferência nos Modelos Logit e Probit[1]

Os modelos não-lineares estudados no Capítulo 6 são funções não-lineares de variáveis independentes, mas são funções lineares dos coeficientes desconhecidos ("parâmetros"). Conseqüentemente, os coeficientes desconhecidos dessas funções de regressão não-lineares podem ser estimados por MQO. As funções de regressão probit e logit, por sua vez, são uma função não-linear dos coeficientes. Isto é, os coeficientes do probit β_0, β_1 etc. na Equação (9.6) estão *dentro* da função de distribuição acumulada normal padrão Φ, e os coeficientes do logit na Equação (9.9) estão dentro da função de distribuição acumulada logística padrão F. Como a função de regressão da população é uma função não-linear dos coeficientes β_0, β_1 etc., aqueles coeficientes não podem ser estimados por MQO.

Nesta seção, fornecemos uma introdução ao método padrão para estimação de coeficientes do probit e do logit, a máxima verossimilhança; detalhes matemáticos adicionais são dados no Apêndice 9.2. A estimação de máxima verossimilhança dos coeficientes do probit é fácil na prática, uma vez que está incluída nos pacotes estatísticos modernos. A teoria de estimação de máxima verossimilhança, contudo, é mais complicada do que a teoria de mínimos quadrados. Comecemos, portanto, discutindo outro método de estimação, o de mínimos quadrados não-lineares, antes de nos voltarmos para a máxima verossimilhança.

Estimação de Mínimos Quadrados Não-Lineares

Mínimos quadrados não-lineares é um método geral para estimar coeficientes desconhecidos de uma função de regressão quando esses coeficientes entram na função de regressão da população de forma não-linear, como ocorre com os coeficientes do probit.

Lembre-se da discussão na Seção 5.3 sobre o estimador de MQO dos coeficientes do modelo de regressão linear múltipla. O estimador de MQO minimiza a soma dos quadrados dos erros de previsão residuais na Equação (5.8), $\sum_{i=1}^{n}[Y_i - (b_0 + b_1X_{1i} + \cdots + b_kX_{ki})]^2$. Em princípio, o estimador de MQO pode ser calculado pela verificação de muitos valores experimentais de $b_0, \ldots, b_k$ e pela seleção dos valores que minimizam a soma dos quadrados dos erros.

Esse mesmo enfoque pode ser utilizado para estimar os coeficientes do probit. Como o modelo de regressão é não-linear nos coeficientes, esse método é chamado de mínimos quadrados não-lineares. Para um conjunto de valores de coeficientes experimentais b_0, b_1 etc., construa a soma dos quadrados dos erros de previsão,

$$\sum_{i=1}^{n}[Y_i - \Phi(b_0 + b_1X_{1i} + \cdots + b_kX_{ki})]^2, \tag{9.11}$$

que é igual à do modelo de regressão linear, exceto pela função de regressão, que é dada pelo modelo probit. O **estimador de mínimos quadrados não-lineares** dos coeficientes do probit são os valores de b_0, b_1, ..., b_k que minimizam a soma dos quadrados dos erros de previsão na Equação (9.11). Da mesma forma, o estimador de mínimos quadrados não-lineares dos coeficientes do logit minimizam a soma dos quadrados dos erros de previsão, com a função de distribuição logística F substituindo Φ na Equação (9.11).

No modelo de regressão linear, há uma fórmula inesperada que expressa o estimador de MQO como uma função dos dados. Infelizmente, não existe uma fórmula assim para o modelo probit, de modo que o estimador de mínimos quadrados não-lineares deve ser encontrado numericamente pelo computador. Pacotes de regressão geralmente incorporam algoritmos sofisticados para a solução do problema de minimização, que simplifica o cálculo desse estimador na prática.

O estimador de mínimos quadrados não-lineares dos coeficientes do probit compartilha duas propriedades principais do estimador de MQO na regressão linear: é consistente (a probabilidade de estar próximo do valor verdadeiro tende a um à medida que o tamanho da amostra aumenta) e é normalmente distribuído em amostras grandes. Existem, contudo, estimadores que possuem uma variância menor do que o estimador de mínimos

[1] Esta seção contém material mais avançado que pode ser pulado sem perda de continuidade.

quadrados não-lineares, isto é, esse estimador é ineficiente. Por essa razão, raramente é utilizado na prática; em vez disso, os parâmetros são estimados por máxima verossimilhança.

Estimação de Máxima Verossimilhança

A **função de verossimilhança** é a distribuição de probabilidade conjunta dos dados, tratada como uma função dos coeficientes desconhecidos. O **estimador de máxima verossimilhança (EMV)** dos coeficientes desconhecidos consiste dos valores dos coeficientes que maximizam a função de verossimilhança. Como o EMV escolhe os coeficientes desconhecidos para maximizar a função de verossimilhança, que por sua vez é a distribuição de probabilidade conjunta, temos que ele escolhe os valores dos parâmetros para maximizar a probabilidade de selecionar os dados efetivamente observados. Nesse sentido, os EMVs são os valores dos parâmetros "mais prováveis" de terem produzido os dados.*

Para ilustrar a estimação de máxima verossimilhança, considere duas observações i.i.d., Y_1 e Y_2, de uma variável dependente binária sem nenhum regressor. Assim, Y é uma variável aleatória de Bernoulli e o único parâmetro desconhecido a ser estimado é a probabilidade p de que $Y = 1$, que é também a média de Y.

Para obter o estimador de máxima verossimilhança, precisamos de uma expressão para a função de verossimilhança, que por sua vez requer uma expressão para a distribuição de probabilidade conjunta dos dados. A distribuição de probabilidade conjunta das duas observações, Y_1 e Y_2, é $P(Y_1 = y_1, Y_2 = y_2)$. Como Y_1 e Y_2 são independentemente distribuídas, a distribuição conjunta é o produto das distribuições individuais (veja a Equação (2.21)), logo $P(Y_1 = y_1, Y_2 = y_2) = P(Y_1 = y_1)P(Y_2 = y_2)$. A distribuição de Bernoulli pode ser resumida na fórmula $P(Y = y) = p^y(1 - p)^{1-y}$: quando $y = 1$, $P(Y = 1) = p^1(1 - p)^0 = p$ e quando $y = 0$, $P(Y = 0) = p^0(1 - p)^1 = 1 - p$. Portanto, a distribuição de probabilidade conjunta de Y_1 e Y_2 é $P(Y_1 = y_1, Y_2 = y_2) = [p^{y_1}(1 - p)^{1-y_1}] \times [p^{y_2}(1 - p)^{1-y_2}] = p^{(y_1+y_2)}(1 - p)^{2-(y_1+y_2)}$.

A função de verossimilhança é a distribuição de probabilidade conjunta, tratada como uma função dos coeficientes desconhecidos. Para $n = 2$ observações i.i.d. de variáveis aleatórias de Bernoulli, a função de verossimilhança é

$$f(p; Y_1, Y_2) = p^{(Y_1+Y_2)}(1 - p)^{2-(Y_1+Y_2)}. \qquad (9.12)$$

O estimador de máxima verossimilhança de p é o valor de p que maximiza a função de verossimilhança na Equação (9.12). Assim como todos os problemas de maximização e minimização, este pode ser resolvido por tentativa e erro; isto é, você pode experimentar diferentes valores de p e calcular a função de verossimilhança $f(p; Y_1, Y_2)$ até que esteja convencido de que conseguiu maximizar essa função. Nesse exemplo, contudo, a maximização da função de verossimilhança por meio do cálculo produz uma fórmula simples para o EMV, que é $\hat{p} = \frac{1}{2}(Y_1 + Y_2)$. Em outras palavras, o EMV de p é simplesmente a média da amostra! De fato, para um n geral, o EMV $\hat{p}$ da probabilidade de Bernoulli p é a média da amostra, isto é, $\hat{p} = \overline{Y}$ (isso é mostrado no Apêndice 9.2). Nesse exemplo, o EMV é o estimador usual de p, a fração de vezes em que $Y_i = 1$ na amostra.

Esse exemplo é semelhante ao problema da estimação dos coeficientes desconhecidos dos modelos de regressão probit e logit. Naqueles modelos, a probabilidade de sucesso p não é constante, mas depende de X; ou seja, é a probabilidade de sucesso condicional a X, que é dada na Equação (9.6) para o modelo probit e na Equação (9.9) para o modelo logit. Desse modo, as funções de verossimilhança probit e logit são semelhantes à função de verossimilhança na Equação (9.12), exceto pelo fato de que a probabilidade de sucesso varia de uma observação para a outra (porque depende de X_i). Expressões para as funções de verossimilhança probit e logit são apresentadas no Apêndice 9.2.

---

* Há aqui uma explicação que não encontra uma correspondência perfeita em português. Em inglês temos *likelihood function*, que significa "função de verossimilhança". Algumas considerações são tecidas para dizer que "os EMVs são os valores dos parâmetros 'mais prováveis' de terem produzido os dados", em que "mais prováveis" é a tradução de *most likely*. Na língua inglesa, portanto, há na última frase uma ligação entre o nome da função e o estimador, o que se perde na tradução (N. do R.T.).

Assim como o estimador de mínimos quadrados não-lineares, o EMV é consistente e normalmente distribuído em amostras grandes. Como os pacotes de regressão normalmente calculam o EMV dos coeficientes do probit, esse estimador é fácil de utilizar na prática. Todos os coeficientes do probit e do logit estimados relatados neste capítulo são EMVs.

Inferência estatística baseada no EMV. Como o EMV é normalmente distribuído em amostras grandes, a inferência estatística sobre os coeficientes do probit e do logit baseada no EMV segue do mesmo modo que a inferência sobre os coeficientes da função de regressão linear baseada no estimador de MQO. Isto é, testes de hipótese são feitos utilizando a estatística t e os intervalos de confiança de 95 por cento são formados como $\pm 1{,}96$ erro padrão. Os testes de hipóteses conjuntas sobre múltiplos coeficientes utilizam a estatística F de uma forma semelhante àquela discutida no Capítulo 5 para o modelo de regressão linear. Tudo isso é completamente análogo à inferência estatística no modelo de regressão linear.

Um ponto prático importante é que alguns pacotes estatísticos descrevem testes de hipóteses conjuntas utilizando a estatística F, enquanto outros empregam a estatística qui-quadrado. Essa estatística é $q \times F$, onde q é o número de restrições testadas. Como a estatística F é, sob a hipótese nula, distribuída como χ^2_q/q em amostras grandes, $q \times F$ é distribuído como χ^2_q em amostras grandes. Como os dois enfoques diferem somente se a divisão é por q, eles produzem inferências idênticas; porém, você precisa saber qual dos enfoques está implementado em seu pacote para utilizar os valores críticos corretos.

Medidas de Ajuste

Na Seção 9.1, foi mencionado que o R^2 é uma medida insatisfatória do ajuste para o modelo de probabilidade linear. Isso também é verdadeiro para a regressão probit e a logit. Duas medidas de ajuste para modelos com variáveis dependentes binárias são a "fração corretamente prevista" e o "pseudo-R^2". A **fração corretamente prevista** utiliza a seguinte regra: se $Y_i = 1$ e a probabilidade prevista excede 50 por cento, ou se $Y_i = 0$ e a probabilidade prevista é menor do que 50 por cento, diz-se que Y_i é corretamente previsto. Caso contrário, diz-se que Y_i é incorretamente previsto. A "fração corretamente prevista" é a fração das n observações $Y_1, ..., Y_n$ previstas corretamente.

Uma vantagem dessa medida de ajuste é que ela é fácil de entender. Uma desvantagem é que ela não reflete a qualidade da previsão: se $Y_i = 1$, a observação é tratada como corretamente prevista quando a probabilidade prevista for de 51 ou 90 por cento.

O **pseudo-R^2** mede o ajuste do modelo utilizando a função de verossimilhança. Como o EMV maximiza essa função, a inclusão de outro regressor em um modelo probit ou logit aumenta o valor da verossimilhança maximizada, assim como a inclusão de um regressor necessariamente reduz a soma dos quadrados dos resíduos na regressão linear por MQO. Isso sugere a medição da qualidade do ajuste de um modelo probit pela comparação do valor da função de verossimilhança maximizada, incluindo todos os regressores com o valor da verossimilhança sem nenhum regressor. Isso é, de fato, o que o pseudo-R^2 faz. O Apêndice 9.2 fornece uma fórmula para o pseudo-R^2.

9.4 Aplicação aos Dados do HMDA de Boston

As regressões das duas seções anteriores indicaram que as taxas de recusa foram maiores para requerentes negros do que para requerentes brancos, mantendo constantes suas razões prestação-renda. Os analistas de crédito, contudo, ponderam de forma justa muitos fatores ao decidir sobre um pedido de hipoteca, e se qualquer um desses outros fatores difere sistematicamente pelo critério de raça, então os estimadores considerados até aqui têm viés de omissão de variáveis.

Nesta seção, examinamos mais de perto se há evidência estatística de discriminação nos dados do HMDA de Boston. Nosso objetivo é estimar especificamente o efeito da raça sobre a probabilidade de recusa, mantendo constantes as características do requerente que um analista de crédito pode considerar de forma justa ao decidir sobre um pedido de hipoteca.

A Tabela 9.1 enumera as variáveis mais importantes disponíveis para analistas de crédito por meio de pedidos de hipoteca que constam na base de dados do HMDA de Boston; são essas as variáveis nas quais nos concentraremos em nossos modelos empíricos de decisões sobre empréstimos. As duas primeiras variáveis são medidas diretas do ônus financeiro que o empréstimo proposto colocaria ao requerente, medido em termos de sua renda. A primeira delas é a *razão P/R*; a segunda é a razão entre as despesas relacionadas à habitação e à renda. A outra variável é o tamanho do empréstimo, relativo ao valor avaliado do imóvel. Se a razão empréstimo-valor for próxima de um, o banco poderá ter problemas para recuperar o montante total do empréstimo se, no caso de o requerente ficar inadimplente, executar a hipoteca. As três últimas variáveis financeiras resumem o histórico de crédito do requerente. Se um requerente não honrou o pagamento de empréstimos no passado, o analista de crédito pode se preocupar com sua capacidade ou desejo de saldar as prestações da hipoteca no futuro. As três variáveis medem tipos distintos de histórico de crédito que o analista de crédito pode considerar de forma diferente. A primeira diz respeito ao crédito do consumidor, como as dívidas do cartão de crédito; a segunda refere-se ao histórico de prestações anteriores da hipoteca; e a terceira mede problemas de crédito tão graves que constam de um registro legal público, tal como um pedido de falência.

A Tabela 9.1 também enumera outras variáveis relevantes para a decisão do analista de crédito. Às vezes, o requerente deve pedir um seguro privado de hipoteca.[2] O analista de crédito sabe se o pedido foi recusado, e essa recusa seria considerada de forma negativa por ele. As próximas três variáveis, que se referem à situação empregatícia, ao estado civil e ao nível de instrução do requerente, relacionam-se à capacidade prospectiva dele de saldar o empréstimo. No caso de execução da hipoteca, as características do imóvel também são relevantes, e a variável seguinte indica se é um apartamento. As duas últimas variáveis na Tabela 9.1 mostram se o requerente é branco ou negro e se o pedido foi recusado ou aceito. Nesses dados, 14,2 por cento dos requerentes são negros e 12 por cento dos pedidos são negados.

A Tabela 9.2 apresenta os resultados da regressão baseados nessas variáveis. As especificações de base, apresentadas nas colunas (1)-(3), incluem as variáveis financeiras da Tabela 9.1 e as variáveis que indicam se o seguro privado de hipoteca foi recusado e se o requerente é autônomo. Os analistas de crédito geralmente usam limiares, ou valores-limite, para a razão empréstimo-valor, de modo que a especificação de base utiliza variáveis binárias para indicar se a razão empréstimo-valor é alta ($\geq 0{,}95$), média (entre 0,8 e 0,95) ou baixa ($< 0{,}8$; esse caso é omitido para evitar multicolinearidade perfeita). Os regressores nas três primeiras colunas são semelhantes àqueles da especificação de base considerados pelo Federal Reserve Bank de Boston em sua análise original dos dados.[3] As regressões nas colunas (1)-(3) diferem apenas na forma como a probabilidade de recusa é modelada: utilizam respectivamente um modelo de probabilidade linear, um modelo logit e um modelo probit.

Como a regressão na coluna (1) é um modelo de probabilidade linear, seus coeficientes são variações estimadas nas probabilidades previstas resultantes de uma variação unitária na variável independente. Dessa forma, estima-se que um aumento da *razão P/R* em 0,1 aumente a probabilidade de recusa em 4,5 pontos percentuais (o coeficiente da *razão P/R* na coluna (1) é 0,449, e $0{,}449 \times 0{,}1 \cong 0{,}045$). De forma semelhante, possuir uma razão empréstimo-valor alta aumenta a probabilidade de recusa: uma razão empréstimo-valor acima de 95 por cento está associada a um aumento de 18,9 pontos percentuais (o coeficiente é 0,189) na probabilidade de recusa, em relação ao caso omitido de uma razão empréstimo-valor inferior a 80 por cento, mantendo constantes as outras variáveis na coluna (1). Requerentes com uma má classificação de crédito também enfrentam mais dificuldades para obter um empréstimo, mantendo tudo o mais constante, embora curiosamente o coeficiente do crédito do consumidor seja estatisticamente significante, mas o coeficiente do crédito de hipoteca não o seja. Requerentes com um registro público de problemas de crédito, tais como pedidos de falência, enfrentam uma dificul-

[2] Seguro de hipoteca é uma apólice de seguro pela qual a companhia seguradora faz o pagamento mensal ao banco em caso de inadimplência do tomador do empréstimo. Durante o período deste estudo, se a razão empréstimo-valor excedesse 80 por cento, o requerente normalmente deveria adquirir um seguro de hipoteca.

[3] A diferença entre os regressores nas colunas (1)-(3) e os de Munnell et al. (1996), tabela 2(1), é a seguinte: Munnell et al. incluem indicadores adicionais da localização da casa e da identidade do emprestador, dados que não estão disponíveis publicamente; um indicador para uma casa multifamiliar, que é irrelevante aqui porque nosso subconjunto se concentra em casas para uma única família; e riqueza líquida, que omitimos porque essa variável possui alguns poucos valores positivos e negativos muito grandes e, portanto, pode tornar os resultados sensíveis a algumas observações "aberrantes" específicas.

dade muito maior de obter empréstimo: mantendo tudo o mais igual, estima-se que um registro público de inadimplência aumente a probabilidade de recusa em 0,197, ou 19,7 pontos percentuais. Estima-se que ter o seguro privado de hipoteca recusado é praticamente decisivo: o coeficiente estimado de 0,702 significa que ter um seguro de hipoteca recusado aumenta sua possibilidade de ter uma hipoteca recusada em 70,2 pontos percentuais, mantendo tudo o mais igual. Das nove variáveis (excluindo-se raça) na regressão, os coeficientes de todas, exceto duas, são estatisticamente significantes ao nível de 5 por cento, o que é consistente com a consideração pelos analistas de crédito de muitos fatores ao tomarem suas decisões.

O coeficiente de *negro* na regressão (1) é 0,084, o que indica que a diferença entre as probabilidades de recusa para requerentes negros e brancos é de 8,4 pontos percentuais, mantendo constantes as outras variáveis na regressão. Isso é estatisticamente significante ao nível de significância de 1 por cento ($t = 3{,}65$).

TABELA 9.1 Variáveis Incluídas nos Modelos de Regressão para Decisões de Hipoteca

Variável	Definição	Média da amostra
Variáveis Financeiras		
razão P/R	Razão entre prestação da dívida mensal total e renda mensal total	0,331
razão despesas com habitação-renda	Razão entre despesas com habitação mensais e renda mensal total	0,255
razão empréstimo-valor	Razão entre tamanho do empréstimo e valor avaliado do imóvel	0,738
classificação do crédito do consumidor	1 se não há prestações em atraso ou mora 2 se há uma ou duas prestações em atraso ou mora 3 se há mais de duas prestações em atraso 4 se o histórico de crédito é insuficiente para determinação 5 se há histórico de crédito com mora com prestações atrasadas em 60 dias 6 se há histórico de crédito com mora com prestações atrasadas em 90 dias	2,1
classificação do crédito de hipoteca	1 se não há atraso nas prestações de hipoteca 2 se não há histórico de prestações de hipoteca 3 se há uma ou duas prestações de hipoteca em atraso 4 se há mais de duas prestações de hipoteca em atraso	1,7
registro público de inadimplência	1 se há algum registro público de problemas de crédito (falência, concordata, ações coletivas) 0 caso contrário	0,074
Características Adicionais do Requerente		
seguro de hipoteca recusado	1 se o requerente pediu por um seguro de hipoteca e foi recusado 0 caso contrário	0,020
autônomo	1 se é autônomo 0 caso contrário	0,116
solteiro	1 se o requerente declarou ser solteiro 0 caso contrário	0,393
diploma de ensino médio	1 se o requerente concluiu o ensino médio 0 caso contrário	0,984
taxa de desemprego	taxa de desemprego de Massachusetts em 1998 na atividade do requerente	3,8
apartamento	1 se o imóvel é um apartamento 0 caso contrário	0,288
negro	1 se o requerente é negro 0 se branco	0,142
recusa	1 se o pedido de hipoteca foi recusado 0 caso contrário	0,120

TABELA 9.2 Regressões de Recusa de Hipotecas Utilizando os Dados do HMDA de Boston

Variável dependente: *recusa* = 1 se o pedido de hipoteca for recusado, = 0 se aprovado; 2.380 observações.

Modelo de regressão **Regressor**	***LPM*** **(1)**	***Logit*** **(2)**	***Probit*** **(3)**	***Probit*** **(4)**	***Probit*** **(5)**	***Probit*** **(6)**
negro	0,084** (0,023)	0,688** (0,182)	0,389** (0,098)	0,371** (0,099)	0,363** (0,100)	0,246 (0,448)
razão P/R	0,449** (0,114)	4,76** (1,33)	2,44** (0,61)	2,46** (0,60)	2,62** (0,61)	2,57** (0,66)
razão despesas com habitação-renda	−0,048 (0,110)	−0,11 (1,29)	−0,18 (0,68)	−0,30 (0,68)	−0,50 (0,70)	−0,54 (0,74)
razão empréstimo-valor média (0,80 ≤ *empréstimo valor* ≤ 0,95)	0,031* (0,013)	0,46** (0,16)	0,21** (0,08)	0,22** (0,08)	0,22** (0,08)	0,22** (0,08)
razão empréstimo-valor alta (*empréstimo-valor* ≥ 0,95)	0,189** (0,050)	1,49** (0,32)	0,79** (0,18)	0,79** (0,18)	0,84** (0,18)	0,79** (0,18)
classificação do crédito do consumidor	0,031** (0,005)	0,29** (0,04)	0,15** (0,02)	0,16** (0,02)	0,34** (0,11)	0,16** (0,02)
classificação do crédito da hipoteca	0,021 (0,011)	0,28* (0,14)	0,15* (0,07)	0,11 (0,08)	0,16 (0,10)	0,11 (0,08)
registro público de inadimplência	0,197** (0,035)	1,23** (0,20)	0,70** (0,12)	0,70** (0,12)	0,72** (0,12)	0,70** (0,12)
seguro de hipoteca recusado	0,702** (0,045)	4,55** (0,57)	2,56** (0,30)	2,59** (0,29)	2,59** (0,30)	2,59** (0,29)
autônomo	0,060** (0,021)	0,67** (0,21)	0,36** (0,11)	0,35** (0,11)	0,34** (0,11)	0,35** (0,11)
solteiro				0,23** (0,08)	0,23** (0,08)	0,23** (0,08)
diploma de ensino médio				−0,61** (0,23)	−0,60* (0,24)	−0,62** (0,23)
taxa de desemprego				0,03 (0,02)	0,03 (0,02)	0,03 (0,02)
apartamento					−0,05 (0,09)	
negro × *razão P/R*						−0,58 (1,47)
negro × *razão despesa com habitação-renda*						1,23 (1,69)
variáveis adicionais indicadoras de classificação do crédito	não	não	não	não	sim	não
constante	−0,183** (0,028)	−5,71** (0,48)	−3,04** (0,23)	−2,57** (0,34)	−2,90** (0,39)	−2,54** (0,35)

(continua)

(continuação)

Estatística *F* e Valores *p* Testando a Exclusão de Grupos de Variáveis	(1)	(2)	(3)	(4)	(5)	(6)
Requerente solteiro; diploma de ensino médio; taxa de desemprego da indústria				5,85 (< 0,001)	5,22 (0,001)	5,79 (< 0,001)
Variáveis adicionais indicadoras de classificação de crédito					1,22 (0,291)	
Interações raciais e negro						4,96 (0,002)
Somente interações raciais						0,27 (0,766)
Diferença na probabilidade de recusa prevista, branco versus *negro (pontos percentuais)*	8,4%	6,0%	7,1%	6,6%	6,3%	6,5%

Essas regressões foram estimadas utilizando as n = 2.380 observações da base de dados HMDA de Boston, descritas no Apêndice 9.1. O modelo de probabilidade linear foi estimado por MQO, e as regressões probit e logit foram estimadas por máxima verossimilhança. Os erros padrão estão entre parênteses abaixo dos coeficientes e os valores p estão entre parênteses abaixo da estatística F. A variação na probabilidade prevista na última linha foi calculada para um requerente hipotético cujos valores dos regressores — exceto raça — são iguais à média da amostra. Os coeficientes individuais são estatisticamente significantes ao nível de *5 por cento ou **1 por cento.

Tiramos conclusões semelhantes das estimativas logit e probit apresentadas nas colunas (2) e (3). Nas regressões logit e probit, oito dos nove coeficientes de variáveis — exceto raça — são, cada um, em termos estatísticos, significativamente diferentes de zero ao nível de 5 por cento e o coeficiente de *negro* é estatisticamente significante ao nível de 1 por cento. Conforme discutido na Seção 9.2, como esses modelos são não-lineares, devemos escolher valores específicos para todos os regressores a fim de calcular a diferença entre as probabilidades previstas para requerentes brancos e negros. Um modo convencional de fazer essa escolha é considerar um requerente "médio" que possui os valores de média da amostra de todos os regressores — exceto raça. A última linha da Tabela 9.2 mostra a diferença estimada entre as probabilidades avaliada para esse requerente médio. Os diferenciais raciais estimados são semelhantes: 8,4 pontos percentuais para o modelo de probabilidade linear (coluna (1)), 6,0 pontos percentuais para o modelo logit (coluna (2)) e 7,1 pontos percentuais para o modelo probit (coluna (3)). Esses efeitos raciais estimados e os coeficientes de *negro* são menores do que nas regressões das seções anteriores, em que os únicos regressores eram *razão P/R* e *negro*, indicando que as estimativas anteriores tinham viés de omissão de variáveis.

As regressões nas colunas (4) e (6) investigam a sensibilidade dos resultados da coluna (3) a mudanças na especificação da regressão. A coluna (4) modifica a coluna (3) pela inclusão de características adicionais dos requerentes. Essas características ajudam a prever se o empréstimo será recusado; por exemplo, possuir ao menos um diploma de ensino médio reduz a probabilidade de recusa (a estimativa é negativa e o coeficiente é estatisticamente significante ao nível de 1 por cento). Contudo, o controle dessas características pessoais não muda o coeficiente estimado de *negro* ou a diferença estimada entre as probabilidades de recusa (6,6 por cento) de uma forma importante.

A coluna (5) separa as seis categorias de crédito do consumidor e as quatro categorias de crédito de hipoteca para testar a hipótese nula de que essas duas variáveis entram linearmente; essa regressão também inclui uma variável que indica se o imóvel é um apartamento. A hipótese nula de que as variáveis de classificação de crédito entram linearmente na expressão para o valor z não é rejeitada, nem o indicador de apartamento é significante, ao nível de 5 por cento. Mais importante, a diferença racial estimada entre as probabilidades de recusa (6,3 por cento) é essencialmente a mesma que nas colunas (3) e (4).

A coluna (6) examina se há interações. Os padrões aplicados para a avaliação das razões prestação-renda e despesas de habitação-renda são diferentes para requerentes brancos e negros? A resposta parece ser não: os termos de interação não são em conjunto estatisticamente significantes ao nível de 5 por cento. Entretanto, a raça continua a ter um efeito significante, porque o indicador de raça e os termos de interação são em conjunto estatisticamente significativos ao nível de 1 por cento. Mais uma vez, a diferença racial estimada entre as probabilidades de recusa (6,5 por cento) é essencialmente a mesma de outras regressões probit.

Nas seis especificações, o efeito da raça sobre a probabilidade de recusa, mantendo constantes as outras características do requerente, é estatisticamente significante ao nível de 1 por cento. A diferença estimada entre as probabilidades de recusa para requerentes negros e brancos varia de 6,0 a 8,4 pontos percentuais.

Uma forma de avaliar se esse diferencial é grande ou pequeno é voltar a uma variação da questão colocada no início deste capítulo. Suponha que dois indivíduos, um branco e um negro, façam um pedido de hipoteca e, exceto pela raça, tenham os mesmos valores para as outras variáveis independentes na regressão (3); especificamente, exceto pela raça, os valores das outras variáveis na regressão (3) são os valores da média da amostra da base de dados do HMDA. O requerente branco contempla uma probabilidade de recusa de 7,4 por cento, enquanto o requerente negro contempla uma probabilidade de recusa de 14,5 por cento. A diferença racial estimada entre as probabilidades de recusa, 7,1 pontos percentuais, indica que o requerente negro tem praticamente o dobro da probabilidade do requerente branco de ser recusado.

Os resultados da Tabela 9.2 (e do estudo original do Fed de Boston) fornecem evidência estatística de padrões raciais na recusa de hipotecas que, por lei, não deveriam existir. Essa evidência desempenhou um papel importante ao estimular mudanças na política adotada pelas autoridades reguladoras dos bancos.[4] Mas os economistas adoram um bom argumento, e não é de surpreender que esses resultados tenham também estimulado um debate acalorado.

Como a sugestão de que há (ou havia) discriminação racial nos empréstimos foi questionada, recapitulemos brevemente alguns pontos deste debate. Para isso, é útil adotar a estrutura do Capítulo 7, isto é, considerar a validade interna e externa dos resultados da Tabela 9.2, que são representativos de análises prévias dos dados do HMDA de Boston. Várias críticas feitas ao estudo original do Federal Reserve Bank de Boston dizem respeito à validade interna: possíveis erros nos dados, formas funcionais não-lineares alternativas, interações adicionais e assim por diante. Os dados originais foram objeto de uma auditoria cuidadosa, alguns erros foram detectados, e os resultados relatados aqui (e no estudo final publicado pelo Fed de Boston) fundamentam-se na base de dados "limpa". A estimação de outras especificações — diferentes formas funcionais e/ou regressores adicionais — também produz estimativas de diferenciais raciais comparáveis àquelas da Tabela 9.2. Uma questão potencialmente mais difícil da validade interna é: existem informações financeiras não raciais relevantes obtidas durante as entrevistas pessoais para concessão de empréstimo, e não registradas no pedido de empréstimo, que possuem correlação com a raça? Se for esse o caso, ainda pode haver viés de omissão de variáveis nas regressões da Tabela 9.2. Finalmente, alguns questionaram a validade externa: mesmo que tenha havido discriminação racial em Boston em 1990, é errado comprometer hoje emprestadores de outros lugares. A única forma de solucionar a questão da validade externa é considerar dados de outras localidades e de outros anos.[5]

9.5 Conclusão

Quando a variável dependente Y é binária, a função de regressão da população é a probabilidade de que $Y = 1$, condicional aos regressores. A estimação dessa função de regressão da população envolve encontrar uma forma funcional que faça justiça a sua interpretação de probabilidade, estimando os parâmetros desconhecidos dessa função e interpretando os resultados. Os valores previstos resultantes são probabilidades previstas, e o efeito estimado de uma variação em um regressor X é a variação estimada na probabilidade de que $Y = 1$ resultante da variação em X.

---

4 Essas mudanças na política incluem alterações no modo como a investigação sobre a imparcialidade dos empréstimos era conduzida pelas autoridades reguladoras dos bancos, alterações nos inquéritos conduzidos pelo Departamento de Justiça dos Estados Unidos e programas educativos de aperfeiçoamento para bancos e outras instituições que concedem empréstimos hipotecários.

5 Se você está interessado em leituras adicionais sobre esse tópico, um bom ponto de partida é o simpósio sobre discriminação racial e economia presente na edição da primavera de 1998 do *Journal of Economic Perspectives*. O artigo de Helen Ladd (1998) resume a evidência e o debate sobre discriminação racial nos empréstimos hipotecários. Um tratamento mais detalhado é dado em Goering e Wienk (1996).

James J. Heckman e Daniel L. McFadden, Ganhadores do Prêmio Nobel

O Prêmio Nobel de economia em 2000 foi concedido a dois econometristas, James J. Heckman, da Universidade de Chicago, e Daniel L. McFadden, da Universidade da Califórnia em Berkeley, por contribuições fundamentais para a análise de dados sobre indivíduos e empresas. Grande parte de seu trabalho tratou das dificuldades que surgem com variáveis dependentes limitadas.

Heckman ganhou o prêmio por desenvolver ferramentas para manipular a seleção de amostras. Conforme discutido na Seção 7.2, o viés de seleção de amostras ocorre quando a disponibilidade de dados é influenciada por um processo de seleção relacionado ao valor da variável dependente. Por exemplo, suponha que você queira estimar a relação entre salários e algum regressor, X, utilizando uma amostra aleatória da população. Se você estima a regressão utilizando a subamostra de trabalhadores empregados — isto é, aqueles que registram salários positivos —, a estimativa de MQO poderia estar sujeita ao viés de seleção. A solução de Heckman foi especificar uma equação preliminar com uma variável dependente binária indicando se o trabalhador está dentro ou fora da força de trabalho (dentro ou fora da subamostra) e tratar essa equação e a equação de salários como um sistema de equações simultâneas. Essa estratégia geral foi estendida para problemas de seleção que surgem em muitas áreas, que vão da economia do trabalho à organização industrial e às finanças.

McFadden ganhou o prêmio por desenvolver modelos para analisar dados de escolha discreta (uma pessoa formada no ensino médio opta por alistar-se no exército, ir para a faculdade ou arrumar um emprego?). Ele começou considerando o problema de um indivíduo maximizando a utilidade esperada de cada escolha possível, que poderia depender de variáveis observáveis (tais como salários, características do emprego e contexto familiar). Ele então derivou modelos para as probabilidades de escolha individuais com coeficientes desconhecidos, que por sua vez poderiam ser estimados por máxima verossimilhança. Esses modelos e suas extensões provaram ser muito úteis na análise de dados de escolha discreta em muitas áreas, incluindo economia do trabalho, da saúde e dos transportes.

Para mais informações sobre esses e outros ganhadores do Prêmio Nobel de economia, visite o site da Nobel Foundation, www.nobel.se/economics.

Uma maneira natural de modelar a probabilidade de que $Y = 1$ dados os regressores é utilizar uma função de distribuição acumulada, na qual o argumento da f.d.a. depende dos regressores. A regressão probit utiliza uma f.d.a. normal como função de regressão, e a regressão logit utiliza uma f.d.a. logística. Pelo fato de que esses modelos são funções não-lineares dos parâmetros desconhecidos, esses parâmetros são mais complicados de estimar do que os coeficientes de regressão linear. O método de estimação padrão é a máxima verossimilhança. Na prática, a inferência estatística utilizando estimativas de máxima verossimilhança segue o mesmo caminho que o da regressão linear múltipla; por exemplo, intervalos de confiança de 95 por cento para um coeficiente são construídos como o coeficiente estimado ±1,96 erro padrão.

Apesar de sua não-linearidade intrínseca, às vezes a função de regressão da população pode ser aproximada adequadamente por um modelo de probabilidade linear, isto é, pela linha reta produzida pela regressão linear múltipla. O modelo de probabilidade linear, a regressão probit e a regressão logit produzem respostas semelhantes quanto ao principal quando aplicados aos dados do HMDA de Boston: os três métodos estimam diferenças substanciais nas taxas de recusa de hipotecas para requerentes brancos e negros semelhantes nos demais aspectos.

As variáveis dependentes binárias são o exemplo mais comum de variáveis dependentes limitadas, que são variáveis dependentes com um contradomínio limitado. O último trimestre do século XX presenciou avanços importantes nos métodos econométricos para análise de outras variáveis dependentes limitadas (veja o quadro sobre os ganhadores do Prêmio Nobel). Alguns desses métodos são resumidos no Apêndice 9.3.

Resumo

1. Quando Y é uma variável binária, o modelo regressão linear múltipla é chamado de modelo de probabilidade linear. A reta de regressão da população mostra a probabilidade de que $Y = 1$ dado o valor dos regressores $X_1, X_2, ..., X_k$.

2. Os modelos de regressão probit e logit são modelos de regressão não-lineares utilizados quando Y é uma variável binária. Ao contrário do modelo de probabilidade linear, a regressão probit e a regressão logit garantem que a probabilidade prevista de que $Y = 1$ situa-se entre zero e um para todos os valores de X.
3. A regressão probit utiliza a função de distribuição acumulada normal padrão. A regressão logit utiliza a função de distribuição acumulada logística. Os coeficientes do logit e do probit são estimados por máxima verossimilhança.
4. Os valores dos coeficientes nas regressões probit e logit não são fáceis de interpretar. Variações na probabilidade de que $Y = 1$ associadas a variações em um ou mais dos Xs podem ser calculadas utilizando o procedimento geral para modelos não-lineares descrito no Conceito-Chave 6.1.
5. Testes de hipótese sobre coeficientes nos modelos de probabilidade linear, logit e probit são conduzidos utilizando a estatística t e a estatística F da forma usual.

Termos-chave

variável dependente limitada (202)
modelo de probabilidade linear (204)
probit (206)
logit (206)
estimador de mínimos quadrados não-lineares (211)
função de verossimilhança (212)
estimador de máxima verossimilhança (EMV) (212)
fração corretamente prevista (213)
pseudo-R^2 (213)

Revisão dos Conceitos

9.1 Suponha que um modelo de probabilidade linear produza um valor previsto de Y igual a 1,3. Explique por que isso não faz sentido.

9.2 Na Tabela 9.2, o coeficiente estimado de *negro* é 0,084 na coluna (1), 0,688 na coluna (2) e 0,389 na coluna (3). A despeito dessas grandes diferenças, os três modelos produzem estimativas semelhantes do efeito marginal da raça sobre a probabilidade de recusa da hipoteca. Como isso é possível?

9.3 Uma de suas amigas está utilizando dados sobre indivíduos para estudar os determinantes do vício de fumar em sua universidade. Ela pergunta a você se deveria utilizar um modelo probit, logit ou de probabilidade linear. Que conselho você daria a ela? Por quê?

9.4 Por que os coeficientes dos modelos probit e logit são estimados por máxima verossimilhança, e não por MQO?

Exercícios

***9.1** Utilize o modelo probit estimado na Equação (9.8) para responder às seguintes questões:

a. Um requerente de hipoteca negro possui uma *razão P/R* de 0,35. Qual é a probabilidade de que seu pedido seja recusado?

b. Suponha que o requerente reduziu sua razão para 0,30. Que efeito isso teria sobre sua probabilidade de ter uma hipoteca recusada?

c. Repita as partes (a) e (b) para um requerente branco.

d. O efeito marginal da *razão P/R* sobre a probabilidade de recusa da hipoteca depende da raça? Explique.

9.2 Repita a questão 9.1 utilizando o modelo logit da Equação (9.10). Os resultados do probit e do logit são semelhantes? Explique.

9.3 Considere o modelo de probabilidade linear $Y_i = \beta_0 + \beta_1 X_i + \mu_i$, onde $P(Y_i = 1 \mid X_i) = \beta_0 + \beta_1 X_i$.

a. Mostre que $E(u_i \mid X_i) = 0$.

b. Mostre que $\text{var}(u_i \mid X_i) = (\beta_0 + \beta_1 X_i)[1 - (\beta_0 + \beta_1 X_i)]$. (*Dica:* Reveja a Equação (2.7).)

c. u_i é heteroscedástico? Explique.

d. (Requer a Seção 9.3) Derive a função de verossimilhança.

9.4 Utilize o modelo de probabilidade linear estimado da coluna (1) da Tabela 9.2 para responder o seguinte:

a. Dois requerentes, um branco e um negro, fazem um pedido de hipoteca. Eles possuem os mesmos valores para todos os regressores, exceto raça. Em que medida é mais provável que o requerente negro tenha uma hipoteca recusada?

b. Construa um intervalo de confiança de 95 por cento para sua resposta em (a).

c. Pense em uma variável omitida importante que pode tornar a resposta em (a) viesada. Qual é ela e como tornaria os resultados viesados?

9.5 (Requer a Seção 9.3 e cálculo) Suponha que uma variável aleatória Y tenha a seguinte distribuição de probabilidade: $P(Y = 1) = p$, $P(Y = 2) = q$ e $P(Y = 3) = 1 - p - q$. Uma amostra aleatória de tamanho n foi selecionada dessa distribuição e as variáveis aleatórias são representadas por $Y_1, Y_2, ..., Y_n$.

a. Derive a função de verossimilhança para os parâmetros p e q.

b. Derive fórmulas para o EMV de p e q.

APÊNDICE 9.1 A Base de Dados do HMDA de Boston

A base de dados do HMDA foi coletada por pesquisadores do Federal Reserve Bank de Boston. Ela combina informações de pedidos de hipoteca e de uma pesquisa adicional dos bancos e de outras instituições de empréstimo que receberam esses pedidos de hipoteca. Os dados referem-se a pedidos feitos em 1990, na área metropolitana da Grande Boston. A base de dados completa possui 2.925 observações, consistindo de todos os pedidos de hipoteca feitos por negros e hispânicos, mais uma amostra aleatória de pedidos feitos por brancos.

Para limitar o escopo da análise neste capítulo, utilizamos um subconjunto dos dados com residências para uma só família (excluindo, portanto, dados sobre casas multifamiliares) e somente com requerentes negros e brancos (excluindo, portanto, dados sobre requerentes de outros grupos minoritários). Isso leva a 2.380 observações. As definições das variáveis utilizadas neste capítulo estão na Tabela 9.1.

Esses dados foram fornecidos cortesmente para nós por Geoffrey Tootell, do Departamento de Pesquisa do Federal Reserve Bank de Boston. Mais informações sobre essa base de dados, juntamente com as conclusões alcançadas pelos pesquisadores do Fed de Boston, estão disponíveis no artigo de Alicia H. Munnell, Geoffrey M. B. Tootell, Lynne E. Browne e James McEneaney, "Mortgage lending in Boston: interpreting HMDA data", *American Economic Review*, 1996, p. 25-53.

APÊNDICE 9.2 Estimação de Máxima Verossimilhança

Neste Apêndice, fornecemos uma breve introdução à estimação de máxima verossimilhança no contexto dos modelos de variáveis binárias discutidos neste capítulo. Começamos derivando o EMV da probabilidade de sucesso p para n observações i.i.d. de uma variável aleatória de Bernoulli. Em seguida passamos para os modelos probit e logit e discutimos o pseudo-R^2. Concluímos com uma discussão de erros padrão para probabilidades previstas. O cálculo é empregado neste Apêndice em dois momentos.

EMV para *n* Variáveis Aleatórias de Bernoulli i.i.d.

O primeiro passo para o cálculo do EMV é derivar a distribuição de probabilidade conjunta. Para n observações i.i.d. de uma variável aleatória de Bernoulli, essa distribuição de probabilidade conjunta é a extensão do caso $n = 2$ da Seção 9.3 para um n geral:

$$\begin{aligned} &\mathrm{P}(Y_1 = y_1, Y_2 = y_2, \ldots, Y_n = y_n) = \\ &[p^{y_1}(1-p)^{(1-y_1)}] \times [p^{y_2}(1-p)^{(1-y_2)}] \times \cdots \times [p^{y_n}(1-p)^{(1-y_n)}] = \\ &p^{(y_1+\cdots+y_n)}(1-p)^{n-(y_1+\cdots+y_n)}. \end{aligned} \tag{9.13}$$

A função de verossimilhança é a distribuição de probabilidade conjunta, tratada como uma função dos coeficientes desconhecidos. Seja $S = \sum_{i=1}^{n} Y_i$; então, a função de verossimilhança é

$$f_{Bernoulli}(p; Y_1, \ldots, Y_n) = p^S(1-p)^{n-S}. \tag{9.14}$$

O EMV de p é o valor de p que maximiza a verossimilhança na Equação (9.14). A função de verossimilhança pode ser maximizada utilizando cálculo. É conveniente maximizar não a verossimilhança, mas seu logaritmo (como o logaritmo é uma função estritamente crescente, a maximização da verossimilhança ou de seu logaritmo produz o mesmo estimador). O logaritmo da verossimilhança é $S\ln(p) + (n - S)\ln(1 - p)$, e a derivada do logaritmo da verossimilhança com relação a p é

$$\frac{d}{dp}\ln[f_{Bernoulli}(p; Y_1, \ldots, Y_n)] = \frac{S}{p} - \frac{n-S}{1-p}. \tag{9.15}$$

Tornar a derivada na Equação (9.15) igual a zero e resolver p produz o EMV $\hat{p} = S/n = \overline{Y}$.

EMV para o Modelo Probit

Para o modelo probit, a probabilidade de que $Y_i = 1$, condicional a $X_{1i}, \ldots, X_{ki}$, é $p_i = \Phi(\beta_0 + \beta_1 X_{1i} + \cdots + \beta_k X_{ki})$. A distribuição de probabilidade condicional para a i-ésima observação é $\mathrm{P}[Y_i = y_i \mid X_{1i}, \ldots, X_{ki}] = p_i^{y_i}(1 - p_i)^{1-y_i}$. Supondo que $(X_{1i}, \ldots, X_{ki}, Y_i)$ são i.i.d., $i = 1, \ldots, n$, a distribuição de probabilidade conjunta de $Y_1, \ldots, Y_n$, condicional aos Xs, é

$$\begin{aligned} &\mathrm{P}(Y_1 = y_1, \ldots, Y_n = y_n \mid X_{1i}, \ldots, X_{ki}, i = 1, \ldots, n) \\ &\quad = \mathrm{P}(Y_1 = y_1 \mid X_{11}, \ldots, X_{k1}) \times \cdots \times \mathrm{P}(Y_n = y_n \mid X_{1n}, \ldots, X_{kn}) \\ &\quad = p_1^{y_1}(1-p_1)^{1-y_1} \times \cdots \times p_n^{y_n}(1-p_n)^{1-y_n}. \end{aligned} \tag{9.16}$$

A função de verossimilhança é a distribuição de probabilidade conjunta, tratada como uma função dos coeficientes desconhecidos. É convencional considerar o logaritmo da verossimilhança. Assim, a função logaritmo da verossimilhança é

$$\begin{aligned} &\ln[f_{probit}(\beta_0, \ldots, \beta_k; Y_1, \ldots, Y_n \mid X_{1i}, \ldots, X_{ki}, i = 1, \ldots, n)] = \\ &\quad \sum_{i=1}^{n} Y_i \ln[\Phi(\beta_0 + \beta_1 X_{1i} + \cdots + \beta_k X_{ki})] \\ &\quad + \sum_{i=1}^{n} (1 - Y_i)\ln[1 - \Phi(\beta_0 + \beta_1 X_{1i} + \cdots + \beta_k X_{ki})], \end{aligned} \tag{9.17}$$

onde essa expressão incorpora a fórmula probit para a probabilidade condicional $p_i = \Phi(\beta_0 + \beta_1 X_{1i} + \cdots + \beta_k X_{ki})$.

O EMV para o modelo probit maximiza a função de verossimilhança, ou, de modo equivalente, o logaritmo da função de verossimilhança dado na Equação (9.17). Como não há uma fórmula simples para o EMV, a função de verossimilhança probit deve ser maximizada utilizando um algoritmo numérico no computador.

Sob condições gerais, os estimadores de máxima verossimilhança são consistentes e possuem uma distribuição amostral normal em amostras grandes.

EMV para o Modelo Logit

A verossimilhança para o modelo logit é derivada da mesma forma que a verossimilhança para o modelo probit. A única diferença é que a probabilidade de sucesso condicional p_i para o modelo logit é dada pela Equação (9.9). Assim, o logaritmo da verossimilhança do modelo logit é dado pela Equação (9.17), com $\Phi(\beta_0 + \beta_1 X_{1i} + \cdots + \beta_k X_{ki})$ substituído por $[1 + e^{-(\beta_0 + \beta_1 X_{1i} + \beta_2 X_{2i} + \cdots + \beta_k X_{ki})}]^{-1}$. Como no modelo probit, não há uma fórmula simples para o EMV dos coeficientes do logit, de modo que o logaritmo da verossimilhança deve ser maximizado numericamente.

Pseudo-R^2

O pseudo-R^2 compara o valor da verossimilhança do modelo estimado ao valor da verossimilhança quando nenhum dos Xs é incluído como regressor. Especificamente, o pseudo-R^2 é

$$\text{pseudo-}R^2 = 1 - \frac{\ln(f_{probit}^{\text{máx}})}{\ln(f_{Bernoulli}^{\text{máx}})}, \tag{9.18}$$

onde $f_{probit}^{\text{máx}}$ é o valor da verossimilhança do probit maximizada (que inclui os Xs) e $f_{Bernoulli}^{\text{máx}}$ é o valor da verossimilhança de Bernoulli maximizada (o modelo probit excluindo todos os Xs).

Erros Padrão para as Probabilidades Previstas

Para simplificar, considere o caso de um único regressor no modelo probit. Então, a probabilidade prevista em um valor fixo desse regressor, x, é $\hat{p}(x) = \Phi(\hat{\beta}_0^{EMV} + \hat{\beta}_1^{EMV}x)$, onde $\hat{\beta}_0^{EMV}$ e $\hat{\beta}_1^{EMV}$ são os EMVs dos dois coeficientes do probit. Como essa probabilidade prevista depende dos estimadores $\hat{\beta}_0^{EMV}$ e $\hat{\beta}_1^{EMV}$, e como esses estimadores têm uma distribuição amostral, a probabilidade prevista também terá uma distribuição amostral.

A variância da distribuição amostral de $\hat{p}(x)$ é calculada pela aproximação da função $\Phi(\hat{\beta}_0^{EMV} + \hat{\beta}_1^{EMV}x)$, uma função não-linear de $\hat{\beta}_0^{EMV}$ e $\hat{\beta}_1^{EMV}$, por uma função linear de $\hat{\beta}_0^{EMV}$ e $\hat{\beta}_1^{EMV}$. Especificamente, seja

$$\hat{p}(x) = \Phi(\hat{\beta}_0^{EMV} + \hat{\beta}_1^{EMV}x) \cong c + a_0\hat{\beta}_0^{EMV} + a_1\hat{\beta}_1^{EMV}, \tag{9.19}$$

onde a constante c e os fatores a_0 e a_1 dependem de x e são obtidos por cálculo. (A Equação (9.19) é uma expansão por série de Taylor de primeira ordem; $c = \Phi(\beta_0 + \beta_1 x)$ e a_0 e a_1 são as derivadas parciais, $a_0 = \partial\Phi(\beta_0 + \beta_1 x)/\partial\beta_0|_{\hat{\beta}_0^{EMV}, \hat{\beta}_1^{EMV}}$ e $a_1 = \partial\Phi(\beta_0 + \beta_1 x)/\partial\beta_1|_{\hat{\beta}_0^{EMV}, \hat{\beta}_1^{EMV}}$). A variância de $\hat{p}(x)$ agora pode ser calculada utilizando a aproximação na Equação (9.19) e a expressão para a variância da soma de duas variáveis aleatórias na Equação (2.31):

$$\begin{aligned} \text{var}[\hat{p}(x)] &\cong \text{var}(c + a_0\hat{\beta}_0^{EMV} + a_1\hat{\beta}_1^{EMV}) \\ &= a_0^2\text{var}(\hat{\beta}_0^{EMV}) + a_1^2\text{var}(\hat{\beta}_1^{EMV}) + 2a_0a_1\text{cov}(\hat{\beta}_0^{EMV}, \hat{\beta}_1^{EMV}). \end{aligned} \tag{9.20}$$

Podemos calcular o erro padrão de $\hat{p}(x)$ com base na Equação (9.20) utilizando as estimativas das variâncias e da covariância dos EMVs.

APÊNDICE 9.3 Outros Modelos de Variáveis Dependentes Limitadas

Neste apêndice, resumimos alguns modelos para variáveis dependentes limitadas, além das variáveis binárias, encontrados em aplicações econométricas. Na maioria dos casos, os estimadores de MQO dos parâmetros de modelos de variáveis dependentes limitadas são inconsistentes, e a estimação normalmente é feita utilizando máxima verossimilhança. Há diversas referências bibliográficas avançadas disponíveis para o leitor interessado em detalhes adicionais; veja por exemplo Ruud (2000) e Maddala (1983).

Modelos de Regressão Censurada e Truncada

Suponha que você tenha dados de corte sobre compras de automóveis por indivíduos em dado ano. Os compradores de carros têm despesas positivas, que podem ser tratadas de forma razoável como variáveis aleatórias contínuas, enquanto os não-compradores têm despesa de US$ 0. Assim, a distribuição de despesas com automóveis é uma combinação de uma distribuição discreta (em zero) com uma distribuição contínua.

O ganhador do Prêmio Nobel James Tobin desenvolveu um modelo útil para uma variável dependente com distribuição parcialmente contínua e parcialmente discreta (Tobin, 1958). Ele sugeriu a modelagem do i-ésimo indivíduo na amostra como tendo um nível desejado de despesas, Y_i^*, que é relacionado aos regressores (por exemplo, tamanho da família) com base em um modelo de regressão linear. Isto é, quando há um único regressor, o nível desejado de despesas é

$$Y_i^* = \beta_0 + \beta_1 X_i + u_i,\ i = 1, ..., n. \tag{9.21}$$

Se Y_i^* (o que o consumidor deseja gastar) excede algum limite, tal como o preço mínimo de um carro, o consumidor compra o carro e gasta $Y_i = Y_i^*$, que é observado. Contudo, se Y_i^* é inferior ao limite, o gasto $Y_i = 0$ é observado em vez de Y_i^*.

Quando a Equação (9.21) é estimada utilizando gastos observados Y_i em vez de Y_i^*, o estimador de MQO é inconsistente. Tobin resolveu esse problema ao derivar a função de verossimilhança utilizando a hipótese adicional de que u_i possui uma distribuição normal; o EMV resultante tem sido empregado por econometristas aplicados para analisar muitos problemas na economia. Em homenagem a Tobin, a Equação (9.21), combinada com a hipótese de erros normais, é denominada modelo de regressão **tobit**. Esse modelo é um exemplo de **modelo de regressão censurada**, assim chamado porque a variável dependente é "censurada" acima ou abaixo de determinado limite.

Modelos de Seleção de Amostra

No modelo de regressão censurada, há dados sobre compradores e não-compradores, como haveria se os dados fossem obtidos por amostragem aleatória simples da população adulta. Se, contudo, os dados fossem obtidos dos registros de impostos sobre vendas, incluiriam apenas os compradores: não haveria nenhum dado sobre os não-compradores. Dados para os quais as observações não estão disponíveis acima ou abaixo de um limite (dados apenas sobre compradores) são chamados de dados truncados. O **modelo de regressão truncada** é aplicado a dados em que as observações simplesmente não estão disponíveis quando a variável dependente está acima ou abaixo de determinado limite.

O modelo de regressão truncada é um exemplo de modelo de seleção de amostra, em que o mecanismo de seleção (um indivíduo está na amostra pelo fato de comprar um carro) está relacionado ao valor da variável dependente (o preço do carro). Conforme discutido no quadro da Seção 9.4, um enfoque para a estimação de modelos de seleção de amostra é desenvolver duas equações, uma para Y_i^* e uma para se Y_i^* é observado ou não. Os parâmetros do modelo podem então ser estimados por máxima verossimilhança, ou em um procedimento passo a passo, estimando em primeiro lugar a equação de seleção e então a equação para Y_i^*. Para uma discussão adicional, veja Ruud (2000, Capítulo 28) ou Greene (2003, Seção 20.4).

Dados de Contagem

Dados de contagem surgem quando a variável dependente é um número de contagem, por exemplo, o número de refeições em restaurantes por um consumidor em uma semana. Quando esses números são grandes, a variável pode ser tratada como aproximadamente contínua, mas, quando são pequenos, a aproximação contínua é pobre. O modelo de regressão linear, estimado por MQO, pode ser utilizado para dados de contagem, mesmo que os números envolvidos sejam pequenos. Os valores previstos pela regressão são interpretados como o valor esperado da variável dependente, condicional aos regressores. Logo, quando a variável dependente é o número de refeições feitas em restaurantes, um valor previsto de 1,7 significa, em média, 1,7 refeição em restaurantes por semana. Contudo, assim como no modelo de regressão binária, o MQO não tira proveito da estrutura especial dos dados de contagem e pode produzir previsões sem sentido, por exemplo, –0,2 refeição em restaurantes por semana. Assim como o probit e o logit eliminam previsões sem sentido quando a variável dependente é binária, os modelos especiais fazem isso para dados de contagem. Os dois modelos mais comumente utilizados são o modelo de regressão de Poisson e o modelo de regressão binomial negativo.

Respostas Ordenadas

Dados de resposta ordenada surgem quando categorias qualitativas mutuamente exclusivas possuem uma ordem natural, tais como a obtenção de um diploma de ensino médio, nível superior incompleto ou nível superior completo. Assim como os dados de contagem, os dados de resposta ordenada seguem uma ordem natural, mas, ao contrário dos primeiros, não possuem valores numéricos naturais.

Como não há valores numéricos naturais para os dados de resposta ordenada, o MQO não é apropriado. Em vez disso, os dados ordenados são freqüentemente analisados utilizando uma generalização do probit chamada **modelo probit ordenado**, em que as probabilidades de cada resultado (por exemplo, nível superior) condicional às variáveis independentes (tais como renda dos pais) são modeladas utilizando a função de distribuição acumulada.

Dados de Escolha Discreta

Uma variável de **escolha discreta** ou **múltipla escolha** pode assumir múltiplos valores qualitativos não ordenados. Um exemplo em economia é o meio de transporte escolhido por uma pessoa para ir ao trabalho: ela pode tomar metrô, ônibus, dirigir ou utilizar sua própria força para o trajeto (caminhar, ir de bicicleta). Se fôssemos analisar essas opções, a variável dependente teria quatro resultados possíveis (metrô, ônibus, carro e força humana). Não há nenhuma ordem natural entre esses resultados. Ao contrário, eles são uma escolha entre alternativas qualitativas distintas.

A tarefa econométrica é modelar a probabilidade de escolha de várias opções, dados os vários regressores, tais como características individuais (a distância entre a residência e a estação de metrô) e as características de cada opção (o preço do metrô). Conforme discutido no quadro da Seção 9.3, modelos para análise de dados de escolha discreta podem ser desenvolvidos a partir de princípios de maximização de utilidade. Probabilidades de escolha individual podem ser expressas nas formas probit ou logit; esses modelos são chamados de modelos de regressão **probit multinomial** e **logit multinomial**.

CAPÍTULO 10

Regressão de Variáveis Instrumentais

No Capítulo 7, discutimos vários problemas, incluindo omissão de variáveis, erros nas variáveis e causalidade simultânea, que fazem com que o termo de erro esteja correlacionado com o regressor. O viés de omissão de variáveis pode ser solucionado diretamente pela inclusão da variável omitida em uma regressão múltipla, porém isso só é viável se você tem dados sobre essa variável. E, às vezes, como quando há causalidade *tanto* de X para Y *como* de Y para X, de modo que existe viés de causalidade simultânea, a regressão múltipla simplesmente não pode eliminar o viés. Se uma solução direta para esses problemas não é viável ou não está disponível, um novo método se faz necessário.

A **regressão de variáveis instrumentais (VI)** é uma forma geral de se obter um estimador consistente dos coeficientes desconhecidos da função de regressão da população quando o regressor, X, está correlacionado com o termo de erro u. Para entender como a regressão de VI funciona, pense na variação em X como composta de duas partes: uma parte que, por um motivo qualquer, está correlacionada com u (esta é a parte que provoca o problema) e uma segunda parte que não está correlacionada com u. Se você tivesse informações que lhe permitissem isolar a segunda parte, poderia se concentrar nas variações de X que não estão correlacionadas com u e desconsiderar as variações em X que tornam os estimadores de MQO viesados. Isso é, de fato, o que a regressão de VI faz. As informações sobre os movimentos de X não-correlacionados com u são obtidas de uma ou mais variáveis adicionais, denominadas **variáveis instrumentais**, ou simplesmente **instrumentos**. A regressão de variáveis instrumentais utiliza essas variáveis adicionais como ferramentas ou "instrumentos" para isolar os movimentos de X não-correlacionados com u, o que por sua vez permite uma estimação consistente dos coeficientes da regressão.

Nas primeiras duas seções deste capítulo, descreveremos a mecânica e as hipóteses da regressão de VI: por que a regressão de VI funciona, o que é um instrumento válido e como implementar e interpretar o método de regressão de VI mais comum, os mínimos quadrados em dois estágios. A chave para uma análise empírica bem-sucedida utilizando variáveis instrumentais é encontrar instrumentos válidos; na Seção 10.3, trataremos da questão sobre como avaliar se um conjunto de instrumentos é válido. Como ilustração, na Seção 10.4, utilizaremos a regressão de VI para estimar a elasticidade da demanda por cigarros. Finalmente, na Seção 10.5, abordaremos a difícil questão sobre de onde vêm em primeiro lugar os instrumentos válidos.

10.1 Estimador de VI com um Único Regressor e um Único Instrumento

Comecemos com o caso de um único regressor, X, que pode estar correlacionado com o termo de erro, u. Se X e u estão correlacionados, o estimador de MQO é inconsistente, isto é, ele pode não estar próximo do valor verdadeiro do coeficiente da regressão mesmo que a amostra seja muito grande (veja a Equação (5.1)). Conforme discutido na Seção 7.2, essa correlação entre X e u pode surgir de várias fontes, incluindo omissão de variáveis, erros nas variáveis (erros de medida nos regressores) ou causalidade simultânea (quando ela ocorre tanto "para trás", de Y para X, quanto "para frente", de X para Y). Qualquer que seja a fonte da correlação entre X e u, se existe uma variável instrumental válida, Z, o efeito de uma variação unitária em X sobre Y pode ser estimado utilizando o estimador de variáveis instrumentais.

Modelo de VI e Hipóteses

O modelo de regressão da população que relaciona a variável dependente Y_i e o regressor X_i é

$$Y_i = \beta_0 + \beta_1 X_i + u_i,\ i = 1, ..., n, \tag{10.1}$$

onde, como sempre, u_i é o termo de erro representando fatores omitidos que determinam Y_i. Se X_i e u_i estão correlacionados, o estimador de MQO é inconsistente. A estimação com variáveis instrumentais utiliza uma variável "instrumental" adicional Z para isolar aquela parte de X que não está correlacionada com u_i.

Endogeneidade e exogeneidade. A regressão de variáveis instrumentais utiliza uma terminologia especializada para distinguir as variáveis que estão correlacionadas com o termo de erro da população u daquelas que não estão. As variáveis correlacionadas com o termo de erro são chamadas de **variáveis endógenas**, ao passo que as não-correlacionadas são chamadas de **variáveis exógenas**. A fonte histórica desses termos vem de modelos de equações múltiplas, em que uma variável "endógena" é determinada dentro do modelo, enquanto uma variável "exógena" é determinada fora dele. Por exemplo, na Seção 7.2, consideramos a possibilidade de que, se pontuações baixas nos exames produzissem reduções na razão aluno-professor em decorrência de intervenção política e um montante maior de recursos, a causalidade iria *tanto* da razão aluno-professor para a pontuação nos exames *quanto* da pontuação nos exames para a razão aluno-professor. Isso foi representado matematicamente como um sistema de duas equações simultâneas (veja as equações (7.3) e (7.4)), uma para cada conexão causal. Conforme discutido na Seção 7.2, como tanto a pontuação dos exames quanto a razão aluno-professor são determinadas dentro do modelo, ambas têm correlação com o termo de erro da população u; isto é, nesse exemplo, ambas as variáveis são endógenas. Em comparação, uma variável exógena, que é determinada fora do modelo, não está correlacionada com u.

As duas condições para um instrumento válido. Uma variável instrumental válida ("instrumento") deve satisfazer duas condições, conhecidas como **relevância do instrumento** e **exogeneidade do instrumento**:

1. **Relevância do instrumento:** $\text{corr}(Z_i, X_i) \neq 0$.
2. **Exogeneidade do instrumento:** $\text{corr}(Z_i, u_i) = 0$.

Se um instrumento é relevante, a variação dele está relacionada com a variação em X_i. Se, além disso, ele é exógeno, a parte da variação em X_i captada pela variável instrumental é exógena. Assim, um instrumento que é relevante e exógeno pode captar movimentos em X_i que são exógenos. Essa variação exógena pode, por sua vez, ser usada para estimar o coeficiente da população β_1.

As duas condições para um instrumento válido são vitais para a regressão de variáveis instrumentais, de modo que voltaremos a elas (e a uma versão delas relevante para múltiplos regressores e múltiplos instrumentos) várias vezes ao longo deste capítulo.

Estimador de Mínimos Quadrados em Dois Estágios

Se o instrumento Z satisfaz as condições de relevância e exogeneidade do instrumento, então o coeficiente β_1 pode ser estimado utilizando um estimador de VI chamado de **mínimos quadrados em dois estágios (MQ2E)**. Como o nome sugere, esse estimador é calculado em dois estágios. O primeiro decompõe X em dois componentes: um componente problemático, que pode estar correlacionado com o erro da regressão, e outro livre de problemas, que não está correlacionado com o erro. O segundo estágio utiliza o componente livre de problemas para estimar β_1.

O primeiro estágio começa com uma regressão da população ligando X e Z:

$$X_i = \pi_0 + \pi_1 Z_i + v_i, \tag{10.2}$$

onde π_0 é o intercepto, π_1 a declividade e v_i o termo de erro. Essa regressão fornece a decomposição necessária de X_i. Um componente é $\pi_0 + \pi_1 Z_i$, a parte de X_i que pode ser prevista por Z_i. Como Z_i é exógeno, esse componente de X_i não está correlacionado com u_i, o termo de erro na Equação (10.1). O outro componente de X_i é v_i, que é o componente problemático que está correlacionado com u_i.

A idéia que está por trás de MQ2E é utilizar o componente livre de problemas de X_i, $\pi_0 + \pi_1 Z_i$, e desconsiderar v_i. Porém, os valores de π_0 e π_1 são desconhecidos, de modo que $\pi_0 + \pi_1 Z_i$ não pode ser calculado. Portanto, o primeiro estágio do método MQ2E aplica MQO à Equação (10.2) e utiliza o valor previsto da regressão de MQO, $\hat{X}_i = \hat{\pi}_0 + \hat{\pi}_1 Z_i$, onde $\hat{\pi}_0$ e $\hat{\pi}_1$ são os estimadores de MQO.

O segundo estágio de MQ2E é fácil: regredir Y_i sobre $\hat{X}_i$ utilizando MQO. Os estimadores resultantes da regressão do segundo estágio são os estimadores de MQ2E, $\hat{\beta}_0^{MQ2E}$ e $\hat{\beta}_1^{MQ2E}$.

Por Que a Regressão de VI Funciona?

Dois exemplos permitem intuir a razão pela qual a regressão de VI resolve o problema de correlação entre X_i e u_i.

Exemplo nº 1: O problema de Philip Wright. O método de estimação de variáveis instrumentais foi publicado pela primeira vez em 1928 em um apêndice de um livro escrito por Philip G. Wright (Wright, 1928); acredita-se que esse apêndice tenha sido escrito por seu filho Sewall Wright, um estatístico proeminente, ou com a colaboração dele. Philip Wright estava preocupado com um problema econômico importante em sua época: como determinar uma tarifa de importação (um imposto sobre bens importados) sobre óleos e gorduras animais e vegetais, tais como manteiga e óleo de soja. Na década de 1920, as tarifas de importação eram uma fonte muito significativa de receita tributária para os Estados Unidos. A chave para entender o efeito econômico de uma tarifa era obter estimativas quantitativas das curvas de demanda e oferta dos bens. Lembre-se de que a elasticidade da oferta é a variação percentual na quantidade fornecida resultante de um aumento de 1 por cento no preço e que a elasticidade da demanda é a variação percentual na quantidade demandada resultante de um aumento de 1 por cento no preço. Philip Wright precisava de estimativas dessas elasticidades de oferta e demanda.

Para tornar isso mais concreto, considere o problema de estimar a elasticidade da demanda por manteiga. Lembre-se do Conceito-Chave 6.2, no qual você aprendeu que o coeficiente em uma equação linear que relaciona $\ln(Y_i)$ a $\ln(X_i)$ tem a interpretação da elasticidade de Y em relação a X. No problema dos Wright, isso sugere a equação de demanda

$$\ln(Q_i^{manteiga}) = \beta_0 + \beta_1 \ln(P_i^{manteiga}) + u_i, \qquad (10.3)$$

onde $Q_i^{manteiga}$ é a i-ésima observação sobre a quantidade de manteiga consumida, $P_i^{manteiga}$ é seu preço e u_i representa outros fatores que influenciam a demanda, tais como renda e preferências do consumidor. Na Equação (10.3), um aumento de 1 por cento no preço da manteiga produz uma variação em β_1 por cento na demanda, de modo que β_1 é a elasticidade da demanda.

Os Wright tinham dados sobre o consumo total anual de manteiga e seu preço médio anual nos Estados Unidos de 1912 a 1922. Seria fácil utilizar esses dados para estimar a elasticidade da demanda aplicando MQO à Equação (10.3), mas eles tiveram uma percepção importante: em virtude das interações entre oferta e demanda, provavelmente o regressor, $\ln(P_i^{manteiga})$, estaria correlacionado com o termo de erro.

Para visualizar isso, veja a Figura 10.1a, que mostra as curvas de oferta e demanda por manteiga do mercado para três anos diferentes. Essas curvas para o primeiro período são representadas por D_1 e O_1, e o preço e a quantidade de equilíbrio do primeiro período são determinados por sua intersecção. No segundo ano, a demanda aumenta de D_1 para D_2 (digamos, em razão de um aumento da renda) e a oferta diminui de O_1 para O_2 (em razão de um aumento no custo de produção de manteiga); o preço e a quantidade de equilíbrio são determinados pela intersecção das novas curvas de oferta e demanda. No terceiro ano, os fatores que influenciam a demanda e a oferta mudam novamente; a demanda aumenta outra vez para D_3, a oferta aumenta para O_3 e os novos preço e quantidade de equilíbrio são determinados. A Figura 10.1b mostra os pares de quantidade e preço de equilíbrio para esses três períodos e para oito anos subseqüentes, nos quais em cada ano as curvas de oferta e demanda estão sujeitas a mudanças associadas a outros fatores além do preço que influenciam a oferta e a demanda de mercado. Esse diagrama de dispersão é como aquele que os Wright teriam visto quando colocaram seus dados em um gráfico. Segundo seu raciocínio, o ajuste de uma reta a esses pontos por MQO não estimaria nem uma curva de demanda nem uma curva de oferta, uma vez que os pontos teriam sido determinados por variações tanto na oferta quanto na demanda. Os Wright perceberam que uma maneira de contornar esse problema era encontrar alguma terceira variável que deslocasse a oferta, mas mantivesse a demanda estável. A Figura 10.1c mostra o que ocorre quando uma variável como essa desloca a curva de oferta, mas a demanda é mantida estável. Agora todos os pares preço e quantidade de equilíbrio situam-se em uma curva de demanda estável e a declividade da curva de demanda pode ser facilmente estimada. Na fórmula de variável instrumental do problema de Wright, essa terceira variável — a variável instrumental — está correlacionada com o preço (desloca a curva de oferta, o que leva a uma variação no preço), mas não com u (a curva de demanda permanece estável). Os Wright discutiram diversas variáveis instrumentais potenciais; uma delas foi a condição do clima. Por exemplo, um índice pluviométrico abaixo da média em uma região produtora de laticínios poderia prejudicar a pastagem e reduzir a produção de manteiga a um dado preço (deslocaria a curva de oferta para a esquerda e aumentaria o preço de equilíbrio); logo, o índice pluviométrico em uma região produtora de laticínios satisfaz a condição de relevância do instrumento. Porém, o índice pluviométrico nessa região não deveria ter uma influência direta sobre a demanda por manteiga, de modo que a correlação entre o índice pluviométrico em uma região produtora de laticínios e u_i seria igual a zero, isto é, o índice satisfaz a condição de exogeneidade do instrumento.

FIGURA 10.1

(a) O preço e a quantidade são determinados pela intersecção das curvas de oferta e demanda. No primeiro período, o equilíbrio é determinado pela intersecção da curva de demanda D_1 e da curva de oferta O_1; no segundo, o equilíbrio é a intersecção de D_2 e O_2 e, no terceiro, é a intersecção de D_3 e O_3.

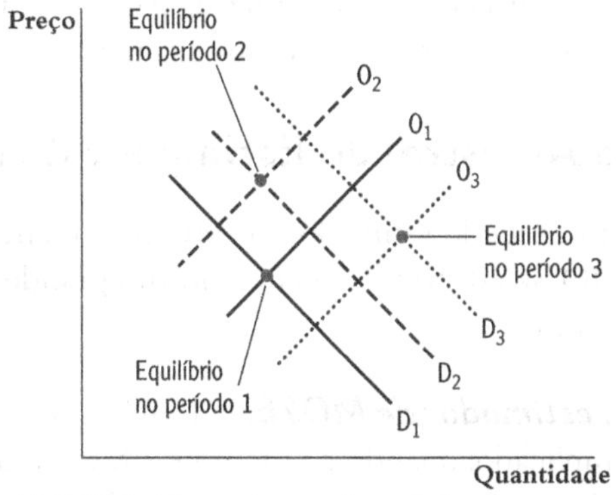

(a) Oferta e demanda em três períodos de tempo

(b) Este diagrama de dispersão mostra o preço e a quantidade de equilíbrio em onze períodos de tempo. As curvas de oferta e demanda estão ocultas. Você pode determinar as curvas de demanda e oferta a partir dos pontos no diagrama de dispersão?

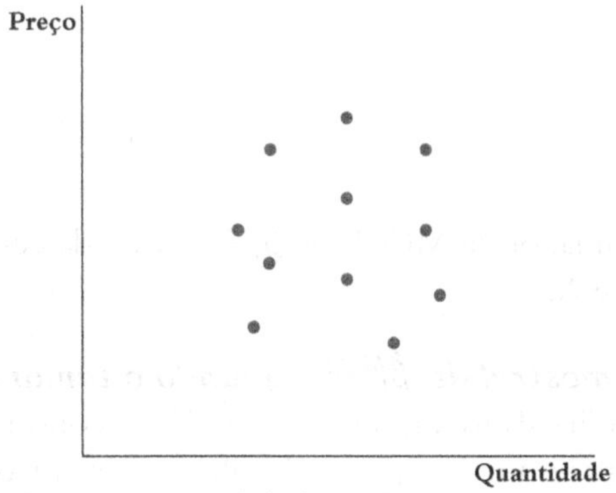

(b) Preço e quantidade de equilíbrio para 11 períodos de tempo

(c) Quando a curva de oferta se desloca de O_1 para O_2 e para O_3, mas a curva de demanda permanece em D_1, os preços e as quantidades de equilíbrio traçam a curva de demanda.

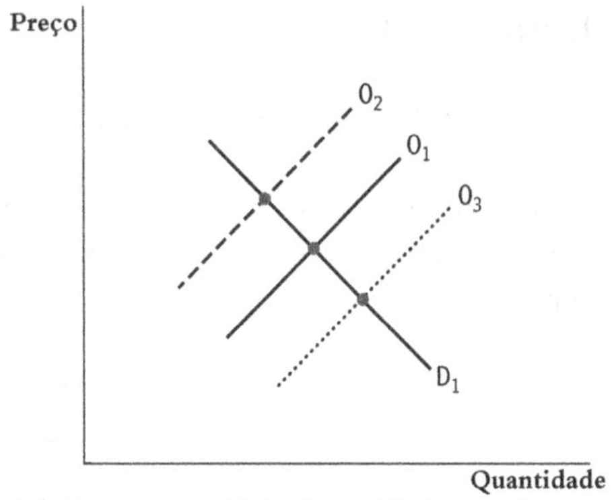

(c) Preço e quantidade de equilíbrio quando apenas a curva de oferta se desloca

Exemplo nº 2: Estimando o efeito do tamanho das turmas sobre a pontuação dos exames. Apesar do controle das características dos alunos e das diretorias de ensino, as estimativas do efeito do tamanho das turmas sobre a pontuação nos exames apresentada na Parte 2 ainda pode ter viés de omissão de variáveis resultante de variáveis não medidas, tais como as oportunidades de aprendizado fora da escola ou a qualificação dos professores. Se não houver dados disponíveis sobre essas variáveis, esse viés de omissão de variáveis não pode ser tratado pela inclusão de variáveis nas regressões múltiplas.

A regressão de variáveis instrumentais fornece enfoque alternativo para esse problema. Considere o seguinte exemplo hipotético: algumas escolas da Califórnia são obrigadas a fechar para reparar danos provocados por um terremoto no verão. Diretorias de ensino próximas ao epicentro foram afetadas de forma mais grave. Uma diretoria com algumas escolas fechadas precisa "dobrar" seu número de alunos, aumentando temporariamente o tamanho das turmas. Isso significa que a distância do epicentro satisfaz a condição de relevância do instrumento porque está correlacionada com o tamanho das turmas. Mas se essa distância não estiver relacionada a nenhum dos outros fatores que influenciam o desempenho dos alunos (tais como se eles ainda estão aprendendo inglês), ela será exógena, uma vez que não está correlacionada com o termo de erro. Desse modo, a variável instrumental distância do epicentro poderia ser utilizada para contornar o viés de omissão de variáveis e estimar o efeito do tamanho das turmas sobre a pontuação dos exames.

Distribuição Amostral do Estimador de MQ2E

A distribuição exata do estimador de MQ2E em amostras pequenas é complicada. Contudo, assim como o estimador de MQO, sua distribuição em amostras grandes é simples: o estimador de MQ2E é consistente e normalmente distribuído.

Fórmula para o estimador de MQ2E. Embora os dois estágios do MQ2E façam com que o cálculo do estimador pareça complicado, quando há único X e um único instrumento Z, conforme supusemos nesta seção, há uma fórmula simples para o estimador de MQ2E. Sejam s_{ZY} a covariância da amostra entre Z e Y e s_{ZX} a covariância da amostra entre Z e X. Conforme mostrado no Apêndice 10.2, o estimador de MQ2E com um único instrumento é

$$\hat{\beta}_1^{MQ2E} = \frac{s_{ZY}}{s_{ZX}}. \tag{10.4}$$

Isto é, o estimador de MQ2E de β_1 é a razão da co-variância da amostra entre Z e Y pela co-variância da amostra entre Z e X.

Distribuição amostral de $\hat{\beta}_1^{MQ2E}$ quando o tamanho da amostra é grande. A fórmula da Equação (10.4) pode ser utilizada para mostrar que $\hat{\beta}_1^{MQ2E}$ é consistente e, em amostras grandes, normalmente distribuído. O argumento está resumido aqui; os detalhes matemáticos estão no Apêndice 10.3.

O argumento de que $\hat{\beta}_1^{MQ2E}$ é consistente combina as hipóteses de que Z_i é relevante e exógeno com a consistência das co-variâncias da amostra para as co-variâncias da população. Para começar, observe que, como $Y_i = \beta_0 + \beta_1 X_i + u_i$ na Equação (10.1),

$$\text{cov}(Z_i,Y_i) = \text{cov}(Z_i,\beta_0 + \beta_1 X_i + u_i) = \beta_1 \text{cov}(Z_i,X_i) + \text{cov}(Z_i,u_i), \tag{10.5}$$

onde a segunda igualdade resulta das propriedades das co-variâncias (veja a Equação (2.33)). Pela hipótese de exogeneidade do instrumento, $\text{cov}(Z_i,u_i) = 0$ e, pela hipótese de relevância do instrumento, $\text{cov}(Z_i, X_i) \neq 0$. Portanto, se o instrumento é válido,

$$\beta_1 = \frac{\text{cov}(Z_i,Y_i)}{\text{cov}(Z_i,X_i)}. \tag{10.6}$$

Isto é, o coeficiente da população β_1 é a razão da co-variância da população entre Z e Y pela co-variância da população entre Z e X.

Conforme discutido na Seção 3.6, a co-variância da amostra é um estimador consistente da co-variância da população, isto é, $s_{ZY} \xrightarrow{p} \text{cov}(Z_i,Y_i)$ e $s_{ZX} \xrightarrow{p} \text{cov}(Z_i,X_i)$. Segue-se das equações (10.4) e (10.6) que o estimador de MQ2E é consistente:

$$\hat{\beta}_1^{MQ2E} = \frac{s_{ZY}}{s_{ZX}} \xrightarrow{p} \frac{\text{cov}(Z_i,Y_i)}{\text{cov}(Z_i,X_i)} = \beta_1. \quad (10.7)$$

A fórmula na Equação (10.4) também pode ser utilizada para mostrar que a distribuição amostral de $\hat{\beta}_1^{MQ2E}$ é normal em amostras grandes. O motivo é o mesmo que para cada um dos outros estimadores de mínimos quadrados que consideramos até aqui: o estimador de MQ2E é uma média de variáveis aleatórias e, quando o tamanho da amostra é grande, o teorema central do limite diz que médias de variáveis aleatórias são normalmente distribuídas. Especificamente, o numerador da expressão para $\hat{\beta}_1^{MQ2E}$ na Equação (10.4) é $s_{ZY} = \frac{1}{n-1}\sum_{i=1}^{n}(Z_i - \overline{Z})(Y_i - \overline{Y})$, uma média de $(Z_i - \overline{Z})(Y_i - \overline{Y})$. Um pouco de álgebra, conforme esboçado no Apêndice 10.3, mostra que em razão dessa média o teorema central do limite indica que, em amostras grandes, $\hat{\beta}_1^{MQ2E}$ tem uma distribuição amostral que é aproximadamente $N(\beta_1, \sigma^2_{\hat{\beta}_1^{MQ2E}})$, onde

$$\sigma^2_{\hat{\beta}_1^{MQ2E}} = \frac{1}{n}\frac{\text{var}[(Z_i - \mu_Z)u_i]}{[\text{cov}(Z_i,X_i)]^2}. \quad (10.8)$$

Inferência estatística utilizando a distribuição em amostras grandes. A variância $\sigma^2_{\hat{\beta}_1^{MQ2E}}$ pode ser estimada por meio da estimação dos termos de variância e co-variância que aparecem na Equação (10.8), e a raiz quadrada da estimativa de $\sigma^2_{\hat{\beta}_1^{MQ2E}}$ é o erro padrão do estimador de VI. Isso é feito automaticamente por meio dos comandos para regressão de MQ2E nos pacotes econométricos. Como $\hat{\beta}_1^{MQ2E}$ é normalmente distribuído em amostras grandes, os testes de hipótese sobre β_1 podem ser conduzidos pelo cálculo da estatística t e um intervalo de confiança de 95 por cento em amostras grandes é dado por $\hat{\beta}_1^{MQ2E} \pm 1{,}96EP(\hat{\beta}_1^{MQ2E})$.

Aplicação à Demanda por Cigarros

Os Wright estavam interessados na elasticidade da demanda por manteiga, mas hoje outros bens, como os cigarros, destacam-se mais nos debates sobre políticas públicas. Uma ferramenta na busca da redução de doenças e mortes provocadas pelo tabagismo — e dos custos, ou externalidades, impostos por essas doenças ao resto da sociedade — é taxar os cigarros de forma tão pesada que leve os fumantes atuais a reduzir seu consumo e desencoraje novos fumantes potenciais a iniciar o vício. Mas precisamente de que tamanho deve ser o aumento do imposto para reduzir o consumo de cigarros? Por exemplo, qual deveria ser o preço de venda dos cigarros, incluindo os impostos, para se alcançar uma redução de 20 por cento no consumo?

A resposta para essa pergunta depende da elasticidade da demanda por cigarros. Se a elasticidade for −1, o alvo de 20 por cento no consumo pode ser atingido com um aumento de 20 por cento no preço. Se a elasticidade for −0,5, o preço deve aumentar 40 por cento para diminuir o consumo em 20 por cento. Naturalmente, não sabemos qual é a elasticidade da demanda por cigarros no abstrato: devemos estimá-la a partir de dados sobre preços e vendas. Mas, assim como no caso da manteiga, em virtude das interações entre oferta e demanda, a elasticidade da demanda por cigarros não pode ser estimada consistentemente pela regressão de MQO do logaritmo da quantidade sobre o logaritmo do preço.

Portanto, utilizamos MQ2E para estimar a elasticidade da demanda por cigarros com base nos dados anuais de 1985 a 1995 para os 48 estados continentais dos Estados Unidos (os dados estão no Apêndice 10.1). Por ora, todos os resultados dizem respeito aos dados de corte dos estados em 1995; os resultados que utilizam dados dos anos anteriores (dados de painel) são apresentados na Seção 10.4.

A variável instrumental, $ImpostoVendas_i$, é a parcela do imposto geral sobre vendas correspondente ao imposto sobre cigarros, medida em dólares por maço (em dólares reais, deflacionados pelo Índice de Preços ao Consumidor). O consumo de cigarros ($Q_i^{cigarros}$) é o número de maços vendidos per capita no Estado, e o preço, $P_i^{cigarros}$, é o preço real médio do maço incluindo todos os impostos.

Antes de usar MQ2E é essencial perguntar se as duas condições de validade do instrumento são satisfeitas. Voltaremos a esse tópico em detalhes na Seção 10.3, na qual forneceremos algumas ferramentas estatísticas que ajudam nessa avaliação. Mesmo com as ferramentas, o julgamento desempenha um papel importante, de modo que é útil refletir se o imposto sobre vendas de cigarros satisfaz plausivelmente as duas condições.

Considere em primeiro lugar a relevância do instrumento. Como um imposto sobre vendas elevado aumenta o preço de venda total $P_i^{cigarros}$, o imposto sobre vendas por maço satisfaz plausivelmente a condição de relevância do instrumento.

Agora considere a exogeneidade do instrumento. Para que o imposto sobre vendas seja exógeno, ele não deve estar correlacionado com o termo de erro na equação de demanda; isto é, o imposto deve afetar a demanda por cigarros somente de forma indireta por meio do preço. Isso parece plausível: o imposto geral sobre vendas varia de Estado para Estado, mas isso ocorre principalmente porque estados diferentes escolhem uma combinação diferente dos impostos sobre vendas, renda, imóveis e outros para financiar os compromissos públicos. Essas escolhas relativas ao financiamento público são direcionadas por considerações políticas, e não por fatores relacionados à demanda por cigarros. Discutiremos a credibilidade dessa hipótese mais detalhadamente na Seção 10.4; por ora vamos considerá-la uma hipótese de trabalho.

Nos pacotes estatísticos modernos, o primeiro estágio do MQ2E é estimado automaticamente, de modo que você mesmo não precisa rodar essa regressão para obter o estimador MQ2E. Somente esta vez, contudo, apresentamos a regressão do primeiro estágio explicitamente; utilizando dados para os 48 estados em 1995, ela é dada por

$$\widehat{\ln(P_i^{cigarros})} = \underset{(0,03)}{4,63} + \underset{(0,005)}{0,031}\, ImpostoVendas_i. \tag{10.9}$$

O R^2 dessa regressão é 47 por cento, de modo que a variação no imposto sobre vendas de cigarros explica 47 por cento da variância dos preços do produto entre estados.

No segundo estágio do MQ2E, $\ln(Q_i^{cigarros})$ é regredido sobre $\widehat{\ln(P_i^{cigarros})}$ utilizando MQO. A função de regressão estimada resultante é

$$\widehat{\ln(Q_i^{cigarros})} = 9,72 - 1,08\,\widehat{\ln(P_i^{cigarros})}. \tag{10.10}$$

Essa função é escrita utilizando o regressor no segundo estágio, o valor previsto $\widehat{\ln(P_i^{cigarros})}$. É, contudo, convencional e menos complicado apresentar simplesmente a função de regressão estimada com $\ln(P_i^{cigarros})$ em vez de $\widehat{\ln(P_i^{cigarros})}$. Apresentadas dessa forma, as estimativas de MQ2E e os erros padrão robustos quanto à heteroscedasticidade são

$$\widehat{\ln(Q_i^{cigarros})} = \underset{(1,53)}{9,72} - \underset{(0,32)}{1,08}\ln(P_i^{cigarros}). \tag{10.11}$$

A estimativa de MQ2E sugere que a demanda por cigarros é surpreendentemente elástica à luz de sua natureza viciadora: um aumento de 1 por cento no preço reduz o consumo em 1,08 por cento. Mas, relembrando nossa discussão sobre exogeneidade do instrumento, talvez essa estimativa não deva ainda ser levada tão a sério. Ainda que a elasticidade tenha sido estimada utilizando uma variável instrumental, pode haver variáveis omitidas que estão correlacionadas com o imposto sobre vendas por maço. Uma variável bastante provável é a renda: estados com rendas maiores podem depender relativamente menos de um imposto sobre vendas e relativamente mais de um imposto de renda para financiar o governo estadual. Além disso, a demanda por cigarros depende provavelmente da renda. Portanto, podemos estimar novamente nossa equação de demanda incluindo a renda como um regressor adicional. Contudo, para fazermos isso, precisamos primeiro estender o modelo de regressão de VI para incluir regressores adicionais.

Modelo Geral de Regressão de Variáveis Instrumentais e sua Terminologia

Conceito-Chave 10.1

O modelo geral de regressão de VI é

$$Y_i = \beta_0 + \beta_1 X_{1i} + \cdots + \beta_k X_{ki} + \beta_{k+1} W_{1i} + \cdots + \beta_{k+r} W_{ri} + u_i, \quad (10.12)$$

$i = 1, \ldots, n$, onde:

- Y_i é a variável dependente;
- u_i é o termo de erro, que representa o erro de medida e/ou fatores omitidos;
- $X_{1i}, \ldots, X_{ki}$ são k regressores endógenos, que estão potencialmente correlacionados com u_i;
- $W_{1i}, \ldots, W_{ri}$ são r regressores exógenos incluídos, que não estão correlacionados com u_i;
- $\beta_0, \beta_1, \ldots, \beta_{k+r}$ são coeficientes de regressão desconhecidos;
- $Z_{1i}, \ldots, Z_{mi}$ são m variáveis instrumentais.

Os coeficientes são sobreidentificados se há mais instrumentos do que regressores endógenos ($m > k$); eles são subidentificados se $m < k$; e são exatamente identificados se $m = k$. A estimação do modelo de regressão de VI requer a identificação exata ou a sobreidentificação.

10.2 O Modelo Geral de Regressão de VI

Esse modelo possui quatro tipos de variáveis: a variável dependente Y; os regressores endógenos problemáticos, como o preço dos cigarros, que estão potencialmente correlacionados com o termo de erro e que representaremos por X; os regressores adicionais que não estão correlacionados com o termo de erro, chamados de **variáveis exógenas incluídas**, que representaremos por W; e as variáveis instrumentais, Z. Em geral, pode haver múltiplos regressores endógenos (Xs), múltiplos regressores exógenos incluídos (Ws) e múltiplas variáveis instrumentais (Zs).

Para que a regressão de VI seja possível, deve haver um número de variáveis instrumentais (Zs) no mínimo igual ao de regressores endógenos (Xs). Na Seção 10.1, havia um único regressor endógeno e um único instrumento. Ter (no mínimo) um instrumento para esse único regressor endógeno era essencial. Sem ele, não poderíamos ter calculado o estimador de variáveis instrumentais: não haveria a regressão do primeiro estágio de MQ2E.

A relação entre o número de instrumentos e o de regressores endógenos é suficientemente importante para ter uma terminologia própria. Diz-se que os coeficientes de regressão são **exatamente identificados** se o número de instrumentos (m) é igual ao número de regressores endógenos (k), isto é, $m = k$. Os coeficientes são **sobreidentificados** se o número de instrumentos excede o número de regressores endógenos, isto é, $m > k$; e são **subidentificados** se o número de instrumentos é menor do que o número de regressores endógenos, isto é, $m < k$. Os coeficientes devem ser exatamente identificados ou sobreidentificados se forem estimados pela regressão de VI.

O Conceito-Chave 10.1 resume o modelo geral de regressão de VI e sua terminologia.

MQ2E no Modelo Geral de VI

MQ2E com um único regressor endógeno. Quando há um único regressor endógeno X e algumas variáveis exógenas incluídas adicionais, a equação de interesse é

$$Y_i = \beta_0 + \beta_1 X_i + \beta_2 W_{1i} + \cdots + \beta_{1+r} W_{ri} + u_i, \quad (10.13)$$

onde, como antes, X_i pode estar correlacionado com o termo de erro, mas $W_{1i}, \ldots, W_{ri}$ não estão.

A regressão do primeiro estágio de MQ2E da população relaciona X às variáveis exógenas, isto é, os Ws e os instrumentos Z:

$$X_i = \pi_0 + \pi_1 Z_{1i} + \cdots + \pi_m Z_{mi} + \pi_{m+1} W_{1i} + \cdots + \pi_{m+r} W_{ri} + v_i, \qquad (10.14)$$

onde $\pi_0, \pi_1, \ldots, \pi_{m+r}$ são os coeficientes de regressão desconhecidos e v_i é um termo de erro.

A Equação (10.14) às vezes é chamada de equação da **forma reduzida** para X. Ela relaciona a variável endógena X a todas as variáveis exógenas disponíveis, tanto aquelas incluídas na regressão de interesse (W) como os instrumentos (Z).

No primeiro estágio de MQ2E, os coeficientes desconhecidos na Equação (10.14) são estimados por MQO e os valores previstos dessa regressão são $\hat{X}_1, \ldots, \hat{X}_n$.

No segundo estágio de MQ2E, a Equação (10.13) é estimada por MQO, exceto pelo fato de que X_i é substituído por seus valores previstos no primeiro estágio. Isto é, Y_i é regredido sobre $\hat{X}_i, W_{1i}, \ldots, W_{ri}$ utilizando MQO. O estimador resultante de $\beta_0, \beta_1, \ldots, \beta_{1+r}$ é o estimador de MQ2E.

Extensão a múltiplos regressores endógenos. Quando há múltiplos regressores endógenos, $X_{1i}, \ldots, X_{ki}$, o algoritmo de MQ2E é semelhante, exceto pelo fato de que cada regressor endógeno requer sua própria regressão do primeiro estágio. Cada uma dessas regressões possui a mesma forma da Equação (10.14), isto é, a variável dependente é um dos Xs e os regressores são todos os instrumentos (Zs) e todas as variáveis exógenas incluídas (Ws). Juntas, essas regressões do primeiro estágio produzem valores previstos de cada um dos regressores endógenos.

No segundo estágio de MQ2E, a Equação (10.12) é estimada por MQO, exceto pelo fato de que os regressores endógenos (Xs) são substituídos por seus respectivos valores previstos ($\hat{X}$s). O estimador resultante de $\beta_0, \beta_1, \ldots, \beta_{k+r}$ é o estimador de MQ2E.

Na prática, os dois estágios de MQ2E são rodados automaticamente pelos comandos de estimação de MQ2E nos pacotes econométricos modernos. O Conceito-Chave 10.2 resume o estimador geral de MQ2E.

Relevância e Exogeneidade do Instrumento no Modelo Geral de VI

As condições de relevância e exogeneidade do instrumento precisam ser modificadas para o modelo geral de regressão de VI.

Quando há uma variável endógena incluída mas múltiplos instrumentos, a condição de relevância do instrumento é de que no mínimo um Z seja útil para prever X, dado W. Quando existem múltiplas variáveis endógenas incluídas, essa condição é mais complicada, uma vez que devemos descartar a multicolinearidade perfeita na regressão da população. Intuitivamente, nesse caso, os instrumentos devem fornecer informações suficientes sobre os movimentos exógenos dessas variáveis incluídas para separar seus efeitos distintos sobre Y.

A formulação geral da condição de exogeneidade do instrumento é de que cada instrumento não deve estar correlacionado com o termo de erro u_i. O Conceito-Chave 10.3 apresenta as condições gerais para instrumentos válidos.

Hipóteses da Regressão de VI e Distribuição Amostral do Estimador de MQ2E

Sob as hipóteses da regressão de VI, o estimador de MQ2E é consistente e tem uma distribuição amostral que, em amostras grandes, é aproximadamente normal.

Hipóteses da regressão de VI. As hipóteses da regressão de VI são modificações das hipóteses de mínimos quadrados para o modelo de regressão múltipla apresentado no Conceito-Chave 5.4.

A primeira hipótese da regressão de VI modifica a hipótese de média condicional no Conceito-Chave 5.4 para aplicá-la apenas a variáveis exógenas incluídas. Assim como a segunda hipótese de mínimos quadrados para o modelo de regressão múltipla, a segunda hipótese da regressão de VI é de que as seleções são i.i.d., como seriam

Mínimos Quadrados em Dois Estágios

Conceito-Chave 10.2

No modelo geral de regressão de IV na Equação (10.12), o estimador de MQ2E com múltiplas variáveis instrumentais é calculado em dois estágios.

1. **Regressão do primeiro estágio**: regrida X_{1i} sobre as variáveis instrumentais (Z_{1i}, ..., Z_{mi}) e as variáveis exógenas incluídas (W_{1i}, ..., W_{ri}) utilizando MQO. Calcule os valores previstos dessa regressão; chame-os $\hat{X}_{1i}$. Repita esse procedimento para todos os regressores endógenos, X_{2i}, ..., X_{ki}, calculando assim os valores previstos $\hat{X}_{1i}$, ..., $\hat{X}_{ki}$.
2. **Regressão do segundo estágio**: regrida Y_i sobre os valores previstos das variáveis endógenas ($\hat{X}_{1i}$, ..., $\hat{X}_{ki}$) e as variáveis exógenas incluídas (W_{1i}, ..., W_{ri}) utilizando MQO. Os estimadores de MQ2E $\hat{\beta}_0^{MQ2E}$, ..., $\hat{\beta}_{k+r}^{MQ2E}$ são os estimadores da regressão do segundo estágio.

Na prática, os dois estágios são rodados automaticamente pelos comandos de estimação de MQ2E nos pacotes econométricos modernos.

se os dados fossem coletados por amostragem aleatória. De forma semelhante, a terceira hipótese de VI é a de que todas as variáveis possuem quatro momentos, e a quarta hipótese de VI é de que os regressores exógenos incluídos não são perfeitamente multicolineares. A quinta hipótese de VI é de que são verificadas as duas condições para a validade do instrumento no Conceito-Chave 10.3. O Conceito-Chave 10.4 resume as hipóteses da regressão de VI.

Distribuição amostral para o estimador de MQ2E. Sob as hipóteses da regressão de VI, o estimador de MQ2E é consistente e normalmente distribuído em amostras grandes. Isso é mostrado na Seção 10.1 (e no Apêndice 10.3) para o caso especial de um único regressor endógeno, um único instrumento e nenhuma variável exógena incluída. Conceitualmente, o raciocínio da Seção 10.1 pode ser feito para o caso geral de múltiplos instrumentos e múltiplas variáveis endógenas incluídas. Contudo, as expressões no caso geral são complicadas e por isso o leitor deve consultar Greene (2000, Capítulo 9) para maiores detalhes.

Inferência Utilizando o Estimador de MQ2E

Como a distribuição amostral do estimador de MQ2E é normal em amostras grandes, os procedimentos gerais para inferências estatísticas (testes de hipótese e intervalos de confiança) em modelos de regressão se estendem à regressão de MQ2E. Por exemplo, intervalos de confiança de 95 por cento são construídos como o estimador de MQ2E 1,96 erro padrão. De forma semelhante, as hipóteses conjuntas sobre os valores da população dos coeficientes podem ser testadas utilizando a estatística F, descrita na Seção 5.7.

Cálculo dos erros padrão de MQ2E. Há dois pontos que devemos ter em mente em relação aos erros padrão de MQ2E. Em primeiro lugar, os erros padrão apresentados pela estimação de MQO na regressão do segundo estágio estão incorretos porque não reconhecem que se trata do segundo estágio de um processo de dois estágios. Especificamente, esses erros não se ajustam ao fato de que a regressão do segundo estágio utiliza os valores previstos das variáveis endógenas incluídas. Fórmulas para os erros padrão que fazem o ajuste necessário são incluídas (e utilizadas automaticamente) nos comandos da regressão de MQ2E em pacotes econométricos.

Em segundo lugar, o erro u pode, como sempre, ser heteroscedástico. Portanto, é importante utilizar versões dos erros padrão robustos quanto à heteroscedasticidade exatamente pela mesma razão por que é importante utilizar esses erros para os estimadores de MQO do modelo de regressão múltipla.

As Duas Condições para Instrumentos Válidos

Conceito-Chave 10.3

Um conjunto de m instrumentos $Z_{1i}, \ldots, Z_{mi}$ deve satisfazer as duas condições a seguir para ser válido:

1. Relevância do instrumento

- *Em geral*, seja $\hat{X}^*_{1i}$ o valor previsto de X_{1i} a partir da regressão da população de X_{1i} sobre os instrumentos (Zs) e os regressores exógenos incluídos (Ws), e seja "1" a representação de um regressor que assume o valor "1" para todas as observações (seu coeficiente é o intercepto). Então, $(\hat{X}^*_{1i}, \ldots, \hat{X}^*_{ki}, W_{1i}, \ldots, W_{ri}, 1)$ não são perfeitamente multicolineares.
- *Se há somente um* X, no mínimo um Z deve entrar na regressão da população de X sobre os Zs e os Ws.

2. Exogeneidade do instrumento

Os instrumentos não estão correlacionados com o termo de erro, isto é, $\text{corr}(Z_{1i}, u_i) = 0, \ldots, \text{corr}(Z_{mi}, u_i) = 0$.

Aplicação à Demanda por Cigarros

Na Seção 10.1, estimamos a elasticidade da demanda por cigarros com dados sobre o consumo anual nos 48 estados norte-americanos em 1995 utilizando MQ2E com um único regressor (o logaritmo do preço real por maço) e um único instrumento (o imposto real sobre vendas por maço). Contudo, a renda também influencia a demanda, de modo que ela faz parte do termo de erro da regressão da população. Conforme discutido na Seção 10.1, se o imposto estadual sobre vendas está relacionado à renda do Estado, ele está correlacionado com uma variável no termo de erro da equação de demanda por cigarros, o que viola a condição de exogeneidade do instrumento. Nesse caso, o estimador de VI na Seção 10.1 é inconsistente. Isto é, a regressão de VI sofre de uma versão do viés de omissão de variáveis. Para resolver esse problema, precisamos incluir a renda na regressão.

Consideremos, portanto, uma especificação alternativa em que o logaritmo da renda está incluído na equação da demanda. Na terminologia do Conceito-Chave 10.1, a variável dependente Y é o logaritmo do consumo, $\ln(Q_i^{cigarros})$; o regressor endógeno X é o logaritmo do preço real, $\ln(P_i^{cigarros})$; a variável exógena incluída W é o logaritmo da renda real per capita do Estado, $\ln(Renda_i)$; e o instrumento Z é o imposto real sobre vendas por maço, $ImpostoVendas_i$. As estimativas de MQ2E e os erros padrão robustos quanto à heteroscedasticidade são

$$\widehat{\ln(Q_i^{cigarros})} = \underset{(1,26)}{9,43} - \underset{(0,37)}{1,14}\ln(P_i^{cigarros}) + \underset{(0,31)}{0,21}\ln(Renda_i). \qquad (10.15)$$

Essa regressão utiliza um único instrumento, $ImpostoVendas_i$, mas na verdade há outro candidato a instrumento disponível. Além do imposto geral sobre vendas, os estados aplicam impostos especiais que incidem somente sobre cigarros e outros produtos a eles relacionados. Esses impostos específicos sobre cigarros ($ImpostoCig_i$) constituem uma segunda variável instrumental possível. Eles aumentam o preço dos cigarros pago pelo consumidor, de modo que provavelmente satisfazem a condição de relevância do instrumento. Se não estiver correlacionado com o termo de erro na equação de demanda por cigarro do Estado, o imposto específico será um instrumento exógeno.

Com esse instrumento adicional em mãos, agora temos duas variáveis instrumentais, o imposto real sobre vendas por maço e o imposto real específico sobre cigarros do Estado por maço. Com dois instrumentos e um único regressor endógeno, a elasticidade da demanda é sobreidentificada, isto é, o número de instrumentos

Hipóteses da Regressão de VI

Conceito-Chave 10.4

As variáveis e os erros no modelo de regressão de VI do Conceito-Chave 10.1 satisfazem:

1. $E(u_i|W_{1i}, ..., W_{ri}) = 0$.
2. $(X_{1i}, ..., X_{ki}, W_{1i}, ..., W_{ri}, Z_{1i}, ..., Z_{mi}, Y_i)$ são seleções i.i.d de sua distribuição conjunta.
3. Todos os *X*s, *W*s, *Z*s e *u* possuem quartos momentos finitos diferentes de zero.
4. Os *W*s não são perfeitamente multicolineares.
5. As duas condições para um instrumento válido no Conceito-Chave 10.3 são verificadas.

(*ImpostoVendas*$_i$ e *ImpostoCig*$_i$, logo $m = 2$) excede o número de variáveis endógenas incluídas ($P_i^{cigarros}$, logo $k = 1$). Podemos estimar a elasticidade da demanda utilizando MQ2E, na qual os regressores na regressão do primeiro estágio são a variável exógena incluída, $\ln(Renda_i)$, e os dois instrumentos.

A estimativa de MQ2E resultante da função de regressão que utiliza os dois instrumentos *ImpostoVendas*$_i$ e *ImpostoCig*$_i$ é

$$\widehat{\ln(Q_i^{cigarros})} = \underset{(0,96)}{9,89} - \underset{(0,25)}{1,28}\ln(P_i^{cigarros}) + \underset{(0,25)}{0,28}\ln(Renda_i). \tag{10.16}$$

Compare as equações (10.15) e (10.16): o erro padrão da elasticidade-preço estimada é um terço menor na Equação (10.16) (0,25 na Equação (10.16) contra 0,37 na Equação (10.15)). Isso porque a estimativa da Equação (10.16) utiliza mais informações do que a da Equação (10.15): nesta, somente um instrumento é utilizado (imposto sobre vendas), enquanto na Equação (10.16) dois instrumentos são utilizados (imposto sobre vendas e imposto específico sobre cigarros). A variação nos preços dos cigarros é mais explicada pelo uso de dois instrumentos do que pelo de apenas um e isso é refletido em erros padrão menores na elasticidade da demanda estimada.

Essas estimativas têm credibilidade? Em última análise, a credibilidade depende de se um conjunto de variáveis instrumentais — aqui, os dois impostos — satisfaz plausivelmente as duas condições para instrumentos válidos. Portanto, é vital avaliar se esses instrumentos são válidos e é para esse tópico que nos voltamos agora.

10.3 Verificando a Validade dos Instrumentos

A utilidade da regressão de variáveis instrumentais em dada aplicação depende de os instrumentos serem válidos: os inválidos produzem resultados sem sentido. Portanto, é essencial avaliar se dado conjunto de instrumentos é válido em uma aplicação em particular.

Hipótese nº 1: Relevância do Instrumento

O papel da condição de relevância do instrumento na regressão de VI é sutil. Uma forma de pensar na relevância do instrumento é considerar que ela desempenha um papel semelhante ao do tamanho da amostra: quanto mais relevantes são os instrumentos — isto é, quanto mais a variação em *X* é explicada pelos instrumentos —, mais informações estão disponíveis para serem utilizadas na regressão de VI. Um instrumento mais relevante, assim como um tamanho maior da amostra, produz um estimador mais preciso. Além disso, a inferência estatística utilizando MQ2E se baseia no fato de o estimador de MQ2E possuir uma distribuição amostral normal, porém, de acordo com o teorema central do limite, a distribuição normal é uma boa aproximação em amostras grandes, mas não necessariamente nas pequenas. Se ter um instrumento mais relevante é como ter um tamanho maior de amostra, isso sugere que, para que a distribuição normal forneça uma boa aproximação da distribuição amostral do estimador de MQ2E, os instrumentos não devem ser apenas relevantes, mas altamente relevantes.

Instrumentos que explicam pouco da variação em X são chamados de **instrumentos fracos**. No exemplo dos cigarros, a distância entre o Estado e as fábricas de cigarros provavelmente seria um instrumento fraco: embora uma distância maior aumente os custos de remessa (deslocando dessa forma a curva de oferta para cima e elevando o preço de equilíbrio), os cigarros são leves, de modo que os custos de remessa são um componente pequeno do preço dos cigarros. Portanto, o montante de variação nos preços explicado pelos custos de remessa e, portanto, pela distância em relação às fábricas provavelmente é muito pequeno.

Nesta seção, discutimos por que instrumentos fracos são um problema, como verificar se os instrumentos são fracos e o que fazer quando você possui instrumentos fracos. Durante toda a exposição, assumimos a hipótese de que os instrumentos são exógenos.

Por que instrumentos fracos são um problema. Se os instrumentos são fracos, a distribuição normal fornece uma aproximação insatisfatória para a distribuição amostral do estimador de MQ2E, mesmo que o tamanho da amostra seja grande. Desse modo, não há justificativa teórica para os métodos usuais de conduzir inferências estatísticas, mesmo em amostras grandes. Na verdade, se os instrumentos são fracos, o estimador de MQ2E pode estar muito viesado e os intervalos de confiança de 95 por cento construídos como o estimador de MQ2E $\pm 1{,}96$ erro padrão pode conter o valor verdadeiro do coeficiente em muito menos do que 95 por cento do tempo. Em suma, se os instrumentos são fracos, MQ2E não é mais confiável.

Para verificar que há um problema com a aproximação normal em amostras grandes para a distribuição amostral do estimador de MQ2E, considere o caso especial, visto na Seção 10.1, de uma única variável endógena incluída, um único instrumento e nenhum regressor exógeno incluído. Se o instrumento for válido, então $\hat{\beta}_1^{MQ2E}$ é consistente, uma vez que as co-variâncias da amostra s_{ZY} e s_{ZX} são consistentes; isto é, $\hat{\beta}_1^{MQ2E} = s_{ZY}/s_{ZX} \xrightarrow{p} \text{cov}(Z_i,Y_i)/\text{cov}(Z_i,X_i) = \beta_1$ (Equação (10.7). Agora, suponha que o instrumento não seja apenas fraco, mas também irrelevante, de modo que $\text{cov}(Z_i,X_i) = 0$. Então, $s_{ZX} \xrightarrow{p} \text{cov}(Z_i,X_i) = 0$, portanto, tomado literalmente, o denominador do lado direito do limite $\text{cov}(Z_i,Y_i)/\text{cov}(Z_i,X_i)$ é igual a zero! Claramente, o argumento de que $\hat{\beta}_1^{MQ2E}$ é consistente não se sustenta quando a condição de relevância do instrumento não é satisfeita. Conforme o Apêndice 10.4, a não-sustentação do argumento faz com que o estimador de MQ2E tenha uma distribuição amostral anormal, mesmo que o tamanho da amostra seja muito grande. Na verdade, quando o instrumento é irrelevante, a distribuição em amostras grandes de $\hat{\beta}_1^{MQ2E}$ não é aquela de uma variável aleatória normal, mas, em vez disso, é a distribuição de uma *razão* de duas variáveis aleatórias normais!

Embora essa circunstância de instrumentos totalmente irrelevantes possa não ser encontrada na prática, ela levanta uma dúvida: Em que medida os instrumentos devem ser relevantes para que a distribuição normal forneça uma boa aproximação na prática? A resposta para essa pergunta no modelo geral de VI é complicada. Felizmente, existe uma regra de bolso simples para a situação mais comum na prática, o caso de um único regressor endógeno.

Verificando se os instrumentos são fracos quando há um único regressor endógeno. Uma forma de verificar se os instrumentos são fracos quando há um único regressor endógeno é calcular a estatística F que testa a hipótese de que os coeficientes dos instrumentos são todos iguais a zero na regressão do primeiro estágio de MQ2E. A **estatística *F* do primeiro estágio** fornece uma medida do conteúdo de informações contido nos instrumentos: quanto maior o conteúdo de informações, maior o valor esperado da estatística F. Uma regra de bolso simples é a seguinte: você não precisa se preocupar com os instrumentos fracos se a estatística F do primeiro estágio for maior do que 10. (Por que 10? Veja o Apêndice 10.4.) Isso é resumido no Conceito-Chave 10.5.

O que faço se tiver instrumentos fracos? Depende. Se você tiver muitos instrumentos, alguns deles serão provavelmente mais fracos do que outros. Se tiver um número pequeno de instrumentos fortes e muitos fracos, será melhor descartar os mais fracos e utilizar o subconjunto mais relevante para sua análise de MQ2E. Os erros padrão de MQ2E podem aumentar quando você elimina instrumentos fracos, mas tenha em mente que seus erros padrão originais já não tinham nenhum significado!

Uma Regressão Assustadora

Uma maneira de estimar o aumento percentual nos rendimentos de ir à escola por mais um ano (o "retorno da educação") é regredir o logaritmo do salário contra os anos de estudo utilizando dados sobre indivíduos. Mas se os indivíduos mais capazes são mais bem-sucedidos no mercado de trabalho e freqüentam a escola por mais tempo (talvez porque tenham mais facilidade), os anos de escolaridade estão correlacionados com a variável omitida, habilidade inata, e o estimador de MQO do retorno da educação é viesado. Como a habilidade inata é extremamente difícil de ser medida e, portanto, não pode ser utilizada como um regressor, alguns pesquisadores da área de economia do trabalho se voltaram para a regressão de VI para estimar o retorno da educação. Mas qual variável está correlacionada com os anos de estudo mas não com o termo de erro da regressão do salário — isto é, qual é uma variável instrumental válida?

A data de seu aniversário, sugeriram os pesquisadores da área de economia do trabalho Joshua Angrist e Alan Krueger. Em virtude das leis referentes ao ensino obrigatório, eles raciocinaram, seu aniversário está correlacionado com seus anos de estudo: se a lei exige que você freqüente a escola até seu 16º aniversário e você completa 16 anos em janeiro, você pode abandonar os estudos ainda na décima série — mas se você completa 16 anos em julho, já terá concluído a décima série.* Se for esse o caso, seu aniversário satisfaz a condição de relevância do instrumento. Porém, nascer em janeiro ou em julho não tem efeito *direto* sobre seus rendimentos (exceto através dos anos de instrução), de modo que a data de seu aniversário satisfaz a condição de exogeneidade do instrumento. Eles implementaram essa idéia utilizando o trimestre de nascimento do indivíduo como variável instrumental. Utilizaram uma amostra de dados muito grande do Censo dos Estados Unidos (suas regressões tinham no mínimo 329 mil observações!) e controlaram outras variáveis, como a idade do trabalhador.

Mas John Bound, outro pesquisador da área de economia do trabalho, estava cético. Ele sabia que instrumentos fracos fazem com que MQ2E se torne não confiável e se preocupou com o fato de que, apesar do tamanho extremamente grande da amostra, o trimestre de nascimento fosse um instrumento fraco em algumas das suas especificações. Portanto, quando Bound e Krueger se encontraram novamente no almoço, a conversa se concentrou inevitavelmente em saber se os instrumentos de Angrist-Krueger eram fracos. Krueger achava que não e sugeriu uma forma criativa de descobrir: por que não rodar novamente as regressões utilizando um instrumento realmente irrelevante — substituir o trimestre de nascimento verdadeiro de cada indivíduo por um trimestre de nascimento falso, gerado aleatoriamente pelo computador — e comparar os resultados utilizando os instrumentos verdadeiro e falso? Sua descoberta foi surpreendente: não fazia diferença utilizar o trimestre de nascimento verdadeiro ou o falso como um instrumento — MQ2E produziu basicamente a mesma resposta!

Essa era uma regressão assustadora para os econometristas da área de economia do trabalho. O erro padrão de MQ2E calculado com o uso de dados reais sugere que o retorno da educação é estimado com precisão — mas o mesmo ocorre com o erro padrão calculado com o uso de dados falsos. Obviamente, os dados falsos *não conseguem* estimar o retorno da educação com precisão porque o instrumento falso é totalmente irrelevante. A preocupação, então, é de que as estimativas de MQ2E baseadas em dados reais são tão imprecisas quanto as baseadas em dados falsos.

O problema é que os instrumentos são, na verdade, muito fracos em algumas das regressões de Angrist e Krueger. Em algumas de suas especificações, a estatística F do primeiro estágio é menor do que dois, muito menos do que o limite da regra de bolso de 10. Em outras especificações, Angrist e Krueger têm estatísticas F do primeiro estágio maiores; nesses casos, as inferências de MQ2E não estão sujeitas ao problema de instrumentos fracos. A propósito, nessas especificações, estima-se que o retorno da educação seja de aproximadamente 8 por cento, um pouco *maior* do que o estimado por MQO.[1]

* Nos Estados Unidos, o ensino básico é composto por três níveis: *elementary school*, da 1ª à 6ª série; *junior high school*, da 7ª à 8ª série; e *high school*, da 9ª à 12ª série. O ano letivo é semelhante ao europeu, que se inicia em outubro e termina no final de junho. Daí o porquê das afirmações relativas a janeiro e julho (Fonte: *Logman Dictionary of English Language and Culture*) (N. do R.T.).

[1] As regressões de VI originais são apresentadas em Angrist e Krueger (1991), e a nova análise utilizando os instrumentos falsos está publicada em Bound, Jaeger e Baker (1995).

Se, contudo, você tiver apenas alguns instrumentos fracos ou se os coeficientes forem exatamente identificados, não ajudará descartar instrumentos fracos. Nesse caso, há dois recursos: encontrar instrumentos adicionais mais fortes ou utilizar algumas ferramentas avançadas projetadas especificamente para o uso com instrumentos

Uma Regra de Bolso para a Verificação de Instrumentos Fracos

Conceito-Chave 10.5

A estatística F do primeiro estágio é a estatística F que testa a hipótese de que os coeficientes dos instrumentos Z_{1i}, ..., Z_{mi} são iguais a zero no primeiro estágio dos mínimos quadrados em dois estágios. Quando há um único regressor endógeno, um F de primeiro estágio inferior a 10 indica que os instrumentos são fracos, caso em que o estimador de MQ2E é viesado (mesmo em amostras grandes) e a estatística t e os intervalos de confiança não são confiáveis.

fracos. O primeiro requer um conhecimento profundo do problema em questão e pode envolver a reformulação da base de dados e da natureza do estudo empírico. O segundo requer procedimentos menos sensíveis a instrumentos fracos do que MQ2E. Um estimador que é menos sensível a instrumentos fracos é o de máxima verossimilhança com informação limitada (MVIL); veja Hayashi (2000, Seção 8.6) ou Greene (2003, Capítulo 16). Atualmente, o desenvolvimento de procedimentos confiáveis quando os instrumentos são fracos é uma área de pesquisa ativa.

Hipótese nº 2: Exogeneidade do Instrumento

Se os instrumentos não são exógenos, então MQ2E é inconsistente: o estimador de MQ2E converge em probabilidade para algo diferente do coeficiente de regressão da população. Afinal, a idéia de regressão de variáveis instrumentais é de que o instrumento contém informações sobre a variação em X_i que não estão relacionadas ao termo de erro u_i. Se, na verdade, o instrumento não é exógeno, ele não pode encontrar essa variação exógena em X_i, e é evidente que a regressão de VI não fornece um estimador consistente. A matemática por trás desse argumento está resumida no Apêndice 10.4.

Você pode testar estatisticamente a hipótese de que os instrumentos são exógenos? Não. Mais precisamente, suponha que você tenha um número igual de instrumentos e de regressores endógenos (os coeficientes são exatamente identificados). Então, é impossível desenvolver um teste estatístico da hipótese de que os instrumentos são na verdade exógenos. Isto é, a evidência empírica não pode ser direcionada para a questão referente à satisfação da restrição de exogeneidade por esses instrumentos. Nesse caso, a única forma de avaliar se os instrumentos são exógenos é se apoiar no parecer de um especialista e no seu conhecimento pessoal do problema empírico em questão. Por exemplo, o conhecimento dos Wright sobre a oferta e demanda no setor agrícola os levou a sugerir que um volume pluviométrico abaixo da média possivelmente deslocaria a curva da oferta de manteiga, mas não deslocaria diretamente a curva de demanda.

Avaliar se os instrumentos são exógenos requer *necessariamente* o julgamento de um especialista baseado em seu conhecimento pessoal da aplicação. Se, contudo, houver mais instrumentos do que regressores endógenos, uma ferramenta estatística — o chamado teste de restrições sobreidentificadas — pode ser útil nesse processo.

O teste de restrições sobreidentificadas. Suponha que você tenha um único regressor endógeno, dois instrumentos e nenhuma variável exógena incluída. Então, você pode calcular dois estimadores de MQ2E diferentes, um utilizando o primeiro instrumento, o outro utilizando o segundo. Esses dois estimadores não serão iguais em virtude da variação amostral, mas, se os dois são exógenos, tendem a ser próximos. Mas e se esses dois instrumentos produzirem estimativas muito diferentes? Então, você pode concluir de forma sensata que há algo errado com um dos estimadores, ou com ambos, isto é, seria razoável concluir que um dos instrumentos, ou ambos, não são exógenos.

O **teste de restrições sobreidentificadas** faz essa comparação implicitamente. Dizemos implicitamente porque o teste é conduzido sem calcular de maneira efetiva todas as diferentes estimativas de VI possíveis. Esta é a idéia. Exogeneidade dos instrumentos significa que eles não estão correlacionados com u_i. Isso sugere que devem

Teste de Restrições Sobreidentificadas (Estatística J)

Conceito-Chave 10.6

Seja $\hat{u}_i^{MQ2E}$ os resíduos da estimação de MQ2E da Equação (10.12). Utilize MQO para estimar os coeficientes da regressão em

$$\hat{u}_i^{MQ2E} = \delta_0 + \delta_1 Z_{1i} + \cdots + \delta_m Z_{mi} + \delta_{m+1} W_{1i} + \cdots + \delta_{m+r} W_{ri} + e_i, \quad (10.17)$$

onde e_i é o termo de erro da regressão. Seja F a estatística F somente homoscedástica que testa a hipótese de que $\delta_1 = \cdots = \delta_m = 0$. A estatística do teste de restrições sobreidentificadas é $J = mF$. Sob a hipótese nula de que todos os instrumentos são exógenos, temos que, em amostras grandes, J é distribuído como χ^2_{m-k}, onde $m - k$ é o "grau de sobreidentificação", isto é, o número de instrumentos menos o número de regressores endógenos.

estar aproximadamente não-correlacionados com $\hat{u}_i^{MQ2E}$, onde $\hat{u}_i^{MQ2E} = Y_i - (\hat{\beta}_0^{MQ2E} + \hat{\beta}_1^{MQ2E} X_{1i} + \cdots + \hat{\beta}_{k+r}^{MQ2E} W_{ri})$ é o resíduo da regressão de MQ2E estimada utilizando todos os instrumentos (aproximadamente, e não exatamente em razão da variação amostral). (Observe que esses resíduos são construídos utilizando os Xs verdadeiros, e não os valores previstos no primeiro estágio.) Desse modo, se os instrumentos são de fato exógenos, os coeficientes dos instrumentos em uma regressão de $\hat{u}_i^{MQ2E}$ sobre os instrumentos e as variáveis exógenas incluídas devem ser iguais a zero e esta hipótese pode ser testada.

O Conceito-Chave 10.6 resume o método de cálculo do teste de restrições sobreidentificadas. Essa estatística é calculada utilizando-se a estatística F somente homoscedástica. A estatística de teste é normalmente chamada de estatística J.

Em amostras grandes, se os instrumentos não são fracos e os erros são homoscedásticos, então, sob a hipótese nula de que os instrumentos são exógenos, a estatística J tem uma distribuição qui-quadrado com $m - k$ graus de liberdade (χ^2_{m-k}). É importante lembrar que mesmo que o número de restrições testadas seja m, os graus de liberdade da distribuição assintótica da estatística J são $m - k$. Isso porque é possível testar somente as restrições *sobre*identificadas, das quais existem $m - k$.

O modo mais fácil de ver que você não pode testar a exogeneidade dos regressores quando os coeficientes são exatamente identificados ($m = k$) é considerar o caso de uma única variável endógena incluída ($k = 1$). Se houver dois instrumentos, você poderá calcular dois estimadores de MQ2E, um para cada instrumento, e compará-los para verificar se estão próximos. Mas, se você tiver somente um instrumento, só poderá calcular um estimador de MQ2E e não terá com que compará-lo. Na verdade, se os coeficientes são exatamente identificados, de modo que $m = k$, a estatística do teste de sobreidentificação J é exatamente igual a zero.

10.4 Aplicação à Demanda por Cigarros[2]

Nossa tentativa de estimar a elasticidade da demanda por cigarros terminou com as estimativas de MQ2E resumidas na Equação (10.16), em que a renda era uma variável exógena incluída e havia dois instrumentos, o imposto geral sobre vendas e o imposto específico sobre cigarros. Agora podemos conduzir uma avaliação mais cuidadosa desses instrumentos.

Assim como na Seção 10.1, faz sentido que os dois instrumentos sejam relevantes, uma vez que os impostos são uma parcela significativa do preço dos cigarros; em breve veremos isso empiricamente. Em primeiro lugar, contudo, vamos nos concentrar na difícil questão de saber se as duas variáveis tributárias são plausivelmente exógenas.

[2] Esta seção pressupõe conhecimento do material presente nas seções 8.1 e 8.2 sobre dados de painel com $T = 2$ períodos de tempo.

As Extremidades do Tabagismo

O tabagismo impõe custos que não são totalmente arcados pelo fumante, isto é, ele gera externalidades. Uma justificativa econômica para a taxação de cigarros é, portanto, a de "internalizar" essas externalidades. Na teoria, o imposto sobre um maço de cigarros deveria ser igual ao valor monetário (em dólares) das externalidades criadas por fumar esse maço. Mas quais são, precisamente, as externalidades do tabagismo medidas em dólares por maço?

Diversos estudos utilizaram métodos econométricos para estimar as externalidades do tabagismo. As externalidades negativas — custos — arcadas por outros incluem despesas médicas pagas pelo governo para tratar fumantes doentes, despesas de tratamento médico de não-fumantes associado ao fumo passivo e incêndios provocados por cigarros.

Mas, sob um ponto de vista estritamente econômico, o tabagismo também possui externalidades *positivas*, ou benefícios. O maior benefício é que os fumantes tendem a recolher muito mais contribuições para a Previdência Social (aposentadoria) do que terão de volta. Há também uma grande economia de gastos com asilos para pessoas muito idosas — os fumantes tendem a não viver tanto. Como as externalidades negativas do tabagismo ocorrem enquanto o fumante está vivo, mas as positivas surgem após sua morte, o valor presente líquido das externalidades por maço (o valor dos custos líquidos por maço, descontados no presente) depende da taxa de desconto.

Os estudos discordam quanto ao valor específico em dólares das externalidades líquidas. Alguns sugerem que, se adequadamente descontadas, elas são muito pequenas, inferiores aos impostos correntes. Na verdade, as estimativas mais extremas sugerem que as externalidades líquidas são *positivas*, de modo que o tabagismo deveria ser subsidiado! Outros estudos, que incorporam custos que provavelmente são importantes mas difíceis de quantificar (tais como o tratamento de bebês com problemas de saúde pelo fato de suas mães fumarem), sugerem que as externalidades podem ser de US$ 1 por maço, ou talvez mais. Porém, todos os estudos concordam que os fumantes, pela propensão a morrer no final da meia-idade, pagam muito mais imposto do que os benefícios que recebem durante sua breve aposentadoria.[3]

[3] Um primeiro cálculo para as externalidades de fumar foi apresentado por Willard G. Manning et al. (1989). Um cálculo que sugere que os custos de tratamento médico *aumentariam* se todos parassem de fumar foi apresentado por Barendregt et al. (1997). Outros estudos sobre as externalidades de fumar foram resumidos por Chaloupka e Warner (2000).

O primeiro passo para avaliar se um instrumento é exógeno é examinar os argumentos a favor e contra. Isso requer pensar sobre os fatores que estão associados ao termo de erro na equação de demanda por cigarros e se esses fatores estão plausivelmente relacionados aos instrumentos.

Por que alguns estados apresentam um consumo de cigarros per capita maior do que outros? Uma razão pode ser a variação na renda entre os estados, porém a renda no Estado está incluída na Equação (10.6); logo, ela não faz parte do termo de erro. Outra razão diz respeito à existência de fatores históricos que influenciam a demanda. Por exemplo, os estados que plantam fumo têm uma proporção maior de fumantes do que outros estados. Esse fator pode estar relacionado aos impostos? É bem provável: se o plantio do fumo e a produção de cigarros são indústrias importantes em um Estado, essas indústrias podem exercer sua influência para manter baixos os impostos específicos sobre cigarros. Isso sugere que um fator omitido na demanda por cigarros — se o Estado planta fumo e fabrica cigarros — poderia estar correlacionado com os impostos específicos sobre cigarros.

Uma solução para essa possível correlação entre o termo de erro e o instrumento seria incluir informações sobre o tamanho da indústria do fumo e de cigarros no Estado; esse é o enfoque que adotamos quando incluímos a renda como um regressor na equação da demanda. Mas como temos dados de painel sobre o consumo de cigarros, um enfoque diferente — que não requer essas informações — está disponível. Conforme discutido no Capítulo 8, os dados de painel permitem eliminar a influência de variáveis que mudam de uma entidade para outra (estados), mas não ao longo do tempo, tais como o clima e as circunstâncias históricas que levaram a uma grande indústria do fumo e de cigarros em um Estado. No Capítulo 8, fornecemos dois métodos para isso: construção de dados referentes às *variações* nas variáveis entre dois períodos de tempo e o uso da regressão com efeitos fixos. Para manter a análise tratada aqui o mais simples possível, adotamos o primeiro enfoque e fazemos regressões do tipo descrito na Seção 8.2, com base nas mudanças nas variáveis entre dois anos.

O intervalo de tempo entre dois anos influencia o modo como as elasticidades estimadas serão interpretadas. Como os cigarros viciam, variações no preço levarão algum tempo para alterar o comportamento. A princípio, um aumento no preço de cigarros deve ter pouco efeito sobre a demanda. Ao longo do tempo, contudo, o aumento de preço deve contribuir para o desejo de alguns fumantes de largar o cigarro e, mais importante, pode desencorajar não-fumantes a adquirir o hábito. Logo, a resposta da demanda a um aumento de preço poderia ser pequena no curto prazo mas grande no longo prazo. Dito de outra forma, para um produto que vicia como os cigarros, a demanda deve ser inelástica no curto prazo, isto é, deve ter uma elasticidade de curto prazo próxima de zero, mas deve ser mais elástica no longo prazo.

Nesta análise, nós nos concentramos na estimação da elasticidade-preço de longo prazo. Fazemos isso considerando as variações na quantidade e no preço que ocorrem ao longo de períodos de dez anos. Especificamente, nas regressões aqui consideradas, a variação no logaritmo da quantidade em dez anos, $\ln(Q_{i,1995}^{cigarros}) - \ln(Q_{i,1985}^{cigarros})$, é regredida contra a variação no logaritmo do preço em dez anos, $\ln(P_{i,1995}^{cigarros}) - \ln(P_{i,1985}^{cigarros})$, e a variação no logaritmo da renda em dez anos, $\ln(Renda_{i,1995}) - \ln(Renda_{i,1985})$. São utilizados dois instrumentos: a variação no imposto sobre vendas em dez anos, $ImpostoVendas_{i,1995} - ImpostoVendas_{i,1985}$, e a variação no imposto específico sobre cigarros em dez anos, $ImpostoCig_{i,1995} - ImpostoCig_{i,1985}$.

A Tabela 10.1 apresenta os resultados. Como de costume, cada coluna mostra os resultados de uma regressão diferente. Todas as regressões possuem os mesmos regressores e todos os coeficientes são estimados utilizando MQ2E. A única diferença entre as três regressões é o conjunto de instrumentos utilizados. Na coluna (1), o único instrumento é o imposto sobre vendas; na coluna (2), é o imposto específico sobre cigarros; e, na coluna (3), os dois impostos são utilizados como instrumentos.

Na regressão de VI, a confiabilidade das estimativas dos coeficientes depende da validade dos instrumentos, de modo que as primeiras coisas a examinar na Tabela 10.1 são as estatísticas de diagnóstico avaliando a validade dos instrumentos.

Em primeiro lugar, os instrumentos são relevantes? Nas três regressões, as estatísticas F do primeiro estágio são 33,7, 107,2 e 88,6, de modo que nos três casos a estatística F do primeiro estágio é superior a 10. Concluímos que os instrumentos não são fracos, de modo que podemos confiar nos métodos padrão para inferência estatística (testes de hipótese, intervalos de confiança), utilizando os coeficientes estimados e os erros padrão.

TABELA 10.1 Estimativas de Mínimos Quadrados em Dois Estágios da Demanda por Cigarros Utilizando Dados de Painel para 48 Estados Norte-Americanos

Variável dependente $(Q_{i,1995}^{cigarros}) - \ln(Q_{i,1985}^{cigarros})$

Regressor	(1)	(2)	(3)
$\ln(P_{i,1995}^{cigarros}) - \ln(P_{i,1985}^{cigarros})$	−0,94** (0,21)	−1,34** (0,23)	−1,20** (0,20)
$\ln(Renda_{i,1995}) - \ln(Renda_{i,1985})$	0,53 (0,34)	0,43 (0,30)	0,46 (0,31)
Intercepto	0,21 (0,13)	0,45** (0,14)	0,37** (0,12)
Variável(is) instrumental(is)	Imposto sobre vendas	Imposto específico sobre cigarros	Imposto sobre vendas e imposto específico sobre cigarros
Estatística F do primeiro estágio	33,70	107,20	88,60
Teste J das restrições sobreidentificadas e valor p	-	-	4,93 (0,026)

Essas regressões foram estimadas utilizando dados de 48 estados dos Estados Unidos (48 observações sobre as diferenças em dez anos). Os dados estão no Apêndice 10.1. O teste J (das restrições sobreidentificadas) está descrito no Conceito-Chave 10.6 (seu valor p está entre parênteses) e a estatística F do primeiro estágio está descrita no Conceito-Chave 10.5. Os coeficientes individuais são estatisticamente significantes ao nível de significância de *5 por cento ou de **1 por cento.

Em segundo lugar, os instrumentos são exógenos? Como as regressões nas colunas (1) e (2) têm um único instrumento e um único regressor endógeno incluído, os coeficientes nessas regressões são exatamente identificados. Assim, não podemos empregar o teste *J* em nenhuma delas. A regressão na coluna (3), contudo, é sobreidentificada porque há dois instrumentos e um único regressor endógeno incluído, de modo que existe uma restrição sobreidentificada ($m - k = 2 - 1 = 1$). A estatística *J* é 4,93; ela possui uma distribuição χ_1^2, de modo que o valor crítico de 5 por cento é 3,84 (veja a Tabela 3 do Apêndice) e a hipótese nula de que ambos os instrumentos são exógenos é rejeitada ao nível de significância de 5 por cento (essa dedução pode ser feita diretamente do valor *p* de 0,026, apresentado na tabela).

A estatística *J* rejeita a hipótese nula pelo fato de que os dois instrumentos produzem coeficientes estimados bastante diferentes. Quando o único instrumento é o imposto sobre vendas (coluna (1)), a elasticidade-preço estimada é -0,94, mas, quando é o imposto específico sobre cigarros, a elasticidade-preço estimada é –1,34. Lembre-se da idéia básica da estatística *J*: se ambos os instrumentos são exógenos, os dois estimadores de MQ2E que utilizam os instrumentos individuais são consistentes e diferem entre si apenas em razão da variação aleatória amostral. Se, contudo, um dos instrumentos é exógeno e o outro não, o estimador baseado no instrumento endógeno é inconsistente, o que é detectado pela estatística *J*. Nessa aplicação, a diferença entre as duas elasticidades-preço estimadas é suficientemente grande e é improvável que seja o resultado de uma variação aleatória pura; assim, a estatística *J* rejeita a hipótese nula de que ambos os instrumentos são exógenos.

A rejeição da estatística *J* significa que a regressão na coluna (3) baseia-se em instrumentos inválidos (a condição de exogeneidade do instrumento não é satisfeita). Qual é a implicação disso sobre as estimativas nas colunas (1) e (2)? A rejeição da estatística *J* mostra que pelo menos um dos instrumentos é endógeno, de modo que há três possibilidades lógicas: o imposto sobre vendas é exógeno mas o imposto específico sobre cigarros não, caso em que a regressão na coluna (1) é confiável; o imposto específico sobre cigarros é exógeno mas o imposto sobre vendas não, de modo que a regressão na coluna (2) é confiável; ou nenhum dos impostos é exógeno, de modo que nenhuma das regressões é confiável. A evidência estatística não pode nos dizer qual possibilidade é correta, de modo que devemos utilizar nosso julgamento.

Acreditamos que a defesa da exogeneidade do imposto geral sobre vendas é mais forte do que a do imposto específico sobre cigarros, pois o processo político pode ligar variações no imposto específico sobre cigarros a alterações no mercado de cigarros e na política tabagista. Por exemplo, se o tabagismo diminui em um Estado porque saiu de moda, haverá menos fumantes e um enfraquecimento dos grupos de pressão contra aumentos do imposto específico sobre cigarros, o que por sua vez poderia levar a impostos específicos sobre cigarros mais altos. Desse modo, alterações nas preferências (que fazem parte de *u*) poderiam estar correlacionadas com mudanças no imposto específico sobre cigarros (o instrumento). Isso sugere que se descartem as estimativas de VI que utilizam o imposto somente sobre cigarros como um instrumento e que se adote apenas a elasticidade-preço estimada utilizando o imposto geral sobre vendas como instrumento, –0,94.

A estimativa de –0,94 indica que o consumo de cigarros não é muito inelástico: um aumento de 1 por cento no preço leva a uma queda de 0,94 por cento no consumo. Isso pode parecer surpreendente para um produto que vicia como o cigarro. Mas lembre-se de que essa elasticidade é calculada utilizando variações ao longo de um período de dez anos, de modo que é de longo prazo. Essa estimativa sugere que aumentos nos impostos podem provocar uma queda brusca no consumo de cigarros, pelo menos no longo prazo.

Quando a elasticidade é estimada utilizando-se variações em cinco anos, de 1985 a 1990, e não as variações em dez anos apresentadas na Tabela 10.1, a elasticidade (estimada com o imposto geral sobre vendas como instrumento) é –0,79; para variações de 1990 a 1995, a elasticidade é –0,68. Essas estimativas sugerem que a demanda é menos elástica ao longo de horizontes de cinco anos em vez de dez. Essa descoberta de uma elasticidade-preço maior em horizontes mais longos é consistente com o conjunto da pesquisa sobre demanda por cigarros. As estimativas de elasticidade da demanda encontradas na literatura geralmente variam de –0,3 a –0,5, mas são principalmente de elasticidades de curto prazo; alguns estudos recentes sugerem que a elasticidade de longo prazo poderia talvez ser o dobro da elasticidade de curto prazo.[4]

[4] Se você está interessado em aprender mais sobre a economia do tabagismo, veja Chaloupka e Warner (2000) e Gruber (2001).

10.5 De Onde Vêm os Instrumentos Válidos?

Na prática, o aspecto mais difícil da estimação de VI é encontrar instrumentos que sejam ao mesmo tempo relevantes e exógenos. Existem dois enfoques principais, que refletem duas perspectivas diferentes da modelagem econométrica e estatística.

O primeiro enfoque é utilizar a teoria econômica para sugerir instrumentos. Por exemplo, a compreensão da economia dos mercados agrícolas pelos Wright os levou a procurar um instrumento que deslocasse a curva da oferta, mas não a curva da demanda; isso, por sua vez, os levou a considerar as condições do clima em regiões agrícolas. Uma área em que esse enfoque é particularmente bem-sucedido é a de economia das finanças. Alguns modelos econômicos relacionados ao comportamento do investidor envolvem proposições sobre como os investidores fazem previsões, o que implica conjuntos de variáveis que não estão correlacionados com o termo de erro. Algumas vezes, esses modelos são não-lineares nos dados e nos parâmetros; nesse caso, os estimadores de VI discutidos neste capítulo não podem ser utilizados. Uma extensão dos métodos de VI para modelos não-lineares, chamada de método generalizado de estimação de momentos, é então empregado. Teorias econômicas são, contudo, abstrações que freqüentemente não levam em consideração os matizes e detalhes necessários para analisar uma base de dados em particular. Portanto, esse enfoque nem sempre funciona.

O segundo enfoque utilizado para construir instrumentos é procurar alguma fonte exógena de variação em X resultante do que é, na realidade, um fenômeno aleatório que induz mudanças no regressor endógeno. Por exemplo, em nosso exemplo hipotético da Seção 10.1, os danos de um terremoto aumentavam o tamanho médio das turmas em algumas diretorias regionais de ensino, e essa variação no tamanho das turmas não estava relacionada com a omissão potencial de variáveis que afetam o desempenho do aluno. Esse enfoque requer normalmente o conhecimento do problema em estudo e uma atenção cuidadosa com os detalhes dos dados; ele é mais bem explicado por meio de exemplos.

Três Exemplos

Passemos agora para três aplicações empíricas da regressão de VI que fornecem exemplos sobre como diferentes pesquisadores utilizaram seu conhecimento especializado relacionado ao problema empírico para encontrar variáveis instrumentais.

Prender criminosos reduz a criminalidade? Essa é uma pergunta que só um economista poderia fazer. Afinal, um criminoso não pode cometer um crime fora da cadeia enquanto está preso e o fato de que alguns criminosos são presos serve para desestimular outros. Porém, a magnitude do efeito combinado — a variação na taxa de criminalidade associada a um aumento de 1 por cento na população carcerária — é uma questão empírica.

Uma estratégia para estimar esse efeito é regredir as taxas de criminalidade (crimes por 100 mil indivíduos da população em geral) contra as taxas de detenção (prisioneiros por 100 mil), utilizando dados anuais em um nível apropriado de jurisdição (por exemplo, estados norte-americanos). Essa regressão poderia incluir algumas variáveis de controle que medem condições econômicas (a criminalidade aumenta quando as condições econômicas em geral pioram), demografia (os jovens cometem mais crimes do que os mais velhos) e assim por diante. Há, contudo, um potencial sério de viés de causalidade simultânea que mina essa análise: se a taxa de criminalidade aumenta e a polícia faz seu trabalho, haverá mais prisioneiros. Por um lado, o aumento das detenções reduz a taxa de criminalidade; por outro, uma taxa de criminalidade maior aumenta as detenções. Assim como no exemplo da manteiga na Figura 10.1, em razão dessa causalidade simultânea, uma regressão de MQO da taxa de criminalidade sobre a taxa de detenção irá estimar uma combinação complicada desses dois efeitos. Esse problema não pode ser resolvido pela busca de variáveis de controle melhores.

Contudo, esse viés de causalidade simultânea pode ser eliminado pela busca de uma variável instrumental adequada e utilizando MQ2E. O instrumento deve estar correlacionado com a taxa de detenção (ele deve ser relevante), mas não com o termo de erro na equação de interesse da taxa de criminalidade (ele deve ser exógeno). Isto é, deve afetar a taxa de detenção mas não estar relacionado a nenhum dos fatores não observados que determinam a taxa de criminalidade.

Onde se pode buscar algo que afete a detenção mas não tenha efeito direto sobre a taxa de criminalidade? Uma opção é a variação exógena na capacidade dos presídios existentes. Como a construção de um presídio leva tempo, as restrições de capacidade de curto prazo podem obrigar os estados a libertar prisioneiros prematuramente ou, do contrário, reduzir a taxa de detenção. Utilizando esse raciocínio, Levitt (1996) sugeriu que os processos cujo objetivo é reduzir a superpopulação carcerária poderiam servir como uma variável instrumental e implementou essa idéia utilizando dados de painel para os estados norte-americanos de 1972 a 1993.

As variáveis que medem processos relativos à superpopulação são instrumentos válidos? Embora Levitt não tenha apresentado as estatísticas F do primeiro estágio, o processo relativo à superpopulação carcerária tornou mais lento o crescimento das detenções em seus dados, sugerindo que esse instrumento é relevante. Na medida em que um processo relativo à superpopulação é induzido pelas condições carcerárias, mas não pela taxa de criminalidade e seus determinantes, esse instrumento é exógeno. Como Levitt divide a legislação referente à superpopulação carcerária em vários tipos e, portanto, possui vários instrumentos, ele é capaz de testar as restrições sobreidentificadas e deixar de rejeitá-las utilizando o teste J, o que sustenta o argumento de que seus instrumentos são válidos.

Empregando esses instrumentos e MQ2E, Levitt estimou que o efeito da detenção sobre a taxa de criminalidade era substancial. Esse efeito estimado era três vezes maior do que o efeito estimado utilizando MQO, sugerindo que MQO apresentava um grande viés de causalidade simultânea.

A redução do tamanho das turmas aumenta a pontuação dos exames? Como vimos na análise empírica da Parte 2, as escolas com turmas pequenas tendem a ser mais ricas e seus alunos têm acesso a melhores oportunidades de aprendizado tanto dentro quanto fora da sala de aula. Na Parte 2, utilizamos a regressão múltipla para cuidar da ameaça do viés de omissão de variáveis controlando várias medidas de riqueza dos alunos, domínio do inglês e assim por diante. Mesmo assim, um cético poderia se perguntar se fizemos o suficiente: se deixamos algo importante de fora, nossas estimativas do efeito do tamanho das turmas poderiam estar viesadas.

Esse viés potencial de omissão de variáveis poderia ser tratado pela inclusão das variáveis de controle corretas, mas se esses dados não estiverem disponíveis (alguns, como as oportunidades de aprendizado fora da sala de aula, são difíceis de medir), um enfoque alternativo é utilizar a regressão de VI. Essa regressão requer uma variável instrumental correlacionada com o tamanho das turmas (relevância) mas não com os determinantes omitidos de desempenho na prova que constituem o termo de erro, tais como o interesse dos pais no aprendizado, as oportunidades de aprendizado fora da sala de aula, a qualidade dos professores e das instalações da escola etc. (exogeneidade).

Onde procurar um instrumento que induz uma variação aleatória exógena no tamanho das turmas, mas que não está relacionado com outros determinantes do desempenho nos exames? Hoxby (2000) sugeriu a biologia. Em virtude de flutuações aleatórias nas datas de nascimento, o tamanho das turmas da pré-escola varia de um ano para outro. Embora o número efetivo de crianças que ingressam na pré-escola possa ser endógeno (notícias recentes sobre uma escola podem influenciar a decisão dos pais de mandar um filho para uma escola particular), ela argumentou que o número *potencial* de crianças que ingressam na pré-escola — o número de crianças com quatro anos na diretoria de ensino — é principalmente uma questão de flutuações aleatórias nas datas de nascimento das crianças.

Matrícula potencial é um instrumento válido? A exogeneidade desse instrumento depende de ele estar correlacionado com os determinantes não observados do tamanho das turmas. As flutuações biológicas na matrícula potencial certamente são exógenas, mas a matrícula potencial também flutua porque pais com filhos pequenos decidem mudar de uma diretoria de ensino com problemas para outra que está se aperfeiçoando. Se for esse o caso, um aumento da matrícula potencial poderia estar correlacionado com fatores não observados, como a qualidade da administração da escola, o que torna esse instrumento inválido. Hoxby tratou desse problema argumentando que o crescimento ou declínio do conjunto potencial de alunos por esse motivo ocorreria lentamente ao longo de muitos anos, ao passo que flutuações aleatórias nas datas de nascimento produziriam "picos" de curto prazo na matrícula potencial. Portanto, ela utilizou como instrumento, em vez da matrícula potencial, o desvio da matrícula potencial em relação a sua tendência de longo prazo. Esses desvios satisfazem o critério de relevância de instrumento (todas as estatísticas F do primeiro estágio são superiores a 100). Ela apresenta argumentos favoráveis à exogeneidade desse instrumento, mas, como em toda análise de VI, a credibilidade dessa hipótese é, em última análise, uma questão de julgamento.

Hoxby implementou essa estratégia utilizando dados de painel detalhados sobre escolas primárias em Connecticut nas décadas de 1980 e 1990. A base de dados de painel permitiu que ela incluísse efeitos fixos de escola, os quais, além da estratégia de variáveis instrumentais, trata do problema do viés de omissão de variáveis em nível de escola. Suas estimativas de MQ2E sugeriram que o efeito do tamanho das turmas sobre a pontuação dos exames é pequeno; a maioria de suas estimativas não foi, em termos estatísticos, significativamente diferente de zero.

O tratamento agressivo de ataques cardíacos prolonga vidas? Novos tratamentos agressivos para vítimas de ataques cardíacos (em termos técnicos, infarto agudo do miocárdio, ou IAM) têm o potencial de salvar vidas. Antes que um novo procedimento médico — neste exemplo, o cateterismo cardíaco[5] — seja aprovado para uso geral, ele é submetido a testes clínicos, uma série de experimentos controlados aleatórios projetados para medir seus efeitos diretos e seus efeitos colaterais. Mas o bom desempenho em um teste clínico é uma coisa; o desempenho efetivo no mundo real é outra.

Um ponto de partida natural para estimar o efeito no mundo real do cateterismo cardíaco é comparar pacientes que receberam o tratamento com aqueles que não receberam. Isso leva a regredir a sobrevida do paciente contra a variável binária de tratamento (se o paciente foi submetido a um cateterismo cardíaco) e outras variáveis de controle que afetam a mortalidade (idade, peso, outras condições de saúde mensuráveis etc.). O coeficiente da população da variável indicador é o incremento na expectativa de vida do paciente proporcionado pelo tratamento. Infelizmente, o estimador de MQO está sujeito a um viés: o cateterismo cardíaco não "acontece" a um paciente aleatoriamente; pelo contrário, ele é realizado porque médico e paciente decidiram que pode ser eficaz. Se a sua decisão foi em parte baseada em fatores não observados relevantes para o prognóstico que não constam da base de dados, a decisão relativa ao tratamento está correlacionada com o termo de erro da regressão. Se os pacientes mais saudáveis receberem o tratamento, o estimador de MQO será viesado (o tratamento está correlacionado com uma variável omitida), e o tratamento parecerá mais eficaz do que realmente é.

Esse viés potencial pode ser eliminado por meio da regressão de VI utilizando uma variável instrumental válida. O instrumento deve estar correlacionado com o tratamento (deve ser relevante), mas não com os fatores de saúde omitidos que afetam a sobrevida (deve ser exógeno).

Onde procurar por algo que afeta o tratamento mas não o prognóstico, a não ser por meio de seu efeito sobre o tratamento? McClellan, McNeil e Newhouse (1994) sugeriram a geografia. A maioria dos hospitais em sua base de dados não se especializou em cateterismo cardíaco, por isso muitos pacientes estavam mais próximos de hospitais "comuns" que não ofereciam esse tratamento do que de hospitais que realizam cateterismo cardíaco. McClellan, McNeil e Newhouse, portanto, utilizaram como variável instrumental a diferença entre a distância da casa do paciente de IAM ao hospital que realiza cateterismo cardíaco mais próximo e a distância a um hospital qualquer mais próximo; essa distância é zero se o hospital mais próximo realiza cateterismo cardíaco, caso contrário é positiva. Se a distância relativa afeta a probabilidade de receber esse tratamento, então ela é relevante. Se é distribuída aleatoriamente entre as vítimas de IAM, é exógena.

A distância relativa ao hospital que realiza cateterismo cardíaco mais próximo é um instrumento válido? McClellan, McNeil e Newhouse não apresentam estatísticas F do primeiro estágio, mas fornecem outras evidências empíricas que não são fracas. Essa medida de distância é exógena? Eles citam dois argumentos. Primeiro, baseados em sua experiência médica e seu conhecimento do sistema de assistência médica, argumentam que a distância em relação a um hospital não está plausivelmente correlacionada com qualquer das variáveis não observadas que determinam os resultados do IAM. Segundo, eles possuem dados sobre algumas das variáveis adicionais que afetam os resultados do IAM, tais como peso do paciente, e em sua amostra a distância não está correlacionada com esses determinantes *observáveis* da sobrevida; eles argumentam também que isso aumenta a credibilidade da ausência de correlação da distância com os determinantes *não observáveis* no termo de erro.

Utilizando 205.021 observações sobre norte-americanos com pelo menos 64 anos de idade que tiveram um IAM em 1987, McClellan, McNeil e Newhouse chegaram a uma conclusão contundente: suas estimativas de MQ2E sugerem que o cateterismo cardíaco tem um efeito pequeno, possivelmente nulo, sobre o prognóstico, isto é, não prolonga substancialmente a vida. Em contrapartida, as estimativas de MQO sugerem um grande efeito positivo. Eles interpretaram essa diferença como uma evidência de viés nas estimativas de MQO.

[5] O cateterismo cardíaco é um procedimento em que um cateter, ou um tubo, é inserido em um vaso sanguíneo e conduzido até o coração para obter informações sobre o coração e as artérias coronárias.

O método de VI utilizado por McClellan, McNeil e Newhouse possibilita uma interpretação interessante. A análise de MQO utilizou o tratamento efetivo como regressor, mas como esse tratamento em si é resultado de uma decisão do paciente e do médico, eles argumentam que está correlacionado com o termo de erro. O MQ2E, por sua vez, utiliza o tratamento *previsto*, no qual a variação no tratamento surge em virtude da mudança da variável instrumental: pacientes próximos a um hospital que realiza cateterismo cardíaco têm uma possibilidade maior de receber esse tratamento.

Essa interpretação tem duas implicações. Em primeiro lugar, a regressão de VI estima na realidade o efeito do tratamento não sobre um paciente "típico" selecionado aleatoriamente, mas sobre pacientes para os quais a distância é um fator importante na decisão relativa ao tratamento. O efeito sobre esses pacientes pode diferir do efeito sobre um paciente típico, o que fornece uma explicação para a maior eficácia estimada do tratamento nos testes clínicos do que no estudo de VI por McClellan, McNeil e Newhouse. Em segundo lugar, essa interpretação sugere uma estratégia geral para a busca de instrumentos nesse tipo de cenário: encontrar um instrumento que afete a probabilidade do tratamento, mas por razões que não estão relacionadas ao prognóstico, exceto por meio de seu efeito sobre a possibilidade de tratamento. Essas duas implicações são aplicáveis a estudos experimentais e quase-experimentais, o tema do Capítulo 11.

10.6 Conclusão

Do início despretensioso à estimação de quanta manteiga a menos as pessoas comprariam se o seu preço aumentasse, os métodos de VI evoluíram para um enfoque geral que estima as regressões quando uma ou mais variáveis estão correlacionadas com o termo de erro. A regressão de variáveis instrumentais utiliza os instrumentos para isolar a variação nos regressores endógenos que não está correlacionada com o erro na regressão de interesse; este é o primeiro estágio dos mínimos quadrados em dois estágios. Isso, por sua vez, permite a estimação do efeito de interesse no segundo estágio dos mínimos quadrados em dois estágios.

Uma regressão de VI bem-sucedida requer instrumentos válidos, isto é, instrumentos que são ao mesmo tempo relevantes (não são fracos) e exógenos. Se os instrumentos são fracos, o estimador de MQ2E pode ser viesado, mesmo em amostras grandes, e as inferências estatísticas baseadas na estatística t e nos intervalos de confiança de MQ2E podem ser enganosas. Felizmente, quando há um único regressor endógeno, é possível identificar instrumentos fracos simplesmente examinando a estatística F do primeiro estágio.

Se os instrumentos não são exógenos, isto é, se um ou mais instrumentos estão correlacionados com o termo de erro, o estimador de MQ2E é inconsistente. Se existem mais instrumentos do que regressores endógenos, a exogeneidade do instrumento pode ser examinada testando-se as restrições sobreidentificadas. Contudo, a hipótese principal — de que o número de instrumentos exógenos é no mínimo igual ao de regressores — não pode ser testada. É, portanto, responsabilidade tanto do analista empírico quanto do leitor crítico utilizar seu próprio entendimento da aplicação empírica para avaliar se essa hipótese é aceitável.

A interpretação da regressão de VI como uma forma de explorar as variações exógenas conhecidas no regressor endógeno pode ser utilizada para guiar a busca de variáveis instrumentais potenciais para uma aplicação em particular. Essa interpretação forma a base de grande parte da análise empírica na área com o nome amplo de avaliação de programa, na qual experimentos ou quase-experimentos são utilizados para estimar o efeito de programas, políticas ou outras intervenções sobre alguma medida de resultado. Uma variedade de questões adicionais surge nessas aplicações, por exemplo a interpretação dos resultados de VI que ocorre quando, como no exemplo do cateterismo cardíaco, "pacientes" diferentes podem apresentar respostas diferentes ao mesmo "tratamento". Esses e outros aspectos da avaliação empírica de programa são discutidos no Capítulo 11.

Resumo

1. A regressão de variáveis instrumentais é uma forma de estimar coeficientes de regressão quando um ou mais regressores estão correlacionados com o termo de erro.

2. Variáveis endógenas estão correlacionadas com o termo de erro na equação de interesse; variáveis exógenas não estão correlacionadas com esse termo.
3. Para que um instrumento seja válido, ele deve (1) estar correlacionado com a variável endógena incluída e (2) ser exógeno.
4. A regressão de VI requer que o número de instrumentos seja no mínimo igual ao de variáveis endógenas incluídas.
5. O estimador de MQ2E possui dois estágios: primeiro, as variáveis endógenas incluídas são regredidas contra as variáveis exógenas incluídas e os instrumentos; segundo, a variável dependente é regredida contra as variáveis exógenas incluídas e os valores previstos das variáveis endógenas incluídas do primeiro estágio da(s) regressão(ões).
6. Instrumentos fracos (que praticamente não estão correlacionados com as variáveis endógenas incluídas) tornam o estimador de MQ2E viesado e os intervalos de confiança e testes de hipótese de MQ2E não confiáveis.
7. Se um instrumento não é exógeno, o estimador de MQ2E é inconsistente.

Termos-chave

regressão de variáveis instrumentais (VI) (226)
variáveis instrumentais (instrumento) (226)
variáveis endógenas (227)
variáveis exógenas (227)
condição de relevância do instrumento (227)
condição de exogeneidade do instrumento (227)
mínimos quadrados em dois estágios (227)
variáveis exógenas incluídas (233)
identificação exata (233)
sobreidentificação (233)
subidentificação (233)
forma reduzida (234)
regressão do primeiro estágio (234)
regressão do segundo estágio (234)
instrumentos fracos (238)
estatística *F* do primeiro estágio (238)
teste de restrições sobreidentificadas (240)

Revisão dos Conceitos

10.1 No modelo de regressão da curva de demanda da Equação (10.3), $\ln(P_i^{manteiga})$ está correlacionado positiva ou negativamente com o erro u_i? Se β_1 fosse estimado por MQO, você esperaria que o valor estimado fosse maior ou menor que o valor verdadeiro de β_1? Explique.

10.2 No estudo da demanda por cigarros deste capítulo, suponha que tivéssemos utilizado como instrumento o número de árvores per capita no Estado. O instrumento é relevante? É exógeno? É um instrumento válido?

10.3 Em seu estudo do efeito da detenção sobre a taxa de criminalidade, suponha que Levitt tivesse utilizado o número de advogados per capita como instrumento. O instrumento é relevante? É exógeno? É um instrumento válido?

10.4 Em seu estudo da eficácia do cateterismo cardíaco, McClellan, McNeil e Newhouse (1994) utilizaram como instrumento a diferença entre as distâncias a hospitais que realizam cateterismo cardíaco e hospitais comuns. Como você poderia determinar se esse instrumento é relevante? Como poderia determinar se é exógeno?

Exercícios

*10.1 Esta questão refere-se às regressões com dados de painel resumidas na Tabela 10.1.

a. Suponha que o governo federal esteja considerando um novo imposto sobre cigarros que, estima-se, aumentará o preço de varejo em US$ 0,10 por maço. Se o preço corrente de um maço é de US$ 2,00, utilize a regressão na coluna (1) para prever a variação na demanda. Elabore um intervalo de confiança de 95 por cento para a variação na demanda.

b. Suponha que os Estados Unidos entrem em recessão e que a renda diminua em 2 por cento. Utilize a regressão da coluna (1) para prever a variação na demanda.

c. Recessões geralmente duram menos de um ano. Você acha que a regressão da coluna (1) fornecerá uma resposta confiável para a questão colocada em (b)? Justifique sua resposta.

d. Suponha que a estatística F na coluna (1) era 3,6 em vez de 33,6. A regressão forneceria uma resposta confiável para a questão colocada em (a)? Justifique sua resposta.

10.2 Considere o modelo de regressão com um único regressor $Y_i = \beta_0 + \beta_1 X_i + u_i$. Suponha que as hipóteses do Conceito-Chave 4.3 sejam satisfeitas.

a. Mostre que X_i é um instrumento válido, isto é, mostre que o Conceito-Chave 10.3 é satisfeito com $Z_i = X_i$.

b. Mostre que as hipóteses da regressão de VI do Conceito-Chave 10.4 são satisfeitas com essa escolha de Z_i.

c. Mostre que o estimador de VI construído utilizando $Z_i = X_i$ é idêntico ao estimador de MQO.

10.3 Sua colega de turma está interessada em estimar a variância do termo de erro na Equação (10.1).

a. Suponha que ela utilize o estimador da regressão do segundo estágio de MQ2E: $\hat{\sigma}_a^2 = \frac{1}{n-2}\sum_{i=1}^{n}(Y_i - \hat{\beta}_0^{MQ2E} - \hat{\beta}_1^{MQ2E}\hat{X}_i)^2$, onde $\hat{X}_i$ é o valor ajustado da regressão do primeiro estágio. Esse estimador é consistente? (Para esta questão, suponha que a amostra seja muito grande e que os estimadores de MQ2E sejam essencialmente idênticos a β_0 e β_1.)

b. $\hat{\sigma}_b^2 = \frac{1}{n-2}\sum_{i=1}^{n}(Y_i - \hat{\beta}_0^{MQ2E} - \hat{\beta}_1^{MQ2E}X_i)^2$ é consistente?

10.4 Considere a estimação de MQ2E com uma única variável endógena incluída e um único instrumento. Então, o valor previsto da regressão do primeiro estágio é $\hat{X}_i = \hat{\pi}_0 + \hat{\pi}_1 Z_i$. Utilize as definições de variância da amostra e co-variância da amostra para demonstrar que $s_{\hat{X}Y} = \hat{\pi}_1 s_{ZY}$ e $s_{\hat{X}}^2 = \hat{\pi}_1^2 s_Z^2$. Utilize esse resultado para completar as etapas da derivação da Equação (10.4) no Apêndice 10.2.

APÊNDICE 10.1 Base de Dados de Painel sobre Consumo de Cigarros

A base de dados consiste em dados anuais para os 48 estados continentais dos Estados Unidos de 1985 a 1995. A quantidade consumida é medida pela venda anual per capita de cigarros, expressa em maços por ano fiscal,* derivada dos dados de arrecadação de impostos por Estado. O preço é o médio no varejo de um maço de cigarros durante o ano fiscal, incluindo os impostos. A renda é per capita. O imposto geral sobre vendas é o imposto médio, em centavos por maço, devido ao imposto amplo sobre vendas no Estado aplicado a todos os bens de consumo. O imposto específico sobre cigarros é o imposto aplicado somente a cigarros. Os preços, a renda e os impostos utilizados nas regressões deste capítulo são deflacionados pelo Índice de Preços ao Consumidor e, portanto, estão em dólares (reais) constantes. Agradecemos ao professor Jonathan Gruber do MIT por nos fornecer esses dados.

* O ano fiscal consiste em um período de um ano utilizado para fins tributários. Varia de país para país. Nos Estados Unidos, o ano fiscal vai de 1º de outubro até 30 de setembro do ano seguinte. No Brasil, é igual ao ano-calendário (N. do R.T.).

APÊNDICE 10.2 Derivação da Fórmula para Estimador de MQ2E na Equação (10.4)

O primeiro estágio de MQ2E é regredir X_i sobre o instrumento Z_i por MQO e calcular o valor previsto de MQO $\hat{X}_i$, e o segundo estágio é regredir Y_i sobre $\hat{X}_i$ por MQO. Assim, a fórmula para o estimador de MQ2E, expressa em termos do valor previsto $\hat{X}_i$, é a fórmula do estimador de MQO no Conceito-Chave 4.2, com $\hat{X}_i$ substituindo X_i. Isto é, $\hat{\beta}_1^{MQ2E} = s_{\hat{X}Y} / s_{\hat{X}}^2$, onde $s_{\hat{X}}^2$ é a variância da amostra de $\hat{X}_i$ e $s_{\hat{X}Y}$ é a co-variância da amostra entre Y_i e $\hat{X}_i$.

Como $\hat{X}_i$ é o valor previsto de X_i da regressão do primeiro estágio, $\hat{X}_i = \hat{\pi}_0 + \hat{\pi}_1 Z_i$, as definições de variância e co-variância da amostra implicam que $s_{\hat{X}Y} = \hat{\pi}_1 s_{ZY}$ e $s_{\hat{X}}^2 = \hat{\pi}_1^2 s_Z^2$ (veja o Exercício 10.4). Portanto, o estimador de MQ2E pode ser escrito como $\hat{\beta}_1^{MQ2E} = s_{\hat{X}Y}/s_{\hat{X}}^2 = s_{ZY}/(\hat{\pi}_1 s_Z^2)$. Finalmente, $\hat{\pi}_1$ é o coeficiente de declividade de MQO do primeiro estágio de MQ2E, e por isso $\hat{\pi}_1 = s_{ZX}/s_Z^2$. A substituição dessa fórmula de $\hat{\pi}_1$ na fórmula $\hat{\beta}_1^{MQ2E} = s_{ZY}/(\hat{\pi}_1 s_Z^2)$ produz a fórmula para o estimador de MQ2E na Equação (10.4).

APÊNDICE 10.3 Distribuição do Estimador de MQ2E em Amostras Grandes

Neste apêndice, estudamos a distribuição do estimador de MQ2E em amostras grandes no caso considerado na Seção 10.1, isto é, com um único instrumento, uma única variável endógena incluída e sem variáveis exógenas incluídas.

Em primeiro lugar, derivamos uma fórmula para o estimador de MQ2E em termos dos erros que formam a base da discussão que se segue, semelhante à expressão para o estimador de MQO na Equação (4.51) do Apêndice 4.3. Da Equação (10.1), $Y_i - \overline{Y} = \beta_1(X_i - \overline{X}) + (u_i - \overline{u})$. Portanto, a co-variância da amostra entre Z e Y pode ser expressa como

$$\begin{aligned} s_{ZY} &= \frac{1}{n-1}\sum_{i=1}^{n}(Z_i - \overline{Z})(Y_i - \overline{Y}) \\ &= \frac{1}{n-1}\sum_{i=1}^{n}(Z_i - \overline{Z})[\beta_1(X_i - \overline{X}) + (u_i - \overline{u})] \\ &= \beta_1 s_{ZX} + \frac{1}{n-1}\sum_{i=1}^{n}(Z_i - \overline{Z})(u_i - \overline{u}) \\ &= \beta_1 s_{ZX} + \frac{1}{n-1}\sum_{i=1}^{n}(Z_i - \overline{Z})u_i, \end{aligned} \tag{10.18}$$

onde $s_{ZX} = \frac{1}{n-1}\sum_{i=1}^{n}(Z_i - \overline{Z})(X_i - \overline{X})$ e a igualdade final segue-se porque $\sum_{i=1}^{n}(Z_i - \overline{Z}) = 0$. Substituindo a definição de s_{ZX} e a expressão final da Equação (10.18) na definição de $\hat{\beta}_1^{MQ2E}$ e multiplicando o numerador e o denominador por $(n-1)/n$, temos

$$\hat{\beta}_1^{MQ2E} = \beta_1 + \frac{\frac{1}{n}\sum_{i=1}^{n}(Z_i - \overline{Z})u_i}{\frac{1}{n}\sum_{i=1}^{n}(Z_i - \overline{Z})(X_i - \overline{X})}. \tag{10.19}$$

Distribuição de $\hat{\beta}_1^{MQ2E}$ em Amostras Grandes Quando as Hipóteses da Regressão de VI no Conceito-Chave 10.4 São Válidas

A Equação (10.19) para o estimador de MQ2E é semelhante à Equação (4.51) no Apêndice 4.3 para o estimador de MQO, exceto pelo fato de que Z, em vez de X, aparece no numerador e de que o denominador é a co-variância entre Z

e X, e não a variância de X. Em razão dessa semelhança e de Z ser exógeno, o argumento no Apêndice 4.2 de que o estimador de MQO é normalmente distribuído em amostras grandes estende-se a $\hat{\beta}_1^{MQ2E}$.

Especificamente, quando a amostra é grande, $\overline{Z} \cong \mu_Z$, e por isso o numerador é aproximadamente $\overline{q} = \frac{1}{n}\sum_{i=1}^{n} q_i$, onde $q_i = (Z_i - \mu_Z)u_i$. Como o instrumento é exógeno, $E(q_i) = 0$. Pelas hipóteses da regressão de VI do Conceito-Chave 10.4, q_i é i.i.d. com variância $\sigma_q^2 = \text{var}[(Z_i - \mu_Z)u_i]$. Segue-se que $\text{var}(\overline{q}) = \sigma_{\overline{q}}^2 = \sigma_q^2/n$ e, pelo teorema central do limite, $\overline{q}/\sigma_{\overline{q}}$ é, em amostras grandes, distribuído como $N(0, 1)$.

Como a co-variância da amostra é consistente com a da população, $s_{ZX} \xrightarrow{p} \text{cov}(Z_i, X_i)$, que, como o instrumento é relevante, é diferente de zero. Portanto, pela Equação (10.19), $\hat{\beta}_1^{MQ2E} \cong \beta_1 + \overline{q}/\text{cov}(Z_i, X_i)$, de modo que, em amostras grandes, $\hat{\beta}_1^{MQ2E}$ é aproximadamente distribuído como $N(\beta_1, \sigma^2_{\hat{\beta}_1^{MQ2E}})$, onde $\sigma^2_{\hat{\beta}_1^{MQ2E}} = \sigma_{\overline{q}}^2/[\text{cov}(Z_i, X_i)]^2 = (1/n)\text{var}[(Z_i - \mu_Z)u_i]/[\text{cov}(Z_i, X_i)]^2$, que é a expressão presente na Equação (10.8).

APÊNDICE 10.4 Distribuição do Estimador de MQ2E em Amostras Grandes Quando o Instrumento Não É Válido

Neste Apêndice, consideramos a distribuição do estimador de MQ2E em amostras grandes no cenário da Seção 10.1 (um X, um Z) quando uma das condições de validade do instrumento não é satisfeita. Se a condição de relevância do instrumento não é satisfeita (isto é, o instrumento é fraco), a distribuição do estimador de MQ2E em amostras grandes não é normal; na realidade, sua distribuição é de uma razão de duas variáveis aleatórias normais. Se a condição de exogeneidade do instrumento falha, o estimador de MQ2E é inconsistente.

Distribuição de $\hat{\beta}_1^{MQ2E}$ em Amostras Grandes Quando o Instrumento É Fraco

Suponha que o instrumento seja irrelevante, de modo que $\text{cov}(Z_i, X_i) = 0$. Logo, o argumento do Apêndice 10.3 envolve divisão por zero. Para evitar esse problema, precisamos examinar mais de perto o comportamento do termo no denominador da Equação (10.19) quando a co-variância da população é igual a zero.

Comecemos reescrevendo a Equação (10.19). Em virtude da consistência da média da amostra, em amostras grandes, temos que $\overline{Z}$ está próximo de μ_Z e $\overline{X}$ está próximo de μ_X. Portanto, o termo no denominador da Equação (10.19) é aproximadamente $\frac{1}{n}\sum_{i=1}^{n}(Z_i - \mu_Z)(X_i - \mu_X) = \frac{1}{n}\sum_{i=1}^{n} r_i = \overline{r}$, onde $r_i = (Z_i - \mu_Z)(X_i - \mu_X)$. Seja $\sigma_r^2 = \text{var}[(Z_i - \mu_Z)(X_i - \mu_X)]$, seja $\sigma_{\overline{r}}^2 = \sigma_r^2/n$ e sejam $\overline{q}$, $\sigma_{\overline{q}}^2$ e σ_q^2, conforme a definição presente no Apêndice 10.3. Logo, a Equação (10.19) implica que, em amostras grandes,

$$\hat{\beta}_1^{MQ2E} \cong \beta_1 + \frac{\overline{q}}{\overline{r}} = \beta_1 + \left(\frac{\sigma_{\overline{q}}}{\sigma_{\overline{r}}}\right)\left(\frac{\overline{q}/\sigma_{\overline{q}}}{\overline{r}/\sigma_{\overline{r}}}\right) = \beta_1 + \left(\frac{\sigma_q}{\sigma_r}\right)\left(\frac{\overline{q}/\sigma_{\overline{q}}}{\overline{r}/\sigma_{\overline{r}}}\right). \tag{10.20}$$

Se o instrumento é irrelevante, $E(r_i) = \text{cov}(Z_i, X_i) = 0$. Logo, $\overline{r}$ é a média da amostra das variáveis aleatórias r_i, $i = 1, \ldots, n$, que são i.i.d. (pela segunda hipótese de mínimos quadrados), possuem variância $\sigma_r^2 = \text{var}[(Z_i - \mu_Z)(X_i - \mu_X)]$ (que é finita pela terceira hipótese da regressão de VI) e têm média igual a zero (porque os instrumento são irrelevantes). Segue-se que o teorema central do limite se aplica a $\overline{r}$, a saber, $\overline{r}/\sigma_{\overline{r}}$ é distribuído aproximadamente como $N(0, 1)$. Portanto, a expressão final da Equação (10.20) implica que, em amostras grandes, a distribuição de $\hat{\beta}_1^{MQ2E} - \beta_1$ é a distribuição de aS, onde $a = \sigma_q/\sigma_r$ e S é a razão de duas variáveis aleatórias, cada qual com uma distribuição normal padrão (essas duas variáveis aleatórias normal padrão estão correlacionadas).

Em outras palavras, quando o instrumento é irrelevante, o teorema central do limite aplica-se ao denominador e ao numerador do estimador de MQ2E, de modo que, em amostras grandes, a distribuição do estimador de MQ2E é a distribuição da razão de duas variáveis aleatórias com distribuição normal. Como X_i e u_i estão correlacionados, essas variáveis aleatórias normais estão correlacionadas e a distribuição do estimador de MQ2E em amostras grandes quando o instrumento é irrelevante é complicada. Na realidade, a distribuição desse estimador em amostras grandes com instrumentos irrelevantes está centrada em torno do limite de probabilidade do estimador de MQO. Portanto, quando o instrumento é irrelevante, MQ2E não elimina o viés em MQO e, além disso, não possui uma distribuição normal, mesmo em amostras grandes.

Quando o instrumento é fraco mas não irrelevante, a distribuição do estimador de MQ2E continua a não ser normal, e por isso a lição geral do caso extremo de um instrumento irrelevante se estende a instrumentos fracos. Por exemplo, é possível mostrar que a média da distribuição amostral do estimador de MQ2E é, em amostras grandes, aproximadamente igual a $\beta_1 + (\beta_1^{MQO} - \beta_1)/[E(F) - 1]$, onde β_1^{MQO} é o limite (de probabilidade) do estimador de MQO, isto é, $\hat{\beta}_1 \xrightarrow{p} \beta_1^{MQO}$ e $E(F)$ é a expectativa da estatística F do primeiro estágio. Essa expressão para a média do estimador de MQ2E é a fonte do valor de corte sugerido no Conceito-Chave 10.5 para a regra de bolso do diagnóstico de instrumentos fracos. Especificamente, $E(F) = 10$, logo o viés de MQ2E em amostras grandes, relativo ao viés de MQO em amostras grandes, é 1/9, ou um pouco acima de 10 por cento, pequeno o bastante para ser aceitável em muitas aplicações.

Distribuição de $\hat{\beta}_1^{MQ2E}$ em Amostras Grandes Quando o Instrumento É Endógeno

O numerador na expressão final da Equação (10.19) converge em probabilidade para $\text{cov}(Z_i, u_i)$. Se o instrumento é exógeno, $\text{cov}(Z_i, u_i)$ é igual a zero e o estimador de MQ2E é consistente (supondo que o instrumento não seja fraco). Se, contudo, o instrumento não é exógeno, então, supondo que o instrumento não seja fraco, temos $\hat{\beta}_1^{MQ2E} \xrightarrow{p} \beta_1 + \text{cov}(Z_i,u_i)/\text{cov}(Z_i,X_i) \neq \beta_1$. Isto é, se o instrumento não é exógeno, o estimador de MQ2E é inconsistente.

CAPÍTULO 11

Experimentos e Quase-Experimentos

Em muitas áreas, tais como psicologia e medicina, os efeitos causais são normalmente estimados utilizando experimentos. Por exemplo, antes de ser aprovado para uso médico amplo, um novo medicamento deve ser submetido a testes experimentais, em que alguns pacientes selecionados aleatoriamente recebem o medicamento enquanto outros recebem um substituto ineficaz e inócuo (um "placebo"). O medicamento será aprovado somente se esse experimento controlado aleatório fornecer evidências estatísticas convincentes de que o medicamento é seguro e eficaz.

Embora experimentos controlados aleatórios em economia sejam raros, existem três motivos para estudá-los em um curso de econometria. Primeiro, em um nível conceitual, a noção de um experimento controlado aleatório ideal fornece um ponto de referência para julgar as estimativas de efeitos causais na prática. Segundo, os resultados de experimentos efetivamente conduzidos podem ser muito influentes, de modo que é importante entender as limitações e ameaças à validade de experimentos reais, bem como seus pontos fortes. Terceiro, circunstâncias externas às vezes produzem o que parece ser aleatoriedade; isto é, em virtude de eventos externos, o tratamento de um indivíduo qualquer ocorre "como se" fosse aleatório. Por exemplo, suponha que uma lei seja aprovada em um Estado mas não no Estado vizinho. Se o Estado onde o indivíduo mora é considerado "como se" fosse atribuído aleatoriamente, quando a lei é aprovada é "como se" algumas pessoas estivessem aleatoriamente sujeitas à lei (grupo de tratamento) e outras não (grupo de controle). Desse modo, a aprovação da lei produz um "quase-experimento", também chamado de "experimento natural"; muitas das lições aprendidas por meio do estudo de experimentos reais podem ser aplicadas (com algumas modificações) a quase-experimentos.

Neste capítulo, examinamos experimentos e quase-experimentos em economia. As ferramentas estatísticas utilizadas nele são análise de regressão múltipla, análise de regressão de dados de painel e regressão de variáveis instrumentais (VI). O que distingue a discussão não são as ferramentas utilizadas, mas o tipo dos dados analisados e os desafios e as oportunidades especiais colocados quando os experimentos e quase-experimentos são analisados.

Os métodos desenvolvidos neste capítulo são freqüentemente utilizados para a **avaliação de programas**, área de estudo que diz respeito à estimação do efeito de um programa, uma política ou alguma outra intervenção ou "tratamento". Qual é o efeito da participação em um programa de treinamento profissional sobre o salário? Qual é o efeito de um aumento no salário mínimo sobre a contratação de trabalhadores não qualificados? Qual é o efeito sobre a freqüência na faculdade de disponibilizar empréstimos de baixo custo para auxiliar alunos de classe média? Neste capítulo, discutimos como esses programas ou políticas podem ser avaliados utilizando experimentos ou quase-experimentos.

Começamos a Seção 11.1 detalhando a discussão do Capítulo 1 referente a um experimento controlado aleatório ideal e efeitos causais. Na realidade, experimentos reais com seres humanos enfrentam problemas práticos que constituem ameaças à sua validade interna e externa; essas ameaças serão discutidas na Seção 11.2. Conforme será discutido na Seção 11.3, algumas podem ser tratadas ou avaliadas por meio de métodos de regressão, incluindo o estimador de "diferenças-em-diferenças"e a regressão de variáveis instrumentais. Na Seção 11.4, utilizaremos esses métodos para analisar um experimento controlado aleatório em que alunos do ensino fundamental foram atribuídos aleatoriamente a turmas de tamanhos diferentes no Estado do Tennessee no final da década de 1980.

Na Seção 11.5, trataremos dos quase-experimentos e da estimação de efeitos causais utilizando quase-experimentos. Na Seção 11.6, discutiremos ameaças à validade de quase-experimentos. Uma questão que surge tanto em experimentos quanto em quase-experimentos é: os efeitos do tratamento podem diferir de um membro da população para o outro? Na Seção 11.7, discutiremos o tópico da interpretação das estimativas dos efeitos causais resultantes quando a população é heterogênea.

11.1 Experimentos Idealizados e Efeitos Causais

Na Seção 1.2, você viu que um experimento controlado aleatório seleciona ao acaso membros (indivíduos ou, de modo geral, entidades) de uma população de interesse e então os atribui aleatoriamente a um grupo de tratamento, que recebe o tratamento experimental, ou a um grupo de controle, que não recebe o tratamento. O efeito causal do tratamento é o efeito esperado do tratamento sobre o resultado de interesse, conforme medido em um experimento controlado aleatório ideal.

Experimentos Controlados Aleatórios Ideais

Inicialmente, pode-se pensar que um experimento ideal escolheria dois indivíduos idênticos nos demais aspectos, trataria um deles e compararia a diferença entre os resultados mantendo constantes todas as outras influências. Esse não é, contudo, um modelo prático de experimento, uma vez que é impossível encontrar dois indivíduos idênticos: até mesmo gêmeos idênticos têm experiências de vida diferentes, logo não são idênticos em todos os sentidos.

A idéia central de um experimento aleatório ideal é de que o efeito causal possa ser medido selecionando-se aleatoriamente membros de uma população e submetendo aleatoriamente alguns dos indivíduos ao tratamento. Se este é atribuído ao acaso — por exemplo, jogando-se uma moeda, ou por meio do uso de um gerador de números aleatórios por computador — o nível de tratamento é distribuído independentemente de quaisquer outros determinantes do resultado, o que elimina a possibilidade de viés de omissão de variáveis (veja o Conceito-Chave 5.1). Suponha, por exemplo, que indivíduos sejam aleatoriamente convocados a participar de um programa de treinamento profissional. A experiência profissional anterior de um indivíduo influencia suas chances de conseguir um emprego ao final do programa de treinamento, mas na medida em que a participação no programa de treinamento profissional (o "tratamento") é atribuída aleatoriamente, a distribuição da experiência profissional é a mesma nos grupos de tratamento e de controle; isto é, a participação é distribuída independentemente da experiência profissional anterior. Assim, a participação e a experiência profissional anterior não estão correlacionadas, logo a omissão da experiência profissional anterior da análise não provocará um viés de omissão de variáveis no estimador do efeito do programa de treinamento sobre o emprego futuro.

O papel da atribuição aleatória pode ser expresso novamente em termos do modelo de regressão com um único regressor,

$$Y_i = \beta_0 + \beta_1 X_i + u_i, \tag{11.1}$$

onde X_i é o nível de tratamento e, como de costume, u_i contém todos os determinantes adicionais do resultado Y_i. Se o tratamento é igual para todos os membros do grupo de tratamento, então X_i é binário, onde $X_i = 1$ indica que o i-ésimo indivíduo recebeu o tratamento e $X_i = 0$ indica que ele não recebeu o tratamento. Se o nível de tratamento varia entre os indivíduos no grupo de tratamento, então X_i é o nível de tratamento recebido. Por exemplo, X_i pode ser a dose de um medicamento ou o número de semanas de um programa de treinamento profissional, onde $X_i = 0$ se o tratamento não for administrado (dose igual a zero). Se X_i é binário, a função de regressão linear na Equação (11.1) não impõe restrições à forma funcional. Se X_i pode assumir múltiplos valores, a Equação (11.1) trata a função de regressão da população como linear (as não-linearidades podem ser tratadas utilizando os métodos da Seção 6.2).

Se X_i é atribuído aleatoriamente, então é distribuído independentemente dos fatores omitidos em u_i. Como esses fatores e X_i são independentemente distribuídos, $E(Y_i|X_i) = \beta_0 + \beta_1 X_i$ na Equação (11.1); dito de outra forma, a média condicional de u_i, dado X_i, não depende de X_i; isto é, $E(u_i|X_i) = 0$. Portanto, a atribuição aleatória de X_i implica que a primeira hipótese de mínimos quadrados no modelo de regressão com um único regressor (Conceito-Chave 4.3) é automaticamente válida.

O efeito causal. O **efeito causal** do nível de tratamento x sobre Y é a diferença entre as expectativas condicionais, $E(Y|X = x) - E(Y|X = 0)$, onde $E(Y|X = x)$ é o valor esperado de Y para o grupo de tratamento submetido ao nível de tratamento x em um experimento controlado aleatório ideal e $E(Y|X = 0)$ é o valor esperado de Y para o grupo de controle. No contexto dos experimentos, o efeito causal também é chamado de **efeito do**

tratamento. Em razão da atribuição aleatória, $E(u_i | X_i) = 0$ na Equação (11.1), logo β_1 na Equação (11.1) é o efeito causal de uma variação unitária em X medida pela diferença esperada entre os resultados dos grupos de tratamento e de controle.

O Estimador de Diferenças

O efeito causal é uma diferença entre os valores esperados e, portanto, é uma característica desconhecida de uma população. Esse efeito pode ser estimado utilizando-se dados de um experimento controlado aleatório. Suponha que o tratamento X_i seja binário. Como o tratamento é atribuído aleatoriamente, o efeito causal pode ser estimado pela diferença entre os resultados médios da amostra dos grupos de tratamento e de controle. De forma equivalente, conforme discutido na Seção 4.7, β_1 pode ser estimado pelo estimador de MQO $\hat{\beta}_1$ da regressão de Y_i sobre X_i. Como $E(u_i | X_i) = 0$ na Equação (11.1), $\hat{\beta}_1$ é não viesado. Nós nos referimos ao estimador de MQO $\hat{\beta}_1$ da regressão de Y_i sobre X_i como o **estimador de diferenças** porque, quando o tratamento é binário, o estimador é a diferença entre o resultado médio da amostra do grupo de tratamento e o resultado médio da amostra do grupo de controle.

Pela atribuição aleatória do tratamento, um experimento controlado aleatório ideal elimina a correlação entre o tratamento X_i e o termo de erro u_i, logo o estimador de diferenças é não viesado e consistente. Na prática, contudo, os experimentos do mundo real diferem de um experimento ideal e acarretam problemas que podem introduzir uma correlação entre X_i e u_i.

11.2 Problemas Potenciais com Experimentos na Prática

Lembre-se do Conceito-Chave 7.1, no qual você aprendeu que um estudo estatístico é *válido internamente* se as inferências estatísticas sobre efeitos causais são válidas para a população estudada e é *válido externamente* se as suas inferências e conclusões puderem ser generalizadas a partir da população e do cenário estudados para outras populações e cenários. Vários problemas do mundo real representam ameaças à validade interna e à validade externa da análise estatística de experimentos reais com seres humanos.

Ameaças à Validade Interna

As ameaças à validade interna de experimentos controlados aleatórios incluem falha na aleatoriedade, falha em seguir o protocolo do tratamento, atrito, efeitos experimentais e tamanhos pequenos de amostra.

Falha na aleatoriedade. A atribuição aleatória aos grupos de tratamento e de controle é a característica fundamental de um experimento controlado aleatório que possibilita estimar o efeito causal. Se o tratamento não for atribuído aleatoriamente, e sim com base em parte nas características ou preferências do indivíduo, os resultados experimentais refletirão tanto o efeito do tratamento quanto o efeito da atribuição não aleatória. Por exemplo, suponha que os participantes de um programa de treinamento profissional sejam atribuídos ao grupo de tratamento conforme a inicial de seu sobrenome esteja na primeira ou na segunda metade do alfabeto. Em virtude das diferenças étnicas nos sobrenomes, a raça pode diferir sistematicamente entre os grupos de tratamento e de controle. Na medida em que a experiência profissional, o nível de instrução e outras características do mercado de trabalho diferem pelo critério de raça, poderia haver diferenças sistemáticas entre os grupos de tratamento e de controle nesses fatores omitidos que influenciam os resultados.

Generalizando, a atribuição não aleatória pode levar a uma correlação entre o tratamento X_i e o termo de erro pelo fato de a administração do tratamento ser determinada em parte por características individuais que entram no termo de erro. Em geral, a atribuição não aleatória leva a um viés no estimador de diferenças.

Falha em seguir o protocolo do tratamento. Em um experimento verdadeiro, as pessoas nem sempre fazem o que se manda. Em um experimento de programa de treinamento profissional, por exemplo, alguns dos indivíduos atribuídos ao grupo de tratamento podem não comparecer às seções de treinamento e, portanto, não receber o tratamento. De forma semelhante, indivíduos atribuídos ao grupo de controle podem receber o treinamento por alguma razão, talvez em virtude de um pedido especial feito a um professor ou ao diretor.

Portanto, mesmo que o tratamento *atribuído* seja aleatório, o tratamento *efetivamente recebido* pode não ser aleatório. Em vez disso, o tratamento que o indivíduo efetivamente recebe é determinado em parte por atribuição aleatória (ele passa a ter o direito de participar do programa de treinamento profissional) e em parte por características individuais (ele deseja receber o treinamento profissional). Como os professores e os alunos sabem, você pode exigir que um aluno faça um curso, mas é mais difícil fazer com que ele compareça às aulas.

A falha dos indivíduos em seguir inteiramente o protocolo do tratamento aleatório é chamada de **conformidade parcial** com o protocolo do tratamento. Em alguns casos, o investigador sabe se o tratamento foi efetivamente recebido (por exemplo, o aluno freqüentou as aulas), e o tratamento efetivamente recebido é registrado como X_i. Como há um elemento de escolha em relação ao indivíduo receber o tratamento, X_i (o tratamento efetivamente recebido) está correlacionado com u_i (que inclui motivação e capacidade inata), mesmo que haja atribuição aleatória. Em outras palavras, com a conformidade parcial, os grupos de tratamento e de controle não são mais amostras aleatórias da população maior da qual os indivíduos foram selecionados originalmente; em vez disso, esse grupos possuem um elemento de auto-seleção. Portanto, a falha em seguir o protocolo do tratamento leva a um viés no estimador de MQO.

Em outros casos, o investigador pode não saber se o tratamento é efetivamente recebido. Por exemplo, se é fornecido o medicamento a um indivíduo em um experimento médico, mas, sem o conhecimento dos pesquisadores, ele simplesmente não o toma, o tratamento registrado ("medicamento administrado") está incorreto. A mensuração incorreta do tratamento efetivamente recebido também leva a um viés no estimador de diferenças.

Atrito. O **atrito** refere-se a indivíduos que abandonam o estudo após serem atribuídos aleatoriamente ao grupo de tratamento ou de controle. Às vezes, o atrito ocorre por razões não relacionadas ao programa de tratamento; por exemplo, o participante de um estudo de treinamento profissional pode ter de viajar para cuidar de um parente doente. Mas se o motivo para o atrito está relacionado com o tratamento propriamente dito, o atrito resulta em um viés no estimador de MQO do efeito causal. Por exemplo, suponha que os estagiários mais capazes abandonem um experimento de programa de treinamento profissional porque conseguiram empregos em outras localidades utilizando as qualificações adquiridas com o treinamento profissional, de modo que no final do experimento permaneçam apenas os membros menos capazes do grupo de tratamento. Então, a distribuição das outras características (capacidade) irá diferir entre os grupos de controle e de tratamento (o tratamento possibilitou que os estagiários mais capazes deixassem a cidade). Em outras palavras, o tratamento X_i estará correlacionado com u_i (que inclui capacidade) para aqueles que permanecem na amostra até o final do experimento e o estimador de diferenças será viesado. Como o atrito resulta em uma amostra selecionada de forma não aleatória, o atrito relacionado ao tratamento leva a um viés de seleção (veja o Conceito-Chave 7.4).

Efeitos experimentais. Em experimentos com seres humanos, o simples fato de os indivíduos estarem em um experimento pode mudar seu comportamento, resultando em um fenômeno às vezes chamado de **efeito Hawthorne** (veja o quadro na página seguinte). Por exemplo, a excitação ou a atenção resultantes de estar em um programa experimental podem gerar um esforço extra que poderia influenciar os resultados.

Em alguns experimentos, um protocolo "duplamente cego" (*double-blind*)* pode diminuir o efeito de estar em um experimento: embora indivíduos e investigadores saibam que estão em um experimento, nenhum deles sabe se um indivíduo está no grupo de tratamento ou no grupo de controle. Por exemplo, em um experimento médico referente a um medicamento, às vezes o medicamento e o placebo podem ser feitos com a mesma aparência, de modo que nem o médico que está administrando o medicamento nem o paciente sabem se o medicamento administrado é o verdadeiro ou o placebo. Se o experimento é duplamente cego, os grupos de tratamento e de controle deveriam experimentar os mesmos efeitos experimentais, de modo que resultados diferentes entre os dois grupos podem ser atribuídos ao medicamento.

---

* Não há uma tradução amplamente aceita para *double-blind*. Por isso, optamos por "duplamente cego". Consiste em um experimento em que nenhum dos investigadores ou dos indivíduos em estudo sabe para quais dos indivíduos está sendo administrado um novo medicamento etc. e para quais não está. O nome refere-se à cegueira dos investigadores e dos indivíduos (N. do R.T.).

O Efeito Hawthorne

Durante as décadas de 1920 e 1930, a General Electric Company conduziu uma série de estudos sobre produtividade do trabalhador em sua fábrica em Hawthorne. Em um conjunto de experimentos, eles variaram o número de watts das lâmpadas para verificar como a iluminação afetava a produtividade das mulheres que montavam peças elétricas. Em outros experimentos, aumentaram ou diminuíram os períodos de descanso, mudaram a disposição (*layout*) do ambiente de trabalho e reduziram a jornada de trabalho. Relatórios preliminares influentes sobre esses estudos concluíram que a produtividade continuava a aumentar se as lâmpadas estivessem mais fracas ou mais fortes, se a jornada de trabalho fosse maior ou menor e se as condições melhorassem ou piorassem. Os pesquisadores concluíram que os ganhos de produtividade não eram conseqüência de mudanças no ambiente de trabalho, mas sim do papel especial dos trabalhadores no experimento, que fez com que eles se sentissem notados e valorizados e trabalhassem cada vez mais intensamente. Ao longo dos anos, a idéia de que estar em um experimento influencia o comportamento do indivíduo veio a ser conhecida como efeito Hawthorne.

Mas existe uma pequena falha nesta história: um exame cuidadoso dos dados reais de Hawthorne não revela nenhum efeito Hawthorne (Gillespie, 1991; Jones, 1992)! Ainda assim, em alguns experimentos — especialmente naqueles em que os indivíduos têm uma participação no resultado — o simples fato de estar em um experimento poderia afetar o comportamento de um participante. O efeito Hawthorne e os efeitos experimentais em geral podem representar ameaças à validade interna — mesmo que o efeito Hawthorne não esteja evidente nos dados originais de Hawthorne.

Experimentos duplamente cegos são claramente impraticáveis em economia: em um experimento, tanto o professor quanto o indivíduo sabem se o indivíduo está freqüentando o programa de treinamento profissional. Em um experimento mal projetado, esse efeito experimental poderia ser substancial. Por exemplo, os professores de um programa experimental podem se empenhar ao máximo para tornar o programa bem-sucedido se correrem o risco de perder seus empregos caso o programa não apresente um bom desempenho no experimento. Decidir se os resultados experimentais são viesados em virtude dos efeitos experimentais requer que se façam julgamentos com base no que o experimento está avaliando e nos detalhes relacionados à maneira como foi conduzido.

Amostras pequenas. Como experimentos com seres humanos podem ser muito caros, às vezes os tamanhos de amostra são pequenos. Um tamanho pequeno de amostra não torna os estimadores do efeito causal viesados, mas indica que o efeito é estimado de forma imprecisa.

Ameaças à Validade Externa

Ameaças à validade externa comprometem a capacidade de generalizar os resultados do estudo para outras populações e cenários. Duas dessas ameaças ocorrem quando a amostra experimental não é representativa da população de interesse e quando o tratamento estudado não é representativo do tratamento que seria implementado de forma mais ampla.

Amostra não representativa. A população estudada e a população de interesse devem ser suficientemente semelhantes para justificar a generalização dos resultados experimentais. Se um programa de treinamento profissional é avaliado em um experimento com ex-presidiários, pode ser possível generalizar os resultados do estudo para outros ex-presidiários. Contudo, como uma ficha criminal pesa bastante na consideração de empregadores em potencial, os resultados podem não ser generalizados para trabalhadores que nunca cometeram um crime.

Outro exemplo de amostra não representativa pode surgir quando os participantes do experimento são voluntários. Mesmo que os voluntários sejam atribuídos aleatoriamente aos grupos de tratamento e de controle, eles podem estar mais motivados do que a população como um todo e, para eles, o tratamento poderia ter um efeito maior. Geralmente, a seleção não aleatória da amostra da população de interesse maior pode comprometer a capacidade de generalizar os resultados da população estudada (tal como voluntários) para a população de interesse.

Programa ou política não representativos. A política ou o programa de interesse também deve ser suficientemente semelhante ao programa estudado para permitir a generalização dos resultados. Uma característica importante é que o programa em um experimento de pequena escala monitorado de maneira rígida poderia ser completamente diferente do programa efetivamente implementado. Se esse programa está disponível de maneira extensiva, o programa em escala maior pode não fornecer o mesmo controle de qualidade da versão experimental ou pode ser subvencionado em um montante menor; qualquer uma das possibilidades poderia resultar em um programa em larga escala menos eficaz do que o programa experimental menor. Outra diferença entre um programa experimental e o programa implementado é sua duração: o primeiro subsiste durante o período do experimento, ao passo que o segundo pode estar disponível por períodos de tempo mais longos.

Efeitos de equilíbrio geral. Uma questão relativa à escala e à duração diz respeito ao que os economistas chamam de efeitos de "equilíbrio geral". Transformar um programa experimental temporário pequeno em um programa permanente difundido pode mudar o ambiente econômico de tal forma que os resultados do experimento não podem ser generalizados. Por exemplo, um programa de treinamento profissional experimental pequeno pode complementar o treinamento fornecido pelos empregadores, mas se o programa se tornou amplamente disponível, isso poderia eliminar o treinamento fornecido pelo empregador, reduzindo os benefícios líquidos do programa. De forma semelhante, uma reforma educacional ampla, tal como o vale-escola (*school voucher*)*, ou uma redução acentuada no tamanho das turmas poderia aumentar a demanda por professores e mudar o tipo de pessoa que tem interesse em lecionar, de modo que o efeito líquido final da reforma ampla refletiria essas mudanças induzidas no quadro de funcionários da escola. Expresso em termos econométricos, um experimento pequeno com validade interna pode medir corretamente um efeito causal, mantendo constante o ambiente de mercado ou político, mas os efeitos de equilíbrio geral indicam que esses outros fatores não são, na verdade, mantidos constantes quando o programa é implementado em larga escala.

Efeito do tratamento* versus *efeito do direito ao programa. Outra ameaça potencial para a validade externa surge porque, nos programas econômicos e sociais de um modo geral, a participação em um programa verdadeiro (não experimental) é geralmente voluntária. Desse modo, um estudo experimental que mede o efeito do programa sobre os membros da população selecionados aleatoriamente não fornecerá, de modo geral, um estimador não viesado do efeito do programa quando se permite que os beneficiados pelo programa efetivamente implementado decidam se desejam participar ou não. Um programa de treinamento profissional pode ser bastante eficaz para os poucos que escolhem cursá-lo, ainda que seja relativamente ineficaz para um membro da população selecionado aleatoriamente. Uma forma de tratar essa questão é projetar o experimento de modo que ele reproduza o mais próximo possível o programa do mundo real que seria implementado. Por exemplo, se o programa de treinamento profissional do mundo real torna-se disponível a indivíduos que atendam a determinados limites de renda, o protocolo experimental poderia adotar uma regra semelhante: o grupo de tratamento selecionado aleatoriamente receberia o "tratamento" de ter direito ao programa, enquanto o grupo de controle não teria esse direito. Nesse caso, o estimador de diferenças estimaria o efeito do direito ao programa, que é diferente do efeito do tratamento do treinamento profissional para um membro selecionado aleatoriamente da população com direito ao programa.

11.3 Estimadores de Regressão de Efeitos Causais Utilizando Dados Experimentais

Em um experimento controlado aleatório ideal com tratamento binário, o efeito causal pode ser estimado pelo estimador de diferenças, isto é, pelo estimador de MQO de β_1 na Equação (11.1). Se o tratamento é recebido aleatoriamente, o estimador de diferenças é não viesado; contudo, ele não é necessariamente eficiente. Além

* *School voucher*: programa implementado em vários estados norte-americanos para subsidiar os estudos de crianças de famílias de baixa renda em escolas particulares, financiado por impostos ou por particulares (N. do R.T.).

disso, se alguns dos problemas com experimentos verdadeiros discutidos na Seção 11.2 estão presentes, então X_i e u_i estão correlacionados, logo $\hat{\beta}_1$ é viesado.

Nesta seção, apresentamos alguns métodos adicionais baseados em regressão para analisar dados experimentais. O objetivo é obter um estimador mais eficiente do que o estimador de diferenças quando o tratamento é recebido aleatoriamente e obter um estimador não viesado, ou pelo menos consistente, do efeito causal quando determinadas ameaças à validade interna estão presentes. Finalizamos com uma discussão sobre como testar a aleatoriedade.

Estimador de Diferenças com Regressores Adicionais

Freqüentemente estão disponíveis dados sobre outras características dos indivíduos que são relevantes para a determinação do resultado experimental. Por exemplo, como o salário depende do nível de instrução anterior, o salário em uma avaliação de programa de treinamento profissional experimental dependerá do nível de instrução anterior, bem como do programa de treinamento propriamente dito. Em um teste de medicamento, o prognóstico pode depender das características do paciente, tais como idade, peso, sexo e doenças preexistentes, além do tratamento propriamente dito com o medicamento. Sejam $W_{1i}, ..., W_{ri}$ as variáveis que medem r características individuais da i-ésima pessoa da amostra, na qual essas características individuais não são afetadas pelo tratamento (ingressar no programa de treinamento profissional não altera seu nível de instrução anterior). Se essas características individuais são um fator determinante do resultado Y_i além do tratamento X_i, essas variáveis estão implicitamente no termo de erro da Equação (11.1). Assim, essa equação pode ser modificada de modo que essas características entrem na regressão explicitamente; supondo que entrem de maneira linear, isso leva ao modelo de regressão múltipla

$$Y_i = \beta_0 + \beta_1 X_i + \beta_2 W_{1i} + \cdots + \beta_{1+r} W_{ri} + u_i, \; i = 1, ..., n. \tag{11.2}$$

O estimador de MQO de β_1 na Equação (11.2) é o **estimador de diferenças com regressores adicionais**.

Consistência do estimador de diferenças com regressores adicionais. Se as quatro hipóteses de mínimos quadrados para regressão múltipla são válidas (veja o Conceito-Chave 5.4), os estimadores de MQO para todos os coeficientes na Equação (11.2) são não viesados, consistentes e formam uma base válida para inferência estatística.

Em algumas aplicações, a primeira hipótese de mínimos quadrados, de que $E(u_i|X_i, W_{1i}, ..., W_{ri}) = 0$, não é convincente. Por exemplo, se um dos regressores W fosse o nível de instrução anterior, este poderia estar correlacionado com a habilidade não observada do indivíduo, que entra em u_i. O estimador de diferenças com regressores adicionais é consistente, contudo, sob uma hipótese mais fraca do que a usual de média condicional igual a zero, especificamente sob uma hipótese chamada de **independência da média condicional**, expressa matematicamente no Apêndice 11.3. Em suma, a independência da média condicional requer que a expectativa condicional de u_i, dados X_i e as variáveis W, não dependa de X_i, embora ela possa depender das variáveis W.

Há dois casos relevantes em que, apesar da correlação entre as variáveis W e u_i, a independência da média condicional é válida e o estimador de diferenças com regressores adicionais é consistente (ainda que os estimadores de MQO dos coeficientes das variáveis W geralmente não o sejam). O primeiro caso ocorre quando o tratamento é atribuído aleatoriamente: X_i não está correlacionado com nenhuma das características do indivíduo, tanto as incluídas na regressão (uma variável W) quanto as excluídas (no termo de erro), logo X_i não pode "captar" o efeito de quaisquer características do indivíduo, incluídas ou não. O segundo caso ocorre quando X_i é atribuído de modo *condicionalmente* aleatório, dado W_i: X_i é atribuído aleatoriamente, mas a probabilidade de que ele esteja no grupo de tratamento depende de W_i. Suponha, por exemplo, que os participantes de um programa de treinamento profissional sejam divididos em dois grupos, aqueles que se formaram no ensino médio e aqueles que não se formaram. Entre os formados, 30 por cento são atribuídos aleatoriamente ao grupo de tratamento, enquanto entre os não formados, 70 por cento, são atribuídos aleatoriamente ao grupo de tratamento. Como cada formado tem a mesma chance de ser atribuído ao grupo de tratamento, a média de u_i é a mesma para os formados dos grupos de tratamento e de controle. De forma semelhante, a média de u_i é a mesma para os não formados dos grupos de tratamento e de controle. A média de u_i, contudo, normalmente difere entre formados e não formados (a formatura está correlacionada com as variáveis omitidas capacidade e motivação). Nesse caso, X_i é condicionalmente aleatório (X_i é atribuído aleatoriamente, dada a situação da formatura W_i). Se X_i é condicionalmente aleatório, então, conforme discussão adicional no Apêndice 11.3, a independência da média condicional é válida e o estimador de diferenças com regressores adicionais é consistente.

É importante que os regressores W_i da Equação (11.2) não sejam resultados experimentais; caso contrário, W_i será endógeno. Por exemplo, suponha que Y_i seja o salário após o programa de treinamento profissional, W_i indique se conseguiu um emprego após o programa e X_i indique o tratamento. Se a situação do emprego futuro estiver incluída na regressão, o coeficiente de X_i não será mais o efeito do programa; em vez disso, será o efeito parcial do programa, mantendo constante o emprego futuro. Além disso, o emprego futuro poderia estar correlacionado com X_i (o programa leva a conseguir um emprego) e com o termo de erro (os estagiários mais capazes conseguem um emprego). Restringimos, portanto, a atenção na Equação (11.2) às variáveis W que medem as características anteriores ao tratamento, que não sofrem influência do tratamento experimental.

Motivos para utilizar o estimador de diferenças com regressores adicionais. Há três motivos para utilizar esse estimador:

1. *Eficiência.* Se o tratamento é atribuído aleatoriamente, o estimador de MQO de β_1 no modelo de regressão múltipla (Equação (11.2)) é mais eficiente (possui uma variância menor) do que o estimador de MQO do modelo com um único regressor (Equação (11.1)). Isso porque a inclusão de determinantes adicionais de Y na Equação (11.2) reduz a variância do termo de erro (veja o Exercício 16.7).

2. *Verificação da aleatoriedade.* Se o tratamento não é atribuído aleatoriamente, e em particular se é atribuído de modo que esteja relacionado aos Ws, o estimador de diferenças (Equação (11.1)) é inconsistente e, em termos mais gerais, possui um limite de probabilidade diferente daquele do estimador de diferenças com regressores adicionais (Equação (11.2)). Assim, uma discrepância grande entre os dois estimadores de MQO sugere que X_i não foi na verdade atribuído aleatoriamente.

3. *Ajuste para aleatoriedade "condicional".* Conforme discutido anteriormente, a probabilidade de que o participante seja atribuído ao grupo de tratamento pode diferir de um grupo de indivíduos para outro, isto é, pode depender das características anteriores ao tratamento W_i. Se for esse o caso, a inclusão dessas variáveis W controla a probabilidade de que o participante seja atribuído ao grupo de tratamento.

Na prática, o segundo e o terceiro desses motivos podem estar relacionados. Se a verificação da aleatoriedade no segundo motivo indicar que o tratamento não foi atribuído aleatoriamente, pode ser possível o ajuste a essa atribuição não aleatória utilizando o estimador de diferenças com controles de regressão. Se isso é realmente possível, contudo, depende dos detalhes da atribuição não aleatória. Se a probabilidade da atribuição depender apenas das variáveis observáveis W, a Equação (11.2) se ajustará a essa atribuição não aleatória, mas se a probabilidade da atribuição depender também de variáveis não observáveis, o ajuste feito pela inclusão dos regressores W estará incompleto.

O Estimador de Diferenças-em-Diferenças

Dados experimentais freqüentemente são dados de painel, isto é, observações sobre os mesmos indivíduos antes e depois do experimento. Com dados de painel, o efeito causal pode ser estimado utilizando o estimador de "diferenças-em-diferenças", que é a variação média em Y no grupo de tratamento no decorrer do experimento menos a variação média em Y no grupo de controle durante o mesmo período. Esse estimador de diferenças-em-diferenças pode ser calculado utilizando uma regressão, que pode ser ampliada com regressores adicionais que medem características do indivíduo.

O estimador de diferenças-em-diferenças. Seja $\overline{Y}^{tratamento,antes}$ a média da amostra de Y para aqueles que estão no grupo de tratamento antes do experimento e seja $\overline{Y}^{tratamento,depois}$ a média da amostra para aqueles que estão no grupo de tratamento depois do experimento. Sejam $\overline{Y}^{controle,antes}$ e $\overline{Y}^{controle,depois}$ as médias da amostra antes e depois do tratamento correspondentes para o grupo de controle. A variação média em Y no grupo de tratamento no decorrer do experimento é $\overline{Y}^{tratamento,depois} - \overline{Y}^{tratamento,antes}$, e a variação média em Y no grupo de controle durante o mesmo período é $\overline{Y}^{controle,depois} - \overline{Y}^{controle,antes}$. O **estimador de diferenças-em-diferenças** é a variação média em Y para aqueles no grupo de tratamento, menos a variação média em Y para aqueles no grupo de controle:

$$\begin{aligned}\hat{\beta}_1^{difs\text{-}em\text{-}difs} &= (\overline{Y}^{tratamento,depois} - \overline{Y}^{tratamento,antes}) - (\overline{Y}^{controle,depois} - \overline{Y}^{controle,antes}) \\ &= \Delta\overline{Y}^{tratamento} - \Delta\overline{Y}^{controle},\end{aligned} \tag{11.3}$$

onde $\Delta\overline{Y}^{tratamento}$ é a variação média em Y no grupo de tratamento e $\Delta\overline{Y}^{controle}$ é a variação média em Y no grupo de controle. Se o tratamento for atribuído aleatoriamente, então $\hat{\beta}_1^{difs\text{-}em\text{-}difs}$ é um estimador não viesado e consistente do efeito causal.

O estimador de diferenças-em-diferenças pode ser escrito com notação de regressão. Seja ΔY_i a variação no valor de Y_i para o i-ésimo indivíduo durante o experimento, isto é, ΔY_i é o valor de Y para o i-ésimo indivíduo após a conclusão do experimento, menos o valor de Y antes de seu início. Supondo que a variável tratamento binária X_i é atribuída aleatoriamente, o efeito causal é o coeficiente β_1 na regressão da população

$$\Delta Y_i = \beta_0 + \beta_1 X_i + u_i. \tag{11.4}$$

O estimador de MQO $\hat{\beta}_1$ é a diferença entre as médias dos grupos de ΔY (Seção 4.7), isto é, $\hat{\beta}_1$ é o estimador de diferenças-em-diferenças na Equação (11.3).

Motivos para utilizar o estimador de diferenças-em-diferenças. O estimador de diferenças-em-diferenças possui duas vantagens potenciais sobre o estimador de uma única diferença da Equação (11.1):

1. *Eficiência.* Se o tratamento é recebido aleatoriamente, o estimador de diferenças-em-diferenças pode ser mais eficiente do que o estimador de diferenças. Isso ocorrerá se alguns dos determinantes não observados de Y_i forem persistentes ao longo do tempo para um dado indivíduo, como é o caso de sexo e nível de instrução anterior no exemplo do programa de treinamento profissional. Se o estimador de diferenças ou o estimador de diferenças-em-diferenças é mais eficiente depende do quanto essas características específicas persistentes de cada indivíduo explicam da variância em Y_i (veja o Exercício 11.4).

2. *Eliminar diferenças em Y_i anteriores ao tratamento.* Se o tratamento está correlacionado com o nível inicial de Y_i antes do experimento, mas $E(u_i | X_i) = 0$ na Equação (11.4), o estimador de diferenças é viesado, mas o estimador de diferenças-em-diferenças, não. Isso está ilustrado na Figura 11.1. Nessa figura, a média da amostra de Y no grupo de tratamento é 40 antes do experimento, ao passo que a média da amostra pré-tratamento de Y no grupo de controle é 20. Durante o experimento, a média da amostra de Y aumenta para 30 no grupo de controle, enquanto aumenta para 80 no grupo de tratamento. Portanto, a diferença média entre as médias da amostra pós-tratamento é 80 – 30 = 50. Contudo, parte dessa diferença surge porque os grupos de tratamento e de controle tinham médias pré-tratamento diferentes: o grupo de tratamento começou na frente do grupo de controle. O estimador de diferenças-em-diferenças mede os ganhos do grupo de tratamento em relação ao grupo de controle, que neste exemplo é (80 – 40) – (30 – 20) = 30. Generalizando, ao se concentrar na variação em Y durante o experimento, o estimador de diferenças-em-diferenças remove a influência dos valores iniciais de Y que variam sistematicamente entre os grupos de tratamento e de controle.

O estimador de diferenças-em-diferenças com regressores adicionais. O estimador de diferenças-em-diferenças pode ser estendido para incluir regressores adicionais $W_{1i}, \ldots, W_{ri}$, que medem características individuais anteriores ao experimento. Por exemplo, na avaliação de um programa de treinamento profissional em que

FIGURA 11.1 O Estimador de Diferenças-em-Diferenças

A diferença pós-tratamento entre os grupos de tratamento e de controle é 80 – 30 = 50; porém, isso superestima o efeito do tratamento, uma vez que, antes do tratamento $\bar{Y}$, era maior para o grupo de tratamento do que para o grupo de controle em 40 – 20 = 20. O estimador de diferenças-em-diferenças é a diferença entre as diferenças final e inicial, de modo que $\hat{\beta}_1^{difs\text{-}em\text{-}difs} = (80 - 30) - (40 - 20) = 50 - 20 = 30$. De forma equivalente, o estimador de diferenças-em-diferenças é a variação média no grupo de tratamento menos a variação média no grupo de controle, isto é, $\hat{\beta}_1^{difs\text{-}em\text{-}difs} = \Delta\bar{Y}^{tratamento} - \Delta\bar{Y}^{controle} = (80 - 40) - (30 - 20) = 30$.

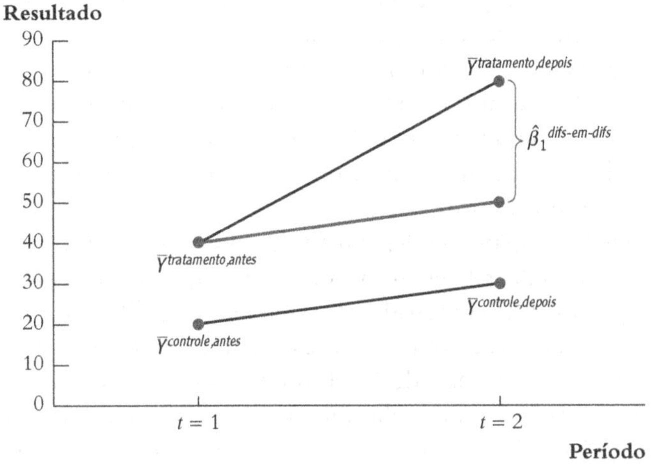

Y é o salário, uma variável W poderia ser o nível de instrução anterior do participante. Esses regressores adicionais podem ser incorporados utilizando o modelo de regressão múltipla

$$\Delta Y_i = \beta_0 + \beta_1 X_i + \beta_2 W_{1i} + \cdots + \beta_{1+r} W_{ri} + u_i,\ i = 1, \ldots, n. \tag{11.5}$$

O estimador de MQO de β_1 na Equação (11.5) é o **estimador de diferenças-em-diferenças com regressores adicionais**. Se X_i é atribuído aleatoriamente, o estimador de MQO de $\hat{\beta}_1$ na Equação (11.5) é não viesado.

Os motivos para a inclusão de regressores adicionais W na Equação (11.5) são os mesmos para sua inclusão na Equação (11.2), que utiliza apenas dados pós-tratamento: se X_i é atribuído aleatoriamente, a inclusão de regressores adicionais pode melhorar a eficiência, possibilita a verificação da aleatoriedade e permite o ajuste à aleatoriedade condicional, isto é, à aleatoriedade que depende das variáveis W observáveis. Conforme discutido no contexto da Equação (11.2), é importante que as variáveis W não incluam variáveis que sejam resultados do experimento.

A interpretação das variáveis W na Equação (11.5) é diferente da do estimador de diferenças com regressores adicionais (Equação (11.2)). Na Equação (11.2), como somente resultados pós-tratamento estavam sendo comparados, as variáveis W explicavam diferenças no *nível* Y_i. Em contraste, na Equação (11.5), as variáveis W explicam diferenças na *variação* em Y_i durante o experimento. No exemplo do programa de treinamento profissional, a variável dependente na Equação (11.5) é a variação no salário durante o experimento, X_i indica se o participante estava no grupo de tratamento e W_i pode ser o nível de instrução anterior. A inclusão do nível de instrução anterior nessa regressão admite a possibilidade de que indivíduos com nível de instrução mais elevado tendam a ter *variações* maiores no salário durante o experimento, independentemente de estarem nos grupos de tratamento ou de controle.

Extensão de diferenças-em-diferenças para múltiplos períodos de tempo. Em alguns experimentos, o indivíduo é observado durante múltiplos períodos, e não em apenas dois. Em um experimento de programa de treinamento profissional, a renda e a situação empregatícia do indivíduo podem ser observadas mensalmente por um ano ou mais. Nesse caso, os modelos de regressão da população das equações (11.4) e (11.5), que se baseiam na variação no resultado entre uma única observação pré-tratamento e uma única observação pós-tratamento, não se aplicam. Esses dados podem, contudo, ser analisados utilizando o modelo de regressão com efeitos fixos da Seção 8.3; os detalhes são fornecidos no Apêndice 11.2.

Estimação de Efeitos Causais para Grupos Diferentes

O efeito causal pode diferir de um indivíduo para outro, dependendo das características individuais. Por exemplo, o efeito de um medicamento redutor de colesterol sobre os níveis de colesterol poderia ser maior para um paciente com um nível de colesterol alto do que para um cujo nível de colesterol já está baixo. De forma semelhante, um programa de treinamento profissional pode ser mais eficaz para mulheres do que para homens, bem como para indivíduos motivados do que para os desmotivados. Em termos mais gerais, o efeito causal pode depender do valor de uma ou mais variáveis, que podem ser observadas (como sexo) ou não observadas (como motivação).

Os efeitos causais que dependem de uma variável observável, digamos W_i, podem ser estimados pela interação da variável de tratamento X_i com W_i na Equação (11.2) (estimador de diferenças com regressores adicionais) ou na Equação (11.5) (estimador de diferenças-em-diferenças com regressores adicionais). Por exemplo, se W_i é binária, a especificação com interações permite a estimação do efeito do tratamento para os dois grupos correspondentes aos dois valores de W_i. Em termos mais gerais, a estimação de efeitos causais que dependem de um regressor observável é uma aplicação dos métodos com interação discutidos na Seção 6.3.

Na Seção 11.7, discutimos o tópico de interpretação das estimativas de efeitos causais quando estes dependem do valor de uma variável não observável.

Estimação Quando Há Conformidade Parcial

Se existe conformidade parcial com o protocolo do experimento, o nível de tratamento X_i pode estar correlacionado com as características individuais não observadas u_i, e os estimadores de MQO discutidos até aqui são inconsistentes. Por exemplo, se apenas os estagiários mais motivados comparecem ao programa de treinamento profissional, o programa pode parecer eficaz — mas somente porque os estagiários são os trabalhadores mais esforçados, que teriam sucesso no mercado de trabalho independentemente do programa de treinamento.

Conforme discutido no Capítulo 10, a regressão de variáveis instrumentais fornece uma solução geral para o problema de correlação entre um regressor e o termo de erro, supondo que exista uma variável instrumental disponível. Em um experimento com conformidade parcial, o nível de tratamento *atribuído* pode servir como variável instrumental para o nível de tratamento *efetivo*.

Lembre-se de que uma variável deve satisfazer as condições de relevância do instrumento e da exogeneidade do instrumento (veja o Conceito-Chave 10.3) para ser uma variável instrumental válida. Contanto que o protocolo seja parcialmente seguido, o nível de tratamento efetivo (X_i) é parcialmente determinado pelo nível de tratamento atribuído (Z_i), de modo que a variável instrumental Z_i é relevante. Se o nível de tratamento atribuído é determinado aleatoriamente — isto é, se o tratamento possui atribuição aleatória — e se a atribuição propriamente dita não exerce efeito sobre o resultado além da sua influência sobre o recebimento do tratamento, então Z_i é exógena. Isto é, a atribuição aleatória de Z_i implica que $E(u_i | Z_i) = 0$, onde u_i é o termo de erro na especificação de diferenças da Equação (11.1) ou na especificação de diferenças-em-diferenças da Equação (11.4), dependendo do estimador que está sendo utilizado. Portanto, em um experimento com conformidade parcial e tratamento atribuído aleatoriamente, a atribuição aleatória original é uma variável instrumental válida.

Testando a Aleatoriedade

É possível testar a aleatoriedade verificando se a variável aleatorizada depende efetivamente de quaisquer características individuais observáveis.

Testando o recebimento aleatório do tratamento. Se o tratamento for recebido aleatoriamente, então X_i não estará correlacionado com as características individuais observáveis. Portanto, a hipótese de que o tratamento é recebido aleatoriamente pode ser verificada testando a hipótese de que os coeficientes de $W_{1i}, ..., W_{ri}$ são iguais a zero em uma regressão de X_i sobre $W_{1i}, ..., W_{ri}$. No exemplo do programa de treinamento profissional, a regressão do recebimento de treinamento profissional (X_i) sobre sexo, raça e nível de instrução anterior (Ws) e o cálculo da estatística F que testa se os coeficientes dos Ws são iguais a zero fornece um teste da hipótese nula de que o tratamento foi recebido aleatoriamente, contra a hipótese alternativa de que o recebimento do tratamento depende de sexo, raça ou nível de instrução anterior.[1]

Testando a atribuição aleatória. Se o tratamento for atribuído aleatoriamente, a atribuição Z_i não estará correlacionada com as características individuais observáveis. Portanto, a hipótese de que o tratamento é atribuído aleatoriamente pode ser testada regredindo Z_i sobre $W_{1i}, \ldots, W_{ri}$ e testando a hipótese nula de que todos os coeficientes de declividade são iguais a zero.

11.4 Estimativas Experimentais do Efeito da Redução no Tamanho das Turmas

Nesta seção, voltamos a uma questão tratada na Parte 2: Qual é o efeito da redução no tamanho das turmas das primeiras séries sobre a pontuação nos exames? No final da década de 1980, o Estado do Tennessee conduziu um grande experimento controlado aleatório de milhões de dólares para averiguar se a redução no tamanho das turmas era uma forma eficaz de melhorar o ensino fundamental. Os resultados desse experimento influenciaram fortemente nossa compreensão do efeito da redução no tamanho das turmas.

Projeto Experimental

O experimento de redução no tamanho das turmas conduzido no Tennessee, conhecido como projeto STAR (Student-Teacher Achievement Ratio — Razão de Aproveitamento Aluno-Professor), foi um experimento de quatro anos projetado para avaliar o efeito de turmas pequenas sobre o aprendizado. Subvencionado pela assembléia legislativa do Estado de Tennessee, o experimento custou aproximadamente 12 milhões de dólares ao longo de quatro anos. O estudo comparou três arranjos de turma da pré-escola à terceira série: uma turma média, com 22-25 alunos por turma, uma única professora e sem assistente; uma turma pequena, com 13-17 alunos por turma e sem assistente; e uma turma média com uma assistente da professora.

Cada escola participante do experimento tinha ao menos uma turma de cada tipo, e os alunos que ingressaram na pré-escola em uma escola participante foram atribuídos aleatoriamente a um desses três grupos no início do ano letivo 1985-1986.* As professoras também foram atribuídas aleatoriamente a um dos três tipos de turma.

Segundo o protocolo do experimento original, os alunos permaneceriam em seus arranjos de turma, atribuídos inicialmente, durante os quatro anos do experimento (pré-escola até a terceira série). Contudo, em virtude das reclamações dos pais, alunos atribuídos inicialmente a uma turma média (com ou sem uma assistente) foram atribuídos aleatoriamente de novo no início da primeira série para turmas médias com uma assistente ou para turmas médias sem uma assistente; alunos atribuídos inicialmente a uma turma pequena permaneceram em uma turma pequena. Os alunos que ingressaram na escola na primeira série (a pré-escola era opcional) no segundo ano do experimento foram atribuídos aleatoriamente para um dos três grupos. A cada ano, os alunos realizavam os exames padronizados de leitura e matemática do SAT (Stanford Achievement Test — Exame de Aproveitamento de Stanford).

O projeto arcou com a remuneração das professoras e assistentes adicionais necessárias para que fossem atingidas as metas para os tamanhos de turma. Durante o primeiro ano do estudo, aproximadamente 6.400 alunos dividiram-se em 108 turmas pequenas, 101 turmas médias e 99 turmas médias com assistentes. Ao longo dos quatro anos do estudo, um total de aproximadamente 11.600 alunos em 80 escolas participou do estudo.

---

[1] Neste exemplo, X_i é binário, por isso, conforme discutido no Capítulo 9, a regressão de X_i sobre $W_{1i}, \ldots, W_{ri}$ é um modelo de probabilidade linear, e os erros padrão robustos quanto à heteroscedasticidade são essenciais. Outra forma de testar a hipótese de que $E(X_i|W_{1i}, \ldots, W_{ri})$ não depende de $W_{1i}, \ldots, W_{ri}$ quando X_i é binário é utilizar um modelo probit ou logit (veja a Seção 9.2).

* O ano letivo nos Estados Unidos e no Reino Unido começa geralmente no início de outubro e termina no final de junho do ano seguinte; por isso o texto se refere ao ano letivo 1985-1986. No Brasil, o ano letivo coincide com o ano-calendário (N. do R.T.).

Desvios em relação ao projeto experimental. O protocolo do experimento especificou que os alunos não deveriam mudar de tipo de turma, exceto por meio de uma nova aleatoriedade no início da primeira série. Contudo, cerca de 10 por cento dos alunos mudaram nos anos subseqüentes por motivos que incluíam crianças incompatíveis e problemas comportamentais. Essas mudanças representam uma divergência em relação ao esquema de aleatoriedade e, dependendo da natureza real das mudanças, têm o potencial de introduzir viés nos resultados. As mudanças feitas simplesmente para evitar conflitos de personalidade podem não estar suficientemente relacionadas com o experimento, de modo que não introduziriam viés. Se, contudo, as mudanças ocorreram porque os pais mais preocupados com o ensino de seus filhos pressionaram a escola para transferir uma criança para uma turma pequena, essa falha em seguir o protocolo experimental poderia tornar viesados os resultados rumo à superestimação da eficácia de turmas pequenas. Outro desvio em relação ao protocolo experimental consistiu na variação nos tamanhos das turmas ao longo do tempo, uma vez que alunos mudaram de turma e de diretoria de ensino.

Análise dos Dados do STAR

Como há dois grupos de tratamento — turmas pequenas e turmas médias com assistente —, a versão da regressão do estimador de diferenças precisa ser modificada para controlar os dois grupos de tratamento e um de controle. Isso é feito pela introdução de duas variáveis binárias, uma indicando que o aluno está em uma turma pequena e outra indicando que o aluno está em uma turma de tamanho médio com assistente. Isso leva ao modelo de regressão da população

$$Y_i = \beta_0 + \beta_1 TurmaPeq_i + \beta_2 MédAss_i + u_i, \tag{11.6}$$

onde $TurmaPeq_i = 1$ se o i-ésimo aluno está em uma turma pequena e igual a zero caso contrário, $MédAss_i = 1$ se o i-ésimo aluno está em uma turma média com uma assistente e igual a zero caso contrário e Y_i é a pontuação nos exames. O efeito de uma turma pequena sobre a pontuação nos exames, em relação a uma turma média, é β_1 e o efeito de uma turma média com uma assistente, em relação a uma turma média, é β_2. O estimador de diferenças para o experimento pode ser calculado pela estimação de β_1 e β_2 por MQO na Equação (11.6).

A Tabela 11.1 apresenta as estimativas de diferenças do efeito sobre a pontuação nos exames de estar em uma turma pequena ou em uma turma de tamanho médio com uma assistente. Nas regressões da Tabela 11.1, a variável dependente Y_i é a pontuação total do aluno nas provas de matemática e leitura do SAT. De acordo com as estimativas da Tabela 11.1, para alunos da pré-escola, o efeito de estar em uma turma pequena representa um aumento de 13,9 pontos nos exames, relativamente a estar em uma turma média; o efeito estimado de estar em uma turma média com uma assistente é de 0,31 pontos nos exames. Para cada série, a hipótese nula de que turmas pequenas não fornecem nenhuma melhora é rejeitada ao nível de significância (bicaudal) de 1 por cento. Contudo, não é possível rejeitar a hipótese nula de que ter uma assistente em uma turma média não fornece nenhuma melhora em relação a não ter uma assistente, exceto na primeira série. As magnitudes estimadas das melhoras em turmas pequenas são, em termos gerais, semelhantes na pré-escola, 2ª e 3ª séries, embora a estimativa seja maior na primeira série.

Os estimadores de diferenças na Tabela 11.1 sugerem que a redução no tamanho das turmas tem um efeito sobre o desempenho nos exames, porém a inclusão de uma assistente em uma turma média tem um efeito muito pequeno, possivelmente igual a zero. Conforme discutido na Seção 11.3, ampliar as regressões na Tabela 11.1 com regressores adicionais (os regressores W na Equação (11.2)) pode fornecer estimativas mais eficientes do efeito causal. Além disso, se o tratamento recebido não é aleatório em virtude de falhas em seguir o protocolo do tratamento, as estimativas dos efeitos experimentais baseadas nas regressões com regressores adicionais poderiam diferir dos estimadores de diferenças apresentados na Tabela 11.1. Por esses dois motivos, as estimativas dos efeitos experimentais em que regressores adicionais são incluídos na Equação (11.6) são apresentadas para a pré-escola na Tabela 11.2; a primeira coluna da Tabela 11.2 repete os resultados da primeira coluna (para pré-escola) da Tabela 11.1 e as três colunas restantes incluem regressores adicionais que medem as características do professor, da escola e do aluno.

TABELA 11.1 Projeto STAR: Estimativas de Diferenças do Efeito do Grupo de Tratamento Tamanho da Turma sobre a Pontuação nos Exames Padronizados

	Série			
Regressor	**Pré**	**1ª**	**2ª**	**3ª**
Turma pequena	13,90** (2,45)	29,78** (2,83)	19,39** (2,71)	15,59** (2,40)
Turma média com assistente	0,31 (2,27)	11,96** (2,65)	3,48 (2,54)	−0,29 (2,27)
Intercepto	918,04** (1,63)	1.039,39** (1,78)	1.157,81** (1,82)	1.228,51** (1,68)
Número de observações	5,786	6.379	6.049	5.967

As regressões foram estimadas utilizando a Base de Dados com Acesso Público do Projeto STAR, descrita no Apêndice 11.1. A variável dependente é a pontuação combinada do aluno nas partes de matemática e leitura do SAT (Stanford Achievement Test). Os erros padrão estão entre parênteses sob os coeficientes. **O coeficiente individual é estatisticamente significante ao nível de significância de 1 por cento utilizando um teste bicaudal.

A principal conclusão da Tabela 11.2 é que as estimativas de regressão múltipla dos efeitos causais dos dois tratamentos (turma pequena e turma média com assistente) nas três últimas colunas da Tabela 11.2 são semelhantes às estimativas de diferenças apresentadas na primeira coluna. O fato de que a inclusão desses regressores observáveis não altera os efeitos causais estimados dos tratamentos diferentes torna mais plausível o fato de que a atribuição aleatória a turmas menores também não depende de variáveis não observadas. Como esperado, esses regressores adicionais aumentam o $\overline{R}^2$ da regressão, e o erro padrão do efeito estimado do tamanho das turmas diminui de 2,45 na coluna (1) para 2,16 na coluna (4).

Como as professoras foram atribuídas aleatoriamente aos tipos de turmas em uma escola, o experimento também fornece uma oportunidade para estimar o efeito da experiência do professor sobre a pontuação nos exames. As professoras não foram, contudo, atribuídas aleatoriamente entre as escolas participantes, e algumas escolas tiveram professoras mais experientes do que outras. Portanto, a experiência da professora poderia estar correlacionada com o termo de erro, como estaria se as professoras mais experientes trabalhassem em escolas com mais recursos e com pontuação média nos exames mais alta. Assim, para estimar o efeito da experiência do professor sobre a pontuação nos exames, precisamos controlar as outras características da escola, o que é realizado por meio de um conjunto completo de variáveis indicadores para cada escola ("efeitos da escola"), isto é, variáveis indicadores representando a escola que o aluno freqüentou. Como as professoras são atribuídas aleatoriamente dentro de uma escola, a média condicional de u_i dada a escola não depende do tratamento; na terminologia do Apêndice 11.3, em virtude da atribuição aleatória dentro de uma escola, a hipótese de independência da média condicional é válida, onde os regressores W adicionais são os efeitos da escola. Quando esses efeitos são incluídos, a estimativa do efeito da experiência cai pela metade, de 1,47 na coluna (2) para 0,74 na coluna (3). Mesmo assim, a estimativa na coluna (3) permanece estatisticamente significante e moderadamente grande; dez anos de experiência correspondem a um aumento previsto de 7,4 pontos na pontuação nos exames.

É tentador interpretar alguns dos outros coeficientes na Tabela 11.2. Por exemplo, na pré-escola, o desempenho dos meninos é inferior ao das meninas nesses exames padronizados. Mas as características individuais do aluno *não* são atribuídas aleatoriamente (o sexo do aluno que faz os exames não é atribuído aleatoriamente!), por isso esses regressores adicionais poderiam estar correlacionados com variáveis omitidas. Por exemplo, se a raça ou o direito a um almoço gratuito estivessem correlacionados com as oportunidades reduzidas de aprendizado fora da escola (que é omitida das regressões da Tabela 11.2), seus coeficientes estimados refletiriam essas influências omitidas. Conforme discutido na Seção 11.2, se o tratamento é atribuído aleatoriamente, então o estimador de seu coeficiente é consistente, estejam ou não os outros regressores correlacionados com o termo de erro; porém, se os regressores adicionais estiverem correlacionados com o termo de erro, então os estimadores dos coeficientes terão um viés de omissão de variáveis.

TABELA 11.2 Projeto STAR: Estimativas de Diferenças com Regressores Adicionais para a Pré-Escola

Regressor	(1)	(2)	(3)	(4)
Turma pequena	13,90** (2,45)	14,00** (2,45)	15,93** (2,24)	15,89** (2,16)
Turma média com assistente	0,31 (2,27)	−0,60 (2,25)	1,22 (2,04)	1,79 (1,96)
Anos de experiência do professor		1,47** (0,17)	0,74** (0,17)	0,66** (0,17)
Menino				−12,09** (1,67)
Com direito a almoço gratuito				−34,70** (1,99)
Negro				−25,43** (3,50)
Outra raça que não negra ou branca				−8,50 (12,52)
Intercepto	918,04** (1,63)	904,72** (2,22)		
Variáveis indicadores de escola?	não	não	sim	sim
$\overline{R}^2$	0,01	0,02	0,22	0,28
Número de observações	5,786	5,766	5,766	5,748

As regressões foram estimadas utilizando a Base de Dados com Acesso Público do Projeto STAR, descrita no Apêndice 11.1. A variável dependente é a pontuação combinada nas partes de matemática e leitura do SAT (Stanford Achievement Test). O número de observações difere nas regressões diferentes em virtude dos dados inexistentes. Os erros padrão estão entre parênteses sob os coeficientes. O coeficiente individual é estatisticamente significante ao nível de significância de *5 por cento ou **1 por cento utilizando um teste bicaudal.

Interpretando os efeitos estimados do tamanho das turmas. Em termos práticos, os efeitos estimados do tamanho das turmas apresentados nas tabelas 11.1 e 11.2 são grandes ou pequenos? Há dois modos de responder: primeiro, pela tradução das variações estimadas na pontuação bruta nos exames para unidades de desvio padrão da pontuação nos exames, de modo que as estimativas da Tabela 11.1 sejam comparáveis entre séries; segundo, comparando o efeito estimado do tamanho das turmas aos outros coeficientes da Tabela 11.2.

Como a distribuição da pontuação nos exames difere para cada série, os efeitos estimados na Tabela 11.1 não são diretamente comparáveis entre séries. Enfrentamos esse problema na Seção 7.3, quando quisemos comparar o efeito sobre a pontuação nos exames de uma redução na razão aluno-professor estimada utilizando dados da Califórnia com a estimativa baseada em dados de Massachusetts. Como os dois exames eram diferentes, os coeficientes não poderiam ser comparados diretamente. A solução na Seção 7.3 foi traduzir os efeitos estimados em unidades de desvio padrão dos exames, de modo que uma redução unitária na razão aluno-professor corresponda à variação em uma fração estimada de um desvio padrão da pontuação nos exames. Adotamos esse enfoque aqui para que os efeitos estimados na Tabela 11.1 possam ser comparados entre séries. Por exemplo, o desvio padrão da pontuação nos exames para crianças na pré-escola é de 73,7, portanto o efeito de estar em uma turma pequena na pré-escola, com base na estimativa da Tabela 11.1, é de 13,9/73,7 = 0,19, com um erro padrão de 2,45/73,7 = 0,03. Os efeitos estimados do tamanho das turmas da Tabela 11.1, convertidos em unidades de desvio padrão da pontuação nos exames entre alunos, estão resumidos na Tabela 11.3. Expresso em unidades de desvio padrão, o efeito estimado de estar em uma turma pequena é semelhante para pré-escola, segunda e terceira séries e é aproximadamente um quinto de um desvio padrão da pontuação nos exames. De forma semelhante, o resultado de estar em uma turma média com uma assistente é aproximadamente igual a zero para pré-escola, segunda e terceira séries. Os efeitos estimados do tratamento são maiores para a primeira série;

contudo, a diferença estimada entre a turma pequena e a turma média com uma assistente é de 0,20 para a primeira série, igual à das outras séries. Portanto, uma interpretação dos resultados da primeira série é a de que calhou de os alunos do grupo de controle — a turma média sem assistente — terem um desempenho fraco nos exames daquele ano por algum motivo incomum, talvez simplesmente por uma variação na amostragem aleatória.

Outra forma de medir a magnitude do efeito estimado de estar em uma turma pequena é comparar os efeitos estimados do tratamento aos outros coeficientes na Tabela 11.2. Na pré-escola, o efeito estimado de estar em uma turma pequena é de 13,9 pontos nos exames (primeira linha da Tabela 11.2). Mantendo constantes a raça, os anos de experiência da professora, o direito a almoço gratuito e o grupo de tratamento, a pontuação dos meninos nos exames padronizados é mais baixa do que a das meninas em aproximadamente 12 pontos, segundo as estimativas da coluna (4) da Tabela 11.2. Desse modo, o efeito estimado de estar em uma turma pequena é um tanto maior do que a diferença de desempenho entre meninas e meninos. Fazendo outra comparação, o coeficiente estimado dos anos de experiência da professora na coluna (4) é 0,66, de modo que se estima que ter uma professora com 20 anos de experiência melhore o desempenho nos exames em 13 pontos. Portanto, o efeito estimado de estar em uma turma pequena é aproximadamente igual ao efeito de ter uma veterana de 20 anos como professora, em relação a ter uma professora iniciante. Essas comparações sugerem que o efeito estimado de estar em uma turma pequena é substancial.

Resultados adicionais. Econometristas, estatísticos e especialistas em educação fundamental estudaram vários aspectos deste experimento, e resumimos brevemente alguns de seus resultados aqui. Um desses resultados revela que o efeito de uma turma pequena está concentrado nas séries iniciais. Isso pode ser visto na Tabela 11.3; exceto pelos resultados irregulares na primeira série, a diferença da pontuação nos exames entre turmas médias e pequenas apresentadas na Tabela 11.3 é essencialmente constante ao longo das séries (0,19 unidades de desvio padrão na pré-escola, 0,23 na segunda série e 0,21 na terceira série). Como as crianças inicialmente atribuídas a uma turma pequena permaneceram nela, isso significa que permanecer em uma turma pequena não resultou em ganhos adicionais. Em vez disso, os ganhos obtidos pela atribuição inicial foram conservados nas séries mais altas, porém a diferença entre os grupos de tratamento e de controle não aumentou. Outro resultado mostra que, conforme indicado na segunda linha da Tabela 11.3, esse experimento mostra o pequeno benefício de se ter uma assistente em uma sala de aula de tamanho médio. Uma preocupação potencial sobre a interpretação dos resultados do experimento é o fracasso de alguns alunos em seguir o protocolo do tratamento (alguns alunos saíram das turmas pequenas). Se a colocação inicial em uma sala de aula da pré-escola é aleatória e não tem efeito direto sobre a pontuação nos exames, pode ser utilizada como uma variável instrumental que influencia em parte, mas não totalmente, a colocação. Essa estratégia foi seguida por Krueger (1999), que utilizou mínimos quadrados em dois estágios (MQ2E) para estimar o efeito do tamanho das turmas sobre a pontuação nos exames utilizando a

TABELA 11.3 Efeitos Estimados do Tamanho das Turmas em Unidades de Desvio Padrão da Pontuação nos Exames entre Alunos

	Série			
Grupo de Tratamento	**Pré**	**1ª**	**2ª**	**3ª**
Turma pequena	0,19** (0,03)	0,33** (0,03)	0,23** (0,03)	0,21** (0,03)
Turma média com assistente	0,00 (0,03)	0,13** (0,03)	0,04 (0,03)	0,00 (0,03)
Desvio padrão da amostra da pontuação nos exames (s_Y)	73,70	91,30	84,10	73,30

As estimativas e os erros padrão nas primeiras duas linhas são os efeitos estimados na Tabela 11.1, divididos pelo desvio padrão da amostra do SAT (Stanford Achievement Test) para essa série (a última linha dessa tabela), calculada utilizando dados sobre alunos no experimento. Os erros padrão estão entre parênteses sob os coeficientes. **O coeficiente individual é estatisticamente significante ao nível de significância de 1 por cento utilizando um teste bicaudal.

colocação inicial em sala de aula como variável instrumental; ele descobriu que as estimativas de MQ2E e de MQO eram semelhantes, o que o levou a concluir que os desvios do protocolo experimental não introduziam um viés substancial nos estimadores de MQO.[2]

Comparação entre as Estimativas Observacionais e Experimentais dos Efeitos do Tamanho das Turmas

Na Parte 2, apresentamos estimativas de regressão múltipla do efeito do tamanho das turmas com base nos dados observacionais das diretorias regionais de ensino da Califórnia e de Massachusetts. Nesses dados, o tamanho da turma *não* foi atribuído aleatoriamente, mas sim determinado pelas autoridades de ensino locais que buscavam um equilíbrio entre os objetivos pedagógicos e a realidade orçamentária. Como essas estimativas observacionais podem ser comparadas com as estimativas experimentais do Projeto STAR?

Para comparar as estimativas da Califórnia e de Massachusetts com aquelas da Tabela 11.3, é necessário avaliar a mesma redução no tamanho das turmas e expressar o efeito previsto em unidades de desvio padrão da pontuação nos exames. Ao longo dos quatro anos do experimento STAR, as turmas pequenas tiveram, em média, aproximadamente 7,5 alunos a menos do que as turmas grandes, de modo que utilizamos as estimativas observacionais para prever o efeito de uma redução de 7,5 alunos por turma sobre a pontuação nos exames. Com base nas estimativas de MQO para as especificações lineares resumidas na primeira coluna da Tabela 7.3, as estimativas da Califórnia prevêem um aumento de 5,5 pontos nos exames para uma redução de 7,5 alunos na razão aluno-professor ($0{,}73 \times 7{,}5 \cong 5{,}5$ pontos). O desvio padrão dos exames entre alunos na Califórnia é de aproximadamente 38 pontos, de modo que o efeito estimado da redução de 7,5 alunos, expresso em unidades de desvio padrão entre alunos, é de $5{,}5/38 \cong 0{,}14$ desvio padrão.[3] O erro padrão do coeficiente de declividade estimado para a Califórnia é de 0,26 (veja a Tabela 7.3), de modo que o erro padrão do efeito estimado de uma redução de 7,5 alunos em unidades de desvio padrão é de $0{,}26 \times 7{,}5/38 \cong 0{,}05$. Portanto, com base nos dados da Califórnia, o efeito estimado de uma redução nas turmas de 7,5 alunos, expresso em unidades de desvio padrão da pontuação nos exames entre alunos, é de 0,14 desvio padrão, com um erro padrão de 0,05. Esses cálculos, e cálculos semelhantes para Massachusetts, estão resumidos na Tabela 11.4, juntamente com as estimativas do STAR para a pré-escola extraídas da coluna (1) da Tabela 11.2.

Os efeitos estimados a partir dos estudos observacionais da Califórnia e de Massachusetts são um tanto menores do que as estimativas do STAR. Um motivo da diferença entre estimativas de estudos diferentes é, contudo, a variabilidade da amostragem aleatória, e por isso faz sentido comparar os intervalos de confiança para os efeitos estimados dos três estudos. Com base nos dados do STAR para a pré-escola, o intervalo de confiança de 95 por cento para o efeito de estar em uma turma pequena (apresentado na última coluna da Tabela 11.4) é de 0,13 a 0,25. O intervalo de confiança comparável de 95 por cento com base nos dados observacionais da Califórnia é de 0,04 a 0,24, e para Massachusetts é de 0,02 a 0,22. Portanto, os intervalos de confiança de 95 por cento a partir dos estudos da Califórnia e de Massachusetts contêm a maioria do intervalo de confiança de 95 por cento dos dados de pré-escola do STAR. Vistos dessa forma, os três estudos produzem em geral intervalos de estimativas semelhantes.

Há muitos motivos pelos quais as estimativas experimentais e observacionais podem diferir. Um motivo é que, conforme discutido na Seção 7.3, existem ameaças remanescentes à validade interna dos estudos observacionais. Por exemplo, como as crianças mudam constantemente de diretoria, a razão aluno-professor na diretoria pode não refletir a razão aluno-professor efetivamente experimentada pelos alunos, de modo que o coeficiente da razão aluno-professor nos estudos de Massachusetts e da Califórnia poderia ser viesado rumo a zero em vir-

[2] Para leituras adicionais sobre o projeto STAR, veja Mosteller (1995), Mosteller, Light e Sachs (1996) e Krueger (1999). Ehrenberg, Brewer, Gamoran e Willms (2001a, 2001b) discutem o Projeto STAR e o posicionam no contexto do debate da política sobre tamanho das turmas e pesquisa relacionada ao tema. Para algumas críticas ao Projeto STAR, veja Hanushek (1999a); para uma visão crítica da relação entre tamanho da turma e desempenho em geral, veja Hanushek (1999b).

[3] Na Tabela 7.3, os efeitos estimados são apresentados em termos do desvio padrão da pontuação nos exames entre *diretorias*; na Tabela 11.3, os efeitos estimados são em termos do desvio padrão da pontuação nos exames entre *alunos*. O desvio padrão entre alunos é maior do que o desvio padrão entre diretorias. Para a Califórnia, o desvio padrão entre alunos é de 38, mas entre diretorias é de 19,1.

TABELA 11.4 Efeitos Estimados de uma Redução na Razão Aluno-Professor de 7,5 Baseada nos Dados do STAR e nos Dados Observacionais da Califórnia e de Massachusetts

Estudo	$\hat{\beta}_1$	Variação na Razão Aluno-Professor	Desvio Padrão da Pontuação nos Exames entre Alunos	Efeito Estimado	Intervalo de Confiança de 95%
STAR (pré-escola)	−13,90** (2,45)	Turma pequena *versus* turma média	73,8	0,19** (0,03)	(0,13, 0,25)
Califórnia	−0,73** (0,26)	−7,5	38,0	0,14** (0,05)	(0,04, 0,24)
Massachusetts	−0,64* (0,27)	−7,5	39,0	0,12* (0,05)	(0,02, 0,22)

O coeficiente estimado $\hat{\beta}_1$ para o estudo STAR foi extraído da coluna (1) da Tabela 11.2. Os coeficientes estimados para os estudos da Califórnia e de Massachusetts foram extraídos da primeira coluna da Tabela 7.3. O efeito estimado é o efeito de estar em uma turma pequena *versus* estar em uma turma média (para o STAR), ou o efeito da redução na razão aluno-professor de 7,5 (para os estudos da Califórnia e de Massachusetts). O intervalo de confiança de 95 por cento para a redução na razão aluno-professor é esse efeito estimado ±1,96 erro padrão. Os erros padrão estão entre parênteses sob os efeitos estimados. Os efeitos estimados são, em termos estatísticos, significativamente diferentes de zero ao nível de significância de *5 por cento ou de **1 por cento utilizando um teste bicaudal.

tude de um viés de erros nas variáveis. Outros motivos dizem respeito à validade externa. A razão aluno-professor média da diretoria utilizada nos estudos observacionais não é a mesma coisa que o número efetivo de crianças na turma, a variável experimental STAR. O Projeto STAR em um Estado do Sul dos Estados Unidos na década de 1980 era potencialmente diferente do projeto STAR na Califórnia e em Massachusetts em 1998, e as séries comparadas diferem (da pré-escola à terceira série no STAR, quarta série em Massachusetts, quinta série na Califórnia). À luz dos motivos que temos para esperar estimativas diferentes, os resultados dos três estudos são notavelmente semelhantes. O fato de que os estudos observacionais são semelhantes às estimativas do Projeto STAR sugere que as ameaças remanescentes à validade interna das estimativas observacionais são menores.

11.5 Quase-Experimentos

Os experimentos controlados aleatórios verdadeiros podem ser caros — o experimento STAR custou US$ 12 milhões — e freqüentemente levantam preocupações éticas. Em medicina, seria antiético determinar o efeito do tabagismo sobre a longevidade atribuindo aleatoriamente indivíduos a um grupo de tratamento de fumantes e a um grupo de controle de não-fumantes; em economia, seria antiético estimar a elasticidade da demanda por cigarros entre adolescentes pela venda de cigarros subsidiados a alunos do ensino médio selecionados aleatoriamente. Os experimentos controlados aleatórios verdadeiros são raros em economia por motivos éticos, práticos e financeiros.

No entanto, as percepções estatísticas e os métodos estatísticos de experimentos controlados aleatórios podem ser transportados para cenários não experimentais. Em um **quase-experimento**, também chamado de **experimento natural**, a aleatoriedade é introduzida por variações em circunstâncias individuais que fazem parecer *como se* o tratamento fosse atribuído aleatoriamente. Essas variações em circunstâncias individuais podem surgir em virtude de imprevisibilidades nas instituições legais, localização, coordenação da implementação de políticas ou programas, aleatoriedade natural tal como data de nascimento, chuvas ou outros fatores não relacionados ao efeito causal em estudo.

Há dois tipos de quase-experimentos. No primeiro, se um indivíduo (ou, de modo mais geral, uma entidade) recebe ou não um tratamento é visto como se isso fosse determinado aleatoriamente. Nesse caso, o efeito causal pode ser estimado por MQO utilizando o tratamento, X_i, como regressor.

No segundo tipo de quase-experimento, a variação aleatória "como se" é somente um determinante parcial do tratamento. Na Seção 11.3, discutimos como, em um experimento, a atribuição aleatória pode ser utilizada como uma variável instrumental quando influencia o tratamento efetivamente recebido. De forma semelhante, em um quase-experimento, a variação aleatória "como se" às vezes fornece uma variável instrumental

(Z_i) que influencia o tratamento efetivamente recebido (X_i). Assim, o efeito causal é estimado por regressão de variáveis instrumentais, em que a fonte de variação aleatória "como se" fornece a variável instrumental.

Exemplos

Ilustremos os dois tipos de quase-experimentos com exemplos. O primeiro exemplo é um quase-experimento em que o tratamento é "como se" fosse determinado aleatoriamente. O segundo e o terceiro exemplos ilustram quase-experimentos em que a variação aleatória "como se" influencia, mas não determina inteiramente o nível de tratamento.

Exemplo nº 1: Efeitos da imigração sobre o mercado de trabalho. A imigração reduz os salários? A teoria econômica sugere que, se a oferta de trabalho aumenta em virtude de um afluxo de imigrantes, o "preço" do trabalho — o salário — deveria cair. Contudo, mantendo tudo o mais constante, os imigrantes são atraídos por cidades com grande demanda por trabalho, de modo que o estimador de MQO do efeito da imigração sobre os salários será viesado. Um experimento controlado aleatório ideal realizado para estimar o efeito da imigração sobre os salários atribuiria aleatoriamente números diferentes de imigrantes ("tratamentos" diferentes) para mercados de trabalho ("entidades") diferentes e mediria o efeito sobre os salários (o "resultado"). Tal experimento, contudo, enfrenta graves problemas práticos, financeiros e éticos.

O pesquisador de economia do trabalho David Card (1990) utilizou, portanto, um quase-experimento em que um grande número de imigrantes cubanos ingressou no mercado de trabalho de Miami, na Flórida, durante o episódio do "transporte por barco a partir de Mariel" ("*Mariel boatlift*"),* que resultou de uma suspensão temporária das restrições de emigração de Cuba em 1980. Metade dos imigrantes estabeleceu-se em Miami, em parte porque a cidade já possuía uma grande comunidade cubana. Card utilizou o estimador de diferenças-em-diferenças para estimar o efeito causal de um aumento da imigração comparando a variação nos salários dos trabalhadores com baixa qualificação em Miami com a variação nos salários de trabalhadores semelhantes em outras cidades dos Estados Unidos comparáveis durante o mesmo período. Ele concluiu que esse afluxo de imigrantes teve um efeito insignificante sobre os salários de trabalhadores menos qualificados.

Exemplo nº 2: Efeitos do serviço militar sobre o salário civil. O serviço no exército melhora sua perspectiva no mercado de trabalho? O exército fornece um treinamento que os futuros empregadores podem considerar atraente. Contudo, uma regressão de MQO do salário civil individual contra o serviço militar anterior poderia produzir um estimador viesado do efeito do serviço militar sobre o salário civil pelo fato de o serviço militar nos Estados Unidos ser determinado, ao menos em parte, por escolhas e características individuais. Por exemplo, o exército aceita apenas candidatos que preencham requisitos físicos mínimos, e a falta de sucesso no mercado de trabalho do setor privado pode tornar mais provável o alistamento de um indivíduo no exército.**

Para contornar esse viés de seleção, Joshua Angrist (1990) utilizou um projeto de quase-experimento em que examinou histórias do mercado de trabalho daqueles que se alistaram no exército dos Estados Unidos durante a Guerra do Vietnã. Durante esse período, a convocação de um jovem para o exército foi determinada em parte por um sistema de loteria nacional baseado em datas de nascimento: homens aos quais foram atribuídos aleatoriamente números de loteria baixos tinham chance de ser convocados, enquanto aqueles com números elevados, não. O ingresso efetivo no exército foi determinado por regras complicadas — incluindo exames médicos e algumas dispensas — e alguns jovens voluntários, de modo que o serviço militar era influenciado apenas parcialmente pela chance de ser convocado. Portanto, ter a chance de ser convocado serve como uma variável instrumental que determina parcialmente o serviço militar, mas que é atribuída aleatoriamente. Nesse caso, houve uma atribuição aleatória verdadeira da chance de ser convocado por meio da loteria, porém, como a aleatoriedade não fazia parte de um experimento para avaliar o efeito do serviço militar, trata-se de um quase-experimento.

---

* O episódio conhecido como "transporte por barco a partir de Mariel" ("*Mariel boatlift*") consistiu na autorização por Fidel Castro do atracamento de barcos da Flórida no porto cubano de Mariel em 1980, com a finalidade de transportar aos Estados Unidos parentes e amigos, os quais, em busca da liberdade, haviam invadido a embaixada do Peru aproveitando um relaxamento da segurança cubana (N. do R.T.).

** O serviço militar nos Estados Unidos é opcional, ao contrário do que ocorre no Brasil, daí a justificativa para os argumentos utilizados (N. do R.T.).

Angrist concluiu que o efeito de longo prazo do serviço militar era a redução do salário dos veteranos brancos, mas não dos veteranos de outras raças.

Exemplo nº 3: Efeito do cateterismo cardíaco. Na Seção 10.5, descrevemos o estudo feito por McClellan, McNeil e Newhouse (1994), em que eles utilizaram como variável instrumental para o tratamento efetivo por meio de cateterismo cardíaco a distância da residência de um paciente que teve um ataque cardíaco a um hospital que realiza cateterismo cardíaco, em relação à distância a um hospital sem instalações para realizar o cateterismo. Esse estudo é um quase-experimento com uma variável que determina parcialmente o tratamento. O tratamento propriamente dito, cateterismo cardíaco, é determinado por características pessoais do paciente e pela decisão conjunta do paciente e do médico; contudo, também é influenciado pela capacidade de um hospital próximo de fazer esse procedimento. Se a localização do paciente é "como se" fosse atribuída aleatoriamente e não tem efeito direto sobre os prognósticos, exceto por seu efeito sobre a probabilidade do cateterismo, a distância relativa a um hospital que realiza cateterismo é uma variável instrumental válida.

Outros exemplos. A estratégia de pesquisa por quase-experimentos tem sido aplicada também em outras áreas. Garvey e Hanka (1999) utilizaram diferenças nas leis estaduais dos Estados Unidos para examinar o efeito das leis contrárias à aquisição de controle acionário sobre a estrutura financeira das empresas (por exemplo, a utilização do endividamento pelas empresas). Meyer, Viscusi e Durbin (1995) utilizaram grandes mudanças discretas na generosidade dos benefícios do seguro-desemprego em Kentucky e Michigan, as quais afetaram de forma diferenciada os trabalhadores com altos salários, e não aqueles com baixos salários, para estimar o efeito de uma mudança nos benefícios dos desempregados sobre o tempo de desemprego. As resenhas de Meyer (1995), de Rosenzweig e Wolpin (2000) e de Angrist e Krueger (2001) oferecem outros exemplos de quase-experimentos nas áreas de economia e política social.

Métodos Econométricos para a Análise de Quase-Experimentos

Os métodos econométricos para a análise de quase-experimentos são em grande parte iguais àqueles expostos na Seção 11.3 para a análise de experimentos verdadeiros. Se o nível de tratamento X é "como se" fosse determinado aleatoriamente, o estimador de MQO do coeficiente de X é um estimador não viesado do efeito causal. Se o nível tratamento é apenas parcialmente aleatório mas é influenciado por uma variável Z que é "como se" fosse atribuída aleatoriamente, o efeito causal pode ser estimado pela regressão de variáveis instrumentais utilizando Z como um instrumento.

Como os quase-experimentos normalmente não possuem aleatoriedade verdadeira, pode haver diferenças sistemáticas entre os grupos de tratamento e de controle. Se for esse o caso, é importante incluir medidas observáveis de características pré-tratamento dos indivíduos na regressão (os Ws nas regressões da Seção 11.3). Conforme discutido na Seção 11.3, a inclusão de regressores W que são endógenos (que são resultados do tratamento) geralmente resulta em um estimador inconsistente do efeito causal.

Os dados em quase-experimentos normalmente são coletados por motivos alheios ao estudo em particular, de modo que os dados de painel dos "indivíduos" do quase-experimento às vezes não estão disponíveis (uma exceção é discutida no quadro sobre o salário mínimo). Se for esse o caso, uma forma de prosseguir é utilizar uma série de dados de corte reunidos ao longo do tempo e modificar os métodos da Seção 11.3 para dados de corte repetidos.

Diferenças-em-diferenças utilizando dados de corte repetidos. Uma base de **dados de corte repetidos** é uma reunião de bases de dados de corte, em que cada uma delas corresponde a um período de tempo diferente. Por exemplo, a base de dados pode conter observações de 400 indivíduos no ano de 2001 e de 500 indivíduos em 2002, em um total de 900 indivíduos diferentes. Um exemplo de dados de corte repetidos são os dados de pesquisa eleitoral, em que as preferências políticas são medidas por uma série de pesquisas com eleitores potenciais selecionados aleatoriamente, em que as pesquisas são feitas em datas diferentes e cada uma com diferentes entrevistados.

Qual é o Efeito do Salário Mínimo sobre o Emprego?

Quanto produz de redução na demanda por trabalhadores com baixa qualificação um aumento no salário mínimo? A teoria econômica diz que a demanda cai quando o preço aumenta, mas exatamente quanto é uma questão empírica. Como os preços e as quantidades são determinados por oferta e demanda, o estimador de MQO em uma regressão de emprego contra salários possui um viés de causalidade simultânea. Hipoteticamente, um experimento controlado aleatório pode atribuir aleatoriamente salários mínimos diferentes a empregadores diferentes e então comparar as variações no emprego (resultados) nos grupos de tratamento e de controle. Mas como esse experimento hipotético poderia ser feito na prática?

Os pesquisadores de economia do trabalho David Card e Alan Krueger (1994) decidiram conduzir tal experimento, mas deixar a "natureza" — ou, mais precisamente, a geografia — fazer a aleatoriedade para eles. Em 1992, o salário mínimo em Nova Jersey subiu de US$ 4,25 para US$ 5,05 por hora, enquanto o salário mínimo no Estado vizinho, Pensilvânia, permaneceu constante. Nesse experimento, o "tratamento" do aumento do salário mínimo — estar localizado em Nova Jersey ou na Pensilvânia — é visto "como se" fosse atribuído aleatoriamente no sentido de que estar sujeito ao aumento do salário supostamente não está correlacionado com os outros determinantes das variações no emprego ao longo desse período. Card e Krueger reuniram dados sobre o emprego em restaurantes *fast food* antes e depois do aumento de salário nos dois estados. Quando calcularam o estimador de diferenças-em-diferenças, encontraram um resultado surpreendente: não havia evidência de uma redução no emprego nos restaurantes *fast food* de Nova Jersey relativamente aos da Pensilvânia. Na verdade, algumas de suas estimativas efetivamente sugerem que o emprego *aumentou* nos restaurantes de Nova Jersey após a elevação do salário mínimo em relação à Pensilvânia!

Esse resultado entra em conflito com a teoria microeconômica básica e tem sido bastante controverso. Uma análise posterior, que utiliza uma fonte diferente de dados sobre emprego, sugere que pode ter havido uma pequena queda no emprego em Nova Jersey após o aumento do salário, mas mesmo assim a curva de demanda por trabalho estimada é muito inelástica (Neumark e Wascher, 2000). Embora a elasticidade-salário exata nesse quase-experimento seja uma questão polêmica, o efeito de um aumento no salário mínimo sobre o emprego parece ser menor do que muitos economistas imaginaram anteriormente.

A premissa de utilizar dados de corte repetidos é de que, se os indivíduos (de modo mais geral, as entidades) são selecionados aleatoriamente da mesma população, os indivíduos do corte anterior podem ser utilizados como substitutos para os indivíduos dos grupos de tratamento e de controle do corte posterior. Por exemplo, suponha que, em virtude de um aumento de verbas sem qualquer relação com o mercado de trabalho local, um programa de treinamento profissional tenha sido expandido na região sul da Califórnia, mas não na região norte. Suponha que você tenha dados de pesquisa referentes a dois cortes selecionados aleatoriamente de californianos adultos, com uma pesquisa feita antes do programa de treinamento expandido e outra feita depois. Então, o "grupo de tratamento" seria de californianos do sul e o "grupo de controle" seria de californianos do norte. Você não tem dados de californianos do sul efetivamente tratados antes do tratamento (porque você não tem dados de painel), mas tem dados de californianos do sul, que são estatisticamente semelhantes àqueles que foram tratados. Portanto, pode utilizar os dados de corte de californianos do sul no primeiro período como um substituto para as observações pré-tratamento do grupo de tratamento e os dados de corte de californianos do norte como um substituto para as observações pré-tratamento do grupo de controle.

Quando há dois períodos de tempo, o modelo de regressão para dados de corte repetidos é

$$Y_{it} = \beta_0 + \beta_1 X_{it} + \beta_2 G_i + \beta_3 D_t + \beta_4 W_{1it} + \cdots + \beta_{3+r} W_{rit} + u_{it} \tag{11.7}$$

onde X_{it} é o tratamento efetivo do i-ésimo indivíduo (entidade) do corte no período t (t = 1, 2), D_t é o indicador binário que é igual a zero no primeiro período e igual a um no segundo período e G_i é uma variável binária que indica se o indivíduo está no grupo de tratamento (ou no grupo de tratamento substituto, se a observação está no período pré-tratamento). O i-ésimo indivíduo recebe tratamento se ele estiver no grupo de tratamento no segundo período; então, na Equação (11.7), $X_{it} = G_i \times D_t$, isto é, X_{it} é a interação entre G_i e D_t.

Se o quase-experimento torna X_{it} "como se" recebido aleatoriamente, o efeito causal pode ser estimado pelo estimador de MQO de β_1 na Equação (11.7). Se houver mais de dois períodos de tempo, a Equação (11.7) é modificada para conter $T - 1$ variáveis binárias indicando os diferentes períodos de tempo (veja o Apêndice 11.2).

Se o quase-experimento torna X_{it} apenas parcialmente recebido com aleatoriedade, em geral X_{it} está correlacionado com u_{it} e o estimador de MQO é viesado e inconsistente. Nesse caso, a fonte de aleatoriedade no quase-experimento toma a forma da variável instrumental Z_{it}, que influencia parcialmente o nível de tratamento e é "como se" fosse atribuída aleatoriamente. Como de costume, para que Z_{it} seja uma variável instrumental válida, ela deve ser relevante (isto é, deve estar relacionada ao tratamento efetivo X_{it}) e exógena.

11.6 Problemas Potenciais com Quase-Experimentos

Assim como todos os estudos empíricos, os quase-experimentos se defrontam com ameaças à validade interna e à validade externa. Uma ameaça potencial particularmente importante para a validade interna é a possibilidade de a aleatoriedade "como se" não ser tratada de forma confiável como uma aleatoriedade verdadeira.

Ameaças à Validade Interna

As ameaças à validade interna de experimentos controlados aleatórios verdadeiros enumerados na Seção 11.2 também se aplicam a quase-experimentos, mas com algumas modificações.

Falha na aleatoriedade. Os quase-experimentos se apóiam nas diferenças entre circunstâncias individuais — mudanças legais, acontecimentos repentinos não relacionados e assim por diante — para fornecer a aleatoriedade "como se" no nível de tratamento. Se a aleatoriedade "como se" falha em produzir um nível de tratamento X (ou uma variável instrumental Z) que seja aleatório, o estimador de MQO é viesado (ou o estimador da variável instrumental não é consistente).

Como em um experimento verdadeiro, uma forma de testar a falha na aleatoriedade é verificar a existência de diferenças sistemáticas entre os grupos de tratamento e de controle; isso pode ser feito, por exemplo, regredindo X (ou Z) sobre as características individuais (os Ws) e testando a hipótese de que os coeficientes dos Ws são iguais a zero. Se existem diferenças que não são prontamente explicadas pela natureza do quase-experimento, isso é uma evidência de que ele não produziu uma aleatoriedade verdadeira. Mesmo que não haja nenhuma relação entre X (ou Z) e os Ws, X (ou Z) pode estar relacionado a alguns dos fatores não observados do termo de erro u. Como esses fatores não são observados, isso não pode ser testado, e a validade da hipótese de aleatoriedade "como se" deve ser avaliada utilizando conhecimento especializado e julgamento na aplicação em questão.

Falha em seguir o protocolo do tratamento. Em um experimento verdadeiro, a falha em seguir o protocolo do tratamento surge quando os membros do grupo de tratamento deixam de recebê-lo e/ou os membros do grupo de controle efetivamente o recebem; conseqüentemente, o estimador de MQO do efeito causal possui viés de seleção. O equivalente a isso em um quase-experimento ocorre quando a aleatoriedade "como se" influencia, mas não determina, o nível de tratamento. Nesse caso, o estimador de variáveis instrumentais baseado na influência quase-experimental Z pode ser consistente mesmo que o estimador de MQO não o seja.

Atrito. O atrito em um quase-experimento é semelhante ao atrito em um experimento verdadeiro no sentido de que, se surgir em razão de escolhas ou características pessoais, pode induzir uma correlação entre o nível de tratamento e o termo de erro. Isso resulta em viés de seleção da amostra, de modo que o estimador de MQO do efeito causal é viesado e inconsistente.

Efeitos experimentais. Uma vantagem dos quase-experimentos é que, como não são experimentos verdadeiros, normalmente não há motivos para que os indivíduos pensem que são indivíduos experimentais. Desse modo, efeitos experimentais, tais como o efeito Hawthorne, geralmente não são relevantes em quase-experimentos.

Validade do instrumento em quase-experimentos. Um passo importante na avaliação de um estudo que utiliza regressão de variáveis instrumentais é considerar cuidadosamente se o instrumento é de fato válido. Essa afirmação geral permanece verdadeira em estudos quase-experimentais em que o instrumento é "como se" determinado aleatoriamente. Conforme discutido no Capítulo 10, a validade do instrumento requer tanto a relevância do instrumento quanto sua exogeneidade. Como a relevância pode ser verificada utilizando os métodos estatísticos resumidos no Conceito-Chave 10.5, aqui nos concentramos no segundo requisito, mais apoiado em julgamento referente à exogeneidade do instrumento.

Embora possa parecer que uma variável instrumental atribuída de maneira aleatória seja necessariamente exógena, isso não é verdade. Considere os exemplos da Seção 11.5. Na utilização feita por Angrist (1990) de números de loteria como variável instrumental no estudo do efeito do serviço militar sobre o salário civil, esses números foram na verdade atribuídos aleatoriamente. Mas como Angrist (1990) aponta e discute, se um número de convocação baixo resulta em um comportamento com o objetivo de evitá-la, e esse comportamento afeta posteriormente o salário civil, um número de loteria baixo (Z_i) poderia estar relacionado a fatores não observados que determinam o salário civil (u_i); isto é, Z_i e u_i são correlacionados mesmo que Z_i seja atribuído aleatoriamente. Como um segundo exemplo, o estudo de McClellan, McNeil e Newhouse (1994) sobre o efeito do cateterismo cardíaco sobre pacientes que sofreram ataque cardíaco tratou a distância relativa a um hospital que realiza cateterismo como se fosse atribuída aleatoriamente. Mas, como os autores ressaltam e examinam, se os pacientes que vivem próximos a um hospital que realiza cateterismo são mais saudáveis do que aqueles que vivem longe (talvez em virtude de um melhor acesso ao tratamento médico em geral), a distância relativa a um hospital que realiza cateterismo estaria correlacionada com as variáveis omitidas do termo de erro da equação de prognóstico. Em suma, somente porque um instrumento é determinado de maneira aleatória ou "como se" fosse determinado de maneira aleatória não significa necessariamente que é exógeno no sentido de que $\text{corr}(Z_i,u_i) = 0$. Portanto, os motivos para exogeneidade devem ser examinados minuciosamente mesmo que o instrumento surja de um quase-experimento.

Ameaças à Validade Externa

Estudos quase-experimentais utilizam dados observacionais, e as ameaças à validade externa de um estudo baseado em um quase-experimento em geral são semelhantes às ameaças discutidas na Seção 7.1 para estudos de regressão convencionais utilizando dados observacionais.

Uma consideração importante é que eventos especiais que geram a aleatoriedade "como se" no centro de um estudo quase-experimental podem resultar em outras características especiais que ameaçam a validade externa. Por exemplo, o estudo de Card (1990) sobre os efeitos da imigração sobre o mercado de trabalho discutido na Seção 11.5 utilizou a aleatoriedade "como se" induzida pelo afluxo de imigrantes cubanos durante o transporte por barco a partir de Mariel. Havia, contudo, características especiais dos imigrantes cubanos, de Miami e de sua comunidade cubana que poderiam dificultar a generalização desses resultados para imigrantes de outros países ou rumo a outros destinos. De forma semelhante, o estudo de Angrist (1990) dos efeitos de se alistar no exército dos Estados Unidos durante a Guerra do Vietnã sobre o mercado de trabalho provavelmente não se generalizaria para o serviço militar em tempos de paz. Como de costume, o fato de um estudo se generalizar a uma população e a um cenário específicos de interesse depende dos detalhes do estudo e deve ser avaliado caso a caso.

11.7 Estimativas Experimentais e Quase-Experimentais em Populações Heterogêneas

O efeito causal pode depender de características individuais, isto é, pode variar de um membro da população para outro. Na Seção 11.3, discutimos a estimação de efeitos causais para grupos diferentes utilizando interações quando a fonte da variação no efeito, por exemplo o sexo, é observada. Nesta seção, consideramos as conseqüências de variações *não observadas* no efeito causal. Referimo-nos a essa circunstância, em que há uma variação não observada no efeito causal dentro da população, como tendo uma população heterogênea. Começamos esta seção com uma discussão sobre heterogeneidade de população e então nos voltamos para a interpretação dos estimadores de MQO e VI quando há uma população heterogênea. Para simplificar, vamos nos concentrar no caso de uma variável de tratamento binária X_i (que pode ser ou não atribuída aleatoriamente) sem nenhum regressor adicional.

Heterogeneidade da População: de Quem é o Efeito Causal?

Se o efeito causal for o mesmo para cada membro da população, a população é homogênea e a Equação (11.1), com seu único efeito causal β_1, aplica-se a todos os membros dela. Na realidade, contudo, a população estudada pode ser heterogênea; especificamente, o efeito causal pode variar de um indivíduo para outro de acordo com circunstâncias individuais, classe social e outras características. Por exemplo, o efeito de um programa de treinamento profissional que ensina técnicas para redigir currículos sobre as perspectivas de emprego provavelmente é maior para os trabalhadores que não possuem essas habilidades do que para aqueles que já possuem. De forma semelhante, o efeito de um procedimento médico poderia depender dos hábitos do paciente relativos a alimentação, fumo e bebidas.

Se o efeito causal é diferente para pessoas diferentes, a Equação (11.1) não se aplica mais. Agora, o i-ésimo indivíduo possui seu próprio efeito causal, β_{1i}, o efeito do tratamento sobre essa pessoa. Portanto, a equação de regressão da população pode ser escrita como

$$Y_i = \beta_0 + \beta_{1i}X_i + u_i. \tag{11.8}$$

Por exemplo, β_{1i} pode ser igual a zero para um programa de treinamento destinado a redigir currículos se o i-ésimo indivíduo já sabe como redigir um currículo. Como β_{1i} varia de um indivíduo para outro na população e os indivíduos são selecionados da população ao acaso, podemos pensar em β_{1i} como uma variável aleatória que, assim como u_i, reflete uma variação não observada entre indivíduos (por exemplo, a variação nas habilidades prévias de redação de currículos).

Conforme discutido na Seção 11.1, o efeito causal em dada população é o efeito esperado de um experimento em que os membros da população são selecionados ao acaso. Quando a população é heterogênea, esse efeito causal é, na verdade, o **efeito causal médio**, também chamado de **efeito médio do tratamento**, que é a média da população dos efeitos causais individuais. Em termos da Equação (11.8), o efeito causal médio na população é o valor médio da população do efeito causal $E(\beta_{1i})$, isto é, o efeito causal esperado de um membro da população selecionado aleatoriamente.

O que os estimadores da Seção 11.3 estimam se há heterogeneidade da população da forma expressa na Equação (11.8)? Consideramos em primeiro lugar o estimador de MQO no caso em que X_i é "como se" fosse determinado aleatoriamente; nesse caso, o estimador de MQO é um estimador consistente do efeito causal médio. Contudo, isso geralmente não é verdadeiro para o estimador de VI. Se, em vez disso, X_i for parcialmente influenciado por Z_i, o estimador de VI utilizando o instrumento Z estima uma média ponderada dos efeitos causais em que aqueles para os quais o instrumento é mais influente recebem peso maior.

MQO com Efeitos Causais Heterogêneos

Suponha que o tratamento recebido, X_i, seja atribuído aleatoriamente com conformidade perfeita (em um experimento) ou "como se" fosse atribuído aleatoriamente (em um quase-experimento), de modo que $E(u_i|X_i) = 0$. Logo, é razoável considerar a utilização do estimador de diferenças, isto é, o estimador de MQO $\hat{\beta}_1$ obtido de uma regressão de Y_i sobre X_i.

Agora mostramos que, se existe heterogeneidade no efeito causal na população e se X_i é atribuído aleatoriamente, o estimador de diferenças é um estimador consistente do efeito causal médio. O estimador de MQO é $\hat{\beta}_1 = s_{XY}/s_X^2$ (veja a Equação (4.8)). Se as observações são i.i.d., a co-variância e a variância da amostra são estimadores consistentes da co-variância e da variância da população, de modo que $\hat{\beta}_1 \xrightarrow{p} \sigma_{XY}/\sigma_X^2$. Se X_i é atribuído aleatoriamente, então é distribuído independentemente de outras características individuais, tanto observadas como não observadas, e em particular é distribuído independentemente de β_{1i}. Portanto, o estimador de MQO $\hat{\beta}_1$ tem o limite

$$\hat{\beta}_1 = \frac{s_{XY}}{s_X^2} \xrightarrow{p} \frac{\sigma_{XY}}{\sigma_X^2} = \frac{\text{cov}(\beta_0 + \beta_{1i}X_i + u_i, X_i)}{\sigma_X^2} = \frac{\text{cov}(\beta_{1i}X_i, X_i)}{\sigma_X^2} = E(\beta_{1i}), \tag{11.9}$$

onde a terceira igualdade utiliza os fatos sobre co-variâncias do Conceito-Chave 2.3 e $\text{cov}(u_i,X_i) = 0$, que é implicação de $E(u_i|X_i) = 0$ (veja a Equação (2.25)) e a última igualdade segue de β_{1i} ser distribuído independentemente de X_i, o que ocorre se X_i for determinado de modo aleatório (veja o Exercício 11.7). Assim, se X_i é determinado aleatoriamente, $\hat{\beta}_1$ é um estimador consistente do efeito causal médio $E(\beta_{1i})$.

Regressão de VI com Efeitos Causais Heterogêneos

Suponha que o tratamento seja determinado de maneira aleatória apenas parcialmente, que Z_i seja uma variável instrumental válida (relevante e exógena) e que haja heterogeneidade no efeito de Z_i sobre X_i. Suponha que X_i esteja relacionado com Z_i pelo modelo linear

$$X_i = \pi_0 + \pi_{i1}Z_i + v_i, \tag{11.10}$$

onde o coeficiente π_{1i} varia de um indivíduo para outro. A Equação (11.10) é a equação do primeiro estágio de MQ2E (veja a Equação (10.2)) com a modificação de que se permite que o efeito de uma variação em Z_i sobre X_i varie de um indivíduo para outro.

O estimador de MQ2E é $\hat{\beta}_1^{MQ2E} = s_{ZY}/s_{ZX}$ (Equação (10.4)), a razão entre a co-variância da amostra entre Z e Y e a co-variância da amostra entre Z e X. Se as observações são i.i.d., as co-variâncias da amostra são estimadores consistentes das co-variâncias da população, de modo que $\hat{\beta}_1^{MQ2E} \xrightarrow{p} \sigma_{ZY}/\sigma_{ZX}$. Suponha que π_{1i} e β_{1i} sejam distribuídos independentemente de u_i, v_i e Z_i, que $E(u_i|Z_i) = E(v_i|Z_i) = 0$ e que $E(\pi_{1i}) \neq 0$. O Apêndice 11.4 mostra que, sob essas hipóteses,

$$\hat{\beta}_1^{MQ2E} = \frac{s_{ZY}}{s_{ZX}} \xrightarrow{p} \frac{\sigma_{ZY}}{\sigma_{ZX}} = \frac{E(\beta_{1i}\pi_{1i})}{E(\pi_{1i})}. \tag{11.11}$$

Isto é, o estimador de MQ2E converge em probabilidade para a razão entre o valor esperado do produto de β_{1i} e π_{1i} e o valor esperado de π_{1i}.

A razão final na Equação (11.11) pode ser interpretada como uma média ponderada dos efeitos causais individuais β_{1i}. Os pesos são π_{1i}, que medem o grau de influência do instrumento sobre a possibilidade de o i-ésimo indivíduo receber o tratamento. Portanto, o estimador de MQ2E é um estimador consistente de uma média ponderada dos efeitos causais individuais, em que os indivíduos que recebem o maior peso são aqueles para os quais o instrumento é mais influente.

Para visualizar isso, considere dois casos, um em que o estimador de MQ2E é um estimador consistente do efeito causal médio e outro em que ele não é. No primeiro, suponha que todos os indivíduos tenham o mesmo efeito causal, de modo que $\beta_{1i} = \beta_1$ para todo i. Então, a expressão final da Equação (11.11) é simplificada para $E(\beta_{1i}\pi_{1i})/E(\pi_{1i}) = \beta_1 E(\pi_{1i})/E(\pi_{1i}) = \beta_1$, e o estimador de MQ2E é consistente do efeito causal β_1. Isto é, se o efeito causal é o mesmo para todos os indivíduos, ele é consistentemente estimado por MQ2E, mesmo que haja heterogeneidade na influência do instrumento sobre a probabilidade do tratamento.

No segundo, suponha que haja efeitos causais heterogêneos, mas que o instrumento afete igualmente cada indivíduo, de modo que $\pi_{1i} = \pi_1$. Nesse caso, a expressão final na Equação (11.11) é simplificada para $E(\beta_{1i}\pi_{1i})/E(\pi_{1i}) = \pi_1 E(\beta_{1i})/\pi_1 = E(\beta_{1i})$, e o estimador de MQ2E é um estimador consistente do efeito causal médio $E(\beta_{1i})$. Portanto, se o instrumento tem a mesma influência sobre todos os indivíduos, o estimador de MQ2E é um estimador consistente do efeito causal médio mesmo que haja heterogeneidade da população no efeito do tratamento.

Como terceiro exemplo, suponha que Z_i não exerça nenhuma influência sobre a decisão de tratamento para metade da população (para eles, $\pi_{1i} = 0$) e que Z_i exerça a mesma influência não-nula sobre a decisão de tratamento para a outra metade (para eles, π_{1i} é uma constante diferente de zero). Então, MQ2E é um estimador consistente do efeito médio do tratamento para a metade da população para a qual o instrumento influencia a decisão de tratamento. Por exemplo, suponha que em um programa de treinamento profissional seja dado aos indivíduos um número de prioridade aleatório Z, que influencia (mas não determina) a capacidade de eles se inscreverem. Alguns dos indivíduos já possuem as técnicas para elaboração de currículos ensinadas no programa (para eles, $\beta_{1i} = 0$), consideram o programa de treinamento uma perda de tempo e nunca se inscreverão, qualquer que seja seu número de prioridade (de modo que $\pi_{1i} = 0$). Contudo, para indivíduos que desejam aprender as técnicas ensinadas no programa (para os quais $\beta_{1i} > 0$), o número de prioridade possui um efeito. Nesse exemplo, MQ2E estima o efeito causal médio para aqueles indivíduos que gostariam de se inscrever no programa. O efeito causal médio entre aqueles que gostariam de se inscrever é maior do que o efeito causal médio para a população total, que inclui indivíduos para os quais o programa é eficaz e indivíduos para os quais não é.

Em geral, a razão final na Equação (11.11) é uma média ponderada dos efeitos causais individuais β_{1i}, ponderada pela influência do instrumento sobre o tratamento. Se o efeito do instrumento, π_{1i}, é independente do efeito causal β_{1i}, então $E(\beta_{1i}\pi_{1i}) = E(\beta_{1i})E(\pi_{1i})$, logo $E(\beta_{1i}\pi_{1i})/E(\pi_{1i}) = E(\beta_{1i})$ e, portanto, MQ2E é um estimador consistente do efeito causal. Na prática, contudo, a influência do instrumento pode estar relacionada ao efeito causal porque a decisão de um indivíduo quanto a receber o tratamento (participar do programa) pode depender de quão benéfico ele pensa que o tratamento será. Portanto, na média da Equação (11.11), é dado maior peso aos efeitos causais de indivíduos para os quais o instrumento é uma influência importante a determinar se eles recebem tratamento do que aos efeitos causais de indivíduos para os quais não é influente.

Implicações. Essa discussão possui duas implicações. Em primeiro lugar, nas circunstâncias em que MQO normalmente seria consistente — isto é, quando $E(u_i \mid X_i) = 0$ —, o estimador de MQO continua a ser consistente na presença de efeitos causais heterogêneos na população; contudo, como não há um efeito causal único, o estimador de MQO é interpretado apropriadamente como um estimador consistente do efeito causal médio na população em estudo.

Em segundo lugar, quando a decisão de um indivíduo de receber tratamento depende da eficácia do tratamento para aquele indivíduo, o estimador de MQ2E em geral não é um estimador consistente do efeito causal médio. Em vez disso, MQ2E estima uma média ponderada do efeito causal, em que os efeitos causais dos indivíduos que são mais influenciados pelo instrumento recebem o peso maior. Isso leva a uma situação desconcertante em que dois pesquisadores, dispondo de diferentes variáveis instrumentais que são válidas no sentido de que ambas são relevantes e exógenas, obteriam estimativas distintas para "o" efeito causal, mesmo em amostras grandes. Embora os dois estimadores estabeleçam uma noção da distribuição dos efeitos causais por meio de suas respectivas médias ponderadas da forma da Equação (11.11), nenhum deles é em geral um estimador consistente do efeito causal médio.[4]

Exemplo: O estudo de cateterismo cardíaco. Nas seções 10.5 e 11.5, discutimos o estudo de McClellan, McNeil e Newhouse (1994) do efeito do cateterismo cardíaco em pacientes que sofreram ataque cardíaco sobre a mortalidade. Os autores utilizaram a regressão de variáveis instrumentais, com a distância a um hospital que realiza cateterismo cardíaco como variável instrumental. Baseados em suas estimativas de MQ2E, concluíram que o cateterismo cardíaco tinha pouco ou nenhum efeito sobre os prognósticos. Esse resultado é surpreendente: procedimentos médicos como cateterismo cardíaco são sujeitos a testes clínicos rigorosos antes da aprovação para uso amplo. Além disso, o cateterismo cardíaco permite que os cirurgiões realizem intervenções médicas que teriam exigido uma cirurgia de grande porte há uma década, tornando essas intervenções mais seguras e, provavelmente, melhores para a saúde do paciente no longo prazo. Como esse estudo econométrico poderia falhar em encontrar efeitos benéficos do cateterismo cardíaco?

---

[4] Existem diversas discussões interessantes (mas avançadas) do efeito da heterogeneidade da população sobre estimadores da avaliação de programas. Entre elas estão a resenha de Heckman, LaLonde e Smith (1999, Seção 7) e a palestra de James Heckman proferida quando ele recebeu o Prêmio Nobel de economia (Heckman (2001, Seção 7)). A última referência e Angrist, Graddy e Imbens (2000) fornecem uma discussão detalhada do modelo de efeitos aleatórios (que trata β_{1i} como variável entre indivíduos) e oferecem versões mais gerais do resultado da Equação (11.11).

Uma resposta possível é que existe heterogeneidade no efeito do tratamento do cateterismo cardíaco. Para alguns pacientes, essa é uma intervenção eficaz, mas, para outros — talvez para aqueles que são mais saudáveis —, esse procedimento é menos eficaz ou, dados os riscos envolvidos em qualquer cirurgia, talvez ineficaz no final das contas. Portanto, o efeito causal médio na população de pacientes com ataque cardíaco poderia ser, e provavelmente é positivo. O estimador de VI, contudo, mede um efeito marginal, não um efeito médio, em que o efeito marginal é o efeito do procedimento sobre esses pacientes para os quais a distância ao hospital é um fator importante da possibilidade de receberem o tratamento. Esses pacientes poderiam ser somente os pacientes relativamente saudáveis para os quais, na margem, o cateterismo cardíaco é um procedimento relativamente ineficaz. Se for esse o caso, o estimador de MQ2E de McClellan, McNeil e Newhouse (1994) mede o efeito do procedimento para o paciente marginal (para o qual é relativamente ineficaz), e não para o paciente médio (para o qual pode ser eficaz).

11.8 Conclusão

No Capítulo 1, definimos o efeito causal em termos do resultado esperado de um experimento controlado aleatório ideal. Se um experimento controlado aleatório está disponível ou pode ser implementado, ele pode fornecer evidências consistentes sobre o efeito causal em estudo, embora mesmo os experimentos controlados aleatórios estejam sujeitos a ameaças potencialmente importantes à validade interna e à validade externa.

A despeito de suas vantagens, os experimentos controlados aleatórios em economia enfrentam sérios obstáculos, incluindo custo e preocupações éticas. As noções de métodos experimentais podem, contudo, ser aplicadas a quase-experimentos, em que circunstâncias especiais fazem com que pareça "como se" a aleatoriedade tivesse ocorrido. Nos quase-experimentos, o efeito causal pode ser estimado utilizando um estimador de diferenças-em-diferenças, possivelmente ampliado com regressores adicionais; se a aleatoriedade "como se" influencia apenas parcialmente o tratamento, pode-se utilizar a regressão de variáveis instrumentais. Uma vantagem importante dos quase-experimentos é que a fonte da aleatoriedade "como se" nos dados é normalmente transparente e, portanto, pode ser avaliada de forma concreta. Uma ameaça importante confrontando os quase-experimentos diz respeito ao fato de que às vezes a aleatoriedade "como se" não é realmente aleatória, de modo que o tratamento (ou a variável instrumental) está correlacionado com variáveis omitidas e o estimador resultante do efeito causal é viesado.

Os quase-experimentos fornecem uma ponte entre bases de dados observacionais e experimentos controlados aleatórios verdadeiros. Os métodos econométricos utilizados neste capítulo para analisar quase-experimentos são aqueles desenvolvidos, em contextos diferentes, nos capítulos anteriores: MQO, métodos de estimação de dados de painel e regressão de variáveis instrumentais. O que distingue os quase-experimentos das aplicações examinadas na Parte 2 e no início da Parte 3 é a forma como esses métodos são interpretados e as bases de dados para as quais são aplicados. Os quase-experimentos fornecem aos econometristas uma forma de pensar sobre como adquirir novas bases de dados, como pensar em variáveis instrumentais e como avaliar a plausibilidade das hipóteses de exogeneidade subjacentes à estimação de MQO e de variáveis instrumentais.[5]

Resumo

1. O efeito causal é definido em termos de um experimento controlado aleatório ideal; ele pode ser estimado pela diferença entre os resultados médios para os grupos de tratamento e de controle. Experimentos reais com seres humanos podem se desviar de um experimento ideal por vários motivos práticos, especialmente pela falha das pessoas em seguir o protocolo experimental.

[5] Shadish, Cook e Campbell (2002) fornecem um tratamento abrangente de experimentos e quase-experimentos nas ciências sociais e na psicologia. Exemplos de experimentos em economia incluem experimentos de imposto de renda negativo (por exemplo, veja www.aspe.hhs.gov/hsp/sime-dime83) e o experimento sobre seguro-saúde da Rand (Newhouse (1983)). Para aprender mais sobre quase-experimentos em economia, veja Meyer (1995), Rosenzweig e Wolpin (2000), Angrist e Krueger (2001).

2. Se o nível de tratamento *efetivo* X_i for aleatório, o efeito do tratamento pode ser estimado pela regressão do resultado sobre o tratamento, utilizando opcionalmente características pré-tratamento adicionais como regressores para melhorar a eficiência. Se o tratamento *atribuído* Z_i for aleatório mas o tratamento efetivo X_i for determinado parcialmente pela escolha individual, o efeito causal pode ser estimado pela regressão de variáveis instrumentais utilizando Z_i como instrumento.
3. Em um quase-experimento, diferenças nas leis, circunstâncias ou acidentes da natureza são tratadas "como se" induzissem uma atribuição aleatória aos grupos de tratamento e de controle. Se o tratamento efetivo for "como se" aleatório, o efeito causal pode ser estimado por regressão (possivelmente com características pré-tratamento adicionais como regressores); se o tratamento atribuído for "como se" aleatório, então o efeito causal pode ser estimado pela regressão de variáveis instrumentais.
4. Uma ameaça-chave à validade interna de um estudo quase-experimental diz respeito a se a aleatoriedade "como se" realmente resulta em exogeneidade. Em virtude de respostas comportamentais, o simples fato de um instrumento ser gerado pela aleatoriedade "como se" não significa que ele seja necessariamente exógeno no sentido requerido para uma variável instrumental válida.
5. Quando o efeito do tratamento varia de um indivíduo para outro, o estimador de MQO é consistente do efeito causal médio se o tratamento efetivo for atribuído aleatoriamente ou "como se" atribuído aleatoriamente. Contudo, o estimador de variáveis instrumentais é uma média ponderada dos efeitos de tratamento individuais, em que os indivíduos para os quais o instrumento é mais influente recebem o peso maior.

Termos-chave

avaliação de programas (255)
efeito causal (256)
efeito do tratamento (256)
estimador de diferenças (257)
conformidade parcial (258)
atrito (258)
efeito Hawthorne (258)
estimador de diferenças com regressores adicionais (261)
independência da média condicional (261)
estimador de diferenças-em-diferenças (263)
estimador de diferenças-em-diferenças com regressores adicionais (264)
quase-experimento (272)
experimento natural (272)
dados de corte repetidos (274)
efeito causal médio (278)
efeito médio do tratamento (278)

Revisão dos Conceitos

11.1 Um pesquisador que estuda os efeitos de um novo fertilizante sobre o rendimento de uma safra planeja conduzir um experimento em que quantidades diferentes do fertilizante são aplicadas a 100 lotes de terra de um acre. Há quatro níveis de tratamento. O nível um de tratamento não aplica o fertilizante; o nível dois aplica 50 por cento da quantidade de fertilizante recomendada pelo fabricante; o nível três aplica 100 por cento; e o nível quatro aplica 150 por cento. O pesquisador planeja aplicar o nível um de tratamento aos primeiros 25 lotes de terra, o nível dois aos segundos 25 lotes e assim por diante. Você pode sugerir uma forma melhor de atribuir níveis de tratamento? Por que sua proposta é melhor do que o método do pesquisador?

11.2 Um teste clínico é conduzido para um novo medicamento redutor do colesterol. Utilizando uma atribuição aleatória dos pacientes, o medicamento é administrado a 500 pacientes e um placebo é administrado a outros 500 pacientes. Como você estimaria o efeito do tratamento do medicamento? Suponha que você tenha dados sobre peso, idade e sexo de cada paciente. Você poderia utilizar esses dados para melhorar sua estimativa? Explique. Suponha que você tenha dados sobre os níveis de colesterol de cada paciente antes de eles participarem do experimento. Você poderia utilizar esses dados para aperfeiçoar sua estimativa? Explique.

11.3 Pesquisadores que estudaram os dados do STAR apresentam evidências circunstanciais de que alguns pais pressionaram diretores de escolas para colocarem seus filhos em turmas pequenas. Suponha que alguns diretores tenham cedido a essa pressão e transferido algumas crianças para turmas pequenas. Como isso comprometeria a validade interna do estudo? Suponha que você tenha dados sobre a atribuição aleatória original de cada aluno antes da intervenção do diretor. Como você poderia utilizar essa informação para restaurar a validade interna do estudo?

11.4 Explique se efeitos experimentais (como o efeito Hawthorne) podem ser importantes em cada um dos experimentos das três questões anteriores.

11.5 Na Seção 10.1, fornecemos um exemplo hipotético em que algumas escolas foram danificadas por um terremoto. Explique por que esse é um exemplo de quase-experimento. Como você poderia utilizar as mudanças induzidas nos tamanhos das turmas para estimar seu efeito sobre a pontuação nos exames?

Exercícios

***11.1** Utilizando os resultados da Tabela 11.1, calcule para cada série: uma estimativa do efeito do tratamento de turma pequena em relação a uma turma média, seu erro padrão e seu intervalo de confiança de 95 por cento. (Para esse exercício, ignore os resultados para turmas médias com assistente.)

11.2 Utilize os resultados da coluna (4) da Tabela 11.2 para os cálculos a seguir. Considere duas salas de aula, A e B, com valores idênticos dos regressores na coluna (4) da Tabela 11.2, exceto pelo fato de que:

a. A sala de aula A é uma "turma pequena" e a sala de aula B é uma "turma média". Construa um intervalo de confiança de 95 por cento para a diferença esperada na pontuação média nos exames.

b. A sala de aula A tem uma professora com cinco anos de experiência, e a sala de aula B, uma professora com dez anos de experiência. Construa um intervalo de confiança de 95 por cento para a diferença esperada na pontuação média nos exames.

c. A sala de aula A é uma turma pequena com uma professora que tem cinco anos de experiência e a sala de aula B é uma turma média com uma professora que tem dez anos de experiência. Construa um intervalo de confiança de 95 por cento para a diferença esperada na pontuação média nas provas. (*Dica*: No STAR, as professoras foram atribuídas aleatoriamente para diferentes tipos de sala de aula.)

d. Por que não há um intercepto na coluna (4)?

11.3 Considere um estudo que avalie o efeito da existência de acesso à Internet nos dormitórios estudantis sobre as notas de alunos universitários. Em metade dos quartos de um dormitório grande, foram instaladas aleatoriamente conexões de alta velocidade com a Internet (grupo de tratamento), e as notas finais de todos os residentes foram coletadas. Quais dos seguintes itens colocam ameaças à validade interna e por quê?

a. Na metade do ano todos os atletas do sexo masculino mudam-se para uma república e abandonam o estudo (suas notas finais não são observadas).

***b.** Os alunos do curso de engenharia atribuídos ao grupo de controle implementam uma rede local, de modo que podem compartilhar uma conexão privada sem fio com a Internet (pela qual dividem o pagamento).

c. Os alunos do curso de artes do grupo de tratamento não sabem como acessar suas contas na Internet.

d. Os alunos do curso de economia do grupo de tratamento fornecem acesso à sua conexão com a Internet para aqueles que estão no grupo de controle mediante pagamento de uma mensalidade.

11.4 Suponha que haja dados de painel para $T = 2$ períodos de tempo para um experimento controlado aleatório, em que a primeira observação ($t = 1$) é tomada antes do experimento e a segunda observação ($t = 2$) ocorre no período pós-tratamento. Suponha que o tratamento seja binário, isto é, $X_{it} = 1$ se o i-ésimo indivíduo estiver no grupo de tratamento, e $t = 2$, $X_{it} = 0$ caso contrário. Suponha ainda que o efeito do tratamento possa ser modelado pela especificação

$$Y_{it} = \alpha_i + \beta_1 X_{it} + u_{it}, \tag{11.12}$$

onde α_i são efeitos específicos individuais (veja a Equação (8.10)), com uma média igual a zero e uma variância de σ_α^2, e u_{it} é um termo de erro, onde u_{it} é homoscedástico, $\text{cov}(u_{i1}, u_{i2}) = 0$ e $\text{cov}(u_{it}, \alpha_i) = 0$ para todo i. Seja $\hat{\beta}_1^{diferenças}$ o estimador de diferenças, isto é, o estimador de MQO em uma regressão de Y_{i2} sobre X_{i2} com um intercepto e seja $\hat{\beta}_1^{difs\text{-}em\text{-}difs}$ o estimador de diferenças-em-diferenças, isto é, o estimador de β_1 baseado na regressão de MQO de $\Delta Y_i = Y_{i2} - Y_{i1}$ contra $\Delta X_i = X_{i2} - X_{i1}$ e um intercepto.

a. Mostre que $n\text{var}(\hat{\beta}_1^{diferenças}) \longrightarrow (\sigma_u^2 + \sigma_\alpha^2)/\text{var}(X_{i2})$. (*Dica*: Utilize as fórmulas somente homoscedásticas para a variância do estimador de MQO do Apêndice 4.4.)

***b.** Mostre que $n\text{var}(\hat{\beta}_1^{difs\text{-}em\text{-}difs}) \longrightarrow 2\sigma_u^2/\text{var}(X_{i2})$. (*Dica*: Observe que $\Delta X_i = X_{i2}$. Por quê?)

c. Com base em suas respostas em (a) e (b), quando você preferiria usar o estimador de diferenças-em-diferenças em vez do estimador de diferenças, com base exclusivamente em considerações de eficiência?

11.5 Suponha que você tenha dados de painel de um experimento com $T = 2$ períodos (de modo que $t = 1, 2$). Considere o modelo de regressão de dados de painel com efeitos fixos individuais e temporais e com características individuais W_i que não mudam ao longo do tempo, por exemplo, sexo. Seja o tratamento do tipo binário; então $X_{it} = 1$ para $t = 2$ para indivíduos no grupo de tratamento e $X_{it} = 0$ caso contrário. Considere o modelo de regressão da população

$$Y_{it} = \alpha_i + \beta_1 X_{it} + \beta_2 (D_t \times W_i) + \beta_0 D_t + v_{it}, \tag{11.13}$$

onde α_i são efeitos fixos individuais, D_t é a variável binária igual a 1 se $t = 2$ e igual a zero se $t = 1$, $D_t \times W_i$ é o produto de D_t por W_i e os αs e os βs são coeficientes desconhecidos. Considere $\Delta Y_i = Y_{i2} - Y_{i1}$. Derive a Equação (11.5) (no caso de um único regressor W, de modo que $r = 1$) a partir da Equação (11.13).

11.6 Suponha que você tenha os mesmos dados do Exercício 11.5 (dados de painel com dois períodos, n observações), mas ignore o regressor W. Considere o modelo de regressão alternativo

$$Y_{it} = \beta_0 + \beta_1 X_{it} + \beta_2 G_i + \beta_3 D_t + u_{it}, \tag{11.14}$$

onde $G_i = 1$ se o indivíduo está no grupo de tratamento e $G_i = 0$ se está no grupo de controle. Mostre que o estimador de MQO de β_1 na Equação (11.14) é o estimador de diferenças-em-diferenças na Equação (11.3). (*Dica*: Veja a Seção 6.3.)

11.7 Derive a igualdade final na Equação (11.9). (*Dica*: Utilize a definição de co-variância e o fato de que, como o tratamento efetivo X_i é aleatório, β_{1i} e X_i são independentemente distribuídos.)

APÊNDICE 11.1 Base de Dados do Projeto STAR

A base de dados de acesso público do Projeto STAR contém dados sobre pontuação nos exames, grupos de tratamento e características de alunos e professores para os quatro anos do experimento, do ano letivo 1985-86 ao ano letivo 1988-89. Os dados de pontuação nos exames analisados neste capítulo são a soma das pontuações nas partes de matemática e leitura do SAT. A variável binária "menino" na Tabela 11.2 indica se o aluno é um menino (= 1) ou uma menina (= 0); as variáveis binárias "negro" e "outra raça que não negra ou branca" indicam a raça do aluno. A variável binária "com direito a almoço subsidiado" indica se o aluno tem direito a almoço subsidiado naquele ano letivo. Os anos de experiência do professor são os anos totais de experiência dele que o aluno teve na série em que a avaliação foi aplicada. A base de dados também indica a escola que o aluno freqüentou em dado ano, o que possibilita a construção de variáveis indicadores de escola binárias específicas.

APÊNDICE 11.2 Extensão do Estimador de Diferenças-em-Diferenças para Múltiplos Períodos de Tempo[6]

Quando há mais de dois períodos de tempo, o efeito causal pode ser estimado utilizando o modelo de regressão com efeitos fixos do Capítulo 8.

Considere em primeiro lugar o caso em que não há regressores "W" adicionais. Então, o modelo de regressão da população é o modelo de regressão com efeitos fixos individuais e temporais combinados (veja a Equação (8.18)):

$$Y_{it} = \beta_0 + \beta_1 X_{it} + \gamma_2 D2_i + \cdots + \gamma_n Dn_i + \delta_2 B2_t + \cdots + \delta_T BT_t + v_{it}, \tag{11.15}$$

onde $i = 1, ..., n$ representa o indivíduo, $t = 1, ..., T$ representa o período de tempo da medição, $X_{it} = 1$ se o i-ésimo indivíduo recebeu o tratamento na data t e $X_{it} = 0$ caso contrário, $D2_i$ é uma variável binária que indica o i-ésimo indivíduo (isto é, $D2_i = 1$ para $i = 2$ e 0 caso contrário), $B2_t$ é uma variável binária que indica o segundo período de tempo e as outras variáveis binárias são definidas de forma semelhante, v_{it} é um termo de erro e $\beta_0, \beta_1, \gamma_2, ..., \gamma_n, \delta_2, ..., \delta_T$ são os coeficientes desconhecidos. A inclusão dos efeitos individuais (as variáveis binárias indicando cada indivíduo) controla características individuais não observadas que afetam Y. A inclusão dos efeitos temporais (as variáveis binárias que indicam os períodos de tempo) controla diferenças de um período para outro que afetam o resultado independentemente de o indivíduo estar no grupo de tratamento ou de controle — por exemplo, uma recessão econômica que ocorre durante o curso de um experimento de programa de treinamento profissional. Quando $T = 2$, o modelo de regressão com efeitos fixos e temporais na Equação (11.15) é simplificado para o modelo de regressão de diferenças-em-diferenças na Equação (11.4). Os métodos para estimar β_1 na Equação (11.15) são discutidos na Seção 8.4.

Regressores adicionais (W) que medem características pré-tratamento, ou características que não mudam ao longo do tempo, podem ser incorporados à estrutura da regressão com efeitos fixos. Conforme discutido no contexto da Equação (11.5), na especificação de diferenças-em-diferenças com regressores adicionais, os regressores W afetam a *variação* em Y de um período para outro, não seu *nível*. O nível de instrução anterior de um indivíduo, por exemplo, é um fator observável que pode influenciar a variação no salário, quer ele esteja ou não no programa de treinamento profissional. Desse modo, para estender a Equação (11.5) para múltiplos períodos, os regressores W são interados com as variáveis binárias de efeito temporal. Por conveniência, suponha que haja um único regressor W; então, a extensão multiperíodos da Equação (11.5) é

$$\begin{aligned} Y_{it} = \beta_0 + \beta_1 X_{it} + \beta_2 (B2_t \times W_i) + \cdots + \beta_T (BT_t \times W_i) + \\ \gamma_2 D2_i + \cdots + \gamma_n Dn_i + \delta_2 B2_t + \cdots + \delta_T BT_t + v_{it}, \end{aligned} \tag{11.16}$$

[6] Este apêndice baseia-se no material das seções 8.3 e 8.4.

onde o regressor $B2_t \times W_i$ é a interação entre a variável binária $B2_t$ e W_i (etc.). Quando há apenas dois períodos de tempo, o modelo de regressão da população com efeitos fixos individuais, os efeitos temporais, os regressores W e os Ws que interagem com a variável binária temporal única $B2_t$ são iguais ao modelo de regressão da população da Equação (11.5) (veja o Exercício 11.5).

Dados de painel com múltiplos períodos de tempo também podem ser utilizados para traçar os efeitos causais ao longo do tempo, investigando, por exemplo, se o efeito de um programa de treinamento profissional sobre a renda persiste ou desaparece com o tempo. Os métodos para fazer isso serão discutidos no Capítulo 13, quando estimarmos os efeitos causais utilizando dados de séries temporais.

APÊNDICE 11.3 Independência da Média Condicional

Neste apêndice, discutimos a hipótese de independência da média condicional mencionada na Seção 11.3 e seu papel na estimação de um efeito do tratamento comum β_1. Essa discussão se concentra no estimador de diferenças com regressores adicionais ($\hat{\beta}_1$ na Equação (11.2)), mas as idéias são generalizadas para o estimador de diferenças-em-diferenças com regressores adicionais.

A hipótese de **independência da média condicional** é a de que a média condicional do termo de erro u_i na Equação (11.2) pode depender das características pré-tratamento, $W_{1i}, \ldots, W_{ri}$, mas não de X_i; especificamente,

$$E(u_i | X_i, W_{1i}, \ldots, W_{ri}) = \gamma_0 + \gamma_1 W_{1i} + \cdots + \gamma_r W_{ri}. \tag{11.17}$$

Sob a hipótese de independência da média condicional, as características não observadas em u_i podem estar correlacionadas com as características pré-tratamento observadas (os Ws), mas, dados os Ws, a média condicional de u_i não depende do tratamento.

A hipótese de linearidade na Equação (11.17) não é restritiva se W_i é um conjunto completo de variáveis indicadoras binárias. Se uma variável W é contínua, a expectativa condicional linear na Equação (11.17) pode ser interpretada como uma expectativa condicional não-linear com uma redefinição apropriada dos Ws. Conforme discutido na Seção 6.2, por exemplo, os termos adicionais no lado direito da Equação (11.17) podem ser funções polinomiais de uma contínua original W.

É útil considerar três casos em que a Equação (11.17) é válida. No primeiro, se a primeira hipótese de mínimos quadrados do Conceito-Chave 5.4 é válida, então $E(u_i | X_i, W_{1i}, \ldots, W_{ri}) = 0$, de modo que a Equação (11.17) é satisfeita e a expectativa condicional é igual a zero.

No segundo caso, a Equação (11.17) é válida se o tratamento X_i é atribuído aleatoriamente e, portanto, é distribuído independentemente de todas as características individuais, sejam as observadas e incluídas na regressão (as variáveis W) ou não observadas e no termo de erro. Se X_i é distribuído independentemente de u_i e W_i, a distribuição condicional de u_i dados W_i e X_i não depende de X_i, de modo que a média daquela distribuição condicional em particular não depende de X_i (embora possa depender de W_i). No exemplo do programa de treinamento profissional, se o tratamento é atribuído aleatoriamente, ele não capta o efeito do nível de instrução anterior, seja o nível de instrução um regressor incluído ou uma parte omitida do termo de erro.

No terceiro caso, o tratamento X_i é atribuído aleatoriamente, *condicional a* W_i. Nesse caso, a média de u_i não depende de X_i porque, dado W_i, o tratamento é atribuído aleatoriamente. Se, condicional a W_i, u_i e X_i são independentes, a distribuição condicional de u_i dado W_i não depende de X_i, de modo que sua média condicional não depende de X_i, embora possa depender de W_i. Se W_i for um conjunto de variáveis indicadores, a independência da média condicional significa que X_i é atribuído aleatoriamente dentro de cada grupo ou "bloco" definido pelas variáveis indicadores, mas que a probabilidade de atribuição pode variar de um bloco para outro. A atribuição aleatória dentro de blocos de indivíduos às vezes é chamada de **aleatoriedade de bloco**.

Sob a hipótese de média condicional, β_1 é o efeito do tratamento. Para visualizar isso, calcule a expectativa condicional dos dois lados da Equação (11.2):

$$\begin{aligned} E(Y_i|X_i,W_{1i},\ldots,W_{ri}) &= \beta_0+\beta_1X_i+\beta_2W_{1i}+\cdots+\beta_{r+1}W_{ri}+ \\ &\quad E(u_i|X_i,W_{1i},\ldots,W_{ri}) \\ &= \beta_0+\beta_1X_i+\beta_2W_{1i}+\cdots+\beta_{r+1}W_{ri}+\gamma_0+\gamma_1W_{1i}+\cdots+\gamma_rW_{ri}, \end{aligned} \tag{11.18}$$

onde a segunda igualdade segue da hipótese de independência da média condicional (Equação (11.17)). A avaliação da expectativa condicional da Equação (11.18) em $X_i = 1$ (grupo de tratamento) e em $X_i = 0$ (grupo de controle) e a subtração de uma pela outra produz

$$E(Y_i|X_i=1,W_{1i},\ldots,W_{ri}) - E(Y_i|X_i=0,W_{1i},\ldots,W_{ri}) = \beta_1. \tag{11.19}$$

O lado esquerdo da Equação (11.19) é o efeito causal definido por um experimento em que indivíduos com dadas características W são atribuídos aleatoriamente para os grupos de tratamento e de controle, e o efeito causal é o valor esperado do resultado. Como esse efeito não depende de W, é também o efeito causal para um membro da população selecionado aleatoriamente.

Quando a Equação (11.17) é válida (juntamente com a segunda, terceira e quarta hipóteses de mínimos quadrados do Conceito-Chave 5.4), o estimador de diferenças com regressores adicionais é consistente. Intuitivamente, ao incluir W_i como regressor, o estimador de diferenças controla o fato de que a probabilidade de tratamento pode depender de W_i. O argumento matemático de que $\hat{\beta}_1$ é consistente sob a hipótese de independência da média condicional envolve álgebra matricial e foi deixado como Exercício 16.9.

A independência da média condicional também fornece uma estrutura para interpretar regressões com dados observacionais em que alguns coeficientes (de variáveis de "controle") não possuem uma interpretação causal, mas outros coeficientes, sim, conforme verificamos nas tabelas 5.2, 6.2 e 7.2.

APÊNDICE 11.4 Estimação de VI Quando o Efeito Causal Varia entre Indivíduos

Neste apêndice, derivamos o limite de probabilidade do estimador de MQ2E na Equação (11.11) quando há heterogeneidade da população no efeito do tratamento e na influência do instrumento sobre a receita do tratamento. Especificamente, supõe-se que as hipóteses da regressão de VI no Conceito-Chave 10.4 sejam válidas, exceto pelo fato de que as equações (11.8) e (11.10) são válidas com efeitos heterogêneos. Suponha ainda que π_{1i} e β_{1i} sejam independentemente distribuídos de u_i, v_i e Z_i, que $E(u_i|Z_i) = E(v_i|Z_i) = 0$ e que $E(\pi_{1i}) \neq 0$.

Como (X_i, Y_i, Z_i), $i = 1, \ldots, n$ são i.i.d. com quatro momentos, a lei dos grandes números, descrita no Conceito-Chave 2.6, se aplica e

$$\hat{\beta}_1^{MQ2E} = s_{ZY}/s_{ZX} \xrightarrow{p} \sigma_{ZY}/\sigma_{ZX} \tag{11.20}$$

(veja o Apêndice 3.3 e o Exercício 15.2). A tarefa, portanto, é obter expressões para σ_{ZY} e σ_{ZX} em termos dos momentos de π_{1i}, e β_{1i}. Agora $\sigma_{ZX} = E[(Z_i - \mu_Z)(X_i - \mu_X)] = E[(Z_i - \mu_Z)X_i]$. A substituição da Equação (11.10) nessa expressão para σ_{ZX} produz

$$\begin{aligned} \sigma_{ZX} &= E[(Z_i-\mu_Z)(\pi_0+\pi_{1i}Z_i+v_i)] \\ &= \pi_0\times 0 + E[\pi_{1i}Z_i(Z_i-\mu_Z)] + \text{cov}(Z_i,v_i) \\ &= \sigma_Z^2\, E(\pi_{1i}), \end{aligned} \tag{11.21}$$

onde a segunda igualdade surge porque $\text{cov}(Z_i,v_i) = 0$ (que segue da hipótese $E(v_i | Z_i) = 0$; veja Equação (2.25)) e porque $E[\pi_{1i}Z_i(Z_i - \mu_Z)] = E\{E[\pi_{1i}Z_i(Z_i - \mu_Z)] | Z_i\} = E(\pi_{1i})E[Z_i(Z_i - \mu_Z)] = \sigma_Z^2 E(\pi_{1i})$ (utilizando a lei das expectativas iteradas na Equação (2.18) e a hipótese de que π_{1i} é independente de Z_i).

Agora, considere σ_{ZY}. A substituição da Equação (11.10) na Equação (11.8) produz $Y_i = \beta_0 + \beta_{1i}(\pi_0 + \pi_{1i}Z_i + v_i) + u_i$, de modo que

$$\begin{aligned}\sigma_{ZY} &= E[(Z_i - \mu_Z)Y_i] \\ &= E[(Z_i - \mu_Z)(\beta_0 + \beta_{1i}\pi_0 + \beta_{1i}\pi_{1i}Z_i + \beta_{1i}v_i + u_i)] \\ &= \beta_0 \times 0 + \pi_0\text{cov}(Z_i, \beta_{1i}) + E[\beta_{1i}\pi_{1i}Z_i(Z_i - \mu_Z)] + E[\beta_{1i}v_i(Z_i - \mu_Z)] + \text{cov}(Z_i,u_i).\end{aligned} \qquad (11.22)$$

Como β_{1i} e Z_i são independentemente distribuídos, $\text{cov}(Z_i,\beta_{1i}) = 0$; como β_{1i} é independentemente distribuído de v_i e Z_i e $E(v_i | Z_i) = 0$, $E[\beta_{1i}v_i(Z_i - \mu_Z)] = E(\beta_{1i})E[v_i(Z_i - \mu_Z)] = 0$; como $E(u_i | Z_i) = 0$, $\text{cov}(Z_i,u_i) = 0$; e como β_{1i} e π_{1i} são independentemente distribuídos de Z_i, $E[\beta_{1i}\pi_{1i}Z_i(Z_i - \mu_Z)] = \sigma_Z^2 E(\beta_{1i}\pi_{1i})$. Portanto, a expressão final na Equação (11.22) produz

$$\sigma_{ZY} = \sigma_Z^2 E(\beta_{1i}\pi_{1i}). \qquad (11.23)$$

A substituição das equações (11.21) e (11.23) na Equação (11.20) produz $\hat{\beta}_1^{MQ2E} \xrightarrow{p} \sigma_Z^2 E(\beta_{1i}\pi_{1i})/\sigma_Z^2 E(\pi_{1i}) = E(\beta_{1i}\pi_{1i})/E(\pi_{1i})$, que é o resultado expresso na Equação (11.11).

PARTE QUATRO

Análise de Regressão de Dados de Séries Temporais Econômicas

CAPÍTULO 12 *Introdução à Regressão de Séries Temporais e Previsão*

CAPÍTULO 13 *Estimação de Efeitos Causais Dinâmicos*

CAPÍTULO 14 *Tópicos Adicionais em Regressão de Séries Temporais*

CAPÍTULO 12

Introdução à Regressão de Séries Temporais e Previsão

Os dados de séries temporais — dados coletados para uma única entidade em múltiplos pontos no tempo — podem ser utilizados para responder a questões quantitativas para as quais os dados de corte são inadequados. Uma dessas questões é: qual é o efeito causal sobre uma variável de interesse, Y, de uma variação em outra variável, X, ao longo do tempo? Em outras palavras, qual é o efeito causal *dinâmico* sobre Y de uma variação em X? Por exemplo, qual é o efeito de uma lei que torna obrigatório o uso do cinto de segurança sobre os acidentes fatais de trânsito assim que entra em vigor e o período que se segue à medida que os motoristas se ajustam à lei? Outra dessas questões é: qual é sua melhor previsão do valor de uma variável em uma data futura? Por exemplo, qual é sua melhor previsão da taxa de inflação, das taxas de juros ou do preço das ações no mês que vem? Essas duas questões — uma sobre efeitos causais dinâmicos, a outra sobre previsão econômica — podem ser respondidas utilizando dados de séries temporais. Mas esses dados colocam desafios especiais, e superá-los requer algumas técnicas novas.

Nos capítulos 12 a 14, apresentamos técnicas para a análise econométrica de dados de séries temporais e aplicamos essas técnicas aos problemas de previsão e de estimação de efeitos causais dinâmicos. Neste capítulo, apresentamos conceitos e ferramentas básicos da regressão de dados de séries temporais e os aplicamos à previsão econômica. No Capítulo 13, os conceitos e as ferramentas desenvolvidos são aplicados ao problema da estimação de efeitos causais dinâmicos utilizando dados de séries temporais. No Capítulo 14, nos ocupamos de alguns tópicos mais avançados da análise de séries temporais, incluindo a previsão de séries temporais múltiplas e a modelagem de variações na volatilidade ao longo do tempo.

O problema empírico estudado neste capítulo é a previsão da taxa de inflação, isto é, o aumento percentual nos preços em geral. Embora por um lado a previsão seja apenas uma aplicação da análise de regressão, ela é completamente diferente da estimação de efeitos causais, o foco deste livro até agora. Conforme discutido na Seção 12.1, modelos úteis para a previsão não precisam ter uma interpretação causal: ao ver pedestres carregando guarda-chuvas, você pode prever a chuva, ainda que carregar um guarda-chuva não *cause* a chuva. Na Seção 12.2, introduzimos alguns conceitos básicos da análise de séries temporais e apresentamos alguns exemplos de dados de séries temporais econômicas. Na Seção 12.3, apresentamos modelos de regressão de séries temporais em que os regressores são valores passados da variável dependente; esses modelos "auto-regressivos" utilizam o histórico da inflação para prever seu futuro. Freqüentemente, previsões baseadas em auto-regressões podem ser aperfeiçoadas pela inclusão de variáveis de previsão adicionais e seus valores passados, ou "defasagens", como regressores; esses modelos auto-regressivos de defasagem distribuída são apresentados na Seção 12.4. Por exemplo, descobrimos que previsões de inflação feitas utilizando valores defasados da taxa de desemprego juntamente com a inflação defasada — isto é, previsões baseadas em uma curva de Phillips empírica — aperfeiçoam as previsões de inflação auto-regressivas. Uma questão prática é a decisão de quantos valores passados devem ser incluídos nas auto-regressões e nos modelos auto-regressivos de defasagem distribuída; na Seção 12.5 descrevemos métodos que nos possibilitam tomar essa decisão.

A hipótese de que o futuro será como o passado é importante na regressão de séries temporais, importante o suficiente para receber um nome próprio, "estacionariedade". As variáveis de séries temporais podem ser não-estacionárias de várias maneiras, mas duas delas são especialmente relevantes para a análise de regressão de dados de séries temporais econômicas: (1) as séries podem ter movimentos persistentes de longo prazo, isto é, podem ter tendências; e (2) a regressão da população pode ser instável ao longo do tempo, isto é, pode ter quebras. Essas divergências em relação à estacionariedade põem em risco as previsões e as inferências baseadas na regressão de séries temporais. Felizmente, existem procedimentos estatísticos para detectar tendências e quebras e, uma vez detectadas, para ajustar a especificação do modelo. Apresentamos esses procedimentos nas seções 12.6 e 12.7.

12.1 Utilizando Modelos de Regressão para Previsão

No Capítulo 4, consideramos o problema da superintendente de escolas que desejava saber o quanto a pontuação nos exames aumentaria se o tamanho das turmas em sua diretoria de ensino fosse reduzido; isto é, a superintendente queria saber o efeito causal de uma variação no tamanho das turmas sobre a pontuação nos exames. Dessa forma, as partes 2 e 3 concentraram-se na utilização da análise de regressão para estimar efeitos causais utilizando dados observacionais.

Agora, considere um problema diferente, em que um pai muda-se para uma área metropolitana e deseja escolher uma cidade nessa área com base, em parte, no sistema escolar. O pai gostaria de saber o desempenho das diferentes diretorias de ensino nos exames padronizados. Suponha que os dados sobre pontuação nos exames não estejam disponíveis (talvez sejam confidenciais), mas que os dados sobre o tamanho das turmas estejam. O pai deve, portanto, conjecturar qual é o desempenho das diferentes diretorias nos exames padronizados com base em um conjunto limitado de informações. Isto é, o problema do pai é prever a pontuação média nos exames em dada diretoria com base em informações relacionadas à pontuação nos exames, como o tamanho das turmas.

O problema da superintendente e o do pai são conceitualmente muito diferentes. A regressão múltipla é uma ferramenta poderosa para ambos, mas, como os problemas são diferentes, os critérios utilizados para avaliar a adequação de um modelo de regressão em particular também são diferentes. Para obter estimativas com credibilidade dos efeitos causais desejados pela superintendente, devemos nos preocupar com as questões levantadas no Capítulo 7: viés de omissão de variáveis, seleção, causalidade simultânea e assim por diante. Em contraste, para obter a previsão confiável desejada pelo pai, é importante que a regressão estimada tenha um bom poder explicativo, que seus coeficientes sejam estimados com precisão e que seja estável no sentido de que a regressão estimada com uma base de dados possa ser utilizada de forma confiável para fazer previsões utilizando outros dados.

Por exemplo, lembre-se da regressão da pontuação nos exames sobre a razão aluno-professor (*RAP*) do Capítulo 4:

$$\widehat{PontExame} = 698{,}9 - 2{,}28 \times RAP. \tag{12.1}$$

Concluímos que essa regressão não é útil para a superintendente: o estimador de MQO da declividade é viesado em virtude das variáveis omitidas, como a composição do corpo discente e as oportunidades de aprendizado fora da escola. A superintendente não pode mudar a renda média da diretoria ou a fração dos alunos que não falam inglês, ambos afetando a pontuação nos exames. Como essas variáveis também estão correlacionadas com o tamanho das turmas, há viés de omissão de variáveis. Assim, a regressão da pontuação nos exames sobre a razão aluno-professor produz um estimador viesado do efeito de uma variação na razão aluno-professor sobre a pontuação nos exames, e a Equação (12.1) não responde à pergunta da superintendente.

No entanto, a Equação (12.1) poderia ser útil para o pai que vai escolher uma diretoria. Certamente, o tamanho das turmas não é o único determinante do desempenho nos exames, mas, sob a perspectiva do pai, o que importa é se ele é um previsor confiável do desempenho nos exames. O pai interessado em prever a pontuação nos exames não se importa se o coeficiente na Equação (12.1) estima o efeito causal do tamanho das turmas sobre a pontuação nos exames. Ele simplesmente quer que a regressão explique muito da variação na pontuação nos exames entre as diretorias e que seja estável, isto é, que seja aplicável às diretorias para as quais a mudança esteja sendo considerada. Embora o viés de omissão de variáveis torne a Equação (12.1) inútil para responder à questão causal, ela ainda pode ser útil para previsão.

As aplicações presentes neste capítulo são diferentes do problema de previsão pontuação nos exames/tamanho das turmas, uma vez que nele nos concentramos no uso de dados de séries temporais para prever eventos futuros. Entretanto, a previsão de séries temporais é conceitualmente semelhante ao problema do pai: a tarefa é utilizar os valores conhecidos de algumas variáveis (valores correntes e passados da taxa de inflação dos preços em vez do tamanho das turmas) para prever o valor de outra variável (a inflação futura em vez da pontuação nos exames). Como no problema do pai, os modelos de regressão podem produzir previsões confiáveis, mesmo que seus coeficientes não tenham interpretação causal. No Capítulo 13, voltaremos a problemas como o enfrentado pela superintendente da escola e discutiremos a estimação de efeitos causais utilizando variáveis de séries temporais.

12.2 Introdução a Dados de Séries Temporais e Correlação Serial

Nesta seção, apresentamos alguns conceitos básicos e a terminologia que surge em econometria das séries temporais. Um bom ponto para começar qualquer análise de dados de séries temporais é colocá-los em um gráfico, de modo que é por onde começamos.

As Taxas de Inflação e de Desemprego nos Estados Unidos

A Figura 12.1a mostra a taxa de inflação nos Estados Unidos — a variação percentual anual nos preços no país, medida pelo Índice dos Preços ao Consumidor (IPC) — de 1960 a 1999 (os dados estão no Apêndice 12.1). A taxa de inflação estava baixa na década de 1960, subiu ao longo da década de 1970 até atingir um pico

FIGURA 12.1 Inflação e Desemprego nos Estados Unidos, 1960–1999

A inflação dos preços nos Estados Unidos (Figura 12.1a) subiu de 1960 até 1980 e depois caiu abruptamente durante o início da década de 1980. A taxa de desemprego (Figura 12.1b) sobe durante as recessões (episódios sombreados) e cai durante as expansões.

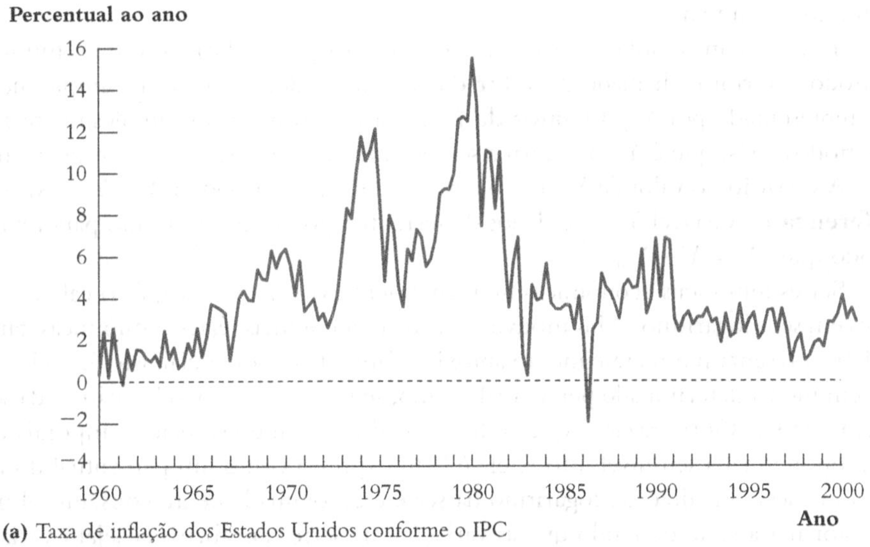

(a) Taxa de inflação dos Estados Unidos conforme o IPC

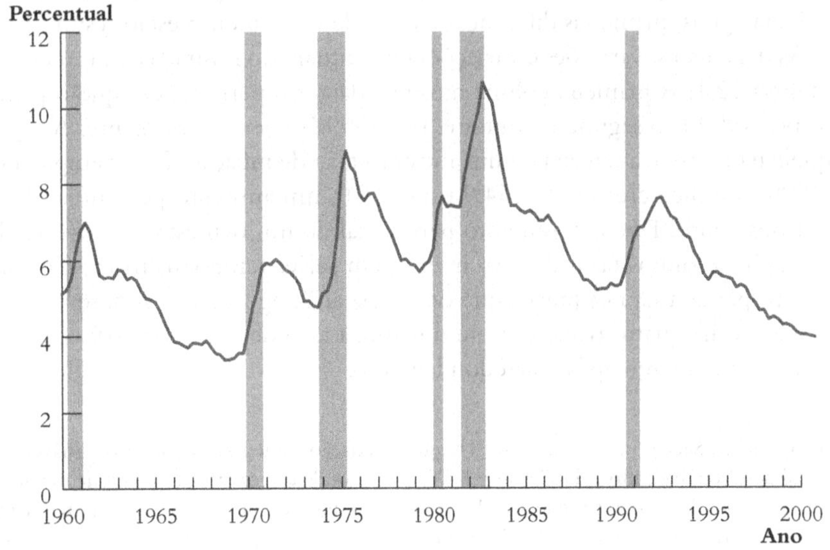

(b) Taxa de desemprego nos Estados Unidos

de 15,5 por cento no pós-guerra, no primeiro trimestre de 1980, e caiu para menos de 3 por cento no final da década de 1990. Como mostra a Figura 12.1a, a taxa de inflação também pode flutuar em um ponto percentual ou mais de um trimestre para outro.

A taxa de desemprego nos Estados Unidos — a fração da força de trabalho sem emprego, medida na Pesquisa da População Corrente (Current Population Survey — veja o Apêndice 3.1) — é mostrada na Figura 12.1b. As variações na taxa de desemprego estão associadas principalmente ao ciclo econômico (*business cycle*) dos Estados Unidos. Por exemplo, a taxa de desemprego aumentou durante as recessões de 1960-1961, 1970, 1974-75, as recessões gêmeas de 1980 e 1981-82 e a recessão de 1990-91, episódios representados pelas áreas sombreadas na Figura 12.1b.

Defasagens, Primeiras Diferenças, Logaritmos e Taxas de Crescimento

A observação da variável de série temporal Y feita na data t é representada por Y_t, e o número total de observações é representado por T. O intervalo entre as observações, isto é, o período de tempo entre a observação t e a observação $t + 1$ é uma unidade de tempo, como semanas, meses, trimestres ou anos. Por exemplo, os dados sobre inflação estudados neste capítulo são trimestrais, portanto a unidade de tempo (um "período") é um trimestre de um ano.

Terminologia e notação especiais são utilizadas para indicar os valores futuros e passados de Y. Esse valor no período anterior é chamado de **valor da primeira defasagem** ou, simplesmente, sua **primeira defasagem**, e é representado por Y_{t-1}. O **valor da *j*-ésima defasagem** (ou simplesmente a ***j*-ésima defasagem**) é o valor j períodos atrás, que é Y_{t-j}. De forma semelhante, Y_{t+1} representa o valor de Y em um período no futuro.

A variação no valor de Y entre o período $t - 1$ e o período t é $Y_t - Y_{t-1}$; essa variação é chamada de **primeira diferença** da variável Y_t. Nos dados de séries temporais, Δ é utilizado para representar a primeira diferença, de modo que $\Delta Y_t = Y_t - Y_{t-1}$.

Séries temporais econômicas freqüentemente são analisadas após o cálculo de seus logaritmos ou das variações em seus logaritmos. Um motivo para isso é que muitas séries econômicas, tais como o produto interno bruto (PIB), apresentam um crescimento aproximadamente exponencial, isto é, no longo prazo a série tende a aumentar em média determinado percentual ao ano; se for esse o caso, o logaritmo da série cresce aproximadamente de forma linear. Outra razão é que o desvio padrão de muitas séries temporais econômicas é aproximadamente proporcional a seu nível, isto é, ele é bem expresso como um percentual do nível da série; se for esse o caso, então o desvio padrão do logaritmo da série é aproximadamente constante. Em qualquer um dos casos, é útil transformar a série de modo que as variações na série transformada sejam variações proporcionais (ou percentuais) na série original, e isso é obtido pelo cálculo do logaritmo da série.[1]

Defasagens, primeiras diferenças e taxas de crescimento estão resumidas no Conceito-Chave 12.1.

As defasagens, variações e variações percentuais são ilustradas utilizando a taxa de inflação dos Estados Unidos da Tabela 12.1. A primeira coluna mostra a data, ou período, em que o primeiro trimestre de 1999 é representado por 1999:I, o segundo trimestre, por 1999:II e assim por diante. A segunda coluna mostra o valor do IPC naquele trimestre e a terceira coluna mostra a taxa de inflação. Por exemplo, do primeiro para o segundo trimestre de 1999, o índice cresceu de 164,9 para 166,0, um aumento percentual de $100 \times (166{,}03 - 164{,}87)/164{,}87 = 0{,}704$ por cento. Esse é o aumento percentual de um trimestre para outro. É uma convenção apresentar a taxa de inflação (e outras taxas de crescimento em séries temporais macroeconômicas) em uma base anual, que é o aumento percentual nos preços que ocorreria ao longo de um ano, se a série continuasse a aumentar na mesma taxa. Como há quatro trimestres em um ano, a taxa de inflação anualizada em 1999:II é de $0{,}704 \times 4 = 2{,}82$, ou 2,8 por cento ao ano após o arredondamento.

[1] Lembre-se da Seção 6.2, em que você viu que a variação no logaritmo de uma variável é aproximadamente igual à variação proporcional dessa variável; isto é, $\ln(X + a) - \ln(X) \cong a/X$, onde a aproximação funciona melhor quando a/X é pequeno. Agora substitua X por Y_{t-1}, a por ΔY_t, e observe que $Y_t = Y_{t-1} + \Delta Y_t$. Isso significa que a variação proporcional na série Y_t entre os períodos $t - 1$ e t é aproximadamente $\ln(Y_t) - \ln(Y_{t-1}) = \ln(Y_{t-1} + \Delta Y_t) - \ln(Y_{t-1}) \cong \Delta Y_t / Y_{t-1}$. A expressão $\ln(Y_t) - \ln(Y_{t-1})$ é a primeira diferença de $\ln(Y_t)$, $\Delta\ln(Y_t)$. Portanto, $\Delta\ln(Y_t) \cong \Delta Y_t / Y_{t-1}$. A variação percentual é 100 vezes a variação fracionária, logo a variação percenual na série Y_t é de aproximadamente $100\Delta\ln(Y_t)$.

Defasagens, Primeiras Diferenças, Logaritmos e Taxas de Crescimento

Conceito-Chave 12.1

- A primeira defasagem de uma série temporal Y_t é Y_{t-1}; sua j-ésima defasagem é Y_{t-j}.
- A primeira diferença de uma série, ΔY_t, é sua variação entre os períodos $t-1$ e t, isto é, $\Delta Y_t = Y_t - Y_{t-1}$.
- A primeira diferença do logaritmo de Y_t é $\Delta\ln(Y_t) = \ln(Y_t) - \ln(Y_{t-1})$.
- A variação percentual de uma série temporal Y_t entre os períodos $t-1$ e t é aproximadamente $100\Delta\ln(Y_t)$, onde a aproximação é mais precisa quando a variação percentual é pequena.

Essa variação percentual também pode ser calculada utilizando a aproximação de diferenças-de-logaritmos do Conceito-Chave 12.1. A diferença no logaritmo do IPC de 1999:I a 1999:II é ln(166,03) – ln(164,87) = 0,00701, produzindo a diferença percentual trimestral aproximada de 100 × 0,00701 = 0,701 por cento. Em uma base anualizada, isso representa 0,701 × 4 = 2,80, ou 2,8 por cento após o arredondamento, o mesmo que foi obtido pelo cálculo direto do crescimento percentual. Esses cálculos podem ser resumidos como

$$\text{taxa de inflação anualizada} = Inf_t \cong 400[\ln(IPC_t) - \ln(IPC_{t-1})] = 400\Delta\ln(IPC_t), \tag{12.2}$$

onde IPC_t é o valor do Índice de Preços ao Consumidor na data t. O fator 400 surge da conversão da variação fracionária para porcentagem (multiplicando por 100) e da conversão da variação percentual trimestral para uma taxa anual equivalente (multiplicando por 4).

As duas colunas finais da Tabela 12.1 ilustram defasagens e variações. A primeira defasagem da inflação em 1999:II é de 1,6 por cento, a taxa de inflação em 1999:I. A variação na taxa de inflação de 1999:I para 1999:II foi de 2,8 – 1,6 = 1,2 por cento.

Autocorrelação

Em dados de séries temporais, o valor de Y em um período está normalmente correlacionado com seu valor no período seguinte. A correlação de uma série com seus próprios valores defasados é chamada de **autocorrelação** ou **correlação serial**. A primeira autocorrelação (ou **coeficiente de autocorrelação**) é a correlação entre Y_t e Y_{t-1}, ou seja, é a correlação entre os valores de Y em duas datas adjacentes. A segunda autocorrelação é a correlação entre Y_t e Y_{t-2}, e a j-ésima correlação é a correlação entre Y_t e Y_{t-j}. De forma semelhante, a ***j*-ésima**

TABELA 12.1 Inflação nos Estados Unidos em 1999 e no Primeiro Trimestre de 2000

Trimestre	IPC EUA	Taxa de Inflação Atualizada (Inf_t)	Primeira Defasagem (Inf_{t-1})	Variação na Inflação (ΔInf_t)
1999:I	164,87	1,6	2,0	–0,4
1999:II	166,03	2,8	1,6	1,2
1999:III	167,20	2,8	2,8	0,0
1999:IV	168,53	3,2	2,8	0,4
2000:I	170,27	4,1	3,2	0,9

A taxa de inflação anualizada é a variação percentual do IPC do trimestre anterior para o trimestre corrente multiplicada por quatro. A primeira defasagem da inflação é seu valor no trimestre anterior, e a variação na inflação é a taxa de inflação corrente menos sua primeira defasagem. Todos os dados foram arredondados para o número decimal mais próximo.

Autocorrelação (Correlação Serial) e Autocovariância

Conceito-Chave 12.2

A j-ésima autocovariância de uma série Y_t é a covariância entre Y_t e sua j-ésima defasagem, Y_{t-j}, e o j-ésimo coeficiente de autocorrelação é a correlação entre Y_t e Y_{t-j}. Isto é,

$$j\text{-ésima autocovariância} = \text{cov}(Y_t, Y_{t-j}) \tag{12.3}$$

$$j\text{-ésima autocorrelação} = \rho_j = \text{corr}(Y_t, Y_{t-j}) = \frac{\text{cov}(Y_t, Y_{t-j})}{\sqrt{\text{var}(Y_t)\text{var}(Y_{t-j})}}. \tag{12.4}$$

O j-ésimo coeficiente de autocorrelação às vezes é chamado de j-ésimo coeficiente de correlação serial.

autoco-variância é a covariância entre Y_t e Y_{t-j}. Os conceitos de autocorrelação e auto-covariância estão resumidos no Conceito-Chave 12.2.

As j-ésimas auto-covariâncias e autocorrelações da população do Conceito-Chave 12.2 podem ser estimadas pelas j-ésimas auto-covariâncias e autocorrelações da amostra, $\widehat{\text{cov}(Y_t, Y_{t-j})}$ e $\hat{\rho}_j$:

$$\widehat{\text{cov}(Y_t, Y_{t-j})} = \frac{1}{T-j-1} \sum_{t=j+1}^{T} (Y_t - \overline{Y}_{j+1,T})(Y_{t-j} - \overline{Y}_{1,T-j}) \tag{12.5}$$

$$\hat{\rho}_j = \frac{\widehat{\text{cov}(Y_t, Y_{t-j})}}{\widehat{\text{var}(Y_t)}}, \tag{12.6}$$

onde $\overline{Y}_{j+1,T}$ representa a média da amostra de Y_t calculada ao longo das observações $t = j + 1, \ldots, T$ e $\widehat{\text{var}(Y_t)}$ é a variância da amostra de Y. (A Equação (12.6) utiliza a hipótese de que $\text{var}(Y_t)$ e $\text{var}(Y_{t-j})$ são iguais, uma implicação da hipótese de que Y é estacionária, discutida na Seção 12.4.)

As quatro primeiras autocorrelações da amostra da taxa de inflação e da variação na taxa de inflação estão enumeradas na Tabela 12.2. Esses dados mostram que a inflação é de modo forte positivamente autocorrelacionada: a primeira autocorrelação é 0,85. A autocorrelação da amostra diminui à medida que a defasagem aumenta, mas permanece grande mesmo com uma defasagem de quatro trimestres. A variação na inflação é negativamente autocorrelacionada: um aumento na taxa de inflação em um trimestre tende a estar associado a uma queda no trimestre seguinte.

TABELA 12.2 Primeiras Quatro Autocorrelações da Amostra da Taxa de Inflação nos Estados Unidos e sua Variação, 1960:I-1999:IV

	Autocorrelação de:	
Defasagem	**Taxa de Inflação (Inf_t)**	**Variação na Taxa de Inflação (ΔInf_t)**
1	0,85	−0,24
2	0,77	−0,27
3	0,77	0,32
4	0,68	−0,06

A princípio, pode parecer contraditório que o nível de inflação seja de modo forte positivamente correlacionado, mas que sua variação seja negativamente correlacionada. Entretanto, essas duas autocorrelações medem coisas diferentes. A forte autocorrelação positiva na inflação reflete as tendências de longo prazo da inflação evidentes na Figura 12.1: a inflação estava baixa no primeiro trimestre de 1965 e novamente no segundo; estava baixa no primeiro trimestre de 1981 e novamente no segundo. Em contraste, a autocorrelação negativa da variação na inflação significa que, em média, um aumento na inflação em um trimestre está associado a uma queda na inflação no próximo.

Outros Exemplos de Séries Temporais Econômicas

As séries temporais econômicas diferem muito. A Figura 12.2 mostra quatro exemplos de séries temporais econômicas: a taxa de juros dos Fundos Federais dos Estados Unidos; a taxa de câmbio entre o dólar e a libra esterlina; o logaritmo do produto interno bruto real do Japão, e o retorno diário do índice do mercado de ações Standard and Poor's *500* (S&P 500).

A taxa dos Fundos Federais dos Estados Unidos (Figura 12.2a) é a taxa de juros que bancos pagam uns aos outros por empréstimos executados de um dia para outro (*overnight*). Essa taxa é importante porque é controlada pelo Federal Reserve (Fed — o Banco Central dos Estados Unidos) e é seu principal instrumento de política monetária. Se você comparar os gráficos da taxa dos Fundos Federais e das taxas de desemprego e de inflação na Figura 12.1, verá que aumentos acentuados na taxa dos Fundos Federais freqüentemente estão associados a recessões posteriores.

A taxa de câmbio dólar-libra (Figura 12.2b) é o preço de uma libra esterlina (£) em dólares dos Estados Unidos. Antes de 1972, as economias desenvolvidas adotavam um sistema de taxas de câmbio fixas — chamado de sistema de "Bretton Woods" — por meio do qual os governos trabalhavam para impedir que as taxas de câmbio flutuassem.

FIGURA 12.2 Quatro Séries Temporais Econômicas

As quatro séries temporais possuem padrões completamente diferentes. A taxa dos Fundos Federais (Figura 12.2a) possui um padrão semelhante à inflação dos preços. A taxa de câmbio entre o dólar dos Estados Unidos e a libra esterlina (Figura 12.2b) mostra uma variação discreta após o colapso em 1972 do sistema de Bretton Woods de taxas de câmbio fixas. O logaritmo do PIB real no Japão (Figura 12.2c) mostra um crescimento relativamente suave, embora a taxa de crescimento diminua na década de 1970 e novamente na década de 1990. Os retornos diários do índice de preços das ações da Bolsa de Valores de Nova York — NYSE (Figura 12.2d) são essencialmente imprevisíveis, mas sua variância se altera: essa série mostra "grupos de volatilidade" (*"volatility clustering"*).

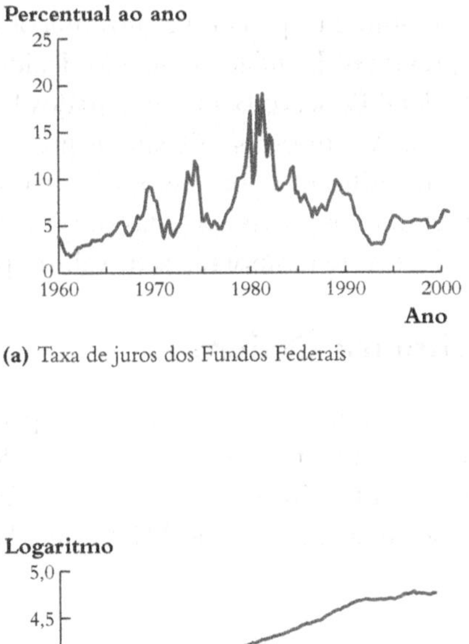

(a) Taxa de juros dos Fundos Federais

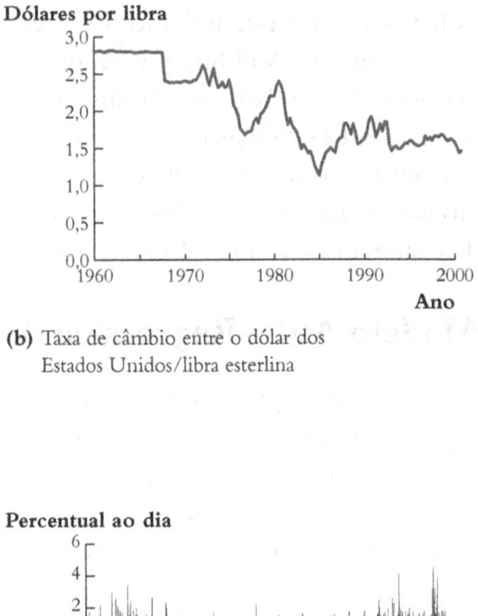

(b) Taxa de câmbio entre o dólar dos Estados Unidos/libra esterlina

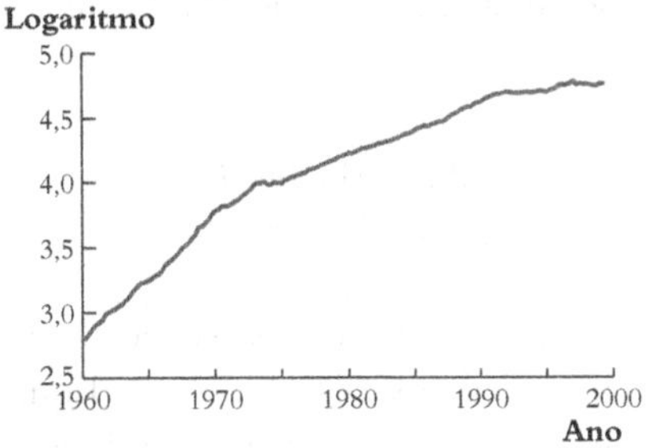

(c) Logaritmo do PIB real no Japão

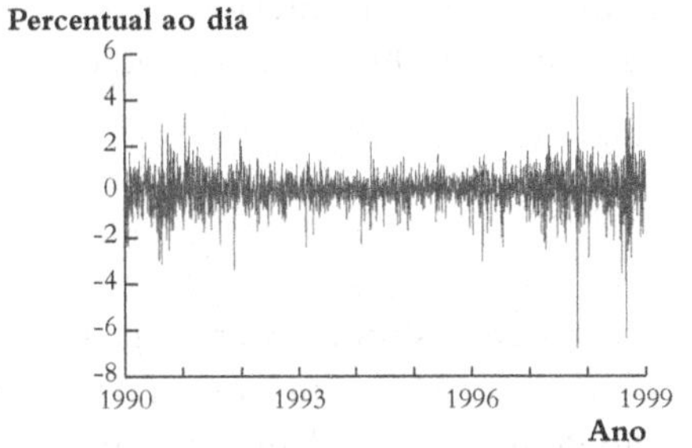

(d) Variações percentuais nos valores diários do Índice Composto de Ações da Bolsa de Valores de Nova York (NYSE Composite Stock Index)

Em 1972, as pressões inflacionárias levaram à quebra desse sistema; depois disso, permitiu-se que as principais moedas passassem então a "flutuar", isto é, seus valores foram determinados pela oferta e demanda por moedas no mercado cambial. Antes de 1972, a taxa de câmbio era aproximadamente constante, com exceção de uma única desvalorização em 1968, em que o valor oficial da libra, relativo ao dólar, diminuiu para US$ 2,40. Desde 1972 a taxa de câmbio tem flutuado amplamente.

O PIB real trimestral japonês (Figura 12.2c) é o valor total dos bens e serviços produzidos no Japão durante um trimestre, ajustado pela inflação. O PIB é a medida mais abrangente da atividade econômica total. O logaritmo da série é mostrado na Figura 12.2c; variações nessa série podem ser interpretadas como taxas de crescimento (decimais). Durante a década de 1960 e o início da década de 1970, o PIB real japonês cresceu rapidamente, porém esse crescimento tornou-se mais lento no final da década de 1970 e durante a década de 1980. O crescimento tornou-se ainda mais lento na década de 1990, com uma média de apenas 1,5 por cento ao ano de 1990 a 1999.

O retorno diário do índice de preço das ações da Bolsa de Valores de Nova York (NYSE) (Figura 12.2d) é a variação percentual de um dia de pregão para o próximo no índice de mercado NYSE Composite, um índice amplo dos preços das ações de todas as empresas negociadas na Bolsa de Valores de Nova York. A Figura 12.2d mostra esses retornos diários de 2 de janeiro de 1990 a 31 de dezembro de 1998 (em um total de 1.771 observações). Ao contrário das outras séries da Figura 12.2, há muito pouca correlação serial nesses retornos diários: do contrário, você poderia prevê-los utilizando retornos diários passados e ganhar dinheiro comprando quando espera que o mercado suba e vendendo quando espera que ele caia. Embora o retorno em si seja essencialmente imprevisível, a Figura 12.2d revela padrões na volatilidade dos retornos. Por exemplo, o desvio padrão dos retornos era relativamente grande em 1991 e 1998 e relativamente pequeno em 1995. Esses "grupos de volatilidade" ("*volatility clustering*") são encontrados em muitas séries temporais financeiras, e os modelos econométricos para modelar esse tipo especial de heteroscedasticidade são discutidos na Seção 14.5.

12.3 Auto-Regressões

Qual será a taxa de inflação dos preços — o aumento percentual nos preços em geral — no ano que vem? Os investidores de Wall Street baseiam-se nas previsões da inflação quando decidem o quanto pagar por títulos. Os economistas dos bancos centrais, como o Federal Reserve Bank nos Estados Unidos, utilizam as previsões de inflação quando estabelecem a política monetária. As empresas utilizam as previsões de inflação quando projetam as vendas de seus produtos, e governos locais utilizam as previsões de inflação quando elaboram seu orçamento para o ano seguinte. Nesta seção, consideramos as previsões feitas por meio de uma **auto-regressão**, um modelo de regressão que relaciona uma variável de série temporal a seus valores passados.

O Modelo Auto-Regressivo de Primeira Ordem

Se você deseja prever o futuro de uma série temporal, um bom ponto de partida é o passado imediato. Por exemplo, se deseja prever a variação na inflação deste trimestre para o próximo, pode verificar se a inflação aumentou ou diminuiu no trimestre passado. Uma forma sistemática de prever a variação na inflação, ΔInf_t, utilizando a variação no trimestre anterior, ΔInf_{t-1}, é estimar uma regressão de MQO de ΔInf_t sobre ΔInf_{t-1}. Estimada com dados de 1962 a 1999, essa regressão é

$$\widehat{\Delta Inf_t} = \underset{(0,14)}{0,02} - \underset{(0,106)}{0,211}\Delta Inf_{t-1}, \tag{12.7}$$

onde, como de costume, os erros padrão estão entre parênteses abaixo dos coeficientes estimados, e $\widehat{\Delta Inf_t}$ é o valor previsto de ΔInf_t com base na reta de regressão estimada. O modelo na Equação (12.7) é chamado de auto-regressão de primeira ordem: uma auto-regressão porque é uma regressão da série sobre sua própria defasagem, ΔInf_{t-1}, e de primeira ordem porque somente uma defasagem é utilizada como regressor. O coeficiente na Equação (12.7) é negativo, portanto um aumento na taxa de inflação em um trimestre está associado a um declínio na taxa de inflação no trimestre seguinte.

Uma auto-regressão de primeira ordem é abreviada por AR(1), onde o "1" indica que ela é de primeira ordem. O modelo AR(1) da população para a série Y_t é

$$Y_t = \beta_0 + \beta_1 Y_{t-1} + u_t, \tag{12.8}$$

onde u_t é um termo de erro.

Previsões e erro de previsão. Suponha que você tenha dados históricos sobre Y e queira prever seu valor futuro. Se Y_t segue o modelo AR(1) da Equação (12.8) e se β_0 e β_1 são conhecidos, a previsão de Y_t baseada em Y_{t-1} é $\beta_0 + \beta_1 Y_{t-1}$.

Na prática, β_0 e β_1 são desconhecidos, portanto as previsões devem se basear em estimativas de β_0 e β_1. Utilizaremos os estimadores de MQO $\hat{\beta}_0$ e $\hat{\beta}_1$, que são construídos utilizando dados históricos. Em geral, $\hat{Y}_{t|t-1}$ representará a previsão de Y_t baseada em informações até o período $t-1$ utilizando um modelo estimado com dados até o período $t-1$. Assim, a previsão baseada no modelo AR(1) da Equação (12.8) é

$$\hat{Y}_{t|t-1} = \hat{\beta}_0 + \hat{\beta}_1 Y_{t-1} \tag{12.9}$$

onde $\hat{\beta}_0$ e $\hat{\beta}_1$ são estimados utilizando dados históricos até o período $t-1$.

O **erro de previsão** é o erro cometido pela previsão; essa é a diferença entre o valor de Y_t que efetivamente ocorreu e o valor previsto baseado em Y_{t-1}:

$$\text{erro de previsão} = Y_t - \hat{Y}_{t|t-1}. \tag{12.10}$$

Previsões versus valores previstos. A previsão *não* é um valor previsto de MQO, e o erro de previsão *não* é um resíduo de MQO. Os valores previstos de MQO são calculados para as observações da amostra utilizada para estimar a regressão. A previsão, por sua vez, é feita para alguma data além da base de dados utilizada para estimar a regressão, de modo que os dados sobre o valor efetivo da variável dependente prevista não estão na amostra utilizada para estimar a regressão. De forma semelhante, o resíduo de MQO é a diferença entre o valor efetivo de Y e seu valor previsto para observações da amostra, ao passo que o erro de previsão é a diferença entre o valor futuro de Y, que não está na amostra da estimação, e a previsão desse valor futuro. Dito de outra forma, previsões e erros de previsão dizem respeito a observações "fora da amostra", enquanto valores previstos e resíduos dizem respeito a observações "dentro da amostra".

Raiz do erro de previsão quadrático médio. A **raiz do erro de previsão quadrático médio (REPQM)** é uma medida do tamanho do erro de previsão, isto é, da magnitude de um erro típico cometido utilizando um modelo de previsão. A REPQM é a raiz quadrada do erro de previsão quadrático médio:

$$\text{REPQM} = \sqrt{E[(Y_t - \hat{Y}_{t|t-1})^2]}. \tag{12.11}$$

A REPQM tem duas fontes de erro: o erro que surge porque os valores futuros de u_t são desconhecidos e o erro cometido na estimação dos coeficientes β_0 e β_1. Se a primeira fonte de erro é muito maior do que a segunda, o que pode ocorrer se o tamanho da amostra é grande, então a REPQM é aproximadamente $\sqrt{\text{var}(u_t)}$, o desvio padrão do erro u_t na auto-regressão da população (veja a Equação (12.8)). O desvio padrão de u_t é, por sua vez, estimado pelo erro padrão da regressão (*EPR*; veja a Seção 5.10). Assim, se a incerteza que surge da estimação dos coeficientes da regressão é pequena o suficiente para ser ignorada, a REPQM pode ser estimada pelo erro padrão da regressão. A estimação da REPQM incluindo as duas fontes de erro de previsão é objeto da Seção 12.4.

Aplicação à inflação. Qual é a previsão de inflação para o primeiro trimestre de 2000 (2000:I) que um analista teria feito em 1999:IV, com base no modelo AR(1) estimado da Equação (12.7) (que foi estimado utilizando dados até 1999:IV)? Segundo a Tabela 12.1, a taxa de inflação em 1999:IV era de 3,2 por cento (portanto, $Inf_{1999:IV} = 3,2$ por cento), um aumento de 0,4 pontos percentuais em relação a 1999:III (portanto, $\Delta Inf_{1999:IV} = 0,4$).

Substituindo esses valores na Equação (12.7), a previsão da variação na inflação de 1999:IV para 2000:I é $\widehat{\Delta Inf}_{2000:I} = 0{,}02 - 0{,}211 \times \Delta Inf_{1999:IV} = 0{,}02 - 0{,}211 \times 0{,}4 = -0{,}06 \cong -0{,}1$ (arredondada para a casa decimal mais próxima). A taxa de inflação prevista é a taxa de inflação passada mais sua variação prevista:

$$\widehat{Inf}_{t|t-1} = Inf_{t-1} + \widehat{\Delta Inf}_{t|t-1}. \tag{12.12}$$

Como $Inf_{1999:IV} = 3{,}2$ por cento e a variação prevista na taxa de inflação de 1999:IV a 2000:I é de –0,1, a taxa de inflação prevista para 2000:I é de $\widehat{Inf}_{2000:I} = Inf_{1999:IV} + \widehat{\Delta Inf}_{2000:I} = 3{,}2 - 0{,}1 = 3{,}1$ por cento. Portanto, o modelo AR(1) previu que a inflação teria uma pequena queda de 3,2 por cento em 1999:IV para 3,1 por cento em 2000:I.

Quão precisa é essa previsão do AR(1)? Segundo a Tabela 12.1, o valor efetivo da inflação em 2000:I foi de 4,1 por cento, portanto a previsão do AR(1) é mais baixa em um ponto percentual; isto é, o erro de previsão é de 1,0 por cento. O $\overline{R}^2$ do modelo AR(1) da Equação (12.7) é de apenas 0,04, portanto a variação da inflação defasada explica uma fração muito pequena da variação na inflação da amostra utilizada para ajustar a auto-regressão. Esse $\overline{R}^2$ baixo é consistente com a previsão medíocre da inflação para 2000:I produzida utilizando a Equação (12.7). De modo mais geral, o $\overline{R}^2$ baixo sugere que o modelo AR(1) irá prever somente um montante pequeno da variação na mudança da inflação.

O erro padrão da regressão da Equação (12.7) é de 1,67; ignorando a incerteza originada da estimação dos coeficientes, nossa estimativa da REPQM para previsões baseadas na Equação (12.7) é, portanto, de 1,67 ponto percentual.

O Modelo Auto-Regressivo de *p*-ésima Ordem

O modelo AR(1) utiliza Y_{t-1} para prever Y_t, porém informações potencialmente úteis do passado mais distante são ignoradas. Uma forma de incorporar essas informações é incluir defasagens adicionais no modelo AR(1); isso produz o modelo auto-regressivo de *p*-ésima ordem, ou AR(*p*).

O **modelo auto-regressivo de *p*-ésima ordem** (o modelo **AR(*p*)**) representa Y_t como uma função linear de *p* dos seus valores defasados; isto é, no modelo AR(*p*), os regressores são $Y_{t-1}, Y_{t-2}, \ldots, Y_{t-p}$ mais um intercepto. O número de defasagens, *p*, incluídas em um modelo AR(*p*) é chamado de ordem, ou tamanho da defasagem, da auto-regressão.

Por exemplo, um modelo AR(4) da variação na inflação utiliza quatro defasagens da variação na inflação como regressores. Estimado por MQO ao longo do período 1962-1999, o modelo AR(4) é

$$\underset{}{\widehat{\Delta Inf}_t} = \underset{(0,12)}{0{,}02} - \underset{(0,10)}{0{,}21}\Delta Inf_{t-1} - \underset{(0,09)}{0{,}32}\Delta Inf_{t-2} + \underset{(0,09)}{0{,}19}\Delta Inf_{t-3} - \underset{(0,10)}{0{,}04}\Delta Inf_{t-4}. \tag{12.13}$$

Os coeficientes das três últimas defasagens adicionais na Equação (12.13) são, em conjunto, significativamente diferentes de zero ao nível de significância de 5 por cento: a estatística *F* é 6,43 (valor $p < 0{,}001$). Isso reflete-se em uma melhora no $\overline{R}^2$ de 0,04 no modelo AR(1) da Equação (12.7) para 0,21 no AR(4). De forma semelhante, o *EPR* do modelo AR(4) da Equação (12.13) é 1,53, uma melhora em relação ao *EPR* do modelo AR(1), que é 1,67.

O modelo AR(*p*) está resumido no Conceito-Chave 12.3.

Propriedades da previsão e do termo de erro no modelo AR(p). A hipótese de que a expectativa condicional de u_t é igual a zero dados os valores passados de Y_t (isto é, $E(u_t \mid Y_{t-1}, Y_{t-2}, \ldots) = 0$) tem duas implicações importantes.

A primeira implicação é a de que a melhor previsão de Y_t baseada em toda a sua história depende apenas de seus *p* valores passados mais recentes. Especificamente, seja $Y_{t|t-1} = E(Y_t \mid Y_{t-1}, Y_{t-2}, \ldots)$ a média condicional de Y_t

Auto-regressões

O modelo auto-regressivo de p-ésima ordem (o modelo AR(p)) representa Y_t como uma função linear de p de seus valores defasados:

$$Y_t = \beta_0 + \beta_1 Y_{t-1} + \beta_2 Y_{t-2} + \cdots + \beta_p Y_{t-p} + u_t, \tag{12.14}$$

onde $E(u_t|Y_{t-1}, Y_{t-2}, \ldots) = 0$. O número de defasagens p é chamado de ordem, ou tamanho da defasagem, da auto-regressão.

Conceito-Chave 12.3

dado seu histórico inteiro. Então, $Y_{t|t-1}$ tem a menor REPQM de qualquer previsão baseada no histórico de Y (veja o Exercício 12.5). Se Y_t segue um AR(p), sua média condicional é

$$Y_{t|t-1} = \beta_0 + \beta_1 Y_{t-1} + \beta_2 Y_{t-2} + \cdots + \beta_p Y_{t-p}, \tag{12.15}$$

que resulta do modelo AR(p) da Equação (12.14) e da hipótese de que $E(u_t|Y_{t-1}, Y_{t-2}, \ldots) = 0$. Na prática, os coeficientes $\beta_0, \beta_1, \ldots, \beta_p$ são desconhecidos, de modo que as previsões efetivas de um AR(p) utilizam a Equação (12.15) com coeficientes estimados.

A segunda implicação é a de que os erros u_t não são serialmente correlacionados, um resultado que resulta da Equação (2.25) (veja o Exercício 12.5).

Aplicação à inflação. Com base no modelo de inflação AR(4) da Equação (12.13), qual é a previsão de inflação para 2000:I utilizando dados até 1999:IV? Para calcular essa previsão, substitua os valores da variação na inflação em cada um dos quatro trimestres de 1999 na Equação (12.13): $\widehat{\Delta Inf}_{2000:I|1999:IV} = 0{,}02 - 0{,}21\Delta Inf_{1999:IV} - 0{,}32\Delta Inf_{1999:III} + 0{,}19\Delta Inf_{1999:II} - 0{,}04\Delta Inf_{1999:I} = 0{,}02 - 0{,}21 \times 0{,}4 - 0{,}32 \times 0{,}0 + 0{,}19 \times 1{,}1 - 0{,}04 \times (-0{,}4) \cong 0{,}2$, onde os valores de 1999 da variação na inflação são extraídos da coluna final da Tabela 12.1.

A previsão de inflação correspondente para 2000:I é o valor da inflação em 1999:IV, mais a variação prevista, isto é, 3,2 + 0,2 = 3,4 por cento. O erro de previsão é o valor efetivo, 4,1 por cento, menos a previsão, ou 4,1 – 3,4 = 0,7 por cento, um pouco menor do que o erro de previsão de 1,0 por cento do AR(1).

12.4 Regressão de Séries Temporais com Previsores Adicionais e o Modelo Auto-Regressivo de Defasagem Distribuída

A teoria econômica freqüentemente sugere outras variáveis que poderiam ajudar a prever a variável de interesse. Essas outras variáveis, ou previsores, podem ser incluídas em uma auto-regressão para produzir um modelo de regressão de séries temporais com múltiplos previsores. Quando outras variáveis e suas defasagens são incluídas em uma auto-regressão, o resultado é um modelo auto-regressivo de defasagem distribuída.

Prevendo Variações na Taxa de Inflação Utilizando Taxas de Desemprego Passadas

Um valor alto da taxa de desemprego tende a estar associado a um declínio futuro da taxa de inflação. Essa relação negativa, conhecida como curva de Phillips de curto prazo, é evidente no gráfico de dispersão da Figura 12.3, em que as variações anuais na taxa de inflação dos preços são mostradas contra a taxa de desemprego no ano anterior. Por exemplo, em 1982 a taxa de desemprego foi em média de 9,7 por cento, e durante o ano seguinte a taxa de inflação caiu em 2,9 por cento. No total, a correlação na Figura 12.3 é de –0,40.

FIGURA 12.3 Gráfico de Dispersão da Variação na Inflação entre o Ano *t* e o ano *t* + 1 *versus* Taxa de Desemprego no Ano *t*

Em 1982, a taxa de desemprego nos Estados Unidos foi de 9,7 por cento, e a taxa de inflação em 1983 caiu em 2,9 por cento (o ponto grande). Em geral, valores altos da taxa de desemprego no ano *t* tendem a ser seguidos de diminuições na taxa de inflação dos preços no ano seguinte, ano *t* + 1, com uma correlação de −0,40.

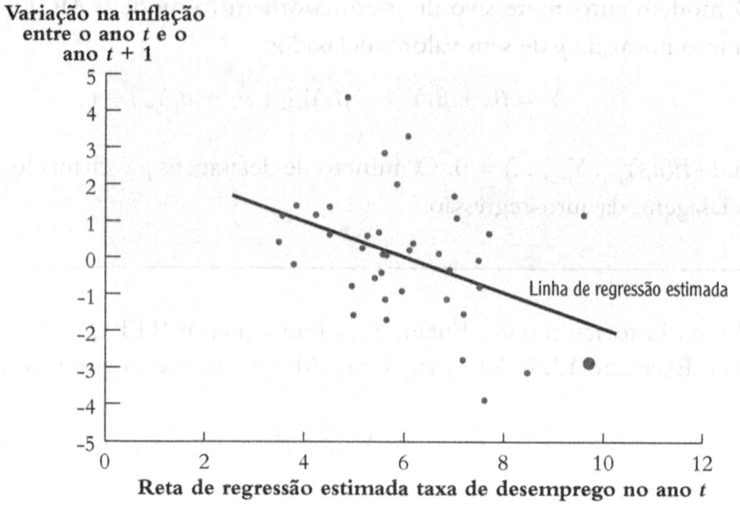

O gráfico de dispersão da Figura 12.3 sugere que os valores passados da taxa de desemprego podem conter informações sobre a trajetória futura da inflação que já não estão contidas nas variações passadas na inflação. Essa conjectura é prontamente verificada ampliando-se o modelo AR(4) da Equação (12.13) para incluir a primeira defasagem da taxa de desemprego:

$$\widehat{\Delta Inf_t} = \underset{(0,55)}{1,42} - \underset{(0,09)}{0,26}\Delta Inf_{t-1} - \underset{(0,10)}{0,40}\Delta Inf_{t-2} + \underset{(0,08)}{0,11}\Delta Inf_{t-3} - \underset{(0,10)}{0,09}\Delta Inf_{t-4} - \underset{(0,10)}{0,23}Desemp_{t-1}. \quad (12.16)$$

A estatística *t* de $Desemp_{t-1}$ é de −2,33, de modo que esse termo é significante ao nível de 5 por cento. O $\overline{R}^2$ dessa regressão é 0,22, uma pequena melhora em relação ao $\overline{R}^2$ de 0,21 do AR(4).

A previsão da variação na inflação em 2000:I é obtida substituindo-se os valores de 1999 da variação na inflação na Equação (12.16), juntamente com o valor da taxa de desemprego em 1999:IV (que é de 4,1 por cento); a previsão resultante é $\widehat{\Delta Inf}_{2000:I|1999:IV} = 0,5$. Assim, a previsão de inflação para 2000:I é de 3,2 + 0,5 = 3,7 por cento, e o erro de previsão é de 0,4 por cento. Essa previsão é mais próxima da inflação efetiva em 2000:I do que a previsão do AR(4).

Se uma defasagem da taxa de desemprego ajuda a prever a inflação, muitas defasagens podem ajudar ainda mais; a inclusão de mais três defasagens da taxa de desemprego produz

$$\begin{aligned}\widehat{\Delta Inf_t} = {} & \underset{(0,47)}{1,32} - \underset{(0,09)}{0,36}\Delta Inf_{t-1} - \underset{(0,10)}{0,34}\Delta Inf_{t-2} + \underset{(0,08)}{0,07}\Delta Inf_{t-3} - \underset{(0,09)}{0,03}\Delta Inf_{t-4} \\ & - \underset{(0,47)}{2,68}Desemp_{t-1} + \underset{(0,89)}{3,43}Desemp_{t-2} - \underset{(0,89)}{1,04}Desemp_{t-3} + \underset{(0,44)}{0,07}Desemp_{t-4}.\end{aligned} \quad (12.17)$$

A estatística *F* testando a significância conjunta da segunda à quarta defasagens da taxa de desemprego é de 4,93 (valor $p = 0,003$), logo elas são conjuntamente significantes. O $\overline{R}^2$ da regressão na Equação (12.17) é de 0,35, uma melhora consistente em relação ao 0,22 da Equação (12.16). A estatística *F* de todos os coeficientes do desemprego é de 8,51 (valor $p < 0,001$), indicando que esse modelo representa uma melhora estatisticamente significante em relação ao modelo AR(4) da Seção 12.3 (Equação (12.13)). O erro padrão da regressão na Equação (12.17) é de 1,37, uma melhora substancial em relação ao *EPR* de 1,53 do AR(4).

Modelo Auto-Regressivo de Defasagem Distribuída

Conceito-Chave 12.4

O modelo auto-regressivo de defasagem distribuída com p defasagens de Y_t e q defasagens de X_t, representado por **ADD(p,q)**, é

$$Y_t = \beta_0 + \beta_1 Y_{t-1} + \beta_2 Y_{t-2} + \cdots + \beta_p Y_{t-p} + \delta_1 X_{t-1} + \delta_2 X_{t-2} + \cdots + \delta_q X_{t-q} + u_t, \quad (12.18)$$

onde $\beta_0, \beta_1, ..., \beta_p, \delta_1, ..., \delta_q$ são coeficientes desconhecidos e u_t é o termo de erro com $E(u_t | Y_{t-1}, Y_{t-2}, ..., X_{t-1}, X_{t-2}, ...) = 0$.

A variação prevista na inflação de 1999:IV a 2000:I utilizando a Equação (12.17) é calculada pela substituição dos valores das variáveis na equação. A taxa de desemprego foi de 4,3 por cento em 1999:I e 1999:II, de 4,2 por cento em 1999:III e de 4,1 por cento em 1999:IV. A previsão da variação na inflação de 1999:IV a 2000:I com base na Equação (12.17) é

$$\begin{aligned}\widehat{\Delta Inf}_{2000:I|1999:IV} &= 1,32 - 0,36 \times 0,4 - 0,34 \times 0,0 + 0,07 \times 1,1 - 0,03 \\ &\times (-0,4) - 2,68 \times 4,1 + 3,43 \times 4,2 - 1,04 \times 4,3 + 0,07 \times 4,3 = 0,5\end{aligned} \quad (12.19)$$

Portanto, a previsão da inflação para 2000:I é de 3,2 + 0,5 = 3,7 por cento. O erro de previsão é pequeno, 0,4. A inclusão de múltiplas defasagens da taxa de desemprego parece melhorar as previsões de inflação em relação às de um AR(4).

O modelo auto-regressivo de defasagem distribuída. Os modelos nas equações (12.16) e (12.17) são modelos **auto-regressivos de defasagem distribuída (ADD)**: "auto-regressivos" porque os valores defasados da variável dependente são incluídos como regressores, como em uma auto-regressão, e "de defasagem distribuída" porque a regressão também inclui múltiplas defasagens (uma "defasagem distribuída") de um previsor adicional. Em geral, um modelo auto-regressivo de defasagem distribuída com p defasagens da variável dependente Y_t e q defasagens de um previsor adicional X_t é chamado de modelo **ADD(p,q)**. Nessa notação, o modelo da Equação (12.16) é um modelo ADD(4,1) e o modelo da Equação (12.17) é um modelo ADD(4,4).

O modelo auto-regressivo de defasagem distribuída está resumido no Conceito-Chave 12.4. Com todos esses regressores, a notação na Equação (12.18) fica um tanto pesada; no Apêndice 12.3, apresentamos uma notação opcional alternativa baseada no operador defasagem.

A hipótese de que os erros no modelo ADD possuem uma média condicional igual a zero dados todos os valores passados de Y e de X, isto é, que $E(u_t | Y_{t-1}, Y_{t-2}, ..., X_{t-1}, X_{t-2}, ...) = 0$, implica que nenhuma defasagem adicional tanto de Y quanto de X pertencem ao modelo ADD. Em outras palavras, os tamanhos de defasagem p e q são os verdadeiros e os coeficientes das defasagens adicionais são iguais a zero.

O modelo ADD contém defasagens da variável dependente (o componente auto-regressivo) e uma defasagem distribuída de um único previsor adicional, X. Em geral, contudo, as previsões podem ser aperfeiçoadas utilizando-se múltiplos previsores. Porém, antes de passarmos para o modelo geral de regressão de séries temporais com múltiplos previsores, vamos introduzir o conceito de estacionariedade, que será utilizado naquela discussão.

Estacionariedade

A análise de regressão de dados de séries temporais necessariamente utiliza dados do passado para quantificar relações históricas. Se o futuro é igual ao passado, então essas relações históricas podem ser utilizadas para prever o futuro. Mas se o futuro difere fundamentalmente do passado, essas relações históricas podem não ser guias confiáveis para o futuro.

Conceito-Chave 12.5

Estacionariedade

Uma série temporal Y_t é **estacionária** se a sua distribuição de probabilidade não muda ao longo do tempo, isto é, se a distribuição conjunta de $(Y_{s+1}, Y_{s+2}, ..., Y_{s+T})$ não depende de s; caso contrário, diz-se que Y_t é **não estacionária**. Diz-se que um par de séries temporais Y_t e X_t é **conjuntamente estacionário** se a distribuição conjunta de $(X_{s+1}, Y_{s+1}, X_{s+2}, Y_{s+2}, ..., X_{s+T}, Y_{s+T})$ não depende de s. A estacionariedade requer que o futuro seja igual ao passado, pelo menos em um sentido probabilístico.

No contexto da regressão de séries temporais, a idéia de que as relações históricas podem ser generalizadas para o futuro é formalizada pelo conceito de **estacionariedade**. A definição precisa de estacionariedade, presente no Conceito-Chave 12.5, é de que a distribuição da variável de série temporal não muda ao longo do tempo.

Regressão de Séries Temporais com Múltiplos Previsores

O modelo geral de regressão de séries temporais com múltiplos previsores estende o modelo ADD para incluir múltiplos previsores e suas defasagens. O modelo é resumido no Conceito-Chave 12.6. A presença de múltiplos previsores e suas defasagens leva a um duplo subscrito dos coeficientes e regressores da regressão.

Hipóteses do modelo de regressão de séries temporais. As hipóteses do Conceito-Chave 12.6 modificam as quatro hipóteses de mínimos quadrados do modelo de regressão múltipla para dados de corte (veja o Conceito-Chave 5.4), adaptando-as para o caso de dados de séries temporais.

A primeira hipótese é de que u_t possui uma média condicional igual a zero, dados todos os regressores *e* as defasagens adicionais dos regressores além das defasagens incluídas na regressão. Essa hipótese estende a hipótese utilizada nos modelos AR e ADD e implica que a melhor previsão de Y_t utilizando todos os valores passados do Y e dos Xs é fornecida pela regressão da Equação (12.20).

A segunda hipótese de mínimos quadrados para dados de corte (Conceito-Chave 5.4) é de que $(X_{1i}, ..., X_{ki}, Y_i)$, $i = 1, ..., n$ são independente e identicamente distribuídas (i.i.d). A segunda hipótese para a regressão de séries temporais substitui a hipótese i.i.d. por uma mais apropriada, composta de duas partes. Na parte (a), os dados são selecionados de uma distribuição estacionária de modo que a distribuição dos dados atuais é igual à sua distribuição no passado. Essa hipótese é uma versão de séries temporais da parte "identicamente distribuída" da hipótese i.i.d.: o requisito de corte de que cada seleção é identicamente distribuída é substituído pelo requisito de séries temporais de que a distribuição conjunta das variáveis, *incluindo as defasagens*, não muda ao longo do tempo. Na prática, muitas séries temporais econômicas parecem ser não estacionárias, o que significa que essa hipótese pode não ser válida em aplicações. Se as variáveis de séries temporais são não estacionárias, um ou mais problemas podem surgir na regressão de séries temporais: a previsão pode ser viesada, ineficiente (podem existir previsões alternativas baseadas nos mesmos dados mas com variância menor) ou as inferências estatísticas convencionais baseadas em MQO (por exemplo, a realização de um teste de hipótese comparando a estatística t de MQO a $\pm 1{,}96$) podem ser enganosas. Precisamente quais desses problemas ocorrem, e suas soluções, dependem da fonte da não-estacionariedade. Nas seções 12.6 e 12.7, estudamos os problemas, os testes e as soluções para dois tipos de não-estacionariedade importantes empiricamente em séries temporais econômicas, tendências e quebras. Por ora, contudo, simplesmente supomos que as séries são conjuntamente estacionárias e, portanto, nos concentramos nas regressões com variáveis estacionárias.

A parte (b) da segunda hipótese requer que as variáveis aleatórias tornem-se independentemente distribuídas quando o intervalo de tempo que as separa se torna grande. Isso substitui o requisito de corte de que as variáveis sejam independentemente distribuídas de uma observação para outra pelo requisito de séries temporais de que elas sejam independentemente distribuídas quando estiverem separadas por longos períodos de tempo. Essa

Regressão de Séries Temporais com Múltiplos Previsores

Conceito-Chave 12.6

O modelo geral de regressão de séries temporais leva em conta k previsores adicionais, onde q_1 defasagens do primeiro previsor são incluídas, q_2 defasagens do segundo previsor são incluídas e assim por diante:

$$Y_t = \beta_0 + \beta_1 Y_{t-1} + \beta_2 Y_{t-2} + \cdots + \beta_p Y_{t-p} + \delta_{11} X_{1t-1} + \delta_{12} X_{1t-2} + \cdots + \delta_{1q_1} X_{1t-q_1} + \cdots + \delta_{k1} X_{kt-1} + \delta_{k2} X_{kt-2} + \cdots + \delta_{kq_k} X_{kt-q_k} + u_t, \quad (12.20)$$

onde

1. $E(u_t | Y_{t-1}, Y_{t-2}, \ldots, X_{1t-1}, X_{1t-2}, \ldots, X_{kt-1}, X_{kt-2}, \ldots) = 0$;
2. (a) As variáveis aleatórias $(Y_t, X_{1t}, \ldots, X_{kt})$ possuem uma distribuição estacionária e (b) $(Y_t, X_{1t}, \ldots, X_{kt})$ e $(Y_{t-j}, X_{1t-j}, \ldots, X_{kt-j})$ tornam-se independentes à medida que j torna-se grande;
3. $X_{1t}, \ldots, X_{kt}$ e Y_t possuem quartos momentos finitos diferentes de zero; e
4. não existe multicolinearidade perfeita.

hipótese às vezes é chamada de **dependência fraca**, e ela assegura que em amostras grandes há aleatoriedade suficiente nos dados para que a lei dos grandes números e o teorema central do limite sejam válidos. Não fornecemos uma expressão matemática precisa da condição de dependência fraca, mas o leitor pode recorrer a Hayashi (2000, Capítulo 2).

A terceira hipótese, que é igual à terceira hipótese de mínimos quadrados para dados de corte, é de que todas as variáveis possuem quartos momentos finitos diferentes de zero.

Finalmente, a quarta hipótese, que também é igual à dos dados de corte, é de que os regressores não são perfeitamente multicolineares.

Inferência estatística e o teste de causalidade de Granger. Sob as hipóteses do Conceito-Chave 12.6, a inferência sobre os coeficientes da regressão utilizando MQO se dá da mesma forma que a inferência feita utilizando dados de corte.

Uma aplicação útil da estatística F na previsão de séries temporais é testar se as defasagens de um dos regressores incluídos possuem um conteúdo preditivo útil, muito superior ao dos outros regressores no modelo. A afirmação de que uma variável não possui conteúdo preditivo corresponde à hipótese nula de que os coeficientes de todas as defasagens daquela variável são iguais a zero. A estatística F testando essa hipótese nula é chamada de **estatística de causalidade de Granger**, e o teste associado a ela é chamado de **teste de causalidade de Granger** (Granger (1969)). Esse teste é resumido no Conceito-Chave 12.7.

A causalidade de Granger tem pouca relação com a causalidade no sentido empregado em outras partes deste livro. No Capítulo 1, causalidade foi definida em termos de um experimento controlado aleatório ideal em que diferentes valores de X são aplicados experimentalmente, e observamos o efeito posterior sobre Y. Em contraste, a causalidade de Granger significa que, se X causa Y no sentido de Granger,* então X é um previsor útil de Y, dadas as outras variáveis na regressão. Embora "previsibilidade de Granger" seja um termo mais preciso do que "causalidade de Granger", este último foi incorporado ao jargão da econometria.

Como exemplo, considere a relação entre a variação na taxa de inflação e seus valores passados e os valores passados da taxa de desemprego. Com base nas estimativas de MQO na Equação (12.17), a estatística F testando a hipótese nula de que os coeficientes das quatro defasagens da taxa de desemprego são iguais a zero é de 8,51

* Alguns econometristas preferem utilizar a expressão mais concisa "*X Granger-causa Y*" em vez de "*X causa Y no sentido de Granger*"(N. do R.T.).

Conceito-Chave 12.7

Testes de Causalidade de Granger (Testes de Conteúdo Preditivo)

A estatística de causalidade de Granger é a estatística F testando a hipótese de que os coeficientes de todos os valores de uma das variáveis na Equação (12.20) (por exemplo, os coeficientes de $X_{1t-1}, X_{1t-2}, ..., X_{1t-q_1}$) são iguais a zero. Essa hipótese nula implica que esses regressores não possuem conteúdo preditivo para Y_t além daquele contido nos outros regressores; o teste dessa hipótese nula é chamado de teste de causalidade de Granger.

($p < 0{,}001$): no jargão do Conceito-Chave 12.7, podemos concluir (ao nível de significância de 1 por cento) que a taxa de desemprego causa variações na taxa de inflação no sentido de Granger. Isso *não* significa necessariamente que uma variação na taxa de desemprego causará — no sentido do Capítulo 1 — uma variação posterior na taxa de inflação. *Significa* que os valores passados da taxa de desemprego parecem conter informações úteis para prever variações na taxa de inflação, além daquelas contidas nos valores passados da taxa de inflação.

Incerteza na Previsão e Intervalos de Previsão

Em qualquer problema de estimação, é uma boa prática apresentar uma medida da incerteza dessa estimativa, e a previsão não é uma exceção. Uma medida da incerteza de uma previsão é sua raiz do erro de previsão quadrático médio. Sob a hipótese adicional de que os erros u_t são normalmente distribuídos, a REPQM pode ser utilizada para construir um intervalo de previsão, isto é, um intervalo que contém o valor futuro da variável com uma determinada probabilidade.

Incerteza da previsão. O erro de previsão consiste de dois componentes: a incerteza que surge da estimação dos coeficientes da regressão e a incerteza associada ao valor desconhecido futuro de u_t. Para regressões com poucos coeficientes e muitas observações, a incerteza que surge do u_t futuro pode ser muito maior do que a incerteza associada à estimação dos parâmetros. Em geral, contudo, ambas as fontes de incerteza são importantes, de modo que agora desenvolvemos uma expressão para a REPQM que incorpora essas duas fontes de incerteza.

Para manter a notação simples, considere as previsões de Y_{T+1} baseadas em um modelo ADD(1,1) com um único previsor, isto é, $Y_t = \beta_0 + \beta_1 Y_{t-1} + \delta_1 X_{t-1} + u_t$, e suponha que u_t seja homoscedástico. A previsão é $\hat{Y}_{T+1|T} = \hat{\beta}_0 + \hat{\beta}_1 Y_T + \hat{\delta}_1 X_T$, e o erro de previsão é

$$Y_{T+1} - \hat{Y}_{T+1|T} = u_{T+1} - [(\hat{\beta}_0 - \beta_0) + (\hat{\beta}_1 - \beta_1)Y_T + (\hat{\delta}_1 - \delta_1)X_T]. \quad (12.21)$$

Como u_{T+1} possui média condicional igual a zero e é homoscedástico, u_{T+1} possui variância σ_u^2 e não está correlacionado com a expressão final entre colchetes da Equação (12.21). Portanto, o erro de previsão quadrático médio (EPQM) é

$$\begin{aligned} \text{EPQM} &= E[(Y_{T+1} - \hat{Y}_{T+1|T})^2] \\ &= \sigma_u^2 + \text{var}[(\hat{\beta}_0 - \beta_0) + (\hat{\beta}_1 - \beta_1)Y_T + (\hat{\delta}_1 - \delta_1)X_T], \end{aligned} \quad (12.22)$$

e REPQM é a raiz quadrada do EPQM.

A estimação do EPQM envolve a estimação das duas partes da Equação (12.22). O primeiro termo, σ_u^2, pode ser estimado pelo quadrado do erro padrão da regressão, conforme discutido na Seção 12.3. O segundo termo requer a estimação da variância de uma média ponderada dos coeficientes da regressão, conforme os métodos discutidos na Seção 6.1 (veja a discussão após a Equação (6.7)).

Um método alternativo para estimar o EPQM é utilizar a variância das pseudoprevisões fora da amostra, um procedimento discutido na Seção 12.7.

Intervalos de previsão. Um intervalo de previsão é como um intervalo de confiança, exceto pelo fato de que diz respeito a uma previsão. Isto é, um **intervalo de previsão** de 95 por cento é um intervalo que contém o valor futuro da série em 95 por cento das aplicações.

Uma diferença importante entre um intervalo de previsão e um intervalo de confiança é que a fórmula usual para um intervalo de confiança de 95 por cento (o estimador $\pm 1{,}96$ erros padrão) é justificada pelo teorema central do limite e, portanto, é válida para uma ampla gama de distribuições do termo de erro. Em contraste, como o erro de previsão na Equação (12.21) inclui o valor futuro do erro u_{T+1}, o cálculo de um intervalo de previsão requer que se estime a distribuição do termo de erro ou que se faça alguma hipótese sobre essa distribuição.

Na prática, é conveniente supor que u_{T+1} é normalmente distribuído. Se for esse o caso, a Equação (12.21) e o teorema central do limite aplicados a $\hat{\beta}_0$, $\hat{\beta}_1$ e $\hat{\delta}_1$ implicam que o erro de previsão é a soma de dois termos independentes normalmente distribuídos, de modo que esse erro é normalmente distribuído, com variância igual ao EPQM. Segue-se que um intervalo de confiança de 95 por cento é dado por $\hat{Y}_{T+1|T} \pm 1{,}96\, EP(Y_{T+1} - \hat{Y}_{T+1|T})$, onde $EP(Y_{T+1} - \hat{Y}_{T+1|T})$ é um estimador da REPQM.

Essa discussão concentrou-se no caso em que o termo de erro, u_{T+1}, é homoscedástico. Se, em vez disso, u_{T+1} é heteroscedástico, então é preciso desenvolver um modelo da heteroscedasticidade de modo que o termo σ_u^2 da Equação (12.22) possa ser estimado, dados os valores mais recentes de Y e X; os métodos para modelar essa heteroscedasticidade condicional são apresentados na Seção 14.5.

Em virtude da incerteza sobre eventos futuros — isto é, a incerteza sobre u_{T+1} —, os intervalos de previsão de 95 por cento podem ser tão grandes que possuem utilização limitada na tomada de decisões. Os analistas, portanto, freqüentemente apresentam intervalos de previsão mais restritos do que 95 por cento, por exemplo intervalos de previsão de um erro padrão (que são intervalos de previsão de 68 por cento se os erros são normalmente distribuídos). Alternativamente, alguns analistas apresentam múltiplos intervalos de previsão, como fazem os economistas do Banco da Inglaterra (Bank of England) quando publicam suas previsões de inflação (veja o quadro "Rio de Sangue").

12.5 Seleção do Tamanho da Defasagem Utilizando Critérios de Informação

As regressões estimadas da inflação nas seções 12.3 e 12.4 possuem uma ou quatro defasagens dos previsores. Uma defasagem faz algum sentido, mas por que quatro? Generalizando, quantas defasagens deveriam ser incluídas em uma regressão de séries temporais? Nesta seção, discutimos métodos estatísticos para a escolha do número de defasagens, primeiro em uma auto-regressão, depois em um modelo de regressão de séries temporais com múltiplos previsores.

Determinando a Ordem de uma Auto-Regressão

Na prática, a escolha da ordem p de uma auto-regressão requer o equilíbrio do benefício da inclusão de mais defasagens contra o custo da incerteza adicional da estimação. Por um lado, se a ordem de uma auto-regressão estimada for muito baixa, você omitirá informações potencialmente valiosas contidas nos valores defasados mais distantes. Por outro lado, se for demasiadamente alta, estimará mais coeficientes do que o necessário, o que por sua vez introduz erros de estimação adicionais em suas previsões.

Enfoque da estatística F. Um enfoque utilizado para escolher p é começar por um modelo com muitas defasagens e realizar testes de hipótese sobre a última defasagem. Por exemplo, você pode começar a estimar um AR(6) e testar se o coeficiente da sexta defasagem é significante ao nível de 5 por cento; se não for, exclua a defasagem e estime um AR(5), teste o coeficiente da quinta defasagem e assim por diante. A desvantagem desse método é que ele produzirá, pelo menos algumas vezes, um modelo grande demais: mesmo que a verdadeira ordem do AR seja cinco, de modo que o sexto coeficiente seja zero, um teste de 5 por cento utilizando a estatística t para um nível de 5 por cento rejeitará incorretamente essa hipótese nula em 5 por cento das vezes por acaso. Portanto, quando o valor verdadeiro de p for cinco, esse método estimará p como seis em 5 por cento das vezes.

O Rio de Sangue

Como parte de seus esforços para informar o público sobre suas decisões relativas à política monetária, o Banco da Inglaterra publica regularmente previsões de inflação. Essas previsões combinam resultados de modelos econométricos mantidos por econometristas profissionais do banco com o julgamento especializado dos membros do pessoal superior do banco e do Comitê de Política Monetária. As previsões são apresentadas como um conjunto de intervalos de previsão projetados que refletem o que esses economistas consideram ser o intervalo de caminhos prováveis que a inflação pode tomar. No Relatório da Inflação (*Inflation Report*) publicado pelo banco, esses intervalos estão impressos em vermelho, com o vermelho mais escuro representando a banda central. Embora o banco prosaicamente se refira a isso como o "gráfico em leque", a imprensa denominou essas tonalidades difusas de vermelho de "rio de sangue."

A Figura 12.4 mostra o rio de sangue para fevereiro de 2001 (nesta figura, o sangue é cinza, não vermelho, de modo que você precisará utilizar sua imaginação). O gráfico mostra que, a partir de fevereiro de 2001, os economistas do banco esperavam que a inflação permanecesse basicamente estável em aproximadamente 2 por cento ao longo do ano seguinte, mas que então aumentaria. Existe, contudo, uma considerável incerteza em relação a essa previsão. Em seu relatório, eles citaram em particular a possibilidade de uma desaceleração maior nos Estados Unidos — que na verdade se transformou na recessão de 2001 — que poderia levar a uma inflação mais baixa no Reino Unido. De acordo com os acontecimentos, sua previsão foi boa: no quarto trimestre de 2001, a taxa de inflação foi de 2 por cento.

O Banco da Inglaterra foi pioneiro no movimento rumo a uma maior abertura pelos bancos centrais, e outros desses bancos passaram a publicar previsões de inflação. As decisões tomadas por elaboradores de políticas monetárias são difíceis e afetam as vidas — e os bolsos — de muitos cidadãos. Em uma democracia na era da informação, argumentaram os economistas do Banco da Inglaterra, é particularmente importante que os cidadãos entendam o ponto de vista econômico do banco e o raciocínio por trás de suas difíceis decisões.

Para ver o rio de sangue em sua cor original, visite o site do Banco da Inglaterra em www.bankofengland.co.uk/inflationreport.

FIGURA 12.4 O Rio de Sangue

O gráfico em leque do Banco da Inglaterra para fevereiro de 2001 mostra intervalos de previsão para a inflação.

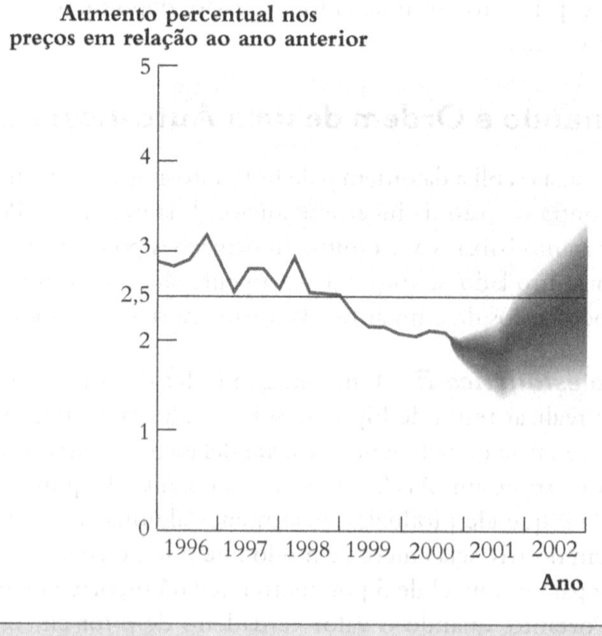

CIB. Uma forma de contornar esse problema é estimar p minimizando um "critério de informação". Um desses critérios é o **critério de informação de Bayes (CIB)**,* também chamado de **critério de informação de Schwarz (CIS)**, que é

$$\text{BIC}(p) = \ln\left(\frac{SQR(p)}{T}\right) + (p + 1)\frac{\ln T}{T}, \tag{12.23}$$

onde $SQR(p)$ é a soma dos quadrados dos resíduos no AR(p) estimado. O estimador CIB de p, $\hat{p}$, é o valor que minimiza CIB(p) entre as escolhas possíveis $p = 0, 1, ..., p_{máx}$, onde $p_{máx}$ é o maior valor de p considerado.

A fórmula para o CIB pode parecer um tanto enigmática a princípio, mas tem um apelo intuitivo. Considere o primeiro termo da Equação (12.23). Como os coeficientes da regressão são estimados por MQO, a soma dos quadrados dos resíduos necessariamente diminui (ou pelo menos não aumenta) quando você acrescenta uma defasagem. Em contraste, o segundo termo é o número de coeficientes estimados da regressão (o número de defasagens, p, mais um do intercepto) multiplicado pelo fator $(\ln T)/T$. Esse segundo termo aumenta quando você acrescenta uma defasagem. O CIB contrabalança essas duas forças de modo que o número de defasagens que minimiza o CIB seja um estimador consistente do tamanho verdadeiro da defasagem. No Apêndice 12.5, apresentamos a matemática desse argumento.

Como exemplo, considere a estimação da ordem do AR para uma auto-regressão da variação na taxa de inflação. Os vários passos para o cálculo do CIB são conduzidos na Tabela 12.3 para auto-regressões de ordem máxima seis ($p_{máx} = 6$). Por exemplo, para o modelo AR(1) da Equação (12.7), $SQR(1)/T = 2{,}726$, de modo que $\ln(SQR(1)/T) = 1{,}003$. Como $T = 152$ (38 anos, quatro trimestres por ano), $\ln(T)/T = 0{,}033$ e $(p + 1)\ln(T)/T = 2 \times 0{,}033 = 0{,}066$. Portanto, $\text{BIC}(1) = 1{,}003 + 0{,}066 = 1{,}069$.

Na Tabela 12.3, o CIB é o menor quando $p = 3$. Portanto, a estimativa do CIB do tamanho da defasagem é 3. Como pode ser visto na Tabela 12.3, à medida que o número de defasagens aumenta, o R^2 aumenta e a SQR diminui. O aumento em R^2 é maior de uma a duas defasagens, menor de duas a três defasagens e extremamente pequeno de três a quatro defasagens. O CIB ajuda a decidir de forma precisa o tamanho do aumento em R^2 para justificar a inclusão de uma defasagem adicional.

CIA. O CIB não é o único critério de informação; há também o **critério de informação de Akaike**, ou **CIA**:**

$$\text{CIA}(p) = \ln\left(\frac{SQR(p)}{T}\right) + (p + 1)\frac{2}{T}. \tag{12.24}$$

TABELA 12.3 Critério de Informação de Bayes (CIB) e o R^2 para Modelos Auto-Regressivos da Inflação dos Estados Unidos, 1962-1999

p	$SQR(p)/T$	$\ln(SQR(p)/T)$	$(p+1)\ln(T)/T$	CIB(p)	R^2
0	2,853	1,048	0,033	1,081	0,000
1	2,726	1,003	0,066	1,069	0,045
2	2,361	0,859	0,099	0,958	0,173
3	2,264	0,817	0,132	0,949	0,206
4	2,261	0,816	0,165	0,981	0,207
5	2,260	0,815	0,198	1,013	0,208
6	2,257	0,814	0,231	1,045	0,209

* No original, CIB corresponde a *BIC* (N. do R.T.).

** No original, CIA corresponde a *AIC* (N. do R.T.).

A diferença entre o CIA e o CIB é que o termo "$\ln T$" no CIB é substituído por "2" no CIA, de modo que o segundo termo no CIA é menor. Por exemplo, para as 152 observações utilizadas para estimar as auto-regressões da inflação, $\ln T = \ln(152) = 5{,}02$, de modo que o segundo termo do CIB é mais do que o dobro do segundo termo do CIA. Portanto, uma diminuição menor na SQR é necessária no CIA para justificar a inclusão de outra defasagem. Como uma questão teórica, o segundo termo do CIA não é grande o suficiente para garantir que o tamanho correto da defasagem tenha sido escolhido, mesmo em amostras grandes, portanto o estimador do CIA de p não é consistente. Conforme discutido no Apêndice 12.5, em amostras grandes, a probabilidade de que o CIA superestime p é diferente de zero.

Apesar dessa imperfeição teórica, o CIA é largamente utilizado na prática. Se você está preocupado com o fato de que o CIB pode produzir um modelo com muito poucas defasagens, o CIA fornece uma alternativa razoável.

Uma nota sobre o cálculo de critérios de informação. A melhor forma de avaliar como duas regressões estimadas se ajustam aos dados é estimá-las utilizando os mesmos conjuntos de dados. Como o CIB e o CIA são métodos formais que fazem essas comparações, as auto-regressões em consideração deveriam ser estimadas utilizando as mesmas observações. Por exemplo, na Tabela 12.3, todas as regressões foram estimadas utilizando dados de 1962:I a 1999:IV, em um total de 152 observações. Como as auto-regressões envolvem defasagens da variação na inflação, isso significa que valores anteriores da variação na inflação (valores anteriores a 1962:I) foram utilizados como regressores para as observações preliminares. Dito de outra forma, cada regressão examinada na Tabela 12.3 inclui observações de ΔInf_t, ΔInf_{t-1}, ..., ΔInf_{t-p} para t = 1962:I, ..., 1999:IV, o que corresponde a 152 observações da variável dependente e dos regressores; assim, nas equações (12.23) e (12.24), $T = 152$.

Seleção do Tamanho da Defasagem na Regressão de Séries Temporais com Múltiplos Previsores

O dilema envolvido na escolha do tamanho da defasagem no modelo geral de regressão de séries temporais com múltiplos regressores (Equação (12.20)) é semelhante àquele envolvido em uma auto-regressão: a utilização de muito poucas defasagens pode diminuir a precisão da previsão, uma vez que informações valiosas são perdidas, mas o acréscimo de defasagens aumenta a incerteza da estimação. A escolha de defasagens deve contrabalançar o benefício de utilizar informações adicionais com o custo de estimar os coeficientes adicionais.

O enfoque da estatística F. Assim como na auto-regressão univariada, uma forma de determinar o número de defasagens a serem incluídas é utilizar a estatística F para testar hipóteses conjuntas de que conjuntos de coeficientes são iguais a zero. Por exemplo, na discussão da Equação (12.17), testamos a hipótese de que os coeficientes da segunda à quarta defasagem da taxa de desemprego são iguais a zero contra a alternativa de que são diferentes de zero; essa hipótese foi rejeitada ao nível de significância de 1 por cento, dando suporte à especificação de defasagens mais longas. Se o número de modelos comparados é pequeno, esse método da estatística F é fácil de utilizar. Em geral, contudo, o método da estatística F pode produzir modelos que são grandes demais no sentido de que a verdadeira ordem de defasagem é superestimada.

Critérios de informação. Como em uma auto-regressão, o CIB e o CIA podem ser utilizados para estimar o número de defasagens e variáveis no modelo de regressão de séries temporais com múltiplos previsores. Se o modelo de regressão possui K coeficientes (incluindo o intercepto), o CIB é

$$\text{CIB}(K) = \ln\left(\frac{SQR(K)}{T}\right) + K\frac{\ln T}{T}. \tag{12.25}$$

O CIA é definido da mesma forma, porém 2 substitui $\ln T$ na Equação (12.25). Para cada modelo possível, o CIB (ou o CIA) pode ser calculado, e o modelo com menor valor do CIB (ou o CIA) é o modelo preferido com base no critério de informação.

Há duas considerações práticas importantes na utilização de um critério de informação para estimar o tamanho das defasagens. Em primeiro lugar, como é o caso para a auto-regressão, todos os modelos possíveis devem ser estimados com base na mesma amostra; na notação da Equação (12.25), o número de observações utilizadas para estimar o modelo, T, deve ser o mesmo para todos os modelos. Em segundo lugar, quando há múltiplos previsores, esse enfoque exige muito dos computadores, pois requer o cálculo de muitos modelos (muitas combinações dos parâmetros de defasagem). Na prática, um atalho conveniente é requerer que todos os regressores tenham o mesmo número de defasagens, isto é, requerer que $p = q_1 = \cdots = q_k$, de modo que somente $p_{máx} + 1$ modelos necessitem ser comparados (correspondendo a $p = 0, 1, ..., p_{máx}$).

12.6 Não-Estacionariedade I: Tendências

No Conceito-Chave 12.6, supusemos que a variável dependente e os regressores são estacionários. Se não é esse o caso, isto é, se a variável dependente e/ou os regressores são não estacionários, os testes de hipótese convencionais, os intervalos de confiança e as previsões podem não ser confiáveis. O problema exato criado pela não-estacionariedade e sua solução dependem da natureza dessa não-estacionariedade.

Nesta seção e na próxima, examinamos dois dos tipos mais importantes de não-estacionariedade em dados de séries temporais econômicas: tendências e quebras. Em cada seção, primeiro descrevemos a natureza da não-estacionariedade e então discutimos as conseqüências para a regressão de séries temporais se esse tipo de não-estacionariedade estiver presente mas for ignorado. Em seguida, apresentamos testes para a não-estacionariedade e discutimos soluções para os problemas causados por esse tipo particular de não-estacionariedade. Comecemos pela discussão de tendências.

O Que É uma Tendência?

Tendência é um movimento persistente de longo prazo de uma variável ao longo do tempo. Uma variável de série temporal flutua em torno de sua tendência.

A Figura 12.1a sugere que a taxa de inflação dos Estados Unidos possui uma tendência que consiste em uma tendência geral ascendente até 1982 e uma tendência descendente a partir daí. As séries das figuras 12.2a, b e c também possuem tendências, mas são completamente diferentes. A tendência na taxa de juros dos Fundos Federais dos Estados Unidos é semelhante à tendência na taxa de inflação do país. A taxa de câmbio dólar-libra possui claramente uma tendência descendente prolongada após o colapso do sistema de taxa de câmbio fixa em 1972. O logaritmo do PIB real japonês tem uma tendência complicada: a um crescimento rápido inicial segue-se um crescimento moderado e finalmente um crescimento lento.

Tendências deterministas e estocásticas. Existem dois tipos de tendências nos dados de séries temporais: as deterministas e as estocásticas. Uma **tendência determinista** é uma função não aleatória do tempo. Por exemplo, uma tendência determinista pode ser linear ao longo do tempo; se a inflação tivesse uma tendência linear determinista, de modo que aumentasse em 0,1 ponto percentual por trimestre, essa tendência poderia ser escrita como $0{,}1t$, onde t é medido em trimestres. Em contraste, uma **tendência estocástica** é aleatória e varia ao longo do tempo. Por exemplo, uma tendência estocástica na inflação pode apresentar um período prolongado de aumento, seguido de um período prolongado de declínio, como a tendência da inflação na Figura 12.1.

Assim como muitos econometristas, consideramos mais apropriado modelar séries temporais econômicas com tendências estocásticas em vez de deterministas. A econometria é complexa. É difícil conciliar a previsibilidade implicada por uma tendência determinista com as complicações e surpresas enfrentadas ano após ano por trabalhadores, empresas e governos. Por exemplo, embora a inflação nos Estados Unidos tenha subido até a década de 1970, ela não estava destinada nem a aumentar para sempre nem a cair novamente. Em vez disso, compreendeu-se que o crescimento lento da inflação ocorreu em virtude da falta de sorte e da política monetária ruim e que seu controle foi em grande parte conseqüência de decisões duras tomadas pela Diretoria (Board of Governors) do Federal Reserve. De forma semelhante, a taxa de câmbio dólar-libra registrou uma tendência descendente de 1972 a 1985 e uma tendência ascendente posteriormente, porém esses movimentos também foram conseqüência de forças econômicas complexas; como essas forças mudam de forma não previsível, considera-se que essas tendências têm um grande componente imprevisível, ou aleatório.

Por essas razões, nosso tratamento das tendências em séries temporais econômicas concentram-se em tendências estocásticas em vez de deterministas, e quando nos referimos a "tendências" em séries temporais queremos dizer tendências estocásticas, a menos que falemos explicitamente outra coisa. Nesta seção, apresentamos o modelo mais simples de tendência estocástica, o modelo do passeio aleatório (*random walk*). Outros modelos de tendência são discutidos na Seção 14.3.

Modelo do passeio aleatório* (random walk) *de uma tendência. O modelo mais simples de uma variável com uma tendência estocástica é o passeio aleatório. Diz-se que uma série temporal Y_t segue um **passeio aleatório** (*random walk*) se a variação em Y_t é i.i.d., isto é, se

$$Y_t = Y_{t-1} + u_t, \tag{12.26}$$

onde u_t é i.i.d. Utilizaremos, contudo, o termo "passeio aleatório" de forma mais geral para nos referirmos a uma série temporal que segue a Equação (12.26), onde u_t possui média condicional igual a zero, isto é, $E(u_t | Y_{t-1}, Y_{t-2}, ...) = 0$.

A idéia básica de um passeio aleatório é de que o valor da série amanhã é seu valor hoje, mais uma variação imprevisível: como a trajetória seguida por Y_t consiste em "passos" aleatórios u_t, essa trajetória é um "passeio aleatório". A média condicional de Y_t, baseada em dados até o período $t - 1$, é Y_{t-1} é Y_{t-1}; isto é, como $E(u_t | Y_{t-1}, Y_{t-2}, ...) = 0$, $E(Y_t | Y_{t-1}, Y_{t-2}, ...) = Y_{t-1}$. Em outras palavras, se Y_t segue um passeio aleatório, a melhor previsão do valor de amanhã é seu valor hoje.

Algumas séries, por exemplo o logaritmo do PIB japonês da Figura 12.2c, possuem uma tendência ascendente óbvia, caso em que a melhor previsão da série deve incluir um ajuste para a tendência da série aumentar. Esse ajuste leva a uma extensão do modelo do passeio aleatório que inclui uma tendência para o movimento, ou uma "mudança" para uma direção ou outra. Essa extensão é identificada como um **passeio aleatório com tendência**:

$$Y_t = \beta_0 + Y_{t-1} + u_t, \tag{12.27}$$

onde $E(u_t | Y_{t-1}, Y_{t-2}, ...) = 0$ e β_0 é a "tendência" no passeio aleatório. Se β_0 é positivo, então em média Y_t aumenta. No modelo do passeio aleatório com tendência, a melhor previsão da série amanhã é o valor da série hoje mais a tendência β_0.

O modelo do passeio aleatório (com tendência se for adequado) é simples, porém versátil, e é o principal modelo para tendências utilizado neste livro.

Um passeio aleatório é não estacionário. Se Y_t segue um passeio aleatório, então ele é não estacionário: a variância de um passeio aleatório aumenta ao longo do tempo de modo que a distribuição de Y_t varia ao longo do tempo. Uma maneira de ver isso é reconhecer que, como u_t não é serialmente correlacionado na Equação (12.26), $\text{var}(Y_t) = \text{var}(Y_{t-1}) + \text{var}(u_t)$; para que Y_t seja estacionário, $\text{var}(Y_t)$ não pode depender do tempo, logo, em particular, $\text{var}(Y_t) = \text{var}(Y_{t-1})$ deve ser válido, mas isso só pode acontecer se $\text{var}(u_t) = 0$. Outra forma de visualizar isso é imaginar que Y_t começa em zero, isto é, $Y_0 = 0$. Então, $Y_1 = u_1$, $Y_2 = u_1 + u_2$ e assim por diante, de modo que $Y_t = u_1 + u_2 + \cdots + u_t$. Como u_t não é serialmente correlacionado, $\text{var}(Y_t) = \text{var}(u_1 + u_2 + \cdots + u_t) = t\sigma_u^2$. Assim, a variância de Y_t depende de t; na verdade, ela aumenta à medida que t aumenta. Como a variância de Y_t depende de t, sua distribuição depende de t, isto é, ela é não estacionária.

Como o aumento da variância de um passeio aleatório não tem limites, suas autocorrelações *da população* não são definidas (a primeira autoco-variância e variância são infinitas e a razão das duas não é definida). Contudo, uma característica de um passeio aleatório é que suas autocorrelações *da amostra* tendem a ser muito próximas de um, na verdade, a j-ésima autocorrelação da amostra de um passeio aleatório converge para um em probabilidade.

Tendências estocásticas, modelos auto-regressivos e uma raiz unitária. O modelo do passeio aleatório é um caso especial do modelo AR(1) (veja a Equação (12.8)), em que $\beta_1 = 1$. Em outras palavras, se Y_t segue um

AR(1) com $\beta_1 = 1$, então Y_t contém uma tendência estocástica e é não estacionária. Se, contudo, $|\beta_1| < 1$ e u_t é estacionário, a distribuição conjunta de Y_t e suas defasagens não depende de t (resultado mostrado no Apêndice 12.2), portanto Y_t é estacionário desde que u_t seja estacionário.

A condição análoga para que um AR(p) seja estacionário é mais complicada do que a condição $|\beta_1| < 1$ para um AR(1). Sua expressão formal envolve as raízes do polinômio, $1 - \beta_1 z - \beta_2 z^2 - \beta_3 z^3 - \cdots - \beta_p z^p$. (As raízes desse polinômio são as soluções para a equação $1 - \beta_1 z - \beta_2 z^2 - \beta_3 z^3 - \cdots - \beta_p z^p = 0$.) Para que um AR($p$) seja estacionário, todas as raízes desse polinômio devem ser maiores do que um em valor absoluto. No caso especial de um AR(1), a raiz é o valor de z que é solução de $1 - \beta_1 z = 0$, logo sua raiz é $z = 1/\beta_1$. Portanto, a expressão de que a raiz deve ser maior do que um em valor absoluto é equivalente a $|\beta_1| < 1$.

Se um AR(p) possui uma raiz igual a um, diz-se que a série possui uma **raiz auto-regressiva unitária**, ou simplesmente uma **raiz unitária**. Se Y_t possui uma raiz unitária, então ela contém uma tendência estocástica. Se Y_t é estacionária (e portanto não possui uma raiz unitária), ela não contém uma tendência estocástica. Por essa razão, utilizaremos alternadamente os termos "tendência estocástica" e "raiz unitária".

Problemas Causados por Tendências Estocásticas

Se um regressor possui uma tendência estocástica (possui uma raiz unitária), o estimador de MQO de seu coeficiente e sua estatística t de MQO podem ter distribuições não padronizadas (isto é, não normais) mesmo em amostras grandes. Discutimos três aspectos específicos desse problema: primeiro, o estimador do coeficiente auto-regressivo em um AR(1) é viesado rumo a zero se o seu valor verdadeiro é igual a um; segundo, a estatística t dos regressores com tendência estocástica pode ter uma distribuição não normal, mesmo em amostras grandes; terceiro, um exemplo extremo dos riscos colocados por tendências estocásticas mostra que duas séries independentes parecerão, com alta probabilidade, enganosamente relacionadas se ambas possuírem tendências estocásticas, uma situação conhecida como regressão espúria.

Problema nº 1: Coeficientes auto-regressivos que são viesados rumo a zero. Suponha que Y_t siga o passeio aleatório na Equação (12.26), mas que esse fato seja desconhecido pelo econometrista, que, em vez disso, estima o modelo AR(1) da Equação (12.8). Como Y_t é não estacionário, a hipótese de mínimos quadrados para a regressão de séries temporais do Conceito-Chave 12.6 não é válida, logo, de modo geral, não podemos confiar que estimadores e estatísticas de teste tenham uma distribuição normal usual em amostras grandes. Na verdade, nesse exemplo, o estimador de MQO do coeficiente auto-regressivo, $\hat{\beta}_1$, é consistente, mas possui uma distribuição não normal mesmo em amostras grandes: a distribuição assintótica de $\hat{\beta}_1$ está deslocada rumo a zero. O valor esperado de $\hat{\beta}_1$ é aproximadamente $E(\hat{\beta}_1) = 1 - 5{,}3/T$. Isso resulta em um grande viés dos tamanhos de amostra normalmente encontrado em aplicações econômicas. Por exemplo, 20 anos de dados trimestrais contêm 80 observações, caso em que o valor esperado de $\hat{\beta}_1$ é $E(\hat{\beta}_1) = 1 - 5{,}3/80 = 0{,}934$. Além disso, essa distribuição possui uma cauda esquerda longa: o percentil de 5 por cento de $\hat{\beta}_1$ é aproximadamente $1 - 14{,}1/T$, que para $T = 80$ corresponde a 0,824, de modo que em 5 por cento das vezes $\hat{\beta}_1 < 0{,}824$.

Uma implicação desse viés rumo a zero é que, se Y_t segue um passeio aleatório, as previsões baseadas no modelo AR(1) podem ter um desempenho substancialmente pior do que aquelas baseadas no modelo do passeio aleatório, que impõe o valor verdadeiro $\beta_1 = 1$. Essa conclusão também se aplica a auto-regressões de ordem mais alta, em que há ganhos de previsão de se impor uma raiz unitária (isto é, de estimar a auto-regressão em primeiras diferenças, e não em níveis), quando na verdade a série contém uma raiz unitária.

Problema nº 2: Distribuições não normais da estatística t. Se um regressor possui uma tendência estocástica, sua estatística t usual de MQO usual pode ter uma distribuição não normal sob a hipótese nula, mesmo em amostras grandes. Essa distribuição não normal significa que intervalos de confiança convencionais não são válidos e testes de hipótese não podem ser realizados como de costume. Em geral, a distribuição dessa estatística t não é facilmente tabulada, uma vez que a distribuição depende da relação entre o regressor em questão e os outros regressores. Um caso importante em que *é* possível tabular essa distribuição ocorre no contexto de uma auto-regressão com uma raiz unitária; retornaremos a esse caso especial quando nos ocuparmos em testar se uma série temporal contém uma tendência estocástica.

Problema nº 3: Regressão espúria. Tendências estocásticas podem fazer com que duas séries temporais pareçam relacionadas quando não o são em um problema chamado de **regressão espúria**.

Por exemplo, a inflação nos Estados Unidos estava subindo continuamente de meados da década de 1960 até o início da década de 1980, ao mesmo tempo em que o PIB japonês estava subindo continuamente. Essas duas tendências conspiram para produzir uma regressão que parece ser "significante" utilizando medidas convencionais. Estimada por MQO utilizando dados de 1965 até 1981, essa regressão é

$$\widehat{InflaçãoEUA}_t = -2{,}84 + \underset{(0{,}02)}{0{,}18}PIBjaponês_t,\ \bar{R}^2 = 0{,}56. \qquad (12.28)$$
$$(0{,}08)$$

A estatística t do coeficiente de declividade excede 9, que por nossos padrões usuais indica uma forte relação positiva entre as duas séries, e $\bar{R}^2$ é alto. Contudo, rodar essa regressão utilizando dados de 1982 a 1999 produz

$$\widehat{InflaçãoEUA}_t = 6{,}25 - \underset{(0{,}01)}{0{,}03}PIBjaponês_t,\ \bar{R}^2 = 0{,}07. \qquad (12.29)$$
$$(1{,}37)$$

As regressões das equações (12.28) e (12.29) não poderiam ser mais diferentes. Interpretadas literalmente, a Equação (12.28) indica uma forte relação positiva, enquanto a Equação (12.29) indica uma fraca relação negativa.

A fonte desses resultados conflitantes é o fato de que ambas as séries possuem tendências estocásticas. Essas tendências se alinharam de 1965 a 1981, mas não de 1982 a 1999. Não existe, na verdade, nenhum motivo político ou econômico convincente para se pensar que as tendências nessas duas séries estão relacionadas. Em suma, essas regressões são espúrias.

As regressões das equações (12.28) e (12.29) ilustram empiricamente o ponto teórico de que MQO pode ser enganador quando as séries contêm tendências estocásticas (veja o Exercício 12.6 para uma simulação por computador que demonstra esse resultado). Um caso especial em que determinados métodos baseados em regressão *são* confiáveis ocorre quando o componente tendência das duas séries é igual, isto é, quando as séries contêm uma tendência estocástica *comum*; se é esse o caso, diz-se que as séries são co-integradas. A Seção 14.4 discute os métodos econométricos para detectar e analisar séries temporais econômicas co-integradas.

Detectando Tendências Estocásticas: Testando a Presença de uma Raiz AR Unitária

Tendências em dados de séries temporais podem ser detectadas por métodos formais e informais. Os métodos informais envolvem a inspeção de um gráfico dos dados de séries temporais e o cálculo dos coeficientes de autocorrelação, como fizemos na Seção 12.2. Como o primeiro coeficiente de autocorrelação será próximo de um se a série tiver uma tendência estocástica, pelo menos em amostras grandes, um primeiro coeficiente de autocorrelação pequeno combinado com um gráfico de séries temporais que não possui uma tendência aparente sugere que a série não possui uma tendência. Se permanecer a dúvida, entretanto, procedimentos estatísticos formais podem ser utilizados para testar a hipótese de que há uma tendência estocástica na série contra a alternativa de que não há tendência.

Nesta seção, utilizamos o teste de Dickey-Fuller (que recebeu o nome de seus criadores, David Dickey e Wayne Fuller (1979)) para testar a presença de uma tendência estocástica. Embora o teste de Dickey-Fuller não seja o único para tendências estocásticas (outro teste será discutido na Seção 14.3), é o mais comumente utilizado na prática e um dos mais confiáveis.

O teste de Dickey-Fuller no modelo AR(1). O ponto de partida para o **teste de Dickey-Fuller** é o modelo auto-regressivo. Conforme discutido anteriormente, o passeio aleatório na Equação (12.27) é um caso especial do modelo AR(1), com $\beta_1 = 1$. Se $\beta_1 = 1$, Y_t é não estacionário e contém uma tendência estocástica. Portanto, no modelo AR(1), a hipótese de que Y_t possui uma tendência pode ser testada como

$$H_0: \beta_1 = 1 \text{ } versus \text{ } H_1: \beta_1 < 1 \text{ em } Y_t = \beta_0 + \beta_1 Y_{t-1} + u_t. \quad (12.30)$$

Se $\beta_1 = 1$, o AR(1) possui uma raiz auto-regressiva igual a um, de modo que a hipótese nula na Equação (12.30) é de que o AR(1) possui uma raiz unitária, e a alternativa é que ele é estacionário.

Esse teste é implementado mais facilmente pela estimação de uma versão modificada da Equação (12.30), obtida pela subtração de Y_{t-1} de ambos os lados. Seja $\delta = \beta_1 - 1$; então, a Equação (12.30) torna-se

$$H_0: \delta = 0 \text{ } versus \text{ } H_1: \delta < 0 \text{ em } \Delta Y_t = \beta_0 + \delta Y_{t-1} + u_t. \quad (12.31)$$

A estatística t de MQO testando $\delta = 0$ na Equação (12.31) é chamada de **estatística de Dickey-Fuller**. A formulação da Equação (12.31) é conveniente porque o pacote econométrico imprime automaticamente a estatística t testando $\delta = 0$. Observe que o teste de Dickey-Fuller é monocaudal, pois a alternativa relevante é que Y_t é estacionário, de modo que $\beta_1 < 1$ ou, de forma equivalente, $\delta < 0$. A estatística de Dickey-Fuller é calculada utilizando erros padrão "não robustos", isto é, os erros padrão "somente homoscedásticos" apresentados no Apêndice 4.4 (veja a Equação (4.62) para o caso de um único regressor e a Seção 16.4 para o modelo de regressão múltipla).[2]

O teste de Dickey-Fuller no modelo AR(p). A estatística de Dickey-Fuller apresentada no contexto da Equação (12.31) aplica-se apenas a um AR(1). Conforme discutido na Seção 12.3, para algumas séries o modelo AR(1) não captura toda a correlação serial em Y_t; nesse caso, uma auto-regressão de ordem maior é mais apropriada.

A extensão do teste de Dickey-Fuller para o modelo AR(p) está resumida no Conceito-Chave 12.8. Sob a hipótese nula, $\delta = 0$ e ΔY_t é um AR(p) estacionário. Sob a hipótese alternativa, $\delta < 0$, de modo que Y_t é estacionário. Como a regressão usada para calcular essa versão da estatística Dickey-Fuller é ampliada por defasagens de ΔY_t, a estatística t resultante é chamada de **estatística ampliada de Dickey-Fuller (ADF)**.

Em geral, o tamanho da defasagem p é desconhecido, mas pode ser estimado utilizando um critério de informação aplicado a regressões da forma (12.32) para diversos valores de p. Estudos da estatística ADF sugerem que é melhor ter defasagens a mais do que a menos, logo é recomendado que se utilize o CIA em vez do CIB para estimar o p para a estatística ADF.[3]

Testando contra a alternativa de estacionariedade em torno de uma tendência temporal linear determinista. A discussão até agora considerou a hipótese nula de que a série possui uma raiz unitária e a hipótese alternativa de que ela é estacionária. Essa hipótese alternativa de estacionariedade é apropriada para séries, como a taxa de inflação, que não exibe crescimento de longo prazo. Mas outras séries temporais econômicas, como o PIB japonês (veja a Figura 12.2c), exibem crescimento de longo prazo, e para essas séries a hipótese alternativa de estacionariedade sem uma tendência não é apropriada. Em vez disso, uma alternativa comumente utilizada é aquela em que as séries são estacionárias em torno de uma tendência temporal determinista, isto é, em que uma tendência é uma função determinista do tempo.

Uma formulação específica dessa hipótese alternativa é de que a tendência temporal é linear, isto é, a tendência é uma função linear de t; portanto, a hipótese nula é de que a série possui uma raiz unitária e a alternativa é que ela não possui uma raiz unitária, mas tem uma tendência temporal determinista. A regressão de Dickey-Fuller deve ser modificada para testar a hipótese nula da presença de uma raiz unitária contra a alternativa de que ela é estacionária em torno de uma tendência temporal linear. Conforme resumido na Equação (12.33) do Conceito-Chave 12.8, isso é realizado pela inclusão de uma tendência temporal (o regressor $X_t = t$) à regressão.

Uma tendência temporal linear não é a única maneira de especificar uma tendência temporal determinista; por exemplo, a tendência temporal determinista poderia ser quadrática ou linear mas ter quebras (isto é, poderia ser linear com declividades que diferem em duas partes da amostra). A utilização de alternativas como essas com tendências deterministas não-lineares deveria ser motivada pela teoria econômica. Para uma discussão dos testes de raiz unitária contra estacionariedade em torno de tendências deterministas não-lineares, veja Maddala e Kim (1998, Capítulo 13).

---

2 Sob a hipótese nula de uma raiz unitária, os erros padrão usuais "não robustos" produzem uma estatística t que é na verdade robusta quanto à heteroscedasticidade, um resultado surpreendente e especial.

3 Veja Stock (1994) para estudos referentes à simulação das propriedades de amostra finita das estatísticas teste de raiz unitária de Dickey-Fuller e outros.

Teste Ampliado de Dickey-Fuller para uma Raiz Auto-regressiva Unitária

Conceito-Chave 12.8

O teste ampliado de Dickey-Fuller (ADF) para detectar a presença de uma raiz auto-regressiva unitária testa a hipótese nula H_0: $\delta = 0$ contra a alternativa monocaudal H_1: $\delta < 0$ na regressão

$$\Delta Y_t = \beta_0 + \delta Y_{t-1} + \gamma_1 \Delta Y_{t-1} + \gamma_2 \Delta Y_{t-2} + \cdots + \gamma_p \Delta Y_{t-p} + u_t. \quad (12.32)$$

Sob a hipótese nula, Y_t possui uma tendência estocástica; sob a hipótese alternativa, Y_t é estacionário. A estatística ADF é a estatística t de MQO testando $\delta = 0$ na Equação (12.32).

Se, em vez disso, a hipótese alternativa é de que Y_t é estacionário em torno de uma tendência temporal linear determinista, t (o número da observação) deve ser acrescentado como um regressor adicional; nesse caso, a regressão de Dickey-Fuller torna-se

$$\Delta Y_t = \beta_0 + \alpha t + \delta Y_{t-1} + \gamma_1 \Delta Y_{t-1} + \gamma_2 \Delta Y_{t-2} + \cdots + \gamma_p \Delta Y_{t-p} + u_t, \quad (12.33)$$

onde α é um coeficiente desconhecido e a estatística ADF é a estatística t de MQO testando $\delta = 0$ na Equação (12.33).

O tamanho da defasagem p pode ser estimado utilizando o CIB ou o CIA. A estatística ADF *não* possui uma distribuição normal, mesmo em amostras grandes. Valores críticos para o teste ADF monocaudal dependem do fato de o teste se basear na Equação (12.32) ou na Equação (12.33), e eles estão na Tabela 12.4.

Valores críticos para a estatística ADF. Sob a hipótese nula da presença de uma raiz unitária, a estatística ADF *não* possui uma distribuição normal, mesmo em amostras grandes. Como sua distribuição não é padrão, os valores críticos usuais da distribuição normal não podem ser utilizados quando a estatística ADF é utilizada para testar a presença de uma raiz unitária; em vez disso, deve ser utilizado um conjunto especial de valores críticos baseado na distribuição da estatística ADF sob a hipótese nula.

A Tabela 12.4 apresenta os valores críticos para o teste ADF. Como a hipótese alternativa de estacionariedade implica que $\delta < 0$ nas equações (12.32) e (12.33), esse teste é monocaudal. Por exemplo, se a regressão não inclui uma tendência temporal, a hipótese da presença de uma raiz unitária é rejeitada ao nível de significância de 5 por cento se a estatística ADF é menor do que –2,86. Se, em vez disso, uma tendência temporal for incluída na regressão, o valor crítico será de –3,41.

Os valores críticos da Tabela 12.4 são substancialmente maiores (mais negativos) do que os valores críticos monocaudais de –1,28 (ao nível de 10 por cento) e –1,645 (ao nível de 5 por cento) da distribuição normal padrão. A distribuição não padronizada da estatística ADF é um exemplo de como a estatística t de MQO para regressores com tendências estocásticas pode ter distribuições não normais. O motivo pelo qual a distribuição em amostras grandes da estatística ADF é não padronizada é discutido em detalhes na Seção 14.3.

TABELA 12.4 Valores Críticos em Amostras Grandes da Estatística Aumentada de Dickey-Fuller

Regressores Deterministas	10%	5%	1%
Somente intercepto	–2,57	–2,86	–3,43
Intercepto e tendência temporal	–3,12	–3,41	–3,96

A inflação nos Estados Unidos possui uma tendência estocástica? A hipótese nula de que a inflação possui uma tendência estocástica pode ser testada contra a alternativa de que ela é estacionária realizando-se o teste ADF para detectar a presença de uma raiz auto-regressiva unitária. A regressão ADF com quatro defasagens de Inf_t é

$$\widehat{\Delta Inf_t} = \underset{(0,23)}{0,53} - \underset{(0,04)}{0,11} Inf_{t-1} - \underset{(0,08)}{0,14} \Delta Inf_{t-1} - \underset{(0,08)}{0,25} \Delta Inf_{t-2} + \underset{(0,08)}{0,24} \Delta Inf_{t-3} + \underset{(0,08)}{0,01} \Delta Inf_{t-4} \quad (12.34)$$

A estatística t do ADF é a estatística t testando a hipótese de que o coeficiente de Inf_{t-1} é igual a zero; ela é $t = -2,60$. Segundo a Tabela 12.4, o valor crítico a 5 por cento é de $-2,86$. Como a estatística ADF de $-2,60$ é menos negativa do que $-2,86$, o teste não rejeita ao nível de significância de 5 por cento. Baseado na regressão da Equação (12.34), não podemos, portanto, rejeitar (ao nível de significância de 5 por cento) a hipótese nula de que a inflação possui uma raiz auto-regressiva unitária, isto é, de que contém uma tendência estocástica, contra a alternativa de que ela é estacionária.

A regressão ADF na Equação (12.34) inclui quatro defasagens de ΔInf_t para calcular a estatística ADF. Quando o número de defasagens é estimado utilizando o CIA, onde $0 \leq p \leq 6$, o estimador do CIA do tamanho da defasagem é, contudo, três. Quando três defasagens são utilizadas (isto é, quando ΔInf_{t-1}, ΔInf_{t-2} e ΔInf_{t-3} são incluídas como regressores), a estatística ADF é $-2,65$, que é menos negativo do que $-2,86$. Portanto, quando o número de defasagens na regressão ADF é escolhido pelo CIA, a hipótese de que a inflação contém uma tendência estocástica não é rejeitada ao nível de significância de 5 por cento.

Esses testes foram realizados ao nível de significância de 5 por cento. Ao nível de significância de 10 por cento, contudo, os testes rejeitam a hipótese nula da presença de uma raiz unitária: as estatísticas ADF de $-2,60$ (quatro defasagens) e de $-2,65$ (três defasagens) são um pouco mais negativas do que o valor crítico a 10 por cento de $-2,57$. Portanto, as estatísticas ADF retratam um quadro bastante ambíguo, e o analista deve fazer um julgamento instruído sobre a possibilidade de modelar ou não a inflação como tendo uma tendência estocástica. Claramente, a inflação na Figura 12.1a exibe variações de longo prazo, consistentes com o modelo de tendência estocástica. Além disso, na prática, muitos analistas tratam a inflação dos Estados Unidos como tendo uma tendência estocástica; seguimos essa estratégia aqui.

Evitando os Problemas Causados pelas Tendências Estocásticas

A forma mais confiável de lidar com uma tendência em uma série é transformá-la de modo que ela não tenha a tendência. Se a série possui uma tendência estocástica, isto é, se possui uma raiz unitária, então a primeira diferença da série não possui uma tendência. Por exemplo, se Y_t segue um passeio aleatório, logo $Y_t = \beta_0 + Y_{t-1} + u_t$, então $\Delta Y_t = \beta_0 + u_t$ é estacionário. Portanto, a utilização das primeiras diferenças elimina as tendências do passeio aleatório em uma série.

Na prática, raramente você pode estar certo se uma série possui uma tendência estocástica ou não. Lembre-se de que, de modo geral, deixar de rejeitar a hipótese nula não significa necessariamente que essa hipótese seja verdadeira, mas sim que você tem evidência insuficiente para concluir que ela é falsa. Portanto, deixar de rejeitar a hipótese nula da presença de uma raiz unitária utilizando o teste ADF não significa que a série efetivamente *possui* uma raiz unitária. Por exemplo, em um AR(1) o verdadeiro coeficiente β_1 pode ser muito próximo de um, digamos 0,98; nesse caso, o teste ADF teria um poder baixo, isto é, uma probabilidade baixa de rejeitar corretamente a hipótese nula em amostras do tamanho de nossa série de inflação. Mesmo que deixar de rejeitar a hipótese nula da presença de uma raiz unitária não signifique que a série possua uma raiz unitária, ainda pode ser razoável aproximar a verdadeira raiz auto-regressiva de um e utilizar diferenças da série em vez de seus níveis.[4]

[4] Para uma discussão adicional sobre tendências estocásticas em variáveis de séries temporais econômicas e sobre os problemas que elas colocam para a análise de regressão, veja Stock e Watson (1988).

12.7 Não-Estacionariedade II: Quebras

Um segundo tipo de não-estacionariedade surge quando a função de regressão da população muda no decorrer da amostra. Em economia, isso pode ocorrer por várias razões, como mudanças na política econômica, mudanças na estrutura da economia ou um invento que afeta uma indústria específica. Se essas mudanças, ou "quebras", ocorrem, então um modelo de regressão que as negligencia pode fornecer uma base enganosa para inferências e previsões.

Nesta seção, apresentamos duas estratégias para verificar quebras em uma função de regressão de séries temporais ao longo do tempo. A primeira estratégia procura quebras potenciais sob a perspectiva do teste de hipótese e envolve o teste de mudanças nos coeficientes da regressão utilizando estatísticas F. A segunda estratégia procura quebras potenciais sob a perspectiva da previsão: você finge que sua amostra termina antes do que efetivamente ocorre e avalia as previsões que teria feito nessa situação. As quebras são detectadas quando o desempenho da previsão é substancialmente mais pobre do que o esperado.

O Que É uma Quebra?

Quebras podem surgir de uma mudança discreta nos coeficientes da regressão da população em uma data precisa ou de uma evolução gradual dos coeficientes ao longo de um período temporal mais longo.

Uma fonte de quebras discretas em dados macroeconômicos é uma mudança importante na política macroeconômica. Por exemplo, o colapso do sistema de taxas de câmbio fixas em 1972 produziu a quebra no comportamento de séries temporais da taxa de câmbio dólar-libra que é evidente na Figura 12.2b. Antes de 1972, a taxa de câmbio era essencialmente constante, com exceção de uma única desvalorização em 1968, na qual o valor oficial da libra, em relação ao dólar, diminuiu. Em contraste, desde 1972 a taxa de câmbio tem flutuado bastante.

Quebras também podem ocorrer de maneira mais lenta à medida que a regressão da população evolui ao longo do tempo. Por exemplo, essas mudanças podem surgir em virtude da lenta evolução da política econômica e das mudanças em curso na estrutura da economia. Os métodos para detectar quebras descritos nesta seção podem identificar os dois tipos de quebras — mudanças nítidas e evolução gradual.

Problemas causados por quebras. Se ocorrer uma quebra na função de regressão da população durante a amostra, as estimativas da regressão de MQO ao longo da amostra completa estimarão uma relação que é válida "em média", no sentido de que combinam os dois períodos. Dependendo da localização e do tamanho da quebra, a função de regressão "média" pode ser bastante diferente da função de regressão verdadeira no final da amostra e isso leva a previsões medíocres.

Testando Quebras

Uma forma de detectar quebras é testar mudanças discretas, ou quebras, nos coeficientes da regressão. A forma como isso é feito depende de a data da suposta quebra (a **data de quebra**) ser conhecida ou não.

Testando uma quebra em uma data conhecida. Em algumas aplicações, você pode suspeitar que há uma quebra em uma data conhecida. Por exemplo, se você está estudando relações de comércio exterior utilizando dados da década de 1970, poderá supor que haja uma quebra na função de regressão da população de interesse em 1972, quando o sistema de Bretton Woods de taxas de câmbio fixas foi abandonado em favor de taxas de câmbio flutuantes.

Se a data de quebra hipotética nos coeficientes for conhecida, a hipótese nula de ausência de quebra pode ser testada utilizando uma regressão de interação de variável binária do tipo discutido no Capítulo 6 (veja o Conceito-Chave 6.4). Para manter as coisas simples, considere um modelo ADD (1,1), de modo que há um intercepto, uma única defasagem de Y_t, e uma única defasagem de X_t. Seja τ a data de quebra hipotética e seja $D_t(\tau)$ uma variável binária igual a zero antes da data de quebra e igual a um após a quebra; logo, $D_t(\tau) = 0$ se $t \leq \tau$ e $D_t(\tau) = 1$ se $t > \tau$. Então, a regressão incluindo o indicador de quebra binário e todos os termos de interação é

$$Y_t = \beta_0 + \beta_1 Y_{t-1} + \delta_1 X_{t-1} + \gamma_0 D_t(\tau) + \gamma_1[D_t(\tau) \times Y_{t-1}] + \gamma_2[D_t(\tau) \times X_{t-1}] + u_t. \quad (12.35)$$

Se não há uma quebra, então a função de regressão da população é a mesma ao longo das duas partes da amostra, logo os termos que envolvem a variável binária de quebra $D_t(\tau)$ não entram na Equação (12.35). Isto é, sob a hipótese nula de ausência de quebra, $\gamma_0 = \gamma_1 = \gamma_2 = 0$. Sob a hipótese alternativa de que há uma quebra, a função de regressão da população é diferente antes e depois da data de quebra τ, caso em que pelo menos um γ é diferente de zero. Portanto, a hipótese de uma quebra pode ser testada utilizando a estatística F que testa a hipótese de que $\gamma_0 = \gamma_1 = \gamma_2 = 0$ contra a hipótese de que pelo menos um γ é diferente de zero. Isso é freqüentemente chamado de teste de Chow para uma quebra em uma data de quebra conhecida, assim nomeado em homenagem a seu criador, Gregory Chow (1960).

Se há múltiplos previsores ou mais defasagens, esse teste pode ser estendido por meio da construção de variáveis de interação de variáveis binárias para todos os regressores e do teste da hipótese de que todos os coeficientes dos termos envolvendo $D_t(\tau)$ são iguais a zero.

Esse enfoque pode ser modificado para verificar uma quebra em um subconjunto dos coeficientes ao incluir apenas as interações de variáveis binárias para o subconjunto de regressores de interesse.

Testando uma quebra em uma data de quebra desconhecida. Freqüentemente, a data de uma possível quebra é desconhecida ou conhecida somente dentro de um intervalo. Suponha, por exemplo, que você suspeite que tenha ocorrido uma quebra em algum momento entre duas datas, τ_0 e τ_1. O teste de Chow pode ser modificado para verificar isso ao testar a presença de quebras em todas as τ datas possíveis entre τ_0 e τ_1 e utilizando o maior valor da estatística F resultante para testar a presença de uma quebra em uma data desconhecida. Esse teste de Chow modificado é chamado também de **estatística da razão de verossimilhança de Quandt (RVQ)** (Quandt, 1960) (o termo que iremos utilizar) ou, mais raramente, **estatística de sup-Wald**.

Como a estatística da RVQ é a maior de muitas estatísticas F, sua distribuição não é igual à de uma estatística F individual. Em vez disso, os valores críticos para a estatística da RVQ devem ser obtidos de uma distribuição especial. Como na estatística F, essa distribuição depende do número de restrições testadas, q, isto é, o número de coeficientes (incluindo o intercepto) a que é permitida uma quebra, ou mudança, sob a hipótese alternativa. A distribuição da estatística da RVQ também depende de τ_0/T e τ_1/T, isto é, dos pontos extremos, τ_0 e τ_1, da subamostra ao longo da qual as estatísticas F são calculadas, expressas como uma fração do tamanho total da amostra.

Para que a aproximação em amostras grandes da distribuição da estatística da RVQ seja boa, os pontos extremos da subamostra, τ_0 e τ_1, não podem ser próximos demais do fim da amostra. Por esse motivo, a estatística da RVQ é calculada na prática ao longo de um intervalo "recortado", ou um subconjunto da amostra. Uma opção comum é utilizar um corte de 15 por cento, isto é, definir $\tau_0 = 0{,}15T$ e $\tau_1 = 0{,}85T$ (arredondados para o número inteiro mais próximo). Com um corte de 15 por cento, a estatística F é calculada para datas de quebra nos 70 por cento centrais da amostra.

Os valores críticos para a estatística da RVQ, calculados com um corte de 15 por cento, são fornecidos na Tabela 12.5. A comparação desses valores críticos com aqueles da distribuição $F_{q,\infty}$ (Tabela 4 do Apêndice) mostra que os valores críticos da estatística da RVQ são maiores. Isso reflete o fato de que a estatística da RVQ considera a maior de muitas estatísticas F individuais. Por meio do exame de estatísticas F em muitas datas possíveis de quebra, verificamos que a estatística da RVQ tem muitas oportunidades de rejeitar, o que leva a valores críticos da RVQ maiores do que os da estatística F individual.

Como no teste de Chow, o teste da RVQ pode ser utilizado para evidenciar a possibilidade de que haja quebras em somente alguns dos coeficientes da regressão. Isso é feito calculando-se primeiro os testes de Chow em diferentes datas de quebra por meio da utilização de interações de variáveis binárias apenas para as variáveis com coeficientes suspeitos e então calculando o máximo desses testes de Chow ao longo do intervalo $\tau_0 \leq \tau \leq \tau_1$. Os valores críticos para essa versão do teste da RVQ também são extraídos da Tabela 12.5, em que o número de restrições (q) é o número de restrições testadas pelos testes F que o compõem.

Se houver uma quebra discreta em uma data dentro do intervalo testado, a estatística da RVQ rejeitará valores com alta probabilidade em amostras grandes. Além disso, a data em que a estatística F que a compõe atinge seu máximo, $\hat{\tau}$, é uma estimativa da data de quebra τ. Essa estimativa é boa no sentido de que, sob determinadas condições técnicas, $\hat{\tau}/T \xrightarrow{p} \tau/T$, isto é, a fração do caminho ao longo da amostra em que a quebra ocorre é estimada consistentemente.

TABELA 12.5 Valores Críticos da Estatística da RVQ com um Corte de 15%

Número de Restrições (q)	10%	5%	1%
1	7,12	8,68	12,16
2	5,00	5,86	7,78
3	4,09	4,71	6,02
4	3,59	4,09	5,12
5	3,26	3,66	4,53
6	3,02	3,37	4,12
7	2,84	3,15	3,82
8	2,69	2,98	3,57
9	2,58	2,84	3,38
10	2,48	2,71	3,23
11	2,40	2,62	3,09
12	2,33	2,54	2,97
13	2,27	2,46	2,87
14	2,21	2,40	2,78
15	2,16	2,34	2,71
16	2,12	2,29	2,64
17	2,08	2,25	2,58
18	2,05	2,20	2,53
19	2,01	2,17	2,48
20	1,99	2,13	2,43

Esses valores críticos se aplicam quando $\tau_0 = 0{,}15T$ e $\tau_1 = 0{,}85T$ (arredondados para o número inteiro mais próximo), de modo que a estatística F é calculada para todas as datas de quebra potenciais nos 70 por cento centrais da amostra. O número de restrições q é o número de restrições testadas por cada estatística F individual. Essa tabela foi gentilmente fornecida por Donald Andrews e substitui a Tabela I em Andrews (1993).

A estatística da RVQ também rejeita valores com alta probabilidade em amostras grandes quando há múltiplas quebras discretas ou quando a quebra vem de uma evolução lenta da função de regressão. Isso significa que a estatística da RVQ detecta outras formas de instabilidade além de uma quebra discreta única. Como resultado, se a estatística da RVQ rejeitar, isso pode significar que existe uma única quebra discreta, que existem múltiplas quebras discretas ou que existe uma evolução lenta da função de regressão.

A estatística da RVQ está resumida no Conceito-Chave 12.9.

Aviso: Você provavelmente não sabe a data de quebra ainda que pense que saiba. Às vezes, um especialista pode acreditar que sabe a data de uma possível quebra, de modo que o teste de Chow pode ser utilizado no lugar do teste da RVQ. Mas se esse conhecimento baseia-se no conhecimento do especialista sobre a série analisada, na verdade essa data foi estimada utilizando os dados, ainda que de uma maneira informal. A estimação preliminar da data de quebra significa que os valores críticos F usuais não podem ser utilizados para o teste de Chow de uma quebra nessa data. Portanto, continua sendo apropriado utilizar a estatística da RVQ nessa circunstância.

Teste da RVQ para Estabilidade dos Coeficientes

Conceito-Chave 12.9

Seja $F(\tau)$ a estatística F testando a hipótese de presença de uma quebra nos coeficientes da regressão na data τ; na regressão da Equação (12.35), por exemplo, essa é a estatística F testando a hipótese nula de que $\gamma_0 = \gamma_1 = \gamma_2 = 0$. O teste da RVQ (ou teste de Sup-Wald) é a maior das estatísticas no intervalo $\tau_0 \leq \tau \leq \tau_1$:

$$\text{RVQ} = \text{máx}[F(\tau_0), F(\tau_0 + 1), ..., F(\tau_1)]. \tag{12.36}$$

1. Como na estatística F, a estatística da RVQ pode ser utilizada para testar a presença de uma quebra em todos ou em apenas alguns dos coeficientes da regressão.
2. Em amostras grandes, a distribuição da estatística da RVQ sob a hipótese nula depende do número de restrições testadas, q, e dos pontos extremos τ_0 e τ_1 como uma fração de T. A Tabela 12.5 fornece os valores críticos para um corte de 15 por cento ($\tau_0 = 0{,}15T$ e $\tau_1 = 0{,}85T$, arredondados para o número inteiro mais próximo).
3. O teste da RVQ pode detectar uma única quebra discreta, múltiplas quebras discretas e/ou uma evolução lenta da função de regressão.
4. Se há uma quebra nítida na função de regressão, a data em que ocorre o maior valor da estatística de Chow é um estimador da data de quebra.

Aplicação: A curva de Phillips é estável? O teste da RVQ fornece uma maneira de verificarmos se a curva de Phillips é estável de 1962 a 1999. Concentramo-nos especificamente em saber se há mudanças nos coeficientes dos valores defasados da taxa de desemprego e no intercepto da especificação ADD(4,4) na Equação (12.17) contendo quatro defasagens de ΔInf_t e $Desemp_t$.

A Figura 12.5 mostra as estatísticas F de Chow testando a hipótese de que o intercepto e os coeficientes de $Desemp_{t-1}$, ..., $Desemp_{t-4}$ na Equação (12.17) são constantes contra a alternativa de que há uma quebra em determinada data para quebras nos 70 por cento centrais da amostra. Por exemplo, a estatística F testando a presença de uma quebra em 1980:I é 2,26, o valor mostrado para essa data na figura. Cada estatística F testa cinco restrições (inexistência de mudança no intercepto e nos quatro coeficientes das defasagens da taxa de desemprego), portanto $q = 5$. A maior dessas estatísticas F é 3,53, que ocorre em 1982:II; essa é a estatística da RVQ. A comparação de 3,53 com os valores críticos para $q = 5$ na Tabela 12.5 indica que a hipótese de que esses coeficientes são estáveis é rejeitada ao nível de significância de 10 por cento (o valor crítico é 3,26), mas não ao nível de significância de 5 por cento (o valor crítico é 3,66). Portanto, existe alguma evidência de que pelo menos um desses cinco coeficientes mudou ao longo da amostra, porém a evidência não é especialmente forte.

Pseudoprevisão fora da Amostra

O teste final de um modelo de previsão é seu desempenho fora da amostra, isto é, seu desempenho na previsão em "tempo real" depois que o modelo é estimado. A **pseudoprevisão fora da amostra** é um método que simula o desempenho de um modelo de previsão em tempo real. A idéia da pseudoprevisão fora da amostra é simples: escolha uma data próxima ao fim da amostra, estime seu modelo de previsão utilizando dados até essa data e então utilize esse modelo estimado para fazer uma previsão. A realização desse exercício para múltiplas datas próximas ao final de sua amostra produz uma série de pseudoprevisões e, portanto, erros de pseudoprevisões. Esses erros podem então ser examinados para verificar se são representativos do que você esperaria se a relação de previsão fosse estacionária.

FIGURA 12.5 Estatísticas *F* Testando a Presença de uma Quebra na Equação (12.17) em Datas Diferentes

Em determinada data de quebra, a estatística *F* mostrada aqui testa a hipótese nula de que há uma quebra em pelo menos um dos coeficientes de $Desemp_{t-1}$, $Desemp_{t-2}$, $Desemp_{t-3}$, $Desemp_{t-4}$ ou no intercepto da Equação (12.17). Por exemplo, a estatística *F* testando a presença de uma quebra em 1980:I é 2,26. A estatística da RVQ é a maior dessas estatísticas *F*, que é 3,53. Isso excede o valor crítico a 10 por cento de 3,26, mas não o valor crítico a 5 por cento de 3,66.

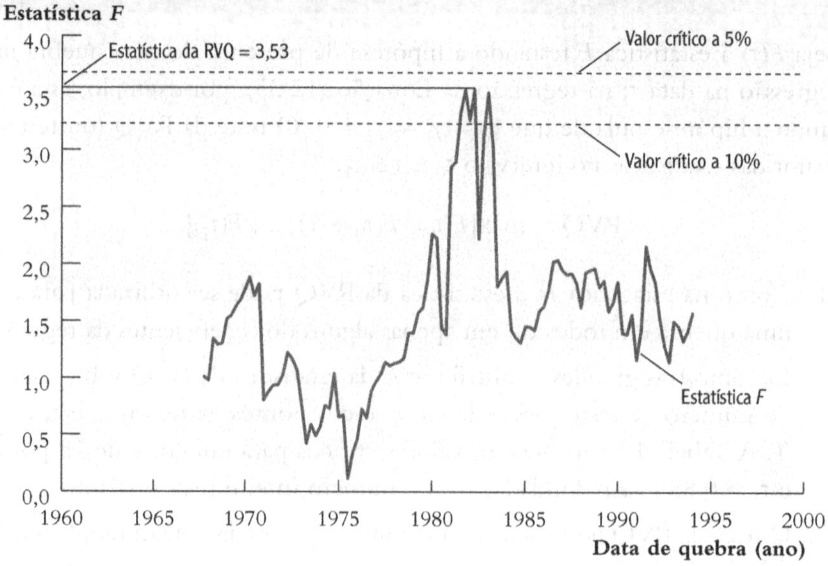

Esse método é chamado de pseudoprevisão fora da amostra porque ela não é uma previsão verdadeira fora da amostra. A previsão verdadeira ocorre em tempo real, isto é, você faz sua previsão sem conhecer os valores futuros da série. Na pseudoprevisão fora da amostra, você simula a previsão em tempo real utilizando seu modelo, mas tem os dados "futuros" contra os quais pode avaliar essas previsões simuladas, ou pseudoprevisões. A pseudoprevisão fora da amostra imita o processo de previsão que ocorreria em tempo real, mas sem ter de esperar a chegada de novos dados.

A pseudoprevisão fora da amostra fornece ao analista uma percepção de como o modelo faz previsões no final da amostra. Isso pode fornecer informações valiosas, aumentando a confiança de que o modelo faz bem às previsões ou sugerindo que deixou a desejar no passado recente. A metodologia da pseudoprevisão fora da amostra está resumida no Conceito-Chave 12.10.

Outros usos da pseudoprevisão fora da amostra. Um segundo uso da pseudoprevisão fora da amostra é a estimação de REPQM. Como essa pseudoprevisão é calculada utilizando apenas dados anteriores à data da previsão, os erros da pseudoprevisão fora da amostra refletem tanto a incerteza associada aos valores futuros do termo de erro quanto a incerteza que surge porque os coeficientes da regressão foram estimados; isto é, os erros incluem ambas as fontes de erro da Equação (12.21). Portanto, o desvio padrão da amostra dos erros da pseudoprevisão fora da amostra é um estimador. Conforme discutido na Seção 12.4, esse estimador pode ser utilizado para quantificar a incerteza da previsão e para construir intervalos de previsão.

Um terceiro uso da pseudoprevisão fora da amostra é a comparação de dois ou mais modelos de previsão. Dois modelos que parecem ajustar-se igualmente bem aos dados podem ter um desempenho bastante diferente em um exercício de pseudoprevisão fora da amostra. Quando os modelos são diferentes, por exemplo, quando incluem previsores diferentes, a pseudoprevisão fora da amostra fornece uma maneira conveniente de comparar os dois modelos que concentra seu potencial no fornecimento de previsões confiáveis.

Aplicação: A curva de Phillips mudou durante a década de 1990? Se os coeficientes da curva de Phillips mudaram durante a década de 1990, as pseudoprevisões fora da amostra calculadas durante aquele período deveriam se deteriorar. As pseudoprevisões fora da amostra da inflação para o período de 1994:I a 1999:IV, calculadas utilizando a curva de Phillips com quatro defasagens, estão na Figura 12.6 juntamente com os valores efetivos da inflação. Por exemplo, a previsão de inflação para 1994:I foi calculada pela regressão de ΔInf_t sobre ΔInf_{t-1}, ..., ΔInf_{t-4}, $Desemp_{t-1}$, ..., $Desemp_{t-4}$ e um intercepto utilizando dados até 1993:IV e pelo cálculo da previsão utilizando esses coeficientes estimados e os dados até 1993:IV. A previsão de inflação para 1994:I é então

Pseudoprevisões Fora da Amostra

Conceito-Chave 12.10

As pseudoprevisões fora da amostra são calculadas utilizando os seguintes passos:

1. Escolha um número de observações, P, para as quais você gerará pseudoprevisões fora da amostra; por exemplo, P pode ser 10 ou 15 por cento do tamanho da amostra. Seja $s = T - P$.
2. Estime a regressão de previsão utilizando a base de dados reduzida para $t = 1, ..., s$.
3. Calcule a previsão para o primeiro período além dessa amostra reduzida, $s + 1$; chame-a de $\widetilde{Y}_{s+1|s}$.
4. Calcule o erro de previsão, $\widetilde{u}_{s+1} = Y_{s+1} - \widetilde{Y}_{s+1|s}$.
5. Refaça os passos 2-4 para as datas remanescentes, $s = T - P + 1$ para $T - 1$ (estime novamente a regressão em cada data). As pseudoprevisões fora da amostra são $\{\widetilde{Y}_{s+1|s}, s = T - P, ..., T - 1\}$ e os erros de previsão são $\{\widetilde{u}_{s+1}, s = T - P, ..., T - 1\}$.

$\widehat{Inf}_{1994:I|1993:IV} = Inf_{1993:IV} + \widehat{\Delta Inf}_{t1994:I|1993:IV}$. Todo esse procedimento foi repetido utilizando dados até 1994:I para calcular a previsão $\widehat{Inf}_{1994:II|1994:I}$. Fazendo isso para todos os 24 trimestres de 1994:I a 1999:IV, temos 24 pseudoprevisões fora da amostra, que estão na Figura 12.6. Os erros da pseudoprevisão fora da amostra são as diferenças entre a inflação efetiva e sua pseudoprevisão fora da amostra, isto é, as diferenças entre as duas linhas da Figura 12.6. Por exemplo, no terceiro trimestre de 1997, a taxa de inflação aumentou em 0,9 ponto percentual, mas a pseudoprevisão fora da amostra de $\Delta Inf_{1997:III}$ foi de 1,9 ponto percentual, logo o erro da pseudoprevisão fora da amostra foi de $\Delta Inf_{1997:III} - \widehat{\Delta Inf}_{1997:III|1997:II} = 0{,}9 - 1{,}9 = -1{,}0$ ponto percentual. Em outras palavras, um analista utilizando o modelo ADD(4,4) da curva de Phillips, estimado até 1997:II, teria previsto que a inflação aumentaria em 1,9 ponto percentual em 1997:III, enquanto na realidade ela aumentou apenas 0,9 ponto percentual.

FIGURA 12.6 Inflação dos Estados Unidos e Pseudoprevisões fora da Amostra

As pseudoprevisões fora da amostra feitas utilizando uma curva de Phillips com quatro defasagens do tipo da Equação (12.17) geralmente acompanham a inflação efetiva, mas, em média, as previsões são maiores do que a inflação efetiva. Esse viés para cima nas previsões pode ter sido causado por um declínio na taxa natural de desemprego, que apareceria como uma mudança no intercepto da curva de Phillips.

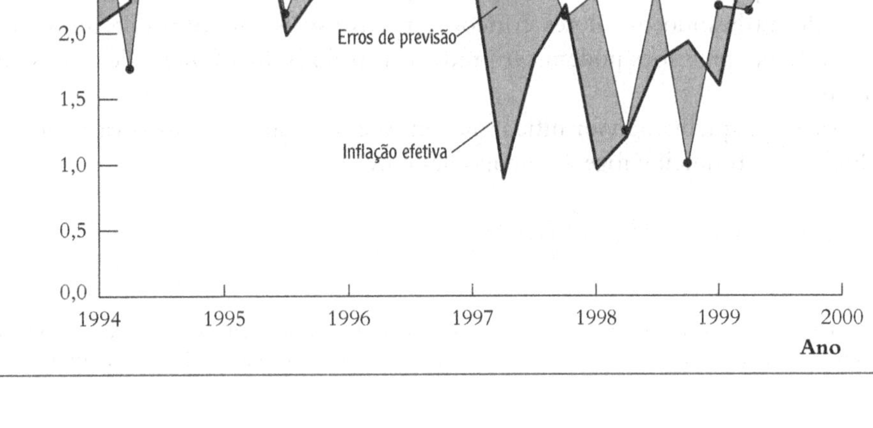

Como a média e o desvio padrão dos erros de pseudoprevisão fora da amostra são comparados com o ajuste do modelo dentro da amostra? O erro padrão da regressão da curva de Phillips com quatro defasagens ajustada utilizando dados até 1993:IV é de 1,47; então, baseados no ajuste ocorrido dentro da amostra, esperaríamos que os erros de pseudoprevisão fora da amostra tivessem média igual a zero e a raiz do erro de previsão quadrático médio fosse igual a 1,47. Na verdade, o erro médio de previsão é de –0,37 e a REPQM da amostra é de 0,75. Assim, a REPQM das pseudoprevisões fora da amostra é *menor* do que a prevista pelo ajuste da regressão dentro da amostra. Contudo, o erro médio de previsão é negativo em vez de zero, isto é, as previsões em média previram aumentos maiores na inflação (e, portanto, inflação mais alta) do que efetivamente ocorreu. Na verdade, a estatística t testando a hipótese de que o erro médio de previsão fora da amostra é zero é $t = -2{,}71$, logo a hipótese de que a média é igual a zero é rejeitada ao nível de significância de 1 por cento. Isso sugere que as previsões foram viesadas durante esse período, prevendo sistematicamente uma inflação mais alta do que a que efetivamente ocorreu. A descoberta de que as pseudoprevisões fora da amostra são viesadas está na Figura 12.6: a inflação prevista normalmente excede a inflação efetiva, logo o erro médio de previsão é negativo.

Essas previsões viesadas sugerem que a regressão da curva de Phillips era instável próximo do fim dessa amostra e que essa instabilidade levou a previsões da variação na inflação sistematicamente altas demais. Antes de utilizar esse modelo para previsão em tempo real, seria importante tentar identificar a fonte dessa mudança e incorporá-la a uma versão modificada do modelo da curva de Phillips.

Tomados juntamente, esse viés nas pseudoprevisões fora da amostra e a rejeição da estabilidade pela estatística da RVQ (ao nível de 10 por cento) sugerem que a curva de Phillips com quatro defasagens é instável. Essa instabilidade tornou-se uma questão de considerável interesse durante a década de 1990 e no início da década de 2000, uma vez que os analistas econômicos reconheceram que, conforme visto na Figura 12.6, as previsões de inflação baseadas na curva de Phillips foram altas demais. Alguns macroeconomistas pensam que a fonte dessa instabilidade era um declínio na taxa natural de desemprego durante a década de 1990, que se traduziria em uma mudança negativa no intercepto das regressões examinadas aqui. Outros macroeconomistas, entretanto, acham que essa avaria é mais completa e que o conceito da curva de Phillips como um todo — uma ligação entre a pressão do excesso de demanda e a inflação dos preços em geral — é simplesmente uma característica antiquada da economia da era pré-informação. Se você está interessado em ler mais sobre esse debate, veja o simpósio sobre a curva de Phillips na edição do inverno de 1997 do *Journal of Economic Perspectives*.

Evitando os Problemas Causados por Quebras

A melhor forma de ajustar uma quebra na função de regressão da população depende da fonte dessa quebra. Se uma quebra nítida ocorre em uma data específica, será detectada com alta probabilidade pela estatística RVQ, e a data de quebra pode ser estimada. Portanto, a função de regressão pode ser estimada utilizando uma variável binária indicando as duas subamostras associadas a essa quebra, interagindo com os outros regressores, conforme for necessário. Se há uma quebra em todos os coeficientes, essa regressão toma a forma da Equação (12.35), onde τ é substituído pela data de quebra estimada, $\hat{\tau}$, ao passo que se há uma quebra em apenas alguns dos coeficientes, somente os termos de interação relevantes aparecem na regressão. Se há na verdade uma quebra nítida, a inferência sobre os coeficientes da regressão pode avançar como de costume, por exemplo, utilizando os valores críticos normais usuais para testes de hipótese baseados em estatísticas t. Adicionalmente, previsões podem ser produzidas utilizando a função de regressão estimada que se aplica ao final da amostra.

Mas se a quebra não for nítida, mas em vez disso surgir de uma variação contínua e lenta dos parâmetros, a solução é mais difícil e foge ao escopo deste livro.[5]

[5] Para uma discussão adicional sobre estimação e testes na presença de quebras discretas, veja Hansen (2001). Para uma discussão avançada sobre estimação e previsão quando há coeficientes que evoluem de forma lenta e contínua, veja Hamilton (1994, Capítulo 13).

12.8 Conclusão

Em dados de séries temporais, uma variável geralmente possui uma correlação entre uma observação, ou data, e a próxima. Uma conseqüência dessa correlação é que podemos utilizar uma regressão linear para prever valores futuros de uma série temporal com base em seus valores correntes e passados. O ponto de partida para uma regressão de séries temporais é a auto-regressão, em que os regressores são valores defasados da variável dependente. Se previsores adicionais estão disponíveis, suas defasagens podem ser acrescentadas à regressão.

Neste capítulo, consideramos diversas questões técnicas que surgem quando se estimam e utilizam regressões com dados de séries temporais. Uma delas é a determinação do número de defasagens a serem incluídas nas regressões. Conforme discutido na Seção 12.5, se o número de defasagens é escolhido para minimizar o CIB, o tamanho da defasagem estimado é consistente com o verdadeiro tamanho dela.

Outra dessas questões diz respeito ao fato de as séries analisadas serem ou não estacionárias. Se são estacionárias, os métodos usuais de inferência estatística (como a comparação das estatísticas t a valores críticos normais) podem ser utilizados e, como a função de regressão da população é estável ao longo do tempo, as regressões estimadas utilizando dados históricos podem ser utilizadas seguramente para previsões. Se, contudo, as séries forem não estacionárias, as coisas tornam-se mais complicadas, e a complicação específica depende da natureza da não-estacionariedade. Por exemplo, se a série é não estacionária porque possui uma tendência estocástica, o estimador de MQO e a estatística t podem ter distribuições (não normais) não padronizadas, mesmo em amostras grandes, e o desempenho das previsões pode ser melhorado especificando-se a regressão em primeiras diferenças. Na Seção 12.6, apresentamos um teste para detectar esse tipo de não-estacionariedade — o teste aumentado de Dickey-Fuller para testar a presença de uma raiz unitária. Alternativamente, se a função de regressão da população possui uma quebra, a negligência a essa quebra resulta na estimação de uma versão média da função de regressão da população que, por sua vez, pode levar a previsões viesadas e/ou imprecisas. Os procedimentos para se detectar uma quebra na função de regressão da população foram apresentados na Seção 12.7.

Neste capítulo, os métodos de regressão de séries temporais foram aplicados a previsões econômicas, e não foi dada aos coeficientes desses modelos de previsão uma interpretação causal. Você não precisa de uma relação causal para fazer previsões, e ignorar as interpretações causais libera a busca por boas previsões. Em algumas aplicações, contudo, a tarefa não é desenvolver um modelo de previsão, mas, em vez disso, estimar relações causais entre variáveis de séries temporais, isto é, estimar o efeito causal *dinâmico* de uma variação em X sobre Y *ao longo do tempo*. Sob as condições corretas, os métodos deste capítulo, ou métodos estreitamente relacionados, podem ser utilizados para estimar efeitos causais dinâmicos; esse é o tema do próximo capítulo.

Resumo

1. Modelos de regressão utilizados para previsão não precisam ter uma interpretação causal.
2. Uma variável de série temporal geralmente está correlacionada com um ou mais de seus valores defasados; isto é, ela é serialmente correlacionada.
3. Uma auto-regressão de ordem p é um modelo de regressão linear múltipla em que os regressores são as primeiras p defasagens da variável dependente. Os coeficientes de um AR(p) podem ser estimados por MQO, e a função de regressão estimada pode ser utilizada para previsões. A ordem da defasagem p pode ser estimada utilizando um critério de informação tal como o CIB.
4. A inclusão de outras variáveis e suas defasagens a uma auto-regressão pode melhorar o desempenho da previsão. Sob as hipóteses de mínimos quadrados da regressão de séries temporais (veja o Conceito-Chave 12.6), os estimadores de MQO possuem distribuições normais em amostras grandes e a inferência estatística segue do mesmo modo que nos dados de corte.
5. Intervalos de previsão são uma forma de quantificar a incerteza da previsão. Se os erros são normalmente distribuídos, um intervalo de previsão de aproximadamente 68 por cento pode ser construído como a previsão $\pm$ uma estimativa da raiz do erro de previsão quadrático médio.

6. Uma série que contém uma tendência estocástica é não estacionária, o que viola a segunda hipótese de mínimos quadrados do Conceito-Chave 12.6. O estimador de MQO e a estatística *t* do coeficiente de um regressor com uma tendência estocástica podem ter uma distribuição não padronizada, levando potencialmente a estimadores viesados, previsões ineficientes e inferências enganosas. A estatística ADF pode ser utilizada para testar a presença de uma tendência estocástica. Uma tendência estocástica de passeio aleatório pode ser eliminada utilizando-se as primeiras diferenças da série.
7. Se a função de regressão da população muda ao longo do tempo, as estimativas de MQO que negligenciam essa instabilidade não são confiáveis para inferência estatística ou previsão. A estatística da RVQ pode ser utilizada para testar a presença de uma quebra e, se uma quebra discreta for encontrada, a função de regressão pode ser estimada novamente para levar em conta a quebra.
8. As pseudoprevisões fora da amostra podem ser utilizadas para avaliar a estabilidade de um modelo próximo do final da amostra para estimar a raiz do erro de previsão quadrático médio e para comparar diferentes modelos de previsão.

Termos-chave

primeira defasagem (294)
j-ésima defasagem (294)
primeira diferença (294)
autocorrelação (295)
correlação serial (295)
coeficiente de autocorrelação (295)
j-ésima autoco-variância (295)
auto-regressão (298)
erro de previsão (299)
raiz do erro de previsão quadrático médio (299)
AR(*p*) (300)
modelo auto-regressivo de defasagem distribuída (303)
ADD (*p*,*q*) (303)
estacionariedade (304)
dependência fraca (305)
teste de causalidade de Granger (305)
intervalo de previsão (307)
CIB (309)
CIA (309)
tendência (311)
tendência determinista (311)
tendência estocástica (311)
passeio aleatório (312)
passeio aleatório com tendência (312)
raiz unitária (313)
regressão espúria (314)
estatística de Dickey-Fuller (315)
estatística aumentada de Dickey-Fuller (ADF) (315)
data de quebra (318)
estatística da razão de verossimilhança de Quandt (RVQ) (319)
pseudoprevisão fora da amostra (321)

Revisão dos Conceitos

12.1 Veja o gráfico do logaritmo do PIB real do Japão na Figura 12.2c. Essa série temporal parece ser estacionária? Explique. Suponha que você tenha calculado a primeira diferença dessa série. Ela parece ser estacionária? Explique.

12.2 Muitos economistas da área de finanças acreditam que o modelo do passeio aleatório é uma boa descrição do logaritmo dos preços das ações. Ele implica que as variações percentuais nos preços das ações não podem ser previstas. Um analista financeiro alega possuir um novo modelo que prevê melhor do que o modelo do passeio aleatório. Explique como você examinaria o argumento do analista de que seu modelo é superior.

12.3 Um pesquisador estima um AR(1) com um intercepto e encontra que a estimativa de MQO de β_1 é 0,95, com um erro padrão de 0,02. Um intervalo de confiança de 95 por cento inclui $\beta_1 = 1$? Explique.

12.4 Suponha que você suspeite que o intercepto na Equação (12.17) mudou em 1992:I. Como modificaria a equação para incorporar essa mudança? Como testaria a presença de uma mudança no intercepto? Como testaria a presença de uma mudança no intercepto se não soubesse a data da mudança?

Exercícios

***12.1** Suponha que Y_t siga o modelo estacionário AR(1) $Y_t = 2{,}5 + 0{,}7Y_{t-1} + u_t$, onde u_t é i.i.d. com $E(u_t) = 0$ e $\text{var}(u_t) = 9$.

a. Calcule a média e a variância de Y_t.

b. Calcule as duas primeiras autoco-variâncias de Y_t.

c. Calcule as duas primeiras autocorrelações de Y_t.

d. Suponha que $Y_T = 102{,}3$. Calcule $Y_{T+1|T} = E(Y_{T+1} | Y_T, Y_{T-1}, \ldots)$.

12.2 O índice de produção industrial (PI_t) é uma série temporal mensal que mede a quantidade de bens industriais produzidos em dado mês. Este problema utiliza dados sobre esse índice para os Estados Unidos. Todas as regressões são estimadas durante o período da amostra 1960:1 a 2000:12 (isto é, de janeiro de 1960 a dezembro de 2000). Seja $Y_t = 1200 \times \ln(PI_t/PI_{t-1})$.

a. O analista afirma que Y_t mostra a variação percentual mensal em *PI*, medida em pontos percentuais ao ano. Isso está correto? Por quê?

b. Suponha que um analista estime o seguinte modelo AR(4) para Y_t:

$$\hat{Y}_t = \underset{(0{,}062)}{1{,}377} + \underset{(0{,}078)}{0{,}318}Y_{t-1} + \underset{(0{,}055)}{0{,}123}Y_{t-2} + \underset{(0{,}068)}{0{,}068}Y_{t-3} + \underset{(0{,}056)}{0{,}001}Y_{t-4}.$$

Utilize esse AR(4) para prever o valor de Y_t em janeiro de 2001 utilizando os seguintes valores de *PI* para agosto de 2000 a dezembro de 2000:

Data	2000:7	2000:8	2000:9	2000:10	2000:11	2000:12
PI	147,595	148,650	148,973	148,660	148,206	147,300

c. Preocupada com flutuações sazonais potenciais na produção, a analista inclui Y_{t-12} na auto-regressão. O coeficiente estimado de Y_{t-12} é –0,054, com um erro padrão de 0,053. Esse coeficiente é estatisticamente significante?

d. Preocupada com uma quebra potencial, ela calcula um teste da RVQ (com corte de 15 por cento) sobre a constante e os coeficientes AR no modelo AR(4). A estatística RVQ resultante foi de 3,45. Há evidência de quebra? Explique.

e. Preocupada com o fato de que ela possa ter incluído defasagens a menos ou a mais no modelo, a analista estima modelos AR(p) para $p = 1, \ldots, 6$ durante o mesmo período da amostra. A tabela mostra a soma dos quadrados dos resíduos para cada um desses modelos estimados. Utilize o CIB para estimar o número de defasagens que deveriam ser incluídas na auto-regressão. Os resultados diferem se você utilizar o CIA?

Ordem da AR	1	2	3	4	5	6
SQR	29175	28538	28393	28391	28378	28317

***12.3** Utilizando os mesmos dados do Exercício 12.2, um pesquisador testa a existência de uma tendência estocástica em $\ln(PI_t)$ utilizando a seguinte regressão:

$$\widehat{\Delta\ln(PI_t)} = \underset{(0{,}024)}{0{,}061} + \underset{(0{,}00001)}{0{,}00004}t - \underset{(0{,}007)}{0{,}018}\ln(PI_{t-1}) + \underset{(0{,}075)}{0{,}333}\Delta\ln(PI_{t-1}) + \underset{(0{,}055)}{0{,}162}\Delta\ln(PI_{t-2})$$

onde os erros padrão mostrados entre parênteses são calculados utilizando a fórmula somente homoscedástica e o regressor t é uma tendência temporal linear.

a. Utilize a estatística ADF para testar a existência de uma tendência estocástica (raiz unitária) em $\ln(PI)$.

b. Esses resultados dão respaldo à especificação utilizada no Exercício 12.2? Explique.

12.4 A analista do Exercício 12.2 aumenta seu modelo AR(4) de crescimento do *PI* para incluir quatro valores defasados de ΔR_t, onde R_t é a taxa de juros sobre Letras do Tesouro americano de três meses (medida em pontos percentuais a uma taxa anual).

a. A estatística *F* de causalidade de Granger sobre as quatro defasagens de ΔR_t é de 2,35. As taxas de juros ajudam a prever o crescimento do PI? Explique.

b. O pesquisador também regride ΔR_t sobre uma constante, quatro defasagens de ΔR_t e quatro defasagens do crescimento do *PI*. A estatística *F* de causalidade de Granger resultante sobre as quatro defasagens do crescimento do *PI* é 2,87. O crescimento do PI ajuda a prever as taxas de juros? Explique.

12.5 Prove os seguintes resultados sobre médias condicionais, previsões e erros de previsão:

a. Seja *W* uma variável aleatória com média μ_W e variância σ_W^2 e seja *c* uma constante. Mostre que $E[(W - c)^2] = \sigma_W^2 + (\mu_W - c)^2$.

b. Considere o problema da previsão de Y_t utilizando dados sobre $Y_{t-1}, Y_{t-2}, \ldots$. Seja f_{t-1} uma previsão de Y_t, onde o subscrito $t - 1$ de f_{t-1} indica que a previsão é uma função dos dados até a data $t - 1$. Seja $E[(Y_t - f_{t-1})^2 | Y_{t-1}, Y_{t-2}, \ldots]$ o erro quadrático médio condicional da previsão f_{t-1}, condicional a *Y* observada até a data $t - 1$. Mostre que o erro de previsão quadrático médio condicional é minimizado quando $f_{t-1} = Y_{t|t-1}$, onde $Y_{t|t-1} = E(Y_t | Y_{t-1}, Y_{t-2}, \ldots)$. (*Dica*: Estenda o resultado na parte (a) para expectativas condicionais.)

c. Mostre que os erros u_t de um AR(*p*) (Equação (12.14) no Conceito-Chave 12.3) não são serialmente correlacionados. (*Dica*: Utilize a Equação (2.25).)

12.6 Neste exercício, você conduzirá um experimento de Monte Carlo que estuda o fenômeno da regressão espúria discutido na Seção 12.6. Em um estudo de Monte Carlo, dados artificiais são gerados utilizando um computador para então serem utilizados no cálculo da estatística que está sendo estudada. Isso possibilita calcular a distribuição da estatística para modelos conhecidos quando as expressões matemáticas para essas distribuições são complicadas (como aqui) ou mesmo desconhecidas. Neste exercício, você irá gerar dados de modo que duas séries, Y_t e X_t, sejam passeios aleatórios independentemente distribuídos. Os passos específicos são:

i. Utilize seu computador para gerar uma seqüência de $T = 100$ variáveis aleatórias normais padrão i.i.d. Chame essas variáveis de $e_1, e_2, \ldots, e_{100}$. Defina $Y_1 = e_1$ e $Y_t = Y_{t-1} + e_t$ para $t = 2, 3, \ldots, 100$.

ii. Utilize seu computador para gerar uma nova seqüência, $a_1, a_2, \ldots, a_{100}$, de $T = 100$ i.i.d. variáveis aleatórias normais padrão i.i.d. Defina $X_1 = a_1$ e $X_t = X_{t-1} + a_t$ para $t = 2, 3, \ldots, 100$.

iii. Regrida Y_t sobre uma constante e X_t. Calcule o estimador de MQO, o R^2 da regressão e a estatística *t* (somente homoscedástica) testando a hipótese nula de que β_1 (o coeficiente de X_t) é igual a zero.

Utilize esse algoritmo para responder às seguintes questões:

a. Rode o algoritmo (i)-(iii) uma vez. Utilize a estatística *t* de (iii) para testar a hipótese nula de que $\beta_1 = 0$ utilizando o valor crítico usual a 5 por cento de 1,96. Qual é o R^2 de sua regressão?

b. Refaça (a) 1.000 vezes, salvando cada valor de R^2 e a estatística *t*. Construa um histograma do R^2 e da estatística *t*. Quais são os percentis de 5, 50 e 95 por cento das distribuições do R^2 e da estatística *t*? Em que fração de seus 1.000 dados simulados a estatística *t* excede 1,96 em valor absoluto?

c. Refaça (b) para diferentes números de observações, por exemplo $T = 50$ e $T = 200$. À medida que o tamanho da amostra aumenta, a fração de vezes que você rejeita a hipótese nula aproxima-se de 5 por cento, como deveria, uma vez que você gerou *Y* e *X* para serem independentemente distribuídos? Essa fração parece aproximar-se de algum outro limite à medida que *T* aumenta? Qual é esse limite?

APÊNDICE 12.1 Dados de Séries Temporais Utilizados no Capítulo 12

Os dados de séries temporais macroeconômicos para os Estados Unidos são reunidos e publicados por diversas agências governamentais. O Índice de Preços ao Consumidor é medido com base em pesquisas mensais e compilado pelo Bureau of Labor Statistics (BLS). A taxa de desemprego é calculada a partir do Current Population Survey do BLS (veja o Apêndice 3.1). Os dados trimestrais utilizados neste capítulo foram calculados como uma média dos valores mensais. Os dados sobre a taxa dos Fundos Federais são a média mensal das taxas diárias informadas pelo Federal Reserve, e os dados da taxa de câmbio dólar-libra são a média mensal das taxas diárias; ambas dizem respeito ao último mês do trimestre. Os dados sobre o PIB japonês foram obtidos da OCDE. A variação percentual diária no NYSE Composite Index foi calculada como $100\Delta\ln(NYSE_t)$, onde $NYSE_t$ é o valor do índice no fechamento diário do pregão da Bolsa de Valores de Nova York. Como a bolsa de valores não abre nos finais de semana e feriados, o período de tempo da análise é um dia útil. Essas e milhares de outras séries temporais econômicas estão disponíveis gratuitamente em sites mantidos por várias agências de coleta de dados.

APÊNDICE 12.2 Estacionaridade no Modelo AR(1)

Neste apêndice, mostramos que, se $|\beta_1| < 1$ e u_t é estacionário, então Y_t é estacionária. Lembre-se do Conceito-Chave 12.5, em que você viu que a variável de séries temporais Y_t é estacionária se a distribuição conjunta de $(Y_{s+1}, \ldots, Y_{s+T})$ não depende de s. Para simplificar o argumento, mostramos isso formalmente para $T = 2$ sob as hipóteses simplificadoras de que $\beta_0 = 0$ e $\{u_t\}$ são i.i.d. $N(0, \sigma_u^2)$.

O primeiro passo é derivar uma expressão para Y_t em termos dos u_ts. Como $\beta_0 = 0$, a Equação (12.8) implica que $Y_t = \beta_1 Y_{t-1} + u_t$. A substituição de $Y_{t-1} = \beta_1 Y_{t-2} + u_{t-1}$ nessa expressão produz $Y_t = \beta_1(\beta_1 Y_{t-2} + u_{t-1}) + u_t = \beta_1^2 Y_{t-2} + \beta_1 u_{t-1} + u_t$. Ao continuarmos essa substituição em outro passo temos que $Y_t = \beta_1^3 Y_{t-3} + \beta_1^2 u_{t-2} + \beta_1 u_{t-1} + u_t$; a continuação indefinida desse procedimento produz

$$Y_t = u_t + \beta_1 u_{t-1} + \beta_1^2 u_{t-2} + \beta_1^3 u_{t-3} + \ldots = \sum_{i=0}^{\infty} \beta_1^i u_{t-i}. \tag{12.37}$$

Portanto, Y_t é uma média ponderada de valores correntes e passados de u_t. Como os u_ts são normalmente distribuídos e a média ponderada de variáveis aleatórias normais é normal (veja a Seção 2.6), Y_{s+1} e Y_{s+2} têm uma distribuição normal bivariada. Lembre-se da Seção 2.6, em que você aprendeu que a distribuição normal bivariada é completamente determinada pelas médias das duas variáveis, de suas variâncias e suas co-variâncias. Desse modo, para mostrar que Y_t é estacionária, precisamos mostrar que as médias, as variâncias e a co-variância de (Y_{s+1}, Y_{s+2}) não dependem de s. Uma extensão do argumento a seguir pode ser utilizada para mostrar que a distribuição de $(Y_{s+1}, Y_{s+2}, \ldots, Y_{s+T})$ não depende de s.

As médias e variâncias de Y_{s+1} e Y_{s+2} podem ser calculadas utilizando a Equação (12.37), com a substituição de t pelos subscritos $s + 1$ ou $s + 2$. Em primeiro lugar, como $E(u_t) = 0$ para todo t, $E(Y_t) = E(\sum_{i=0}^{\infty}\beta_1^i u_{t-i}) = \sum_{i=0}^{\infty}\beta_1^i E(u_{t-i}) = 0$, de modo que as médias de Y_{s+1} e Y_{s+2} são iguais a zero e em particular não dependem de s. Em segundo lugar, $\text{var}(Y_t) = \text{var}(\sum_{i=0}^{\infty}\beta_1^i u_{t-i}) = \sum_{i=0}^{\infty}(\beta_1^i)^2 \text{var}(u_{t-i}) = \sigma_u^2 \sum_{i=0}^{\infty}(\beta_1^i)^2 = \sigma_u^2/(1 - \beta_1^2)$, onde a igualdade final resulta do fato de que, se $|a| < 1, \sum_{i=0}^{\infty} a^i = 1/(1 - a)$; assim, $\text{var}(Y_{s+1}) = \text{var}(Y_{s+2}) = \sigma_u^2/(1 - \beta_1^2)$, que não depende de s contanto que $|\beta_1| < 1$. Finalmente, como $Y_{s+2} = \beta_1 Y_{s+1} + u_{s+2}$, $\text{cov}(Y_{s+1}, Y_{s+2}) = E(Y_{s+1}Y_{s+2}) = E[Y_{s+1}(\beta_1 Y_{s+1} + u_{s+2})] = \beta_1 \text{var}(Y_{s+1}) + \text{cov}(Y_{s+1}, u_{s+2}) = \beta_1 \text{var}(Y_{s+1}) = \beta_1 \sigma_u^2/(1 - \beta_1^2)$. A co-variância não depende de s, de modo que Y_{s+1} e Y_{s+2} têm uma distribuição de probabilidade conjunta que não depende de s, isto é, sua distribuição conjunta é estacionária. Se $|\beta_1| \geq 1$, esse cálculo falha, uma vez que a soma infinita da Equação (12.37) não converge e a variância de Y_t é infinita. Desse modo, Y_t é estacionária se $|\beta_1| < 1$, mas não é estacionária se $\beta_1 = 1$.

O argumento anterior foi feito sob as hipóteses de que $\beta_0 = 0$ e u_t é normalmente distribuído. Se $\beta_0 \neq 0$, o argumento é similar, exceto pelo fato de que as médias de Y_{s+1} e Y_{s+2} são $\beta_0/(1 - \beta_1)$ e a Equação (12.37) deve ser modificada para essa média diferente de zero. A hipótese de que u_t é i.i.d. normal pode ser substituída pela hipótese de que u_t é estacionário com uma variância finita, uma vez que, pela Equação (12.37), Y_t ainda pode ser expressa como uma função dos valores correntes e passados de u_t, logo a distribuição de Y_t é estacionária, contanto que a distribuição de u_t seja estacionária e a expressão da soma infinita na Equação (12.37) convirja, o que requer que $|\beta_1| < 1$.

APÊNDICE 12.3 Notação do Operador Defasagem

A notação utilizada neste e nos próximos dois capítulos é simplificada consideravelmente pela adoção do que se conhece como notação do operador defasagem. Seja L o **operador defasagem**, que tem a propriedade de transformar uma variável em sua defasagem. Isto é, o operador defasagem L possui a propriedade $LY_t = Y_{t-1}$. Aplicando esse operador duas vezes, obtém-se a segunda defasagem, $L^2Y_t = L(LY_t) = LY_{t-1} = Y_{t-2}$. Generalizando, ao aplicar o operador defasagem j vezes, obtemos a j-ésima defasagem. Em suma, o operador defasagem tem a propriedade de que

$$LY_t = Y_{t-1},\ L^2Y_t = Y_{t-2}, \text{ e } L^jY_t = Y_{t-j}. \tag{12.38}$$

A notação do operador defasagem nos permite definir o **polinômio defasagem**, que é um polinômio no operador defasagem:

$$a(L) = a_0 + a_1L + a_2L^2 + \cdots + a_pL^p = \sum_{j=0}^{p} a_jL^j, \tag{12.39}$$

onde $a_0, \ldots, a_p$ são os coeficientes do polinômio defasagem e $L^0 = 1$. O grau do polinômio defasagem $a(L)$ na Equação (12.39) é p. A multiplicação de Y_t por $a(L)$ produz

$$a(L)Y_t = \left(\sum_{j=0}^{p} a_jL^j\right)Y_t = \sum_{j=0}^{p} a_j(L^jY_t) = \sum_{j=0}^{p} a_jY_{t-j} = a_0Y_t + a_1Y_{t-1} + \cdots + a_pY_{t-p}. \tag{12.40}$$

A expressão da Equação (12.40) implica que o modelo AR(p) da Equação (12.14) pode ser escrito de forma compacta como

$$a(L)Y_t = \beta_0 + u_t, \tag{12.41}$$

onde $a_0 = 1$ e $a_j = -\beta_j$, para $j = 1, \ldots, p$. De forma semelhante, um modelo ADD(p,q) pode ser escrito como

$$a(L)Y_t = \beta_0 + c(L)X_{t-1} + u_t, \tag{12.42}$$

onde $a(L)$ é um polinômio defasagem de grau p (com $a_0 = 1$) e $c(L)$ é um polinômio defasagem de grau $q - 1$.

APÊNDICE 12.4 Modelos ARMM*

O **modelo auto-regressivo média móvel** estende o modelo auto-regressivo ao modelar u_t como serialmente correlacionado, em específico, como uma defasagem distribuída (ou "média móvel") de outro termo de erro não observado. Isto

* No original, ARMM e MM correspondem respectivamente aos termos *ARMA* e *MA*, que são muito utilizados entre econometristas (N. do R.T.).

é, na notação do operador defasagem do Apêndice 12.3, seja $u_t = b(L)e_t$, onde e_t é uma variável aleatória não observada serialmente não-correlacionada, e seja $b(L)$ um polinômio defasagem de grau q com $b_0 = 1$. Então, o modelo ARMM(p,q) é

$$a(L)Y_t = \beta_0 + b(L)e_t, \tag{12.43}$$

onde $a(L)$ é um polinômio defasagem de grau p com $a_0 = 1$.

Tanto o modelo AR quanto o modelo ARMM podem ser imaginados como formas de aproximar as autoco-variâncias de Y_t. Isso porque qualquer série temporal estacionária Y_t com uma variância finita pode ser escrita como um AR ou um MM (média móvel) com um termo de erro serialmente não-correlacionado, ainda que os modelos AR ou MM necessitem ter uma ordem infinita. O segundo desses resultados, de que um processo estacionário pode ser escrito na forma de uma média móvel, é conhecido como teorema de decomposição de Wold e é um dos resultados fundamentais subjacentes à teoria da análise de séries temporais estacionárias.

Sob o aspecto teórico, as famílias de modelos AR, MM e ARMM são igualmente ricas, contanto que os polinômios defasagem tenham um grau suficientemente alto. Mesmo assim, em alguns casos, as autoco-variâncias podem ser mais bem aproximadas por meio de um modelo ARMM(p,q) com p e q pequenos do que por meio de um modelo AR puro com apenas algumas defasagens. Na prática, contudo, a estimação de modelos ARMM é mais difícil do que a estimação de modelos AR, e os modelos ARMM são mais difíceis de serem estendidos a regressores adicionais do que os modelos AR.

APÊNDICE 12.5 Consistência do Estimador do Tamanho da Defasagem CIB

Neste apêndice, resumimos o argumento de que o estimador CIB do tamanho da defasagem, $\hat{p}$, em uma auto-regressão está correto em amostras grandes, isto é, $P(\hat{p} = p) \longrightarrow 1$. Isso não é verdadeiro para o estimador CIA, que pode superestimar p mesmo em amostras grandes.

CIB

Considere primeiro o caso especial em que o CIB é utilizado para escolher entre auto-regressões com nenhuma, uma ou duas defasagens, quando o tamanho verdadeiro da defasagem é igual a um. Mostra-se a seguir que (i) $P(\hat{p} = 0) \longrightarrow 0$, e que (ii) $P(\hat{p} = 2) \longrightarrow 0$, de onde segue que $P(\hat{p} = 1) \longrightarrow 1$. A extensão desse argumento para o caso geral em que o CIB pesquisa ao longo de $0 \leq p \leq p_{máx}$ envolve mostrar que $P(\hat{p} < p) \longrightarrow 0$ e que $P(\hat{p} > p) \longrightarrow 0$; a estratégia para demonstrar ambos é igual à utilizada a seguir em (i) e (ii).

Prova de (i) e (ii)

Prova de (i). Para escolher $\hat{p} = 0$ deve-se ter CIB(0) < CIB(1); isto é, CIB(0) − CIB(1) < 0. Agora CIB(0) − BIC(1) = $[\ln(SQR(0)/T) + (\ln T)/T] - [\ln(SQR(1)/T) + 2(\ln T)/T] = \ln(SQR(0)/T) - \ln(SQR(1)/T) - (\ln T)/T$. Agora $SQR(0)/T = [(T-1)/T]s_Y^2 \xrightarrow{p} \sigma_Y^2$, $SQR(1)/T \xrightarrow{p} \sigma_u^2$, e $(\ln T)/T \longrightarrow 0$; juntando as peças, temos que CIB(0) − CIB(1) $\xrightarrow{p} \ln\sigma_Y^2 - \ln\sigma_u^2 > 0$, pois $\sigma_Y^2 > \sigma_u^2$. Segue-se que P[CIB(0) < CIB(1)] $\longrightarrow 0$, de modo que $P(\hat{p} = 0) \longrightarrow 0$.

Prova de (ii). Para escolher $\hat{p} = 2$ deve-se ter CIB(2) < CIB(1); ou CIB(2) − CIB(1) < 0. Agora, T[CIB(2) − CIB(1)] $= T\{[\ln(SQR(2)/T) + 3(\ln T)/T] - [\ln(SQR(1)/T) + 2(\ln T)/T]\} = T\ln[SQR(2)/SQR(1)] + \ln T = -T\ln[1 + F/(T-2)] + \ln T$, onde $F = [SQR(1) - SQR(2)]/[SQR(2)/(T-2)]$ é a "regra de bolso" da estatística F (veja o Apêndice 5.3) que testa a hipótese nula de que $\beta_2 = 0$ no AR(2). Se u_t é homoscedástico, F possui uma distribuição assintótica χ_1^2; caso contrário, possui outra distribuição assintótica. Assim, P[CIB(2) − CIB(1) < 0] = P[T(CIB(2) − CIB(1)) < 0] $= P\{-T\ln[1 + F/(T-2)] + (\ln T) < 0\} = P\{T\ln[1 + F/(T-2)] > \ln T\}$. À medida que T aumenta, $T\ln[1 + F/(T-2)] - F \longrightarrow 0$ (uma conseqüência da aproximação logarítmica $\ln(1 + a) \cong a$, que se torna exata quando $a \longrightarrow 0$). Portanto, P[CIB(2) − CIB(1) < 0] $\longrightarrow P(F > \ln T) \longrightarrow 0$, de modo que $P(\hat{p} = 2) \longrightarrow 0$.

CIA

No caso especial de um AR(1) quando nenhuma, uma ou duas defasagens são consideradas, (i) aplica-se ao CIA onde o termo $\ln T$ é substituído por 2, de modo que $P(\hat{p} = 0) \longrightarrow 0$. Todos os passos da prova de (ii) para o CIB também se aplicam ao CIA, com a modificação de que $\ln T$ é substituído por 2; desse modo, $P(\text{CIA}(2) - \text{CIA}(1) < 0) \longrightarrow P(F > 2) > 0$. Se u_t é homoscedástico, $P(F > 2) \longrightarrow P(\chi_1^2 > 2) = 0{,}16$, de modo que $P(\hat{p} = 2) \longrightarrow 0{,}16$. Em geral, quando $\hat{p}$ é escolhido utilizando o CIA, $P(\hat{p} < p) \longrightarrow 0$, mas $P(\hat{p} > p)$ tende a um número positivo; logo, $P(\hat{p} = p)$ não tende a 1.

CAPÍTULO 13 Estimação de Efeitos Causais Dinâmicos

No filme *Trocando as Bolas*, de 1983, os personagens interpretados por Dan Aykroyd e Eddie Murphy utilizaram informações privilegiadas sobre o que ocorreu com as laranjas da Flórida durante o inverno para ganhar milhões de dólares no mercado de futuros com concentrado de suco de laranja, um mercado de contratos por meio do qual se compram ou vendem grandes quantidades de concentrado de suco de laranja a um preço específico em uma data futura. Na vida real, os negociadores de suco de laranja na verdade prestam bastante atenção ao clima na Flórida: geadas nesse Estado destroem as laranjas, a fonte de praticamente todo o concentrado de suco de laranja congelado feito nos Estados Unidos, de modo que sua oferta cai e os preços sobem. Mas, precisamente, quanto sobe o preço quando o clima na Flórida torna-se desfavorável? O preço aumenta imediatamente ou ocorrem atrasos; se for esse o caso, de quanto tempo? Essas são perguntas a que os negociadores de suco de laranja da vida real precisam responder se quiserem ter sucesso.

Neste capítulo, nos ocupamos do problema da estimação do efeito de uma variação em X sobre Y agora e no futuro, isto é, do **efeito causal dinâmico** de uma variação em X sobre Y. Qual é, por exemplo, o efeito de um período de frio intenso na Flórida sobre a trajetória dos preços do suco de laranja ao longo do tempo? O ponto de partida para modelar e estimar efeitos causais dinâmicos é o chamado modelo de regressão de defasagens distribuídas, em que Y_t é expresso como uma função dos valores corrente e passados de X_t. Na Seção 13.1, apresentamos o modelo de defasagens distribuídas no contexto da estimação do efeito do clima frio na Flórida sobre o preço do concentrado de suco de laranja ao longo do tempo. Na Seção 13.2, examinamos mais de perto o que, precisamente, significa um efeito causal dinâmico.

Uma maneira de estimar efeitos causais dinâmicos é estimar os coeficientes do modelo de regressão de defasagens distribuídas utilizando MQO. Conforme discutido na Seção 13.3, esse estimador é consistente se o erro da regressão possui uma média condicional igual a zero, dados os valores corrente e passados de X, uma condição que (como no Capítulo 10) é identificada como exogeneidade. Como os determinantes omitidos de Y_t são correlacionados ao longo do tempo — isto é, como são serialmente correlacionados —, o termo de erro no modelo de defasagens distribuídas pode ser serialmente correlacionado. Essa possibilidade, por sua vez, requer novas fórmulas "consistentes quanto à heteroscedasticidade e à autocorrelação" (CHA) para os erros padrão, que é o tópico da Seção 13.4.

A segunda maneira de estimar efeitos causais dinâmicos, discutida na Seção 13.5, é modelar a correlação serial no termo de erro como uma auto-regressão e então utilizar esse modelo auto-regressivo para derivar um modelo auto-regressivo de defasagens distribuídas (ADD). Alternativamente, os coeficientes do modelo de defasagens distribuídas original podem ser estimados por mínimos quadrados generalizados (MQG). Contudo, tanto o método ADD quanto o método MQG exigem uma versão mais forte de exogeneidade do que a que utilizamos até aqui: exogeneidade *estrita*, sob a qual os erros da regressão possuem uma média condicional igual a zero, dados os valores passados, presentes *e futuros* de X.

Na Seção 13.6, fornecemos uma análise mais completa da relação entre os preços do suco de laranja e o clima. Nessa aplicação, o clima está além do controle humano e portanto é exógeno (embora, conforme discutido na Seção 13.6, a teoria econômica indique que ele não é necessariamente estritamente exógeno). Pelo fato de a exogeneidade ser necessária para estimar efeitos causais dinâmicos, na Seção 13.7 examinamos essa hipótese em diversas aplicações extraídas da macroeconomia e das finanças.

Este capítulo tem como pré-requisito o material das seções 12.1-12.4, mas, com exceção da subseção (que pode ser pulada) referente à análise empírica na Seção 13.6, não requer o material das seções 12.5-12.8.

13.1 Uma Apreciação Inicial dos Dados sobre Suco de Laranja

Orlando, o centro da região produtora de laranjas da Flórida, é normalmente ensolarado e quente. Mas de vez em quando há uma onda de frio, e se as temperaturas caem abaixo da temperatura de congelamento* por muito tempo, as árvores perdem muitas de suas laranjas e, se o frio é rigoroso, as árvores se congelam. Após um frio intenso, a oferta de concentrado de suco de laranja diminui e seu preço aumenta. Contudo, o momento dessa elevação do preço é um assunto um tanto complicado. O concentrado de suco de laranja é um bem (commodity) "durável", que pode ser armazenado, isto é, pode ser armazenado depois de congelado, ainda que com algum custo (o funcionamento do congelador). Assim, o preço do concentrado de suco de laranja depende não apenas da oferta corrente, mas também das expectativas de oferta futura. Um frio intenso hoje significa que os estoques futuros de concentrado serão baixos, mas como o concentrado atualmente armazenado pode ser utilizado para atender a demanda corrente ou a futura, o preço do concentrado existente aumenta hoje. Mas, precisamente, quanto o preço do concentrado sobe quando há um frio intenso? A resposta a essa pergunta interessa não só aos negociadores de suco de laranja, mas de modo mais geral aos economistas interessados em estudar as operações dos mercados modernos de bens. Para aprendermos como o preço do suco de laranja varia em resposta às condições climáticas, devemos analisar dados sobre os preços do suco de laranja e o clima.

A Figura 13.1 mostra um gráfico de dados mensais sobre o preço do concentrado de suco de laranja congelado, sua variação percentual mensal e a temperatura na região produtora de laranjas na Flórida de janeiro de 1950 a dezembro de 2000. O preço, mostrado na Figura 13.1a, é uma medida do preço real médio do concentrado de suco de laranja congelado pago por atacadistas. Esse preço foi deflacionado pelo índice geral de preços ao produtor para bens acabados a fim de eliminar os efeitos da inflação geral dos preços. A variação percentual no preço mostrada na Figura 13.1b é a variação no preço ao longo do mês. Os dados de temperatura na Figura 13.1c mostram o número de "dias de temperatura abaixo do nível de congelamento" no aeroporto de Orlando, na Flórida, calculados pela soma do número de graus Fahrenheit abaixo da temperatura de congelamento (32 °F) em determinado dia, em relação a todos os dias do mês; por exemplo, em novembro de 1950, a temperatura no aeroporto caiu abaixo da temperatura de congelamento duas vezes, no dia 25 (31 °F) e no dia 29 (29 °F), em um total de quatro dias de frio intenso ((32 – 31) + (32 – 29) = 4). (Os dados estão descritos de forma detalhada no Apêndice 13.1.) Ao comparar os painéis da Figura 13.1, você pode ver que o preço do concentrado de suco de laranja apresenta grandes oscilações, algumas das quais parecem estar associadas ao clima frio na Flórida.

Iniciamos nossa análise quantitativa da relação entre o preço do suco de laranja e o clima utilizando uma regressão para estimar o quanto os preços do suco de laranja sobem quando o clima se torna frio. A variável dependente é a variação percentual no preço durante aquele mês ($\%VarP_t$, onde $\%VarP_t = 100 \times \Delta\ln(P_t^{SL})$ e P_t^{SL} é o preço real do suco de laranja). O regressor é o número de dias de frio intenso durante aquele mês (DFI_t). Essa regressão é estimada utilizando dados mensais de janeiro de 1950 a dezembro de 2000 (como em todas as regressões deste capítulo), para um total de $T = 612$ observações:

$$\widehat{\%VarP_t} = \underset{(0,22)}{-0,40} + \underset{(0,13)}{0,47}DFI_t. \tag{13.1}$$

Os erros padrão apresentados nesta seção não são os erros padrão de MQO usuais, mas sim aqueles consistentes quanto à heteroscedasticidade e à autocorrelação (CHA), que são apropriados quando o termo de erro e os regressores são autocorrelacionados. Os erros padrão CHA são discutidos na Seção 13.4; por ora, serão utilizados sem explicações adicionais.

De acordo com essa regressão, um dia adicional de frio intenso em um mês aumenta o preço do concentrado de suco de laranja congelado ao longo daquele mês em 0,47 por cento. Em um mês com quatro dias de frio intenso, como novembro de 1950, a estimativa é que o preço do suco de laranja concentrado tenha subido em 1,88 por cento (4 × 0,47 por cento = 1,88 por cento), em relação a um mês sem nenhum dia de frio intenso.

* A temperatura de congelamento corresponde para nós a zero grau Celsius (0 °C) e para os americanos a trinta e dois graus Fahrenheit (32 °F). O livro adota a escala Fahrenheit em todas as aplicações. Para nós, basta pensar em temperaturas abaixo de zero (N. do R.T.).

FIGURA 13.1 Preços do Suco de Laranja e o Clima na Flórida, 1950-2000

O preço do concentrado de suco de laranja congelado sofreu grandes variações mensais. Muitas das grandes variações coincidem com o clima de frio intenso em Orlando, a região dos laranjais.

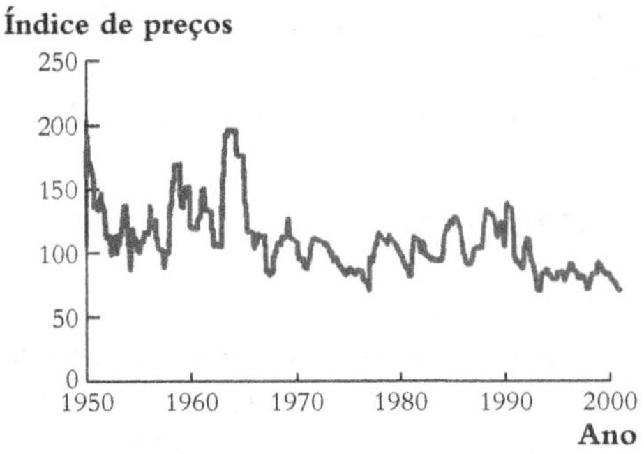

(a) Índice de preços para o concentrado de suco de laranja congelado

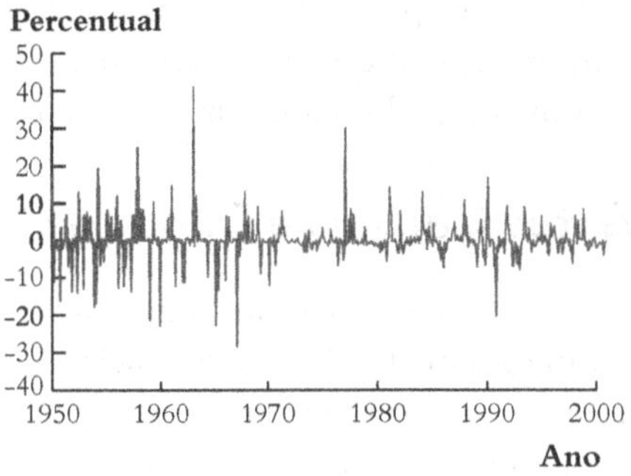

(b) Variação percentual no preço do concentrado de suco de laranja congelado

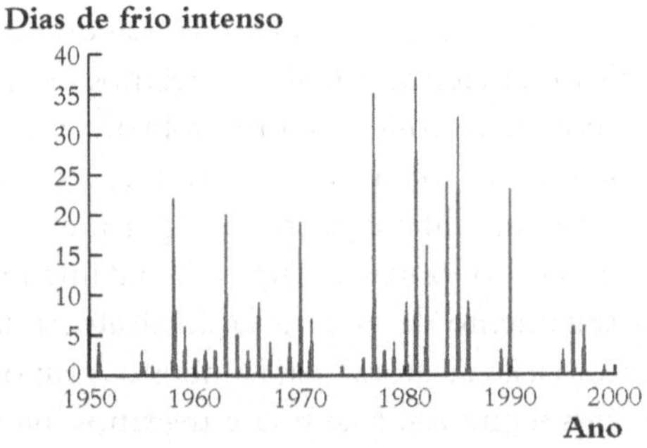

(c) Dias de frio intenso durante um mês em Orlando, Flórida

Como a regressão da Equação (13.1) inclui apenas uma medida corrente do clima, ela não captura nenhum efeito persistente da onda de frio sobre o preço do suco de laranja ao longo dos meses seguintes. Para isso, precisamos considerar o efeito dos valores atuais e defasados de *DFI* sobre os preços, o que por sua vez pode ser feito por meio do aumento da regressão da Equação (13.1) com, por exemplo, valores defasados de *DFI* durante os seis meses anteriores:

$$\begin{aligned}\widehat{\%VarP_t} = & \underset{(0,23)}{-0,65} + \underset{(0,14)}{0,47}DFI_t + \underset{(0,08)}{0,14}DFI_{t-1} + \underset{(0,06)}{0,06}DFI_{t-2} \\ & + \underset{(0,05)}{0,07}DFI_{t-3} + \underset{(0,03)}{0,03}DFI_{t-4} + \underset{(0,03)}{0,05}DFI_{t-5} + \underset{(0,04)}{0,05}DFI_{t-6}.\end{aligned} \quad (13.2)$$

A Equação (13.2) é uma regressão de defasagens distribuídas. O coeficiente de DFI_t da Equação (13.2) estima o aumento percentual nos preços durante o mês em que o frio intenso ocorre; estima-se que um dia adicional de frio intenso aumente os preços naquele mês em 0,47 por cento. O coeficiente da primeira defasagem de DFI_t, DFI_{t-1}, estima o aumento percentual nos preços resultante de um dia de frio intenso no mês anterior, o coeficiente da segunda defasagem estima o efeito de um dia de frio intenso dois meses atrás e assim por diante. De forma equivalente, o coeficiente da primeira defasagem de *DFI* estima o efeito de um aumento unitário em *DFI* um mês após o frio intenso ter ocorrido. Desse modo, os coeficientes estimados da Equação (13.2) são estimativas do efeito de um aumento unitário em DFI_t sobre os valores corrente e futuros de *%VarP*, isto é, são estimativas do efeito dinâmico de DFI_t sobre $\%VarP_t$. Por exemplo, estima-se que os quatro dias de frio intenso em novembro de 1950 tenham aumentado os preços do suco de laranja em 1,88 por cento durante novembro de 1950, em mais 0,56 por cento (= 4 × 0,14) em dezembro de 1950, em mais 0,24 por cento (= 4 × 0,06) em janeiro de 1951 e assim por diante.

13.2 Efeitos Causais Dinâmicos

Antes de aprendermos mais sobre as ferramentas que estimam efeitos causais dinâmicos, devemos pensar por um momento no que, precisamente, significa um efeito causal dinâmico. Ter uma idéia clara do que é um efeito causal dinâmico leva a um melhor entendimento das condições sob as quais ele pode ser estimado.

Efeitos Causais e Dados de Séries Temporais

Na Seção 1.2, definimos um efeito causal como o resultado de um experimento controlado aleatório ideal: quando uma horticultora aplica aleatoriamente fertilizante em apenas alguns lotes de tomate e mede a safra, a diferença esperada na safra entre os lotes com e sem fertilizante é o efeito do fertilizante sobre a safra de tomates. Esse conceito de experimento, contudo, é aquele em que há múltiplas entidades (múltiplos lotes de tomates ou múltiplas pessoas), de modo que os dados são de corte (a safra de tomates no final da colheita) ou de painel (rendas individuais antes e depois de um programa de treinamento profissional experimental). Com múltiplas entidades, é possível ter grupos de tratamento e de controle e, portanto, estimar o efeito causal do tratamento.

Em aplicações de séries temporais, essa definição de efeitos causais em termos de um experimento controlado aleatório ideal precisa ser modificada. Para ser concreto, considere um problema importante da macroeconomia: estimar o efeito de uma variação não antecipada na taxa de juros de curto prazo sobre a atividade econômica corrente e futura em dado país, medida pelo PIB. Tomado literalmente, o experimento controlado aleatório da Seção 1.2 envolveria a atribuição aleatória de diferentes economias a grupos de tratamento e de controle. Os bancos centrais do grupo de tratamento aplicariam o tratamento de uma variação aleatória na taxa de juros, ao passo que aqueles do grupo de controle não aplicariam a variação aleatória; para ambos os grupos, a atividade econômica (por exemplo, o PIB) seria medida ao longo dos anos seguintes. Mas e se estivermos interessados em estimar esse efeito em um país específico, digamos os Estados Unidos? Então, esse experimento envolveria a existência de diferentes "cópias" do país, como entidades, e a atribuição de algumas cópias ao grupo de tratamento e outras ao grupo de controle. Obviamente, esse experimento de "universos paralelos" é impraticável.

Em vez disso, em dados de séries temporais é útil pensar em um experimento controlado aleatório baseado na mesma entidade (por exemplo, a economia dos Estados Unidos), que recebe diferentes tratamentos (variações na taxa de juro escolhidas aleatoriamente) em diferentes pontos no tempo (a década de 1970, a década de 1980 e assim por diante). Nessa estrutura, a entidade única em períodos diferentes desempenha o papel tanto de grupo de tratamento quanto de grupo de controle: às vezes o Fed muda a taxa de juros, enquanto outras vezes não o faz. Como os dados são coletados ao longo do tempo, é possível medir o efeito causal dinâmico, isto é, a trajetória temporal do efeito do tratamento sobre o resultado de interesse. Por exemplo, um aumento-surpresa na taxa de juros de curto prazo de dois pontos percentuais, mantido por um trimestre, pode ter inicialmente um efeito insignificante sobre o produto; após dois trimestres o crescimento do PIB pode ser mais lento, com a maior desaceleração após um ano e meio; então, ao longo dos dois anos seguintes, o crescimento do PIB pode voltar ao normal. Essa trajetória temporal de efeitos causais é o efeito causal dinâmico de uma variação-surpresa na taxa de juros sobre o crescimento do PIB.

Como um segundo exemplo, considere o efeito causal sobre as variações no preço do suco de laranja de um dia de frio intenso. É possível imaginar uma variedade de experimentos hipotéticos, cada qual produzindo um efeito causal diferente. Um experimento poderia mudar o clima na região dos laranjais da Flórida, mantendo o clima constante em outras localidades — por exemplo, na região de cultivo de toranjas no Texas e em outras regiões citricultoras. Esse experimento mediria um efeito parcial, mantendo outros climas constantes. Um segundo experimento poderia mudar o clima em todas as regiões em que o "tratamento" é a aplicação de padrões climáticos globais. Se o clima estiver correlacionado entre regiões com plantações concorrentes, então esses dois efeitos causais dinâmicos serão diferentes. Neste capítulo, consideramos o efeito causal do último experimento, isto é, o efeito causal da aplicação de padrões climáticos gerais. Isso corresponde a medir o efeito dinâmico sobre os preços de uma mudança no clima da Flórida, *não* mantendo constante o clima em outras regiões agrícolas.

Efeitos dinâmicos e o modelo de defasagens distribuídas. Como os efeitos dinâmicos ocorrem necessariamente ao longo do tempo, o modelo econométrico utilizado para estimar efeitos causais dinâmicos precisa incorporar defasagens. Para isso, Y_t pode ser expresso como uma defasagem distribuída do valor corrente e dos r valores passados de X_t:

$$Y_t = \beta_0 + \beta_1 X_t + \beta_2 X_{t-1} + \beta_3 X_{t-2} + \cdots + \beta_{r+1} X_{t-r} + u_t, \tag{13.3}$$

onde u_t é um termo de erro que inclui erros de medida em Y_t e o efeito da omissão de determinantes de Y_t. O modelo da Equação (13.3) é chamado de **modelo de defasagens distribuídas** e relaciona X_t e r de suas defasagens a Y_t.

Como uma ilustração da Equação (13.3), considere uma versão modificada do experimento tomate/fertilizante: como o fertilizante aplicado hoje pode permanecer no solo nos anos seguintes, a horticultora quer determinar o efeito da aplicação de fertilizante sobre a safra de tomates *ao longo do tempo*. Portanto, ela projeta um experimento de três anos e divide aleatoriamente seus lotes em quatro grupos: o primeiro é fertilizado apenas no primeiro ano; o segundo, apenas no segundo ano; o terceiro, apenas no terceiro ano; e o quarto, o grupo de controle, não é fertilizado. Tomates são plantados anualmente em cada lote, e a colheita do terceiro ano é pesada. Os três grupos de tratamento são representados pelas variáveis binárias X_{t-2}, X_{t-1} e X_t, onde t representa o terceiro ano (o ano em que a colheita é pesada), $X_{t-2} = 1$ se o lote pertence ao primeiro grupo (fertilizado dois anos antes), $X_{t-1} = 1$ se o lote foi fertilizado um ano antes e $X_t = 1$ se o lote foi fertilizado no último ano. No contexto da Equação (13.3) (que se aplica a um único lote), o efeito de ser fertilizado no último ano é β_1, o efeito de ser fertilizado um ano antes é β_2 e o efeito de ser fertilizado dois anos antes é β_3. Se o efeito do fertilizante for maior no ano em que é aplicado, então β_1 será maior do que β_2 e β_3.

Generalizando, o coeficiente do valor contemporâneo de X_t, β_1, é o efeito contemporâneo ou imediato de uma variação unitária em X_t sobre Y_t. O coeficiente de X_{t-1}, β_2, é o efeito de uma variação unitária em X_{t-1} sobre Y_t, ou, de forma equivalente, o efeito de uma variação unitária em X_t sobre Y_{t+1}; isto é, β_2 é o efeito de uma variação unitária em X sobre Y um período depois. Em geral, o coeficiente de X_{t-h} é o efeito de uma variação unitária em X sobre Y após h períodos. O efeito causal dinâmico é o efeito de uma variação em X_t sobre Y_t, Y_{t+1}, Y_{t+2} e assim por diante, ou seja, é a seqüência de efeitos causais sobre os valores corrente e futuros de Y. Portanto, no contexto do modelo de defasagens distribuídas da Equação (13.3), o efeito causal dinâmico é a seqüência dos coeficientes $\beta_1, \beta_2, ..., \beta_{r+1}$.

Implicações para a análise empírica de séries temporais. Essa formulação dos efeitos causais dinâmicos em dados de séries temporais como o resultado esperado de um experimento em que diferentes níveis de tratamento são repetidamente aplicados à mesma entidade possui duas implicações para as tentativas empíricas de medir o efeito causal dinâmico com dados de séries temporais observacionais. A primeira é que o efeito causal dinâmico não deveria mudar ao longo da amostra sobre a qual temos dados. Isso, por sua vez, é implicado pela estacionariedade conjunta dos dados (veja o Conceito-Chave 12.5). Conforme discutido na Seção 12.7, a hipótese de que uma função de regressão da população é estável ao longo do tempo pode ser testada por meio do teste da RVQ para detectar a presença de uma quebra; nesse caso, é possível estimar o efeito causal dinâmico em diferentes subamostras. A segunda implicação é que X não deve estar correlacionada com o termo de erro; é para essa implicação que nos voltamos agora.

Dois Tipos de Exogeneidade

Na Seção 10.1, definimos uma variável "exógena" como aquela que não está correlacionada com o termo de erro da regressão e uma variável "endógena" como aquela correlacionada com o termo de erro. Essa terminologia vem dos modelos com múltiplas equações, em que uma variável "endógena" é determinada dentro do modelo, ao passo que uma variável "exógena" é determinada fora dele. Em termos informais, se vamos estimar os efeitos causais dinâmicos utilizando o modelo de defasagens distribuídas da Equação (13.3), os regressores (Xs) não devem estar correlacionados com o termo de erro. Assim, X deve ser exógeno. Contudo, como estamos trabalhando com dados de séries temporais, precisamos aprimorar as definições de exogeneidade. Na verdade, há dois conceitos diferentes de exogeneidade que utilizamos aqui.

O primeiro conceito é o de que o termo de erro possui uma média condicional igual a zero, dados o valor presente e todos os valores passados de X_t, isto é, $E(u_t | X_t, X_{t-1}, X_{t-2}, ...) = 0$. Isso modifica a hipótese padrão de média condicional para regressão múltipla com dados de corte (Hipótese 1 do Conceito-Chave 5.4), que requer somente que u_t tenha uma média condicional igual a zero, dados os regressores incluídos; isto é, que $E(u_t | X_t, X_{t-1}, ..., X_{t-r}) = 0$. A inclusão de todos os valores defasados de X_t na expectativa condicional implica que todos os efeitos causais mais remotos — todos os efeitos causais além da defasagem r — são iguais a zero. Desse modo, sob essa hipótese, os r coeficientes de defasagens distribuídas na Equação (13.3) constituem todos os efeitos causais dinâmicos diferentes de zero. Podemos nos referir a essa hipótese — de que $E(u_t | X_t, X_{t-1}, ...) = 0$ — como **exogeneidade passada e presente**, mas, em razão da semelhança entre essa definição e a definição de exogeneidade do Capítulo 10, utilizaremos simplesmente o termo **exogeneidade**.

O segundo conceito de exogeneidade é o de que o termo de erro possui média igual a zero, dados todos os valores passados, presente e *futuros* de X_t, isto é, que $E(u_t | ..., X_{t+2}, X_{t+1}, X_t, X_{t-1}, X_{t-2}, ...) = 0$. Esse é chamado de **exogeneidade estrita**; por clareza, também o chamamos de **exogeneidade passada, presente e futura**. A razão para introduzirmos o conceito de exogeneidade estrita é que, quando X é estritamente exógeno, há estimadores mais eficientes de efeitos causais dinâmicos do que os estimadores de MQO dos coeficientes da regressão de defasagens distribuídas da Equação (13.3).

A diferença entre exogeneidade (passada e presente) e exogeneidade estrita (passada, presente e futura) é que a estrita inclui valores futuros de X na expectativa condicional. Portanto, a exogeneidade estrita implica exogeneidade, mas o inverso não é verdadeiro. Uma maneira de entender a diferença entre os dois conceitos é considerar as implicações dessas definições para as correlações entre X e u. Se X é exógeno (passado e presente), então u_t não está correlacionado com os valores corrente e passados de X_t. Se X é estritamente exógeno, então, além disso, u_t não está correlacionado com valores *futuros* de X_t. Por exemplo, se uma variação em Y_t causa uma variação em valores *futuros* de X_t, então X_t não é estritamente exógeno, ainda que possa ser exógeno (passado e presente).

Para fins de ilustração, considere o experimento hipotético plurianual tomate/fertilizante descrito após a Equação (3.3). Como o fertilizante é aplicado aleatoriamente no experimento hipotético, ele é exógeno. Como a safra de tomates hoje não depende da quantidade de fertilizante aplicada do futuro, a série temporal de fertilizante também é estritamente exógena.

Como uma segunda ilustração, considere o exemplo do preço do suco de laranja, em que Y_t é a variação percentual mensal nos preços do suco de laranja e X_t é o número de dias de frio intenso naquele mês. Sob a perspectiva dos mercados de suco de laranja, podemos considerar o clima — o número de dias de frio intenso — como se fosse atribuído aleatoriamente, na medida em que o clima está além do controle humano. Se o efeito de *DFI* é linear e se ele não tem efeito sobre os preços após r meses, concluímos que o clima é exógeno. Mas o clima é *estritamente* exógeno? Se a média condicional de u_t, dados os *DFIs* futuros, é diferente de zero, então *DFI* não é estritamente exógeno. A resposta a essa questão requer uma reflexão cuidadosa sobre o que, precisamente, está contido em u_t. Em particular, se os participantes do mercado de SL utilizam previsões de *DFI* quando decidem o quanto comprarão ou venderão a um dado preço, os preços do SL e portanto o termo de erro u_t poderiam incorporar informações sobre *DFIs* futuros que fariam de u_t um previsor útil de *DFI*. Isso significa que u_t estará correlacionado com valores futuros de DFI_t. De acordo com essa lógica, como u_t inclui previsões do clima na Flórida no futuro, *DFI* seria exógeno (passado e presente), mas não *estritamente* exógeno. A diferença entre esse exemplo e o do tomate/fertilizante é que, enquanto os lotes de tomates não são afetados por fertilizações futuras, os participantes do mercado de SL *são* influenciados por previsões do clima na Flórida no futuro. Voltaremos à questão da exogeneidade estrita de *DFI* quando analisarmos os dados sobre os preços do suco de laranja em maior detalhe na Seção 13.6.

As duas definições de exogeneidade estão resumidas no Conceito-Chave 13.1.

13.3 Estimação de Efeitos Causais Dinâmicos com Regressores Exógenos

Se X é exógeno, seu efeito causal sobre Y pode ser estimado pela estimação de MQO da regressão de defasagens distribuídas na Equação (13.4). Nesta seção, resumimos as condições sob as quais esses estimadores de MQO levam a inferências estatísticas válidas e introduzimos os multiplicadores dinâmicos e os multiplicadores dinâmicos acumulados.

O Modelo de Defasagens Distribuídas e a Exogeneidade

Conceito-Chave 13.1

No modelo de defasagens distribuídas

$$Y_t = \beta_0 + \beta_1 X_t + \beta_2 X_{t-1} + \beta_3 X_{t-2} + \cdots + \beta_{r+1} X_{t-r} + u_t, \quad (13.4)$$

há dois tipos diferentes de exogeneidade, isto é, duas condições de exogeneidade diferentes:

Exogeneidade passada e presente (exogeneidade):

$$E(u_t | X_t, X_{t-1}, X_{t-2}, \ldots) = 0; \quad (13.5)$$

Exogeneidade passada, presente e futura (exogeneidade estrita):

$$E(u_t | \ldots, X_{t+2}, X_{t+1}, X_t, X_{t-1}, X_{t-2}, \ldots) = 0. \quad (13.6)$$

Se X é estritamente exógeno, então é exógeno, mas a exogeneidade não implica exogeneidade estrita.

Hipóteses do Modelo de Defasagens Distribuídas

As quatro hipóteses do modelo de regressão de defasagens distribuídas são semelhantes às quatro hipóteses do modelo de regressão múltipla para dados de corte (veja o Conceito-Chave 5.4), modificadas para dados de séries temporais.

A primeira hipótese é de que X é exógeno, o que estende a hipótese de média condicional igual a zero no caso de dados de corte para incluir todos os valores defasados de X. Conforme discutido na Seção 13.2, essa hipótese implica que os r coeficientes de defasagens distribuídas na Equação (13.3) constituem todos os efeitos causais dinâmicos diferentes de zero. Nesse sentido, a função de regressão da população resume o efeito dinâmico total de uma variação em X sobre Y.

A segunda hipótese possui duas partes: a parte (a) requer que as variáveis possuam uma distribuição estacionária, e a parte (b) requer que elas se tornem independentemente distribuídas à medida que o lapso de tempo que as separa se torna grande. Essa hipótese é igual à hipótese correspondente para o modelo ADD (a segunda hipótese do Conceito-Chave 12.6), e a discussão dessa hipótese na Seção 12.4 aplica-se aqui também.

A terceira hipótese é de que as variáveis possuem mais do que oito momentos finitos diferentes de zero. Essa é mais forte do que a hipótese de quatro momentos finitos que é utilizada em outras partes deste livro. Conforme discutido na Seção 13.4, essa hipótese mais forte é utilizada na matemática que está por trás do estimador de variância CHA.

A quarta hipótese, igual à do modelo de regressão múltipla para dados de corte, é de que não há multicolinearidade perfeita.

O modelo de regressão de defasagens distribuídas e suas hipóteses estão resumidos no Conceito-Chave 13.2.

Extensão para Xs adicionais. O modelo de defasagens distribuídas estende-se diretamente para múltiplos Xs: os Xs adicionais e suas defasagens são simplesmente incluídos como regressores na regressão de defasagens distribuídas, e as hipóteses do Conceito-Chave 13.2 são modificadas para incluir esses regressores adicionais. Embora a extensão para múltiplos Xs seja conceitualmente simples, sua notação é complicada, ocultando as principais idéias de estimação e inferência no modelo de defasagens distribuídas. Por esse motivo, não tratamos explicitamente o caso de múltiplos Xs neste capítulo; ele é deixado como uma extensão simples do modelo de defasagens distribuídas com um único X.

Conceito-Chave 13.2

Hipóteses do Modelo de Defasagens Distribuídas

O modelo de defasagens distribuídas foi apresentado no Conceito-Chave 13.1 (Equação (13.4)), onde

1. X é exógeno, isto é, $E(u_t | X_t, X_{t-1}, X_{t-2}, ...) = 0$;
2. (a) as variáveis aleatórias Y_t e X_t possuem uma distribuição estacionária, e
   (b) (Y_t, X_t) e (Y_{t-j}, X_{t-j}) tornam-se independentes à medida que j torna-se grande;
3. Y_t e X_t possuem mais do que oito momentos finitos diferentes de zero; e
4. não existe multicolinearidade perfeita.

u_t Autocorrelacionados, Erros Padrão e Inferência

No modelo de regressão de defasagens distribuídas, o termo de erro u_t pode ser autocorrelacionado, isto é, u_t pode estar correlacionado com seus valores defasados. Essa autocorrelação surge porque, em dados de séries temporais, os fatores omitidos que são incluídos em u_t podem ser serialmente correlacionados. Por exemplo, suponha que a demanda por suco de laranja também dependa da renda, de modo que um fator que influencia o preço do suco de laranja é a renda, especificamente, a renda agregada dos consumidores potenciais de suco de laranja. Então, a renda agregada é uma variável omitida na regressão de defasagens distribuídas das variações nos preços do suco de laranja contra os dias de frio intenso. Entretanto, a renda agregada é serialmente correlacionada: ela tende a diminuir em recessões e aumentar em expansões. Desse modo, a renda é serialmente correlacionada e, como faz parte do termo de erro, u_t será serialmente correlacionado. Esse exemplo é típico: como os determinantes omitidos de Y são em si serialmente correlacionados, em geral u_t no modelo de defasagens distribuídas é correlacionado.

A autocorrelação de u_t não afeta a consistência de MQO nem introduz viés. Se, contudo, os erros são autocorrelacionados, em geral os erros padrão de MQO usuais são inconsistentes e uma fórmula diferente deve ser utilizada. Portanto, a correlação dos erros é análoga à heteroscedasticidade: os erros padrão somente homoscedásticos estão "errados" quando os erros são na verdade heteroscedásticos, no sentido de que a utilização dos erros padrão somente homoscedásticos resulta em inferências estatísticas enganosas quando os erros são heteroscedásticos. De modo semelhante, quando os erros são serialmente correlacionados, os erros padrão baseados em erros i.i.d. estão "errados" no sentido de que eles resultam em inferências estatísticas enganosas. A solução para esse problema é utilizar erros padrão consistentes quanto à heteroscedasticidade e à autocorrelação (CHA), o tópico da Seção 13.4.

Multiplicadores Dinâmicos e Multiplicadores Dinâmicos Acumulados

Outro nome para o efeito causal dinâmico é multiplicador dinâmico. Os multiplicadores dinâmicos acumulados são os efeitos causais acumulados até determinada defasagem; assim, eles medem o efeito acumulado de uma variação em X sobre Y.

Multiplicadores dinâmicos. O efeito de uma variação unitária em X sobre Y após h períodos, que é β_{h+1} na Equação (13.4), é chamado de **multiplicador dinâmico** de h períodos. Portanto, os multiplicadores dinâmicos relacionando X a Y são os coeficientes de X_t e suas defasagens na Equação (13.4). Por exemplo, β_2 é o multiplicador dinâmico de um período, β_3 é o multiplicador dinâmico de dois períodos e assim por diante. Nessa terminologia, o multiplicador dinâmico de zero período (ou contemporâneo), ou **efeito de impacto**, é β_1, o efeito de uma variação em X sobre Y no mesmo período.

Como os multiplicadores dinâmicos são estimados pelos coeficientes de regressão de MQO, seus erros padrão são erros padrão CHA dos coeficientes de regressão de MQO.

Multiplicadores dinâmicos acumulados. O **multiplicador dinâmico acumulado** de h períodos é o efeito acumulado de uma variação unitária em X sobre Y ao longo dos próximos h períodos. Portanto, os multiplicadores dinâmicos acumulados são a soma acumulada dos multiplicadores dinâmicos. Em termos dos coeficientes da regressão de defasagens distribuídas da Equação (13.4), o multiplicador acumulado de zero período é β_1, o multiplicador acumulado de um período é $\beta_1 + \beta_2$ e o multiplicador dinâmico acumulado de h períodos é $\beta_1 + \beta_2 + \cdots + \beta_{h+1}$. A soma de todos os multiplicadores dinâmicos individuais, $\beta_1 + \beta_2 + \cdots + \beta_{r+1}$, é o efeito de longo prazo acumulado de uma variação em X sobre Y, e é chamado de **multiplicador dinâmico acumulado de longo prazo.**

Por exemplo, considere a regressão da Equação (13.2). O efeito imediato de um dia adicional de frio intenso é o aumento do preço do concentrado de suco de laranja em 0,47 por cento. O efeito acumulado de uma variação no preço ao longo do mês seguinte é a soma do efeito de impacto com o efeito dinâmico um mês adiante; portanto, o efeito acumulado sobre os preços é o aumento inicial de 0,47 por cento, mais o aumento posterior de 0,14 por cento, totalizando 0,61 por cento. De forma semelhante, o multiplicador dinâmico acumulado ao longo de dois meses é 0,47 + 0,14 + 0,06 = 0,67 por cento.

Os multiplicadores dinâmicos acumulados podem ser estimados diretamente utilizando uma modificação da regressão de defasagens distribuídas da Equação (13.4). Essa regressão modificada é

$$Y_t = \delta_0 + \delta_1 \Delta X_t + \delta_2 \Delta X_{t-1} + \delta_3 \Delta X_{t-2} + \cdots + \delta_r \Delta X_{t-r+1} + \delta_{r+1} X_{t-r} + u_t. \quad (13.7)$$

Os coeficientes da Equação (13.7), $\delta_1, \delta_2, ..., \delta_{r+1}$, são na verdade os multiplicadores dinâmicos acumulados. Um pouco de álgebra (veja Exercício 13.5) demonstra que as regressões da população nas equações (13.7) e (13.4) são equivalentes, onde $\delta_0 = \beta_0$, $\delta_1 = \beta_1$, $\delta_2 = \beta_1 + \beta_2$, $\delta_3 = \beta_1 + \beta_2 + \beta_3$ e assim por diante. O coeficiente de X_{t-r}, δ_{r+1}, é o multiplicador dinâmico acumulado de longo prazo, isto é, $\delta_{r+1} = \beta_1 + \beta_2 + \beta_3 + \cdots + \beta_{r+1}$. Além disso, os estimadores de MQO dos coeficientes na Equação (13.7) são iguais à soma acumulada correspondente dos estimadores de MQO da Equação (13.4). Por exemplo, $\hat{\delta}_2 = \hat{\beta}_1 + \hat{\beta}_2$. O principal benefício de estimar os multiplicadores dinâmicos acumulados utilizando a especificação da Equação (13.7) é que, como os estimadores de MQO dos coeficientes da regressão são estimadores dos multiplicadores dinâmicos acumulados, os erros padrão CHA dos coeficientes da Equação (13.7) são os erros padrão CHA dos multiplicadores dinâmicos acumulados.

13.4 Erros Padrão Consistentes Quanto à Heteroscedasticidade e à Autocorrelação (CHA)

Se o termo de erro u_t é autocorrelacionado, então MQO é consistente, mas em geral os erros padrão de MQO usuais para dados de corte não o são. Isso significa que as inferências estatísticas convencionais — testes de hipótese e intervalos de confiança — baseadas nos erros padrão de MQO usuais serão, em geral, enganosos. Por exemplo, intervalos de confiança construídos como o estimador de MQO ±1,96 erro padrão convencional não precisam conter o valor verdadeiro em 95 por cento das amostras, mesmo que o tamanho delas seja grande. Nesta seção, começamos com uma derivação da fórmula correta para a variância do estimador de MQO com erros autocorrelacionados e então nos voltamos para os erros padrão consistentes quanto à heteroscedasticidade e à autocorrelação.

Distribuição do Estimador de MQO com Erros Autocorrelacionados

Para simplificar, considere o estimador de MQO $\hat{\beta}_1$ no modelo de regressão de defasagens distribuídas sem defasagens, isto é, o modelo de regressão linear com um único regressor X_t:

$$Y_t = \beta_0 + \beta_1 X_t + u_t \quad (13.8)$$

onde as hipóteses do Conceito-Chave 13.2 são satisfeitas. Nesta seção, mostramos que a variância de $\hat{\beta}_1$ pode ser escrita como o produto de dois termos: a expressão para var($\hat{\beta}_1$), aplicável se u_t não é serialmente correlacionado, vezes um fator de correção que surge da autocorrelação em u_t ou, mais precisamente, da autocorrelação em $(X_t - \mu_X)u_t$.

Conforme mostrado no Apêndice 4.3, a fórmula para o estimador de MQO $\hat{\beta}_1$ no Conceito-Chave 4.2 pode ser reescrita como

$$\hat{\beta}_1 = \beta_1 + \frac{\frac{1}{T}\sum_{t=1}^{T}(X_t - \overline{X})u_t}{\frac{1}{T}\sum_{t=1}^{T}(X_t - \overline{X})^2}, \qquad (13.9)$$

onde a Equação (13.9) é a Equação (4.51) com uma mudança de notação tal que i e n são substituídos por t e T. Como $\overline{X} \xrightarrow{p} \mu_X$ e $\frac{1}{T}\sum_{t=1}^{T}(X_t - \overline{X})^2 \xrightarrow{p} \sigma_X^2$, em amostras grandes $\hat{\beta}_1 - \beta_1$ é aproximadamente

$$\hat{\beta}_1 - \beta_1 \cong \frac{\frac{1}{T}\sum_{t=1}^{T}(X_t - \mu_X)u_t}{\sigma_X^2} = \frac{\frac{1}{T}\sum_{t=1}^{T}v_t}{\sigma_X^2} = \frac{\overline{v}}{\sigma_X^2}, \qquad (13.10)$$

onde $v_t = (X_t - \mu_X)u_t$ e $\overline{v} = \frac{1}{T}\sum_{t=1}^{T}v_t$. Assim,

$$\text{var}(\hat{\beta}_1) = \text{var}\left(\frac{\overline{v}}{\sigma_X^2}\right) = \frac{\text{var}(\overline{v})}{(\sigma_X^2)^2}. \qquad (13.11)$$

Se v_t é i.i.d. — conforme supusemos no Conceito-Chave 4.3 para dados de corte — então $\text{var}(\overline{v}) = \text{var}(v_t)/T$ e a fórmula para a variância de $\hat{\beta}_1$ do Conceito-Chave 4.4 se aplica. Se, contudo, u_t e X_t não forem independentemente distribuídos ao longo do tempo, em geral v_t será serialmente correlacionado, de modo que a fórmula para a variância de $\overline{v}$ no Conceito-Chave 4.4 não se aplica. Se, em vez disso, v_t é serialmente correlacionado, a variância de $\overline{v}$ é

$$\begin{aligned} \text{var}(\overline{v}) &= \text{var}[(v_1 + v_2 + \cdots + v_T)/T] \\ &= [\text{var}(v_1) + \text{cov}(v_1,v_2) + \cdots + \text{cov}(v_1,v_T) \\ &\quad + \text{cov}(v_2,v_1) + \text{var}(v_2) + \cdots + \text{var}(v_T)]/T^2 \\ &= [T\text{var}(v_t) + 2(T-1)\text{cov}(v_t,v_{t-1}) + 2(T-2)\text{cov}(v_t,v_{t-2}) \\ &\quad + \cdots + 2\text{cov}(v_t,v_{t-T+1})]/T^2 \\ &= \frac{\sigma_v^2}{T}f_T, \end{aligned} \qquad (13.12)$$

onde

$$f_T = 1 + 2\sum_{j=1}^{T-1}\left(\frac{T-j}{T}\right)\rho_j, \qquad (13.13)$$

onde $\rho_j = \text{corr}(v_t, v_{t-j})$. Em amostras grandes, f_T tende ao limite, $f_T \longrightarrow f_\infty = 1 + 2\sum_{j=1}^{\infty}\rho_j$.

Combinando as expressões da Equação (13.10) para $\hat{\beta}_1$ e da Equação (13.12) para var($\overline{v}$) temos a fórmula para a variância de $\hat{\beta}_1$ quando v_t é autocorrelacionado:

$$\text{var}(\hat{\beta}_1) = \left[\frac{1}{T}\frac{\sigma_v^2}{(\sigma_X^2)^2}\right]f_T, \qquad (13.14)$$

onde f_T é dado na Equação (13.13).

A Equação (13.14) expressa a variância de $\hat{\beta}_1$ como o produto de dois termos. O primeiro, entre colchetes, é a fórmula para a variância de $\hat{\beta}_1$ dada no Conceito-Chave 4.4, que se aplica na ausência de correlação serial. O segundo é o fator f_T, que ajusta essa fórmula para a correlação serial. Em virtude desse fator adicional f_T na Equação (13.14), os erros padrão de MQO calculados por meio da fórmula do Conceito-Chave 4.4 estão incorretos se os erros são serialmente correlacionados; mais precisamente, se $v_t = (X_t - \mu_X)u_t$ é serialmente correlacionado, o estimador da variância é menor por um fator f_T.

Erros Padrão CHA

Se o fator f_T, definido na Equação (13.13), fosse conhecido, a variância de $\hat{\beta}_1$ poderia ser estimada multiplicando-se o estimador usual de corte da variância por f_T. Contudo, como esse fator depende das autocorrelações desconhecidas de v_t, ele deve ser estimado. O estimador da variância de $\hat{\beta}_1$ que incorpora esse ajuste é consistente se houver heteroscedasticidade ou não e se v_t for autocorrelacionado ou não. Desse modo, esse estimador é chamado de estimador da variância de $\hat{\beta}_1$ **consistente quanto à heteroscedasticidade e à autocorrelação (CHA)**, e a raiz quadrada do estimador da variância CHA é o **erro padrão CHA** de $\hat{\beta}_1$.

Fórmula da variância CHA. O estimador da variância de $\hat{\beta}_1$ consistente quanto à heteroscedasticidade e à autocorrelação é

$$\tilde{\sigma}^2_{\hat{\beta}_1} = \hat{\sigma}^2_{\hat{\beta}_1}\hat{f}_T, \tag{13.15}$$

onde $\hat{\sigma}^2_{\hat{\beta}_1}$ é o estimador da variância de $\hat{\beta}_1$ na ausência de correlação serial, dado na Equação (4.19), e $\hat{f}_T$ é um estimador do fator f_T na Equação (13.13).

A tarefa de construir um estimador consistente $\hat{f}_T$ é desafiadora. Para entender por que, considere dois extremos. Em um, dada a fórmula da Equação (13.13), pode parecer natural substituir as autocorrelações da população ρ_j por autocorrelações da amostra $\hat{\rho}_j$ (definidas na Equação (12.6)), produzindo o estimador $1 + 2\sum_{j=1}^{T-1}\left(\frac{T-j}{T}\right)\hat{\rho}_j$. Porém, esse estimador contém tantas autocorrelações estimadas que é inconsistente. Intuitivamente, como cada uma das autocorrelações estimadas contém erro de estimação, ao estimar tantas autocorrelações o erro de estimação nesse estimador de f_T permanece grande, mesmo em amostras grandes. No outro extremo, podem-se utilizar somente algumas poucas autocorrelações da amostra, por exemplo, apenas a primeira, e ignorar todas as autocorrelações maiores. Embora esse estimador elimine o problema de estimar tantas autocorrelações, ele apresenta um problema diferente: é inconsistente porque ignora as autocorrelações adicionais que aparecem na Equação (13.13). Em suma, a utilização de autocorrelações da amostra em excesso faz com que o estimador tenha uma variância grande, mas a utilização de um número pequeno de autocorrelações ignora as autocorrelações nas defasagens maiores, de modo que o estimador é inconsistente em ambos os casos.

Os estimadores de f_T utilizados na prática encontram um equilíbrio entre esses dois casos extremos por meio da escolha do número de autocorrelações a serem incluídas de uma forma que depende do tamanho da amostra T. Se o tamanho da amostra é pequeno, apenas algumas autocorrelações são utilizadas, mas se é grande, mais autocorrelações são incluídas (mas ainda muito menos do que T). Especificamente, seja $\hat{f}_T$ dado por

$$\hat{f}_T = 1 + 2\sum_{j=1}^{m-1}\left(\frac{m-j}{m}\right)\tilde{\rho}_j, \tag{13.16}$$

onde $\tilde{\rho}_j = \sum_{t=j+1}^{T}\hat{v}_t\hat{v}_{t-j} \Big/ \sum_{t=1}^{T}\hat{v}_t^2$, onde $\hat{v}_t = (X_t - \overline{X})\hat{u}_t$ (como na definição de $\hat{\sigma}^2_{\hat{\beta}_1}$). O parâmetro m na Equação (13.16) é chamado de **parâmetro de truncagem** do estimador CHA porque a soma de autocorrelações é reduzida, ou truncada, para incluir apenas $m - 1$ autocorrelações em vez das $T - 1$ autocorrelações que estão na fórmula da população na Equação (13.13).

Para que $\hat{f}_T$ seja consistente, m deve ser escolhido de modo que seja grande em amostras grandes, embora ainda muito menor do que T. Uma diretriz para a escolha de m na prática é utilizar a fórmula

$$m = 0{,}75T^{1/3}, \qquad (13.17)$$

arredondada para um número inteiro. Essa fórmula, baseada na hipótese de que existe uma quantidade moderada de autocorrelação em v_t, proporciona uma regra de referência para determinar m como uma função do número de observações na regressão.[1]

O valor do parâmetro de truncagem m resultante da Equação (13.17) pode ser modificado utilizando o conhecimento que você tem da série à mão. Se há uma grande quantidade de correlação serial em v_t, então você poderia aumentar m além do valor da Equação (13.17). Por outro lado, se v_t possui pouca correlação serial, você poderia diminuir m. Por causa da ambigüidade associada à escolha de m, é aconselhável tentar um ou dois valores alternativos de m em pelo menos uma especificação para assegurar que seus resultados não são sensíveis a m.

O estimador CHA na Equação (13.15), com $\hat{f}_T$ dado na Equação (13.16), é chamado de **estimador da variância de Newey-West**, em homenagem aos econometristas Whitney Newey e Kenneth West, que o propuseram. Eles mostraram que sob hipóteses gerais esse estimador, quando utilizado juntamente com uma regra como aquela da Equação (13.17), é um estimador consistente da variância de $\hat{\beta}_1$ (Newey e West, 1987). Suas provas (e aquelas que constam em Andrews (1991)) supõem que v_t possui mais de quatro momentos, o que por sua vez deve-se ao fato de X_t e u_t terem mais de oito momentos; esse é o motivo pelo qual a terceira hipótese no Conceito-Chave 13.2 é de que X_t e u_t possuem mais de oito momentos.

Outros estimadores CHA. O estimador da variância de Newey-West não é o único estimador CHA. Por exemplo, os pesos $(m - j)/m$ na Equação (13.16) podem ser substituídos por pesos diferentes. Se pesos diferentes são utilizados, a regra para escolher o parâmetro de truncagem na Equação (13.17) não mais se aplica e uma regra diferente, desenvolvida para esses pesos, deve ser utilizada. A discussão sobre estimadores CHA que utilizam outros pesos foge ao escopo deste livro. Para mais informações sobre este tópico, veja Hayashi (2000, Seção 6.6).

Extensão para regressão múltipla. Todas as questões discutidas nesta seção podem ser generalizadas para o modelo de regressão de defasagens distribuídas no Conceito-Chave 13.1 com múltiplas defasagens e, de forma mais geral, para o modelo de regressão múltipla com erros serialmente correlacionados. Em particular, se o termo de erro é serialmente correlacionado, os erros padrão de MQO usuais são uma base não confiável para inferência e os erros padrão CHA deveriam ser utilizados. Se o estimador da variância CHA utilizado é o estimador de Newey-West (o estimador da variância CHA baseado nos pesos $(m - j)/m$), o parâmetro de truncagem m pode ser escolhido de acordo com a regra na Equação (13.17) se houver um único regressor ou múltiplos regressores. A fórmula para erros padrão CHA em regressão múltipla está incorporada nos pacotes econométricos modernos projetados para utilização de dados de séries temporais. Como essa fórmula envolve álgebra matricial, vamos omiti-la aqui, e o leitor pode consultar Hayashi (2000, Seção 6.6) para os detalhes matemáticos.

Os erros padrão CHA são resumidos no Conceito-Chave 13.3.

13.5 Estimação de Efeitos Causais Dinâmicos com Regressores Estritamente Exógenos

Quando X_t é estritamente exógeno, dois estimadores alternativos de efeitos causais dinâmicos estão disponíveis. O primeiro deles envolve a estimação de um modelo auto-regressivo de defasagens distribuídas (ADD) em vez de um modelo de defasagens distribuídas e o cálculo dos multiplicadores dinâmicos a partir dos coeficientes estimados do ADD. Esse método pode envolver a estimação de menos coeficientes do que o método de MQO do modelo de defasagens distribuídas, o que potencialmente reduz o erro de estimação. O segundo método

[1] A Equação (13.17) fornece a "melhor" escolha de m se u_t e X_t são processos auto-regressivos de primeira ordem com primeiros coeficientes de autocorrelação 0,5, em que "melhor" significa o estimador que minimiza $E(\hat{\sigma}^2_{\hat{\beta}_1} - \sigma^2_{\hat{\beta}_1})^2$. A Equação (13.17) baseia-se em uma fórmula mais geral derivada por Andrews (1991, Equação (5.3)).

O Modelo de Defasagens Distribuídas e a Exogeneidade

O problema: O termo de erro u_t do modelo de regressão de defasagens distribuídas no Conceito-Chave 13.1 pode ser serialmente correlacionado. Se for este o caso, os estimadores de MQO dos coeficientes são consistentes, mas em geral os erros padrão de MQO usuais não o são, resultando em testes de hipótese e intervalos de confiança enganosos.

A solução: Os erros padrão deveriam ser calculados utilizando um estimador da variância consistente quanto à heteroscedasticidade e à autocorrelação (CHA). O estimador CHA envolve estimativas de $m - 1$ autoco-variâncias e da variância; no caso de um único regressor, as fórmulas relevantes são dadas nas equações (13.15) e (13.16).

Na prática, a utilização de erros padrão CHA envolve a escolha do parâmetro de truncagem m. Para isso, utilize a fórmula na Equação (13.17) como um ponto de referência, e então aumente ou diminua m dependendo de a correlação serial de seus regressores e erros ser alta ou baixa.

Conceito-Chave 13.3

é estimar os coeficientes do modelo de defasagens distribuídas utilizando **mínimos quadrados generalizados (MQG)**, e não MQO. Embora o mesmo número de coeficientes no modelo de defasagens distribuídas seja estimado por MQG e por MQO, o estimador de MQG possui uma variância menor. Para simplificar a explicação, esses dois métodos de estimação são inicialmente expostos e discutidos no contexto de um modelo de defasagens distribuídas com uma única defasagem e erros AR(1). As vantagens potenciais desses dois estimadores são maiores, contudo, quando muitas defasagens aparecem no modelo de defasagens distribuídas, de modo que eles são estendidos para o modelo geral de defasagens distribuídas com erros auto-regressivos de ordem mais alta.

Modelo de Defasagens Distribuídas com Erros AR(1)

Suponha que o efeito causal de uma variação em X sobre Y dure apenas dois períodos, isto é, que tenha um efeito de impacto inicial β_1 e um efeito no período seguinte de β_2, mas nenhum efeito depois disso. Então, o modelo de regressão de defasagens distribuídas apropriado é o modelo de defasagens distribuídas somente com os valores corrente e passados de X_{t-1}:

$$Y_t = \beta_0 + \beta_1 X_t + \beta_2 X_{t-1} + u_t. \quad (13.18)$$

Conforme discutido na Seção 13.2, em geral o termo de erro u_t na Equação (13.18) é serialmente correlacionado. Uma conseqüência dessa correlação serial é que, se os coeficientes da defasagens distribuídas são estimados por MQO, a inferência baseada nos erros padrão de MQO usuais pode ser enganosa. Por essa razão, as seções 13.3 e 13.4 enfatizaram a utilização de erros padrão CHA quando β_1 e β_2 na Equação (13.18) são estimados por MQO.

Nesta seção, adotamos um enfoque diferente para a correlação serial em u_t. Esse enfoque, que é possível se X_t é estritamente exógeno, envolve a adoção de um modelo auto-regressivo para a correlação serial em u_t e a utilização desse modelo AR na derivação de estimadores que podem ser mais eficientes do que o estimador de MQO no modelo de defasagens distribuídas.

Suponha especificamente que u_t siga o modelo AR(1)

$$u_t = \phi_1 u_{t-1} + \tilde{u}_t, \quad (13.19)$$

onde ϕ_1 é o parâmetro auto-regressivo, $\tilde{u}_t$ é serialmente não-correlacionado e onde não há necessidade de intercepto, uma vez que $E(u_t) = 0$. As equações (13.18) e (13.19) implicam que o modelo de defasagens distribuídas com um erro serialmente correlacionado pode ser reescrito como um modelo auto-regressivo de defasagens distribuídas com um erro serialmente não-correlacionado. Para isso, aplique a defasagem em cada lado da Equação (13.18) e subtraia ϕ_1 vezes essa defasagem de cada lado da expressão original:

$$\begin{aligned} Y_t - \phi_1 Y_{t-1} &= (\beta_0 + \beta_1 X_t + \beta_2 X_{t-1} + u_t) - \phi_1(\beta_0 + \beta_1 X_{t-1} + \beta_2 X_{t-2} + u_{t-1}) \\ &= \beta_0 + \beta_1 X_t + \beta_2 X_{t-1} - \phi_1\beta_0 - \phi_1\beta_1 X_{t-1} - \phi_1\beta_2 X_{t-2} + \tilde{u}_t, \end{aligned} \quad (13.20)$$

onde a segunda igualdade utiliza $\tilde{u}_t = u_t - \phi_1 u_{t-1}$. Reagrupando os termos da Equação (13.20), temos que

$$Y_t = \alpha_0 + \phi_1 Y_{t-1} + \delta_0 X_t + \delta_1 X_{t-1} + \delta_2 X_{t-2} + \tilde{u}_t \quad (13.21)$$

onde

$$\alpha_0 = \beta_0(1 - \phi_1),\ \delta_0 = \beta_1,\ \delta_1 = \beta_2 - \phi_1\beta_1 \text{ e } \delta_2 = -\phi_1\beta_2, \quad (13.22)$$

onde β_0, β_1 e β_2 são os coeficientes da Equação (13.18) e ϕ_1 é o coeficiente de autocorrelação da Equação (13.19).

A Equação (13.21) é um modelo ADD que inclui um valor contemporâneo de X e duas de suas defasagens. Iremos nos referir a (13.21) como a representação ADD do modelo de defasagens distribuídas com erros auto-regressivos das equações (13.18) e (13.19).

Os termos da Equação (13.20) podem ser reorganizados de forma diferente para obter uma expressão equivalente às equações (13.21) e (13.22). Seja $\tilde{Y}_t = Y_t - \phi_1 Y_{t-1}$ a **quase-diferença** de Y_t ("quase" porque não é a primeira diferença, a diferença entre Y_t e Y_{t-1}; em vez disso, é a diferença entre Y_t e $\phi_1 Y_{t-1}$). De forma semelhante, seja $\tilde{X}_t = X_t - \phi_1 X_{t-1}$ a quase-diferença de X_t. Então, a Equação (13.20) pode ser escrita como

$$\tilde{Y}_t = \alpha_0 + \beta_1 \tilde{X}_t + \beta_2 \tilde{X}_{t-1} + \tilde{u}_t. \quad (13.23)$$

Iremos nos referir à Equação (13.23) como a representação de quase-diferença do modelo de defasagens distribuídas com erros auto-regressivos das equações (13.18) e (13.19).

O modelo ADD da Equação (13.21) (com as restrições de parâmetros da Equação (13.22)) e o modelo de quase-diferença da Equação (13.23) são equivalentes. Em ambos os modelos, o termo de erro, $\tilde{u}_t$, é serialmente não-correlacionado. As duas representações, contudo, sugerem estratégias de estimação diferentes. Mas antes de discutir essas estratégias, nos voltamos para as hipóteses sob as quais elas produzem estimadores consistentes dos multiplicadores dinâmicos, β_1 e β_2.

A hipótese de média condicional igual a zero no modelo ADD(2,1) e no modelo de quase-diferença. Como as equações (13.21) (com as restrições da Equação (13.22)) e (13.23) são equivalentes, as condições para sua estimação são iguais; logo, por conveniência, consideramos a Equação (13.23).

O modelo de quase-diferença da Equação (13.23) é um modelo de defasagens distribuídas envolvendo as variáveis em quase-diferença com um erro serialmente não-correlacionado. Portanto, as condições para estimação de MQO dos coeficientes da Equação (13.23) são as hipóteses de mínimos quadrados para o modelo de defasagens distribuídas do Conceito-Chave 13.2 expressas em termos de $\tilde{u}_t$ e $\tilde{X}_t$. A hipótese crítica aqui é a primeira hipótese que, aplicada à Equação (13.23), é de que $\tilde{X}_t$ é exógeno; isto é,

$$E(\tilde{u}_t \mid \tilde{X}_t, \tilde{X}_{t-1}, \ldots) = 0, \quad (13.24)$$

onde a permissão para que a expectativa condicional dependa de defasagens distantes de $\tilde{X}_t$ garante que nenhuma defasagem adicional de $\tilde{X}_t$, além daquelas que aparecem na Equação (13.23), entre na função de regressão da população.

Como $\tilde{X}_t = X_t - \phi_1 X_{t-1}$, de modo que $X_t = \tilde{X}_t + \phi_1 X_{t-1}$, condicionar a $\tilde{X}_t$ e a todas as suas defasagens é equivalente a condicionar a X_t e a todas as suas defasagens. Portanto, a condição de expectativa condicional da Equação

(13.24) é equivalente à condição de que $E(\tilde{u}_t | X_t, X_{t-1}, ...) = 0$. Além disso, como $\tilde{u}_t = u_t - \phi_1 u_{t-1}$, essa condição por sua vez implica

$$\begin{aligned} 0 &= E(\tilde{u}_t | X_t, X_{t-1}, ...) \\ &= E(u_t - \phi_1 u_{t-1} | X_t, X_{t-1}, ...) \\ &= E(u_t | X_t, X_{t-1}, ...) - \phi_1 E(u_{t-1} | X_t, X_{t-1}, ...). \end{aligned} \quad (13.25)$$

Para que a igualdade na Equação (13.25) seja válida para valores gerais de ϕ_1, é necessário que $E(u_t|X_t, X_{t-1}, ...) = 0$ e $E(u_{t-1}|X_t, X_{t-1}, ...) = 0$. Mudando os subscritos temporais, a condição de que $E(u_{t-1}|X_t, X_{t-1}, ...) = 0$ pode ser reescrita como

$$E(u_t | X_{t+1}, X_t, X_{t-1}, ...) = 0, \quad (13.26)$$

que (pela lei de expectativas iteradas) implica que $E(u_t | X_t, X_{t-1}, ...) = 0$. Em resumo, ter como válida a hipótese de média condicional igual a zero na Equação (13.26) para valores gerais de ϕ_1 é equivalente a ter como válida a condição na Equação (13.26).

A condição da Equação (13.26) é implicação de X_t ser estritamente exógeno, mas *não* é implicação de X_t ser exógeno(passado e presente). Portanto, as hipóteses de mínimos quadrados para a estimação do modelo de defasagens distribuídas na Equação (13.23) são válidas se X_t é estritamente exógeno, mas não é suficiente que X_t seja exógeno (passado e presente).

Como a representação ADD (equações (13.21) e (13.22)) é equivalente à representação de quase-diferença (Equação (13.23)), a hipótese de média condicional necessária para estimar os coeficientes da representação de quase-diferença (de que $E(u_t | X_{t+1}, X_t, X_{t-1}, ...) = 0$) é também a hipótese de média condicional para a estimação consistente dos coeficientes da representação ADD.

Agora nos voltamos para as duas estratégias de estimação sugeridas por essas duas representações: a estimação dos coeficientes ADD e dos coeficientes do modelo de quase-diferença.

Estimação de MQO do Modelo ADD

A primeira estratégia é utilizar MQO para estimar os coeficientes do modelo ADD na Equação (13.21). Como mostra a derivação que leva à Equação (13.21), a inclusão da defasagem de Y e da defasagem adicional de X como regressores torna o termo de erro serialmente não-correlacionado (sob a hipótese de que o erro segue uma auto-regressão de primeira ordem). Assim, os erros padrão de MQO usuais podem ser utilizados, isto é, os erros padrão CHA não são necessários quando os coeficientes do modelo ADD na Equação (13.21) são estimados por MQO.

Os coeficientes estimados do ADD não são em si estimativas dos multiplicadores dinâmicos, mas estes podem ser calculados a partir dos coeficientes do ADD. Uma forma geral de calcular multiplicadores dinâmicos é expressar a função de regressão estimada como uma função do valor corrente e dos valores passados de X_t, ou seja, eliminar Y_t da função de regressão estimada. Para isso, substitua repetidamente as expressões para valores defasados de Y_t na função de regressão estimada. Considere especificamente a função de regressão estimada

$$\hat{Y}_t = \hat{\phi}_1 Y_{t-1} + \hat{\delta}_0 X_t + \hat{\delta}_1 X_{t-1} + \hat{\delta}_2 X_{t-2}, \quad (13.27)$$

onde o intercepto estimado foi omitido, uma vez que ele não entra em nenhuma expressão com multiplicadores dinâmicos. Defasando os dois lados da Equação (13.27), temos que $\hat{Y}_{t-1} = \hat{\phi}_1 Y_{t-2} + \hat{\delta}_0 X_{t-1} + \hat{\delta}_1 X_{t-2} + \hat{\delta}_2 X_{t-3}$; logo, substituindo Y_{t-1} na Equação (13.27) por $\hat{Y}_{t-1}$ e reagrupando os termos, temos que

$$\begin{aligned} \hat{Y}_t &= \hat{\phi}_1(\hat{\phi}_1 Y_{t-2} + \hat{\delta}_0 X_{t-1} + \hat{\delta}_1 X_{t-2} + \hat{\delta}_2 X_{t-3}) + \hat{\delta}_0 X_t + \hat{\delta}_1 X_{t-1} + \hat{\delta}_2 X_{t-2} \\ &= \hat{\delta}_0 X_t + (\hat{\delta}_1 + \hat{\phi}_1 \hat{\delta}_0) X_{t-1} + (\hat{\delta}_2 + \hat{\phi}_1 \hat{\delta}_1) X_{t-2} + \hat{\phi}_1 \hat{\delta}_2 X_{t-3} + \hat{\phi}_1^2 Y_{t-2}. \end{aligned} \quad (13.28)$$

A repetição desse processo pela substituição contínua das expressões para Y_{t-2}, Y_{t-3} e assim por diante produz

$$\hat{Y}_t = \hat{\delta}_0 X_t + (\hat{\delta}_1 + \hat{\phi}_1\hat{\delta}_0)X_{t-1} + (\hat{\delta}_2 + \hat{\phi}_1\hat{\delta}_1 + \hat{\phi}_1^2\hat{\delta}_0)X_{t-2} + \hat{\phi}_1(\hat{\delta}_2 + \hat{\phi}_1\hat{\delta}_1 + \hat{\phi}_1^2\hat{\delta}_0)X_{t-3} + \hat{\phi}_1^2(\hat{\delta}_2 + \hat{\phi}_1\hat{\delta}_1 + \hat{\phi}_1^2\hat{\delta}_0)X_{t-4} + \cdots. \quad (13.29)$$

Os coeficientes na Equação (13.29) são os estimadores dos multiplicadores dinâmicos, calculados a partir dos estimadores de MQO dos coeficientes no modelo ADD na Equação (13.21). Se as restrições sobre os coeficientes na Equação (13.22) tivessem que ser exatamente válidas para os coeficientes *estimados*, então todos os multiplicadores dinâmicos além do segundo (ou seja, os coeficientes de X_{t-2}, X_{t-3} e assim por diante) seriam iguais a zero.[2] Contudo, sob essa estratégia de estimação essas restrições não serão exatamente válidas; então, de modo geral, os multiplicadores estimados além do segundo na Equação (13.29) serão diferentes de zero.

Estimação de MQG

A segunda estratégia para estimar os multiplicadores dinâmicos quando X_t é estritamente exógeno é utilizar os mínimos quadrados generalizados (MQGs), que envolve a estimação da Equação (13.23). Para descrever o estimador de MQG, supomos inicialmente que ϕ_1 seja conhecido; como na prática ele é desconhecido, esse estimador não é factível, logo é chamado de estimador não factível de MQG. O estimador não factível de MQG, contudo, pode ser modificado utilizando um estimador de ϕ_1, que produz uma versão factível do estimador de MQG.

MQG não factível. Suponha que ϕ_1 fosse conhecido; então, as variáveis de quase-diferença $\tilde{X}_t$ e $\tilde{Y}_t$ poderiam ser calculadas diretamente. Conforme discutido no contexto das equações (13.24) e (13.26), se X_t é estritamente exógeno, então $E(\tilde{u}_t | \tilde{X}_t, \tilde{X}_{t-1}, ...) = 0$. Portanto, se X_t é estritamente exógeno e ϕ_1 é conhecido, os coeficientes α_0, β_1 e β_2 na Equação (13.23) podem ser estimados pela regressão de MQO de $\tilde{Y}_t$ sobre $\tilde{X}_t$ e $\tilde{X}_{t-1}$ (incluindo um intercepto). Os estimadores resultantes de β_1 e β_2 — isto é, os estimadores de MQO dos coeficientes de declividade na Equação (13.23) quando ϕ_1 é conhecido — são os **estimadores não factíveis de MQG**. Esse estimador não é factível porque ϕ_1 é desconhecido, de modo que $\tilde{X}_t$ e $\tilde{Y}_t$ não podem ser calculados e esses estimadores de MQO não podem efetivamente ser calculados.

MQG factível. O **estimador factível de MQG** modifica o estimador não factível de MQG utilizando um estimador preliminar de ϕ_1, $\hat{\phi}_1$ para calcular as quase-diferenças estimadas. Especificamente, os estimadores factíveis de MQG de β_1 e β_2 são os estimadores de MQO β_1 e β_2 na Equação (13.23), calculados pela regressão de $\hat{\tilde{Y}}_t$ sobre $\hat{\tilde{X}}_t$ e $\hat{\tilde{X}}_{t-1}$ (com um intercepto), onde $\hat{\tilde{X}}_t = X_t - \hat{\phi}_1 X_{t-1}$ e $\hat{\tilde{Y}}_t = Y_t - \hat{\phi}_1 Y_{t-1}$.

O estimador preliminar, $\hat{\phi}_1$, pode ser calculado estimando-se primeiro a regressão de defasagens distribuídas na Equação (13.18) por MQO e então utilizando MQO para estimar ϕ_1 na Equação (13.19) com os resíduos de MQO $\hat{u}_t$ substituindo os erros não observados da regressão u_t. Essa versão do estimador de MQG é chamada de estimador de Cochrane-Orcutt (1949).

Uma extensão do método de Cochrane-Orcutt é continuar esse processo iterativamente: utilize o estimador de MQO de β_1 e β_2 para calcular os estimadores revisados de u_t; utilize esses novos resíduos para reestimar ϕ_1; utilize esse estimador revisado de ϕ_1 para calcular as quase-diferenças estimadas revisadas; utilize essas quase-diferenças estimadas revisadas para reestimar β_1 e β_2; e continue esse processo até que os estimadores de β_1 e β_2 convirjam. Esse método é chamado de estimador iterado de Cochrane-Orcutt.

Uma interpretação de mínimos quadrados não-lineares do estimador de MQG. Uma interpretação equivalente do estimador de MQG é que ele estima o modelo ADD na Equação (13.21) impondo as restrições de parâmetros da Equação (13.22). Essas restrições são funções não-lineares dos parâmetros originais β_0, β_1, β_2 e ϕ_1, de modo que essa estimação não pode ser feita utilizando MQO. Em vez disso, os parâmetros podem ser estimados por mínimos quadrados não-lineares (MQNL). Conforme discutido na Seção 9.3, MQNL minimiza a soma dos quadrados dos erros feitos pela função de regressão estimada, reconhecendo que a função de regressão é uma função não-linear

[2] Substitua as igualdades na Equação (13.22) para mostrar que, se essas igualdades são válidas, então $\delta_2 + \phi_1\delta_1 + \phi_1^2\delta_0 = 0$.

dos parâmetros estimados. Em geral, a estimação MQNL pode requerer algoritmos sofisticados que minimizem funções não-lineares de parâmetros desconhecidos. No caso especial em questão, contudo, esses algoritmos sofisticados não são necessários, uma vez que o estimador de MQNL pode ser calculado utilizando o algoritmo descrito anteriormente para o estimador iterado de Cochrane-Orcutt. Portanto, o estimador de MQG iterado de Cochrane-Orcutt é na verdade o estimador de MQNL dos coeficientes do ADD, sujeito às restrições não-lineares da Equação (13.22).

Eficiência de MQG. A virtude do estimador de MQG é que, quando X é estritamente exógeno e os erros transformados $\tilde{u}_t$ são homoscedásticos, ele é eficiente entre os estimadores lineares, pelo menos em amostras grandes. Para verificar isso, considere primeiro o estimador não factível de MQG. Se $\tilde{u}_t$ é homoscedástico, se ϕ_1 é conhecido (de modo que $\tilde{X}_t$ e $\tilde{Y}_t$ podem ser tratados como se fossem observados) e se X_t é estritamente exógeno, o teorema de Gauss-Markov implica que o estimador de MQO de α_0, β_1 e β_2 na Equação (13.23) é eficiente entre todos os estimadores lineares condicionalmente não viesados; isto é, o estimador de MQO dos coeficientes na Equação (13.23) é o melhor estimador linear não viesado, ou MELNV (veja a Seção 4.9). Como o estimador de MQO na Equação (13.23) é o estimador não factível de MQG, isso significa que o estimador não factível de MQG é MELNV. O estimador factível de MQG é semelhante ao estimador não factível de MQG, exceto pelo fato de que ϕ_1 é estimado. Como o estimador de ϕ_1 é consistente e sua variância é inversamente proporcional a T, os estimadores de MQG factíveis e não factíveis possuem variâncias iguais em amostras grandes. Nesse sentido, se X é estritamente exógeno, o estimador factível de MQG é MELNV nessas amostras. Em particular, se X é estritamente exógeno, o estimador de MQG é mais eficiente do que o estimador de MQO dos coeficientes de defasagens distribuídas discutidos na Seção 13.3.

O estimador de Cochrane-Orcutt e o estimador iterado de Cochrane-Orcutt apresentados aqui são casos especiais de estimação de MQG. Em geral, essa estimação envolve a transformação do modelo de regressão, de modo que os erros sejam homoscedásticos e serialmente não-correlacionados e a estimação dos coeficientes do modelo de regressão transformado por MQO. Em geral, o estimador de MQG é consistente e MELNV se X é estritamente exógeno, mas não é consistente se X é somente exógeno (passado e presente). A matemática de MQG envolve álgebra matricial, de modo que sua discussão é adiada para a Seção 16.6.

Modelo de Defasagens Distribuídas com Defasagens Adicionais e Erros AR(p)

A discussão anterior sobre o modelo de defasagens distribuídas nas equações (13.18) e (13.19), que possui uma única defasagem de X_t e um termo de erro AR(1), estende-se para o modelo geral de defasagens distribuídas com múltiplas defasagens e um termo de erro AR(p).

O modelo geral de defasagens distribuídas com erros auto-regressivos. O modelo geral de defasagens distribuídas com r defasagens e um termo de erro AR(p) é

$$Y_t = \beta_0 + \beta_1 X_t + \beta_2 X_{t-1} + \cdots + \beta_{r+1} X_{t-r} + u_t, \tag{13.30}$$

$$u_t = \phi_1 u_{t-1} + \phi_2 u_{t-2} + \cdots + \phi_p u_{t-p} + \tilde{u}_t, \tag{13.31}$$

onde $\beta_1, \ldots, \beta_{r+1}$ são multiplicadores dinâmicos e $\phi_1, \ldots, \phi_p$ são os coeficientes auto-regressivos do termo de erro. Sob o modelo AR(p) para os erros, $\tilde{u}_t$ é serialmente não-correlacionado.

Uma álgebra do tipo que levou ao modelo ADD na Equação (13.21) mostra que as equações (13.30) e (13.31) implicam que Y_t pode ser escrito na forma ADD:

$$Y_t = \alpha_0 + \phi_1 Y_{t-1} + \cdots + \phi_p Y_{t-p} + \delta_0 X_t + \delta_1 X_{t-1} + \cdots + \delta_q X_{t-q} + \tilde{u}_t, \tag{13.32}$$

onde $q = r + p$ e $\delta_0, \ldots, \delta_q$ são funções dos βs e ϕs nas equações (13.30) e (13.31). De modo equivalente, o modelo das equações (13.30) e (13.31) pode ser escrito na forma de quase-diferença como

$$\tilde{Y}_t = \alpha_0 + \beta_1 \tilde{X}_t + \beta_2 \tilde{X}_{t-1} + \cdots + \beta_{r+1} \tilde{X}_{t-r} + \tilde{u}_t, \tag{13.33}$$

onde $\tilde{Y}_t = Y_t - \phi_1 Y_{t-1} - \cdots - \phi_p Y_{t-p}$ e $\tilde{X}_t = X_t - \phi_1 X_{t-1} - \cdots - \phi_p X_{t-p}$.

Condições para estimação dos coeficientes do ADD. A discussão anterior sobre as condições para estimação consistente dos coeficientes ADD no caso AR(1) estende-se para o modelo geral com erros AR(p). A hipótese de média condicional igual a zero para a Equação (13.33) é

$$E(\tilde{u}_t \mid \tilde{X}_t, \tilde{X}_{t-1}, \ldots) = 0. \tag{13.34}$$

Como $\tilde{u}_t = u_t - \phi_1 u_{t-1} - \phi_2 u_{t-2} - \cdots - \phi_p u_{t-p}$ e $\tilde{X}_t = X_t - \phi_1 X_{t-1} - \cdots - \phi_p X_{t-p}$, essa condição é equivalente a

$$E(u_t \mid X_t, X_{t-1}, \ldots) - \phi_1 E(u_{t-1} \mid X_t, X_{t-1}, \ldots) - \cdots - \phi_p E(u_{t-p} \mid X_t, X_{t-1}, \ldots) = 0. \tag{13.35}$$

Para que a Equação (13.35) seja válida para valores gerais de $\phi_1, \ldots, \phi_p$, é necessário que cada uma das expectativas condicionais na Equação (13.35) seja igual a zero; de forma equivalente, é necessário que

$$E(u_t \mid X_{t+p}, X_{t+p-1}, X_{t+p-2}, \ldots) = 0 \tag{13.36}$$

Essa condição não é implicação de X_t ser exógeno (passado e presente), mas é implicação de X_t ser estritamente exógeno. Na verdade, no limite, quando p é infinito (de modo que o termo de erro no modelo de defasagens distribuídas segue uma auto-regressão de ordem infinita), a condição na Equação (13.36) torna-se a condição para exogeneidade estrita do Conceito-Chave 13.1.

Estimação do modelo do ADD por MQO. Assim como no modelo de defasagens distribuídas com uma única defasagem e um termo de erro AR(1), os multiplicadores dinâmicos podem ser estimados a partir dos estimadores de MQO dos coeficientes do ADD na Equação (13.32). As fórmulas gerais são semelhantes àquelas da Equação (13.29), porém mais complicadas, e são mais bem expressas utilizando a notação do multiplicador de defasagem; essas fórmulas estão no Apêndice 13.2. Na prática, os pacotes econométricos modernos projetados para análise de regressão de séries temporais fazem esses cálculos para você.

Estimação por MQG. Alternativamente, os multiplicadores dinâmicos podem ser estimados por MQG (factível). Isso envolve a estimação de MQO dos coeficientes da especificação de quase-diferenças na Equação (13.33), utilizando as quase-diferenças estimadas. As quase-diferenças estimadas podem ser calculadas utilizando estimadores preliminares dos coeficientes auto-regressivos $\phi_1, \ldots, \phi_p$, como no caso do AR(1). O estimador de MQG é assintoticamente MELNV, no sentido discutido acima para o caso do AR(1).

A estimação de multiplicadores dinâmicos sob exogeneidade estrita está resumida no Conceito-Chave 13.4.

Qual utilizar: MQO ou MQG? As duas opções de estimação, a estimação de MQO dos coeficientes do ADD e de MQG dos coeficientes de defasagens distribuídas, possuem vantagens e desvantagens.

A vantagem do enfoque ADD é que ele pode reduzir o número de parâmetros necessários para a estimação de multiplicadores dinâmicos em comparação à estimação de MQO do modelo de defasagens distribuídas. Por exemplo, o modelo ADD estimado na Equação (13.27) levou à representação de defasagens distribuídas estimada infinitamente longa na Equação (13.39). Na medida em que o modelo de defasagens distribuídas com apenas r defasagens é realmente uma aproximação de um modelo de defasagens distribuídas com mais defasagens, o modelo ADD pode portanto fornecer uma maneira simples de estimar essas muitas defasagens mais longas utilizando apenas poucos parâmetros desconhecidos. Assim, na prática, pode ser possível estimar o modelo ADD na Equação (13.39) com valores de p e q muito menores do que o valor de r necessário para a estimação de MQO dos coeficientes de defasagens distribuídas na Equação (13.27). Em outras palavras, a especificação ADD pode fornecer uma síntese compacta, ou parcimoniosa, de uma defasagem distribuída longa e complexa (veja o Apêndice 13.2 para uma discussão adicional).

A vantagem do estimador de MQG é que, para um dado tamanho de defasagem r no modelo de defasagens distribuídas, o estimador de MQG dos coeficientes da defasagem distribuída é mais eficiente do que o estimador de MQO, pelo menos em amostras grandes. Na prática, então, a vantagem de utilizar o enfoque ADD surge da possibilidade de a especificação ADD permitir a estimação de menos parâmetros do que os estimados por MQG.

Estimação de Multiplicadores Dinâmicos sob Exogeneidade Escrita

Conceito-Chave 13.4

O modelo geral de defasagens distribuídas com r defasagens e termo de erro AR(p) é

$$Y_t = \beta_0 + \beta_1 X_t + \beta_2 X_{t-1} + \cdots + \beta_{r+1} X_{t-r} + u_t \quad (13.37)$$

$$u_t = \phi_1 u_{t-1} + \phi_2 u_{t-2} + \cdots + \phi_p u_{t-p} + \tilde{u}_t. \quad (13.38)$$

Se X_t é estritamente exógeno, os multiplicadores dinâmicos $\beta_1, \ldots, \beta_{r+1}$ podem ser estimados utilizando primeiro MQO para estimar os coeficientes do modelo ADD

$$Y_t = \alpha_0 + \phi_1 Y_{t-1} + \cdots + \phi_p Y_{t-p} + \delta_0 X_t + \delta_1 X_{t-1} + \cdots + \delta_q X_{t-q} + \tilde{u}_t, \quad (13.39)$$

onde $q = r + p$ e então calculando os multiplicadores dinâmicos utilizando um pacote econométrico. Alternativamente, os multiplicadores dinâmicos podem ser estimados pela estimação dos coeficientes de defasagens distribuídas na Equação (13.37) por MQG.

13.6 Preços do Suco de Laranja e o Clima Frio

Nesta seção, utilizamos as ferramentas da regressão de séries temporais para extrair percepções adicionais de nossos dados sobre as temperaturas na Flórida e os preços do suco de laranja. Em primeiro lugar, quanto dura o efeito de um frio intenso sobre o preço? Em segundo lugar, esse efeito dinâmico manteve-se estável ou variou ao longo dos 51 anos cobertos pelos dados, e se assim for, como?

Comecemos esta análise pela estimação dos efeitos causais dinâmicos utilizando o método da Seção 13.3, isto é, a estimação de MQO dos coeficientes de uma regressão de defasagens distribuídas da variação percentual nos preços ($\%VarP_t$) sobre o número de dias de frio intenso naquele mês (DFI_t) e seus valores defasados. Para que o estimador de defasagens distribuídas seja consistente, *DFI* deve ser exógeno (passado e presente). Conforme discutido na Seção 13.2, essa hipótese é razoável aqui. Seres humanos não podem influenciar o clima, de modo que é apropriado tratar o clima como se ele fosse atribuído de maneira aleatória experimentalmente. Como *DFI* é exógeno, podemos estimar os efeitos causais dinâmicos pela estimação de MQO dos coeficientes no modelo de defasagens distribuídas da Equação (13.4) no Conceito-Chave 13.1.

Conforme discutido nas seções 13.3 e 13.4, o termo de erro pode ser serialmente correlacionado em regressões de defasagens distribuídas, de modo que é importante utilizar erros padrão CHA, que se ajustam a essa correlação serial. Para os resultados iniciais, o parâmetro de truncagem para os erros padrão de Newey-West (m na notação da Seção 13.4) foi escolhido utilizando a regra da Equação (13.17): como existem 612 observações mensais, de acordo com essa regra, $m = 0{,}75T^{1/3} = 0{,}75 \times 612^{1/3} = 6{,}37$; porém, como m deve ser um número inteiro, foi arredondado para $m = 7$. A sensibilidade dos erros padrão à escolha do parâmetro de truncagem é investigada a seguir.

Os resultados da estimação de MQO da regressão de defasagens distribuídas de $\%VarP_t$ sobre DFI_t, DFI_{t-1}, ..., DFI_{t-18} estão resumidos na coluna (1) da Tabela 13.1. Os coeficientes dessa regressão (apenas alguns dos quais são apresentados na tabela) são estimativas do efeito causal dinâmico sobre as variações no preço do suco de laranja (em porcentagem) para os 18 primeiros meses após um aumento unitário no número de dias de frio intenso em um mês. Por exemplo, estima-se que um único dia de frio intenso aumente os preços em 0,50 por cento ao longo do mês em que o dia de frio intenso ocorre. O efeito posterior de um dia de frio intenso sobre o preço nos meses seguintes é menor: após um mês o efeito estimado é o aumento adicional do preço em 0,17 por cento e após dois meses o efeito estimado é o aumento adicional do preço em 0,07 por cento. R^2 dessa regressão é 0,12, indicando que muito da variação mensal nos preços do suco de laranja não é explicado pelos valores corrente e passados de *DFI*.

Gráficos dos multiplicadores dinâmicos podem transmitir informações de forma mais efetiva do que tabelas, por exemplo a Tabela 13.1. Os multiplicadores dinâmicos da coluna (1) da Tabela 13.1 são mostrados na Figura

13.2a juntamente com seus intervalos de confiança de 95 por cento, calculados como o coeficiente estimado ±1,96 erro padrão CHA. Após o aumento inicial acentuado do preço, os aumentos posteriores do preço foram menores, embora se estime que os preços aumentem pouco em cada um dos seis primeiros meses após o frio intenso. Como pode ser visto da Figura 13.2a, a partir do segundo mês os multiplicadores dinâmicos não são em termos estatísticos significativamente diferentes de zero ao nível de significância de 5 por cento, embora estime-se que sejam positivos até o sétimo mês.

A coluna (2) da Tabela 13.1 contém os multiplicadores dinâmicos acumulados para essa especificação, isto é, a soma acumulada dos multiplicadores dinâmicos apresentados na coluna (1). Esses multiplicadores dinâmicos são mostrados na Figura 13.2b juntamente com seus intervalos de confiança de 95 por cento. Após um mês, o efeito acumulado do dia de frio intenso é o aumento dos preços em 0,67 por cento, após dois meses estima-se que o preço tenha aumentado em 0,74 por cento e após seis meses estima-se que tenha aumentado em 0,90 por cento. Como pode ser visto na Figura 13.2b, esses multiplicadores acumulados aumentam até o sétimo mês, uma vez que os multiplicadores dinâmicos individuais são positivos para os primeiros sete meses. No oitavo mês, o multiplicador dinâmico é negativo, de modo que o preço do suco de laranja começa a cair lentamente a partir de seu pico. Após 18 meses, o aumento acumulado nos preços é de apenas 0,37 por cento, isto é, o multiplicador dinâmico acumulado de longo prazo é de apenas 0,37 por cento. Esse multiplicador dinâmico acumulado de longo prazo não é em termos estatísticos significativamente diferente de zero ao nível de significância de 10 por cento ($t = 0{,}37/0{,}30 = 1{,}23$).

Análise de sensibilidade. Como em qualquer análise empírica, é importante verificar se esses resultados são sensíveis a variações nos detalhes da análise empírica. Devemos, portanto, examinar três aspectos dessa análise: sensibilidade ao cálculo dos erros padrão CHA; uma especificação alternativa que investiga um viés potencial de omissão de variáveis; e uma análise da estabilidade ao longo do tempo dos multiplicadores estimados.

Em primeiro lugar, investigamos se os erros padrão apresentados na segunda coluna da Tabela 13.1 são sensíveis a escolhas diferentes do parâmetro de truncagem CHA m. Na coluna (3), os resultados são apresentados para $m = 14$, o dobro do valor utilizado na coluna (2). A especificação da regressão é a mesma da coluna (2), logo os coeficientes estimados e os multiplicadores dinâmicos são idênticos; apenas os erros padrão diferem, mas não muito. Concluímos que os resultados não são sensíveis a variações no parâmetro de truncagem CHA.

Em segundo lugar, investigamos uma fonte possível de viés de omissão de variáveis. Dias de frio intenso na Flórida não são atribuídos aleatoriamente ao longo do ano, mas ocorrem no inverno (é claro). Se a demanda por suco de laranja é sazonal (a demanda é maior no inverno do que no verão?), os padrões sazonais da demanda por suco de laranja poderiam estar correlacionados com *DFI*, o que resulta em um viés de omissão de variáveis. A quantidade de laranjas vendidas para o processsamento de suco é endógena: preços e quantidades são determinados simultaneamente pelas forças de oferta e demanda. Desse modo, conforme discutido na Seção 7.2, a inclusão da quantidade levaria a um viés de simultaneidade. No entanto, o componente sazonal da demanda pode ser capturado pela inclusão de variáveis sazonais como regressores. A especificação na coluna (4) da Tabela 13.1 portanto inclui 11 variáveis binárias mensais, uma que indica se o mês é janeiro, uma que indica se é fevereiro e assim por diante (como de costume, uma variável binária deve ser omitida para evitar a multicolinearidade perfeita com o intercepto). Essas variáveis indicadoras mensais não são em conjunto estatisticamente significantes ao nível de 10 por cento ($p = 0{,}43$) e os multiplicadores dinâmicos acumulados estimados são essencialmente os mesmos das especificações que excluem os indicadores mensais. Em resumo, as flutuações sazonais na demanda não são uma fonte importante de viés de omissão de variáveis.

Os multiplicadores dinâmicos têm sido estáveis ao longo do tempo?[3] Para avaliar a estabilidade dos multiplicadores dinâmicos, precisamos verificar se os coeficientes da regressão de defasagens distribuídas têm sido estáveis ao longo do tempo. Como não temos uma data de quebra específica em mente, testamos a instabilidade nos coeficientes utilizando a estatística de Razão de Verossimilhança de Quandt (RVQ) (veja o Conceito-Chave 12.9). A estatística da RVQ (com corte de 15 por cento e estimador de variância CHA), calculada para a regressão

[3] A discussão sobre estabilidade nesta subseção baseia-se no material da Seção 12.7 e pode ser pulada se aquele material não foi tratado.

da coluna (1) com interação de todos os coeficientes, tem um valor de 9,08, com $q = 20$ graus de liberdade (os coeficientes de *DFI*, suas 18 defasagens e o intercepto). O valor crítico a 1 por cento na Tabela 12.5 é 2,43, de modo que a estatística RVQ rejeita ao nível de significância de 1 por cento. Essas regressões da RVQ têm 40 regressores, um número grande; calculando novamente as regressões para somente 6 defasagens (de modo que há 16 regressores e $q = 8$) temos uma rejeição ao nível de 1 por cento. Portanto, a hipótese de que os multiplicadores dinâmicos são estáveis é rejeitada ao nível de significância de 1 por cento.

Uma forma de entender como os multiplicadores dinâmicos variaram ao longo do tempo é calculá-los para partes diferentes da amostra. A Figura 13.3 mostra os multiplicadores dinâmicos acumulados estimados para o primeiro terço (1950-1966), o médio terço (1967-1983) e o último terço (1984-2000) da amostra, calculados por meio da realização de regressões separadas para cada subamostra. Essas estimativas mostram um padrão interessante e evidente. Na década de 1950 e no início da década de 1960, um dia de frio intenso tinha um efeito grande e persistente sobre o preço. A magnitude do efeito de um dia de frio intenso sobre o preço diminuiu na

TABELA 13.1 Efeito Dinâmico de um Dia de Frio Intenso (*DFI*) sobre o Preço do Suco de Laranja: Multiplicadores Dinâmicos e Multiplicadores Dinâmicos Acumulados Estimados Selecionados

Número de Defasagem	(1) Multiplicadores Dinâmicos	(2) Multiplicadores Acumulados	(3) Multiplicadores Acumulados	(4) Multiplicadores Acumulados
0	0,50 (0,14)	0,50 (0,14)	0,50 (0,14)	0,51 (0,15)
1	0,17 (0,09)	0,67 (0,14)	0,67 (0,13)	0,70 (0,15)
2	0,07 (0,06)	0,74 (0,17)	0,74 (0,16)	0,76 (0,18)
3	0,07 (0,04)	0,81 (0,18)	0,81 (0,18)	0,84 (0,19)
4	0,02 (0,03)	0,84 (0,19)	0,84 (0,19)	0,87 (0,20)
5	0,03 (0,03)	0,87 (0,19)	0,87 (0,19)	0,89 (0,20)
6 ⋮	0,03 (0,05)	0,90 (0,20)	0,90 (0,21)	0,91 (0,21)
12 ⋮	−0,14 (0,08)	0,54 (0,27)	0,54 (0,28)	0,54 (0,28)
18	0,00 (0,02)	0,37 (0,30)	0,37 (0,31)	0,37 (0,30)
Indicadores mensais?	Não	Não	Não	Sim $F = 1{,}01$ $(p = 0{,}43)$
Parâmetro de trucagem do erro padrão (m)	7	7	14	7

Todas as regressões foram estimadas por MQO utilizando dados mensais (descritos no Apêndice 13.1) de janeiro de 1950 a dezembro de 2000, em um total de $T = 612$ observações mensais. A variável dependente é a variação percentual mensal no preço do suco de laranja ($\%VarP_t$). A regressão (1) é a regressão de defasagens distribuídas com o número mensal de dias de frio intenso e dezoito de seus valores defasados, isto é, DFI_t, DFI_{t-1}, ..., DFI_{t-18}, e os coeficientes apresentados são as estimativas de MQO dos multiplicadores dinâmicos. Os multiplicadores acumulados são a soma acumulada dos multiplicadores dinâmicos estimados. Todas as regressões incluem um intercepto, que não é apresentado. Os erros padrão CHA de Newey-West, calculados utilizando o número de truncagem dado no final, são relatados em parênteses.

FIGURA 13.2 Efeito Dinâmico de um Dia de Frio Intenso (*DFI*) sobre o Preço do Suco de Laranja

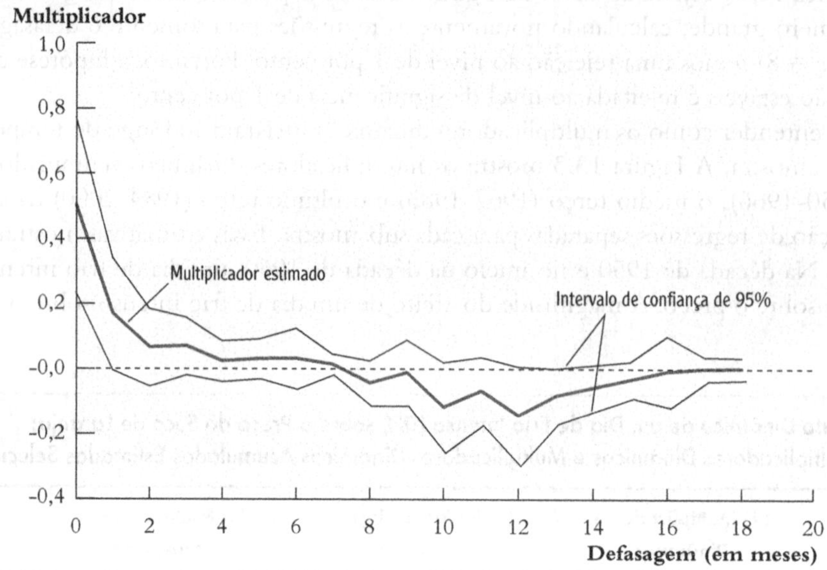

(a) Multiplicadores dinâmicos estimados e intervalos de confiança de 95%.

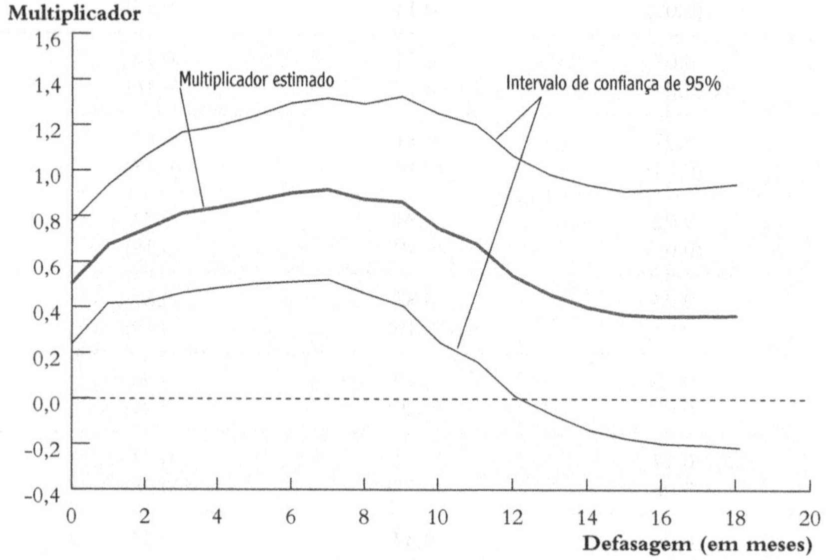

(b) Multiplicadores dinâmicos acumulados estimados e intervalos de confiança de 95%.

Os multiplicadores dinâmicos estimados mostram que o frio intenso leva a um aumento imediato nos preços. Aumentos futuros de preços são muito menores do que o impacto inicial. O multiplicador acumulado mostra que o frio intenso tem um efeito persistente sobre o nível de preços do suco de laranja, com o pico nos preços após sete meses de frio intenso.

década de 1970, ainda que permanecesse altamente persistente. No final da década de 1980 e na década de 1990, o efeito de curto prazo de um dia de frio intenso foi igual ao da década de 1970, mas tornou-se muito menos persistente, e foi essencialmente eliminado após um ano. Essas estimativas sugerem que o efeito causal dinâmico sobre os preços do suco de laranja de um frio intenso na Flórida tornou-se menor e menos persistente ao longo da segunda metade do século XX.

FIGURA 13.3 Multiplicadores Dinâmicos Acumulados Estimados de Períodos Diferentes da Amostra

O efeito dinâmico do frio intenso sobre os preços do suco de laranja variou significativamente ao longo da segunda metade do século XX. O frio intenso teve um impacto maior sobre os preços de 1950 a 1966 do que mais tarde, e o efeito de um frio intenso foi menos persistente de 1984 a 2000 do que anteriormente.

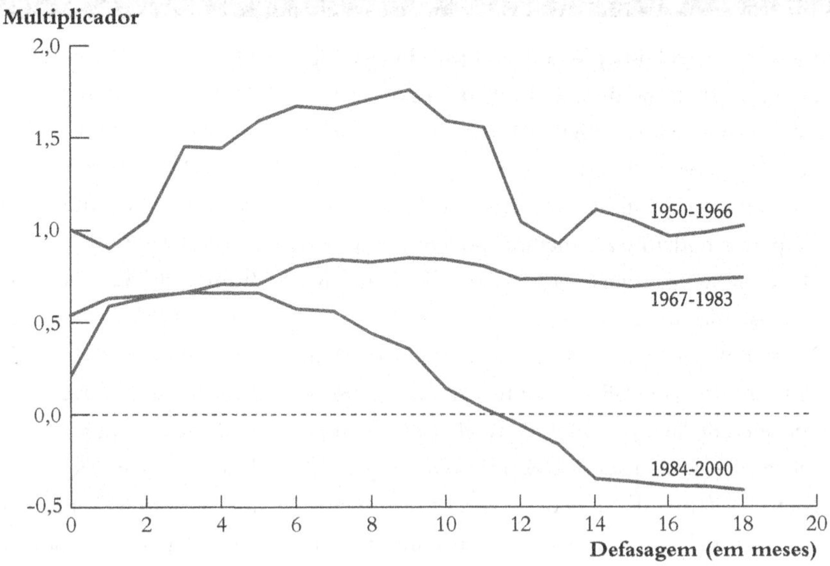

Estimativas de ADD e de MQG. Conforme discutido na Seção 13.5, se o termo de erro na regressão de defasagens distribuídas é serialmente correlacionado e *DFI* é estritamente exógeno, é possível estimar os multiplicadores dinâmicos de forma mais eficiente do que por estimação de MQO dos coeficientes da defasagens distribuídas. Contudo, antes de utilizarmos o estimador de MQG ou o estimador baseado no modelo ADD, precisamos considerar se *DFI* é na verdade estritamente exógeno. Os seres humanos não podem realmente afetar o clima, mas isso significa que o clima é *estritamente* exógeno? O termo de erro u_t na regressão de defasagens distribuídas possui média condicional igual a zero dados os valores passados, presentes e *futuros* de *DFI*?

O termo de erro na contraparte da população da regressão de defasagens distribuídas na coluna (1) da Tabela 13.1 é a discrepância entre o preço e a previsão do preço da população baseada nos últimos 18 meses do clima. Essa discrepância pode surgir por muitos motivos, um dos quais é o fato de os negociadores utilizarem as previsões do clima em Orlando. Por exemplo, se a previsão é de um inverno bastante frio, os negociadores incorporarão esse fato ao preço, de modo que este ficaria acima de seu valor previsto baseado na regressão da população; isto é, o termo de erro seria positivo. Se essa previsão fosse precisa, o clima futuro seria frio. Assim, os dias de frio intenso futuros seriam positivos ($X_{t+1} > 0$) quando o preço corrente fosse anormalmente alto ($u_t > 0$), de modo que corr(X_{t+1},u_t) é positiva. Expresso de forma mais simples, embora os negociadores de suco de laranja não possam influenciar o clima, eles podem prevê-lo — e o fazem (veja o quadro). Conseqüentemente, o termo de erro na regressão preço/clima está correlacionado com o clima futuro. Em outras palavras, *DFI* é exógeno, mas se esse raciocínio é verdadeiro, *DFI* não é estritamente exógeno, e os estimadores de MQG e de ADD não serão estimadores consistentes dos multiplicadores dinâmicos. Esses estimadores, portanto, não são utilizados nesta aplicação.

13.7 A Exogeneidade é Plausível? Alguns Exemplos

Assim como na regressão com dados de corte, a interpretação dos coeficientes na regressão de defasagens distribuídas como efeitos causais dinâmicos depende da hipótese de que X é exógeno. Se X_t ou seus valores defasados estiverem correlacionados com u_t, a média condicional de u_t dependerá de X_t ou suas defasagens, caso em que X é exógeno (passado e presente). Os regressores podem estar correlacionados com o termo de erro

ÚLTIMAS NOTÍCIAS: Negociadores de Bens Fazem a Disney World Ter Calafrios

Embora o clima na Disney World em Orlando seja normalmente agradável, de vez em quando pode haver uma onda de frio. Se fosse visitar a Disney World em uma noite de inverno, você deveria levar um agasalho? Algumas pessoas podem verificar a previsão do clima na TV, mas os espertos podem fazer melhor: podem verificar o preço de fechamento naquele dia do mercado de futuros de suco de laranja em Nova York!

O economista da área de finanças Richard Roll conduziu um estudo detalhado sobre a relação entre os preços do suco de laranja e o clima. Roll (1984) examinou o efeito do clima frio em Orlando sobre os preços, assim como o "efeito" de variações no preço de um contrato de futuros de suco de laranja (um contrato que permite a compra de concentrado de suco de laranja congelado em uma data específica no futuro) sobre o clima. Roll utilizou dados diários de 1975 a 1981 sobre os preços de contratos de futuros de SL negociados na *New York Cotton Exchange* e sobre as temperaturas diárias em Orlando. Ele descobriu que uma elevação no preço do contrato de futuros durante o pregão em Nova York previu um clima frio, em particular uma frente fria, durante a noite seguinte em Orlando. Na verdade, o mercado era tão eficaz na previsão do clima frio na Flórida que um aumento no preço durante o pregão efetivamente previu erros nas previsões de clima oficiais do governo dos Estados Unidos para aquela noite.

O estudo de Roll também é interessante pelo que ele *não* descobriu: embora seus dados detalhados sobre o clima tenham explicado parte da variação nos preços diários dos futuros de SL, a maioria dos movimentos diários nos preços de SL permaneceu incompreensível. Ele, portanto, sugeriu que o mercado de futuros de SL exibe um "excesso de volatilidade", isto é, mais volatilidade do que pode ser atribuída aos movimentos nos fundamentos. Entender por que (e se) há excesso de volatilidade nos mercados financeiros é atualmente uma área importante de pesquisa na economia das finanças.

As descobertas de Roll também ilustram a diferença entre prever e estimar efeitos causais dinâmicos. As variações no preço no mercado de futuros de SL são um previsor útil do clima frio, mas isso não significa que os negociadores de bens sejam tão poderosos a ponto de poder *provocar* a queda na temperatura. Os visitantes da Disneylândia podem ter calafrios após um aumento do preço do contrato de futuros de SL, mas não estão tremendo *em virtude* do aumento no preço — a menos, é claro, que tenham perdido dinheiro no mercado de futuros de SL.

por vários motivos, mas com dados de séries temporais econômicas uma preocupação particularmente importante é a possibilidade de haver causalidade simultânea, que (conforme discutido na Seção 10.1) resulta em regressores endógenos. Na Seção 13.6, discutimos em detalhe as hipóteses de exogeneidade e exogeneidade estrita para dias de frio intenso. Nesta seção, examinamos a hipótese de exogeneidade para outras quatro aplicações econômicas.

Renda dos Estados Unidos e Exportações Australianas

Os Estados Unidos são uma fonte importante de demanda por exportações australianas. O quanto precisamente as exportações australianas são sensíveis a flutuações na renda agregada dos Estados Unidos poderia ser investigado por meio da regressão das exportações australianas para esse país contra uma medida da renda dele. Estritamente falando, como a economia mundial é integrada, existe causalidade simultânea nessa relação: um declínio nas exportações australianas reduz a renda australiana, que reduz a demanda por importações norte-americanas, que reduz a renda dos Estados Unidos. Em termos práticos, contudo, esse efeito é muito pequeno, uma vez que a economia australiana é muito menor do que a norte-americana. Portanto, a renda dos Estados Unidos pode ser tratada plausivelmente como exógena nessa regressão.

Em contraste, em uma regressão das exportações da União Européia para os Estados Unidos contra a renda desse país, o argumento para tratar a renda norte-americana como exógena é menos convincente porque a demanda dos moradores da União Européia por exportações norte-americanas constitui uma fração substancial da demanda total por exportações norte-americanas. Desse modo, uma queda na demanda dos Estados Unidos por exportações da União Européia diminuiria a renda na União Européia, que por sua vez diminuiria a demanda por exportações dos Estados Unidos e diminuiria a renda desse país. Em virtude desses encadeamentos no comércio internacional, as exportações da União Européia para os Estados Unidos e a renda dessa nação são determinadas simultaneamente, de modo que nessa regressão a renda norte-americana provavelmente não é exógena. Esse exemplo ilustra um aspecto mais geral de que uma variável será exógena dependendo do contexto: a renda dos Estados Unidos é plausivelmente exógena em uma regressão que explica as exportações australianas, mas não em uma regressão que explica as exportações da União Européia.

Preços do Petróleo e Inflação

Desde os aumentos no preço do petróleo na década de 1970, os macroeconomistas têm estado interessados em estimar o efeito dinâmico de um aumento no preço internacional do petróleo sobre a taxa de inflação dos Estados Unidos. Como os preços do petróleo no mercado internacional são determinados em grande parte pelos países estrangeiros produtores de petróleo, pode-se a princípio pensar que sejam exógenos. Porém, esses preços não são como o clima: os membros da Opep determinam os níveis de produção de petróleo de forma estratégica, levando em conta muitos fatores, incluindo o estado da economia mundial. Na medida em que os preços (ou as quantidades) de petróleo são determinados com base em uma avaliação da conjuntura econômica mundial corrente e futura, incluindo a inflação nos Estados Unidos, os preços do petróleo são endógenos.

Política Monetária e Inflação

Os responsáveis pela política monetária nos bancos centrais precisam saber o efeito da política monetária sobre a inflação. Como o principal instrumento da política monetária é a taxa de juros de curto prazo (a "taxa de curto prazo"), eles precisam conhecer o efeito causal dinâmico de uma variação na taxa de curto prazo sobre a inflação. Embora essa taxa seja determinada pelo banco central, ela não é determinada ao acaso pelos responsáveis do banco central (como seria em um experimento aleatório ideal), mas sim determinada endogenamente: o banco central determina a taxa de curto prazo com base em uma avaliação do estado da economia corrente e futuro, incluindo especialmente as taxas de inflação corrente e futuras. A taxa de inflação por sua vez depende da taxa de juros (taxas de juros mais altas reduzem a demanda agregada), mas a taxa de juros depende da taxa de inflação e de seus valores passados e futuros (esperados). Desse modo, a taxa de curto prazo é endógena e o efeito causal dinâmico de uma variação nessa taxa sobre a inflação futura não pode ser estimado consistentemente por uma regressão de MQO da taxa de inflação sobre as taxas de juros corrente e passadas.

Curva de Phillips

A curva de Phillips examinada no Capítulo 12 é uma regressão da variação na taxa de inflação contra as variações defasadas na inflação e as defasagens da taxa de desemprego. Como estas últimas defasagens ocorreram no passado, pode-se pensar a princípio que não há uma realimentação das taxas de inflação correntes para valores passados da taxa de desemprego, de modo que valores passados dessa taxa podem ser tratados como exógenos. Mas os valores passados da taxa de desemprego não foram atribuídos aleatoriamente em um experimento, mas sim determinados simultaneamente com os valores passados da inflação. Como a inflação e a taxa de desemprego são determinadas simultaneamente, os outros fatores que determinam a inflação contidos em u_t estão correlacionados com os valores passados da taxa de desemprego, isto é, a taxa de desemprego não é exógena. Segue-se que a taxa de desemprego não é estritamente exógena, de modo que os multiplicadores dinâmicos calculados utilizando uma curva de Phillips empírica (por exemplo, o modelo ADD na Equação (12.17)) não são estimativas consistentes do efeito causal dinâmico de uma variação na taxa de desemprego sobre a inflação.

13.8 Conclusão

Os dados de séries temporais fornecem a oportunidade de estimar a trajetória temporal do efeito de uma variação em X sobre Y, isto é, o efeito causal dinâmico de uma variação em X sobre Y. Para estimar efeitos causais dinâmicos utilizando uma regressão de defasagens distribuídas, contudo, X deve ser exógeno, como seria se fosse determinado aleatoriamente em um experimento aleatório ideal. Se X não é somente exógeno, mas é *estritamente* exógeno, os efeitos causais dinâmicos podem ser estimados utilizando um modelo auto-regressivo de defasagens distribuídas ou por MQG.

Em algumas aplicações, por exemplo, a estimação do efeito causal dinâmico de um clima de frio intenso na Flórida sobre o preço do suco de laranja, pode-se elaborar um argumento convincente de que o regressor (dias de frio intenso) é exógeno; desse modo, o efeito causal dinâmico pode ser estimado por meio da estimação de MQO dos coeficientes de defasagens distribuídas. Mesmo nessa aplicação, contudo, a teoria econômica sugere que o clima não é estritamente exógeno, de modo que os métodos ADD e de MQG são inadequados. Além disso, em muitas relações de interesse para econometristas, há causalidade simultânea, logo os regressores nessas especificações não são exógenos, estritamente ou não. O exame que verifica se o regressor é ou não exógeno (ou estritamente exógeno) requer, em última análise, a combinação de teoria econômica, conhecimento institucional e julgamento especializado.

Resumo

1. Os efeitos causais dinâmicos em séries temporais são definidos no contexto de um experimento aleatório, em que o mesmo indivíduo (entidade) recebe tratamentos diferentes atribuídos aleatoriamente em períodos de tempo diferentes. Os coeficientes em uma regressão de defasagens distribuídas de Y sobre X e suas defasagens podem ser interpretados como os efeitos causais dinâmicos quando a trajetória temporal de X é determinada aleatória e independentemente de outros fatores que influenciam Y.
2. A variável X é exógena (passado e presente) se a média condicional do erro u_t na regressão de defasagens distribuídas de Y sobre valores corrente e passados de X não depende dos valores corrente e passados de X. Se, além disso, a média condicional de u_t não depende dos valores futuros de X, este é estritamente exógeno.
3. Se X é exógeno, os estimadores de MQO dos coeficientes em uma regressão de defasagens distribuídas de Y sobre os valores corrente e passados de X são estimadores consistentes dos efeitos causais dinâmicos. Em geral, o erro u_t nessa regressão é serialmente correlacionado, de modo que erros padrão convencionais são enganosos e, em vez deles, os erros padrão CHA devem ser utilizados.
4. Se X é estritamente exógeno, os multiplicadores dinâmicos podem ser estimados por meio da estimação de MQO de um modelo ADD ou por MQG.
5. A exogeneidade é uma hipótese forte que freqüentemente não é válida para dados de séries temporais econômicas em virtude da causalidade simultânea, e a hipótese de exogeneidade estrita é ainda mais forte.

Termos-chave

efeito causal dinâmico (333)
modelo de defasagens distribuídas (337)
exogeneidade (338)
exogeneidade estrita (338)
multiplicador dinâmico (340)
efeito de impacto (340)
multiplicador dinâmico acumulado (341)
multiplicador dinâmico acumulado de longo prazo (341)
erro padrão consistente quanto à heteroscedasticidade e à autocorrelação (CHA) (343)
parâmetro de truncagem (343)
estimador de variância de Newey-West (344)
mínimos quadrados generalizados (MQG) (345)
quase-diferença (346)
estimador não-factível de MQG (348)
estimador factível de MQG (348)

Revisão dos Conceitos

13.1 Na década de 1970 uma prática comum era estimar um modelo de defasagens distribuídas relacionando variações no produto interno bruto nominal (Y) às variações corrente e passadas na oferta de moeda (X). Sob que hipóteses essa regressão estimará os efeitos causais da moeda sobre o PIB nominal? Essas hipóteses provavelmente são satisfeitas em uma economia moderna como a dos Estados Unidos?

13.2 Suponha que X seja estritamente exógeno. Um pesquisador estima um modelo ADD(1,1), calcula o resíduo da regressão e descobre que o resíduo possui alta correlação serial. O pesquisador deveria estimar um novo modelo ADD com defasagens adicionais ou simplesmente utilizar erros padrão CHA para os coeficientes estimados de ADD(1,1)?

13.3 Suponha que uma regressão de defasagens distribuídas seja estimada, em que a variável dependente é ΔY_t em vez de Y_t. Explique como você calcularia os multiplicadores dinâmicos de X_t sobre Y_t.

13.4 Suponha que você tenha incluído DFI_{t+1} como um regressor adicional na Equação (13.2). Se DFI fosse estritamente exógeno, você esperaria que o coeficiente de DFI_{t+1} fosse igual ou diferente de zero? Sua resposta mudaria se DFI fosse exógeno, mas não estritamente exógeno?

Exercícios

***13.1** Aumentos nos preços do petróleo têm sido responsabilizados pela ocorrência de várias recessões nos países desenvolvidos. Para quantificar o efeito dos preços do petróleo sobre a atividade econômica real, os pesquisadores fizeram regressões como as discutidas neste capítulo. Seja PIB_t o valor do produto interno bruto trimestral nos Estados Unidos e seja $Y_t = 100\ln(PIB_t / PIB_{t-1})$ a variação percentual trimestral no PIB. James Hamilton, um econometrista e macroeconomista, sugeriu que os preços do petróleo afetam de forma adversa essa economia apenas quando saltam acima de seus valores no passado recente. Especificamente, seja O_t igual ao valor maior entre zero e a diferença em pontos percentuais entre os preços do petróleo na data t e seu valor máximo durante o ano anterior. Uma regressão de defasagens distribuídas relacionando Y_t e O_t, estimada ao longo de 1955:I-2000:IV, é

$$\underset{}{\hat{Y}_t} = \underset{(0,1)}{1,0} - \underset{(0,054)}{0,055}O_t - \underset{(0,057)}{0,026}O_{t-1} - \underset{(0,048)}{0,031}O_{t-2} - \underset{(0,042)}{0,109}O_{t-3} - \underset{(0,053)}{0,128}O_{t-4}$$

$$+ \underset{(0,025)}{0,008}O_{t-5} + \underset{(0,048)}{0,025}O_{t-6} - \underset{(0,039)}{0,019}O_{t-7} + \underset{(0,042)}{0,067}O_{t-8}.$$

a. Suponha que os preços do petróleo saltem 25 por cento acima de seu valor de pico anterior e permaneçam nesse novo nível mais alto (de modo que $O_t = 25$ e $O_{t+1} = O_{t+2} = \cdots = 0$). Qual é o efeito previsto sobre o crescimento do produto para cada trimestre ao longo dos próximos dois anos?

b. Construa um intervalo de confiança de 95 por cento para suas respostas em (a).

c. Qual é a variação acumulada prevista no crescimento do PIB ao longo de oito trimestres?

d. A estatística F CHA testando se os coeficientes de O_t e suas defasagens são iguais a zero é 3,49. Os coeficientes são significativamente diferentes de zero?

13.2 Os macroeconomistas também observaram que as taxas de juros variam após saltos no preço do petróleo. Seja R_t a taxa de juros sobre letras do Tesouro de três meses (em pontos percentuais a uma taxa anual). A regressão de defasagens distribuídas relacionando a variação em R_t (ΔR_t) a O_t estimada ao longo de 1955:I-2000:IV é

$$\widehat{\Delta R}_t = 0{,}07 + 0{,}062O_t + 0{,}048O_{t-1} - 0{,}014O_{t-2} - 0{,}086O_{t-3} - 0{,}000O_{t-4}$$
$$\quad(0{,}06)\quad(0{,}045)\quad(0{,}034)\quad(0{,}028)\quad(0{,}169)\quad(0{,}058)$$

$$+ 0{,}023O_{t-5} - 0{,}010O_{t-6} - 0{,}100O_{t-7} - 0{,}014O_{t-8}.$$
$$(0{,}065)\quad(0{,}047)\quad(0{,}038)\quad(0{,}025)$$

a. Suponha que os preços do petróleo saltem 25 por cento acima de seu valor de pico anterior e mantenham-se nesse novo nível (de modo que $O_t = 25$ e $O_{t+1} = O_{t+2} = \cdots = 0$). Qual é a variação prevista na taxa de juros para cada trimestre ao longo dos próximos dois anos?

b. Construa um intervalo de confiança de 95 por cento para suas respostas em (a).

c. Qual é o efeito dessa variação nos preços do petróleo sobre o nível das taxas de juros no período $t + 8$? Como sua resposta está relacionada com o multiplicador acumulado?

d. A estatística F CHA que testa se os coeficientes de O_t e suas defasagens são iguais a zero é 4,25. Os coeficientes são significativamente diferentes de zero?

13.3 Considere dois experimentos aleatórios diferentes. No experimento A, os preços do petróleo são determinados aleatoriamente e o Banco Central reage de acordo com suas regras de política usuais em resposta à conjuntura econômica, incluindo variações no preço do petróleo. No experimento B, os preços do petróleo são determinados aleatoriamente e o Banco Central mantém as taxas de juros constantes, e em particular não responde a variações no preço do petróleo. Em ambos, observa-se um crescimento do PIB. Agora suponha que os preços do petróleo sejam exógenos na regressão no Exercício 13.1. A qual experimento, A ou B, corresponde o efeito causal estimado no Exercício 13.1?

13.4 Suponha que os preços do petróleo sejam estritamente exógenos. Discuta como você poderia melhorar as estimativas dos multiplicadores dinâmicos no Exercício 13.1.

13.5 Derive a Equação (13.7) a partir da Equação (13.4) e mostre que $\delta_0 = \beta_0$, $\delta_1 = \beta_1$, $\delta_2 = \beta_1 + \beta_2$, $\delta_3 = \beta_1 + \beta_2 + \beta_3$ (etc.) (*Dica*: Observe que $X_t = \Delta X_t + \Delta X_{t-1} + \cdots + \Delta X_{t-p+1} + X_{t-p}$.)

APÊNDICE 13.1 Base de Dados do Suco de Laranja

Os dados sobre preços do suco de laranja são o componente suco de laranja congelado do grupo de alimentos e insumos processados do índice de preços ao produtor (IPP), reunidos pelo Bureau of Labor Statistics dos Estados Unidos (série do BLS wpu02420301). A série de preços do suco de laranja foi dividida pelo IPP global para bens acabados para o ajuste pela inflação geral de preços. A série de dias de frio intenso foi construída a partir de temperaturas mínimas diárias registradas na área dos aeroportos de Orlando, obtidas da National Oceanic and Atmospheric Administration (NOAA) do Departamento de Comércio dos EUA. A série *DFI* foi construída de modo que sua coordenação estivesse aproximadamente alinhada à coordenação dos dados sobre o preço do suco de laranja. Especificamente, os dados sobre o preço do concentrado de suco de laranja congelado foram reunidos por uma pesquisa de uma amostra de produtores na metade de cada mês, embora a data exata varie de mês para mês. Assim, a série *DFI* foi construída para ser o número de dias de frio intenso do 11º dia de um mês ao 10º dia do mês seguinte; isto é, *DFI* é o máximo entre zero e 32 menos a temperatura mínima diária, somada ao longo de todos os dias do 11º ao 10º. Portanto, $\%VarP_t$ para fevereiro é a variação percentual nos preços reais do suco de laranja de meados de janeiro a meados de fevereiro, e DFI_t para fevereiro é o número de dias de frio intenso de 11 de janeiro a 10 de fevereiro.

APÊNDICE 13.2 O Modelo ADD e os Mínimos Quadrados Generalizados na Notação do Operador Defasagem

Neste apêndice, apresentamos o modelo de defasagens distribuídas na notação do operador defasagem, derivamos as representações ADD e de quase-diferenças do modelo de defasagens distribuídas e discutimos as condições sob as quais o modelo ADD pode ter menos parâmetros do que o modelo de defasagens distribuídas original.

Os Modelos de Defasagens Distribuídas, ADD e de Quase-Diferenças na Notação do Operador Defasagem

Conforme definido no Apêndice 12.3, o operador de defasagem, L, possui a propriedade de que $L^j X_t = X_{t-j}$, e a defasagem distribuída $\beta_1 X_t + \beta_2 X_{t-1} + \cdots + \beta_{r+1} X_{t-r}$ pode ser expressa como $\beta(L)X_t$, onde $\beta(L) = \sum_{j=0}^{r} \beta_{j+1} L^j$, onde $L^0 = 1$. Desse modo, o modelo de defasagens distribuídas no Conceito-Chave 13.1 (Equação (13.4)) pode ser escrito na notação do operador defasagem como

$$Y_t = \beta_0 + \beta(L)X_t + u_t. \tag{13.40}$$

Adicionalmente, se o termo de erro u_t segue um AR(p), ele pode ser escrito como

$$\phi(L)u_t = \tilde{u}_t, \tag{13.41}$$

onde $\phi(L) = \sum_{j=0}^{p} \phi_j L^j$, $\phi_0 = 1$ e $\tilde{u}_t$ é serialmente não-correlacionado (note que $\phi_1, \ldots, \phi_p$ conforme definidos aqui são o negativo de $\phi_1, \ldots, \phi_p$ na notação da Equação (13.31)).

Para derivar o modelo ADD, pré-multiplique cada lado da Equação (13.40) por $\phi(L)$, de modo que

$$\phi(L)Y_t = \phi(L)[\beta_0 + \beta(L)X_t + u_t] = \alpha_0 + \delta(L)X_t + \tilde{u}_t, \tag{13.42}$$

onde $\alpha_0 = \phi(1)\beta_0$ e $\delta(L) = \phi(L)\beta(L)$, onde $\phi(1) = \sum_{j=0}^{p} \phi_j$. (13.43)

Para derivar o modelo de quase-diferenças, observe que $\phi(L)\beta(L)X_t = \beta(L)\phi(L)X_t = \beta(L)\tilde{X}_t$, onde $\tilde{X}_t = \phi(L)X_t$. Portanto, reordenando a Equação (13.42) temos que

$$\tilde{Y}_t = \alpha_0 + \beta(L)\tilde{X}_t + \tilde{u}_t, \tag{13.44}$$

onde $\tilde{Y}_t$ é a quase-diferença de Y_t, isto é, $\tilde{Y}_t = \phi(L)Y_t$.

Os Estimadores do ADD e de MQG

O estimador de MQO dos coeficientes do ADD é obtido por estimação de MQO da Equação (13.42). Os coeficientes de defasagens distribuídas originais são $\beta(L)$, que, em termos dos coeficientes estimados, é $\beta(L) = \delta(L)/\phi(L)$; isto é, os coeficientes em $\beta(L)$ satisfazem as restrições que são implicações de $\phi(L)\beta(L) = \delta(L)$. Portanto, o estimador dos multiplicadores dinâmicos baseado nos estimadores de MQO dos coeficientes do modelo ADD, $\hat{\delta}(L)$ e $\hat{\phi}(L)$, é

$$\hat{\beta}^{ADD}(L) = \hat{\delta}(L)/\hat{\phi}(L). \tag{13.45}$$

As expressões para os coeficientes da Equação (13.29) são obtidas como um caso especial da Equação (13.45) quando $r = 1$ e $p = 1$.

O estimador factível de MQG é calculado por meio da obtenção de um estimador preliminar de $\phi(L)$, do cálculo das quase-diferenças estimadas, da estimação de $\beta(L)$ na Equação (13.44) utilizando essas quase-diferenças estimadas e (se desejado) a repetição do processo até a convergência. O estimador iterado de MQG é o estimador de MQNL calculado pela estimação de MQNL do modelo ADD na Equação (13.42), sujeito às restrições não-lineares sobre os parâmetros contidos na Equação (13.43).

Conforme enfatizado na discussão sobre a Equação (13.36), não é suficiente que X_t seja exógeno (passado e presente) para utilizar qualquer desses métodos de estimação, pois a exogeneidade sozinha não garante a validade da Equação (13.36). Se, contudo, X é estritamente exógeno, a Equação (13.36) é válida e, supondo que as hipóteses 2-4 do Conceito-Chave 12.6 sejam válidas, esses estimadores são consistentes e assintoticamente normais. Além disso, os erros padrão usuais de MQO (de dados de corte e robustos quanto à heteroscedasticidade) fornecem uma base válida para a inferência estatística.

Redução de parâmetros utilizando o modelo ADD. Suponha que o polinômio de defasagens distribuídas $\beta(L)$ possa ser escrito como uma razão de polinômios de defasagem, $\theta_1(L)/\theta_2(L)$, onde $\theta_1(L)$ e $\theta_2(L)$ são polinômios de defasagem de grau baixo. Então, $\phi(L)\beta(L)$ da Equação (13.43) é $\phi(L)\beta(L)= \phi(L)\theta_1(L)/\theta_2(L) = [\phi(L)/\theta_2(L)]\theta_1(L)$. Se $\phi(L) = \theta_2(L)$, então $\delta(L) = \phi(L)\beta(L)= \theta_1(L)$. Se o grau de $\theta_1(L)$ é baixo, então q, o número de defasagens de X_t no modelo ADD, pode ser muito menor do que r. Portanto, sob essas hipóteses, a estimação do modelo ADD envolve a estimação de potencialmente muito menos parâmetros do que o modelo de defasagens distribuídas original. É nesse sentido que o modelo ADD pode atingir parametrizações mais parcimoniosas (isto é, utilizar menos parâmetros desconhecidos) do que o modelo de defasagens distribuídas.

Conforme verificamos aqui, a hipótese de que $\phi(L)$ e $\theta_2(L)$ são iguais parece uma coincidência que não ocorreria em uma aplicação. Contudo, o modelo ADD é capaz de capturar um grande número de formas de multiplicadores dinâmicos com apenas alguns coeficientes. Por essa razão, a estimação sem restrição do modelo ADD apresenta um modo atraente de aproximar uma defasagem distribuída longa (isto é, muitos multiplicadores dinâmicos) quando X é estritamente exógeno.

CAPÍTULO 14 Tópicos Adicionais em Regressão de Séries Temporais

Neste capítulo, vamos nos ocupar de alguns tópicos adicionais sobre regressão de séries temporais, começando pela previsão. No Capítulo 12, consideramos a previsão de uma única variável. Na prática, contudo, você pode querer prever duas ou mais variáveis, como a taxa de inflação e a taxa de crescimento do PIB. Na Seção 14.1, apresentamos um modelo que prevê múltiplas variáveis, o modelo de auto-regressões vetoriais (ARVs),* em que valores defasados de duas ou mais variáveis são utilizados para prever valores futuros delas. No Capítulo 12, também nos concentramos na previsão para um período (por exemplo, um trimestre) no futuro, mas a previsão para dois, três ou mais períodos no futuro também é importante. Na Seção 14.2, discutimos métodos para fazer essas previsões.

Nas seções 14.3 e 14.4, voltamos ao tópico da Seção 12.6, tendências estocásticas. Na Seção 14.3, apresentamos outros modelos dessas tendências e um teste alternativo para uma raiz auto-regressiva unitária. Na Seção 14.4, apresentamos o conceito de co-integração, que surge quando duas variáveis compartilham uma tendência estocástica comum, isto é, quando cada uma contém uma tendência estocástica, mas uma diferença ponderada das duas variáveis, não.

Em alguns dados de séries temporais, especialmente dados financeiros, a variância muda ao longo do tempo: às vezes a série exibe alta volatilidade, ao passo que outras vezes a volatilidade é baixa, de modo que os dados exibem grupos de volatilidade. Na Seção 14.5, discutimos grupos de volatilidade (*volatility clustering*)** e apresentamos modelos em que a variância do erro de previsão muda ao longo do tempo, isto é, modelos em que o erro de previsão é condicionalmente heteroscedástico. Modelos de heteroscedasticidade condicional possuem diversas aplicações. Uma delas é o cálculo de intervalos de previsão, em que o tamanho do intervalo varia ao longo do tempo para refletir períodos de maior ou menor incerteza. Outra aplicação é a previsão da incerteza dos retornos de um ativo, como uma ação, que por sua vez pode ser útil para avaliar o risco de possuir uma ação.

14.1 Auto-Regressões Vetoriais

No Capítulo 12, nos concentramos na previsão da taxa de inflação, mas, na realidade, o trabalho dos analistas econômicos envolve a previsão também de outras variáveis macroeconômicas, como a taxa de desemprego, a taxa de crescimento do PIB e as taxas de juros. Um enfoque é desenvolver um modelo de previsão separado para cada variável utilizando os métodos da Seção 12.4. Outro enfoque, contudo, é desenvolver um único modelo capaz de prever todas as variáveis, o que pode ajudar a tornar as previsões mutuamente consistentes. Um modo de prever diversas variáveis com um único modelo é utilizar uma auto-regressão vetorial (ARV). O modelo ARV estende a auto-regressão univariada para múltiplas variáveis de séries temporais, isto é, para um "vetor" de variáveis de séries temporais.

O Modelo ARV

Uma **auto-regressão vetorial**, ou **ARV**, com duas variáveis de séries temporais, Y_t e X_t, consiste em duas equações: em uma delas, a variável dependente é Y_t; na outra, é X_t. Os regressores de ambas as equações são valores defasados das duas variáveis. Generalizando, um modelo ARV com k variáveis de séries temporais consiste

* Utilizamos o termo ARV para manter a padronização que temos mantido ao longo do livro de adaptar as siglas para o português. No entanto, o leitor é advertido de que é bastante comum a utilização do termo original VAR entre os econometristas, podendo adotá-lo se assim o preferir (N. do R.T.).

** Escolhemos como tradução para *volatility clustering* o termo "grupos de volatilidade". Outras opções seriam "agrupamentos de volatilidade" e "aglomerados de volatilidade" (N. do R.T.).

Auto-Regressões Vetoriais

Conceito-Chave 14.1

Uma auto-regressão vetorial (ARV) é um conjunto de k regressões de séries temporais em que os regressores são valores defasados de todas as k séries. Um ARV estende a auto-regressão univariada para uma lista, ou "vetor", de variáveis de séries temporais. Quando o número de defasagens em cada uma das equações é o mesmo e é igual a p, o sistema de equações é chamado de ARV(p).

No caso de duas variáveis de séries temporais, Y_t e X_t, o ARV(p) consiste de duas equações:

$$Y_t = \beta_{10} + \beta_{11}Y_{t-1} + \cdots + \beta_{1p}Y_{t-p} + \gamma_{11}X_{t-1} + \cdots + \gamma_{1p}X_{t-p} + u_{1t} \quad (14.1)$$

$$X_t = \beta_{20} + \beta_{21}Y_{t-1} + \cdots + \beta_{2p}Y_{t-p} + \gamma_{21}X_{t-1} + \cdots + \gamma_{2p}X_{t-p} + u_{2t} \quad (14.2)$$

onde os βs e os γs são coeficientes desconhecidos e u_{1t} e u_{2t} são termos de erro.

As hipóteses do ARV são as hipóteses da regressão de séries temporais do Conceito-Chave 12.6 aplicadas a cada equação. Os coeficientes de um ARV são estimados pela estimação de cada equação por MQO.

de k equações, uma para cada variável, e os regressores em todas as equações são valores defasados de todas as variáveis. Os coeficientes do ARV são estimados pela estimação de cada uma das equações por MQO.

Os ARVs estão resumidos no Conceito-Chave 14.1.

Inferências em ARVs. Sob as hipóteses do ARV, os estimadores de MQO são consistentes e têm uma distribuição conjunta normal em amostras grandes. Desse modo, a inferência estatística segue da maneira usual; por exemplo, intervalos de confiança de 95 por cento sobre os coeficientes podem ser construídos como o coeficiente estimado ±1,96 erro padrão.

Um novo aspecto do teste de hipótese surge nos ARVs pelo fato de um ARV com k variáveis ser uma reunião, ou sistema, de k equações. Assim, é possível testar hipóteses conjuntas que envolvem restrições entre múltiplas equações.

Por exemplo, no ARV(p) com duas variáveis nas equações (14.1) e (14.2), você poderia perguntar se o tamanho correto da defasagem é p ou $p - 1$; isto é, você poderia questionar se os coeficientes de Y_{t-p} e X_{t-p} são iguais a zero nessas duas equações. A hipótese nula de que esses coeficientes são iguais a zero é

$$H_0\colon \beta_{1p} = 0, \beta_{2p} = 0, \gamma_{1p} = 0 \text{ e } \gamma_{2p} = 0. \quad (14.3)$$

A hipótese alternativa é de que pelo menos um desses quatro coeficientes é diferente de zero. Portanto, a hipótese nula envolve coeficientes de *ambas* as equações, dois de cada uma.

Como os coeficientes estimados têm uma distribuição conjunta normal em amostras grandes, é possível testar restrições relacionadas a esses coeficientes ao calcular uma estatística F. A fórmula precisa para essa estatística é complicada, uma vez que a notação deve levar em conta múltiplas equações, de modo que a omitimos. Na prática, a maioria dos pacotes econométricos modernos dispõe de procedimentos automáticos para teste de hipóteses sobre coeficientes em sistemas de múltiplas equações.

Quantas variáveis deveriam ser incluídas em um ARV? O número de coeficientes em cada equação de um ARV é proporcional ao número de variáveis no ARV. Por exemplo, um ARV com cinco variáveis e quatro defasagens terá 21 coeficientes (quatro defasagens para cada uma das cinco variáveis, mais o intercepto) em cada uma das cinco equações, com um total de 105 coeficientes! Estimar todos esses coeficientes aumenta o montante de erros de estimação que entram em uma previsão, o que pode resultar em uma deterioração da precisão da previsão.

A implicação prática disso é a necessidade de se manter um número pequeno de variáveis em um ARV e, especialmente, de assegurar que as variáveis são plausivelmente relacionadas entre si, de modo que sejam úteis para prever umas às outras. Por exemplo, sabemos a partir de uma combinação de evidência empírica (como aquela discutida no Capítulo 12) e teoria econômica que a taxa de inflação, a taxa de desemprego e a taxa de juros de curto prazo são relacionadas entre si, sugerindo que essas variáveis poderiam ajudar a prever umas às outras em um ARV. A inclusão de uma variável não relacionada em um ARV, contudo, introduz erros de estimação sem adicionar conteúdo preditivo, reduzindo desse modo a precisão da previsão.

Determinando os tamanhos da defasagem em ARVs.[1] Os tamanhos da defasagem em um ARV podem ser determinados utilizando testes F ou critérios de informação.

O critério de informação para um sistema de equações é estendido para a equação única da Seção 12.5. Para definir esse critério, precisamos adotar a notação matricial. Seja Σ_u a matriz de co-variância $k \times k$ dos erros do ARV e seja $\hat{\Sigma}_u$ a estimativa da matriz de co-variância em que o elemento i, j de $\hat{\Sigma}_u$ é $\frac{1}{T}\sum_{t=1}^{T}\hat{u}_{it}\hat{u}_{jt}$, onde $\hat{u}_{it}$ é o resíduo de MQO da i-ésima equação e $\hat{u}_{jt}$ é o resíduo de MQO da j-ésima equação. O CIB para o ARV é

$$\text{CIB}(p) = \ln[\det(\hat{\Sigma}_u)] + k(kp + 1)\frac{\ln T}{T}, \tag{14.4}$$

onde $\det(\hat{\Sigma}_u)$ é o determinante da matriz $\hat{\Sigma}_u$. O CIA é calculado utilizando a Equação (14.4) com uma modificação: o termo "$\ln T$" é substituído por "2".

A expressão do CIB para as k equações no ARV da Equação (14.4) estende a expressão para uma única equação dada na Seção 12.5. Quando há uma única equação, o primeiro termo é simplificado para $\ln(SQR(p)/T)$. O segundo termo na Equação (14.4) é a penalidade pela inclusão de regressores adicionais; $k(kp + 1)$ é o número total de coeficientes da regressão no ARV (há k equações, cada uma das quais com um intercepto e p defasagens para cada uma das k variáveis de séries temporais).

A estimação do tamanho da defasagem em um ARV utilizando o CIB segue de forma análoga ao caso da equação única: entre um conjunto de valores possíveis de p, o tamanho estimado da defasagem $\hat{p}$ é o valor de p que minimiza CIB(p).

Utilizando ARVs para análise causal. A discussão até agora se concentrou na utilização de ARVs para previsões. Os modelos ARV também podem ser utilizados para analisar relações causais entre variáveis de séries temporais econômicas; de fato, foi para esse fim que os ARVs foram apresentados primeiro à economia pelo econometrista e macroeconomista Christopher Sims (1980). A utilização de ARVs para inferência causal é conhecida como modelagem ARV estrutural — "estrutural" porque nessa aplicação os ARVs são utilizados para modelar a estrutura subjacente da economia. A análise ARV estrutural utiliza as técnicas apresentadas nesta seção no contexto da previsão, mais algumas ferramentas adicionais. A diferença conceitual maior entre utilizar ARVs para previsões e para modelagem estrutural, contudo, é que a modelagem estrutural requer hipóteses muito específicas, derivadas da teoria econômica e do conhecimento institucional, sobre o que é exógeno e o que não é. A discussão sobre ARVs estruturais é mais bem empreendida no contexto da estimação de sistemas de equações simultâneas, o que vai além do escopo deste livro. Para uma introdução à utilização de ARVs para previsão e análise de políticas, veja Stock e Watson (2001). Para detalhes matemáticos adicionais sobre modelagem ARV estrutural, veja Hamilton (1994) ou Watson (1994).

Um Modelo ARV das Taxas de Inflação e de Desemprego

Como ilustração, considere um ARV com duas variáveis para a taxa de inflação, Inf_t, e para a taxa de desemprego, $Desemp_t$. Assim como no Capítulo 12, consideramos que a taxa de inflação tem uma tendência estocástica, de modo que é apropriado transformá-la pelo cálculo de sua primeira diferença, ΔInf_t.

[1] Nesta seção, empregamos matrizes que podem ser omitidas em tratamentos menos matemáticos.

Um ARV para ΔInf_t e para $Desemp_t$ consiste de duas equações, uma em que ΔInf_t é a variável dependente e uma em que $Desemp_t$ é a variável dependente. Os regressores de ambas as equações são valores defasados de ΔInf_t e $Desemp_t$. Na Seção 12.4 (veja a Equação (12.17)), apresentamos a regressão de ΔInf_t sobre quatro defasagens de ΔInf_t e $Desemp_t$, estimada utilizando dados trimestrais dos Estados Unidos de 1962:I a 1999:IV:

$$\begin{aligned}\widehat{\Delta Inf_t} = \underset{(0,47)}{1,32} - \underset{(0,09)}{0,36}\Delta Inf_{t-1} - \underset{(0,10)}{0,34}\Delta Inf_{t-2} + \underset{(0,08)}{0,07}\Delta Inf_{t-3} - \underset{(0,09)}{0,03}\Delta Inf_{t-4} \\ - \underset{(0,47)}{2,68}Desemp_{t-1} + \underset{(0,89)}{3,43}Desemp_{t-2} - \underset{(0,89)}{1,04}Desemp_{t-3} + \underset{(0,44)}{0,07}Desemp_{t-4}.\end{aligned} \tag{14.5}$$

O R^2 ajustado é $\bar{R}^2 = 0,35$.

Essa é na verdade a primeira equação de um modelo ARV(4) da variação na inflação e da taxa de desemprego. A segunda equação possui os mesmos regressores, porém a variável dependente é a taxa de desemprego:

$$\begin{aligned}\widehat{Desemp_t} = \underset{(0,09)}{0,12} + \underset{(0,020)}{0,043}\Delta Inf_{t-1} + \underset{(0,015)}{0,000}\Delta Inf_{t-2} + \underset{(0,16)}{0,021}\Delta Inf_{t-3} + \underset{(0,15)}{0,021}\Delta Inf_{t-4} \\ + \underset{(0,12)}{1,68}Desemp_{t-1} - \underset{(0,20)}{0,70}Desemp_{t-2} - \underset{(0,20)}{0,03}Desemp_{t-3} + \underset{(0,09)}{0,02}Desemp_{t-4}.\end{aligned} \tag{14.6}$$

O R^2 ajustado é $\bar{R}^2 = 0,975$.

As equações (14.5) e (14.6) juntas são um modelo ARV(4) da variação na taxa de inflação, ΔInf_t, e da taxa de desemprego, $Desemp_t$.

Essas equações ARV podem ser utilizadas para realizar testes de causalidade de Granger. A estatística F que testa a hipótese nula de que os coeficientes de $Desemp_{t-1}$, $Desemp_{t-2}$, $Desemp_{t-3}$ e $Desemp_{t-4}$ são iguais a zero na equação da inflação (Equação (14.5)) é 8,51, que possui um valor p inferior a 0,001. Desse modo, a hipótese nula é rejeitada, de modo que podemos concluir que a taxa de desemprego é um previsor útil de variações na inflação, dadas as defasagens na inflação (isto é, a taxa de desemprego causa variações na inflação no sentido de Granger). De forma semelhante, a estatística F que testa a hipótese de que os coeficientes das quatro defasagens de ΔInf_t são iguais a zero na equação de desemprego (Equação (14.6)) é 2,41, que possui um valor p de 0,051. Portanto, quatro defasagens da variação na taxa de inflação causam no sentido de Granger a taxa de desemprego ao nível de significância de 10 por cento, mas não ao nível de significância de 5 por cento.

Previsões das taxas de inflação e de desemprego um período adiante são obtidas exatamente conforme discutido na Seção 12.4. A previsão da variação na inflação de 1999:IV a 2000:I, baseada na Equação (14.5) e em dados até 1999:IV, foi calculada na Seção 12.4; essa previsão é $\widehat{\Delta Inf}_{2000:I\,|\,1999:IV} = 0,5$ ponto percentual. Um cálculo semelhante utilizando a Equação (14.6) fornece uma previsão da taxa de desemprego em 2000:I baseada em dados até 1999:IV de $\widehat{Desemp}_{2000:I\,|\,1999:IV} = 4,1$ por cento, muito próxima de seu valor efetivo, $Desemp_{2000:I} = 4,0$ por cento.

14.2 Previsões Multiperíodos

A discussão de previsão até aqui se concentrou em fazer previsões para o período seguinte. Freqüentemente, contudo, os analistas são solicitados a fazer previsões para períodos em um futuro mais distante. Os modelos de regressão de previsão do Capítulo 12 podem produzir tais previsões multiperíodos, mas algumas modificações são necessárias. Nesta seção, discutimos essas modificações, primeiro para auto-regressões univariadas e então para previsões multivariadas.

Previsões Multiperíodos: Auto-Regressões Univariadas

Apresentamos dois métodos para fazer previsões multiperíodos a partir de uma auto-regressão univariada. O primeiro é o "método de regressão multiperíodos"; o segundo é o método de "auto-regressão iterada".

Método de regressão multiperíodos: AR(1). Suponha que você queira utilizar uma auto-regressão para fazer uma previsão dois períodos adiante. No método de regressão multiperíodos, cada previsor é substituído por seu valor defasado, e os coeficientes dessa auto-regressão modificada são estimados por MQO. Se Y_t segue um AR(1), na regressão um passo adiante Y_t é regredido sobre uma constante e Y_{t-1}. Na regressão dois passos adiante, contudo, Y_{t-1} não está disponível, então essa regressão envolve a regressão de Y_t sobre uma constante e Y_{t-2}.

Por exemplo, considere a previsão da variação trimestral na taxa de inflação para dois trimestres adiante utilizando um modelo AR(1) para a variação na inflação. A regressão dois passos adiante modificada, estimada ao longo do período 1962:I-1999:IV, é

$$\widehat{\Delta Inf}_{t|t-2} = \underset{(0,12)}{0,02} - \underset{(0,09)}{0,30}\Delta Inf_{t-2}, \tag{14.7}$$

onde $\widehat{\Delta Inf}_{t|t-2}$ é o valor previsto de ΔInf_t baseado nos valores da taxa de inflação até o período $t-2$.

A Equação (14.7) ilustra a idéia-chave do método de regressão multiperíodos: nenhum dado do período $t-1$ aparece como regressor, de modo que apenas valores da inflação com data $t-2$ ou anterior são utilizados para prever ΔInf_t. Por exemplo, de acordo com a Equação (14.7), a previsão da variação na inflação entre o primeiro e o segundo trimestres de 2000, baseada em informações até o quarto trimestre de 1999, é $\widehat{\Delta Inf}_{2000:II|1999:IV} = 0,02 - 0,30\Delta Inf_{1999:IV}$. De acordo com a Tabela 12.1, $\Delta Inf_{1999:IV} = 0,4$. Portanto, $\widehat{\Delta Inf}_{2000:II|1999:IV} = 0,02 - 0,30 \times 0,4 = -0,1$. Isto é, com base em dados até o quarto trimestre de 1999, prevê-se que a inflação irá cair em um décimo de ponto percentual do primeiro para o segundo trimestre de 2000.

Para calcular previsões em um futuro mais distante, o método de regressão multiperíodos envolve a utilização de defasagens mais distantes. Por exemplo, quando Y_t segue um AR(1), a previsão três períodos adiante é calculada de uma regressão de Y_t sobre uma constante e Y_{t-3}.

O método de regressão multiperíodos: AR(p). O enfoque de regressão multiperíodos pode ser estendido para auto-regressões de ordem maior pela inclusão de valores defasados adicionais na regressão. Em geral, em um AR(p), a regressão dois passos adiante modificada envolveria a regressão de Y_t sobre uma constante e Y_{t-2}, Y_{t-3}, ..., Y_{t-p-1}. De forma semelhante, a regressão três passos adiante envolveria a regressão de Y_t sobre uma constante e Y_{t-3}, Y_{t-4}, ..., Y_{t-p-2}.

Por exemplo, a previsão dois períodos adiante de um modelo AR(4) para ΔInf_t é obtida utilizando a regressão de ΔInf_t sobre ΔInf_{t-2}, ..., ΔInf_{t-5}:

$$\widehat{\Delta Inf}_{t|t-2} = \underset{(0,10)}{0,02} - \underset{(0,08)}{0,27}\Delta Inf_{t-2} + \underset{(0,09)}{0,25}\Delta Inf_{t-3} - \underset{(0,10)}{0,08}\Delta Inf_{t-4} - \underset{(0,08)}{0,01}\Delta Inf_{t-5}. \tag{14.8}$$

Os valores na Tabela 12.1 e os coeficientes na Equação (14.8) podem ser utilizados para prever a variação na inflação de 2000:I a 2000:II: $\widehat{\Delta Inf}_{2000:II|1999:IV} = 0,02 - 0,27\Delta Inf_{1999:IV} + 0,25\Delta Inf_{1999:III} - 0,08\Delta Inf_{1999:II} - 0,01\Delta Inf_{1999:I} = 0,02 - 0,27 \times 0,4 + 0,25 \times 0,0 - 0,08 \times 1,1 - 0,01 \times (-0,4) = -0,2$. Isto é, com base na Equação (14.8), com dados de inflação até o quarto trimestre de 1999, prevê-se que a inflação cairá em 0,2 ponto percentual do primeiro para o segundo trimestre de 2000.

Para fazer previsões três períodos adiante utilizando um AR(4), a Equação (14.8) deveria ser modificada de modo que ΔInf_t fosse regredida sobre ΔInf_{t-3}, ..., ΔInf_{t-6}. Generalizando, para fazer uma previsão h períodos adiante de Y_t utilizando um AR(p), a variável de interesse é regredida sobre suas p defasagens, em que a data mais recente dos regressores é $t-h$.

Erros padrão em regressões multiperíodos. Como a variável dependente em uma regressão multiperíodos ocorre dois ou mais períodos no futuro, o termo de erro nessa regressão é serialmente correlacionado. Para entender isso, considere as previsões da inflação dois períodos adiante e suponha que haja um salto-surpresa nos preços do petróleo no próximo trimestre. Então, a previsão hoje da inflação dois períodos adiante será muito baixa, já que não incorpora esse acontecimento não esperado. Uma vez que o aumento no preço do petróleo também era desconhecido no trimestre passado, a previsão dois períodos adiante feita no último trimestre também será muito baixa: portanto, o aumento-surpresa no preço do petróleo no próximo trimestre significa que *tanto* a previsão dois períodos adiante feita no trimestre passado *quanto* a feita nesse trimestre são muito baixas. Em razão de tais acontecimentos intermediários, o termo de erro em uma regressão multiperíodos é serialmente correlacionado.

Conforme discutido na Seção 13.4, se o termo de erro é serialmente correlacionado, os erros padrão de MQO usuais são incorretos ou, mais precisamente, não consistem em uma base confiável para inferência. Assim, inferimos que erros padrão consistentes quanto à heteroscedasticidade e à autocorrelação (CHA) devem ser utilizados em regressões multiperíodos. Os erros padrão apresentados nesta seção para regressões multiperíodos são, portanto, erros padrão CHA de Newey-West, em que o parâmetro de truncagem m é determinado de acordo com a Equação (13.17); para esses dados (para os quais $T = 152$), a Equação (13.17) produz $m = 4$. Para horizontes de previsão mais longos, o montante de sobreposição e portanto o grau de correlação serial no erro aumenta: em geral, os primeiros $h - 1$ coeficientes de autocorrelação dos erros em uma regressão h períodos adiante são diferentes de zero. Assim, valores de m maiores do que o indicado pela Equação (13.17) são apropriados para regressões de multiperíodos com horizontes de previsão mais longos.

O método de previsão iterada do AR: AR(1). O método de previsão iterada do AR utiliza o modelo AR para estender uma previsão um período adiante para dois ou mais períodos adiante. A previsão dois períodos adiante é calculada em dois passos. No primeiro, é calculada como na Seção 12.3. No segundo, é calculada utilizando a previsão um período adiante como o período interposto. Desse modo, a previsão um período adiante é utilizada como um passo intermediário para fazer a previsão dois períodos adiante. Para horizontes mais distantes, esse processo é repetido ou "iterado".

Como exemplo, considere a auto-regressão de primeira ordem para ΔInf_t (veja a Equação (12.7)), que é

$$\widehat{\Delta Inf_t} = \underset{(0,14)}{0,02} - \underset{(0,11)}{0,21}\Delta Inf_{t-1}. \qquad (14.9)$$

O primeiro passo do cálculo da previsão de $\Delta Inf_{2000:II}$ dois trimestres adiante baseada na Equação (14.9) utilizando dados até 1999:IV é calcular a previsão de $\Delta Inf_{2000:I}$ um trimestre adiante com base nos dados até 1999:IV: $\widehat{\Delta Inf}_{2000:I|1999:IV} = 0,02 - 0,21\Delta Inf_{1999:IV} = 0,02 - 0,21 \times 0,4 = -0,1$. No segundo passo, essa previsão é substituída na Equação (14.9); isto é, $\widehat{\Delta Inf}_{2000:II|1999:IV} = 0,02 - 0,21\widehat{\Delta Inf}_{2000:I|1999:IV} = 0,02 - 0,21 \times (-0,1) = 0,0$. Portanto, com base nas informações até o quarto trimestre de 1999, a previsão é de que a taxa de inflação não mudará entre o primeiro e o segundo trimestres de 2000.

O método de previsão iterada do AR: AR(p). A estratégia AR(1) iterada é estendida para um AR(p) pela substituição de Y_{t-1} no AR(p) estimado por sua previsão feita no período anterior.

Por exemplo, considere a previsão dois passos adiante iterada da inflação com base no modelo AR(4) da Seção 12.3 (veja a Equação (12.13)),

$$\widehat{\Delta Inf_t} = \underset{(0,12)}{0,02} - \underset{(0,10)}{0,21}\Delta Inf_{t-1} - \underset{(0,09)}{0,32}\Delta Inf_{t-2} + \underset{(0,09)}{0,19}\Delta Inf_{t-3} - \underset{(0,10)}{0,04}\Delta Inf_{t-4}. \qquad (14.10)$$

A previsão dois trimestres adiante iterada é calculada substituindo-se ΔInf_{t-1} na Equação (14.10) pela previsão $\widehat{\Delta Inf}_{t|t-1}$. Na Seção 12.3, calculamos a previsão de $\Delta Inf_{2000:I}$ com base em dados até 1999:IV utilizando esse AR(4) como $\widehat{\Delta Inf}_{2000:I|1999:IV} = 0,2$. Portanto, a previsão dois trimestres adiante iterada baseada no AR(4) é $\widehat{\Delta Inf}_{2000:II|1999:IV} = 0,02 - 0,21\widehat{\Delta Inf}_{2000:I|1999:IV} - 0,32\Delta Inf_{1999:IV} + 0,19\Delta Inf_{1999:III} - 0,04\Delta Inf_{1999:II} = 0,02 - 0,21 \times 0,2 - 0,32 \times 0,4 + 0,19 \times 0,1 - 0,04 \times 1,1 = -0,2$. De acordo com essa previsão iterada do AR(4), baseada em dados até o quarto trimestre de 1999, a taxa de inflação cairá em 0,2 ponto percentual entre o primeiro e o segundo trimestres de 2000.

Previsão Multiperíodos Utilizando Auto-Regressões Univariadas

Conceito-Chave 14.2

A **previsão da regressão multiperíodos** h períodos no futuro baseada em um AR(p) é calculada pela estimação da regressão multiperíodos

$$Y_t = \delta_0 + \delta_1 Y_{t-h} + \cdots + \delta_p Y_{t-p-h+1} + u_t, \tag{14.11}$$

e pela utilização dos coeficientes estimados para calcular a previsão h períodos adiante.

A **previsão iterada do AR** é calculada em dois passos: primeiro calcule a previsão um passo adiante, depois utilize o resultado para calcular a previsão dois períodos adiante e assim consecutivamente. As previsões dois ou três períodos adiante iteradas, baseadas em um AR(p), são

$$\hat{Y}_{t|t-2} = \hat{\beta}_0 + \hat{\beta}_1\hat{Y}_{t-1|t-2} + \hat{\beta}_2 Y_{t-2} + \hat{\beta}_3 Y_{t-3} + \cdots + \hat{\beta}_p Y_{t-p} \tag{14.12}$$

$$\hat{Y}_{t|t-3} = \hat{\beta}_0 + \hat{\beta}_1\hat{Y}_{t-1|t-3} + \hat{\beta}_2\hat{Y}_{t-2|t-3} + \hat{\beta}_3 Y_{t-3} + \cdots + \hat{\beta}_p Y_{t-p} \tag{14.13}$$

onde os $\hat{\beta}$s são as estimativas de MQO dos coeficientes AR(p). A continuação desse processo ("iteração") produz previsões em um futuro mais distante.

Os dois métodos para previsão multiperíodos utilizando uma auto-regressão univariada estão resumidos no Conceito-Chave 14.2.

Previsão Multiperíodos: Previsões Multivariadas

Os dois métodos utilizados para previsão multiperíodos a partir de modelos univariados podem ser utilizados em regressões de previsão multivariadas.

O método de regressão multiperíodos. No método geral de regressão multiperíodos, todos os previsores são defasados h períodos para produzir a previsão h períodos adiante.

Por exemplo, a previsão de ΔInf_t dois trimestres adiante utilizando quatro defasagens de ΔInf_t e $Desemp_t$ é calculada pela estimação da regressão

$$\begin{aligned}\widehat{\Delta Inf}_{t|t-2} = &\underset{(0,40)}{0,27} - \underset{(0,11)}{0,28}\Delta Inf_{t-2} + \underset{(0,10)}{0,15}\Delta Inf_{t-3} - \underset{(0,11)}{0,21}\Delta Inf_{t-4} - \underset{(0,08)}{0,06}\Delta Inf_{t-5} \\ &- \underset{(0,46)}{0,21}Desemp_{t-2} + \underset{(0,98)}{0,79}Desemp_{t-3} - \underset{(1,12)}{2,11}Desemp_{t-4} + \underset{(0,56)}{1,49}Desemp_{t-5}.\end{aligned} \tag{14.14}$$

A previsão dois trimestres adiante é calculada pela substituição dos valores de $\Delta Inf_{1999:I}, \ldots, \Delta Inf_{1999:IV}$, $Desemp_{1999:I}, \ldots, Desemp_{1999:IV}$ na Equação (14.14); isso produz $\widehat{\Delta Inf}_{2000:II|1999:IV} = 0{,}27 - 0{,}28\Delta Inf_{1999:IV} + 0{,}15\Delta Inf_{1999:III} - 0{,}21\Delta Inf_{1999:II} - 0{,}06\Delta Inf_{1999:I} - 0{,}21 Desemp_{1999:IV} + 0{,}79 Desemp_{1999:III} - 2{,}11 Desemp_{1999:II} + 1{,}49 Desemp_{1999:I} = 0{,}0$.

A previsão três trimestres adiante de ΔInf_t é calculada pela defasagem em mais um trimestre de todos os regressores na Equação (14.14), estimando essa regressão e calculando a previsão e assim por diante para previsões futuras.

O método de previsão iterada do ARV. O método AR iterado estende-se para um ARV, com a modificação de que, como o ARV inclui um ou mais previsores adicionais, é necessário calcular previsões intermediárias para todos os previsores.

A **previsão iterada do ARV** dois períodos adiante é calculada em dois passos. No primeiro passo, o ARV é utilizado para produzir previsões um trimestre adiante de todas as variáveis no ARV, conforme discutido na Seção 14.1. No segundo passo, essas previsões tomam o lugar dos primeiros valores defasados do ARV, isto é, a previsão dois períodos adiante é baseada na previsão um período adiante, mais defasagens adicionais, conforme especificadas no ARV. A repetição desse processo produz a previsão iterada do ARV para o futuro.

Como exemplo, calculamos a previsão iterada do ARV de $\Delta Inf_{2000:II}$ baseada em dados até 1999:IV e no ARV(4) para Δnf_t e $Desemp_t$ na Seção 14.1 (equações (14.5) e (14.6)). O primeiro passo é calcular as previsões um trimestre adiante $\widehat{\Delta Inf}_{2000:I|1999:IV}$ e $\widehat{Desemp}_{2000:I|1999:IV}$ desse ARV. A previsão $\widehat{\Delta Inf}_{2000:I|1999:IV}$ baseada na Equação (14.5) foi calculada na Seção 12.3 e é 0,5 ponto percentual (veja a Equação (12.18)); um cálculo semelhante baseado na Equação (14.6) mostra que $\widehat{Desemp}_{2000:I|1999:IV} = 4{,}1$ por cento. No segundo passo, essas previsões são substituídas nas equações (14.5) e (14.6) para produzir a previsão dois trimestres adiante. Assim,

$$\begin{aligned}\widehat{\Delta Inf}_{2000:II|1999:IV} &= 1{,}32 - 0{,}36\widehat{\Delta Inf}_{2000:I|1999:IV} - 0{,}34\Delta Inf_{1999:IV} \\ &\quad + 0{,}07\Delta Inf_{1999:III} - 0{,}03\Delta Inf_{1999:II} - 2{,}68\widehat{Desemp}_{2000:I|1999:IV} \\ &\quad + 3{,}43 Desemp_{1999:IV} - 1{,}04 Desemp_{1999:III} + 0{,}07 Desemp_{1999:II} \\ &= 1{,}32 - 0{,}36\times 0{,}7 - 0{,}34 \times 0{,}4 + 0{,}07 \times 0{,}1 - 0{,}03 \times 1{,}1 \\ &\quad - 2{,}68 \times 4{,}1 + 3{,}43 \times 4{,}1 - 1{,}04 \times 4{,}2 + 0{,}07 \times 4{,}3 \\ &= -0{,}1.\end{aligned} \tag{14.15}$$

Portanto, a previsão iterada do ARV(4), baseada em dados até o quarto trimestre de 1999, é de que a taxa de inflação cairá em 0,1 ponto percentual entre o primeiro e o segundo trimestres de 2000.

As previsões multiperíodos com múltiplos previsores estão resumidas no Conceito-Chave 14.3.

Que Método Você Deveria Utilizar?

Cada um dos dois métodos possui suas vantagens e desvantagens. Se o modelo auto-regressivo (ou auto-regressivo vetorial) fornece uma boa aproximação para as correlações nos dados, o método de previsão iterada tende a produzir previsões mais precisas. Isso porque as previsões iteradas utilizam estimadores de coeficientes em uma regressão um período adiante, que possuem uma variância menor (e mais eficiente) do que os estimadores da regressão multiperíodos.

Por outro lado, se o AR ou o ARV é especificado incorretamente e não proporciona uma boa aproximação para as correlações nos dados, a extrapolação dessas previsões por iteração pode levar a previsões viesadas. Portanto, se o modelo AR ou o modelo ARV é fraco, as previsões da regressão multiperíodos podem ser mais precisas.

Portanto, não existe uma resposta fácil para o método que é melhor. Se a diferença entre as duas previsões é grande, isso poderia indicar que o modelo um período adiante está especificado incorretamente, e, se for esse o caso, a previsão multiperíodos adiante tende a ser mais precisa. Freqüentemente, contudo, as diferenças entre as duas previsões são pequenas, como era o caso nas previsões de inflação calculadas nesta seção; nesse caso, a escolha sobre qual método utilizar pode se basear em qual é mais convenientemente implementado em seu pacote econométrico.

Previsão Multiperíodos com Múltiplos Previsores

Conceito-Chave 14.3

A previsão da regressão multiperíodos h períodos no futuro baseado em p defasagens cada de Y_t e em um previsor adicional X_t é calculada estimando-se primeiro a regressão multiperíodos

$$Y_t = \delta_0 + \delta_1 Y_{t-h} + \cdots + \delta_p Y_{t-p-h+1} + \delta_{p+1} X_{t-h} + \cdots + \delta_{2p} X_{t-p-h+1} + u_t, \quad (14.16)$$

e então utilizando os coeficientes estimados para fazer a previsão h períodos adiante.

A previsão iterada do ARV é calculada em passos: primeiro, calcule as previsões um período adiante de todas as variáveis do ARV, depois, utilize-as para calcular as previsões dois períodos adiante e assim consecutivamente. A previsão iterada dois períodos adiante de Y_t com base no ARV(p) com duas variáveis no Conceito-Chave 14.1 é

$$\begin{aligned}\hat{Y}_{t|t-2} = {} & \hat{\beta}_{10} + \hat{\beta}_{11}\hat{Y}_{t-1|t-2} + \hat{\beta}_{12}Y_{t-2} + \hat{\beta}_{13}Y_{t-3} + \cdots + \hat{\beta}_{1p}Y_{t-p} \\ & + \hat{\gamma}_{11}\hat{X}_{t-1|t-2} + \hat{\gamma}_{12}X_{t-2} + \hat{\gamma}_{13}X_{t-3} + \cdots + \hat{\gamma}_{1p}X_{t-p},\end{aligned} \quad (14.17)$$

onde os coeficientes da Equação (14.17) são estimativas de MQO dos coeficientes do ARV. A iteração produz previsões para o futuro.

14.3 Ordens de Integração e Outro Teste de Raiz Unitária

Nesta seção, estendemos o tratamento de tendências estocásticas da Seção 12.6 ao tratar de dois tópicos adicionais. O primeiro trata do fato de que as tendências de algumas séries temporais não são descritas de forma adequada pelo modelo do passeio aleatório, de modo que apresentamos uma extensão daquele modelo e discutimos suas implicações para a modelagem de regressão dessas séries. No segundo tópico, continuamos a discussão sobre o teste de uma raiz unitária em dados de séries temporais e, entre outras coisas, apresentamos um segundo teste para uma raiz unitária.

Outros Modelos de Tendências e Ordens de Integração

Lembre-se de que o modelo do passeio aleatório para uma tendência, apresentado na Seção 12.6, especifica que a tendência na data t é igual à tendência na data $t-1$, mais um termo de erro aleatório. Se Y_t segue um passeio aleatório com tendência β_0, então

$$Y_t = \beta_0 + Y_{t-1} + u_t, \quad (14.18)$$

onde u_t não é serialmente correlacionado. Lembre-se também da Seção 12.6, na qual você viu que, se uma série possui uma tendência de passeio aleatório, ela apresenta uma raiz auto-regressiva igual a um.

Embora o modelo do passeio aleatório de uma tendência descreva os movimentos de longo prazo de muitas séries temporais econômicas, algumas possuem tendências mais regulares — isto é, variam menos de um período para o outro — do que a implicação da Equação (14.18). É necessário um modelo diferente para descrever as tendências dessas séries.

Conceito-Chave 14.4

Ordens de Integração, Diferenciação e Estacionariedade

- Se Y_t é integrada de ordem 1, isto é, se Y_t é $I(1)$, então possui uma raiz auto-regressiva unitária e sua primeira diferença, ΔY_t, é estacionária.
- Se Y_t é integrada de ordem 2, isto é, se Y_t é $I(2)$, então ΔY_t possui uma raiz auto-regressiva unitária e sua segunda diferença, $\Delta^2 Y_t$, é estacionária.
- Se Y_t é **integrada de ordem** d (é $I(d)$), então Y_t deve ser diferenciada d vezes para eliminar sua tendência estocástica, isto é, $\Delta^d Y_t$ é estacionária.

O modelo de uma tendência regular faz com que a primeira diferença da tendência siga um passeio aleatório; isto é

$$\Delta Y_t = \beta_0 + \Delta Y_{t-1} + u_t, \tag{14.19}$$

onde u_t não é serialmente correlacionado. Desse modo, se Y_t segue a Equação (14.19), ΔY_t segue um passeio aleatório, de modo que $\Delta Y_t - \Delta Y_{t-1}$ é estacionário. A diferença das primeiras diferenças, $\Delta Y_t - \Delta Y_{t-1}$, é chamada de **segunda diferença** de Y_t e é representada por $\Delta^2 Y_t = \Delta Y_t - \Delta Y_{t-1}$. Nessa terminologia, se Y_t segue a Equação (14.19), sua segunda diferença é estacionária. Se uma série possui uma tendência da forma da Equação (14.19), a primeira diferença da série tem uma raiz auto-regressiva igual a um.

Terminologia "ordens de integração". Uma terminologia adicional é útil para distinguir entre esses dois modelos de tendência. Diz-se que uma série que possui uma tendência de passeio aleatório é **integrada de ordem um**, ou ***I*(1)**; uma série que possui uma tendência da forma da Equação (14.19) é **integrada de ordem dois**, ou ***I*(2)**; uma série que não possui uma tendência estocástica e é estacionária é **integrada de ordem zero**, ou ***I*(0)**.

A **ordem de integração** na terminologia $I(1)$ e $I(2)$ é o número de vezes que a série precisa ser diferenciada para ser estacionária: se Y_t é $I(1)$, então a primeira diferença de Y_t, ΔY_t, é estacionária, e se Y_t é $I(2)$, então a segunda diferença de Y_t, $\Delta^2 Y_t$, é estacionária. Se Y_t é $I(0)$, então Y_t é estacionária.

As ordens de integração estão resumidas no Conceito-Chave 14.4.

Como testar se uma série é I(2) ou I(1). Se Y_t é $I(2)$, então ΔY_t é $I(1)$, de modo que ΔY_t possui uma raiz auto-regressiva igual a um. Se, contudo, Y_t é $I(1)$, então ΔY_t é estacionária. Assim, a hipótese nula de que Y_t é $I(2)$ pode ser testada contra a hipótese alternativa de que Y_t é $I(1)$ testando se ΔY_t possui uma raiz auto-regressiva unitária. Se a hipótese de que ΔY_t possui uma raiz auto-regressiva unitária for rejeitada, a hipótese de que Y_t é $I(2)$ será rejeitada em favor da alternativa de que Y_t é $I(1)$.

Exemplos de séries I(2) e I(1): o nível de preços e a taxa de inflação. No Capítulo 12, concluímos que a taxa de inflação nos Estados Unidos tem plausivelmente uma tendência estocástica de passeio aleatório, isto é, essa taxa é $I(1)$. Se a inflação é $I(1)$, sua tendência estocástica é eliminada por primeira diferença, de modo que ΔInf_t é estacionária. Lembre, da Seção 12.2 (veja a Equação (12.2)), que a inflação trimestral a uma taxa anualizada é a primeira diferença do logaritmo do nível de preços vezes 400; isto é, $Inf_t = 400\Delta p_t$, onde $p_t = \ln(IPC_t)$. Desse modo, tratar a taxa de inflação como $I(1)$ é equivalente a tratar Δp_t como $I(1)$, o que por sua vez é equivalente a tratar p_t como $I(2)$. Portanto, estivemos o tempo todo tratando o logaritmo do nível de preços como $I(2)$, ainda que não tenhamos utilizado essa terminologia.

A Figura 14.1 mostra o logaritmo do nível de preços, p_t, e a taxa de inflação. A tendência de longo prazo para o logaritmo do nível de preços (Figura 14.1a) varia mais suavemente do que a da taxa de inflação (Figura 14.1b). A tendência com variação suave do logaritmo do nível de preços é típica de séries $I(2)$.

FIGURA 14.1 Logaritmo do Nível de Preços e Taxa de Inflação nos Estados Unidos, 1960-2000

A tendência no logaritmo dos preços (Figura 14.1a) é muito mais suave do que a tendência na inflação (Figura 14.1b).

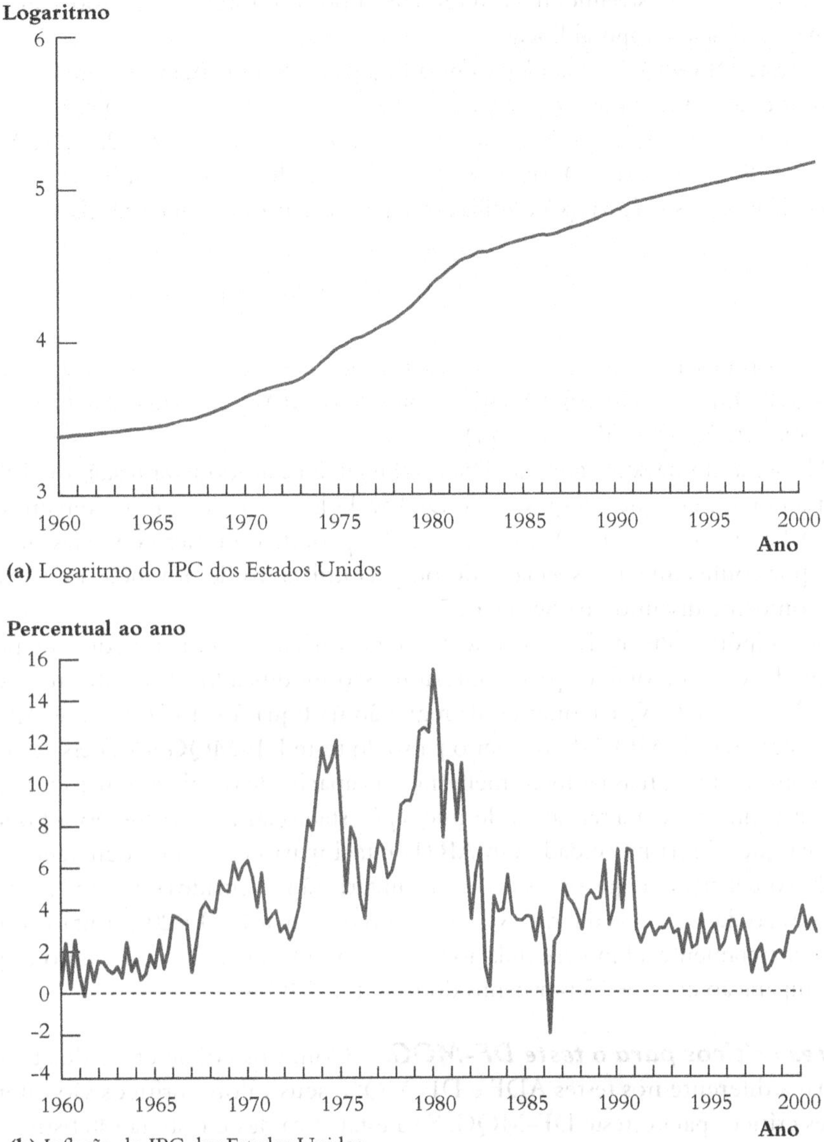

(a) Logaritmo do IPC dos Estados Unidos

(b) Inflação do IPC dos Estados Unidos

Teste DF-MQG para uma Raiz Unitária

Nesta seção, continuamos a discussão da Seção 12.6 considerando o teste que detecta a presença de uma raiz auto-regressiva unitária. Começamos descrevendo outro teste para detectar a presença de uma raiz auto-regressiva unitária, o chamado teste DF-MQG. Em seguida, em uma seção adicional, discutimos por que as estatísticas do teste de raiz unitária não possuem distribuições normais, mesmo em amostras grandes.

Teste DF-MQG. O ADF foi o primeiro teste desenvolvido para testar a hipótese nula de uma raiz unitária e é o mais comumente utilizado na prática. Contudo, testes posteriores foram propostos, muitos dos quais mais poderosos (veja o Conceito-Chave 3.5) do que o teste ADF. Um teste mais poderoso do que o ADF tem uma probabilidade maior de rejeitar a hipótese nula de uma raiz unitária contra a alternativa de estacionariedade quando a alternativa é verdadeira; assim, um teste mais poderoso é mais capaz de distinguir entre uma raiz AR unitária e uma raiz grande mas menor do que um.

Nesta seção, discutimos um teste assim, o **teste DF-MQG**, desenvolvido por Elliot, Rothenberg e Stock (1996). O teste é apresentado para o caso em que, sob a hipótese nula, Y_t possui uma tendência estocástica de passeio aleatório, possivelmente com tendência por um intercepto, e sob a alternativa Y_t é estacionária em torno de uma tendência temporal linear.

O teste DF-MQG é calculado em dois passos. No primeiro, o intercepto e a tendência são estimados por mínimos quadrados generalizados (MQG; veja a Seção 13.5). A estimação de MQG é realizada pelo cálculo de três novas variáveis, V_t, X_{1t} e X_{2t}, onde $V_1 = Y_1$ e $V_t = Y_t - \alpha^* Y_{t-1}$, $t = 2, ..., T$, $X_{11} = 1$ e $X_{1t} = 1 - \alpha^*$, $t = 2, ..., T$ e $X_{21} = 1$ e $X_{2t} = t - \alpha^*(t - 1)$, onde α^* é calculado utilizando a fórmula $\alpha^* = 1 - 13{,}5/T$. Então, V_t é regredido contra X_{1t} e X_{2t}; isto é, MQO é utilizado para estimar os coeficientes da equação de regressão da população

$$V_t = \delta_0 X_{1t} + \delta_1 X_{2t} + e_t, \tag{14.20}$$

utilizando as observações $t = 1, ..., T$ observações, onde e_t é o termo de erro. Observe que não há intercepto na regressão da Equação (14.20). Os estimadores de MQO $\hat{\delta}_0$ e $\hat{\delta}_1$ são então utilizados para calcular uma versão "sem tendência" de Y_t, $Y_t^d = Y_t - (\hat{\delta}_0 + \hat{\delta}_1 t)$.

No segundo passo, o teste de Dickey-Fuller é utilizado para testar a existência de uma raiz auto-regressiva unitária em Y_t^d, em que a regressão de Dickey-Fuller não inclui um intercepto ou uma tendência temporal. Ou seja, ΔY_t^d é regredida contra Y_{t-1}^d e $\Delta Y_{t-1}^d, ..., \Delta Y_{t-p}^d$, onde o número de defasagens p é determinado, como de costume, por conhecimento especializado ou pela utilização de um método baseado em dados, como o CIA ou o CIB, conforme discutido na Seção 12.5.

Se a hipótese alternativa é de que Y_t é estacionário com uma média que pode ser diferente de zero mas sem uma tendência temporal, os passos anteriores são modificados. Especificamente, α^* é calculado utilizando a fórmula $\alpha^* = 1 - 7/T$, X_{2t} e é omitido da regressão na Equação (14.20); a série Y_t^d é calculada como $Y_t^d = Y_t - \hat{\delta}_0$.

A regressão de MQG do primeiro passo do teste DF-MQG torna esse teste mais complicado do que o teste ADF convencional, mas também melhora sua capacidade de discriminar entre a hipótese nula de uma raiz auto-regressiva unitária e a alternativa de que Y_t é estacionária. Essa melhora pode ser considerável. Por exemplo, suponha que Y_t seja na verdade um AR(1) estacionário com um coeficiente auto-regressivo $\beta_1 = 0{,}95$, que há $T = 200$ observações e que os testes de raiz unitária são calculados sem uma tendência temporal (isto é, t é excluído da regressão de Dickey-Fuller, e X_{2t} é omitido da Equação (14.20)). Então, a probabilidade de que o teste ADF rejeite corretamente a hipótese nula ao nível de significância de 5 por cento é aproximadamente de 31 por cento em comparação com os 75 por cento do teste DF-MQG.

Valores críticos para o teste DF-MQG. Como os coeficientes dos termos deterministas são estimados de forma diferente nos testes ADF e DF-MQG, seus valores críticos são diferentes. A Tabela 14.1 fornece os valores críticos para o teste DF-MQG. Se a estatística desse teste (a estatística t de Y_{t-1}^d na regressão do segundo passo) é inferior ao valor crítico, a hipótese nula de que Y_t possui uma raiz unitária é rejeitada. Assim como os valores críticos para o teste de Dickey-Fuller, o valor crítico apropriado depende da versão do teste que é utilizada, isto é, se foi incluída ou não uma tendência temporal (se X_{2t} foi incluída ou não na Equação (14.20)).

Aplicação à inflação. A estatística DF-MQG, calculada para a taxa de inflação do IPC, Inf_t, ao longo do período 1962:I a 1999:IV, é de –1,98 quando três defasagens de ΔY_t^d são incluídas na regressão de Dickey-Fuller na segunda etapa. Esse valor é um pouco inferior ao valor crítico de 5 por cento da Tabela 14.1, –1,95, de modo que a utilização do teste DF-MQG com três defasagens leva a rejeitar a hipótese nula de uma raiz unitária ao nível de significância de 5 por cento. A escolha de três defasagens foi baseada no CIA (de um máximo de seis defasagens), que nesse caso resultou na escolha do mesmo número de defasagens feita pelo CIB.

Como o teste DF-MQG é mais capaz de discriminar entre a hipótese nula de raiz unitária e a alternativa estacionária, pode-se interpretar que a inflação é na verdade estacionária, porém o teste de Dickey-Fuller implementado na Seção 12.6 não detectou esse fato (ao nível de 5 por cento). Essa conclusão, contudo, deveria ser abrandada pela observação de que a rejeição ou não do teste DF-MQG é, nessa aplicação, sensível à escolha do tamanho da defasagem. Se o teste baseia-se em quatro defasagens, ele rejeita a hipótese nula ao nível de 10 por cento, mas não ao nível de 5 por cento, e se é baseado em duas defasagens ele não a rejeita ao nível de 10

TABELA 14.1 Valores Críticos do Teste DF-MQG

Regressores Deterministas (Regressores na Equação (14.20))	10%	5%	1%
Somente intercepto (somente X_{1t})	−1,62	−1,95	−2,58
Intercepto e tendência temporal (X_{1t} e X_{2t})	−2,57	−2,89	−3,48

Fonte: Fuller (1976) e Elliott, Rothenberg e Stock (1996, Tabela 1).

por cento. O resultado também é sensível à escolha da amostra; se a estatística é calculada ao longo do período de 1963:I a 1999:IV (isto é, eliminando-se apenas o primeiro ano), o teste rejeita a hipótese nula ao nível de 10 por cento, mas não ao nível de 5 por cento. O quadro global é portanto razoavelmente ambíguo (pelo fato de se basear no teste ADF, conforme discutido a seguir da Equação (12.34)) e requer que o analista faça um julgamento sobre se é melhor modelar a inflação como $I(1)$ ou estacionária.

Por Que os Testes de Raiz Unitária Possuem Distribuições Não Normais?

Na Seção 12.6, enfatizamos que a distribuição normal em amostras grandes, da qual a análise de regressão depende, não se aplica se os regressores são não estacionários. Sob a hipótese nula de que a regressão contém uma raiz unitária, o regressor Y_{t-1} da regressão de Dickey-Fuller (e o regressor Y_{t-1}^d na regressão modificada de Dickey-Fuller no segundo passo do teste DF-MQG) é não estacionário. A distribuição não normal da estatística do teste de raiz unitária é uma conseqüência dessa não estacionariedade.

Para adquirir uma percepção matemática dessa não-normalidade, considere a regressão de Dickey-Fuller mais simples possível, em que ΔY_t é regredido contra o único regressor Y_{t-1} e o intercepto é excluído. Na notação do Conceito-Chave 12.8, o estimador de MQO nessa regressão é $\hat{\delta} = \sum_{t=1}^{T} Y_{t-1}\Delta Y_t / \sum_{t=1}^{T} Y_{t-1}^2$, de modo que

$$T\hat{\delta} = \frac{\frac{1}{T}\sum_{t=1}^{T} Y_{t-1}\Delta Y_t}{\frac{1}{T^2}\sum_{t=1}^{T} Y_{t-1}^2}. \tag{14.21}$$

Considere o numerador na Equação (14.21). Sob a hipótese adicional de que $Y_0 = 0$, um pouco de álgebra (Exercício 14.5) mostra que

$$\frac{1}{T}\sum_{t=1}^{T} Y_{t-1}\Delta Y_t = \frac{1}{2}\left[(Y_T/\sqrt{T})^2 - \frac{1}{T}\sum_{t=1}^{T}(\Delta Y_t)^2\right]. \tag{14.22}$$

Sob a hipótese nula, $\Delta Y_t = u_t$, que não é serialmente correlacionado e possui uma variância finita, de modo que o segundo termo na Equação (14.22) possui o limite de probabilidade $\frac{1}{T}\sum_{t=1}^{T}(\Delta Y_t)^2 \xrightarrow{p} \sigma_u^2$. Sob a hipótese de que $Y_0 = 0$, o primeiro termo nessa equação pode ser escrito como $Y_T/\sqrt{T} = \sqrt{\frac{1}{T}}\sum_{t=1}^{T}\Delta Y_t = \sqrt{\frac{1}{T}}\sum_{t=1}^{T} u_t$, que por sua vez obedece ao teorema central do limite; isto é, $Y_T/\sqrt{T} \xrightarrow{d} N(0, \sigma_u^2)$. Desse modo, $(Y_T/\sqrt{T})^2 - \frac{1}{T}\sum_{t=1}^{T}(\Delta Y_t)^2 \xrightarrow{d} \sigma_u^2 (Z^2 - 1)$, onde Z é uma variável aleatória normal padrão. Lembre-se, contudo, de que o quadrado de uma distribuição normal padrão tem uma distribuição qui-quadrado com um grau de liberdade. Segue-se, portanto, da Equação (14.22) que, sob a hipótese nula, o numerador da Equação (14.21) tem a distribuição limite

$$\frac{1}{T}\sum_{t=1}^{T} Y_{t-1}\Delta Y_t \xrightarrow{d} \frac{\sigma_u^2}{2}(\chi_1^2 - 1). \tag{14.23}$$

A distribuição em amostras grandes na Equação (14.23) é diferente da distribuição normal usual em amostras grandes quando o regressor é estacionário. Em vez disso, o numerador do estimador de MQO do coeficiente de Y_t nessa regressão de Dickey-Fuller tem uma distribuição que é proporcional a uma distribuição qui-quadrado com um grau de liberdade, menos um.

Nessa discussão, consideramos apenas o numerador de $T\hat{\delta}$. O denominador também se comporta de forma não usual sob a hipótese nula: como Y_t segue um passeio aleatório sob a hipótese nula, $\frac{1}{T}\sum_{t=1}^{T}Y_{t-1}^2$ não converge em probabilidade para uma constante. O denominador na Equação (14.21) é, por sua vez, uma variável aleatória, mesmo em amostras grandes: sob a hipótese nula, $\frac{1}{T^2}\sum_{t=1}^{T}Y_{t-1}^2$ converge em distribuição juntamente com o numerador. As distribuições não usuais do numerador e do denominador na Equação (14.21) são a fonte da distribuição não-padrão da estatística do teste de Dickey-Fuller e a razão pela qual a estatística ADF possui sua própria tabela especial de valores críticos.

14.4 Co-Integração

Às vezes duas ou mais séries possuem uma tendência estocástica comum. Neste caso especial, identificado como co-integração, a análise de regressão pode revelar relações de longo prazo entre variáveis de séries temporais, e alguns novos métodos são necessários.

Co-Integração e Correção de Erros

Duas ou mais séries temporais com tendências estocásticas podem se mover juntas com tanta proximidade no longo prazo que parecem ter o mesmo componente de tendência, isto é, parecem ter uma **tendência comum**. Por exemplo, a Figura 14.2 mostra duas taxas de juros sobre a dívida do governo dos Estados Unidos. Uma delas é a taxa de juros das letras do Tesouro dos Estados Unidos de 90 dias, a uma taxa anual ($R90_t$); a outra é a taxa de juros de um bônus do Tesouro dos Estados Unidos de um ano ($R1ano_t$); essas taxas de juros são discutidas no Apêndice 14.1. As taxas de juros exibem tendências iguais no longo prazo: ambas eram baixas na década de 1960, cresceram até a década de 1970, com picos no início da década de 1980, e então caíram ao longo da década de 1990. Além disso, a diferença entre as duas séries, $R1ano_t - R90_t$, chamada de "diferencial" (*spread*) entre as duas taxas de juros e mostrada na Figura 14.2, não parece ter uma tendência. Isto é, a subtração da taxa

FIGURA 14.2 Taxa de Juros de um Ano, Taxa de Juros de Três Meses e o Diferencial da Taxa de Juros

As taxas de juros de um ano e de três meses compartilham uma tendência estocástica comum. O diferencial entre as duas taxas não exibe uma tendência. Essas duas taxas parecem ser co-integradas.

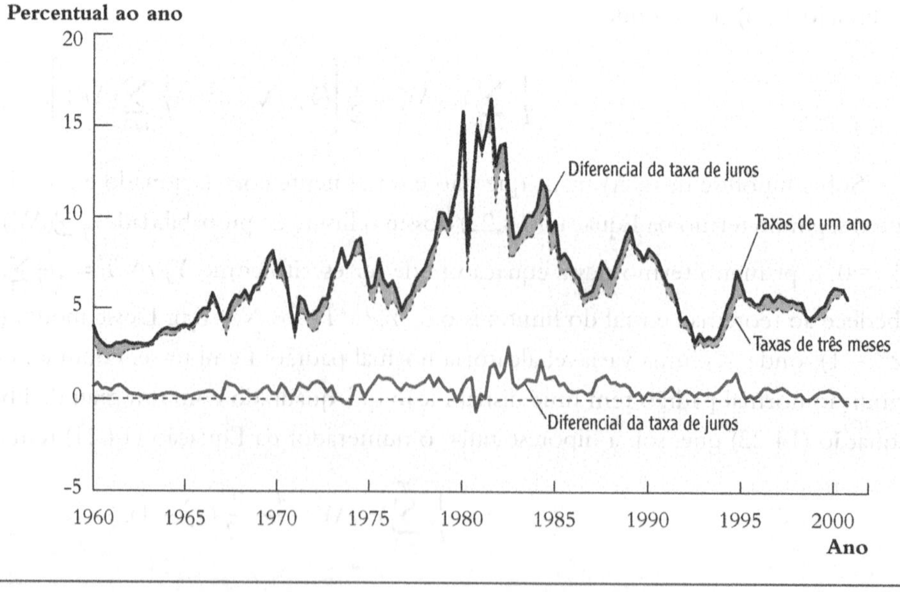

Co-Integração

Suponha que X_t e Y_t sejam integradas de ordem um. Se, para algum coeficiente θ, $Y_t - \theta X_t$ é integrada de ordem zero, diz-se que X_t e Y_t são **co-integradas**. O coeficiente θ é chamado de **coeficiente de co-integração**.

Se X_t e Y_t são co-integradas, elas possuem uma tendência estocástica igual, ou comum. O cálculo da diferença $Y_t - \theta X_t$ elimina essa tendência.

Conceito-Chave 14.5

de juros de 90 dias da taxa de juros de um ano parece eliminar as tendências em ambas as taxas individuais. Dito de outra forma, embora as duas taxas de juros sejam diferentes, elas parecem compartilhar uma tendência estocástica comum: uma vez que a tendência em cada série individual é eliminada por meio da subtração de uma série pela outra, as duas séries devem ter a mesma tendência, isto é, devem ter uma tendência estocástica comum.

Diz-se que duas ou mais séries que possuem uma tendência estocástica comum são **co-integradas**. A definição formal de co-integração (devida a Granger, 1983) está no Conceito-Chave 14.5. Nesta seção, apresentamos um teste que identifica se a co-integração está presente, discutimos a estimação dos coeficientes de regressões que relacionam variáveis co-integradas e ilustramos a utilização da relação de co-integração para previsão. A discussão inicialmente se concentra no caso em que há apenas duas variáveis, X_t e Y_t.

Modelo de correção de erros vetorial. Até agora, eliminamos a tendência estocástica em uma variável $I(1)$ Y_t calculando sua primeira diferença, ΔY_t. Os problemas criados por tendências estocásticas foram então evitados utilizando-se ΔY_t em vez de Y_t nas regressões de séries temporais. Se X_t e Y_t são co-integradas, contudo, outra maneira de eliminar a tendência é calcular a diferença $Y_t - \theta X_t$. Como o termo $Y_t - \theta X_t$ é estacionário, ele também pode ser utilizado na análise de regressão.

Na verdade, se X_t e Y_t são co-integradas, as primeiras diferenças de X_t e Y_t podem ser modeladas utilizando um ARV, aumentado pela inclusão de $Y_{t-1} - \theta X_{t-1}$ como um regressor adicional:

$$\Delta Y_t = \beta_{10} + \beta_{11}\Delta Y_{t-1} + \cdots + \beta_{1p}\Delta Y_{t-p} + \gamma_{11}\Delta X_{t-1} + \cdots + \gamma_{1p}\Delta X_{t-p} + \alpha_1(Y_{t-1} - \theta X_{t-1}) + u_{1t} \tag{14.24}$$

$$\Delta X_t = \beta_{20} + \beta_{21}\Delta Y_{t-1} + \cdots + \beta_{2p}\Delta Y_{t-p} + \gamma_{21}\Delta X_{t-1} + \cdots + \gamma_{2p}\Delta X_{t-p} + \alpha_2(Y_{t-1} - \theta X_{t-1}) + u_{2t}. \tag{14.25}$$

O termo $Y_t - \theta X_t$ é chamado de **termo de correção de erros**. O modelo combinado das equações (14.24) e (14.25) é chamado de **modelo de correção de erros vetorial** (MCEV). Em um MCEV, valores passados de $Y_t - \theta X_t$ ajudam a prever valores futuros de ΔY_t e/ou ΔX_t.

Como Você Pode Dizer se Duas Variáveis São Co-Integradas?

Há três maneiras de decidir se duas variáveis podem ser modeladas plausivelmente como co-integradas: utilizando conhecimento especializado e teoria econômica; mostrando as séries em um gráfico e verificando se elas parecem ter uma tendência estocástica comum, e realizando testes estatísticos de co-integração. Os três métodos deveriam ser utilizados na prática.

De acordo com o primeiro, você deve utilizar seu conhecimento especializado dessas variáveis para decidir se a co-integração é na verdade plausível. Por exemplo, as duas taxas de juros da Figura 14.2 são ligadas pela teoria das expectativas da estrutura a termo das taxas de juros. De acordo com essa teoria, a taxa de juros de um bônus do Tesouro de um ano em 1º de janeiro é a média da taxa de juros de uma letra do Tesouro de 90 dias para o primeiro trimestre do ano e das taxas de juros esperadas de letras do Tesouro de 90 dias futuras emitidas no segundo, terceiro e quarto trimestres do ano; se não fosse esse o caso, os investidores poderiam esperar ganhar dinheiro pela posse de uma nota do Tesouro de um ano ou de uma seqüência de quatro letras do Tesouro de 90 dias e forçariam a elevação dos preços até que os retornos esperados se igualassem. Se a taxa de juros de 90 dias possui uma tendência estocástica de passeio aleatório, essa teoria implica que essa tendência é herdada pela taxa de juros de um ano e que a diferença entre as duas taxas, isto é, o diferencial, é estacionária. Assim, a teoria das expectativas da estrutura a termo das taxas de juros implica que, se essas taxas são $I(1)$, elas serão co-integradas com um coeficiente de co-integração $\theta = 1$ (veja o Exercício 14.2).

Conforme o segundo método, o exame visual das séries ajuda a identificar os casos em que a co-integração é plausível. Por exemplo, o gráfico das duas taxas de juros na Figura 14.2 mostra que cada uma das séries parece ser $I(1)$, porém o diferencial parece ser $I(0)$, de modo que as duas séries parecem co-integradas.

De acordo com o terceiro método, os procedimentos de teste de raiz unitária apresentados até aqui podem ser estendidos para testar a co-integração. A percepção sobre a qual esses testes se baseiam é de que, se Y_t e X_t são co-integradas com um coeficiente de co-integração θ, então $Y_t - \theta X_t$ é estacionária; caso contrário, $Y_t - \theta X_t$ é não estacionária (é $I(1)$). A hipótese de que Y_t e X_t não são co-integradas (isto é, de que $Y_t - \theta X_t$ é $I(1)$) pode, portanto, ser testada pelo teste da hipótese nula de que $Y_t - \theta X_t$ possui uma raiz unitária; se essa hipótese é rejeitada, então Y_t e X_t podem ser modeladas como co-integradas. Os detalhes desse teste dependem de o coeficiente de co-integração θ ser conhecido ou não.

Testando a co-integração quando θ é conhecido. Em alguns casos, o conhecimento especializado ou a teoria econômica sugerem valores de θ. Quando θ é conhecido, os testes de raiz unitária de Dickey-Fuller e DF-MQG podem ser utilizados para testar a co-integração pela construção das séries $z_t = Y_t - \theta X_t$ e pelo teste da hipótese nula de que z_t possui uma raiz auto-regressiva unitária.

Testando a co-integração quando θ é desconhecido. Se o coeficiente de co-integração θ é desconhecido, ele deve ser estimado antes do teste de raiz unitária no termo de correção de erros. Esse passo preliminar requer a utilização de valores críticos diferentes para o teste de raiz unitária posterior.

Especificamente, no primeiro passo o coeficiente de co-integração θ é estimado pela estimação de MQO da regressão

$$Y_t = \alpha + \theta X_t + z_t. \quad (14.26)$$

No segundo passo, um teste t de Dickey-Fuller (com um intercepto, mas sem tendência temporal) é utilizado para testar a presença de uma raiz unitária no resíduo dessa regressão, $\hat{z}_t$. Esse procedimento de dois passos é chamado de teste aumentado de Dickey-Fuller Engle-Granger para co-integração, ou **ADF-EG** (Engle e Granger, 1987).

A Tabela 14.2 apresenta os valores críticos da estatística ADF-EG.[2] Esses valores, na primeira linha, aplicam-se quando há um único regressor na Equação (14.26), de modo que existem duas variáveis co-integradas (X_t e Y_t). As linhas seguintes aplicam-se ao caso de múltiplas variáveis co-integradas, que é discutido no final desta seção.

Estimação de Coeficientes de Co-Integração

Se X_t e Y_t são co-integradas, o estimador de MQO do coeficiente na regressão de co-integração da Equação (14.26) é consistente. Contudo, em geral, o estimador de MQO possui uma distribuição não normal, e inferências baseadas em sua estatística t podem ser enganosas, dependendo de essas estatísticas serem ou não calculadas utilizando erros padrão CHA. Em virtude dessas desvantagens do estimador de MQO de θ, os econometristas desenvolveram outros estimadores do coeficiente de co-integração.

---

[2] Os valores críticos da Tabela 14.2 foram extraídos de Fuller (1976) e de Phillips e Ouliaris (1990). Seguindo uma sugestão de Hansen (1992), os valores críticos da Tabela 14.2 são escolhidos de modo que se aplicam se X_t e Y_t possuem componentes de tendência ou não.

Um desses estimadores de θ que é fácil de utilizar na prática é o estimador de **MQO dinâmico (MQOD)** (Stock e Watson, 1993)*. O estimador de MQOD baseia-se em uma versão modificada da Equação (14.26), que inclui valores passados, presentes e futuros da variação em X_t:

$$Y_t = \beta_0 + \theta X_t + \sum_{j=-p}^{p} \delta_j \Delta X_{t-j} + u_t. \qquad (14.27)$$

Portanto, na Equação (14.27), os regressores são X_t, ΔX_{t+p}, ..., ΔX_{t-p}. O estimador de MQOD de θ é o estimador de MQO de θ na regressão da Equação (14.27).

Se X_t e Y_t são co-integradas, o estimador de MQOD é eficiente em amostras grandes. Além disso, inferências estatísticas sobre θ e os δs na Equação (14.27) baseadas em erros padrão CHA são válidas. Por exemplo, a estatística *t* construída utilizando o estimador de MQOD com esses erros padrão possui uma distribuição normal padrão em amostras grandes.

Uma forma de interpretar a Equação (14.27) é recorrer à Seção 13.3, na qual você aprendeu que multiplicadores dinâmicos acumulados podem ser calculados modificando-se a regressão de defasagem distribuída de Y_t sobre X_t e suas defasagens. Na Equação (13.7), especificamente, os multiplicadores dinâmicos acumulados foram calculados regredindo Y_t sobre ΔX_t, as defasagens de ΔX_t, e X_{t-r}; nessa especificação, o coeficiente de X_{t-r} é o multiplicador dinâmico acumulado de longo prazo. De forma semelhante, se X_t fosse estritamente exógeno, na Equação (14.27) o coeficiente de X_t, θ, seria o multiplicador acumulado de longo prazo, isto é, o efeito de longo prazo de uma variação em *X* sobre *Y*. Se X_t não é estritamente exógeno, os coeficientes não têm essa interpretação. No entanto, como *X* e *Y* possuem uma tendência estocástica comum se são co-integrados, o estimador de MQOD é consistente mesmo que X_t seja endógeno.

O estimador de MQOD não é o único estimador eficiente do coeficiente de co-integração. O primeiro desses estimadores foi desenvolvido por Søren Johansen (Johansen, 1988). Para uma discussão sobre o método de Johansen e outras maneiras de estimar o coeficiente de co-integração, veja Hamilton (1994, Capítulo 20).

Mesmo que a teoria econômica não proponha um valor específico para o coeficiente de co-integração, é importante verificar se a relação de co-integração estimada faz sentido na prática. Como os testes de co-integração podem ser enganosos (podem rejeitar inadequadamente a hipótese nula de ausência de co-integração com mais freqüência do que deveriam e freqüentemente deixam de rejeitar de forma inapropriada a hipótese nula), é especialmente importante contar com a teoria econômica, o conhecimento institucional e o bom senso ao estimar e utilizar relações de co-integração.

Extensão para Múltiplas Variáveis Co-Integradas

Os conceitos, testes e estimadores discutidos aqui são estendidos para mais de duas variáveis. Por exemplo, se há três variáveis, Y_t, X_{1t} e X_{2t}, cada uma das quais $I(1)$, elas são co-integradas com coeficientes de co-integração θ_1 e θ_2 se $Y_t - \theta_1 X_{1t} - \theta_2 X_{2t}$ é estacionária. Quando há três ou mais variáveis, pode haver múltiplas relações de co-integração. Por exemplo, considere a modelagem da relação entre três taxas de juros: a taxa de três meses, a taxa de um ano e a taxa de cinco anos (*R5anos*). Se elas são $I(1)$, a teoria das expectativas da estrutura a termo das taxas de juros sugere que todas serão co-integradas. Uma relação de co-integração sugerida pela teoria é $R90_t - R1ano_t$, e uma segunda relação é $R90_t - R5ano_t$. (A relação $R1ano_t - R5ano_t$ é também uma relação de co-integração, porém não contém nenhuma informação adicional além daquela que está presente nas outras relações, uma vez que ela é perfeitamente multicolinear com as outras duas relações de co-integração.)

O procedimento ADF-EG que testa uma única relação de co-integração entre múltiplas variáveis é igual ao do caso de duas variáveis, exceto pelo fato de que a regressão da Equação (14.26) é modificada para que tanto X_{1t} quanto X_{2t} sejam regressores; os valores críticos para o teste ADF-EG estão na Tabela 14.2, na qual a linha apropriada depende do número de regressores na regressão de co-integração de MQO do primeiro estágio. O estimador de MQOD de uma única relação de co-integração entre múltiplos *X*s envolve a inclusão do nível de cada *X* juntamente com os avanços e as defasagens da primeira diferença de cada *X*. Os testes para múltiplas

* No original, MQOD é *DOLS* (N. do R.T.).

TABELA 14.2 Valores Críticos para a Estatística ADF-EG

Número de *Xs* na Equação (14.26)	10%	5%	1%
1	−3,12	−3,41	−3,96
2	−3,52	−3,80	−4,36
3	−3,84	−4,16	−4,73
4	−4,20	−4,49	−5,07

relações de co-integração podem ser realizados utilizando os métodos de sistema, tais como o método de Johansen (1988), e o estimador de MQOD pode ser estendido para múltiplas relações de co-integração pela estimação de múltiplas equações, uma para cada relação de co-integração. Para uma discussão adicional sobre métodos de co-integração para múltiplas variáveis, veja Hamilton (1994).

Uma nota de cautela. Se duas ou mais variáveis são co-integradas, o termo de correção de erros pode ajudar a prever essas variáveis e, possivelmente, outras variáveis relacionadas. Contudo, a co-integração requer que as variáveis tenham tendências estocásticas iguais. Tendências em variáveis econômicas normalmente surgem de interações complexas de forças completamente diferentes, e séries estreitamente relacionadas podem ter tendências diferentes por motivos sutis. Se variáveis que não são co-integradas forem modeladas incorretamente utilizando um MCEV, o termo de correção de erros será $I(1)$; isso introduz uma tendência na previsão que pode resultar em um desempenho insatisfatório da previsão fora da amostra. Desse modo, a previsão utilizando um MCEV deve se basear em uma combinação de argumentos teóricos convincentes a favor da co-integração e da análise empírica cuidadosa.

Aplicação às Taxas de Juros

Conforme discutido anteriormente, a teoria das expectativas da estrutura a termo das taxas de juros implica que, se duas taxas de juros com vencimentos diferentes forem $I(1)$, elas serão co-integradas com um coeficiente de co-integração $\theta = 1$, isto é, o diferencial entre as duas taxas será estacionário. O exame da Figura 14.2 fornece um suporte qualitativo para a hipótese de que taxas de juros de um ano e de três meses são co-integradas. Utilizamos primeiro as estatísticas de testes de raiz unitária e de co-integração para oferecer uma evidência mais formal sobre essa hipótese e então estimamos um modelo de correção de erros vetorial para essas duas taxas de juros.

Testes de raiz unitária e de co-integração. A Tabela 14.3 apresenta diversas estatísticas de testes de raiz unitária e de co-integração para essas duas séries. A estatística de teste de raiz unitária nas duas primeiras linhas examina a hipótese de que as duas taxas de juros, a taxa de três meses ($R90$) e a taxa de um ano ($R1ano$), possuem, individualmente, uma raiz unitária. Das quatro estatísticas presentes nas duas primeiras linhas, duas não rejeitam essa hipótese ao nível de 10 por cento, e três não rejeitam ao nível de 5 por cento. A exceção é a estatística ADF avaliada para a taxa de Letras do Tesouro de 90 dias (−2,96), que rejeita a hipótese de raiz unitária ao nível de 5 por cento. As estatísticas ADF e DF-MQG levam a diferentes conclusões sobre essa variável (o teste ADF rejeita a hipótese de raiz unitária ao nível de 5 por cento, enquanto o teste DF-MQG, não), o que significa que devemos fazer um julgamento para decidir se essas variáveis são plausivelmente modeladas como $I(1)$. Tomados em conjunto, esses resultados sugerem que as taxas de juros são plausivelmente modeladas como $I(1)$.

A estatística de raiz unitária para o diferencial, $R1ano_t - R90_t$, testa a hipótese adicional de que essas variáveis não são co-integradas contra a alternativa de que são co-integradas. A hipótese nula de que o diferencial contém uma raiz unitária é rejeitada ao nível de 1 por cento utilizando ambos os testes de raiz unitária. Assim, rejeitamos a hipótese de que as séries não são co-integradas contra a alternativa de que são, com um coeficiente de co-integração $\theta = 1$. Tomada em conjunto, a evidência nas três primeiras linhas da Tabela 14.3 sugere que essas variáveis podem ser modeladas plausivelmente como co-integradas com $\theta = 1$.

TABELA 14.3 Estatísticas de Testes de Raiz Unitária e Co-Integração para duas Taxas de Juros

Séries	Estatística ADF	Estatística DF-MQG
$R90$	–2,96*	$-1{,}88^{+}$
$R1ano$	–2,22	–1,37
$R1ano - R90$	–6,31**	–5,59**
$R1ano - 1{,}046R90$	–6,97**	—

$R90$ é a taxa de juros de letras do Tesouro dos Estados Unidos de 90 dias, a uma taxa anual, e $R1ano$ é a taxa de juros de bônus do Tesouro dos Estados Unidos de um ano. As regressões foram estimadas utilizando dados trimestrais ao longo do período 1962:I-1999:IV. As defasagens nas regressões da estatística de teste de raiz unitária foram escolhidas por CIA (seis defasagens no máximo). As estatísticas de teste de raiz unitária são significantes ao nível de significância de $^{+}10$, *5 ou **1 por cento.

Uma vez que nessa aplicação a teoria econômica sugere um valor para θ (a teoria das expectativas da estrutura a termo sugere que $\theta = 1$) e o termo de correção de erros é $I(0)$ quando esse valor é imposto (o diferencial é estacionário), em princípio não é necessário utilizar o teste ADF-EG, em que θ é estimado. No entanto, calculamos o teste como uma ilustração. O primeiro passo do teste ADF-EG é estimar θ pela regressão de MQO de uma variável sobre a outra; o resultado é

$$\widehat{R1ano_t} = 0{,}361 + 1{,}046R90_t,\ \overline{R}^2 = 0{,}973. \tag{14.28}$$

O segundo passo é calcular a estatística ADF para o resíduo dessa regressão, $\hat{z}_t$. O resultado, na última linha da Tabela 14.3, é inferior ao valor crítico de 1 por cento de –3,96 na Tabela 14.2, de modo que a hipótese nula de que $\hat{z}_t$ possui uma raiz auto-regressiva unitária é rejeitada. Essa estatística também aponta em direção ao tratamento das duas taxas de juros como co-integradas. Observe que nenhum erro padrão é apresentado na Equação (14.28) uma vez que, conforme discutido anteriormente, o estimador de MQO do coeficiente de co-integração possui uma distribuição não normal e sua estatística t não é normalmente distribuída, de modo que apresentar erros padrão (CHA ou não) seria enganoso.

Um modelo de correção de erros vetorial para as duas taxas de juros. Se Y_t e X_t são co-integradas, as previsões de ΔY_t e ΔX_t podem ser aprimoradas aumentando um ARV de ΔY_t e ΔX_t pelo valor defasado do termo de correção de erros, isto é, calculando as previsões utilizando o MCEV das equações (14.24) e (14.25). Se θ é conhecido, os coeficientes desconhecidos do MCEV podem ser estimados por MQO, incluindo $z_{t-1} = Y_{t-1} - \theta X_{t-1}$ como um regressor adicional. Se θ é desconhecido, o MCEV pode ser estimado utilizando $\hat{z}_{t-1}$ como regressor, onde $\hat{z}_t = Y_t - \hat{\theta}X_t$, e $\hat{\theta}$ é um estimador de θ.

Na aplicação para as duas taxas de juros, a teoria sugere que $\theta = 1$, e os testes de raiz unitária deram suporte à modelagem das duas taxas de juros como co-integradas com um coeficiente de co-integração igual a 1. Especificamos, portanto, o MCEV utilizando o valor sugerido teoricamente de $\theta = 1$, isto é, incluindo o valor defasado do diferencial, $R1ano_{t-1} - R90_{t-1}$ a um ARV em $\Delta R1ano_t$ e $\Delta R90_t$. Especificado com duas defasagens das primeiras diferenças, o MCEV resultante é

$$\begin{aligned}\widehat{\Delta R90_t} = {} & \underset{(0{,}17)}{0{,}14} - \underset{(0{,}32)}{0{,}24}\Delta R90_{t-1} - \underset{(0{,}34)}{0{,}44}\Delta R90_{t-2} - \underset{(0{,}39)}{0{,}01}\Delta R1ano_{t-1} \\ & + \underset{(0{,}27)}{0{,}15}\Delta R1ano_{t-2} - \underset{(0{,}27)}{0{,}18}(R1ano_{t-1} - R90_{t-1})\end{aligned} \tag{14.29}$$

$$\widehat{\Delta R1ano_t} = \underset{(0,16)}{0,36} - \underset{(0,30)}{0,14}\Delta R90_{t-1} - \underset{(0,29)}{0,33}\Delta R90_{t-2} - \underset{(0,35)}{0,11}\Delta R1ano_{t-1}$$

$$+ \underset{(0,25)}{0,10}\Delta R1ano_{t-2} - \underset{(0,24)}{0,52}(R1ano_{t-1} - R90_{t-1}) \quad (14.30)$$

Na primeira equação, nenhum dos coeficientes é individualmente significante ao nível de 5 por cento e os coeficientes das primeiras diferenças defasadas das taxas de juros não são conjuntamente significantes ao nível de 5 por cento. Na segunda equação, os coeficientes das primeiras diferenças defasadas não são conjuntamente significantes, mas o coeficiente do diferencial defasado (o termo de correção de erros), cuja estimativa é –0,52, tem uma estatística t de –2,17, de modo que ele é estatisticamente significante ao nível de 5 por cento. Embora valores defasados da primeira diferença das taxas de juros não sejam úteis para prever taxas de juros futuras, o diferencial defasado ajuda a prever a variação na taxa do bônus do Tesouro de um ano. Quando a taxa de um ano excede a taxa de 90 dias, prevê-se que a primeira caia no futuro.

14.5 Heteroscedasticidade Condicional

O fato de que alguns períodos são tranqüilos e outros não — isto é, de que a volatilidade ocorre em grupos — aparece em muitas séries temporais econômicas. Nesta seção, apresentamos um par de modelos para quantificar os **grupos de volatilidade** ou, como também é conhecido, a **heteroscedasticidade condicional**.

Grupos de Volatilidade

Na Seção 12.7, apresentamos um resultado empírico curioso: a raiz do erro de previsão quadrático médio das pseudoprevisões fora da amostra da inflação de 1996 a 1999, produzida utilizando a curva de Phillips com quatro defasagens, foi de 0,75 ponto percentual, enquanto o erro padrão da regressão de MQO que produziu essas previsões foi de 1,47. Isto é, o número dos erros fora da amostra representa a metade do tamanho dos erros dentro da amostra! Um analista deparando com essa feliz situação deve ser perdoado por gabar-se disso a seus clientes. Pode ser, contudo, que a previsão seja simplesmente mais fácil em alguns períodos do que em outros, e o final da década de 1990 tenha sido somente um desses períodos fáceis?

O exame visual dos resíduos da curva de Phillips com quatro defasagens (veja a Equação (14.5)), mostrada na Figura 14.3, sugere isso: esses resíduos exibem grupos de volatilidade. No final da década de 1970 e início da década de 1980, os erros de previsão absolutos freqüentemente excederam dois pontos percentuais. Nas décadas de 1960 e 1990, contudo, esses erros normalmente foram inferiores a um ponto percentual.

Os grupos de volatilidade são evidentes em muitas séries temporais financeiras. Um exemplo discutido na Seção 12.2 é mostrado na Figura 12.2d, um gráfico de 1.771 retornos diários do índice de preços das ações da Bolsa de Nova York — NYSE Composite Stock Index — de 1990 a 1998. As variações percentuais diárias absolutas foram, em média, maiores em 1991 e 1998 do que em 1994 e 1995. Durante determinado ano qualquer, alguns meses têm uma volatilidade maior do que outros. Como os resíduos da curva de Phillips, essas variações percentuais no preço têm períodos extensos de alta volatilidade, bem como períodos extensos de relativa tranqüilidade.

Grupos de volatilidade podem ser pensados como grupos da variância do termo de erro ao longo do tempo: se o erro da regressão tem variância pequena em um período, sua variância tende a ser pequena no período seguinte também. Em outras palavras, grupos de volatilidade implicam que o erro exibe heteroscedasticidade que varia com o tempo.

FIGURA 14.3 Resíduos da Curva de Phillips na Equação (14.5)

Os resíduos da curva de Phillips mostram grupos de volatilidade. A variabilidade é relativamente baixa nas décadas de 1960 e 1990 e maior nas décadas de 1970 e 1980.

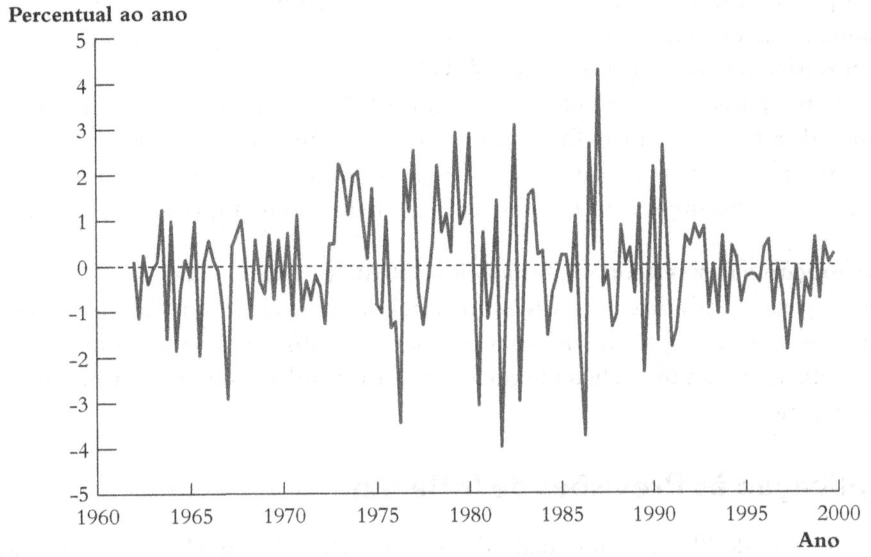

Auto-Regressivo de Heteroscedasticidade Condicional

Dois modelos de grupos de volatilidade são o modelo auto-regressivo de heteroscedasticidade condicional (ARHC) e sua extensão, o modelo ARHC generalizado (ARHCG).*

Modelo ARHC. Considere a regressão ADD(1,1)

$$Y_t = \beta_0 + \beta_1 Y_{t-1} + \gamma_1 X_{t-1} + u_t. \tag{14.31}$$

No modelo **ARHC**, desenvolvido pelo econometrista Robert Engle (1982), o erro u_t é modelado como normalmente distribuído, com média zero e variância σ_t^2, onde σ_t^2 depende do quadrado de valores passados de u_t. Especificamente, o modelo ARHC de ordem p, representado por ARHC(p), é

$$\sigma_t^2 = \alpha_0 + \alpha_1 u_{t-1}^2 + \alpha_2 u_{t-2}^2 + \cdots + \alpha_p u_{t-p}^2, \tag{14.32}$$

onde α_0, α_1, ..., α_p são coeficientes desconhecidos. Se esses coeficientes são positivos e os quadrados dos erros recentes são grandes, o modelo ARHC prevê que o quadrado do erro corrente será grande em magnitude no sentido de que sua variância, σ_t^2, é grande.

Embora seja descrito aqui para o modelo ADD(1,1) na Equação (14.31), o modelo ARHC pode ser aplicado à variância do erro de qualquer modelo de regressão de séries temporais com um erro que possua uma média condicional igual a zero, incluindo modelos ADD de ordem maior, auto-regressões e regressões de séries temporais com múltiplos previsores.

Modelo ARHCG. O modelo ARHC generalizado (**ARHCG**), desenvolvido pelo econometrista Timothy-Bollerslev (1986), estende o modelo ARHC para permitir que σ_t^2 dependa de suas próprias defasagens, assim como das defasagens do quadrado do erro. O modelo ARHCG(p,q) é

$$\sigma_t^2 = \alpha_0 + \alpha_1 u_{t-1}^2 + \cdots + \alpha_p u_{t-p}^2 + \phi_1 \sigma_{t-1}^2 \cdots + \phi_q \sigma_{t-q}^2, \tag{14.33}$$

onde α_0, α_1, ..., α_p, ϕ_1, ..., ϕ_q são coeficientes desconhecidos.

* No original, ARHC é chamado de *ARCH* e ARHCG é chamado de *GARCH*, termos amplamente utilizados por econometristas (N. do R.T.).

O modelo ARHC é análogo a um modelo de defasagem distribuída, e o modelo ARHCG é análogo a um modelo ADD. Conforme discutido no Apêndice 13.2, o ADD (quando apropriado) pode fornecer um modelo mais parcimonioso dos multiplicadores dinâmicos do que o modelo de defasagem distribuída. De forma semelhante, ao incorporar defasagens de σ_t^2, o modelo ARHCG pode captar variâncias que mudam lentamente com menos parâmetros do que o modelo ARHC.

Uma aplicação importante dos modelos ARHC e ARHCG é medir e prever a volatilidade que varia com o tempo de retorno dos ativos financeiros, particularmente os ativos observados em freqüências de amostragem altas, por exemplo, os retornos diários das ações na Figura 12.2(d). Em tais aplicações, o retorno em si é freqüentemente modelado como imprevisível, de modo que a regressão na Equação (14.31) inclui apenas o intercepto.

Estimação e inferência. Os modelos ARHC e ARHCG são estimados pelo método de máxima verossimilhança (veja o Apêndice 9.2). Os estimadores dos coeficientes desses modelos são normalmente distribuídos em amostras grandes; logo, em amostras grandes, as estatísticas t possuem distribuições normais padrão e intervalos de confiança para um coeficiente podem ser construídos como sua estimativa de máxima verossimilhança $\pm 1{,}96$ erro padrão.

Aplicação às Previsões de Inflação

A curva de Phillips com quatro defasagens, estimada por MQO na Equação (14.5), foi estimada novamente utilizando um modelo ARHCG(1,1) para o termo de erro ao longo do mesmo período, produzindo

$$\begin{aligned}\widehat{\Delta Inf_t} = {} & \underset{(0,33)}{1{,}29} - \underset{(0,10)}{0{,}41}\Delta Inf_{t-1} - \underset{(0,09)}{0{,}31}\Delta Inf_{t-2} + \underset{(0,11)}{0{,}02}\Delta Inf_{t-3} - \underset{(0,09)}{0{,}03}\Delta Inf_{t-4} \\ & - \underset{(0,34)}{2{,}50} Desemp_{t-1} + \underset{(0,71)}{2{,}76} Desemp_{t-2} + \underset{(0,81)}{0{,}15} Desemp_{t-3} - \underset{(0,40)}{0{,}64} Desemp_{t-4};\end{aligned} \tag{14.34}$$

$$\hat{\sigma}_t^2 = \underset{(0,14)}{0{,}26} + \underset{(0,20)}{0{,}47} u_{t-1}^2 + \underset{(0,17)}{0{,}45} \sigma_{t-1}^2. \tag{14.35}$$

Individualmente, os dois coeficientes no modelo ARHCG (os coeficientes de u_{t-1}^2 e σ_{t-1}^2) são estatisticamente significantes ao nível de significância de 5 por cento, e a hipótese conjunta de que ambos os coeficientes são iguais a zero também pode ser rejeitada ao nível de significância de 5 por cento. Portanto, podemos rejeitar a hipótese nula de que os erros da curva de Phillips são homoscedásticos contra a alternativa de que são condicionalmente heteroscedásticos.

Os coeficientes do ADD estimados por MQO (Equação (14.5)) e por máxima verossimilhança com o modelo ARHCG (Equação (14.4)) são um pouco diferentes. Se os dois coeficientes do ARHCG na Equação (14.35) fossem exatamente iguais a zero, os dois conjuntos de estimativas seriam idênticos. Contudo, esses coeficientes são diferentes de zero; como a estimação de máxima verossimilhança estima os coeficientes nas equações (14.34) e (14.35) simultaneamente, os dois conjuntos de coeficientes do ADD estimados diferem.

As variâncias previstas, $\hat{\sigma}_t^2$, podem ser calculadas utilizando os coeficientes da Equação (14.35) e os resíduos da Equação (14.34). Esses resíduos são mostrados na Figura 14.4, juntamente com bandas de mais ou menos um desvio padrão previsto (isto é, $\pm\hat{\sigma}_t$) com base no modelo ARHCG(1,1). Essas bandas quantificam a variação na volatilidade dos resíduos da curva de Phillips ao longo do tempo. No início da década de 1980, essas bandas de desvio padrão condicional são largas, indicando uma volatilidade considerável no erro da regressão da curva de Phillips e, portanto, uma considerável incerteza sobre as previsões de inflação resultantes. No final das décadas de 1960 e de 1990, contudo, essas bandas são estreitas.

Com essas bandas de desvio padrão condicional em mãos, agora podemos voltar à questão com a qual começamos esta seção: o final da década de 1990 foi um período incomumente tranqüilo para se prever a inflação? As variâncias condicionais estimadas sugerem que sim. Por exemplo, o desvio padrão previsto em 1993:IV é $\hat{\sigma}_{1993:IV} = 0{,}97$, bem menor do que o erro padrão de MQO da regressão na Equação (14.5), que era de 1,47. A pseudo-REPQM fora da amostra efetiva de 0,75 é ainda menor — mas não muito — do que a estimativa do ARHCG de 0,97.

FIGURA 14.4 Resíduos da Curva de Phillips na Equação (14.34) e Bandas do ARHCG(1,1)

As bandas do ARHCG(1,1), que são calculadas com $\pm\hat{\sigma}_t$ utilizando a Equação (14.35), são estreitas quando a variância condicional é pequena e largas quando é grande. O intervalo de previsão é mais estreito no início e no final da amostra quando $\hat{\sigma}_t$ é pequeno.

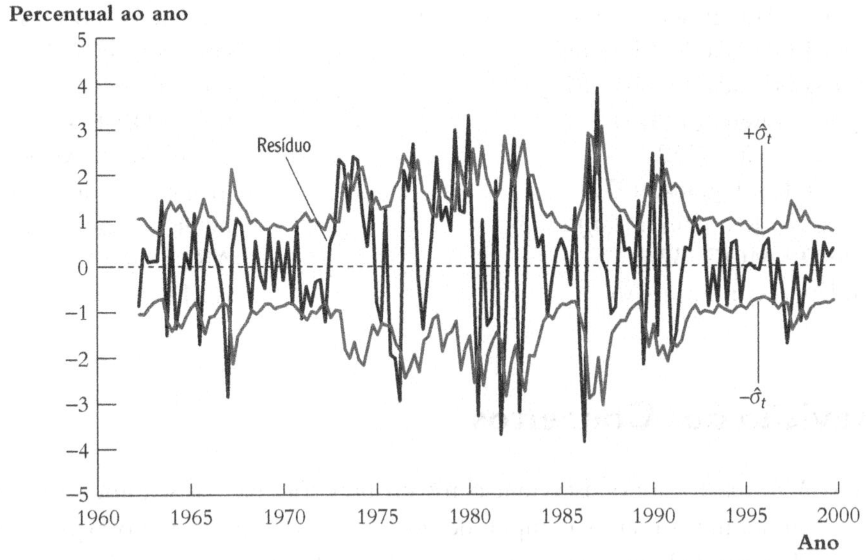

14.6 Conclusão

Nesta parte do livro, tratamos de algumas das ferramentas e conceitos de séries temporais mais freqüentemente utilizados. Muitas outras ferramentas para análise de séries temporais econômicas foram desenvolvidas para aplicações específicas. Se você está interessado em aprender mais sobre previsões econômicas, veja os livros didáticos introdutórios de Enders (1995) e Diebold (2000). Para um tratamento avançado, moderno e abrangente da econometria com dados de séries temporais, veja Hamilton (1994).

Resumo

1. As auto-regressões vetoriais modelam um "vetor"de k variáveis de séries temporais como se cada uma dependesse de suas próprias defasagens e das defasagens das $k - 1$ outras séries. As previsões de cada uma das séries temporais produzidas por um ARV são mutuamente consistentes, no sentido de que elas se baseiam nas mesmas informações.
2. Previsões de dois ou mais períodos adiante podem ser calculadas ou pela iteração para a frente de um modelo um passo adiante (AR ou ARV) ou estimando uma regressão multiperíodos adiante.
3. Duas séries que compartilham uma tendência estocástica comum são co-integradas; isto é, Y_t e X_t são co-integradas se Y_t e X_t são $I(1)$ mas $Y_t - \theta X_t$ é $I(0)$. Se Y_t e X_t são co-integradas, o termo de correção de erros $Y_t - \theta X_t$ pode ajudar a prever ΔY_t e/ou ΔX_t. Um modelo de correção de erros vetorial é um modelo ARV de ΔY_t e ΔX_t, aumentado para incluir o termo de correção de erros defasado.
4. Grupos de volatilidade — quando a variância de uma série é alta em alguns períodos e baixa em outros — são comuns em séries temporais econômicas, especialmente em séries temporais financeiras.
5. O modelo ARHC de grupos de volatilidade expressa a variância condicional do erro da regressão como uma função do quadrado dos erros da regressão recentes. O modelo ARHCG estende o modelo ARHC para incluir também variâncias condicionais defasadas. Modelos ARHC e ARHCG estimados produzem intervalos de previsão com larguras que dependem da volatilidade dos resíduos de regressão mais recentes.

Termos-chave

auto-regressão vetorial (ARV) (363)
previsão da regressão multiperíodos (369)
previsão iterada do AR (369)
previsão iterada do ARV (370)
segunda diferença (372)
$I(0)$, $I(1)$ e $I(2)$ (372)
ordem de integração (372)
integrada de ordem d ($I(d)$) (373)
teste DF-MQG (374)
tendência comum (376)
termo de correção de erros (377)
modelo de correção de erros vetorial (377)
co-integração (377)
coeficiente de co-integração (377)
teste ADF-EG (378)
estimador de MQOD (379)
grupos de volatilidade (382)
heteroscedasticidade condicional (382)
ARHC (383)
ARHCG (383)

Revisão dos Conceitos

14.1 Um macroeconomista quer construir previsões para as seguintes variáveis macroeconômicas: PIB, consumo, investimento, compras do governo, exportações, importações, taxas de juros de curto prazo, taxas de juros de longo prazo e taxa de inflação dos preços. Ele tem séries temporais trimestrais para cada uma dessas variáveis de 1970 a 2001. Ele deveria estimar um ARV para essas variáveis e utilizá-lo na previsão? Justifique. Você pode sugerir um enfoque alternativo?

14.2 Suponha que Y_t siga um modelo AR(1) estacionário com $\beta_0 = 0$ e $\beta_1 = 0{,}7$. Se $Y_t = 5$, qual é sua previsão de Y_{t+2} (isto é, qual é $Y_{t+2|t}$)? Qual é $Y_{t+h|t}$ para $h = 30$? Essa previsão para $h = 30$ parece razoável para você?

14.3 Uma versão da teoria da renda permanente do consumo implica que o logaritmo do PIB real (Y) e o logaritmo do consumo real (C) sejam co-integrados, com um coeficiente de co-integração igual a 1. Explique como você investigaria essa implicação (a) fazendo um gráfico dos dados e (b) utilizando um teste estatístico.

14.4 Considere o modelo ARHC, $\sigma_t^2 = 1{,}0 + 0{,}8u_{t-1}^2$. Explique por que ele levará a grupos de volatilidade. (*Dica*: O que acontece quando u_{t-1}^2 é grande em demasia?)

14.5 O teste DG-MQG para uma raiz unitária é mais poderoso do que o teste de Dickey-Fuller. Por que você utilizaria um teste mais poderoso?

Exercícios

14.1 Suponha que Y_t siga um modelo AR(1) estacionário $Y_t = \beta_0 + \beta_1 Y_{t-1} + u_t$.

*__a.__ Mostre que a previsão h períodos adiante de Y_t é $Y_{t+h|t} = \mu_Y + \beta_1^h(Y_t - \mu_Y)$, onde $\mu_Y = \beta_0/(1-\beta_1)$.

b. Suponha que X_t seja relacionado a Y_t por $X_t = \sum_{i=0}^{\infty}\delta^i Y_{t+i|t}$, onde $|\delta| < 1$. Mostre que $X_t = \dfrac{\mu_Y}{1-\delta} + \dfrac{Y_t - \mu_Y}{1-\beta_1\delta}$.

14.2 Uma versão da teoria das expectativas da estrutura a termo das taxas de juros assegura que uma taxa de longo prazo é igual à média dos valores esperados das taxas de juros de curto prazo no futuro, mais um prêmio de termo que é $I(0)$. Especificamente, seja Rk_t uma taxa de juros de k períodos, seja $R1_t$ uma taxa de juros de um período e seja e_t um prêmio de termo $I(0)$. Então, $Rk_t = \frac{1}{k}\sum_{i=1}^{k} R1_{t+i|t} + e_t$, onde $R1_{t+i|t}$ é a previsão feita na data t do valor de $R1$ na data $t + i$. Suponha que $R1_t$ siga um passeio aleatório, de modo que $R1_t = R1_{t-1} + u_t$.

a. Mostre que $Rk_t = R1_t + e_t$.
b. Mostre que Rk_t e $R1_t$ são co-integradas. Qual é o coeficiente de co-integração?
c. Agora suponha que $\Delta R1_t = 0{,}5\Delta R1_{t-1} + u_t$. O que muda em sua resposta a (b)?
d. Agora suponha que $R1_t = 0{,}5R1_{t-1} + u_t$. O que muda em sua resposta a (b)?

14.3 Suponha que u_t segue um processo ARHC, $\sigma_t^2 = 1{,}0 + 0{,}5u_{t-1}^2$.

***a.** Seja $E(u_t^2) = \text{var}(u_t)$ a variância não condicional de u_t. Mostre que $\text{var}(u_t) = 2$.

b. Suponha que a distribuição de u_t condicional a valores defasados de u_t é $N(0, \sigma_t^2)$. Se $u_{t-1} = 0{,}2$, qual é $P(-3 \leq u_t \leq 3)$? Se $u_{t-1} = 2{,}0$, qual é $P(-3 \leq u_t \leq 3)$?

14.4 Suponha que Y_t siga o modelo AR(p) $Y_t = \beta_0 + \beta_1 Y_{t-1} + \cdots + \beta_p Y_{t-p} + u_t$, onde $E(u_t | Y_{t-1}, Y_{t-2}, \cdots) = 0$. Seja $Y_{t+h|t} = E(Y_{t+h} | Y_t, Y_{t-1}, \ldots)$. Mostre que $Y_{t+h|t} = \beta_0 + \beta_1 Y_{t-1+h|t} + \cdots + \beta_p Y_{t-p+h|t}$ para $h > p$.

14.5 Verifique a Equação (14.22). (*Dica*: Utilize $\sum_{t=1}^{T} Y_t^2 = \sum_{t=1}^{T}(Y_{t-1} + \Delta Y_t)^2$ para mostrar que $\sum_{t=1}^{T} Y_t^2 - \sum_{t=1}^{T} = 2\sum_{t=1}^{T} Y_{t-1}\Delta Y_t + \sum_{t=1}^{T}\Delta Y_t^2$ e resolva $\sum_{t=1}^{T} Y_{t-1}\Delta Y_t$.)

APÊNDICE 14.1 Dados Financeiros dos Estados Unidos Utilizados no Capítulo 14

As taxas de juros das letras do Tesouro dos Estados Unidos de três meses e de bônus do Tesouro do país de um ano são a média mensal de suas taxas diárias, convertidos para uma base anual, conforme apresentadas pelo Federal Reserve Bank. Os dados trimestrais utilizados neste capítulo são as taxas de juros médias mensais para o último mês do trimestre.

PARTE CINCO

Teoria Econométrica da Análise de Regressão

CAPÍTULO 15 *Teoria da Regressão Linear com um Regressor*

CAPÍTULO 16 *Teoria da Regressão Múltipla*

CAPÍTULO 15

Teoria da Regressão Linear com um Regressor

Existem vários bons motivos para que um econometrista aplicado aprenda alguma coisa sobre teoria econométrica. Esse aprendizado transforma seu pacote econométrico de uma "caixa-preta" em um conjunto flexível de ferramentas do qual você é capaz de selecionar a ferramenta certa para um determinado trabalho. A compreensão da teoria econométrica permite que você avalie por que essas ferramentas funcionam e quais hipóteses são necessárias para que cada uma funcione de forma adequada. Talvez mais importante, o conhecimento da teoria econométrica ajuda você a reconhecer quando uma ferramenta *não* funcionará adequadamente em uma aplicação e quando é preciso procurar um enfoque econométrico diferente.

Neste capítulo, fornecemos uma introdução à teoria econométrica da regressão linear com um único regressor. Vamos enfocar duas questões. Em primeiro lugar, quais são as características das distribuições amostrais do estimador de MQO e da estatística *t* e, em particular, sob quais circunstâncias as inferências estatísticas (testes e intervalos de confiança) expostas no Capítulo 4 são confiáveis? Em segundo lugar, sob quais circunstâncias MQO é teoricamente desejável, no sentido de que sua distribuição amostral possui uma variância pequena?

Os métodos econométricos descritos nas partes 1 a 4 deste livro dependem amplamente da teoria da distribuição assintótica, isto é, a teoria das distribuições amostrais de estimadores e as estatísticas de teste quando o tamanho da amostra é grande. A grande virtude das aproximações assintóticas utilizadas ao longo do livro é que sua validade é bastante geral, isto é, elas são válidas sem que os erros estejam restritos a uma distribuição específica ou tenham de ser homoscedásticos. Mas se os erros *realmente* têm essas características especiais — em particular, se são homoscedásticos ou, de forma mais específica, se são homoscedásticos e normalmente distribuídos —, o estimador de MQO possui algumas propriedades teóricas desejáveis. Embora essas hipóteses mais fortes de homoscedasticidade ou normalidade possam não ser realistas em aplicações, elas são de interesse teórico, uma vez que nos permitem explorar ainda mais o desempenho do estimador de MQO e alcançar um entendimento mais profundo da regressão de MQO.

Na Seção 15.1, resumimos o modelo linear com um único regressor, apresentado no Capítulo 4, e apresentamos o conjunto estendido de hipóteses de mínimos quadrados que são utilizadas neste capítulo. As três primeiras hipóteses estendidas de mínimos quadrados são as do Conceito-Chave 4.3, e elas são tudo o que é necessário para a teoria da distribuição assintótica. Desse modo, essas três hipóteses são utilizadas nas seções 15.2 e 15.3, que fornecem uma exposição matemática dos resultados assintóticos que se referem ao estimador de MQO e à estatística *t* utilizados no Capítulo 4.

Em geral, as distribuições exatas, ou finitas, do estimador de MQO e da estatística *t* são muito complexas. Em um caso especial, contudo, as distribuições exatas são relativamente simples e refletem rigorosamente a distribuição assintótica. Isso ocorre quando os erros da regressão são homoscedásticos e normalmente distribuídos, condicionais a $X_1, ..., X_n$. Na Seção 15.4, apresentamos as distribuições das estatísticas de MQO sob essas hipóteses.

Nas seções restantes deste capítulo, vamos nos voltar para a teoria da estimação eficiente no modelo de regressão linear. Se, além das hipóteses de mínimos quadrados do Capítulo 4, os erros são homoscedásticos, o estimador de MQO é eficiente no sentido de que tem a menor variância entre todos os estimadores que são funções lineares de $Y_1, ..., Y_n$ e são condicionalmente não viesados, isto é, não viesados condicionais a $X_1, ..., X_n$. Esse resultado, conhecido como o teorema de Gauss-Markov, é apresentado na Seção 15.5. Esse teorema é exemplo de um enfoque geral da econometria e estatística teórica para a escolha de um estimador com base na eficiência estatística. Na Seção 15.6, vamos tratar da estimação que é eficiente quando os erros são heteroscedásticos. Nesse caso, o teorema de Gauss-Markov não se aplica, mas se a forma funcional da heteroscedasticidade é conhecida, um estimador alternativo, de mínimos quadrados ponderados (MQP), é eficiente, pelo menos em amostras grandes.

Este capítulo não substitui, mas complementa o Capítulo 4 e deveria ser lido após a leitura dele.

15.1 Hipóteses de Mínimos Quadrados Estendidas e o Estimador de MQO

Nesta seção, apresentamos um conjunto de hipóteses que estendem e reforçam as três hipóteses de mínimos quadrados do Capítulo 4. Essas hipóteses mais fortes são utilizadas nas seções posteriores para derivar resultados teóricos mais fortes sobre o estimador de MQO do que aqueles que são possíveis sob as hipóteses mais fracas (porém mais realistas) do Capítulo 4.

Hipóteses de Mínimos Quadrados Estendidas

Hipóteses de mínimos quadrados estendidas nº 1, nº 2 e nº 3. As três primeiras hipóteses de mínimos quadrados estendidas são iguais às três hipóteses do Conceito-Chave 4.3: a de que a média condicional de u_i, dado X_i, é igual a zero; a de que (X_i,Y_i), $i = 1, ..., n$, são seleções i.i.d. de sua distribuição conjunta; e a de que X_i e u_i possuem quatro momentos.

Sob essas três hipóteses, o estimador de MQO é não viesado, consistente e tem uma distribuição amostral assintoticamente normal. Se essas três hipóteses são válidas, os métodos para inferência apresentados no Capítulo 4 — testes de hipótese utilizando a estatística t e construção de intervalos de confiança de 95 por cento como $\pm$1,96 erro padrão — se justificam quando o tamanho da amostra é grande. Contudo, o desenvolvimento de uma teoria de estimação eficiente utilizando MQO ou a caracterização da distribuição amostral exata do estimador de MQO requer hipóteses mais fortes.

Hipótese de mínimos quadrados estendida nº 4. A quarta hipótese de mínimos quadrados estendida é a de que u_i é homoscedástica, isto é, $\text{var}(u_i|X_i) = \sigma_u^2$, onde σ_u^2 é uma constante. Conforme visto na Seção 15.5, se essa hipótese adicional é válida, o estimador de MQO é eficiente entre todos os estimadores lineares que são não viesados, condicionais a $X_1, ..., X_n$.

Hipótese de mínimos quadrados estendida nº 5. A quinta hipótese de mínimos quadrados estendida é a de que a distribuição condicional de u_i, dado X_i, é normal. Conforme visto na Seção 15.4, se essa hipótese é válida, é possível derivar expressões simples para a distribuição amostral exata do estimador de MQO e a estatística t somente homoscedástica.

A quarta e quinta hipóteses de mínimos quadrados estendidas são muito mais restritivas do que as três primeiras. Embora seja razoável supor que as três primeiras hipóteses são válidas em uma aplicação, as duas hipóteses finais são menos realistas. Ainda que essas duas hipóteses finais não sejam válidas na prática, elas são de interesse teórico, porque, se uma delas ou ambas são válidas, o estimador de MQO possui propriedades adicionais além daquelas discutidas no Capítulo 4. Assim, podemos melhorar nossa compreensão do estimador de MQO e, de modo mais geral, da teoria da estimação no modelo de regressão linear ao explorar a estimação sob essas hipóteses mais fortes.

As cinco hipóteses de mínimos quadrados estendidas para o modelo com um único regressor estão resumidas no Conceito-Chave 15.1.

O Estimador de MQO

Para facilitar a consulta, reproduzimos os estimadores de MQO de β_0 e β_1:

$$\hat{\beta}_1 = \frac{\sum_{i=1}^{n}(X_i - \overline{X})(Y_i - \overline{Y})}{\sum_{i=1}^{n}(X_i - \overline{X})^2} \tag{15.1}$$

$$\hat{\beta}_0 = \overline{Y} - \hat{\beta}_1 \overline{X}. \tag{15.2}$$

As equações (15.2) e (15.3) são derivadas no Apêndice 4.2.

Hipóteses de Mínimos Quadrados Estendidas para Regressão com Um Único Regressor

Conceito-Chave 15.1

O modelo de regressão linear com um único regressor é:

$$Y_i = \beta_0 + \beta_1 X_i + u_i,\ i = 1, ..., n. \tag{15.3}$$

As hipóteses de mínimos quadrados estendidas são:

1. $E(u_i | X_i) = 0$ (média condicional igual a zero);
2. (X_i, Y_i), $i = 1, ..., n$ são seleções independente e identicamente distribuídas (i.i.d.) de sua distribuição conjunta;
3. (X_i, u_i) possuem quartos momentos finitos diferentes de zero;
4. $\text{var}(u_i | X_i) = \sigma_u^2$ (homoscedasticidade); e
5. a distribuição condicional de u_i dado X_i é normal (erros normais).

15.2 Fundamentos da Teoria da Distribuição Assintótica

A teoria da distribuição assintótica é a teoria da distribuição de estatísticas — estimadores, estatísticas de teste e intervalos de confiança — quando o tamanho da amostra é grande. Formalmente, essa teoria envolve a caracterização do comportamento da distribuição amostral de uma estatística ao longo de uma seqüência de amostras cada vez maiores. A teoria é assintótica no sentido de que ela caracteriza o comportamento da estatística no limite à medida que $n \longrightarrow \infty$.

Ainda que os tamanhos de amostra nunca sejam, evidentemente, infinitos, a teoria da distribuição assintótica desempenha um papel central na econometria e na estatística por dois motivos. Primeiro, se o número de observações utilizadas em uma aplicação empírica é suficientemente grande, o limite assintótico pode fornecer uma aproximação de alta qualidade da distribuição amostral finita. Segundo, as distribuições amostrais assintóticas normalmente são muito mais simples e, portanto, mais fáceis de utilizar na prática do que a distribuição exata em amostras finitas. Tomados em conjunto, esses dois motivos significam que métodos simples e confiáveis de inferência estatística — testes que utilizam estatísticas t e intervalos de confiança de 95 por cento calculados como $\pm 1{,}96$ erro padrão — podem basear-se em distribuições amostrais aproximadas derivadas da teoria assintótica.

As duas pedras fundamentais da teoria da distribuição assintótica são a lei dos grandes números e o teorema central do limite, introduzidos na Seção 2.6. Começamos esta seção continuando a discussão da lei dos grandes números e do teorema central do limite, incluindo uma prova da lei dos grandes números. Em seguida, apresentamos mais duas ferramentas, o teorema de Slutsky e o teorema do mapeamento contínuo, que estendem a utilidade da lei dos grandes números e do teorema central do limite. Para fins de ilustração, essas ferramentas são então utilizadas para provar que a distribuição da estatística t baseada em $\overline{Y}$ testando a hipótese de que $E(Y) = \mu_0$ possui uma distribuição normal padrão sob a hipótese nula.

Convergência em Probabilidade e a Lei dos Grandes Números

Os conceitos de convergência em probabilidade e a lei dos grandes números foram apresentados na Seção 2.6. Aqui fornecemos uma definição matemática precisa da convergência em probabilidade, seguida de uma definição e prova da lei dos grandes números.

Consistência e convergência em probabilidade. Seja $S_1, S_2, ..., S_n, ...$ uma seqüência de variáveis aleatórias. Por exemplo, S_n poderia ser a média da amostra $\overline{Y}$ de uma amostra de n observações da variável aleatória Y. Diz-se que a seqüência de variáveis aleatórias $\{S_n\}$ **converge em probabilidade** para um limite, μ (isto é, $S_n \xrightarrow{p} \mu$), se a probabilidade de que S_n está entre $\pm\delta$ de μ tende a um à medida que $n \longrightarrow \infty$, contanto que a constante δ seja positiva. Isto é

$$S_n \xrightarrow{p} \mu \text{ se e somente se } P[\,|S_n - \mu| \geq \delta] \longrightarrow 0 \qquad (15.4)$$

à medida que $n \longrightarrow \infty$ para todo $\delta > 0$. Se $S_n \xrightarrow{p} \mu$, então diz-se que S_n é um **estimador consistente** de μ.

Lei dos grandes números. A lei dos grandes números diz que, sob determinadas condições sobre $Y_1, ..., Y_n$, a média da amostra $\overline{Y}$ converge em probabilidade para a média da população. Pesquisadores da teoria da probabilidade desenvolveram muitas versões da lei dos grandes números, que correspondem a várias condições sobre $Y_1, ..., Y_n$. A versão da lei dos grandes números utilizada neste livro é a de que $Y_1, ..., Y_n$ são seleções i.i.d. de uma distribuição com variância finita. Essa lei dos grandes números (também formulada no Conceito-Chave 2.6) é

$$\text{se } Y_1, ..., Y_n \text{ são i.i.d., } E(Y_i) = \mu_Y, \text{ e } \operatorname{var}(Y_i) < \infty, \text{ então } \overline{Y} \xrightarrow{p} \mu_Y. \qquad (15.5)$$

A Figura 2.6 mostra a idéia da lei dos grandes números: conforme o tamanho da amostra aumenta, a distribuição amostral de $\overline{Y}$ concentra-se em torno da média da população, μ_Y. Uma característica da distribuição amostral é que a variância de $\overline{Y}$ diminui à medida que o tamanho da amostra aumenta; outra característica é que a probabilidade de $\overline{Y}$ estar fora de $\pm\delta$ de μ_Y desaparece à medida que n aumenta. Essas duas características da distribuição amostral são na verdade ligadas, e a prova da lei dos grandes números explora essa ligação.

Prova da lei dos grandes números. A ligação entre a variância de $\overline{Y}$ e a probabilidade de que $\overline{Y}$ está dentro de $\pm\delta$ de μ_Y é fornecida pela desigualdade de Chebychev, que é formulada e provada no Apêndice 15.2 (veja a Equação (15.47)). Escrita em termos de $\overline{Y}$, a desigualdade de Chebychev é

$$P(|\overline{Y} - \mu_Y| \geq \delta) \leq \operatorname{var}(\overline{Y})/\delta^2, \qquad (15.6)$$

para qualquer constante positiva δ. Como $Y_1, ..., Y$ são i.i.d. com variância σ_Y^2, $\operatorname{var}(\overline{Y}) = \sigma_Y^2/n$; portanto, para qualquer $\delta > 0$, $\operatorname{var}(\overline{Y})/\delta^2 = \sigma_Y^2/(\delta^2 n) \longrightarrow 0$. Segue-se da Equação (15.6) que $P(|\overline{Y} - \mu_Y| \geq \delta) \longrightarrow 0$ para todo $\delta > 0$, o que prova a lei dos grandes números.

Alguns exemplos. Consistência é um conceito fundamental na teoria da distribuição assintótica, de modo que apresentamos alguns exemplos de estimadores consistentes e inconsistentes da média da população, μ_Y. Suponha que Y_i, $i = 1, ..., n$ sejam i.i.d com variância σ_Y^2 positiva e finita. Considere os seguintes três estimadores de μ_Y: (a) $m_a = Y_1$; (b) $m_b = \left(\frac{1-a^n}{1-a}\right)^{-1}\sum_{i=1}^{n} a^{i-1}Y_i$, onde $0 < a < 1$, e (c) $m_c = \overline{Y} + 1/n$. Esses estimadores são consistentes?

O primeiro estimador, m_a, é somente a primeira observação, de modo que $E(m_a) = E(Y_1) = \mu_Y$ e m_a é não-viesado. Contudo, m_a não é consistente: $P(|m_a - \mu_Y| \geq \delta) = P(|Y_1 - \mu_Y| \geq \delta)$, que deve ser positivo para um δ suficientemente pequeno (pois $\sigma_Y^2 > 0$), de modo que $P(|m_a - \mu_Y| \geq \delta)$ não tende a zero à medida que $n \longrightarrow \infty$, logo m_a não é consistente. Essa inconsistência não deveria ser surpreendente: como m_a utiliza somente a informação em uma observação, sua distribuição não pode se concentrar em torno de μ_Y à medida que o tamanho da amostra aumenta.

O segundo estimador, m_b, é não viesado, mas não é consistente. Ele é não viesado porque

$$E(m_b) = E\left[\left(\frac{1-a^n}{1-a}\right)^{-1}\sum_{i=1}^{n} a^{i-1}Y_i\right] = \left(\frac{1-a^n}{1-a}\right)^{-1}\sum_{i=1}^{n} a^{i-1}\mu_Y = \mu_Y,$$

$$\text{uma vez que } \sum_{i=1}^{n} a^{i-1} = (1-a^n)\sum_{i=0}^{\infty} a^i = (1-a^n)/(1-a).$$

A variância de m_b é

$$\text{var}(m_b) = \left(\frac{1 - a^n}{1 - a}\right)^{-2} \sum_{i=1}^{n} a^{2(i-1)} \sigma_Y^2 = \sigma_Y^2 \frac{(1 - a^{2n})(1 - a)^2}{(1 - a^2)(1 - a^n)^2} = \sigma_Y^2 \frac{(1 + a^n)(1 - a)}{(1 - a^n)(1 + a)},$$

que possui o limite $\text{var}(m_b) \longrightarrow \sigma_Y^2(1 - a)/(1 + a)$ à medida que $n \longrightarrow \infty$. Assim, a variância desse estimador não tende a zero, a distribuição não se concentra em torno de μ_Y e o estimador, embora não viesado, não é consistente. Isso talvez seja surpreendente, uma vez que todas as observações entram nesse estimador. Mas a maioria das observações recebe um peso muito pequeno (o peso da i-ésima observação é proporcional a a^{i-1} que tende a zero à medida que i torna-se grande), e por essa razão há um montante insuficiente de erros amostrais cancelados para que o estimador seja consistente.

O terceiro estimador, m_c, é viesado porém consistente. Seu viés é $1/n$: $E(m_c) = E(\overline{Y} + 1/n) = \mu_Y + 1/n$. Mas o viés tende a zero à medida que o tamanho da amostra aumenta e m_c é consistente: $P(|m_c - \mu_Y| \geq \delta) = P(|\overline{Y} + 1/n - \mu_Y| \geq \delta) = P(|(\overline{Y} - \mu_Y) + 1/n| \geq \delta)$. Agora $|(\overline{Y} - \mu_Y) + 1/n| \leq |\overline{Y} - \mu_Y| + 1/n$, de modo que se $|(\overline{Y} - \mu_Y) + 1/n| \geq \delta$, deve ser o caso em que $|\overline{Y} - \mu_Y| + 1/n \geq \delta$; portanto, $P(|(\overline{Y} - \mu_Y) + 1/n| \geq \delta) \leq P(|\overline{Y} - \mu_Y| + 1/n \geq \delta)$. Porém, $P(|\overline{Y} - \mu_Y| + 1/n \geq \delta) = P(|\overline{Y} - \mu_Y| \geq \delta - 1/n) \leq \sigma_Y^2/[n(\delta - 1/n)^2] \longrightarrow 0$, onde a desigualdade final resulta da desigualdade de Chebychev (Equação (15.6), com δ substituído por $\delta - 1/n$ para $n > 1/\delta$). Segue-se que m_c é consistente. Esse exemplo ilustra o ponto geral de que um estimador pode ser viesado em amostras finitas; porém, se aquele viés desaparece à medida que o tamanho da amostra torna-se grande, o estimador ainda pode ser consistente (veja o Exercício 15.10).

Teorema Central do Limite e Convergência em Distribuição

Se as distribuições de uma seqüência de variáveis aleatórias convergem para um limite à medida que $n \longrightarrow \infty$, diz-se que a seqüência de variáveis aleatórias converge na distribuição. O teorema central do limite diz que, sob condições gerais, a média da amostra padronizada converge em distribuição para uma variável aleatória normal.

Convergência em distribuição. Seja $F_1, F_2, \ldots, F_n, \ldots$ uma seqüência de funções de distribuição acumulada que corresponde a uma seqüência de variáveis aleatórias $S_1, S_2, \ldots, S_n, \ldots$ Por exemplo, S_n pode ser a média da amostra padronizada, $(\overline{Y} - \mu_Y)/\sigma_{\overline{Y}}$. Então, diz-se que a seqüência de variáveis aleatórias S_n **converge em distribuição** para S (representado por $S_n \xrightarrow{d} S$) se as funções de distribuição $\{F_n\}$ convergem para F, a distribuição de S. Isto é,

$$S_n \xrightarrow{d} S \text{ se e somente se } \lim_{n\to\infty} F_n(t) = F(t), \tag{15.7}$$

onde o limite é válido em todos os pontos t nos quais a distribuição limite F é contínua. A distribuição F é chamada de **distribuição assintótica** de S_n.

É útil contrastar os conceitos de convergência em probabilidade ($\xrightarrow{p}$) e convergência em distribuição ($\xrightarrow{d}$). Se $S_n \xrightarrow{p} \mu$, então S_n torna-se próximo de μ com alta probabilidade à medida que n aumenta. Em contraste, se $S_n \xrightarrow{d} S$, a *distribuição* de S_n torna-se próxima da *distribuição* de S à medida que n aumenta.

Teorema central do limite. Agora redefinimos o teorema central do limite utilizando o conceito de convergência em distribuição. O teorema central do limite no Conceito-Chave 2.7 afirma que se $Y_1, \ldots, Y_n$ são i.i.d. e $0 < \sigma_Y^2 < \infty$, a distribuição assintótica de $(\overline{Y} - \mu_Y)/\sigma_{\overline{Y}}$ é $N(0, 1)$. Como $\sigma_{\overline{Y}} = \sigma_Y/\sqrt{n}$, $(\overline{Y} - \mu_Y)/\sigma_{\overline{Y}} = \sqrt{n}(\overline{Y} - \mu_Y)/\sigma_Y$. Portanto, o teorema central do limite pode ser redefinido como $\sqrt{n}(\overline{Y} - \mu_Y) \xrightarrow{d} \sigma_Y Z$, onde Z é uma variável aleatória normal padrão. Isso significa que a distribuição de $\sqrt{n}(\overline{Y} - \mu_Y)$ converge para $N(0, \sigma_Y^2)$ à medida que $n \longrightarrow \infty$. Uma abreviação convencional para esse limite é

$$\sqrt{n}(\overline{Y} - \mu_Y) \xrightarrow{d} N(0, \sigma_Y^2). \tag{15.8}$$

Isto é, se $Y_1, ..., Y_n$ são i.i.d. e $0 < \sigma_Y^2 < \infty$, então a distribuição de $\sqrt{n}(\overline{Y} - \mu_Y)$ converge para uma distribuição normal com média zero e variância σ_Y^2.

Extensões para dados de séries temporais. A lei dos grandes números e o teorema central do limite definidos na Seção 2.6 se aplicam a observações i.i.d. Conforme discutido no Capítulo 12, a hipótese i.i.d. não é apropriada para dados de séries temporais, e esses teoremas precisam ser estendidos antes que sejam aplicados a observações de séries temporais. Essas extensões são de natureza técnica no sentido de que a conclusão é a mesma — versões da lei dos grandes números e do teorema central do limite se aplicam a dados de séries temporais —, mas as condições sob as quais elas se aplicam são diferentes. Isso é discutido de forma sucinta na Seção 12.4, porém um tratamento matemático da teoria da distribuição assintótica para variáveis de séries temporais está além do escopo deste livro; os leitores interessados podem consultar Hayashi (2000, Capítulo 2).

Teorema de Slutsky e Teorema do Mapeamento Contínuo

O **teorema de Slutsky** combina consistência e convergência em distribuição. Suponha que $a_n \xrightarrow{p} a$, onde a é uma constante, e $S_n \xrightarrow{d} S$. Então,

$$a_n + S_n \xrightarrow{d} a + S, \; a_nS_n \xrightarrow{d} aS, \text{ e, se } a \neq 0, \; S_n/a_n \xrightarrow{d} S/a. \tag{15.9}$$

Esses três resultados juntos são chamados de teorema de Slutsky.

O **teorema do mapeamento contínuo** diz respeito às propriedades assintóticas de uma função contínua, g, de uma seqüência de variáveis aleatórias, S_n. O teorema possui duas partes. De acordo com a primeira, se S_n converge em probabilidade para a constante a, então $g(S_n)$ converge em probabilidade para $g(a)$; de acordo com a segunda, se S_n converge em distribuição para S, então $g(S_n)$ converge em distribuição para $g(S)$. Isto é, se g é uma função contínua, então

$$\begin{aligned} &\text{(i) se } S_n \xrightarrow{p} a, \text{ então } g(S_n) \xrightarrow{p} g(a), \text{ e} \\ &\text{(ii) se } S_n \xrightarrow{d} S, \text{ então } g(S_n) \xrightarrow{d} g(S). \end{aligned} \tag{15.10}$$

Como um exemplo de (i), se $s_Y^2 \xrightarrow{p} \sigma_Y^2$, então $\sqrt{s_Y^2} = s_Y \xrightarrow{p} \sigma_Y$. Como um exemplo de (ii), suponha que $S_n \xrightarrow{d} Z$, onde Z é uma variável aleatória normal padrão, e seja $g(S_n) = S_n^2$. Como g é contínua, o teorema do mapeamento contínuo se aplica e $g(S_n) \xrightarrow{d} g(Z)$, isto é, $S_n^2 \xrightarrow{d} Z^2$. Em outras palavras, a distribuição de S_n^2 converge para a distribuição do quadrado de uma variável aleatória normal padrão, que por sua vez possui uma distribuição χ_1^2, isto é, $S_n^2 \xrightarrow{d} \chi_1^2$.

Aplicação à Estatística *t* Baseada na Média da Amostra

Agora utilizamos o teorema central do limite, a lei dos grandes números e o teorema de Slutsky para provar que, sob a hipótese nula, a estatística t baseada em $\overline{Y}$ possui uma distribuição normal padrão quando $Y_1, ..., Y_n$ são i.i.d. e $0 < E(Y_i^4) < \infty$.

A estatística t que testa a hipótese nula de que $E(Y_i) = \mu_0$ baseada na média da amostra $\overline{Y}$ é dada na Equação (2.50) e pode ser escrita como

$$t = \frac{\overline{Y} - \mu_0}{s_Y/\sqrt{n}} = \left(\frac{\sqrt{n}\,(\overline{Y} - \mu_0)}{\sigma_Y}\right) \div \left(\frac{s_Y}{\sigma_Y}\right), \tag{15.11}$$

onde um truque é utilizado na segunda igualdade: o numerador e o denominador são divididos por σ_Y.

Como $Y_1, ..., Y_n$ possuem dois momentos (uma implicação de terem quatro momentos; veja o Exercício 15.5), e como $Y_1, ..., Y_n$ são i.i.d., o primeiro termo entre parênteses após a última igualdade na Equação (15.11) obedece ao teorema central do limite: sob a hipótese nula, $\sqrt{n}(\overline{Y} - \mu_0)/\sigma_Y \xrightarrow{d} N(0, 1)$. Além disso, $s_Y^2 \xrightarrow{p} \sigma_Y^2$ (conforme provado no Apêndice 3.3), de modo que $s_Y^2/\sigma_Y^2 \xrightarrow{p} 1$ e a razão no segundo termo da Equação (15.11) tende a um (veja o Exercício 15.4). Portanto, a expressão após a última igualdade na Equação (15.11) possui a forma da expressão final na Equação (15.9), onde (na notação da Equação (15.9)) $S_n = \sqrt{n}(\overline{Y} - \mu_0)/\sigma_Y \xrightarrow{d} N(0, 1)$ e $a_n = s_Y/\sigma_Y \xrightarrow{p} 1$. Segue-se, pela aplicação do teorema de Slutsky, que $t \xrightarrow{d} N(0, 1)$.

15.3 Distribuição Assintótica do Estimador de MQO e da Estatística *t*

Lembre-se do Capítulo 4, no qual você aprendeu que, sob as hipóteses do Conceito-Chave 4.3 (as três primeiras hipóteses do Conceito-Chave 15.1), o estimador de MQO $\hat{\beta}_1$ é consistente e $\sqrt{n}(\hat{\beta}_1 - \beta_1)$ possui uma distribuição normal assintótica. Além disso, a estatística t que testa a hipótese nula $\beta_1 = \beta_{1,0}$ possui uma distribuição normal padrão assintótica sob a hipótese nula. Nesta seção, resumimos esses resultados e fornecemos detalhes adicionais de suas provas.

Consistência e Normalidade Assintótica dos Estimadores de MQO

A distribuição em amostras grandes de $\hat{\beta}_1$, definida originalmente no Conceito-Chave 4.4, é

$$\sqrt{n}(\hat{\beta}_1 - \beta_1) \xrightarrow{d} N(0, \frac{\text{var}(v_i)}{[\text{var}(X_i)]^2}), \tag{15.12}$$

onde $v_i = (X_i - \mu_X)u_i$. A prova desse resultado foi esboçada no Apêndice 4.3, porém foram omitidos alguns detalhes e uma aproximação não foi mostrada formalmente. Os passos omitidos naquela prova são deixados como Exercício 15.3.

Uma implicação da Equação (15.12) é que $\hat{\beta}_1$ é consistente (Exercício 15.4).

Consistência de Erros Padrão Robustos Quanto à Heteroscedasticidade

Sob as três primeiras hipóteses de mínimos quadrados, o erro padrão robusto quanto à heteroscedasticidade para $\hat{\beta}_1$ forma a base para inferências estatísticas válidas. Especificamente,

$$\frac{\hat{\sigma}^2_{\hat{\beta}_1}}{\sigma^2_{\hat{\beta}_1}} \xrightarrow{p} 1, \tag{15.13}$$

onde $\sigma^2_{\hat{\beta}_1} = \text{var}(v_i)/\{n[\text{var}(X_i)]^2\}$ e $\hat{\sigma}^2_{\hat{\beta}_1}$ é o quadrado do erro padrão robusto quanto à heteroscedasticidade definido na Equação (4.19); isto é,

$$\hat{\sigma}^2_{\hat{\beta}_1} = \frac{1}{n-2} \frac{\frac{1}{n}\sum_{i=1}^{n}(X_i - \overline{X})^2\hat{u}_i^2}{\left[\frac{1}{n}\sum_{i=1}^{n}(X_i - \overline{X})^2\right]^2}. \tag{15.14}$$

Para mostrar o resultado da Equação (15.13), primeiro utilize as definições de $\sigma^2_{\hat{\beta}_1}$ e $\hat{\sigma}^2_{\hat{\beta}_1}$ para reescrever a razão na Equação (15.13) como

$$\frac{\hat{\sigma}^2_{\hat{\beta}_1}}{\sigma^2_{\hat{\beta}_1}} = \left[\frac{n}{n-2}\right]\left[\frac{\frac{1}{n}\sum_{i=1}^{n}(X_i - \overline{X})^2\hat{u}_i^2}{\text{var}(v_i)}\right] \div \left[\frac{\frac{1}{n}\sum_{i=1}^{n}(X_i - \overline{X})^2}{\text{var}(X_i)}\right]^2. \quad (15.15)$$

Precisamos mostrar que cada um dos três termos entre colchetes no lado direito da Equação (15.15) converge em probabilidade para um. Claramente, o primeiro termo converge para um, e pela consistência da variância da amostra (veja o Apêndice 3.3) o último termo converge em probabilidade para um. Portanto, resta apenas mostrar que o segundo termo converge em probabilidade para um, isto é, que $\frac{1}{n}\sum_{i=1}^{n}(X_i - \overline{X})^2\hat{u}_i^2 \xrightarrow{p} \text{var}(v_i)$.

A prova de que $\frac{1}{n}\sum_{i=1}^{n}(X_i - \overline{X})^2\hat{u}_i^2 \xrightarrow{p} \text{var}(v_i)$ é feita em dois passos. O primeiro mostra que $\frac{1}{n}\sum_{i=1}^{n}v_i^2 \xrightarrow{p} \text{var}(v_i)$; o segundo mostra que $\frac{1}{n}\sum_{i=1}^{n}(X_i - \overline{X})^2\hat{u}_i^2 - \frac{1}{n}\sum_{i=1}^{n}v_i^2 \xrightarrow{p} 0$.

Por ora, suponha que X_i e u_i tenham oito momentos (isto é, $E(X_i^8) < \infty$ e $E(u_i^8) < \infty$) — uma hipótese mais forte do que os quatro momentos requeridos pela terceira hipótese de mínimos quadrados. Para mostrar o primeiro passo, devemos mostrar que $\frac{1}{n}\sum_{i=1}^{n}v_i^2$ obedece à lei dos grandes números na Equação (15.5). Para isso, v_i^2 deve ser i.i.d. (o que acontece pela segunda hipótese de mínimos quadrados) e $\text{var}(v_i^2)$ deve ser finita. Para mostrar que $\text{var}(v_i^2) < \infty$, aplique a desigualdade de Cauchy-Schwartz (veja o Apêndice 15.2): $\text{var}(v_i^2) \leq E(v_i^4) = E[(X_i - \mu_X)^4u_i^4] \leq \{E[(X_i - \mu_X)^8]E(u_i^8)\}^{1/2}$. Portanto, se X_i e u_i possuem oito momentos, então v_i^2 possui uma variância finita e, portanto, satisfaz a lei dos grandes números na Equação (15.5).

O segundo passo é provar que $\frac{1}{n}\sum_{i=1}^{n}(X_i - \overline{X})^2\hat{u}_i^2 - \frac{1}{n}\sum_{i=1}^{n}v_i^2 \xrightarrow{p} 0$. Como $v_i = (X_i - \mu_X)u_i$, esse segundo passo mostra que

$$\frac{1}{n}\sum_{i=1}^{n}[(X_i - \overline{X})^2\hat{u}_i^2 - (X_i - \mu_X)^2u_i^2] \xrightarrow{p} 0. \quad (15.16)$$

A demonstração desse resultado envolve fazer $\hat{u}_i = u_i - (\hat{\beta}_0 - \beta_0) - (\hat{\beta}_1 - \beta_1)X_i$, expandindo o termo entre colchetes na Equação (15.16), aplicar repetidamente a desigualdade de Cauchy-Schwartz e utilizar a consistência de $\hat{\beta}_0$ e $\hat{\beta}_1$. Os detalhes da álgebra são deixados como Exercício 15.9.

O argumento anterior supõe que X_i e u_i possuem oito momentos. Ele não é necessário, contudo, e o resultado $\frac{1}{n}\sum_{i=1}^{n}(X_i - \overline{X})^2\hat{u}_i^2 \xrightarrow{p} \text{var}(v_i)$ pode ser provado sob a hipótese mais fraca de que X_i e u_i possuem quatro momentos, conforme definido na terceira hipótese de mínimos quadrados. A prova disso, contudo, está além do escopo deste livro; para mais detalhes, veja Hayashi (2000, Seção 2.5).

Normalidade Assintótica da Estatística *t* Robusta Quanto à Heteroscedasticidade

Agora mostramos que, sob a hipótese nula, a estatística t de MQO robusta quanto à heteroscedasticidade que testa a hipótese $\beta_1 = \beta_{1,0}$ possui uma distribuição normal padrão assintótica se as hipóteses de mínimos quadrados 1-3 são válidas.

A estatística t construída utilizando o erro padrão robusto quanto à heteroscedasticidade $EP(\hat{\beta}_1) = \hat{\sigma}_{\hat{\beta}_1}$ (definido na Equação (15.14)) é

$$t = \frac{\hat{\beta}_1 - \beta_{1,0}}{\hat{\sigma}_{\hat{\beta}_1}} = \left[\frac{\sqrt{n}(\hat{\beta}_1 - \beta_{1,0})}{\sqrt{n\sigma^2_{\hat{\beta}_1}}}\right] \div \sqrt{\frac{\hat{\sigma}^2_{\hat{\beta}_1}}{\sigma^2_{\hat{\beta}_1}}}. \quad (15.17)$$

Segue-se da Equação (15.12) que o termo entre colchetes após a segunda igualdade na Equação (15.17) converge em distribuição para uma variável aleatória normal padrão. Além disso, como o erro padrão robusto quanto à heteroscedasticidade é consistente (veja a Equação (15.13)), $\sqrt{\hat{\sigma}^2_{\hat{\beta}_1}/\sigma^2_{\hat{\beta}_1}} \xrightarrow{p} 1$ (veja o Exercício 15.4). Segue-se do teorema de Slutsky que $t \xrightarrow{d} N(0, 1)$.

15.4 Distribuições Amostrais Exatas Quando os Erros são Normalmente Distribuídos

Em amostras pequenas, a distribuição do estimador de MQO e da estatística t depende da distribuição do erro da regressão e normalmente é complicada. Se, contudo, os erros da regressão são homoscedásticos e normalmente distribuídos, essas distribuições são simples. Especificamente, se todas as cinco hipóteses de mínimos quadrados estendidas no Conceito-Chave 15.1 são válidas, o estimador de MQO possui uma distribuição amostral normal, condicional a $X_1, ..., X_n$. Além disso, a estatística t possui uma distribuição t de Student. Apresentamos esses resultados para $\hat{\beta}_1$.

Distribuição de $\hat{\beta}_1$ com Erros Normais

Se os regressores não são aleatórios e os erros são i.i.d. normalmente distribuídos, a distribuição de $\hat{\beta}_1$, condicional a $X_1, ..., X_n$, é $N(\beta_1, \sigma^2_{\hat{\beta}_1|X})$, onde

$$\sigma^2_{\hat{\beta}_1|X} = \frac{\sigma_u^2}{\sum_{i=1}^{n}(X_i - \overline{X})^2}. \tag{15.18}$$

A derivação da distribuição normal $N(\beta_1, \sigma^2_{\hat{\beta}_1|X})$, condicional a $X_1, ..., X_n$, envolve (i) determinar que a distribuição é normal; (ii) mostrar que $E(\hat{\beta}_1 | X_1, ..., X_n) = \beta_1$, e (iii) verificar a Equação (15.18).

Para mostrar (i), observe que, condicional a $X_1, ..., X_n$, $\hat{\beta}_1 - \beta_1$ é uma média ponderada de $u_1, ..., u_n$:

$$\hat{\beta}_1 = \beta_1 + \frac{\frac{1}{n}\sum_{i=1}^{n}(X_i - \overline{X})u_i}{\frac{1}{n}\sum_{i=1}^{n}(X_i - \overline{X})^2}. \tag{15.19}$$

(Essa equação foi derivada no Apêndice 4.3 (Equação (4.51)) e foi exposta novamente aqui por conveniência.) Por hipótese, $u_1, ..., u_n$ são i.i.d. e normalmente distribuídos, condicionais a $X_1, ..., X_n$. Como médias ponderadas de variáveis normalmente distribuídas são também normalmente distribuídas, segue-se que $\hat{\beta}_1$ é normalmente distribuído condicional a $X_1, ..., X_n$.

Para mostrar (ii), calcule as expectativas condicionais de ambos os lados da Equação (15.19): $E[(\hat{\beta}_1 - \beta_1) | X_1, ..., X_n) = E[\sum_{i=1}^{n}(X_i - \overline{X})u_i / \sum_{i=1}^{n}(X_i - \overline{X})^2 | X_1, ..., X_n] = \sum_{i=1}^{n}(X_i - \overline{X})\ E(u_i | X_1, ..., X_n) / \sum_{i=1}^{n}(X_i - \overline{X})^2 = 0$, onde a igualdade final segue porque $E(u_i | X_1, X_2, ..., X_n) = E(u_i | X_i) = 0$. Portanto, $\hat{\beta}_1$ é condicionalmente não viesado, isto é,

$$E(\hat{\beta}_1 | X_1, ..., X_n) = \beta_1. \tag{15.20}$$

Para mostrar (iii), utilize o fato de que os erros são independentemente distribuídos, condicionais a $X_1, ..., X_n$, para calcular a variância condicional de $\hat{\beta}_1$ utilizando a Equação (15.19):

$$\text{var}(\hat{\beta}_1 | X_1, ..., X_n) = \text{var}\left(\frac{\sum_{i=1}^{n}(X_i - \overline{X})u_i}{\sum_{i=1}^{n}(X_i - \overline{X})^2} | X_1, ..., X_n\right)$$

$$= \frac{\sum_{i=1}^{n}(X_i - \overline{X})^2 \text{var}(u_i | X_1, ..., X_n)}{\left[\sum_{i=1}^{n}(X_i - \overline{X})^2\right]^2}$$

$$= \frac{\sum_{i=1}^{n}(X_i - \overline{X})^2\sigma_u^2}{\left[\sum_{i=1}^{n}(X_i - \overline{X})^2\right]^2}. \quad (15.21)$$

Cancelando o termo no numerador da expressão final na Equação (15.21), temos a fórmula para a variância condicional da Equação (15.18).

Distribuição da Estatística *t* somente Homoscedástica

A estatística t somente homoscedástica que testa a hipótese nula $\beta_1 = \beta_{1,0}$ é

$$t = \frac{\hat{\beta}_1 - \beta_{1,0}}{EP(\hat{\beta}_1)}, \quad (15.22)$$

onde $EP(\hat{\beta}_1)$ é calculado utilizando o erro padrão somente homoscedástico de $\hat{\beta}_1$. Substituindo a fórmula para $EP(\hat{\beta}_1)$ (Equação (4.58) do Apêndice 4.4) na Equação (15.22) e reagrupando os termos, temos

$$t = \frac{\hat{\beta}_1 - \beta_{1,0}}{\sqrt{s_{\hat{u}}^2 / \sum_{i=1}^{n}(X_i - \overline{X})^2}} = \frac{\hat{\beta}_1 - \beta_{1,0}}{\sqrt{\sigma_u^2 / \sum_{i=1}^{n}(X_i - \overline{X})^2}} \div \sqrt{\frac{s_{\hat{u}}^2}{\sigma_u^2}}$$
$$= \frac{(\hat{\beta}_1 - \beta_{1,0}) / \sigma_{\hat{\beta}_1|X}}{\sqrt{W/(n-2)}}, \quad (15.23)$$

onde $s_{\hat{u}}^2 = \frac{1}{n-2}\sum_{i=1}^{n}\hat{u}_i^2$ e $W = \sum_{i=1}^{n}\hat{u}_i^2/\sigma_u^2$. Sob a hipótese nula, $\hat{\beta}_1$ tem uma distribuição $N(\beta_{1,0}, \sigma^2_{\hat{\beta}_1|X})$ condicional a $X_1, ..., X_n$, de modo que a distribuição do numerador na expressão final da Equação (15.23) é $N(0,1)$. Na Seção 16.4, mostraremos que W possui uma distribuição qui-quadrado com $n - 2$ graus de liberdade e que W é distribuído independentemente do estimador de MQO padronizado no numerador da Equação (15.23). Segue-se da definição da distribuição t de Student (veja o Apêndice 15.1) que, sob as cinco hipóteses de mínimos quadrados estendidas, a estatística t somente homoscedástica possui uma distribuição t de Student com $n - 2$ graus de liberdade.

Qual é a finalidade do ajuste de graus de liberdade? O ajuste de graus de liberdade em $s_{\hat{u}}^2$ garante que $s_{\hat{u}}^2$ é um estimador não viesado de σ_u^2 e que a estatística t possui uma distribuição t de Student quando os erros são normalmente distribuídos.

Como $W = \sum_{i=1}^{n}\hat{u}_i^2/\sigma_u^2$ é uma variável aleatória qui-quadrado com $n - 2$ graus de liberdade, sua média é $E(W) = n - 2$. Portanto, $E[W/(n - 2)] = (n - 2)/(n - 2) = 1$. Reformulando a definição de W, temos que $E(\frac{1}{n-2}\sum_{i=1}^{n}\hat{u}_i^2) = \sigma_u^2$. Portanto, a correção de graus de liberdade torna $s_{\hat{u}}^2$ um estimador não viesado de σ_u^2. Além disso, com a divisão por $n - 2$ em vez de n, o termo no denominador da expressão final na Equação (15.23) corresponde à definição de uma variável aleatória com uma distribuição t de Student dada no Apêndice 15.1. Isto é, ao utilizar o ajuste de graus de liberdade para calcular o erro padrão, a estatística t possui a distribuição t de Student quando os erros são normalmente distribuídos.

15.5 Eficiência do Estimador de MQO com Erros Homoscedásticos

Por que você deveria utilizar MQO para estimar β_0 e β_1? No Capítulo 4, dissemos que um motivo para utilizar o estimador de MQO é que, geralmente, todo mundo o utiliza — dessa forma, você falará "a mesma língua" que outros pesquisadores empíricos. Embora sensato, esse argumento não é convincente no plano teórico. Em teoria, a escolha de um estimador em detrimento de outro deveria ser guiada por princípios gerais ou pela aplicação de um critério aceito. Conforme discutido na Seção 3.1, normalmente, dois critérios são utilizados na escolha de estimadores: o estimador deve ser não viesado e deve ter a menor variância possível.

Nesta seção, mostramos que, por esses dois critérios, o estimador de MQO é, sob determinadas condições, o melhor estimador possível. Especificamente, o teorema de Gauss-Markov diz que quando os erros da regressão são homoscedásticos, o estimador de MQO possui a menor variância, condicional a $X_1, ..., X_n$, entre todos os estimadores que são lineares em $Y_1, ..., Y_n$, e que são condicionalmente não viesados (isto é, não viesados condicionais a $X_1, ..., X_n$). Dito de outra forma, o estimador de MQO é o **m**elhor **e**stimador **l**inear condicionalmente **n**ão **v**iesado (**MELNV**). Esse resultado fornece um motivo teórico importante para a utilização do estimador de MQO.

Começamos pela exposição das condições de Gauss-Markov, que são as condições sob as quais o teorema de Gauss-Markov é válido. Então, definimos a classe dos estimadores lineares não viesados, mostramos que MQO pertence a essa classe e nos voltamos para o teorema de Gauss-Markov propriamente dito.

Condições de Gauss-Markov

Existem três condições de Gauss-Markov. A primeira é que u_1 tem uma média condicional igual a zero, dadas todas as observações sobre os regressores, $X_1, ..., X_n$; a segunda é que u_i é homoscedástico e a terceira é que os termos de erro não são correlacionados entre observações, condicionais a $X_1, ..., X_n$. Isto é, as três **condições de Gauss-Markov** são

$$\begin{aligned} &\text{i. } E(u_i|X_1, ..., X_n) = 0, \\ &\text{ii. } \text{var}(u_i|X_1, ..., X_n) = \sigma_u^2,\ 0 < \sigma_u^2 < \infty \text{ para } i = 1, ..., n \text{ e} \\ &\text{iii. } E(u_iu_j|X_1, ..., X_n) = 0,\ i = 1, ..., n,\ j = 1, ..., n,\ i \neq j. \end{aligned} \tag{15.24}$$

As condições de Gauss-Markov são uma implicação das quatro primeiras hipóteses de mínimos quadrados do Conceito-Chave 15.1. Como as observações são i.i.d. (hipótese 2), $E(u_i|X_1, ..., X_n) = E(u_i|X_i)$, e pela hipótese 1, $E(u_i|X_i) = 0$; desse modo, a condição (i) é válida. De forma semelhante, pela hipótese 2, $\text{var}(u_i|X_1, ..., X_n) = \text{var}(u_i|X_i)$, e pela hipótese 4 (homoscedasticidade), $\text{var}(u_i|X_i) = \sigma_u^2$, que é constante. A hipótese 3 (quartos momentos finitos diferentes de zero) assegura que $0 < \sigma_u^2 < \infty$, de modo que a condição (ii) é válida. Para mostrar que a condição (iii) é uma implicação das quatro primeiras hipóteses de mínimos quadrados, observe que $E(u_iu_j|X_1, ..., X_n) = E(u_iu_j|X_i, X_j)$, pois (X_i, Y_i) são i.i.d. pela hipótese 2. A hipótese 2 também implica que $E(u_iu_j|X_i, X_j) = E(u_i|X_i)E(u_j|X_j)$ para $i \neq j$ (veja o Exercício 15.7); como $E(u_i|X_i) = 0$ para todo i, segue-se que $E(u_iu_j|X_1, ..., X_n) = 0$ para todo $i \neq j$, de modo que a condição (iii) é válida. Portanto, as hipóteses de mínimos quadrados 1-4 do Conceito-Chave 15.1 implicam as condições de Gauss-Markov da Equação (15.24).

Estimadores Lineares Condicionalmente Não Viesados

A classe dos estimadores lineares condicionalmente não viesados consiste de todos os estimadores de β_1 que são funções lineares de $Y_1, ..., Y_n$ e que são não viesados, condicionais a $X_1, ..., X_n$. O estimador de MQO é um estimador linear condicionalmente não viesado.

Classe dos estimadores lineares condicionalmente não viesados. Estimadores que são lineares em $Y_1, ..., Y_n$ são médias ponderadas de $Y_1, ..., Y_n$. Isto é, se $\tilde{\beta}_1$ é um estimador não-linear, ele pode ser escrito como

$$\tilde{\beta}_1 = \sum_{i=1}^{n} a_iY_i, \quad (\tilde{\beta}_1 \text{ é linear}) \tag{15.25}$$

onde $a_1, ..., a_n$ são pesos que podem depender de $X_1, ..., X_n$ e de constantes não aleatórias, mas *não* de $Y_1, ..., Y_n$.

O estimador $\tilde{\beta}_1$ é condicionalmente não viesado se a média de sua distribuição amostral condicional, dados $X_1, ..., X_n$, é β_1. Isto é, o estimador $\tilde{\beta}_1$ é condicionalmente não viesado se

$$E(\tilde{\beta}_1 | X_1, ..., X_n) = \beta_1. \quad (\tilde{\beta}_1 \text{ é condicionalmente não viesado}) \tag{15.26}$$

O estimador $\tilde{\beta}_1$ é um estimador linear condicionalmente não viesado se pode ser escrito na forma da Equação (15.25) (ele é linear) e se a Equação (15.26) é válida (ele é condicionalmente não viesado).

O estimador de MQO $\hat{\beta}_1$ é um estimador linear condicionalmente não viesado. Para mostrar que $\hat{\beta}_1$ é linear, observe primeiro que, como $\sum_{i=1}^{n}(X_i - \overline{X}) = 0$ (pela definição de $\overline{X}$), $\sum_{i=1}^{n}(X_i - \overline{X})(Y_i - \overline{Y}) = \sum_{i=1}^{n}(X_i - \overline{X})Y_i - \overline{Y}\sum_{i=1}^{n}(X_i - \overline{X}) = \sum_{i=1}^{n}(X_i - \overline{X})Y_i$. A substituição desse resultado na fórmula de $\hat{\beta}_1$ na Equação (15.2) produz

$$\hat{\beta}_1 = \frac{\sum_{i=1}^{n}(X_i - \overline{X})Y_i}{\sum_{i=1}^{n}(X_i - \overline{X})^2} = \sum_{i=1}^{n}\hat{a}_i Y_i, \text{ onde } \hat{a}_i = \frac{(X_i - \overline{X})}{\sum_{j=1}^{n}(X_j - \overline{X})^2}. \tag{15.27}$$

Como os pesos $\hat{a}_i$, $i = 1, ..., n$ na Equação (15.27) dependem de $X_1, ..., X_n$ mas não de $Y_1, ..., Y_n$, o estimador de MQO $\hat{\beta}_1$ é um estimador linear.

Sob as condições de Gauss-Markov, $\hat{\beta}_1$ é condicionalmente não viesado, e a variância da distribuição condicional de $\hat{\beta}_1$, dados $X_1, ..., X_n$, é

$$\text{var}(\hat{\beta}_1 | X_1, ..., X_n) = \sigma^2_{\hat{\beta}_1|X} = \frac{\sigma_u^2}{\sum_{i=1}^{n}(X_i - \overline{X})^2}. \tag{15.28}$$

O resultado de que $\hat{\beta}_1$ é condicionalmente não viesado foi mostrado anteriormente na Equação (15.20), e a fórmula da variância da Equação (15.28) foi derivada anteriormente como Equação (15.18). As equações (15.18) e (15.20) foram derivadas sob as cinco hipóteses de mínimos quadrados do Conceito-Chave 15.1, incluindo os erros normalmente distribuídos. Contudo, ao trabalhar por meio de derivações, você pode verificar que os resultados nas equações (15.18) e (15.20) são válidos sob as condições de Gauss-Markov mais fracas e, em particular, não requerem que os erros sejam normalmente distribuídos.

Teorema de Gauss-Markov

O **teorema de Gauss-Markov** diz que, sob as condições de Gauss-Markov na Equação (15.24), o estimador de MQO $\hat{\beta}_1$ possui a menor variância condicional, dados $X_1, ..., X_n$, de todos os estimadores lineares condicionalmente não viesados de β_1; isto é, o estimador de MQO é MELNV. O teorema de Gauss-Markov é apresentado no Conceito-Chave 15.2 e provado no Apêndice 15.3.

A média da amostra é o estimador linear eficiente de $E(Y)$. Uma implicação do teorema de Gauss-Markov é que a média da amostra, $\overline{Y}$, é o estimador linear mais eficiente de $E(Y_i)$ quando $Y_1, ..., Y_n$ são i.i.d. Para entender isso, considere o caso da regressão sem um X, de modo que o único regressor é o regressor constante $X_{0i} = 1$. Então, o estimador de MQO $\hat{\beta}_0 = \overline{Y}$. Segue-se que, sob as hipóteses de Gauss-Markov, $\overline{Y}$ é MELNV. Observe que o requisito de Gauss-Markov de que o erro seja homoscedástico é irrelevante nesse caso porque não há regressor, logo segue-se que $\overline{Y}$ é MELNV se $Y_1, ..., Y_n$ são i.i.d. Esse resultado foi expresso anteriormente no Conceito-Chave 3.3.

Teorema de Gauss-Markov para $\hat{\beta}_1$

Suponha que as condições de Gauss-Markov na Equação (15.24) sejam válidas. Então, o estimador de MQO $\hat{\beta}_1$ é MELNV, isto é, $\text{var}(\hat{\beta}_1 | X_1, ..., X_n) \leq \text{var}(\tilde{\beta}_1 | X_1, ..., X_n)$ para todos os estimadores lineares condicionalmente não viesados $\tilde{\beta}_1$.

Conceito-Chave 15.2

Teorema de Gauss-Markov quando X é não aleatório. Com uma pequena mudança de interpretação, o teorema de Gauss-Markov também se aplica a regressores não aleatórios, isto é, a regressores que não mudam seus valores ao longo de amostras repetidas. Especificamente, se a segunda hipótese de mínimos quadrados é substituída pela hipótese de que $X_1, ..., X_n$ são não aleatórias e $u_1, ..., u_n$ são i.i.d., a definição e a prova anteriores do teorema de Gauss-Markov se aplicam diretamente, exceto pelo fato de que todas as expressões "condicional a $X_1, ..., X_n$" são desnecessárias, uma vez que $X_1, ..., X_n$ assumem os mesmos valores de uma amostra para a outra.

15.6 Mínimos Quadrados Ponderados

Se os erros são heteroscedásticos, de modo que $\text{var}(u_i | X_i)$ é uma função de X_i e a quarta hipótese de mínimos quadrados do Conceito-Chave 15.1 não é válida, o teorema de Gauss-Markov não se aplica e o estimador de MQO não é MELNV. Nesta seção, apresentamos um método de estimação alternativo, **mínimos quadrados ponderados (MQP)**, que pode ser utilizado quando há heteroscedasticidade.

O MQP requer um bom conhecimento da função de variância condicional, $\text{var}(u_i | X_i)$. Consideremos dois casos. No primeiro, $\text{var}(u_i | X_i)$ é conhecida até um fator de proporcionalidade, e MQP é MELNV. No segundo, a forma funcional de $\text{var}(u_i | X_i)$ é conhecida, porém ela possui alguns parâmetros desconhecidos que devem ser estimados. Sob algumas condições adicionais, a distribuição assintótica de MQP no segundo caso é a mesma que seria se os parâmetros da função variância condicional fossem na verdade conhecidos; nesse sentido, o estimador de MQP é assintoticamente MELNV. Nesta seção, concluímos com uma discussão sobre vantagens e desvantagens práticas de se tratar a heteroscedasticidade utilizando MQP ou, alternativamente, erros padrão robustos quanto à heteroscedasticidade.

MQP com Heteroscedasticidade Conhecida

Suponha que a variância condicional $\text{var}(u_i | X_i)$ seja conhecida até um fator de proporcionalidade, isto é,

$$\text{var}(u_i | X_i) = \lambda h(X_i), \tag{15.29}$$

onde λ é uma constante e h é uma função conhecida. Neste caso, o estimador de MPQ é o estimador obtido pela divisão da variável dependente e do regressor pela raiz quadrada de h e então pela regressão dessa variável dependente modificada sobre o regressor modificado utilizando MQO. Especificamente, divida ambos os lados do modelo com um único regressor por $\sqrt{h(X_i)}$ para obter

$$\tilde{Y}_i = \beta_0 \tilde{X}_{0i} + \beta_1 \tilde{X}_{1i} + \tilde{u}_i, \tag{15.30}$$

onde $\tilde{Y}_i = Y_i / \sqrt{h(X_i)}$, $\tilde{X}_{0i} = 1/\sqrt{h(X_i)}$, $\tilde{X}_{1i} = X_i / \sqrt{h(X_i)}$, e $\tilde{u}_i = u_i / \sqrt{h(X_i)}$.

O **estimador de MQP** é o estimador de MQO de β_1 na Equação (15.30), ou seja, é o estimador obtido pela regressão de MQO de $\widetilde{Y}_i$ sobre $\widetilde{X}_{0i}$ e $\widetilde{X}_{1i}$, onde o coeficiente de $\widetilde{X}_{0i}$ toma o lugar do intercepto na regressão não ponderada.

Sob as três primeiras hipóteses de mínimos quadrados no Conceito-Chave 15.1, mais a conhecida hipótese de heteroscedasticidade da Equação (15.29), MQP é MELNV. Isso porque a ponderação das variáveis tornou homoscedástico o termo de erro $\widetilde{u}_i$ da regressão ponderada. Isto é,

$$\text{var}(\widetilde{u}_i|X_i) = \text{var}\left(\frac{u_i}{\sqrt{h(X_i)}}|X_i\right) = \frac{\text{var}(u_i|X_i)}{h(X_i)} = \frac{\lambda h(X_i)}{h(X_i)} = \lambda, \quad (15.31)$$

de modo que a variância condicional de $\widetilde{u}_i$, $\text{var}(\widetilde{u}_i|X_i)$, é constante. Desse modo, as quatro primeiras hipóteses de mínimos quadrados se aplicam à Equação (15.30). Estritamente falando, o teorema de Gauss-Markov da Seção 15.2 foi provado para a Equação (15.1), que inclui o intercepto, β_0, logo ele não se aplica à Equação (15.30), em que o intercepto é substituído por $\beta_0\widetilde{X}_{0i}$. Contudo, a extensão do teorema de Gauss-Markov para regressão múltipla (Seção 16.5) se aplica à estimação de β_1 na regressão da população ponderada, Equação (15.30). Portanto, o estimador de MQO de β_1 na Equação (15.30) — isto é, os estimadores de MQP de β_1 — são MELNV.

Na prática, a função h geralmente é desconhecida, de modo que nem as variáveis ponderadas na Equação (15.30) nem o estimador de MQP podem ser calculados. Por esse motivo, o estimador de MQP descrito aqui às vezes é chamado de estimador **não factível de MQP**. Para implementar MQP na prática, a função h deve ser estimada; é para este tópico que nos voltamos agora.

MQP com Heteroscedasticidade de Forma Funcional Conhecida

Se a heteroscedasticidade possui uma forma funcional conhecida, a função de heteroscedasticidade h pode ser estimada e o estimador de MQP pode ser calculado utilizando essa função estimada.

Exemplo nº 1: A variância de u é quadrática em X. Suponha que se saiba que a variância condicional é uma função quadrática

$$\text{var}(u_i|X_i) = \theta_0 + \theta_1 X_i^2, \quad (15.32)$$

onde θ_0 e θ_1 são parâmetros desconhecidos, $\theta_0 > 0$, e $\theta_1 \geq 0$.

Como θ_0 e θ_1 são desconhecidos, não é possível construir as variáveis ponderadas $\widetilde{Y}_i$, $\widetilde{X}_{0i}$ e $\widetilde{X}_{1i}$. É possível, contudo, estimar θ_0 e θ_1 e utilizar essas estimativas para calcular as estimativas de $\text{var}(u_i|\ X_i)$. Sejam $\hat{\theta}_0$ e $\hat{\theta}_1$ os estimadores de θ_0 e θ_1, e seja $\widehat{\text{var}}\ (u_i|X_i) = \hat{\theta}_0 + \hat{\theta}_1 X_i^2$. Defina os regressores ponderados $\hat{\widetilde{Y}}_i = Y_i / \sqrt{\widehat{\text{var}}\ (u_i|X_i)}$, $\hat{\widetilde{X}}_{0i} = 1/\sqrt{\widehat{\text{var}}\ (u_i|X_i)}$ e $\hat{\widetilde{X}}_{1i} = X_{1i}/\sqrt{\widehat{\text{var}}\ (u_i|X_i)}$. O estimador de MQP é o estimador de MQO dos coeficientes da regressão de $\hat{\widetilde{Y}}_i$ sobre $\hat{\widetilde{X}}_{0i}$ e $\hat{\widetilde{X}}_{1i}$ (onde $\beta_0\hat{\widetilde{X}}_{0i}$ toma o lugar do intercepto β_0).

A implementação desse estimador requer a estimação da função de variância condicional, isto é, a estimação de θ_0 e θ_1 na Equação (15.32). Uma maneira de estimar θ_0 e θ_1 de forma consistente é regredir $\hat{u}_i^2$ sobre X_i^2 utilizando MQO, onde $\hat{u}_i^2$ é o quadrado do i-ésimo resíduo de MQO.

Suponha que a variância condicional possua a forma da Equação (15.32) e que $\hat{\theta}_0$ e $\hat{\theta}_1$ sejam estimadores consistentes de θ_0 e θ_1. Sob as hipóteses 1-3 do Conceito-Chave 15.1, mais as condições de momento adicionais que surgem pelo fato de θ_0 e θ_1 serem estimados, a distribuição assintótica do estimador de MQP é a mesma que seria se θ_0 e θ_1 fossem conhecidos. Portanto, o estimador de MQP com θ_0 e θ_1 estimados possui a mesma distribuição assintótica que o estimador não factível de MQP e é, nesse sentido, assintoticamente MELNV.

Como esse método de MQP pode ser implementado pela estimação de parâmetros desconhecidos da função de variância condicional, ele às vezes é chamado de **MQP factível** ou **MQP estimado**.

Exemplo nº 2: A variância depende de uma terceira variável. O MPQ também pode ser utilizado quando a variância condicional depende de uma terceira variável, W_i, que não aparece na função de regressão. Suponha especificamente que sejam coletados dados sobre três variáveis, Y_i, X_i e W_i, $i = 1, ..., n$; a função de regressão da população depende de X_i, mas não de W_i; e a variância condicional depende de W_i, mas não de X_i. Isto é, a função de regressão da população é $E(Y_i|X_i,W_i) = \beta_0 + \beta_1 X_i$ e a variância condicional é $\text{var}(u_i|X_i,W_i) = \lambda h(W_i)$, onde λ é uma constante e h é uma função que deve ser estimada.

Por exemplo, suponha que um pesquisador esteja interessado em modelar a relação entre a taxa de desemprego em um Estado e a variável da política econômica do Estado (X_i). A taxa de desemprego medida (Y_i), contudo, é uma estimativa baseada em pesquisas da verdadeira taxa de desemprego (Y_i^*). Assim, Y_i mede Y_i^* com erro, que tem como fonte o erro de pesquisa aleatório convencional, de modo que $Y_i = Y_i^* + v_i$, onde v_i é o erro de medida que surgiu da pesquisa. Nesse exemplo, é plausível que o tamanho da amostra da pesquisa, W_i, não seja em si um determinante da verdadeira taxa de desemprego no Estado. Portanto, a função de regressão da população não depende de W_i, ou seja, $E(Y_i^*|X_i,W_i) = \beta_0 + \beta_1 X_i$. Temos então as duas equações

$$Y_i^* = \beta_0 + \beta_1 X_i + u_i^* \text{ e} \tag{15.33}$$

$$Y_i = Y_i^* + v_i, \tag{15.34}$$

onde a Equação (15.33) modela a relação entre a variável de política econômica do Estado e a verdadeira taxa de desemprego nele, e a Equação (15.34) representa a relação entre a taxa de desemprego medida Y_i e a verdadeira taxa de desemprego Y_i^*.

O modelo nas equações (15.33) e (15.34) pode levar a uma regressão da população em que a variância condicional do erro depende de W_i, mas não de X_i. O termo de erro u_i^* na Equação (15.33) representa outros fatores omitidos dessa regressão, ao passo que o termo de erro v_i na Equação (15.34) representa o erro de medida que surgiu da pesquisa da taxa de desemprego. Se u_i^* é homoscedástico, então $\text{var}(u_i^*|X_i,W_i) = \sigma_{u^*}^2$ é constante. A variância do erro de pesquisa, contudo, depende inversamente do tamanho da amostra da pesquisa W_i, isto é, $\text{var}(v_i|X_i,W_i) = a/W_i$ onde a é uma constante. Como v_i é um erro de pesquisa aleatório, supõe-se com segurança que ele não está correlacionado com u_i^*, de modo que $\text{var}(u_i^* + v_i|X_i,W_i) = \sigma_{u^*}^2 + a/W_i$. Portanto, a substituição da Equação (15.33) na Equação (15.34) leva ao modelo de regressão com heteroscedasticidade:

$$Y_i = \beta_0 + \beta_1 X_i + u_i, \tag{15.35}$$

$$\text{var}(u_i|X_i,W_i) = \theta_0 + \theta_1(1/W_i) \tag{15.36}$$

onde $u_i = u_i^* + v_i$, $\theta_0 = \sigma_{u^*}^2$, e $\theta_1 = a$, e $E(u_i|X_i,W_i) = 0$.

Se θ_0 e θ_1 fossem conhecidos, a função de variância condicional na Equação (15.36) poderia ser utilizada para estimar β_0 e β_1 por MQP. Nesse exemplo, θ_0 e θ_1 são desconhecidos, mas podem ser estimados pela regressão do quadrado do resíduo de MQO (da estimação de MQO da Equação (15.33)) sobre $1/W_i$. Então, a função variância condicional estimada pode ser utilizada para construir os pesos no MQP factível.

Devemos enfatizar que é crucial que $E(u_i|X_i,W_i) = 0$; caso contrário, os erros ponderados terão média condicional diferente de zero e MQP será inconsistente. Dito de outra forma, se W_i é na verdade um determinante de Y_i, a Equação (15.35) deveria ser uma equação de regressão múltipla que incluísse tanto X_i quanto W_i. Se W_i e X_i não são correlacionados, se W_i é um determinante de Y_i e se W_i é excluído da regressão, então MQO é não viesado e MQP é inconsistente.

Método geral de MQP factível. Em geral, o MQP factível prossegue em quatro passos:

1. Regrida Y_i sobre X_i por MQO e obtenha os resíduos de MQO, $\hat{u}_i$, $i = 1, ..., n$.

2. Estime um modelo da função de variância condicional $\text{var}(u_i|X_i)$. Por exemplo, se a função de variância condicional tem a forma da Equação (15.32), deve-se regredir $\hat{u}_i^2$ sobre X_i^2. Em geral, esse passo envolve estimar uma função para a variância condicional, $\text{var}(u_i|X_i)$.

3. Utilize a função estimada para calcular os valores previstos da função de variância condicional, $\widehat{\text{var}}(u_i|X_i)$.
4. Pondere a variável dependente e o regressor (incluindo o intercepto) pelo inverso da raiz quadrada da função de variância condicional estimada.
5. Estime os coeficientes da regressão ponderada por MQO; os estimadores resultantes são os estimadores de MQP.

Os pacotes econométricos normalmente incluem comandos opcionais de mínimos quadrados ponderados que automatizam o quarto e o quinto passos.

Erros Padrão Robustos Quanto à Heteroscedasticidade ou MQP?

Existem duas maneiras de lidar com a heteroscedasticidade: estimando β_0 e β_1 por MQP, ou estimando β_0 e β_1 por MQO e utilizando erros padrão robustos quanto à heteroscedasticidade. Decidir qual enfoque utilizar na prática requer a ponderação das vantagens e desvantagens de cada um.

A vantagem do MQP é que ele é mais eficiente do que o estimador de MQO dos coeficientes nos regressores originais, pelo menos assintoticamente. A desvantagem é o fato de ele requerer o conhecimento da função de variância condicional e a estimação de seus parâmetros. Se a função de variância condicional possui a forma quadrática da Equação (15.32), isso é feito facilmente. Na prática, contudo, a forma funcional da função de variância condicional raramente é conhecida. Além disso, se a forma funcional é incorreta, os erros padrão calculados pelas rotinas de regressão de MQP são inválidos no sentido de que levam a inferências estatísticas incorretas (os testes possuem o tamanho errado).

A vantagem de utilizar erros padrão robustos quanto à heteroscedasticidade é que eles produzem inferências válidas assintoticamente mesmo que você não saiba a forma da função de variância condicional. Uma vantagem adicional é que os erros padrão robustos quanto à heteroscedasticidade são calculados facilmente como uma opção nos pacotes econométricos modernos, de modo que nenhum esforço adicional é necessário para proteger-se dessa ameaça. A desvantagem desses erros padrão é o fato de que o estimador de MQO terá uma variância maior do que o estimador de MQP (baseado na verdadeira função de variância condicional), pelo menos assintoticamente.

Na prática, a forma funcional de $\text{var}(u_i|X_i)$ raramente é conhecida, o que coloca um problema quanto ao uso de MQP nas aplicações do mundo real. Se esse problema é bastante difícil para um único regressor, em aplicações com múltiplos regressores é ainda mais difícil conhecer a forma funcional da variância condicional. Por esse motivo, a utilização prática do MQP enfrenta grandes desafios. Em contraste, em pacotes econométricos modernos, a utilização de erros padrão robustos quanto à heteroscedasticidade é simples, e as inferências resultantes são confiáveis sob hipóteses muito gerais; em particular, esses erros padrão podem ser utilizados sem que haja a necessidade de especificar uma forma funcional para a variância condicional. Por essas razões, consideramos que, apesar do apelo teórico do MQP, os erros padrão robustos quanto à heteroscedasticidade fornecem uma forma melhor de se lidar com a heteroscedasticidade potencial na maioria das aplicações.

Resumo

1. A normalidade assintótica do estimador de MQO, combinada com a consistência dos erros padrão robustos quanto à heteroscedasticidade, implica que, se as três primeiras hipóteses de mínimos quadrados no Conceito-Chave 15.1 são válidas, a estatística t robusta quanto à heteroscedasticidade possui uma distribuição normal padrão assintótica sob a hipótese nula.
2. Se os erros da regressão são i.i.d. e normalmente distribuídos, condicionais aos regressores, o estimador $\hat{\beta}_1$ possui uma distribuição amostral exata normal, condicional aos regressores. Além disso, a estatística t somente homoscedástica possui uma distribuição amostral exata t_{n-2} de Student sob a hipótese nula.

3. Se, além das três hipóteses do Conceito-Chave 15.1, os erros de regressão são homoscedásticos, o estimador de MQO $\hat{\beta}_1$ é eficiente (possui a menor variância) entre todos os estimadores lineares condicionalmente não viesados de β_1. Isto é, o estimador de MQO é o melhor estimador linear condicionalmente não viesado (MQO é MELNV).
4. O estimador de mínimos quadrados ponderados (MQP) é MQO aplicado a uma regressão ponderada, na qual todas as variáveis são ponderadas pela raiz quadrada do inverso da variância condicional, $\text{var}(u_i | X_i)$, ou sua estimativa. Embora o estimador de MQP seja assintoticamente mais eficiente do que o de MQO, para implementar MQP você deve conhecer a forma funcional da função de variância condicional, que geralmente é de ordem alta.

Termos-chave

convergência em probabilidade (394)
estimador consistente (394)
convergência em distribuição (395)
distribuição assintótica (395)
teorema de Slutsky (396)
teorema do mapeamento contínuo (396)
MELNV (401)
condições de Gauss-Markov (401)
teorema de Gauss-Markov (402)
mínimos quadrados ponderados (MQP) (403)
estimador de MQP (404)
estimador não-factível de MQP (404)
MQP factível (404)
f.d.p. normal (410)
f.d.p. normal bivariada (410)

Revisão dos Conceitos

15.1 Suponha que a hipótese 4 no Conceito-Chave 15.1 seja verdadeira, mas que você construa um intervalo de confiança de 95 por cento para β_1 utilizando erros padrão robustos quanto à heteroscedasticidade em uma amostra grande. Esse intervalo de confiança seria válido assintoticamente, no sentido de que ele contém o valor verdadeiro de β_1 em 95 por cento de todas as amostras para n grande? Suponha, em vez disso, que a hipótese 4 no Conceito-Chave 15.1 seja falsa, mas que você construa um intervalo de confiança de 95 por cento para β_1 utilizando a fórmula para erros padrão somente homoscedásticos em uma amostra grande. Esse intervalo de confiança seria válido assintoticamente?

15.2 Suponha que A_n seja uma variável aleatória que converge em probabilidade para 3 e que B_n seja uma variável aleatória que converge em distribuição para uma normal padrão. Qual é a distribuição assintótica de A_nB_n? Utilize essa distribuição para calcular um valor aproximado de $P(A_nB_n < 2)$.

15.3 Suponha que X e Y estejam relacionados pela regressão $Y = 1{,}0 + 2{,}0X + u$. Um pesquisador possui observações sobre X e Y, onde $0 \leq X \leq 20$, onde a variância condicional é $\text{var}(u_i | X_i = x) = 1$ para $0 \leq x \leq 10$ e $\text{var}(u_i | X_i = x) = 16$ para $10 < x \leq 20$. Faça um diagrama de dispersão hipotético das observações (X_i, Y_i), $i = 1, \ldots, n$. MQP coloca mais peso nas observações com $x \leq 10$ ou $x > 10$? Por quê?

15.4 Em vez de utilizar MQP, o pesquisador do problema anterior decide calcular o estimador de MQO utilizando somente as observações para as quais $x \leq 10$ e então empregando apenas as observações para as quais $x > 10$. Por fim, ele calcula a média dos dois estimadores de MQO. Esse procedimento é melhor do que MQP?

Exercícios

15.1 Considere o modelo de regressão sem um termo de intercepto, $Y_i = \beta_1 X_i + u_i$ (de modo que o verdadeiro valor do intercepto, β_0, é zero).

a. Derive o estimador de mínimos quadrados de β_1 para o modelo de regressão restrita $Y_i = \beta_1 X_i + u_i$. Este é chamado de estimador de mínimos quadrados restritos ($\hat{\beta}_1^{MQR}$) de β_1 porque é estimado sob uma restrição, que neste caso é $\beta_0 = 0$.

b. Derive a distribuição assintótica de $\hat{\beta}_1^{MQR}$ sob as hipóteses 1-3 do Conceito-Chave 15.1.

c. Mostre que $\hat{\beta}_1^{MQR}$ é linear (Equação (15.25)) e, sob as hipóteses 1 e 2 do Conceito-Chave 15.1, condicionalmente não viesado (Equação (15.26)).

d. Derive a variância condicional de $\hat{\beta}_1^{MQR}$ sob as condições de Gauss-Markov.

e. Compare a variância condicional de $\hat{\beta}_1^{MQR}$ em (d) com a variância condicional do estimador de MQO $\hat{\beta}_1$ (da regressão que inclui um intercepto) sob as condições de Gauss-Markov. Qual estimador é mais eficiente? Utilize as fórmulas para as variâncias para explicar por quê.

f. Derive a distribuição amostral exata de $\hat{\beta}_1^{MQR}$ sob as hipóteses 1-5 do Conceito-Chave 15.1.

g. Agora considere o estimador $\tilde{\beta}_1 = \sum_{i=1}^{n} Y_i / \sum_{i=1}^{n} X_i$. Derive uma expressão para $\text{var}(\tilde{\beta}_1 | X_1, ..., X_n) - \text{var}(\hat{\beta}_1^{MQR} | X_1, ..., X_n)$ sob as condições de Gauss-Markov, e utilize essa expressão para mostrar que $\text{var}(\tilde{\beta}_1 | X_1, ..., X_n) \geq \text{var}(\hat{\beta}_1^{MQR} | X_1, ..., X_n)$.

***15.2** Suponha que (X_i, Y_i) sejam i.i.d. com quartos momentos finitos. Prove que a co-variância da amostra é um estimador consistente da co-variância da população, isto é, $s_{XY} \xrightarrow{p} \sigma_{XY}$, onde s_{XY} é definida na Equação (3.22). (*Dica:* Utilize a estratégia do Apêndice 3.3 e a desigualdade de Cauchy-Schwartz.)

15.3 Este exercício completa os detalhes da derivação da distribuição assintótica de $\hat{\beta}_1$ dada no Apêndice 4.3.

a. Utilize a Equação (15.19) para derivar a expressão

$$\sqrt{n}(\hat{\beta}_1 - \beta_1) = \frac{\sqrt{\frac{1}{n}}\sum_{i=1}^{n} v_i}{\frac{1}{n}\sum_{i=1}^{n}(X_i - \bar{X})^2} - \frac{(\bar{X} - \mu_X)\sqrt{\frac{1}{n}}\sum_{i=1}^{n} u_i}{\frac{1}{n}\sum_{i=1}^{n}(X_i - \bar{X})^2}, \tag{15.37}$$

onde $v_i = (X_i - \mu_X)u_i$.

b. Utilize o teorema central do limite, a lei dos grandes números e o teorema de Slutsky para mostrar que o termo final na Equação (15.37) converge em probabilidade para zero.

c. Utilize a desigualdade de Cauchy-Schwartz e a terceira hipótese de mínimos quadrados do Conceito-Chave 15.1 para provar que $\text{var}(v_i) < \infty$. O termo $\sqrt{\frac{1}{n}}\sum_{i=1}^{n} v_i / \sigma_v$ satisfaz o teorema central do limite?

d. Aplique o teorema central do limite e o teorema de Slutsky para obter o resultado da Equação (15.12).

***15.4** Mostre os seguintes resultados:

a. Mostre que $\sqrt{n}(\hat{\beta}_1 - \beta_1) \xrightarrow{d} N(0, a^2)$, onde a^2 é uma constante, implica que $\hat{\beta}_1$ é consistente. (*Dica:* Utilize o teorema de Slutsky.)

b. Mostre que $s_u^2 / \sigma_u^2 \xrightarrow{p}$ implica que $s_u / \sigma_u \xrightarrow{p} 1$.

15.5 Suponha que W seja uma variável aleatória com $E(W^4) < \infty$. Mostre que $E(W^2) < \infty$.

15.6 Mostre que se $\hat{\beta}_1$ é condicionalmente não viesado, ele é não viesado; isto é, mostre que, se $E(\hat{\beta}_1 | X_1, ..., X_n) = \beta_1$, então $E(\hat{\beta}_1) = \beta_1$.

15.7 Suponha que X e u sejam variáveis aleatórias contínuas e $X_i, u_i, i = 1, ..., n$ sejam i.i.d.

a. Mostre que a função densidade de probabilidade conjunta (f.d.p.) de u_i, u_j, X_i, X_j pode ser escrita como $f(u_i, X_i)f(u_j, X_j)$ para $i \neq j$, onde $f(u_i, X_i)$ é a f.d.p. conjunta de u_i e X_i.

b. Mostre que $E(u_i u_j | X_i, X_j) = E(u_i | X_i)E(u_j | X_j)$ para $i \neq j$.

c. Mostre que $E(u_i|X_1, ..., X_n) = E(u_i|X_i)$.

d. Mostre que $E(u_iu_j|X_1, X_2, ..., X_n) = E(u_i|X_i)E(u_j|X_j)$ para $i \neq j$.

15.8 Considere o modelo de regressão do Conceito-Chave 15.1 e suponha que as hipóteses 1, 2, 3 e 5 sejam válidas. Suponha que a hipótese 4 seja substituída pela hipótese de que $\text{var}(u_i|X_i) = \theta_0 + \theta_1|X_i|$, onde $|X_i|$ é o valor absoluto de X_i, $\theta_0 > 0$, e $\theta_1 \geq 0$.

a. O estimador de MQO de β_1 é MELNV?

b. Suponha que θ_0 e θ_1 sejam conhecidos. Qual é o estimador MELNV de β_1?

c. Derive a distribuição amostral exata do estimador de MQO, $\hat{\beta}_1$, condicional a $X_1, ..., X_n$.

d. Derive a distribuição amostral exata do estimador de MQP (tratando θ_0 e θ_1 como conhecidos) de β_1, condicional a $X_1, ..., X_n$.

15.9 Prove a Equação (15.16) sob as hipóteses 1 e 2 do Conceito-Chave 15.1, mais a hipótese de que X_i e u_i têm oito momentos.

***15.10** Seja $\hat{\theta}$ um estimador do parâmetro θ, onde $\hat{\theta}$ pode ser viesado. Mostre que se $E[(\hat{\theta} - \theta)^2] \longrightarrow 0$ à medida que $n \longrightarrow \infty$ (ou seja, o erro quadrático médio de $\hat{\theta}$ tende a zero), então $\hat{\theta} \xrightarrow{p} \theta$. (*Dica:* Utilize (15.48) com $W = \hat{\theta} - \theta$.)

APÊNDICE 15.1 Distribuições Normais e Relacionadas e Momentos de Variáveis Aleatórias Contínuas

Neste apêndice, definimos e discutimos as distribuições normal e *F*. As definições das distribuições qui-quadrado e *t* de Student, dadas na Seção 2.4, são novamente expostas aqui por conveniência. Começamos apresentando as definições de probabilidade e de momentos que envolvem variáveis aleatórias contínuas.

Probabilidades e Momentos de Variáveis Aleatórias Contínuas

Conforme discutido na Seção 2.1, se Y é uma variável aleatória contínua, sua probabilidade é resumida pela sua função densidade de probabilidade (f.d.p.). A probabilidade de que Y se situe entre dois valores é a área sob sua f.d.p. entre esses dois valores. Como no caso discreto, o valor esperado de Y é o valor da média ponderada pela sua probabilidade, em que os pesos são dados pela f.d.p. Como Y é contínua, contudo, as expressões matemáticas para suas probabilidades e valores esperados envolvem integrais em vez de somatórios que são apropriados para variáveis aleatórias discretas.

Seja f_Y a função densidade de probabilidade de Y. Como as probabilidades não podem ser negativas, $f_Y(y) \geq 0$ para todo y. A probabilidade de que Y se situe entre a e b (onde $a < b$) é

$$\text{P}(a \leq Y \leq b) = \int_a^b f_Y(y)dy. \tag{15.38}$$

Como Y deve tomar algum valor sobre a reta real, $\text{P}(-\infty \leq Y \leq \infty) = 1$, o que implica que $\int_{-\infty}^{\infty} f_Y(y)dy = 1$.

Valores esperados e momentos de variáveis aleatórias contínuas, assim como aqueles de variáveis aleatórias discretas, são médias de seus valores ponderados pela sua probabilidade, exceto pelo fato de que os somatórios (por exemplo, o somatório na Equação (2.4)) são substituídos por integrais. Portanto, o valor esperado de Y é

$$E(Y) = \mu_Y = \int y f_Y(y)dy, \tag{15.39}$$

onde o intervalo de integração é o conjunto de valores para os quais f_Y é diferente de zero. A variância é o valor esperado de $(Y - \mu_Y)^2$, e o r-ésimo momento de uma variável aleatória é o valor esperado de Y^r. Portanto,

$$\text{var}(Y) = E(Y - \mu_Y)^2 = \int (y-\mu_Y)^2 f_Y(y)dy \text{ e} \tag{15.40}$$

$$E(Y^r) = \int y^r f_Y(y)dy. \tag{15.41}$$

Distribuição Normal

Distribuição normal para uma única variável. A função densidade de probabilidade de uma variável aleatória normalmente distribuída (a **f.d.p. normal**) é

$$f_Y(y) = \frac{1}{\sigma_Y\sqrt{2\pi}} \exp\left[-\frac{1}{2}\left(\frac{y-\mu_Y}{\sigma_Y}\right)^2\right], \tag{15.42}$$

onde exp(x) é a função exponencial de x. O fator $1/(\sigma_Y\sqrt{2\pi})$ na Equação (15.42) assegura que $P(-\infty \leq Y \leq \infty) = \int_{-\infty}^{\infty} f_Y(y)\,dy = 1$.

Quando $\mu_Y = 0$ e $\sigma_Y^2 = 1$, a distribuição normal é chamada de distribuição normal padrão. A f.d.p. normal padrão é representada por ϕ e a f.d.a. normal padrão é representada por ϕ. Assim, a densidade normal padrão é $\phi(y) = \frac{1}{\sqrt{2\pi}} \exp\left(-\frac{y^2}{2}\right)$ e $\Phi(y) = \int_{-\infty}^{y} \phi(s)ds$.

Distribuição normal bivariada. A **f.d.p. normal bivariada** para as duas variáveis aleatórias X e Y é

$$g_{X,Y}(x,y) = \frac{1}{2\pi\sigma_X\sigma_Y\sqrt{1-\rho_{XY}^2}} \times \exp\left\{\frac{1}{-2(1-\rho_{XY}^2)}\left[\left(\frac{x-\mu_X}{\sigma_X}\right)^2 - 2\rho_{XY}\left(\frac{x-\mu_X}{\sigma_X}\right)\left(\frac{y-\mu_Y}{\sigma_Y}\right) + \left(\frac{y-\mu_Y}{\sigma_Y}\right)^2\right]\right\} \tag{15.43}$$

onde ρ_{XY} é a correlação entre X e Y.

Quando X e Y não são correlacionadas ($\rho_{XY} = 0$), $g_{X,Y}(x,y) = f_X(x)f_Y(y)$, onde f é a densidade normal dada na Equação (15.42). Isso prova que se X e Y são em conjunto normalmente distribuídas e não são correlacionados, elas são independentemente distribuídas. Essa é uma característica especial da distribuição normal que geralmente não é verdadeira para outras distribuições.

A distribuição normal multivariada estende a distribuição normal bivariada para lidar com mais de duas variáveis aleatórias. Essa distribuição, que é apresentada no Apêndice 16.1, é expressa de forma mais conveniente utilizando matrizes.

Distribuição normal condicional. Suponha que X e Y sejam conjunta e normalmente distribuídas. Então, a distribuição condicional de Y dado X é normal, com média $\mu_{Y|X} = \mu_Y + (\sigma_{XY}/\sigma_X^2)(X - \mu_X)$ e variância $\sigma_{Y|X}^2 = (1 - \rho_{XY}^2)\sigma_Y^2$. A média dessa distribuição condicional, condicional a $X = x$, é uma função linear de x e a variância não depende de x.

Distribuições Relacionadas

Distribuição qui-quadrado. Sejam $Z_1, Z_2, ..., Z_n$ n variáveis aleatórias normais padrão i.i.d. A variável aleatória

$$W = \sum_{i=1}^{n} Z_i^2 \tag{15.44}$$

possui uma distribuição qui-quadrado com n graus de liberdade. Essa distribuição é representada por χ_n^2. Como $E(Z_i^2) = 1$, $E(W) = n$.

Distribuição t de Student. Suponha que Z tenha uma distribuição normal padrão, que W tenha uma distribuição χ_m^2 e que Z e W sejam independentemente distribuídas. Então, a variável aleatória

$$t = \frac{Z}{\sqrt{W/m}} \tag{15.45}$$

possui uma distribuição t de Student com m graus de liberdade, representada por t_m. A distribuição t_∞ é a distribuição normal padrão.

Distribuição F. Sejam W_1 e W_2 variáveis aleatórias independentes com distribuições qui-quadrado, com n_1 e n_2 graus de liberdade respectivamente. Então, a variável aleatória

$$F = \frac{W_1 / n_1}{W_2 / n_2} \tag{15.46}$$

possui uma distribuição F com (n_1, n_2) graus de liberdade. Essa distribuição é representada por F_{n_1,n_2}.

A distribuição F depende dos graus de liberdade do numerador n_1 e dos graus de liberdade do denominador n_2. À medida que o número de graus de liberdade do denominador torna-se grande, a distribuição F_{n_1,n_2} aproxima-se bem de uma distribuição $\chi^2_{n_1}$, dividida por n_1. No limite, a distribuição $F_{n_1,\infty}$ é igual à distribuição $\chi^2_{n_1}$, dividida por n_1, ou seja, é igual à distribuição $\chi^2_{n_1}/n_1$.

APÊNDICE 15.2 Duas Desigualdades

Neste apêndice, definimos e provamos as desigualdades de Chebychev e de Cauchy-Schwarz.

Desigualdade de Chebychev

A desigualdade de Chebychev utiliza a variância da variável aleatória V para limitar a probabilidade de que V está mais distante do que $\pm\delta$ de sua média, onde δ é uma constante positiva:

$$\mathrm{P}(|V - \mu_V| \geq \delta) \leq \mathrm{var}(V)/\delta^2 \quad \text{(desigualdade de Chebychev)} \tag{15.47}$$

Para provar a Equação (15.47), seja $W = V - \mu_V$, seja f a f.d.p. de W e seja δ qualquer número positivo. Agora,

$$\begin{aligned}
E(W^2) &= \int_{-\infty}^{\infty} w^2 f(w)dw \\
&= \int_{-\infty}^{-\delta} w^2 f(w)dw + \int_{-\delta}^{\delta} w^2 f(w)dw + \int_{\delta}^{\infty} w^2 f(w)dw \\
&\geq \int_{-\infty}^{-\delta} w^2 f(w)dw + \int_{\delta}^{\infty} w^2 f(w)dw \\
&\geq \delta^2 \left[\int_{-\infty}^{-\delta} f(w)dw + \int_{\delta}^{\infty} f(w)dw\right] \\
&= \delta^2\, \mathrm{P}(|W| \geq \delta)
\end{aligned} \tag{15.48}$$

onde a primeira igualdade é a definição de $E(W^2)$, a segunda igualdade é válida porque os intervalos de integração dividem a reta real, a primeira desigualdade é válida porque o termo eliminado não é negativo, a segunda desigualdade é válida porque $w^2 \geq \delta^2$ ao longo do intervalo de integração e a igualdade final é válida pela definição $\mathrm{P}(|W| \geq \delta)$. Substituindo $W = V - \mu_V$ na expressão final, observando que $E(W^2) = E[(V - \mu_V)^2] = \mathrm{var}(V)$, e reagrupando a equação, temos a desigualdade (15.47). Se V é discreta, essa prova se aplica com a substituição das integrais pelos somatórios.

Desigualdade de Cauchy-Schwarz

A desigualdade de Cauchy-Schwarz é uma extensão da desigualdade de correlação $|\rho_{XY}| \leq 1$, para incorporar médias diferentes de zero. A desigualdade de Cauchy-Schwarz é

$$|E(XY)| \leq \sqrt{E(X^2)E(Y^2)} \quad \text{(desigualdade de Cauchy-Schwarz)} \tag{15.49}$$

A prova da Equação (15.49) é semelhante à prova da desigualdade de correlação do Apêndice 2.1. Seja $W = Y + bX$, onde b é uma constante. Então, $E(W^2) = E(Y^2) + 2bE(XY) + b^2E(X^2)$. Agora seja $b = -E(XY)/E(X^2)$, de modo que (após a simplificação) a expressão torna-se $E(W^2) = E(Y^2) - [E(XY)]^2/E(X^2)$. Como $E(W^2) \geq 0$ (visto que $W^2 \geq 0$), deve ser o caso em que $[E(XY)]^2 \leq E(X^2)E(Y^2)$, e a desigualdade de Cauchy-Schwarz prossegue com o cálculo da raiz quadrada.

APÊNDICE 15.3 Prova do Teorema de Gauss-Markov

Começamos derivando alguns fatos que são válidos para todos os estimadores lineares não viesados, isto é, para todos os estimadores $\tilde{\beta}_1$ que satisfazem as equações (15.25) e (15.26). Substituindo $Y_i = \beta_0 + \beta_1 X_i + u_i$ em $\tilde{\beta}_1 = \sum_{i=1}^{n} a_i Y_i$ e reunindo os termos, temos que

$$\tilde{\beta}_1 = \beta_0 \left(\sum_{i=1}^{n} a_i\right) + \beta_1 \left(\sum_{i=1}^{n} a_i X_i\right) + \sum_{i=1}^{n} a_i u_i. \quad (15.50)$$

Pela primeira condição de Gauss-Markov, $E(\sum_{i=1}^{n} a_i u_i | X_1, ..., X_n) = \sum_{i=1}^{n} a_i E(u_i | X_1, ..., X_n) = 0$; desse modo, tomando as expectativas condicionais de ambos os lados da Equação (15.50) temos que $E(\tilde{\beta}_1 | X_1, ..., X_n) = \beta_0 (\sum_{i=1}^{n} a_i) + \beta_1 (\sum_{i=1}^{n} a_i X_i)$. Como, por hipótese, $\tilde{\beta}_1$ é condicionalmente não viesado, deve ocorrer que $\beta_0 (\sum_{i=1}^{n} a_i) + \beta_1 (\sum_{i=1}^{n} a_i X_i) = \beta_1$, mas para que essa igualdade seja válida para todos os valores de β_0 e β_1, deve ser o caso em que, para $\tilde{\beta}_1$ ser condicionalmente não viesado,

$$\sum_{i=1}^{n} a_i = 0 \text{ e } \sum_{i=1}^{n} a_i X_i = 1. \quad (15.51)$$

Sob as condições de Gauss-Markov, a variância de $\tilde{\beta}_1$, condicional a $X_1, ..., X_n$, possui uma forma simples. A substituição da Equação (15.51) na Equação (15.50) produz $\tilde{\beta}_1 - \beta_1 = \sum_{i=1}^{n} a_i u_i$. Portanto, $\text{var}(\tilde{\beta}_1 | X_1, ..., X_n) = \text{var}(\sum_{i=1}^{n} a_i u_i | X_1, ..., X_n) = \sum_{i=1}^{n}\sum_{j=1}^{n} a_i a_j \text{cov}(u_i, u_j | X_1, ..., X_n)$; aplicando a segunda e a terceira condições de Gauss-Markov, os termos cruzados no somatório duplo desaparecem e a expressão para a variância condicional é simplificada para

$$\text{var}(\tilde{\beta}_1 | X_1, ..., X_n) = \sigma_u^2 \sum_{i=1}^{n} a_i^2. \quad (15.52)$$

Observe que as equações (15.51) e (15.52) se aplicam a $\hat{\beta}_1$ com pesos $a_i = \hat{a}_i$, dados na Equação (15.27).

Agora mostramos que as duas restrições na Equação (15.51) e a expressão para a variância condicional na Equação (15.52) implicam que a variância condicional de $\tilde{\beta}_1$ excede a variância condicional de $\hat{\beta}_1$, a menos que $\tilde{\beta}_1 = \hat{\beta}_1$. Seja $a_i = \hat{a}_i + d_i$, de modo que $\sum_{i=1}^{n} a_i^2 = \sum_{i=1}^{n} (\hat{a}_i^2 + d_i)^2 = \sum_{i=1}^{n} \hat{a}_i^2 + 2\sum_{i=1}^{n} \hat{a}_i d_i + \sum_{i=1}^{n} d_i^2$.

Utilizando a definição de $\hat{a}_i$, temos que

$$\sum_{i=1}^{n} \hat{a}_i d_i = \sum_{i=1}^{n} (X_i - \overline{X}) d_i / \sum_{j=1}^{n} (X_j - \overline{X})^2 = (\sum_{i=1}^{n} d_i X_i - \overline{X} \sum_{i=1}^{n} d_i) / \sum_{j=1}^{n} (X_j - \overline{X})^2 =$$
$$[(\sum_{i=1}^{n} a_i X_i - \sum_{i=1}^{n} \hat{a}_i X_i) - \overline{X}(\sum_{i=1}^{n} a_i - \sum_{i=1}^{n} \hat{a}_i)] / \sum_{j=1}^{n} (X_j - \overline{X})^2 = 0,$$

onde a igualdade final segue da Equação (15.51) (que é válida para a_i e para $\hat{a}_i$). Portanto, $\sigma_u^2 \sum_{i=1}^{n} a_i^2 = \sigma_u^2 \sum_{i=1}^{n} \hat{a}_i + \sigma_u^2 \sum_{i=1}^{n} d_i^2 = \text{var}(\hat{\beta}_1 | X_1, ..., X_n) + \sigma_u^2 \sum_{i=1}^{n} d_i^2$; a substituição desse resultado na Equação (15.51) produz

$$\text{var}(\tilde{\beta}_1 | X_1, ..., X_n) - \text{var}(\hat{\beta}_1 | X_1, ..., X_n) = \sigma_u^2 \sum_{i=1}^{n} d_i^2. \quad (15.53)$$

Portanto $\tilde{\beta}_1$ possuirá uma variância condicional maior do que $\hat{\beta}_1$ se d_i for diferente de zero para qualquer $i = 1, ..., n$. Mas se $d_i = 0$ para todo i, então $a_i = \hat{a}_i$ e $\tilde{\beta}_1 = \hat{\beta}_1$, o que prova que MQO é MELNV.

CAPÍTULO 16 Teoria da Regressão Múltipla

Neste capítulo, fornecemos uma introdução à teoria da análise de regressão múltipla. O capítulo tem três objetivos. O primeiro é apresentar o modelo de regressão múltipla no formato matricial, que leva a fórmulas compactas para o estimador de MQO e estatísticas de testes. O segundo é caracterizar a distribuição amostral do estimador de MQO, tanto em amostras grandes (utilizando a teoria assintótica) quanto em amostras pequenas (se os erros são homoscedásticos e normalmente distribuídos). O terceiro objetivo é estudar a teoria da estimação eficiente dos coeficientes do modelo de regressão múltipla e descrever os mínimos quadrados generalizados (MQG), um método utilizado para estimar os coeficientes da regressão de forma eficiente quando os erros são heteroscedásticos e/ou correlacionados entre as observações.

Iniciamos o capítulo apresentando o modelo de regressão múltipla e o estimador de MQO no formato matricial na Seção 16.1. Apresentamos também as hipóteses de mínimos quadrados estendidas para o modelo de regressão múltipla. As quatro primeiras hipóteses são iguais às hipóteses de mínimos quadrados do Conceito-Chave 5.4 e fundamentam as distribuições assintóticas utilizadas para justificar os procedimentos descritos no Capítulo 5. As duas hipóteses de mínimos quadrados estendidas remanescentes são mais fortes e nos permitem explorar de forma mais detalhada as propriedades teóricas do estimador de MQO no modelo de regressão múltipla.

Nas três seções seguintes, examinamos a distribuição amostral do estimador de MQO e das estatísticas de testes. Na Seção 16.2, apresentamos as distribuições assintóticas do estimador de MQO e da estatística t sob as hipóteses de mínimos quadrados do Conceito-Chave 5.4. Na Seção 16.3, unificamos e generalizamos os testes de hipótese que envolvem múltiplos coeficientes apresentados nas seções 5.7 e 5.8, bem como fornecemos a distribuição assintótica da estatística F resultante. Na Seção 16.4, examinamos as distribuições amostrais exatas do estimador de MQO e das estatísticas de testes no caso especial em que os erros são homoscedásticos e normalmente distribuídos. Embora a hipótese de erros normais homoscedásticos não seja plausível na maioria das aplicações econométricas, as distribuições amostrais exatas são de interesse teórico, e os valores p calculados utilizando essas distribuições freqüentemente constam no resultado do pacote econométrico.

Nas duas seções finais, tratamos da teoria da estimação eficiente dos coeficientes do modelo de regressão múltipla. Na Seção 16.5, generalizamos o teorema de Gauss-Markov para a regressão múltipla. Na Seção 16.6, desenvolvemos o método de mínimos quadrados generalizados (MQG).

Pré-requisito matemático. O tratamento do modelo linear neste capítulo utiliza a notação matricial e as ferramentas básicas da álgebra linear; por isso, supõe-se que o leitor tenha cursado uma disciplina introdutória de álgebra linear. No Apêndice 16.1, revisamos vetores, matrizes e as operações matriciais utilizadas neste capítulo. Além disso, o cálculo multivariado é utilizado na Seção 16.1 para derivar o estimador de MQO.

16.1 O Modelo de Regressão Linear Múltipla e o Estimador de MQO na Forma Matricial

O modelo de regressão linear múltipla e o estimador de MQO podem ser representados de forma compacta utilizando a notação matricial.

Modelo de Regressão Múltipla na Notação Matricial

O modelo de regressão múltipla da população (Conceito-Chave 5.2) é

$$Y_i = \beta_0 + \beta_1 X_{1i} + \beta_2 X_{2i} + \cdots + \beta_k X_{ki} + u_i,\ i = 1, \ldots, n. \tag{16.1}$$

Para escrever essa equação na forma matricial, defina os seguintes vetores e matrizes:

$$\boldsymbol{Y} = \begin{pmatrix} Y_1 \\ Y_2 \\ \vdots \\ Y_n \end{pmatrix}, \boldsymbol{U} = \begin{pmatrix} u_1 \\ u_2 \\ \vdots \\ u_n \end{pmatrix}, \boldsymbol{X} = \begin{pmatrix} 1 & X_{11} & \cdots & X_{k1} \\ 1 & X_{12} & \cdots & X_{k2} \\ \vdots & \vdots & \ddots & \vdots \\ 1 & X_{1n} & \cdots & X_{kn} \end{pmatrix} = \begin{pmatrix} \boldsymbol{X}_1' \\ \boldsymbol{X}_2' \\ \vdots \\ \boldsymbol{X}_n' \end{pmatrix}$$

$$\text{e } \boldsymbol{\beta} = \begin{pmatrix} \beta_0 \\ \beta_1 \\ \vdots \\ \beta_k \end{pmatrix}, \quad (16.2)$$

de modo que $\boldsymbol{Y}$ é $n \times 1$, $\boldsymbol{X}$ é $n \times (k + 1)$, $\boldsymbol{U}$ é $n \times 1$ e $\boldsymbol{\beta}$ é $(k + 1) \times 1$. Em todo o capítulo, representamos matrizes e vetores por caracteres em negrito. Nessa notação:

- $\boldsymbol{Y}$ é o vetor de dimensão $n \times 1$ de n observações da variável dependente.
- $\boldsymbol{X}$ é a matriz de dimensão $n \times (k + 1)$ de n observações dos $k + 1$ regressores (incluindo o regressor "constante" para o intercepto).
- O vetor coluna $\boldsymbol{X}_i$ de dimensão $(k + 1) \times 1$ é a i-ésima observação dos $k + 1$ regressores, isto é, $\boldsymbol{X}_i' = (1\ X_{1i} \cdots X_{ki})$, onde $\boldsymbol{X}_i'$ representa a transposta de $\boldsymbol{X}_i$.
- $\boldsymbol{U}$ é o vetor de dimensão $n \times 1$ dos n termos de erro.
- $\boldsymbol{\beta}$ é o vetor de dimensão $(k + 1) \times 1$ dos $k + 1$ coeficientes da regressão desconhecidos.

O modelo de regressão múltipla na Equação (16.1) para a i-ésima observação, escrito utilizando os vetores $\boldsymbol{\beta}$ e $\boldsymbol{X}_i$, é

$$Y_i = \boldsymbol{X}_i'\boldsymbol{\beta} + u_i,\ i = 1, \ldots, n. \quad (16.3)$$

Na Equação (16.3), o primeiro regressor é o regressor "constante" sempre igual a um, e seu coeficiente é o intercepto. Assim, o intercepto não aparece separadamente na Equação (16.3), mas é o primeiro elemento do vetor de coeficientes $\boldsymbol{\beta}$.

Reunindo todas as n observações da Equação (16.3,) temos o modelo de regressão múltipla na forma matricial:

$$\boldsymbol{Y} = \boldsymbol{X}\boldsymbol{\beta} + \boldsymbol{U}. \quad (16.4)$$

Hipóteses de Mínimos Quadrados Estendidas

As hipóteses de mínimos quadrados estendidas para o modelo de regressão múltipla são as quatro hipóteses de mínimos quadrados do Conceito-Chave 5.4, mais duas hipóteses adicionais de homoscedasticidade e erros normalmente distribuídos. A hipótese de homoscedasticidade é utilizada quando estudamos a eficiência do estimador de MQO, e a hipótese de normalidade, quando estudamos a distribuição amostral exata do estimador de MQO e das estatísticas de teste.

As hipóteses de mínimos quadrados estendidas estão resumidas no Conceito-Chave 16.1.

Com exceção das diferenças de notação, as três primeiras hipóteses do Conceito-Chave 16.1 são idênticas às três primeiras hipóteses no Conceito-Chave 5.4.

A quarta hipótese dos conceitos-chave 5.4 e 16.1 podem parecer diferentes, mas na verdade são iguais: simplesmente são maneiras diferentes de dizer que não pode existir multicolinearidade perfeita. Lembre-se de que a multicolinearidade perfeita surge quando um regressor pode ser escrito como uma combinação linear perfeita dos outros. Na notação matricial da Equação (16.2), a multicolinearidade perfeita significa que uma coluna de $\boldsymbol{X}$ é uma combinação linear perfeita das outras colunas de $\boldsymbol{X}$, mas se isso é verdadeiro $\boldsymbol{X}$ não tem posto de co-

Hipóteses de Mínimos Quadrados Estendidas no Modelo de Regressão Múltipla

Conceito-Chave 16.1

O modelo de regressão linear com múltiplos regressores é

$$Y_i = \boldsymbol{X}_i'\boldsymbol{\beta} + u_i,\ i = 1, \ldots, n. \tag{16.5}$$

As hipóteses de mínimos quadrados estendidas são

1. $E(u_i | \boldsymbol{X}_i) = 0$ (u_i possui média condicional igual a zero);
2. $(\boldsymbol{X}_i, Y_i)$, $i = 1, \ldots, n$ são seleções independente e identicamente distribuídas (i.i.d.) de sua distribuição conjunta;
3. $\boldsymbol{X}_i$ e u_i possuem quartos momentos finitos diferentes de zero;
4. $\boldsymbol{X}$ possui posto de coluna completo (não existe multicolinearidade perfeita);
5. $\text{var}(u_i | \boldsymbol{X}_i) = \sigma_u^2$ (homoscedasticidade); e
6. a distribuição condicional de u_i dado $\boldsymbol{X}_i$ é normal (erros normais).

luna completo. Portanto, dizer que $\boldsymbol{X}$ tem posto $k + 1$, ou seja, posto igual ao número de colunas de $\boldsymbol{X}$, é apenas outra maneira de dizer que os regressores não são perfeitamente multicolineares.

A quinta hipótese de mínimos quadrados do Conceito-Chave 16.1 é de que o termo de erro é homoscedástico, e a sexta hipótese é de que a distribuição condicional de u_i, dado $\boldsymbol{X}_i$, é normal. Essas duas hipóteses são iguais às duas últimas hipóteses do Conceito-Chave 15.1, exceto pelo fato de que agora elas são definidas para múltiplos regressores.

Implicações para o vetor da média e a matriz de co-variância de U. As hipóteses de mínimos quadrados do Conceito-Chave 16.1 implicam expressões simples para o vetor da média e a matriz de co-variância da distribuição condicional de $\boldsymbol{U}$, dada a matriz dos regressores $\boldsymbol{X}$. (O vetor da média e a matriz de co-variância de um vetor de variáveis aleatórias são definidos no Apêndice 16.2.) Especificamente, a primeira e a segunda hipóteses no Conceito-Chave 16.1 implicam que $E(u_i | \boldsymbol{X}) = E(u_i | \boldsymbol{X}_i) = 0$ e que $\text{cov}(u_i, u_j | \boldsymbol{X}) = E(u_i u_j | \boldsymbol{X}) = E(u_i u_j | \boldsymbol{X}_i, \boldsymbol{X}_j) = E(u_i | \boldsymbol{X}_i) E(u_j | \boldsymbol{X}_j) = 0$ para $i \neq j$ (veja o Exercício 15.7). A primeira, a segunda e a quinta hipóteses implicam que $E(u_i^2 | \boldsymbol{X}) = E(u_i^2 | \boldsymbol{X}_i) = \sigma_u^2$. Combinando esses resultados, temos que

$$\text{sob as hipóteses 1 e 2, } E(\boldsymbol{U} | \boldsymbol{X}) = \boldsymbol{0}_n \text{ e} \tag{16.6}$$

$$\text{sob as hipóteses 1, 2 e 5, } E(\boldsymbol{U}\boldsymbol{U}' | \boldsymbol{X}) = \sigma_u^2 \boldsymbol{I}_n, \tag{16.7}$$

onde $\boldsymbol{0}_n$ é o vetor de zeros de dimensão n e $\boldsymbol{I}_n$ é a matriz identidade $n \times n$.

De forma semelhante, a primeira, a segunda, a quinta e a sexta hipóteses no Conceito-Chave 16.1 implicam que a distribuição condicional do vetor aleatório de dimensão n $\boldsymbol{U}$, condicional a $\boldsymbol{X}$, é a distribuição normal multivariada (definida no Apêndice 16.2). Isto é,

$$\begin{array}{l}\text{sob as hipóteses 1, 2, 5 e 6, e} \\ \text{distribuição condicional de } \boldsymbol{U}, \text{ dado } \boldsymbol{X}, \text{ é } N(\boldsymbol{0}_n, \sigma_u^2 \boldsymbol{I}_n).\end{array} \tag{16.8}$$

Estimador de MQO

O estimador de MQO minimiza a soma dos quadrados dos erros de previsão, $\sum_{i=1}^{n}(Y_i - b_0 - b_1 X_{1i} - \cdots - b_k X_{ki})^2$ (veja a Equação (5.8)). A fórmula para esse estimador é obtida tomando-se a derivada da soma dos quadrados dos erros de previsão em relação a cada elemento do vetor dos coeficientes, fazendo essas derivadas iguais a zero e resolvendo o estimador $\hat{\beta}$.

A derivada da soma dos quadrados dos erros de previsão em relação ao j-ésimo coeficiente da regressão, b_j, é

$$\frac{\partial}{\partial b_j}\sum_{i=1}^{n}(Y_i - b_0 - b_1X_{1i} - \cdots - b_kX_{ki})^2 = \\ -2\sum_{i=1}^{n}X_{ji}(Y_i - b_0 - b_1X_{1i} - \cdots - b_kX_{ki}). \quad (16.9)$$

para $j = 0, ..., k$, onde, para $j = 0$, $j = 0$, $X_{0i} = 1$ para todo i. A derivada no lado direito da Equação (16.9) é o j-ésimo elemento do vetor de dimensão $-2\boldsymbol{X}'(\boldsymbol{Y} - \boldsymbol{Xb})$, onde $\boldsymbol{b}$ é o vetor de dimensão $k + 1$ que consiste em $b_0, ..., b_k$. Existem $k + 1$ dessas derivadas, cada qual correspondendo a um elemento de $\boldsymbol{b}$. Combinadas, elas produzem o sistema de $k + 1$ equações que constituem as condições de primeira ordem para o estimador de MQO que, quando igualadas a zero, definem o estimador de MQO $\hat{\boldsymbol{\beta}}$. Isto é, $\hat{\boldsymbol{\beta}}$ resolve o sistema de $k + 1$ equações.

$$\boldsymbol{X}'(\boldsymbol{Y} - \boldsymbol{X}\hat{\boldsymbol{\beta}}) = \boldsymbol{0}_{k+1}, \quad (16.10)$$

ou, de modo equivalente, $\boldsymbol{X}'\boldsymbol{Y} = \boldsymbol{X}'\boldsymbol{X}\hat{\boldsymbol{\beta}}$.

Resolvendo o sistema de equações (16.10), temos o estimador de MQO $\hat{\boldsymbol{\beta}}$ na forma matricial:

$$\hat{\boldsymbol{\beta}} = (\boldsymbol{X}'\boldsymbol{X})^{-1}\boldsymbol{X}'\boldsymbol{Y}, \quad (16.11)$$

onde $(\boldsymbol{X}'\boldsymbol{X})^{-1}$ é a inversa da matriz $\boldsymbol{X}'\boldsymbol{X}$.

O papel da "não existência de multicolinearidade perfeita". A quarta hipótese de mínimos quadrados do Conceito-Chave 16.1 afirma que $\boldsymbol{X}$ possui posto de coluna completo. Isso, por sua vez, implica que a matriz $\boldsymbol{X}'\boldsymbol{X}$ possui posto de coluna completo, isto é, que $\boldsymbol{X}'\boldsymbol{X}$ é não-singular e, assim, pode ser invertida. Desse modo, a hipótese de que não existe multicolinearidade perfeita garante que $(\boldsymbol{X}'\boldsymbol{X})^{-1}$ existe, de modo que a Equação (16.10) possui uma solução única e a fórmula da Equação (16.11) para o estimador de MQO pode ser efetivamente calculada. Dito de outra forma, se $\boldsymbol{X}$ *não* possui posto de coluna completo, a Equação (16.10) não possui uma solução única, e $\boldsymbol{X}'\boldsymbol{X}$ é singular. Portanto, $(\boldsymbol{X}'\boldsymbol{X})^{-1}$ não pode ser calculada e, portanto, $\hat{\boldsymbol{\beta}}$ não pode ser calculado da Equação (16.11).

16.2 Distribuição Assintótica do Estimador de MQO e da Estatística *t*

Se o tamanho da amostra é grande e as quatro primeiras hipóteses do Conceito-Chave 16.1 são satisfeitas, o estimador de MQO possui uma distribuição normal assintótica conjunta, o estimador robusto quanto à heteroscedasticidade da matriz de co-variância é consistente, e a estatística t de MQO robusta quanto à heteroscedasticidade possui uma distribuição normal padrão assintótica. Esses resultados empregam a distribuição normal multivariada (veja o Apêndice 16.2) e uma extensão multivariada do teorema central do limite.

Teorema Central do Limite Multivariado

O teorema central do limite do Conceito-Chave 2.7 se aplica a uma variável aleatória de dimensão um. Para derivar a distribuição assintótica *conjunta* dos elementos de $\hat{\boldsymbol{\beta}}$, precisamos de um teorema central do limite multivariado que seja aplicado a variáveis aleatórias vetoriais.

O teorema central do limite multivariado estende o teorema central do limite univariado para médias de observações de uma variável aleatória vetorial, $\boldsymbol{W}$, onde $\boldsymbol{W}$ possui dimensão m. A diferença entre os teoremas centrais do limite para um escalar e para uma variável aleatória vetorial consiste nas condições para as variâncias.

No caso escalar do Conceito-Chave 2.7, o requisito é que a variância seja diferente de zero e finita. No caso vetorial, a condição é que a matriz de co-variância seja definida positiva e finita. Se a variável aleatória vetorial $\boldsymbol{W}$ possui uma matriz de co-variância definida positiva finita, então $0 < \text{var}(\boldsymbol{c}'\boldsymbol{W}) < \infty$ para todos os vetores $\boldsymbol{c}$ de dimensão m diferentes de zero (veja o Exercício 16.3).

O teorema central do limite multivariado que utilizaremos neste capítulo está resumido no Conceito-Chave 16.2.

Normalidade Assintótica de $\hat{\boldsymbol{\beta}}$

Em amostras grandes, o estimador de MQO possui distribuição normal assintótica multivariada

$$\sqrt{n}(\hat{\boldsymbol{\beta}} - \boldsymbol{\beta}) \xrightarrow{d} N(\mathbf{0}_{k+1}, \boldsymbol{\Sigma}_{\sqrt{n}(\hat{\boldsymbol{\beta}}-\boldsymbol{\beta})}), \text{ onde } \boldsymbol{\Sigma}_{\sqrt{n}(\hat{\boldsymbol{\beta}}-\boldsymbol{\beta})} = \boldsymbol{Q}_X^{-1}\boldsymbol{\Sigma}_V\boldsymbol{Q}_X^{-1}, \tag{16.12}$$

onde $\boldsymbol{Q}_X$ é a matriz de dimensão $(k + 1) \times (k + 1)$ dos segundos momentos dos regressores, isto é, $\boldsymbol{Q}_X = E(\boldsymbol{X}_i\boldsymbol{X}_i')$, e $\boldsymbol{\Sigma}_V$ é a matriz de co-variância de dimensão $(k + 1) \times (k + 1)$ de $\boldsymbol{V}_i = \boldsymbol{X}_i u_i$, isto é, $\boldsymbol{\Sigma}_V = E(\boldsymbol{V}_i\boldsymbol{V}_i')$. Observe que a segunda hipótese de mínimos quadrados no Conceito-Chave 16.1 implica que $\boldsymbol{V}_i$, $i = 1, ..., n$ são i.i.d.

Escrita em termos de $\hat{\boldsymbol{\beta}}$ em vez de $\sqrt{n}(\hat{\boldsymbol{\beta}} - \boldsymbol{\beta})$, a aproximação normal na Equação (16.12) é

$$\begin{aligned} &\hat{\boldsymbol{\beta}} \text{ é, em amostras grandes, distribuído como } N(\boldsymbol{\beta}, \boldsymbol{\Sigma}_{\hat{\boldsymbol{\beta}}}), \\ &\text{onde } \boldsymbol{\Sigma}_{\hat{\boldsymbol{\beta}}} = \boldsymbol{\Sigma}_{\sqrt{n}(\hat{\boldsymbol{\beta}}-\boldsymbol{\beta})}/n = \boldsymbol{Q}_X^{-1}\boldsymbol{\Sigma}_V\boldsymbol{Q}_X^{-1}/n. \end{aligned} \tag{16.13}$$

A matriz de co-variância $\boldsymbol{\Sigma}_{\hat{\boldsymbol{\beta}}}$ na Equação (16.13) é a matriz de co-variância da distribuição normal aproximada de $\hat{\boldsymbol{\beta}}$, ao passo que $\boldsymbol{\Sigma}_{\sqrt{n}(\hat{\boldsymbol{\beta}}-\boldsymbol{\beta})}$ na Equação (16.12) é a matriz de co-variância da distribuição normal assintótica de $\sqrt{n}(\hat{\boldsymbol{\beta}} - \boldsymbol{\beta})$. Essas duas matrizes de co-variância diferem em um fator n, dependendo de o estimador de MQO ser ou não multiplicado por um fator $\sqrt{n}$.

Derivação da equação (16.12). Para derivar a Equação (16.12), utilize primeiro as equações (16.4) e (16.11) para escrever $\hat{\boldsymbol{\beta}} = (\boldsymbol{X}'\boldsymbol{X})^{-1}\boldsymbol{X}'\boldsymbol{Y} = (\boldsymbol{X}'\boldsymbol{X})^{-1}\boldsymbol{X}'(\boldsymbol{X}\boldsymbol{\beta} + \boldsymbol{U})$, de modo que

$$\hat{\boldsymbol{\beta}} = \boldsymbol{\beta} + (\boldsymbol{X}'\boldsymbol{X})^{-1}\boldsymbol{X}'\boldsymbol{U}. \tag{16.14}$$

Portanto, $\hat{\boldsymbol{\beta}} - \boldsymbol{\beta} = (\boldsymbol{X}'\boldsymbol{X})^{-1}\boldsymbol{X}'\boldsymbol{U}$, logo

$$\sqrt{n}(\hat{\boldsymbol{\beta}} - \boldsymbol{\beta}) = \left(\frac{\boldsymbol{X}'\boldsymbol{X}}{n}\right)^{-1}\left(\frac{\boldsymbol{X}'\boldsymbol{U}}{\sqrt{n}}\right). \tag{16.15}$$

A derivação da Equação (16.12) envolve demonstrar primeiro que a matriz do "denominador" na Equação (16.15), $\boldsymbol{X}'\boldsymbol{X}/n$, é consistente, e segundo que a matriz do "numerador", $\boldsymbol{X}'\boldsymbol{U}/\sqrt{n}$, obedece ao teorema central do limite multivariado do Conceito-Chave 16.2. Os detalhes estão no Apêndice 16.3.

Erros Padrão Robustos Quanto à Heteroscedasticidade

O estimador robusto quanto à heteroscedasticidade de $\boldsymbol{\Sigma}_{\sqrt{n}(\hat{\boldsymbol{\beta}}-\boldsymbol{\beta})}$ é obtido substituindo-se os momentos da população em sua definição (Equação (16.12)) por momentos da amostra. Assim, o estimador robusto quanto à heteroscedasticidade da matriz de co-variância de $\sqrt{n}(\hat{\boldsymbol{\beta}} - \boldsymbol{\beta})$ é

$$\hat{\boldsymbol{\Sigma}}_{\sqrt{n}(\hat{\boldsymbol{\beta}}-\boldsymbol{\beta})} = \left(\frac{\boldsymbol{X}'\boldsymbol{X}}{n}\right)^{-1}\hat{\boldsymbol{\Sigma}}_{\hat{V}}\left(\frac{\boldsymbol{X}'\boldsymbol{X}}{n}\right)^{-1}, \text{ onde } \hat{\boldsymbol{\Sigma}}_{\hat{V}} = \frac{1}{n-k-1}\sum_{i=1}^{n}\boldsymbol{X}_i\boldsymbol{X}_i'\hat{u}_i^2. \tag{16.16}$$

Teorema Central do Limite Multivariado

Suponha que $W_1, \ldots, W_n$ sejam variáveis aleatórias i.i.d. de dimensão m, com vetor da média $E(W_i) = \mu_W$ e matriz de co-variância $E[(W_i - \mu_W)(W_i - \mu_W)'] = \Sigma_W$, onde Σ_W é definida como positiva e finita. Seja $\overline{W} = \frac{1}{n}\sum_{i=1}^{n} W_i$. Logo $\sqrt{n}(\overline{W} - \mu_W) \xrightarrow{d} N(0_m, \Sigma_W)$.

Conceito-Chave 16.2

O estimador $\hat{\Sigma}_{\hat{V}}$ incorpora o mesmo ajuste de graus de liberdade que está no *EPR* para o modelo de regressão múltipla (veja a Seção 5.10) para ajustar para baixo o viés potencial da estimação de $k + 1$ coeficientes de regressão.

A prova de que $\hat{\Sigma}_{\sqrt{n}(\hat{\beta}-\beta)} \xrightarrow{p} \Sigma_{\sqrt{n}(\hat{\beta}-\beta)}$ é conceitualmente similar à prova, apresentada na Seção 15.3, da consistência de erros padrão robustos quanto à heteroscedasticidade para o modelo com um único regressor.

Erros padrão robustos quanto à heteroscedasticidade. O estimador robusto quanto à heteroscedasticidade da matriz de co-variância de $\hat{\beta}$, $\Sigma_{\hat{\beta}}$, é

$$\hat{\Sigma}_{\hat{\beta}} = n^{-1}\hat{\Sigma}_{\sqrt{n}(\hat{\beta}-\beta)}. \tag{16.17}$$

O erro padrão robusto quanto à heteroscedasticidade do j-ésimo coeficiente de regressão é a raiz quadrada do j-ésimo elemento diagonal de $\hat{\Sigma}_{\hat{\beta}}$; isto é, o erro padrão robusto quanto à heteroscedasticidade do j-ésimo coeficiente é

$$EP(\hat{\beta}_j) = \sqrt{(\hat{\Sigma}_{\hat{\beta}})_{jj}}, \tag{16.18}$$

onde $(\hat{\Sigma}_{\hat{\beta}})_{jj}$ é o elemento (j,j) de $\hat{\Sigma}_{\hat{\beta}}$.

Intervalos de Confiança para Efeitos Previstos

Na Seção 6.1, apresentamos dois métodos para calcular o erro padrão de efeitos previstos que envolvem variações em dois ou mais regressores. Existem expressões matriciais compactas para esses erros padrão e, portanto, para intervalos de confiança de efeitos previstos.

Considere uma variação no valor dos regressores para a i-ésima observação de um valor inicial, digamos $X_{i,0}$, para um novo valor, $X_{i,0} + d$, de modo que a variação em X_i é $\Delta X_i = d$, onde d é um vetor de dimensão $k + 1$. Essa variação em X pode envolver múltiplos regressores (isto é, múltiplos elementos de X_i). Por exemplo, se dois dos regressores são o valor de uma variável independente e seu quadrado, então d é a diferença entre os valores inicial e posterior dessas duas variáveis.

O efeito esperado dessa variação em X_i é $d'\beta$ e o estimador desse efeito é $d'\hat{\beta}$. Como as combinações lineares de variáveis aleatórias normalmente distribuídas são em si normalmente distribuídas, $\sqrt{n}(d'\hat{\beta} - d'\beta) = d'\sqrt{n}(\hat{\beta} - \beta) \xrightarrow{d} N(0, d'\Sigma_{\sqrt{n}(\hat{\beta}-\beta)}d)$. Desse modo, o erro padrão desse efeito previsto é $(d'\hat{\Sigma}_{\hat{\beta}}d)^{1/2}$. Um intervalo de confiança de 95 por cento para esse efeito previsto é

$$d'\hat{\beta} \pm 1{,}96\sqrt{d'\hat{\Sigma}_{\hat{\beta}}d}. \tag{16.19}$$

Distribuição Assintótica da Estatística *t*

A estatística t que testa a hipótese nula de que $\beta_j = \beta_{j,0}$, construída utilizando o erro padrão robusto quanto à heteroscedasticidade da Equação (16.18), está no Conceito-Chave 5.6. O argumento de que essa estatística t possui uma distribuição normal padrão assintótica é semelhante ao argumento presente na Seção 15.3 para o modelo com um único regressor.

16.3 Testes de Hipóteses Conjuntas

Na Seção 5.7, consideramos testes de hipóteses conjuntas que envolvem múltiplas restrições, em que cada uma envolve um único coeficiente, e, na Seção 5.8, consideramos testes de uma única restrição que envolve dois ou mais coeficientes. A notação matricial da Seção 16.1 permite uma representação unificada desses dois tipos de hipótese como restrições lineares sobre o vetor de coeficientes, em que cada uma pode envolver múltiplos coeficientes. Sob as quatro primeiras hipóteses de mínimos quadrados do Conceito-Chave 16.1, a estatística F de MQO robusta quanto à heteroscedasticidade que testa essas hipóteses possui uma distribuição assintótica $F_{q,\infty}$ sob a hipótese nula.

Hipóteses Conjuntas em Notação Matricial

Considere uma hipótese conjunta que é linear nos coeficientes e impõe q restrições, onde $q \leq k + 1$. Cada uma dessas q restrições pode envolver um ou mais coeficientes da regressão. A hipótese nula conjunta pode ser escrita em notação matricial como

$$\boldsymbol{R\beta} = \boldsymbol{r}, \tag{16.20}$$

onde $\boldsymbol{R}$ é uma matriz $q \times (k + 1)$ não aleatória com posto de linha completo e $\boldsymbol{r}$ é um vetor $q \times 1$ não aleatório. O número de linhas de $\boldsymbol{R}$ é q, o número de restrições impostas sob a hipótese nula.

A hipótese nula na Equação (16.20) engloba todas as hipóteses nulas consideradas nas seções 5.7 e 5.8. Por exemplo, uma hipótese conjunta do tipo considerado na Seção 5.7 é de que $\beta_0 = 0, \beta_1 = 0, \ldots, \beta_{q-1} = 0$. Para escrever essa hipótese conjunta na forma da Equação (16.20), fazemos $\boldsymbol{R} = [\boldsymbol{I}_q \; \boldsymbol{0}_{q\times(k+1-q)}]$ e $\boldsymbol{r} = \boldsymbol{0}_q$.

A formulação na Equação (16.20) também capta as restrições da Seção 5.8 envolvendo múltiplos coeficientes de regressão. Por exemplo, se $k = 2$, então a hipótese de que $\beta_1 + \beta_2 = 1$ pode ser escrita na forma da Equação (16.20) ao fazer $\boldsymbol{R} = [0\ 1\ 1]$, $\boldsymbol{r} = 1$ e $q = 1$.

Distribuição Assintótica da Estatística *F*

A estatística F robusta quanto à heteroscedasticidade que testa a hipótese conjunta da Equação (16.20) é

$$F = (\boldsymbol{R\hat{\beta}} - \boldsymbol{r})'[\boldsymbol{R\hat{\Sigma}_{\hat{\beta}}R'}]^{-1}(\boldsymbol{R\hat{\beta}} - \boldsymbol{r})/q. \tag{16.21}$$

Se as quatro primeiras hipóteses do Conceito-Chave 16.1 são válidas, sob a hipótese nula

$$F \xrightarrow{d} F_{q,\infty}. \tag{16.22}$$

Esse resultado segue-se da combinação da normalidade assintótica de $\boldsymbol{\hat{\beta}}$ com a consistência do estimador robusto quanto à heteroscedasticidade $\boldsymbol{\hat{\Sigma}_{\hat{\beta}}}$ da matriz de co-variância. Especificamente, observe primeiro que a Equação (16.12) e a Equação (16.48) do Apêndice 16.2 implicam que, sob a hipótese nula, $\sqrt{n}(\boldsymbol{R\hat{\beta}} - \boldsymbol{r}) = \sqrt{n}\boldsymbol{R}(\boldsymbol{\hat{\beta}} - \boldsymbol{\beta}) \xrightarrow{d} N(\boldsymbol{0}, \boldsymbol{R\Sigma}_{\sqrt{n}(\hat{\beta}-\beta)}\boldsymbol{R'})$. Segue-se da Equação (16.51) que, sob a hipótese nula, $(\boldsymbol{R\hat{\beta}} - \boldsymbol{r})'[\boldsymbol{R\hat{\Sigma}_{\hat{\beta}}R'}]^{-1}(\boldsymbol{R\hat{\beta}} - \boldsymbol{r}) = [\sqrt{n}\boldsymbol{R}(\boldsymbol{\hat{\beta}} - \boldsymbol{\beta})]'\,[\boldsymbol{R\Sigma}_{\sqrt{n}(\hat{\beta}-\beta)}\boldsymbol{R'}]^{-1}\,[\sqrt{n}\boldsymbol{R}(\boldsymbol{\hat{\beta}} - \boldsymbol{\beta})] \xrightarrow{d} \chi^2_q$. Contudo, como $\boldsymbol{\hat{\Sigma}}_{\sqrt{n}(\hat{\beta}-\beta)} \xrightarrow{p} \boldsymbol{\Sigma}_{\sqrt{n}(\hat{\beta}-\beta)}$, segue-se do teorema de Slutsky que $[\sqrt{n}\boldsymbol{R}(\boldsymbol{\hat{\beta}} - \boldsymbol{\beta})]'[\boldsymbol{R\hat{\Sigma}}_{\sqrt{n}(\hat{\beta}-\beta)}\boldsymbol{R'}]^{-1}\,[\sqrt{n}\boldsymbol{R}(\boldsymbol{\hat{\beta}} - \boldsymbol{\beta})] \xrightarrow{d} \chi^2_q$, ou, de forma equivalente (como $\boldsymbol{\hat{\Sigma}_{\hat{\beta}}} = \boldsymbol{\hat{\Sigma}}_{\sqrt{n}(\hat{\beta}-\beta)}/n$), que $F \xrightarrow{d} \chi^2_q/q$, que por sua vez possui distribuição $F_{q,\infty}$.

Conjuntos de Confiança para Múltiplos Coeficientes

Conforme discutido na Seção 5.9, um conjunto de confiança válido assintoticamente para dois ou mais elementos de $\boldsymbol{\beta}$ pode ser construído como o conjunto de valores que, quando tomados como a hipótese nula, não são rejeitados pela estatística F. Em princípio, esse conjunto poderia ser calculado pela avaliação da estatística F para diversos valores de $\boldsymbol{\beta}$, mas, como se trata de um intervalo de confiança para um único coeficiente, é mais simples manipular a fórmula da estatística do teste para obter uma fórmula explícita para o conjunto de confiança.

Aqui está o procedimento para a construção de um conjunto de confiança para dois ou mais elementos de $\boldsymbol{\beta}$. Seja $\boldsymbol{\delta}$ o vetor de dimensão q que consiste dos coeficientes para os quais desejamos construir um conjunto de confiança. Por exemplo, se estamos construindo um conjunto de confiança para os coeficientes de regressão β_1 e β_2, então $q = 2$ e $\boldsymbol{\delta} = (\beta_1\ \beta_2)'$. Em geral, podemos escrever $\boldsymbol{\delta} = \boldsymbol{R\beta}$, onde a matriz $\boldsymbol{R}$ consiste de zeros e uns (conforme a discussão após a Equação (16.20)). A estatística F que testa a hipótese de que $\boldsymbol{\delta} = \boldsymbol{\delta}_0$ é $F = (\hat{\boldsymbol{\delta}} - \boldsymbol{\delta}_0)'[\boldsymbol{R}\hat{\boldsymbol{\Sigma}}_{\hat{\boldsymbol{\beta}}}\boldsymbol{R}']^{-1}(\hat{\boldsymbol{\delta}} - \boldsymbol{\delta}_0)/q$, onde $\hat{\boldsymbol{\delta}} = \boldsymbol{R}\hat{\boldsymbol{\beta}}$. Um conjunto de confiança de 95 por cento para $\boldsymbol{\delta}$ é o conjunto de valores $\boldsymbol{\delta}_0$ que não são rejeitados pela estatística F. Isto é, quando $\boldsymbol{\delta} = \boldsymbol{R\beta}$, um conjunto de confiança de 95 por cento para $\boldsymbol{\delta}$ é

$$\{\boldsymbol{\delta}: (\hat{\boldsymbol{\delta}} - \boldsymbol{\delta})'[\boldsymbol{R}\hat{\boldsymbol{\Sigma}}_{\hat{\boldsymbol{\beta}}}\boldsymbol{R}']^{-1}(\hat{\boldsymbol{\delta}} - \boldsymbol{\delta})/q \leq c\}, \tag{16.23}$$

onde c é o 95º percentil (o valor crítico de 5 por cento) da distribuição $F_{q,\infty}$.

O conjunto na Equação (16.23) consiste de todos os pontos contidos dentro da elipse determinada quando a desigualdade na Equação (16.23) é uma igualdade (ele é um elipsóide quando $q > 2$). Portanto, o conjunto de confiança para $\boldsymbol{\delta}$ pode ser calculado pela resolução da Equação (16.23) para a elipse da fronteira.

16.4 Distribuição de Estatísticas de Regressão com Erros Normais[1]

As distribuições apresentadas nas seções 16.2 e 16.3, que foram justificadas recorrendo-se à lei dos grandes números e ao teorema central do limite, aplicam-se quando a amostra é grande. Se, contudo, os erros são homoscedásticos e normalmente distribuídos, condicionais a $\boldsymbol{X}$, o estimador de MQO possui uma distribuição normal multivariada, condicional a $\boldsymbol{X}$. Além disso, a distribuição amostral do quadrado do erro padrão da regressão é proporcional à distribuição qui-quadrado com $n - k - 1$ graus de liberdade, a estatística t de MQO somente homoscedástica possui uma distribuição t de Student com $n - k - 1$ graus de liberdade, e a estatística F somente homoscedástica possui uma distribuição $F_{q,n-k-1}$. Os argumentos exibidos nesta seção empregam algumas fórmulas matriciais especiais para as estatísticas de regressão de MQO, que são apresentadas primeiro.

Representações Matriciais de Estatísticas de Regressão de MQO

Os valores previstos de MQO, os resíduos e a soma dos quadrados dos resíduos possuem representações matriciais compactas. Essas representações usam duas matrizes $\boldsymbol{P_X}$ e $\boldsymbol{M_X}$.

As matrizes $\boldsymbol{P_X}$ e $\boldsymbol{M_X}$. A álgebra de MQO no modelo multivariado baseia-se nas duas matrizes simétricas $n \times n$, $\boldsymbol{P_X}$ e $\boldsymbol{M_X}$:

$$\boldsymbol{P_X} = \boldsymbol{X}(\boldsymbol{X}'\boldsymbol{X})^{-1}\boldsymbol{X}' \tag{16.24}$$

$$\boldsymbol{M_X} = \boldsymbol{I}_n - \boldsymbol{P_X}. \tag{16.25}$$

Uma matriz $\boldsymbol{C}$ é **idempotente** se $\boldsymbol{C}$ é quadrada e $\boldsymbol{CC} = \boldsymbol{C}$. Como $\boldsymbol{P_X} = \boldsymbol{P_X}\boldsymbol{P_X}$ e $\boldsymbol{M_X} = \boldsymbol{M_X}\boldsymbol{M_X}$ (veja o Exercício 16.5) e $\boldsymbol{P_X}$ e $\boldsymbol{M_X}$ são simétricas, $\boldsymbol{P_X}$ e $\boldsymbol{M_X}$ são matrizes idempotentes simétricas.

---

[1] Esta seção pode ser pulada sem comprometer o entendimento do que se segue.

As matrizes P_X e M_X possuem algumas propriedades úteis adicionais, que resultam diretamente das definições presentes nas equações (16.24) e (16.25):

$$P_X X = X \text{ e } M_X X = 0_{n\times(k+1)};$$
$$\text{posto}(P_X) = k + 1 \text{ e posto}(M_X) = n - k - 1. \tag{16.26}$$

onde posto(P_X) é o posto de P_X.

As matrizes P_X e M_X podem ser utilizadas para decompor um vetor Z de dimensão n em duas partes: uma parte gerada pelas colunas de X e uma parte ortogonal às colunas de X. Em outras palavras, $P_X Z$ é a projeção de Z no espaço gerado pelas colunas de X, e $M_X Z$ é a parte de Z ortogonal às colunas de X.

Valores previstos e resíduos de MQO. As matrizes P_X e M_X fornecem algumas expressões simples para valores previstos e resíduos de MQO. Os valores previstos de MQO, $\hat{Y} = X\hat{\beta}$, e os resíduos de MQO, $\hat{U} = Y - \hat{Y}$, podem ser expressos como (veja o Exercício 16.5)

$$\hat{Y} = P_X Y \text{ e} \tag{16.27}$$

$$\hat{U} = M_X Y = M_X U. \tag{16.28}$$

As expressões nas equações (16.27) e (16.28) fornecem uma prova simples de que os valores previstos e os resíduos de MQO são ortogonais, isto é, de que a Equação (4.58) é válida: $\hat{Y}'\hat{U} = Y'P_X{}'M_X Y = 0$, onde a segunda igualdade segue-se de $P_X{}'M_X = 0_{n\times n}$, que por sua vez segue-se de $M_X X = 0_{n\times(k+1)}$ na Equação (16.26).

O erro padrão da regressão. O *EPR*, definido na Seção 5.10, é $s_{\hat{u}}$, onde

$$s_{\hat{u}}^2 = \frac{1}{n-k-1}\sum_{i=1}^{n}\hat{u}_i^2 = \frac{1}{n-k-1}\hat{U}'\hat{U} = \frac{1}{n-k-1}U'M_X U, \tag{16.29}$$

onde a igualdade final segue porque $\hat{U}'\hat{U} = (M_X U)'(M_X U) = U'M_X M_X U = U'M_X U$ (porque M_X é simétrica e idempotente).

Distribuição de $\hat{\beta}$ com Erros Normais

Como $\hat{\beta} = \beta + (X'X)^{-1}X'U$ (Equação (16.14)) e a distribuição de U condicional a X é, por hipótese, $N(0_n, \sigma_u^2 I_n)$ (Equação (16.8)), a distribuição condicional de $\hat{\beta}$ dado X é normal multivariada com média β. A matriz de co-variância de $\hat{\beta}$, condicional a X, é $\Sigma_{\hat{\beta}|X} = E[(\hat{\beta} - \beta)(\hat{\beta} - \beta)'|X] = E[(X'X)^{-1}X'UU'X(X'X)^{-1}|X] = (X'X)^{-1}X'(I_n\sigma_u^2)X(X'X)^{-1} = \sigma_u^2(X'X)^{-1}$. Assim, sob as seis hipóteses do Conceito-Chave 16.1, a distribuição condicional de $\hat{\beta}$ dado X é

$$\hat{\beta} \text{ é distribuído como } N(\beta, \Sigma_{\hat{\beta}|X}), \text{ onde } \Sigma_{\hat{\beta}|X} = \sigma_u^2(X'X)^{-1}. \tag{16.30}$$

Distribuição de $s_{\hat{u}}^2$

Se as seis hipóteses do Conceito-Chave 16.1 são válidas, então $s_{\hat{u}}^2$ possui uma distribuição amostral exata que é proporcional a uma distribuição qui-quadrado com $n - k - 1$ graus de liberdade:

$$s_{\hat{u}}^2 \text{ é distribuído como } \chi^2_{n-k-1} \text{ vezes } \sigma_u^2/(n-k-1). \tag{16.31}$$

A prova da Equação (16.31) começa com a Equação (16.29). Como U é normalmente distribuído condicional a X e M_X é uma matriz idempotente simétrica, a forma quadrática $U'M_X U/\sigma_u^2$ possui uma distribuição qui-quadrado exata com graus de liberdade iguais ao posto de M_X (Equação (16.52) no Apêndice 16.2). Da Equação (16.26), o posto de M_X é $n - k - 1$. Portanto, $U'M_XU/\sigma_u^2$ possui uma distribuição χ^2_{n-k-1} exata, da qual segue a Equação (16.31).

O ajuste de graus de liberdade garante que $s_{\hat{u}}^2$ é não viesado. A expectativa de uma variável aleatória com uma distribuição χ^2_{n-k-1} é $n - k - 1$; portanto, $E(U'M_XU) = (n - k - 1)\sigma_u^2$, logo $E(s_{\hat{u}}^2) = \sigma_u^2$.

Erros Padrão somente Homoscedásticos

O estimador somente homoscedástico $\widetilde{\Sigma}_{\hat{\beta}}$ da matriz de co-variância de $\hat{\beta}$, condicional a X, é obtido substituindo a variância da amostra $s_{\hat{u}}^2$ no lugar da variância da população σ_u^2 na expressão para $\Sigma_{\hat{\beta}|X}$ na Equação (16.30). Portanto,

$$\widetilde{\Sigma}_{\hat{\beta}} = s_{\hat{u}}^2(X'X)^{-1}. \quad \text{(somente homoscedástico)} \tag{16.32}$$

O estimador da variância da distribuição normal condicional de $\hat{\beta}_j$, dado X, é o elemento (j,j) de $\widetilde{\Sigma}_{\hat{\beta}}$. Portanto, o erro padrão somente homoscedástico de $\hat{\beta}_j$ é a raiz quadrada do j-ésimo elemento diagonal de $\widetilde{\Sigma}_{\hat{\beta}}$, ou seja:

$$\widetilde{EP}(\hat{\beta}_j) = \sqrt{(\widetilde{\Sigma}_{\hat{\beta}})_{jj}} \text{ (somente homoscedástico).} \tag{16.33}$$

Distribuição da Estatística *t*

Seja $\tilde{t}$ a estatística t que testa a hipótese $\beta_j = \beta_{j,0}$, construída utilizando o erro padrão somente homoscedástico; isto é, seja

$$\tilde{t} = \frac{\hat{\beta}_j - \beta_{j,0}}{\sqrt{(\widetilde{\Sigma}_{\hat{\beta}})_{jj}}}. \tag{16.34}$$

Sob todas as seis hipóteses de mínimos quadrados estendidas do Conceito-Chave 16.1, a distribuição amostral exata de $\tilde{t}$ é a distribuição t de Student com $n - k - 1$ graus de liberdade; isto é,

$$\tilde{t} \text{ é distribuído como } t_{n-k-1}. \tag{16.35}$$

A prova da Equação (16.35) é mostrada no Apêndice 16.4.

Distribuição da Estatística *F*

Se as seis hipóteses de mínimos quadrados do Conceito-Chave 16.1 são válidas, a estatística F que testa a hipótese na Equação (16.20), construída utilizando o estimador somente homoscedástico da matriz de covariância, possui uma distribuição exata $F_{q,n-k-1}$ sob a hipótese nula.

Estatística F somente homoscedástica. A estatística F somente homoscedástica é semelhante à estatística F robusta quanto à heteroscedasticidade da Equação (16.21), exceto pelo fato de que o estimador somente homoscedástico $\widetilde{\Sigma}_{\hat{\beta}}$ é utilizado no lugar do estimador robusto quanto à heteroscedasticidade $\hat{\Sigma}_{\hat{\beta}}$. A substituição da expressão $\widetilde{\Sigma}_{\hat{\beta}} = s_{\hat{u}}^2(X'X)^{-1}$ na expressão para a estatística F da Equação (16.21) produz a estatística F somente homoscedástica que testa a hipótese nula da Equação (16.20):

$$\widetilde{F} = \frac{(R\hat{\beta} - r)'[R(X'X)^{-1}R']^{-1}(R\hat{\beta} - r)/q}{s_{\hat{u}}^2}. \tag{16.36}$$

Se as seis hipóteses do Conceito-Chave 16.1 são válidas, então sob a hipótese nula

$$\tilde{F} \text{ possui uma distribuição } F_{q,n-k-1}. \tag{16.37}$$

A prova da Equação (16.37) é mostrada no Apêndice 16.4.

Fórmula para a regra de bolso da estatística F. A estatística F da Equação (16.36) é chamada de versão de Wald da estatística F (em homenagem ao estatístico Abraham Wald). Embora a fórmula para a regra de bolso da estatística F apresentada no Apêndice 5.3 pareça bastante diferente da fórmula para a estatística de Wald na Equação (16.36), a regra de bolso da estatística F e a estatística F de Wald são duas versões da mesma estatística. Isto é, as duas expressões são equivalentes; para uma discussão adicional, veja Greene (1997, Capítulo 7).

16.5 Eficiência do Estimador de MQO com Erros Homoscedásticos

Sob as condições de Gauss-Markov para regressão múltipla, o estimador de MQO de $\boldsymbol{\beta}$ é eficiente entre todos os estimadores lineares condicionalmente não viesados, isto é, o estimador de MQO é MELNV.

Condições de Gauss-Markov para Regressão Múltipla

As **condições de Gauss-Markov para regressão múltipla** são

$$\begin{aligned} &\text{(i) } E(\boldsymbol{U}|\boldsymbol{X}) = \boldsymbol{0}_n, \\ &\text{(ii) } E(\boldsymbol{UU}'|\boldsymbol{X}) = \sigma_u^2 \boldsymbol{I}_n \text{ e} \\ &\text{(iii) } \boldsymbol{X} \text{ possui posto de coluna completo.} \end{aligned} \tag{16.38}$$

As condições de Gauss-Markov para regressão múltipla são, por sua vez, uma implicação das cinco primeiras hipóteses do Conceito-Chave 16.1 (veja as equações (16.6) e (16.7)). As condições na Equação (16.38) generalizam as condições de Gauss-Markov para o modelo de regressão múltipla com um único regressor. (Utilizando a notação matricial, a segunda e a terceira condições de Gauss-Markov na Equação (15.24) são reunidas na condição única (ii) da Equação (16.38).)

Estimadores Lineares Condicionalmente Não Viesados

Começamos descrevendo a classe dos estimadores lineares não viesados e mostrando que MQO pertence a essa classe.

Classe dos estimadores lineares condicionalmente não viesados. Diz-se que um estimador de $\boldsymbol{\beta}$ é linear se ele é uma função linear de $Y_1, \ldots, Y_n$. Portanto, o estimador $\tilde{\boldsymbol{\beta}}$ é linear em $\boldsymbol{Y}$ se pode ser escrito na forma

$$\tilde{\boldsymbol{\beta}} = \boldsymbol{A}'\boldsymbol{Y}, \tag{16.39}$$

onde $\boldsymbol{A}$ é uma matriz de dimensão $n \times (k + 1)$ de pesos que podem depender de $\boldsymbol{X}$ e de constantes não aleatórias, mas não de $\boldsymbol{Y}$.

Um estimador é condicionalmente não viesado se a média de sua distribuição amostral condicional, dado $\boldsymbol{X}$, é $\boldsymbol{\beta}$. Ou seja, $\tilde{\boldsymbol{\beta}}$ é condicionalmente não viesado se $E(\tilde{\boldsymbol{\beta}}|\boldsymbol{X}) = \boldsymbol{\beta}$.

O estimador de MQO é linear e condicionalmente não viesado. A comparação das equações (16.11) e (16.39) mostra que o estimador de MQO é linear em $\boldsymbol{Y}$; especificamente, $\hat{\boldsymbol{\beta}} = \hat{\boldsymbol{A}}'\boldsymbol{Y}$, onde $\hat{\boldsymbol{A}} = \boldsymbol{X}(\boldsymbol{X}'\boldsymbol{X})^{-1}$. Para mostrar que $\hat{\beta}$ é condicionalmente não viesado, lembre-se, da Equação (16.14), que $\hat{\beta} = \beta + (X'X)^{-1}X'U$. Tomando a expectativa condicional de ambos os lados dessa expressão, temos que $E(\hat{\beta}|X) = \beta + E[(X'X)^{-1}X'U|X] = \beta + (X'X)^{-1}X'E(U|X) = \beta$, onde a igualdade final segue porque $E(U|X) = 0$ pela primeira condição de Gauss-Markov.

Teorema de Gauss-Markov para Regressão Múltipla

O **teorema de Gauss-Markov para regressão múltipla** fornece condições sob as quais o estimador de MQO é eficiente entre a classe dos estimadores lineares condicionalmente não viesados. Um aspecto sutil surge, contudo, pelo fato de $\hat{\beta}$ ser um vetor e sua "variância" ser uma matriz de co-variância. Quando a "variância" de um estimador é uma matriz, o que significa dizer que um estimador possui uma variância menor do que outro?

O teorema de Gauss-Markov lida com esse problema comparando a variância de um estimador potencial de uma *combinação linear* dos elementos de β à variância da combinação linear correspondente de $\hat{\beta}$. Especificamente, seja c um vetor de dimensão $k + 1$ e considere-se o problema de estimar a combinação linear $c'\beta$ utilizando por um lado o estimador potencial $c'\tilde{\beta}$ (onde $\tilde{\beta}$ é um estimador linear condicionalmente não viesado) e por outro lado $c'\hat{\beta}$. Como $c'\tilde{\beta}$ e $c'\hat{\beta}$ são escalares e são estimadores lineares condicionalmente não viesados de $c'\beta$, agora faz sentido comparar suas variâncias.

O teorema de Gauss-Markov para regressão múltipla diz que o estimador de MQO de $c'\beta$ é eficiente, isto é, o estimador de MQO $c'\hat{\beta}$ possui a menor variância condicional de todos os estimadores lineares condicionalmente não viesados $c'\tilde{\beta}$. Notavelmente, isso é verdadeiro não importa qual seja a combinação linear. É nesse sentido que o estimador de MQO é MELNV na regressão múltipla.

O teorema de Gauss-Markov é apresentado no Conceito-Chave 16.3 e provado no Apêndice 16.5.

16.6 Mínimos Quadrados Generalizados[2]

A hipótese de amostragem i.i.d. é adequada para muitas aplicações. Por exemplo, suponha que Y_i e X_i correspondam a informações sobre indivíduos, tais como salário, nível de instrução e características pessoais, em que os indivíduos são selecionados de uma população por amostragem aleatória simples. Nesse caso, em razão do esquema de amostragem aleatória simples (X_i, Y_i), são necessariamente i.i.d. Uma vez que (X_i, Y_i) e (X_j, Y_j) são independentemente distribuídos para $i \neq j$, u_i e u_j são independentemente distribuídos para $i \neq j$. Isso por sua vez implica que u_i e u_j não são correlacionados para $i \neq j$. No contexto das hipóteses de Gauss-Markov, a hipótese de que $E(UU'|X)$ é diagonal, portanto, é apropriada se os dados são reunidos de uma maneira que torna as observações independentemente distribuídas.

Alguns esquemas amostrais encontrados na econometria não resultam, contudo, em observações independentes, mas podem levar a termos de erro u_i que são correlacionados de uma observação para a outra. O exemplo principal é aquele em que os dados das amostras são coletados ao longo do tempo para a mesma entidade, isto é, quando se trata de dados de séries temporais. Conforme discutido na Seção 13.3, em regressões que envolvem dados de séries temporais, muitos fatores omitidos estão correlacionados de um período para o outro, o que pode resultar em termos de erro da regressão (que representam esses fatores omitidos) que estão correlacionados de um período de observação para o próximo. Em outras palavras, o termo de erro em um período não será, em geral, distribuído independentemente do termo de erro no período seguinte. Em vez disso, o termo de erro em um período poderá estar correlacionado com o termo de erro no período seguinte.

A presença de termos de erro correlacionados gera dois problemas para inferências baseadas em MQO. Primeiro, *nem* os erros padrão robustos quanto à heteroscedasticidade nem os erros padrão somente homoscedásticos produzidos por MQO fornecem uma base válida para inferência. A solução para esse problema é utilizar

[2] O estimador de MQG foi apresentado na Seção 13.5 no contexto da regressão de séries temporais de defasagem distribuída. A apresentação feita aqui é um tratamento matemático de MQG que pode ser lido independentemente da Seção 13.5, porém a leitura inicial dessa seção ajudará a tornar essas idéias mais claras.

Teorema de Gauss-Markov para Regressão Múltipla

Conceito-Chave 16.3

Suponha que as condições de Gauss-Markov para regressão múltipla na Equação (16.38) sejam válidas. Então, o estimador de MQO $\hat{\boldsymbol{\beta}}$ é MELNV. Isto é, seja $\tilde{\boldsymbol{\beta}}$ um estimador linear condicionalmente não viesado de $\boldsymbol{\beta}$ e seja $\boldsymbol{c}$ um vetor não aleatório de dimensão $k + 1$. Então, $\text{var}(\boldsymbol{c}'\hat{\boldsymbol{\beta}} \mid \boldsymbol{X}) \leq \text{var}(\boldsymbol{c}'\tilde{\boldsymbol{\beta}} \mid \boldsymbol{X})$ para todo vetor $\boldsymbol{c}$ diferente de zero, onde a desigualdade é válida com igualdade para todo $\boldsymbol{c}$ somente se $\tilde{\boldsymbol{\beta}} = \hat{\boldsymbol{\beta}}$.

erros padrão que são robustos quanto à heteroscedasticidade e à correlação dos termos de erro entre observações. Esse tópico — estimação de matriz de co-variância consistente quanto à heteroscedasticidade e à autocorrelação (CHA) — é o tema da Seção 13.4, por isso não daremos prosseguimento a ele aqui.

Segundo, se o termo de erro está correlacionado entre observações, então $E(\boldsymbol{UU}' \mid \boldsymbol{X})$ não é diagonal, a segunda condição de Gauss-Markov na Equação (16.38) não é válida e MQO não é MELNV. Nesta seção, estudamos um estimador, **mínimos quadrados generalizados (MQG)**, que é MELNV (pelo menos assintoticamente) quando a matriz de co-variância condicional dos erros não é mais proporcional à matriz identidade. Um caso especial de MQG é o de mínimos quadrados ponderados, discutido na Seção 15.5, em que a matriz de co-variância condicional é diagonal e o i-ésimo elemento diagonal é uma função de $\boldsymbol{X}_i$. Assim como MQP, MQG transforma o modelo de regressão, de modo que os erros do modelo transformado satisfazem as condições de Gauss-Markov. O estimador de MQG é o estimador de MQO dos coeficientes no modelo transformado.

Hipóteses de MQG

Existem quatro hipóteses sob as quais MQG é válido. A primeira é de que u_i possui uma média igual a zero, condicional a $\boldsymbol{X}_1, ..., \boldsymbol{X}_n$; isto é,

$$E(\boldsymbol{U} \mid \boldsymbol{X}) = \boldsymbol{0}_n. \tag{16.40}$$

Essa hipótese é uma implicação das duas primeiras hipóteses de mínimos quadrados do Conceito-Chave 16.1, isto é, se $E(u_i \mid \boldsymbol{X}_i) = 0$ e $(\boldsymbol{X}_i, Y_i)$, $i = 1, ..., n$ são i.i.d., então $E(\boldsymbol{U} \mid \boldsymbol{X}) = \boldsymbol{0}_n$. Em MQG, contudo, não queremos manter a hipótese i.i.d.; afinal, uma finalidade do MQG é lidar com erros que são correlacionados entre observações. Discutimos a importância da hipótese na Equação (16.40) após a apresentação do estimador de MQG.

A segunda hipótese de MQG é de que a matriz de co-variância condicional de $\boldsymbol{U}$ dado $\boldsymbol{X}$ é uma função de $\boldsymbol{X}$:

$$E(\boldsymbol{UU}' \mid \boldsymbol{X}) = \boldsymbol{\Omega}(\boldsymbol{X}), \tag{16.41}$$

onde $\boldsymbol{\Omega}(\boldsymbol{X})$ é uma função matricial $n \times n$ definida positiva de $\boldsymbol{X}$.

Há duas aplicações principais de MQG que são cobertas por essa hipótese. A primeira é a amostragem independente com erros heteroscedásticos, caso em que $\boldsymbol{\Omega}(\boldsymbol{X})$ é uma matriz diagonal com um elemento diagonal $\lambda h(\boldsymbol{X}_i)$, onde λ é uma constante e h é uma função. Nesse caso, discutido na Seção 15.5, MQG é MQP.

A segunda aplicação é a de erros homoscedásticos que são serialmente correlacionados. Na prática, nesse caso, desenvolve-se um modelo para a correlação serial. Por exemplo, um modelo pode ser aquele em que o termo de erro está correlacionado somente com seu vizinho, de modo que $\text{corr}(u_i, u_{i-1}) = \rho \neq 0$, mas $\text{corr}(u_i, u_j) = 0$ se $|i - j| \geq 2$. Nesse caso, $\boldsymbol{\Omega}(\boldsymbol{X})$ tem σ_u^2 como seu elemento diagonal, $\rho\sigma_u^2$ como primeiro elemento fora da diagonal e zero nos demais lugares. Desse modo, $\boldsymbol{\Omega}(\boldsymbol{X})$ não depende de $\boldsymbol{X}$, $\boldsymbol{\Omega}_{ii} = \sigma_u^2$, $\boldsymbol{\Omega}_{ij} = \rho\sigma_u^2$ para $|i - j| = 1$, e $\boldsymbol{\Omega}_{ij} = 0$ para $|i - j| > 1$. Outros modelos para correlação serial, incluindo o modelo auto-regressivo de primeira ordem, são discutidos de forma mais detalhada no contexto de MQG na Seção 13.5 (veja também Exercício 16.8).

Uma hipótese presente em todas as listas anteriores de hipóteses de mínimos quadrados para dados de corte é a de que $\boldsymbol{X}_i$ e u_i possuem quartos momentos finitos diferentes de zero. No caso de MQG, as hipóteses específicas relacionadas a momentos necessárias para provar resultados assintóticos dependem da natureza da função $\boldsymbol{\Omega}(\boldsymbol{X})$. As hipóteses particulares de momentos também dependem de se considerar o estimador de MQG, a estatística t de MQG ou a estatística F de MQG, assim como os requisitos de momentos também dependem de $\boldsymbol{\Omega}(\boldsymbol{X})$ ser conhecida ou ter parâmetros estimados. Como as hipóteses são específicas para cada caso e modelo, não apresentamos aqui as hipóteses específicas de momentos, e a discussão sobre as propriedades de MQG para amostras grandes supõe que tais condições de momento se aplicam ao caso relevante em questão. Para ser completo, supõe-se que a terceira hipótese de MQO é a de que $\boldsymbol{X}_i$ e u_i simplesmente satisfazem as condições de momento apropriadas.

A quarta hipótese de MQG é a de que $\boldsymbol{X}$ possui posto de coluna completo, isto é, que os regressores não são perfeitamente multicolineares.

O Conceito-Chave 16.4 resume as hipóteses de MQG.

Consideramos a estimativa de MQG em dois casos. No primeiro, $\boldsymbol{\Omega}(\boldsymbol{X})$ é conhecida. No segundo, a forma funcional de $\boldsymbol{\Omega}(\boldsymbol{X})$ é conhecida até alguns parâmetros que podem ser estimados. Para simplificar a notação, nos referimos à função $\boldsymbol{\Omega}(\boldsymbol{X})$ como a matriz $\boldsymbol{\Omega}$, de modo que a dependência de $\boldsymbol{\Omega}$ em relação a $\boldsymbol{X}$ está implícita.

MQG Quando Ω É Conhecida

Quando $\boldsymbol{\Omega}$ é conhecida, o estimador de MQG utiliza $\boldsymbol{\Omega}$ para transformar o modelo de regressão em um modelo com erros que satisfazem as condições de Gauss-Markov. Especificamente, seja $\boldsymbol{F}$ a raiz quadrada matricial de $\boldsymbol{\Omega}^{-1}$, isto é, seja $\boldsymbol{F}$ a matriz que satisfaz $\boldsymbol{F}'\boldsymbol{F} = \boldsymbol{\Omega}^{-1}$ (tal matriz sempre existirá). Uma propriedade de $\boldsymbol{F}$ é a de que $\boldsymbol{F\Omega F}' = \boldsymbol{I}_n$. Agora pré-multiplique ambos os lados da Equação (16.4) por $\boldsymbol{F}$ para obter

$$\widetilde{\boldsymbol{Y}} = \widetilde{\boldsymbol{X}}\boldsymbol{\beta} + \widetilde{\boldsymbol{U}}, \tag{16.42}$$

onde $\widetilde{\boldsymbol{Y}} = \boldsymbol{FY}$, $\widetilde{\boldsymbol{X}} = \boldsymbol{FX}$ e $\widetilde{\boldsymbol{U}} = \boldsymbol{FU}$.

A idéia principal de MQG é a de que, sob as quatro hipóteses de MQG, as hipóteses de Gauss-Markov são válidas para a regressão transformada na Equação (16.42). Isto é, transformando todas as variáveis pela inversa da raiz quadrada matricial $\boldsymbol{\Omega}$, os erros de regressão na regressão transformada possuem uma média condicional igual a zero e uma matriz de co-variância igual à matriz identidade. Para mostrar isso matematicamente, observe que $E(\widetilde{\boldsymbol{U}}|\widetilde{\boldsymbol{X}}) = E(\boldsymbol{FU}|\boldsymbol{FX}) = \boldsymbol{F}E(\boldsymbol{U}|\boldsymbol{FX}) = \boldsymbol{0}_n$ pela primeira hipótese de MQG (Equação (16.40)). Além disso, $E(\widetilde{\boldsymbol{U}}\widetilde{\boldsymbol{U}}'|\widetilde{\boldsymbol{X}}) = E[(\boldsymbol{FU})(\boldsymbol{FU})'|\boldsymbol{FX}] = \boldsymbol{F}E(\boldsymbol{UU}'|\boldsymbol{FX})\boldsymbol{F}' = \boldsymbol{F\Omega F}' = \boldsymbol{I}_n$, onde a segunda igualdade segue porque $(\boldsymbol{FU})' = \boldsymbol{U}'\boldsymbol{F}'$ e a igualdade final resulta da definição de $\boldsymbol{F}$. Segue-se que o modelo de regressão transformado na Equação (16.42) satisfaz as condições de Gauss-Markov no Conceito-Chave 16.3.

O estimador de MQG, $\hat{\boldsymbol{\beta}}^{MQG}$, é o estimador de MQO de $\boldsymbol{\beta}$ na Equação (16.42), isto é, $\hat{\boldsymbol{\beta}}^{MQG} = (\widetilde{\boldsymbol{X}}'\widetilde{\boldsymbol{X}})^{-1}(\widetilde{\boldsymbol{X}}'\widetilde{\boldsymbol{Y}})$. Como o modelo de regressão transformado satisfaz as condições de Gauss-Markov, o estimador de MQG é o melhor estimador condicionalmente não viesado que é linear em $\widetilde{\boldsymbol{Y}}$. Mas como $\widetilde{\boldsymbol{Y}} = \boldsymbol{FY}$ e $\boldsymbol{F}$ é (aqui) supostamente conhecida, e como $\boldsymbol{F}$ pode ser invertida (porque $\boldsymbol{\Omega}$ é definida positiva), a classe dos estimadores que são lineares em $\widetilde{\boldsymbol{Y}}$ é a mesma que a dos estimadores que são lineares em $\boldsymbol{Y}$. Portanto, o estimador de MQO de $\boldsymbol{\beta}$ na Equação (16.42) também é o melhor estimador condicionalmente não viesado dentre os estimadores que são lineares em $\boldsymbol{Y}$. Em outras palavras, sob as hipóteses de MQG, o estimador de MQG é MELNV.

O estimador de MQG pode ser expresso diretamente em termos de $\boldsymbol{\Omega}$, de modo que em princípio não há necessidade de calcular a raiz quadrada matricial $\boldsymbol{F}$. Como $\widetilde{\boldsymbol{X}} = \boldsymbol{FX}$ e $\widetilde{\boldsymbol{Y}} = \boldsymbol{FY}$, $\hat{\boldsymbol{\beta}}^{MQG} = (\boldsymbol{X}'\boldsymbol{F}'\boldsymbol{FX})^{-1}(\boldsymbol{X}'\boldsymbol{F}'\boldsymbol{FY})$. Porém, $\boldsymbol{F}'\boldsymbol{F} = \boldsymbol{\Omega}^{-1}$, logo

$$\hat{\boldsymbol{\beta}}^{MQG} = (\boldsymbol{X}'\boldsymbol{\Omega}^{-1}\boldsymbol{X})^{-1}(\boldsymbol{X}'\boldsymbol{\Omega}^{-1}\boldsymbol{Y}). \tag{16.43}$$

Na prática, $\boldsymbol{\Omega}$ geralmente é desconhecida, de modo que o estimador de MQG na Equação (16.43) geralmente não pode ser calculado e é às vezes chamado de estimador não factível de MQG, ou **MQG não factível**. Se, contudo, $\boldsymbol{\Omega}$ possui uma forma funcional conhecida mas os parâmetros daquela função são desconhecidos, então pode ser estimado e uma versão factível do estimador de MQG pode ser calculada.

Hipóteses de MQG

Conceito-Chave 16.4

No modelo de regressão linear $Y = X\beta + U$, as hipóteses de MQG são:

1. $E(U|X) = 0_n$;
2. $E(UU'|X) = \Omega(X)$, onde $\Omega(X)$ é uma matriz definida positiva $n \times n$ que pode depender de X;
3. X_i e u_i satisfazem as condições de momento apropriadas;
4. X possui posto de coluna completo (não há multicolinearidade perfeita).

MQG Quando Ω Contém Parâmetros Desconhecidos

Se Ω é uma função conhecida de alguns parâmetros que por sua vez podem ser estimados, esses parâmetros podem ser utilizados para calcular um estimador da matriz de co-variância Ω. Por exemplo, considere a aplicação de séries temporais discutida após a Equação (16.41), em que $\Omega(X)$ não depende de X, $\Omega_{ii} = \sigma_u^2$, $\Omega_{ij} = \rho\sigma_u^2$ para $|i-j| = 1$ e $\Omega_{ij} = 0$ para $|i-j| > 1$. Então, Ω possui dois parâmetros desconhecidos, σ_u^2 e ρ. Esses parâmetros podem ser estimados utilizando os resíduos de uma regressão de MQO preliminar; especificamente, σ_u^2 pode ser estimado por $s_{\hat{u}}^2$ e ρ pode ser estimado pela correlação da amostra entre todos os pares na vizinhança de resíduos de MQO. Esses parâmetros estimados podem por sua vez ser utilizados para calcular um estimador de Ω, $\hat{\Omega}$.

Em geral, suponha que você tenha um estimador $\hat{\Omega}$ de Ω. Então, o estimador de MQG baseado em $\hat{\Omega}$ é

$$\hat{\beta}^{MQG} = (X'\hat{\Omega}^{-1}X)^{-1}(X'\hat{\Omega}^{-1}Y). \tag{16.44}$$

O estimador de MQG na Equação (16.44) às vezes é chamado de estimador factível de MQG, ou **MQG factível**, uma vez que pode ser calculado se a matriz de co-variância contém alguns parâmetros desconhecidos que podem ser estimados.

Hipótese da Média Condicional Igual a Zero e MQG

Para o estimador de MQO ser consistente, a primeira hipótese de mínimos quadrados deve ser válida, isto é, $E(u_i|X_i)$ deve ser igual a zero. Em contraste, a primeira hipótese de MQG é de que $E(u_i|X_1, ..., X_n) = 0$. Em outras palavras, a primeira hipótese de MQO é de que o erro para a i-ésima observação possui uma média condicional igual a zero, dados os valores dos regressores para aquela observação, ao passo que a primeira hipótese de MQG é de que u_i possui uma média condicional igual a zero, dados os valores dos regressores para *todas* as observações.

Conforme discutido na Seção 16.1, as hipóteses de que $E(u_i|X_i) = 0$ e de que a amostragem é i.i.d. juntas implicam que $E(u_i|X_1, ..., X_n) = 0$. Portanto, quando a amostragem é i.i.d., de modo que MQG é MQP, a primeira hipótese de MQG é uma implicação da primeira hipótese de mínimos quadrados do Conceito-Chave 16.1.

Quando a amostragem não é i.i.d., contudo, a primeira hipótese de MQG não é implicação da hipótese de que $E(u_i|X_i) = 0$; isto é, a primeira hipótese de MQG é mais forte. Embora a distinção entre essas duas condições possa parecer sutil, ela pode ser muito importante em aplicações de dados de séries temporais. Essa distinção é discutida na Seção 13.5 no contexto de o regressor ser ou não exógeno "passado e presente" ou "estritamente" exógeno; a hipótese de que $E(u_i|X_1, ..., X_n) = 0$ corresponde à exogeneidade estrita. Aqui, discutimos essa distinção em um nível mais geral utilizando a notação matricial. Para isso, nos concentramos no caso em que U é homoscedástico, Ω é conhecida e tem elementos fora da diagonal diferentes de zero.

O papel da primeira hipótese de MQG. Para ver a origem da diferença entre essas hipóteses, é útil comparar os argumentos de consistência para MQG e MQO.

Em primeiro lugar, esboçamos o argumento da consistência do estimador de MQG na Equação (16.43). Substituindo a Equação (16.4) na Equação (16.43), temos que $\hat{\beta}^{MQG} = \beta + (X'\Omega^{-1}X/n)^{-1}(X'\Omega^{-1}U/n)$. Sob a primeira hipótese de MQG, $E(X'\Omega^{-1}U) = E[X'\Omega^{-1}E(U|X)] = 0_n$. Se, além disso, a variância de $X'\Omega^{-1}U/n$ tende a zero e $X'\Omega^{-1}X/n \xrightarrow{p} \widetilde{Q}$, onde $\widetilde{Q}$ é uma matriz invertível, então $\hat{\beta}^{MQG} \xrightarrow{p} \beta$. Decisivamente, quando Ω tem elementos fora da diagonal, o termo $X'\Omega^{-1}U = \sum_{i=1}^{n}\sum_{j=1}^{n} X_i(\Omega^{-1})_{ij}u_j$ envolve produtos de X_i e u_i para diferentes i, j, onde $(\Omega^{-1})_{ij}$ representa o elemento (i, j) de Ω^{-1}. Portanto, para que $X'\Omega^{-1}U$ tenha uma média igual a zero, não é suficiente que $E(u_i|X_i) = 0$; em vez disso, $E(u_i|X_j)$ deve ser igual a zero para todos os pares i, j que correspondem a valores diferentes de zero de $(\Omega^{-1})_{ij}$. Dependendo da estrutura de co-variância dos erros, apenas alguns ou todos os elementos de $(\Omega^{-1})_{ij}$ podem ser diferentes de zero. Por exemplo, se u_i segue uma auto-regressão de primeira ordem (conforme discutido na Seção 13.5), os únicos elementos diferentes de zero de $(\Omega^{-1})_{ij}$ são aqueles para os quais $|i-j| \leq 1$. Em geral, contudo, todos os elementos de Ω^{-1} podem ser diferentes de zero, de modo que, em geral, para $X'\Omega^{-1}U/n \xrightarrow{p} 0_{(k+1)\times 1}$ (e, portanto, para que $\hat{\beta}^{MQG}$ seja consistente), precisamos que $E(U|X) = 0_n$, isto é, a primeira hipótese de MQG deve ser válida.

Em contraste, lembre-se do argumento de que o estimador de MQO é consistente. Reescreva a Equação (16.14) como $\hat{\beta} = \beta + (X'X/n)^{-1}\frac{1}{n}\sum_{i=1}^{n}X_iu_i$. Se $E(u_i|X_i) = 0$, o termo $\frac{1}{n}\sum_{i=1}^{n}X_iu_i$ possui média igual a zero e, se esse termo possui uma variância que tende a zero, ele converge em probabilidade para zero. Se, além disso, $X'X/n \xrightarrow{p} Q_X$, então $\hat{\beta} \xrightarrow{p} \beta$.

A primeira hipótese de MQG é restritiva? A primeira hipótese de MQG requer que os erros da i-ésima observação não sejam correlacionados com os regressores para todas as outras observações. Essa hipótese pode ser dúbia em algumas aplicações de séries temporais. Essa questão é discutida na Seção 13.6 no contexto de um exemplo empírico, a relação entre a variação no preço de um contrato para entrega futura de concentrado de suco de laranja congelado e o clima na Flórida. Conforme explicado aqui, o termo de erro na regressão da variação no preço sobre o clima não é plausivelmente correlacionado com valores corrente e passados do clima, de modo que a primeira hipótese de MQO é válida. Contudo, esse termo de erro está plausivelmente correlacionado com valores futuros do clima, de modo que a primeira hipótese de MQG *não* é válida.

Esse exemplo ilustra um fenômeno geral em dados de séries temporais econômicas que surge quando o valor de uma variável hoje é determinado em parte com base em expectativas do futuro: aquelas expectativas futuras geralmente implicam que o termo de erro hoje depende de uma previsão do regressor amanhã. Por esse motivo, a primeira hipótese de MQG é na verdade muito mais forte do que a primeira hipótese de MQO. Portanto, em algumas aplicações com dados de séries temporais econômicas o estimador de MQG não é consistente, ainda que o estimador de MQO o seja.

Resumo

1. O modelo de regressão linear múltipla na forma matricial é $Y = X\beta + U$, onde Y é o vetor $n \times 1$ de observações da variável dependente, X é a matriz $n \times (k+1)$ de n observações dos $k+1$ regressores (incluindo uma constante), β é o vetor $k+1$ dos parâmetros desconhecidos e U é o vetor $n \times 1$ dos termos de erro.
2. O estimador de MQO é $\hat{\beta} = (X'X)^{-1}X'Y$. Sob as quatro primeiras hipóteses de mínimos quadrados no Conceito-Chave 16.1, $\hat{\beta}$ é normalmente distribuído de maneira consistente e assintótica. Se, além disso, os erros são homoscedásticos, a variância condicional de $\hat{\beta}$ é $\text{var}(\hat{\beta}|X) = \sigma_u^2(X'X)^{-1}$.
3. Restrições lineares gerais sobre β podem ser escritas como as q equações $R\beta = r$, e essa formulação pode ser utilizada para testar hipóteses conjuntas envolvendo múltiplos coeficientes ou para construir conjuntos de confiança para elementos de β.
4. Quando os erros da regressão são i.i.d. e normalmente distribuídos, condicionais a X, β possui uma distribuição normal exata e as estatísticas t e F somente homoscedásticas possuem distribuições exatas t_{n-k-1} e $F_{q,n-k-1}$, respectivamente.

5. O teorema de Gauss-Markov diz que, se os erros são homoscedásticos e não são condicionalmente correlacionados entre observações e $E(u_i|\boldsymbol{X}) = 0$, o estimador de MQO é eficiente entre os estimadores lineares condicionalmente não viesados (MQO é MELNV).
6. Se a matriz de co-variância do erro $\boldsymbol{\Omega}$ não é proporcional à matriz identidade e $\boldsymbol{\Omega}$ é conhecida ou pode ser estimada, o estimador de MQG é assintoticamente mais eficiente do que MQO. Contudo, MQG requer que, em geral, u_i não seja correlacionado com *todas* as observações dos regressores, não apenas com $\boldsymbol{X}_i$ — como é exigido por MQO —, uma hipótese que deve ser avaliada cuidadosamente em aplicações.

Termos-chave

idempotente (420)
condições de Gauss-Markov para regressão múltipla (423)
teorema de Gauss-Markov para regressão múltipla (424)
mínimos quadrados generalizados (MQG) (425)
MQG não-factível (426)
MQG factível (427)
vetor de média (434)
matriz de co-variância (434)

Revisão dos Conceitos

16.1 Um pesquisador que está estudando a relação entre salário e sexo para um grupo de trabalhadores especifica o modelo de regressão $Y_i = \beta_0 + X_{1i}\beta_1 + X_{2i}\beta_2 + u_i$, onde X_{1i} é uma variável binária igual a um se a i-ésima pessoa for mulher e X_{2i} é uma variável binária igual a um se for homem. Escreva o modelo na forma matricial da Equação (16.2) para um conjunto hipotético de $n = 5$ observações. Mostre que as colunas de $\boldsymbol{X}$ são linearmente dependentes, de modo que $\boldsymbol{X}$ não possui posto completo. Explique como você reespecificaria o modelo para eliminar a multicolinearidade perfeita.

16.2 Você está analisando um modelo de regressão linear com 500 observações e um regressor. Explique como construir um intervalo de confiança para β_1 se:

a. As hipóteses 1-4 no Conceito-Chave 16.1 são verdadeiras, mas você acha que as hipóteses 5 ou 6 podem não ser verdadeiras.

b. As hipóteses 1-5 são verdadeiras, mas você acha que a hipótese 6 pode não ser verdadeira (mostre duas maneiras de construir o intervalo de confiança).

c. As hipóteses 1-6 são verdadeiras.

16.3 Suponha que as hipóteses 1-5 no Conceito-Chave 16.1 sejam verdadeiras, mas que a hipótese 6 não seja verdadeira. O resultado na Equação (16.31) é válido? Explique.

16.4 Você pode calcular o estimador MELNV de $\boldsymbol{\beta}$ se a Equação (16.41) é válida e você não conhece $\boldsymbol{\Omega}$? E se conhece $\boldsymbol{\Omega}$?

16.5 Construa um exemplo de modelo de regressão que satisfaça a hipótese $E(u_i|X_i) = 0$, mas para a qual $E(\boldsymbol{U}|\boldsymbol{X}) \neq \boldsymbol{0}_n$.

Exercícios

***16.1** Considere a regressão da população de pontuação nos exames sobre a renda e o quadrado da renda na Equação (6.1).

a. Escreva a regressão na Equação (6.1) na forma matricial da Equação (16.4). Defina $\boldsymbol{Y}$, $\boldsymbol{X}$, $\boldsymbol{U}$ e $\boldsymbol{\beta}$.

b. Explique como testar a hipótese nula de que a relação entre pontuação nos exames e renda é linear contra a alternativa de que ela é quadrática. Escreva a hipótese nula na forma da Equação (16.20). Quais são $\boldsymbol{R}$, $\boldsymbol{r}$ e q?

16.2 Suponha que uma amostra de $n = 20$ famílias tenha as médias de amostra e as co-variâncias de amostra a seguir para uma variável dependente e dois regressores:

		Co-variância de amostra		
	Médias da amostra	Y	X_1	X_2
Y	6,39	0,26	0,22	0,32
X_1	7,24		0,80	0,28
X_2	4,00			2,40

a. Calcule as estimativas de MQO de β_0, β_1 e β_2. Calcule $s_{\hat{u}}^2$. Calcule o R^2 da regressão.

b. Suponha que as seis hipóteses no Conceito-Chave 16.1 são válidas. Teste a hipótese de que $\beta_1 = 0$ ao nível de significância de 5 por cento.

16.3 Seja $\boldsymbol{W}$ um vetor $m \times 1$ com matriz de co-variância $\boldsymbol{\Sigma_W}$, onde $\boldsymbol{\Sigma_W}$ é finita e definida positiva. Seja $\boldsymbol{c}$ um vetor $m \times 1$ não aleatório e seja $Q = \boldsymbol{c}'\boldsymbol{W}$.

a. Mostre que $\text{var}(Q) = \boldsymbol{c}'\boldsymbol{\Sigma_W}\boldsymbol{c}$.

b. Suponha que $\boldsymbol{c} \neq \boldsymbol{0}_m$. Mostre que $0 < \text{var}(Q) < \infty$.

16.4 Considere o modelo de regressão do Capítulo 4, $Y_i = \beta_0 + \beta_1 X_i + u_i$, e suponha que as hipóteses do Conceito-Chave 4.3 são válidas.

a. Escreva o modelo na forma matricial dada nas equações (16.2) e (16.4).

b. Mostre que as hipóteses 1-4 do Conceito-Chave 16.1 são satisfeitas.

c. Utilize a fórmula geral para $\hat{\boldsymbol{\beta}}$ na Equação (16.11) para derivar as expressões para $\hat{\beta}_0$ e $\hat{\beta}_1$ dadas no Conceito-Chave 4.2.

d. Mostre que o elemento (1,1) de $\boldsymbol{\Sigma}_{\hat{\boldsymbol{\beta}}}$ na Equação (16.13) é igual à expressão para $\sigma_{\hat{\beta}_0}^2$ dada no Conceito-Chave 4.4.

16.5 Sejam $\boldsymbol{P_X}$ e $\boldsymbol{M_X}$ conforme definidas nas equações (16.24) e (16.25).

a. Prove que $\boldsymbol{P_X M_X} = \boldsymbol{0}_{n\times n}$ e que $\boldsymbol{P_X}$ e $\boldsymbol{M_X}$ são idempotentes.

b. Derive as equações (16.27) e (16.28).

***16.6** Considere o modelo de regressão na forma matricial, $\boldsymbol{Y} = \boldsymbol{X\beta} + \boldsymbol{W\gamma} + \boldsymbol{u}$, onde $\boldsymbol{X}$ é uma matriz $n \times k_1$ de regressores e $\boldsymbol{W}$ é uma matriz $n \times k_2$ de regressores. Então, o estimador de MQO $\hat{\boldsymbol{\beta}}$ pode ser expresso como

$$\hat{\boldsymbol{\beta}} = (\boldsymbol{X}'\boldsymbol{M_W X})^{-1}(\boldsymbol{X}'\boldsymbol{M_W Y}). \tag{16.45}$$

Agora seja $\hat{\beta}_1^{VB}$ o estimador de efeitos fixos de "variável binária", calculado estimando-se a Equação (8.11) por MQO, e seja $\hat{\beta}_1^{SM}$ o estimador de efeitos fixos de "subtração da média da entidade", calculado estimando-se a Equação (8.14) por MQO, em que as médias de amostra específicas de entidade foram subtraídas de X e Y. Utilize a Equação (16.45) para provar que $\hat{\beta}_1^{VB} = \hat{\beta}_1^{SM}$. (*Dica*: Escreva (8.11) utilizando um conjunto completo de efeitos fixos $D1_i, D2_i, \ldots, Dn_i$ e nenhum termo constante. Inclua todos os efeitos fixos em $\boldsymbol{W}$. Escreva a matriz $\boldsymbol{M_W X}$.)

16.7 Considere o modelo de regressão $Y_i = \beta_1 X_i + \beta_2 W_i + u_i$, onde para simplificar o intercepto é omitido e supõe-se que todas as variáveis tenham uma média igual a zero. Suponha que X_i seja distribuída independentemente de (W_i, u_i) mas que W_i e u_i possam ser correlacionadas, e sejam $\hat{\beta}_1$ e $\hat{\beta}_2$ os estimadores de MQO para esse modelo. Mostre que:

a. Independentemente de W_i e u_i serem ou não correlacionados, $\hat{\beta}_1 \xrightarrow{p} \beta_1$.

b. Se W_i e u_i são correlacionados, $\hat{\beta}_2$ é inconsistente.

c. Seja $\hat{\beta}_1^r$ o estimador de MQO da regressão de Y sobre X (a regressão restrita que exclui W). Forneça condições sob as quais $\hat{\beta}_1$ possui uma variância assintótica menor do que $\hat{\beta}_1^r$, permitindo que W_i e u_i possam ser correlacionados.

16.8 Considere o modelo de regressão $Y_i = \beta_0 + \beta_1 X_i + u_i$, onde $u_1 = \tilde{u}_1$ e $u_i = 0{,}5u_{i-1} + \tilde{u}_i$ para $i = 2, 3, ..., n$. Suponha que $\tilde{u}_i$ sejam i.i.d. com média zero e variância um e que sejam distribuídos independentemente de X_j para todo i e j.

***a.** Derive uma expressão para $E(\boldsymbol{UU}') = \boldsymbol{\Omega}$.

b. Explique como estimar o modelo por MQG sem inverter explicitamente a matriz $\boldsymbol{\Omega}$. (*Dica*: Transforme o modelo de modo que os erros da regressão sejam $\tilde{u}_1, \tilde{u}_2, ..., \tilde{u}_n$.)

16.9 Este exercício mostra que o estimador de MQO de um subconjunto dos coeficientes da regressão é consistente sob a hipótese de independência da média condicional descrita no Apêndice 11.3. Considere o modelo de regressão múltipla na forma matricial $\boldsymbol{X}$ e $\boldsymbol{W}$ onde $\boldsymbol{Y} = \boldsymbol{X\beta} + \boldsymbol{W\gamma} + \boldsymbol{u}$ são, respectivamente, matrizes de regressores $n \times k_1$ e $n \times k_2$. Sejam $\boldsymbol{X}_i'$ e $\boldsymbol{W}_i'$ as i-ésimas linhas de $\boldsymbol{X}$ e $\boldsymbol{W}$ (como na Equação (16.3)). Suponha que (i) $E(u_i|\boldsymbol{X}_i, \boldsymbol{W}_i) = \boldsymbol{W}_i'\boldsymbol{\delta}$, onde $\boldsymbol{\delta}$ é um vetor $k_2 \times 1$ de parâmetros desconhecidos; (ii) $(\boldsymbol{X}_i, \boldsymbol{W}_i, Y_i)$ são i.i.d.; (iii) $(\boldsymbol{X}_i, \boldsymbol{W}_i, u_i)$ possuem quatro momentos finitos diferentes de zero; e (iv) que não existe multicolinearidade perfeita. Essas são as hipóteses 1-4 do Conceito-Chave 16.1, com a hipótese de independência da média condicional (i) substituindo a hipótese usual de média condicional igual a zero.

a. Utilize a Equação (16.45) para escrever $\hat{\boldsymbol{\beta}} - \boldsymbol{\beta} = (n^{-1}\boldsymbol{X}'\boldsymbol{M_W X})^{-1}(n^{-1}\boldsymbol{X}'\boldsymbol{M_W U})$.

b. Mostre que $n^{-1}\boldsymbol{X}'\boldsymbol{M_W X} \xrightarrow{p} \boldsymbol{\Sigma_{XX}} - \boldsymbol{\Sigma_{XW}\Sigma_{WW}^{-1}\Sigma_{WX}}$, onde $\boldsymbol{\Sigma_{XX}} = E(\boldsymbol{X}_i\boldsymbol{X}_i')$, $\boldsymbol{\Sigma_{XW}} = E(\boldsymbol{X}_i\boldsymbol{W}_i')$ etc. (A matriz $\boldsymbol{A}_n \xrightarrow{p} \boldsymbol{A}$ se $\boldsymbol{A}_{n,ij} \xrightarrow{p} \boldsymbol{A}_{ij}$ para todo i, j, onde $\boldsymbol{A}_{n,ij}$ e $\boldsymbol{A}_{ij}$ são os elementos (i, j) de $\boldsymbol{A}_n$ e $\boldsymbol{A}$.)

c. Mostre que as hipóteses (i) e (ii) implicam que $E(\boldsymbol{U}|\boldsymbol{X}, \boldsymbol{W}) = \boldsymbol{W\delta}$.

d. Utilize (c) e a lei de expectativas iteradas para mostrar que $n^{-1}\boldsymbol{X}'\boldsymbol{M_W U} \xrightarrow{p} \boldsymbol{0}_{k_1 \times 1}$.

e. Utilize (a) – (d) para concluir que, sob as condições (i)-(iv), $\hat{\boldsymbol{\beta}} \xrightarrow{p} \boldsymbol{\beta}$.

APÊNDICE 16.1 Resumo de Álgebra Matricial

Neste apêndice, resumimos vetores, matrizes e os elementos da álgebra matricial utilizados no Capítulo 16. A finalidade é revisar alguns conceitos elementares e definições de um curso de álgebra linear, e não substituir esse curso.

Definição de Vetores e Matrizes

Um **vetor** é um conjunto de n números ou elementos reunidos em uma coluna (um **vetor coluna**) ou em uma linha (um **vetor linha**). O vetor coluna $\boldsymbol{b}$ com dimensão n e o vetor linha $\boldsymbol{c}$ com dimensão n são

$$\boldsymbol{b} = \begin{bmatrix} b_1 \\ b_2 \\ \vdots \\ b_n \end{bmatrix} \text{ e } \boldsymbol{c} = [c_1 \quad c_2 \quad \cdots \quad c_n],$$

onde b_1 é o primeiro elemento de $\boldsymbol{b}$ e em geral b_i é o i-ésimo elemento de $\boldsymbol{b}$.

Em todo o capítulo, um vetor ou uma matriz é representado por caracteres em negrito.

Uma **matriz** é uma coleção ou grupo de números ou elementos em que os elementos são dispostos em colunas e linhas. A dimensão de uma matriz é $n \times m$, onde n é o número de linhas e m é o número de colunas. Então a matriz $n \times m$ $\boldsymbol{A}$ é

$$\boldsymbol{A} = \begin{bmatrix} a_{11} & a_{12} & \cdots & a_{1m} \\ a_{21} & a_{22} & \cdots & a_{2m} \\ \vdots & \vdots & & \vdots \\ a_{n1} & a_{n2} & \cdots & a_{nm} \end{bmatrix},$$

onde a_{ij} é o elemento (i, j) de $\boldsymbol{A}$, ou seja, a_{ij} é o elemento que está na i-ésima linha e na j-ésima coluna. Uma matriz $n \times m$ consiste de n vetores linha ou, alternativamente, de m vetores coluna.

Para distinguir números com dimensão um de vetores e matrizes, chamamos o número com dimensão um de **escalar**.

Tipos de Matrizes

Matrizes quadrada, simétrica e diagonal. Diz-se que uma matriz é **quadrada** se o número de linhas é igual ao número de colunas. Diz-se que uma matriz quadrada é **simétrica** se o seu elemento (i, j) é igual a seu elemento (j, i). Uma matriz **diagonal** é uma matriz quadrada em que todos os elementos fora da diagonal principal são iguais a zero, isto é, se a matriz quadrada $\boldsymbol{A}$ é diagonal; então, $a_{ij} = 0$ para $i \neq j$.

Matrizes especiais. Uma matriz importante é a **matriz identidade**, $\boldsymbol{I}_n$, que é uma matriz diagonal $n \times n$ cujos elementos diagonais são iguais a um. A **matriz nula** $\boldsymbol{0}_{n\times m}$ é a matriz $n \times m$ com todos os elementos iguais a zero.

Transposta. A **transposta** de uma matriz é obtida pelo intercâmbio de suas linhas e colunas. Isto é, a transposta transforma a matriz $n \times m$ $\boldsymbol{A}$ na matriz $m \times n$, que é representada por $\boldsymbol{A}'$, onde o elemento (i,j) de $\boldsymbol{A}$ torna-se o elemento (j,i) de $\boldsymbol{A}'$; dito de outra forma, a transposta da matriz $\boldsymbol{A}$ torna as linhas de $\boldsymbol{A}$ nas colunas de $\boldsymbol{A}'$. Se a_{ij} é o elemento (i,j) de $\boldsymbol{A}$, então $\boldsymbol{A}'$ (a transposta de $\boldsymbol{A}$) é

$$\boldsymbol{A}' = \begin{bmatrix} a_{11} & a_{21} & \cdots & a_{n1} \\ a_{12} & a_{22} & \cdots & a_{n2} \\ \vdots & \vdots & & \vdots \\ a_{1m} & a_{2m} & \cdots & a_{nm} \end{bmatrix}.$$

A transposta de um vetor é um caso especial da transposta de uma matriz. Portanto, a transposta de um vetor torna um vetor coluna em um vetor linha; ou seja, se $\boldsymbol{b}$ é um vetor coluna $n \times 1$, sua transposta é o vetor linha $1 \times n$.

$$\boldsymbol{b}' = [b_1 \quad b_2 \quad \cdots \quad b_n].$$

A transposta de um vetor linha é um vetor coluna.

Elementos de Álgebra Matricial

Adição e Multiplicação

Adição de matrizes. Duas matrizes $\boldsymbol{A}$ e $\boldsymbol{B}$ que possuem as mesmas dimensões (são $n \times m$) podem ser somadas. A soma de duas matrizes é a soma de seus elementos; isto é, se $\boldsymbol{C} = \boldsymbol{A} + \boldsymbol{B}$, então $c_{ij} = a_{ij} + b_{ij}$. Um caso especial de adição de matrizes é a adição de vetores: se $\boldsymbol{a}$ e $\boldsymbol{b}$ são vetores coluna $n \times 1$, sua soma $\boldsymbol{c} = \boldsymbol{a} + \boldsymbol{b}$ é a soma de cada elemento, isto é, $c_i = a_i + b_i$.

Multiplicação de vetores e matrizes. Sejam $\boldsymbol{a}$ e $\boldsymbol{b}$ dois vetores coluna $n \times 1$. Então, o produto da transposta de $\boldsymbol{a}$ (que é um vetor linha) por $\boldsymbol{b}$ é $\boldsymbol{a}'\boldsymbol{b} = \sum_{i=1}^{n} a_i b_i$. Aplicando essa definição com $\boldsymbol{b} = \boldsymbol{a}$, temos que $\boldsymbol{a}'\boldsymbol{a} = \sum_{i=1}^{n} a_i^2$.

De forma semelhante, as matrizes $\boldsymbol{A}$ e $\boldsymbol{B}$ podem ser multiplicadas se forem similares, isto é, se o número de colunas de $\boldsymbol{A}$ for igual ao número de linhas de $\boldsymbol{B}$. Suponha especificamente que $\boldsymbol{A}$ tenha dimensão $n \times m$ e $\boldsymbol{B}$ tenha dimensão $m \times r$. Então, o produto de $\boldsymbol{A}$ por $\boldsymbol{B}$ é uma matriz $n \times r$, $\boldsymbol{C}$; isto é, $\boldsymbol{C} = \boldsymbol{AB}$, onde o elemento (i, j) de $\boldsymbol{C}$ é $c_{ij} = \sum_{k=1}^{m} a_{ik} b_{kj}$. Dito de outra forma, o elemento (i, j) de $\boldsymbol{AB}$ é o produto da multiplicação do vetor linha que é a i-ésima linha de $\boldsymbol{A}$ pelo vetor coluna que é a j-ésima coluna de $\boldsymbol{B}$.

O produto de um escalar d pela matriz $\boldsymbol{A}$ tem o elemento (i, j) da_{ij}, isto é, cada elemento de $\boldsymbol{A}$ é multiplicado pelo escalar d.

Algumas propriedades úteis de adição e multiplicação matricial. Sejam $\boldsymbol{A}$ e $\boldsymbol{B}$ duas matrizes. Então:

a. $\boldsymbol{A} + \boldsymbol{B} = \boldsymbol{B} + \boldsymbol{A}$;
b. $(\boldsymbol{A} + \boldsymbol{B}) + \boldsymbol{C} = \boldsymbol{A} + (\boldsymbol{B} + \boldsymbol{C})$;
c. $(\boldsymbol{A} + \boldsymbol{B})' = \boldsymbol{A}' + \boldsymbol{B}'$;
d. Se $\boldsymbol{A}$ é $n \times m$, então $\boldsymbol{A}\boldsymbol{I}_m = \boldsymbol{A}$ e $\boldsymbol{I}_n\boldsymbol{A} = \boldsymbol{A}$;
e. $\boldsymbol{A}(\boldsymbol{B}\boldsymbol{C}) = (\boldsymbol{A}\boldsymbol{B})\boldsymbol{C}$;
f. $(\boldsymbol{A} + \boldsymbol{B})\boldsymbol{C} = \boldsymbol{A}\boldsymbol{C} + \boldsymbol{B}\boldsymbol{C}$;
g. $(\boldsymbol{A}\boldsymbol{B})' = \boldsymbol{B}'\boldsymbol{A}'$.

Em geral, a multiplicação de matrizes não é comutativa, isto é, em geral $\boldsymbol{AB} \neq \boldsymbol{BA}$, embora existam alguns casos especiais em que a multiplicação de matrizes é comutativa; por exemplo, se $\boldsymbol{A}$ e $\boldsymbol{B}$ são matrizes diagonais $n \times n$, então $\boldsymbol{AB} = \boldsymbol{BA}$.

Matriz Inversa, Raiz Quadrada Matricial e Tópicos Relacionados

Matriz inversa. Seja $\boldsymbol{A}$ uma matriz quadrada. Supondo que ela exista, a **inversa** da matriz $\boldsymbol{A}$ é definida como a matriz para a qual $\boldsymbol{A}^{-1}\boldsymbol{A} = \boldsymbol{I}_n$. Se na verdade a matriz inversa $\boldsymbol{A}^{-1}$ existe, diz-se que $\boldsymbol{A}$ é **invertível** ou **não-singular**. Se tanto $\boldsymbol{A}$ quanto $\boldsymbol{B}$ são invertíveis, então $(\boldsymbol{AB})^{-1} = \boldsymbol{B}^{-1}\boldsymbol{A}^{-1}$.

Matrizes definida positiva e semidefinida positiva. Seja $\boldsymbol{V}$ uma matriz quadrada $n \times n$. Então, $\boldsymbol{V}$ é **definida positiva** se $\boldsymbol{c}'\boldsymbol{V}\boldsymbol{c} > 0$ para todo vetor $n \times 1$ $\boldsymbol{c}$ diferente de zero. De forma semelhante, $\boldsymbol{V}$ é **semidefinida positiva** se $\boldsymbol{c}'\boldsymbol{V}\boldsymbol{c} \geq 0$ para todo vetor $n \times 1$ $\boldsymbol{c}$ diferente de zero. Se $\boldsymbol{V}$ é definida positiva, ela é invertível.

Independência linear. Os vetores $n \times 1$ $\boldsymbol{a}_1$ e $\boldsymbol{a}_2$ são **linearmente independentes** se não existem escalares c_1 e c_2 diferentes de zero tais que $c_1\boldsymbol{a}_1 + c_2\boldsymbol{a}_2 = \boldsymbol{0}_{n\times1}$. Generalizando, o conjunto de k vetores $\boldsymbol{a}_1, \boldsymbol{a}_2, \ldots, \boldsymbol{a}_k$ é linearmente independente se não existem escalares $c_1, c_2, \ldots, c_k$ diferentes de zero tais que $c_1\boldsymbol{a}_1 + c_2\boldsymbol{a}_2 + \cdots + c_k\boldsymbol{a}_k = \boldsymbol{0}_{n\times1}$.

Posto de uma matriz. O **posto** da matriz $n \times m$ $\boldsymbol{A}$ é o número de colunas linearmente independentes de $\boldsymbol{A}$. O posto de $\boldsymbol{A}$ é representado por posto($\boldsymbol{A}$). Se o posto de $\boldsymbol{A}$ for igual ao número de colunas de $\boldsymbol{A}$, diz-se que $\boldsymbol{A}$ possui posto de coluna completo. Se a matriz $\boldsymbol{A}$ $n \times m$ possui posto de coluna completo, não existe um vetor $m \times 1$ $\boldsymbol{c}$ diferente de zero tal que $\boldsymbol{A}\boldsymbol{c} = \boldsymbol{0}_{n\times1}$. Se $\boldsymbol{A}$ é $n \times n$ com posto($\boldsymbol{A}$) $= n$, então $\boldsymbol{A}$ é não-singular. Se a matriz $n \times m$ $\boldsymbol{A}$ possui posto de coluna completo, então $\boldsymbol{A}'\boldsymbol{A}$ é não-singular.

Raiz quadrada matricial. Seja $\boldsymbol{V}$ uma matriz quadrada simétrica definida positiva $n \times n$. A raiz quadrada matricial de $\boldsymbol{V}$ é definida como uma matriz $n \times n$ $\boldsymbol{F}$ tal que $\boldsymbol{F}'\boldsymbol{F} = \boldsymbol{V}$. A raiz quadrada matricial de uma matriz definida positiva sempre existirá, mas não é única. A raiz quadrada matricial possui a propriedade de que $\boldsymbol{F}\boldsymbol{V}^{-1}\boldsymbol{F}' = \boldsymbol{I}_n$. Além disso, a raiz quadrada matricial de uma matriz definida positiva é invertível, de modo que $\boldsymbol{F}'^{-1}\boldsymbol{V}\boldsymbol{F}^{-1} = \boldsymbol{I}_n$.

APÊNDICE 16.2 Distribuições Multivariadas

Neste apêndice, reunimos várias definições e fatos relacionados a distribuições de vetores de variáveis aleatórias. Começamos definindo a média e a matriz de co-variância da variável aleatória $\boldsymbol{V}$ com dimensão n. Em seguida, apresentamos a distribuição normal multivariada e então resumimos alguns fatos sobre as distribuições das funções linear e quadrática de variáveis aleatórias conjunta e normalmente distribuídas.

Vetor de Média e Matriz de Co-variância

O primeiro e o segundo momentos de um vetor $m \times 1$ de variáveis aleatórias, $V = (V_1\ V_2 \cdots V_m)'$, são resumidos por seu vetor de média e sua matriz de co-variância.

Como V é um vetor, o vetor de suas médias, ou seja, seu **vetor de média** é $E(V) = \mu_V$. O i-ésimo elemento do vetor de média é a média do i-ésimo elemento de V.

A **matriz de co-variância** de V é a matriz que consiste da variância $\text{var}(V_i)$, $i = 1, \ldots, n$ ao longo da diagonal principal e dos elementos (i, j) da co-variância fora da diagonal principal $\text{cov}(V_i, V_j)$. Na forma matricial, a matriz de co-variância $\boldsymbol{\Sigma}_V$ é

$$\boldsymbol{\Sigma}_V = E[(V - \mu_V)(V - \mu_V)'] = \begin{pmatrix} \text{var}(V_1) & \cdots & \text{cov}(V_1, V_m) \\ \vdots & \ddots & \vdots \\ \text{cov}(V_m, V_1) & \cdots & \text{var}(V_m) \end{pmatrix}. \quad (16.46)$$

Distribuição Normal Multivariada

A variável aleatória vetorial $m \times 1$ V possui uma distribuição normal multivariada com vetor de média μ_V e matriz de co-variância $\boldsymbol{\Sigma}_V$ se ela possui a função densidade de probabilidade conjunta

$$f(V) = \frac{1}{\sqrt{(2\pi)^m \det(\boldsymbol{\Sigma}_V)}} \exp\left[-\frac{1}{2}(V - \mu_V)'\boldsymbol{\Sigma}_V^{-1}(V - \mu_V)\right], \quad (16.47)$$

onde $\det(\boldsymbol{\Sigma}_V)$ é o determinante da matriz $\boldsymbol{\Sigma}_V$. A distribuição normal multivariada é representada por $N(\mu_V, \boldsymbol{\Sigma}_V)$.

Um fato importante sobre a distribuição normal multivariada é que, se duas variáveis aleatórias conjunta e normalmente distribuídas não são correlacionadas (de modo equivalente, possuem uma matriz de co-variância igual a zero), elas são independentemente distribuídas. Isto é, sejam V_1 e V_2 variáveis aleatórias conjunta e normalmente distribuídas com dimensões $m_1 \times 1$ e $m_2 \times 1$, respectivamente. Então, se $\text{cov}(V_1, V_2) = E[(V_1 - \mu_{V_1})(V_2 - \mu_{V_2})'] = \mathbf{0}_{m_1 \times m_2}$, V_1 e V_2 são independentes.

Se $\{V_i\}$ são i.i.d. $N(0, \sigma_v^2)$, então $\boldsymbol{\Sigma}_V = \sigma_v^2 \boldsymbol{I}_m$ e a distribuição normal multivariada é simplificada no produto de m densidades normais univariadas.

Distribuições de Combinações Lineares e Formas Quadráticas de Variáveis Aleatórias Normais

Combinações lineares de variáveis aleatórias normais multivariadas são em si normalmente distribuídas, e algumas formas quadráticas variáveis aleatórias normais multivariadas possuem uma distribuição qui-quadrado. Seja V uma variável aleatória $m \times 1$ com distribuição $N(\mu_V, \boldsymbol{\Sigma}_V)$, sejam $\boldsymbol{A}$ e $\boldsymbol{B}$ matrizes $a \times m$ e $b \times m$ não aleatórias e seja $\boldsymbol{d}$ um vetor $a \times 1$ não aleatório. Então,

$$\boldsymbol{d} + \boldsymbol{A}V \text{ é distribuído como } N(\boldsymbol{d} + \boldsymbol{A}\mu_V, \boldsymbol{A}\boldsymbol{\Sigma}_V\boldsymbol{A}'); \quad (16.48)$$

$$\text{cov}(\boldsymbol{A}V, \boldsymbol{B}V) = \boldsymbol{A}\boldsymbol{\Sigma}_V\boldsymbol{B}'; \quad (16.49)$$

$$\text{Se } \boldsymbol{A}\boldsymbol{\Sigma}_V\boldsymbol{B}' = \mathbf{0}_{a \times b}, \text{ então } \boldsymbol{A}V \text{ e } \boldsymbol{B}V \text{ são independentemente distribuídas}; \quad (16.50)$$

$$V'\boldsymbol{\Sigma}_V^{-1}V \text{ é distribuída } \chi_m^2. \quad (16.51)$$

Outro resultado útil diz respeito a formas quadráticas envolvendo matrizes idempotentes. A matriz $\boldsymbol{C}$ é idempotente se $\boldsymbol{C}$ é quadrada e $\boldsymbol{CC} = \boldsymbol{C}$. Seja V uma variável aleatória normal multivariada com dimensão m e com distribuição $N(\mathbf{0}, \sigma_v^2\boldsymbol{I}_m)$. Se $\boldsymbol{C}$ é simétrica e idempotente, então

$$V'\boldsymbol{C}V/\sigma_v^2 \text{ possui uma distribuição } \chi_r^2 \text{ onde } r = \text{posto}(\boldsymbol{C}). \quad (16.52)$$

APÊNDICE 16.3 Derivação da Distribuição Assintótica de $\hat{\beta}$

Neste apêndice, fornecemos a derivação da distribuição normal assintótica de $\sqrt{n}(\hat{\beta} - \beta)$ dada na Equação (16.12). Uma implicação desse resultado é que $\hat{\beta} \xrightarrow{p} \beta$.

Considere primeiro a matriz do "denominador" $X'X/n = \frac{1}{n}\sum_{i=1}^{n} X_i X_i'$ na Equação (16.15). O elemento (j,l) dessa matriz é $\frac{1}{n}\sum_{i=1}^{n} X_{ji}X_{li}$. Pela segunda hipótese do Conceito-Chave 16.1, X_i é i.i.d., logo $X_{ji}X_{li}$ é i.i.d. Pela terceira hipótese do Conceito-Chave 16.1, cada elemento de X_i possui quatro momentos, de modo que, pela desigualdade de Cauchy-Schwartz (veja o Apêndice 15.2), $X_{ji}X_{li}$ possui dois momentos. Uma vez que $X_{ji}X_{li}$ é i.i.d. com dois momentos, $\frac{1}{n}\sum_{i=1}^{n} X_{ji}X_{li}$ obedece à lei dos grandes números, logo $\frac{1}{n}\sum_{i=1}^{n} X_{ji}X_{li} \xrightarrow{p} E(X_{ji}X_{li})$. Isso é verdadeiro para todos os elementos de $X'X/n$, logo $X'X/n \xrightarrow{p} E(X_i X_i') = Q_X$.

Em seguida, considere a matriz do "numerador" na Equação (16.15), $X'U/\sqrt{n} = \sqrt{\frac{1}{n}}\sum_{i=1}^{n} V_i$, onde $V_i = X_i u_i$. Pela primeira hipótese do Conceito-Chave 16.1 e pela lei das expectativas iteradas, $E(V_i) = E[X_i E(u_i | X_i)] = 0_{k+1}$. Pela segunda hipótese de mínimos quadrados, V_i é i.i.d. Seja c um vetor finito com dimensão $k + 1$. Pela desigualdade de Cauchy-Schwarz $E[(c'V_i)^2] = E[(c'X_i u_i)^2] = E[(c'X_i)^2(u_i)^2] \leq \sqrt{E[(c'X_i)^4]E(u_i^4)}$, que é finito pela terceira hipótese de mínimos quadrados. Isso é verdadeiro para todo vetor c como esse, logo $E(V_i V_i') = \Sigma_V$ é finito e, supomos, definido positivo. Assim, o teorema central do limite multivariado do Conceito-Chave 16.2 aplica-se a $\sqrt{\frac{1}{n}}\sum_{i=1}^{n} V_i = \frac{1}{\sqrt{n}} X'U$, isto é,

$$\frac{1}{\sqrt{n}} X'U \xrightarrow{d} N(0_{k+1}, \Sigma_V). \tag{16.53}$$

O resultado na Equação (16.12) resulta das equações (16.15) e (16.53), da consistência de $X'X/n$, da quarta hipótese de mínimos quadrados (que assegura que $(X'X)^{-1}$ existe) e do teorema de Slutsky.

APÊNDICE 16.4 Derivações das Distribuições Exatas das Estatísticas de Testes de MQO com Erros Normais

Neste apêndice, apresentamos as provas das distribuições, sob a hipótese nula, da estatística t somente homoscedástica da Equação (16.35) e da estatística F somente-homoscedástica da Equação (16.37), supondo que as seis hipóteses do Conceito-Chave 16.1 são válidas.

Prova da Equação (16.35)

Se (i) Z possui uma distribuição normal padrão, (ii) W possui uma distribuição χ_m^2 e (iii) Z e W são independentemente distribuídos, a variável aleatória $Z/\sqrt{W/m}$ possui a distribuição t com m graus de liberdade (Apêndice 15.1). Para expressar $\tilde{t}$ nesse formato, observe que $\tilde{\Sigma}_{\hat{\beta}} = (s_{\hat{u}}^2/\sigma_u^2)\Sigma_{\hat{\beta}|X}$. Então, reescreva a Equação (16.34) como

$$\tilde{t} = \frac{(\hat{\beta}_j - \beta_{j,0})/\sqrt{(\Sigma_{\hat{\beta}|X})_{jj}}}{\sqrt{W/(n-k-1)}}, \tag{16.54}$$

onde $W = (n-k-1)(s_{\hat{u}}^2/\sigma_u^2)$, e seja $Z = (\hat{\beta}_j - \beta_{j,0})/\sqrt{(\Sigma_{\hat{\beta}|X})_{jj}}$ e $m = n - k - 1$. Com essas definições, $\tilde{t} = Z/\sqrt{W/m}$. Portanto, para provar o resultado da Equação (16.35) devemos mostrar (i)-(iii) para essas definições de Z, W e m.

i. Uma implicação da Equação (16.30) é que, sob a hipótese nula, $Z = (\hat{\beta}_j - \beta_{j,0})/\sqrt{(\Sigma_{\hat{\beta}|X})_{jj}}$ possui uma distribuição normal padrão exata, o que mostra (i).

ii. Da Equação (16.31), W é distribuído como χ_{n-k-1}^2, o que mostra (ii).

iii. Para mostrar (iii), deve ser mostrado que $\hat{\beta}_j$ e $s_{\hat{u}}^2$ são independentemente distribuídos.

Das equações (16.14) e (16.29), $\hat{\beta} - \beta = (X'X)^{-1}X'U$ e $s_{\hat{u}}^2 = (M_X U)'(M_X U)/(n-k-1)$. Portanto, $\hat{\beta} - \beta$ e $s_{\hat{u}}^2$ são independentes se $(X'X)^{-1}X'U$ e $M_X U$ são independentes. Tanto $(X'X)^{-1}X'U$ quanto $M_X U$ são combinações lineares de U, que possui uma distribuição $N(0_{n\times 1}, \sigma_u^2 I_n)$, condicional a X. Porém, como $M_X X(X'X)^{-1} = 0_{n\times(k+1)}$ (Equação (16.26)), segue-se que $(X'X)^{-1}X'U$ e $M_X U$ são independentemente distribuídos (Equação (16.50)). Conseqüentemente, sob as seis hipóteses do Conceito-Chave 16.1,

$$\hat{\beta} \text{ e } s_{\hat{u}}^2 \text{ são independentemente distribuídas,} \tag{16.55}$$

o que mostra (iii) e portanto prova a Equação (16.35).

Prova da Equação (16.37)

A distribuição F_{n_1,n_2} é a distribuição de $(W_1/n_1)/(W_2/n_2)$, onde (i) W_1 tem distribuição $\chi_{n_1}^2$; (ii) W_2 tem distribuição $\chi_{n_2}^2$ e (iii) W_1 e W_2 são independentemente distribuídos (veja o Apêndice 15.1). Para expressar $\tilde{F}$ nessa forma, seja $W_1 = (R\hat{\beta} - r)'[R(X'X)^{-1}R'\sigma_u^2]^{-1}(R\hat{\beta} - r)$ e $W_2 = (n-k-1)s_{\hat{u}}^2/\sigma_u^2$. A substituição dessas definições na Equação (16.36) mostra que $\tilde{F} = (W_1/q)/[W_2/(n-k-1)]$. Desse modo, pela definição da distribuição F, $\tilde{F}$ possui uma distribuição $F_{q,n-k-1}$ se (i)-(iii) são válidas com $n_1 = q$ e $n_2 = n - k - 1$.

i. Sob a hipótese nula, $R\hat{\beta} - r = R(\hat{\beta} - \beta)$. Como $\hat{\beta}$ possui a distribuição normal condicional da Equação (16.30) e como R é uma matriz não aleatória, $R(\hat{\beta} - \beta)$ tem distribuição $N(0_{q\times 1}, R(X'X)^{-1}R'\sigma_u^2)$, condicional a X. Portanto, pela Equação (16.51) no Apêndice 16.2, $(R\hat{\beta} - r)'[R(X'X)^{-1}R'\sigma_u^2]^{-1}(R\hat{\beta} - r)$ tem distribuição χ_q^2, o que prova (i).
ii. O requisito (ii) é mostrado na Equação (16.31).
iii. Já mostramos que $\hat{\beta} - \beta$ e $s_{\hat{u}}^2$ são independentemente distribuídos (Equação (16.55)). Segue-se que $R\hat{\beta} - r$ e $s_{\hat{u}}^2$ são independentemente distribuídos, o que por sua vez implica que W_1 e W_2 são independentemente distribuídos, provando (iii) e completando a prova.

APÊNDICE 16.5 Prova do Teorema de Gauss-Markov para a Regressão Múltipla

Neste apêndice, provamos o teorema de Gauss-Markov (Conceito-Chave 16.3) para o modelo de regressão múltipla. Seja $\tilde{\beta}$ um estimador linear condicionalmente não viesado de β, de modo que $\tilde{\beta} = A'Y$ e $E(\tilde{\beta}|X) = \beta$, onde A é uma matriz $n \times (k+1)$ que pode depender de X e de constantes não aleatórias. Mostramos que $\text{var}(c'\hat{\beta}) \leq \text{var}(c'\tilde{\beta})$ para todos os vetores c com dimensão $k+1$, onde a desigualdade é igualmente válida somente se $\tilde{\beta} = \hat{\beta}$.

Como $\tilde{\beta}$ é linear, ele pode ser escrito como $\tilde{\beta} = A'Y = A'(X\beta + U) = (A'X)\beta + A'U$. Pela primeira condição de Gauss-Markov, $E(U|X) = 0_{n\times 1}$, logo $E(\tilde{\beta}|X) = (A'X)\beta$, mas como $\tilde{\beta}$ é condicionalmente não viesado, $E(\tilde{\beta}|X) = \beta = (A'X)\beta$, o que implica que $A'X = I_{k+1}$. Portanto, $\tilde{\beta} = \beta + A'U$, logo $\text{var}(\tilde{\beta}|X) = \text{var}(A'U|X) = E(A'UU'A|X) = A'E(UU'|X)A = \sigma_u^2 A'A$, onde a terceira igualdade segue porque A pode depender de X mas não de U, e a igualdade final resulta da segunda condição de Gauss-Markov. Ou seja, se $\tilde{\beta}$ é linear e não viesado, então sob as condições de Gauss-Markov

$$A'X = I_{k+1} \text{ e } \text{var}(\tilde{\beta}|X) = \sigma_u^2 A'A. \tag{16.56}$$

Os resultados na Equação (16.56) também se aplicam a $\hat{\beta}$ com $A = \hat{A} = X(X'X)^{-1}$, onde $(X'X)^{-1}$ existe em virtude da terceira condição de Gauss-Markov.

Agora seja $A = \hat{A} + D$, de modo que D é a diferença entre as matrizes de pesos A e $\hat{A}$. Observe que $\hat{A}'A = (X'X)^{-1}X'A = (X'X)^{-1}$ (em virtude da Equação (16.56)) e $\hat{A}'\hat{A} = (X'X)^{-1}X'X(X'X)^{-1} = (X'X)^{-1}$, logo $\hat{A}'D = \hat{A}'(A - \hat{A}) = \hat{A}'A - \hat{A}'\hat{A} = 0_{(k+1)\times(k+1)}$. A substituição de $A = \hat{A} + D$ na fórmula para a variância condicional da Equação (16.56) produz

$$\begin{aligned} \text{var}(\tilde{\boldsymbol{\beta}} \mid \boldsymbol{X}) &= \sigma_u^2(\hat{\boldsymbol{A}} + \boldsymbol{D})'(\hat{\boldsymbol{A}} + \boldsymbol{D}) \\ &= \sigma_u^2[\hat{\boldsymbol{A}}'\hat{\boldsymbol{A}} + \hat{\boldsymbol{A}}'\boldsymbol{D} + \boldsymbol{D}'\hat{\boldsymbol{A}} + \boldsymbol{D}'\boldsymbol{D}] \\ &= \sigma_u^2(\boldsymbol{X}'\boldsymbol{X})^{-1} + \sigma_u^2\boldsymbol{D}'\boldsymbol{D}, \end{aligned} \tag{16.57}$$

onde a igualdade final utiliza os fatos $\hat{\boldsymbol{A}}'\hat{\boldsymbol{A}} = (\boldsymbol{X}'\boldsymbol{X})^{-1}$ e $\hat{\boldsymbol{A}}'\boldsymbol{D}' = \boldsymbol{0}_{(k+1)\times(k+1)}$.

Uma vez que $\text{var}(\hat{\boldsymbol{\beta}} \mid \boldsymbol{X}) = \sigma_u^2(\boldsymbol{X}'\boldsymbol{X})^{-1}$, as equações (16.56) e (16.57) implicam que $\text{var}(\tilde{\boldsymbol{\beta}} \mid \boldsymbol{X}) - \text{var}(\hat{\boldsymbol{\beta}} \mid \boldsymbol{X}) = \sigma_u^2\boldsymbol{D}'\boldsymbol{D}$. A diferença entre as variâncias dos dois estimadores da combinação linear $\boldsymbol{c}'\boldsymbol{\beta}$, portanto, é

$$\text{var}(\boldsymbol{c}'\tilde{\boldsymbol{\beta}} \mid \boldsymbol{X}) - \text{var}(\boldsymbol{c}'\hat{\boldsymbol{\beta}} \mid \boldsymbol{X}) = \sigma_u^2\, \boldsymbol{c}'\boldsymbol{D}'\boldsymbol{D}\,\boldsymbol{c} \geq 0. \tag{16.58}$$

A desigualdade na Equação (16.58) é válida para todas as combinações lineares $\boldsymbol{c}'\boldsymbol{\beta}$ e é válida com igualdade para todos os $\boldsymbol{c}$ diferentes de zero somente se $\boldsymbol{D} = \boldsymbol{0}_{n\times(k+1)}$; isto é, se $\boldsymbol{A} = \hat{\boldsymbol{A}}$ ou, de forma equivalente, $\tilde{\boldsymbol{\beta}} = \hat{\boldsymbol{\beta}}$. Portanto, $\boldsymbol{c}'\hat{\boldsymbol{\beta}}$ possui a menor variância de todos os estimadores lineares condicionalmente não viesados de $\boldsymbol{c}'\boldsymbol{\beta}$, isto é, o estimador de MQO é MELNV.

Apêndice

TABELA 1 Função de Distribuição Acumulada Normal Padrão, $\Phi(z) = P(Z \leq z)$

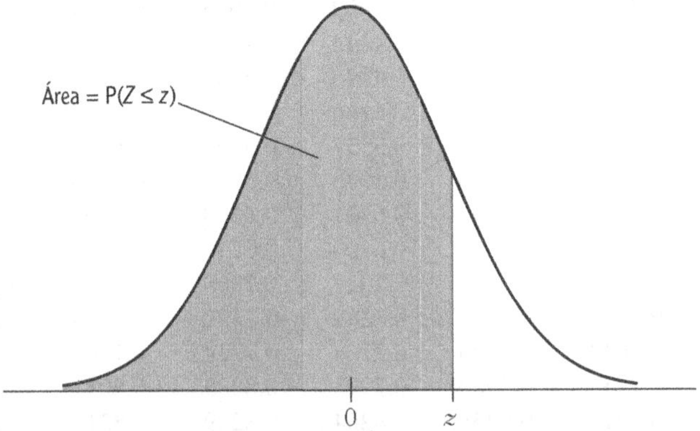

z	Valor da Segunda Decimal de z									
	0	1	2	3	4	5	6	7	8	9
−2,9	0,0019	0,0018	0,0018	0,0017	0,0016	0,0016	0,0015	0,0015	0,0014	0,0014
−2,8	0,0026	0,0025	0,0024	0,0023	0,0023	0,0022	0,0021	0,0021	0,0020	0,0019
−2,7	0,0035	0,0034	0,0033	0,0032	0,0031	0,0030	0,0029	0,0028	0,0027	0,0026
−2,6	0,0047	0,0045	0,0044	0,0043	0,0041	0,0040	0,0039	0,0038	0,0037	0,0036
−2,5	0,0062	0,0060	0,0059	0,0057	0,0055	0,0054	0,0052	0,0051	0,0049	0,0048
−2,4	0,0082	0,0080	0,0078	0,0075	0,0073	0,0071	0,0069	0,0068	0,0066	0,0064
−2,3	0,0107	0,0104	0,0102	0,0099	0,0096	0,0094	0,0091	0,0089	0,0087	0,0084
−2,2	0,0139	0,0136	0,0132	0,0129	0,0125	0,0122	0,0119	0,0116	0,0113	0,0110
−2,1	0,0179	0,0174	0,0170	0,0166	0,0162	0,0158	0,0154	0,0150	0,0146	0,0143
−2,0	0,0228	0,0222	0,0217	0,0212	0,0207	0,0202	0,0197	0,0192	0,0188	0,0183
−1,9	0,0287	0,0281	0,0274	0,0268	0,0262	0,0256	0,0250	0,0244	0,0239	0,0233
−1,8	0,0359	0,0351	0,0344	0,0336	0,0329	0,0322	0,0314	0,0307	0,0301	0,0294
−1,7	0,0446	0,0436	0,0427	0,0418	0,0409	0,0401	0,0392	0,0384	0,0375	0,0367
−1,6	0,0548	0,0537	0,0526	0,0516	0,0505	0,0495	0,0485	0,0475	0,0465	0,0455
−1,5	0,0668	0,0655	0,0643	0,0630	0,0618	0,0606	0,0594	0,0582	0,0571	0,0559
−1,4	0,0808	0,0793	0,0778	0,0764	0,0749	0,0735	0,0721	0,0708	0,0694	0,0681
−1,3	0,0968	0,0951	0,0934	0,0918	0,0901	0,0885	0,0869	0,0853	0,0838	0,0823
−1,2	0,1151	0,1131	0,1112	0,1093	0,1075	0,1056	0,1038	0,1020	0,1003	0,0985
−1,1	0,1357	0,1335	0,1314	0,1292	0,1271	0,1251	0,1230	0,1210	0,1190	0,1170
−1,0	0,1587	0,1562	0,1539	0,1515	0,1492	0,1469	0,1446	0,1423	0,1401	0,1379
−0,9	0,1841	0,1814	0,1788	0,1762	0,1736	0,1711	0,1685	0,1660	0,1635	0,1611

TABELA 1 *(continuação)*

z	Valor da Segunda Decimal de z									
	0	1	2	3	4	5	6	7	8	9
–0,8	0,2119	0,2090	0,2061	0,2033	0,2005	0,1977	0,1949	0,1922	0,1894	0,1867
–0,7	0,2420	0,2389	0,2358	0,2327	0,2296	0,2266	0,2236	0,2206	0,2177	0,2148
–0,6	0,2743	0,2709	0,2676	0,2643	0,2611	0,2578	0,2546	0,2514	0,2483	0,2451
–0,5	0,3085	0,3050	0,3015	0,2981	0,2946	0,2912	0,2877	0,2843	0,2810	0,2776
–0,4	0,3446	0,3409	0,3372	0,3336	0,3300	0,3264	0,3228	0,3192	0,3156	0,3121
–0,3	0,3821	0,3783	0,3745	0,3707	0,3669	0,3632	0,3594	0,3557	0,3520	0,3483
–0,2	0,4207	0,4168	0,4129	0,4090	0,4052	0,4013	0,3974	0,3936	0,3897	0,3859
–0,1	0,4602	0,4562	0,4522	0,4483	0,4443	0,4404	0,4364	0,4325	0,4286	0,4247
–0,0	0,5000	0,4960	0,4920	0,4880	0,4840	0,4801	0,4761	0,4721	0,4681	0,4641
0,0	0,5000	0,5040	0,5080	0,5120	0,5160	0,5199	0,5239	0,5279	0,5319	0,5359
0,1	0,5398	0,5438	0,5478	0,5517	0,5557	0,5596	0,5636	0,5675	0,5714	0,5753
0,2	0,5793	0,5832	0,5871	0,5910	0,5948	0,5987	0,6026	0,6064	0,6103	0,6141
0,3	0,6179	0,6217	0,6255	0,6293	0,6331	0,6368	0,6406	0,6443	0,6480	0,6517
0,4	0,6554	0,6591	0,6628	0,6664	0,6700	0,6736	0,6772	0,6808	0,6844	0,6879
0,5	0,6915	0,6950	0,6985	0,7019	0,7054	0,7088	0,7123	0,7157	0,7190	0,7224
0,6	0,7257	0,7291	0,7324	0,7357	0,7389	0,7422	0,7454	0,7486	0,7517	0,7549
0,7	0,7580	0,7611	0,7642	0,7673	0,7704	0,7734	0,7764	0,7794	0,7823	0,7852
0,8	0,7881	0,7910	0,7939	0,7967	0,7995	0,8023	0,8051	0,8078	0,8106	0,8133
0,9	0,8159	0,8186	0,8212	0,8238	0,8264	0,8289	0,8315	0,8340	0,8365	0,8389
1,0	0,8413	0,8438	0,8461	0,8485	0,8508	0,8531	0,8554	0,8577	0,8599	0,8621
1,1	0,8643	0,8665	0,8686	0,8708	0,8729	0,8749	0,8770	0,8790	0,8810	0,8830
1,2	0,8849	0,8869	0,8888	0,8907	0,8925	0,8944	0,8962	0,8980	0,8997	0,9015
1,3	0,9032	0,9049	0,9066	0,9082	0,9099	0,9115	0,9131	0,9147	0,9162	0,9177
1,4	0,9192	0,9207	0,9222	0,9236	0,9251	0,9265	0,9279	0,9292	0,9306	0,9319
1,5	0,9332	0,9345	0,9357	0,9370	0,9382	0,9394	0,9406	0,9418	0,9429	0,9441
1,6	0,9452	0,9463	0,9474	0,9484	0,9495	0,9505	0,9515	0,9525	0,9535	0,9545
1,7	0,9554	0,9564	0,9573	0,9582	0,9591	0,9599	0,9608	0,9616	0,9625	0,9633
1,8	0,9641	0,9649	0,9656	0,9664	0,9671	0,9678	0,9686	0,9693	0,9699	0,9706
1,9	0,9713	0,9719	0,9726	0,9732	0,9738	0,9744	0,9750	0,9756	0,9761	0,9767
2,0	0,9772	0,9778	0,9783	0,9788	0,9793	0,9798	0,9803	0,9808	0,9812	0,9817
2,1	0,9821	0,9826	0,9830	0,9834	0,9838	0,9842	0,9846	0,9850	0,9854	0,9857
2,2	0,9861	0,9864	0,9868	0,9871	0,9875	0,9878	0,9881	0,9884	0,9887	0,9890
2,3	0,9893	0,9896	0,9898	0,9901	0,9904	0,9906	0,9909	0,9911	0,9913	0,9916
2,4	0,9918	0,9920	0,9922	0,9925	0,9927	0,9929	0,9931	0,9932	0,9934	0,9936
2,5	0,9938	0,9940	0,9941	0,9943	0,9945	0,9946	0,9948	0,9949	0,9951	0,9952
2,6	0,9953	0,9955	0,9956	0,9957	0,9959	0,9960	0,9961	0,9962	0,9963	0,9964
2,7	0,9965	0,9966	0,9967	0,9968	0,9969	0,9970	0,9971	0,9972	0,9973	0,9974
2,8	0,9974	0,9975	0,9976	0,9977	0,9977	0,9978	0,9979	0,9979	0,9980	0,9981
2,9	0,9981	0,9982	0,9982	0,9983	0,9984	0,9984	0,9985	0,9985	0,9986	0,9986

Esta tabela pode ser usada para calcular $P(Z \leq z)$, onde Z é uma variável normal padrão. Por exemplo, quando $z = 1{,}17$, essa probabilidade é 0,8790, que é o valor correspondente na tabela à linha 1,1 e à coluna 7.

TABELA 2 Valores Críticos para Testes Bicaudais e Monocaudais Usando a Distribuição *t* de Student

Graus de Liberdade	Nível de Significância				
	20% (bicaudal) 10% (monocaudal)	10% (bicaudal) 5% (monocaudal)	5% (bicaudal) 2,5% (monocaudal)	2% (bicaudal) 1% (monocaudal)	1% (bicaudal) 0,5% (monocaudal)
1	3,08	6,31	12,71	31,82	63,66
2	1,89	2,92	4,30	6,96	9,92
3	1,64	2,35	3,18	4,54	5,84
4	1,53	2,13	2,78	3,75	4,60
5	1,48	2,02	2,57	3,36	4,03
6	1,44	1,94	2,45	3,14	3,71
7	1,41	1,89	2,36	3,00	3,50
8	1,40	1,86	2,31	2,90	3,36
9	1,38	1,83	2,26	2,82	3,25
10	1,37	1,81	2,23	2,76	3,17
11	1,36	1,80	2,20	2,72	3,11
12	1,36	1,78	2,18	2,68	3,05
13	1,35	1,77	2,16	2,65	3,01
14	1,35	1,76	2,14	2,62	2,98
15	1,34	1,75	2,13	2,60	2,95
16	1,34	1,75	2,12	2,58	2,92
17	1,33	1,74	2,11	2,57	2,90
18	1,33	1,73	2,10	2,55	2,88
19	1,33	1,73	2,09	2,54	2,86
20	1,33	1,72	2,09	2,53	2,85
21	1,32	1,72	2,08	2,52	2,83
22	1,32	1,72	2,07	2,51	2,82
23	1,32	1,71	2,07	2,50	2,81
24	1,32	1,71	2,06	2,49	2,80
25	1,32	1,71	2,06	2,49	2,79
26	1,32	1,71	2,06	2,48	2,78
27	1,31	1,70	2,05	2,47	2,77
28	1,31	1,70	2,05	2,47	2,76
29	1,31	1,70	2,05	2,46	2,76
30	1,31	1,70	2,04	2,46	2,75
60	1,30	1,67	2,00	2,39	2,66
90	1,29	1,66	1,99	2,37	2,63
120	1,29	1,66	1,98	2,36	2,62
∞	**1,28**	**1,64**	**1,96**	**2,33**	**2,58**

Os valores apresentados são valores críticos para hipóteses alternativas bicaudal ($\neq$) e monocaudal à direita (>). O valor crítico para o teste monocaudal à esquerda (<) é o negativo do valor crítico monocaudal à direita (>) mostrado na tabela. Por exemplo, 2,13 é o valor crítico para um teste bicaudal com nível de significância de 5% usando a distribuição *t* de Student com 15 graus de liberdade.

TABELA 3 Valores Críticos para a Distribuição χ^2

Graus de Liberdade	Nível de Significância		
	10%	5%	1%
1	2,71	3,84	6,63
2	4,61	5,99	9,21
3	6,25	7,81	11,34
4	7,78	9,49	13,28
5	9,24	11,07	15,09
6	10,64	12,59	16,81
7	12,02	14,07	18,48
8	13,36	15,51	20,09
9	14,68	16,92	21,67
10	15,99	18,31	23,21
11	17,28	19,68	24,72
12	18,55	21,03	26,22
13	19,81	22,36	27,69
14	21,06	23,68	29,14
15	22,31	25,00	30,58
16	23,54	26,30	32,00
17	24,77	27,59	33,41
18	25,99	28,87	34,81
19	27,20	30,14	36,19
20	28,41	31,41	37,57
21	29,62	32,67	38,93
22	30,81	33,92	40,29
23	32,01	35,17	41,64
24	33,20	36,41	42,98
25	34,38	37,65	44,31
26	35,56	38,89	45,64
27	36,74	40,11	46,96
28	37,92	41,34	48,28
29	39,09	42,56	49,59
30	40,26	43,77	50,89

Esta tabela contém o 90º, 95º e o 99º percentis da distribuição χ^2, que servem como valores críticos para testes com níveis de significância de 10, 5 e 1%, respectivamente.

TABELA 4 Valores Críticos para a Distribuição $F_{m,\infty}$

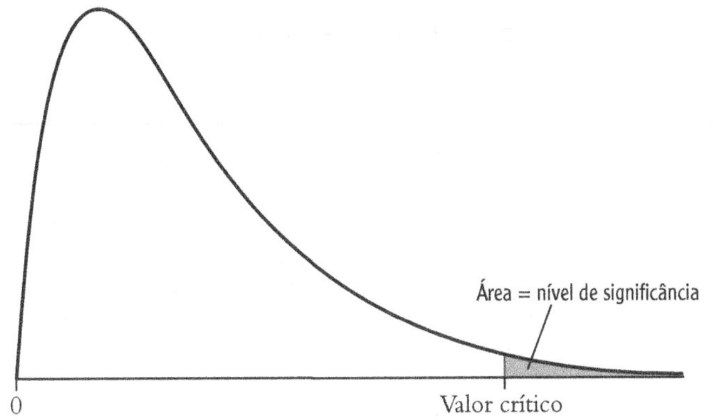

Graus de Liberdade	Nível de Significância 10%	5%	1%
1	2,71	3,84	6,63
2	2,30	3,00	4,61
3	2,08	2,60	3,78
4	1,94	2,37	3,32
5	1,85	2,21	3,02
6	1,77	2,10	2,80
7	1,72	2,01	2,64
8	1,67	1,94	2,51
9	1,63	1,88	2,41
10	1,60	1,83	2,32
11	1,57	1,79	2,25
12	1,55	1,75	2,18
13	1,52	1,72	2,13
14	1,50	1,69	2,08
15	1,49	1,67	2,04
16	1,47	1,64	2,00
17	1,46	1,62	1,97
18	1,44	1,60	1,93
19	1,43	1,59	1,90
20	1,42	1,57	1,88
21	1,41	1,56	1,85
22	1,40	1,54	1,83
23	1,39	1,53	1,81
24	1,38	1,52	1,79
25	1,38	1,51	1,77
26	1,37	1,50	1,76
27	1,36	1,49	1,74
28	1,35	1,48	1,72
29	1,35	1,47	1,71
30	1,34	1,46	1,70

Esta tabela contém o 90º, 95º e o 99º percentis da distribuição $F_{m,\infty}$, que servem como valores críticos para testes com níveis de significância de 10, 5 e 1%, respectivamente.

TABELA 5A Valores Críticos para a Distribuição F_{n_1,n_2} — Nível de Significância de 10%

Graus de Liberdade do Denominador (n_2)	Graus de Liberdade do Numerador (n_1)									
	1	**2**	**3**	**4**	**5**	**6**	**7**	**8**	**9**	**10**
1	39,86	49,50	53,59	55,83	57,24	58,20	58,90	59,44	59,86	60,20
2	8,53	9,00	9,16	9,24	9,29	9,33	9,35	9,37	9,38	9,39
3	5,54	5,46	5,39	5,34	5,31	5,28	5,27	5,25	5,24	5,23
4	4,54	4,32	4,19	4,11	4,05	4,01	3,98	3,95	3,94	3,92
5	4,06	3,78	3,62	3,52	3,45	3,40	3,37	3,34	3,32	3,30
6	3,78	3,46	3,29	3,18	3,11	3,05	3,01	2,98	2,96	2,94
7	3,59	3,26	3,07	2,96	2,88	2,83	2,78	2,75	2,72	2,70
8	3,46	3,11	2,92	2,81	2,73	2,67	2,62	2,59	2,56	2,54
9	3,36	3,01	2,81	2,69	2,61	2,55	2,51	2,47	2,44	2,42
10	3,29	2,92	2,73	2,61	2,52	2,46	2,41	2,38	2,35	2,32
11	3,23	2,86	2,66	2,54	2,45	2,39	2,34	2,30	2,27	2,25
12	3,18	2,81	2,61	2,48	2,39	2,33	2,28	2,24	2,21	2,19
13	3,14	2,76	2,56	2,43	2,35	2,28	2,23	2,20	2,16	2,14
14	3,10	2,73	2,52	2,39	2,31	2,24	2,19	2,15	2,12	2,10
15	3,07	2,70	2,49	2,36	2,27	2,21	2,16	2,12	2,09	2,06
16	3,05	2,67	2,46	2,33	2,24	2,18	2,13	2,09	2,06	2,03
17	3,03	2,64	2,44	2,31	2,22	2,15	2,10	2,06	2,03	2,00
18	3,01	2,62	2,42	2,29	2,20	2,13	2,08	2,04	2,00	1,98
19	2,99	2,61	2,40	2,27	2,18	2,11	2,06	2,02	1,98	1,96
20	2,97	2,59	2,38	2,25	2,16	2,09	2,04	2,00	1,96	1,94
21	2,96	2,57	2,36	2,23	2,14	2,08	2,02	1,98	1,95	1,92
22	2,95	2,56	2,35	2,22	2,13	2,06	2,01	1,97	1,93	1,90
23	2,94	2,55	2,34	2,21	2,11	2,05	1,99	1,95	1,92	1,89
24	2,93	2,54	2,33	2,19	2,10	2,04	1,98	1,94	1,91	1,88
25	2,92	2,53	2,32	2,18	2,09	2,02	1,97	1,93	1,89	1,87
26	2,91	2,52	2,31	2,17	2,08	2,01	1,96	1,92	1,88	1,86
27	2,90	2,51	2,30	2,17	2,07	2,00	1,95	1,91	1,87	1,85
28	2,89	2,50	2,29	2,16	2,06	2,00	1,94	1,90	1,87	1,84
29	2,89	2,50	2,28	2,15	2,06	1,99	1,93	1,89	1,86	1,83
30	2,88	2,49	2,28	2,14	2,05	1,98	1,93	1,88	1,85	1,82
60	2,79	2,39	2,18	2,04	1,95	1,87	1,82	1,77	1,74	1,71
90	2,76	2,36	2,15	2,01	1,91	1,84	1,78	1,74	1,70	1,67
120	2,75	2,35	2,13	1,99	1,90	1,82	1,77	1,72	1,68	1,65

Esta tabela contém o 90º percentil da distribuição F_{n_1,n_2}, que serve como valor crítico para um teste com nível de significância de 10%.

TABELA 5B Valores Críticos para a Distribuição F_{n_1,n_2} — Nível de Significância de 5%

Graus de Liberdade do Denominador (n_2)	Graus de Liberdade do Numerador (n_1)									
	1	2	3	4	5	6	7	8	9	10
1	161,40	199,50	215,70	224,60	230,20	234,00	236,80	238,90	240,50	241,90
2	18,51	19,00	19,16	19,25	19,30	19,33	19,35	19,37	19,39	19,40
3	10,13	9,55	9,28	9,12	9,01	8,94	8,89	8,85	8,81	8,79
4	7,71	6,94	6,59	6,39	6,26	6,16	6,09	6,04	6,00	5,96
5	6,61	5,79	5,41	5,19	5,05	4,95	4,88	4,82	4,77	4,74
6	5,99	5,14	4,76	4,53	4,39	4,28	4,21	4,15	4,10	4,06
7	5,59	4,74	4,35	4,12	3,97	3,87	3,79	3,73	3,68	3,64
8	5,32	4,46	4,07	3,84	3,69	3,58	3,50	3,44	3,39	3,35
9	5,12	4,26	3,86	3,63	3,48	3,37	3,29	3,23	3,18	3,14
10	4,96	4,10	3,71	3,48	3,33	3,22	3,14	3,07	3,02	2,98
11	4,84	3,98	3,59	3,36	3,20	3,09	3,01	2,95	2,90	2,85
12	4,75	3,89	3,49	3,26	3,11	3,00	2,91	2,85	2,80	2,75
13	4,67	3,81	3,41	3,18	3,03	2,92	2,83	2,77	2,71	2,67
14	4,60	3,74	3,34	3,11	2,96	2,85	2,76	2,70	2,65	2,60
15	4,54	3,68	3,29	3,06	2,90	2,79	2,71	2,64	2,59	2,54
16	4,49	3,63	3,24	3,01	2,85	2,74	2,66	2,59	2,54	2,49
17	4,45	3,59	3,20	2,96	2,81	2,70	2,61	2,55	2,49	2,45
18	4,41	3,55	3,16	2,93	2,77	2,66	2,58	2,51	2,46	2,41
19	4,38	3,52	3,13	2,90	2,74	2,63	2,54	2,48	2,42	2,38
20	4,35	3,49	3,10	2,87	2,71	2,60	2,51	2,45	2,39	2,35
21	4,32	3,47	3,07	2,84	2,68	2,57	2,49	2,42	2,37	2,32
22	4,30	3,44	3,05	2,82	2,66	2,55	2,46	2,40	2,34	2,30
23	4,28	3,42	3,03	2,80	2,64	2,53	2,44	2,37	2,32	2,27
24	4,26	3,40	3,01	2,78	2,62	2,51	2,42	2,36	2,30	2,25
25	4,24	3,39	2,99	2,76	2,60	2,49	2,40	2,34	2,28	2,24
26	4,23	3,37	2,98	2,74	2,59	2,47	2,39	2,32	2,27	2,22
27	4,21	3,35	2,96	2,73	2,57	2,46	2,37	2,31	2,25	2,20
28	4,20	3,34	2,95	2,71	2,56	2,45	2,36	2,29	2,24	2,19
29	4,18	3,33	2,93	2,70	2,55	2,43	2,35	2,28	2,22	2,18
30	4,17	3,32	2,92	2,69	2,53	2,42	2,33	2,27	2,21	2,16
60	4,00	3,15	2,76	2,53	2,37	2,25	2,17	2,10	2,04	1,99
90	3,95	3,10	2,71	2,47	2,32	2,20	2,11	2,04	1,99	1,94
120	3,92	3,07	2,68	2,45	2,29	2,18	2,09	2,02	1,96	1,91

Esta tabela contém o 95º percentil da distribuição F_{n_1,n_2}, que serve como valor crítico para um teste com nível de significância de 5%.

TABELA 5C Valores Críticos para a Distribuição F_{n_1,n_2} — Nível de Significância de 1%

Graus de Liberdade do Denominador (n_2)	Graus de Liberdade do Numerador (n_1)									
	1	**2**	**3**	**4**	**5**	**6**	**7**	**8**	**9**	**10**
1	4052,00	4999,00	5403,00	5624,00	5763,00	5859,00	5928,00	5981,00	6022,00	6055,00
2	98,50	99,00	99,17	99,25	99,30	99,33	99,36	99,37	99,39	99,40
3	34,12	30,82	29,46	28,71	28,24	27,91	27,67	27,49	27,35	27,23
4	21,20	18,00	16,69	15,98	15,52	15,21	14,98	14,80	14,66	14,55
5	16,26	13,27	12,06	11,39	10,97	10,67	10,46	10,29	10,16	10,05
6	13,75	10,92	9,78	9,15	8,75	8,47	8,26	8,10	7,98	7,87
7	12,25	9,55	8,45	7,85	7,46	7,19	6,99	6,84	6,72	6,62
8	11,26	8,65	7,59	7,01	6,63	6,37	6,18	6,03	5,91	5,81
9	10,56	8,02	6,99	6,42	6,06	5,80	5,61	5,47	5,35	5,26
10	10,04	7,56	6,55	5,99	5,64	5,39	5,20	5,06	4,94	4,85
11	9,65	7,21	6,22	5,67	5,32	5,07	4,89	4,74	4,63	4,54
12	9,33	6,93	5,95	5,41	5,06	4,82	4,64	4,50	4,39	4,30
13	9,07	6,70	5,74	5,21	4,86	4,62	4,44	4,30	4,19	4,10
14	8,86	6,51	5,56	5,04	4,69	4,46	4,28	4,14	4,03	3,94
15	8,68	6,36	5,42	4,89	4,56	4,32	4,14	4,00	3,89	3,80
16	8,53	6,23	5,29	4,77	4,44	4,20	4,03	3,89	3,78	3,69
17	8,40	6,11	5,18	4,67	4,34	4,10	3,93	3,79	3,68	3,59
18	8,29	6,01	5,09	4,58	4,25	4,01	3,84	3,71	3,60	3,51
19	8,18	5,93	5,01	4,50	4,17	3,94	3,77	3,63	3,52	3,43
20	8,10	5,85	4,94	4,43	4,10	3,87	3,70	3,56	3,46	3,37
21	8,02	5,78	4,87	4,37	4,04	3,81	3,64	3,51	3,40	3,31
22	7,95	5,72	4,82	4,31	3,99	3,76	3,59	3,45	3,35	3,26
23	7,88	5,66	4,76	4,26	3,94	3,71	3,54	3,41	3,30	3,21
24	7,82	5,61	4,72	4,22	3,90	3,67	3,50	3,36	3,26	3,17
25	7,77	5,57	4,68	4,18	3,85	3,63	3,46	3,32	3,22	3,13
26	7,72	5,53	4,64	4,14	3,82	3,59	3,42	3,29	3,18	3,09
27	7,68	5,49	4,60	4,11	3,78	3,56	3,39	3,26	3,15	3,06
28	7,64	5,45	4,57	4,07	3,75	3,53	3,36	3,23	3,12	3,03
29	7,60	5,42	4,54	4,04	3,73	3,50	3,33	3,20	3,09	3,00
30	7,56	5,39	4,51	4,02	3,70	3,47	3,30	3,17	3,07	2,98
60	7,08	4,98	4,13	3,65	3,34	3,12	2,95	2,82	2,72	2,63
90	6,93	4,85	4,01	3,53	3,23	3,01	2,84	2,72	2,61	2,52
120	6,85	4,79	3,95	3,48	3,17	2,96	2,79	2,66	2,56	2,47

Esta tabela contém o 99º percentil da distribuição F_{n_1,n_2}, que serve como valor crítico para um teste com nível de significância de 1%.

Referências Bibliográficas

Andrews, Donald W. K.. "Heteroskedasticity and autocorrelation consistent covariance matrix estimation." *Econometrica* 59 (3), 1991, p. 817-858.

Andrews, Donald W. K. "Tests for parameter instability and structural change with unknown change point." *Econometrica* 61(4), 1993, p. 821-856.

Angrist, Joshua D. "Lifetime earnings and the Vietnam era draft lottery: evidence from social security administrative records." *American Economic Review* 80(3), 1990, p. 313-336.

Angrist, Joshua D., Kathryn Graddy e Guido Imbens. "The interpretation of instrumental variables estimators in simultaneous equations models with an application to the demand for fish." *Review of Economic Studies* 67(232), 2000, p. 499-527.

Angrist, Joshua e Alan Krueger. "Does compulsory school attendance affect schooling and earnings?" *Quarterly Journal of Economics* 106(4), 1991, p. 979-1014.

Angrist, Joshua D. e Alan B. Krueger. "Instrumental variables and the search for identification: from supply and demand to natural experiments." *Journal of Economic Perspectives* 15(4), outono de 2001, p. 69-85.

Barendregt, Jan J. "The health care costs of smoking." *The New England Journal of Medicine* 337(15), 1997, p. 1052-1057.

Bergstrom, Theodore A. "Free labor for costly journals?" *Journal of Economic Perspectives* 15(4), outono de 2001, p. 183-198.

Bollersev, Timothy. "Generalized autoregressive conditional heteroskedasticity." *Journal of Econometrics* 31(3), 1986, p. 307-327.

Bound, John, David A. Jaeger, e Regina M. Baker. 1995. "Problems with instrumental variables estimation when the correlation between the instrument and the endogenous explanatory variable is weak." *Journal of the American Statistical Association* 90(430): 443-450.

Card, David. 1990. "The impact of the Mariel Boatlift on the Miami labor market." *Industrial and Labor Relations Review* 43(2): 245-257.

Card, David e Alan B. Krueger. "Minimum wages and employment: a case study of the fast food industry." *American Economic Review* 84(4), 1994, p. 772-793.

Chaloupka, Frank J. e Kenneth E. Warner. "The economics of smoking", em Joseph P. Newhouse e Anthony J. Cuyler (eds.), *The handbook of health economics.* New York: North Holland, 2000.

Chow, Gregory. "Tests of equality between sets of coefficients in two linear regressions." *Econometrica* 28(3), 1960, p. 591-605.

Cochrane, D. e Guy Orcutt. "Application of least squares regression to relationships containing autocorrelated error terms." *Journal of the American Statistical Association* 44(245), 1949, p. 32-61.

Cook, Philip J. e Michael J. Moore. "Alcohol", em Joseph P. Newhouse e Anthony J. Cuyler, *The handbook of health economics*, (eds.). New York: North Holland, 2000.

Cooper, Harris e Larry. V Hedges. *The handbook of research synthesis.* New York: Russell Sage Foundation, 1994.

Dickey, David A. e Wayne A. Fuller. "Distribution of the estimators for autoregressive time series with a unit root." *Journal of the American Statistical Association* 74(366), 1979, p. 427-431.

Diebold, Francis X. *Elements of forecasting*, 2 ed. Cincinnati, OH: Southwestern, 1997.

Ehrenberg, Ronald G., Dominic J. Brewer, Adam Gamoran e J. Douglas Willms. (2001 a) "Class size and student achievement." *Psychological Science in the Public Interest* 2(1), 2001, p. 1-30.

Ehrenberg, Ronald G., Dominic J. Brewer, Adam Gamoran e J. Douglas Willms. (2001b) "Does class size matter?" *Scientific American* 285(5), 2001, p. 80-85.

Eicker, F. "Limit theorems for regressions with unequal and dependent errors", *Proceedings of the fifth Berkeley Symposium on Mathematical Statistics and Probability*, 1, 59-82. Berkeley: University of California Press, 1967.

Elliott, Graham, Thomas J. Rothenberg, e James H. Stock. 1996. "Efficient tests for an autoregressive unit root." *Econometrica* 64(4): 813-836.

Enders, Walter. *Applied econometric time series.* New York: Wiley, 1995

Engle, Robert F. "Autoregressive conditional heteroskedasticity with estimates of the variance of United Kingdom inflation." *Econometrica* 50(4), 1982, p. 987-1007.

Engle, Robert F. e Clive W. J. Granger. "Cointegration and error correction: representation, estimation and testing." *Econometrica* 55(2), 1987, p.251-276.

Fuller, Wayne A. 1976. *Introduction to Statistical Time Series.* New York: Wiley.

Garvey, Gerald T. e Gordon Hanka. "Capital structure and corporate control: the effect of antitakeover statutes on firm leverage." *The Journal of Finance,* 54(2), 1999, p. 519-546.

Gillespie, Richard. *Manufacturing knowledge: a history of the Hawthorne experiments.* New York: Cambridge University Press, 1991.

Goering, John e Ron Wienk (eds.). *Mortgage lending, racial discrimination, and federal policy.* Washington, D.C.: Urban Institute Press, 1996.

Granger, Clive W. J. "Investigating causal relations by econometric models and cross-spectral methods." *Econometrica* 37(3), 1969, p. 424-438.

Granger, Clive W. J. e A. A. Weiss. "Time series analysis of error-correction models", em S. Karlin, T. Amemiya, e L. A. Goodman (eds.). *Studies in econometrics: time series and multivariate statistics*, 255-278. New York: Academic Press, 1983.

Greene, William H. *Econometric analysis*, 4. ed. Upper Saddle River, NJ: Prentice Hall, 2000.

Gruber, Jonathan. "Tobacco at the crossroads: the past and future of smoking regulation in the United States." *The Journal of Economic Perspectives* 15(2), 2001, 193-212.

Hamilton, James D. *Time series analysis.* Princeton, NJ: Princeton University Press, 1994.

Hansen, Bruce. "Efficient estimation and testing of cointegrating vectors in the presence of deterministic trends." *Journal of Econometrics* 53(1-3), 1992, p. 86-121.

Hansen, Bruce. "The new econometrics of structural change: dating breaks in U.S. labor productivity." *The Journal of Economic Perspectives* 15(4), outono de 2001, p. 117-128.

Hanushek, Eric (1999a). "Some findings from an independent investigation of the Tennessee STAR Experiment and from other investigations of class size effects." *Educational Evaluation and Policy Analysis* 21, 1999, p. 143-164.

Hanushek, Eric (1999b). "The evidence on class size", em S. Mayer and P. Peterson, *Earning and learning: how schools matter* (eds.). Washington, D.C.: Brookings Institution Press, 1999.

Hayashi, Fumio. *Econometrics.* Princeton, NJ: Princeton University Press, 2000.

Heckman, James J. "Micro data, heterogeneity, and the evaluation of public policy: nobel lecture." *Journal of Political Economy* 109(4), 2001, p. 673-748.

Heckman, James J., Robert J. LaLonde e Jeffrey A. Smith. "The economics and econometrics of active labor market programs", em *Handbook of labor economics.* Orley Ashenfelter e David Card (eds.). Amsterdam: Elsevier, 1999.

Hedges, Larry V e Ingram Olkin. *Statistical methods for meta-analysis.* San Diego: Academic Press, 1985.

Hetland, Lois. "Listening to music enhances spatial-temporal reasoning: evidence for the 'Mozart Effect'." *Journal of Aesthetic Education* 34(3-4), 2000, 179-238.

Hoxby, Caroline M. "The effects of class size on student achievement: new evidence from population variation." *The Quarterly Journal of Economics* 115(4), 2000, p. 1239-1285.

Huber, P J. "The behavior of maximum likelihood estimates under nonstandard conditions," *Proceedings of the Fifth Berkeley Symposium on Mathematical Statistics and Probability*, 1, 221-233. Berkeley: University of California Press, 1967.

Johansen, Soren.. "Statistical analysis of cointegrating vectors." *Journal of Economic Dynamics and Control* 12, 1988, p. 231-254.

Jones, Stephen R. G. "Was there a Hawthorne effect?" *American Journal of Sociology* 98(3), 1992, p. 451-468..

Krueger, Alan B. "Experimental estimates of education production functions." *The Quarterly Journal of Economics* 14(2), 1999, p. 497-562.

Ladd, Helen. "Evidence on discrimination in mortgage lending." *Journal of Economic Perspectives* 12(2), primavera de 1998, p. 41-62.

Levitt, Steven D. "The effect of prison population size on crime rates: evidence from prison overcrowding litigation." *The Quarterly Journal of Economics* 111(2), 1996, p.319-351.

Levitt, Steven D. e Jack Porter. "How dangerous are drinking drivers?" *Journal of Political Economy* 109(6), 2001, p. 1198-1237.

Maddala, G. S. *Limited-dependent and qualitative variables in Econometrics*. Cambridge: Cambridge University Press, 1983.

Maddala, G. S. e In-Moo Kim. *Unit roots, cointegration, and structural change*. Cambridge: Cambridge University Press, 1998.

Manning, Willard G., et al. "The taxes o£ sin: do smokers and drinkers pay their way?" *Journal of the American Medical Association* 261(11), 1989, p. 1604-1609.

McClellan, Mark, Barbara J. McNeil e Joseph P Newhouse. "Does more intensive treatment of acute myocardial infarction in the elderly reduce mortality?" *Journal of the American Medical Association* 272(11), 1994, p. 859-866.

Meyer, Bruce D. "Natural and quasi-experiments in economics." *Journal of Business and Economic Statistics* 13(2), 1995, p. 151-161.

Meyer, Bruce D., W Kip Viscusi e David L. Durbin. "Workers' compensation and injury duration: evidence from a natural experiment." *American Economic Review* 85(3), 1995, p. 322-340.

Mosteller, Frederick. "The Tennessee study of class size in the early school grades." *The Future of Children: Critical Issues for Children and Youths* 5(2), verão/outono de 1995, p. 113-127.

Mosteller, Frederick, Richard Light e Jason Sachs. "Sustained inquiry in education: lessons from skill grouping and class size." *Harvard Educational Review* 66(4), inverno de 1996, p. 631-676.

Munnell, Alicia H., Geoffrey M. B. Tootell, Lynne E. Browne e James McEneaney. "Mortgage lending in Boston: interpreting HMDA Data." *American Economic Review* 86(1), 1996, p. 25-53.

Neumark, David e William Wascher. "Minimum wages and employment: a case study of the fast-food industry in New Jersey and Pennsylvania: comment." *American Economic Review* 90(5), 2000, p. 1362-1396.

Newey, Whitney e Kenneth West. "A simple positive semi-definite, heteroskedastic and autocorrelation consistent covariance matrix." *Econometrica* 55(3), 1987, p. 703-708.

Newhouse, Joseph P et. al. *Free for all? Lessons from the rand health insurance experiment*. Cambridge: Harvard University Press, 1993.

Phillips, Peter C. B. e Sam Ouliaris. "Asymptotic properties of residual based tests for cointegration." *Econometrica* 58(1), 1990, p. 165-194.

Quandt, Richard. "Tests of the hypothesis that a linear regression system obeys two separate regimes." *Journal of the American Statistical Association* 55(290), 1960, p. 324-330.

Rauscher, Frances, Gordon L. Shaw e Katherine N. Ky. "Music and spatial task performance." *Nature* 365, 1993, n. 6447, p. 611.

Roll, Richard. 1984. "Orange juice and weather." *American Economic Review* 74(5): 861-880.

Rosenzweig, Mark R. e Kenneth I. Wolpin. "Natural 'natural experiments' in economics." *Journal of Economic Literature* 38(4), 2000, p. 827-874.

Ruhm, Christopher J. "Alcohol policies and highway vehicle fatalities." *Journal of Health Economics* 15(4), 1996, p. 435-454.

Ruud, Paul. *An introduction to classical econometric theory.* New York: Oxford University Press, p. 2000.

Shadish, William R., Thomas D. Cook e Donald T Campbell. *Experimental and quasi-experimental designs for generalized causal inference.* Boston: Houghton Mifflin, 2002.

Sims, Christopher A. "Macroeconomics and reality." *Econometrica* 48(1), 1980, p. 1-48.

Stock, James H. e Mark W Watson.. "Variable trends in economic time series." *Journal of Economic Perspectives* 2(3), 1988, p. 147-174.

Stock, James H. e Mark W Watson. "A simple estimator of cointegrating vectors in higher-order integrated systems." *Econometrica* 61(4), 1993, p. 783-820.

Stock, James H. "Unit roots, structural breaks, and trends", em Robert Engle e Daniel McFadden (eds.), *Handbook of Econometrics*, v. IV, Amsterdam: Elsevier, 1994.

Stock, James H. e Mark W Watson. "Vector autoregressions." *Journal of Economic Perspectives* 15(4), outono de 2001, p. 101-115.

Tobin, James.. "Estimation of relationships for limited dependent variables." *Econometrica* 26(1), 1958, 24-36.

Watson, Mark W. "Vector autoregressions and cointegration", em Robert Engle e Daniel McFadden (eds.), *Handbook of Econometrics*, v. IV, Amsterdam: Elsevier, 1994.

White, Halbert. "A heteroskedasticity-consistent covariance matrix estimator and a direct test for heteroskedasticity." *Econometrica,* 48, 1980, p. 827-838

Winner, Ellen e Monica Cooper. "Mute those claims: no evidence (yet) for a causal link between arts study and academic achievement." *Journal of Aesthetic Education* 34(3-4), 2000, p. 11-76.

Wright, Philip G. *The tariff on animal and vegetable oils.* New York: Macmillan, 1928.

Respostas das Questões "Revisão dos Conceitos"

Capítulo 1

1.1. O experimento que você projetou deveria conter um ou mais grupos de tratamento e um grupo de controle; por exemplo, um "tratamento" poderia ser estudar durante quatro horas e o controle seria não estudar (ausência de tratamento). Os alunos seriam atribuídos aleatoriamente para os grupos de tratamento e de controle, e o efeito causal das horas de estudo sobre o desempenho nas provas em meados do semestre letivo seria estimado pela comparação das pontuações médias no exame de cada um dos grupos de tratamento com a pontuação média do grupo de controle. O maior problema é assegurar que os estudantes dos diversos grupos de tratamento dediquem o número correto de horas ao estudo. Como você pode ter certeza de que os estudantes do grupo de controle não estudarão, uma vez que isso pode prejudicar sua pontuação? Como pode ter certeza de que todos os estudantes do grupo de tratamento de fato estudarão quatro horas?

1.2. O experimento requer os mesmos requisitos da questão anterior: grupos de tratamento e de controle, atribuição aleatória e um procedimento para a análise dos dados experimentais resultantes. Neste caso existem dois níveis de tratamento: não utilizar cinto de segurança (grupo de controle) e utilizar cinto de segurança (grupo de tratamento). Esses tratamentos devem ser aplicados durante um período de tempo específico, por exemplo, no ano seguinte. O efeito do uso de cinto de segurança sobre acidentes fatais no trânsito poderia ser estimado como a diferença entre a taxa de mortalidade no grupo de controle e no grupo de tratamento. Um problema deste estudo é assegurar que os participantes sigam o tratamento (utilizar ou não o cinto de segurança). Mais importante, este estudo suscita problemas éticos sérios, uma vez que instrui os participantes a adotar um comportamento notoriamente inseguro (não utilizar o cinto de segurança).

1.3.
- **a.** Você precisará especificar o(s) tratamento(s) e o método de aleatoriedade, como nas questões 1.1 e 1.2.
- **b.** Um desses bancos de dados de corte consistiria em observações coletadas em várias empresas no mesmo período de tempo. Por exemplo, o banco de dados deve conter informações sobre níveis de treinamento e produtividade média do trabalho para cem empresas durante 2002. No Capítulo 4, apresentamos a regressão linear como um modo de estimar os efeitos causais utilizando dados de corte.
- **c.** Os dados de série temporal consistiriam em observações sobre uma única empresa em períodos de tempo diferentes. Por exemplo, o banco de dados deve conter informações sobre níveis de treinamento e produtividade média do trabalho na empresa para cada ano entre 1960 e 2002. No Capítulo 13, discutimos como a regressão linear pode ser usada para estimar os efeitos causais utilizando dados de séries temporais.
- **d.** Os dados de painel consistiriam em observações sobre empresas diferentes, cada qual observada em períodos de tempo diferentes. Por exemplo, os dados devem consistir em níveis de treinamento e produtividade média do trabalho para cem empresas, com dados para cada empresa em 1980, 1990 e 2000. No Capítulo 8, discutimos como a regressão linear pode ser usada para estimar os efeitos causais utilizando dados de painel.

Capítulo 2

2.1. Esses resultados são aleatórios porque não são conhecidos com certeza até que efetivamente ocorram. Você não sabe com certeza o sexo da próxima pessoa que irá encontrar, a duração do trajeto para a faculdade e assim por diante.

2.2. Se X e Y são independentes, então $\Pr(Y \leq y | X = x) = \Pr(Y \leq y)$ para todos os valores de x e y. Isto é, independência significa que as distribuições condicional e marginal de Y são idênticas, de modo que conhecer o valor de X não altera a distribuição de probabilidade de Y: conhecer o valor de X não diz nada sobre a probabilidade de Y assumir valores diferentes.

2.3. Embora não exista nenhuma relação causal aparente entre a precipitação atmosférica e o número de nascimentos, a precipitação pode dizer alguma coisa sobre o número de nascimentos. Conhecer o montante de precipitação atmosférica revela algo sobre a estação do ano, e os nascimentos são sazonais. Assim, conhecer a precipitação atmosférica revela algo sobre o mês, que por sua vez revela algo sobre o número de nascimentos. Desse modo, a precipitação atmosférica e o número de nascimentos não são independentemente distribuídos.

2.4. O peso médio de quatro alunos selecionados aleatoriamente provavelmente não será igual a 65,8 kg. Grupos diferentes de quatro alunos terão pesos médios da amostra diferentes, algumas vezes maiores do que 65,8 kg e outras vezes menores. Como os quatro alunos são selecionados aleatoriamente, seu peso médio da amostra também é aleatório.

2.5. Todas as distribuições terão um formato normal e estarão centradas em um, a média de Y. Elas terão, contudo, "dispersões" diferentes porque possuem variâncias diferentes. A variância de $\overline{Y}$ é $4/n$, de modo que ela diminui à medida que n aumenta. Em seus gráficos, quando $n = 2$, a dispersão da normal deve ser maior do que quando $n = 10$, que por sua vez deve ser maior do que quando $n = 100$. À medida que n torna-se muito grande, a variância aproxima-se de zero, e a distribuição normal de Y desaba em torno da média de Y. Isto é, a distribuição de $\overline{Y}$ torna-se altamente concentrada em torno de μ_Y conforme n aumenta (a probabilidade de que $\overline{Y}$ esteja próximo de μ_Y tende a um), que é exatamente o que a lei dos grandes números afirma.

2.6. A aproximação normal não parece boa quando $n = 5$, mas sim quando $n = 25$ e $n = 100$. Dessa forma $P(\overline{Y} \leq 0{,}1)$ é aproximadamente igual ao valor calculado pela aproximação normal quando n é 25 ou 100, mas não tem boa aproximação pela distribuição normal quando $n = 5$.

Capítulo 3

3.1. A média da população é a média dos valores que ocorrem nela. A média da amostra $\overline{Y}$ é a média de uma amostra obtida da população.

3.2. Um estimador é um procedimento utilizado para obter o "melhor palpite" sobre o valor de um parâmetro da população, tal como a média dela. Uma estimativa é o número que o estimador produz em dada amostra. $\overline{Y}$ é um exemplo de estimador. Ele fornece um procedimento (somar todos os valores de Y na amostra e dividir por n) para obter o "melhor palpite" sobre o valor da média da população. Se uma amostra de tamanho $n = 4$ produz valores de Y iguais a 100, 104, 123 e 96, então a estimativa calculada utilizando o estimador $\overline{Y}$ é 105,75.

3.3. Em todos os casos, a média de $\overline{Y}$ é igual a 10. A variância de $\overline{Y}$ é $var(Y)/n$, que produz $var(\overline{Y}) = 1{,}6$ quando $n = 10$, $var(\overline{Y}) = 0{,}16$ quando $n = 100$ e $var(\overline{Y}) = 0{,}016$ quando $n = 1.000$. Como $var(\overline{Y})$ converge para zero à medida que n aumenta, temos, então, que $\overline{Y}$ se aproxima de 10 à medida que n aumenta com probabilidade tendendo a um. Isso é o que a lei dos grandes números afirma.

3.4. O teorema central do limite desempenha um papel importante quando as hipóteses são testadas utilizando a média da amostra. Como essa média possui uma distribuição aproximadamente normal quando o tamanho da amostra é grande, os valores críticos para os testes de hipótese e os valores p para as estatísticas dos testes podem ser calculados pelo uso da distribuição normal. Valores críticos normais também são utilizados na construção de intervalos de confiança.

3.5. As diferenças estão na Seção 3.2.

3.6. Um intervalo de confiança contém todos os valores do parâmetro (por exemplo, a média) que não podem ser rejeitados quando utilizados como hipótese nula. Portanto, resume o resultado de um número muito grande de testes de hipótese.

3.7. O gráfico para (a) é uma reta com declividade para cima, e os pontos situam-se exatamente sobre uma reta. O gráfico para (b) é uma reta com declividade para baixo, e os pontos situam-se exatamente sobre uma reta. O gráfico para (c) deve mostrar uma relação positiva, e os pontos devem estar próximos de uma reta com declividade ascendente, mas não exatamente sobre ela. O gráfico para (d) mostra uma relação geralmente negativa entre as variáveis, e os pontos estão dispersos em torno de uma reta com declividade para baixo. O gráfico para (e) não mostra nenhuma relação linear aparente entre as variáveis.

Capítulo 4

4.1. β_1 é o valor da declividade na regressão da população. Esse valor é desconhecido. $\hat{\beta}_1$ (um estimador) fornece uma fórmula para a estimação do valor desconhecido de β_1 a partir de uma amostra. Do mesmo modo, u_i é o valor do erro da regressão para a i-ésima observação; u_i é a diferença entre Y_i e a reta de regressão da população $\beta_0 + \beta_1 X_i$. Como os valores de β_0 e β_1 são desconhecidos, o valor de u_i também é. Em vez disso, $\hat{u}_i$ é a diferença entre Y_i e $\hat{\beta}_0 + \hat{\beta}_1 X_i$; assim, $\hat{u}_i$ é um estimador de u_i. Finalmente, $E(Y|X) = \beta_0 + \beta_1 X$ é desconhecido porque os valores de β_0 e β_1 são desconhecidos; um estimador para ele é o valor previsto de MQO, $\hat{\beta}_0 + \hat{\beta}_1 X$.

4.2. O valor p para um teste bicaudal de H_0: $\mu = 0$ utilizando um conjunto de observações i.i.d. Y_i, $i = 1, ..., n$ pode ser construído em três etapas: (1) calcule a média da amostra e o erro padrão $EP(\overline{Y})$; (2) calcule a estatística t para a amostra $t^{act} = \overline{Y}^{act}/EP(\overline{Y})$; (3) utilizando a tabela normal padrão, calcule o valor $p = \text{P}(|Z| > |t^{act}|) = 2\Phi(-|t^{act}|)$. Um procedimento de três etapas semelhante é utilizado para construir o valor p para um teste bicaudal de H_0: $\beta_1 = 0$: (1) calcule a estimativa de MQO da declividade da regressão e o erro padrão $EP(\hat{\beta}_1)$; (2) calcule a estatística t para a amostra $t^{act} = \hat{\beta}_1^{act}/EP(\hat{\beta}_1)$; (3) utilizando a tabela normal padrão, calcule o valor $p = \Pr(|Z| > |t^{act}|) = 2\Phi(-|t^{act}|)$.

4.3. A diferença salarial relativa ao sexo para 1992 pode ser estimada pelo uso da regressão da Equação (4.41) e dos dados resumidos na linha de 1992 da Tabela 3.1. A variável dependente é o salário por hora da i-ésima pessoa da amostra. A variável independente é uma variável binária igual a um se a pessoa for do sexo masculino e igual a zero se for do sexo feminino. A diferença salarial relativa ao sexo na população é o coeficiente da população β_1 na regressão, que pode ser estimado utilizando-se $\hat{\beta}_1$. A diferença salarial relativa ao sexo para outros anos pode ser estimada do mesmo modo.

4.4. O valor do R^2 indica a dispersão dos pontos em torno da reta de regressão estimada. Quando $R^2 = 0{,}9$ os pontos devem estar bastante próximos da reta de regressão; quando $R^2 = 0{,}5$ os pontos devem estar mais dispersos ao redor da reta de regressão. O R^2 não indica se a reta tem declividade positiva ou negativa.

Capítulo 5

5.1. É provável que $\hat{\beta}_1$ seja viesado em razão de variáveis omitidas. Escolas em diretorias mais ricas tendem a gastar mais em insumos educacionais, tendo assim turmas menores, mais livros na biblioteca e mais computadores. Esses outros insumos podem levar a uma pontuação média nos exames mais elevada. Portanto, $\hat{\beta}_1$ será viesado para cima porque o número de computadores por aluno está correlacionado positivamente com as variáveis omitidas que têm um efeito positivo sobre a pontuação média nos exames.

5.2. Se X_1 aumentar 3 unidades e X_2 permanecer constante, espera-se que Y varie $3\beta_1$ unidades. Se X_2 diminuir 5 unidades e X_1 permanecer constante, espera-se que Y varie $-5\beta_2$ unidades. Se X_1 aumentar 3 unidades e X_2 diminuir 5 unidades, espera-se que Y varie $3\beta_1 - 5\beta_2$ unidades.

5.3. A regressão não pode determinar o efeito de uma variação em um dos regressores supondo que não haja variação nos outros, pois se o valor de um dos regressores perfeitamente multicolineares é mantido constante, o mesmo ocorre com o valor do outro. Isto é, não existe variação independente em um regressor multicolinear. Dois exemplos de regressores perfeitamente multicolineares são (1) o peso de uma pessoa medido em libras e o peso dessa mesma pessoa medido em quilos e (2) a fração de alunos que são do sexo masculino e o termo constante, quando os dados referem-se a escolas que tenham apenas alunos do sexo masculino.

5.4. A hipótese nula de que $\beta_1 = 0$ pode ser testada utilizando a estatística t para β_1 conforme descrito no Conceito-Chave 5.6. Da mesma forma, a hipótese nula de que $\beta_2 = 0$ pode ser testada utilizando a estatística t para β_2. A hipótese nula de que $\beta_1 = 0$ e $\beta_2 = 0$ pode ser testada utilizando a estatística F da Seção 5.7. A estatística F é necessária para testar uma hipótese conjunta porque o teste se baseará tanto em $\hat{\beta}_1$ quanto em $\hat{\beta}_2$, e isso significa que o procedimento de teste deve utilizar propriedades de sua distribuição conjunta.

5.5. Aqui está um exemplo. Utilizando dados de turmas de econometria de diferentes anos, uma professora regride a pontuação dos alunos na prova final (Y) sobre a pontuação dos mesmos alunos na prova da metade do período letivo (X). Essa regressão terá um R^2 alto, pois as pessoas que vão bem na prova da metade do período letivo tendem a ir bem na prova final. Entretanto, essa regressão produz uma estimativa viesada do efeito causal das pontuações na metade do período letivo sobre as pontuações finais. Alunos que vão bem na metade do período letivo tendem a ser alunos que assistem às aulas regularmente, estudam bastante e apresentam aptidão para a matéria. As variáveis estão correlacionadas com a pontuação da prova na metade do período letivo, mas são determinantes da pontuação na prova final, de modo que sua omissão leva a um viés de variável omitida.

Capítulo 6

6.1. A função de regressão irá se assemelhar à regressão quadrática da Figura 6.3 ou à função logarítmica da Figura 6.4. A primeira é especificada como a regressão de Y sobre X e X^2, e a segunda, como a regressão de Y sobre $\ln(X)$. Existem muitas relações econômicas com essa forma. Por exemplo, ela pode representar a produtividade marginal do trabalho decrescente em uma função de produção.

6.2. Tomando logaritmos de ambos os lados da equação produz-se $\ln(Q) = \beta_0 + \beta_1\ln(K) + \beta_2\ln(L) + \beta_3\ln(M) + u$, onde $\beta_0 = \ln(\lambda)$. Os parâmetros da função de produção podem ser estimados pela regressão do logaritmo da produção sobre os logaritmos do capital, da mão-de-obra e da matéria-prima.

6.3. Um aumento de 2 por cento no PIB significa que ln(PIB) aumenta em 0,02. A variação resultante em $\ln(m)$ é $1{,}0 \times 0{,}02 = 0{,}02$, que corresponde a um aumento de 2 por cento em m. Com R medido em pontos percentuais, o aumento em R é de 4,0 para 5,0, ou 1,0 ponto percentual. Isso leva a uma variação de $\ln(m)$ de $-0{,}02 \times 1{,}0 = -0{,}02$, que corresponde a uma queda de 2 por cento em m.

6.4. Você quer comparar o ajuste de sua regressão linear ao ajuste de uma regressão não-linear. Sua resposta dependerá da regressão não-linear que você escolher para a comparação. Você pode testar sua regressão linear contra uma regressão quadrática adicionando X^2 à regressão linear. Se o coeficiente de X^2 for significativamente diferente de zero, então você pode rejeitar a hipótese nula de que a relação é linear em favor da alternativa de que é quadrática.

6.5. Ampliando a equação da Questão 6.2 com um termo de interação, temos que $\ln(Q) = \beta_0 + \beta_1\ln(K) + \beta_2\ln(L) + \beta_3\ln(M) + \beta_4[\ln(K) \times \ln(L)] + u$. O efeito parcial de $\ln(L)$ sobre $\ln(Q)$ é agora $\beta_2 + \beta_4\ln(K)$.

Capítulo 7

7.1. Veja o Conceito-Chave 7.1 e o parágrafo logo depois dele.

7.2. A inclusão de uma variável adicional que seja da regressão irá eliminar ou reduzir o viés da variável omitida. Contudo, a inclusão de uma variável adicional que não seja da regressão irá, em geral, diminuir a precisão (aumentar a variância) do estimador dos demais coeficientes.

7.3. É importante distinguir entre erro de medida em Y e erro de medida em X. Se Y é medido com erro, o erro de medida torna-se parte do termo de erro da regressão, u. Se as hipóteses do Conceito-Chave 5.4 permanecerem válidas, isso não afetará a validade interna da regressão de MQO, embora uma maior variância do termo de erro da regressão aumente a variância do estimador de MQO. Se X for medido com erro, contudo, isso pode resultar em correlação entre o regressor e o erro da regressão, levando à inconsistência do estimador de MQO. Conforme sugerido pela Equação (7.2), quanto maior a inconsistência, maior é o erro de medida (ou seja, maior é σ_w^2 na Equação (7.2)).

7.4. Escolas com alunos mais capacitados teriam uma probabilidade maior de fazer o exame voluntariamente, de modo que as escolas que fazem o exame voluntariamente não são representativas da população de escolas, resultando no viés de seleção da amostra. Por exemplo, se todas as escolas com razão aluno-professor baixa realizarem o exame, mas apenas as escolas com melhor desempenho e uma razão aluno-professor alta o fizerem, o efeito estimado do tamanho da turma será viesado.

7.5. Cidades com altas taxas de criminalidade podem decidir que necessitam de mais proteção policial e passar a gastar mais com polícia, mas se a polícia faz o seu trabalho, maiores gastos com polícia diminuem a criminalidade. Desse modo, existe uma relação causal das taxas de criminalidade para os gastos com polícia **e** dos gastos com polícia para as taxas de criminalidade, levando a um viés de causalidade simultânea.

7.6. Se a regressão tem erros homoscedásticos, os erros padrão homoscedásticos e heteroscedásticos geralmente são similares, pois ambos são consistentes. Contudo, se os erros são heteroscedásticos, os erros padrão homoscedásticos são inconsistentes, enquanto os erros padrão heteroscedásticos são consistentes. Portanto, valores diferentes para os dois erros padrão é uma evidência de heteroscedasticidade, e isso sugere que devem ser usados erros padrão heteroscedásticos.

Capítulo 8

8.1. Dados de painel (também chamados de dados longitudinais) referem-se a dados para n entidades observadas em T períodos de tempo. Um dos subscritos, i, identifica a entidade e o outro subscrito, t, identifica o período de tempo.

8.2. A qualificação ou a motivação de uma pessoa pode afetar tanto seu nível de instrução quanto seu salário. Indivíduos mais qualificados tendem a ter mais anos de estudo e, para dado nível de instrução, tendem a receber salários mais altos. O mesmo é verdade para pessoas altamente motivadas. O estado da macroeconomia é uma variável específica para cada instante do tempo que afeta tanto o salário quanto o nível de instrução. Durante períodos de recessão, o desemprego é alto, os salários são baixos e a matrícula em cursos superiores aumenta. Efeitos fixos específicos para cada indivíduo e para cada instante do tempo podem ser incluídos na regressão para controlar variáveis específicas para cada indivíduo e para cada instante do tempo.

8.3. Quando efeitos fixos específicos para cada indivíduo são incluídos em uma regressão, eles captam todas as características do indivíduo que não variam ao longo do período da amostra. Como sexo não varia ao longo do período da amostra, seu efeito sobre os salários não pode ser determinado separadamente dos efeitos fixos específicos para cada indivíduo. Similarmente, os efeitos fixos específicos para cada instante do tempo captam todas as características do período de tempo que não variam entre indivíduos. A taxa de desemprego nacional é a mesma para todos os indivíduos da amostra em dado instante no tempo e, portanto, seu efeito sobre os salários não pode ser determinado separadamente dos efeitos fixos específicos para cada instante do tempo.

Capítulo 9

9.1. Como Y é binária, seu valor previsto é a probabilidade de que $Y = 1$. Uma probabilidade deve estar entre zero e um, logo o valor de 1,3 não faz sentido.

9.2. Os resultados na coluna (1) referem-se ao modelo de probabilidade linear. Os coeficientes em um modelo de probabilidade linear mostram o efeito da variação unitária em X sobre a probabilidade de que $Y = 1$. Os resultados nas colunas (2) e (3) referem-se aos modelos logit e probit, que são difíceis de interpretar. Para calcular o efeito de uma variação em X sobre a probabilidade de que $Y = 1$ para os modelos logit e probit, utilize os procedimentos descritos no Conceito-Chave 9.2.

9.3. Ela deveria utilizar um logit ou um probit. Esses modelos são preferidos ao modelo de probabilidade linear porque restringem os valores previstos da regressão para que estejam entre zero e um. Geralmente as regressões probit e logit produzem resultados semelhantes, e ela deveria utilizar o método mais fácil de implementar com seu pacote.

9.4. O método MQO não pode ser utilizado porque a função de regressão não é uma função linear dos coeficientes da regressão (os coeficientes estão dentro das funções não-lineares Φ ou F). O estimador de máxima verossimilhança é eficiente e pode suportar funções de regressão que são não-lineares nos parâmetros.

Capítulo 10

10.1. Um aumento no erro da regressão, u, desloca a curva de demanda para cima, levando a um aumento tanto no preço quanto na quantidade. Portanto, $\ln(P^{butter})$ está correlacionado positivamente com o erro da regressão. Em virtude dessa correlação positiva, o estimador de MQO de β_1 é inconsistente e provavelmente maior do que o valor verdadeiro de β_1.

10.2. O número de árvores per capita no Estado é exógeno porque plausivelmente não está correlacionado com o erro na função demanda. Contudo, provavelmente também não está correlacionado com $\ln(P^{cigarros})$, de modo que não é relevante. Um instrumento válido deve ser exógeno e relevante, por isso o número de árvores per capita no Estado não é um instrumento válido.

10.3. O número de advogados provavelmente está correlacionado com a taxa de detenção, de modo que é relevante (embora isso deva ser verificado utilizando os métodos da Seção 10.3) Contudo, em estados com taxa de criminalidade acima do esperado (com erros de regressão positivos) provavelmente há mais advogados (os criminosos precisam ser defendidos e acusados), de modo que o número de advogados estará correlacionado positivamente com o erro da regressão. Isso significa que o número de advogados não é exógeno. Um instrumento válido deve ser exógeno e relevante, de modo que o número de advogados não é um instrumento válido.

10.4. Se a diferença entre as distâncias for um instrumento válido, ela deve estar correlacionada com X, que neste caso é uma variável binária que indica se o paciente foi submetido a um cateterismo cardíaco. A relevância do instrumento pode ser verificada utilizando o procedimento esboçado na Seção 10.3. Verificar a exogeneidade do instrumento é mais difícil. Se existem mais instrumentos do que regressores endógenos, a exogeneidade conjunta deles pode ser testada utilizando o teste J esboçado no Conceito-Chave 10.6. Contudo, se o número de instrumentos é igual ao número de regressores endógenos, é impossível testar a exogeneidade estatisticamente. No estudo de McClellan, McNeil e Newhouse (1994), há um regressor endógeno (tratamento) e um instrumento (diferença entre as distâncias), de modo que o teste J não pode ser utilizado. É necessário um julgamento feito por especialistas para avaliar a exogeneidade.

Capítulo 11

11.1. Seria melhor atribuir o nível de tratamento aleatoriamente a cada lote. O plano de pesquisa esboçado no problema pode ser falho pelo fato de que os grupos diferentes de lotes podem variar de forma sistemática. Por exemplo, os primeiros 25 lotes de terra podem ter uma drenagem pior do que os outros, o que levaria a uma safra menor. A atribuição de tratamento esboçada no problema colocaria esses 25 lotes no grupo de controle, superestimando assim o efeito do fertilizante sobre a safra. Esse problema é evitado por meio da atribuição aleatória de tratamentos.

11.2. O efeito do tratamento poderia ser estimado como a diferença entre os níveis médios de colesterol do grupo tratado e do grupo não tratado (de controle). Dados sobre peso, idade e sexo de cada paciente poderiam ser utilizados para aperfeiçoar a estimativa utilizando o estimador de diferenças com regressores adicionais mostrado na Equação (11.2). Essa regressão pode produzir uma estimativa mais precisa porque controla esses fatores adicionais que podem afetar o colesterol. Se você tivesse dados sobre os níveis de colesterol de cada paciente antes de entrarem no experimento, o estimador de diferenças-em-diferenças poderia ser utilizado. Esse estimador controla os determinantes dos níveis de colesterol que são específicos para cada indivíduo e que permanecem constantes durante o período da amostra, como a predisposição genética da pessoa a ter colesterol alto.

11.3. Se os alunos que foram transferidos para turmas pequenas diferiram sistematicamente dos outros, a validade interna está comprometida. Por exemplo, se os alunos transferidos tenderam a possuir rendas maiores e mais oportunidades de aprendizado fora da escola, eles tenderiam a apresentar um desempenho melhor nos exames padronizados. O experimento atribuiria incorretamente esse desempenho ao tamanho menor das turmas. Informações sobre a atribuição aleatória original poderiam ser utilizadas como um instrumento em uma regressão como a Equação (11.6) para restaurar a validade interna. A atribuição aleatória original é um instrumento válido porque é exógena (não correlacionada com o erro da regressão) e relevante (correlacionada com a atribuição verdadeira).

11.4. É improvável que o efeito Hawthorne seja um problema no exemplo do fertilizante, a menos que (por exemplo) os agricultores tenham cultivado os diferentes lotes de terra com mais ou menos intensidade, dependendo do tratamento. Os pacientes do estudo do colesterol podem ser mais rigorosos para tomar sua medicação do que pacientes que não estão em um experimento, tornando o experimento do colesterol "cego-em-dobro", de modo que nem o médico nem o paciente sabem quem está recebendo o tratamento ou o placebo, e reduzindo os efeitos experimentais. Efeitos experimentais podem ser importantes em experimentos como o STAR, se os professores sentirem que o experimento lhes proporciona uma oportunidade de provar que tamanhos de turma menores são melhores.

11.5. O terremoto introduziu aleatoriedade no tamanho das turmas que fazem o tratamento parecer *como se* fosse atribuído aleatoriamente. A discussão na Seção 10.1 descreve como a regressão de variáveis instrumentais pode utilizar as variações induzidas nos tamanhos das turmas para estimar o efeito do tamanho sobre a pontuação nos exames.

Capítulo 12

12.1. Ela não parece estacionária. A característica mais marcante da série é que ela possui uma tendência ascendente. Isto é, as observações no final da amostra são sistematicamente maiores do que as observações no início. Isso sugere que a média da série não é constante, o que implicaria que ela não é estacionária. A primeira diferença da série pode parecer estacionária, porque a primeira diferença elimina a tendência de aumento. Contudo, o nível da série na primeira diferença é a declividade no gráfico da Figura 12.2c. Examinando cuidadosamente a figura, vemos que a declividade é mais acentuada em 1960-1975 do que em 1976-2000. Assim, pode ter ocorrido uma pequena variação na média da série na primeira diferença. Se houve uma variação na média da população da série na primeira diferença, ela também é não-estacionária.

12.2. Uma maneira de fazer isso é construir pseudoprevisões fora da amostra para o modelo do passeio aleatório e para o modelo do analista financeiro. Se o modelo do analista é melhor, ele deve ter uma REPQM menor no período da pseudoprevisão. Mesmo que o modelo do analista mostre-se melhor do que o passeio aleatório no período da pseudoprevisão, você ainda deve ser cauteloso com sua afirmação. Se ele teve acesso aos dados da pseudoprevisão, seu modelo pode ter sido construído para se ajustar muito bem a esses dados, de modo que ainda poderia produzir analistas pobres quando *verdadeiramente* fora da amostra. Portanto, um teste melhor da afirmação do analista é a utilização de seu modelo e do passeio aleatório para prever retornos futuros de ações, comparando o desempenho verdadeiro fora da amostra.

12.3. Sim. O intervalo de confiança usual de 95 por cento é $\hat{\beta}_1 \pm 1{,}96EP(\hat{\beta}_1)$, que nesse caso produz o intervalo 0,91–0,99. Esse intervalo não contém 1,0. Contudo, esse método para construir um intervalo de confiança baseia-se no teorema central do limite e na distribuição normal de $\hat{\beta}_1$ em amostras grandes. Quando $\beta_1 = 1{,}0$, a aproximação normal não é apropriada e esse método para calcular o intervalo de confiança não é válido. Em vez disso, precisamos utilizar o método geral para construção de um intervalo de confiança esboçado nas seções 3.3 e 4.6. Para descobrir se 1,0 está no intervalo de confiança de 95 por cento, precisamos testar a hipótese nula de que $\beta_1 = 1$ ao nível de 5 por cento. Se não rejeitamos essa hipótese nula, então 1,0 está no intervalo de confiança. O valor da estatística t para essa hipótese nula é −2,50. Da Tabela 12.4, o valor crítico a 5 por cento é −2,86, portanto a hipótese nula não é rejeitada. Então, $\beta_1 = 1{,}0$ está no intervalo de confiança de 95 por cento.

12.4. Você acrescentaria uma variável binária, digamos D_t, igual a zero para datas anteriores a 1992:1 e igual a um para datas a partir de 1992:1. Se o coeficiente de D_t for significativamente diferente de zero na regressão (conforme julgado por sua estatística t), isso seria evidência de uma mudança no intercepto em

1992:1. Se a data da mudança é desconhecida, você precisaria realizar esse teste para as muitas datas possíveis utilizando o procedimento da RVQ resumido no Conceito-Chave 12.8.

Capítulo 13

13.1. Conforme discutido no Conceito-Chave 13.2, os efeitos causais podem ser estimados por um modelo de defasagem distribuída quando os regressores são exógenos. Nesse contexto, a exogeneidade significa que valores correntes e defasados da oferta de moeda não estão correlacionados com o erro da regressão. É improvável que essa hipótese seja satisfeita. Por exemplo, perturbações na oferta agregada (choques no preço do petróleo, mudanças na produtividade) exercem efeitos importantes sobre o PIB. O Federal Reserve e o sistema bancário também respondem a esses fatores, alterando assim a oferta de moeda. Portanto a oferta é endógena e está correlacionada com o erro da regressão (que inclui essas variáveis omitidas). Como ela não é exógena, o modelo de regressão de defasagem distribuída não pode ser utilizado para estimar o efeito causal dinâmico da moeda sobre o PIB.

13.2. O termo de erro serialmente correlacionado poderia surgir da inclusão de poucas defasagens de X. A inclusão de mais defasagens eliminará a correlação serial no termo de erro e produzirá um estimador consistente.

13.3. A acumulação dos multiplicadores dinâmicos para ΔY_t produz os multiplicadores dinâmicos para Y_t. Dito de outra forma, os multiplicadores dinâmicos para Y_t são os multiplicadores acumulados da regressão de ΔY_t.

13.4. A função de regressão que inclui DFI_{t+1} pode ser escrita como $E(\%ChgP_t | DFI_{t+1}, DFI_t, DFI_{t-1}, ...) = \beta_0 + \beta_1 DFI_t + \beta_2 DFI_{t-1} + \beta_3 DFI_{t-2} + \cdots + \beta_7 DFI_{t-6} + E(u_t | DFI_{t+1}, DFI_t, DFI_{t-1}, ...)$. Quando DFI é estritamente exógeno, então $E(u_t | DFI_{t+1}, DFI_t, DFI_{t-1}, ...) = 0$, de modo que DFI_{t+1} não entra na regressão. Quando DFI_t é exógeno mas não estritamente exógeno, pode ser o caso em que $E(u_t | DFI_{t+1}, DFI_t, DFI_{t-1}, ...) \neq 0$, de modo que DFI_{t+1} entrará na regressão.

Capítulo 14

14.1. O macroeconomista quer construir previsões para nove variáveis. Se quatro defasagens para cada variável são utilizadas em um ARV, cada equação do ARV incluirá 37 coeficientes de regressão (o termo constante e quatro coeficientes para cada uma das nove variáveis). O período da amostra inclui 128 observações trimestrais. Quando 37 coeficientes são estimados utilizando 128 observações, provavelmente devem ser imprecisos, levando a previsões imprecisas. Uma alternativa é utilizar uma auto-regressão univariada para cada variável. A vantagem desse enfoque é o fato de que relativamente poucos parâmetros precisam ser estimados, de modo que os coeficientes serão estimados com precisão por MQO. A desvantagem é que as previsões são construídas utilizando defasagens apenas da variável que está sendo prevista, e as defasagens das outras variáveis também podem conter informações adicionais úteis para a previsão. Uma combinação entre ambas é utilizar um conjunto de regressões de séries temporais com previsores adicionais. Por exemplo, uma regressão de previsão do PIB pode ser especificada utilizando defasagens do PIB, do consumo e das taxas de juros de longo prazo, mas excluindo as outras variáveis. A regressão de previsão da taxa de juros de curto prazo pode ser especificada utilizando defasagens de taxas de curto prazo, taxas de longo prazo, PIB e inflação. A idéia é incluir os previsores mais importantes em cada uma das equações de regressão, mas deixar de fora as variáveis que não são muito importantes.

14.2. A previsão de Y_{t+2} é $Y_{t+2|t} = 0,7^2 \times 5 = 2,45$. A previsão de Y_{t+30} é $Y_{t+30|t} = 0,7^{30} \times 5 = ,0001$. O resultado é razoável. Como o processo é de forma moderada serialmente correlacionado ($\beta_1 = 0,7$), então Y_{t+30} é somente fracamente relacionado a Y_t. Isso significa que a previsão de Y_{t+30} deveria ser muito próxima de μ_Y, a média de Y. Como o processo é estacionário e $\beta_0 = 0$, então $\mu_Y = 0$. Portanto, como esperado, $Y_{t+30|t}$ é muito próxima de zero.

14.3. Se Y e C são co-integrados, o termo de correção de erros $Y - C$ é estacionário. Um gráfico da série $Y - C$ deve parecer estacionário. A co-integração pode ser testada conduzindo-se um teste de raiz unitária de Dickey-Fuller ou DF-MQG para a série $Y - C$. Este é um exemplo de teste para co-integração com um coeficiente de co-integração conhecido.

14.4. Quando u_{t-1}^2 é grande em demasia, então σ_t^2 será grande. Como σ_t^2 é a variância condicional de u_t, então u_t^2 provavelmente deve ser grande. Isso levará a um valor grande de σ_{t+1}^2 e assim por diante.

14.5. Um teste mais poderoso tem uma probabilidade maior de rejeitar a hipótese nula quando ela é falsa. Isso melhora sua capacidade de distinguir entre uma raiz AR unitária e uma raiz menor do que um.

Capítulo 15

15.1. Se a hipótese 4 no Conceito-Chave 15.1 é verdadeira, em amostras grandes um intervalo de confiança de 95 por cento construído utilizando o erro padrão robusto quanto à heteroscedasticidade conterá o valor verdadeiro de β_1 com uma probabilidade de 95 por cento. Se a hipótese 4 no Conceito-Chave 15.1 é falsa, o estimador de variância somente homoscedástico é inconsistente. Desse modo, em geral, em amostras grandes, um intervalo de confiança de 95 por cento construído utilizando o erro padrão somente homoscedástico não conterá o valor verdadeiro de β_1 com uma probabilidade de 95 por cento se os erros são heteroscedásticos, logo esse intervalo não será válido assintoticamente.

15.2. Do teorema de Slutsky, A_nB_n possui uma distribuição $N(0,9)$ assintótica. Portanto, $P(A_nB_n < 2)$ é aproximadamente igual a $P(Z < (2/3))$, onde Z é uma variável aleatória normal padrão. O cálculo dessa probabilidade produz $P(Z < (2/3)) = 0,75$.

15.3. Para valores de $X_i \leq 10$, os pontos deveriam situar-se muito próximos da reta de regressão, uma vez que a variância de u_i é pequena. Quando $X_i > 10$, os pontos deveriam estar mais afastados da reta de regressão, uma vez que a variância de u_i é grande. Como os pontos com $X_i \leq 10$ estão muito mais próximos da reta de regressão, MQP lhes confere mais peso.

15.4. O teorema de Gauss-Markov implica que o estimador médio não pode ser melhor do que MQP. Para verificar isso, observe que o estimador médio é uma função linear de $Y_1, ..., Y_n$ (os estimadores de MQO são funções lineares como é a sua média) e é não viesado (os estimadores de MQO são não viesados como é a sua média). O teorema de Gauss-Markov implica que MQP é o melhor estimador linear condicionalmente não viesado. Portanto, o estimador médio não pode ser melhor do que MQP.

Capítulo 16

16.1. Cada entrada da primeira coluna de $\boldsymbol{X}$ é igual a 1. As entradas da segunda e da terceira colunas são iguais a zero e um. A primeira coluna da matriz $\boldsymbol{X}$ é a soma da segunda e da terceira colunas, portanto as colunas são linearmente dependentes e $\boldsymbol{X}$ não tem posto completo. A regressão pode ser especificada novamente eliminando-se X_{1i} ou X_{2i}.

16.2.

a. Estime os coeficientes da regressão por MQO e calcule os erros padrão robustos quanto à heteroscedasticidade. Construa o intervalo de confiança como $\hat{\beta}_1 \pm 1{,}96EP(\hat{\beta}_1)$.

b. Estime os coeficientes da regressão por MQO e calcule os erros padrão robustos quanto à heteroscedasticidade. Construa o intervalo de confiança como $\hat{\beta}_1 \pm 1{,}96EP(\hat{\beta}_1)$. Alternativamente, calcule o erro padrão somente homoscedástico $\widetilde{EP}(\hat{\beta}_1)$ e forme o intervalo de confiança como $\hat{\beta}_1 \pm 1{,}96\widetilde{EP}(\hat{\beta}_1)$.

c. Os intervalos de confiança poderiam ser construídos como em (b). Estes utilizam a aproximação normal em amostras grandes. Sob as hipóteses 1-6, a distribuição exata pode ser utilizada para formar o intervalo de confiança $\hat{\beta}_1 \pm t_{n-k-1,975}\widetilde{EP}(\hat{\beta}_1)$, onde $t_{n-k-1,975}$ é o 97,5º percentil da distribuição t com $n - k - 1$ graus de liberdade. Aqui $n = 500$ e $k = 1$. Uma versão estendida da Tabela 2 do Apêndice mostra $t_{498,\,0,975} = 1{,}9648$.

16.3. Não, esse resultado requer erros normalmente distribuídos.

16.4. O estimador MELNV é o estimador de MQG. Você deve conhecer $\boldsymbol{\Omega}$ para calcular o estimador de MQG exato. Contudo, se $\boldsymbol{\Omega}$ é uma função conhecida de alguns parâmetros, que por sua vez podem ser estimados consistentemente, os estimadores para esses parâmetros podem ser utilizados para construir um estimador da matriz de co-variância $\boldsymbol{\Omega}$. Esse estimador pode então ser empregado para construir uma versão factível do estimador de MQG. Ele é aproximadamente igual ao estimador MELNV quando o tamanho da amostra é grande.

16.5. Existem muitos exemplos. Aqui está um. Suponha que $X_i = Y_{i-1}$ e que u_i é i.i.d. com média 0 e variância σ^2. (Ou seja, o modelo de regressão é um modelo AR(1) do Capítulo 12.) Nesse caso, X_i depende de u_j para $j < i$, mas não depende de u_j para $j \geq i$. Isso implica $E(u_i | X_i) = 0$. Contudo, $E(u_{i-1} | X_i) \neq 0$, e isso implica $E(\boldsymbol{U} | \boldsymbol{X}) \neq \boldsymbol{0}_n$.

Glossário

ADD(p,q): veja *modelo auto-regressivo de defasagem distribuída.*

Amostragem aleatória simples: quando as entidades são escolhidas aleatoriamente de uma população utilizando um método que assegura que cada uma tenha a mesma probabilidade de ser escolhida.

AR(p): veja *auto-regressão.*

ARHC: veja *modelo auto-regressivo de heteroscedasticidade condicional.*

ARHCG: veja *modelo auto-regressivo de heteroscedasticidade condicional generalizado.*

ARV: veja *auto-regressão vetorial.*

Atrito: desistência de indivíduos em um estudo após sua atribuição ao grupo de tratamento ou de controle.

Autocorrelação: correlação entre uma variável de séries temporais e seu valor defasado. A j-ésima autocorrelação de Y é a correlação entre Y_t e Y_{t-j}.

Autoco-variância: co-variância entre uma variável de séries temporais e seu valor defasado. A j-ésima autoco-variância de Y é a co-variância entre Y_t e Y_{t-j}.

Auto-regressão: modelo de regressão linear que relaciona uma variável de séries temporais a seus valores passados (isto é, defasados). Uma auto-regressão com p valores defasados é representada por AR(p).

Auto-regressão vetorial: um modelo de k variáveis de séries temporais consistindo de k equações, uma para cada variável, em que os regressores em todas as equações são valores defasados de todas as variáveis.

Avaliação de programas: área de estudo que se ocupa da estimação do efeito de um programa, uma política ou alguma outra intervenção ou "tratamento".

CIA: veja *critério de informação.*

CIB: veja *critério de informação.*

Coeficiente de correlação: veja *correlação.*

Coeficiente de determinação: veja R^2.

Coeficientes da população: veja *intercepto e declividade da população.*

Co-integração: quando duas ou mais variáveis de séries temporais compartilham uma tendência estocástica comum.

Conformidade parcial: ocorre quando alguns participantes não seguem o protocolo do tratamento em um experimento aleatório.

Conjunto de confiança de 95 por cento: conjunto de confiança com um nível de confiança de 95 por cento; veja *intervalo de confiança.*

Consistência: significa que um estimador é consistente. Veja *estimador consistente.*

Convergência em distribuição: quando uma seqüência de distribuições converge para um limite; na Seção 15.2, fornecemos uma definição precisa.

Convergência em probabilidade: quando uma seqüência de variáveis aleatórias converge para um valor específico, por exemplo, quando a média da amostra se torna próxima da média da população à medida que o tamanho da amostra aumenta; veja o Conceito-Chave 2.6 e a Seção 15.2.

Correlação: uma medida sem dimensão da extensão com que duas variáveis aleatórias se movem ou variam juntas. A correlação (ou coeficiente de correlação) entre X e Y é $\sigma_{XY}/\sigma_X\sigma_Y$ e é representada por corr(X,Y).

Correlação da amostra: um estimador da correlação entre duas variáveis aleatórias.

Correlação serial: veja *autocorrelação*.

Co-variância: uma medida da extensão com que duas variáveis aleatórias se movem juntas. A co-variância entre X e Y é o valor esperado $E[(X - \mu_X)(Y - \mu_Y)]$ e é representada por cov(X,Y) ou por σ_{XY}.

Co-variância da amostra: um estimador da co-variância entre duas variáveis aleatórias.

Critério de informação: estatística utilizada para estimar o número de variáveis defasadas a fim de incluí-las em uma auto-regressão ou em um modelo de defasagem distribuída. Os principais exemplos são o critério de informação de Akaike (CIA) e o critério de informação de Bayes (CIB).

Critério de informação de Akaike: veja *critério de informação*.

Critério de informação de Bayes: veja *critério de informação*.

Dados de corte: dados coletados de entidades diferentes em um único período de tempo.

Dados de corte repetidos: uma reunião de bases de dados de corte, onde cada base corresponde a um período de tempo diferente.

Dados de painel: dados para múltiplas entidades em que cada uma é observada em dois ou mais períodos de tempo.

Dados de série temporal: dados sobre a mesma entidade para períodos de tempo múltiplos.

Dados experimentais: dados obtidos de um experimento projetado para avaliar um tratamento ou uma política, ou para investigar um efeito causal.

Dados longitudinais: veja *dados de painel*.

Dados observacionais: dados baseados na observação ou na mensuração do comportamento efetivo fora de um cenário experimental.

Data de quebra: a data de uma mudança discreta no(s) coeficiente(s) de uma regressão de séries temporais da população.

Defasagem: valor de uma variável de série temporal em um período de tempo anterior. A j-ésima defasagem de Y_t é Y_{t-j}.

Desvio padrão: raiz quadrada da variância. O desvio padrão da variável aleatória Y, representado por σ_Y, possui a dimensão de Y e é uma medida da dispersão da distribuição de Y em torno de sua média.

Desvio padrão da amostra: um estimador do desvio padrão de uma variável aleatória.

Distribuição amostral: distribuição de uma estatística ao longo de todas as amostras possíveis; a distribuição resultante do cálculo repetido da estatística utilizando uma série de amostras selecionadas aleatoriamente da mesma população.

Distribuição assintótica: distribuição amostral aproximada de uma variável aleatória calculada utilizando uma amostra grande. Por exemplo, a distribuição assintótica da média da amostra é normal.

Distribuição condicional: distribuição de probabilidade de uma variável aleatória, dado que outra variável aleatória assume um valor em particular.

Distribuição de Bernoulli: distribuição de probabilidade de uma variável aleatória de Bernoulli.

Distribuição de probabilidade acumulada: função que mostra a probabilidade de que uma variável aleatória seja menor ou igual a dado número.

Distribuição de probabilidade conjunta: distribuição de probabilidade que determina as probabilidades de resultados que envolvem duas ou mais variáveis aleatórias.

Distribuição de probabilidade marginal: outro nome para a distribuição de probabilidade de uma variável aleatória Y, que distingue a distribuição de apenas Y (a distribuição marginal) da distribuição conjunta de Y e outra variável aleatória.

Distribuição de probabilidade: para uma variável aleatória discreta, uma lista de todos os valores que ela pode assumir e a probabilidade associada a cada um desses valores.

Distribuição exata: distribuição de probabilidade exata de uma variável aleatória.

Distribuição $F_{m,\infty}$: distribuição de uma variável aleatória com distribuição qui-quadrado com m graus de liberdade, dividida por m.

Distribuição normal assintótica: distribuição normal que aproxima a distribuição amostral de uma estatística calculada utilizando-se uma amostra grande.

Distribuição normal bivariada: generalização da distribuição normal para descrever a distribuição conjunta de duas variáveis aleatórias.

Distribuição normal padrão: distribuição normal com média igual a zero e variância igual a um, representada por $N(0, 1)$.

Distribuição normal: distribuição de uma variável aleatória contínua que é bastante utilizada e assume a forma de sino.

Distribuição qui-quadrado: distribuição da soma dos quadrados de m variáveis aleatórias normais padrão independentes. O parâmetro m é chamado de graus de liberdade da distribuição qui-quadrado.

Distribuição *t*: veja *distribuição t de Student*.

Distribuição *t* de Student: a distribuição t de Student com m graus de liberdade é a distribuição da razão entre uma variável aleatória normal padrão e a raiz quadrada de uma variável aleatória qui-quadrado independentemente distribuída com m graus de liberdade, dividida por m. À medida que m aumenta, a distribuição t de Student converge para a distribuição normal padrão.

Efeito causal dinâmico: efeito causal de uma variável sobre os valores corrente e futuros de outra variável.

Efeito causal médio: média da população dos efeitos causais individuais em uma população heterogênea. Também chamado de efeito médio do tratamento.

Efeito causal: efeito esperado de uma intervenção ou tratamento conforme medido em um experimento controlado aleatório ideal.

Efeito de impacto: efeito contemporâneo, ou imediato, de uma variação unitária na variável de série temporal X_t sobre Y_t.

Efeito do tratamento: efeito causal em um experimento ou um quase-experimento; veja *efeito causal*.

Efeito experimental: quando participantes de um experimento alteram seu comportamento pelo fato de fazerem parte dele.

Efeito Hawthorne: veja *efeito experimental*.

Efeito parcial: efeito sobre Y de uma variação em um dos regressores, mantendo constantes os demais.

Efeitos fixos temporais: veja *efeitos temporais*.

Efeitos fixos: variáveis binárias que indicam a entidade ou o período de tempo em uma regressão de dados de painel.

Efeitos temporais: variáveis binárias que indicam o período de tempo em uma regressão de dados de painel.

Elasticidade-preço: variação percentual na quantidade demandada resultante de um aumento de 1 por cento no preço.

Erro de especificação da forma funcional: quando a forma da função de regressão estimada não corresponde à forma da função de regressão da população, por exemplo, quando uma especificação linear é utilizada mas a verdadeira função de regressão da população é quadrática.

Erro de previsão: diferença entre o valor de uma variável que efetivamente ocorre e seu valor previsto.

Erro padrão da regressão (EPR): um estimador do desvio padrão do erro da regressão u.

Erro padrão de um estimador: um estimador do desvio padrão do estimador.

Erros padrão CHA: veja *erros padrão consistentes quanto à heteroscedasticidade e à autocorrelação (CHA).*

Erros padrão consistentes quanto à heteroscedasticidade e à autocorrelação (CHA): erros padrão para estimadores de MQO que são consistentes quer os erros da regressão sejam heteroscedásticos e autocorrelacionados ou não.

Erro padrão robusto quanto à heteroscedasticidade: erros padrão para o estimador de MQO que são apropriados se o termo de erro é homoscedástico ou heteroscedástico.

Erros padrão somente homoscedásticos: erros padrão para o estimador de MQO que são apropriados somente quando o termo de erro é homoscedástico.

Especificação da regressão: descrição de uma regressão que inclui o conjunto de regressores e qualquer transformação não-linear que tenha sido aplicada.

Especificação de base: especificação de regressão de base que inclui um conjunto de regressores escolhidos utilizando uma combinação de julgamento cuidadoso, teoria econômica e conhecimento da maneira como os dados foram coletados.

Estacionariedade: quando a distribuição conjunta de uma variável de série temporal e seus valores defasados não variam ao longo do tempo.

Estatística *F*: estatística utilizada para um teste de hipótese conjunta referente a mais de um dos coeficientes da regressão.

Estatística *t* robusta quanto à heteroscedasticidade: estatística t construída utilizando um erro padrão robusto quanto à heteroscedasticidade.

Estatística *t*: Estatística utilizada para testes de hipótese; veja o Conceito-Chave 4.5.

Estatisticamente não significante: a hipótese nula (em geral, de que um coeficiente de regressão seja igual a zero) não pode ser rejeitada a dado nível de significância.

Estatisticamente significante: a hipótese nula (em geral, de que um coeficiente de regressão seja igual a zero) é rejeitada a um dado nível de significância.

Estimador: função de uma amostra de dados selecionada aleatoriamente de uma população. Um estimador é um procedimento em que são utilizados dados da amostra a fim de calcular o "melhor palpite" sobre o valor de um parâmetro da população, como a média.

Estimador consistente: estimador que converge em probabilidade para o parâmetro que está estimando.

Estimador de diferenças: estimador do efeito causal construído como a diferença entre os resultados médios da amostra dos grupos de tratamento e de controle.

Estimador de diferenças-em-diferenças: variação média em Y para aqueles que estão no grupo de tratamento, menos a variação média em Y para aqueles que estão no grupo de controle.

Estimador de máxima verossimilhança (EMV): estimador de parâmetros desconhecidos obtido pela maximização da função de verossimilhança; veja o Apêndice 9.2.

Estimador de mínimos quadrados ordinários: estimador do intercepto e da(s) declividade(s) da regressão que minimiza a soma dos quadrados dos resíduos.

Estimador de mínimos quadrados: estimador formado pela minimização da soma dos quadrados dos resíduos.

Estimador de MQO: veja *estimador de mínimos quadrados ordinários.*

Estimador não viesado: estimador com um viés igual a zero.

Estimativa: valor numérico de um estimador calculado a partir dos dados de uma amostra específica.

Exogeneidade estrita: requisito de que o erro da regressão tenha uma média igual a zero condicional aos valores corrente, futuros e passados do regressor em um modelo de defasagem distribuída.

Expectativa condicional: valor esperado de uma variável aleatória, dado que outra variável aleatória assume um valor em particular.

Experimento controlado aleatório: experimento em que os participantes são atribuídos aleatoriamente a um grupo de controle, que não recebe nenhum tratamento, ou a um grupo de tratamento, que recebe um tratamento.

Experimento natural: veja *quase-experimento*.

Função de distribuição acumulada (f.d.a.): veja *distribuição de probabilidade acumulada*.

Função de regressão linear: função de regressão com uma declividade constante.

Função de regressão não-linear: função de regressão com uma declividade que não é constante.

Função densidade de probabilidade (f.d.p.): para uma variável aleatória contínua, a área sob a função densidade de probabilidade entre dois pontos quaisquer é a probabilidade de que a variável esteja entre esses dois pontos.

Gráfico de dispersão: um gráfico de n observações sobre X_i e Y_i em que cada uma é representada pelo ponto (X_i, Y_i).

Grupo de controle: grupo que não recebe o tratamento ou a intervenção em um experimento.

Grupo de tratamento: grupo que recebe o tratamento ou a intervenção em um experimento.

Grupos de volatilidade: quando uma variável de série temporal exibe alguns períodos agrupados de alta variância e outros períodos agrupados de baixa variância.

Heteroscedasticidade: situação em que a variância do termo de erro da regressão u_i, condicional aos regressores, não é constante.

Heteroscedasticidade condicional: a variância, normalmente de um termo de erro, depende de outras variáveis.

Hipótese alternativa: hipótese que se supõe verdadeira se a hipótese nula é falsa. A hipótese alternativa é freqüentemente representada por H_1.

Hipótese alternativa bicaudal: quando, sob a hipótese alternativa, o parâmetro de interesse não é igual ao valor dado pela hipótese nula

Hipótese alternativa monocaudal: o parâmetro de interesse está de um lado do valor dado pela hipótese nula.

Hipótese conjunta: hipótese que consiste em duas ou mais hipóteses individuais, isto é, que envolve mais de uma restrição relacionada aos parâmetros de um modelo.

Hipótese nula: hipótese que está sendo testada em um teste de hipótese, freqüentemente representada por H_0.

Hipóteses de mínimos quadrados: hipóteses para o modelo de regressão linear apresentadas no Conceito-Chave 4.3 (regressão de variável única) e no Conceito-Chave 5.4 (modelo de regressão múltipla).

Homoscedasticidade: a variância do termo de erro u_i, condicional aos regressores, é constante.

***I*(0), *I*(1) e *I*(2)**: veja *ordem de integração*.

Identicamente distribuídas: quando duas ou mais variáveis aleatórias têm a mesma distribuição.

Identificação exata: quando o número de variáveis instrumentais é igual ao número de regressores endógenos.

Independência da média condicional: a expectativa condicional do erro de regressão u_i, dados os regressores, depende de alguns, mas não de todos os regressores.

Independência: ocorre quando o conhecimento do valor de uma variável aleatória não fornece nenhuma informação sobre o valor de outra variável aleatória. Duas variáveis aleatórias são independentes se a sua distribuição conjunta é o produto de suas distribuições marginais.

Instrumento: veja *variável instrumental.*

Instrumentos fracos: variáveis instrumentais que possuem uma baixa correlação com o(s) regressor(es) endógeno(s).

Intercepto: o valor de β_0 no modelo de regressão linear.

Intercepto e declividade da população: os valores verdadeiros, ou da população, de β_0 (o intercepto) e β_1 (a declividade) em uma regressão com uma única variável. Em uma regressão múltipla, existem múltiplos coeficientes de declividade (β_1, β_2,..., β_k), um para cada regressor.

Intervalo de confiança (ou conjunto de confiança): um intervalo (ou conjunto) que contém o valor verdadeiro de um parâmetro da população com uma probabilidade fixada quando calculado ao longo de amostras repetidas.

Intervalo de previsão: intervalo que contém o valor futuro de uma variável de série temporal com uma probabilidade predefinida.

Lei das expectativas iteradas: resultado na teoria da probabilidade que afirma que o valor esperado de Y é o valor esperado de sua expectativa condicional dado X, isto é, $E(Y) = E[E(Y|X)]$.

Lei dos grandes números: de acordo com o resultado da teoria de probabilidade, sob condições gerais, a média da amostra será próxima à média da população com probabilidade muito elevada quando o tamanho da amostra é grande.

Logaritmo: função matemática definida para um argumento positivo; sua declividade é sempre positiva mas tende a zero. O logaritmo natural é o inverso da função exponencial, isto é, $X = \ln(e^X)$.

Logaritmo natural: veja *logaritmo.*

Matriz de co-variância: matriz composta de variâncias e co-variâncias de um vetor de variáveis aleatórias.

Média condicional: média de uma distribuição condicional; veja *expectativa condicional.*

Média: valor esperado de uma variável aleatória. A média de Y é representada por μ_Y.

Melhor estimador linear não viesado: estimador que possui a menor variância de todos os estimadores que são uma função linear dos valores da amostra Y e é não viesado. Sob as condições de Gauss-Markov, o estimador de MQO é o melhor estimador linear não viesado dos coeficientes da regressão.

MELNV: veja *melhor estimador linear não viesado.*

Mínimos quadrados em dois estágios: estimador de uma variável instrumental, descrito no Conceito-Chave 10.2.

Mínimos quadrados generalizados (MQG): uma generalização de MQO apropriada quando os erros de regressão possuem uma forma conhecida de heteroscedasticidade (caso em que MQG também é identificado como mínimos quadrados ponderados, MQP) ou uma forma conhecida de correlação serial.

Mínimos quadrados não-lineares: análogo ao MQO que se aplica quando a função de regressão é uma função não-linear dos parâmetros desconhecidos.

Mínimos quadrados ponderados (MQP): alternativa ao MQO que pode ser utilizada quando o erro de regressão é heteroscedástico e a forma da heteroscedasticidade é conhecida ou pode ser estimada.

Modelo auto-regressivo de defasagem distribuída: modelo de regressão linear em que a variável de série temporal Y_t é expressa como uma função das defasagens de Y_t e de outra variável, X_t. O modelo é representado por ADD(p,q), onde p representa o número de defasagens de Y_t e q representa o número de defasagens de X_t.

Modelo auto-regressivo de heteroscedasticidade condicional (ARHC): modelo de séries temporais de heteroscedasticidade condicional.

Modelo auto-regressivo de heteroscedasticidade condicional generalizado: modelo de séries temporais para heteroscedasticidade condicional.

Modelo de defasagem distribuída: modelo de regressão em que os regressores são os valores corrente e defasados de X.

Modelo de probabilidade linear: modelo de regressão em que Y é uma variável binária.

Modelo de regressão com efeitos fixos: regressão de dados de painel que inclui efeitos fixos de entidade.

Modelo de regressão com efeitos fixos temporais e de entidade: regressão de dados de painel que inclui tanto efeitos fixos de entidade quanto efeitos fixos temporais.

Modelo de regressão cúbica: função de regressão não-linear que inclui X, X^2 e X^3 como regressores.

Modelo de regressão múltipla da população: o modelo de regressão múltipla do Conceito-Chave 5.2.

Modelo de regressão múltipla: extensão do modelo de regressão de variável única que permite que Y dependa de k regressores.

Modelo de regressão polinomial: função de regressão não-linear que inclui X, X^2, ... e X^r como regressores, onde r é um número inteiro.

Modelo de regressão quadrática: função de regressão não-linear que inclui X e X^2 como regressores.

Modelo linear-log: função de regressão não-linear em que a variável dependente é Y e a variável independente é $\ln(X)$.

Modelo log-linear: função de regressão não-linear em que a variável dependente é $\ln(Y)$ e a variável independente é X.

Modelo log-log: função de regressão não-linear em que a variável dependente é $\ln(Y)$ e a variável independente é $\ln(X)$.

Momentos de uma distribuição: valor esperado de uma variável aleatória elevada a potências diferentes. O r-ésimo momento da variável aleatória Y é $E(Y^r)$.

MQ2E: veja *mínimos quadrados em dois estágios.*

MQG factível: versão do estimador de mínimos quadrados generalizados (MQG) que utiliza um estimador da co-variância condicional entre os erros de regressão em observações diferentes.

MQP factível: versão do estimador de mínimos quadrados ponderados (MQP) que utiliza um estimador da variância condicional dos erros de regressão.

Multicolinearidade imperfeita: condição em que dois ou mais dos regressores estão altamente correlacionados.

Multicolinearidade perfeita: ocorre quando um dos regressores é uma função linear exata dos outros regressores.

Multicolinearidade: veja *multicolinearidade perfeita* e *multicolinearidade imperfeita.*

Multiplicador dinâmico acumulado de longo prazo: efeito acumulado de longo prazo de uma variação em X sobre a variável de série temporal Y.

Multiplicador dinâmico acumulado: efeito acumulado de uma variação unitária na variável de série temporal X sobre Y. O multiplicador dinâmico acumulado de h períodos é o efeito de uma variação unitária em X_t sobre $Y_t + Y_{t+1} + \cdots + Y_{t+h}$.

Multiplicador dinâmico: o multiplicador dinâmico de h períodos é o efeito de uma variação unitária na variável de série temporal X_t sobre Y_{t+h}.

Não-correlacionadas: duas variáveis aleatórias são não-correlacionadas se sua correlação é zero.

Não-estacionária: quando a distribuição conjunta de uma variável de série temporal e suas defasagens variam ao longo do tempo.

Nível de confiança: probabilidade fixada de que um intervalo (ou conjunto) de confiança contenha o valor verdadeiro do parâmetro.

Nível de significância: probabilidade de rejeição fixada de um teste de hipótese estatística quando a hipótese nula é verdadeira.

Número da observação: índice único atribuído a cada entidade em um banco de dados.

Ordem de integração: número de vezes que uma variável de série temporal deve ser diferenciada para se tornar estacionária. Uma variável de série temporal que é integrada de ordem p deve ser diferenciada p vezes e é representada por $I(p)$.

Padronizando uma variável aleatória: uma operação realizada pela subtração da média e divisão do resultado pelo desvio padrão, o que produz uma variável aleatória com média zero e desvio padrão um. O valor padronizado de Y é $(Y - \mu_Y)/\sigma_Y$.

Painel desequilibrado: banco de dados de painel em que faltam alguns dados.

Painel equilibrado: banco de dados de painel em que não há falta de observações, isto é, em que as variáveis são observadas para cada entidade em cada período de tempo.

Parâmetro: uma constante que determina uma característica de uma distribuição de probabilidade ou de uma função de regressão da população.

Passeio aleatório com tendência: generalização do passeio aleatório em que a variação na variável possui uma média diferente de zero mas é imprevisível sob outros aspectos.

Passeio aleatório: processo de séries temporais em que o valor da variável é igual a seu valor no período anterior, mais um termo de erro imprevisível.

Poder: probabilidade de que um teste rejeite corretamente a hipótese nula quando a alternativa é verdadeira.

População: grupo de entidades — tais como pessoas, empresas ou diretorias regionais de ensino — em estudo.

Primeira diferença: a primeira diferença de uma variável de série temporal Y_t é $Y_t - Y_{t-1}$, representada por ΔY_t.

Probabilidade: proporção do tempo em que um resultado (ou evento) ocorrerá no longo prazo.

Pseudoprevisão fora da amostra: previsão calculada sobre parte da amostra utilizando um procedimento que é *como se* os dados da amostra ainda não estivessem disponíveis.

Quase-experimento: circunstância em que a aleatoriedade é introduzida por variações nas circunstâncias individuais que fazem parecer *como se* o tratamento fosse atribuído aleatoriamente.

R^2 ajustado ($\bar{R}^2$): versão modificada do R^2 que não aumenta necessariamente quando um novo regressor é adicionado à regressão.

R^2: em uma regressão, a fração da variância da amostra da variável dependente que é explicada pelos regressores.

Raiz do erro de previsão quadrático médio: raiz quadrada da média do quadrado do erro de previsão.

Raiz unitária: refere-se a uma auto-regressão com a maior raiz igual a um.

Razão *t*: veja *estatística t*.

Região de aceitação: conjunto de valores de uma estatística de teste para os quais a hipótese nula é aceita (não é rejeitada).

Região de rejeição: conjunto de valores de uma estatística de teste para os quais o teste rejeita a hipótese nula.

Regra de bolso da estatística *F*: estatística F calculada utilizando a soma dos quadrados dos resíduos na regressão restrita e na regressão irrestrita. A regra de bolso da estatística F é apropriada quando os erros da regressão são homoscedásticos.

Regressando: veja *variável dependente*.

Regressão de variáveis instrumentais (VI): uma forma de obter um estimador consistente dos coeficientes desconhecidos da função de regressão da população quando o regressor, X está correlacionado com o termo de erro, u.

Regressão do primeiro estágio: regressão de uma variável endógena incluída sobre as variáveis exógenas incluídas, se houver, e a(s) variável(is) instrumental(is) nos mínimos quadrados em dois estágios.

Regressão logit: modelo de regressão não-linear para uma variável dependente binária em que a função de regressão da população é modelada utilizando a função de distribuição acumulada logística.

Regressão não restrita: no cálculo da regra de bolso da estatística *F*, essa é a regressão que se aplica sob a hipótese alternativa, logo os coeficientes não são restritos para satisfazer a hipótese nula.

Regressão probit: modelo de regressão não-linear para uma variável dependente binária em que a função de regressão da população é modelada utilizando a função de distribuição acumulada normal padrão.

Regressão restrita: uma regressão em que os coeficientes são restritos para satisfazer alguma condição. Por exemplo, ao calcular a regra de bolso da estatística *F*, essa é a regressão com coeficientes restritos utilizada para satisfazer a hipótese nula.

Regressor: variável que está no lado direito de uma regressão; uma variável independente em uma regressão.

Resíduo de MQO: diferença entre Y_i e a reta de regressão de MQO; representado por $\hat{u}_i$ neste livro.

Reta de regressão da população: em uma regressão de variável única, a reta de regressão da população é $\beta_0 + \beta_1 X_i$, e em uma regressão múltipla é $\beta_0 + \beta_1 X_{1i} + \beta_2 X_{2i} + \cdots + \beta_k X_{ki}$.

Reta de regressão de MQO: reta de regressão em que os coeficientes da população são substituídos por estimadores de MQO.

$\overline{\boldsymbol{R}}^2$: veja R^2 *ajustado*.

Serialmente não-correlacionados: variável de série temporal com todas as autocorrelações iguais a zero.

Sobreidentificação: quando o número de variáveis instrumentais é superior ao número de regressores endógenos incluídos.

Soma dos quadrados dos resíduos (*SQR*): a soma dos quadrados dos resíduos de MQO.

Soma dos quadrados explicada (*SQE*): soma dos quadrados dos desvios dos valores previstos de Y_i, $\hat{Y}_i$ em relação a sua média; veja Equação (4.35).

Soma dos quadrados total (*SQT*): a soma dos desvios ao quadrado de Y_i em relação a sua média $\overline{Y}$.

Subidentificação: quando o número de variáveis instrumentais é menor do que o número de regressores endógenos.

Tamanho de um teste: probabilidade de que um teste rejeite incorretamente a hipótese nula quando ela é verdadeira.

Tendência comum: tendência compartilhada por duas ou mais séries temporais.

Tendência determinista: movimento persistente de longo prazo de uma variável ao longo do tempo que pode ser representado como uma função não aleatória do tempo.

Tendência estocástica: uma variação persistente mas aleatória de longo prazo de uma variável ao longo do tempo.

Teorema central do limite: resultado na estatística matemática que afirma que, sob condições gerais, a distribuição amostral da média da amostra padronizada é bem aproximada por uma distribuição normal padrão quando o tamanho da amostra é grande.

Teorema de Gauss-Markov: resultado matemático mostrando que, sob determinadas condições, o estimador de MQO é o melhor estimador linear não viesado dos coeficientes da regressão.

Termo de erro: diferença entre *Y* e a função de regressão da população, representado por *u* neste livro.

Termo de interação: regressor formado pelo produto de outros dois regressores, como $X_{1i} \times X_{2i}$.

Teste aumentado de Dickey-Fuller (*ADF*): teste baseado em regressão que verifica a presença de uma raiz unitária em um modelo AR(*p*).

Teste de causalidade de Granger: procedimento para testar se os valores correntes e defasados de uma série temporal ajudam a prever valores futuros de outra série temporal.

Teste de Chow: teste da existência de uma quebra em uma regressão de séries temporais para uma data de quebra conhecida.

Teste de Dickey-Fuller: método para testar a presença de uma raiz unitária em uma auto-regressão de primeira ordem (AR(1)).

Teste de hipótese: procedimento que utiliza evidências da amostra que ajudam a determinar se uma hipótese específica sobre uma população é verdadeira ou falsa.

Teste para a diferença entre médias: procedimento para testar se duas populações possuem a mesma média.

Validade externa: as inferências e conclusões de um estudo estatístico são válidas externamente se puderem ser generalizadas da população e do cenário estudados para outras populações e cenários.

Validade interna: quando as inferências sobre os efeitos causais em um estudo estatístico são válidas para a população estudada.

Valor crítico: valor de uma estatística de teste em que o teste passa a rejeitar a hipótese nula ao nível de significância dado.

Valor esperado: valor médio de longo prazo de uma variável aleatória ao longo de muitas tentativas ou ocorrências. É a média ponderada pela probabilidade de todos os valores possíveis que a variável aleatória possa assumir. O valor esperado de Y, representado por $E(Y)$, também é chamado de expectativa de Y.

Valor *p*: a probabilidade de obter uma estatística no mínimo tão adversa à hipótese nula quanto aquela efetivamente calculada, supondo que a hipótese nula esteja correta. Também chamado de probabilidade de significância marginal, o valor p é o menor nível de significância em que a hipótese nula pode ser rejeitada.

Valor previsto: o valor de Y_i que é previsto pela reta de regressão de MQO, representado por $\hat{Y}_i$ neste livro.

Valores ajustados: veja *valor previsto.*

Variância condicional: variância de uma distribuição condicional.

Variância da amostra: um estimador da variância de uma variável aleatória.

Variância: valor esperado do quadrado da diferença entre uma variável aleatória e sua média; a variância de Y é representada por σ_Y^2.

Variáveis endógenas incluídas: regressores que estão correlacionados com o termo de erro (geralmente no contexto da regressão de variáveis instrumentais).

Variáveis exógenas incluídas: regressores que não estão correlacionados com o termo de erro (geralmente no contexto da regressão de variáveis instrumentais).

Variável aleatória contínua: variável aleatória que pode assumir um *continuum* de valores.

Variável aleatória de Bernoulli: variável aleatória que assume dois valores, zero e um.

Variável aleatória discreta: variável aleatória que assume valores discretos.

Variável binária: variável que é ou zero ou um. Uma variável binária é utilizada para indicar um resultado binário. Por exemplo, X é uma variável binária (ou indicador, ou *dummy*) para o sexo de uma pessoa se $X = 1$ se a pessoa é do sexo feminino e $X = 0$ se a pessoa é do sexo masculino.

Variável de controle: outro termo para um regressor; mais especificamente, um regressor que controla um dos fatores que determinam a variável dependente.

Variável dependente limitada: variável dependente que pode assumir somente um conjunto limitado de valores. Por exemplo, a variável pode ser uma variável binária 0-1, ou ser resultado de um dos modelos descritos no Apêndice 9.3.

Variável dependente: variável a ser explicada em uma regressão ou outro modelo estatístico; a variável que está no lado esquerdo de uma regressão.

Variável *dummy*: veja *variável binária.*

Variável endógena: variável que está correlacionada com o termo de erro.

Variável exógena: variável que não está correlacionada com o termo de erro da regressão.

Variável explicativa: veja *regressor*.

Variável indicador: veja *variável binária*.

Variável instrumental: uma variável que está correlacionada com um regressor endógeno (relevância do instrumento), mas não com o erro da regressão (exogeneidade do instrumento).

Viés: valor esperado da diferença entre um estimador e o parâmetro que está estimando. Se $\hat{\mu}_Y$ é um estimador de μ_Y, o viés de $\hat{\mu}_Y$ é $E(\hat{\mu}_Y) - \mu_Y$.

Viés de causalidade simultânea: quando, além da relação causal de interesse de X para Y, existe uma relação causal de Y para X. A causalidade simultânea faz com que X esteja correlacionado com o termo de erro na regressão da população de interesse.

Viés de equações simultâneas: veja *viés de causalidade simultânea*.

Viés de erros nas variáveis: viés em um estimador de um coeficiente de regressão que surge a partir de erros de medida nos regressores.

Viés de omissão de variáveis: viés em um estimador que surge pelo fato de uma variável que é um determinante de Y e está correlacionada com um regressor ter sido omitida da regressão.

Viés de seleção da amostra: viés em um estimador de um coeficiente de regressão que surge quando um processo de seleção influencia a disponibilidade de dados, e esse processo está relacionado à variável dependente. Isso induz à correlação entre um ou mais regressores e o erro da regressão.

Índice

Os números de página seguidos pelas letras *f* e *t* referem-se a figuras e tabelas, respectivamente.

A

Ações, "betas" de, 70
Aleatoriedade condicional, 260, 261
Aleatoriedade de bloco, 285
Aleatoriedade, 12
Algoritmo de MQO de "subtração da média da entidade", 191-192
Amostra não representativa, 258
Amostragem aleatória, 12, 27-28
  importância da, 42
  simples, 27-28
Amostragem
  aleatória. *Veja* Amostragem aleatória
  i.i.d., 28, 72-73, 106
  não i.i.d., 72-73
Análise de auto-regressão vetorial estrutural, 365
Angrist, Joshua, 239, 272, 273, 276
Aproximações de distribuições amostrais para amostras grandes, 29-34
AR(1), 298-300
AR(*p*), 300-301
ARHC. *Veja* Auto-regressivo de heteroscedasticidade condicional (ARHC)
ARHCG. *Veja* Modelo auto-regressivo de heteroscedasticidade condicional generalizado (ARHCG)
ARMM. *Veja* Modelo auto-regressivo média móvel (ARMM)
ARV. *Veja* Auto-regressões vetoriais (ARV)
Atribuição aleatória
  condicional, 260, 261
  falha de, 256
  testando a, 261, 264-265
Atribuição não aleatória, 256
Atrito, 257, 275
Ausência de viés
  na média de amostra, 40, 41
  no estimador de MQO, 86
  no estimador, 40, 164
Autocorrelação, 295-297, 296*t*
Autocovariância, 295-296
Auto-regressão, 298-301
  determinando a ordem de uma, 307, 309-310
  univariada, 367-369
  vetorial, 363-366
Auto-regressivo de heteroscedasticidade condicional (ARHC), 383-384
Auto-regressões univariadas, 367-369
Auto-regressões vetoriais (ARV), 363-366
Avaliação de programas, 254

B

Banco da Inglaterra, 308
Bernoulli, Jacob, 14
"Beta" da ação, 70
Bollerslev, Timothy, 383
Bolsa de Valores de Nova York (NYSE), índice de preço das ações da, 297*f*, 298
Boston, Home Mortgage Disclosure Act (HMDA) de, 221. *Veja também* Empréstimos hipotecários e raça
Bound, John, 239
Bureau of Labor Statistics, 42, 59

C

CAPM. *Veja* Modelo de Precificação de Ativos de Capital (Capital Asset Pricing Model — CAPM)
Card, David, 272, 274, 276
Causalidade
  de Granger, 305-306
  definição de, 6
  e previsão, 7
  simultânea, 170-172, 172, 178
CHA. *Veja* Erros padrão consistentes quanto à heteroscedasticidade e à autocorrelação (CHA)
Chow, Gregory, 319
CIA. *Veja* Critério de informação de Akaike (CIA)
CIB. *Veja* Critério de informação de Bayes (CIB)
CIS (critério de informação de Schwarz). *Veja* Critério de informação de Bayes (CIB)
Clima frio e preços do suco de laranja
  descrição dos dados, 360
  resultados da análise, 351-355
Clima. *Veja* Clima frio e preços do suco de laranja
Coeficiente de correlação da amostra, 53-54
  Coeficiente de determinação. *Veja* R^2
Coeficientes de regressão subidentificados, 233
Coeficientes exatamente identificados, 233
Coeficientes justamente identificados. *Veja* Coeficientes exatamente identificados

Coeficientes sobreidentificados, 233
Coeficientes
de autocorrelação, 295
de co-integração, 378-379
de correlação da amostra, 53-54
consistência dos, 54-55
Co-integração, 376-382
e correção de erros, 376-377
testando a, 378
Condições de Gauss-Markov, 401, 423
Conformidade parcial com o protocolo do tratamento, 257, 264, 275
Conjuntos de confiança, 49
para múltiplos coeficientes, 117, 117*f*, 419-420
Consistência, 30, 32
da correlação da amostra, 54-55
da covariância da amostra, 54-55
da média da amostra, 40, 41
da variância da amostra, 45, 60
de erros padrão robustos quanto à heteroscedasticidade, 397-398
do estimador de diferenças, 260-261
do estimador de máxima verossimilhança, 213
do estimador de mínimos quadrados não lineares, 211-212
do estimador de MQG, 427-428
do estimador do tamanho da defasagem CIB, 331-332
do estimador, 40, 164, 394, 394-395
dos estimadores de MQO, 75, 109, 397, 428
na regressão de VI, 230-231
Convergência em distribuição, 395
Convergência na probabilidade, 30, 32, 393-395
Correlação serial. *Veja* Autocorrelação
Correlação, 22
da amostra, 54
consistência da, 54-55
e média condicional, 22, 71-72
Covariância da amostra, 53-54
consistência da, 54-55
Covariância, 22
da amostra, 53-54
consistência da, 54-55
CPS. *Veja* Current Population Survey (CPS — Levantamento da População Atual)
Critério de informação de Akaike (CIA), 309-310, 310-311, 332
Critério de informação de Bayes (CIB), 309, 310-311, 331-332
Current Population Survey (CPS — Levantamento da População Atual), 42, 52-53, 52*t*, 59, 144
Curso superior, salários de indivíduos com
idade e, 144
sexo e, 50-51, 52-53, 52*t*, 86
Curva de Phillips, 5, 301, 302*f*
na década de 1990, 322-324, 323*f*
resíduos da, 382, 383*f*, 384, 385*f*
teste para a quebra na, 321

D

Dados de contagem, 224
Dados de corte, 8, 10
repetidos, 273-275
Dados de escolha discreta, 225
Dados de painel, 9-11
com dois períodos de tempo, 188-190
definição de, 185
desequilibrado, 186
equilibrado, 186
notação para, 186
regressão com, 185-198
Dados de resposta ordenada, 225
Dados de séries temporais, 8-9, 10. *Veja também* Séries temporais
Dados experimentais, 7-8
Dados longitudinais. *Veja* Dados de painel
Dados não experimentais, 7-8
Dados observacionais, 7-8
Dados, fontes e tipos de, 7-11
Data de quebra
conhecida, 318-319
desconhecida, 319-320
Declividade (β_1), 65, 66, 102
Defasagem, 294-295
distribuída, 303. *Veja também* Modelo de defasagens distribuídas
Densidade. *Veja* Função densidade de probabilidade
Dependência fraca, 305
Desemprego, inflação e, 8-9, 9*t*, 293-295, 293*f*, 295*t*, 301-303, 302*f*, 365-366. *Veja também* Curva de Phillips
Desigualdade de Bonferroni, 130
Desigualdade de Cauchy-Schwarz, 411-412
Desigualdade de Chebychev, 394, 411
Desvio padrão, 16-17
da amostra, 45
Dickey, David, 314
Diferenças pós-tratamento, 262, 263*f*
Diferenças pré-tratamento, 262, 263*f*
Dinâmicos, multiplicadores, 340-341
Diretoria de ensino da Califórnia, tamanho das classes e pontuação nos exames
descrição dos dados, 92
resumo da análise. *Veja* Razão aluno-professor (*RAP*) sobre a pontuação nos exames
Diretorias de ensino de Massachusetts, tamanho das classes e pontuação nos exames
descrição dos dados, 181
resultado da análise. *Veja* Razão aluno-professor (*RAP*) sobre a pontuação nos exames
Discriminação racial na concessão de empréstimos hipotecários, 4, 202, 205, 213-218, 215*t*, 216*t*-217*t*
Distribuição amostral aproximada, 29-30
Distribuição amostral exata, 30, 399-400
Distribuição assintótica, 30, 34, 395. *Veja também* Distribuição em amostras grandes
da estatística *F*, 114, 419
da estatística *t*, 46, 397-398, 416-418

de $\bar{Y}$, 31-34
do estimador de MQO, 86, 397-398, 416-418
Distribuição condicional, 19-21
Distribuição de amostra finita, de média da amostra, 30
Distribuição de probabilidade acumulada (função de distribuição acumulada), 13-14, 14-15, 15*f*
Distribuição de probabilidade bivariada. *Veja* Distribuição de probabilidade conjunta
Distribuição de probabilidade
acumulada, 13-14, 14-15, 15*f*
assintótica. *Veja* Distribuição assintótica
condicional, 19-21
e reta de regressão da população, 71-72, 72*f*
conjunta, 18-19, 19*t*
de Bernoulli, 14
de uma variável aleatória contínua, 14-15, 15*f*, 409-410
de uma variável aleatória discreta, 13-14, 14*f*
definição de, 13
F, 411
$F_{m,\infty}$, 25-27, 411
marginal, 19
normal, 23-25, 24*f*, 410
qui-quadrado, 25, 410
t de Student, 27, 47, 410
Distribuição em amostras grandes. *Veja também* Distribuição assintótica
da estatística *F*, 114
de estatística *t*, 46-47
do estimador de máxima verossimilhança, 213
do estimador de mínimos quadrados não-lineares, 211-212
do estimador de MQ2E, 251-253
dos estimadores de MQO, 75-76, 93-94, 109
Distribuição normal, 23-25, 24*f*, 410
assintótica. *Veja* Distribuição assintótica
bivariada, 25, 410
condicional, 410
multivariada, 25, 417, 434
padrão, 23-24, 410
Distribuição
assintótica. *Veja* Distribuição assintótica
convergência em, 395
de Bernoulli, 14
de probabilidade. *Veja* Distribuição de probabilidade
em amostras grandes. *Veja* Distribuição em amostras grandes
F, 411
$F_{m,\infty}$, 25-27, 411
normal. *Veja* Distribuição normal
qui-quadrado, 25, 410
t de Student, 27, 47, 410
Distribuições amostrais, 12
aproximações de, para amostras grandes, 29-34
do estimador de MQ2E, 230-231, 235, 251-253
dos estimadores MQO, 74-76, 75*f*, 93-95
Dólar/libra, taxa de câmbio, 297-298, 297*f*
Dow Jones Industrial Average, 26*f*

E

Econometria
definição de, 3
Efeito causal médio, 277
Efeito de impacto, 340
Efeito Hawthorne, 257, 258
Efeito médio do tratamento. *Veja* Efeito causal médio
"Efeito Mozart", 100
Efeito parcial, 103
Efeitos causais dinâmicos, 333-358
com regressores estritamente exógenos, 344-350
com regressores exógenos, 338-341
Efeitos causais heterogêneos, 277-280, 286-287
Efeitos causais
definição de, 6, 255-256
dinâmicos. *Veja* Efeitos causais dinâmicos
estimação de, 6-7, 254, 256, 259-265
heterogêneos. *Veja* Efeitos causais heterogêneos
médios, 277
versus previsão, 291
Efeitos de equilíbrio geral, 259
Efeitos de tratamento. *Veja* Efeitos causais
Efeitos do direito ao programa, 259
Efeitos experimentais, 257-258, 275
Efeitos temporais, 193-194
Eficiência
da média da amostra, 41, 42
do estimador de diferenças, 261
do estimador de diferenças-em-diferenças, 262
do estimador de MQG, 349
do estimador de MQO, 87, 400-403, 423-424
dos estimadores, 40
Eicker, F., 87
Elasticidade da demanda, 5
por cigarros, resultados da análise, 241-244
por periódicos de economia, 154-155, 154*f*, 155*t*
Elasticidade, 5, 141
Elasticidade-preço da demanda, 5, 141
por cigarros, resultados da análise, 241-244
por periódicos de economia, 154-155, 154*f*, 155*t*
Elipse de confiança, 117, 117*f*
Empréstimos hipotecários e raça
resultados da análise, 213-218
EMV. *Veja* Estimador de máxima verossimilhança (EMV)
Enfoque da estatística *F* para determinar a ordem de uma auto-regressão, 307
Enfoque da estatística *F* para seleção do tamanho da defasagem, 310
Engle, Robert, 383
EPQM. *Veja* Erro de previsão quadrático médio (EPQM)
EPR. *Veja* Erro padrão da regressão (*EPR*)
Equação da forma reduzida, 234
Erro da regressão. *Veja* Termo de erro
Erro de especificação da forma funcional, 168, 178
Erro de medida. *Veja* Viés de erros nas variáveis
Erro de previsão quadrático médio (EPQM), 306
raiz do, 299
Erro padrão da regressão (*EPR*), 84-85, 118, 421

Erros de previsão, 299, 306-307
Erros padrão consistentes quanto à heteroscedasticidade e à autocorrelação (CHA), 334, 343-344, 368
Erros padrão de mínimos quadrados ordinários (MQO)
e inferências, 192
fontes de inconsistência de, 172
robusto quanto à heteroscedasticidade. *Veja* Erros padrão robustos quanto à heteroscedasticidade
somente homoscedásticos. *Veja* Erros padrão somente homoscedásticos
Erros padrão de White. *Veja* Erros padrão robustos quanto à heteroscedasticidade
Erros padrão robustos quanto à heteroscedasticidade, 87, 417-418
consistência de, 397-398
e inferências, 192
e validade interna, 178
fórmula para, 95
utilizando pacotes econométricos, 115, 172
vantagens e desvantagens de, 406
Erros padrão somente homoscedásticos, 87, 422
fórmula para, 96
utilizando pacotes econométricos, 115, 172
Erros padrão
consistentes quanto à heteroscedasticidade e à autocorrelação, 334, 343-344, 368
da média da amostra, 45-46
e inferências, 192
em regressões multiperíodos, 368
para as probabilidades previstas, 223
para estimador de MQ2E, 235
para os estimadores de MQO, 77, 109
robustos quanto à heteroscedasticidade. *Veja* Erros padrão
robustos quanto à heteroscedasticidade
somente homoscedásticos. *Veja* Erros padrão somente homoscedásticos
Espaço amostral, 13
Especificação de base, 121
Especificação de modelos, 120-121
Especificações alternativas, 121
Estacionariedade, 303-304, 329-330, 372
Estatística ADF. *Veja* Estatística ampliada de Dickey-Fuller
Estatística ampliada de Dickey-Fuller, 315, 316, 316*t*
Estatística da razão de verossimilhança de Quandt (RVQ), 319-321, 320*t*
Estatística *F*, 114-115
calculando o valor *p* utilizando a, 114-115
distribuição assintótica da, 114, 419
distribuição sob normalidade, 422-423
do primeiro estágio, 238, 240
"global" da regressão, 115
regra de bolso da, 131-132
somente-homoscedástica, 422-423, 436
versão de Wald, 423
Estatística *J*, 240-241
Estatística *t* robusta quanto à heteroscedasticidade, distribuição assintótica da, 398, 418
Estatística *t* somente homoscedástica, 87
distribuição sob normalidade, 400, 435-436
Estatística *t*, 46-47, 77, 78, 79
distribuição assintótica da, 46, 397-398, 416-418
distribuição sob normalidade, 400, 422, 435-436
Estatística, 39-56
Estimação, 39. *Veja também* Previsão
da média da população, 39-42
de coeficientes de co-integração, 378-379
de efeito causal, 6-7, 254, 256, 259-265
de efeitos causais dinâmicos, 338-341, 344-350
do modelo de regressão com efeitos fixos temporais, 194
do modelo de regressão com efeitos fixos, 191-192
dos coeficientes da regressão de VI. *Veja* Estimador de mínimos quadrados em dois estágios (MQ2E)
dos coeficientes do modelo de regressão linear, 66-71
no modelo logit, 211-213, 223
no modelo probit, 209, 211-213, 222-223
Estimador da variância de Newey-West, 344
Estimador de Cochrane-Orcutt, 348-349
Estimador de diferenças, 256
com regressores adicionais, 260-261
motivos para utilizar o, 261
Estimador de diferenças-em-diferenças, 261-263, 263*f*
com regressores adicionais, 262-263
extensão do, para múltiplos períodos de tempo, 263, 284-285
motivos para utilizar o, 262
Estimador de máxima verossimilhança (EMV), 212-213, 222-223, 384
Estimador de mínimos quadrados em dois estágios (MQ2E), 227-228, 233-234
com efeitos causais heterogêneos, 278-279
distribuição amostral do, 230-231, 235, 251-253
fórmula para, 230, 251
inferência utilizando o, 231, 235
Estimador de mínimos quadrados não-lineares (MQNL), 211-212, 348-349
Estimador de mínimos quadrados ordinários dinâmico (MQOD), 379
Estimador de mínimos quadrados ponderados (MQP), 404
Estimador de mínimos quadrados, 41-42, 59-60, 104-106
Estimadores de mínimos quadrados ordinários (MQO), 67-68, 69, 392
com efeitos causais heterogêneos, 277-278
com erros autocorrelacionados, 341-343
como estimadores lineares condicionalmente não viesados, 401-402, 423-424
consistência e normalidade assintótica dos, 397
de modelos de regressão com efeitos fixos, 191-192
derivação dos, 92
dinâmicos, 379
distribuição amostral dos, 74-76, 75*f*, 93-95
distribuição assintótica de, 75-76, 93-94, 109, 397-398, 416-418
distribuição para amostras grandes de, 75-76, 93-94, 109

do modelo auto-regressivo de defasagens distribuídas, 347-348, 350
eficiência dos, 87, 400-403, 423-424
erros padrão para os, 109
motivos para o viés de, 166-172
na forma matricial, 415-416
na regressão múltipla, 104-106
distribuição dos, 108-109, 129
razões práticas e teóricas para o uso de, 71
Estimadores lineares condicionalmente não viesados, 87, 349, 401, 401-402, 423-424
Estimadores, 39-40
consistência dos, 40, 164, 394, 394-395
da variância de Newey-West, 344
de diferenças. *Veja* Estimador de diferenças
de diferenças-em-diferenças. *Veja* Estimador de diferenças-em-diferenças
de máxima verossimilhança, 212-213, 222-223, 384
de mínimos quadrados generalizados. *Veja* Mínimos quadrados generalizados (MQG)
de mínimos quadrados não-lineares, 211-212, 348-349
de mínimos quadrados ordinários. *Veja* Estimadores de mínimos quadrados ordinários (MQO)
de mínimos quadrados ponderados, 87, 404
de MQO dinâmico, 379
definição de, 40
lineares condicionalmente não viesados, 87, 349, 401, 402, 423-424
MQ2E. *Veja* Estimador de mínimos quadrados em dois estágios (MQ2E)
propriedades de, 39-40, 164
Estimativa, definição de, 40
Eventos, 13
probabilidades de, 13
Exogeneidade, 227, 337-338
do instrumento, 227, 234, 236, 240-241
estrita, 338, 339
passada e presente, 338, 339
passada, presente e futura (estrita), 338, 339
Expectativa condicional, 20
Expectativa(s), 16
iteradas, lei das, 21
Experimento do tamanho da turma no Tennessee
descrição dos dados, 265-266, 284
resumo da análise. *Veja* Razão aluno-professor (*RAP*) sobre a pontuação nos exames
Experimento(s), 6-7, 254-280
cego-em-dobro, 257-258
controlados aleatórios ideais, 6-7, 255-256
problemas com, 256-259
naturais. *Veja* Quase-experimentos
Experimentos controlados aleatórios, 6-7, 255-256
problemas com, 256-259
versus experimentos do mundo real, 7-8

F

F.d.a. *Veja* Distribuição de probabilidade acumulada (função de distribuição acumulada)
FDP. *Veja* Função densidade de probabilidade
Formas funcionais na regressão. *Veja* Funções de regressão não-lineares; Regressão linear
Formas quadráticas de variáveis normais, 434
Fórmula da variância agrupada, 87
Fração corretamente prevista, 213
Fuller, Wayne, 314
Função de verossimilhança, 212
Função densidade de probabilidade, 15, 15*f*
normal bivariada, 410
normal, 23, 24*f*, 410
Função exponencial, 142
Função linear de variáveis aleatórias, média e variância de, 17-18
Função logarítmica, 142, 142*f*
Funções de regressão não-lineares, 133-161. *Veja também* Regressão logit; Regressão probit

G

Gráfico de dispersão, 53, 55-56, 55*f*
critério de informação de Schwarz. *Veja* Critério de informação de Bayes (CIB)
da recusa de pedidos de hipoteca e da razão prestação-renda, 203, 204*f*
da variação na inflação *versus* taxa de desemprego, 301-302, 302*f*
das variações nas taxas de mortalidade e nos impostos da cerveja, 189, 189*f*
de assinaturas de periódicos de economia por bibliotecas
e seus preços, 154*f*
de pontuação nos exames *versus* razão aluno-professor, 65*f*, 68*f*
de pontuação nos exames *versus* renda na diretoria, 134-136, 135*f*, 136*f*
de pontuação nos exames *versus* três características de alunos, 122, 123*f*
de salário *versus* idade, 54*f*
de taxa de mortalidade no trânsito e o imposto da cerveja,
187, 187*f*
Gráfico em leque, 308, 308*f*
Graus de liberdade, 45, 400
Gruber, Jonathan, 250
Grupo de controle, 6
Grupo de tratamento, 6
Grupos de volatilidade, 382-384

H

Heckman, James J., 219
Heteroscedasticidade, 85-88, 85*f*, 103
condicional, 382-384
e validade interna, 178
mínimos quadrados ponderados com, conhecida, 403-404
mínimos quadrados ponderados com, de forma funcional
conhecida, 404-406

Hipótese alternativa, 43
bicaudal, 43
para declividade, 76-78
monocaudal, 48
para declividade, 78-80
Hipótese nula, 43
conjunta, 113-114, 419
sobre a declividade, 77-78, 78-80
sobre o intercepto, 80
Hipótese(s)
conjuntas, 112-115, 129-132, 419-420
da regressão com efeitos fixos, 200-201
da regressão de VI, 234-235
de Gauss-Markov
para múltiplos regressores, 423
para um regressor, 401
de independência da média condicional, 260, 285-286
de mínimos quadrados estendidas
para múltiplos regressores, 414-416
para um regressor, 392
de mínimos quadrados. *Veja* Hipóteses de mínimos quadrados
de MQG, 425-426
do modelo de defasagens distribuídas, 339, 340
para regressões de séries temporais, 304-305
Hipóteses de mínimos quadrados
com um único regressor, 71-74
estendidas, 392, 414-415
na regressão múltipla, 106-108
para o modelo de regressão com efeitos fixos, 191
viés de omissão de variáveis e, 99
Home Mortgage Disclosure Act (HMDA), 221. *Veja também* Empréstimos hipotecários e raça
Homoscedasticidade, 85-88, 103, 115
Huber, P. J., 87

I

I(0), *I*(1), *I*(2), *I*(*d*), 372
I.i.d. *Veja* Independente e identicamente distribuídas
Idade, e salário, 53, 54*f*, 55, 72
de indivíduos com curso superior, 144
Identificação. *Veja* Coeficientes de regressão subidentificados; Coeficientes exatamente identificados; Coeficientes sobreidentificados
Impostos sobre bebidas alcoólicas e mortes no trânsito. *Veja* Mortes no trânsito e impostos sobre bebidas alcoólicas
Impostos sobre cigarros e tabagismo
descrição dos dados, 250
resultados da análise, 241-244
Incerteza da previsão, 306
Independência da média condicional, 260-261, 285-286
Independência, 21
linear, 433
Independente e identicamente distribuídas, 28, 72-73, 106
Índice de Preços ao Consumidor (IPC), 9, 9*t*, 293, 293*f*
Inflação
e desemprego, 8-9, 9*t*, 293-295, 293*f*, 295*t*, 365-366. *Veja também* Curva de Phillips
modelo ARHCG para, 384
nível de preços e, 372, 373*f*
previsão de, 299-300, 301, 301-303, 302*f*, 308, 308*f*
teste DF-MQG para, 374-375
Instabilidade estrutural. *Veja* Quebras
Instabilidade. *Veja* Mudança estrutural
Instrumentos fracos, 238-240
Integração, ordens de, 372
Intercepto (β_0), 65, 66, 102
intervalo de confiança para, 81
testes de hipótese para, 80
Intervalos de confiança, 39
para a diferença entre duas médias de população, 51-52
para a média da população, 49-50, 81
para declividade, 80-81
para efeitos previstos, 418
para intercepto, 81
para um único coeficiente de regressão, 80-82, 110, 112
probabilidade de cobertura de, 50
versus intervalos de previsão, 307
Intervalos de previsão, 307
Inversa, de uma matriz, 433
IPC. *Veja* Índice de Preços ao Consumidor (IPC)

J

Japão, PIB do, 297*f*, 298
J-ésima autocorrelação, 296
J-ésima autocovariância, 295-296
J-ésima defasagem, 294
Johansen, Søren, 379

K

Krueger, Alan, 239, 269, 274

L

Lei das expectativas iteradas, 21
Lei dos grandes números, 30-31, 32, 393-395
Libra/dólar, taxa de câmbio, 297-298, 297*f*
Logaritmo(s)
e porcentagens, 142
natural, 142
para especificar funções de regressão não-linear, 141-147
primeira diferença de, 294, 295
Logística. *Veja* Regressão logit

M

Massachusetts Comprehensive Assessment System (MCAS), 181
Matriz (matrizes), 431-433
adição de, 432, 433
de co-variância, 115, 415, 416, 417-418, 434
definição de, 431-432
definida positiva, 433
diagonal, 432
idempotente, 420
identidade, 432
inversa, 433

multiplicação de, 432-433
não singular, 433
nula, 432
posto da, 433
quadrada, 432
semidefinida positiva, 433
simétrica, 432
transposta da, 432
Máxima verossimilhança com informação limitada (MVIL), 240
MCAS. *Veja* Massachusetts Comprehensive Assessment System (MCAS)
MCEV. *Veja* Modelo de correção de erros vetorial (MCEV)
McFadden, Daniel L., 219
Média da amostra
como estimador de mínimos quadrados de μ_Y, 41-42, 59-60
consistência da, 30-31
distribuição amostral da, 28-29, 34
erro padrão da, 45-46
normalidade assintótica da, 34
Média(s) de população(ões)
comparando, 50-51
estimando a, 39-42
intervalos de confiança para a, 49-50, 81
teste de hipóteses sobre a, 43-49, 76-77
Média, 16
condicional, 20
correlação e, 22, 71-72
da média da amostra, 29
da população. *Veja* Média(s) de população(ões)
de somas de variáveis aleatórias, 22-23
Melhor estimador linear condicionalmente não viesado (MELNV), 87, 349, 401, 423
MELNV. *Veja* Melhor estimador linear condicionalmente não viesado (MELNV)
Método de Bonferroni, 114
Método de previsão iterada do AR, 368-369
Método de previsão iterada do ARV, 370
Método de regressão multiperíodos, 367-368, 369
Mínimos quadrados generalizados (MQG), 345, 348-349, 350, 361-362, 374, 424-428
Mínimos quadrados generalizados factíveis, 348-349, 427
Mínimos quadrados ponderados (MQP), 87, 403-406
com heteroscedasticidade conhecida, 403-404
com heteroscedasticidade de forma funcional conhecida, 404-406
factíveis (estimados), 404, 405-406
não factíveis, 404
vantagens e desvantagens de, 406
Mínimos quadrados. *Veja* Estimador de mínimos quadrados em dois estágios (MQ2E); Estimador de mínimos quadrados não-lineares (MQNL); Estimadores de mínimos quadrados ordinários (MQO); Mínimos quadrados generalizados (MQG); Mínimos quadrados ponderados (MQP)
Minorias e recusa de solicitação de hipoteca. *Veja* Empréstimos hipotecários e raça
Modelo ADL. *Veja* Modelo auto-regressivo de defasagem distribuída
Modelo AR. *Veja* Auto-regressão
Modelo auto-regressivo de defasagem distribuída
na notação do operador defasagem, 361-362
utilizado para análise causal, 346-347, 350
utilizado para previsões, 301-303
Modelo auto-regressivo de heteroscedasticidade condicional generalizado (ARHCG), 383-384
Modelo auto-regressivo de *p*-ésima ordem, 300-301
Modelo auto-regressivo de primeira ordem, 298-300
Modelo auto-regressivo média móvel (ARMM), 330-331
Modelo de correção de erros vetorial (MCEV), 377
Modelo de correção de erros. *Veja* Modelo de correção de erros vetorial (MCEV)
Modelo de defasagens distribuídas
com defasagens adicionais, 349-350
com erros auto-regressivos, 345-347, 349
e exogeneidade, 339
efeitos dinâmicos e, 336-337
hipóteses do, 339, 340
na notação do operador defasagem, 361-362
Veja também Modelo auto-regressivo de defasagem distribuída
Modelo de Precificação de Ativos de Capital (Capital Asset Pricing Model — CAPM), 70
Modelo de probabilidade linear, 204-206, 210
Modelo de regressão censurada, 224
Modelo de regressão com efeitos fixos temporais e de entidade, 194
Modelo de regressão com efeitos fixos, 190-193, 200-201
Modelo de regressão com efeitos temporais, 193-194
Modelo de regressão com interação, 149
Modelo de regressão cúbica, 140, 147, 148*f*
Modelo de regressão linear-log, 143, 144*f*, 147, 148*f*
Modelo de regressão log-linear, 143-144, 145, 145*f*
Modelo de regressão log-log, 144-145, 145*f*
Modelo de regressão polinomial, 140
Modelo de regressão quadrática, 135-136, 136*f*
Modelo de regressão truncada, 224
Modelo logit multinomial, 225
Modelo probit multinomial, 225
Modelo probit ordenado, 225
Modelos de regressão logarítmica, 143-145
Momentos, 17, 409-411
Mortes no trânsito e impostos sobre bebidas alcoólicas
descrição dos dados, 200
resultados da análise, 194-197
MQ2E. *Veja* Estimador de mínimos quadrados em dois estágios (MQ2E)
MQG não factível, 348, 426
MQG. *Veja* Mínimos quadrados generalizados (MQG)
MQNL. *Veja* Estimador de mínimos quadrados não-lineares (MQNL)
MQO. *Veja* Estimadores de mínimos quadrados ordinários (MQO)
MQOD. *Veja* Estimador de mínimos quadrados ordinários dinâmico (MQOD)

MQP. *Veja* Mínimos quadrados ponderados (MQP)
Mudança estrutural. *Veja* Quebras
Multicolinearidade imperfeita, 108
Multicolinearidade perfeita, 107-108, 416
Multiplicador de impacto. *Veja* Efeito de impacto
Multiplicadores dinâmicos acumulados de longo prazo, 341
Multiplicadores dinâmicos acumulados, 340-341
Multiplicadores dinâmicos, 340-341
MVIL. *Veja* Máxima verossimilhança com informação limitada (MVIL)

N
Newey, Whitney, 344
Nível de confiança, 49, 165
Nível de significância, 47-48, 80-81, 165
Normalidade assintótica. *Veja* Distribuição assintótica; Teorema central do limite
Número da observação, 8

O
Operador defasagem, 330, 361-362
Ordens de integração, 372

P
Painel desequilibrado, 186
Painel equilibrado, 186
Passeio aleatório, 312, 371-372
 com tendência, 312
Periódicos de economia, demanda por, 154-155, 154*f*, 155*t*
Poder do teste, 48
Polinômio defasagem, 330
Polinômios, para especificar funções de regressão não-linear, 140-141, 147
Pontuação nos exames, tamanho das turmas e. *Veja* Razão aluno-professor (*RAP*) sobre a pontuação nos exames
População de interesse, 164
 diferenças entre população estudada e, 165
População estudada, 164
 diferenças entre população de interesse e, 165
População, 28
 heterogênea, estimativas experimentais e quase-experimentais em, 276-280
Porcentagens, logaritmos e, 142
Posto da matriz, 433
Preços do suco de laranja. *Veja* Clima frio e preços do suco de laranja
Prêmio Nobel, 219
Previsão, 7
 modelo auto-regressivo para, 298-301
 multiperíodos, 366-371
 para auto-regressões vetoriais, 363-366
 pseudoprevisão, 321-324
 versus análise causal, 291
 versus valores previstos, 299
Primeira defasagem (valor da primeira defasagem), 294
Primeira diferença, 294
Probabilidade de cobertura, do intervalo de confiança, 50
Probabilidade de significância. *Veja* Valor *p*
Probabilidade(s), 12-34
 convergência na, 30, 32, 393-395
 e resultado, 13
 previstas, erros padrão para, 223
Produto interno bruto (PIB) do Japão, 297*f*, 298
Projeto STAR. *Veja* Experimento do tamanho da turma no Tennessee
Protocolo do tratamento, conformidade parcial com o, 257, 264, 275
Pseudoprevisão, 321-324
Pseudo-R^2, 213, 223

Q
Quandt, Richard, 319
Quase-diferença, 346
Quase-experimentos, 254, 271-275
 análise de, 273-275
 exemplos de, 272-273
 problemas com, 275-276
Quebras, 318-324
 definição, 318
 problemas causados por, 318
  evitando os, 324
 testando, 318-321

R
R barra ao quadrado. *Veja* R^2 ajustado ($\bar{R}^2$)
R quadrado. *Veja* R^2 ajustado ($\bar{R}^2$)
R^2 ajustado ($\bar{R}^2$), 118-120
R^2 ajustado para graus de liberdade. *Veja* R^2 ajustado ($\bar{R}^2$)
R^2, 84, 118, 119, 120
$\bar{R}^2$. *Veja* R^2 ajustado ($\bar{R}^2$)
Raiz auto-regressiva unitária, 313
 testes para, 314-317
  DF-MQG, 373-375
Raiz auto-regressiva. *Veja* Raiz auto-regressiva unitária
Raiz do erro de previsão quadrático médio (REPQM), 299, 306-307
 estimando a, 322
Raiz quadrada matricial, 433
RAP. *Veja* Razão aluno-professor (*RAP*) sobre a pontuação nos exames
Razão aluno-professor (*RAP*) sobre a pontuação nos exames
 análise de resultados utilizando dados de Massachusetts, 173-175
 análise de resultados utilizando dados do Tennessee (STAR), 265-270
 análise de resultados utilizando dados da Califórnia, 121-124, 156-160
 comparação de resultados
  Califórnia, Massachusetts e Tennessee, 270-271
  dados da Califórnia e de Massachusetts, 176-177
Razão *t*. *Veja* Estatística *t*
Região de aceitação, 48
Região de rejeição, 48
Regra de bolso da estatística *F*, 131-132, 423
Regressando. *Veja* Variável(eis) dependente(s)
Regressão de séries temporais, 291-385
 com múltiplos previsores, 304-306
  seleção do tamanho da defasagem na, 310-311

Regressão de variáveis instrumentais, 167, 169, 226-248
com efeitos causais heterogêneos, 278-280, 286-287
Regressão de VI. *Veja* Regressão de variáveis instrumentais
Regressão do primeiro estágio, 235
Regressão do segundo estágio, 234, 235
Regressão do tipo "antes e depois", 188-190
versus estimação com efeitos fixos, 192
Regressão espúria, 314
Regressão irrestrita, 131
Regressão linear
com múltiplos regressores, 97-125
com variável dependente binária, 202-206
hipóteses de mínimos quadrados estendidas, 414-415
hipóteses de mínimos quadrados, 106-108
na notação matricial, 413-414
teoria econométrica da, 413-428
viés de omissão de variáveis e, 120-121
com um regressor, 63-89, 65*f*
com regressor binário, 82-83
erro padrão da, 84-85
estimando coeficientes, 66-71
hipóteses de mínimos quadrados estendidas, 392
hipóteses de mínimos quadrados, 71-74
teoria econométrica da, 391-406
terminologia para, 66
viés de omissão de variáveis em, 99
Regressão logit, 209-210, 210
estimação na, 211-213, 223
inferência na, 213
multinomial, 225
Regressão múltipla, 97-125
ameaças à validade interna na, 166-172
avaliando estudos baseados na, 164-180
com uma variável dependente binária, 202-220
hipóteses de mínimos quadrados estendidas, 414-415
hipóteses de mínimos quadrados na, 106-108
na notação matricial, 413-414
não-linear, 139, 147-156
teoria econométrica da, 413-428
viés de omissão de variáveis e, 120-121
Regressão probit, 206-209, 210
com múltiplos regressores, 207
com um único regressor, 206
estimação na, 209, 211-213, 222-223
inferência na, 213
multinomial, 225
ordenada, 225
Regressão restrita, 131
Regressão tobit, 224
Regressão
com dados de painel, 185-198
com efeitos fixos temporais, 193-194
com uma variável dependente binária, 202-220
de séries temporais. *Veja* Regressão de séries temporais
de variáveis instrumentais, 167, 169, 226-248
erro padrão da, 84-85, 421
espúria, 314
linear. *Veja* Regressão linear
logit. *Veja* Regressão logit
múltipla. *Veja* Regressão múltipla
não-linear. *Veja* Funções de regressão não-lineares
probit. *Veja* Regressão probit
Regressões de previsão multivariadas, 369-370
Regressor(es), 65, 66
binário, 82-83
interações entre, 147-156
interado, 149
regressão linear com múltiplos. *Veja* Regressão linear, com múltiplos regressores
regressão linear com um. *Veja* Regressão linear, com um regressor
Relevância do instrumento, 227, 234, 237-240
REPQM. *Veja* Raiz do erro de previsão quadrático médio (REPQM)
Resíduos de mínimos quadrados ordinários (MQO), 421
Resíduos, 68, 69, 104
Resultados, 12-13
Reta de regressão da população (função de regressão da população), 65, 66, 102-104
distribuições de probabilidade condicional e, 71, 72*f*
não-linear, 133-134, 133*f*, 136-137
Reta de regressão de mínimos quadrados ordinários (MQO), 68, 104
"Rio de sangue", 308, 308*f*
Roll, Richard, 356
Ruhm, Christopher J., 200

S

Salário mínimo, e demanda por trabalhadores com baixa qualificação, 274
Salário. *Veja* Curso superior, salários de indivíduos com
Segunda diferença, 372
"Segunda-feira Negra", 26
Seleção do tamanho da defasagem, 310-311, 331-332, 365
Séries temporais
conjuntamente estacionárias, 304
econômicas, exemplos de, 293-298
estacionárias, 303-304, 329-330, 372
integradas, 372
não estacionárias, 304, 311-324
primeira defasagem de, 294, 295
primeira diferença de, 294, 295
Sexo, diferenças relativas ao, nos salários de indivíduos com curso superior, 50-51, 52-53, 52*t*
Sims, Christopher, 365
Soma dos quadrados da regressão. *Veja* Soma dos quadrados explicada (*SQE*)
Soma dos quadrados dos erros. *Veja* Soma dos quadrados dos resíduos (*SQR*)
Soma dos quadrados dos resíduos (*SQR*), 84
Soma dos quadrados explicada (*SQE*), 84
Soma dos quadrados residuais. *Veja* Soma dos quadrados dos resíduos (*SQR*)
Soma dos quadrados total (*SQT*), 84
SQE. *Veja* Soma dos quadrados explicada (*SQE*)
SQR. *Veja* Soma dos quadrados dos resíduos (*SQR*)
SQT. *Veja* Soma dos quadrados total (*SQT*)

T

Tabagismo, impostos sobre cigarros e
  descrição dos dados, 250
  resultados da análise, 241-244
Tamanho da defasagem, em auto-regressões vetoriais, 365
Tamanho da turma. *Veja* Razão aluno-professor (*RAP*) sobre a pontuação nos exames
Tamanho do teste, 48
Taxa de câmbio dólar/libra, 297-298, 297*f*
Taxa dos Fundos Federais dos Estados Unidos, 297, 297*f*
Taxas de crescimento, 294-295
Tendência comum, 376
Tendência(s)
  definição de, 311
  determinista, 311-312
  estocástica. *Veja* Tendências estocásticas
Tendência, passeio aleatório com, 312
Tendências estocásticas, 311-312
  comuns, 376-377, 376*f*
  detectando, 314-317
  modelo de passeio aleatório de, 312, 371-372
    com tendência, 312
  problemas causados por, 313-314
    evitando os, 317
Teorema central do limite multivariado, 416-417, 418
Teorema central do limite, 31-34, 75, 395-396, 416-417, 418
Teorema de Gauss-Markov, 87, 402-403, 412, 424, 436-437
Teorema de Slutsky, 396
Teorema do mapeamento contínuo, 396
Teoria da distribuição assintótica, 29-34, 393-397
Termo de correção de erros, 377
Termo de erro, 65, 66
Termo de interação, 149
Testando hipóteses. *Veja* Teste(s) de hipótese(s)
Teste ADF-EG, 378
Teste aumentado de Dickey-Fuller de Engle-Granger (ADF-EG), 378
Teste de Bonferroni, 130-131
Teste de causalidade de Granger, 305-306
Teste de Chow, 319
Teste de Dickey-Fuller, 314-317, 316*t*, 373-375, 378
Teste de restrições sobreidentificadas, 240-241
Teste DF-MQG para uma raiz unitária, 373-375
Teste sup-Wald. *Veja* Estatística da razão de verossimilhança de Quandt (RVQ)
Teste *t*. *Veja* Estatística *t*
Teste(s) de hipótese(s), 39
  conjuntas, 112-115, 129-132, 419-420
  para coeficientes de regressão, 76-80, 110, 111
  para comparação de médias de populações, 50-51
  para declividade, 76-80
  para intercepto, 80
  para média da população, 43-49, 76-77
Tobin, James, 224
Transposta de uma matriz, 432

U

U.S. Current Population Survey (CPS), 42, 52-53, 52*t*, 59
U.S. Department of Transportation Fatal Accident Reporting System (Sistema de Relatos sobre Acidentes Fatais do Departamento de Transportes dos EUA), 200

V

Validade externa
  ameaças à, 165-166, 258-259, 276
  definição de, 165
Validade interna
  ameaças à, 164-165, 166-172, 256-258, 275-276
  definição de, 165
Validade
  de instrumentos, 227, 236, 237-241, 245-248
    em quase-experimentos, 276
  externa. *Veja* Validade externa
  interna. *Veja* Validade interna
Valor ajustado. *Veja* Valor previsto
Valor crítico, da estatística de teste, 48
Valor da *j*-ésima defasagem, 294
Valor esperado, de uma variável aleatória, 16, 409-410
Valor *p*, 43-44, 77, 78, 79*f*
  calculando o, 44, 45*f*, 46-47
  calculando o, utilizando a estatística *F*, 114-115
Valor previsto, 68, 69, 104
  versus previsões, 299
Valores previstos de mínimos quadrados ordinários (MQO), 421
Variância somente homoscedástica, 87, 95-96
Variância, 16-17
  condicional, 21
  da amostra, 45
    consistência da, 45, 60
  da média da amostra, 29
  de somas de variáveis aleatórias, 22-23
  de uma variável aleatória de Bernoulli, 17
  dos estimadores, 40
  Veja também Erros padrão
Variáveis aleatórias contínuas, 13
  distribuição de probabilidade de, 14-15, 15*f*, 409-410
  momentos de, 409-410
  valor esperado de, 16, 409-410
Variáveis aleatórias não-correlacionadas, 22
Variáveis co-integradas, 377-378, 379-380
Variáveis de controle, 102
Variáveis dependentes binárias, 202-220
Variáveis dependentes limitadas, 202, 223-225. *Veja também* Variáveis dependentes binárias
Variáveis endógenas, 227, 233-234, 238, 240
Variáveis exógenas, 227, 240-241
  efeitos causais dinâmicos com, 338-341, 344-350
  incluídas, 233
Variáveis instrumentais (instrumentos), 226
  fracas, 238-240
  validade de, 227, 236, 237-241, 245-248
    em quase-experimentos, 276
Variável aleatória binária, 14. *Veja também* Variável aleatória de Bernoulli

Variável aleatória de Bernoulli, 14
estimação de máxima verossimilhança para, 222
média da amostra de
distribuição amostral da, 31*f*
distribuição da, padronizada, 32*f*
valor esperado de uma, 16
variância de uma, 17
Variável aleatória discreta, 13
distribuição de probabilidade de uma, 13-14, 14*f*
Variável aleatória padronizada, 23
Variável do lado direito. *Veja* Regressor(es)
Variável *dummy*, 82
Variável independente. *Veja* Regressor(es)
Variável indicador, 82
Variável
aleatória. *Veja* Variável(eis) aleatória(s)
co-integrada, 377-378
de controle, 102
dependente limitada, 223-225
dependente. *Veja* Variável(eis) dependente(s)
dummy, 82
endógena, 227, 233-234
exógena, 227, 240-241
incluída, 233
independente. *Veja* Regressor(es)
indicador, 82
instrumental, 226
omitida. *Veja* Viés de omissão de variáveis
Variável(eis) aleatória(s), 13
Variável(eis) binária(s)
como regressor, 82-83
como variável dependente, 202-220
distribuição normal bivariada, 25, 410
interações entre variável contínua e, 150-153, 151*f*
interações entre, 148-149
no modelo de regressão com efeitos fixos, 190-191
Variável(eis) dependente(s), 65, 66
Versão de Wald da estatística *F*, 423
Vetor(es)
coluna, 431
de média, 434
definição de, 431
linearmente independentes, 433
linha, 431
multiplicação de, 432-433
Viés de omissão de variáveis, 97-102, 119, 167-168
definição de, 98-99
e regressão múltipla, 120-121
fórmula para o, 99-100
soluções para o, 167-168, 177-178
tratando do, pela divisão dos dados em grupos, 100-102
Viés
da média de amostra, 40, 41
de causalidade simultânea, 170-172, 172, 178
de equações simultâneas, 171
de erros nas variáveis, 168-169, 170, 178
de omissão de variáveis. *Veja* Viés de omissão de variáveis
de seleção de amostra, 170, 171, 178
no estimador de MQO, 86, 166-172
no estimador, 40, 164

W

Wald, Abraham, 423
West, Kenneth, 344
White, Halbert, 87
Wright, Philip G., 228-229
Wright, Sewall, 228-229

Valores Críticos em Amostras Grandes para a Estatística *t* da Distribuição Normal Padrão

	Nível de significância		
	10%	**5%**	**1%**
Teste bicaudal (≠) Rejeitar se $\|t\|$ for maior que	1,64	1,96	2,58
Teste monocaudal à direita (>) Rejeitar se t for maior que	1,28	1,64	2,33
Teste monocaudal à esquerda (<) Rejeitar se t for menor que	−1,28	−1,64	−2,33

Valores Críticos em Amostras Grandes para a Estatística F da distribuição $F_{m,\infty}$			
Rejeitar se F > Valor Crítico			
Graus de liberdade (m)	**Nível de Significância**		
	10%	**5%**	**1%**
1	2,71	3,84	6,63
2	2,30	3,00	4,61
3	2,08	2,60	3,78
4	1,94	2,37	3,32
5	1,85	2,21	3,02
6	1,77	2,10	2,80
7	1,72	2,01	2,64
8	1,67	1,94	2,51
9	1,63	1,88	2,41
10	1,60	1,83	2,32
11	1,57	1,79	2,25
12	1,55	1,75	2,18
13	1,52	1,72	2,13
14	1,50	1,69	2,08
15	1,49	1,67	2,04
16	1,47	1,64	2,00
17	1,46	1,62	1,97
18	1,44	1,60	1,93
19	1,43	1,59	1,90
20	1,42	1,57	1,88
21	1,41	1,56	1,85
22	1,40	1,54	1,83
23	1,39	1,53	1,81
24	1,38	1,52	1,79
25	1,38	1,51	1,77
26	1,37	1,50	1,76
27	1,36	1,49	1,74
28	1,35	1,48	1,72
29	1,35	1,47	1,71
30	1,34	1,46	1,70